DIE GESCHICHTE DES CHRISTENTUMS

RELIGION · POLITIK · KULTUR

Band 14

GESAMTREGISTER
DER BÄNDE 1 BIS 13

DIE GESCHICHTE DES CHRISTENTUMS

RELIGION · POLITIK · KULTUR

Herausgegeben von
Jean-Marie Mayeur, Charles (†) und Luce Pietri,
André Vauchez, Marc Venard

Deutsche Ausgabe herausgegeben von
Norbert Brox, Odilo Engels, Georg Kretschmar,
Kurt Meier, Heribert Smolinsky

Band 14

GESAMTREGISTER DER BÄNDE 1 BIS 13

HERDER
FREIBURG · BASEL · WIEN

GESAMTREGISTER DER BÄNDE 1 BIS 13

HERDER

FREIBURG · BASEL · WIEN

Verlagsredaktion: Judith Schepers, Monika Seifert, Eva Mundanjohl

Bibliografische Information Der Deutschen Bibliothek:
Die Deutsche Bibliothek verzeichnet diese Publikation in der Deutschen Nationalbibliografie; detaillierte bibliografische Daten sind im Internet über ‹http://dnb.ddb.de› abrufbar.

www.herder.de
Herstellung: fgb · freiburger graphische betriebe 2004
www.fgb.de
ISBN 3-451-22264-7

Inhalt

Vorwort VII
Corrigenda IX
Abkürzungen XI

I. Gesamtübersicht über den Inhalt der Bände 1–13 1

II. Mitwirkende 31

1. Autorschaft 33
2. Übersetzung aus dem Französischen 48
3. Bearbeitung der deutschen Ausgabe 51
4. Bildredaktion 53

III. Bibliographische Hilfsmittel 55

1. Biblische Bücher 57
2. Wichtige antike und mittelalterliche Autoren und ihre Werke 58
3. Einschlägige Quellenwerke, Zeitschriften, Lexika und Handbücher in Auswahl . 67

IV. Fachglossare 97

1. Ordensverzeichnis 99
2. Papstliste 107
3. Konzilienverzeichnis 111
4. Byzantinische Fachbegriffe 113

V. Graphische Gestaltung 117

1. Karten 119
2. Graphiken und Tabellen 127
3. Abbildungen 131
   a) farbige Abbildungen 131
      – geordnet nach Sach- und Ortsbegriffen 131
      – geordnet nach Personen 140
   b) schwarz-weiße Abbildungen 147
      – geordnet nach Sach- und Ortsbegriffen 147
      – geordnet nach Personen 157

VI. Register 175

1. Personen 177
2. Sachbegriffe 461
3. Orte 580

Vorwort

Als 1991 der sechste Band der *Geschichte des Christentums*, der die Zeit des Spätmittelalters umfasste, als erster der deutschen Ausgabe erschien, charakterisierten die für Deutschland zuständigen Herausgeber das Vorhaben mit folgenden Worten: „ein Werk, für das zahlreiche Profan- und Kirchenhistorikerinnen und -historiker von internationalen Rang gewonnen wurden und das als eines der umfassendsten Unternehmen der Historiographie gelten darf". Das war zunächst mit Blick auf die französische Ausgabe formuliert, welche die Grundlage für die deutsche Übersetzung und Bearbeitung bildete. In einer einzigartigen Fülle war in Frankreich das Gesamtspektrum der christlichen Kirchen aller Art, ihre Sachprobleme und -perspektiven, ihre regionalen Entwicklungen und – für die deutsche Kirchengeschichtsschreibung keineswegs selbstverständlich – ihre Frömmigkeitsgeschichte sowie gemäß guter französischer Tradition Aspekte der Mentalitätsgeschichte erarbeitet worden. Der lange in der Kirchenhistoriographie dominierende Eurozentrismus war aufgebrochen und der Blick auf das Ganze der Christenheit geweitet, auch das Verhältnis Christen und Juden bearbeitet, das in früheren Darstellungen kaum zur Sprache kam. Damit übersteigt die *Geschichte des Christentums* herkömmliche Darstellungen um ein Weites und bietet neben den traditionellen Fragestellungen eine Fülle neuer Einsichten und eine Art umfassende Kulturgeschichte.

Wie sonst kaum üblich, war es leicht, für die deutsche Adaptation ein Herausgeberteam zu gewinnen. Jeder Band wurde bearbeitet mit dem Ziel, so weit wie möglich Perspektiven, Forschungsergebnisse und Literatur der deutschen Forschung einzubringen. Ohne Zweifel ist das in unterschiedlicher Weise gelungen, blieb manches unvollkommen. Die Kraftanstrengung erwies sich als beträchtlich und aufwendig, manche Probleme etwa der Übersetzung oder das Füllen von Lücken waren schwierig zu meistern. Das Werk wurde in den Rezensionen generell freundlich besprochen, wobei kritische, manchmal überkritische Stimmen natürlich nicht fehlten.

Mit dem jetzt vorgelegten Registerband, der vor allem im Sachregister, aber auch durch die weiteren Register eine detaillierte Erschließung des Gesamtwerkes bietet, endet nach 13 Jahren die Herausgabe. Es bleibt die erfreuliche Aufgabe, allen Mitarbeiterinnen und Mitarbeitern von Herzen zu danken. Vor allem aber ist das Lektorat des Verlages Herder, für die Bände 8 und 12 Herr Franz Johna, für die übrigen Bände Herr Dr. Peter Suchla, zu nennen. Ohne sie wäre all das, was geleistet worden ist, nicht möglich gewesen. Unermüdlich, findig und kompetent trieben sie das Unternehmen voran, ermöglichten die Übersetzungen, fanden die notwendigen Bearbeiter und boten jede nur mögliche Hilfestellung; eine große Leistung, die hiermit ausdrücklich gewürdigt sein soll. Es bleibt der Wunsch, dass dieses Opus magnum von einer großen Leserschaft benutzt wird und sein Studium

Wissen vermittelt, den Horizont weitet, das Christentum in seiner umfassenden positiven wie negativen Fülle deutlich werden läßt, und die Lektüre schließlich auch Freude bereitet.

Freiburg, im August 2004 für die Herausgeber *Heribert Smolinsky*

Corrigenda

Band 5

Abbildung S. 590:
Die Miniatur stammt aus dem Corpus Christi College in Cambridge.

Band 6

Abbildung S. 681:
falsche Bildlegende; richtig muß es heißen: „Petrus und Paulus verteilen die Güter der Gemeinschaft und der Tod des Hananias zu Füßen des Apostels (Masaccio, Fresco 1423–28, Cappella Brancacci in Santa Maria del Carmine. Florenz)“

Band 7

Abbildung, Bildlegende: richtig muß es „Bugenhagen“ heißen.

Band 8

S. 455, Fußnote 28, letzte Ziffer: richtig muß es 1527 heißen.
S. 482, letzter Absatz, erste Zeile: statt 1564 muß es richtig 1584 heißen.

Band 10

S. 205, 2. Absatz, 5. Zeile: statt „Indien“ muß es „Amerika“ heißen.
S. 748, „Polen“: Autorin ist Hanna Dylagowa, nicht Mikhail Dimitriev.

Band 11

Abbildungen:
S. 133 stellt nicht den angegebenen Kardinal Manning dar, sondern Kardinal Newman (wie korrekt S. 228 abgebildet)
S. 33 stellt nicht den angegebenen Franz Josef Ritter von Buß dar, sondern Georg Kopp, Kardinal und Fürstbischof von Breslau (wie korrekt S. 463 abgebildet)

Band 12

S. 212 u. 621: Der Vorname zu Bernadot lautet Marie-Vincent.

Band 13

Farbtafel nach S. 44, obere Abbildung: richtig muß es „Athenagoras“ heißen.

Abkürzungen

Abkürzungen von Zeitschriften und Reihen erfolgen in der Regel nach: Internationales Abkürzungsverzeichnis für Theologie und Grenzgebiete, zusammengestellt von S. Schwertner, Berlin – New York ^{2}1992.

I. GESAMTÜBERSICHT
ÜBER DEN INHALT DER BÄNDE 1–13

Band 1
Die Zeit des Anfangs (bis 250)

Einleitung: Jesus von Nazaret 1

Erster Teil
Die Geburt des Christentums

Erstes Kapitel
Die ersten Gemeinden: von Jerusalem nach Antiochien 57

Zweites Kapitel
Paulus und der christliche Universalismus 90

Drittes Kapitel
Vielfältige Wege der Mission (vom Orient nach Rom) 150

Viertes Kapitel
Juden und Christen: die Trennung 187

Zweiter Teil
Die leidende, sich formierende und feiernde Kirche

Erstes Kapitel
Die Christen und das Römische Reich 229

Zweites Kapitel
Die Organisation der nachapostolischen Gemeinden (70–180) 269

Drittes Kapitel
Der Gottesdienst in der vornizänischen Kirche 340

Viertes Kapitel
Der christliche Kalender: die Anfänge der kirchlichen Zeitrechnung 442

Dritter Teil
Die Ausdifferenzierung der christlichen Welt

Erstes Kapitel
Heterodoxie und Orthodoxie 457

Zweites Kapitel
Der christliche Osten in der Verschiedenheit seiner Traditionen 555

Drittes Kapitel
Die „Schule“ von Alexandrien 576

Viertes Kapitel
Das christliche Afrika (180–260) 622

Fünftes Kapitel
Rom und das westliche Abendland bis zur Mitte des 3. Jahrhunderts 666

Vierter Teil
Die Christenheit in der ersten Hälfte des dritten Jahrhunderts

Erstes Kapitel
Entstehung und Aufkommen der christlichen „Heiligen Schrift“ 717

Zweites Kapitel
Die Geschichte der Glaubensbekenntnisse im 2. und 3. Jahrhundert 808

Drittes Kapitel
Fortschritte in der Ausgestaltung der kirchlichen Organisation in den Jahren 180 bis 250 825

Viertes Kapitel
Die Christen und die antike Kultur 863

Band 2
Das Entstehen der einen Christenheit (250–430)

Erster Teil
Die Verbreitung des Christentums im 3. Jahrhundert

Erstes Kapitel
Die Krise des Römischen Reiches und die Frage der Religion 3

Zweites Kapitel
Die kirchliche Organisation im 3. Jahrhundert 23

Drittes Kapitel
Eine neue Geographie 55

Viertes Kapitel
Christenverfolgungen zwischen Decius und Diokletian – das Toleranzedikt des Galerius 156

Zweiter Teil
Konstantin und die Christianisierung des Reiches

Erstes Kapitel
Christianisierung der kaiserlichen Repräsentation, der staatlichen Gesetzgebung und der römischen Gesellschaft 193

Zweites Kapitel
Das Scheitern der kaiserlichen Reichseinheit in Afrika 242

Drittes Kapitel
Theologische Diskussionen zur Zeit Konstantins: Arius, der „arianische Streit" und das Konzil von Nizäa, die nachnizänischen Auseinandersetzungen bis 337 271

Viertes Kapitel
Von der *partitio* des christlichen Kaiserreichs bis zur Einheit unter Konstantius: Arianerstreit und erster „Cäsaropapismus" 345

Fünftes Kapitel
Julian Apostata (361–363) und der Versuch einer altgläubigen Restauration 396

Dritter Teil
Die kirchliche Entwicklung unter Theodosius

Erstes Kapitel
Vom homöischen Arianismus zur neunizänischen Orthodoxie (361–385) 417

Zweites Kapitel
Die Erfolge: Unterdrückung des Heidentums und Sieg des Staatskirchentums . . . 462

Drittes Kapitel
Die Schwierigkeiten des neuen Systems im Westen: Der Donatistenstreit (363–420) 507

Viertes Kapitel
Die Schwierigkeiten des neues Systems (395–431). Die führende Häresie des Westens: Pelagius 525

Fünftes Kapitel
Der Preis der Einheit: Johannes Chrysostomus und das „theodosianische“ System 552

Sechstes Kapitel
Die theologische Diskussion zur Zeit Theodosius' II.: Nestorius 570

Vierter Teil
Eine neue Christenheit?

Erstes Kapitel
Das Hineinwachsen des Klerus in die antike Gesellschaft 633

Zweites Kapitel
Die neue Form der Missionierung: die Eroberung von Raum und Zeit 667

Drittes Kapitel
Eine neue und doch so alte Kultur 705

Viertes Kapitel
Christianisierung und Neuordnung des gesellschaftlichen Lebens 768

Fünftes Kapitel
Das Mönchtum im Osten 816

Sechstes Kapitel
Das Mönchtum im Westen 848

Fünfter Teil
Die Regionalisierung der Christenheit

Erstes Kapitel
Die Kirche Roms vom Anfang des 4. Jahrhunderts bis zu Sixtus III. (312–432) . . 877

Zweites Kapitel
Afrika: Aurelius und Augustinus 918

Drittes Kapitel
Die großen missionarischen Kirchen: Spanien, Gallien, Britannien und Irland . . 938

Viertes Kapitel
Germanen und Christentum 987

Fünftes Kapitel
Alexandrien und Ägypten 1007

Sechstes Kapitel
Antiochien und der Orient 1030

Siebtes Kapitel
Konstantinopel, Illyricum und Kleinasien 1050

Achtes Kapitel
Die neuen Grenzen 1076

Band 3
Der lateinische Westen und der byzantinische Osten (431–642)

Erster Teil
Der Streit um die Lehre und seine Auswirkung im Osten und im Westen

Erstes Kapitel
Von Ephesus nach Chalcedon. Der „trügerische Friede“ (433–451) 3

Zweites Kapitel
Das Konzil von Chalkedon 90

Drittes Kapitel
Die Rezeption des Chalcedonense im Osten des Reiches 120

Viertes Kapitel
Die zunehmende Entfremdung zwischen Ost und West (451–518) 158

Zweiter Teil
Die Katholizität im Westen und die Rückkehr des Arianismus

Erstes Kapitel
Die wechselvolle Geschichte der Kirchen im westlichen Abendland 213

Zweites Kapitel
Afrika und die Verfolgung durch die Wandalen 264

Drittes Kapitel
Rom und Italien am Übergang vom Römischen Reich zum Gotenreich 300

Viertes Kapitel
Die Stärkung des Katholizismus in Gallien und Spanien 343

Dritter Teil
Justinian I. und das vergebliche Mühen um die Einheit

Erstes Kapitel
Die Religionspolitik unter Justinian I. 421

Zweites Kapitel
Das Dilemma des Westens: Der Drei-Kapitel-Streit 462

Drittes Kapitel
Das Scheitern im Osten: die Entwicklung der Sonderkirchen im römischen Reich 491

Vierter Teil
Organisation und spirituelles Leben in der Reichskirche (5.–6. Jahrhundert)

Erstes Kapitel
Bischöfe und Patriarchen. Die Strukturen der Reichskirche 521

Zweites Kapitel
Das Aufblühen des östlichen Mönchtums 584

Drittes Kapitel
Das reichskirchliche Christentum und seine Ausdrucksformen: Theologie – Spiritualität – Frömmigkeit 647

Viertes Kapitel
Byzantinische Spiritualität: ihr Ausdruck in der Architektur und in den Bildern . . 704

Fünfter Teil
Die Entstehung der Nationalkirchen im Westen (6. Jahrhundert)

Erstes Kapitel
Die Kirchen und die byzantinische Rückeroberung 749

Zweites Kapitel
Die Kirche des *Regnum Francorum* 794

Drittes Kapitel
Die Kirche im äußersten Westen 851

Viertes Kapitel
Gregor der Große und das wachsende Ansehen des Apostolischen Stuhls
Eine Untersuchung anhand seiner Briefe 890

Sechster Teil
Organisation und spirituelles Leben in der Lateinischen Kirche (6.–7. Jahrhundert)

Erstes Kapitel
Der Aufschwung des abendländischen Mönchtums (430–610) 965

Zweites Kapitel
Die räumliche Ausbreitung des Christentums in Stadt und Land 1011

Drittes Kapitel
Der Heiligenkult im Westen 1109

Siebter Teil
Die Kirchen im nichtgriechischen Osten (5.–6. Jahrhundert)

Erstes Kapitel
Persien: Die Kirche des Ostens 1161

Zweites Kapitel
Armenien 1187

Drittes Kapitel
Das Christentum und die Kirche in der georgischen Welt 1231

Band 4
Bischöfe, Mönche und Kaiser (642–1054)

Erster Teil
Das byzantinische Christentum vom 7. bis in die Mitte des 11. Jahrhunderts

Erstes Kapitel
Byzantinische Kirche und byzantinische Christenheit zwischen Invasionen und Ikonoklasmus (von der Mitte des 7. bis zum Beginn des 8. Jahrhunderts) 3

Zweites Kapitel
Ikonoklasmus und Begründung der Orthodoxie (726–847) 97

Drittes Kapitel
Kirche und Staat – Von der Mitte des 9. bis zum Ende des 10. Jahrhunderts 176

Viertes Kapitel
Christliche Ökonomie und christliche Gesellschaft (8.–10. Jh.) 256

Fünftes Kapitel
Die Zeit des Wandels (Ende 10. bis Mitte 11. Jahrhundert) 314

Sechstes Kapitel
Die griechische Kirche in Italien (650–1050) 366

Zweiter Teil
Die Christenheit im Osten

Erstes Kapitel
Kirchen und Christen im muslimischen Orient 391

Zweites Kapitel
Die armenische Kirche von 611 bis 1066 473

Drittes Kapitel
Kirche und Christentum in Georgien 543

Dritter Teil
Die Christenheit im Westen

Erstes Kapitel
Von Gregor dem Großen bis Pippin dem Jüngeren 603

Zweites Kapitel
Das Christentum im karolingischen Reich (Mitte 8. bis Ende 9. Jahrhundert) . . . 686

Drittes Kapitel
Die westliche Christenheit im 10. und in der ersten Hälfte des 11. Jahrhunderts . . 778

Vierter Teil
Die neue Christenheit

Erstes Kapitel
Die Ausbreitung des Christentums von der Adria bis zur Ostsee: Christianisierung der Slawen, Skandinavier und Ungarn zwischen dem 9. und dem 11. Jahrhundert . 883

Zweites Kapitel
Die neue Christenheit im Osten: Bulgarien, Rußland und Serbien 921

Band 5
Machtfülle des Papsttums (1054–1274)

Erster Teil
Das Verhältnis zwischen geistlicher und weltlicher Macht – Entwicklung und Infragestellung (1054–1122)

Erstes Kapitel
Das byzantinische Kaiserreich von 1054 bis 1122 3

Zweites Kapitel
Die römische Kirche 1054–1124
Reform und Erstarken des Papsttums 33

Drittes Kapitel
Die christlichen Reiche in Auseinandersetzung mit der Kirche: Der Investiturstreit und sein Ergebnis 88

Viertes Kapitel
Innerhalb und außerhalb der Klostermauern – die Erneuerung des Ordenslebens (1050–1120) 136

Zweiter Teil
Die Ausbreitung und Festigung der römischen Strukturen

Erstes Kapitel
Die römische Kirche vom ersten Laterankonzil bis zum Ende des 12. Jahrhunderts 181

Zweites Kapitel
Die Neuordnung des Weltklerus 253

Drittes Kapitel
Die Ausbreitung der römischen Kirchenverfassung 290

Viertes Kapitel
Die „Neue Christenheit" im 12. Jahrhundert: Von Skandinavien bis zum Balkan . 326

Fünftes Kapitel
Die griechische Kirche zwischen 1123 und 1204: Öffnung und Abschließung . . . 349

Sechstes Kapitel
Die Beziehungen zwischen Konstantinopel und Rom von der Mitte des 11. bis zum Ende des 12. Jahrhunderts 372

Dritter Teil
Der gelebte Glaube

Erstes Kapitel
Zwischen *actio* und *contemplatio* – die Orden im 12. Jahrhundert 391

Zweites Kapitel
Die Christianisierung der Gesellschaft 434

Drittes Kapitel
Kirche und Bildung – Veränderungen und Spannungen 451

Viertes Kapitel
Glaubensstreit und Glaubensspaltung im Osten und im Westen 478

Fünftes Kapitel
Der Christ vor Gott 504

Vierter Teil
Römischer Zentralismus und Einigung der Christenheit

Erstes Kapitel
Die römische Kirche von Innozenz III. bis Gregor X. 555

Zweites Kapitel
Die päpstliche Vormachtstellung (1198–1274) 615

Drittes Kapitel
Kirche, weltliche Gewalt und Gesellschaft 655

Viertes Kapitel
Die Konsolidierung der „Neuen Christenheit“ im 13. Jahrhundert 688

Fünftes Kapitel
Die griechische Christenheit: Zerfall des Kaiserreiches und Herrschaft der Lateiner (1204–1274) 716

Sechstes Kapitel
Die Christen und Nichtchristen 754

Fünfter Teil
Cura animarum – eine gesteigerte Aufmerksamkeit für die Laien

Erstes Kapitel
Die pastorale Erneuerung der lateinischen Kirche 799

Zweites Kapitel
Die Bettelorden und ihr Wirken in der städtischen Gesellschaft 833

Drittes Kapitel
Der Aufstieg der Universitäten und die Blüte der scholastischen Theologie 861

Viertes Kapitel
Der Kampf gegen Häresie und Abweichungen von der Norm im Westen 886

Fünftes Kapitel
Der Einstieg der Laien in das religiöse Leben 912

Band 6
Die Zeit der Zerreißproben (1274–1449)

Einleitung: Das Zweite Konzil von Lyon (1274) 1

Erster Teil
Eine Kirche?

Erstes Kapitel
Der Aufbau und die Institutionen der römischen Kirche 17

Zweites Kapitel
Das Schisma und die Konzilien (1378–1449) 75

Drittes Kapitel
Die byzantinische Kirche von 1274 bis 1453 132

Viertes Kapitel
Die anderen orientalischen Kirchen 205

Fünftes Kapitel
Konzeptionen von Kirche 264

Sechstes Kapitel
Protest- und Häresiebewegungen in der römischen Kirche 315

ZWEITER TEIL
HEILIGE KIRCHE?

Erstes Kapitel
Glaubensvermittlung 349

Zweites Kapitel
Die Heilswege 412

Drittes Kapitel
Sitten und Moral 462

Viertes Kapitel
Heiligung 517

DRITTER TEIL
KATHOLISCHE KIRCHE?

Erstes Kapitel
Kirche und weltliche Macht 567

Zweites Kapitel
Die Kirche im französischen Königreich 626

Drittes Kapitel
Die Kirche auf den Britischen Inseln 655

Viertes Kapitel
Die Kirchenprovinzen des Deutschen Reiches 683

Fünftes Kapitel
Die Kirche in den Mittelmeerländern 717

Sechstes Kapitel
Die Entwicklung der Kirchen Mittelost- und Nordeuropas 771

Siebtes Kapitel
Die Beziehungen zwischen den Kirchen des Ostens und des Westens: Die Probleme der Vereinigung 812

Achtes Kapitel
Christen und Nichtchristen im Schoß der römischen Christenheit: Araber und Juden 840

Neuntes Kapitel
Die römische Kirche und die Nichtchristen außerhalb der Christenheit: Kreuzzüge und Missionierung 871

Band 7
Von der Reform zur Reformation (1450–1530)

Erster Teil
Erschütterte Kirchen

Erstes Kapitel
Die Orthodoxie in der Frühzeit der türkischen Herrschaft 6

Zweites Kapitel
Das Wiedererstarken des Papsttums – Ein unvollständiger und kostspieliger Sieg . 69

Drittes Kapitel
Die Vielfalt der Reformbestrebungen 142

Zweiter Teil
Die lateinische Christenheit im Übergang vom 15. zum 16. Jahrhundert

Erstes Kapitel
Das religiöse Leben 212

Zweites Kapitel
Die Länder der westlichen Christenheit 305

Drittes Kapitel
Die Dissidenten 439

Viertes Kapitel
Die Blüte der Künste im christlichen Westen 474

Dritter Teil
Neue Horizonte

Erstes Kapitel
Das Europa der Renaissance 497

Zweites Kapitel
Entdeckungen und Christianisierung der Fernen 521

Drittes Kapitel
Humanismus und Christentum 612

Vierter Teil
Die Reformation

Erstes Kapitel
Martin Luther 679

Zweites Kapitel
Die Ausbreitung der lutherischen Botschaft 723

Drittes Kapitel
Die Vielfalt der Reformation 774

Viertes Kapitel
Ist die Einheit der Christen zu retten? 844

Band 8
Die Zeit der Konfessionen (1530–1620/30)

Erster Teil
Das Phänomen der Bekenntnisse

Erstes Kapitel
Die lutherischen Kirchen 3

Zweites Kapitel
Die reformierten Kirchen 47

Drittes Kapitel
Die Wiedertäufer 122

Viertes Kapitel
Die anglikanische Reformation 191

Fünftes Kapitel
Die katholische Kirche 239

Sechstes Kapitel
Kontroversen und Dialoge 309

Siebtes Kapitel
Die Orthodoxie 356

Zweiter Teil
Die Landkarte der geteilten Christenheit

Erstes Kapitel
Die deutschen, schweizerischen und skandinavischen Gebiete 391

Zweites Kapitel
Frankreich und die Niederlande 447

Drittes Kapitel
Die Reformation auf den Britischen Inseln 524

Viertes Kapitel
Italien 573

Fünftes Kapitel
Ostmitteleuropa: Böhmen, Ungarn und Polen 618

Sechstes Kapitel
Die Iberische Halbinsel 662

Siebtes Kapitel
Afrika 740

Achtes Kapitel
Lateinamerika 772

Neuntes Kapitel
Anfänge der Evangelisierung Indiens, Japans und Chinas 875

Dritter Teil
Das Leben der Christen

Erstes Kapitel
Die kollektiven Formen des religiösen Lebens 959

Zweites Kapitel
Persönliche Formen des religiösen Lebens 1030

Drittes Kapitel
Die Angst vor den Dämonen 1074

Viertes Kapitel
Die intellektuelle Bewegung und die Kirchen 1108

Fünftes Kapitel
Fragen der Ethik 1173

Sechstes Kapitel
Die Kunst, das Gebet und der Glaube 1199

Band 9
Das Zeitalter der Vernunft (1620/30–1750)

Erster Teil
Religion und Politik
Die geteilte Christenheit

Erstes Kapitel
Die alte lateinische Christenheit: Auseinandersetzungen und Rückeroberungen, Kirche und Staat . . . 7

Zweites Kapitel
Die Überwindung der religiösen Grenzen . . . 162

Zweiter Teil
Die Entwicklung innerhalb der Kirchen

Erstes Kapitel
Die Fortdauer der katholischen Reform . . . 215

Zweites Kapitel
Der Jansenistenstreit . . . 348

Drittes Kapitel
Die Kirchen der Reformation . . . 409

Viertes Kapitel
Die Russische Kirche: Unterjochung, Fortbestand und Glaubensspaltungen . . . 502

Fünftes Kapitel
Die orientalischen Kirchen . . . 539

Dritter Teil
Das Christentum weltweit

Erstes Kapitel
Das Christentum in Süd- und Nordamerika . . . 613

Zweites Kapitel
Afrika 732

Drittes Kapitel
Die Faszination des Fernen Ostens oder der unterbrochene Traum 750

Vierter Teil
Das Christentum im Kulturraum der alten Christenheit

Erstes Kapitel
Modelle und Entwürfe zum christlichen Leben 823

Zweites Kapitel
Die Kirchen und die Kultur des 17. Jahrhunderts 932

Drittes Kapitel
Christentum und Moral 987

Viertes Kapitel
Das Christentum in den Künsten 1031

Fünftes Kapitel
Christentum und Kultur zur Zeit der Frühaufklärung 1087

Schluß
Das Ende einer Epoche? 1131

Band 10
Aufklärung, Revolution, Restauration (1750–1830)

Erster Teil
Moderne und Staatsraison am Ende des 18. Jahrhunderts

Erstes Kapitel
Bedeutende Kulturräume und Glaubenssysteme 9

Zweites Kapitel
Von „Welten" zu Randzonen westlicher Modernität 70

Drittes Kapitel
Die Konfrontation zwischen Kirchen und Moderne 165

Viertes Kapitel
„Wahre Gottesverehrung" und das Problem des Unglaubens: Debatten um Inhalte und Wege von Religiosität und Seelsorge 233

ZWEITER TEIL
DIE MODERNE – EIN KIND DER REVOLUTION

Erstes Kapitel
Bekräftigungen und Anfechtungen des christlichen Staatsbürgers (1789–1792) . . 311

Zweites Kapitel
Eine Revolutionsregierung gegen das Christentum (1793–1795) 369

Drittes Kapitel
Die unmögliche Laizität des republikanischen Staates (1795–1801) 431

Viertes Kapitel
Die Entwicklung in Nordamerika 482

Fünftes Kapitel
Gläubige Laien in der Französischen Revolution: Bruch und Kontinuität 539

DRITTER TEIL
DIE MODERNE – EIN UNABGESCHLOSSENER PROZESS

Erstes Kapitel
Von Napoleon zu Metternich 621

Zweites Kapitel
Um 1830: Nationalismen, Religion und Kultur 704

Drittes Kapitel
Lateinamerika 759

Viertes Kapitel
Das Christentum als gesellschaftspolitischer Messianismus 797

Band 11
Liberalismus, Industrialisierung, Expansion Europas (1830–1914)

Erster Teil
Die Zeit des Liberalismus (1830–1860)

Einleitung: Christentum und Romantik 7

Erstes Kapitel
Politische Freiheiten – Soziale Frage 10

Zweites Kapitel
Das protestantische Denken 40

Drittes Kapitel
Lehre und Spiritualität innerhalb der katholischen Kirche unter besonderer Berücksichtigung Frankreichs – Entwicklungslinien im Überblick 106

Viertes Kapitel
Der neue Missionseifer 133

Zweiter Teil
Das Christentum in Europa zur Zeit des Liberalismus (1830–1860)

Erstes Kapitel
Frankreich 167

Zweites Kapitel
Belgien, Luxemburg und die Niederlande 200

Drittes Kapitel
Die britischen Inseln 221

Viertes Kapitel
Die Schweiz (1830–1860) 240

Fünftes Kapitel
Nordeuropa 245

Sechstes Kapitel
Italien zwischen Erneuerung und nationaler Frage (1830–1849) 257

Siebtes Kapitel
Die Iberische Halbinsel 274

Achtes Kapitel
Deutschland 294

Neuntes Kapitel
Österreich-Ungarn (1830–1860) 327

Dritter Teil
Die Zeit der Demokratie und der europäischen Expansion (1860–1914)

Erstes Kapitel
Theologie und Spiritualität in der katholischen Welt 335

Zweites Kapitel
Das protestantische Denken 353

Drittes Kapitel
Missionstheologien – Anfänge des Ökumenismus 412

Viertes Kapitel
Modernismus und Religionswissenschaften 425

Fünftes Kapitel
Der Höhepunkt des Antiklerikalismus – Die Strategien Leos XIII. und Pius' X. . . 446

Sechstes Kapitel
Die Soziale Frage 474

Vierter Teil
Das Christentum in Europa von 1860 bis zum Ersten Weltkrieg

Erstes Kapitel
Frankreich 487

Zweites Kapitel
Belgien und die Niederlande 533

Drittes Kapitel
Die britischen Inseln 558

Viertes Kapitel
Die Schweiz 575

Fünftes Kapitel
Nordeuropa 582

Sechstes Kapitel
Die Kirche auf der Suche nach dem verlorenen Italien 595

Siebtes Kapitel
Spanien und Portugal 621

Achtes Kapitel
Deutschland 642

Neuntes Kapitel
Österreich (1860–1914) 682

Zehntes Kapitel
Christentum und Nationalitäten in Mittel- und Osteuropa 686

Fünfter Teil
Das östliche Christentum

Erstes Kapitel
Die russisch-orthodoxe Kirche am Ende des 19. und zu Beginn des
20. Jahrhunderts: Isolierung und Integration 713

Zweites Kapitel
Die orientalischen Christen im 19. Jahrhundert
Ihre erneute Bedrückung und Bedrohung 774

Sechster Teil
Die neue Welt

Erstes Kapitel
Nordamerika 829

Zweites Kapitel
Lateinamerika 918

Siebter Teil
Die christlichen Missionen in Afrika, Asien und Ozeanien

Erstes Kapitel
Afrika 974

Zweites Kapitel
Asien 1023

Drittes Kapitel
Australien und Ozeanien 1061

Band 12
Erster und Zweiter Weltkrieg
Demokratien und totalitäre Systeme (1914–1958)

Erster Teil
Protagonisten, Institutionen, Entwicklungen

Erstes Kapitel
Im Dienst konfessioneller Identität 3

Zweites Kapitel
Entwicklungen theologischen Denkens, Frömmigkeit, Apostolat 86

Drittes Kapitel
Die Kirchen und die internationalen Beziehungen 328

Zweiter Teil
Das Christentum in Europa in der ersten Hälfte des 20. Jahrhunderts

Erstes Kapitel
Italien, Spanien, Portugal 439

Zweites Kapitel
Bewahrende Kräfte und Neuerfahrungen im Christentum Frankreichs 552

Drittes Kapitel
Niederlande, Belgien, Schweiz 632

Viertes Kapitel
Deutschland und Österreich 681

Fünftes Kapitel
Die Britischen Inseln und Nordeuropa 773

Sechstes Kapitel
Katholiken und Protestanten in Ostmitteleuropa 872

DRITTER TEIL
DIE BEDROHTEN OSTKIRCHEN

Erstes Kapitel
Erschütterungen (1912–1939) 915

Zweites Kapitel
Die Atempause (1939–1958) 972

VIERTER TEIL
AMERIKA

Erstes Kapitel
Nordamerika 1031

Zweites Kapitel
Lateinamerika 1145

Band 13
Krisen und Erneuerung (1958–2000)

Erster Teil
Die Zeit des Aggiornamento

Die Zielsetzungen Johannes' XXIII. 3

Erstes Kapitel
Vorbereitung und Eröffnung des Konzils 10

Zweites Kapitel
Die Vollversammlung und der Verfahrensablauf 19

Drittes Kapitel
Der Konzilsverlauf 32

Viertes Kapitel
Das Konzil und die Ökumenische Bewegung 67

Fünftes Kapitel
Resultate 72

Zweiter Teil
Katholische und Evangelische Kirche: Krisen – Veränderungen – Neuaufbruch

Erstes Kapitel
Das Papsttum nach dem Konzil 108

Zweites Kapitel
Der ökumenische Rat der Kirchen (ÖRK) – Die ökumenischen Bewegungen . . . 131

Drittes Kapitel
Theologische Veränderungen und Problemstellungen 152

Viertes Kapitel
Formen kirchlichen Lebens im Umbruch 211

Fünftes Kapitel
Religiöse Einstellungen und Formen von Religiosität 233

Sechstes Kapitel
Kirche und Gesellschaft 280

Siebtes Kapitel
Krisen und Wandlungen im christlichen Missionsverständnis 312

Dritter Teil
Die Vielfalt christlicher Glaubensrichtungen in der zweiten Hälfte des 20. Jahrhunderts

Erstes Kapitel
Formen des Christentums in Ostmitteleuropa 350

Zweites Kapitel
Die Russische Orthodoxe Kirche in der Sowjetunion und ihren Nachfolgestaaten von den sechziger Jahren bis heute 391

Drittes Kapitel
Die orientalischen Kirchen im ausgehenden 20. Jahrhundert 433

Viertes Kapitel
Lateinamerika 472

Fünftes Kapitel
Einheimisches Christentum in Schwarzafrika
Eine Wachstumszone des Christentums 542

Sechstes Kapitel
Christliche Kirchen als kleine Minderheiten in einem demographisch dominanten Asien 617

Siebtes Kapitel
Philippinen und Ozeanien: Unterschiedliche Schattierungen des Christentums in mehrheitlich christlichen Ländern 677

II. MITWIRKENDE

1. Autorschaft

(Angeführt sind nur die Hauptüberschriften der jeweiligen Kapitel; fette arabische Ziffer = Band; römische Ziffer = Hauptteil; arabische Ziffer = Kapitel)

ARGYRIOU, Astérios, Prof. Dr., Universität Straßburg

10, I, 2: Von „Welten" zu Randzonen westlicher Modernität; **10**, III, 2: Um 1830: Nationalismen, Religion und Kultur

AUBERT, Roger, Prof. em., Universität Louvain

13, I, 1: Vorbereitung und Eröffnung des Konzils; **13**, I, 2: Die Vollversammlung und der Verfahrensablauf; **13**, I, 3: Der Konzilsverlauf; **13**, I, 4: Das Konzil und die Ökumenische Bewegung; **13**, I, 5: Resultate

BANK, Jan Theodore, Prof. Dr., Universität Leyden

12, II, 3: Niederlande, Belgien, Schweiz

BARRIE-CURIEN, Viviane, Prof. Dr., Universität Reims

7, II, 2: Die Länder der westlichen Christenheit (England); **7**, II, 3: Die Dissidenten (Lollarden); **8**, I, 4: Die anglikanische Reformation; **8**, II, 3: Die Reformation auf den Britischen Inseln; **9**, I, 1: Die alte lateinische Christenheit: Auseinandersetzungen und Rückeroberungen, Kirche und Staat; **9**, II, 3: Die Kirchen der Reformation; **10**, I, 1: Bedeutende Kulturräume und Glaubenssysteme; **10**, I, 3: Die Konfrontation zwischen Kirchen und Moderne; **10**, III, 1: Von Napoleon zu Metternich; **10**, III, 2: Um 1830: Nationalismen, Religion und Kultur

BAUBÉROT, Jean, Studiendirektor an der École Pratique des Hautes Études, Paris

12, I, 1: Im Dienst konfessioneller Identität; **12**, I, 2: Entwicklungen theologischen Denkens, Frömmigkeit, Apostolat; **12**, I, 3: Die Kirchen und die internationalen Beziehungen

BEAUJARD, Brigitte, Prof. Dr., Universität Tours

3, VI, 3: Der Heiligenkult im Westen

BERNARD, Philippe, PD Dr., Universität Grenoble

3, VI, 2, B: Das Werden der Liturgie

BERTRAND, Régis, Prof. Dr., Universität der Provence

9, IV, 1: Modelle und Entwürfe zum christlichen Leben

BIARNE, Jacques, Prof. Dr., Universität Maine

2, IV, 6: Das Mönchtum im Westen; **3**, VI, 1: Der Aufschwung des abendländischen Mönchtums (430–610)

BOUREL, Dominique, Direktor des Zentrums für französ. Studien, Jerusalem

10, I, 1: Bedeutende Kulturräume und Glaubenssysteme; **10**, I, 3: Die Konfrontation zwischen Kirchen und Moderne

BROTTIER, Laurence, PD Dr., Universität Poitiers

2, III, 5: Der Preis der Einheit: Johannes Chrysostomus und das „theodosianische" System

CHAMPAGNE, Michèle, CNRS, Paris

12, IV, 1: Nordamerika

CHANEL, Christian, Prof. agrégé, Paris

10, I, 1: Bedeutende Kulturräume und Glaubenssysteme; **10**, II, 3: Die unmögliche Laizität des republikanischen Staates (1795–1801); **10**, III, 1: Von Napoleon zu Metternich; **11**, II, 5: Nordeuropa; **11**, IV, 5: Nordeuropa; **12**, II, 5: Die Britischen Inseln und Nordamerika

CHAUVOT, Alain, Prof. Dr., Universität Straßburg

2, V, 4: Germanen und Christentum

CHENAUX, Philippe, Dr., Universität Genf

12, II, 3: Niederlande, Belgien, Schweiz

CHOQUETTE, Robert, Prof. Dr., Universität Ottawa

11, VI, 1, B: Kanada

CHRISTIN, Olivier, PD Dr., Universität Nancy

8, III, 6: Die Kunst, das Gebet und der Glaube

CIRILLO, Luigi, Prof. Dr., Universität Neapel

1, III, 1, A: Judenchristliche Strömungen

COLLANI, Claudia von, Dr., Universität Würzburg

8, II, 9: Anfänge der Evangelisierung Indiens, Japans und Chinas

COMPAGNON, Olivier, Prof. Dr., Universität Toulouse-le-Mirail

13, III, 4: Lateinamerika

CONGOURDEAU, Marie-Hélène, CNRS, Paris

6, I, 3: Die byzantinische Kirche von 1274 bis 1453; **6**, I, 5: Konzeptionen von Kirche; **6**, II, 1: Glaubensvermittlung; **6**, II, 2: Die Heilswege; **6**, II, 3: Sitten und Moral; **6**, II, 4: Heiligung; **6**, III, 1: Kirche und weltliche Macht; **6**, III, 7: Die Beziehungen zwischen den Kirchen des Ostens und des Westens: Die Probleme der Vereinigung

CONTAMINE, Philippe, Prof. Dr., Universität Paris-Sorbonne

6, II, 3: Sitten und Moral; **6**, III, 3: Die Kirche auf den Britischen Inseln

CONZEMIUS, Victor, Prof. Dr. em., Luzern

11, II, 4: Die Schweiz; **11**, II, 8: Deutschland; **11**, II, 9: Österreich-Ungarn (1830–1860); **11**, IV, 4: Die Schweiz; **11**, IV, 8: Deutschland; **11**, IV, 9: Österreich (1860–1914)

COTTRET, Bernard, Prof. Dr., Universität Versailles-Saint-Quentin-en-Yvelines

9, I, 2: Die Überwindung der religiösen Grenzen

COTTRET, Monique, Dr., Universität Paris

9, I, 2: Die Überwindung der religiösen Grenzen; **9**, II, 2: Der Jansenistenstreit

CROCE, Giuseppe, Vatikanische Archive, Rom

9, II, 5: Die orientalischen Kirchen

DAGRON, Gilbert, Prof. Dr., Collège de France

4, I, 1: Byzantinische Kirche und byzantinische Christenheit zwischen Invasionen und Ikonoklasmus (von der Mitte des 7. bis zum Beginn des 8. Jahrhunderts); **4**, I, 2: Ikonoklasmus und Begründung der Orthodoxie (726–847); **4**, I, 3: Kirche und Staat – Von der Mitte des 9. bis zum Ende des 10. Jahrhunderts; **4**, I, 4: Christliche Ökonomie und christliche Gesellschaft (8.–10. Jh.); **4**, I, 5: Die Zeit des Wandels (Ende 10. bis Mitte 11. Jahrhundert)

DEBERGH, Minako, CNRS, Paris

8, II, 9: Anfänge der Evangelisierung Indiens, Japans und Chinas

DENIS, Philippe OP, Prof. Dr., Universität Natal (Südafrika)

9, III, 2: Afrika

Deslandres, Dominique, Prof. Dr., Universität Montréal

9, III, 1: Das Christentum in Süd- und Nordamerika

Dimitriev, Mikhail, Dr., Universität Moskau

10, I, 3: Die Konfrontation zwischen Kirchen und Moderne

Dompnier, Bernard, Prof. Dr., Universität Clermont-Ferrand

9, I, 1: Die alte lateinische Christenheit: Auseinandersetzungen und Rückeroberungen, Kirche und Staat; **9**, II, 1: Die Fortdauer der katholischen Reform

Dreyfus, François-Georges, Prof. Dr., Universität Paris-Sorbonne

10, III, 2: Um 1830: Nationalismen, Religion und Kultur

Ducellier, Alain, Prof. Dr., Universität Toulouse

7, I, 1: Die Orthodoxie in der Frühzeit der türkischen Herrschaft; **8**, I, 7: Die Orthodoxie

Ducreux, Marie-Élisabeth, CNRS, Paris

9, I, 1: Die alte lateinische Christenheit: Auseinandersetzungen und Rückeroberungen, Kirche und Staat; **9**, II, 3: Die Kirchen der Reformation

Durand, Jean-Dominique, Prof. Dr., Universität Lyon

11, II, 6: Italien zwischen Erneuerung und nationaler Frage (1830–1849); **11**, IV, 6: Die Kirche auf der Suche nach dem verlorenen Italien; **12**, II, 1: Italien, Spanien, Portugal

Duval, Yvette, Prof. Dr., Universität Paris

2, I, 3: Eine neue Geographie; **2**, V, 2: Afrika: Aurelius und Augustinus

Dylagowa, Hanna, Prof. Dr., Universität Lublin

10, I, 3: Die Konfrontation zwischen Kirchen und Moderne; **10**, III, 2: Um 1830: Nationalismen, Religion und Kultur

Encrevé, André, Prof. Dr., Universität Caen

11, I, 2: Das protestantische Denken; **11**, II, 1: Frankreich; **11**, III, 2: Das protestantische Denken; **11**, IV, 1: Frankreich

Flamant, Jacques, Prof. Dr., Universität Montpellier

1, II, 4: Der christliche Kalender: die Anfänge der kirchlichen Zeitrechnung; **1**, IV, 4, B: Die Anfänge der lateinischen christlichen Literatur; **2**, I, 1: Die Krise des Römischen Reiches und die Frage der Religion; **2**, II, 5: Julian Apostata (361–363) und der Versuch einer altgläubigen Restauration; **2**, IV, 3: Eine neue und doch so alte Kultur

FLUSIN, Bernard, Prof. Dr., Universität Paris

3, IV, 1: Bischöfe und Patriarchen. Die Strukturen der Reichskirche; **3**, IV, 2: Das Aufblühen des östlichen Mönchtums; **3**, IV, 3: Das reichskirchliche Christentum und seine Ausdrucksformen: Theologie – Spiritualität – Frömmigkeit

FONTAINE, Jacques, Prof. Dr. em., Universität Paris-Sorbonne

2, V, 3: Die großen missionarischen Kirchen: Spanien, Gallien, Britannien und Irland; **3**, II, 1, A: Spanien zwischen Barbaren und Häretikern; **3**, II, 4, B: Erneuerung des kirchlichen Lebens auf der Iberischen Halbinsel: Synodale und literarische Aktivitäten; **3**, V, 1, C: Spanien; **3**, V, 3, A: Das westgotische Spanien: Von der religiösen Einigung zur Gründung einer Nationalkirche (569–636)

FOUILLOUX, Étienne, Prof. Dr., Universität Lyon

12, I, 2: Entwicklungen theologischen Denkens, Frömmigkeit, Apostolat; **12**, II, 2: Bewahrende Kräfte und Neuerfahrungen im Christentum Frankreichs; **12**, III, 1: Erschütterungen (1912–1939); **12**, III, 2: Die Atempause (1939–1958)

FRAISSE-COUÉ, Christiane, CNRS, Paris

2, III, 6: Die theologische Diskussion zur Zeit Theodosius' II.: Nestorius; **3**, I, 1: Von Ephesus nach Chalcedon. Der „trügerische Friede" (433–451); **3**, I, 4: Die zunehmende Entfremdung zwischen Ost und West (451–518); **3**, V, 4, C: Gregor der Große und der Osten

FRIJHOFF, Willem, Prof. Dr., Universität Rotterdam

9, I, 1: Die alte lateinische Christenheit: Auseinandersetzungen und Rückeroberungen, Kirche und Staat

GADILLE, Jacques, Prof. Dr. em., Universität Lyon

11, Einleitung; **11**, I, Einleitung: Christentum und Romantik; **11**, I, 1: Politische Freiheiten – Soziale Frage; **11**, I, 3: Lehre und Spiritualität innerhalb der katholischen Kirche unter besonderer Berücksichtigung Frankreichs – Entwicklungslinien im Überblick; **11**, I, 4: Der neue Missionseifer; **11**, II, 1: Frankreich; **11**, II, 3: Die britischen Inseln; **11**, III, 1: Theologie und Spiritualität in der katholischen Welt; **11**, III, 3: Missionstheologien – Anfänge des Ökumenismus; **11**, III, 4: Modernismus und Religionswissenschaften; **11**, III, 5: Der Höhepunkt des Antiklerikalismus – Die Strategien Leos XIII. und Pius' X.; **11**, IV, 1: Frankreich; **11**, IV, 3: Die britischen Inseln; **11**, VII.: Die christlichen Missionen in Afrika, Asien und Ozeanien; **11**, Schluß; **12**, I, 2: Entwicklungen theologischen Denkens, Frömmigkeit, Apostolat

GARSOÏAN, Nina, Prof. Dr., Columbia-Universität

3, VII, 1: Persien: Die Kirche des Ostens; **3**, VII, 2: Armenien

Godin, André, CNRS, Paris

7, III, 3: Humanismus und Christentum

Gonneau, Pierre, Prof. Dr., Universität Paris-Sorbonne

9, II, 4: Die Russische Kirche: Unterjochung, Fortbestand und Glaubensspaltungen

Gottlieb, Gunther, Prof. Dr., Universität Augsburg

2, I, 1: Die Krise des Römischen Reiches und die Frage der Religion; **2**, I, 4: Christenverfolgungen zwischen Decius und Diokletian – das Toleranzedikt des Galerius; **2**, II, 5: Julian Apostata (361–363) und der Versuch einer altgläubigen Restauration; **2**, V, 4: Germanen und Christentum

Greschat, Martin, Prof. Dr., Universität Gießen

11, II, 8: Deutschland; **11**, IV, 8: Deutschland

Guillemain, Bernard, Prof. Dr., Universität Bordeaux

6, I, 1: Der Aufbau und die Institutionen der römischen Kirche; **6**, III, 1: Kirche und weltliche Macht, **6**, III, 2: Die Kirche im französischen Königreich

Guiral-Hadziiossif, Jacqueline, Prof. Dr., Universität Nancy

6, III, 5: Die Kirche in den Mittelmeerländern; **6**, III, 8: Christen und Nichtchristen im Schoß der römischen Christenheit: Araber und Juden

Guyon, Jean, Forschungsdirektor am CNRS, Paris

2, V, 1: Die Kirche Roms vom Anfang des 4. Jahrhunderts bis zu Sixtus III. (312–432)

Hannick, Christian, Prof. Dr., Universität Würzburg

4, IV, 2: Die neue Christenheit im Osten: Bulgarien, Rußland und Serbien

Henze, Barbara, Dr., Universität Freiburg i.Br.

7, II, 3: Die Dissidenten (Waldenser)

Heyberger, Bernard, Dr., Universität Mulhouse

10, I, 2: Von „Welten" zu Randzonen westlicher Modernität

Jacob, André, Dr., F. N. R. S. (Belgien)

4, I, 6: Die griechische Kirche in Italien (650–1050)

KŁOCZOWSKI, Jerzy, Prof. Dr., Universität Lublin

4, IV, 1: Die Ausbreitung des Christentums von der Adria bis zur Ostsee: Christianisierung der Slawen, Skandinavier und Ungarn zwischen dem 9. und dem 11. Jahrhundert; **5**, I, 3: Die christlichen Reiche in Auseinandersetzung mit der Kirche: Der Investiturstreit und sein Ergebnis; **5**, II, 4: Die „Neue Christenheit" im 12. Jahrhundert: Von Skandinavien bis zum Balkan; **5**, IV, 4: Die Konsolidierung der „Neuen Christenheit" im 13. Jahrhundert; **6**, I, 4: Die anderen orientalischen Kirchen; **6**, III, 6: Die Entwicklung der Kirchen Mittelost- und Nordeuropas; **7**, II, 2: Die Länder der westlichen Christenheit (Ostmittel- und Nordeuropa); **7**, II, 3: Die Dissidenten (Jan Hus); **8**, II, 5: Ostmitteleuropa: Böhmen, Ungarn und Polen; **11**, IV, 10: Christentum und Nationalitäten in Mittel- und Osteuropa; **12**, II, 6: Katholiken und Protestanten in Ostmitteleuropa; **13**, III, 1: Formen des Christentums in Ostmitteleuropa

KRUMENACKER, Yves, Prof. Dr., Katholische Fakultät Lyon

9, II, 3: Die Kirchen der Reformation

LA RONCIÈRE, Charles de, Prof. Dr., Universität der Provence

6, II, 1: Glaubensvermittlung; **6**, II, 3: Sitten und Moral; **6**, III, 5: Die Kirche in den Mittelmeerländern

LADOUS, Régis, Prof. Dr., Universität Lyon

11, VI, 1, A: Die Vereinigten Staaten von Amerika; **12**, II, 5: Die Britischen Inseln und Nordamerika; **12**, IV, 1: Nordamerika

LAMBERT, Pierre-Yves, Prof. Dr., Forschungsdirektor an der École Pratique des Hautes Études, Paris

3, V, 3, B: Die keltischen Christen

LAPLANCHE, François, CNRS, Paris

8, I, 6: Kontroversen und Dialoge; **8**, III, 4: Die intellektuelle Bewegung und die Kirchen; **9**, IV, 2: Die Kirchen und die Kultur des 17. Jahrhunderts; **9**, IV, 5: Christentum und Kultur zur Zeit der Frühaufklärung

LE BOULLUEC, Alain, Studiendirektor an der École Pratique des Hautes Études, Paris

1, III, 1: Einige Bemerkungen zu den Begriffen Orthodoxie und Heterodoxie; **1**, III, 3: Die „Schule" von Alexandrien

LÉCRIVAIN, Philippe SJ, Prof. Dr., Centre Sèvres, Paris

9, III, 3: Die Faszination des Fernen Ostens oder der unterbrochene Traum

Légasse, Simon, Prof. Dr. em., Institut catholique Toulouse

1, I, 2: Paulus und der christliche Universalismus; **1**, I, 3: Vielfältige Wege der Mission (vom Orient bis Rom)

Lepelley, Claude, Prof. Dr., Universität Paris

1, II, 1: Die Christen und das Römische Reich

Lienhard, Marc, Prof. Dr., Universität Straßburg

7, IV, 1: Martin Luther; **7**, IV, 2: Die Ausbreitung der lutherischen Botschaft; **7**, IV, 3: Die Vielfalt der Reformation; **8**, I, 3: Die Wiedertäufer; **8**, I, 6: Kontroversen und Dialoge

Lougée, Christine, ao. Prof., Universität Paris

3, V, 3, B: Die keltischen Christen

Mahé, Jean-Pierre, Studiendirektor am E. P. H. E., Paris

4, II, 2: Die armenische Kirche von 611 bis 1066

Maraval, Pierre, Prof. Dr., Universität Paris-Sorbonne

1, III, 2: Der christliche Osten in der Verschiedenheit seiner Traditionen; **2**, IV, 5: Das Mönchtum im Osten; **2**, V, 5: Alexandrien und Ägypten; **2**, V, 6: Antiochien und der Orient; **2**, V, 7: Konstantinopel, Illyricum und Kleinasien; **2**, V, 8: Die neuen Grenzen; **3**, I, 2: Das Konzil von Chalkedon; **3**, I, 3: Die Rezeption des Chalcedonense im Osten des Reiches; **3**, III, 1: Die Religionspolitik unter Justinian I.; **3**, III, 3: Das Scheitern im Osten: die Entwicklung der Sonderkirchen im römischen Reich

Marguerat, Daniel, Prof. Dr., Universität Lausanne

1, Einleitung: Jesus von Nazaret; **1**, I, 4: Juden und Christen: die Trennung

Markschies, Christoph, Prof. Dr., Berlin

2, I, 3, A: Der Orient; **2**, II, 3: Theologische Diskussionen zur Zeit Konstantins: Arius, der „arianische Streit" und das Konzil von Nizäa, die nachnizänischen Auseinandersetzungen bis 337

Martin, Jean-Marie, Forschungsdirektor am CNRS, Paris

4, I, 6: Die griechische Kirche in Italien (650–1050); **4**, III, 3: Die westliche Christenheit im 10. und in der ersten Hälfte des 11. Jahrhunderts; **5**, II, 3: Die Ausbreitung der römischen Kirchenverfassung

MARTIN-HISARD, Bernadette, Prof. Dr., Universität Paris

3, VII, 3: Das Christentum und die Kirche in der georgischen Welt; **4**, II, 3: Kirche und Christentum in Georgien

MARX, Roland, Prof. Dr., Universität Straßburg

12, II, 5: Die Britischen Inseln und Nordamerika

MATOS-FERREIRA, Antonio, Dr., Universität Lissabon

11, II, 7: Die Iberische Halbinsel; **11**, IV, 7: Spanien und Portugal; **12**, II, 1: Italien, Spanien, Portugal

MAYEUR, Jean-Marie, Prof. Dr., Universität Paris-Sorbonne

11, Einleitung; **11**, III, 6: Die Soziale Frage; **11**, IV, 1: Frankreich; **11**, Schluß; **12**, I, 1: Im Dienst konfessioneller Identität; **12**, I, 3: Die Kirchen und die internationalen Beziehungen; **13**, Einführung; **13**, I, Einleitung: Die Zielsetzungen Johannes' XXIII.; **13**, II, 1: Das Papsttum nach dem Konzil; **13**, II, 4: Formen kirchlichen Lebens im Umbruch; **13**, II, 5: Religiöse Einstellungen und Formen von Religiosität; **13**, II, 6: Kirche und Gesellschaft; **13**, Schluß

MAYEUR-JAOUEN, Catherine, Prof. Dr., Universität Paris-Sorbonne

11, V, 2: Die orientalischen Christen im 19. Jahrhundert. Ihre erneute Bedrückung und Bedrohung; **13**, III, 3: Die orientalischen Kirchen im ausgehenden 20. Jahrhundert

MEIER, Kurt, Prof. em. Dr., Universität Leipzig

12, II, 4: Deutschland und Österreich

MESSNER, Reinhard, Prof. Dr., Universität Innsbruck

1, II, 3: Der Gottesdienst in der vornizänischen Kirche

MEYER, Jean-André, Direktor des Zentrums für Mexikanische und Mittelamerikanische Studien, Mexiko

11, VI, 2: Lateinamerika; **12**, IV, 2: Lateinamerika

MICHAUD, Claude, Prof. Dr., Universität Paris-Sorbonne

10, I, 1: Bedeutende Kulturräume und Glaubenssysteme

MICHEL, Christian, Prof. Dr., Universität Paris

9, IV, 4: Das Christentum in den Künsten

MILHOU, Alain, Prof. Dr., Universität Rouen

7, II, 2: Die Länder der westlichen Christenheit (Iberische Halbinsel); **7**, III, 2: Entdekkungen und Christianisierung der Fernen; **8**, II, 6: Die Iberische Halbinsel; **8**, II, 7: Afrika; **8**, II, 8: Lateinamerika

MILLET, Olivier, Prof. Dr., Universität Avignon

8, I, 2: Die reformierten Kirchen

MINKE, Alfred, Dr., Archivdirektor Eupen

10, II, 3: Die unmögliche Laizität des republikanischen Staates (1795–1801); **10**, III, 2: Um 1830: Nationalismen, Religion und Kultur

MODÉRAN, Yves, Prof. Dr., Universität Paris

3, II, 2: Afrika und die Verfolgung durch die Wandalen; **3**, V, 1, A: Afrika

MOLLAT DU JOURDIN, Michel, Prof. Dr. em., Universität Paris-Sorbonne

6, Einleitung: Das Zweite Konzil von Lyon (1274); **6**, Rückblick

MONFRIN, Françoise, Prof. Dr., Universität Paris-Sorbonne

2, IV, 3: Eine neue und doch so alte Kultur; **3**, VI, 2, A: Die Etablierung der Kirche im 5. und 6. Jahrhundert

MULLER, Wiesław, Prof. Dr., Universität Lublin

9, I, 1: Die alte lateinische Christenheit: Auseinandersetzungen und Rückeroberungen, Kirche und Staat

MÜLLER, Winfried, Prof. Dr., Universität Dresden

10, I, 3: Die Konfrontation zwischen Kirchen und Moderne

OURLIAC, Paul, Prof. em. Dr., Universität Toulouse

6, I, 2: Das Schisma und die Konzilien (1378–1449)

PARAVICINI BAGLIANI, Agostino, Prof. Dr., Universität Lausanne

5, I, 2: Die römische Kirche 1054–1124; **5**, II, 1: Die römische Kirche vom ersten Laterankonzil bis zum Ende des 12. Jahrhunderts; **5**, IV, 1: Die römische Kirche von Innozenz III. bis Gregor X.; **5**, IV, 2: Die päpstliche Vormachtstellung (1198–1274); **5**, IV, 3: Kirche, weltliche Gewalt und Gesellschaft; **5**, V, 3: Der Aufstieg der Universitäten und die Blüte der scholastischen Theologie

PARISSE, Michel, Prof. Dr., Universität Nancy

4, III, 3: Die westliche Christenheit im 10. und in der ersten Hälfte des 11. Jahrhunderts; **5**, Einleitung: Der Osten und der Westen im Jahre 1054; **5**, I, 3: Die christlichen Reiche in Auseinandersetzung mit der Kirche: Der Investiturstreit und sein Ergebnis; **5**, I, 4: Innerhalb und außerhalb der Klostermauern – die Erneuerung des Ordenslebens (1050–1120); **5**, II, 2: Die Neuordnung des Weltklerus; **5**, II, 3: Die Ausbreitung der römischen Kirchenverfassung; **5**, III, 1: Zwischen actio und contemplatio – die Orden im 12. Jahrhundert; **5**, III, 2: Die Christianisierung der Gesellschaft; **5**, III, 5: Der Christ vor Gott

PATLAGEAN, Evelyne, Prof. Dr., Universität Paris

5, Einleitung: Der Osten und der Westen im Jahre 1054; **5**, I, 1: Das byzantinische Kaiserreich von 1054 bis 1122; **5**, II, 5: Die griechische Kirche zwischen 1123 und 1204: Öffnung und Abschließung; **5**, II, 6: Die Beziehungen zwischen Konstantinopel und Rom von der Mitte des 11. bis zum Ende des 12. Jahrhunderts; **5**, III, 4: Glaubensstreit und Glaubensspaltung im Osten und im Westen; **5**, III, 5: Der Christ vor Gott; **5**, IV, 5: Die griechische Christenheit: Zerfall des Kaiserreiches und Herrschaft der Lateiner (1204–1274)

PAUL, André, Paris

1, IV, 1: Entstehung und Aufkommen der christlichen „Heiligen Schrift“

PAZOS, Antón M., Prof. Dr., Universität Navarra

10, I, 1: Bedeutende Kulturräume und Glaubenssysteme; **10**, III, 1: Von Napoleon zu Metternich

PERRIN, Michel-Yves, PD Dr., Universität Paris

1, III, 5: Rom und das westliche Abendland bis zur Mitte des 3. Jahrhunderts; **2**, IV, 2: Die neue Form der Missionierung: die Eroberung von Raum und Zeit

PICCIOLA, Liliane, Prof. Dr., Universität Poitiers

9, IV, 4: Das Christentum in den Künsten

PIETRI, Charles, Prof. Dr. (†), Direktor der École française, Rom

2, I, 3: Eine neue Geographie; **2**, II, 1: Christianisierung der kaiserlichen Repräsentation, der staatlichen Gesetzgebung und der römischen Gesellschaft; **2**, II, 2: Das Scheitern der kaiserlichen Reichseinheit in Afrika; **2**, II, 3: Theologische Diskussionen zur Zeit Konstantins: Arius, der „arianische Streit“ und das Konzil von Nizäa, die nachnizänischen Auseinandersetzungen bis 337; **2**, II, 4: Von der partitio des christlichen Kaiserreichs bis zur Einheit unter Konstantius: Arianerstreit und erster „Cäsaropapismus“; **2**, II, 5: Julian Apostata (361–363) und der Versuch einer altgläubigen Restauration; **2**, III, 1: Vom homöischen Arianismus zur neunizänischen Orthodoxie (361–385); **2**, III, 2: Die Erfolge: Unterdrückung des Heidentums und Sieg des Staatskirchentums; **2**, III, 3:

Die Schwierigkeiten des neuen Systems im Westen: Der Donatistenstreit (363–420); **2**, III, 4: Die Schwierigkeiten des neuen Systems (395–431): Die führende Häresie des Westens: Pelagius

Pietri, Luce, Prof. Dr., Universität Paris-Sorbonne

2, I, 1: Die Krise des Römischen Reiches und die Frage der Religion; **2**, I, 3, B: Der Westen und die Balkan-Donau-Randgebiete; **2**, I, 4: Christenverfolgungen zwischen Decius und Diokletian – das Toleranzedikt des Galerius; **2**, III, 5: Der Preis der Einheit: Johannes Chrysostomus und das „theodosianische" System; **2**, IV, Einleitung; **2**, IV, 1: Das Hineinwachsen des Klerus in die antike Gesellschaft; **2**, V, 3: Die großen missionarischen Kirchen: Spanien, Gallien, Britannien und Irland; **3**, II, 1, B: Gallien; **3**, II, 4, A: Die Durchsetzung des nicänischen Bekenntnisses in Gallien; **3**, V, 2: Die Kirche des Regnum Francorum; **3**, V, 4, A: Pastor und consul Dei: geistliche Mission und weltliche Herrschaft; **3**, V, 4, B: Gregor der Große und der lateinische Westen

Plongeron, Bernard, Prof. Dr., CNRS und Institut de catholique, Paris

10, Vorwort; **10**, I, Einleitung; **10**, I, 1: Bedeutende Kulturräume und Glaubenssysteme; **10**, I, 2: Von „Welten" zu Randzonen westlicher Modernität; **10**, I, 3: Die Konfrontation zwischen Kirchen und Moderne; **10**, I, 4: „Wahre Gottesverehrung" und das Problem des Unglaubens: Debatten um Inhalte und Wege von Religiosität und Seelsorge; **10**, II, Einführung; **10**, II, 1: Bekräftigungen und Anfechtungen des christlichen Staatsbürgers (1789–1792); **10**, II, 2: Eine Revolutionsregierung gegen das Christentum (1793–1795); **10**, II, 3: Die unmögliche Laizität des republikanischen Staates (1795–1801); **10**, II, 4: Die Entwicklung in Nordamerika; **10**, II, 5: Gläubige Laien in der Französischen Revolution: Bruch und Kontinuität; **10**, III, 1: Von Napoleon zu Metternich; **10**, III, 3: Lateinamerika; **10**, III, 4: Das Christentum als gesellschaftspolitischer Messianismus

Pouderon, Bernard, Prof. Dr., Universität Tours

1, IV, 4, A: Die frühen Christen und die griechische Kultur

Poutrin, Isabelle, PD Dr., Universität Bordeaux

9, I, 1: Die alte lateinische Christenheit: Auseinandersetzungen und Rückeroberungen, Kirche und Staat

Prévot, Françoise, Prof. Dr., Universität Paris

3, VI, 3: Der Heiligenkult im Westen

Prosperi, Adriano, Prof. Dr., Universität Pisa

7, II, 2: Die Länder der westlichen Christenheit (Italien)

PRUDHOMME, Claude, Prof. Dr., Universität Lyon

13, II, 7: Krisen und Wandlungen im christlichen Missionsverständnis; **13**, III, 5: Einheimisches Christentum in Schwarzafrika. Eine Wachstumszone des Christentums; **13**, III, 6: Christliche Kirchen als kleine Minderheiten in einem demographisch dominanten Asien; **13**, III, 7: Philippinen und Ozeanien: Unterschiedliche Schattierungen des Christentums in mehrheitlich christlichen Ländern

RAFFELT, Albert, Prof. Dr., Universität Freiburg i.Br.

12, I, 2: Entwicklungen theologischen Denkens, Frömmigkeit, Apostolat

RAPP, Francis, Prof. Dr., Universität Straßburg

6, II, 3: Sitten und Moral; **6**, III, 4: Die Kirchenprovinzen des Deutschen Reiches; **7**, I, 2: Das Wiedererstarken des Papsttums – Ein unvollständiger und kostspieliger Sieg; **7**, I, 3: Die Vielfalt der Reformbestrebungen; **7**, II, 1: Das religiöse Leben; **7**, II, 2: Die Länder der Christenheit (Deutschland, Frankreich)

RICHARD, Jean, Prof. Dr. em., Universität Dijon

6, I, 4: Die anderen orientalischen Kirchen; **6**, III, 5: Die Kirche in den Mittelmeerländern; **6**, III, 7: Die Beziehungen zwischen den Kirchen des Ostens und des Westens: Die Probleme der Vereinigung

RICHÉ, Pierre, Prof. em. Dr., Universität Paris

4, III, 1: Von Gregor dem Großen bis Pippin dem Jüngeren; **4**, III, 2: Das Christentum im karolingischen Reich (Mitte 8. bis Ende 9. Jahrhundert); **4**, III, 3: Die westliche Christenheit im 10. und in der ersten Hälfte des 11. Jahrhunderts

RIGAUX, Dominique, CNRS, Paris

7, II, 4: Die Blüte der Künste im christlichen Westen

ROSA, Mario, Prof. Dr., Universität Pisa

10, I, 1: Bedeutende Kulturräume und Glaubenssysteme; **10**, II, 3: Die unmögliche Laizität des republikanischen Staates (1795–1801)

ROUSSELET, Kathy, CNRS, Paris

13, III, 2: Die Russische Orthodoxe Kirche in der Sowjetunion und ihren Nachfolgestaaten von den sechziger Jahren bis heute

SAINT-GEOURS, Yves, Studiendirektor EPHESS, Paris

10, I, 2: Von „Welten“ zu Randzonen westlicher Modernität; **10**, III, 3: Lateinamerika

Salamito, Jean-Marie, PD Dr., Universität Straßburg

2, IV, 4: Christianisierung und Neuordnung des gesellschaftlichen Lebens

Sande, Anton van de, Prof. Dr., Universität Nimwegen

11, II, 2: Belgien, Luxemburg und die Niederlande; **11**, IV, 2: Belgien und die Niederlande

Saxer, Victor, Prof. Dr., Päpstl. Institut für christl. Archäologie, Rom

1, II, 2: Die Organisation der nachapostolischen Gemeinden (70–180); **1**, III, 4: Das christliche Afrika (180–260); **1**, IV, 3: Fortschritte in der Ausgestaltung der kirchlichen Organisation in den Jahren 180 bis 250; **2**, I, 2: Die kirchliche Organisation im 3. Jahrhundert

Scopello, Madeleine, CNRS, Paris

1, III, 1, B: Gnostische Strömungen

Sesboüé, Bernard, Prof. Dr., Centre Sèvres, Paris

1, IV, 2: Die Geschichte der Glaubensbekenntnisse im 2. und 3. Jahrhundert

Simon, Constantin, Prof. Dr., Orientalisches Institut, Rom

11, V, 1: Die russisch-orthodoxe Kirche am Ende des 19. und zu Beginn des 20. Jahrhunderts: Isolierung und Integration

Smolinsky, Heribert, Prof. Dr., Universität Freiburg i.Br.

7, IV, Einführung; **7**, IV, 4: Ist die Einheit der Christen zu retten?

Soetens, Claude, Prof. Dr., Universität Louvain

13, I, 1: Vorbereitung und Eröffnung des Konzils; **13**, I, 2: Die Vollversammlung und der Verfahrensablauf; **13**, I, 3: Der Konzilsverlauf; **13**, I, 4: Das Konzil und die Ökumenische Bewegung; **13**, I, 5: Resultate

Sotinel, Claire, PD Dr., Universität Bordeaux

3, II, 3: Rom und Italien am Übergang vom Römischen Reich zum Gotenreich; **3**, III, 2: Das Dilemma des Westens: Der Drei-Kapitel-Streit; **3**, V, 1, B: Italien

Spieser, Jean-Michel, Prof. Dr., Universität Fribourg/Schweiz

3, IV, 4: Byzantinische Spiritualität: ihr Ausdruck in der Architektur und in den Bildern

Theobald, Christoph, Prof. Dr., Centre Sèvres, Paris

13, II, 3: Theologische Veränderungen und Problemstellungen

TIHON, André, Prof. Dr., Universität Brüssel

11, II, 2: Belgien, Luxemburg und die Niederlande; **11**, IV, 2: Belgien und die Niederlande; **12**, II, 3: Niederlande, Belgien, Schweiz

TROCMÉ, Étienne, Prof. Dr., Princeton-Universität

1, I, 1: Die ersten Gemeinden: von Jerusalem nach Antiochien

TROUPEAU, Gérard, Studiendirektor am E. P. H. E, Paris

4, II, 1: Kirchen und Christen im muslimischen Orient

VAUCHEZ, André, Prof. Dr., Universität Paris; Direktor der École française, Rom

4, Ausblick; **5**, III, 3: Kirche und Bildung – Veränderungen und Spannungen; **5**, III, 4: Glaubensstreit und Glaubensspaltung im Osten und im Westen; **5**, IV, 3: Kirche, weltliche Gewalt und Gesellschaft; **5**, IV, 6: Die Christen und Nichtchristen; **5**, V, 1: Die pastorale Erneuerung der lateinischen Kirche; **5**, V, 2: Die Bettelorden und ihr Wirken in der städtischen Gesellschaft; **5**, V, 3: Der Aufstieg der Universitäten und die Blüte der scholastischen Theologie; **5**, V, 4: Der Kampf gegen Häresie und Abweichungen von der Norm im Westen; **5**, V, 5: Der Einstieg der Laien in das religiöse Leben; **6**, I, 5: Konzeptionen von Kirche; **6**, I, 6: Protest- und Häresiebewegungen in der römischen Kirche; **6**, II, 2: Die Heilswege; **6**, II, 4: Heiligung

VEIT, Patrice, CNRS, Paris

8, III, 6: Die Kunst, das Gebet und der Glaube; **9**, IV, 4: Das Christentum in den Künsten

VENARD, Marc, Prof. Dr., Universität Paris

7, I, Einleitung; **7**, II, Einleitung; **7**, II, 3: Die Dissidenten (Waldenser); **7**, III, 1: Das Europa der Renaissance; **7**, IV, Einführung; **7**, IV, 3: Die Vielfalt der Reformation; **7**, IV, 4: Ist die Einheit der Christen zu retten?; **8**, I, 5: Die katholische Kirche; **8**, II, 2: Frankreich und die Niederlande; **8**, II, 4: Italien; **8**, III, 1: Die kollektiven Formen des religiösen Lebens; **8**, III, 2: Persönliche Formen des religiösen Lebens; **8**, III, 3: Die Angst vor den Dämonen; **8**, III, 5: Fragen der Ethik; **9**, Einführung; **9**, I, 1: Die alte lateinische Christenheit: Auseinandersetzungen und Rückeroberungen, Kirche und Staat; **9**, I, 2: Die Überwindung der religiösen Grenzen; **9**, II, 1: Die Fortdauer der katholischen Reform; **9**, II, 3: Die Kirchen der Reformation; **9**, IV, 3: Christentum und Moral; **9**, Schluß: Das Ende einer Epoche?

VOGLER, Bernard, Prof. Dr., Universität Straßburg

8, I, 1: Die lutherischen Kirchen; **8**, II, 1: Die deutschen, schweizerischen und skandinavischen Gebiete; **8**, III, 1: Die kollektiven Formen des religiösen Lebens; **9**, I, 1: Die alte lateinische Christenheit: Auseinandersetzungen und Rückeroberungen, Kirche und Staat; **9**, II, 3: Die Kirchen der Reformation

Willaime, Jean-Paul, Studiendirektor an der École Pratique des Hautes Études, Paris

13, II, 2: Der ökumenische Rat der Kirchen (ÖRK) – Die ökumenischen Bewegungen; **13**, II, 3: Theologische Veränderungen und Problemstellungen; **13**, II, 4: Formen kirchlichen Lebens im Umbruch; **13**, II, 6: Kirche und Gesellschaft

Zorn, Jean-François, Prof. Dr., Theol. Fakultät, Montpellier

11, I, 4: Der neue Missionseifer; **11**, III, 3: Missionstheologien – Anfänge des Ökumenismus; **11**, VII.: Die christlichen Missionen in Afrika, Asien und Ozeanien; **13**, II, 7: Krisen und Wandlungen im christlichen Missionsverständnis; **13**, III, 5: Einheimisches Christentum in Schwarzafrika. Eine Wachstumszone des Christentums; **13**, III, 6: Christliche Kirchen als kleine Minderheiten in einem demographisch dominanten Asien; **13**, III, 7: Philippinen und Ozeanien: Unterschiedliche Schattierungen des Christentums in mehrheitlich christlichen Ländern

2. Übersetzung aus dem Französischen

(Fette arabische Ziffer = Band; römische Ziffer = Hauptteil; arabische Ziffer = Kapitel)

Barner, Gabriele, Dr., Dormagen
5 I, 3
V, 4
6 III, 5

Becker, Dorothee, Bonn
5 IV, 6
8 I, 3–7
II, 8 (I)
12 I, 1–3 (I)

Boesten-Stengel, Christine, Bad Mergentheim
2 I, 1
II, 4
IV, 3
V, 1
3 IV, 2
VI, 2 (B)
4 I, 1–4; 6
5 Einleitung
I, 1
II, 4–6
III, 2; 4 (A)
IV, 4; 5
6 III, 4; 6; 7
7 II, 4
III, Einleitung; 1; 3
9 II, 2
IV, 2; 4; 5
10 II, 1–3
III, 1

Böhm, Thomas, PD DDr., München
1 III, 1
2 III, 1; 3; 4; 6
3 I, 2
VII, 3

Brüggemann, Alexander, Bonn
9 Einleitung
I, 1 (Einleitung); 1 (I–III)

Bruns, Peter, Prof. Dr., Bamberg
1 III, 2
3 I, 3

DEMUIJLDER, Chantal, München
13 III, 1

DICKOPP, Julia, Münster
8 II, 1 (I); 1 (I)

DIEFENBACHER, Christine, Heilbronn
2 V, 3

DREWS, Wolfram, Dr., Bonn
1 I, 4

DURST, Michael, Prof. Dr., Chur
1 IV, 1; 4
3 I, 1
IV, 3

EICHELBERGER, Hanns-Werner, Essen
8 III, 1; 6

FIEDROWICZ, Michael, Prof. Dr., Trier
1 I, 1; 3
III, 3

FRIEDRICHS, Wolfgang, Dr., Heidelberg
5 I, 4
II, 2
6 I, 6
II, 1

GÖDECKE, Monika, Dr., Hannover
2 I, 4
II, 1
III, 2
V, 2
3 II, 4
III, 1
VI, 2 (A); 3
7 II, 3
8 III, 2
9 I, 2
II, 3 (V–VII)
11 II, 1
IV, 1
12 IV, 2

GRAMSCH, Elisabeth, Bregenz
6 III, 1
12 II, 4

GRESCHAT, Isabel, Dr., Münster
12 III, 1

HÄUSSERMANN, Wolfgang, Dr., Müllheim
3 III, 3
5 II, 3
6 III, 8

HAIDL, Roland, Nürnberg
2 IV, 2
3 I, 4
II, 2
IV, 1
V, 3 (B)
9 I, 1 (IV)
II, 1
III, 3
Schluß
10 Einführung
I, Einleitung; 1; 2 (3); 3 (1); 3 (2); 3 (4)
III, 2
12 II, 5
IV, 5; 10
Schluß

HAINTHALER, Theresia, Dr., Frankfurt a. M.
3 VII, 1; 2
4 II, 1
6 I, 4

HARTMANN, Gritje, Freiburg i. Br.
13 III, 2

HEIM, Manfred, Prof. Dr., München
4 III, 3, I
7 II, 2, I
IV, Einleitung; 1
12 II, 6

HIMMELSBACH, Arthur, Paris
5 IV, 1

V, 1; 5
7 II, 2 (III)
8 I, 1; 2
II, 3–6; 8 (II)
III, 5
11 I, 4
12 I, 3 (II)
II, 1

HOFINGER, Christine, Mutters
12 III, 2

HUBER, Hugo, Prof. Dr., Posieux
8 II, 1 (III); 1 (IV); 7; 9
12 II, 2; 3

KEMMLER, Aggi, Aachen
6 Einleitung

KLÖSGES, Margret, Aachen
5 I, 2
III, 4 (B)
IV, 2
6 III, 2

KÜLZER, Andreas, PD Dr., Wien
2 III, 5
V, 7
3 IV, 4
V,1 (A)
4 I, 5
7 I, 1
9 II, 4
11 V, 1

LOY, Thomas, Freiburg
1 Vorwort

MAINBERGER-RUH, Elisabeth, Zürich
1 I, 3
II, 2
III, 4
IV, 2; 3
2 I, 3
V, 8
3 II, 3
V, 4
4 III, 1; 2
5 III, 1; 5
V, 2; 3
6 I, 5
II, 3
III, 3; 9
7 I, 3
II, Einleitung; 1
III, 2
IV, 3
9 IV, 1; 3
10 I, 4
II, 5
III, 4
11 I, Einleitung; 1; 2
III, 1–6
13 II, 4–6
III, 3; 5

MEYER, Doris, Dr., Straßburg
3 III, 2

MÜHLENBERG, Marianne, Göttingen
2 IV, 4–6
4 IV, 1
5 II, 1
III, 3
IV, 3
6 I, 2
II, 2; 4
III, Rückblick
7 II, 2 (IV); 2 (VI)
IV, 2
9 II, 3 (I–II)
III, 2
11 VII, 1 (I–IV); 2 (I–VI, VIII, IX); 3

MÜLLER, Werner, Saarbrücken-Dudweiler
8 III, 3; 4

NIENTIEDT, Klaus, Durmersheim
12 IV, 1

OSCHWALD-DI FELICE, Magda, Mailand
6 I, 1

ŠANGO, Manuela, Bochum
2 I, 2
V, 5; 6

SCHMALZBAUER, Gudrun, Dr., Trier
4 IV, 2

SCHMIDT, Andrea Barbara, Prof. Dr., Louvain-la-Neuve
4 II, 2; 3
9 II, 5
11 V, 2

SCHOTTELIUS, Ursula, Dr., Merzhausen
2 V, 4
7 II, 2 (V)

SCHWARZ, Petra, Dr., Köln
6 I, 4

VONES-LIEBENSTEIN, Ursula, Dr., Köln
2 II, 2; 3; 5
IV, Einleitung; 1
8 II, 2
9 I, 1 (V–VII)
II, 3 (III–IV)
III, 1
10 I, 3 (3)
II, 4
III, 3
11 II, 3
IV, 3
VI, 1; 2
12 II, 5
13 III, 4; 6; 7

WOLF, Gerhard Philipp, Dr., Pegnitz
1 Einführung
I, 2
II, 1
III, 5
3 II, 1
V, 1 (B); 2; 3 (A)
VI, 1
4 III, 3 (II)
11 I, 3
II, 2; 6; 7
IV, 2; 6; 7
VII, 1 (V); 2 (VII)
13 I
II, 1; 2; 3; 7
Schluß

3. Bearbeitung der deutschen Ausgabe

Für die deutsche Ausgabe des Gesamtwerks wurden die übersetzten Kapitel der Einzelbände wissenschaftlich redigiert von:

BEE, Guido, Dr., Bonn, in Band 3

BOESTEN-STENGEL, Albert, Dr., Bad Mergentheim, in Band 3, Band 9

BOESTEN-STENGEL, Christine, Bad Mergentheim, in Band 4, Band 6, Band 7

BÖHM, Thomas, PD DDr., München, in Band 1, Band 2, Band 3

BOSHOF, Egon, Prof. Dr., Passau, in Band 4

BRAKMANN, Heinzgerd, Dr., Bonn, in Band 3

BREMER, Thomas, Prof. Dr., Münster, in Band 9, Band 10, Band 13

BRÜGGEMANN, Alexander, Bonn, in Band 9

BRUNS, Peter, Prof. Dr., Bamberg, in Band 1, Band 2, Band 3

COLLANI, Claudia von, Dr., Würzburg, in Band 8

DÖPMANN, Hans-Dieter, Prof. Dr., Berlin, in Band 8

DREWS, Wolfram, Dr., Bonn, in Band 1

DURST, Michael, Prof. Dr., Chur, in Band 1, Band 2, Band 3

ENGELS, Odilo, Prof. Dr., Köln, in Band 5, Band 8

FIEDROWICZ, Michael, Prof. Dr., Trier, in Band 1

FISCHER, Michael, Freiburg i. Br., in Band 9, Band 10, Band 11

FRANZKOWIAK, Johannes, Dr., Freiburg i. Br., in Band 1

GEERLINGS, Wilhelm. Prof. Dr., Bochum, in Band 2

GEORGI, Wolfgang, Dr., Köln, in Band 5

GESSEL, Wilhelm M., Prof. Dr., Augsburg, in Band 2, Band 3

GOTTLIEB, Gunther, Prof. Dr., Augsburg, in Band 2

GRAUMANN, Thomas, PD Dr., Cambridge, in Band 2, Band 3

GRESCHAT, Martin, Prof. Dr., Gießen, in Band 11

GRESSER, Georg, PD Dr., Köln, in Band 5

HAINTHALER, Theresia, Dr., Frankfurt a. M., in Band 3, Band 4, Band 6

HEIM, Manfred, Prof. Dr., München, in Band 4, Band 12

HENZE, Barbara, Dr., Freiburg i. Br., in Band 8

HERSCHE, Peter, Prof. Dr., Bern, in Band 10

KELLER, Adalbert, Prof. Dr., Augsburg, in Band 3

KLEBER, Karl-Heinz, Prof. Dr., Passau, in Band 8

KLEIN, Thoralf, Erfurt, in Band 10

KÖSSMEIER, Norbert, Freiburg i. Br., in Band 13

KRETSCHMAR, Georg, Prof. Dr., München/ St. Petersburg, in Band 8

KÜLZER, Andreas, PD Dr., Wien, in Band 4

MAKRIS, Georgios, Prof. Dr., Bochum, in Band 5, Band 7

MALEK, Roman, Prof. Dr., St. Augustin, in Band 8

MARKSCHIES, Christoph, Prof. Dr., Berlin, in Band 2

MEIER, Kurt, Prof. Dr., Leipzig, in Band 12

MESSNER, Reinhard, Prof. Dr., Innsbruck, in Band 3

MÜLLER, Andreas, Dr., München, in Band 3

MÜLLER, Winfried, Prof. Dr., Dresden, in Band 10

ORTH, Stefan, Dr., Freiburg i. Br., in Band 13

PAULI, Judith, Dr., Engelthal, in Band 2

PELZER, Erich, Prof. Dr., Freiburg i. Br., in Band 9

REICHERT, Eckhard, PD Dr., Hamburg, in Band 2, Band 3

RIST, Josef, Dr., Würzburg, in Band 3

RÖWEKAMP, Georg, Stuttgart, in Band 2

RUH, Ulrich, Dr., Freiburg i. Br., in Band 9, Band 12, Band 13

SCHIMMELPFENNIG, Bernhard, Prof. Dr., Augsburg, in Band 6

SCHMIDT, Andrea Barbara, Prof. Dr., Louvain-la-Neuve, in Band 4, Band 13

SCHNEIDER, Bernhard, Prof. Dr., Trier, in Band 9, Band 10

SCHOLTEN, Clemens, Prof. Dr., Köln, in Band 2, Band 3

SIEVERNICH, Michael, Prof. Dr., Frankfurt a. M., in Band 8. Band 13

SMOLINSKY, Heribert, Prof. Dr., Freiburg i. Br., in Band 7, Band 8, Band 9, Band 10

STEIMER, Bruno, Dr., Freiburg i. Br., in Band 2

ULRICH, Alexander, Bonn, in Band 11 (s. auch Brüggemann)

ULRICH, Jörg, Prof. Dr., Halle, in Band 2, Band 3

VONES, Ludwig, Prof. Dr., Köln, in Band 5

WEISMANN, Werner, Dr., Zell bei Würzburg, in Band 1, Band 3

WIRBELAUER, Eckhard, PD Dr., Freiburg i. Br., in Band 1, Band 3

WISCHMEYER, Wolfgang, Prof. Dr., Wien, in Band 2

WOLF, Gerhard Philipp, Dr., Pegnitz, in Band 1, Band 3, Band 13

4. Bildredaktion

Gesamtleitung der Bildredaktion für die Bände 1–13: DR. WOLF STADLER, Freiburg

III. BIBLIOGRAPHISCHE HILFSMITTEL

1. Biblische Bücher

a) Altes Testament

Gen	Genesis (1 Mose)
Ex	Exodus (2 Mose)
Lev	Leviticus (3 Mose)
Num	Numeri (4 Mose)
Dtn	Deuteronomium (5 Mose)
Jos	Das Buch Josua
Ri	Das Buch der Richter
Rut	Das Buch Rut
1 Sam	Das 1. Buch Samuel
2 Sam	Das 2. Buch Samuel
1 Kön	Das 1. Buch der Könige
2 Kön	Das 2. Buch der Könige
1 Chr	Das 1. Buch der Chronik (Paralipomenon)
2 Chr	Das 2. Buch der Chronik (Paralipomenon)
Esra	Das Buch Esra (1 Esra)
Neh	Das Buch Nehemia (2 Esra)
Tob	Das Buch Tobit (Tobias)
Jdt	Das Buch Judit
Est	Das Buch Ester (mit griech. Zusätzen)
1 Makk	Das 1. Buch der Makkabäer
2 Makk	Das 2. Buch der Makkabäer
Ijob	Das Buch Ijob (Hiob)
Ps	Die Psalmen
Spr	Das Buch der Sprichwörter (Die Sprüche Salomos)
Koh	Das Buch Kohelet (Der Prediger Salomo, Ecclesiastes)
Hld	Das Hohelied
Weish	Das Buch der Weisheit
Sir	Das Buch Jesus Sirach (Ecclesiasticus)
Jes	Das Buch Jesaja
Jer	Das Buch Jeremia
Klgl	Die Klagelieder des Jeremia
Bar	Das Buch Baruch (1 Bar)
Ez	Das Buch Ezechiel (Hesekiel)
Dan	Das Buch Daniel (mit griech. Zusätzen)
Hos	Das Buch Hosea (Osee)
Joel	Das Buch Joel
Am	Das Buch Amos
Obd	Das Buch Obadja (Abdias)
Jona	Das Buch Jona
Mi	Das Buch Micha (Michäas)
Nah	Das Buch Nahum
Hab	Das Buch Habakuk
Zef	Das Buch Zefanja (Sophonias)
Hag	Das Buch Haggai (Aggäus)
Sach	Das Buch Sacharja (Zacharias)
Mal	Das Buch Maleachi (Malachias)

b) Neues Testament

Mt	Das Evangelium nach Matthäus
Mk	Das Evangelium nach Markus
Lk	Das Evangelium nach Lukas
Joh	Das Evangelium nach Johannes
Apg	Die Apostelgeschichte
Röm	Der Brief an die Römer
1Kor	Der 1. Brief an die Korinther
2Kor	Der 2. Brief an die Korinther
Gal	Der Brief an die Galater
Eph	Der Brief an die Epheser
Phil	Der Brief an die Philipper
Kol	Der Brief an die Kolosser
1 Thess	Der 1. Brief an die Thessalonicher
2 Thess	Der 2. Brief an die Thessalonicher
1 Tim	Der 1. Brief an Timotheus
2 Tim	Der 2. Brief an Timotheus
Tit	Der Brief an Titus
Phlm	Der Brief an Philemon
Hebr	Der Brief an die Hebräer
Jak	Der Brief des Jakobus
1 Petr	Der 1. Brief des Petrus

2 Petr	Der 2. Brief des Petrus	3 Joh	Der 3. Brief des Johannes
1 Joh	Der 1. Brief des Johannes	Jud	Der Brief des Judas
2 Joh	Der 2. Brief des Johannes	Offb	Die Offenbarung des Johannes

2. Wichtige antike und mittelalterliche Autoren und Werke

Aelius Aristides
 Orationes (or.)
Aetius
 Placita (plac.)
Abälard
 Epistulae (ep.)
 Ethica seu Scito teipsum (eth.)
Alain von Lille
 De fide catholica contra haereticos (fide cath.)
Albert der Große
 Commentarii in I–IV Sententiarum (in sent.)
 De unitate intellectus (unit. intell.)
Ambrosius von Mailand
 Epistulae (ep.)
 Hexaemeron (hex.)
 Hymni (hymn.)
 Expositio evangelii secundum Lucam (in Luc.)
 Explanatio XII Psalmorum (in Ps.)
 Expositio in Psalmum 118 (in Ps. 118 serm.)
 De institutione virginis (inst. virg.)
 De mysteriis (myst.)
 De obitu Theodosii (obit. Theod.)
 De officiis ministrorum (off.)
 De paenitentia (paen.)
 De sacramentis (sacr.)
 Sermones (Ps.-Ambrosius) (serm.)
 De spiritu sancto (spir.)
 De viduis (vid.)
 De virginibus (virg.)
 De virginitate (virginit.)
Ammianus Marcellinus
 Res gestae (res gest.)
Anselm von Canterbury
 De casu diaboli (casu diab.)
 De conceptu virginali et de originali peccato (conc. virg.)
 De fide trinitatis (fide trin.)
 Dialogus de veritate (dial. ver.)
 Monologion (monol.)
 Proslogion (prosl.)
Aphrahat
 Demonstrationes (dem.)
Apuleius
 Apologia (apol.)
 Metamorphoses (met.)
 De mundo (mund.)
 De Platone et eius dogmate (Plat.)
 De deo Socratis (Socr.)
Aristides
 Apologia (apol.)
Aristoteles
 De anima (an.)
 Analytica posteriora (analyt. post.)
 De caelo (cael.)
 Categoriae (cat.)
 Ethica Eudemia (EE)
 Ethica Nicomachea (EN)
 De interpretatione (Peri hermeneias) (int.)
 Metaphysica (metaph.)
 Meteorologica (meteor.)
 Physica (phys.)
 De arte poetica (poet.)
 Politica (pol.)
 Ars rhetorica (rhet.)
 Sophistici elenchi (SE)
 Topica (top.)

Arnobius der Ältere
- Adversus nationes (nat.)

Athanasius
- Apologia ad Constantium (apol. Const.)
- Apologia de fuga sua (apol. d. f.)
- Apologia (secunda) contra Arianos (apol. sec.)
- Orationes adversus Arianos (Ar.)
- De decretis Nicaenae synodi (decr.)
- Epistula de sententia Dionysii (ep. de sent. Dionysii)
- Epistulae festivales (ep. fest.)
- Epistulae ad Serapionem (ep. Serap.)
- Expositio in Psalmos (exp. Ps.)
- Contra gentes (gent.)
- Historia Arianorum (hist. Ar.)
- De incarnatione (incarn.)
- De synodis (syn.)
- Tomus ad Antiochenos (tom.)
- Vita Antonii (v. Ant.)

Athenagoras
- Legatio (supplicatio) pro Christianis (leg.)
- De resurrectione mortuorum (res.)

Augustinus
- De anima et eius origine (an.)
- De baptismo (bapt.)
- De beata vita (beat. vit.)
- Contra academicos (c. acad.)
- Contra epistulam fundamenti (c. ep. fund.)
- Contra Gaudentium (c. Gaud.)
- Contra Iulianum (c. Iulian.)
- Contra secundam Iuliani responsionem opus imperfectum (c. Iulian. op. imperf.)
- Contra epistulam Parmeniani (c. Parm.)
- Contra duas epistulas Pelagianorum (c. Pelag.)
- De catechizandis rudibus (catech. rud.)
- De civitate dei (civ.)
- Confessiones (conf.)
- De cura pro mortuis (cura pro mort.)
- De diversis quaestionibus LXXXIII (divers. quaest.)
- De doctrina christiana (doctr. christ.)
- Enarrationes in Psalmos (enarr. in Ps.)
- Enchiridion (Ad Laurentium de fide, spe et caritate) (enchir.)
- Epistulae (ep.)
- Contra Faustum Manichaeum (Faust.)
- De fide et symbolo (fid. et symb.)
- De Genesi ad litteram (Gen. ad litt.)
- De gestis Pelagii (gest. Pel.)
- De gratia et libero arbitrio (grat.)
- De gratia Christi (grat. Christi)
- De haeresibus (haer.)
- De libero arbitrio (lib. arb.)
- Contra litteras Petiliani (litt. Pet.)
- De magistro (mag.)
- De moribus ecclesiae catholicae et de moribus Manichaeorum (mor.)
- De musica (mus.)
- De natura et gratia (nat. et grat.)
- De opere monachorum (op. monach.)
- De ordine (ord.)
- De peccato originali (pecc. orig.)
- De dono perseverantiae (persev.)
- De praedestinatione sanctorum (praed. sanct.)
- De diversis quaestionibus ad Simplicianum (quaest. Simpl.)
- De quantitate animae (quant. anim.)
- Retractationes (retr.)
- Sermones (serm.)
- De spiritu et littera (spir. et litt.)
- Tractatus in evangelium Iohannis (tract. in ev. Ioh.)
- De trinitate (trin.)
- De utilitate credendi (util. cred.)
- De utilitate ieiunii (util. ieiun.)
- De vera religione (ver. rel.)

Pseudo-Augustinus
- Quaestiones veteris et novi testamenti (quaest. test.)

Aurelius Victor
- Historiae abbreviatae (De Caesaribus) (Caes.)

Barnabasbrief (Barn.)
Basilius von Caesarea
  Epistulae (ep.)
  Adversus Eunomium (Eun.)
  Homiliae in hexaemeron (hex.)
  Homiliae variae (hom.)
  Homiliae in Psalmos (hom. in ps.)
  Regulae brevius tractatae (reg. br.)
  Regulae fusius tractatae (reg. fus.)
  De spiritu sancto (spir.)
Bernhard von Clairvaux
  Sermones de diversis (serm. div.)
  Sermones in Cantica canticorum (in Cant.)
  Tractatus de gradibus humilitatis et superbiae (grad. hum.)
Boethius
  De consolatione philosophiae (cons.)
  Contra Eutychen et Nestorium (c. Eut.)
  De trinitate (trin.)
Bonaventura
  Collationes in Hexaemeron (coll. Hex.)
  De mysterio trinitatis (myst. trin.)
  Quaestiones disputatae de perfectione evangelica (perf. ev.)
  In IV libros Sententiarum (in Sent.)
  Itinerarium mentis in Deum (itin.)
  Sermones selecti de rebus theologicis (serm. sel.)

Cäsarius von Arles
  Regula ad virgines (Statuta sanctarum virginum) (reg. ad virg.)
  Sermones (serm.)
Cäsarius von Heisterbach
  Dialogus miraculorum (dial. mirac.)
Canones apostolorum (CanAp)
Cassianus
  De incarnatione Domini contra Nestorium (c. Nest.)
  Conlationes (collationes) patrum (conl. oder coll.)
  De institutis coenobiorum (inst.)
Cassiodor
  De anima (an.)
  Chronica (chron.)
  Codex de grammatica (gramm.)
  Expositio in Psalmos (exp. in Ps.)
  Historia ecclesiastica tripartita (hist.)
  De institutione divinarum litterarum (inst. div.)
  Variae (var.)
Chronicon Paschale (Chron. Pasch.)
Chronograph vom Jahre 354 (Chronogr. a. 354)
Cicero
  Epistulae ad Atticum (Att.)
  De oratore (de orat.)
  De divinatione (div.)
  Epistulae ad familiares (fam.)
  De fato (fat.)
  De finibus (fin.)
  De legibus (leg.)
  De natura deorum (nat. deor.)
  De officiis (off.)
  De re publica (rep.)
  Tusculanae disputationes (Tusc.)
Claudianus Mamertus
  De statu animae (an.)
Clemens von Alexandrien
  Eclogae (ecl.)
  Excerpta Theodoti (exc. Thdt.)
  Paedagogus (paed.)
  Protrepticus (protr.)
  Quis dives salvetur (q. d. s.)
  Stromata (strom.)
Columbanus
  Regula coenobialis (reg.)
Commodianus
  Carmen apologeticum (apol.)
  Instructiones (instr.)
Constitutiones apostolorum (CA)
Cosmas Indicopleustes
  Topographia christiana (top.)
Cyprian von Karthago
  Ad Demetrianum (Demetr.)
  De dominica oratione (domin. or.)
  Ad Donatum (Donat.)
  De opere et eleemosynis (eleem.)
  Epistulae (ep.)
  De lapsis (laps.)
  De mortalitate (mort.)

De patientia (patient.)
De unitate ecclesiae (unit. eccl.)
Cyrill von Alexandrien
De adoratione et cultu in spiritu et veritate (ador.)
Quod unus sit Christus (Chr. un.)
De trinitate dialogi (dial. trin.)
Epistulae (ep.)
De incarnatione unigeniti dialogus (incarn. unigen.)
Thesaurus de trinitate (thes.)
Cyrill von Jerusalem
Catecheses (catech.)
Mystagogiae (myst.)

Decretum Gelasianum (Decr. Gelas.)
Didache XII apostolorum (Did.)
Didascalia apostolorum (Didasc.)
Dio Cassius
Historia Romana (hist. rom.)
Diogenes Laertius
De clarorum philosophorum vitis (vit.)
Diognetbrief (Diogn.)
Pseudo-Dionysius Areopagita
De caelesti hierarchia (c. h.)
De divinis nominibus (d. n.)
De ecclesiastica hierarchia (e. h.)
De mystica theologia (myst.)

Egeria
Peregrinatio Aetheriae (Etheriae, Egeriae) (Peregr.)
Ephräm der Syrer
Carmina Nisibena (carm. Nis.)
Hymni contra haereses (haer.)
Epiphanius von Salamis
Ancoratus (anc.)
Adversus haereses (Panarion) (haer.)
De mensuris et ponderibus (mens.)
Eugippius
Epistula ad Probam (ep.)
Vita Severini (Sev.)
Eusebius von Caesarea
Contra Hieroclem (c. Hier.)
Chronicorum liber (chron.)
Commentarius in Psalmos (comm. in Ps.)
Demonstratio evangelica (dem.)
De ecclesiastica theologia (e.th.)
Historia ecclesiastica (h. e.)
Contra Marcellum (Marcell.)
De martyribus Palaestinae (mart. Pal.)
Onomasticum (onomast.)
De solemnitate paschali (pasch.)
Praeparatio evangelica (praep.)
De vita Constantini (v. Const.)
Eusebius von Emesa
Sermones (serm.)
Evagrius Scholasticus
Historia ecclesiastica (h. e.)
Evagrius Ponticus
Practicus (ad Anatolium) (pract.)

Filastrius
Diversarum haereseon liber (haer.)
Firmicus Maternus
De errore profanarum religionum (err.)
Fulgentius von Ruspe
Epistulae (ep.)
De fide ad Petrum (fid.)
De trinitate as Felicem (trin.)
De veritate praedestinationis et gratiae Dei (praed.)

Gelasius von Cyzicus
Historia ecclesiastica (h. e.)
Gennadius
De viris illustribus (vir. ill.)
Gregor der Große
Dialogi (dial.)
Epistulae (ep.)
In evangelia homiliae (in evang.)
In Ezechielem homiliae (in Ezech.)
Moralium libri sive expositio in librum Iob (moral.)
Regula pastoralis (past.)
Gregor von Nazianz
Carmina (carm.)
Epistulae (ep.)
Orationes (or.)

Gregor von Nyssa
- Antirrheticus adversus Apollinarem (Apoll.)
- Orationes de beatitudinibus (beat.)
- Adversus Graecos ex communibus notionibus (comm. not.)
- Epistulae (ep.)
- Contra Eunomium (Eun.)
- De fide ad Simplicium (fid.)
- Homilia in annuntiationem virginis Mariae (in annunt.)
- Homiliae in orationem dominicam (or. dom.)
- De hominis opificio (hom. opif.)
- Oratio catechetica magna (or. catech.)
- In sanctum Pascha (pascha)
- De professione Christiana (prof. chr.)
- De tridui spatio (trid. spat.)
- De vita Macrinae (v. Macr.)
- De vita Mosis (v. Mos.)

Gregor von Tours
- Historiae (Historia Francorum) (hist.)
- Liber in gloria confessorum (glor. conf.)
- Liber in gloria martyrum (glor. mart.)
- Liber vitae patrum (lib. vit. patr.)

Hermas
- Mandata pastoris (mand.)
- Similitudines pastoris (sim.)
- Visiones pastoris (vis.)

Hesiod
- Erga (erg.)
- Theogonia (theog.)

Hieronymus
- Adversus Iovinianum (adv. Iovin.)
- Dialogus adversus Pelagianos (adv. Pelag.)
- Apologia adversus libros Rufini (adv. Rufin.)
- Liber contra Vigilantium (c. Vigil.)
- Chronicon ad annum post natum Abraham (chron.)
- Epistulae (ep.)
- Praefatio (zu bibl. Schriften) (praef.)
- Prologus (zu bibl. Schriften) (prol.)
- Liber quaestionum hebraicarum in Genesim (quaest. hebr. in Gen.)
- De viris illustribus (vir. ill.)

Hilarius von Poitiers
- Collectanea antiariana Parisina (Coll. Ar.)
- Commentarius in Matthaeum (in Matth.)
- De synodis (syn.)
- De trinitate (trin.)

Hippolyt von Rom
- Demonstratio de Christo et antichristo (antichr.)
- Contra Noetum (Pseudo-Hippolyt?) (Noet.)
- Refutatio omnium haeresium (Philosophoumena oder Elenchos) (ref.)
- Traditio apostolica (Pseudo-Hippolyt?) (TA oder trad. apost.)

Hugo von Sankt Viktor
- Didascalicon (Didasc.)
- Commentarius in hierarchiam caelestem Dionysii Areopagitae (hier. cael.)
- De sacramentis christianae fidei (sacr.)

Hydatius Lemicus
- Continuatio chronicorum Hieronymianorum (chron.)

Ignatius von Antiochien
- Epistula ad Ephesios (Eph.)
- Epistula ad Magnesios (Magn.)
- Epistula ad Philadelphienses (Philad.)
- Epistula ad Polycarpum (Polyc.)
- Epistula ad Romanos (Rom.)
- Epistula ad Smyrnaeos (Smyrn.)
- Epistula ad Trallianos (Trall.)

Irenäus von Lyon
- Demonstratio praedicationis apostolicae (dem.)
- Adversus haereses (haer.)

Isidor von Sevilla
- De officiis ecclesiasticis (off. e.)

Origines (etymologiae) (orig.)
Sententiae (sent.)
De viris illustribus (vir. ill.)

Johannes Cassianus (siehe Cassianus)
Johannes Chrysostomus
Ascetam fascetiis uti non debere (ascet. fascet.)
Catecheses (catech.)
De coemeterio et de cruce (coem.)
De virginitate (de virg.)
Epistulae (ep.)
Expositio in Psalmos (exp. in Ps.)
De fugienda simulata specie (fug. spec.)
De inani gloria et de educandis liberis (in. glor.)
De incomprehensibili dei natura (contra Anomoeos) (incomprehens.)
De sacerdotio (sac.)
Ad populum Antiochenum de statuis (stat.)
Adhortationes ad Theodorum lapsum (Thdr.)
Johannes von Damaskus
Dialectica (dial.)
De fide orthodoxa (fid. orth.)
Liber de haeresibus (haer.)
De sacris imaginibus orationes (imag.)
Sacra parallela (parall.)
Johannes Duns Scotus
Ordinatio (Opus Oxoniense) (ord.)
Reportata Parisiensia (rep. Par.)
Johannes Malalas
Chronographia (chron.)
Johannes von Salisbury
Metalogicon (metal.)
Policraticus (Policr.)
Josephus Flavius
Antiquitates Iudaicae (ant.)
Bellum Iudaicum (bell. Iud.)
Contra Apionem (c. Ap.)
De vita sua (vit.)
Justin der Martyrer
Apologiae (1/2 apol.)
Dialogus cum Tryphone Iudaeo (dial.)
Pseudo-Justin
Cohortatio ad gentiles (coh.)
Oratio ad Graecos (or.)
Justinian I.
Codex Iustinianus (Cod. Iust.)
Institutiones Iustiniani (Inst. Iust.)
Iustiniani novellae (Novell. Iust.)

Lactanz
Epitome divinarum institutionum (epit.)
Divinae institutiones (inst.)
De ira die (ira)
De mortibus persecutorum (mort. pers.)
De opificio Die (opif.)
De ave Phoenice (Phoen.)
Leo der Große
Epistulae (ep.)
Sermones (serm.)
Leontius von Byzanz
Contra Nestorianos et Eutychianos (Nest. et Eut.)
Libanius
Orationes (or.)
Liber pontificalis (LP oder Lib. pontif.)
Lucian von Samosata
Alexandrus (Pseudomantis) (Alex.)
De morte Peregrini (Peregr.)

Macarius der Ägypter
Homiliae spirituales (hom.)
Marius Victorinus
Adversus Arium (adv. Arium)
Marcellinus
Chronica (chron.)
Maximus Confessor
Ambiguorum liber (ambig.)
Mystagogia (myst.)
Quaestiones et dubia (quaest. dub.)
Maximus von Turin
Sermones (serm.)
Melito von Sardes
Homilia in passionem Christi (pass.)
Methodius von Olympus
De resurrectione mortuorum (res.)
Symposium (symp.)

Minucius Felix
Octavius (Oct.)

Nestorius
Liber Heraclidis (Heracl.)
Nikolaus von Kues
De concordantia catholica (conc. cath.)
De coniecturis (coni.)
De docta ignorantia (doc. ign.)
Novatian
De trinitate (trin.)

Optatus von Mileve
Contra Parmenianum (c. Parm.)
Origenes
Contra Celsum (Cels.)
Dialogus cum Heraclide (dial.)
Epistulae (ep.)
Exhortatio ad martyrium (mart.)
De oratione (or.)
Philocalia (philoc.)
De principiis (princ.)

Paulus Orosius
Historiarum adversus paganos libri VII (hist.)
Pacianus
Epistulae (ep.)
Palladius
Historia Lausiaca (h. Laus.)
Dialogus de vita Johannis Chrysostomi (v. Chrys.)
Pamphilius von Caesarea
Apologia pro Origene (apol.)
Paulinus von Nola
Carmina (carm.)
Epistulae (ep.)
Petrus Chrysologus
Sermones (serm.)
Petrus Lombardus
Commentarii in Psalmos (Ps.)
Libri IV sententiarum (sent.)
Philo von Alexandrien
De Abrahamo (Abr.)
De agricultura (agr.)
Legum allegoriae (all.)
De animalibus (anim.)
De Cherubim (Cher.)
De confusione linguarum (conf.)
De congressu eruditionis gratia (congr.)
De vita contemplativa (contempl.)
De decalogo (decal.)
Quod deterius potiori insidiari soleat (det.)
In Flaccum (Flacc.)
Legatio ad Gaium (Gai.)
Legum allegoriarum (LA)
Quis rerum divinarum heres (her.)
Quod deus sit immutabilis (imm.)
De vita Mosis (Mos.)
De mutatione nominum (mut.)
De opificio mundi (opif.)
De providentia (prov.)
Quaestiones in Exodum (QE)
Quaestiones in Genesin (QG)
De somniis (somn.)
De specialibus legibus (spec. leg.)
De virtutibus (virt.)
Philostorgius
Historia ecclesiastica (h.e.)
Philostratus
Vita Apollonii (vit. Apoll.)
Photius von Konstantinopel
Bibliothecae codices (cod.)
Platon
Alkibiades I (Alk. I)
Apologia (apol.)
Charmides (Charm.)
Epistulae (ep.)
Gorgias (Gorg.)
Hippias maior/minor (Hipp. mai./min.)
Kratylos (Krat.)
Kriton (Krit.)
Leges (Nomoi) (leg.)
Menon (Men.)
Parmenides (Parm.)
Phaidon (Phaid.)
Phaidros (Phaidr.)
Philebos (Phil.)
Politikos (polit.)
Protagoras (Prot.)

De republica (Politeia) (rep.)
Sophistes (soph.)
Symposion (symp.)
Theaitetos (Theait.)
Timaios (Tim.)
Pseudo-Platon
Definitiones (def.)
Plinius der Ältere
Naturalis historia (nat.)
Plinius der Jüngere
Epistulae (ep.)
Plotin
Enneaden (enn.)
Plutarch
Adversus Colotem (adv. Col.)
Amatorius (amat.)
De defectu oraculorum (def. orac.)
Moralia (mor.)
De Pythiae oraculis (Pyth.)
Quaestiones convivales (quaest. conv.)
Non posse suaviter vivi secundum Epicurum (suav. viv. Epic.)
Vitae parallelae (vit. par.)
Polycarp von Smyrna
Epistula ad Philippenses (ep.)
Porphyrius
De abstinentia (abst.)
Adversus Christianos (adv. Chr.)
Eisagoge (eisag.)
De regressu animae (regr. an.)
Vita Plotini (v. Plot.)
Possidius von Calama
Vita Augustini (vit. Aug.)
Prokop von Caesarea
De aedificiis (aed.)
Anecdota (anecd.)
De bello Gothico (Goth.)
De bello Persico (Pers.)
Proclus
Elementatio theologica (elem. theol.)
Proclus von Konstantinopel
Oratio (homilia) de laudibus s. Mariae (or. laud. Mar.)
Prosper von Aquitanien
Contra collatorem (c. coll.)
Epitoma chronicorum (chron.)
Prudentius
Peristephanon (perist.)
Psychomachia (psych.)

Quintilianus
Institutio oratoria (inst.)

Regula Benedicti (Reg. Ben.)
Regula magistri (Reg. mag.)
Regula monchorum (Reg. mon.)
Rufinus von Aquileja
Eusebii historia ecclesiastica a Rufino translata et continuata (hist.)
Historia monachorum in Aegypto (hist. mon.)
Expositio symboli (symb.)

Sacramentarium Gelasianum (Sacr. Gelas.)
Sacramentarium Gregorianum (Sacr. Gregor.)
Sedulius
Carmen paschale (carm. pasch.)
Socrates Scholasticus
Historia ecclesiastica (h. e.)
Sozomenus
Historia ecclesiastica (h. e.)
Sueton
De vita Caesarum (vit. Caes.)
Sulpicius Severus
Chronica (chron.)
Dialogi (dial.)
Symmachus
Orationes (or.)

Tacitus
Annales (ann.)
Historiae (hist.)
Tatian
oratio ad Graecos (or.)
Tertullian
Adversus Hermogenem (adv. Hermog.)
Adversus Iudaeos (adv. Iud.)
Adversus Marcionem (adv. Marc.)
Adversus Praxean (adv. Prax.)
De anima (an.)
Apologeticum (apol.)

De baptismo (bapt.)
De carne Christi (carn.)
De fuga (fug.)
De idololatria (idol.)
De ieiunio (ieiun.)
Ad martyres (mart.)
De monogamia (monog.)
Ad nationes (nat.)
De oratione (or.)
De paenitentia (paenit.)
De patientia (patient.)
De praescriptione haereticorum (praescr.)
De pudicitia (pudic.)
De resurrectione mortuorum (resurr.)
Ad Scapulam (Scap.)
Scorpiace (scorp.)
De spectaculis (spect.)
Ad uxorem (uxor.)
De virginibus velandis (virg. vel.)

Pseudo-Tertullian
Carmen adversus Marcionitas (carmen adv. Marc.)
Adversus omnes haereses (haer.)

Theodorus Lector
Historia ecclesiastica (h. e.)

Theodor von Mopsuestia
Homiliae catecheticae (hom. cat.)

Theodoret von Cyrus
Graecarum affectionum curatio (affect.)
Epistulae (ep.)
Eranistes (eran.)
Historia religiosa (h. rel.)
Historia ecclesiastica (h. e.)
Haereticarum fabularum compendium (haer.)
Orationes de providentia (provid.)

Theophanes Homologetes
Chronographia (chronogr.)

Theophilus von Antiochien
Ad Autolycum (Autol.)

Thomas von Aquin
Compendium theologiae ad Reginaldum (comp. theol.)
Quaestiones quodlibetales (Quodl.)
Scriptum super libros Sententiarum (in Sent.)
Summa contra gentiles (S. c. g.)
Summa theologiae (S.th.)

Thomas von Kempen
Imitatio Christi (im. Chr.)

Venantius Fortunatus
Carmina (carm.)

Vinzenz von Lérins
Commonitorium (comm.)

Wilhelm von Auvergne
Magisterium divinale et sapientiale (mag.)

Wilhelm von Ockham
Ordinatio sive Scriptum in librum primum Sententiarum (ord.)
Summa logicae (S. log.)

Wilhelm von Sankt Thierry
De contemplando Deo (cont.)
De sacramento altaris liber (sacr. alt.)
De vita solitaria (vit. sol.)

Zeno von Verona
Tractatus (sermones) (tr.)

Zosimus
Historia nova (hist.)

3. Einschlägige Quellenwerke, Zeitschriften, Lexika und Handbücher in Auswahl

Acta Apostolicae Sedis 1 (Rom 1909) ff.
Acta Conciliorum Oecumenicorum, herausgegeben von E. Schwartz, Serie I: 4 Bände. Berlin 1914–84; Serie II: Berlin 1984 ff.
Acta martyrum et sanctorum (syriace), herausgegeben von P. Bedjan, 7 Bände. Paris 1890–97, Nachdruck Hildesheim 1968.
Acta Ordinis Fratrum Minorum vel ad ordinem quoquo modo pertinentia 1–5 (Rom 1882–86) 6 (Quaracchi 1887) ff.
Acta reformationis catholicae ecclesiam Germaniae concernentia saeculi XVI, herausgegeben von G. Pfeilschifter, 6 Bände. Regensburg 1959–74.
Acta Sanctae Sedis 6–41 (Rom 1870–1908) (bis 5 [1869]: Acta ex iis decerpta quae apud Sanctam Sedem geruntur in compendium opportune redacta et illustrata) (ab 1909: Acta Apostolicae Sedis).
Acta Sanctorum Belgii selecta, herausgegeben von J. Ghesquière – C. Smetius, 6 Bände. Brüssel 1783–94.
Acta Sanctorum ordinis s. Benedicti in saeculorum classes distributa, herausgegeben von J. Mabillon – L. d'Achéry, 9 Bände. Paris 1668–1701, Venedig ^{2}1733–40 (in 6 Bänden), Mâcon ^{3}1935 ff.
Acta Sanctorum, herausgegeben von den Bollandisten (S. Bolland u.a.), Original-Ausgabe, 70 Bände. Antwerpen 1643–1770, Tongerloo 1794, Paris 1875–87, Brüssel 1780–1944; Neudruck Band 1–43. Venedig 1734–70; Neudruck Band 1–60. Paris 1863–70; Nachdruck der Original-Ausgabe Band 1–60. Paris 1966–71.
Adriányi, G.: Geschichte der Kirche Osteuropas im 20. Jahrhundert. Paderborn 1992.
Aland, K.: Geschichte der Christenheit, 2 Bände. Gütersloh ^{2}1991.
Aland, K.: Kirchengeschichte in Zeittafeln und Überblicken. Gütersloh ^{2}1991.
Alemania Franciscana antiqua 1–19 ([Ulm] Landshut 1956–74[76]).
Allgemeine deutsche Biographie, 55 Bände. Leipzig 1875–1910, Registerband 1912.
Altaner, B. (ab ^{5}1960: und A. Stuiber): Patrologie. Leben, Schriften und Lehre der Kirchenväter. Freiburg ^{9}1980, Sonderausgabe 1993.
American Benedictine review 1 (New York u.a. 1950) ff.
American ecclesiastical review 1–169 (Washington u.a. 1889–1975).
American historical review 1 (New York 1895) ff.
American journal of archaeology 1 (Menasha [Wisconsin] u.a. 1885) ff.
Analecta Augustiniana 1 (Rom 1905/06) ff.
Analecta Bollandiana 1 (Brüssel 1882) ff.
Analecta Cartusiana (B), 129 Bände. Salzburg 1970–88. Neue Reihe (= Zeitschrift): 1 (Pont-Saint-Esprit 1989) ff.
Analecta Cisterciensia 21 (Rom 1965) ff.
Analecta Cracoviensia. Studia philosophica – theologica – historica 1 (Krakau 1969) ff.
Analecta Franciscana sive chronica aliaque varia documenta ad historiam Fratrum Minorum spectantia. Quaracchi 1885 ff.
Analecta Ordinis Carmelitarum (ab 17 [1926]: Calceatorum) 1–44 (Rom 1909–54) (seit 1954: Carmelus).

Analecta Ordinis Carmelitarum Discalceatorum 1–25 (Rom 1926–53).
Analecta Ordinis Fratrum Minorum Capuccinorum 56 (Rom 1940) ff. (bis 55 [1939]: Analecta Ordinis Minorum Capuccinorum).
Analecta Praemonstratensia 1 (Tongerloo 1925) ff.
Analecta Sacri Ordinis Fratrum Praedicatorum 1 (Rom 1893) ff.
Ancient Christian Writers, herausgegeben von J. Quasten – J. C. Plumpe. Westminster (Maryland) – London 1946 ff.
Andrieu, M.: Le Pontifical Romain au moyen-âge, 4 Bände. Vatikanstadt 1938–41.
Andrieu, M.: Les Ordines Romani du haut moyen-âge, 5 Bände. Löwen 1931–61.
Angelicum 1 (Rom 1924) ff.
Anglican theological review 1 (New York u. a. 1918) ff.
Annalen des Historischen Vereins für den Niederrhein, insbesondere das alte Erzbistum (die Erzdiözese) Köln 1 (Köln 1855) ff.
Annales du midi. Revue archéologique, historique et philologique de la France méridionale 1 (Toulouse 1889) ff.
Annales Ordinis Sancti Benedicti 1–46 (Rom 1893–1940)
Annales. Histoire, science sociales 1 (Paris 1946) ff.
Année canonique 1 (Paris 1952) ff.
Annuaire de l'Institut de Philologie et d'Histoire Orientales (ab 4 [1936]: et Slaves) 1–27 (Brüssel 1932–85).
Annuario Pontificio. Rom 1912 ff.
Annuarium historiae conciliorum 1 (Paderborn 1969) ff.
Anuario de estudios medievales 1 (Barcelona 1964) ff.
Anuario de historia del derecho español 1 (Madrid 1924) ff.
Anzeiger für die Altertumswissenschaft 1 (Wien – Köln 1948) ff.
Archäologischer Anzeiger. Beiblatt zum Jahrbuch des deutschen archäologischen Instituts 1 (Berlin 1889) ff.
Archiv für Diplomatik, Schriftgeschichte, Siegel- und Wappenkunde 1 (Münster – Köln 1955) ff.
Archiv für elsässische Kirchengeschichte 1–16 (Rixheim [Elsaß] 1926–43) (ab 17 [1946]: Archives de l'Église d'Alsace).
Archiv für evangelisches Kirchenrecht 1–5 (Berlin 1937–41).
Archiv für katholisches Kirchenrecht 1 ([Innsbruck] Mainz 1857) ff.
Archiv für Kulturgeschichte 1 ([Leipzig] Münster – Köln 1903) ff.
Archiv für Literatur- und Kirchengeschichte des Mittelalters, herausgegeben von H. Denifle – F. Ehrle, 7 Bände. (Berlin) Freiburg 1885–1900.
Archiv für mittelrheinische Kirchengeschichte 1 (Speyer 1949) ff.
Archiv für Orientforschung (bis 2 [1925]: für Keilschriftforschung) 3 (Berlin 1926) ff.
Archiv für österreichische Geschichte 34 (Wien 1865) ff.
Archiv für Papyrusforschung und verwandte Gebiete 1 (Berlin 1901) ff.
Archiv für Reformationsgeschichte 1–41 (Leipzig 1903–50), 42 (Gütersloh 1951) ff.
Archiv für Religionswissenschaft 1–37 (Freiburg u. a 1898–1941/42).
Archiv für schlesische Kirchengeschichte 1–6 (Breslau 1936–41), 7 (Hildesheim 1949) ff.
Archiv für Sozialgeschichte 1 (Bonn 1961) ff.
Archives d'Histoire doctrinale et littéraire du Moyen-Âge 1 (Paris 1926) ff.

Archives de l'Église d'Alsace Neue Serie 17 (Straßburg 1946) ff. (bis 16 [1943]: Archiv für elsässische Kirchengeschichte).
Archives de l'Orient chrétien. Bukarest 1948 ff.
Archivio storico italiano 1 (Florenz 1842) ff.
Archivio storico lombardo 1 (Mailand u. a. 1874) ff.
Archivio storico per la Calabria e la Lucania 1 (Rom 1931) ff.
Archivio storico per la Sicilia orientale 1 (Catania 1904) ff.
Archivio storico per le provincie Parmensi 1 (Parma 1892) ff.
Archivo (Historico) Agustiniano (Hispano) 1–59 (Madrid 1914–65).
Archivo ibero-americano 1 (Madrid 1914) ff.
Archivum Franciscanum historicum 1 (Florenz – Quaracchi 1908) ff.
Archivum Fratrum Praedicatorum 1 (Rom 1931) ff.
Archivum historiae pontificiae 1 (Rom 1963) ff.
Archivum historicum Societatis Jesu 1 (Rom 1932) ff.
Archivum latinitatis medii aevi 1 (Brüssel u. a. 1924) ff.
Arte Medievale 1 (Rom 1983) ff.
Atlas Hierarchicus. Descriptio geographica et statistica insuper notae historicae
Atlas zur Kirchengeschichte, herausgegeben von H. Jedin u. a., bearbeitet von J. Martin. Freiburg ^{2}1987, Nachdruck 2004.
Aufstieg und Niedergang der römischen Welt, herausgegeben von H. Temporini – W. Haase, 3 Teile und Register; Teil I: Von den Anfängen Roms bis zum Ausgang der Republik, Band 1 ff. Berlin – New York 1972 ff.; Teil II: Principat, Band 1 ff. Berlin – New York 1974 ff.; Teil III: Spätantike.
Augustinianum 1 (Rom 1961) ff.
Ausgewählte Quellen zur deutschen Geschichte der Neuzeit. M 1960 ff. (Freiherr-vom-Stein-Gedächtnisausgabe).
Ausgewählte Quellen zur deutschen Geschichte des Mittelalters. Darmstadt 1955 ff.

Bardenhewer, O.: Geschichte der altkirchlichen Literatur, 5 Bände. Freiburg 1902 ff. Band 1 ^{2}1913, Band 2 ^{2}1914, Band 3 ^{2}1923, Band 4 $^{1-2}$1924, Band 5 1932, Nachdruck Darmstadt 1962, 1966.
Baronius, C.: Annales ecclesiastici a Christo nato ad annum 1198. Rom u. a. 1588–1607 (12 Bände), Lucca 1738–59 (38 Bände), Bar-le-Duc 1864–83 (37 Bände).
Bauerreiß, R.: Kirchengeschichte Bayerns, 7 Bände: Band 1–5 St. Ottilien 1949–55, Band 1 ^{2}1958, Nachdruck Band 1^{2}–5 1973–74, Band 6–7 Augsburg 1965–71; Nachdruck St. Ottilien 1975–77.
Baumstark, A.: Geschichte der syrischen Literatur mit Ausschluß der christlich-palästinensischen Texte. Bonn 1922, Berlin 1968.
Bavaria Franciscana Antiqua. München 1955 ff.
Bavaria sancta, herausgegeben von G. Schwaiger, 3 Bände. Regensburg 1970–73.
Bayerisches Jahrbuch für Volkskunde (München 1950) ff. (ohne Jahrgangszählung)
Beck, H.-G.: Kirche und theologische Literatur im byzantinischen Reich. München 1959, ^{2}1977.
Beiträge zur Geschichte der Philosophie (ab 1928/30: und Theologie) des Mittelalters, herausgegeben von M. Grabmann. Münster 1891 ff.; Neue Folge Münster 1970 ff.

Beiträge zur Geschichte des alten Mönchtums und des Benediktinerordens. Münster 1912ff.

Beiträge zur historischen Theologie. Tübingen 1929ff.

Bekenntnisschriften der evangelisch-lutherischen Kirche, herausgegeben von Deutschen Evangelischen Kirchenausschuß. Göttingen [12]1998.

Bekenntnisschriften der reformierten Kirche, herausgegeben von E. F. K. Müller. Leipzig 1903.

Bekenntnisschriften und Kirchenordnungen der nach Gottes Wort reformierten Kirche, herausgegeben von W. Niesel. Zürich ohne Jahr ([3]1938).

Benedictina 1 (Rom 1947)ff.

Beringer, F.: Die Ablässe, ihr Wesen und ihr Gebrauch, bearbeitet von P. A. Steinen (mit Anhang), 2 Bände. Paderborn [15]1921–22.

Bibliographia (bis 1984: Bibliografia) Missionaria, begründet von J. Rommerskirchen, fortgeführt von W. Henkel – J. Metzler. Rom 1933ff.

Bibliographia Franciscana, Band 1. Rom 1929ff.; Index 1931–70, herausgegeben von C. van de Laar. Rom 1972.

Bibliographie der deutschsprachigen Benediktiner: 1880–1980, 2 Bände. St. Ottilien 1985–87.

Bibliotheca Carmelitana, herausgegeben von Cosm. de Villiers a S. Stephano, 2 Bände. Orléans 1752; Neuauflage mit Supplement, herausgegeben von G. Wessels. Rom 1927.

Bibliotheca hagiographica graeca, herausgegeben von F. Halkin, 3 Bände. Brüssel [3]1957; Novum Auctarium Bibliothecae hagiographicae graecae. Brüssel 1984.

Bibliotheca hagiographica latina antiquae et mediae aetatis, edidit socii Bollandiani, 2 Bände. Brüssel 1898–1901; H. Fros: Novum Supplementum Bibliothecae hagiographicae latina. Brüssel 1986.

Bibliotheca hagiographica orientalis, herausgegeben von P. Peeters. Brüssel 1910.

Bibliotheca Missionum, begonnen von R. Streit, fortgeführt von J. Dindinger u.a., 30 Bände. Freiburg 1916–74.

Bibliotheca sacra. A theological quarterly 21 (Dallas 1844)ff.

Bibliotheca Sanctorum, herausgegeben vom Istituto Giovanni XXIII, 12 Bände und Indexband. Rom 1961–70; Prima Appendice. Rom 1987; Secunda Appendice. Rom 2000.

Bibliothèque copte de Nag Hammadi, herausgegeben von J.-É. Ménard u.a. Abteilung Textes. Québec 1977ff., Abteilung Études. Québec 1981ff.

Bihlmeyer, K. – Tüchle, H.: Kirchengeschichte, 3 Bände. Paderborn [18]1966–69, [20]1996 (unverändert).

Biografisch lexicon voor de geschiedenis van het Nederlandse protestantisme. Kampen 1978ff.

Biographisch-bibliographisches Kirchenlexikon, herausgegeben von F. W. Bautz, Band 1–14. Hamm 1975–99, Ergänzungsband 14ff. Hamm 1999ff.

Biographisches Jahrbuch und deutscher Nekrolog, 18 Bände. Berlin 1897–1917.

Blätter für deutsche Landesgeschichte 83–87 (Wiesbaden 1937–42), 88 (Göttingen 1951)ff.

Boletín de la Real Academia de la Historia 1 (Madrid 1877)ff.

Bollettino Storico Agostiniano 1–29 (Florenz 1925–53).

Bossuat, R.: Manuel bibliographique de la littérature française du Moyen-âge. Melun 1951, Nachdruck 1986.

Bouquet, M. (Ed.): Recueil des historiens des Gaules et de la France, 24 Bände. Paris 1738–1904; Neuauflage 1869–1904, Nachdruck Farnborough 1967–68.

Brandt, T.: Basiswissen Kirchengeschichte. Haan 1999.

Brémond, H.: Histoire littéraire du sentiment religieux en France depuis la fin des guerres de religion jusqu'à nos jours, 11 Bände. Paris 1916–33; Index alphabétique et analytique, herausgegeben von C. Grolleau. Paris 1936.

Bullarium Franciscanum, Band 1–4, herausgegeben von G. G. Sbaraglia – B. de'Rossi. Rom 1759–68; Band 5–7, herausgegeben von K. Eubel. 1898–1904; Band 8 (Neue Folge Band 1), herausgegeben von U. Hüntemann. Quaracchi 1929; Band 9–10 (Neue Folge Band 2–3), herausgegeben von J. Pou y Marti, 1939–49; Supplementband 1, herausgegeben von F. Annibali de Latera. Rom 1780; Supplementband 2, herausgegeben von K. Eubel. Quaracchi 1908.

Bullarium Ordinis FF. Minorum S. Francisci Capuccinorum, Band 1–7. Rom 1740–52, Band 8–10. Innsbruck 1883–84.

Bulletin de l'Institut Français d'Archéologie Orientale 1 (Kairo 1901) ff.

Bulletin de l'Institut Historique Belge de Rome 1 (Rom 1919) ff.

Bulletin de littérature ecclésiastique 1 (Toulouse 1899) ff.

Bulletin de Théologie Ancienne et Médiévale 1 (Löwen 1929) ff.

Bulletin of medieval canon law 1 (Berkeley 1971) ff. (1955–70: Bulletin. Institute of Medieval Canon Law)

Bulletin of the American School(s) of Oriental Research (bis 3 [1921]: in Jerusalem) 1 (Jerusalem – New Haven 1919) ff.

Bullettino dell'Istituto Storico Italiano (per il Medio Evo e archivio Muratoriano) 1 (Rom 1886) ff.

Byzantine studies. Études byzantines 1 (Pittsburgh 1974) ff.

Byzantinische Forschungen 1 (Amsterdam 1966) ff.

Byzantinische Zeitschrift 1–42 (Leipzig 1892–1949), 43 (Stuttgart 1950) ff.

Byzantinoslavica 1 (Prag 1929) ff.

Byzantion 1 (Brüssel 1924) ff.

Cahiers archéologiques 1 (Paris 1945) ff.

Cahiers de Civilisation médiévale, X[e]–XIIe siècles 1 (Poitiers 1958) ff.

Cahiers de l'institut du Moyen-âge Grec et Latin 1 (Kopenhagen 1969) ff.

Cambridge historical journal 1–13 (Cambridge 1923–57).

Cambridge History of Later Medieval Philosophy, herausgegeben von N. Kretzmann u. a. Cambridge 1982, Nachdruck 1997.

Cambridge History of Renaissance Philosophy, herausgegeben von C. B. Schmitt. Cambridge 1990, Nachdruck 1996.

Cambridge Medieval History, 8 Bände. Cambridge 1966–67.

Cardella, L.: Memorie istoriche dei cardinali della s. romana chiesa, 8 Bände. Rom 1792 ff.

Cargnoni, C. (Herausgeber): I Frati Cappuccini. Documenti e testimonianze del primo secolo, 5 Bände. Perugia 1988–93.

Carmelus 1 (Rom 1954) ff.

Caspar, E.: Geschichte des Papsttums von den Anfängen bis zur Höhe der Weltherrschaft, 2 Bände. Tübingen 1930–33.

Catholic Encyclopedia, 15 Bände. New York 1907–12, Indexband 1914 und Supplementband 1922.

Catholic historical review 1 (Washington 1915) ff.

Catholicisme. Hier – Aujourd'hui – Demain, herausgegeben von G. Jacquemet, 15 Bände. Paris 1948–2000.

CEHILA – Historia general de la iglesia en America Latina, Band 1 ff. Salamanca (Mexiko) 1980 ff.

Ceillier, R.: Histoire générale des auteurs sacrés et ecclésiastiques, 23 Bände. Paris 1729–63; Tables des matières, 2 Bände. Paris 1783; Neuauflage, 14 Bände. Paris 1858–65.

Centaurus. International magazine of the history of science 1 (Kopenhagen 1950) ff.

Chevalier, U.: Répertoire des sources historiques du Moyen-âge: Bio-bibliographie. Paris 1886; Supplementband 1888; 2 Bände ^{2}1905–07, Nachdruck New York 1960.

Chevalier, U.: Répertoire des sources historiques du Moyen-âge: Topo-bibliographie, 2 Bände. Paris 1894–1903, Nachdruck New York 1959.

Christelijk oosten 17 (Nimwegen 1965) ff. (bis 16 [1964]: Christelijk oosten en hereniging).

Christlicher Osten 7 (Würzburg 1952) ff. (bis 6 [1941]: Der christliche Orient in Vergangenheit und Gegenwart).

Church History. American society of church history 1 (Chicago u. a. 1932) ff.

Church quarterly review 1–169 (London 1875–1968).

Ciaconius, A.: Vitae et res gestae Pontificium Romanorum et S. R. E. Cardinalium, 2 Bände. Rom 1601–02; Fortsetzung bis Clemens VIII. von A. Victorelli u. a. Rom ^{2}1630; Fortsetzung bis Clemens IX. von A. Oldoini, 4 Bände. Rom ^{3}1677; Fortsetzung bis Clemens XII. von M. Guarnacci, 2 Bände. Rom ^{4}1751, 7. Band 1787.

Cistercienser-Chronik 1 (Mehrerau 1889) ff.

Civiltà cattolica 1 (Rom [Florenz] 1850) ff.

Clavis Patristica Pseudepigraphorum Medii Aevi, herausgegeben von J. Machielsen, 3 Bände. Turnhout 1990–94.

Clavis Patrum Graecorum, herausgegeben von M. Geerard, 5 Bände. Turnhout 1974–87, Supplementband 1998.

Clavis Patrum Latinorum, herausgegeben von E. Dekkers. Steenbrugge 1951, ^{2}1961, ^{3}1995.

Codices liturgici latini antiquiores, hg. von K. Gamber, 2 Bände. Freiburg (Schweiz) ^{2}1968; Supplementband. Freiburg (Schweiz) 1988.

Coing, H.: Handbuch der Quellen und Literatur der neueren europäischen Privatrechtsgeschichte, 3 (8) Bände. München 1973–88.

Collectanea Cisterciensia 27 (Forges 1965) ff. (bis 26 [1964]: Collectanea Ordinis Cisterciensium Reformatorum).

Collectanea Franciscana 1 (Assisi – Rom 1931) ff.

Collectanea Franciscana Neerlandica 1 ('s-Hertogenbosch 1927) ff.

Collectanea Ordinis Cisterciensium Reformatorum 1–26 (Rom – Westmalle 1934–64) (ab 27 [1965]: CCist).

Collectio Lacensis: Acta et Decreta sacrorum conciliorum recentiorum, herausgegeben von Jesuiten aus Maria Laach, 7 Bände. Freiburg 1879–90.

Collectio Rituum ad instar Appendicis Ritualis Romani pro omnibus Germaniae dioecesibus a Sancta Sede approbata. Regensburg 1950.

Conciliorum oecumenicorum decreta, Dekrete der ökumenischen Konzilien, herausgegeben von J. Wohlmuth – G. Alberigo, 3 Bände. Paderborn 1998–2001.

Concilium Tridentinum. Diariorum, Actorum, Epistularum, Tractatuum nova Collectio, herausgegeben von der Görres-Gesellschaft, 13 Bände. Freiburg 1901–2001.

Contemporaries of Erasmus. A biographical register of the Renaissance and Reformation, herausgegeben von P. G. Bietenholz – T. B. Deutscher, 3 Bände. Toronto – Buffalo – London 1985–87.

Coptic Encyclopedia, herausgegeben von A. S. Atiya, 8 Bände. New York 1991.

Corpus Basilicarum Christianarum Romae, herausgegeben von R. Krautheimer, 5 Bände. Leiden – Vatikanstadt 1937–80.

Corpus Catholicorum, begründet von J. Greving. Münster 1919 ff.

Corpus Christianorum seu nova Patrum collectio series Latina. Turnhout – Paris 1953 ff.

Corpus Christianorum. Continuatio Mediaevalis. Turnhout 1966 ff.

Corpus Christianorum. Series Apocryphorum. Turnhout 1983 ff.

Corpus Christianorum. Series Graeca. Turnhout 1974 ff.

Corpus Confessionum. Sammlung grundlegender Urkunden aus allen Kirchen der Gegenwart, Abteilung Iff. Berlin 1928–43.

Corpus Consuetudinum monasticarum. Siegburg 1963 ff.

Corpus der griechischen Urkunden des Mittelalters und der neueren Zeit. Reihe A: Regesten. Abteilung I: Regesten der Kaiserurkunden des oströmischen Reiches, bearbeitet von F. Dölger. 1. Teil: 565–1025; 2. Teil: 1025–1204; 3. Teil: 1204–82. München 1924–25, 1932.

Corpus Fontium Historiae Byzantinae. Berlin – Washington – Thessaloniki 1967 ff. (vgl. CSHB).

Corpus Reformatorum, Band 1–28 (Melanchthon), herausgegeben von G. Bretschneider – H. E. Bindseil. Halle 1834–60, Nachdruck New York – London – Frankfurt (Main) 1963; Band 29–87 (Calvin), herausgegeben von J. W. Braun – E. Cunitz – E. Reuß. Braunschweig 1863–1900, Nachdruck 1964; Band 88 ff. (Zwingli), herausgegeben von E. Egli u.a. Berlin – Leipzig 1905 ff.

Corpus scriptorum Christianorum orientalium. Paris – Rom – Löwen u.a. 1903 ff.

Corpus scriptorum ecclesiasticorum latinorum. Wien 1866 ff.

Corpus Scriptorum Historiae Byzantinae, 50 Bände. Bonn 1828–97.

Cristianesimo nella storia 1 (Bologna 1980) ff.

Dahlmann, F. W. –Waitz, G.: Quellenkunde der Deutschen Geschichte, herausgegeben von H. Haering. Leipzig ^{9}1931–32; herausgegeben von H. Heimpel – H. Geuss. Stuttgart ^{10}1969 ff.

Delehaye, H.: Les légendes hagiographiques. Brüssel ^{4}1955, Nachdruck 1973.

Delehaye, H.: Les origines du culte des martyrs. Brüssel ^{2}1933, Nachdruck 1976.

Delehaye, H.: Les passions des martyrs et les genres littéraires. Brüssel ^{2}1966.

Delehaye, H.: Sanctus. Essai sur le culte des saints dans l'antiquité. Brüssel 1927, Nachdruck 1954.

Denzinger, H.: Enchiridion Symbolorum. Freiburg ^{30}1955; Enchiridion symbolorum, definitionum et declarationum de rebus fidei et morum. Kompendium der Glaubensbekenntnisse und kirchlichen Lehrentscheidungen. Lateinisch-deutsch, übersetzt und herausgegeben von P. Hünermann. Freiburg [40]2004.

Deutsche Reichstagsakten. Ältere Reihe (bis 1486). München u.a. 1867–1939 (Neudruck Göttingen 1956–57). Göttingen 1956ff.

Deutsche Reichstagsakten. Jüngere Reihe (ab 1519). Gotha u.a. 1893–1935 (Neudruck Göttingen 1962–63). Göttingen 1971ff.

Deutsche Reichstagsakten. Mittlere Reihe (1486–1519). Göttingen 1972ff.

Deutsche Thomas-Ausgabe. Stuttgart – Heidelberg – Graz 1933ff.

Deutsche Vierteljahresschrift für Literaturwissenschaft und Geistesgeschichte 1 (Halle u.a. 1923)ff.

Deutsches Archiv für Erforschung (1937–44: für Geschichte) des Mittelalters 1–7 (Marburg 1937–44), 8 (Köln – Graz 1950)ff.

Deutsches biographisches Jahrbuch, 7 Bände (1–5, 10/11; 6–9 nicht erschienen). Stuttgart 1925–32, Registerband 1986.

Diccionario de historia eclesiástica de España, herausgegeben von Q. Aldea Vaquero u.a., 4 Bände. Madrid 1972–75, Supplementband 1987.

Dictionary of Catholic Biography, herausgegeben von J. J. Delanay – J. E. Tobin. London 1962.

Dictionary of Scientific Biography, herausgegeben von C. C. Gillispie, 16 Bände. New York 1970–80.

Dictionary of the Middle Ages, herausgegeben von J. R. Strayer, 13 Bände. New York 1982–89.

Dictionnaire apologétique de la foi catholique, herausgegeben von A. d'Alès, 4 Bände und Supplementband. Paris [4]1909–31.

Dictionnaire d'archéologie chrétienne et de liturgie, herausgegeben von F. Cabrol – H. Leclercq, 15 Bände. Paris 1907–51.

Dictionnaire d'histoire et de géographie ecclésiastiques, herausgegeben von A. Baudrillart u.a., Band 1ff. Paris 1912ff.

Dictionnaire de droit canonique, herausgegeben von R. Naz, 7 Bände. Paris 1935–65.

Dictionnaire de Spiritualité. Ascétique et Mystique; Doctrine et Histoire, herausgegeben von M. Viller, 16 Bände, Registerband (Tables). Paris 1932–95.

Dictionnaire de théologie catholique, 15 Bände. Paris 1903– 1950; 3 Registerbände. Paris 1951–72.

Dictionnaire des auteurs Cisterciens, herausgegeben von E. Brouette u.a., 2 Bände. Rochefort 1975–77 (durchgehend paginiert).

Dictionnaire historique de la papauté, herausgegeben von P. Levillain. Paris 1994

Dizionario degli Istituti di Perfezione, herausgegeben von G. Pelliccia – G. Rocca, 10 Bände. Rom 1974–2003.

Dizionario ecclesiastico, herausgegeben von A. Mercati – A. Pelzer, 3 Bände. Turin 1953–58.

Dizionario enciclopedico di spiritualità, herausgegeben von E. Ancilli, 2 Bände. Rom 1975–76; Neuauflage, 3 Bände. Rom 1990.

Dizionario patristico e di antichità cristiane, herausgegeben von A. Di Berardino, 2 Bände und Atlas (Band 3). Casale Monferrato 1983–88.

Documentation Catholique 1 (Paris 1919)ff.

Dokumente wachsender Übereinstimmung. Sämtliche Berichte und Konsenstexte inter-

konfessioneller Gespräche auf Weltebene. Paderborn Band 1 1983, ^{2}1991, ^{3}1993; Band 2 1992, Band 3 2003.
Doucet, V.: Commentaires sur les Sentences. Quaracchi 1954.
Downside review 1–20 (Bath 1882–1901), Neue Serie 1–38 (1901–39), 58 (1940) ff.
Du Cange, C.: Glossarium ad scriptores mediae et infimae latinitatis, 3 Bände. Paris 1678.
Duchesne, L.: Fastes episcopaux de l'ancient Gaule, 3 Bände. Paris 1894–99, ^{2}1907–15.
Duhr, B.: Geschichte der Jesuiten in den Ländern deutscher Zunge, Band 1–2. Freiburg 1907–13, Band 3–4. Regensburg 1921–28.

Eastern Churches Quarterly 1–16 (Ramsgate 1936–64).
Échos d'Orient 1–40 (Paris 1897–1943).
Ecumenical Review 1 (Glasgow 1948) ff.
Ehrhard, A.: Überlieferung und Bestand der hagiographischen und homiletischen Literatur der griechischen Kirche von den Anfängen bis zum Ende des 16. Jahrhunderts, 3 Bände. Leipzig 1937–52.
Emblemata. Handbuch zur Sinnbildkunst des 16. und 17. Jahrhunderts, herausgegeben von A. Henkel – A. Schöne. Stuttgart 1967, Supplementband 1976; Neuauflage Stuttgart 1976, 1996.
Enciclopedia Cattolica, 13 Bände. Rom 1949–69.
Enciclopedia dell'arte antica classica e orientale, 7 Bände. Rom 1958–66; Supplementbände 1973 ff.
Enciclopedia delle religioni, herausgegeben von A. M. di Nola – M. Adriani u. a., 6 Bände. Florenz 1970–76.
Enciclopedia ecclesiastica, herausgegeben von A. Bernareggi, 7 Bände. Mailand 1943–61 (nicht abgeschlossen).
Encyclopaedia Judaica, herausgegeben von C. Roth u. a., 16 Bände. Jerusalem 1971.
Encyclopaedia Judaica. Das Judentum in Geschichte und Gegenwart, herausgegeben von J. Klatzkin – I. Elbogen, 10 Bände. Berlin 1928–34.
Encyclopaedia of Islam, 4 Bände und Supplementband. Leiden 1913–38; Neuauflage: 11 Bände ^{2}1960–2002, (Supplement-)Band 12 2003; (Index-)Band 13 2004.
Encyclopaedia of Religion and Ethics, 12 Bände und Indexband. Edinburgh 1908–26, ^{2}1925–50, ^{3}1952–55, ^{4}1956–61.
Encyclopedia of archaeological excavations in the Holy Land, 4 Bände. London 1975–78.
Encyclopedia of Philosophy, herausgegeben von P. Edwards, 8 Bände. London – New York 1967, Nachdruck 1972, 1975.
Encyclopedia of religion, herausgegeben von M. Eliade, 16 Bände. New York 1987.
Encyclopedia of the Early Church, 2 Bände. Cambridge 1992.
Encyclopédie de l'Islam, Neuauflage, Band 1 ff. Leiden 1960 ff., Index und Supplementband 1 ff. 1979 ff.
Encyclopédie Philosophique Universelle, herausgegeben von A. Jacob. Paris 1990.
English historical review 1 (London 1886) ff.
Enzyklopädie Philosophie und Wissenschaftstheorie, herausgegeben von J. Mittelstraß, 4 Bände. Mannheim 1980–96, Nachdruck 2004.
Ephemerides Carmeliticae 1–32 (Florenz 1947–81) (ab 33 [Rom 1982]: Teresianum).
Ephemerides iuris canonici 1 (Rom 1945) ff.
Ephemerides Liturgicae 1 (Rom 1887) ff.

Ephemerides theologicae Lovanienses 1 (Brügge 1924) ff.

Erbe und Auftrag. Benediktinische Monatsschrift 35 (Beuron 1959) ff. (bis 34 [1958]: Benediktinische Monatsschrift).

Erbetta, M.: Gli apocrifi del Nuovo Testamento. Casale Monferrato, Band 1/1 1975, Band 1/2 1981, Band 2 ^{2}1978, Band 3 1981, Nachdruck aller Bände 1983.

Estudios eclesiásticos 1–15 (Madrid 1922–36), 16 (1942) ff.

Études (1–6 [1856–61]: de théologie, de philosophie et d'histoire; 7–69 [1862–96]: religieuses, [philosophiques,] historiques et littéraires) 70 (Paris 1897) ff.

Études byzantines 1–3 (Paris 1943–45).

Études franciscaines 1–35 (Paris 1899–1939), Neue Serie 1 (1950) ff.

Études préliminaires aux religions orientales dans l'Empire romain. Leiden 1961 ff.

Evangelische Kirchenordnungen des XVI. Jahrhunderts, herausgegeben von E. Sehling, 5 Bände. Leipzig 1902–13; Band 6/1 ff. herausgegeben vom Institut für evangelisches Kirchenrecht der EKD. Tübingen 1955 ff.

Evangelisches Kirchenlexikon, herausgegeben von H. Brunotte – O. Weber, 3 Bände. Göttingen ^{2}1961–62; herausgegeben von E. Fahlbusch u.a., 4 Bände und Registerband. Göttingen ^{3}1986–97.

Evangelisches Lexikon für Theologie und Gemeinde, 3 Bände. Wuppertal – Zürich 1992–94.

Evangelisches Soziallexikon, begründet von F. Karrenberg, herausgegeben von T. Schober. Stuttgart ^{7}1980.

Evangelisches Staatslexikon. Stuttgart 1966, ^{3}1987 (2 Bände, durchgehend paginiert).

Farge, J. K.: Biographical register of Paris doctors of theology, 1500–1536. Toronto 1980.

Fathers of the Church, herausgegeben von L. Schopp. Washington 1946 ff.

Feine, H. E.: Kirchliche Rechtsgeschichte, Band 1: Die katholische Kirche. Weimar ^{5}1972.

Féret, P.: La faculté de théologie de Paris et ses docteurs les plus célèbres: Moyen-âge, 4 Bände. Paris 1894–96; Époque moderne, 7 Bände. Paris 1890–1909.

Fliche, A. –Martin, V.: Histoire de l'église depuis les origines jusqu'à nos jours, 21 Bände. Paris 1937–52.

Flórez, H.: España Sagrada. Teatro geográfico-histórico de la Iglesia de la España, 51 Bände. Madrid 1754–1879.

Fontes Christiani. Zweisprachige Neuausgabe christlicher Quellentexte aus Altertum und Mittelalter, herausgegeben von N. Brox u.a., 1. und 2. Reihe: Freiburg 1990–2002, 3. Reihe: Turnhout 2002 ff.

Fontes rerum Austriacarum. Wien 1849 ff.

Fontes rerum Bohemicarum, herausgegeben von J. Emler, 8 Bände. Prag 1873–1932.

Fonti per la storia d'Italia, herausgegeben vom Istituto storico italiano per il medio evo. Rom 1887 ff.

Forschungen zur Deutschen Geschichte 1–26 (Göttingen 1860–86).

Forschungen zur Kirchen- und Dogmengeschichte. Göttingen 1953 ff.

Forschungen zur Kirchen- und Geistesgeschichte. Stuttgart 1932 ff.

Forschungen zur kirchlichen Rechtsgeschichte und zum Kirchenrecht. Köln 1957 ff.

Forschungen zur Kunstgeschichte und christlichen Archäologie. (Baden-Baden) Wiesbaden 1952 ff.

Forschungen zur osteuropäischen Geschichte 1 (Berlin – Wiesbaden 1954) ff.

Fouqueray, H.: Histoire de la Compagnie de Jésus en France, 5 Bände. Paris 1910–26.
Fragmenta historicorum Graecorum, herausgegeben von C. Mueller, 5 Bände. Paris 1841–70.
Francia. Forschungen zur westeuropäischen Geschichte 1 (München u.a. 1973) ff.
Franciscan Studies 1–21 (St. Bonaventure [New York] 1924–40); Neue Serie 1 (1941) ff.
Franciscana 4–7 (Iseghem 1921–24).
Franzen, A.: Kleine Kirchengeschichte. Freiburg ^{6}2000.
Franziskanische Forschungen. Werl 1935 ff.
Franziskanische Quellenschriften. Werl 1951 ff.
Franziskanische Studien 1–75 (Werl 1914–93).
Freiburger Diözesan-Archiv 1 (Freiburg 1865) ff.
Freiburger Zeitschrift für Philosophie und Theologie 1 (Freiburg [Schweiz] 1954) ff.
Fröhlich, R.: Kleine Geschichte der Kirche in Daten. Freiburg 2004.
Frühmittelalterliche Studien 1 (Berlin 1967) ff.

Gallia christiana in provincias ecclesiasticas distributa, Band 1–13 herausgegeben von den Maurinern. Paris 1728–86, Bände 14–16 herausgegeben von B. Hauréau. Paris 1856–65.
Gallia christiana novissima, herausgegeben von J. H. Albanès, fortgeführt von U. Chevalier. Montbéliard 1899–1921.
García-Villada, Z.: Historia eclesiástica de España, 3 Bände. Madrid 1929–36.
Gatz, E. (Herausgeber): Die Bischöfe des Heiligen Römischen Reiches 1198–1448. Berlin 1997; Die Bischöfe des Heiligen Römischen Reiches 1448–1648. Berlin 1996; Die Bischöfe des Heiligen Römischen Reiches 1648–1803. Berlin 1990; Die Bischöfe der deutschsprachigen Länder 1783/1803–1945. Berlin 1983.
Gatz, E. (Herausgeber): Die Bistümer des Heiligen Römischen Reiches. Von ihren Anfängen bis zur Säkularisation. Freiburg 2003.
Gatz, E. (Herausgeber): Geschichte des kirchlichen Lebens in den deutschsprachigen Ländern seit dem Ende des 18. Jahrhunderts, 7 Bände. Freiburg 1991–2005.
Gebhardt, B.: Handbuch der deutschen Geschichte, herausgegeben von H. Grundmann, 4 Bände. Stuttgart ^{9}1970–76; 24 Bände Stuttgart ^{10}2001 ff.
Geist und Leben. Zeitschrift für Aszese und Mystik 20 (Würzburg 1947) ff.
Gemeinsame Synode der Bistümer in der Bundesrepublik Deutschland. Offizielle GA, Band 1: Beschlüsse der Vollversammlung. Freiburg 1976; Band 2: Arbeitspapiere der Sachkommissionen. Freiburg 1977.
Genealogien zur Papstgeschichte, bearbeitet von C. Weber, 6 Bände. Stuttgart 1999–2002.
Géographie ecclésiastique de l'empire byzantin, 3 Bände. Paris 1953–1981, Band 3 ^{2}1969.
Germania Benedictina, herausgegeben von der Academia Benedictina in Verbindung mit dem Abt-Herwegen-Institut Ottobeuren – St. Ottilien 1970 ff.
Germania Sacra, Alte Folge. Berlin – Leipzig 1929 ff., Neue Folge. Berlin 1962 ff.
Gesamtkatalog der Wiegendrucke, Band 1 ff. Leipzig – Stuttgart 1925 ff.; Band 1–7 ^{2}1968.
Geschichte der Kirchen, von H. Gutschera u.a. Freiburg 2003.
Geschichte der ökumenischen Konzilien, 12 Bände. Mainz 1963–87.
Geschichte des Augustinerordens, deutsche Ausgabe Würzburg 1975 ff. (Band 1 und 2 von D. Gutiérrez: 1/1 [1985], 1/2 [1981], Band 2 [1975]; Band 4 von J. Gavigan [1988]).
Geschichte in Wissenschaft und Unterricht 1 (Offenburg 1950) ff.

Geschichtliche Grundbegriffe. Historisches Lexikon zur politisch-sozialen Sprache in Deutschland, herausgegeben von O. Brunner u. a., 8 Bände. Stuttgart 1972–97.

Geschichtsschreiber der deutschen Vorzeit: 1. Gesamtausgabe herausgegeben von G. H. Pertz u. a., Fortsetzung von W. Wattenbach, 98 Bände. Leipzig – Berlin 1847–92; 2. Gesamtausgabe, herausgegeben von G. H. Pertz u. a., Fortsetzung von M. Tangl, 98 Bände. 1884–1914, Namens- und Sachverzeichnis 1911; weitere Ergänzungsbände, Fortsetzung von K. Brandi. 1924 ff.; Band 100. Münster – Köln 1955; 3. Gesamtausgabe 1954 ff.

Gestalten der Kirchengeschichte, herausgegeben von M. Greschat, 12 Bände. Stuttgart u. a. 1981–86, Nachdruck 1993; ²1994.

Ghellinck, J. de: Le mouvement théologique du XIIᵉ siècle. Brügge ²1948.

Ghellinck, J. de: Patristique et Moyen-âge, Band 1. Paris ²1949, Band 2 –3. Brüssel 1947–48.

Gillow, J. (Herausgeber): A literary and biographical history or bibliographical dictionary of the English catholics from the breach with Rome in 1534 to the present time, 5 Bände. London u. a. 1885–1902, Nachdruck New York 1968.

Glorieux, P.: La littérature quodlibétique, 2 Bände. Paris 1925–35.

Glorieux, P.: Répertoire des maîtres en théologie de Paris au XIIIᵉ siècle, 2 Bände. Paris 1933.

Gnomon. Kritische Zeitschrift für die gesamte klassische Altertumswissenschaft 1 (München – Berlin 1925) ff.

Gottesdienst der Kirche. Handbuch der Liturgiewissenschaft, herausgegeben von H. B. Meyer u. a., Band 1 ff. Regensburg 1983 ff.

Grabmann, M.: Die Geschichte der katholischen Theologie seit dem Ausgang der Väterzeit. Freiburg 1933.

Grabmann, M.: Geschichte der scholastischen Methode, 2 Bände. Freiburg 1909–11, Nachdruck Berlin ²1988.

Grabmann, M.: Mittelalterliches Geistesleben, 3 Bände. München 1926–56.

Graf, G.: Geschichte der christlichen arabischen Literatur, 5 Bände. Rom 1944–53.

Greek orthodox theological review 1 (Brookline [Massachusetts] 1954) ff.

Gregorianum 1 (Rom 1920) ff.

Griechische christliche Schriftsteller der ersten drei Jahrhunderte. Leipzig 1897 ff.

Grillmeier, A: Jesus der Christus im Glauben der Kirche. Freiburg Band 1 ³1990, Band 2/1 ²1991, Band 2/2 1989, Band 2/3 2002, Band 2/4 1990; Sonderausgabe 2004.

Grumel, V. – Darrouzès, J.: Les Regestes des actes du patriarcat de Constantinople, herausgegeben von V. Grumel, Fortsetzung von J. Darrouzès – V. Laurent, Band 1/1 ff. Kadiköi – Bukarest – Paris 1932 ff. (durchgezählte Randnummern).

Grundriß der romanischen Literatur des Mittelalters, herausgegeben von H. U. Gumbrecht u. a. Heidelberg 1968 ff.

Guida degli archivi diocesani d'Italia, Band 1 ff. Rom 1990 ff.

Hain, L.: Repertorium bibliographicum, 4 Bände. Stuttgart – Paris 1826–38; Neudruck Frankfurt (Main) 1903; Supplement von W. A. Copinger, 3 Bände. London 1895–1902; Appendices zu beiden von D. Reichling, Faszikel 1–3. München 1904–07.

Halkin, F.: Légendes grecques de Martyres Romaines. Brüssel 1973.

Haller, J.: Das Papsttum, 3 Bände. Stuttgart 1934–45, 5 Bände. ^{2}1950–53, Nachdruck 1962.

Handbuch der (bis 1921: klassischen) Altertumswissenschaft, begründet von I.von Müller, erweitert von W. Otto, Fortsetzung von H. Bengtson. München 1885 ff.

Handbuch der Bayerischen Kirchengeschichte, herausgegeben von W. Brandmüller u. a., 3 Bände. St. Ottilien 1991–99.

Handbuch der Dogmen- und Theologiegeschichte, herausgegeben von C. Andresen, 3 Bände. Göttingen 1980–84, ^{2}1998–99.

Handbuch der Dogmengeschichte, herausgegeben von M. Schmaus u. a. Freiburg 1951 ff.

Handbuch der europäischen Geschichte, herausgegeben von T. Schieder, 7 Bände. Stuttgart 1968–87 (verschiedene Auflagen).

Handbuch der Geschichte der Philosophie, herausgegeben von W. Totok, 5 Bände. Frankfurt (Main) 1964–86.

Handbuch der Historischen Stätten Deutschlands, Band 1 ff. Stuttgart 1958 ff. (verschiedene Auflagen).

Handbuch der Historischen Stätten Österreichs. Stuttgart Band 1 1966, Nachdruck 1970, Band 2 1970, ^{2}1978.

Handbuch der Kirchengeschichte, herausgegeben von H. Jedin, 7 Bände. Freiburg 1962–79, Sonderausgaben 1985, 1999.

Handbuch der lateinischen Literatur der Antike, herausgegeben von R. Herzog – P. L. Schmidt. Bd. 1 ff. München 1969 ff.

Handbuch der Orientalistik. Leiden 1948 ff.

Handbuch der Ostkirchenkunde, herausgegeben von E.von Ivánka. Düsseldorf 1971; Neuauflage, herausgegeben von W. Nyssen u. a., 3 Bände. Düsseldorf 1984–97.

Handbuch der Religionsgeschichte, herausgegeben von J. P. Asmussen u. a., 3 Bände. Göttingen 1972–73.

Handbuch des katholischen Kirchenrechts, herausgegeben von J. Listl – H. Müller – H. Schmitz. Regensburg 1983, ^{2}1999.

Handbuch des Staatskirchenrechts der Bundesrepublik Deutschland, herausgegeben von E. Friesenhahn u. a., 2 Bände. Berlin 1974–75, herausgegeben von J. Listl – D. Pirson. 2 Bände. Berlin ^{2}1994–95.

Handbuch philosophischer Grundbegriffe, herausgegeben von H. Krings u. a., 3 Bände. München 1973–74.

Handbuch religionswissenschaftlicher Grundbegriffe, herausgegeben von H. Cancik u. a., 5 Bände. Stuttgart u. a. 1988–2001.

Handbuch religiöse Gemeinschaften und Weltanschauungen, herausgegeben von H. Reller – M. Kissig. Gütersloh ^{5}2000.

Handwörterbuch des deutschen Aberglaubens, herausgegeben von H. Bächtold-Stäubli, 10 Bände. Berlin – Leipzig 1927–42, Nachdruck 1987.

Handwörterbuch zur deutschen Rechtsgeschichte, 5 Bände. Berlin 1971–98.

Hardouin, J.: Acta conciliorum et epistolae decretales ac constitutiones summorum Pontificum ab anno 34 ad 1714, 11 Bände. Paris 1714–15 (12. Band nicht erschienen).

Harnack, A.von: Die Mission und Ausbreitung des Christentums in den ersten drei Jahrhunderten, 2 Bände. Leipzig ^{4}1924.

Harnack, A.von: Geschichte der altchristlichen Literatur, 3 Bände. Leipzig 1893–1904, ^{2}1958.

Harnack, A. von: Lehrbuch der Dogmengeschichte, 3 Bände. Tübingen ^{4}1909–10.
Hartmann, G.: Daten der Kirchengeschichte. Kevelaer 2003.
Harvard theological review 1 (Cambridge [Massachusetts] 1908) ff.
Hauck, A.: Kirchengeschichte Deutschlands, 5 Bände. Leipzig 1887–1920, Berlin ^{9}1958.
Hauschild, W.-D.: Lehrbuch der Kirchen- und Dogmengeschichte, 2 Bände. Gütersloh ^{2}2000–01.
Hefele, C. J. von: Conciliengeschichte, 9 Bände, Band 8–9 von J. Hergenröther. Freiburg 1855–90, Band 1–6 ^{2}1873–90.
Hefele, C. J.von –Leclercq, H.: Histoire des conciles d'après les documents originaux, 9 Bände. Paris 1907–21.
Heimbucher, M.: Die Orden und Kongregationen der katholischen Kirche, 3 Bände. Paderborn ^{2}1907–08, 2 Bände ^{3}1932–34.
Heinzelmann, M.: Gallische Prosopographie 260–527: Francia 10 (1982) 531–718.
Helvetia Sacra, herausgegeben von A. Bruckner, Abteilung Iff., Band 1 ff. Bern 1972 ff.
Hermelink, H.: Das Christentum in der Menschheitsgeschichte von der Französischen Revolution bis zur Gegenwart, 3 Bände. Stuttgart – Tübingen 1951–55.
Hessisches Jahrbuch für Landesgeschichte 1 (Marburg 1951) ff.
Heussi, K.: Kompendium der Kirchengeschichte. Tübingen $^{18(=12)}$1991.
Heythrop journal. A quarterly review of philosophy and theology 1 (London 1960) ff.
Hierarchia Catholica medii (et recentioris) aevi, begründet von K. Eubel, Band 1–3, herausgegeben von L. Schmitz-Kallenberg. Münster 1898–1910, ^{2}1913–23; Band 4, herausgegeben von C. Gauchat. Münster 1935; Bände 5–8, herausgegeben von R. Ritzler. Padua 1952–79.
Hierarchia Ecclesiastica Orientalis, herausgegeben von G. Fedalto, Band 1 ff. Padua 1988 ff.
Hispania Sacra. Revista de historia eclesiástica 1 (Madrid 1948) ff.
Hispania. Revista española de historia 1 (Madrid 1940) ff.
Histoire de la spiritualité chrétienne, herausgegeben von L. Bouyer u. a., 3 Bände. Paris 1960–66.
Histoire des Saints et de la sainteté chrétienne, herausgegeben von F. Chiovaro u. a., 10 Bände. Paris 1986–88.
Histoire du droit et des institutions de l'église en Occident, herausgegeben von G. Le Bras, Band 1 ff. Paris 1955 ff.
Histoire littéraire de la France, Band 1–12 herausgegeben von den Maurinern. Paris 1733–63; Band 13–36 herausgegeben vom Institut de France. Paris 1814–1927; Band 1–29 Neudruck Paris 1865 ff.
Historia General de la Iglesia en América Latina, Band 1 ff. Salamanca u. a. 1983 ff.
Historia. Zeitschrift für alte Geschichte 1 (Wiesbaden – Stuttgart 1950) ff.
Historical Journal 1 (Cambridge u. a. 1958) ff.
Historisch-Biographisches Lexikon der Schweiz, 7 Bände. Neuenburg 1921–34.
Historische Vierteljahresschrift 1–31 (Leipzig 1898–1937).
Historische Zeitschrift 1 (München 1859) ff.
Historisches Jahrbuch der Görres-Gesellschaft 1–61 (Köln 1880–1941), 69 (1949) ff.
Historisches Wörterbuch der Philosophie, herausgegeben von J. Ritter u. a., Band 1 ff. Basel 1971 ff.

Historisches Wörterbuch der Rhetorik, herausgegeben von G. Ueding – W. Jens. 10 Bände. Tübingen 1992 ff.
Historisch-politische Blätter für das katholische Deutschland 1–171 (München 1838–1923).
History of religions 1 (Chicago 1961) ff.
Holtzmann, W.: Papsturkunden in England, 3 Bände. Berlin – Göttingen 1930–52.
Hunger, H.: Die hochsprachliche profane Literatur der Byzantiner. München 1978.
Hurter, H.: Nomenclator literarius theologiae catholicae, 6 Bände. Innsbruck ^{3}1903–13, Nachdruck New York 1962; Band 1 herausgegeben von F. Pangerl ^{4}1926.

Illyricum sacrum, herausgegeben von D. Farlati, 8 Bände, Band 5–8 bearbeitet von J. Coleti. Venedig 1751–69.
Index scriptorum latinorum medii aevi Hispanorum, herausgegeben von M. C. Díaz y Díaz, 2 Bände. Salamanca 1958–59, Madrid 1959.
Inscriptiones Christianae urbis Romae. Septimo saeculo antiquiores, herausgegeben von G. B. de Rossi – A. Silvagni, 2 Bände. Rom 1862–88; Supplementband 1915; Neue Serie Band 1 ff. Rom 1922 ff.
Inscriptiones latinae christianae veteres, herausgegeben von E. Diehl, 3 Bände. Berlin 1925–31; Neuauflage, herausgegeben von H.-I. Marrou, 4 Bände. ^{2}1961–67.
Inscriptions grecques et latines de la Syrie, Band1 ff. Paris 1929 ff.
Internationale katholische Zeitschrift Communio 1 (Köln u. a. 1972) ff.
Internationale Kirchliche Zeitschrift 1 (Bern 1911) ff.
Irénikon 1 (Amay-Chevetogne 1926) ff.
Irish ecclesiastical record 1.–5. Serie (Dublin 1864–1968).
Irish theological quarterly 1–17 (Dublin 1906–22), 18 (1951) ff.
Istina 1 (Paris 1954) ff.
Italia sacra sive de episcopis Italiae, herausgegeben von F. Ughelli, 9 Bände. Rom 1644–62, herausgegeben von N. Coleti, 10 Bände. Venedig ^{2}1717–22.
Ius Canonicum 1 (Pamplona 1961) ff.
Ius Ecclesiae 1 (Mailand 1989) ff.
Ius Ecclesiasticum. Rom 1989 ff.

Jaffé, P., Bibliotheca rerum Germanicarum, 6 Bände. Berlin 1864–73, Neudruck Aalen 1964.
Jaffé, P.: Regesta pontificum Romanorum ad a. p. Chr. n. MCXCVIII. Leipzig 1851, herausgegeben von S. Löwenfeld u. a., 2 Bände. ^{2}1881–88, Nachdruck Graz 1956.
Jahrbuch der österreichischen Byzantinistik 18 (Wien 1969) ff. (bis 17 [1968]: Jahrbuch der österreichischen byzantinischen Gesellschaft).
Jahrbuch des deutschen archäologischen Instituts 1 (Berlin 1886) ff.
Jahrbuch des Kölnischen Geschichtsvereins 1–23 (Köln 1912–41), 24 (1950) ff.
Jahrbuch für Antike und Christentum 1 (Münster 1958) ff.
Jahrbuch für brandenburgische Kirchengeschichte 1–36/37 (Berlin 1904–43).
Jahrbuch für fränkische Landesforschung 1 (Erlangen u. a. 1935) ff.
Jahrbuch für Geschichte (1952: des deutschen Ostens) Mittel- und Ostdeutschlands 1 (Berlin u. a. 1953) ff.
Jahrbuch für Liturgik und Hymnologie 1 (Kassel u. a. 1955) ff.

Jahrbuch für mystische Theologie (2–5 [1956–59]: Mystische Theologie. Jahrbuch) 1–14 (Wien 1955–68).

Jahrbuch für Volkskunde 1 (Wien u. a. 1978) ff.

Jahrbücher der deutschen Geschichte, herausgegeben von der Historischen Kommission der Bayerischen Akademie der Wissenschaften, 22 Bände. Leipzig 1862–1954 (verschiedene Auflagen).

Jahrbücher für Geschichte Osteuropas 1–6 (München 1936–41), Neue Serie 1 (Stuttgart 1953) ff.

Janin, R.: Les églises orientales et les rites orientaux. Paris ^{4}1955.

Jedin, H.: Geschichte des Konzils von Trient. Freiburg Band 1 ^{3}1977, Band 2 ^{2}1978, Band 3 ^{2}1982, Band 4/1 und 4/2 1976.

Jedin, H.: Kleine Konziliengeschichte. Freiburg ^{8}1986.

Jewish Encyclopedia, herausgegeben von J. Singer, 12 Bände. New York – London 1901–06, ^{2}1925.

Journal for the study of Judaism in the Persian, Hellenistic and Roman period 1 (Leiden 1970) ff.

Journal of early christian studies 1 (Baltimore 1993) ff.

Journal of ecclesiastical history 1 (London u. a. 1950) ff.

Journal of Hellenic studies 1 (London 1880) ff.

Journal of medieval and Renaissance studies 1–25 (Durham [North Carolina] 1971–95).

Journal of religion 1 (Chicago u. a. 1921) ff.

Journal of religious studies 1 (Patiala 1969) ff.

Journal of the American Oriental Society 1 (New York u. a. 1843) ff.

Journal of theological studies 1–50 (Oxford 1899–1949), Neue Serie 1 (1950) ff.

Jüdische Schriften aus hellenistisch-römischer Zeit, herausgegeben von W. G. Kümmel, Band 1 ff., Gütersloh 1973 ff.

Jüdisches Lexikon, herausgegeben von G. Herlitz – B. Kirschner, 4 Bände. Berlin 1927–30.

Jungmann, J. A.: Missarum sollemnia. Eine genetische Erklärung der römischen Messe, 2 Bände. Wien ^{5}1962, Neuausgabe Bonn 2003.

Jurist. Studies in church law and ministry 1 (Washington 1941) ff.

Jus Ecclesiasticum. Beiträge zum evangelischen Kirchenrecht und zum Staatskirchenrecht. München – Tübingen 1965 ff.

Kairos. Zeitschrift für Judaistik und Religionswissenschaft 1 (Salzburg 1959) ff.

Kanon. Jahrbuch der Gesellschaft für das Recht der Ostkirchen 1 (Wien 1973) ff.

Katholische Missionen 1 (Freiburg 1873) ff.

Katholische Theologen der Reformationszeit, herausgegeben von E. Iserloh, 5 Bände. Münster 1984–88, ^{2}1991 ff.

Katholisches Leben und Kirchenreform (bis 1966: Kämpfen) im Zeitalter der Glaubensspaltung. Münster 1927 ff.

Katholisches Soziallexikon, herausgegeben von A. Klose. Innsbruck ^{2}1980.

Kaufmann, C. M.: Handbuch der altchristlichen Epigraphik. Freiburg 1917.

Kelly, J. N. D.: Altchristliche Glaubensbekenntnisse. Geschichte und Theologie. Göttingen 1972.

Kelly, J. N. D.: Reclams Lexikon der Päpste. Stuttgart 1988.

Kemler, H.: Christentum, 2 Bände. Stuttgart 1981–84.
Kenney, J. F.: The Sources for the Early History of Ireland. An Introduction and Guide. Band 1: Ecclesiastical. New York 1929, Nachdruck, verbessert von L. Bieler. New York 1966.
Kerygma und Dogma 1 (Göttingen 1955) ff.
Kirche im Osten 1 (Stuttgart – Göttingen 1958) ff.
Kirche in ihrer Geschichte, begründet von K. D. Schmidt – E. Wolf, herausgegeben von B. Moeller, Band 1 ff. Göttingen 1961 ff.
Kirchen- und Theologiegeschichte in Quellen, herausgegeben von H. A. Oberman u. a., Band 1 ff. Neukirchen-Vluyn 1977 ff. (verschiedene Auflagen).
Kirchengeschichte als Missionsgeschichte, herausgegeben von H. Frohnes u. a., 2 Bände. München 1974–78.
Kirchengeschichte in Einzeldarstellungen, herausgegeben von G. Haendler u. a., Band 1 ff. [Berlin] Leipzig 1985 ff.
Kirchen-Lexikon, herausgegeben von H. J. Wetzer – B. Welte, 12 Bände und Registerband. Freiburg 1847–60, ^{2}1882–1903.
Klaiber, W.: Katholische Kontroverstheologen und Reformer des 16. Jahrhunderts. Münster 1978.
Kleines Lexikon der Kirchengeschichte, von M. Heim. München 1998.
Koch, L.: Jesuitenlexikon. Paderborn 1934, Nachdruck 2 Bände. Leverkusen – Hervelee 1962 (durchgehend paginiert).
Köhler, H. J.: Bibliographie der Flugschriften des 16. Jahrhunderts, Teil 1 ff., Band1 ff. Tübingen 1991 ff.
Kosch, W.: Das katholische Deutschland. Biographisch-bibliographisches Lexikon, 3 Bände. Augsburg 1933–39 (durchgehend paginiert).
Kotzula, S.: Kirchengeschichte in Daten und Fakten. Leipzig ^{3}2002.
Krumbacher, K.: Geschichte der byzantinischen Litteratur von Justinian bis zum Ende des oströmischen Reiches (527–1453). München 1891, herausgegeben von A. Ehrhard – H. Gelzer. München ^{2}1897, Nachdruck New York 1959.
Kupisch, K.: Kirchengeschichte, 5 Bände. Stuttgart 1973–75 (Bände 1–2 ^{2}1983–84).

Landgraf, A. M.: Dogmengeschichte der Frühscholastik, Band 1/1–4/2. Regensburg 1952–56.
Lanzoni, F.: Le diocesi d'Italia dalle origini al principio del secolo VII (an. 604), 2 Bände. Faenza 1927, Neudruck 1963, Modena 1980 (durchgehend paginiert).
Le Quien, M.: Oriens christianus, 3 Bände. Paris 1740, Nachdruck Graz 1958.
Lehrverurteilungen – kirchentrennend?, herausgegeben vom Ökumenischen Arbeitskreis evangelischer und katholischer Theologen, 4 Bände Freiburg – Göttingen 1986–94 (verschiedene Auflagen).
Leiturgia. Handbuch des evangelischen Gottesdienstes, herausgegeben von K. F. Müller – W. Blankenburg, 5 Bände. Kassel 1952–70.
Lenzenweger, J.: Geschichte der katholischen Kirche. Graz ^{3}1995.
Lexicon Capuccinum. Promptuarium Historico-Bibliographicum (1525–1950). Rom 1951.
Lexicon iconographicum mythologiae classicae, Band 1 ff. Zürich – München 1981 ff.
Lexikon der Alten Welt, herausgegeben von C. Andresen u. a. Zürich – Stuttgart 1965.

Lexikon der antiken christlichen Literatur. Freiburg ^{3}2001.

Lexikon der christlichen Ikonographie, begründet von E. Kirschbaum, herausgegeben von W. Braunfels, 8 Bände. Freiburg 1968–75, Nachdruck 2004.

Lexikon der christlichen Moral, herausgegeben von K. Hörmann. Innsbruck 1969, ^{2}1976.

Lexikon der Heiligen und der Heiligenverehrung, redigiert von B. Steimer – T. Wetzstein, 3 Bände. Freiburg 2003.

Lexikon der katholischen Dogmatik, herausgegeben von W. Beinert. Freiburg 1987, ^{3}1991 (= ^{5}1997).

Lexikon der Kirchengeschichte, redigiert von B. Steimer, 2 Bände. Freiburg 2001.

Lexikon der Kunst, begründet von G. Strauss, neu bearbeitet und herausgegeben von H. Olbrich, 7 Bände. Leipzig 1987–94, München 1996.

Lexikon der Mission. Geschichte, Theologie, Ethnologie, herausgegeben von H. Rzepkowski. Graz 1992.

Lexikon der Päpste und des Papsttums, redigiert von B. Steimer. Freiburg 2001.

Lexikon der Reformationszeit, redigiert von K. Ganzer – B. Steimer. Freiburg 2002.

Lexikon der Religionen, herausgegeben von H. Waldenfels. Freiburg 1987.

Lexikon der Sekten, Sondergruppen und Weltanschauungen, herausgegeben von H. Gasper u. a. Freiburg ^{7}2001.

Lexikon des Mittelalters, 8 Bände. München – Zürich 1980–98, Sonderausgabe Stuttgart 1999.

Lexikon für Theologie und Kirche, herausgegeben von M. Buchberger, 10 Bände. Freiburg 11930–38; herausgegeben von J. Höfer – K. Rahner, 10 Bände und Registerband. Freiburg ^{2}1957–67, dazu: Das Zweite Vatikanische Konzil. Dokumente und Kommentare, herausgegeben von H. S. Brechter u. a., 3 Bände (Band 12–14). Freiburg 1966–68; herausgegeben von W. Kasper u. a., 10 Bände und Nachtrags-/Registerband. Freiburg ^{3}1993–2001;

Lexikon missionstheologischer Grundbegriffe, herausgegeben von K. Müller – T. Sundermeier. Berlin 1987.

Lhotsky, A.: Quellenkunde zur mittelalterlichen Geschichte Österreichs. Graz – Köln 1963.

Liber annuus. Studium biblicum Franciscanum 30 (Jerusalem 1980) ff.

Liber pontificalis, herausgegeben von L. Duchesne, 2 Bände. Paris 1886–92; Nachdruck Paris 1955; Band 3 herausgegeben von C. Vogel. Paris 1957.

Literaturwissenschaftliches Jahrbuch (bis 9 [1939]: der Görres-Gesellschaft) 1–9 (1926–39), Neue Folge 1 (Berlin 1961) ff.

Liturgiewissenschaftliche Quellen und Forschungen. Münster 1957 ff.

Liturgisches Jahrbuch 1 (Münster 1951) ff.

Lortz, J.: Geschichte der Kirche in ideengeschichtlicher Betrachtung, 2 Bände. Münster ^{21}1964.

Lottin,O: Psychologie et Morale aux XIIe et XIIIe siècles, 6 Bände. Löwen 1942–60.

Luther, M.: Werke. Kritische Gesamtausgabe ‚Weimarer Ausgabe‘. Weimar 1883 ff.: Briefwechsel; Tischreden; Deutsche Bibel

Lutherische Monatshefte 1 (Hamburg u. a 1962) ff.

Mabillon, J.: Annales Ordinis S. Benedicti occidentalium monachorum patriarchae (a. 480–1157), 6 Bände, Band 5 herausgegeben von R. Massuet, Band 6 herausgegeben von E. Martène. Paris 1703–39, Lucca ^{2}1739–45.

Mabillon, J.: Museum Italicum sive Collectio veterum scriptorum ex bibliothecis italicis eruta, 2 Bände. Paris 1687–89, 21724.

Mabillon, J.: Vetera analecta s. Collectio veterum aliquot operum et opusculorum …, 4 Bände. Paris 1675–85, ^{2}1723 (einbändig).

Mai, A.: Nova Patrum bibliotheca, Band 1–7 herausgegeben von A. Mai. Rom 1852–57; Band 8–10 herausgegeben von J. Cozza-Luzi. Rom 1871–1905.

Mai, A.: Scriptorum veterum nova collectio e vaticanis codicibus edita, 10 Bände. Rom 1825–38.

Mai, A.: Spicilegium Romanum, 10 Bände. Rom 1839–44.

Maison-Dieu. Revue de pastorale liturgique 1 (Paris 1945) ff.

Mansi, J. D.: Sacrorum conciliorum nova et amplissima collectio, 31 Bände. Florenz – Venedig 1759–98, Neudruck und Fortsetzung herausgegeben von L. Petit – J. B. Martin in 53 Bänden. Paris 1901–27.

Marianum 1 (Rom 1939) ff.

Marienlexikon, herausgegeben von L. Scheffczyk – R. Bäumer, 6 Bände. St. Ottilien 1988–94.

Martyrologium Franciscanum (1653), herausgegeben von I. Beschin – J. Palazzolo. Vicenza 1939.

Martyrologium romanum … scholiis historicis instructum, herausgegeben von H. Delehaye u. a. (ActaSS, Propylaeum ad ActaSS dec.). Brüssel 1941; Editio typica quarta Rom 1956; Editio typica Rom 2001.

Martyrologium Syriacum, herausgegeben von B. Mariani. Rom 1956.

Materialdienst der Evangelischen Zentralstelle für Weltanschauungsfragen 35 (Stuttgart 1972) ff.

Mediaeval and Renaissance Studies 1–6 (London 1941/43–68).

Mediaeval Studies 1 (Toronto 1939) ff.

Medieval Archaeology 1 (London 1957) ff.

Mélanges de l'École Française de Rome. Antiquité 83 (Paris – Rom 1971) ff.

Mélanges de l'École Française de Rome. Moyen-âge, Temps modernes 83 (Paris – Rom 1971) ff.

Mélanges de science religieuse 1 (Lille 1944) ff.

Messager de l'Exarchat du Patriarche Russe en Europe Occidentale 1 (Paris 1950) ff.

Miscellanea francescana 1 (Rom 1886) ff.

Mitteilungen der Deutschen Orient-Gesellschaft zu Berlin 1 (Berlin 1898) ff.

Mitteilungen des Deutschen Archäologischen Instituts, Römische Abteilung 1 (München 1886) ff.

Mitteilungen des Instituts für Österreichische Geschichtsforschung 1–38 (Innsbruck 1880–1920), 39–40 (Wien 1923–25), 41–55 (Innsbruck 1926–44), 56 (Graz 1948) ff.

Mitteilungen des Österreichischen Instituts für Geschichtsforschung 39–54 (Graz – Köln 1923–42).

Moeller, B.: Geschichte des Christentums in Grundzügen. Göttingen ^{7}2001.

Monasticon Anglicanum, herausgegeben von W. Dugdale, London 1655; Neuauflage, 6 Bände. London 1817–30, Nachdruck Farnborough 1970.

Monasticon Westfaliae. Verzeichnis der im Gebiet der Provinz Westfalen bis zum Jahre 1815 gegründeten Stifte, Klöster und sonstigen Ordensniederlassungen, herausgegeben von L. Schmitz-Kallenberg. Münster 1909.

Monasticon Windeshemense, herausgegeben von W. Kohl – R. Persoons – A. G. Weiler, 3 Bände. Brüssel 1976–80.

Monitor Ecclesiasticus (bis 73 [1948]: Monitore Ecclesiastico) 1 (Rom 1876) ff.

Monumenta Boica, herausgegeben von der Bayerischen Akademie der Wissenschaften, Band 1–27. München 1763–1829; Collectio nova, Band 28–46 (1–19) 1833–1905; Neue Folge, Band 47–60 (1–14) 1902–16; Microfiche-Gesamtausgabe. Erlangen 1998.

Monumenta Germaniae Historica inde ab a. C. 500 usque ad a. 1500; Indices von O. Holder-Egger – K. Zeumer. Hannover – Berlin 1826 ff.: Auctores antiquissimi. 1877–1919; Capitularia regum Francorum. 1883–97; Concilia. 1893 ff.; Constitutiones et acta publica imperatorum et regum. 1893 ff.; Diplomata. 1872 ff.; Epistolae. 1887 ff.; Epistolae selectae. 1916 ff.; Fontes iuris Germanici antiqui. 1869 ff. Neue Serie 1933 ff.; Hilfsmittel. 1975 ff.; Leges. 1835 ff.; Libelli de lite imperatorum et pontificum saeculis XI et XII conscripti. 1891–97; Necrologia. 1888–1920; Poetae latinae medii aevi. 1880 ff.; Quellen zur Geistesgeschichte des Mittelalters. 1955 ff.; Scriptores rerum Germanicarum in usum scholarum ex Monumentis Germaniae historicis recusi (separatim editi) (Oktav-Reihe). 1826–1913; Scriptores rerum Germanicarum, Nova series (Oktav-Reihe). 1922 ff.; Scriptores rerum Langobardicarum et Italicarum s. VI–IX. 1878, Nachdruck 1964; Scriptores rerum Merovingicarum. 1884–1920; Scriptores. 1826–1934.

Monumenta Hispaniae sacra. Madrid: Series canónica 1966 ff.; Series litúrgica 1946 ff.; Series patrística 1947 ff.; Subsidia 1963 ff.

Monumenta Historica Societatis Iesu. [Madrid] – Rom 1894 ff.

Monumenta Hungariae Historica, 4 Bände. Budapest 1857–1948.

Monumenta iuris canonici. Vatikanstadt – New York: Series A: Corpus glossatorum 1969 ff.; Series B: Corpus collectionum 1973 ff.; Series C: Subsidia 1965 ff.

Monumenta ordinis Fratrum Praedicatorum historica, herausgegeben von B. M. Reichert, 14 Bände. Rom 1896–1904; Fortsetzung Paris 1931 ff.

Monumenta Poloniae Historica, Neue Serie. Krakau 1951 ff.

Moroni, G.: Dizionario di erudizione storico-ecclesiastica, 103 Bände. Venedig 1840–61, 6 Indexbände 1878–79.

Mortier, A.: Histoire des maîtres généraux de l'ordre des Frères prêcheurs, 7 Bände. Paris 1903–1913.

Moyen-âge. Revue d'histoire et de philologie 1 (Paris 1888) ff.

Mühlenberg, E.: Epochen der Kirchengeschichte. Wiesbaden ^{3}1999.

Münchener theologische Zeitschrift 1 (München 1950) ff.

Muratori, L. A.: Rerum Italicarum scriptores ab anno aerae christianae 500 ad 1500, 28 Bände. Mailand 1723–51; Fortsetzung, 3 Bände. Florenz 1748–71; Neuauflage, herausgegeben von G. Carducci – V. Fiorini. Città di Castello 1900 ff.

Muséon. Revue des études orientales 1 (Löwen 1881) ff.

Mysterium salutis. Grundriß heilsgeschichtlicher Dogmatik, herausgegeben von J. Feiner u. a., 5 Bände. Einsiedeln 1965–76, Ergänzungsband 1981.

Mystik in Geschichte und Gegenwart, herausgegeben von M. Schmidt – H. Riedlinger. Stuttgart-Bad Cannstatt 1985 ff.

Nag Hammadi library in English, herausgegeben von J. M. Robinson. Leiden ^{3}1988, ^{4}1996.

Neue Deutsche Biographie, herausgegeben von der Historischen Kommission bei der Bayerischen Akademie der Wissenschaften. Berlin 1953 ff.

Neue österreichische Biographie ab 1815, 8 Bände. Wien 1923–35, Band 9 ff. Wien 1956 ff.

Neue Zeitschrift für Missionswissenschaft 1 (Beckenried 1945) ff.

Neutestamentliche Apokryphen in deutscher Übersetzung, begründet von E. Hennecke, herausgegeben von W. Schneemelcher, 2 Bände. Tübingen (1904) ^{6}1990–97.

New Catholic Encyclopedia, herausgegeben von W. J. McDonald u. a., 15 Bände. New York 1967; Supplementbände 16–19, 1974–95; Nachdruck Bände 1–17, 1981; Jubilee-volume, 2001.

New Encyclopedia of Archeological excavations in the Holy Land, herausgegeben von E. Stern, 4 Bände. New York u. a. 1993.

Nicene and post-Nicene fathers of the Christian church, select library of (the), herausgegeben von P. Schaff, 28 Bände. Oxford 1886–1900, Nachdruck 1983.

Niceron, J. P.: Mémoires pour servir à l'histoire des hommes illustres dans la république des lettres, 44 Bände. Paris 1729–45, Nachdruck Farnborough 1968–69.

Niedersächsisches Jahrbuch (ab 7 [1930]: für Landesgeschichte) 1 (Hildesheim 1924) ff.

Nouvelle revue théologique 1 (Tournai u. a. 1869) ff.

Numen. International review for the history of religions 1 (Leiden 1954) ff.

Nuntia, herausgegeben von Pontificia Commissio Codici Iuris Canonici Orientalis recognoscendo, 31 Bände. Vatikanstadt 1975–90.

Nuntiaturberichte aus Deutschland nebst ergänzenden Aktenstücken, I., III. und IV. Abteilung herausgegeben vom Deutschen Historischen Institut in Rom, II. Abteilung herausgegeben vom Österreichischen Historischen Institut in Rom. – I. Abteilung (1533–59), Band 1–12. Gotha – Berlin 1892–1912, Nachdruck Frankfurt (Main) 1968; Band 13 ff. Tübingen 1959 ff.; Ergänzungsband 1 und 2 (1530/31 und 1532). Tübingen 1963–69. – II. Abteilung (1560–72), Band 1–8. Wien – Leipzig 1897–1939, Graz – Köln 1952–67. – III. Abteilung (1572–85), Band 1–5. Berlin 1892–1909, Nachdruck Turin 1972; Band 6 ff. Tübingen 1982 ff. – IV. Abteilung (17.Jh.), 3 Bände (ohne durchgehende Bandzählung). Berlin 1895–1913, Nachdruck Turin 1973; weitere Bände in Vorbereitung.

Nuntiaturberichte aus Deutschland nebst ergänzenden Aktenstücken, herausgegeben von der Görres-Gesellschaft (ohne durchgehende Bandzählung). – I. Abteilung: Die Kölner Nuntiatur, 2 Teilbände (Band 1 und 2/1) (1585[84]–90). Paderborn 1895–99, Nachdruck Paderborn 1969; Teilband 2/2 ff. (1590–1630). München – Paderborn – Wien 1969 ff. – II. Abteilung: Die Nuntiatur am Kaiserhofe, 3 Teilbände (1585[84]–92). Paderborn 1905–19.

Oberbayerisches Archiv (bis 83 [1958]: für vaterländische Geschichte) 1 (München 1839) ff.

Ökumene-Lexikon. Frankfurt (Main) 1983, ^{2}1987.

Ökumenische Kirchengeschichte, herausgegeben von R. Kottje – B. Moeller, 3 Bände. Mainz ^{4}1989–1993.

Ökumenische Rundschau 1 (Stuttgart – Frankfurt [Main] 1952) ff.

One in Christ. A Catholic ecumenical review 1 (London 1965) ff.
Oriens antiquus 1 (Rom 1962) ff.
Oriens Christianus 1 (Wiesbaden u. a. 1901) ff.
Orientalia christiana analecta. Rom 1935 ff.
Orientalia christiana periodica 1 (Rom 1935) ff.
Orientalia. Commentarii periodici de rebus Orientis antiqui 1–55 (Rom 1920–30), Neue Serie 1 (1932) ff.
Orientalistische Literaturzeitung 1 (Leipzig 1898) ff.
Orthodoxes Forum 1 (München 1987) ff.
Ortiz de Urbina, I.: Patrologia Syriaca. Rom 1958, ^{2}1965, Nachdruck ^{3}1983.
Osservatore romano 1 (1861) ff.
Osservatore Romano. Wochenausgabe in deutscher Sprache 1 (Vatikanstadt 1971) ff.
Ossinger, J. F.: Bibliotheca Augustiniana historica, critica et chronologica, 3 Bände. Ingolstadt – Augsburg 1768, Nachdruck Turin 1963 (durchgehend paginiert).
Österreichisches Archiv für Kirchenrecht 1 (Wien u. a. 1950) ff.
Österreichisches Biographisches Lexikon 1815–1950, Band 1 ff. Wien 1957 ff.
Ostkirchliche Studien 1 (Würzburg 1952) ff.
Ostrogorsky, G.: Geschichte des byzantinischen Staates. München ^{3}1963.
Oxford encyclopedia of the Reformation, herausgegeben von H. J. Hillerbrandt, 4 Bände. New York 1996.
Oxford dictionary of Byzantium, 3 Bände. New York – Oxford 1991 (durchgehend paginiert).
Oxford dictionary of Saints, herausgegeben von D. H. Farmer. Oxford ^{5}2003.
Oxford dictionary of the Christian Church, herausgegeben von E. A. Livingstone. Oxford ^{3}1997.

Päpste und Papsttum, Band 1 ff. Stuttgart 1971 ff.
Papsturkunden in den Niederlanden, herausgegeben von J. Ramackers. Berlin 1933–34.
Papsturkunden in Frankreich, herausgegeben von W. Wiederhold, 7 Bände. Berlin 1906–13; Papsturkunden in Frankreich, herausgegeben von H. Meinert, Neue Folge Band 1. Berlin 1932–33; Papsturkunden in Frankreich, herausgegeben von J. Ramakkers, Neue Folge Band 2–6. Göttingen 1937 ff.;
Papsturkunden in Portugal, herausgegeben von C. Erdmann. Berlin 1927.
Papsturkunden in Spanien, herausgegeben von P. F. Kehr, 2 Bände. Berlin 1926–28.
Parole de l'Orient 1 (Kaslik 1970) ff.
Pastor, L. von: Geschichte der Päpste seit dem Ausgang des Mittelalters, 16 Bände. Freiburg 1885–1933, Nachdruck 1955–62.
Patristic Greek lexicon, herausgegeben von G. W. H. Lampe. Oxford (1961–68) ^{18}2004.
Patristische Texte und Studien. Berlin 1963 ff.
Patrologia Graeca, herausgegeben von J. P. Migne, 167 Bände. Paris 1857–66.
Patrologia Latina, herausgegeben von J. P. Migne, 217 Bände und 4 Registerbände. Paris 1841–64; Supplementbände 1–5, herausgegeben von A. Hamman. Paris 1958–70.
Patrologia orientalis, herausgegeben von R. Graffin – F. Nau. Paris 1907 ff.
Patrologia syriaca, herausgegeben von R. Graffin, 3 Bände. Paris 1894–1907.
Paulys Real-Encyklopädie der classischen Altertumswissenschaft, Neuauflage, herausge-

geben von G. Wissowa u. a., 50 Bände. Stuttgart 1894–1980; Der Neue Pauly, herausgegeben von H. Cancik, 16 Bände. Stuttgart 1996–2003.
Perini, D. A.: Bibliographia Augustiniana, Scriptores Italici, 4 Bände. Florenz 1929–35.
Philosophisches Jahrbuch der Görres-Gesellschaft 1 ([Fulda] Freiburg 1888) ff.
Philosophisches Wörterbuch, herausgegeben von W. Brugger. Freiburg [23]1998.
Pietri, C.: Roma christiana, 2 Bände. Rom 1976 (durchgehend paginiert).
Pitra, J. B.: Analecta sacra Spicilegio Solesmensi parata, 8 Bände. Paris 1876–91.
Pitra, J. B.: Spicilegium Solesmense, 4 Bände. Paris 1852–58.
Plöchl, W.: Geschichte des Kirchenrechts, 5 Bände. Wien 1953–69, Band 1–3 [2]1960–70.
Plummer, C.: Miscellanea hagiographica Hibernica. Brüssel 1925.
Plummer, C.: Vitae Sanctorum Hiberniae, 2 Bände. Oxford 1910, Nachdruck 1968.
Polgár, L.: Bibliographie sur l'histoire de la Compagnie de Jésus 1901–80, 4 Bände. Rom 1981–95.
Potthast, A.: Bibliotheca historica medii aevi. Wegweiser durch die Geschichtswerke des europäischen Mittelalters bis 1500. Berlin 1862, Supplement 1888, [2]1896 in 2 Bänden, Nachdruck Graz 1954.
Potthast, A.: Regesta Pontificum Romanorum inde ab a. 1198 ad a. 1304, 2 Bände. Berlin 1874–75.
Proche-Orient chrétien 1 (Jerusalem 1951) ff.
Prosopographie chrétienne du Bas-Empire, Band 1 ff. Paris 1982 ff.
Prosopographisches Lexikon der Palaiologenzeit, bearbeitet von E. Trapp u. a., 13 Bände. Wien 1976–96, Addenda und Corrigenda 1988–95.
Prosopography of the Later Roman Empire, herausgegeben von J. R. Martindale u. a., 3 Bände. Cambridge 1971–92.

Quellen und Erörterungen zur bayerischen und deutschen Geschichte, 14 Bände. München 1856–1967, Nachdruck 1969.
Quellen und Forschungen aus dem Gebiete der Geschichte, herausgegeben von der Görres-Gesellschaft. Paderborn 1892 ff.
Quellen und Forschungen aus italienischen Archiven und Bibliotheken 1 (Rom 1897) ff.
Quellen zur Geschichte des Papsttums und des römischen Katholizismus, begründet von C. Mirbt, herausgegeben von K. Aland. 6. Auflage Band 1 ff. Tübingen 1967 ff.
Quellenschriften zur Geschichte des Protestantismus, herausgegeben von J. Kunze – C. Stange. Leipzig 1904–32.
Quentin, H.: Les martyrologes historiques du Moyen-âge. Paris 1908, Nachdruck Aalen 1969.
Questions liturgiques 1 (Löwen 1970) ff.

Räß, A.: Die Konvertiten seit der Reformation, 10 Bände. Freiburg 1866–71, Registerband 1872, 3 Supplementbände 1873–80.
Realencyklopädie für protestantische Theologie und Kirche, herausgegeben von A. Hauck, 24 Bände. Leipzig [3]1896–1913.
Reallexikon der Assyriologie und vorderasiatischen Archäologie, begründet von E. Ebeling, herausgegeben von D. O. Edzard, Band 1 ff. Berlin 1928 ff.
Reallexikon der germanischen Altertumskunde, herausgegeben von J. Hoops, 4 Bände. Straßburg 1911–18, herausgegeben von H. Beck, Band 1 ff. Berlin [2]1973 ff.

Reallexikon für Antike und Christentum, herausgegeben von T. Klauser u. a., Band 1 ff. Stuttgart 1950 ff. Supplementbände 1 ff. 1985 ff.
Reallexikon zur byzantinischen Kunst, Band 1 ff. Stuttgart 1966 ff.
Recherches Augustiniennes 1 (Paris 1958) ff.
Recherches de science religieuse 1 (Paris 1910) ff.
Recherches de théologie ancienne et médiévale 1 (Löwen 1929) ff.
Recueil des historiens des Croisades: Documents arméniens, 2 Bände. Paris 1869–1906; Historiens grecs, 2 Bände. Paris 1875–81; Lois. Les assises de Jérusalem, 2 Bände. Paris 1841–43; Historiens occidentaux, 5 Bände. Paris 1844–95; Historiens orientaux, 5 Bände. Paris 1872–1906.
Reformationsgeschichtliche Studien und Texte, begründet von J. Greving. Münster 1906 ff.
Regesta Imperii, herausgegeben von J. F. Böhmer. Stuttgart 1831 ff., neu bearbeitet von E. Mühlbacher – J. Fischer u. a. Innsbruck 1881 ff., teilweiser Nachdruck Hildesheim 1966 ff.
Regesta Pontificum Romanorum: Germania Pontificia, herausgegeben von A. Brackmann, Band 1 ff. Berlin 1911 ff.; Italia Pontificia, Band 1–8 herausgegeben von P. F. Kehr. Berlin 1906–35, Band 9 herausgegeben von W. Holtzmann. Berlin 1962, Band 10 herausgegeben von D. Girgensohn. Zürich 1975.
Regulae Benedicti studia 1 (St. Ottilien 1972) ff.
Religion in Geschichte und Gegenwart, 5 Bände. Tübingen 1909–13; 5 Bände und Registerband ^{2}1927–32; 5 Bände und Registerband ^{3}1956–65; Band 1 ff. ^{4}1998 ff.
Repertorium der lateinischen Sermones des Mittelalters für die Zeit von 1150–1350, bearbeitet von J. B. Schneyer, 11 Bände. Münster 1969–90.
Repertorium edierter Texte des Mittelalters aus dem Bereich der Philosophie und angrenzender Gebiete, herausgegeben von R. Schönberger – B. Kible. Berlin 1994.
Repertorium fontium historiae medii aevi, herausgegeben vom Istituto storico Italiano per il medio evo u. a. Rom 1962 ff.
Repertorium Germanicum, herausgegeben vom Deutschen Historischen Institut in Rom. Berlin – Tübingen 1916 ff.
Rerum Britannicarum medii aevi scriptores, or: Chronicles and memorials of Great Britain and Ireland during the Middle Ages, 99 Bände. London 1858–96.
Reusch, F. H.: Der Index der verbotenen Bücher, 2 Bände. Bonn 1883–85.
Revista eclesiastica brasileira 1 (Petrópolis 1941) ff.
Revista española de teología 1 (Madrid 1940) ff.
Revue archéologique 1 (Paris 1844) ff.
Revue belge de philologie et d'histoire 1 (Brüssel 1922) ff.
Revue bénédictine 1 (Maredsous 1884) ff.
Revue d'assyriologie et d'archéologie orientale 1 (Paris 1884) ff.
Revue d'histoire de l'Église de France 1 (Paris 1910) ff.
Revue d'histoire ecclésiastique 1 (Löwen 1900) ff.
Revue d'histoire et de philosophie religieuses 1 (Straßburg u. a. 1921) ff.
Revue de droit canonique 1 (Straßburg 1951) ff.
Revue de l'histoire des religions 1 (Paris 1880) ff.
Revue de l'Orient chrétien 1–30 (Paris 1896–1936).
Revue de philologie, de littérature et d'histoire anciennes 1 (Paris 1845) ff.

Revue de théologie et de philosophie (1–5 [1868–72]: Théologie et philosophie) 1 (Genf u. a. 1868) ff.
Revue des études anciennes 1 (Bordeaux 1899) ff.
Revue des Études Augustiniennes 1 (Paris 1955) ff.
Revue des études byzantines 4 (Paris 1946) ff.
Revue des études grecques 1 (Paris 1888) ff.
Revue des études latines 1 (Paris 1923) ff.
Revue des questions historiques 1–67 (Paris 1866–39).
Revue des sciences philosophiques et théologiques 1 (Paris 1907) ff.
Revue des sciences religieuses 1 (Straßburg 1921) ff.
Revue du moyen âge latin 1–46 (Straßburg 1945–90).
Revue hispanique 1–81 (Paris 1894–1933).
Revue historique 1 (Paris 1876) ff.
Revue néoscolastique de philosophie 1–43 (Löwen 1894–45).
Revue philosophique de Louvain 44 (Löwen 1946) ff.
Revue sémitique d'épigraphie et d'histoire ancienne 1–22 (Paris 1893–1914).
Revue théologique de Louvain 1 (Löwen 1970) ff.
Revue Thomiste 1 (Toulouse u. a. 1893) ff.
Rheinische Vierteljahrsblätter. Mitteilungen des Instituts für geschichtliche Landeskunde der Rheinlande an der Universität Bonn 1–12 (Bonn 1931–42), 13 (1948) ff.
Rivista degli studi orientali 1 (Rom 1907) ff.
Rivista di archeologia cristiana 1 (Rom 1924) ff.
Rivista di storia della Chiesa in Italia 1 (Rom 1947) ff.
Rivista di storia e letteratura religiosa 1 (Florenz 1965) ff.
Rivista di studi bizantini e neoellenici Neue Serie 1 (Rom 1964) ff.
Rivista storica benedettina 1–24 (Rom 1906–55).
Rivista storica italiana 1 (Neapel u. a. 1884) ff.
Rogier, L.: Geschichte der Kirche, 5 Bände. Einsiedeln 1963–77.
Römische Historische Mitteilungen 1 (Wien u. a. 1956–57) ff.
Römische Quartalschrift für christliche Altertumskunde und Kirchengeschichte 1 (Freiburg u. a. 1887) ff.
Römisches (1–2 [1937–38]: Kunstgeschichtliches) Jahrbuch der Bibliotheca Hertziana (3–24 [1939–88]: Römisches Jahrbuch für Kunstgeschichte) 25 (Tübingen 1989) ff.
Rottenburger Jahrbuch für Kirchengeschichte 1 (Sigmaringen 1982) ff.
Ruh, K.: Geschichte der abendländischen Mystik, Bd. 1 ff. München 1990 ff. (1 ^{2}1999).
Ruinart, T.: Acta martyrum etc. Paris 1689, Regensburg ^{5}1859.

Sachsen und Anhalt. Jahrbuch der Historischen Kommission für Sachsen-Anhalt 1–17 (Weimar 1925–43), 18 (1994) ff.
Sacramentum mundi. Theologisches Lexikon für die Praxis, herausgegeben von K. Rahner u. a., 4 Bände. Freiburg 1967–69.
Sacrosancta concilia, herausgegeben von P. Labbe – G. Cossart, 16 Bände. Paris 1671–72; Neuauflage, herausgegeben von N. Coleti, 24 Bände. Venedig 1728–33.
Saeculum. Jahrbuch für Universalgeschichte 1 (Freiburg – München 1950) ff.
Savigny, F. K. von: Geschichte des römischen Rechts im Mittelalter, 6 Bände. Heidelberg 1815–31, in 7 Bänden ^{2}1834–51, ^{3}1956, ^{4}1986.

Savio, F.: Gli antichi vescovi d'Italia dalle origini al 1300 descritti per regioni, 2 Bände. Turin 1898–1932.
Schanz, M.: Geschichte der römischen Literatur, 4 Bände. München 1890–1902; Band 1 ^{4}1927, Band 2 ^{4}1935, Band 3 ^{3}1922, Band 4/1 ^{2}1914, Band 4/2 1920.
Schatz, K.: Vaticanum I, 3 Bände. Paderborn 1992–94.
Schimmelpfennig, B. Das Papsttum von der Antike bis zur Renaissance. Darmstadt ^{4}1996.
Schmidlin, J.: Papstgeschichte der neuesten Zeit, 4 Bände. München 1933–39.
Schmidt, K. D.: Grundriß der Kirchengeschichte, Bd. 1 ff. Göttingen 1949 ff. (verschiedene Auflagen).
Schmitz, P.: Geschichte des Benediktinerordens, 4 Bände. Einsiedeln 1947–60.
Schnabel, F.: Deutschlands geschichtliche Quellen und Darstellungen in der Neuzeit. Leipzig 1931, Nachdruck Darmstadt 1972.
Scholastik 1–40 (Freiburg 1926–65).
Schottenloher, K.: Bibliographie zur deutschen Geschichte im Zeitalter der Glaubensspaltung 1517–85, 6 Bände. Leipzig 1933–40, 7 Bände ^{2}1956–66.
Schramm, P. E.: Herrschaftszeichen und Staatssymbolik, 3 Bände. Stuttgart 1954–56, Nachtrag 1978.
Schriften der Monumenta Germaniae Historica. Stuttgart 1948 ff.
Schulte, J. F. von: Geschichte der Quellen und der Literatur des kanonischen Rechts, 3 Bände. Stuttgart 1875–80.
Schweizerische Zeitschrift für Geschichte 1 (Zürich u. a. 1951) ff.
Scriptores Ordinis Praedicatorum Medii Aevi, herausgegeben von T. Käppeli (4. Band von E. Panella): 4 Bände. Rom 1970–93.
Scriptores Ordinis Praedicatorum, herausgegeben von J. Quétif – J. Echard, 2 Bände. Paris 1719–21, Nachdruck Turin 1961, Band 3 (Supplementband), herausgegeben von R. Coulon – A. Papillon. Paris 1909–34, Nachdruck Löwen 1961.
Scriptorium. Revue internationale des études relatives aux manuscrits 1 (Brüssel u. a. 1946/47) ff.
Seppelt, F. X.: Geschichte der Päpste von den Anfängen bis zur Mitte des 20. Jahrhunderts, 5 Bände (Bände 4 und 5 neu bearbeitet von G. Schwaiger). München ^{2}1954–59.
Series episcoporum ecclesiae apostolicae occidentalis, herausgegeben von O. Engels – S. Weinfurter. Stuttgart 1982 ff.
Settimane di studio del Centro Italiano di Studi sull'Alto Medioevo 1 (Spoleto 1953) ff.
Sixteenth century journal 1 (St. Charles [Missouri] 1970) ff.
Sierszyn, A.: 2000 Jahre Kirchengeschichte, 5 Bände. Neuhausen-Stuttgart 1995 ff.
Sommer, W. – Klahr, D.: Kirchengeschichtliches Repetitorium. Göttingen ^{3}2002.
Sommervogel, C.: Bibliothèque de la Compagnie de Jésus, Band 1–9. Brüssel – Paris 1890–1900, Band 10 (Tables), 11 (Histoire), herausgegeben von P. Bliard. Paris 1932, Band 12 (Nachträge), herausgegeben von E.-M. Rivière. Toulouse 1911–30, 1–12. Löwen ^{3}1960.
Sources chrétiennes, herausgegeben von H. de Lubac – J. Daniélou. Paris 1941 ff.
Speculum. A journal of medieval studies ^{3}1 (Cambridge [Massachusetts] 1926) ff.
Spicilegium historicum Congregationis Sanctissimi Redemptoris 1 (Rom 1953) ff.
Spicilegium sacrum Lovaniense. Löwen 1922 ff.
Staatslexikon, herausgegeben von der Görres-Gesellschaft, 7 Bände (Band 6–7: Die Staaten der Welt). Freiburg ^{7}1985–93.

Stamer, L.: Kirchengeschichte der Pfalz, 4 Bände. Speyer 1936–64.
Stegmüller, F.: Repertorium biblicum medii aevi, 11 Bände. Madrid 1940–80.
Stegmüller, F.: Repertorium commentariorum in sententias Petri Lombardi, 2 Bände. Würzburg 1947.
Stimmen der Zeit (bis 44 [1914]: Stimmen aus Maria-Laach) 1 (Freiburg 1871) ff.
Studi e Testi. Biblioteca apostolica Vaticana. Rom 1900 ff.
Studi francescani 12 (Arezzo – Florenz 1914) ff. (bis 11 [1913]: La Verna).
Studi gregoriani per la storia (1–7 [1947–60]: di Gregorio VII e della riforma gregoriana) della Libertas Ecclesiae 8 (Rom 1970) ff.
Studi medievali 1–4 (Turin 1904–13), Neue Serie 6–15 (1928–42), 3. Serie 1 (Spoleto 1960) ff.
Studia Gratiana 1 (Bologna 1953) ff.
Studia monastica 1 (Barcelona 1959) ff.
Studia orientalia christiana. Kairo 1958 ff. (1956–57: Studia orientalia).
Studia Patristica, Band 1–16 (in Texte und Untersuchungen). Berlin 1957–85, Bände 17 ff. Löwen 1982 ff.
Studien und Mitteilungen (1–2 [1880–81]: Wissenschaftliche Studien und Mitteilungen) zur Geschichte des Benedictinerordens und seiner Zweige (3 [1882]: aus dem Benedictiner-Orden) (4–31 [1883–1910]: aus dem Benedictiner- und Cistercienser-Orden) 32 (München 1911) ff.
Studies in Medieval and Reformation Thought, herausgegeben von H. Oberman u. a. Leiden 1966 ff.
Studies in the History of Christian Thought, herausgegeben von H. Oberman u. a. Leiden 1966 ff.
Subsidia hagiographica, herausgegeben von Société des Bollandistes. Brüssel 1886 ff.
Synaxarium Ecclesiae Constantinopolitanae, herausgegeben von H. Delehaye (Propylaeum ad ActaSS nov.). Brüssel 1902.
Syria. Revue d'art oriental et d'archéologie 1 (Paris 1920) ff.

Tacchi Venturi, P.: Storia della compagnia di Gesù in Italia, 3 Bände. Mailand – Rom 1910–51.
Tassin, R. P.: Histoire littéraire de la Congrégation de St-Maur. Brüssel – Paris 1770; deutsche Ausgabe, 2 Bände. Frankfurt (Main) 1773–74.
Texte und Arbeiten. Beiträge zur Ergründung des älteren lateinischen christlichen Schrifttums und Gottesdienstes, herausgegeben durch die Erzabtei Beuron. Leipzig 1917 ff.
Texte und Untersuchungen zur Geschichte der altchristlichen Literatur. Leipzig – Berlin 1882 ff.
Theologie und Philosophie 41 (Freiburg 1966) ff. (bis 40 [1965]: Scholastik).
Theologische Literaturzeitung 1 (Leipzig 1876) ff.
Theologische Quartalschrift 1 (Tübingen u. a. 1819) ff.
Theologische Realenzyklopädie, herausgegeben von G. Krause – G. Müller, Band 1 ff. Berlin – New York 1976 ff.
Theologische Revue 1 (Münster 1902) ff.
Theologische Rundschau 1–20 (Tübingen 1897–1917), Neue Folge 1 (1929) ff.
Theologische Zeitschrift 1 (Basel 1945) ff.
Tijdschrift voor geschiedenis 1 (Amersfoort u. a. 1886) ff.

Tijdschrift voor Rechtsgeschiedenis 1 (Haarlem u.a. 1918) ff.

Tillemont, L. S. Le Nain de: Mémoires pour servir à l'histoire ecclésiastique des six premiers siècles, 16 Bände. Paris 1693–1712 u.ö.

Topographie chrétienne des cités de la Gaule des origines à la fin du VIIe siècle. Paris 1975 ff.

Traditio. Studies in ancient and medieval history, thought and religion 1 (New York 1943) ff.

Travaux et mémoires. Centre de Recherche d'Histoire et Civilisation de Byzance 1 (Paris 1965) ff.

Trierer Theologische Zeitschrift 56 (Trier 1947) ff. (bis 54 [1943]: Pastor Bonus; 54–55 [1943–44]: Theologie und Seelsorge).

Tübinger Atlas des Vorderen Orients. Lfg. 1 ff. Wiesbaden 1977 ff. Beihefte: Reihe A (Naturwissenschaften) Wiesbaden 1977 ff., Reihe B (Geisteswissenschaften) Wiesbaden 1972 ff.

Tusculum-Lexikon griechischer und lateinischer Autoren des Altertums und des Mittelalters, herausgegeben von W. Buchwald u.a. München [3]1982.

Una Sancta. Rundbriefe für interkonfessionelle Begegnung 6 (Meitingen 1951) ff.

Uriarte, J. E.: Biblioteca de escritores de la Compañía de Jesús, pertenecientes a la antigüa Asistencia de España, 2 Bände. Madrid 1925–30.

US Catholic Historian 1 (Yonkers [New York] 1980) ff.

Verfasserlexikon. Die deutsche Literatur des Mittelalters, 6 Bände, Band 1–2 herausgegeben von W. Stammler, Band 3–5 herausgegeben von K. Langosch. Berlin (– Leipzig) 1933–55, Band 6, Nachträge, Berlin 1971.

Verfasserlexikon. Die deutsche Literatur des Mittelalters, herausgegeben von K. Ruh u.a., 11 Bände. Berlin [2]1978–2001.

Verzeichnis der im deutschen Sprachbereich erschienenen Drucke des XVI. Jahrhunderts, herausgegeben von der Bayerischen Staatsbibliothek in München in Verbindung mit der Herzog-August-Bibliothek in Wolfenbüttel, bearbeitet von I. Bezzel, 25 Bände. Stuttgart 1983–2000.

Vetus Latina. Die Reste der altlateinischen Bibel, herausgegeben von der Erzabtei Beuron, Band 1 ff. Freiburg 1949 ff.; Beihefte „Aus der Geschichte der lateinischen Bibel", Band 1 ff. Freiburg 1957 ff.

Vierteljahrschrift für Sozial- und Wirtschaftsgeschichte 1 (Leipzig 1903) ff.

Vies des Saints et des Bienheureux selon l'ordre du calendrier avec l'histoire des fêtes, herausgegeben von J. Baudot et L. Chaussin u.a., 12 Bände und Supplementband. Paris 1935–59.

Vigiliae christianae. A review of early Christian life and language 1 (Amsterdam – Leiden 1947) ff.

Wadding, L.: Annales Ordinis Minorum (1208–1540), 8 Bände. Lyon [1]1625–54, neu herausgegeben von (Band 1–17) und Fortsetzung (bis 1622, Band 18–25) von J. M. Fonseca u.a., 25 Bände. Rom [2]1731–1886; neu herausgegeben von (Band 1–30) und Fortsetzung (bis 1677, Band 31 f.) von A. Chiappini – B. Pandžić, 32 Bände. Quaracchi [3]1931–64.

Wadding, L.: Scriptores Ordinis Minorum. Rom ^{1}1650; neu herausgegeben von G. G. Sbaraglia mit Supplement und Castigatio, 2 Bände. Rom ^{2}1806; Neuauflage (mit Fortsetzung bis 1800), 4 Bände. Rom ^{3}1906–36.

Walz, A.: Compendium historiae Ordinis Praedicatorum. Rom ^{2}1948.

Wattenbach, W.: Deutschlands Geschichtsquellen im Mittelalter. Deutsche Kaiserzeit, herausgegeben von R. Holtzmann, Band 1/1–4. Tübingen ^{3}1948.

Wattenbach, W.: Deutschlands Geschichtsquellen im Mittelalter. Die Zeit der Sachsen und Salier, herausgegeben von R. Holtzmann; Neuauflage, herausgegeben von F.-J. Schmale. Teil 1–2 Berlin 1938–43, Nachdruck Darmstadt 1967, Teil 3 Darmstadt 1971.

Wattenbach, W.: Deutschlands Geschichtsquellen im Mittelalter. Vorzeit und Karolinger, Heft 1–6 herausgegeben von W. Levison u. a. Weimar 1952–90 (durchgehend paginiert); Beiheft: Die Rechtsquellen, herausgegeben von R. Buchner. 1953.

Welt des Orients 1 (Wuppertal u. a. 1947) ff.

Westfälische Forschungen. Mitteilungen des Provinzialinstituts für westfälische Landes- und Volkskunde 1 (Münster 1938) ff. (seit 40 [1990]: Zeitschrift des Westfälischen Instituts für Regionalgeschichte des Landschaftsverbandes Westfalen-Lippe).

Westfälische Zeitschrift. Zeitschrift für vaterländische Geschichte 1 (Münster u. a 1838) ff.

Westfälisches Urkundenbuch, Band 1 ff. Münster 1871 ff.

Wiener Zeitschrift für die Kunde des Morgenlandes 1 (Wien 1887) ff.

Willaert, L.: Bibliotheca janseniana belgica, 3 Bände. Namur – Paris 1949–51.

Wissenschaft und Weisheit 1 (Düsseldorf u. a. 1934) ff.

Wolf, G.: Quellenkunde der deutschen Reformationsgeschichte, 3 Bände. Gotha 1915–23.

World Christian Encyclopedia. A comparative study of churches and religions in the modern world AD 1900–2000, herausgegeben von D. B. Barrett. Nairobi 1982.

Wörterbuch der Kirchengeschichte, bearbeitet von C. Andresen – G. Denzler. München ^{6}1997.

Wörterbuch der Mystik, herausgegeben von P. Dinzelbacher. Stuttgart 1989.

Wörterbuch der Mythologie, herausgegeben von H. W. Haussig, Abteilung I ff., Band 1 ff. Stuttgart 1965 ff.

Wörterbuch des Christentums, herausgegeben von V. Drehsen u. a. Gütersloh – Zürich 1988.

Würzburger Diözesangeschichtsblätter 1 (Würzburg 1933) ff.

Zeitschrift (1–38 [1891–1928]: des Vereins) für Volkskunde Neue Folge 39–49 (Berlin u. a. 1930–40), 50 (Göttingen 1953) ff.

Zeitschrift der Deutschen Morgenländischen Gesellschaft 1 ([Leipzig] Wiesbaden 1847) ff.

Zeitschrift der Savigny-Stiftung für Rechtsgeschichte. Germanistische Abteilung 1 (Weimar 1880) ff.

Zeitschrift der Savigny-Stiftung für Rechtsgeschichte. Kanonistische Abteilung 1 (Weimar 1911) ff.

Zeitschrift der Savigny-Stiftung für Rechtsgeschichte. Romanistische Abteilung 1 (Weimar 1880) ff.

Zeitschrift des Aachener Geschichtsvereins 1 (Aachen 1879) ff.

Zeitschrift des Deutschen Palästina-Vereins 1 ([Leipzig u. a.] Wiesbaden 1878) ff.

Zeitschrift des Vereins für Geschichte (bis 39 [1905]: und Altertum) Schlesiens 1–77 (Breslau 1855–1943).
Zeitschrift für Antikes Christentum 1 (Berlin – New York 1997) ff.
Zeitschrift für Aszese und Mystik 1–19 (Würzburg 1925–44) (seit 20 [1947]: Glaube und Leben).
Zeitschrift für bayerische Kirchengeschichte 1 (Nürnberg 1926) ff.
Zeitschrift für bayerische Landesgeschichte 1 (München 1928) ff.
Zeitschrift für deutsches Altert(h)um (seit 19 [1876]: und deutsche Literatur) 1 ([Berlin] Wiesbaden 1841) ff.
Zeitschrift für die Geschichte des Oberrheins 1 (Karlsruhe 1850) ff.
Zeitschrift für die Geschichte und Altertumskunde Ermlands 1 (Mainz u. a. 1858) ff.
Zeitschrift für evangelisches Kirchenrecht 1 (Tübingen 1951) ff.
Zeitschrift für Geschichtswissenschaft 1 (Berlin 1953) ff.
Zeitschrift für historische Forschung 1 (Berlin 1974) ff.
Zeitschrift für Katholische Theologie 1 ([Innsbruck] Wien 1877) ff.
Zeitschrift für Kirchengeschichte 1 ([Gotha] Stuttgart u. a. 1877) ff.
Zeitschrift für Kunstgeschichte 1 (Berlin u. a. 1932) ff.
Zeitschrift für Missionswissenschaft und Religionswissenschaft 1–7 (St. Ottilien 1911–27), 28–33 (1928–49), 34 (1950) ff.
Zeitschrift für Ostforschung. Länder und Völker im östlichen Mitteleuropa 1–43 (Marburg 1952–94).
Zeitschrift für Religions- und Geistesgeschichte 1 (Köln u. a. 1948) ff.
Zeitschrift für Schweizerische Archäologie und Kunstgeschichte 1 (Basel 1939) ff.
Zeitschrift für schweizerische Kirchengeschichte 1 ([Stans] Freiburg (Schweiz) 1907) ff.
Zeitschrift für Theologie und Kirche 1 ([Freiburg] Tübingen 1891) ff.
Zimmermann, A.: Kalendarium Benedictinum, 4 Bände. Metten 1933–38.

IV. FACHGLOSSARE

1. Ordensverzeichnis

Den alphabetisch geordneten gängigen deutschen Ordensnamen sind die lateinischen Ordensbezeichnungen sowie Sigel beigegeben. Die Sigel, Kurzformeln für die Zugehörigkeit zu einer Ordensgemeinschaft, sind seit dem späten Mittelalter belegt; sie wurden nie offiziell festgelegt (vgl. H. Ooms: Repertorium universale siglorum Ordinum et Institutum religiosorum in Ecclesia catholica. Brüssel 1959; Annuario Pontificio).

Alexianer: Congregatio Fratrum Alexianorum (CFA)
Amigonianer (Kapuziner-Terziaren von der schmerzhaften Jungfrau): Fratres Tertii Ordinis Sancti Francisci Capulatorum a Beata Virgine Perdolente (TC)
Annunziatinnen (Orden von der Verkündigung Marias): Ordo de Annuntiatione Beatae Mariae Virginis (OAnnM)
Antonianer: Ordo Maronita Beatae Mariae Virginis (OMM); *Baladiten:* Ordo Libanensis Maronitarum (OLM); Ordo Antonianorum Maronitarum (OAM); Ordo Antonianus Sancti Hormisdae Chaldaeorum (OAOC)
Arbeitermissionare: Institutum Missionariorum Opificum (MO)
Ardorini-Missionare (Kongregation für Landkatechese): Congregatio Piorum Operariorum Catechistarum Ruralium (POCR)
Arme Diener der Göttlichen Vorsehung (Don Calabria): Congregatio Pauperum Servorum Divinae Providentiae (PSDP)
Arme Schulschwestern Unserer Lieben Frau: Congregatio Pauperum Sororum Scholarum Nostrae Dominae (SSND)
Armen-Brüder des heiligen Franziskus Seraphicus: Congregatio Fratrum Pauperum Sancti Francisci Seraphici (CFP)
Arnsteiner Patres: siehe Picpus-Patres
Assumptionisten: Congregatio Augustinianorum ab Assumptione (AA)
Augustiner/Augustinerinnen: Ordo Sancti Augustini (OSA; bis 1969: *Augustiner-Eremiten:* Ordo Fratrum Eremitarum Sancti Augustini [OESA])
Augustiner, unbeschuhte: Ordo Augustiniensium Discalceatorum (OAD)
Augustiner-Chorfrauen: Congregatio Beatae Mariae Virginis (CBMV)
Augustiner-Chorherren: Ordo Canonicorum Regularium Sancti Augustini (CRSA)
Augustiner-Chorherren, regulierte: Canonici Augustiniani (CanA)
Augustiner-Rekollekten: Ordo Augustinianorum Recollectorum (OAR)

Baladiten: siehe Antonianer
Barmherzige Brüder: Congregatio Caritatis Fratrum (CCF)
Barmherzige Brüder (Bigi): Congregatio Fratrum a Caritate (CFC)
Barmherzige Brüder (Mecheln): Institutum Fratrum Beatae Mariae Virginis a Misericordia (Fratres De Misericordia) (FDM)
Barmherzige Brüder vom heiligen Johannes von Gott (Fatebenefratelli): Ordo Hospitalarius Sancti Joannis de Deo (OH)
Barmherzige Brüder von Maria Hilf (Trier): Fratres Misericordiae Mariae Auxiliatricis (FMMA)
Barmherzige Brüder von Montabaur: Fratres de Misericordia de Montabaur (FMM)
Barnabiten: Congregatio Clericorum Re-

gularium Sancti Pauli, Barnabitarum (B)

Basilianer: Ordo Basilianus Italiae seu Cryptoferratensis (Ordo Sancti Basilii Italicus) (OSBI); Ordo Basilianus Sancti Josaphat (Ordo Sancti Basilii Magni) (OSBM); Ordo Basilianus Sanctissimi Salvatoris Melkitarum (BS); Ordo Basilianus Sancti Johannis Baptistae, Soaritarum Melkitarum (BC); Ordo Basilianus Aleppensis Melkitarum (BA)

Benediktiner/Benediktinerinnen: Ordo Sancti Benedicti (OSB); *Kamaldulenser:* Congregatio Camaldulensis Ordinis Sancti Benedicti (OSBCam); *Olivetaner/Olivetanerinnen:* Congregatio Sanctae Mariae Montis Oliveti Ordinis Sancti Benedicti (Ordo Sancti Benedicti Montis Oliveti) (OSBOliv); *Silvestriner:* Congregatio Silvestrina Ordinis Sancti Benedicti (Ordo Sancti Benedicti de Montefano) (OSBSilv); *Vallombrosaner/Vallombrosanerinnen:* Congregatio Vallis Umbrosae Ordinis Sancti Benedicti (OSBVal)

Benediktinerinnen von der Ewigen Anbetung: Moniales Benedictinae a perpetua Adoratione Sanctissimi Sacramenti (Ordo Sancti Benedicti Sanctissimi Sacramenti) (OSBSSSacr)

Birgittinnen (Orden vom Heiligsten Erlöser; Orden von der heiligen Birgitta): Ordo Sanctissimi Salvatoris (Ordo Sanctae Birgittae) (OSBirg)

Borromäerinnen: Congregatio Sororum Caritatis/Misericordiae Caroli Borromaei (SCB; SMCB)

Brüder der christlichen Unterweisung (Schulbrüder von Ploërmel): Institutum Fratrum instructionis christianae de Ploërmel (FICP)

Brüder der christlichen Unterweisung vom heiligen Gabriel: Institutum Fratrum Instructionis Christianae a Sancto Gabriel (SG)

Brüder Unserer Lieben Frau von Lourdes: Fratres Nostrae Dominae Lurdensis (FNDL)

Brüder vom heiligen Patricius: Congregatio Fratrum a Sancto Patricio (FSP)

Brüder von der Heiligen Familie (Belley): Institutum Fratrum a Sancta Familia (FSF)

Brüder von der Unbefleckten Empfängnis: Congregatio Fratrum Immaculatae Conceptionis Beatae Mariae Virginis (FIC)

Brüder von der Unbefleckten Empfängnis Marias: Congregatio Fratrum Immaculatae Conceptionis Beatae Mariae Virginis (CFIC)

Brüder von Mariä Opferung: Fratres Piae Congregationis a Praesentatione Mariae (FPM)

Brüder/Söhne des heiligen Joseph (Bayozefiti): Institutum Fratrum Filiorum Sancti Joseph (FFSJ)

Cajetaner: siehe Theatiner

Canossianer (Söhne der Liebe): Congregatio Filiorum a Caritate (Figli della Carità Canossiani) (FdCC)

Caraccioliner (Mindere Regularkleriker): Ordo Clericorum Regularium Minorum (CCRRMM)

Chorherren, regulierte (Regularkanoniker): Canonici regulares (CanR)

Christliche Brüder: Congregatio Fratrum Christianorum (CFC)

Claretiner (Missionare/Söhne des Unbefleckten Herzens Marias): Congregatio Missionariorum Filiorum Immaculati Cordis Beatae Mariae Virginis (Cordis Mariae Filii) (CMF)

Comboni-Missionare (Missionare vom Herzen Jesu): Missionarii Comboniani Cordis Jesu (MCCJ)

Cottolenginer (Brüder vom heiligen Joseph Benedikt Cottolengo): Congregatio Fratrum a Sancto Josepho Benedicto Cottolengo (FSGC)

Cottolenginer (Gesellschaft der Priester des heiligen Joseph Benedikt Cottolengo): Societas Presbyterorum Sancti Josephi Benedicti Cottolengo (SSC)

***D**ehonianer (Herz-Jesu-Priester):* Congregatio Sacerdotum a Sacro Corde Iesu (SCI)

Dernbacher Schwestern (Arme Dienstmägde Christi): Ancillae Domini Jesu Christi (ADJC)

Deutscher Orden (Deutschordenspriester): Ordo Fratrum Domus Hospitalis Sanctae Mariae Teutonicorum in Jerusalem (Ordo Teutonicus) (OT)

Diener der Liebe (Opera Don Guanella): Congregatio Servorum a Charitate (Servi della Carità) (SdC)

Diener des Heiligen Parakleten: Servi Sancti Paracleti (SP)

Doktrinarier: Congregatio Patrum Doctrinae Christianae (DC)

Dominikaner: Ordo Fratrum Praedicatorum (OP)

Dominikanerinnen (Schwestern vom Dritten Orden des heiligen Dominikus): Ordo Sancti Dominici (OSD)

Don Orione (Söhne der Göttlichen Vorsehung): Filii Divinae Providentiae; Parvum Opus Divinae Providentiae (FDP)

***E**lisabethinerinnen (Schwestern der heiligen Elisabeth):* Ordo Sanctae Elisabeth (OSE)

Englische Fräulein (Maria-Ward-Schwestern; Institut der seligen Jungfrau Maria): Institutum Beatae Mariae Virginis (IBMV)

Eucharistiner: siehe Sakramentiner

Eudisten (Kongregation von Jesus und Maria): Congregatio Jesu et Mariae (CJM)

***F**ranziskaner (Minderbrüder):* Ordo Fratrum Minorum (OFM)

Franziskaner, Weltlicher Dritter Orden: Ordo Franciscanus Saecularis (OFS)

Franziskaner-Discalceaten (Alkantariner; Unbeschuhte Franziskaner): Ordo Fratrum Minorum Discalceatorum (Excalceatorum/Alcantarinorum); Ordo Fratrum Minorum Strictioris (Strictissimae) Observantiae Discalceatorum; Fratres Capuccini de Observantia (OFMDisc)

Franziskaner-Konventualen (Minoriten; Schwarze Franziskaner): Ordo Fratrum Minorum Conventualium (OFMConv)

Franziskaner-Observanten: Ordo Fratrum Minorum (Regularis) Observantiae (de Observantia) (OFMObs)

Franziskaner-Reformaten: Ordo Fratrum Minorum (Strictioris Observantiae) Reformatorum (OFMRef)

Franziskaner-Rekollekten: Ordo Fratrum Minorum (Strictioris Observantiae) Recollectorum (OFMRec)

Franziskaner-Terziaren von der Wiedervereinigung: Congregatio Fratrum Adunationis Tertii Regularis Ordinis Sancti Francisci (Societas Adunationis) (SA)

Franziskaner-Terziaren, regulierte (Regulierter Dritter Orden des heiligen Franziskus): Tertius Ordo Regularis Sancti Francisci (TOR)

Franziskanerbrüder vom Heiligen Kreuz: Institutum Fratrum Franciscalium a Sancta Cruce (FFSC)

Franziskanerinnen (Schwestern vom Dritten Orden des heiligen Franziskus): Ordo Sancti Francisci (OSF)

***G**esellschaft für auswärtige Missionen von Scarborough (Kanada):* Societas Scarborensis pro Missionibus ad Exteras Gentes (SFM)

Gesellschaft vom heiligen Paulus: Societas a Sancto Paulo Apostolo (SSP)

Gürtelbruderschaft des heiligen Franz von

Assisi: Chordigeri Sancti Francisci Assisiensis (Chord[Fr])

H*erz-Jesu-Brüder (Schulbrüder vom Heiligsten Herzen):* Fratres a Sacratissimo Corde Jesu (SC)

Herz-Jesu-Missionare (Missionare des Heiligsten Herzens Jesu): Missionarii Sacratissimi Cordis Jesu (MSC)

Herz-Jesu-Priester: siehe Dehonianer

Herz-Jesu-Priester (Pères de Timon David): Congregatio Sacratissimi Cordis Jesu (SCJ)

Hieronymiten: Ordo Sancti Hieronymi (OSH)

Hünfelder Oblaten (Oblaten der Unbefleckten Jungfrau Maria): Congregatio Missionariorum Oblatorum Beatae Mariae Virginis Immaculatae (OMI)

I*ngenbohler Schwestern (Kreuzschwestern):* Congregatio Sororum Caritatis Sanctae Crucis (SCSC)

Institut der heiligen Maria von Guadalupe für auswärtige Missionen: Institutum a Sancta Maria de Guadalupe pro Exteris Missionibus (MG)

J*esuaten (Apostolische Kleriker vom heiligen Hieronymus):* Clerici Apostolici Sancti Hieronymi (CASH)

Jesuiten (Gesellschaft Jesu): Societas Jesu (SI/SJ)

Johanniter: siehe Malteser

Josephiner von Asti: Congregatio Oblatorum Sancti Joseph (OSJ)

Josephiner von Murialdo (Kongregation des heiligen Joseph): Congregatio Sancti Iosephi (CSI)

Josephiten von Geraardsbergen: Institutum Josephitarum Gerardimontensium; Congregatio Josephitarum (CJ)

Josephiten-Patres (Sankt-Josephs-Gesellschaft vom Heiligen Herzen): Societas Sodalium Sancti Joseph a Sacro Corde (SSJ)

K*alasantiner:* Congregatio pro Operariis Christianis a Sancto Iosepho Calasantio (COp)

Kamaldulenser: siehe Benediktiner

Kamaldulenser vom Monte Corona: Congregatio Eremitarum Camaldulensium Montis Coronae (ECMC)

Kamillianer (Regularkleriker zum Dienst an den Kranken): Ordo Clericorum Regularium Ministrantium Infirmis (MI)

Kapuziner: Ordo Fratrum Minorum Capuccinorum (Capulatorum) (OFMCap)

Kapuziner-Terziarinnen: Tertius Ordinis Regularis Capuccinarum (TORCap)

Karmeliten/Karmelitinnen: Ordo Fratrum/Sororum Beatae Mariae Virginis de Monte Carmelo (OCarm)

Karmeliten/Karmelitinnen, unbeschuhte (Theresianischer Karmel): Ordo Fratrum Discalceatorum/Sororum Discalceatarum Beatae Mariae Virginis de Monte Carmelo (OCD)

Karmeliten von der Unbefleckten Empfängnis Marias: Congregatio Fratrum Carmelitarum Beatae Mariae Virginis Immaculatae (CMI)

Kartäuser/Kartäuserinnen: Ordo Cartusiensis (OCart)

Klarissen: Ordo Sanctae Clarae (OSCl)

Klarissen-Kapuzinerinnen: Ordo Sanctae Clarae Capuccinarum (OSClCap)

Kleine Brüder vom Guten Hirten: Parvi Fratres Boni Pastoris (BGS)

Kongregation der Heiligen Familie von Nazareth (Brescia): Congregatio Sacrae Familiae a Nazareth (FN)

Kongregation der priesterlichen Brüderlichkeit: Congregatio a Fraternitate Sacerdotali (CFS)

Kongregation vom Heiligen Kreuz: Congregatio a Sancta Cruce (CSC)

Kongregation von der Heiligen Familie (Bergamo): Congregatio a Sacra Familia (CSF)

Konventualen, reformierte: Ordo Minorum

Conventualium Reformatorum (OMConvRef)

Konzeptionisten (Söhne der Unbefleckten Empfängnis): Congregatio Filiorum Immaculatae Conceptionis (CFIC)

Konzeptionistinnen: Ordo de Conceptione Immaculatae Beatae Mariae Virginis Moniales (OConc)

Kreuzherren (Orden vom heiligen Kreuz): Ordo Sanctae Crucis (OSC)

Kreuzschwestern: siehe Ingenbohler Schwestern

Lazaristen (Vinzentiner): Congregatio Missionis (CM)

Legionäre Christi (Missionare des heiligen Herzens Jesu und der schmerzhaften Jungfrau Maria): Congregatio Legionariorum Christi (LC)

Lyoner Missionare (Gesellschaft für afrikanische Missionen, Lyon): Societas Missionum ad Afros (SMA)

Malteser (Hospitaliter des heiligen Johannes von Jerusalem; Johanniter): Ordo Melitensis (Ordo Militiae Sancti Joannis Baptistae Hospitalis Hierosolymitani) (OMel)

Mariahilfschwestern, Frankreich: Sorores Mariae Auxiliatricis (MA)

Marianer (Marianische Kleriker von der Unbefleckten Empfängnis der seligsten Jungfrau Maria): Congregatio Clericorum Marianorum sub Titulo Immaculatae Conceptionis Beatissimae Virginis Mariae (MIC)

Marianisten (Gesellschaft Marias): Societas Mariae (SM)

Mariannhiller Missionare: Congregatio Missionariorum de Mariannhill (CMM)

Marienschwestern (Marientöchter): Filiae Mariae Immaculatae (FMI)

Maristen (Gesellschaft Marias): Societas Mariae (SM)

Maristen-Schulbrüder: Institutum fratrum Maristarum a Scholis (Institutum Parvulorum Fratrum Mariae) (FMS)

Maroniten: siehe Antonianer

Maryknoller Missionare (Gesellschaft von Maryknoll [USA] für auswärtige Missionen): Societas de Maryknoll pro Missionibus Exteris (MM)

Mechitaristen: Ordo Mechitaristarum, Monachorum Armenorum sub regula Sancti Benedicti (CMA)

Menzingerschwestern (Schwestern vom Heiligen Kreuz): Sorores Sanctae Crucis (SSC)

Mercedarier (Nolasker): Ordo Beatae Mariae Virginis de Mercede (OdeM)

Mercedarier, unbeschuhte: Ordo Patrum Excalceatorum Beatae Mariae Virginis de Mercede; Mercedarii Discalceati (OMD)

Michaeliten: Congregatio Sancti Michaelis Archangeli (CSMA)

Mill-Hiller Missionare: Societas Missionariorum Sancti Joseph de Mill Hill (MHM)

Minimen (Paulaner): Ordo Minimorum (OM)

Missionare der Heiligen Familie: Congregatio Missionariorum a Sancta Familia (MSF)

Missionare der Heiligsten Herzen Jesu und Marias (Mallorca): Congregatio Missionariorum Sacratissimorum Cordium Jesu et Mariae (MSSCC)

Missionare der Heiligsten Herzen Jesu und Marias (Neapel): Congregatio Missionariorum a Sacratissimis Cordibus Jesu et Mariae (MSSCC)

Missionare des heiligen Franz von Sales von Annecy: Missionarii Sancti Francisci Salesii de Annecio (MSFS)

Missionare des heiligen Joseph in Mexiko: Societas Missionariorum a Sancto Joseph (MJ; SSI)

Missionare vom Heiligen Geist: Missionarii a Spiritu Sancto (MSpS)

Missionare vom Kostbaren Blut: Congregatio Missionariorum Pretiosissimi Sanguinis (CPPS)

Missionare/Diener der Armen (Boccone del Povero): Congregatio Missionariorum Servorum Pauperum (MSP)

Missionare/Diener der Heiligsten Dreifaltigkeit: Congregatio Missionariorum Servorum Sanctissimae Trinitatis (MSSST)

Missionarinnen der Nächstenliebe (Schwestern von Mutter Teresa): Missionaries of Charity (MC)

Missionsbrüder vom heiligen Franziskus von Assisi: Congregatio Missionaria Sancti Francisci Assisiensis (CMSF)

Missionsgesellschaft Bethlehem (Schweiz): Societas Missionum Exterarum de Bethlehem in Helvetia (SMB)

Missionsgesellschaft vom heiligen Columban: Societas Sancti Columbani pro Missionibus ad Exteros (SSCME)

Missionsgesellschaft vom heiligen Paulus: Missionalis Societas Sancti Pauli (MSSP)

Missionskongregation vom Allerheiligsten Sakrament: Congregatio Missionalis a Sanctissimo Sacramento (MCBS)

Montfortaner (Gesellschaft Marias): Societas Mariae Montfortana (SMM)

Nolasker: siehe Mercedarier

Oblaten der Jungfrau Maria: Congregatio Oblatorum Beatae Mariae Virginis (OMV)

Oblaten der Unbefleckten Jungfrau Maria: siehe Hünfelder Oblaten

Oblaten des heiligen Franz von Sales: Institutum Oblatorum Sancti Francisci Salesii (OSFS)

Olivetaner: siehe Benediktiner

Oratorianer: Institutum Oratorii Sancti Philippi Nerii (Or)

Pallottiner (Gesellschaft des Katholischen Apostolates): Societas Apostolatus Catholici (SAC) (bis 1947: Pia Societas Missionum [PSM])

Päpstliches Institut für auswärtige Missionen: Pontificium Institutum pro Missionibus Exteris (PIME)

Pariser Missionsseminar (Missions Étrangères de Paris; Gesellschaft für auswärtige Missionen von Paris): Societas Parisiensis Missionum ad Exteras Gentes (MEP)

Passionisten: Congregatio Passionis Jesu Christi (CP)

Patres und Brüder vom heiligen Vinzenz von Paul: Congregatio Religiosorum Sancti Vincentii a Paulo (RSV)

Paulaner: siehe Minimen

Pauliner: Ordo Fratrum Sancti Pauli Primi Eremitae (OSPPE)

Paulisten (Missionspriester vom heiligen Paulus): Congregatio Sancti Pauli (Societas Sacerdotum Missionariorum a Sancto Paulo Apostolo) (CSP)

Paulus-Schwestern (Töchter des heiligen Paulus): Pia Societas Filiarum Sancti Pauli (FSP)

Pavonianer (Söhne Marias, der Unbefleckten): Congregatio Filiorum Mariae Immaculatae (FMI)

Petrus-Claver-Sodalität (Missionsschwestern vom heiligen Petrus Claver): Sodalitas Sancti Petri Claver pro missionibus Africanis (SSPC)

Piaristen (Arme Regularkleriker der Mutter Gottes von den frommen Schulen; Scolopi): Ordo Clericorum Regularium Pauperum Matris Dei Scholarum Piarum (SP)

Picpus-Patres (Arnsteiner Patres; Genossenschaft von den Heiligsten Herzen Jesu und Marias und von der Ewigen Anbetung des Heiligsten Altarsakraments): Congregatio Sacrorum Cordium Jesu et Mariae necnon adorationis perpetuae Sanctissimi Sacramenti Altaris (SSCC)

Portugiesische Missionsgesellschaft: Societas Lusitana pro Missionibus (SMP)
Prämonstratenser: Ordo Praemonstratensis (OPraem)
Priester der Barmherzigkeit: Congregatio Presbyterorum a Misericordia (CPM)
Priester des heiligen Edmund: Societas Patrum Sancti Edmundi Oblatorum Sacri Cordis Jesu et Immaculati Cordis Mariae (SSE)
Priester Unserer Lieben Frau von Tinchebray: Congregatio Presbyterorum a Sancta Maria de Tinchebray (PSM)
Priester vom heiligen Basilius: Congregatio Sancti Basilii (CSB)
Priester von den Schulen der Liebe (Istituto Cavanis): Congregatio Scholarum Caritatis (Congregazione delle Scuole di Carità) (SdC)

***R**edemptoristen (Kongregation des Heiligsten Erlösers):* Congregatio Sanctissimi Redemptoris (CSsR)
Redemptoristinnen: Ordo Sanctissimi Redemptoris (OSsR)
Regularkanoniker (Brüder) vom Heiligen Kreuz: Ordo Canonicorum Regularium Sanctae Crucis (ORC)
Regularkleriker der Mutter Gottes: Ordo Clericorum Regularium Matris Dei (OMD)
Resurrektionisten: Congregatio a Resurrectione Domini Nostri Jesu Christi (CR)
Rogationisten vom Herzen Jesu: Congregatio Rogationistarum a Corde Jesu (RCJ)
Rosminianer (Institut der Liebe): Institutum Caritatis (IC)

Sacré-Cœur-Schwestern (Ordensfrauen vom Heiligsten Herzen Jesu): Societas Religiosarum Sanctissimi Cordis Jesu (SC)
Sakramentiner (Eucharistiner; Priester vom Heiligsten Sakrament): Congregatio Presbyterorum a Sanctissimo Sacramento (Societas a Sanctissimo Sacramento) (SSS)
Salesianer des heiligen Johannes Don Bosco: Societas Sancti Francisci Salesii (Società Salesiana di San Giovanni Bosco) (SDB)
Salesianerinnen (Visitantinnen; Orden der Heimsuchung Marias): Ordo de Visitatione Beatae Mariae Virginis (OVM)
Salesianerinnen Don Boscos (Töchter Marias, der Hilfe der Christen; Mariahilfschwestern): Filiae Mariae Auxiliatricis (FMA)
Salettiner (Missionare Unserer Lieben Frau von La Salette): Missionarii Dominae Nostrae a La Salette (MS)
Salvatorianer/Salvatorianerinnen: Societas/Sorores Divini Salvatoris (SDS)
Sankt-Patricks-Gesellschaft für auswärtige Missionen: Societas Sancti Patricii pro Missionibus ad Exteros (Saint Patrick's Society for the Foreign Missions) (SPS)
Scalabrinianer: Congregatio Missionariorum a Sancto Carolo; Congregatio Scalabriniana (CS)
Scheutvelder Missionare (Kongregation vom Unbefleckten Herzen Mariä): Congregatio Immaculati Cordis Mariae (CICM)
Schulbrüder (De La Salle-Schulbrüder; Brüder der christlichen Schulen): Institutum Fratrum Scholarum Christianarum (FSC)
Schwestern der Barmherzigkeit: Sorores a Misericordia (Religious Sisters of Mercy) (RSM)
Schwestern der christlichen Liebe: Congregatio Sororum Christianae Caritatis (SCC)
Schwestern der heiligen Maria Magdalena Postel: Sorores Sancta Maria Magdalena Postel (SMMP)
Schwestern Unserer Lieben Frau: Congre-

gatio Sororum Nostrae Dominae (CND)

Schwestern von der Göttlichen Vorsehung (Münster): Congregatio Divinae Providentiae (CDP)

Schwestern/Helferinnen der Armen Seelen im Fegefeuer: Sorores Auxiliatriccs Animarum Purgatorii (SA)

Serviten/Servitinnen: Ordo Servorum/Servarum Mariae (OSM)

Silvestriner: siehe Benediktiner

Sionsschwestern (Schwestern Unserer Lieben Frau von Sion): Congregatio Nostrae Dominae de Sion (NDS)

Söhne der Heiligen Familie: Filii Sacrae Familiae Jesu, Mariae et Joseph (SF)

Söhne der Liebe: Filii Caritatis (FC)

Söhne der Unbefleckten Jungfrau Maria: Congregatio Filiorum Beatae Mariae Virginis Immaculatae (FMI)

Söhne Marias, der Unbefleckten: Congregatio Filiorum Sanctae Mariae Immaculatae (FSMI)

Somasker: Ordo Clericorum Regularium a Somasca (CRS)

Spiritaner (Kongregation vom Heiligen Geist): Congregatio Sancti Spiritus (CSSp)

Steyler Missionare (Gesellschaft des Göttlichen Wortes): Societas Verbi Divini (SVD)

Steyler Missionsschwestern (Missionsgenossenschaft der Dienerinnen des Heiligen Geistes): Congregatio Missionalis Servarum Spiritus Sancti (SSpS)

Stigmatiner: Congregatio (Presbyterorum) a Sacris Stigmatibus Domini Nostri Jesu Christi (CSS)

Stigmatinerinnen: Povere Figlie delle Stimmate di San Francesco d'Assisi (PFSS)

Studitenmönche: Monachi e Regula Studitarum (Monaci Studiti Ucraini) (MSU)

Sulpizianer: Societas Presbyterorum a Sancto Sulpicio (PSS)

***T**heatiner (Cajetaner):* Ordo Clericorum Regularium (CR)

Theresianischer Karmel: siehe Karmeliten/Karmelitinnen, unbeschuhte

Töchter der Göttlichen Liebe: Filiae Divinae Caritatis (FDC)

Töchter des Allerheiligsten Erlösers: Filiae Sanctissimi Redemptoris (FSR)

Töchter des Göttlichen Heilandes: Filiae Divini Salvatoris(FDS)

Töchter vom Heiligen Kreuz: Filiae Sanctae Crucis (FCr)

Trappisten/Trappistinnen (Reformierte Zisterzienser/Zisterzienserinnen): Ordo Cisterciensium Reformatorum/Reformatarum seu Strictioris Observantiae (OCR)

Trinitarier: Ordo Sanctissimae Trinitatis (OSST)

Turiner Missionare (Consolata-Missionare; Missionsinstitut Consolata von Turin): Institutum Missionum a Consolata (IMC)

***U**rsulinen:* Ordo Sanctae Ursulae (OSU)

***V**allombrosaner/Vallombrosanerinnen:* siehe Benediktiner

Viatorianer (Kleriker vom heiligen Viator): Congregatio Clericorum Parochialium seu Catechistarum Sancti Viatoris (CSV)

Vinzentiner: siehe Lazaristen

Vinzentinerinnen (Barmherzige Schwestern vom heiligen Vinzenz von Paul): Sorores Caritatis Sancti Vincentii a Paul (SCVP)

Vinzentinische Kongregation (Malabar): Congregatio Vincentiana (CV)

Visitantinnen: siehe Salesianerinnen

Vokationisten (Gesellschaft der Göttlichen Berufungen): Societas Divinarum Vocationum (SDV)

***W**eiße Väter:* Missionarii Africae (Patres Albi) (MAfr; PA)

Xaverianer (Gesellschaft des heiligen Franz Xaver für auswärtige Missionen): Pia Societas Sancti Francisci Xaverii pro Exteris Missionibus (SX)

Xaverianer-Brüder: Congregatio Fratrum a Sancto Francisco Xaverio (CFX)

Xaverianische Missionare von Yarumal (Kolumbien) für auswärtige Missionen: Institutum Yarumalense pro Missionibus ad Exteras Gentes (MXY)

Zisterzienser/Zisterzienserinnen: Ordo Cisterciensis (OCist)

Zisterzienser/Zisterzienserinnen, reformierte: s. Trappisten/Trappistinnen

2. Papstliste

Petrus	–67?
Linus	67?–79?
Anaklet I.	79?–91?
Clemens I.	91?–101?
Evaristus	101?–107?
Alexander I.	107?–116?
Sixtus I.	116?–125?
Telesphorus	125?–138?
Hyginus	138?–142?
Pius I.	142?–155?
Anicet	155?–166?
Soter	166?–174?
Eleutherus	174?–189?
Victor I.	189?–198?
Zephyrinus	198?–217?
Calixtus I.	217?–222
Hippolyt*	217?–235
Urban I.	222–230
Pontianus	230–235
Anterus	235–236
Fabian	236–250
Cornelius	251–253
Novatian*	251–258?
Lucius I.	253–254
Stephan I.	254–257
Sixtus II.	257–258
Dionysius	259?–268?
Felix I.	268?–274?
Eutychianus	274?–282?
Gaius	282?–295?
Marcellinus	296?–304
Marcellus I.	307?–309?
Eusebius	309?–310?
Miltiades	310–314
Silvester I.	314–335
Markus	336
Julius I.	337–352
Liberius	352–366
Felix (II.)*	355–358
Damasus I.	366–384
Ursinus*	366–367
Siricius	384–399
Anastasius I.	399–402
Innozenz I.	402–417
Zosimus	417–418
Bonifatius I.	418–422
Coelestin I.	422–432
Sixtus III.	432–440
Leo I.	440–461
Hilarus	461–468
Simplicius	468–483
Felix II. (III.)	483–492
Gelasius I.	492–496
Anastasius II.	496–498
Symmachus	498–514
Laurentius*	498–507

* Nicht als rechtmäßig anerkannter Bischof von Rom zu betrachten.

Hormisdas	514–523
Johannes I.	523–526
Felix III. (IV.)	526–530
Dioskur	530
Bonifatius II.	530–532
Johannes II.	533–535
Agapet I.	535–536
Silverius	536–537
Vigilius	537–555
Pelagius I.	556–561
Johannes III.	561–574
Benedikt I.	575–579
Pelagius II.	579–590
Gregor I.	590–604
Sabinianus	604–606
Bonifatius III.	607
Bonifatius IV.	608–615
Adeodatus I.	615–618
Bonifatius V.	619–625
Honorius I.	625–638
Severin	640
Johannes IV.	640–642
Theodor I.	642–649
Martin I.	649–653 (655)
Eugen I.	654–657
Vitalianus	657–672
Adeodatus II.	672–676
Donus	676–678
Agatho	678–681
Leo II.	682–683
Benedikt II.	684–685
Johannes V.	685–686
Conon	686–687
Theodor*	687
Paschalis*	687
Sergius I.	687–701
Johannes VI.	701–705
Johannes VII.	705–707
Sisinnius	708
Konstantin I.	708–715
Gregor II.	715–731
Gregor III.	731–741
Zacharias	741–752
Stephan (II.)*	752
Stephan II.	752–757
Paul I.	757–767
Konstantin II.*	767–768
Philippus*	768
Stephan III.	768–772
Hadrian I.	772–795
Leo III.	795–816
Stephan IV.	816–817
Paschalis I.	817–824
Eugen II.	824–827
Valentin	827
Gregor IV.	827–844
Johannes (VIII.)*	844
Sergius II.	844–847
Leo IV.	847–855
Benedikt III.	855–858
Anastasius III.*	855
Nikolaus I.	858–867
Hadrian II.	867–872
Johannes VIII.	872–882
Marinus I.	882–884
Hadrian III.	884–885
Stephan V.	885–891
Formosus	891–896
Bonifatius VI.	896
Stephan VI.	896–897
Romanus	897
Theodor II.	897
Johannes IX.	898–900
Benedikt IV.	900–903
Leo V.	903
Christophorus	903–904
Sergius III.	904–911
Anastasius III.	911–913
Lando	913–914
Johannes X.	914–928
Leo VI.	928
Stephan VII.	929–931
Johannes XI.	931–936
Leo VII.	936–939
Stephan VIII.	939–942
Marinus II.	942–946
Agapet II.	946–955
Johannes XII.	955–964
Leo VIII.	963–965
Benedikt V.	964
Johannes XIII.	965–972
Benedikt VI.	973–974

Bonifatius VII.	974–985
Benedikt VII.	974–983
Johannes XIV.	983–984
Johannes XV.	985–996
Gregor V.	996–999
Johannes XVI.*	997–998
Silvester II.	999–1003
Johannes XVII.	1003
Johannes XVIII.	1003–09
Sergius IV.	1009–12
Benedikt VIII.	1012–24
Gregor VI.*	1012
Johannes XIX.	1024–32
Benedikt IX.	1032–45
Silvester III.	1045
Gregor VI.	1045–46
Clemens II.	1046–47
Damasus II.	1048
Leo IX.	1049–54
Victor II.	1055–57
Stephan IX.	1057–58
Benedikt X.	1058–59
Nikolaus II.	1059–61
Alexander II.	1061–73
Honorius II.*	1061–72
Gregor VII.	1073–85
Clemens III.*	1084–1100
Victor III.	1086–87
Urban II.	1088–99
Paschalis II.	1099–1118
Theodorich*	1100–01
Albert*	1101
Silvester IV.*	1105–11
Gelasius II.	1118–19
Gregor VIII.*	1118–21
Calixtus II.	1119–24
Coelestin (II.)*	1124
Honorius II.	1124–30
Innozenz II.	1130–43
Anaklet II.*	1130–38
Victor IV.*	1138
Coelestin II.	1143–44
Lucius II.	1144–45
Eugen III.	1145–53
Anastasius IV.	1153–54
Hadrian IV.	1154–59
Alexander III.	1159–81
Victor IV.*	1159–64
Paschalis III.*	1164–68
Calixtus III.*	1168–78
Innozenz III.*	1179–80
Lucius III.	1181–85
Urban III.	1185–87
Gregor VIII.	1187
Clemens III.	1187–91
Coelestin III.	1191–98
Innozenz III.	1198–1216
Honorius III.	1216–27
Gregor IX.	1227–41
Coelestin IV.	1241
Innozenz IV.	1243–54
Alexander IV.	1254–61
Urban IV.	1261–64
Clemens IV.	1265–68
Gregor X.	1271–76
Innozenz V.	1276
Hadrian V.	1276
Johannes XXI.	1276–77
Nikolaus III.	1277–80
Martin IV.	1281–85
Honorius IV.	1285–87
Nikolaus IV.	1288–92
Coelestin V.	1294
Bonifatius VIII.	1294–1303
Benedikt XI.	1303–04
Clemens V.	1305–14
Johannes XXII.	1316–34
Nikolaus V.*	1328–30
Benedikt XII.	1334–42
Clemens VI.	1342–52
Innozenz VI.	1352–62
Urban V.	1362–70
Gregor XI.	1370–78

Abendländisches Schisma (Rom, Avignon, Pisa)

Urban VI. (R)	1378–89
Bonifatius IX. (R)	1389–1404
Innozenz VII. (R)	1404–06
Gregor XII. (R)	1406–15
Clemens VII. (A)	1378–94
Benedikt XIII. (A)	1394–1417

Clemens VIII.*	1423–29
Alexander V. (P)	1409–10
Johannes XXIII. (P)	1410–15
Martin V.	1417–31
Eugen IV.	1431–47
Felix V.*	1439–49
Nikolaus V.	1447–55
Calixtus III.	1455–58
Pius II.	1458–64
Paul II.	1464–71
Sixtus IV.	1471–84
Innozenz VIII.	1484–92
Alexander VI.	1492–1503
Pius III.	1503
Julius II.	1503–13
Leo X.	1513–21
Hadrian VI.	1522–23
Clemens VII.	1523–34
Paul III.	1534–49
Julius III.	1550–55
Marcellus II.	1555
Paul IV.	1555–59
Pius IV.	1559–65
Pius V.	1566–72
Gregor XIII.	1572–85
Sixtus V.	1585–90
Urban VII.	1590
Gregor XIV.	1590–91
Innozenz IX.	1591
Clemens VIII.	1592–1605
Leo XI.	1605

Paul V.	1605–21
Gregor XV.	1621–23
Urban VIII.	1623–44
Innozenz X.	1644–55
Alexander VII.	1655–67
Clemens IX.	1667–69
Clemens X.	1670–76
Innozenz XI.	1676–89
Alexander VIII.	1689–91
Innozenz XII.	1691–1700
Clemens XI.	1700–21
Innozenz XIII.	1721–24
Benedikt XIII.	1724–30
Clemens XII.	1730–40
Benedikt XIV.	1740–58
Clemens XIII.	1758–69
Clemens XIV.	1769–74
Pius VI.	1775–99
Pius VII.	1800–23
Leo XII.	1823–29
Pius VIII.	1829–30
Gregor XVI.	1831–46
Pius IX.	1846–78
Leo XIII.	1878–1903
Pius X.	1903–14
Benedikt XV.	1914–22
Pius XI.	1922–39
Pius XII.	1939–58
Johannes XXIII.	1958–63
Paul VI.	1963–78
Johannes Paul I.	1978
Johannes Paul II.	seit 1978

3. Konzilienverzeichnis

Die 21 Allgemeinen (Ökumenischen) Konzilien
(nach der Einteilung Hubert Jedins)

I. Die acht Ökumenischen Konzilien des Altertums: Reichssynoden, vom Kaiser einberufen

325 1. Allgemeines Konzil, (1. Konzil von) **Nizäa**
Wesensgleichheit des Sohnes mit dem Vater (Glaubensbekenntnis).

381 2. Allgemeines Konzil, (1. Konzil von) **Konstantinopel**
Bekräftigung der Gottheit des Heiligen Geistes; Vorrang Konstantinopels vor den übrigen Patriarchen der Ostkirche, aber nach Rom.

431 3. Allgemeines Konzil, **Ephesus**
Einheit der menschlichen und göttlichen Natur in Jesus; Maria ist „Gottesgebärerin“ (theotókos) und „Mutter Gottes“.

451 4. Allgemeines Konzil, **Chalkedon**
Zwei Naturen in Christus, in einer Person (hypóstasis) vereint: „unvermischt und ungetrennt“ (Hypostatische Union).

553 5. Allgemeines Konzil, (2. Konzil von) **Konstantinopel**
Versuch der Versöhnung mit den Monophysiten, Formel von der „einen Natur des fleischgewordenen Logos“.

680/681 6. Allgemeines Konzil, (3. Konzil von) **Konstantinopel**
Lehre von den zwei natürlichen (göttlich und menschlich) Willen und Wirksamkeiten in Christus; Verurteilung des Papstes Honorius I. (wegen Nachlässigkeit bei Unterdrückung der Häresie des Monotheletismus).

787 7. Allgemeines Konzil, (2. Konzil von) **Nizäa**
Erlaubnis der Bilderverehrung; Anbetung gebührt allein Gott.

869/870 8. Allgemeines Konzil, (4. Konzil von) **Konstantinopel**
Beendigung der Kirchenspaltung zwischen Rom und Konstantinopel.

II. Die päpstlichen Generalkonzilien des Hochmittelalters, ohne Teilnahme der Ostkirche

1123 9. Allgemeines Konzil, (1.) **Laterankonzil** (Rom)
Bestätigung des Wormser Konkordats, Verbot der Simonie, Einhaltung des Gottesfriedens, Kreuzzugsablass; Heiligsprechung des Bischofs Konrad von Konstanz.

1139 10. Allgemeines Konzil, (2.) **Laterankonzil**
Verbot der Simonie, des Zinsnehmens; Ungültigkeit von Klerikerehen; Beseitigung des von Papst Anaklet verursachten Schismas; Recht des Domkapitels zur Wahl des Bischofs.

1179	11. Allgemeines Konzil, (3.) **Laterankonzil** Besiegelung des Friedens zwischen Barbarossa und Alexander III.; Zweidrittelmehrheit bei Papstwahl erforderlich; Verbot der Pfründenhäufung; Verurteilung der Katharer.
1215	12. Allgemeines Konzil, (4.) **Laterankonzil** Hervorhebung der Transsubstantiation von Brot und Wein; jährliche Osterkommunion; Judengesetzgebung; Kreuzzugswerbung; Verurteilung der Katharer.
1245	13. Allgemeines Konzil, (1. Konzil von) **Lyon** Friedrich II. abgesetzt (wegen Eidbruch, Häresie und Friedensstörung).
1274	14. Allgemeines Konzil, (2. Konzil von) **Lyon** Konklaveordnung für Papstwahl; Kreuzzugssteuer (kommt wegen des Falls von Akkon 1291 nicht mehr zustande); (kurzlebige) Union mit den Griechen (filioque).
1311/12	15. Allgemeines Konzil, **Vienne** Prozess und Aufhebung des Templerordens; Armutsstreit der Franziskaner; Einmischung der weltlichen Gewalt in kirchliche Angelegenheiten; Problem der Exemtionen.
1512–1517	18. Allgemeines Konzil, (5.) **Laterankonzil** Dekrete über das kuriale Steuerwesen, Religionsunterricht und Predigt; schwerwiegende Missstände (Pfründenhäufung, Residenzpflicht) werden nicht verhandelt.

III. Die Reformkonzilien des Spätmittelalters und der Konziliarismus

1409	16. Allgemeines Konzil, **Pisa** Absetzung von zwei Päpsten, Wahl eines dritten, und
1414–1418	**Konstanz** Konzil als Vertretung der Gesamtkirche, über dem Papst stehend; einzelne Reformdekrete; Verurteilung und Verbrennung von Jan Hus; Absetzung der drei Päpste, Wahl Martins V.
1431–1442	17. Allgemeines Konzil, **Basel – Ferrara – Florenz**
1431 Basel:	Konzil stellt sich über den Papst; 1437 Verlegung nach Ferrara; 1439 Verlegung nach Florenz: Union zwischen der lateinischen und der griechischen Kirche (bis 1453).

IV. Das Konzil von Trient (1545–1563) – ein Papstkonzil

1545–1563	19. Allgemeines Konzil, **Trient** Verhandlung über Fragen von Dogma (z. B. Rechtfertigung, Schrift und Tradition, Sakramente) und Kirchenreform; keine Repräsentation der (westlichen) Gesamtkirche mehr.

V. Die Vatikanischen Konzilien

1869/1870	20. Allgemeines Konzil, 1. **Vatikanisches Konzil** Offenbarung und Erkennbarkeit Gottes; Jurisdiktionsprimat und Unfehlbarkeit des päpstlichen Lehramtes.
1962–1965	21. Allgemeines Konzil, 2. **Vatikanisches Konzil** 16 Dokumente zum theologischen Selbstverständnis der Kirche, zum inneren Leben der Kirche sowie zu Beziehung und Zeugnis nach außen.

4. Byzantinische Fachbegriffe

Apokrisiarios	Gesandter eines Papstes oder eines Patriarchen bei einem anderen Patriarchen oder am Kaiserhof
Azymen	ungesäuerte liturgische Brote
Chartophylax	ursprünglich Archivbeamter (Diakon) eines Bischofs; stieg allmählich zum Rechtsberater und in Konstantinopel zum Generalvikar des Patriarchen auf
Chrysobull	Goldsiegelbulle
Didaskalos	priesterlicher Beamter eines Bischofs, zuständig für den Bereich der Glaubensverkündigung
Dikaios	Vikar (Vertreter des Patriarchen)
Dioiketes	Verwaltungsbeamter (Diakon) eines Bischofs, zuständig für den karitativen Bereich
Diptychen	Tafeln mit dem Verzeichnis der Namen, deren in der Liturgie öffentlich gedacht wurde (Kommemoration)
Domestikos	Bezeichnung für die verschiedensten Arten kirchlicher und staatlicher Ämter. Wichtig vor allem der Domestikos als Kommandeur von Garden. Großdomestikos = Oberkommandierer
Endemusa Synodos	die regelmäßigen Zusammenkünfte der in Konstantinopel weilenden Erzbischöfe und Metropoliten beim Patriarchen
Epidosis	Vergabe armer Diözesen an besser gestellte Bischöfe oder umgekehrt
Epistemonarch	kaiserlicher Titel zur Charakterisierung seiner Rechts- und Verwaltungsbefugnisse über die byzantinische Kirche

Ethnarch	dem Kaiser verantwortlicher Repräsentant einer kleineren ethnischen Gruppe
Euergetes	Wohltäter, Heiland (fem. Euergetis)
Exarch	Vertreter des Patriarchen in der Provinz oder auch als Visitator in der Hauptstadt. Kaiserliche Exarchen sind Vizekaiser in bestimmten Reichsgebieten; z.B. Exarchat von Ravenna für Italien, von Karthago für Afrika
Exokatakoiloi	die sog. „Großen Diakone" der Hagia Sophia, in deren Händen die Verwaltung der Hagia Sophia und teilweise des ganzen Patriarchats lag. Es sind: der Oikonomos für die Wirtschaftsführung, der Sakkelarios, ursprünglich wohl der Kassenwart, in der Spätzeit mit der Aufsicht der Kirchen betraut, der Skeuophylax für die liturgischen Geräte und Kostbarkeiten, der Chartophylax für die Rechtsfragen und der Sakkeliu für die Klöster. Die Kompetenzen sind jedoch kaum eindeutig. Später kam als sechster Diakon der Protekdikos hinzu, der mit dem Chartophylax in der Justiz des Patriarchats konkurrierte
Filioque	der berühmte Zusatz zum Glaubensbekenntnis, das nun lautet: Credo ... et in Spiritum Sanctum ... qui ex patre – filioque – procedit
Hesychia	„Ruhe": die kontemplative Ruhe des byzantinischen Mönches, die zur Voraussetzung für die Gottesschau wird
Hodegos	Wegweiser, Führer
Homiliar	Sammlung von auf das Osterfest ausgerichteten Sonntagspredigten
Idiorhythmie	ursprünglich eigenwilliger Verzicht eines Mönches auf geistliche Führung; später Auflösungserscheinungen des Gemeinschaftsklosters (Koinobion), das nun keinen oder doch nur einen in seinen Befugnissen stark eingeschränkten Abt anerkennt
Kalogeros	Vertreter des Patriarchen gegenüber Klöstern und Metropolien; auch Sonderbotschafter
Katholikos	Oberbischof der Nestorianer und der monophysitischen Armenier
Koinobion	Gemeinschaftskloster mit einem Abt an der Spitze
Laura	lockere Siedlung von für sich lebenden Mönchen, die sich nur gelegentlich zum Gottesdienst zusammenfanden. Später werden auch Koinobien manchmal Lauren genannt
Logothet	in mittelbyzantinischer Zeit Bezeichnung für die Chefs verschiedener kaiserlicher Verwaltungszweige. Besonders wichtig der L. des Dromos, eine Art Außenminister. In der spätbyzantinischen

	Zeit ist der Groß-Logothet nicht selten Chef der kaiserlichen Gesamtverwaltung
Magister militum	frühbyzantinischer General und Oberkommandierender von Militärbezirken
Nomokanon	Synthese des staatsrechtlichen und kanonistischen Materials für kirchliche Zwecke
Oikonomia	Anpassung an besondere Erfordernisse der zeitlichen Situation unter teilweiser und zeitgebundener Außerkraftsetzung eines Kanons des kirchlichen Rechts
Oikonomos	siehe: Exokatakoiloi
Panegyrikon	Sammlung von Festtagspredigten
Papas	Bezeichnung für einfache Kleriker
Pentarchie	die Theorie von einer einzigen Kirche bestehend aus fünf selbständigen Patriarchaten (Rom, Alexandreia, Konstantinopel, Antiocheia und Jerusalem)
Protekdikos	siehe: Exokatakoiloi
Referendarios	Patriarchatsbeamter für den Verkehr mit der Kaiserkanzlei
Sakkelarios	Oberster Kontrolleur der Finanzverwaltung
Sakkeliu	Aufseher über die Verwaltung der Kirchengemeinden von Konstantinopel
Skeuophylax	siehe: Exokatakoiloi
Synkellos	„Zellengenosse" des Bischofs bzw. Patriarchen; in mittelbyzantinischer Zeit nicht selten präsumptiver Nachfolger des Patriarchen; später Ehrentitel für Bischöfe: Prosynkellos usw.
Syntagma	Buchtitel, besonders für kanonistische Werke, aber auch für mehrteilige andere Traktate
Thema	militärischer Verwaltungsbezirk, Provinz
Theotokos	die Gottesmutter
Tomos	feierliche Synodalentscheidung
Trisagion	das „Dreimal-Heilig", das in der Liturgie im Lesegottesdienst gesungen wurde
Trullos	gewölbter Saal im Kaiserpalast; Synodenversammlungsort
Typikon	Klosterregel

V. GRAPHISCHE GESTALTUNG

1. Karten

A

Abendland um 1440 **6**, 608, 609

Abendländisches Schisma, Obödienzen des **6**, 78

Afrika
- Anteil des Christentums an der Gesamtbevölkerung **13**, 553
- Bischofssitze in den Provinzen Proconsularis und Byzacena (5. Jahrhundert) **3**, 277
- Christentum in der Mauretania Caesariensis während der Zeit des wandalischen Vorstoßes bis zur Eroberung durch die Araber **3**, 296
- Katholische Mission in Afrika und im Mittleren Osten vor 1914 **11**, 981
- Nordafrika um 411 **2**, 520
- Protestantische Missionen in Afrika und dem Mittleren Osten zu Beginn des 20. Jahrhunderts **11**, 976
- vom 16.–18. Jahrhundert **9**, 733

Ägypten
- christliches: durch die Listen von Nicaea bekannte Bischofssitze **2**, 109
- Klöster im 4. Jahrhundert **2**, 828

Akadien, Hauptsiedlungsgebiete um 1750 **10**, 517

Amerika s. Nord-, Mittel-, Lateinamerika

Ancien Régime, Diözesen zwischen Maas, Rhein und Mosel **10**, 440

Angola, das christliche Königreich Kongo und das portugiesische Königreich Angola im 16. und 17. Jahrhundert **8**, 749

Antillen, Mexiko und Mittelamerika, kirchliche Einteilung **12**, 1180

Armenien
- Entwicklung der Kirche (7.–11. Jahrhundert) **4**, 494, 495
- von 387 bis 637 **3**, 1188, 1189

Asien
- Katholische Missionen in Asien und dem Fernen Osten vor 1914 **11**, 1044
- Protestantische Missionen in Asien und dem Fernen Osten zu Beginn des 20. Jahrhunderts **11**, 1045
- „Sieben Gemeinden" der Provinz Asien aus der Offenbarung des Johannes **1**, 157
  - s. auch: Jakobiten

Athosklöster **6**, 198

Avignon im 14. Jahrhundert **6**, 63

B

Balkan
- Kirchen und Klöster des griechischen Ritus, 13.–15. Jahrhundert **6**, 255
- und Kleinasien nach 1204 **5**, 717

Beginen in Holland, Belgien und Nordfrankreich am Ende des 12. Jahrhunderts **5**, 936

Belgien, Gottesdienstbesuch an Sonntagen im Jahr 1952 **12**, 653

Böhmen
- Aufbau der Kirche in Böhmen und Ungarn **4**, 904
- Konfessionen in Böhmen, Ungarn und Polen-Litauen gegen Ende des 16. Jahrhunderts **8**, 620

Bolivien, Brasilien und Peru, kirchliche Einteilung **12**, 1190

Brasilien, Bolivien und Peru, kirchliche Einteilung **12**, 1190

Britannien
christliches, am Anfang des 5. Jahrhunderts **2**, 982
im 4. Jahrhundert **2**, 981

Britische Inseln
Bistümer **6**, 659
Entwicklung der kirchlichen Einteilung vom Mittelalter bis zum 16. Jahrhundert **8**, 530
Katholische Kirche **12**, 865

Bulgarisches Reich s. Kirche, byzantinische

Byzantinisches Reich
um 1265 **6**, 133
um 1340 **6**, 166
um 1402 **6**, 184

C

Camaldoli, Klöster von Camaldoli und Vallombrosa im Italien des 12. Jahrhunderts **5**, 177

Ceylon im Jahr 1545 **8**, 885

China zur Zeit der Missionstätigkeit des P. Matteo Ricci (1582–1610) **8**, 935

Cluny
abhängige bzw. beeinflußte Klöster **5**, 160
Grundriß **5**, 406

Cornette, Thomas s. Orden, Karmeliten

D

Dänemark, kirchliche Einteilung bis zur Reformation **12**, 847

DDR, Administrationsbezirke der katholischen Kirche **12**, 749

Deutsche Schriftsteller s. Romantik

Deutscher Bund, die Kirche **11**, 295

Deutsches Reich
Konfessionen (1560) **8**, 422
um 1520 **7**, 699

Deutschland
evangelische Landeskirchen und katholische Bistümer nach dem Zweiten Weltkrieg; Anteil der evangelischen Bevölkerung und der katholischen Christen an der Gesamtbevölkerung **12**, 741
kirchliche Einteilung im Dritten Reich **12**, 696
obrigkeitliche Einführung der Reformation bis 1570 **8**, 398

Dollo, Payen s. Orden, Dominikaner

E

Ecuador, Guayana, Kolumbien und Venezuela, kirchliche Einteilung **12**, 1163

Elsaß
Verfassungseid 1791 **10**, 339
Verwaltungsbezirke 1791 **10**, 338

England
Bistümer um 1000 **4**, 745
religiöse Praxis 1961–1962 **12**, 776
und Frankreich in Nordamerika vor 1763 **10**, 483
s. auch: Britische Inseln

Europa
Bistümer in Nordeuropa um 1000 **4**, 908
christliches, um 1000 **4**, 816, 817
Diözesangrenzen im 12. Jahrhundert in Mitteleuropa **5**, 257
Katholiken in Ostmitteleuropa in den Jahren 1918–1939 **12**, 875
Konfessionen am Ende des 16. Jahrhunderts **8**, 958

Konfessionen im Jahre 1914 in Mittel- und Osteuropa **11**, 691
politische Grenzen am Ende des 11. Jahrhunderts **5**, XXIX
politische Grenzen in Ostmitteleuropa im Jahr 1942 **12**, 897
Provinzen und Diözesen der römischen Kirche in Osteuropa im 15. Jahrhundert **6**, 773
um 1500 **7**, 204
zur Zeit des Wiener Kongresses 1815 **10**, 660

F

Finnland, Norwegen, Schweden, kirchliche Einteilung von den Anfängen bis zur Gegenwart **12**, 845

Frankenreich unter Chlodwig und seinen Söhnen **3**, 374

Frankreich
130 Départements um 1811 **10**, 645
Départements 1798 **10**, 440
Diözesen: Entfaltung des religiösen Lebens **11**, 504
Diözesen: Neuordnung nach dem Konkordat von 1801 **10**, 632
Grignion de Montfort: Missionen der Schüler im 18. Jahrhundert **10**, 413
Grignion de Montfort: Wirkungskreis im Westen Frankreichs **10**, 267
Klöster im 6. Jahrhundert **3**, 385
Provinzen und Diözesen am Ende des 13. Jahrhunderts **6**, 650
Religiöse Praxis in den ländlichen Gebieten nach dem Zweiten Weltkrieg **12**, 554
Teilnahme am kirchlichen Leben in den Stadtgebieten nach dem Zweiten Weltkrieg **12**, 556
und England in Nordamerika vor 1763 **10**, 483
s. auch: Französische Revolution

Französische Revolution und Schreckensherrschaft (bis Napoleon)
Anzahl der Vereidigten um 1791 **10**, 335
Auswanderung nach England und Spanien 1792–1795 **10**, 417
Diözesen gemäß der Zivilkonstitution **10**, 332
Geburtsorte der Verfasser von revolutionären Katechismen 1789–1799 **10**, 579
Märtyrer der Revolution: Erinnerungsgräber im Westen Frankreichs (19./20. Jahrhundert) **10**, 600
Schreckenszeit der Bartholomäusnacht **8**, 481
Vereidigte Priester im Westen Frankreichs (Frühling/Sommer 1791) **10**, 380

G

Gallien, im 5. Jahrhundert **2**, 960

Gemeinden
christliche, im 1. Jahrhundert **1**, 151
christliche, im 2. Jahrhundert **1**, 310

Georgien, die Kirche (7.–11. Jahrhundert) **4**, 546, 547

Grignion de Montfort s. Frankreich

Guayana, Ecuador, Kolumbien und Venezuela, kirchliche Einteilung **12**, 1163

H

Habsburg
Haus Habsburg und Nebenländer Ende des 18. Jahrhunderts **10**, 17
Länder der Habsburgermonarchie 1648 und 1748 **9**, 15

Heilige, geographische Herkunft der zwischen 1198 und 1431 kanonisierten Heiligen **6**, 535

I

Iberische Halbinsel
archäologische Stätten **2**, 939
Bischofssitze im 4. Jahrhundert **2**, 144
Diözesen im 15. Jahrhundert **6**, 757
kirchliche Einteilung **12**, 539
kirchliche Organisation zu Beginn des 12. Jahrhunderts **5**, 294

Indien im Jahr 1542 **8**, 877

Irland, Bischofssitze und Klöster im 5. Jahrhundert **3**, 870
s. auch: Britische Inseln

Italien
313, 314 lokalisierbare Bischofssitze **2**, 132
Anteil der Mitglieder der Katholischen Aktion im Verhältnis zur Gesamtbevölkerung **12**, 496
Entstehung des vereinten Italien **11**, 259
häretische Hauptzentren im 13. Jahrhundert **5**, 899
im 16. Jahrhundert **8**, 584
in den Jahren 1796 und 1799 **10**, 449
Ordensprovinzen der Franziskaner s. Orden/Franziskaner
politische Grenzen in Mittelitalien zu Beginn der Erbfolge der Gräfin Mathilde (1115) **5**, 127
politische Grenzen um 1454 **6**, 729
Weltpriesterweihen pro 100 000 Katholiken (1946–1955) **12**, 441
zur Zeit Gregors des Großen (590–604) **3**, 914

J

Jakobiten und Nestorianer in Vorderasien (9.–11. Jahrhundert) **4**, 456, 457

Japan, die Verbreitung des Christentums 1550–1650 **8**, 914

Jerusalem
in der byzantinischen Epoche **3**, 542
zur Zeit Jesu **1**, 44

Jüdische Gemeinden
Einrichtungen im Narbonne des 13. Jahrhunderts **6**, 856
Einrichtungen in der Provence **6**, 857
in Mitteleuropa um 1350 (in Anlehnung an Germania Judaica II) **6**, 861

Jülich-klevische Lande zur Reformationszeit **8**, 401

K

Kaiserreich, französisches
im Jahre 1812 **10**, 640
Petite Église **10**, 648

Kanada und die Vereinigten Staaten, kirchliche Einteilung **12**, 1130, 1131

Kanarische Inseln, Gebietsaufteilungen zwischen Spaniern und Portugiesen **7**, 562

Kardinäle, Herkunft der durch die Avignoneser Päpste ernannten **6**, 641

Karolingisches Reich **4**, 691

Katharer, im Languedoc zu Beginn des 13. Jahrhunderts **5**, 895

Kiewer Rus **4**, 941

Kirche/n
byzantinische
Hauptklöster und große monastische Zentren (10. und 11. Jahrhundert) **4**, 276
im 1. Bulgarischen Reich **4**, 923
Ostkirche am Vorabend des ersten Kreuzzuges **5**, 30
um 600 (östlicher Teil) **4**, 8, 9
um 600 (westlicher Teil) **4**, 6, 7
um 1200 **5**, 6, 7
evangelische s. protestantische
griechisch-katholische, in Mittelosteuropa (1998) **13**, 379

orientalische
mit Rom unierte **13**, 461
nicht-chalkedonische **13**, 463
orthodoxe
in Mittelost- und Osteuropa (1995) **13**, 381
um 1914 **11**, 733
Ostkirche s. byzantinische
protestantische
Bekenntnisse um 1530 **7**, 743
Bekenntnisse und Bekenntnisschriften in Mitteleuropa um 1600 **8**, 396
Gliederung in Deutschland nach dem Zweiten Weltkrieg **12**, 731
reformierte
im Frankreich des 16. Jahrhunderts **8**, 496
im Frankreich des 17. Jahrhunderts **9**, 119
römisch-katholische
in Afrika **13**, 550
in Mittelamerika **13**, 493
in Mittelosteuropa (1998) **13**, 375
in Südamerika **13**, 492
westliche
um 600 (östlicher Teil) **4**, 610, 611
um 600 (westlicher Teil) **4**, 608, 609
um 1120 **5**, 89

Kirchenprovinzen
byzantinisch-slawische im 14. und 15. Jahrhundert **6**, 248
im Abendland bis 1450 **6**, 18
in den deutschsprachigen Gebieten des Reiches **6**, 684
Nord- und Mittelosteuropas am Ende des 12. Jahrhunderts **5**, 334
Nord- und Mittelosteuropas am Ende des 12. Jahrhunderts (südlicher Teil) **5**, 335
Nord- und Mitteleuropas am Ende des 13. Jahrhunderts **5**, 694

Kirchenstaat
Anfänge **4**, 705
und seine Provinzen (Ende des 13. Jahrhunderts) **6**, 723
von 1450 bis 1530 **7**, 90

Kleinasien
Monophysitismus 533–578 **3**, 502
nach den arabisch-islamischen Eroberungen **4**, 25
und der Balkan nach 1204 **5**, 717

Kolumbien, Ecuador, Guayana und Venezuela, kirchliche Einteilung **12**, 1163

Kolumbus, von ihm entdeckte Gebiete **7**, 595

Kongo, das christliche Königreich Kongo und das portugiesische Königreich Angola im 16. und 17. Jahrhundert **8**, 749

Konstantinopel
byzantinisches **6**, 135
im 15. und 16. Jahrhundert **7**, 41
vom 6. bis 11. Jahrhundert **4**, 189

Kreuzzüge
erste drei **5**, 767
fünf letzte **5**, 780

L

Lateinamerika
Anteil der Protestanten an der Bevölkerung im Jahr 1961 **12**, 1207
Anzahl der Gläubigen im Zuständigkeitsbereich eines katholischen Priesters **12**, 1151
Kirchenorganisation und Missionen, 16.–18. Jahrhundert **9**, 619
kirchliche Organisation im 16. und 17. Jahrhundert **8**, 792
neue iberische Welt im 16. und 17. Jahrhundert **8**, 785
Unabhängigkeitskriege **10**, 766

Lérins
Einfluß von Lérins und Cassian **2**, 867
Inseln **2**, 868

Lollarden in England zwischen 1450 und 1521 **7**, 454

Lutherbibel, Druckorte **7**, 724

M

Martin von Tours, Ausstrahlung des Bischofs **2**, 977

Mexiko, Mittelamerika und Antillen, kirchliche Einteilung **12**, 1180
s. auch: Orden

Mittelamerika, Mexiko und Antillen, kirchliche Einteilung **12**, 1180

Missionsreisen des Paulus **1**, 108

Missionsrouten Ende 13., Anfang 14. Jahrhundert **6**, 877

Monastische Zentren im Westen (5. und 6. Jahrhundert) **2**, 871

Mönchsreform, die Zentren (15. und 16. Jahrhundert) **7**, 166

Mönchtum
keltisches, im 5. und 6. Jahrhundert **3**, 881
im Westen im 5. und 6. Jahrhundert **3**, 968
russisches, 1400–1700 **8**, 384, 385

N

Narbonne s. jüdische Gemeinden

Nestorianer und Jakobiten in Vorderasien (9. bis 11. Jahrhundert) **4**, 456, 457

Niederlande
katholische Bevölkerung **9**, 71
kirchliche Einteilung, Ordenshäuser und katholische Bildungseinrichtungen **12**, 635
kirchliche Neugliederung (1559–1570) **8**, 503
religiöse Bekenntnisse in den vereinigten Provinzen: die 17 Provinzen und die Abtrennung von 1579 **8**, 500

Nordamerika
England und Frankreich in Nordamerika vor 1763 **10**, 483
nordamerikanische Welt **10**, 515
Siedlungsgebiete der indianischen Ureinwohner **10**, 486

Norwegen, Schweden und Finnland, kirchliche Einteilung von den Anfängen bis zur Gegenwart **12**, 845

O

Orden
Augustiner
Bettelorden in Umbrien am Ende des 13. Jahrhunderts **5**, 175
Niederlassungen der Medikantenorden in Mexiko bis 1577 **8**, 832
Basilianer, Klöster in Sizilien und Süditalien **4**, 382
Dominikaner
Ausbreitung der Dominikaner und Franziskaner in Mittelost- und Nordeuropa **6**, 791
Bettelorden in Umbrien am Ende des 13. Jahrhunderts **5**, 175
Niederlassungen der Medikantenorden in Mexiko bis 1577 **8**, 832
Zurückgelegte Wegstrecke des Dominikanerpredigers Payen Dollo (1462–1483) **7**, 235
Franziskaner
Ausbreitung der Dominikaner und Franziskaner in Mittelost- und Nordeuropa **6**, 791
Bettelorden in Umbrien am Ende des 13. Jahrhunderts **5**, 175
Niederlassungen der Medikantenorden in Mexiko bis 1577 **8**, 832
Ordensprovinzen am Ende des 13. Jahrhunderts **5**, 843
Ordensprovinzen in Italien am Ende des 13. Jahrhunderts **5**, 844

Jesuiten, Gründungen in Europa bis 1615 **8**, 252, 253
Kamaldulenser, Klöster von Camaldoli und Vallombrosa im Italien des 12. Jahrhunderts **5**, 177
Karmeliten
Bettelorden in Umbrien am Ende des 13. Jahrhunderts **5**, 175
Klostergründungen der heiligen Teresa von Ávila **8**, 699
Predigtreisen des bretonischen Karmeliters Thomas Cornette (um 1420–1454) **6**, 363
Prämonstratenser, in Nord- und Mitteleuropa am Ende des 13. Jahrhunderts **5**, 697
Serviten, Bettelorden in Umbrien am Ende des 13. Jahrhunderts **5**, 175
Zisterzienser
Grundriß einer Zisterzienserabtei **5**, 411
in Nord- und Mitteleuropa am Ende des 13. Jahrhunderts **5**, 696

Orient
christliche Gemeinden am Ende des 13. Jahrhunderts **6**, 206, 207
christlicher, um 325 n. Chr. **2**, 106
Vorderer, im 12. Jahrhundert **5**, 317

Osmanisches Reich
im 16. Jahrhundert **8**, 363
um 1503 **7**, 35

Osten
Ferner
katholische Mission in Asien und dem Fernen Osten vor 1914 **11**, 1044
protestantische Missionen in Asien und dem Fernen Osten zu Beginn des 20. Jahrhunderts **11**, 1045
Mittlerer
katholische Mission in Afrika und im Mittleren Osten vor 1914 **11**, 981
protestantische Missionen in Afrika und dem Mittleren Osten zu Beginn des 20. Jahrhunderts **11**, 976

Österreich
kirchliche Einteilung, Ordenshäuser und katholische Bildungseinrichtungen **12**, 762
Wachstum der evangelischen Kirche von 1800 bis 1970 **12**, 766

Österreich-Ungarn, die Nationalitäten in **11**, 328

Ozeanien
Katholische Mission vor 1914 **11**, 1078
Protestantische Missionen zu Beginn des 20. Jahrhunderts **11**, 1077

P

Palästina
christliches **2**, 1047
zur Zeit Jesu **1**, 12

Paris, die kirchlichen Einrichtungen im 13. Jahrhundert **5**, 806

Peru, Brasilien und Bolivien, kirchliche Einteilung **12**, 1190

Polen
2. und 3. Teilung 1793, 1795 **10**, 192
Bistümer 1772 **9**, 59
Bistümer 1825 **11**, 696
Bistümer 1914 **11**, 698
Katholische Reform um 1620 **8**, 652
nach der Teilung von 1772 **10**, 192

Polen-Litauen, die Konfessionen in Böhmen, Ungarn und Polen-Litauen gegen Ende des 16. Jahrhunderts **8**, 620

Portugal, Einteilung der Diözesen im 16. Jahrhundert **8**, 728

Preußische Expansion im 18. Jahrhundert **10**, 38

Provence s. jüdische Gemeinden

R

Rom im 13. Jahrhundert **5**, 598

Romantik, die deutschen Schriftsteller in der Zeit der **10**, 710

Römisches Reich und seine Provinzen bis zum Ende des 4. Jahrhunderts **2**, 118, 119

S

Sassaniden, Reich der **3**, 1163

Schottland s. Britische Inseln

Schweden, Norwegen und Finnland, kirchliche Einteilung von den Anfängen bis zur Gegenwart **12**, 845

Schweiz
Diözesen zu Beginn des 16. Jahrhunderts **7**, 775
katholische und reformierte Bevölkerung **12**, 669
konfessionelle Situation um 1700 **9**, 55

Slawenmission, Anfänge **4**, 732

Spanien
im 5. und 6. Jahrhundert **3**, 410
im 10. Jahrhundert **4**, 738
eingerichtete Bischofssitze der Konzilien von Toletum III (589) und Toletum IV (633) **3**, 858
Einteilung der Diözesen 1595–1780 **8**, 667

Städtebünde, hussitische 1421 und 1427 **6**, 342

T

Teresa von Ávila s. Orden/Karmeliten

Toulouse, Reich von: Einteilung der Provinzen (5. Jahrhundert) **3**, 353

Tridentinum, Herkunft der Teilnehmer an der letzten Sitzungsperiode 1562 **8**, 257

U

Ungarn
Aufbau der Kirche in Böhmen und Ungarn **4**, 904
Konfessionen in Böhmen, Ungarn und Polen-Litauen gegen Ende des 16. Jahrhunderts **8**, 620
s. auch: Österreich-Ungarn

Universitäten
bis zum Ende des 15. Jahrhunderts **6**, 352
protestantische und katholische Universitätsgründungen vom Beginn der Reformation bis in die zweite Hälfte des 17. Jahrhunderts **8**, 1115

V

Vallombrosa, Klöster von Camaldoli und Vallombrosa im Italien des 12. Jahrhunderts **5**, 177

Vendée, der Aufstand in der **10**, 406

Venezuela, Ecuador, Guayana und Kolumbien, kirchliche Einteilung **12**, 1163

Vereinigte Staaten
territoriale Expansion 1789–1829 **10**, 511
und Kanada, kirchliche Einteilung **12**, 1130, 1131

W

Westliche Kirche s. Kirche, westliche

Wiedertäufertum, Verbreitung in Süd- und Mitteldeutschland, in der Schweiz und in Österreich 1549 **8**,125

Z

Zarenreich, russisches (1764) **9**, 517

2. Graphiken und Tabellen

(Ländervergleichende Studien finden sich unter dem jeweiligen Kontinent; einzelne Länder sind aufgeführt, sofern es spezielle Studien zu ihnen gibt)

A

Adalberonen, Bischöfe in Lotharingien im 10. Jahrhundert **4**, 797

Afrika/Schwarzafrika
- geschätzter Anteil des einheimischen Klerus am Gesamtklerus um 1990 **13**, 590
- Katholikenanteil 1959–1995 **13**, 546
- Priesterberufungen und Erneuerung des katholischen Klerus 1995 **13**, 548, 549
- Protestantenanteil 1961–1980/89 **13**, 547
- Taufen 1995 **13**, 549

Amerika
- Lateinamerika
  - Chronologie 1959–1998 **13**, 475–477
  - Chronologie der Kirchen 1955–1999 **13**, 537, 538
  - katholische Kirche und ihr Platz in der Weltkirche 1954–1999 **13**, 483
  - Papstreisen 1968–1999 **13**, 523
  - Protestantenanteil an der Gesamtbevölkerung 1960–1985 **13**, 487
  - protestantische, einheimische Gemeinden 1961 **12**, 1214
  - protestantische Glaubensgemeinschaften 1957 **12**, 1208
  - Statistik zur Position des Protestantismus 1916 und 1957 **12**, 1213
  - Taufen 1972 und 1992 **13**, 480
  - Zahl der Einwohner je Priester 1948–1981 **13**, 480
  - Zahl der Gläubigen je Priester 1912–1960 **12**, 1156
- Mittelamerika, Zahl der Gläubigen je Priester 1912–1960 **12**, 1156
- Südamerika, Zahl der Gläubigen je Priester 1912–1960 **12**, 1156

Argentinien, Wachstum der protestantischen Bevölkerung 1895–1960 **12**, 1205

Asien
- Katholiken und Protestanten 1960 und 1995 **13**, 618
- Katholiken und Protestanten 1995 **13**, 621
- katholische Bildungseinrichtungen 1995 **13**, 655
- katholische Wohlfahrtseinrichtungen 1995 **13**, 655
- Priesteramtskandidaten 1995 **13**, 651
- Priesterweihen 1995 **13**, 652

Aufklärung
- kulturelle Ereignisse 1701–1750 **9**, 1126
- Texte der Exegese und der Theologie 1701–1750 **9**, 1127

Avignon, pastorale Handlungen in der Diözese 1794–1801 **10**, 553

B

Befreiungstheologie, Auflistung der verschiedenen Richtungen **13**, 508

Benediktsregel
- Psalmenverteilung im Gottesdienst **3**, 996
- Tagesablauf, Speiseplan **3**, 995

Beza, Theodor von, Schaubild zur aristotelischen Logik (1570) **8**, 114

Bibliothek von Nag Hammadi **1**, 527

Bistümer Afrikas, Einteilung nach Zivilprovinzen **1**, 642 ff

Böhmen
christliche Kirchen im 16. Jahrhundert **8**, 619
Könige 1530–1620 **8**, 624

Brasilien
Einwanderer 1850–1910 **11**, 955
Wachstumsrate der protestantischen Bevölkerung 1916–1981 **12**, 1205
CDU-Wähler nach Konfession 1953–1983 **13**, 244

C

Chile, Wachstum der protestantischen Bevölkerung 1895–1960 **12**, 1205

China, Anzahl der Missionare und der Christen im 18. Jahrhundert **9**, 777

Chlodwig, Frankenkönig, Chronik **3**, 356

Costa Rica, Anzahl der Seminaristen 1955–1995 **13**, 482

D

Deutschland, Konfessionszugehörigkeit und Wahlabsicht 1992 **13**, 245

Didaskalia (um 230), Sitzordnung beim Gebet **2**, 34

E

England, Anteile der Konfessionen in der Bevölkerung 1800–1950 **12**, 780

Europa
konfessionelle Zugehörigkeit nach Alter und Land 1990 **13**, 239
kulturelle Ereignisse 1620–1700 **9**, 981
Mittelosteuropa
katholische Kirche mit byzantinisch-slawischem Ritus 1998 **13**, 377, 378
katholische Kirche mit lateinischem Ritus 1998 **13**, 376
katholische Pfarreien im 14. und 15. Jahrhundert **6**, 788
Konfessionen um 1930 **12**, 886
Konfessionen 1991/1992 **13**, 385
Nationalitäten um 1910 **11**, 688
Nationalitäten 1900–1992 **13**, 351, 352
Meßteilnahme (Ende des 20. Jahrhunderts) **13**, 387
orthodoxe Kirchen um 1995 **13**, 380
protestantische Kirchen 1990 **13**, 384
Nordeuropa, katholische Pfarreien im 14. und 15. Jahrhundert **6**, 788
Ordensgemeinschaften, männliche katholische: Entwicklung 1962–1977 **13**, 314, 315
religiöse Merkmale der verschiedenen Länder 1990 **13**, 238
Texte der Exegese und Theologie 1620–1700 **9**, 982

F

Frankreich
Département Isère, Priester nach der Revolution **10**, 629
Erstkommunion in der Gemeinde Éperlecques 1766–1779 **10**, 554
Erstkommunion in der Gemeinde Phaffans 1770–1794 **10**, 554
Französischer Protestantischer Kirchenbund, Zusammensetzung 1997 **13**, 251
katholische Taufen und Trauungen 1984–1996 **13**, 235
Klerus, Altersstruktur 1793 **10**, 629
Klerus, Altersstruktur 1804 **10**, 630

pastorale Handlungen in der Diözese Avignon 1794–1801 **10**, 553
politische und religiöse Ereignisse 1559–1598 **8**, 477, 478
protestantische Linke und Rechte zur Immigration 1995 **13**, 255
protestantische Linke und Rechte zur Prioritätensetzung bei gesellschaftlichen Problemen 1995 **13**, 256
Veränderung des Diözesanklerus 1803–1809 **10**, 630
Gemeindetypus und Ämterdifferenzierung (70–180) **1**, 332

I

Italien
katholischer Klerus 1871–1901 **11**, 602
katholischer Klerus 1871–1936 **12**, 445
regionale Verteilung des Weltklerus 1881–1947 **12**, 447
religiöse Praxis nach Gesellschaftsschichten und Berufen **12**, 451

K

Kanada
katholische und protestantische Bevölkerung 1851–1911 **11**, 909
protestantische Glaubensgemeinschaften 1851–1911 **11**, 913

Kardinäle
Herkunft der Wahlberechtigten 1903 und 2000 **13**, 110
Herkunft der zwischen 1198 und 1276 ernannten **5**, 596
Herkunft der zwischen 1278 und 1375 ernannten **6**, 43

Karibische Inseln, Zahl der Gläubigen je Priester 1912–1960 **12**, 1156

Karolingerreich, Kanzler der Kanzlei der Hofkapelle im 10. Jahrhundert **4**, 804

Katholikoi
armenische 314–628 **3**, 1222, 1223
armenische 556–1105 **4**, 538, 539
nestorianische 650–1050 **4**, 453

Kirche/n
Lutherische, Gesamtübersicht 1998 **13**, 150, 151
Reformierte
Bekenntnisse in der zweiten Hälfte des 16. Jahrhunderts **8**, 96, 97
Ereignisse in der Entwicklung 1530–1549 **8**, 49, 50
Russisch-orthodoxe, Verwaltungsstruktur 1917–1945 **12**, 929

Kirchenverfassung
Lutherische in Kursachsen 1580 **8**, 36
Reformierte in Frankreich 1559 **8**, 98

Krakau, Universität, Herkunft der Studenten 1400–1499 **7**, 434

M

Mariahilf-Bruderschaft Passau, soziale Zusammensetzung 1630 **8**, 1023

Mexiko, Zahl der Gläubigen je Priester 1912–1960 **12**, 1156

N

Neronischer Zirkus, Lage im Bereich der heutigen Peterskirche **1**, 233

Niederlande
Besitz einer Bibel und Bibellektüre 1979–1996 **13**, 249
Bevölkerung nach Konfessionen 1966–1996 **13**, 247
Glaube an die Existenz Gottes oder einer höheren Macht 1966–1996 **13**, 248
Glaube an ein Leben nach dem Tod 1966–1996 **13**, 248
Kirchgangshäufigkeit 1966–1996 **13**, 247
politische und religiöse Ereignisse 1559–1598 **8**, 477, 478

P

Päpste
1049–1124 **5**, 33, 34
1119–1198 **5**, 181, 182
1198–1276 **5**, 555
1276–1378 **6**, 32, 34
Aufenthalt in/Abwesenheit aus Rom 1198–1304 **5**, 599
Johannes Paul II.: Reisen 1978–2000 **13**, 128–130
Lateinamerikareisen 1968–1999 **13**, 523
Verteilung von Pfründen in England 1305–1378 **6**, 69

Patriarchen
von Alexandrien 626–1046, jakobitische **4**, 435, 436
von Alexandrien 643–1052, melkitische **4**, 418
von Antiochien 649–1058, jakobitische **4**, 426
von Antiochien 639–1050, melkitische **4**, 400
von Armenien 298–555 **4**, 538
von Jerusalem 706–1048, melkitische **4**, 410
von Konstantinopel 428–610 **3**, 559

Petrusgrab, Rekonstruktion **1**, 678

Polen, durchschnittliche Zahl der Priester pro Gemeinde im 16. Jahrhundert **7**, 424

Polen-Litauen
christliche Kirchen im 16. Jahrhundert **8**, 619
Könige 1530–1620 **8**, 624

Präfekten der Stadt Rom 312–423, Religionszugehörigkeit **2**, 773

S

Siebenbürgen, Fürsten 1530–1620 **8**, 624

SPD-Wähler nach Konfession 1953–1983 **13**, 244

Stuart und Tudor, Stammbaum der Häuser **8**, 197

Südpazifik, Kirchenstatistiken 1986 **13**, 686

T

Theologie und Exegese
wichtige Texte 1620–1700 **9**, 982
wichtige Texte 1701–1750 **9**, 1127

Tridentinum, päpstliche Ausgaben für die 3. Sitzungsperiode 1561–1563 **8**, 259

Tschechoslowakei, Konfessionen 1921 und 1930 **12**, 890

Tudor und Stuart, Stammbaum der Häuser **8**, 197

U

Ungarn
christliche Kirchen im 16. Jahrhundert **8**, 619
Könige 1530–1620 **8**, 624

USA, Genealogie der größeren christlichen Kirchen **12**, 1053

W

Weltbilder
kopernikanisches System **8**, 1143
ptolemäisches System **8**, 1143
tychonisches System **8**, 1144

Z

Zeugnisse der christlichen Gemeinden des 1. Jahrhunderts **1**, 305

3. Abbildungen

a) Farbige Abbildungen
[geordnet nach Sach-/Ortsbegriffen und Personen]

Geordnet nach Sach- und Ortsbegriffen

A

Abendgebet, Biedermeier-Gemälde von Fendi **10**, vor 649

Aghias Triados, Meteora-Kloster **6**, vor 513

Anbetung des Namens Jesus **8**, vor 1165

Apostelfürsten Petrus und Paulus **1**, vor 909

Arc de Triomphe, Paris **10**, nach 360

Assisi, Friedensgebet (1986) **13**, nach 428

Athen **1**, nach 460

Athos-Klöster **6**, nach 512

Augsburg
- Empfang der aus Salzburg vertriebenen Protestanten **9**, vor 817
- gemeinsame Erklärung zur Rechtfertigungslehre (1999) **13**, vor 429

Augsburger Bekenntnis, Verlesung auf dem Reichstag **7**, nach 812; **8**, vor 1133

Avignon, Papstpalast **6**, vor 65

B

Baptisterium der Arianer/Ravenna, Mosaik **3**, vor 1255

Bari, Nikolauskirche, Krypta **5**, vor 57

Bartholomäusnacht (Hugenottenkriege) **8**, nach 1036

Basel
- Einmarsch der französischen Truppen (1798) **10**, vor 361
- Konzil
  - Bleibulle **7**, nach 396
  - Siegel **6**, vor 385

Bastille s. Revolution, französische

Bawit, Kloster, koptische Ikone (6. Jh.) **3**, nach 1254

Biblische Szenen
- diverse Szenen in einer Darstellung **5**, vor 409
- Abraham in Mamre **2**, nach 484
- Anbetung der Magier **3**, vor 231; **4** , vor 719
- Anbetung des Lammes (Apokalypse) **4**, nach 334; **6**, vor 769; **12**, vor 1133
- Auferweckung des Lazarus **4**, vor 175
- Bestrafung der aufständigen Rotte Korah durch Mose **7**, nach 396
- Brotvermehrung **3**, vor 839
- Christus als Reiter auf dem weißen Pferd (Apokalypse) **4**, nach 782
- Christus und die Sünderin **12**, nach 364
- Frauen am Grab **11**, nach 778
- Fußwaschung **4**, nach 46
- Geburt Christi **4**, vor 207, vor 431
- Geißelung Christi **7**, vor 781
- Gleichnis von den klugen und den törichten Jungfrauen **3**, nach 838
- Heimsuchung Mariä **4**, nach 302
- Himmelfahrt Christi **4**, vor 79
- Hochzeit zu Kana **6**, nach 608
- Josua und das Heer Israels **2**, nach 484

Jüngstes Gericht (Apokalypse) **7**, nach 524
Kreuzabnahme Christi **4**, vor 47; **9**, vor 305
Kreuzweg **12**, vor 1133
Letztes Abendmahl **4**, nach 46
Sendungsauftrag des Auferstandenen **12**, vor 525
Sündenfall und Vertreibung aus dem Paradies **7**, vor 717
Taufe Christi **3**, vor 1255; **12**, vor 525
Ungläubiger Thomas **11**, vor 779
Verklärung Christi **3**, nach 806, vor 1063
Verkündigung des Herrn **3**, vor 455
Verleugnung Petri **2**, nach 644; **9**, nach 304
Vertreibung aus dem Paradies **3**, vor 839

Biedermeierisches Bürgertum, Abendgebet **10**, vor 649

Bildersturm, reformatorischer (Niederlande) **8**, vor 1005

Bildkunst des frühen Christentums **1**, nach 876

Bischofsthron **3**, vor 487, vor 1095

Brand Roms unter Nero, Altar zur Erinnerung **1**, nach 652

Breda/Niederlande, Übergabe der Festung im dreißigjährigen Krieg **9**, nach 112

Breviarium Alaricianum, Gesetzbuch **3**, vor 1223

Brot für die Welt, Plakat **13**, vor 269

Buchenwald (Konzentrationslager), Mahnmal **12**, vor 749

C

Calatrava, Festung **5**, vor 777

Canossa, Burg **5**, nach 536

Canterbury, Klosteranlage **5**, vor 153

Castell del Monte/Apulien **5**, vor 873

Chalkedon, Konzilssitzung **4**, vor 911

Chios, Massaker durch Türken (1824), Gemälde von E. Delacroix **10**, vor 745

Christenverfolgung, Mosaik (Ende 1. Jh.) **1**, vor 653

Clavigo, der hl. Jakobus in der Schlacht von **10**, nach 648

Codices
Argenteus, gotisch (6. Jh.) **3**, nach 1222
Purpurcodices, byzantinisch (6. Jh.) **3**, nach 838, vor 839; **4**, nach 46

Coemeterium Maius, Frau in Orantenstellung mit Kind, Fresko (1. Hälfte 4. Jh.) **1**, vor 781

Colosseum in Rom, Münze des Kaisers Titus **1**, vor 653

D

Dekabristen-Aufstand/Rußland (1825) **10**, vor 777

Der barmherzige Guerillero, Gemälde von R. Arellano **13**, nach 300

Deutsches Kaiserreich, Gründung in Versailles **11**, nach 490

Disputà del Sacramento, Raffaelstanzen/Rom (Vatikan) **7**, nach 300

Dominikus/Dominikaner
Disput mit den Katharern **6**, nach 288
im Traum Innozenz' III. **5**, nach 872
Predigtreise **5**, nach 872
Überreichung der Ordensregeln an Honorius III. **5**, nach 872
Wurzel Jesse des Ordens **6**, vor 257

Drachenschiff, wikingisches **4**, vor 879

Dreifaltigkeit **6**, vor 769

Dreißigjähriger Krieg, Übergabe der Festung Breda **9**, nach 112

Dritter Orden, Gründung s. Franziskus

Drontheim, St. Olaf **4**, vor 878

Druckerei Gutenbergs, Mainz (Rekonstruktion) **7**, nach 428

E

Einzug Christi in Brüssel im Jahr 1888, Vision kommender Sozialkämpfe, Gemälde von J. Ensor **11**, vor 235

Eisenwalzwerk s. Revolution, industrielle

Elfenbeinrelief
Bärenhatz **1**, nach 652
der schreibende Apostel Paulus **1**, vor 461
Steinigung des Apostels Paulus **1**, vor 461

Engelsturz, Gemälde von M. Chagall **12**, nach 44

Evangeliar/e
Book of Durrow **4**, nach 430
Codex Aureus/St. Emmeram **4**, vor 687
irische (7.–9. Jh.) **4**, nach 430
Karls des Großen **4**, vor 463
Ostromir **4**, nach 910

Evolutionstheorie, Karikaturen **12**, nach 492

F

Fatima, Wallfahrtsstätte **12**, vor 205

Florenz
Konzil **7**, nach 492
S. Maria Novella, Fresko **6**, nach 288

Flüchtlingstreck (1944/45) **12**, nach 748

Fontenay, Kloster, Außen- und Innenansicht **5**, vor 153

Freimaurer, Aufnahmezeremonie in einer Wiener Loge **10**, vor 681

Frühling, Allegorie, Gemälde von S. Botticelli (um 1477) **7**, vor 717

Fulda, St. Michael, Innenansicht **4**, vor 559

G

Geißlerbewegung **6**, vor 673

Genf, Palast des Völkerbundes **12**, nach 76

Gent, St. Bavo, Flügelaltar **6**, vor 769

Gesetzesübergabe durch Christus an Petrus **2**, vor 453

Gewerkschaftsstreit **11**, nach 522

Gotischer Dom, idealisierendes Gemälde von K. F. Schinkel **10**, vor 649

Gottesdienst, evangelischer **8**, nach 76

Grab, jüdisches, bei Jerusalem **1**, vor 173

Grabinschrift, 2. Jh. **2**, vor 645

Großbritannien, Karikatur, Aufteilung der Welt zwischen Frankreich und Großbritannien **10**, vor 521

Guernica, Gemälde von P. Picasso (1937) **12**, nach 684
s. auch: spanischer Bürgerkrieg

Guter Hirte **2**, nach 452

H

Halarcin, Kloster/Armenien **4**, nach 206

Hambacher Fest (1832) **10**, vor 553

Handschrift, koptische, Petrusbriefe **2**, nach 644

Heidenchristliche Kirche, Personifikation **2**, nach 612

Heilige, die die Madonna und die Dreifaltigkeit verehren **6**, vor 769

Heilig-Geist-Spital/Nürnberg **7**, vor 333

Helm, wikingischer **4**, vor 879

Hildesheim, St. Michael **4**, nach 686

Hiroshima, Explosion der Atombombe **12**, vor 717

Höllentor **11**, vor 747

Holocaust **12**, nach 716

Hôtel Dieu/Beaune **7**, nach 332

Hungertuch aus Abessinien **13**, vor 301

I

Inschrift als Beweis für die Existenz des Pilatus, Präfekt von Judäa **1**, vor 141

Isenheimer Altar **7**, nach 780

Isiskult, Fresko einer Opferszene **1**, nach 332

J

Jalta, Konferenz (1945) **12**, nach 748

Jellinge/Dänemark, Gedenkstein mit Runenschrift **4**, vor 879

Jerusalem, Felsendom **4**, vor 303; **6**, vor 609

Jesuiten
- Märtyrertod von Missionaren in Japan **8**, nach 940
- missionarisches Wirken **8**, nach 908; **9**, nach 272

Judenchristliche Kirche, Personifikation **2**, nach 612

K

Kaiserin, byzantinische, um 500 **3**, vor 1095

Kaiserkrone des Heiligen Römischen Reiches **6**, vor 417

Kaiser-Papst-Verhältnis (10./14. Jh.) **5**, nach 504

Katakomben/Rom
- Calixtus
  - Beterin/Orante, (2. Hälfte 3. Jh.) **1**, vor 909
  - Bild eines Liebesmahls (4. Jh.) **1**, nach 748
  - Jonas und der Walfisch (2. Jh.) **1**, nach 748
  - Krypta von Lucina
    - Guter Hirte (3. Jh.) **1**, nach 876
    - Fisch und Brotkorb, Wandbild (1. Hälfte 2. Jh.) **1**, nach 684
    - Verstorbene Dionysas im Paradies (Ende 3. Jh.) **1**, nach 780
- Callistus
  - Mahl zum Jahresgedächtnis von Toten, Fresko **2**, nach 612
  - Papstgruft **2**, nach 292
- Comodilla, Fresko **2**, nach 644
- Domitilla
  - Anbetung der drei Weisen aus dem Morgenland (1. Hälfte 3. Jh.) **1**, nach 780
  - Apostelfürsten Petrus und Paulus (1. Hälfte 4. Jh.) **1**, vor 909
  - Christus in Gestalt des Lehrers (1. Hälfte 4. Jh.) **1**, nach 780
  - Christus und das Apostelkollegium (Mitte 4. Jh.) **1**, vor 909
- Hermes, Fresko **3**, vor 615
- Petrus und Marcellinus
  - Bilderfries, Gestalt eines Beters in Orantenstellung, flankiert von den Wundern Erweckung des Lazarus und Brotvermehrung **1**, nach 748
  - Deckengemälde zweier Märtyrer (4. Jh.) **1**, vor 749

Der von Christus geheilte Gelähmte trägt sein Bett fort (2. Hälfte 3. Jh.) **1**, vor 685
Moses schlägt Wasser aus dem Felsen (2. Hälfte 3. Jh.) **1**, vor 685
Sündenfalldarstellung (2. Hälfte 3. Jh.) **1**, vor 685
Wandbild des Völkerapostels Paulus **1**, vor 365
Wandnische mit biblischen Darstellungen **2**, vor 293
Pamphilus, Hl. Agnes, Goldglas (4. Jh.) **1**, nach 908
Priscilla
Drei Jünglinge im Feuerofen (2. Hälfte 3. Jh.) **1**, nach 684
Noa in der Arche (Anfang 2. Jh.) **1**, vor 685
Isaias prophezeit die Geburt des Messias aus der Jungfrau (1. Hälfte 2. Jh.) **1**, vor 781
Velatio-Grab, Verstorbene mit Kind **1**, vor 781
Vigna Massimo, Daniel in der Löwengrube (Mitte 4. Jh.) **1**, nach 684

Katharinenkloster/Sinai, Ikone/Mosaik **3**, nach 1062, vor 1063

Kelch, gestiftet von Tassilo von Bayern (um 777) **4**, vor 591

Kiev, Eroberung durch die Polovzer Tataren **5**, nach 648

Kirchen
Abteikirchen
Cluny/Frankreich, Außenansicht/Miniatur zur Altarweihe **5**, nach 280
Conques/Frankreich **5**, nach 56
Corvey/Deutschland, Außen- und Innenansicht **4**, vor 559
Ebersmünster/Elsaß **9**, vor 1009
Maria Laach/Deutschland **4**, nach 718
Murbach/Elsaß **4**, vor 783
Peribleptos-Kloster/Griechenland **6**, vor 513
Saint-Benoît-sur-Loire/Frankreich, Chor **4**, vor 751
Saint-Savin-sur-Gartempe/Frankreich, Innenansicht **4**, nach 750
Vadstena/Schweden **6**, vor 193
Zwiefalten/Deutschland, Innenansicht **10**, nach 232
Annenkirche/Jerusalem **5**, vor 313
Bachkirche/Arnstadt, Orgelprospekt **8**, vor 941
Bartholomäuskapelle/Paderborn **4**, nach 686
Demetrius/Saloniki, Mosaik mit Stiftern (7. Jh.) **3**, nach 1254
Dom zu Köln **11**, vor 491
Dom zu Lund **4**, nach 878
Dom zu Speyer **4**, nach 718
Dom zu Trier **4**, nach 718
Dom zu Worms **4**, nach 718
Essen, Münster
Madonna **4**, vor 591
Westapsis **4**, nach 686
Geburtskirche/Betlehem, Innenansicht **5**, vor 313
Gnadenkapelle/Mariazell **9**, vor 497
Hagia Sophia/Konstantinopel
Außen- und Innenansicht **3**, vor 199; **6**, nach 480
Mosaik **3**, nach 198; **6**, nach 480
Hosios-David/Saloniki, Mosaik **4**, nach 78
Kaiserpfalzkapelle/Aachen **4**, nach 558
Kaiser-Wilhelm-Gedächtniskirche/Berlin **12**, vor 365
Kathedralen
Cefalù, Mosaik **4**, nach 78
Córdoba **6**, vor 801
Kiev, Sophien-, Außen- und Innenansicht **5**, nach 616, vor 617
Mchet'a **4**, vor 175
Monreale, Mosaik **4**, nach 78
Moskau, Basiliuskathedrale **8**, vor 301

Moskau, Verkündigungs-Kathedrale **7**, vor 109
Novgorod
Georgskathedrale, Jurjew-Kloster (1119) **4**, nach 910
Sophienkathedrale **5**, nach 616
Prokrow-Kirche (1165) **4**, nach 910
Samtawisi/Georgien **6**, nach 576
Susdal, Mariä-Geburt-Kathedrale, goldene Tür **5**, vor 649
Tallinn **4**, nach 206
Vladimir, Demetrius-Kathedrale **5**, vor 649
Katholikonkirche, Kloster Vatopedi/Athos **6**, nach 512
La Merced/Antigua (Guatemala) **9**, vor 1041
La sagrada familia/Barcelona **11**, vor 491
Martorana/Sizilien, Kreuzgang, Mosaik **5**, vor 377
Panhagia Angeloktistos/Zypern
Außenansicht **4**, vor 79
Mosaik **3**, vor 1063
Panteleimon/Nerezi (Serbien) **4**, vor 47
Peter-Paul-Kirche/Tarnovo, Fresken **4**, vor 911
Stabkirchen/Skandinavien
Borgund **4**, nach 878
Heddal **4**, nach 878
Theotokos-Pammakaristos-Kirche/Byzanz **5**, nach 744
Verkündigungs-Kathedrale/Moskau **13**, nach 396
Vierzehnheiligen/Deutschland, Innenansicht **9**, vor 465
Wallfahrtskirchen
Neviges/Rheinland **12**, nach 1100
Odilienberg/Elsaß **12**, vor 205
Ronchamp/Frankreich **12**, nach 1100

Kirchenfenster (20. Jh.) **12**, nach 1132, vor 1133

Klosterneuburg/Wien, Altar **5**, vor 409

Köln, St. Maria, Holztüren **4**, vor 719

Kommunismus, russischer **12**, vor 77

Königserhebung **6**, nach 416

Königshalle/Oviedo **4**, nach 334

Konstantinopel
Belagerung durch Sultan Mehmed II. (1453) **7**, nach 76
Personifikation **3**, nach 198

Konstanz, Konzil **6**, vor 161

Konzentrationslager, Gedenkstätten **12**, vor 749

Korinth, Gerichtsplatz **1**, nach 460

Kreuz/Kreuzigung
der Äbtissin Mathilde von Essen **4**, vor 687
von einem Eisennagel durchbohrter Fußknochen **1**, vor 173
Goldkreuz des Herzogs Gisulf (7. Jh.) **4**, nach 302
Katschkar-Darstellung/Armenien **4**, nach 206
Kreuz im Gebirge, Gemälde von C. D. Friedrich **10**, nach 680
Kreuzigungsdarstellungen
Afrikanische Darstellung **12**, nach 524
Cranach, Lucas **7**, vor 621
Darstellung um 900 **4**, nach 302
Darstellung von 1922 **12**, vor 333
Grieshaber **12**, vor 749
Grünewald, Mathias **7**, nach 780
Reliquienkreuz, Justins II. **3**, vor 455
Weinrebenkreuz der heiligen Nino **4**, vor 175

Kreuzzüge **5**, vor 281, nach 312, vor 745

Kriegsdenkmal/Rotterdam **12**, vor 365

Krönung der Herrscher durch Christus **6**, vor 577

L

Léon, S. Isidoro, Fresko **5**, vor 777

Liber memoriae **5** nach 184

Lisieux, Ste. Thérèse **11**, nach 746

London, St. Paul **9**, vor 849

Lourdes
Grotte **11**, nach 746
Lichterprozession **12**, nach 172

Lutherausgabe des Neuen Testaments bzw. der Bibel **7**, vor 589; **8**, vor 429

Lutherhaus/Wittenberg **7**, nach 620

Lutherstube/Wartburg **7**, vor 589

Lyon, erstes Konzil **5**, vor 873

M

Madrid, Aufstand (1808), Gemälde von F. Goya **10**, nach 776

Mahl zum Jahresgedächtnis von Toten **2**, nach 612

Mailand
S. Ambrogio, Paliotto **4**, nach 590
S. Lorenzo, Mosaike **2**, vor 453
S. Vittore in Ciel d'Oro, Mosaik **2**, vor 645

Marmorrelief, Christus übergibt dem Apostel Petrus das Gesetz **1**, vor 493

Marseillaise s. Arc de Triomphe

Mauren, Zwangstaufe **8**, vor 685

Mexiko, kommunistischer Einfluß **12**, nach 684

Misereor-Hungertuch (1981) **13**, vor 269

Missionskunst **12**, nach 524, vor 525

Mithraeum **2**, vor 293

Mönchsleben, Miniaturen **5**, vor 185

Monstranz, Erinnerung an den Sieg bei Lepanto über die Türken **8**, vor 269

Montecassino, Kloster **3**, vor 615; **5**, nach 184

Montserrat, Gnadenbild **5**, vor 57

Mosaikkarte des palästinisch-jordanischen Raums in Madaba/Jordanien **1**, vor 141

Moschee (alte) von Córdoba **6**, vor 801

Moskauer Reich, Stammbaum **7**, nach 108

Münzrelief des Hafens von Ostia (Paulus, Reise nach Rom) **1**, nach 492

N

Nachkriegsgesellschaft (Erster Weltkrieg), Klassengegensätze **12**, nach 44

Nemanjidendynastie (Großžupan Stephan Nemanja, Sava, König Vladislav) **5**, nach 776

Nordamerika, Landnahme **9**, nach 1040

Normannen, Eroberung Englands **5**, nach 376

O

Orgel
Bachkirche/Arnstadt **8**, vor 941
von Silbermann, Ebersmünster/Elsaß **9**, vor 1009

L'Osservatore Romano **12**, vor 685

Ossian-Legende **10**, nach 552

Oviedo, S. Maria de Narancho s. Königshalle/Oviedo

P

Papst-Kaiser-Verhältnis (10./14. Jh.) **5**, nach 504

Patriarchenkrone, russische **7**, vor 109

Philippi in Macedonien **1**, nach 460

Polen, Teilung (1772) **10**, nach 200

Polovzer Tataren, Eroberung Kievs
5, nach 648

Preußen, Tilsiter Friedensschluß **10**, vor 393

Preußisch-Eylau, Schlacht **10**, nach 520

Protestanten, Vertreibung aus Salzburg **9**, vor 817

Prozessionen
Fronleichnamsprozession/Rom **7**, vor 205
in Hofgastein (19. Jh.) **11**, nach 746
Reliquienprozession/Venedig **7**, vor 205

Q

Quell des Lebens **4**, vor 463

Qumran **1**, nach 172

R

Radio Vatikan, erste päpstliche Radiobotschaft **12**, vor 685

Ravenna
S. Apollinare in Classe, Mosaik
3, nach 806
S. Apollinare Nuovo, Mosaik **3**, nach 614
S. Vitale, Mosaiken Kaiser Justinians und Kaiserin Theodoras **3**, vor 807

Reconquista, spanische **6**, vor 801

Regensburg, Religionsgespräch (1601) **8**, vor 109

Reichsparteitag, Nürnberg, Plakat (1935) **12**, nach 716

Religion, Triumph über die Künste
11, vor 523

Reliquienübertragung **3**, nach 454

Revolution
französische
Plakat/Elsaß **10**, vor 233
Sturm auf die Bastille **10**, vor 233
industrielle, Eisenwalzwerk **11**, nach 522
Julirevolution (1830)/Frankreich
10, vor 777
Oktoberrevolution (1917)/Rußland **12**, vor 77

Rom
Personifikation **3**, nach 198
S. Agnese, Mosaik **3**, nach 806
S. Clemente, Innenansicht **3**, nach 230
S. Costanza, Mosaike **2**, nach 452, vor 453
SS. Cosma e Domiano, Mosaik **3**, vor 647
S. Ignazio, Deckenfresko **8**, nach 908; **9**, nach 272
S. Maria in Domnica, Mosaik **4**, nach 174
S. Maria in Trastevere, Apsismosaik **5**, vor 25
S. Maria Maggiore
Langhaus **2**, vor 325
Mosaike **2**, nach 484; **3**, vor 231
S. Martino ai Monti, Innenansicht der Altbasilika S. Pietro **6**, nach 416
SS. Nereo e Achilleo, Bischofsthron **3**, vor 487
S. Pudenziana, Mosaik **3**, vor 231
SS. Quattro Coronati, Silvesterkapelle, Fresken **5**, nach 24
S. Sabina
Ausschnitt aus einem Türflügel
2, vor 485
Mosaik **2**, nach 612

Rotulus mortuorum s. Liber memoriae

Ruinen des Theaters von Ephesus **1**, vor 365

S

Santiago de Compostela, Jakobusgrab **5**, vor 57

Sardonixcameo (37 n. Chr.) mit den ersten drei Kaisern aus dem Julisch-Claudischen Haus **1**, nach 140

Sarkophagplastiken **2**, vor 613

Schlacht bei Kesselsdorf **10**, vor 105

Schlacht bei Torgau **10**, vor 105

Sozialkämpfe **11**, vor 235

Spanien, S. Comba de Bande **3**, vor 1223

Spanischer Bürgerkrieg (20. Jh.) **12**, nach 684

Spanischer Unabhängigkeitskampf (1808) s. Madrid, Aufstand

Speyer, Reichstagsabschied **8**, vor 1133

Stephansburse **4**, nach 590

St. Petersburg, Dekabristen-Aufstand (1825) **10**, vor 777

Stürmer (nationalsozialistische Zeitung), Karikaturen **12**, nach 716

Sündenfalldarstellung, Katakombe Petrus und Marcellinus (2. Hälfte 3. Jh.) **1**, vor 685

Synagoge, Altneusynagoge/Prag, Innenansicht **6**, nach 800

T

Taizé, Lichterfeier **12**, vor 941

Tafelrunde von Sanssouci, Gemälde von A. von Menzel **10**, nach 72

Templerorden, Siegel **6**, vor 289

Theresienstadt (Konzentrationslager) **12**, vor 749

Thron
- Karls des Großen **4**, nach 558
- Karls des Kahlen **4**, nach 174

Tiara **11**, nach 266

Todsünden (1933) **12**, vor 45

Toleranzpatent, josephinisches (Verbildlichung) **10**, vor 201

Totengericht **7**, vor 525

Totentanz **6**, nach 672

Tragaltar **4**, vor 591

Trient, Konzil **8**, nach 268

V

Vatikanisches Konzil, zweites **13**, vor 13

Venedig
- Friede von (1177) **5**, vor 537
- S. Maria della Salute **9**, nach 496

Verdun, Schlacht **12**, nach 332

Vézelay, Ste-Madeleine-Kirche **5**, vor 281

Völkerbund, Palast in Genf **12**, nach 76

Votivkrone **3**, nach 1222; **4**, nach 334

W

Wartburgfest (1817) **10**, vor 553

Weihe von Wasser durch Eintauchen einer Ikone **13**, vor 397

Weinlese **2**, nach 452

Westfälischer Friede, Sitzung in Münster **9**, vor 81

Westtor der Stadt Hierapolis **1**, nach 460

Wien, Schlacht am Kahlenberg **9**, vor 113

Wiener Kongreß **10**, vor 521

Wittenberg, St. Marien **7**, nach 620

Wladimirskaja, Typ der Marienikone **6**, vor 481; **7**, nach 108

Z

Zehn Gebote **11**, vor 267

Zentrum, Wahlplakat **12**, nach 76

Zisterzienser, Kapitelsitzung **5**, nach 152

Geordnet nach Personen

A

Abericius, Bischof von Hierapolis, Grabinschrift **2**, vor 645

Agnes **3**, nach 806
Goldglas **1**, nach 908

Albert von Brandenburg, Erzbischof von Mainz **7**, nach 588, nach 812

Albertus Magnus **6**, vor 257, nach 384

Alexander I., russischer Zar **10**, vor 393

Alexios III., byzantinischer Kaiser **6**, nach 512

Ambrosius von Mailand **2**, vor 645

Antonius von Padua **6**, nach 256

Apollinaris **3**, nach 806

Ars, Pfarrer von s. Vianney, Jean-Marie-Baptiste

Artemis von Ephesus, Marmorgestalt (4. Jh.) **1**, vor 365

Astarte, ursprünglich phönizische Fruchtbarkeitsgöttin **1**, vor 333

Athenagoras, Patriarch von Konstantinopel, Treffen mit Paul VI. **13**, nach 44

Attila und Leo der Große **3**, nach 486

Augustinus **6**, nach 384

Augustus, Oktavianus (63 v. Chr.–14. n. Chr.), Panzerstatue, Rom **1**, nach 140

B

Bach, Johann Sebastian **9**, nach 1008

Bassus, Iunius, Sarkophag **2**, vor 613

Becket, Thomas, Reliquienschrein **5**, nach 408

Benedikt von Nursia **3**, vor 615; **5**, nach 184

Bernardin von Siena **6**, nach 256

Bernhard von Clairvaux **5**, nach 152, vor 281

Birgitta von Schweden **6**, nach 192, vor 193

Bismarck, Otto von **11**, nach 490

Bonaventura **6**, nach 384

Bonifatius **4**, nach 462; **10**, nach 648

Boris und Gleb, russische Märtyrer **5**, vor 649

Boris I., Bulgarenherrscher (9. Jh.), Taufe **4**, vor 911

Borromäus, Karl **8**, nach 684

Bugenhagen, Johannes **8**, nach 108

C

Calvin, Johann **8**, nach 1004

Capestrano, Johannes von **7**, nach 172

Cassidy, Edward Kardinal, Unterzeichung der Erklärung zur Rechtfertigungslehre (1999) **13**, vor 429

Chemnitz, Martin **8**, nach 108

Chlodwig, Frankenkönig, Taufe **4**, nach 782

Christus
Abstieg in die Vorhölle **6**, vor 609
Beweinung Christi **4**, vor 47; **7**, nach 780
Deesis **3**, nach 1094; **4**, vor 207
Dornengekrönter **12**, nach 364
Gekreuzigter **1**, vor 877
Guter Hirte **1**, vor 877; **3**, vor 647
Huldigung durch eine Kaiserfamilie (Otto d. Gr.) **4**, nach 686
im Haus seiner Eltern **11**, vor 747
in der Gestalt des Lehrers, Domitilla-Katakombe (1. Hälfte 4. Jh.) **1**, nach 780
in der Kelter **7**, vor 813
krönt die Apostel Petrus und Paulus mit der Märtyrerkrone, Goldglas (3. Jh.) **1**, nach 492
Lehrender **1**, vor 877; **2**, vor 453; **3**, vor 647
lenkt wie der Sonnengott Helios das Gespann des Sonnenwagens über den Himmel (4. Jh.) **1**, nach 876
Porträts **3**, nach 454, nach 1254, **4**, nach 78, vor 751, vor 879; **5**, nach 648
Schmerzensmann **12**, nach 364
Thronender **3**, vor 231; **4**, vor 207, vor 335, vor 783; **6**, vor 417, nach 480; **12**, vor 1101
übergibt dem Apostel Petrus das Gesetz, Marmorrelief **1**, vor 493
und das Apostelkollegium, Domitilla-Katakombe (Mitte 4. Jh.) **1**, vor 909
und Menas, koptische Ikone **3**, nach 1254
zerschlägt sein Kreuz **13**, nach 300
Züchtigung des Jesuskindes durch seine Mutter **12**, nach 364
s. auch: Biblische Szenen

Churchill, Winston **12**, nach 748

Clara **6**, nach 256

Clément, Jacques, Ermordung Heinrichs III. **8**, nach 1036

Cranmer, Thomas **8**, nach 556, vor 557

D

Dalai Lama, Treffen mit Johannes Paul II. **13**, vor 205

Dante Alighieri **6**, vor 385; **11**, vor 523

David **4**, vor 47; **11**, vor 523

Demetrius **3**, nach 1254

Diderot, Denis **10**, nach 72

Duns Scotus **6**, nach 384

Dürer, Albrecht **7**, vor 301; **11**, vor 523

E

Elisabeth I., englische Königin **8**, vor 557

Elisabeth Petrowna, russische Zarin **10**, nach 104

Elisabeth von Thüringen **6**, nach 256

Erasmus von Rotterdam **7**, vor 397

F

Federico da Montefeltro **7**, nach 716

Ferdinand, Bruder Kaiser Karls V. **7**, nach 812

Ferdinand von Aragón, spanischer König **8**, vor 685

Fides, Reliquiar **5**, nach 56

Foucauld, Charles de **12**, nach 940

Franz I. Stephan, österreichischer Kaiser **10**, vor 73

Franz von Assisi/Franziskaner
Gründung des Dritten Ordens **5**, nach 840
im Traum Innozenz' III. **6**, nach 64
Predigt vor dem Sultan von Ägypten **5**, vor 841
Stigmatisierung **5**, vor 841
Wurzel Jesse des Ordens **6**, nach 256

Franz von Sales **8**, vor 1037

Franz Xaver **8**, vor 909

Freud, Sigmund, Arbeitszimmer **12**, vor 493

Friedrich I., Großherzog von Baden **11**, nach 490

Friedrich II., deutscher Kaiser **5**, vor 873

Friedrich II. der Große, preußischer König **10**, vor 73, vor 105, nach 200

Friedrich III., Trauung **7**, nach 204

Friedrich Barbarossa **5**, vor 537

Friedrich Wilhelm III., preußischer König **10**, vor 393

Friedrich Wilhelm von Brandenburg **9**, nach 816

G

Galilei, Galileo **8**, nach 1164

Galla Placidia, Mausoleum, Mosaik **3**, vor 647

Garibaldi **11**, nach 234

Gleb und Boris, russische Märtyrer **5**, vor 649

Georg **3**, nach 1062

Giorgi III., georgischer König **6**, vor 577

Giotto **11**, vor 523

Gustav II. Adolf, schwedischer König **9**, nach 80

H

Hardenberg, Karl August von, preußischer Staatskanzler **10**, vor 521

Heinrich III., französischer König, Ermordung (1589) **8**, nach 1036

Heinrich IV., Kaiser **5**, vor 505, nach 536

Heinrich VIII., englischer König
Porträt **8**, nach 524
Testament des Königs (Gemälde) **8**, vor 557

Heinrich Seuse **6**, vor 257, nach 768

Hitler, Adolf **12**, vor 45, nach 716

Holbein, Hans **11**, vor 523

Huddäus, Hermann **8**, nach 108

Hugo von Cluny, Abt **5**, nach 536

Hus, Jan **6**, vor 161

I

Ignatius von Loyola **8**, vor 909

Irene, byzantinische Kaiserin **5**, nach 744

Isabella von Kastilien, spanische Königin **8**, vor 685

J

Jakobus
Grab/Santiago de Compostela **5**, vor 57
Sieg über die Sarazenen **10**, nach 648

Joannes I. Tzimiskes, Prozession **5**, vor 745

Joannes II. Komnenos **5**, nach 744

Johanna von Chantal **8**, vor 1037

Johanna von Orléans, Verurteilung **6**, vor 673

Johannes
Elfenbeinrelief des Rufers in der Wüste, Ravenna **1**, nach 172
Evangelist **4**, vor 463
Täufer **4**, vor 207

Johannes VIII. Palaiologos **7**, nach 492

Joseph II., Kaiser von Österreich **10**, vor 73, nach 200, vor 201

Josephine, Gattin Napoleons **10**, nach 392

Justinian I. **3**, nach 198, vor 807

Justinian II.
Porträt **3**, nach 454
Reliquienkreuz **3**, vor 455

K

Karl I., englischer König **9**, nach 848

Karl IV., spanischer König **10**, nach 776

Karl V., deutscher Kaiser **7**, nach 812; **8**, nach 428

Karl V., König von Frankreich **6**, nach 384

Karl der Große
Kaiserkrönung **4**, nach 462
Thron in der Pfalzkapelle/Aachen **4**, nach 558

Karl der Kahle, Thron **4**, nach 174

Katharina II. die Große, russische Zarin **10**, nach 104, nach 200

Katharina von Bora **7**, nach 620

Katharina von Siena **6**, nach 96, vor 97

Kepler, Johannes **8**, nach 1164

Ketteler, Wilhelm Emanuel von **11**, nach 490

Kopernikus, Nikolaus **8**, nach 1164

Knox, John **8**, vor 557

Kolbe, Maximilian **12**, nach 716

Konstantin der Große **2**, nach 292; **3**, nach 198; **5**, nach 24

Konstantinos IX. Monomachos, byzantinischer Kaiser **6**, nach 480

Kopp, Georg von, Kardinal von Breslau **11**, nach 522

Krause, Christian, Unterzeichnung der Erklärung zur Rechtfertigungslehre (1999) **13**, vor 429

L

Lamennais, Felicité Robert de **11**, vor 235

Lasso, Orlando di, Bußpsalmen-Satz **8**, vor 941

Laurentius **1**, nach 908; **7**, vor 493

Leonardo **11**, vor 523

Leopold von Anhalt-Dessau **10**, vor 105

Lothar, Kaiser **4**, vor 463

Luise, preußische Königin **10**, vor 393

Lukas, Evangelist **4**, vor 463, nach 910; **11**, vor 523

Luther, Martin **7**, nach 588; **8**, nach 108

M

Mao, Führer der marxistisch-leninistischen Revolution/China **12**, nach 908

Marat, Jean Paul, Ermordung **10**, vor 361

Marc Aurel, Kaiser, Opfer vor dem Tempel, Marmorrelief **1**, vor 333

Maria/Gottesmutter
Himmelfahrt **9**, nach 464; **12**, vor 173
Krönung **5**, vor 25; **7**, vor 685; **9**, vor 497
Marien-Triptychon (afrikanisch) **12**, nach 524
mit Kind **3**, nach 198, nach 1062, vor 1063; **4**, nach 174, vor 207, nach 430, vor 591; **5**, vor 57, nach 648, nach 744, vor 745; **6**, vor 257, vor 481, vor 577, vor 769; **7**, nach 332, nach 684, nach 716; **11**, vor 523; **12**, nach 524, vor 525
in Orantenhaltung **11**, nach 778
Rosenkranzfest **7**, vor 301
Schutzmantelmadonna **7**, vor 301

Schwarze Madonna von Czenstochau **12**, nach 204
Verehrung der Gottesmutter durch Abt Witigowo **4**, vor 687

Maria Theresia, österreichische Kaiserin **10**, vor 73

Mathilde von Tuszien **5**, nach 536

Matthäus, Evangelist **4**, nach 430, vor 431

Maximian, Bischof von Ravenna
Kathedra **3**, vor 1095
Porträt **3**, vor 807

Maximilian I. **7**, vor 301

Maximilian I., Kurfürst von Bayern **8**, nach 300

Mehmed II., Sultan **7**, vor 77

Melanchthon, Philipp
Porträt **7**, nach 812; **8**, nach 108
Taufender **8**, nach 76

Menas, Abt **3**, nach 1254

Metternich, Clemens Fürst von **10**, vor 521

Michelangelo **8**, nach 684

Mithras, Marmorstatue des Gottes (1. Jh. n. Chr.) **1**, nach 332

Mörlin, Joachim **8**, nach 108

Morus, Thomas **8**, vor 525

Mutter Theresa, mit Johannes Paul II. **13**, nach 204

N

Napoleon Bonaparte
Aufteilung der Welt zwischen Großbritannien und Frankreich, Karikatur **10**, vor 521
Kaiserkrönung **10**, nach 392
Porträt **10,** nach 392
Schlacht von Preußisch-Eylau **10**, nach 520
Tilsiter Friedensschluß **10**, vor 393

Nero, Kaiser, Münzporträt **1**, nach 652

Nevskij, Alexander, Sieg über die Schweden und den Deutschen Orden (1240) **5**, nach 648

Nikolaus, Grab **5**, vor 57

O

Osiander, Andreas **8**, nach 108

Otto III. **5**, nach 504

Otto der Große **4**, nach 686

P

Päpste
Alexander III. **5**, vor 537
Alexander VI. **7**, vor 77
Benedikt XV. **12**, nach 332
Clemens V., Ritt nach Avignon **6**, vor 65
Eugen IV. **7**, nach 204
Felix III. (IV.) **3**, vor 647
Gregor VII. **5**, vor 505
Gregor XI., Rückkehr nach Rom **6**, nach 96
Gregor XVI., Segen urbi et orbi **11**, nach 234
Gregor der Große **3**, nach 646
Honorius I. **3**, nach 806
Honorius III. **5**, nach 872
Innozenz III. **5**, vor 25, nach 872; **6**, nach 64
Innozenz IV., Absetzung Friedrichs II. **5**, vor 873
Johannes XXIII. **13**, nach 12
Johannes Paul I.
Porträt **13**, nach 172
Trauerfeier **13**, nach 172
Johannes Paul II.

Besuch bei Mutter Theresa **13**, nach 204
Friedensgebet in Assisi (1986) **13**, nach 428
Gottesdienst mit Lubomyr Kardinal Husar I. **13**, nach 204
Pastoralreise in Afrika **13**, nach 268
Rede vor der UNO (1979) **13**, vor 173
Julius II. **7**, vor 301; **8**, vor 397
Leo der Große
Porträt **3**, nach 486
und Attila **3**, nach 486
Leo X. **8**, vor 397, nach 684
Paschalis I. **4**, nach 174
Paul III. **8**, vor 397
Paul VI.
Eucharistischer Weltkongreß (1964) **13**, vor 45
Eröffnung der Bischofssynode (1974) **13**, nach 44
Ökumenischer Rat der Kirchen (1969) **13**, vor 45
Porträt **13**, nach 12
Treffen mit dem Patriarchen Athenagoras **13**, nach 44
Pius II. **7**, nach 204
Pius VII. **10**, nach 392
Pius IX.
Porträt **11**, nach 234, nach 266
Verkündigung des Dogmas der Unbefleckten Empfängnis Mariens **11**, nach 266
Pius XII. **12**, vor 173
Silvester I. **5**, nach 24
Sixtus IV. **7**, vor 173
Symmachus **3**, nach 806
Urban II. **5**, nach 280
Viktor III. **5**, nach 184

Patrick, Glockenreliquiar **4**, nach 590

Paulus
Athen **1**, nach 460
Bekehrungserlebnis, Emailtafel (um 1180) **1**, nach 364
Hafen von Ostia, Münzrelief **1**, nach 492
im Disput mit Griechen und Juden, Emailtafel (um 1180) **1**, nach 364
Korinth, Gerichtsplatz **1**, nach 460
Philippi in Macedonien **1**, nach 460
Porträt **2**, nach 324; **3**, vor 647; **4**, vor 207
Schreibender Apostel, Elfenbeinrelief (5. Jh.) **1**, vor 461
Steinigung, Elfenbeinrelief **1**, vor 461
Völkerapostel, Wandbild (4. Jh.) **1**, vor 365
Westtor der Stadt Hierapolis **1**, nach 460

Penn, William **9**, nach 1040

Pesaro, Jacopo **7**, vor 77

Peter III. Fjodorowitsch, russischer Zar **10**, nach 104

Petrus
mutmaßliches Grab, Grafitti-Mauer **2**, nach 324
Porträt **2**, nach 324; **3**, vor 647; **4**, vor 207; **7**, vor 77
Porträtkopf, Wandbild (2. Jh.) **1**, vor 493
Schlüsselübergabe durch Christus **7**, nach 300

Petrus Lombardus **5**, nach 152

Philipp II., Traum, Gemälde von El Greco (1579) **8**, vor 1165

Philipp IV., König von Frankreich **6**, vor 289

Philipp von Hessen **8**, nach 1132

Piero della Francesca **7**, vor 716

Pimen, Patriarch von Moskau **13**, nach 396

Platina, Bartolomeo **7**, vor 173

Plessis, Armand-Jean du, Kardinal Richelieu **9**, nach 656

R

Raffael **11**, vor 523

Remigius/Bischof von Reims, Taufe Chlodwigs **4**, nach 782

Richelieu, Kardinal s. Plessis, Armand-Jean du

Roger II., König des Großreiches Sizilien, Krönung durch Christus **5**, nach 376

Rolin, Nicolas **7**, nach 332

Roosevelt, Franklin D. **12**, nach 748

S

Savonarola, Hinrichtung **7**, vor 429

Schenuda III., Papst der koptischen Kirche **13**, vor 301

Schutz, Frère Roger **12**, vor 941

Soubirous, Bernardette **12**, vor 173

Spinola, Ambrogio **9**, nach 112

Stanislaus II. Poniatowski, polnischer König **10**, nach 200

Stalin, Josef **12**, nach 748

T

Talleyrand, Charles Maurice de **10**, vor 521

Teresa von Ávila **8,** nach 716, vor 717; **9**, vor 273

Tetzel, Johann **7**, nach 588

Thamar, Prinzessin von Georgien **6**, vor 577

Theoderich der Große **3**, nach 614
Palast **3**, nach 614

Theodor **3**, vor 647, nach 1062

Theodora, byzantinische Kaiserin **3**, vor 807

Theresia von Lisieux **12**, vor 173

Thomas von Aquin **6**, nach 160, vor 257, nach 384

Trias der persischen Götter Aglibal, Baalshamin und Makabel **1**, vor 333

V

Vasken I., Katholikos der armenischen Kirche **13**, 396

Vianney, Jean-Marie-Baptiste **12**, vor 909

Victor Emanuel II., italienischer König **11**, nach 234

Vinzenz Ferrer **6**, vor 257

Vinzenz von Paul **8**, vor 1037; **9**, vor 657

Voltaire, François Marie Arouet **10**, nach 72

W

Washington, George, Schlacht bei Trenton **10**, nach 744

Wilhelm I., deutscher Kaiser **11**, nach 490

Wilhelm der Eroberer **5**, nach 376

Witigowo, Abt **4**, vor 687

Wolfe, James, Schlacht bei Quebec **10**, nach 744

Z

Zieten, Husarengeneral unter Friedrich II. **10**, vor 105

Zoe, byzantinische Kaiserin **6**, nach 480

Zwingli, Huldrych **8**, vor 77

b) Schwarz-weiß-Abbildungen
[geordnet nach Sach-/Ortsbegriffen und Personen]

Geordnet nach Sach- und Ortsbegriffen

A

Abendmahl (1510) **8**, 310

Ablaßwesen **7**, 718

Afrikanische Herrscherdarstellung **8**, 756

Albi, Ste. Cécile **6**, 643

Alcalá/Spanien, Universität **7**, 182

Altbunzlau, Cosmas- und Damiankirche **5**, 715

Ambo **5**, 544

Antichrist, Holzschnitt (1493) **7**, 301

Aquädukt (1. Jh.) bei Antiochien in Pisidien **1**, 80

Arkosalgräber **1**, 699

Armenien/Ani, Surb Grigor **4**, 530

Armutsideal, Auseinandersetzung im 15. Jh. **5**, 491

Ars moriendi (um 1470) **8**, 1078

Artes Liberales **5**, 461

Athos
- Idealschema für Freskenschmuck **4**, 290
- s. auch: Klöster

Auferstehung der Toten **4**, 639

Augsburg
- Fuggerei **7**, 287
- Reichstag (1530) **7**, 742
- Religionsfriede (1555), Urkunde **8**, 404

August III., sächsischer König **10**, 42

Auschwitz-Birkenau, Konzentrationslager **12**, 416

Autodafé (1680) **8**, 686

Aztekengötter
- Quetzalcoatl **8**, 830
- Totec **8**, 830

B

Babylonische Hure **5**, 441

Baptisterium s. Taufkirchen

Bari, Nikolauskirche **5**, 310

Bartholomäusnacht (1572) **8**, 483

Basel (1493) **8**, 435

Bauernaufstände (15./16. Jh.) **7**, 328, 516

Bauernkrieg, Prophezeiung **7**, 518

Baum des Krieges, verbindlicher Ausdruck von Ethik und Recht (14. Jh.) **6**, 493

Bekenntnisse, reformatorische
- Barmer Theologische Erklärung (1934) **12**, 347
- Heidelberger Katechismus **8**, 108
- Konkordienformel **8**, 16
- Marburger Artikel **8**, 311

Bethel, Anstalten **11**, 325

Biblische Szenen
- diverse Szenen in einer Darstellung **2**, 685, 738, 750, 753, 759, 1052; **4**, 756
- Abraham in Mamre **2**, 756
- Adam gibt den Tieren Namen **2**, 745
- Anbetung der Magier **2**, 910; **3**, 734; **4**, 438; **5**, 932
- Apokalypse **7**, 327

Auferweckung der Tochter des Jairus **2**, 751
Auferweckung des Lazarus **2**, 752
David und Goliath **3**, 731
Drei Jünglinge im Feuerofen **2**, 750
Einzug Christi in Jerusalem **2**, 762
Erschaffung des Menschen **2**, 281; **10**, 472
Geburt Christi **4**, 438
Geißelung Christi **8**, 1219
Heer des Herrn (Apokalypse) **4**, 737
Heilung der blutflüssigen Frau **2**, 751; **5**, 296
Heilung eines Aussätzigen **3**, 844
Heimsuchung Mariä s. Maria
Himmelfahrt Christi **3**, 734, 743; **4**, 713
Kreuzigung Christi/Kreuzweg s. Kreuzigung/Kreuzweg
Jonasruhe **2**, 753
Lamm Gottes (Apokalypse) **2**, 736; **4**, 79; **6**, 428
Mose
schlägt Wasser aus dem Felsen **2**, 749, 750
Szenen aus seinem Leben **4**, 722
Samariterin am Jakobsbrunnen **4**, 818; **5**, 296
Samsons Kampf mit dem Löwen **2**, 760
Speisung der Fünftausend **2**, 793
Susanna **8**, 1207
Taufe Jesu **2**, 782; **4**, 836
Versuchung Christi **5**, 522
Vision des Lammes (Apokalypse) **4**, 737
Wunderszenen (ägyptischer Prägung) **3**, 741

Bildersturm, byzantinischer **4**, 112, 149

Bishop's Book (anglikanisch) **8**, 209

Bologna, Schule (12. Jh.) **5**, 459

Book of Common Prayer (anglikanisch) **8**, 217

Book of Kells **4**, 742

Brevier
karmelitisches von 1551 **8**, 1045
von 1553 **8**, 1036

Bruderschaft des Heiligen Wandels Jesu, Mariä und Josephs, Gedenkblatt **8**, 1024

Bulgarien/Ochrid, Sophienkirche **4**, 936

C

Calvinistisches Bethaus/Lyon **8**, 969

Chile, Karikatur des Kampfes verschiedener Regierungskonzepte (1964) **13**, 499

China
Macao, St. Paul **8**, 937
Weihe der ersten chinesischen Bischöfe durch Pius XI. in Rom (1926) **12**, 318

Chorherrenstift/Spanien **5**, 150

Christusmonogramm **3**, 1041
s. auch: Labarum

Collegium
Germanicum, Medaille Gregors XIII. **8**, 281
Romanum, Errichtungserlaubnis an Ignatius **8**, 281

Collegium musicum (1648) **8**, 1242

Colosseum in Rom, Innenansicht **1**, 255

Constitutio Criminalis Carolina (1532) **8**, 1098

D

Decretum Gratiani, geistliche und weltliche Macht **5**, 189; **6**, 129

Deesis (Fürbitte Mariens und Johannes des Täufers bei Christus) mit Evangelisten **5**, 508

Diakonissen **11**, 322

Diptychon Carrand (um 380) **2**, 745

Diptychontafel aus Elfenbeinreliefs, Ägypten (5. Jh.) **1**, 165

Dreifaltigkeitsikone **6**, 203

Dreißigjähriger Krieg
- Anti-Krieg-Flugblatt **9**, 8
- Friedensbote **9**, 44
- Kampfszenen **9**, 40

Druckerei (15. Jh.) **7**, 504

E

Ecclesia
- Symbolisierung mit der Synagoge **5**, 759
- Tugendverkörperung **5**, 441

Ecclesia mater/Tunesien (4. Jh.) **2**, 930

Escorial, San Lorenzo del, Klostergrundriß (Spanien) **8**, 708

Eucharistischer Weltkongreß
- Barcelona (1952) **12**, 534
- Prag (1935) **12**, 888

Eucharistisches Mahl, Relief eines frühchristlichen Sarkophags (2. Jh.) **1**, 419

Evangeliar von Lorsch **4**, 756

Evangelisten **5**, 508

F

Fatima, Hirtenkinder Jacinta, Francisco und Lucia **12**, 511

Fest der Orthodoxie, Wiederaufstellung der Ikonen **4**, 168

Fest des Höchsten Wesens (Paris 1790) **10**, 384

Festung Herodion **1**, 21

Fleury, Saint-Benoît-sur-Loire **4**, 786

Florenz, Ospedale degli Innocenti **7**, 287

Folterung (16. Jh.) **8**, 1088

Französische Revolution, englische Karikatur **10**, 387

Frau der Welt, mittelalterliche Lastersymbolisierung **5**, 441

Freskenschmuck, Idealschema **4**, 290

G

Geldwechsler (16. Jh.) **8**, 1189

Gellone, Saint-Guilhelm-le-Desert **4**, 728

Genf (1554) **8**, 92 f.

Genter Altar **6**, 413

Georgien/Nikorzminda, St. Nikolaus **4**, 583

Gesangbuch/bücher
- hussitische **7**, 472
- katholisches (1567) **8**, 1237
- Mainzer (katholisches, 1658) **9**, 1073
- protestantisches (1569) **8**, 1232

Goa/Indien **8**, 880
- S. Francisco **8**, 882

Gottesdienst
- hugenottischer **9**, 435
- Nebeneinander verschiedener Formen **9**, 52
- reformatorischer **7**, 735; **9**, 410

Grabplatten (4./5. Jh.) **2**, 932

Grabstein mit Darstellung der Taufe (2. Jh.) **1**, 399

Guter Hirte **2**, 741, 743, 753; **3**, 920

H

Habsburg, Pragmatische Sanktion (1713) **9**, 11

Haiti, Aufstände gegen die Kolonialherren (1791) **10**, 97

Halle, Armenschule (17. Jh.) **9**, 419

Hamburg, Rauhes Haus **11**, 324

Handwerk, Aufwertung durch die Kirche im 13. Jh. **5**, 830

Häresie, symbolische Darstellung als Füchse **5**, 501

Häretikerverurteilung (14. Jh.) **6**, 318

Heidnisches Spottkreuz **1**, 249

Heilsarmee, Jugendtreffen (1937) **12**, 788

Hellring, Wallfahrt zur hl. Ottilia (17. Jh.) **8**, 1016

Hexenhammer **8**, 1076

Hexentanz (1594) **8**, 1091

Hirtenmotiv **2**, 775
s. auch: Guter Hirte

Hölle **5**, 922

Horoskop (1490) **8**, 1080

Hospital (17. Jh.) **8**, 1070

Hugenotten **9**, 48

I

Ikonen, Wiederaufstellung nach dem Bilderstreit, Fest der Orthodoxie **4**, 168

Index librorum prohibitorum, dt. Ausgabe (1951) **12**, 160

Indianer, Hinrichtung **8**, 796

Indio-Mission **8**, 850

Inka-Heiligtum/Tambomachay (Peru) **8**, 779

Institution of a Christian Man s. Bishop's Book

Iona, Insel **12**, 823

J

Jahangir-Album (Japan, 16. Jh.) **8**, 928

Janitscharen, osmanische Gardetruppe **7**, 11

Jerusalem
byzantinische Epoche **3**, 542
himmlisches **4**, 756
Mosaik von Madaba **2**, 1042
Pilgerankunft **5**, 314

Judenverfolgung
14. Jh. **5**, 763
Spanien (15./16. Jh.) **7**, 391

Jüngstes Gericht
Darstellung (um 800) **4**, 769
Darstellung (1443) **6**, 442
Darstellung Michelangelos **8**, 1201

K

Kaiserpfalz Karls des Großen/Aachen **4**, 709

Kalvarienberge/Frankreich **7**, 247

Kappel, Schlacht (1548), Tod Zwinglis **8**, 427

Katakomben/Rom
Calixtus, Papstkrypta **2**, 186
Domitilla, Hirtenmotiv **2**, 775
Priscilla
Isaias prophezeit die Geburt des Messias aus der Jungfrau **1**, 204
Gang mit Grabnischen **1**, 694

Katharer, Feuertod **5**, 497

Kathedra Petri **5**, 627

Katholische Vereine Deutschlands, Eintrittskarte zur Generalversammlung (1868) **11**, 457

Kirche, Hierarchiepyramide (12. Jh.) **5**, 915

Kirchen
Abteikirche von Melrose/Schottland **6**, 660
Basilica ad mare bei Karthago **2**, 121
Basilika (4./6. Jh.)/Tebessa (Algerien) **3**, 1037
Basilika bei der Säule des Symeon/Qala'at Seman (Syrien) **3**, 716
Basilika zu Fatima **12**, 511
Basilika des Heiligen Kreuzes/Resapha-Sergiupolis **3**, 1145
Bejtang-Kirche/Peking **13**, 627
Beta Maryam/Lalibella (Äthiopien) **4**, 450; **8**, 769
byzantinische Marienkapelle/Ephesus (6./7. Jh.) **3**, 680
Cattolica/Stilo (Italien) **4**, 380
Chora-Kirche/Istanbul, Seitenkapelle **6**, 397
Demetrius/Tessalonich **3**, 669
Dom zu Aquilea (4. Jh.), Mosaik **2**, 135
Dom zu Köln, Wiederaufnahme des Baus (1842) **11**, 302
Dom zu Lund **5**, 332; **12**, 859
Dom zu Trani **4**, 836
Dominikanerkirche/Toulouse **5**, 857
Franziskanerkirche/Quito (Mexiko) **8**, 834
Grabeskirche/Jerusalem **4**, 415; **7**, 267
Hagia Sophia/Konstantinopel **3**, 712
Hagia Sophia/Trapezunt **5**, 719
Himmelfahrtskirche auf dem Ölberg/Jerusalem (seit 1187 Moschee) **4**, 417
Höhlenkirche/Göreme (Kappadokien) **4**, 117
Il Gesù/Rom **8**, 602, 1217
Invalidendom/Paris **9**, 1038
Jesuitenkirche/Quito (Mexiko) **8**, 834
Jesuitenkirche/Tepozotlán (Mexiko) **9**, 646
Johannes-Basilika/Ephesus **3**, 426
Kathedralen
Alcobaça (Portugal) **5**, 303
Baltimore **10**, 500
Canterbury **5**, 105
Chartres **4**, 840
Cuzco (Peru) **8**, 779
Eĵmiacin (Armenien) **4**, 482
Kʽutʽaisi (Georgien) **4**, 560
Santiago de Compostela **9**, 144
Zuartʽnocʽ (Armenien) **4**, 487
Kollegienkirche/Salzburg **9**, 1037
Mariä-Schutz-Kirche/Bogoljubovo (Rußland) **5**, 330
Michaelskapelle/Monte S. Angelo (Apulien) **5**, 311
Notre-Dame/Louviers **7**, 364
Notre-Dame-du-Port/Clermont-Ferrant **4**, 856
Sacré-Cœur/Paris **11**, 492
Schloßkirche/Torgau (evangelisch) **8**, 969
Schloßkirche/Wittenberg **7**, 692
Stabkirchen
Ål (Norwegen) **5**, 712
Fylke Sogn (Norwegen) **5**, 712
Stadtkirche/Freudenstadt (evangelisch) **8**, 973
Stiftskirche/Klosterrath **5**, 428
Taufkirchen s. unter Taufkirchen
Vierzehnheiligen **9**, 1037

Kirchenjahrfeste der Ostkirche **4**, 270

Klöster
Belem/Lissabon, Kreuzgang **7**, 412
Bobbio (Italien) **4**, 618
Chilandari (Athos) **5**, 362
Cluny (Frankreich) **5**, 162
Dreieinigkeits-Sergij-Kloster, Zagorsk (Rußland) **12**, 984
Fountains Abbey (England) **5**, 174
Grande Chartreuse/Grenoble (Frankreich) **5**, 147
Iona, Abtei Columbans (Irland) **12**, 823
Johanneskloster (Patmos) **5**, 17
Jumièges (Frankreich) **4**, 643
Katharinenkloster (Sinai) **4**, 57
Kiev, Höhlenkloster (Rußland) **4**, 951
Maredsous (Belgien) **12**, 659

Meteora (Griechenland) **6**, 195
Mġvime (Georgien) **4**, 566
Pantokrator (Griechenland) **5**, 361
Saint-Denis (Frankreich) **5**, 398
Saint Gilles (Frankreich) **5**, 195
Saint-Pierre/Nevers, Miniatur mit Szene einer Schenkung (Frankreich) **5**, 443
St. Gallen **4**, 703
Svavita, Kloster in der Bukowina (Rumänien) **6**, 259
Symeon-Kloster bei Assuan (Ägypten, 8. Jh.) **4**, 446
Tat'ew (Armenien) **4**, 516
Vatopedi (Athos) **12**, 918
Vézelay (Frankreich) **4**, 862
Voronet (Rumänien) **6**, 251
Wadi Natrum, Deir es-Suriani (Ägypten) **12**, 1018
Windesheim **7**, 228

Konstantinopel
Eroberung durch die Osmanen (1453) **7**, 23
Hippodrom **4**, 68
Personifikation **3**, 554
Plünderung durch Kreuzfahrer (1204) **5**, 773
Theodosianische Stadtmauer (5. Jh.) **3**, 671
Theokotos-Pammakaristos-Kloster **8**, 358
Zisterne, justinianische **3**, 693

Konzilien
Civitavecchia (1241), Überfall Friedrichs II. auf die Konzilsteilnehmer **5**, 681
Ferrara/Florenz (1431–37/49)
Bulle Laetentur Coeli **7**, 19
Erlaß der Unionsbulle **6**, 830
Konstantinopel III. (680/81) **4**, 47
Laterankonzil IV. (1215) **5**, 583
Lyon (1245) **5**, 590
Toledo (633) **4**, 614
Trient (1545–1548, 1551–1552, 1562–1563), Schlußakte **8**, 274
Vatikanisches Konzil, erstes (1869–1870)
Feierlicher Einzug **11**, 29
Verkündigung des Unfehlbarkeitsdogmas **11**, 30

Krakau
Marienkirche, Flügelaltar **7**, 427
Universität, Collegium maius **6**, 802

Kreuz
aus dem 15. Jh. **8**, 724
gemalt von Alfons von Liguori **12**, 452
irische Steinkreuze **4**, 743
koptisches **3**, 516
provozierende Verknüpfung mit einem Soldaten **13**, 514
von 1950 **12**, 171

Kreuzesinschrift, Rekonstruktion **1**, 46

Kreuzigung
Darstellung (um 420) **2**, 737
Darstellung (1611), Rubens **8**, 1220
Darstellung aus dem 8. Jh. **4**, 648

Kreuzweg **6**, 712; **8**, 1051; **12**, 171

Kreuzzug **5**, 447

Kulturkampf, Karikatur zu den Maigesetzen **11**, 647

Kuttenberg (Böhmen), Barbarakirche **7**, 468

L

Labarum **2**, 202, 346

Ländliches Leben, Fußbodenmosaik (1. Jh.) **1**, 624

Lasterbekämpfung (13. Jh.) **5**, 909

Lateinamerika, Titelbild einer Geschichte der Neuen Welt (1730) **9**, 617

Lechfeld, Schlacht (955) **4**, 902

Lepanto, Seeschlacht (1571) **8**, 741

Lisieux, St. Thérèse **12**, 583

Locarno-Vertrag (1925) **12**, 398

Loreto, *Santa Casa* **8**, 598

Lourdes **11**, 190

Löwenjagd **2**, 905

M

Madurai, Minaksi-Tempel **8**, 907

Marienburg an der Nogat **5**, 703

Matera, S. Lucia alle Malve **4**, 383

Mauren, Zwangstaufe **8**, 666

Medici, Ospedale degli Innocenti/Florenz **7**, 287

Medizin, anatomische Vorlesung **8**, 1140

Meeresszenen, Mosaik (um 320) **2**, 135

Mensch zwischen Gnade und Gesetz **5**, 466

Mexiko
- Oaxaca, S. Domingo **8**, 839
- Tucson, S. Xavier del Bac **10**, 87

Mission
- Bibliotheca Missionum **12**, 321
- grotesker Kampf um die Gläubigen im 17. Jh. **9**, 177
- Missionsschwester Scholastika in Assam **11**, 1029

Mithräum, S. Clemente/Rom **2**, 18

Mohács, Schlacht (1526) **7**, 4

N

Nagasaki
- Hinrichtungen von Christen (1597) **8**, 930
- Meßzelebration im 16. Jh. **8**, 921

Nationalversammlung, Eröffnung in der Frankfurter Paulskirche (1848) **11**, 304

Nemanjiden/serbisches Herrscherhaus, Stammbaum **5**, 351

Neu Amsterdam, Siedlung und Siegel **9**, 679

Neues Testament, griechische Erstausgabe **7**, 660

New Mexiko, S. Franziskus **10**, 87

Noyon **8**, 63

Nürnberg, St. Lorenz, Sakramentshaus **7**, 247

O

Ökumenischer Rat der Kirchen, Vollversammlung (1948) **12**, 76

Oranshaltung eines Betenden (3. Jh.) **2**, 753

Orden
- Dominikaner, Urkunde von Paris (1221) **5**, 866
- Franziskaner
  - Hinrichtungen in Nagasaki (1597) **8**, 930
  - Spiritualen vor Papst Cölestin V. **6**, 266
- Jesuiten
  - Diskussion mit islamischen Gelehrten (Indien) **8**, 893
  - Kloster Chandernagor am Ganges **8**, 899
  - Kolleg/München (17. Jh.) **8**, 1110
  - Meßzelebration in Nagasaki (Japan) **8**, 921; **9**, 760
  - Missionare am Hof des siamesischen Königs **8**, 904
  - Vertreibung aus Böhmen und Ungarn (1618) **8**, 631
- Johanniter, Krak des Chevalliers, Festung **5**, 322
- Kanonikerorden **5**, 268

Karmeliten, Bestätigung durch Honorius III. **5**, 848
Kartäuser
Hinrichtungen in England (1535) **8**, 1063
Kartause von Miraflores (Spanien) **6**, 760
Prämonstratenser-Brevier (1507), Titelholzschnitt **5**, 422
Weiße Väter, Missionar im Sudan **11**, 980
Zisterzienser, Oblation durch Schutzmantelmadonna **5**, 525

Ordination, lutherische **9**, 412

P

Päpstliche Erlasse/Verträge
Edikt von Nantes, Widerruf **9**, 128
Exurge Domine, Bannandrohungsbulle gegen Martin Luther **7**, 698
Konkordat zwischen Napoleon und der katholischen Kirche
Allegorische Darstellung **10**, 623
Unterzeichnung **10**, 622
Laetentur Coeli, Bulle des Konzils von Ferrara/Florenz **7**, 19
Wormser Konkordat **5**, 81

Päpstliche Truppen, Kapitulation vor den Truppen des Königreichs Italien (1870) **11**, 447

Papyrusfragment
der Paulusbriefe (3. Jh.) **1**, 91
des Markusevangeliums (3. Jh.) **1**, 202
des Johannesevangeliums in syrischer Schrift (2. Jh.) **1**, 155
mit dem Text der Didache (2. Jh.) **1**, 313
von Röm 8,15–25 in einem Codex der Paulusbriefe (3. Jh.) **1**, 133

Paris, Verletzung der Universitätsprivilegien **6**, 633

Patmos **5**, 17

Petersdom, Confessio unter dem Papstaltar **1**, 176

Plougastel s. Kalvarienberge

Polen
Friedensschluß mit Rußland (1686) **9**, 60
Reichstag im 16. Jh. **8**, 642

Prag, St. Veits-Dom **6**, 794

Prager Fenstersturz **8**, 425

Preußen, Kabinettsorder zu kath. Schulen (1740) **10**, 36

Protestanten, Vertreibung aus Salzburg **9**, 28

Prozessionen
der Ostkirche **4**, 260; **12**, 999
Fronleichnam/Landshut (um 1740) **8**, 1013
Reliquienprozession **7**, 249

Puritaner
Christ Church, Cambridge/Massachusetts **10**, 490
Flucht nach Amerika **9**, 680
Grabmal eines Geistlichen in Marblehead/Massachusetts **10**, 488

Q

Quäker
Landkauf (1681) **9**, 690
Synode **9**, 696

R

Radleuchter, Kloster Komburg **5**, 544

Ravenna
S. Vitale **3**, 710, 726
S. Apollinare in Classe **3**, 783

Reichskristallnacht (1938) **12**, 701

Reiter/Reiterkrieger
asiatischer **3**, 160
byzantinische **4**, 16
fränkischer **3**, 795
sassanidische **4**, 16

Religions- und Zensuredikt, Preußen (1788) **10**, 261

Reliquiare **2**, 685; **5**, 528

Reliquien des Apostels Petrus **1**, 175, 176

Reliquienübergabe **4**, 862

Rheinbund, Ausrufung Napoleons als Schutzherr (1806) **10**, 705

Rom
Quirinalpalast, Besetzung (1848) **11**, 271
S. Carlo alle quattro Fontane **9**, 1048
S. Ivo **9**, 1048
S. Maria della Pace **9**, 1038
S. Pietro
Kathedra Petri **5**, 627
konstantinischer Bau **2**, 682**,** 764; **5**, 624
S. Stefano Rotondo/Rom **3**, 1030
S. Theodoro/Rom **3**, 1030
Sieben-Kirchen-Wallfahrt **7**, 266

Rotationsdruckmaschine **12**, 898

Rouen, St. Maclou **7**, 364

Ruhrgebiet, Besetzung durch franz. Truppen (1923) **12**, 397

Ruine/n
der dreischiffigen Synagoge von Kapharnaum **1**, 351
des röm. Torturms am Beginn der Hauptstraße in Perge **1**, 111

Rußland, Friedensschluß mit Polen (1686) **9**, 60

S

Sacco di Roma **7**, 519

Sakramente
Beichte **5**, 808
Eucharistie **5**, 808
Firmung **5**, 808
reformatorische Darstellung, Flügelaltar von L. Cranach d. Ä. **7**, 735
Taufe
Darstellung aus dem 3. Jh. **2**, 753
in Afrika **11**, 990
symbolische Darstellung **2**, 781

Sansculotten, Flugblatt **10**, 580

Sarkophag
Chrismon (Christusmonogramm), Relief **1**, 49
Christus zwischen Aposteln **2**, 680, 771, 777
eines Bogomilen **5**, 481
frühchristlich, mit Szenen aus der Geburtsgeschichte Jesu **1**, 15
Junius' Bassus (um 360) **2**, 750
mit biblischen Szenen **2**, 738, 751
Stilichos **3**, 706
westgotischer (Spanien) **2**, 957

Satan, Versuchung des hl. Antonius **8**, 1075

Schmalkaldischer Krieg **8**, 392

Schulunterricht (17. Jh.) **9**, 343

Siebenjähriger Krieg, Friede von Hubertusburg (1763) **10**, 42

Siedlung der Essener bei Qumran, Luftbild **1**, 60

Sklaventransport (Afrika, 18. Jh.) **8**, 746

Songe du Vergier, kirchenpolitischer Traktat aus dem 14. Jh. **6**, 487

Sonntag, Allegorie (1859) **11**, 451

Spanien
Bildersturm im Bürgerkrieg (1936–39) **12**, 527
S. Cristina de Lena **4**, 675
S. Miguel de Liño **4**, 675
S. Pedro de la Nave (7. Jh.) **3**, 400

Stadion von Aphrodisias (1. Jh.) **1**, 114

Stauferdynastie **5**, 678

Staurothek, byzantinisches Kreuzreliquiar, Limburger Dom **5**, 528

Straßburg (1645) **8**, 57

Synagoge, gegenüber Ecclesia **5**, 759

Synode, byzantinische (1351) **6**, 177

T

Taufbecken
um 1220 **5**, 544
kreuzförmige
Kélibia/Karthago **2**, 929
Taurus/Kilikien **2**, 1031

Taufkirchen
Djémila (Algerien) **3**, 1022
Ravenna **3**, 1069
S. Severina (Italien) **3**, 1100

Tenochtitlán, Aztken-Hauptstadt **8**, 777

Tetrarchen des römischen Reiches **2**, 176

Teufel s. Satan

Thanet/Kent (14. Jh.) **6**, 656

Theater von Ephesus **1**, 127

Tiara **5**, 250

Tierhetzjagd (6. Jh.) **3**, 422

Totenmahl (3. Jh.)
Mosaikbild (2. Jh.) **1**, 563
Relief (3. Jh.) **2**, 691

Totentanz **6**, 714; **7**, 325

Toulouse, St. Sernin **4**, 857

Trient (1673) **8**, 260

Trier, Heilig-Rock-Wallfahrt **11**, 303

Tugenden, Kampf mit den Lastern **5**, 441

U

Ungarn, Niederschlagen eines Aufstandes durch Rußland (1956) **12**, 430

Universitätsprivilegien, Verletzung in Paris **6**, 633

V

Vendee, Aufstand (1793) **10**, 409

Vereinigte Staaten, Verfassung (1787) **10**, 498

Vézelay, Ste-Madeleine-Kirche **5**, 547

Viterbo, erzbischöflicher Palast **5**, 578

Vulgata, sixtinische Ausgabe **8**, 276

W

Wallfahrende Familie **6**, 419

Wandale, Reiterbild **3**, 269

Washington D. C., Divinity-University **11**, 886

Weiler Waldersbach **10**, 832

Weltkirchenkonferenz für Praktisches Christentum
Oxford (1937) **12**, 67
Stockholm (1925) **12**, 47

Weltkrieg, erster, Engagement der Kirchen **12**, 333

Wiedertäufer
gegnerische Polemik **8**, 175
Hinrichtung **8**, 172
Niederlande **8**, 165

Wikinger/wikingisch
Grabsteine **4**, 731

Portal wikingischer Ornamente **5**, 712

Wolfram-Leuchter **5**, 544

Worms, Reichstag (1521) **7**, 705

Z

Zügelring, westgotischer **3**, 920

Zwei-Schwerter-Lehre **5**, 593

Geordnet nach Personen

A

Abaelard, Grabplatte **5**, 208

Abraham, koptischer Bischof **4**, 438

Abraham a Santa Clara s. Mägerle, Johann Ulrich

Adam, Karl **12**, 199

Adams, Samuel **10**, 492

Agilbert, Bischof von Dorchester, Sarkophag **4**, 639

Agnes
Martyrium **8**, 1214
Porträt **4**, 627

Agricola, Georg, Werk: De Re Metallica Libri **7**, 503

Akbar, indischer Großmogul **8**, 893

Albertus Magnus **5**, 878

Albrecht von Brandenburg **7**, 180

Alegre de Casanate, Marco Antonio, Werk: Paradisus Carmelitici Decoris **8**, 1045

Aleksij, Patriarch von Moskau **12**, 999

Alexander I., russischer Zar, Abschluß der Heiligen Allianz **10**, 818

Alfons XIII., spanischer König **12**, 517

Alfrink, Jan Bernhard Kardinal **12**, 642

Alkuin **4**, 759

Allende, Salvador **13**, 499

Anno, Erzbischof von Köln, Miniatur (12. Jh.) **5**, 41

Anselm von Canterbury **5**, 103

Antichrist **7**, 301

Antonelli, Giacomo, Kardinalstaatssekretär **11**, 23

Antonin von Florenz **6**, 484

Antonius, Wüstenvater
Porträt **2**, 821
Versuchung **8**, 1075

Antonius von Padua **8**, 753

Apostel
disputierende **6**, 290
mit Christus **2**, 680, 771, 777, 910

Aradius, Augustus unter Theodosius, byzantinische Silberplatte **2**, 450

Armellini, Carlo **11**, 449

Arnauld, Antoine **8**, 631

Arnold, Franz Xaver **12**, 199

Athanasios, Stifter der Metora-Klöster **6**, 195

Athanasios vom Athos **4**, 285

Athenagoras, Ökumenischer Patriarch von Istanbul **12**, 1020

Augustinus, Erzbischof von Canterbury **4**, 623

Augustinus von Hippo **3**, 454, 977; **5**, 150

B

Balfour, Arthur James **12**, 916

Balthasar, Hans Urs von **12**, 236

Baronius, Caesar Kardinal **8**, 296

Barth, Karl
Porträt **12**, 98
Werk: Die Lehre vom Wort Gottes **12**, 98

Basilius der Große **3**, 454

Bassi, Ugo, Hinrichtung **11**, 270

Bea, Augustin Kardinal **12**, 55; **13**, 68

Beatus Rhenanus
Porträt **7**, 225
Werk: Rerum germanicarum libri tres **7**, 225

Beauduin, Lambert **12**, 661

Bell, George Kennedy Allen **12**, 826

Bellarmin, Robert Kardinal **8**, 296

Belo, Bischof von Ostimor **13**, 638

Benedikt von Nursia **3**, 998

Berggrav, Eivind **12**, 352

Bernanos, Georges **12**, 165

Bernardin von Siena **6**, 375

Bernhard von Clairvaux **5**, 169, 415

Bérulle, Pierre de **8**, 516

Bessarion, Kardinal **7**, 51

Bethmann Hollweg, Theobald von **12**, 387

Beza, Theodor von
Porträt **8**, 115
Tabula praedestinationis **8**, 117

Birgitta von Schweden **6**, 800

Bismarck, Otto Fürst von
im preußischen Landtag **11**, 456
mit Leo XIII., Karikatur des Streits um die Karolinen-Inseln **11**, 464
mit Pius IX., Karikatur des Kulturkampfes **11**, 455
Porträt **11**, 646

Blasios **4**, 58

Blervacque, Julien **12**, 604

Blondel, Maurice **12**, 226

Bodelschwingh, Friedrich von **11**, 325

Bodenstein, Andreas, gen. Karlstadt **7**, 811

Boegner, Marc **12**, 76, 305

Boethius, Anicius Manlius Severinus **3**, 320

Boff, Leonardo **13**, 506

Böhme, Jakob **8**, 1059; **9**, 878

Boleyn, Anna **8**, 195

Bolívar, Simón **10**, 784

Bonaventura
Aufbahrung **6**, 9
Porträt **5**, 884

Bonhoeffer, Dietrich **12**, 359

Bonifatius
Bischofsstab **4**, 664
Lebensszenen **4**, 659
Ragyndrudis-Codex **4**, 664

Booth, William **11**, 238

Borgia
Cesare **7**, 96
Lucrezia **7**, 96

Borromäus, Karl **8**, 414

Bosco, Giovanni Don **11**, 603

Boso, Schüler Anselms von Canterbury **5**, 103

Bouillard, Henri **12**, 193

Bourdaloue, Louis **9**, 991

Brahe, Tycho **8**, 1144

Brant, Sebastian, Werk: Narrenschiff **7**, 151

Brunner, Emil **12**, 113

Bruno, Giordano
Eintrag über die Hinrichtung **8**, 1154
Porträt **8**, 588

Bruno von Köln, Gründer des Karthäuserordens **5**, 145

Brust, August **11**, 650

Bucer, Martin **7**, 796; **8**, 58

Bugenhagen, Johannes **7**, 735

Bullinger, Heinrich **8**, 104

Bultmann, Rudolf **12**, 121

C

Cajetan, Thomas de Vio **7**, 696

Caldwell, Mary Gwendolin **11**, 886

Calvin, Johann
Brief an Michel Varro **8**, 68
Genfer Kirchenordnung von 1609 **8**, 77
Porträt **8**, 65
Werke:
Christianae Religionis Institutio **8**, 48
Katechismus **8**, 89

Câmara, Helder **13**, 495

Candidus, Kopfreliquiar **5**, 528

Canisius, Petrus
Porträt **8**, 414
Werk: Summa doctrinae christianae **8**, 997

Cardijn, Josef **12**, 661

Caretto, Carlo **12**, 491, 498

Cassidy, Edward Kardinal, Erklärung zur Rechtfertigungslehre (1999) **13**, 140

Cerejeira, Manuel Kardinal Gonçalves **12**, 503

Chateaubriand, François René Vicomte de **10**, 806

Chesterton, Gilbert Keith **12**, 801

Chlodwig, Frankenkönig, Taufe **3**, 363; **4**, 604

Chosrau I. Anuširvan, persischer König **3**, 1168

Chosrau II., persischer König **4**, 16

Christophorus, Holzschnitt von Baldung Grien **7**, 282

Christus
Abstieg zur Erde, Miniatur (10. Jh.) **4**, 742
Anführer der Kreuzzüge **5**, 447
Darstellung aus dem 7. Jh. **4**, 30
Darstellungen aus dem 20. Jh. **12**, 158
Gesetzesübergabe an Petrus und Paulus **2**, 889
Guter Hirt, Grabplatte in San Lorenzo, Rom **1**, 380
Helios (3. Jh.) **2**, 744
japanische Darstellung **8**, 928; **9**, 760
jugendlicher Sieger **3**, 723
krönt die Heiligen Timotheus und Sixtus **1**, 282
Lehrender **2**, 759, 884; **4**, 209
Schlüsselübergabe an Petrus **2**, 902
Schmerzensmann **7**, 275 (Andachtsbild); **8**, 724
Sieger über den Tod, fränkische Darstellung (7. Jh.) **3**, 369
Szenen aus seinem Leben **2**, 736, 1052; **4**, 836
Thronender **2**, 764; **3**, 725; **5**, 512
und die 12 Apostel, Wandbild (3. Jh.) **1**, 36
Verehrung durch Leon VI. **4**, 61
Weltenrichter **4**, 858
zwischen den Buchstaben Alpha und Omega (um 430) **1**, 300
zwischen Petrus und Paulus **2**, 915

zwischen zwei Engeln (germanisch) **3**, 852
s. auch: Biblische Szenen

Claudianus, Erzdiakon von Parentium (Istrien) **3**, 1024

Claver, Pedro **8**, 767

Coligny, Gaspard **8**, 483

Colonna, Francesco, Werk: Hypnerotomachia Poliphili **7**, 643

Columban
Reisereliquiar **4**, 632
Sarkophag **4**, 618
s. auch: Iona

Congar, Yves M.-J. **12**, 179

Consalvi, Ercole, Kardinalstaatssekretär
Porträt **10**, 657
Unterzeichung des Konkordats mit Napoleon **10**, 622

Cortés, Hernán
Gespräch mit dem Aztekenkaiser Moctezuma **8**, 777
Porträt **8**, 776

Cotta, Antoine **12**, 307

Cranmer, Thomas, Vorbereitung seiner Hinrichtung (die drei Märtyrer von Oxford) **8**, 225

Crespin, Jean, Werk: Buch der Martyrer **8**, 1063

Cromwell, Oliver **9**, 100

Cromwell, Thomas **8**, 201

Curcio, Dante **12**, 359

Curione, Celio Secundo **8**, 576

Cuthbert, Bischof von Lindisfarne **4**, 672

Cyrill, Apostel der Slaven **4**, 198

D

Daniélou, Jean **12**, 193

Darboy, Georges, Hinrichtung **11**, 453

Day, Dorothy **12**, 1110

Delbrêl, Madeleine **12**, 250

Delp, Alfred **12**, 721

Demetrios, Mosaik mit Stiftern **4**, 12

Descartes, René, Werk: Discours de la methode **9**, 933

Dewey, John **12**, 1045

Dibelius, Otto **12**, 729

Diego von Alcalá **8**, 676

Dollfuß, Engelbert **12**, 757

Döllinger, Ignaz von **11**, 308

Dominikus, Übergabe der Ordensregel an Honorius III. **5**, 839

Döpfner, Julius Kardinal **13**, 363

Drake, Sir Francis **8**, 860

Droste zu Vischering, Clemens August **11**, 299

Dunstan, Erzbischof von Canterbury **4**, 672

Duval, Aimé **12**, 578

E

Echter, Julius **8**, 287

Eck, Johannes
Porträt **7**, 696; **8**, 393
Spottbild **7**, 720; **8**, 313

Edmund von Abingdon, Erzbischof von Canterbury **6**, 666

Erasmus von Rotterdam
erste Ausgabe des griechischen Neuen Testaments **7**, 660

Porträt **7**, 626
Werke:
De libero arbitrio **7**, 861
Encomium moriae **7**, 217
Enchiridion **7**, 321

Erzberger, Matthias **12**, 387

Ethelbert von Kent, englischer König, Taufe **4**, 623

Euphrasius, Bischof von Parentium (Istrien) **3**, 1024

Euphrasius, Sohn des Erzdiakons von Parentium **3**, 1024

F

Faulhaber, Michael Kardinal **12**, 35

Fausta, Gattin Konstantins des Großen **2**, 320

Fénelon, François de Salignac de la Mothe **9**, 377

Ferdinand I., deutscher König: in der Familie Kaiser Maximilians I. **7**, 309

Ferdinand II., deutscher Kaiser **9**, 41

Ferdinand VII., König von Aragón, Einzug in Granada (1492) **7**, 386

Fernando, Herzog von Alba **8**, 485

Ferrer s. Vinzenz Ferrer

Ficino, Marsilio **7**, 508

Fisher, Geoffrey F. **12**, 76

Fisher, John **8**, 204

Fleming, Paul **9**, 1063

Fleury, Kardinal **9**, 166

Fliedner, Theodor **11**, 322

Florentina, Schwester Isidors von Sevilla **4**, 614

Florovskij, Georgij **12**, 305

Foster-Dulles, John **12**, 367

Foucauld, Charles de **12**, 250

Francke, August Hermann
Armenschule/Halle **9**, 419
Porträt **9**, 419

Franco, Francisco **12**, 528

Frank, Anne **12**, 644

Franz I., französischer König
mit Clemens VII. **7**, 343
Porträt **7**, 140, 870; **8**, 452

Franz II., Kaiser des Heiligen Römischen Reiches Deutscher Nation (später Franz I., österreichischer König) **10**, 665

Franz von Sales
Unterschrift **8**, 336
Werk: Anleitung zum frommen Leben **8**, 1055

Franz Xaver, Grab in Goa **8**, 882

Franziskus
Bruch mit seinem Vater **5**, 835
Predigt vor Honorius III. **5**, 817

Frei, Eduardo **13**, 499

Friedrich II. der Große, preußischer König **10**, 42

Friedrich V., böhmischer König **9**, 41

Friedrich der Weise, sächsischer Kurfürst, Traum zum Thesenanschlag Luthers **7**, 693

Friedrich Wilhelm III., preußischer König
Abschluß der Heiligen Allianz **10**, 818
Porträt **11**, 299

Friedrich Wilhelm von Brandenburg, Kurfürst **9**, 47

Froben, Johann **7**, 626

Fu Tieschan, Michael, Kirchweihe in Peking **13**, 627

Fugger, Jakob **7**, 307
Fuggerei in Augsburg **7**, 287
Porträt **8**, 1183

Fulbert von Chartres **4**, 840

Fulgsang-Damgaard, H. **12**, 305

Fumasoni-Biondi, P. **12**, 306

G

Gagik I. Bagratuni, armenischer König **4**, 530

Galen, Clemens August Kardinal Graf von **12**, 698

Galilei, Galileo, Werk: Dialogus **8**, 1154

Galla Placidia
Mausoleum/Ravenna **3**, 1103
Porträt **3**, 74

Gasparri, Pietro, Kardinalstaatssekretär
Porträt **12**, 5
Unterzeichnung der Lateranverträge **12**, 468

Gasperi, Alcide De **12**, 478

Gedda, Luigi **12**, 498

Geiler von Kaysersberg, Johannes
Deutsche Ausgabe des Werks Ars moriendi **7**, 244
Porträt **7**, 143
Werk: Das Schiff des Heils **7**, 144

Gemelli, Agostino **12**, 460

Gennadios, Patriarch von Konstantinopel, Begegnung mit dem Eroberer Mehmed II. **7**, 26

Georg **6**, 753

Georg III., englischer König **10**, 487

Georg von Podiebrad, böhmischer König, Siegel **7**, 467

Georgios **4**, 58

Gerhard, Graf von Vienne **4**, 862

Gerhard, Paul **9**, 416

Germanos, Patriarch von Konstantinopel (9. Jh.) **4**, 126

Germanos V., Patriarch von Konstantinopel (1948) **12**, 76

Gerson, Jean
als Prediger **6**, 361
Werk: Ars moriendi **7**, 244

Gibbons, James Kardinal **11**, 884

Gide, André **12**, 161

Gilli, Mario **12**, 359

Gilson, Étienne **12**, 203

Gioberti, Vincenzo **11**, 269

Gogarten, Friedrich **12**, 113

Gomá, Isidro Kardinal Tomás **12**, 528

Görres, Joseph von **10**, 708; **11**, 297

Graham, Billy **12**, 814

Granvelle, Antoine Kardinal Perrenot de **8**, 588

Greene, Graham **12**, 801

Gregor der Erleuchter **4**, 475

Gregor von Nazianz **3**, 454

Gromyko, Andrej, mit Paul VI. **13**, 304

Gropper, Johannes Kardinal **8**, 272

Groß-Chān von Cathay **6**, 879

Grotius, Hugo, Werk: De jure belli ac pacis **9**, 933

Gronès, Henri-A. s. Pierre, Abbé

Gualbert, Abt von Vallombrosa **5**, 453

Guardini, Romano **12**, 224

Gustav I. Wasa, schwedischer König
8, 441

Gustav II. Adolf, schwedischer König
Dreißigjähriger Krieg **9**, 43
Porträt **8**, 441; **9**, 65

H

Hananias, Tod **6**, 681

Händel, Georg Friedrich **9**, 1084

Harnack, Adolf von **11**, 381

Hedwig, Königin von Polen, Grabmal
6, 782

Heer, Friedrich **12**, 764

Hefele, Karl Josef von **11**, 305

Hegel, Georg Wilhelm Friedrich **11**, 94

Heidegger, Martin **12**, 206

Heinrich, Herzog von Schlesien **5**, 704

Heinrich II., französischer König **8**, 475

Heinrich IV., französischer König, Abschwörung **8**, 508

Heinrich VIII., englischer König
Porträt **8**, 195
Werk: Assertio Septem Sacramentorum **7**, 865

Heinrich Institoris, Werk: Malleus maleficarum **8**, 1076

Helena, Mutter Konstantins des Großen
Familienporträt **2**, 320
Sarkophag **2**, 233

Heloise, Ordensfrau, Grabplatte **5**, 208

Henríquez, Raúl Kardinal Silva **13**, 517

Heribert, Erzbischof von Köln **4**, 811

Hertling, Georg Freiherr von **11**, 652

Hieronymus **3**, 977

Hildegard von Bingen, Werk: Liber divinorum operum **5**, 466

Hinsley, Arthur Kardinal **12**, 839

Hirscher, Johann Baptist **11**, 305

Hitler, Adolf
Nürnberger Parteitag (1934) **12**, 714
Treffen mit Ante Pavelič **12**, 905

Hitze, Franz **11**, 649

Hlond, August Kardinal **12**, 880

Hoffman, Melchior **8**, 130

Hohenheim, Theophrast von **8**, 1133

Hosius, Stanislaus **8**, 645

Hrabanus Maurus **4**, 759

Hromádka, Josef L. **12**, 367

Huber, Lorenz **11**, 650

Hugo, Bischof von Grenoble **5**, 145

Hus, Jan **6**, 283

Hut, Hans **8**, 130

Hutten, Ulrich von **7**, 616

I

Ignatius von Loyola
Erlaubnis zur Errichtung des Collegiums Romanum von Julius III. **8**, 281
Gelöbnis in Paris (1534) **8**, 249
Gründungsurkunde des Ordens
8, 678
Porträt **8**, 678
Werk: Exercitia spiritualia **8**, 672

Innitzer, Theodor Kardinal **12**, 758, 888

Isabella, Königin von Kastilien, Einzug in Granada (1492) **7**, 386

Isidor von Sevilla **4**, 614

Ivan IV., der Schreckliche, russischer Zar **7**, 65

J

Jacobus de Voragine **6**, 357

Jaime I. von Aragón **6**, 9

Jakob I., englischer König (als Kind) **8**, 538

Jakobus
- Jakobus-Pilger **7**, 267
- Werk: Liber Sancti Jacobi **5**, 301

Jansen, Cornelius **9**, 351

Janssen, Arnold **11**, 556

Jaspers, Karl **12**, 206

Jeanne d'Arc **6**, 636; **12**, 564

Joannes von Damaskus **4**, 126

Joasaph, Stifter der Meteora-Klöster **6**, 195

Johanna Franziska von Chantal **8**, 1059

Johannes Cassianus, Werk: De Institutis Coenobiorum **7**, 80

Johannes Chrysostomus **3**, 454, 552

Johannes der Täufer **4**, 475

Johannes Klimakos, Abt des Sinai-Klosters **4**, 58

Johannes vom Kreuz
- Andachtsbild **8**, 1051
- Handschrift **8**, 1051
- Porträt **8**, 694

Jong, Jan Kardinal de **12**, 642

Joseph II., byzantinischer Patriarch **6**, 187

Joseph II., österreichischer Kaiser, Treffen mit Pius VI. (1782) **10**, 23

Justinian, Patriarch der Rumänischen Orthodoxen Kirche **12**, 1010

Jungmann, Josef Andreas **12**, 224

Junius, Bassus, Sarkophag **2**, 750

K

Kaiser/innen
- byzantinische
  - Alexios, Sohn und Mitkaiser Joannes II. Komnenos, Krönung durch Christus **5**, 724
  - Alexios I. Komnenos **5**, 26
  - Basileios II. **4**, 946
  - Herakleios **4**, 10
  - Herakleios Konstantin **4**, 10
  - Irene **5**, 385
  - Joannes II. Komnenos
    - Krönung durch Christus **5**, 724
    - Porträt **5**, 385
  - Joannes VI. Kantakuzenos **6**, 177
  - Joannes VIII. Palaiologos, Treffen mit Papst Eugen IV. **6**, 829
  - Justinian II. **4**, 30
  - Konstantin IV. **4**, 47
  - Konstantin V. **4**, 29
  - Leon III. **4**, 29
  - Leon IV. **4**, 29
  - Leon V. **4**, 149
  - Leon VI. **4**, 61
  - Michael II. **4**, 152
  - Michael III. **4**, 168
  - Nikephoros III. Botaneiates **5**, 724
  - Phokas I. **4**, 5
  - Theodora **4**, 168
  - Theodosios **4**, 68
  - Theophilos **4**, 152
- deutsche
  - Friedrich I. Barbarossa **5**, 678
  - Friedrich II. **5**, 681
  - Friedrich III., Krönung **7**, 74
  - Heinrich II.
    - Krönung durch Christus **4**, 842
    - Porträt **4**, 811
  - Heinrich IV. **5**, 112
  - Heinrich V., Empfang der kaiserlichen Insignien von Paschalis II. **5**, 656
  - Karl IV.
    - Begegnung mit Karl V. **6**, 690
    - Krönung **6**, 589

Karl V.
Begegnung mit Karl IV. **6**, 690
mit Clemens VII. **7**, 343
Porträt **7**, 309; **8**, 393, 706
Karl der Große
Kaiserpfalz **4**, 709
Porträt **4**, 687, 689, 710
Konrad IV. **5**, 678
Maximilian I. mit Familie **7**, 309
Otto III., Kaiserkrönung **4**, 828
Sig(is)mund
Porträt **6**, 695
Vision **7**, 315
römische
Constantius Chlorus **2**, 176
Decius **2**, 158
Diokletian **2**, 175, 176
Galerius
Porträt **2**, 176
Triumphbogen/Saloniki **2**, 178
Julian Apostata **2**, 399
Justinian I. **3**, 432
Konstans **2**, 346
Konstantin I. der Große
Bekrönung durch Gottes Hand **2**, 196
Labarum **2**, 202
Porträt **2**, 194, 195, 320
Schlacht an der Milvischen Brücke **2**, 200
Triumphbogen/Rom **2**, 200, 201
Konstantin II. **2**, 320, 352
Maximian **2**, 176
Nero **1**, 232
Theodosius I. **2**, 450
Valerianus **2**, 168

Kamillus **8**, 1069

Kant, Immanuel
Porträt **10**, 256
Werk: Kritik der reinen Vernunft **10**, 256

Karl I., englischer König
Hinrichtung (1649) **9**, 97
Porträt **9**, 89

Karl II., englischer König **9**, 89

Karl XII., schwedischer König **9**, 66

Karl von Anjou, Bestätigung als König von Sizilien **6**, 577

Kaspar, Karol Kardinal **12**, 888

Kastriota, Georg **7**, 81

Katharina von Aragón **8**, 195

Katharina von Siena **6**, 519

Kennedy, John F., Vereidigung **12**, 1032

Ketteler, Wilhelm Emmanuel Freiherr von **11**, 308

King, Martin Luther **13**, 134

Klemens von Ochrid, Missionar **4**, 934

Knipperdolling, Bernd **8**, 139

Knox, Roland Arbuthnott **12**, 826

Koechlin, Alphonse **12**, 305

Kolping, Adolf **11**, 307

Kolumbus, Christopher, Entdeckung Amerikas, Holzschnitt **7**, 596

König, Franz Kardinal **12**, 764

Konrad, Herzog von Masovien/Polen, Siegel **5**, 702

Kopp, Georg Kardinal **11**, 463

Krause, Christian, Erklärung zur Rechtfertigungslehre (1999) **13**, 140

Krebs, Engelbert **12**, 219

Krispus, Sohn Konstantins des Großen **2**, 320

Krum, bulgarischer Khan **4**, 149

Kublai Chān, chinesischer Kaiser, Empfang von Papstbriefen (1271), überbracht durch Nicolò und Marco Polo, Miniatur (14. Jh.) **5**, 793

Küng, Hans **13**, 159

Kunigunde, Gattin Heinrichs II.
Gottesurteil **5**, 533
Porträt **4**, 842

Künneth, Walter **12**, 745

L

Lacordaire, Henri Dominique **11**, 16

Lamartine, Alphonse de **10**, 806

Lamennais, Hugues Félicité Robert de **10**, 852; **11**, 16

Lang, Cosmo Gordon **12**, 67

Lasso, Orlando di **8**, 1240

Latimer, Hugh, Vorbereitung seiner Hinrichtung (die drei Märtyrer von Oxford) **8**, 225

Lebbe, Vincent **12**, 307

Leclercq, Jacques **12**, 662

Lefebvre, Marcel **13**, 117

Lessing, Gotthold Ephraim **10**, 257

Liegnitz, Schlacht (1241) **5**, 704

Liguori, Alfons von
Porträt **9**, 311; **12**, 452
von ihm gemaltes Kreuz **12**, 452

Leiden, Jan van **8**, 139

Loew, Jacques **12**, 610

Lombardi, Ricardo **12**, 491

Lortz, Joseph **12**, 203

Louis Philippe, französischer König **10**, 807

Lubac, Henri de **12**, 236

Ludolph von Sachsen, Werk: Leben Christi **7**, 233

Ludwig XI., französischer König **7**, 294

Ludwig XVI., französischer König
Enthauptung **10**, 356
Porträt **10**, 355

Ludwig der Bayer, Grabplatte **6**, 688

Ludwig von Anjou, Erzbischof von Toulouse **6**, 586

Ludwig von Granada (Luis Sarria) **8**, 242

Lull, Ramón **6**, 880

Luther, Martin
Bibelübersetzung **7**, 243
Junker Jörg **7**, 735
Kanzel/Wittenberg **8**, 978
Karikatur **7**, 852
Liedtext **7**, 708
Lithographie zur Erinnerung an den 400. Geburtstag **11**, 671
Porträt **8**, 978
Reichstag zu Worms (1521) **7**, 705
Werke:
An den christlichen Adel deutscher Nation **7**, 701
De servo arbitrio **7**, 861
Ein Sermon von dem hochwirdigen Sacrament des heyligen **8**, 24
Eine Stellungnahme zum Abendmahl **7**, 701
Kleiner Katechismus **7**, 726; **8**, 19, 997
Von der babylonischen Gefangenschaft der Kirche **7**, 702
Wider die räuberischen und mörderischen Rotten der Bauern **7**, 738

M

Mägerle, Johann Ulrich **9**, 991

Major, Georg **8**, 8

Makarios III., Erzbischof von Zypern **12**, 1010

Mallinckrodt, Hermann von **11**, 648

Maltarello, Agostino **12**, 498

Manning, Henry Edward Kardinal, Karikatur zum Eingriff im Dockarbeiterstreik **11**, 570

Manutius, Aldus **7**, 643

Mar Isai Simon XXIII., Patriarch der nestorianischen Kirche **12**, 1020

Marahrens, August **12**, 719

Marcel, Gabriel **12**, 165

Marco Polo, Übergabe von Papstbriefen an den chinesischen Kaiser **5**, 793

Maréchal, Joseph **12**, 226

Maria/Gottesmutter
- Eleusa, Ikone **6**, 250
- Gnadenbild von Guadalupe **12**, 1177
- Heimsuchung **8**, 1036
- Hodegetria, Ikone **6**, 250
- Krönung **5**, 932
- Marienschrein **5**, 528
- mit Kind **4**, 116, 447, 448, 818; **5**, 933
- Platytera, Marmorrelief **4**, 21
- Porträt **3**, 516
- Rosenkranzmadonna **7**, 280
- Schutzmantelmadonna **5**, 525; **6**, 428; **7**, 282
- Szenen aus ihrem Leben **2**, 736; **7**, 427

Maria Magdalena, Übergabe ihrer Reliquie an den Abt von Vézelay **4**, 862

Maria Stuart, schottische Königin **8**, 538

Maria Theresia, österreichische Kaiserin **10**, 42

Maria Tudor, englische Königin **8**, 222

Maria von Burgund, Gattin Maximilians I. **7**, 309

Marie Antoinette, Gattin Ludwigs XVI. **10**, 355

Maritain, Jacques **12**, 179

Martha, nubische Königin **4**, 448

Martin, Konrad, Bischof von Paderborn, Märtyrer des Kulturkampfs **11**, 456

Mathilde, Marktgräfin von Tuszien **5**, 103

Matthäus, Evangelist **4**, 742

Matthijs, Jan **8**, 137

Mauriac, François **12**, 164

Maximilian I., Kaiser **7**, 309

Maximilian I. von Bayern, Reichsfürst **9**, 45

Maximos IV. Saïgh, melkitischer Patriarch, mit Johannes XXIII. **13**, 22

Maximos der Grieche **7**, 63

Mazarin, Jules Kardinal **9**, 123

Mazzini, Giuseppe **11**, 269, 449

Medici
- Cosimo de' **7**, 93
- Katharina von **8**, 475
- Lorenzo il Magnifico de' **7**, 93

Mehmed II. Fatih, osmanischer Sultan **7**, 11, 26

Meiser, Hans **12**, 719, 729

Mélac, Graf von **9**, 49

Melanchthon, Philipp **7**, 735; **8**, 10

Mendelssohn, Moses **10**, 257

Mercier, Désiré Kardinal **12**, 650

Merici, Angela **8**, 605

Merton, Thomas **12**, 1110

Methodios der Bekenner **4**, 165

Methodius, Apostel der Slaven **4**, 198

Metternich, Clemens Wenzel Lothar Fürst von **10**, 665

Michael, Erzengel **6**, 442

Michael I. Kerullarios, Patriarch von Konstantinopel **5**, 374

Mindszenty, Joseph Kardinal **12**, 906

Moctezuma, Azteken-Kaiser **8**, 777

Möhler, Johann Adam **11**, 297

Moltke, Helmuth J. Graf von **12**, 721

Monod, Wilfred **12**, 340

Montalembert, Charles Comte de **11**, 183

Monteverdi, Claudio **8**, 1240

Morus, Sir Thomas
mit seiner Familie **7**, 628
Porträt **8**, 204
Werk: Utopia **7**, 629

Mott, John R. **12**, 76, 305

Müller, Ludwig **12**, 714

Mun, Albert Comte de **11**, 476

Müntzer, Thomas, Werk: Ausgedrückte Entblößung des falschen Glaubens **7**, 817

Murner, Thomas
Disput mit Wimpfeling **7**, 636
Porträt **7**, 148
Spottbild **7**, 720; **8**, 313
Werk: Von dem großen lutherischen Narren **7**, 148, 328

Mussolini, Benito, Unterzeichnung der Lateranverträge **12**, 468

Muth, Carl **11**, 653

N

Napoleon
Ausrufung zum Schutzherr der Rheinbundes (1806) **10**, 705
Einzug in Berlin (1806) **10**, 634
Konkordat mit der katholischen Kirche (1801) **10**, 622, 623

Naum von Ochrid, Missionar **4**, 934

Nebrija, Antonio de **7**, 389

Nell-Breuning, Oswald von **12**, 29

Neri, Filippo **8**, 600

Newman, John Henry Kardinal **11**, 228

Niebuhr, H. Richard **12**, 1081

Niebuhr, Reinhold **12**, 1081

Niemöller, Martin **12**, 361

Nigris, Sekretär des päpstlichen Werkes der Glaubensverbreitung **12**, 306

Nikephoros I., Patriarch von Konstantinopel **4**, 149

Nikolaj, Metropolit von Kiev **12**, 977

Nikolaus, Szene aus dem Leben des Heiligen, Gemälde von Fra Angelico **6**, 529

Nikolaus I., russischer Zar **11**, 758

Nikolaus von der Flüe, Betrachtungstafel und Porträt **7**, 289

Nikolaus von Kues
Grabrelief **6**, 707
Porträt **7**, 135

Nikon Metanoites **4**, 348

Norbert von Xanten, Gründer des Prämonstratenserordens **5**, 422

Nygren, Anders **12**, 859

O

Oberlin, Johann Friedrich **10**, 832

Oekolampad, Johannes **7**, 795

Olaf der Heilige, König von Norwegen **4**, 910; **5**, 341

Olearius, Adam, Werk: Moscowitische und Persianische Reisebeschreibungen **9**, 935

Opitz, Martin **9**, 1063

Oraison, Marc **12**, 150

Orgaz, Graf, Gemälde seines Begräbnisses, von El Greco **8**, 1211

Osuna, Francisco de, Werk: Abecedario espiritual **8**, 1049

Otgar, Erzbischof von Mainz **4**, 759

Ottaviani, Alfredo Kardinal **12**, 183

Ottokar Přzemysl, böhmischer König **5**, 692

Ozanam, Antoine-Frédéric **11**, 183

P

Pacelli, Eugenio
- Kardinalstaatssekretär, Unterzeichnung des Reichskonkordats (1933) **12**, 692
- Nuntius, in einem Kriegsgefangenenlager **12**, 333
- s. auch: Pius XII.

Palestrina, Giovanni Pierluigi da **8**, 1235

Papen, Franz von, Unterzeichnung des Reichskonkordats (1933) **12**, 692

Papstspottbilder (Reformation) **7**, 727; **8**, 334

Päpste
- Alexander VI. **7**, 84
- Benedikt XV. **12**, 5
- Bonifaz VIII. **6**, 42
- Calixt II. **5**, 187
- Clemens IV., Bestätigung Karls von Anjou **6**, 577
- Clemens VII.
  - mit Franz I. **7**, 343
  - mit Karl V. **7**, 343
  - Sacco di Roma **7**, 519
- Clemens IX. **9**, 218
- Clemens XI. **9**, 380
- Clemens XII., Bulle: In eminenti **10**, 215
- Clemens XIV., Auflösung des Jesuitenordens (1773) **10**, 172
- Cölestin V. **6**, 266
- Eugen IV., Treffen mit Joannes VIII. Palaiologos **6**, 829
- Gregor VII. **5**, 112
- Gregor IX. **5**, 561
- Gregor X. **6**, 9
  - Grabmal **6**, 3
- Gregor XIII.
  - Medaille **8**, 281
  - Porträt **8**, 277
- Gregor XVI.
  - Enzyklika: Mirari vos **11**, 11
  - Verhandlungen mit Zar Nikolaus I. **11**, 758
  - Werk: Triumph des Heiligen Stuhls **11**, 11
- Gregor der Große
  - Begräbnis **3**, 901
  - Erscheinung Christi während einer Meßfeier **5**, 814
  - Porträt **3**, 454
- Hadrian I., Epitaph **4**, 136
- Honorius I. **4**, 627
- Honorius III.
  - Bestätigung des Karmeliterordens **5**, 848
  - Empfang der Ordensregel des Dominikus **5**, 839
  - Predigt des hl. Franziskus **5**, 817
- Innozenz III. **5**, 561
- Innozenz IV. **5**, 590
- Innozenz VIII. **7**, 84
- Innozenz X. **9**, 217
- Innozenz XI. **9**, 219
- Innozenz XII. **9**, 219
- Johannes XXIII., Flucht aus Konstanz (15. Jh.) **6**, 98
- Johannes XXIII.
  - mit 15 Missionsbischöfen **13**, 329
  - mit dem Patriarchen Maximos IV. **13**, 22
  - Spendung des Segens urbi et orbi **13**, 6
  - Unterzeichnung der Konzilsbulle **13**, 8
- Johannes Paul I., Treuegelöbnis von Kardinal Wojtyla **13**, 120

Johannes Paul II.
Pastoralreise in Deutschland **13**, 125
s. auch: Wojtyla, Karol Kardinal
Julius II. **7**, 133
Julius III. **8**, 281
Leo III. **4**, 710
Leo IV. **4**, 713
Leo IX., Bulle **5**, 91
Leo X.
Porträt **7**, 140
Spottbild **7**, 720; **8**, 313
Leo XIII.
Audienz Wilhelms II. **11**, 465
Enzyklika: Rerum Novarum **11**, 478
mit Bismarck, Karikatur des Streits um die Karolinen-Inseln **11**, 464
Porträt **11**, 460
Martin V.
als Einiger der abendländischen Kirche **6**, 102
Einsetzung **6**, 33
Nikolaus V. **7**, 74
Paschalis II.
Bulle **5**, 76
Übergabe der kaiserlichen Insignien an Heinrich V. **5**, 656
Paul IV. **8**, 277
Paul VI.
Begegnung mit dem Primas der englischen Kirche **12**, 814; **13**, 138
mit dem sowjetischen Außenminister Andrej Gromyko **13**, 304
Rede vor der UNO (1965) **13**, 112
Pius II. **7**, 79
Pius VI.
Ausweisung aus Rom (1798) **10**, 454
Porträt **10**, 454
Treffen mit Joseph II. (1782) **10**, 23
Pius VII. **10**, 657
Pius IX.
mit Bismarck, Karikatur des Kulturkampfes **11**, 455
Porträt **11**, 22
Pius X. **11**, 469
Pius XI.
Enzyklika: Mit brennender Sorge **12**, 35
Enzyklika: Quadragesimo anno **12**, 29
Porträt **12**, 16
Weihe der ersten chinesischen Bischöfe **12**, 318
Pius XII.
Porträt **12**, 16
Telegramm an die Großherzogin von Luxemburg (1940) **12**, 404
s. auch: Pacelli, Eugenio
Sylvester I. **3**, 454
Urban V. **6**, 73
Urban VIII. **9**, 217

Paracelsus s. Hohenheim, Theophrast von

Parsch, Pius **12**, 267

Parsons, Robert **8**, 544

Pascal, Blaise **9**, 365

Pascha, Kemal **12**, 916

Paulus
Darstellung mit Christus und Petrus **2**, 915
Darstellung mit Petrus **5**, 76
Gesetzesübergabe durch Christus **2**, 889
Reliefs an einem Sarkophag (4. Jh.) **1**, 141
Szenen aus seinem Leben **2**, 745

Pavelić Ante, Treffen mit Adolf Hitler **12**, 905

Penn, William, Kauf von Siedlungsgebiet **9**, 690

Pestalozzi, Johann Heinrich **10**, 834

Peter der Große, russischer Zar
Porträt **9**, 66
Reform **9**, 511

Petrus
Darstellung aus dem 12. Jh. **4**, 858
Darstellung mit Christus und Paulus **2**, 915
Darstellung mit Paulus **5**, 76
Gesetzesübergabe durch Christus **2**, 889
konstantinische Apostel-Memoria **2**, 148
Schlüsselübergabe durch Christus **2**, 902

Petrus von Verona, Grabmal **5**, 894

Peutinger, Conrad **7**, 650

Pfarrer von Ars s. Vianney, Jean-Baptiste Marie

Philipp I. der Schöne, französischer König **7**, 309

Philipp II., spanischer König **8**, 706

Philippe de Mézières, Grabplatte **6**, 84

Pico della Mirandola, Giovanni **7**, 508

Pierre, Abbé s.a. Gronès, H.-A. **12**, 280

Piłsudski, Józef **12**, 880

Pirckheimer, Willibald **7**, 321

Pire, Dominique-Georges **12**, 280

Pizzardo, Giuseppe Kardinal **12**, 183, 498

Pizzaro, Francisco **8**, 776

Plessis, Armand Jean Kardinal du **9**, 123

Pole, Reginald Kardinal **8**, 272

Praetorius, Michael **8**, 1235

Preysing, Konrad Kardinal Graf von **12**, 698

Prohászka, Ottokár **12**, 893

Przywara, Erich **12**, 219

R

Rabelais, François **8**, 457

Rahner, Hugo **12**, 196

Rahner, Karl
Druckgenehmigung für: Hörer des Wortes **12**, 233
Porträt **12**, 196, 233

Ramsey, Arthur Michael, Begegnung mit Paul VI. **12**, 814; **13**, 138

Reichensperger, August **11**, 648

Reichensperger, Peter **11**, 648

Remigius, Bischof von Reims, Taufe Chlodwigs **3**, 363; **4**, 604

Reuchlin, Johann **7**, 616

Ricci, Matteo **8**, 952

Richelieu, Kardinal s. Plessis

Ridley, Nicholas, Vorbereitung seiner Hinrichtung (die drei Märtyrer von Oxford) **8**, 225

Riqueti, Honoré Gabriel de, Graf von Mirabeau **10**, 329

Rivera, José Antonio Primo de **12**, 517

Robert von Anjou, König von Neapel **6**, 586

Robespierre, Maximilian **10**, 377

Roey, Joseph-Ernest Kardinal van **12**, 650

Romero, Oscar Arnulfo **13**, 518

Romuald, Gründer des Kamaldulenserordens **5**, 139

Rosa von Lima **8**, 854

Rossum, Willem M. Kardinal van **12**, 306

Rousseau, Jean Jacques
Porträt **10**, 56
Treffen mit Voltaire **9**, 1088

Russel, Bertrand **12**, 839

S

Saffi, Arelio, Graf **11**, 449

Sailer, Johann Michael **10**, 670

Saint-Just, Antoine **10**, 377

Salazar, Antonio de Oliveira **12**, 503

Samuel, Prophet, Salbung Davids zum König, Wandbild (3. Jh.) **1**, 562

Sapieha, Adam Stefan Kardinal **12**, 898

Sartre, Jean-Paul **12**, 161

Savonarola, Girolamo **7**, 154

Schachleiter, Albanus **12**, 714

Schāhpūr II., Sassaniden-König **3**, 1166

Schall, Adam **8**, 952

Scheeben, Matthias **11**, 110

Schelling, Friedrich Wilhelm **11**, 94

Schillebeeckx, Edward **12**, 662

Schlegel, August Wilhelm von **10**, 709

Schlegel, Friedrich von **10**, 709

Schleiermacher, Friedrich Daniel Ernst **11**, 41

Schott, Anselm **12**, 267

Schuschnigg, Kurt von **12**, 758

Schuster, Ildefons Kardinal **12**, 460

Schutz, Roger **13**, 141

Schütz, Heinrich **8**, 1243; **9**, 1075

Schwarz, Matthäus, Sekretär Fuggers **7**, 307; **8**, 1183

Schwenckfeld, Caspar **8**, 132

Screpel, Jacques **12**, 604

Seipel, Ignaz **12**, 757

Sergej von Radonej **6**, 554

Sergij, Patriarch von Moskau **12**, 983

Servet, Michael **8**, 1133

Seuse, Heinrich **7**, 275; **8**, 242

Seymour, Jane **8**, 195

Sheen, Fulton J. **12**, 1045

Siegmund-Schultze, Friedrich **12**, 340

Sigismondi, P. **12**, 306

Simon IV., Graf von Montfort **5**, 891

Simons, Menno **8**, 132

Söderblom, Nathan **12**, 47

Solov'ev, Vladimir **11**, 748

Sozzini, Fausto **8**, 645

Spee, Friedrich von
  Porträt **8**, 1243
  Werk: Cautio Criminalis **8**, 1098

Spener, Philipp Jacob **9**, 417

Spinoza, Baruch de
  Porträt **9**, 365
  Werk: Tractatus theologico-politicus **9**, 933

Sprenger, Jakob, Werk: Malleus maleficorum **8**, 1076

Staël, Germaine de **10**, 307

Stalin, Josef **12**, 983

Stein, Edith **12**, 644

Stephan Harding, Abt von Cîteaux **5**, 412

Stephan von Muret, Abt von Grandmont **5**, 412

Stephanos der Jüngere, Abt des Auxentiusklosters **4**, 165

Stepinac, Alois Kardinal **12**, 905

Stilicho, vandalischer Feldherr, Sarkophag **3**, 706

Sturzo, Luigi **12**, 478

Suleiman der Prächtige, osmanischer Sultan **7**, 4

Süßkind von Trimberg, Minnesänger **5**, 763

T

Talleyrand, Charles Maurice de **10**, 341

Teilhard de Chardin, Pierre **12**, 150

Temple, William **12**, 352

Teresa von Ávila
- Autograph **8**, 697
- Statue **8**, 694
- Vida **8**, 1049

Thaddäus von Suessa, Diplomat Friedrichs II. **5**, 590

Theoderich der Große, ostgotischer König, Grabmal **3**, 339

Theodoros Studites **4**, 151, 285

Theophanes Graptos **4**, 151

Theresia von Lisieux **11**, 343

Thielicke, Helmut **12**, 745

Thomas von Aquin **5**, 878

Thomas von Kempen, Porträt und Schriften **7**, 229

Tillich, Paul **12**, 121

Tiserant, Eugène Kardinal **12**, 977

Tiso, Jósef **12**, 893

Tognelli, Ermundo **12**, 359

Tutu, Desmond, Auszeichnung mit dem Friedensnobelpreis (1984) **13**, 583

Tyndales, William, Bibel **8**, 207

U

Ulrich, Bischof von Augsburg **4**, 902

Undset, Sigrid **12**, 164

Urbani, Giovanni **12**, 498

V

Valentinian III., Augustus unter Theodosius **2**, 450

Verbiest, Ferdinand **8**, 952

Verdier, J. Kardinal **12**, 888

Vermigli, Pietro Martire **8**, 104

Vianney, Jean-Baptiste Marie **11**, 125

Vinzenz Ferrer **6**, 383

Vinzenz von Paul
- Missionspriester **8**, 520
- Porträt **8**, 516

Visser't Hooft, Willem Adolf **12**, 55, 76; **13**, 68

Vitalis, Empfang der Märtyrerkrone **3**, 725

Voltaire, François-Marie Arouet, Treffen mit Rosseau **9**, 1088

W

Wallenstein, Albrecht von **9**, 42

Washington, George **10**, 498

Wenzel, Grab **5**, 715

Werner, der selige **6**, 865

Wesley, John **9**, 453

Whitgift, John **8**, 644

Wichern, Johann Hinrich **11**, 324

Widukind, Sachsenherzog **4**, 725

Wilhelm I. von Oranien-Nassau **8**, 485

Wilhelm II., deutscher Kaiser
- Audienz bei Leo XIII. **11**, 465
- Porträt **11**, 681

Wilhelm III. von Oranien, englischer König **9**, 106

Wilhelm von Ockham **6**, 278

Wimpfeling, Jakob **7**, 636

Windthorst, Ludwig **11**, 646, 648

Winfrid-Bonifatius s. Bonifatius

Wladislaw Jagiełło, polnischer König
Grabmal **6**, 782
Siegel **7**, 467

Wojtyla, Karol Kardinal, Treuegelöbnis Johannes' Paul I. **13**, 120
s. auch: Johannes Paul II.

Wolsey, Thomas Kardinal **8**, 201

Wurm, Theophil **12**, 361, 719

Wyclif, John
Porträt **6**, 280
Verurteilung **6**, 339

Wyszyński, Stefan Kardinal **12**, 906; **13**, 363

Z

Zinzendorf, Nikolaus Ludwig Graf von **9**, 417

Zizka, Johann **7**, 465

VI. REGISTER

Hinweise zur Benutzung der Register

Fettgesetzte Zahlen beziehen sich auf die Nummer des Bandes, kursivgesetzte Zahlen weisen die Hauptfundstellen aus. Im Sachregister sind fremdsprachliche Begriffe kursiv gesetzt.

Die verwendeten Abkürzungen verstehen sich von selbst; außerdem werden gebraucht:

Bf.	Bischof
Ebf.	Erzbischof
f.	und die folgende Seite
ff.	und die folgenden Seiten
Kard.	Kardinal
Kf.	Kurfürst
Kg.	König
Ks.	Kaiser
MA	Mittelalter
NZ	Neuzeit
OR	Ortsregister
orth.	orthodox
Patr.	Patriarch
PR	Personenregister
SR	Sachregister

1. Personen

Aalberse, Petrus Josephus M. **11** 555
Aaron, Märt. **1** 687
Abā I., nestorian. Katholikos **4** 460
Abad y Queipo, Manuel, Bf. v. Michoacan **9** 652, **10** 92, 775
Abaelard **5** 200, 207 ff., 233, 278, 392, 408, 414, 440, 456 f., 462 f., 473 f., 493, 541, 809, 905
Abag (Abak, Abaqa), Chān v. Persien **6** 5, 212, 878
Abahai, Khan d. Tungusen (Mandschu), Ks. v. China, Sohn Nurhatchis **9** 766
Abaka, mongol. Khan **5** 783, 795
Abas, alban. Katholikos **4** 479
Abas, Kg. v. Kars **4** 536
Abas I. Bagratuni, armen. Kg. **4** 514, 518, 521
Abascal, Vizekönig v. Lima **10** 772
Abba Sâlâma ↗ Frumentius
Abbadie, Jacques **9** 496, 873, 976, 982, 1113
Abban v. Moyarney **3** 874
Abbas I., Schah v. Persien **8** 899, **9** 585, 593
Abbé Pierre (Henri Antoine Groués) **13** 327
Abbeloos, Jean-Baptiste **11** 542
Abbeville, Claude d' **8** 869
Abbo, fränk. Graf **4** 656
Abbo v. Fleury **4** 787, 796, 827, 829, 840, 844 f., 849 f., 852 f., 864, 869
Abd al-Azīz, armen. Gouverneur **4** 492
Abd al-Jalil, Jean Mohamed **12** 300
Abd al-Malik, Kalif **4** 28, 123, 396, 398, 412, 491
Abd al-Malik, Präfekt **4** 420
Abd al-Masīh v. Hira **4** 466
Abd al-Raḥmān al-Hāsẖimī **4** 414
Abd Allāh al-Tayfūri, Arzt **4** 462
Abd Allāh ibn Sulaymān **4** 463
Abd-ul-Medjid, osmanischer Sultan **11** 138
Abdallāh, armen. Gouverneur **4** 491
Abdallah, Ebf. v. Edessa **6** 837
Abdallah, Muhammad Ahmad bin **11** 416
Abdallah II., jordan. Kronprinz **13** 443
Abdallāh ibn al-Fadl **4** 407 f.
Abdallāh ibn aṭ-Taiyib **4** 425, 464 ff., 468
Abdallāh ibn Tāhir **4** 430
Abdarrahmān, Emir **4** 727
Abdarrahmān V., Kalif **4** 858
Abdīscho I., nestorian. Katholikos **4** 458, 460 ff.
Abdīscho ibn Bahrīz **4** 465
ʿAbdīšoʿ bar Berika (Ebedjesus) **6** 214
Abdülhamit **11** 809, 819
Abel, armen. Presbyter **3** 23
Abel v. Reims, Bf. **4** 663
Abelly, Louis, Bf. v. Rodez **9** 1001
Abercius v. Hierapolis **2** 83, 93
Aberdeen, George Hamilton-Gordon, 4. Graf v., brit. Außen- und Premierminister **11** 147
Aberhart, William **12** 1133
Aberkios v. Hierapolis, Bf. **1** 334, 568, 700
Abgar, Kg. v. Edessa **3** 742, **4** 409
Abgar VIII., Kg. v. Edessa **1** 564, **2** 77
Abgar d. Gr. ↗ Abgar VIII.
Abgar Ukkama v. Edessa, Kg. **2** 76, 1039
Abibos, Bf. v. Nekresi **3** 1280 f., 1298
Abibos, georg. Heiliger **4** 552, 587
Abilius, Bf. v. Alexandria **1** 167
Ablabius, ksl. Beamter **2** 233, 237, 651
Abo, arab. Konvertit, hl. **4** 555, 576, 587 ff.
Abraham **1** 19, 66, 102, 132, 173, 199, 201, 214, 219, 463, 491, 657, 660, 695, 768, 784, 869, 912, 918, **4** 502
, Prophet **1** 695, **2** 755, 854
Abraham, Abuna v. Äthiopien **12** 951

Abraham, Archimandrit **3** 42, 600
Abraham, Asket **3** 247, 346
Abraham, Bf. v. Edessa **2** 1040
Abraham, Eremit **2** 823
Abraham, Gegenpatr. in Antiocheia **4** 431, 439
Abraham, Kg. **4** 447
Abraham, Mar, Ebf. v. Angamale **9** 809
Abraham, Patr. v. Alexandreia **4** 440, 442 f.
Abraham, Patr. v. Georgien **6** 231
Abraham I. Albatʿanecʿi, armen. Katholikos **3** 1215 ff., 1219 ff., 1223, 1249, 1265 f., 1286, 1294–1297, **4** 479, 497
Abraham II., nestorian. Katholikos **4** 460
Abraham III., nestorian. Katholikos **4** 402, 461
Abraham a Santa Clara (Johann Ulrich Mägerle) **9** 991
Abraham bar Daschandad **4** 466
Abraham Cresques ↗ Cresques, Kartographen
Abraham d. Große/d. Ältere, pers. Katholikos **3** 1177 ff., **4** 458
Abraham v. Frankreich, Proselyt **6** 863
Abraham v. Kaskar ↗ Abraham d. Große, pers. Katholikos
Abramios, Mönch/Bf. **3** 633, 664
Abreu, Antonio Ivarez de **10** 72
Abreu e Lima, José Ignácio de **10** 780
Absalon v. Lund, Ebf. **5** 715
Abu ʻl-Barakāt ibn Kabar **6** 236
Abū ʻl-Fidā, Geograph **4** 422
Abū Alī, Sekretär **4** 460
Abū Rā'iṭa **4** 424
Abu-Rumi **11** 992
Abū ṭāliṭ **4** 445
Abū Ubayda, General **4** 24, 393
Abul Fazi **8** 897
Abundantius v. Tempsa **4** 45
Abundius v. Como, Bf. **3** 75, 77, 80
Abury, Francis **10** 5
Abusahl Hamazasp III., Kg. **4** 518
Acacius, Patr. v. Konstantinopel **3** 130–136, 139, 146, 149, 152 f., 160, 175–185, 187–190, 192–196, 198, 200 ff., 311, 333, 472, 558 f., 633 f., 692
Acacius v. Amida, Bf. **3** 1169, 1197
Acacius v. Beroea **2** 451, 558, 563, 565, 584, 594, 613, 618, 620
Acacius v. Caesarea, Bf. **2** 359, 368, 376, 386, 389 f., 423, 1044
Acacius v. Melitene, Bf. **2** 598, 602, 604, 614, **3** 11 ff., 15, 20, 23 f., 27, 31, 953, 1199 ff.
Acarie, Barbe **8** 492, 515, 1052, 1057, **9** 305, 825 f., 828
Achaikus **1** 305
Achard v. Saint-Victor **5** 541
Achery, Luc d' **9** 292
Achillas v. Alexandria **2** 113, 290, 1011, 1013
Achilleus, Märt. **1** 178, **2** 893
Achilleus v. Spoleto **2** 908
Achima'az v. Oria **4** 245 f.
Achis, Tochter Geoffroys III. v. Semur **5** 426
Achler, Elisabeth **7** 317
Achmatowa, Anna **13** 398
Acholius v. Thessalonike, Bf. **2** 449, 452, 457
Acillius Glabrio, Konsul **1** 178
Aconcio, Giacomo **8** 186
Acosta, José de, Pater **8** 791, 793, 803, 811, 824–830, 871, 905, 1152, **9** 755 f.
Acquaderni, Giovanni, Conte **11** 609
Acquapendente, Fabrizio d' **8** 1138
Acquaviva, Claudio **8** 951, 1121, **9** 310, 318
, Rodolfo **8** 887
Acton, John Emerich Edward Dalberg, Lord **11** 112 f., 182, 235, 308, 459, 566 f., 643, 757
Acurius, span. Bf. **2** 497, 499
Acuña, Antonio de, Bf. **7** 756
Acuña, Hernando de **8** 740
Acylinus (Aquilinus) v. Byblus, Bf. **3** 66
Adadius v. Beroea **2** 557
Adalbero I. v. Metz **4** 791, 809
Adalbero II. v. Metz **4** 793, 808
Adalbero v. Hamburg-Bremen, Ebf. **5** 116, 134, 184, 194, 331, 339
Adalbero v. Laon **4** 840, 844, 846, **5** 912

Adalbero v. Reims **4** 781, 792, 808, 827, 871
Adalbero v. Würzburg, Bf. **5** 115
Adalbert, hl. **6** 810
Adalbert v. Friaul **4** 823
Adalbert v. Magdeburg **4** 814
Adalbert v. Mainz, Ebf. **5** 121
Adalbert v. Prag **4** 371, 801, 830 f., 896 f., 900, 903, 913 f., 916
Adalbert v. St. Maximin, Mönch **4** 942
Adalbert v. Tuszien, Hzg. **4** 721, 778, 821
Adalbert v. Weißenburg **5** 343
Adalbert v. Worms, Bf. **5** 115
Adalbert (Wojciech), poln. Märt. **5** 714, 716
Adalbold v. Utrecht **4** 814
Adalgyselus v. Verdun (Grimo), Diakon **3** 832, 841, 845
Adalhard v. Corbie **4** 701, 755
Adalmann v. St. Lambert **4** 815
Adalwald (Adaloald), langob. Kg. **3** 487, 904, **4** 617 f.
Adam **1** 392, 418, 491, 506 f., 657, 690, 747, 931
Adam, Guillaume **7** 539
Adam, Karl **10** xvii **12** 187, 194, 198, 205, 207, 220, 688, **13** 41
Adam v. Bremen, Historiograph **4** 883, 885, 907, 909, 911 f., **5** 658
Adam v. Marsh **5** 793
Adamnán, Abt v. Iona **3** 878, 880
Adamnanus v. Hy **4** 679
Adamnanus v. lona, Abt **4** 629
Adams, John **10** 100, 493, 497, 512
Adams, Samuel **10** 492
Adamson, Patrick **8** 970
Adanarse, georg. Fürst **4** 588
Adarnasius, iber. Kg. **3** 1240
Addai ↗ Thaddäus/Addai, Apostel
Addai, nestorian. Patr. **13** 467
Addai, pers. Apostel **3** 1161, **4** 453
Addison, Joseph **9** 1018, 1027
Adela v. Blois **5** 104
Adelard v. Bath **5** 460
Adelhaïde, Gattin Embricos **5** 427
Adelheid, deutsche Ksn. **4** 794, 803, 865
Adelheid v. Nivelles, Äbtissin **4** 810
Adelheid v. Quedlinburg, Äbtissin **4** 810, 813
Adelheid v. Turin **5** 45, 55
Adelphius, Bf. v. Colonia Londinensium **2** 141
Ademar v. Chabannes **4** 850, 861, 869, **5** 519
Adenauer, Konrad **12** 733, 735, 738, 742
Adeney, David H. **13** 629
Adeodatus, Primas v. Numidien **3** 916
Adeodatus II., Papst **4** 647
Adeodatus (Sohn Augustins) **2** 919
Adeodatus v. Mileve, Bf. **2** 519
Adleta, böhm. Kgn. **5** 690
Ado v. Vienne **4** 757
Adolf v. Altena, Ebf. v. Köln **5** 671
Adolf v. Essen **7** 280
Adolf v. Nassau **6** 584, 685, 703
Adoukonou, Barthélemy **13** 607
Adrets, Baron des (François de Beaumont) **8** 1204
Adrian, Patr. v. Moskau **9** 509 f., 529
Adriani **8** 491
Adrianos Komnenos ↗ Joannes Komemnos
Adso v. Montier-en-Der **4** 829, 864, 871
Adud al-Dawla **4** 409, 462
Adzubej, Aleksej **13** 307, 423
Aedesius, äthiop. Missionar **2** 1091
Aedesius, Praeses **2** 406
Aedesius (Studienfreund d. Julian Apostata) **2** 398
Ägidius ↗ Aegidius
Aegidius, röm. Heerführer **3** 226 f., 252
Aegidius Romanus, Theologe **5** 846, **6** 272, 881
Aegidius v. Viterbo **7** 104, 112, 137, 169 f., 337 f.
Aeithilas, Bf. v. Edessa **2** 79
Aelafius, Vikar **2** 250
Aelbert v. York **4** 744
Aelfric, Mönch **3** 407, **4** 850, 852
Älğigidäi **6** 209
Aelia Marcia Euphemia **3** 303
Aelianus, afrikan. Prokonsul **2** 250

Aelius Aristides, Rhetor **1** 880
Aelius Donatus **7** 504
Aelius Palladius, Präfekt **2** 434
Aelius Publius Julius, Bf. v. Debelta **1** 574
Aelred v. Rievaulx **5** 106, 432, 468
Aemiliani, Hieronymus ↗ Miani, Girolamo
Aemilianus, Lucius Mussius, Präfekt v. Ägypten **2** 169
Aemilianus, span. Heiliger **3** 401
Aemilius, span. Bf. **2** 497, 499
Aemilius v. Benevent, Bf. **2** 542, 566, 652
Aeneas v. Paris **4** 760
Aeonius, Bf. v. Arles **3** 243, 349, 379
Aeschinus **1** 572
Aethelbald v. Mercien, Kg. **4** 651, 743
Aethelbert, angelsächs. Kg. **3** 927–931
Aethelbert v. Kent, Kg. **4** 622, 624
Aethelburh v. Kent **4** 624
Aethelfrith, Kg. **4** 624
Aethelheart v. Canterbury **4** 744
Aethelred d.Unbesonnene, engl. Kg. **4** 782, 787, 826
Aethelred v. Northumbrien, Kg. **4** 745
Aethelstan, engl. Kg. **4** 786
Aethelwold v. Winchester **4** 782, 787, 850, 858
Aethericus v. Smyrna **3** 60
Aetherius, Bf. v. Lyon **3** 924 ff., 928, 983, 1150
Aetherius v. Capua, Bf. **3** 75
Aetios v. Konstantinopel, Archidiakon **3** 99, 103, 116, 125, 167, 549
Aetius, oström. Feldherr **3** 217, 223 f., 226, 240, 301, 375, 865
Aetius, Priester **3** 169, 171
Aëtius, weström. Heerführer **2** 994, 1004
Aëtius v. Antiochia **2** 371, 374, 383, 391, 398, 427, 710, 1034, 1067
Aëtius v. Lydda, Bf. **2** 321
Afanasieff, Nikolaj **12** 1012
Affre, Denis Auguste, Ebf. **11** 33, 115, 169, 172
Aflaq, Michel **13** 440
Afonso, Neffe Afonsos I., Kg. d. Kongo **8** 752
Afonso I., Kg. d. Kongo **8** 745, 749
Afraat v. Syrien **1** 889
Afrahat/Aphraates **2** 81, 833, 1088
Afrikaaner, Jonker **11** 983
Agabus, Prophet **1** 76, 134, 274, 277
Agagianian, armen. Patr. **12** 21
Agagianian, Gregor Petrus, Kard. **13** 3, 28, 96
Agallianos **4** 138
Agape, span. Adlige **2** 485
Agapet I., Papst **3** 322 f., 396 f., 439 f., 753, 769–772, 891, 945
Agapet II., Papst **4** 822, 826
Agapetos, Diakon **7** 61
Agapetos, Klostergründer **3** 612
Agapetus, hl. **3** 1147
Agapios I., Patr. v. Antiocheia **4** 404 f., 421, 431
Agapios v. Hierapolis (Agapius ibn Qustan) **1** 4 f., **4** 409, 424
Agapius, Bf. **2** 1040
Agassiz, Louis **11** 435
Agatha, Märtyrin **1** 690, **5** 513
Agatha v. Catania, Märtyrin **2** 160, **3** 1113
Agathangelos **7** 33
Agathangelos, Bf. v. Caesarea **2** 104, 1085
Agatho I., Papst **4** 637, 640, 645 f.
Agatho v. Lipari, Bf. **3** 905
Agathon, Patr. v. Alexandreia **4** 45, 451
Agathonike, Märtyrin **1** 567, **2** 86
Agel, Henri **12** 143, 162
Agelius, novatian. Bf. v. Konstantinopel **2** 458, 1053
Agier **10** 569, 595
Agier, Richter **9** 396
Agila, westgot. Kg. **3** 411, 786
Agilbert, Bf. v. Paris **3** 1089
Agilbert, Bf. v. Wessex **4** 630
Agilpert v. Paris **4** 638
Agilulf, langobard. Kg. **3** 902 ff., **4** 616 f., 631
Aglibol (phön. Gottheit) **2** 63
Aglipay, Gregorio **11** 1038, **13** 678, 680
Agnellus, Franziskaner **5** 790
Agnes, Äbtissin **3** 971

Agnes, deutsche Ksn. **5** 34, 40, 42, 62, 107, 110
Agnes, hl. **2** 184, 681, **3** 1113
Agnes, Schwester Heinrichs V. **5** 119
Agnes, Tochter Geoffroys III. v. Semur **5** 426
Agnes, Tochter Ludwigs VII. **5** 349
Agnes v. Courtenay **5** 316
Agnes v. Montepulciano **6** 744
Agnes v. Poitou, Gattin Heinrichs III. **5** 439
Agobard v. Lyon **4** 693, 697, 733 f., 751, 757, 765, **7** 279
Agostini, Paolo **9** 1067
Agreda, Maria d' **9** 145
Agrestius, Bf. v. Lugo **3** 219
Agricola, Bf. v. Chalon-sur-Saone **3** 844
Agricola, Georg **7** 502, 647
Agricola, Johann **8** 7
, Michael **8** 38, 444
, Rudolf (Roelof Huusman/Huysman) **8** 1117, 1121, 1186
Agricola, Märt. **2** 976
Agricola, Rudolph **7** 224, 621
Agricola, Schüler d. Pelagius **2** 546, 980
Agricola v. Bologna, hl. **3** 1114, 1121
Agrippa, syr. Mönch **3** 606
Agrippa I., Kg. v. Judäa **1** 13, 24
Agrippa II., Kg. v. Judäa **1** 207
Agrippa v. Nettesheim **8** 1225
Agrippinus, Bf. v. Alexandria **1** 167
Agrippinus, Bf. v. Karthago **1** 662, 838, 850, **2** 44, 123
Agrippinus v. Como **4** 617
Agroecius, Bf. v. Antibes **3** 391
Agucchi, Msgr. **9** 1046
Aguesseau, Henri François d' **10** 13
Aguiar, Joaquim António de **11** 279
Aguilar, Alonso de **7** 393
Aguilar, Girólamo de **8** 940
Aguilera, Jaime Roldos, Präsident v. Ekuador **13** 475
Aguinaldo, Emilio **11** 1038
Agustín I., mexikan. Ks. ↗ Iturbide
Ahai, pers. Katholikos **3** 1180
Ahaï, Bf. v. Seleukia **2** 1083
Ahidjo, Ahmadou **13** 560
Ahmad, Kg. u. Sultan v. Malindi **9** 746
Aṭmad Grāñ **6** 242
Ahmad Ibn Ibrahim Grañ **8** 387
Aḥmad ibn Israʿil **4** 463
Ahmet, tatar. Khan **7** 58
Ahmet III., Sultan **9** 542
Ahudemmeh, pers. Bf. **3** 1173
Ahymnus, Bf. v. Ausuaga **1** 644, 655
Aidan, Abt, hl. **3** 867, 978, **4** 629 f., 678
Aignan, Bf. v. Orléans **3** 235
Aiguillon, Hzgn. v. **9** 305 f.
Aikenhead, Thomas **9** 496
Ailbe v. Emly **3** 874
Ailbert v. Antiong **5** 427 f.
Ailbert v. Klosterrath **5** 140
Ailleboust, Ehepaar **9** 676
Ailly, Pierre d' ↗ Pierre d'Ailly
Aimard v. Cluny **4** 844
Aimilianos v. Kyzikos **4** 148
Airaldus, Abt **5** 47
Aischylos **1** 594, 726
Aistulf, langob. Kg. **4** 665, 667 ff.
Aithallaha, Bf. v. Edessa **2** 1040, 1080
Ajaccio, Angelo Maria v. ↗ Angelo Maria v. Ajaccio
Ajax **3** 221
Ajtony, ungar. Fürst **4** 232
Akacius/Akazius/Akakios ↗ Acacius
Akbar, Großmogul **7** 530, **8** 887, 890, 897, **9** 799 ff.
Akiba, Rabbi ↗ Aqiba
Aksakov, Konstantin **11** 744
Aksakov, Nikolas **11** 728
Aksiutschiz, Viktor **13** 420
Akwa, Kg. v. Kamerun **11** 1004
Al-Adil, Sultan **5** 777
al-Afšīn, armen. Gouverneur **4** 507
al-Akhtal, Dichter **4** 398
al-Alā ibn Aḥmed, armen. Präfekt **4** 501
al-ʿAlam **4** 420
al-Amīn, Kalif **4** 462
al-Aschraf Khalil, Sultan **6** 225
al-Azīz, Kalif **4** 420 f., 449
al-Balkhī **4** 435
al-Bitriq **4** 408

al-Bustani, Butros **11** 811, 814
al-Bustani, Selim **11** 815
al-Bustani, Soliman **11** 815
al Constantini, Familie **6** 845
al-Fadl ibn Marwān **4** 463
al-Fārābī, Philosoph **4** 468, **5** 875
al-Gazzālī (Alghazel) **5** 875
al-Habis Bulus **6** 234
al-Ḥtadjdjādj ibn Yūsuf **4** 459, 468
al-Ḥākim, Kalif **4** 395, 415–418, 421 f., 443 ff., 468, 863, 868
al-Halladj, muslim. Mystiker **11** 345
al-Hardini, Ne'matallah Kassab, hl. **13** 448
al-Ḥārith, Phylarch **4** 426
al-Ḥārith b. Djabala (Arethas), Ghassanide **4** 397
al-Ḥārith ibn Sinān v. Ḥarrān **4** 407
al-Hasan, Sultan v. Malindi **9** 746
al-Hasan ibn Makhlad **4** 463
al-Ḥasan ibn Suwār v. Bagdad **4** 435
al-Hāschinī **4** 467
al-Jazzar, Achmed **10** 138
Al-Kamil, Sultan **5** 779, 787
al-Kawakibi **11** 816
al-Kindī **4** 434, 467
al-Maghribī, Wesir **4** 467
al-Mahdī, Kalif **4** 409, 424, 430 f., 447, 460, 467
Al-Mahmun, Kalif **4** 98, 396, 403, 406, 414, 430, 439 ff., 443, 449, 462 f., 467, **5** 790
al-Manṣūr, Kalif **4** 402, 431, 460, 462 f., 467, 849
al-Maqriz **6** 234
al-Maskin, Matta **13** 451
al-Masʿūdī **4** 247, 424
al-Māwardī **4** 396
Al-Muazzam, Sultan **5** 779
al-Mufarridj ibn al-Djarrāh **4** 415
al-Muʿizz, Kalif **4** 443
al-Muqtadir, Kalif **4** 206, 395 f., 403, 410, 416, 445, 461 f.
al-Muqtafī, Kalif **4** 424, 464
Al-Murtada, Kalif **5** 790
Al-Mustansir, Sultan **5** 783, 790
al-Muʿtamid, Kalif **4** 460, 463, 505
al-Muʿtaṣim, Kalif **4** 98, 403, 430, 439, 460, 462, 467
al-Mutawakkil, Kalif **4** 395 f., 430, 443, 460, 462 ff., 500
al-Muʿtazz, Kalif **4** 445
al-Muṭī, Kalif **4** 464
al-Muwaffaq, Kalif **4** 462
al-Nāsir/al-Nāṣir **6** 234
al-Qādir, Kalif **4** 395
al-Rāḍī, Kalif **4** 420, 460, 462, 464
al-Raschīd, Kalif **4** 143, 395, 420, 430 f., 462, 727
al-Saffāh, Kalif **4** 460
al-Sanadji, Gouverneur **4** 414
al-Ṭā'iʿ, Kalif **4** 461
al-Tartūschi **4** 394
al-Turabi, Hassan **13** 575
al-ʿUmari **6** 213, 231
al-Walīd I., Kalif **4** 107, 398, 410, 430, 491 f.
al-Walīd II., Kalif **4** 403
al-Warrāq **4** 434
al-Wāthiq, Kalif **4** 439, 462
al-Yaʿqūbī, arab. Geograph **4** 939
al-Yazidji, Ibrahim **11** 815 f.
al-Yazidji, Nasif **11** 815
al-Zāhir, Kalif **4** 416, 439
Alacoque, Marguerite-Marie **9** 294, 832, 836, 869, **10** 412, 598, **11** 189, 492, 500, **12** 210, 243, 251, 616
Alain de Lille/Alanus v. Lille **5** 226, 462, 541
Alan (Alain Barbetorte) **4** 785
Alanus ab Insulis **5** 916
Alanus Anglicus **5** 634, 647, 665
Alarcón, Ruiz de **9** 653, 1053, 1056
Alarich, westgot. Kg. **2** 516, 533, 662, 899, 903, 993–997, 999 f., 1061, **3** 271, 1061, 1119, 1125
Alarich II., westgot. Kg. **3** 344 f., 347, 349 f., 352, 356 f., 398 f., 768
Alba, Fernando Alvarez de Toledo, Hzg. v. **8** 477, 481, 485, 494, 689
Alban (v. Verulamium/St. Albans), Märt. **1** 687, **2** 141, 184, 982
Albanel, Charles **9** 675

Albani, Francesco **8** 1218
Albani, Joseph, Kard. **11** 265
Albani, Kard. ↗ Clemens XI., Papst
Albani, Stanislao Medolago, Graf **11** 616, 619
Albanios v. Manazkert, Bf. **3** 1203
Albanus, breton. Märt. **3** 1114, 1140
Albergati, Niccolò d', Kard. **7** 336, 340, **8** 417
Alberich, Kardinallegat **5** 134
Alberich, Mönch **5** 75
Alberich I. v. Spoleto **4** 778, 821
Alberich II. v. Spoleto **4** 822, 824
Alberich III. v. Spoleto **4** 779, 788
Alberich v. Trois-Fontaines **5** 241, 412, 586, 794
Alberigo, Giuseppe **13** 82, 197
Alberione, Giacomo, Don **11** 603, **12** 446
Albert, Erzhzg. v. Antwerpen **8** 1219, **9** 82
Albert, Patr. v. Antiochien **5** 590
Albert ↗ Theoderich, Gegenpapst
Albert I., Kg. v. Belgien **12** 651
Albert Azzo II. v. Este **5** 55
Albert de Paris **9** 322, 327
Albert v. Aachen **5** 549
Albert v. Buxhövden, Bf. v. Riga **5** 700
Albert v. Morra ↗ Gregor VIII., Papst
Albert v. Padua **6** 356
Albert v. Sarteano **6** 356, 527, 837
Albert v. Silva Candida **5** 72
Albert v. Vercelli **5** 847
Albertario, Davide, Don **11** 597, 604, 608 f., **12** 475
Alberti, Leon Battista **7** 100, 476 f., 506, 509 f., **8** 1216
Albertini, Francesco **7** 101
Albertinus, Aegidius **8** 243, 418, 1051
Albertus Magnus **5** 877, 879, **12** 15, 202, 210
Albianus, armen. Bf. **2** 1086
Albina (Anhängerin d. Pelagius) **2** 532 f., 541, 653, 850
Albinus, afrikan. Präfekt **2** 466
Albinus, Bf. v. Angers **3** 398
Albinus, fränk. Gouverneur **3** 834
Albinus, Prätorianerpräfekt **3** 302, 319
Albinus, Prokurator **1** 41, 74, 207, 480, 911
Albinus, Redaktor **5** 249, 251, 601
Albitte, Antoine-Louis **10** 394 f.
Albofleda, Schwester Chlodwigs **3** 368 f.
Alboin, langobard. Kg. **3** 357, 361, 480, 486
Albornoz, Bartolomé de **8** 766, 808, **9** 710
Albornoz, Egidio, Kard. **9** 616
Albotodo, Juan de **8** 667
Albrecht, Erzhzg. v. Habsburg **8** 498, **9** 1042
Albrecht, Hzg. v. Brandenburg-Ansbach d. Ä. **8** 9, 31, 105, 641
Albrecht I. v. Habsburg/Österreich **6** 583, 685, 700, 888
Albrecht V., Hzg. v. Bayern **8** 414
Albrecht d. Bär, Hzg. **5** 332
Albrecht v. Brandenburg, Ebf. v. Mainz **7** 180, 272, 313, 324, 691, 694, 864
Albrecht v. Brandenburg, Hzg. v. Preußen **7** 417, 732, 758, 762
Albrecht v. Hohenzollern ↗ A. v. Brandenburg
Albret, Charlotte d' **7** 94
Albret, Jeanne d' **8** 510, 1031, 1204
Albuquerque, Alfonso de **7** 414, 529, 533, 549, 575, 577 f., 582, 587, **8** 875
, Jerónimo de **8** 863
, João d' **8** 875, **9** 752, 757
Alcalá, Diego de **7** 592
Alcalá, Hzg. v. **9** 1043
Alcalá, Jakobus v. ↗ Jakobus v. Alcalá, hl.
Alcalá Zamora, Niceto **12** 523
Alcatraz, Pedro Ruiz de **7** 755
Alcaçova, Pedro de **8** 918
Alchfrith v. Deira **4** 630
Alciati, Andrea **7** 747, **8** 579, 1180
Alcibiades v. Apamea **1** 497–500, 700, 827
Alcibiades v. Phrygien **1** 331
Alcinous **1** 911
Alcuin ↗ Alkuin
Aldea, Alexandru, Voivoide **9** 580
Aldebertus, Priester **4** 650, 661 f., 679
Aldhelm v. Malmesbury **4** 640, 679
Aldobrandini, Ippolito **8** 277

Aldus Manutius **7** 50, 509, 623, 642–646, 648, **8** 366
Aleander, Hieronymus **7** 104, 645, 719, 727, 850
Alegre, Francisco Javier **10** 90
Aleksandr II., Zar v. Russland ↗ Alexander II, Zar v. Rußland
Aleksej, Sohn Zar Peters d. Gr. ↗ Petrovi, Aleksej
Aleksej Michailowitsch, Zar v. Rußland **9** 504 ff., 510, 522 f., 526, 536
Aleksej v. Novgorod, Erzpriester **7** 64
Aleksij, Metropolit v. Moskau **12** 368, 1016
Aleman, Louis, Kard. **7** 368
Alembert, Jean Le Rond d' **9** 1089, 1125 f., **10** 61, 178 f., 285, 682
Aleni, Giulio **8** 949
Aleni, Pater **9** 769, 787
Alepus, Salvatore **8** 586
Alethius, Bf. v. Vaison **3** 392
Alexander **1** 883
Alexander, anglikan. Bf. v. Jerusalem **11** 138
Alexander, Bf. v. Caesarea **2** 100
Alexander, Bf. v. Comana/Komana **1** 565, **2** 100
Alexander, Bf. v. Jerusalem **1** 555–558, 576, 585, 601, 606, 617 ff., **2** 45, 57, 115, 161
Alexander, Bf. v. Tipasa **1** 662, **2** 125, 931, **3** 1116, 1120
Alexander, byzantin. Ks. **4** 203, 273
Alexander, Kg. v. Polen **9** 504
Alexander, litau. Großfürst **7** 431
Alexander, Papst **1** 559, 678
Alexander, Patr. v. Konstantinopel **3** 1243
Alexander, Priester u. Periodeut **3** 109
Alexander I., russ. Zar **10** 104, 106, 111 f., 114, 189, 201, 735, 751, 798, 818 f., 839, **11** 729, 743, 752, 757, 760
Alexander I. Obrenovitch, Kg. v. Serbien **11** 769 f.
Alexander I. v. Georgien **6** 230
Alexander II., kopt. Patr. v. Alexandria **3** 516
Alexander II., Patr. v. Alexandreia **4** 437, 439, 441, 443, 445
Alexander II., Zar v. Rußland **9** 523 f., 534, **10** 201, **11** 449, 714, 717 f., 720, 723, 735, 741, 756, 758, 760
Alexander II. (Anselm v. Lucca), Papst **4** 849, **5** 33, 39 f., 42–45, 48, 52, 83, 99, 110 f., 124, 129, 186, 297, 756, **5** 35, 39 f., 65, 67, 124, 126, 152
Alexander III., russ. Zar **11** 714, 720–723, 725, 753, 758, 812
Alexander III. (Roland Bandinelli), Papst **5** 182, 195, 210, 212 ff., 216, 218–227, 232 f., 236–241, 243 f., 247 f., 266, 283, 305, 321, 331, 337, 385, 458, 475, 495, 500, 535, 568, 585, 600, 604 f., 608, 645 f., 659 ff., 665, 667, 770, 772, 826, 863, 869, 927, 933, **6** 334
Alexander IV., Papst **5** 555, 558 f., 574 ff., 593, 596, 599, 620, 651, 735, 849, 909, **6** 25
Alexander V., Papst **6** 94, 588
Alexander VI. (Rodrigo Borja/ Borgia), Papst **6** 752, 755, 766, **7** 70 f., 83–86, 94 f., 103 f., 108, 122 f., 127, 134 f., 140, 153, 157 f., 244, 331, 334, 353, 402, 411, 442, 557, 559 ff., 567, 597, **8** 817, 875, **10** 71
Alexander VII., Papst **5** 225, **9** 217 f., 220, 228, 364, 366 f., 386, 398, 768, 792, 810, 851, 959, 1033
Alexander VIII., Papst **9** 154, 183, 218, 238
Alexander d. Große **1** 113, 116, 462, 719, 748, 864, 867, **4** 831, **9** 1122
Alexander Jagiełło **6** 781
Alexander Nevskij, russ. Fürst **5** 705
Alexander Polyhistor **1** 731
Alexander Severus, röm. Ks. **1** 261 f, 558, 561, 617, 697, 708, **2** 4, 16, 27
Alexander v. Abonuteichos **1** 883
Alexander v. Alexandria, Bf. **2** 112, 114, 215, 274, 284, 289, 293, 295–304, 315, 325, 328, 1013, 1074

Alexander v. Anagnia, Märt. **2** 649
Alexander v. Antiochia, Bf. **2** 541, 567, 607, 1035
Alexander v. Aphrodisias **7** 508
Alexander v. Aradus u. Antaradus, Bf. **3** 34
Alexander v. Byzanz ↗ A. v. Thessalonike
Alexander v. Eumenia **1** 568
Alexander v. Hales **5** 564, 877
Alexander v. Hierapolis, Bf. **2** 620, **3** 11 f., 17, 19 f.
Alexander v. Konstantinopel ↗ A. v. Thessalonike
Alexander v. Phrygien **1** 331, 688
Alexander v. Roes **6** 685
Alexander v. Thessalonike, Bf. **2** 147, 295, 299, 335, 835, 838
Alexander v. Tralleis, Arzt **3** 738
Alexandra v. Hessen-Darmstadt, Ehefrau Zar Nikolaus' II. **11** 726
Alexandre, Pierre **8** 456
Alexandros **8** 366
Alexandros d. Aikomet **3** 607, 613, 638
Alexandrus, afrikan. Bf. **2** 260
Alexij I., Patr. v. Moskau **13** 393 f., 396
Alexij II. (Alexej Michailowitsch Ridiger), Patr. v. Moskau, Metropolit v. Leningrad und Nowgorod **13** 405, 409 f., 412, 414 f., 419, 426
Alexios, Ks. v. Trapezunt **5** 717
Alexios, russ. Metropolit **6** 252, 255
Alexios I. Komnenos, byzantin. Ks. **4** 267, 323, 358, 943, **5** 3 f., 9 ff., 13, 15, 18, 20 f., 23–29, 31, 349, 355 f., 359, 361, 366, 368, 376–379, 381, 479, 484, 486 ff., 505 f., 516, 581, 717, **6** 398, 508
Alexios II. Komnenos, byzantin. Ks. **5** 349
Alexios III. Angelos, byzantin. Ks. **5** 349, 355, 382, 717, 773
Alexios IV. Angelos, byzantin. Ks. **5** 349, 383, 773
Alexios V. Murtzuphlos, byzantin. Ks. **5** 349
Alexios Aaron **6** 621
Alexios Aristenos **5** 352 f.
Alexios Kapandrites **5** 366 f.
Alexios Makrembolites **6** 497, 500
Alexios Studites, Patr. v. Konstantinopel **4** 267, 284, 317 f., 324 ff., 342, 350, 405
Alexis, hl. **4** 865
Alexis, Metropolit v. Kiev **6** 179, 181
Alfanus v. Salerno, Ebf. **5** 68, 309
Alfara, Francisco de **9** 640
Alfaric, Prosper **12** 176
Alfaro, Pedro de **8** 940
Alfatia **5** 71
Alferius v. Cava **4** 837
Alfieri, Dino **12** 404
Alfius Caecilianus **2** 250
Alfons I., Kg. v. Aragón **5** 304, 321, **6** 845
Alfons I., Kg. v. Asturien **4** 652, 735
Alfons I., Kg.v. Portugal **5** 291, 296, 424
Alfons II., Kg. v. Aragón **5** 221
Alfons II., Kg. v. Asturien **4** 735 f.
Alfons II., Kg. v. Neapel **7** 94
Alfons III., Kg. v. Asturien **4** 736, 861
Alfons III., Kg. v. Kastilien-León **5** 291, 298
Alfons V., Kg. v. Portugal **7** 76, 402, 407, 521, 558 ff., 566, 569, 574, 579
Alfons V. (I.) d. Großmütige, Kg. v. Aragon und Neapel **6** 109, 123, **7** 52, 91 f., 506, 543, 617
Alfons V. v. Kastilien **6** 847, 854
Alfons VI., Kg. v. Kastilien-León **5** 72, 162, 295 f., 298, **6** 841
Alfons VI., Kg. v. Portugal **9** 643, 649
Alfons VII., Kg. v. Kastilien-León **5** 303
Alfons IX. v. Kastilien **6** 490
Alfons X., Kg. v. Kastilien-León **5** 671 f., 682, 789, **6** 570, 684, 842
Alfons XIII., Kg. v. Portugal **12** 516
Alfons v. Liguori **8** 1197, **9** 267, 310 f., 328, 1000, 1002, 1016, **10** 25, 29, 184, 248, 250, 266, 286, **11** 1, 121 f., 179, 189, 262 f., 468, 912, **12** 451, 454, **13** 4
Alfons v. Poitiers, Gf. v. Toulouse **5** 578, 898
Alfonsín, Raúl, argent. Präsident **13** 476
Alfonso XII., Kg. v. Spanien **11** 634 f.
Alfonso Sánchez **6** 850

Alfred d. Große v. Wessex, Kg. **4** 746f., 765, 778, 786
Alfrink, Bernard, Kard. Ebf. v. Utrecht **12** 647, **13** 14f., 21, 24, 47, 52, 113
Alfwold, Kg. v. Ostanglien **4** 640
Algardi, Alessandro **9** 1035, 1042
Alger v. Lüttich **5** 536
Algirdas ↗ Olgerd
Ali, Gouverneur v. Bagdad **6** 212
Ali, Mehmet **11** 781, 783
Ali, mongol. Chān **6** 884
Ali, Neffe d. Mohammed (Muhammad) **4** 589
Ali Bey, ägypt. Mameluckenführer **10** 137
Alī ibn ʿIsā, Arzt **4** 462
Alī ibn Suwār **4** 415
Alieni **9** 813
Aligern v. Monte Cassino **4** 837
Alighieri, Dante ↗ Dante Alighieri
Aligre, Marquis d' **10** 601
Alimonda, Gaetano **11** 612
Alin, Jeanne **10** 610
Alivisatos, Hamilkar **12** 363, 958, 962, 1015
Alkison v. Nikopolis, Metropolit v. Altepirus **3** 196f.
Alkuin **4** 687f., 700, 708, 724, 726, 736, 742–745, 750ff., 755, 758, 764, 767f., 853, 890, **5** 916
All, Mac **13** 251
Allard, Jean-Francois, Apostol. Vikar v. Natal **11** 988
Allatius, Leon **9** 571f., 949
Allegri, Antonio ↗ Correggio
Allegri, Gregorio **9** 1067
Allein, Jacques Renaud d' **7** 747
Allemand, Jean-Joseph **10** 558
Allen, Ethan **11** 835
Allen, Horace **11** 1054
Allen, Richard **11** 871
Allen, Roland **12** 312
Allen, William **8** 350, 543, 546
Allende, Salvador, chilen. Präsident **13** 475, 499f., 516
Allestree, Richard **9** 697
Allier, Raoul **11** 1059, **12** 314
Allioli, Joseph-Franz v. **11** 127
Allix, Pierre **9** 496
Allo, Ernest **12** 240
Allucingoli, Hubald ↗ Lucius III., Papst
Alm, C. **11** 590
Almagro, Diego de **8** 775, 780
Almain, Jacques **7** 118, 131
Almanzor **2** 952
Almeida, Francisco de **7** 576f., 582
Almeida, Joao de **9** 704
Almeida, Luis d' **8** 919
Almeida, Miguel Joaquim de **10** 780
Almeida, Teodoro de **10** 262
Almodis **5** 292
Aloenius, R. **11** 583
Alonso, Luis **12** 1182
Alonso de la Fuente ↗ Fuente, Alonso de la
Aloysius v. Gonzaga **10** 246
Alp Arslan, türk. Feldherr **4** 561
Alphäus, Märt. **2** 183
Alpuche, José Maria **11** 925
Alren, Alvarez de **9** 652
Alsted(ius), Johann Heinrich **8** 41, 1118
Altamirano, Luis de **10** 78
Altenstein, Karl Freiherr v., preuß. Kultusminister **11** 294, 315
Altermann, Abbé **12** 297
Althaus, Paul **12** 123, 711, 744
Althusser, Louis **13** 500
Altizer, Thomas **13** 202
Altmann v. Passau, Bf. **5** 115, 152
Altoviti, Antonio **8** 598
Alvares, Francisco **7** 543, 581–585
Alvares, Gaspar **8** 760
, Jorge **8** 936
Alvarés Correia, Diogo **8** 864
Álvares Pereira, Nuno **11** 630
Alvarez, Emmanuel **8** 926
Alvarez, Juan **11** 452
Alvarez, Manuel **9** 533
Alvaro II., Kg. d. Kongo **8** 752, 754
Alvaro III., Kg. d. Kongo **9** 734, 739
Alvaro de Luna **6** 754
Alvaro Pelayo **6** 272, 490
Alvear, Enrique **13** 516
Alveldt, Augustin v. **7** 848, 854f.

Alves, Rubem **13** 205, 535
Alves Correira, Joaquim **12** 514
Alves da Cunha, Moíses **12** 515
Alves de Pinho, Moíses **12** 515
Alypia, Tochter Ks. Anthemius' **3** 303
Alypij, neophyt. Mönch **13** 397
Alypius v. Thagaste (Studienfreund Augustins) **2** 513, 518, 537, 541, 544, 794, 920, 924, 928, 932, 935, **3** 976, 985
Alzon, Emmanuel d' **11** 36, 130, 181, 185, 440, 499, 505
Ama, Comes **3** 310
Amabilis v. Riom, hl. **3** 346
Amadeus II. v. Savoyen **5** 49
Amadeus VI. v. Savoyen **6** 874
Amadeus VIII. v. Savoyen ↗ Felix V., Gegenpapst
Amaladoss, Michael **13** 188
Amalar v. Metz **4** 735, 761, 767 f.
Amalarich, westgot. Kg. **3** 399, 403 f.
Amalasuntha, ostgot. Kgn. **3** 396, 767 f.
Amalorpavadass, Durayswamy Simon **13** 332, 661
Amalrich v. Bene **5** 476, 585, 587, 873 f., 905
Amalrich v. Lusignan **6** 767
Amalrich v. Nesle, latein. Patr. v. Jerusalem **5** 316
Amandus, Johannes **7** 762
Amandus, Missionar **4** 632
Amandus v. Maastricht **4** 644, 646, 649
Amantius, Eunuch, Kämmerer **3** 146 f.
Amantius, röm. Diakon **2** 381
Amantius v. Jovia, Bf. **2** 998
Amarantina, Hexe **6** 514
Amasius, gall. Präfekt **2** 545
Amat, Felix **10** 685
Amator, Bf. v. Auxerre **3** 1017
Amatus v. Oloron **5** 93
Amaury **12** 577
Ambane, Louis **13** 694
Amboise, Françoise d', Hzgn. d. Bretagne **7** 357
Amboise, Geoffroy d' **7** 167, 172
Amboise, Georges d', Kard. **7** 178, 180, 353, 358, 361 f., 512
Amboise, Jacques d' **7** 167, 360
Amboise, Louis d' **7** 172, 362
Ambrogio Traversari **6** 746
Ambrosiaster **1** 860
Ambrosios, Bf. v. Sarajevo **11** 753
Ambrosios, Freund des Origenes **1** 557, 608, 610 f., 615, 618 f.
Ambrosius Aurelianus **3** 869
Ambrosius Autpertus **4** 678, 757, 836
Ambrosius Catharinus ↗ Catharinus, Ambrosius
Ambrosius v. Mailand, hl. **1** 820, **2** 150, 224, 235, 277, 309, 426, 434, 444, 446, 454–458, 462, 464, 466, 470, 475, 477, 487, 489, 491, 494–497, 499, 513, 526, 531, 552, 634, 651, 653–656, 658, 661, 679, 686, 691, 696, 712, 717, 719, 726, 733, 742, 744, 773, 784, 790–803, 806–810, 812, 849, 853, 855, 857, 862, 891, 896, 906, 914, 920, 944, 946, 964, 976, 998, 1062, 1070, **3** 172, 248, 251, 254 f., 328, 336, 714, 725, 790, 863, 896, 1083, 1090 f., 1097, 1114 ff., 1118, 1120 f., 1128, 1134, 1152, **7** 618, **8** 340, **9** 952
ʿAmda Seyon, äthiop. Kg. **6** 238, 241
Amédées de Talaru **6** 115
Amedéo, Kg. v. Spanien **11** 632, 634
Ameilh du Breuil **6** 635
Amelius **1** 699
Amelot, Sébastien Michel, Bf. v. Vannes **10** 647
Amelote, Denys **9** 849
Amerbach, Bonifatius **7** 747, 857, **8** 579
Amerbach, Johann **7** 618, 645
Américo, Pater **12** 512
Américo Castro **6** 760
Amerikanskij, Alexis ↗ Toth, Elek Alexis
Ames, Edward S. **11** 896
Amette, Léon Adolphe, Bf. v. Bayeux, Kard. Ebf. v. Paris **11** 519, 524
Amezcua, Mira de **9** 1056 f.
Amico, Francesco **9** 999
Amida **8** 917
Amilia, Barthélemy **9** 859
Amiot, Jean Joseph Marie **10** 147 f.
Amir Sa'id **6** 232

Amman, Jacob **9** 471
Ammannati, Bartolomeo **8** 1209
Ammar al-Baṣrī **4** 467
Ammia, Montanistin **1** 570
Ammianos v. Teleda, Klostergründer **3** 608, 611
Ammianus Marcellinus **2** 237, 380, 400, 407, 411, 463, 656, 690, 991, 1003
Ammon, Bf. v. Berenike **2** 115
Ammonas, Eremit **2** 822
Ammonius, alexandr. Lehrer **2** 1023
Ammonius, neuplaton. Philosoph **3** 427, 651 f.
Ammonius Sakkas **1** 604 f.
Ammundsen, Valdemar, Bf. v. Haderlev **11** 590, **12** 857, 862
Amolo v. Lyon **4** 734
Amon, Hans **8** 134
Amoroso Lima, Alceu (Tristão de Athayde) **12** 1192
Amort, Eusebius **9** 842
Amos v. Jerusalem, Bf. **3** 955
Amphilochios v. Kyzikos, Metropolit **4** 195
Amphilochios v. Patmos ↗ Makris, Amphilochios
Amphilochius v. Iconium **2** 447, 451, 454, 652, 681 f., 839, 1070, 1073
Amphilochius v. Side, Bf. **3** 110
Ampliatus **1** 286
Ampudia, Pascual de, Bf. v. Burgos **7** 403
Amr al-Aqta, Emir **4** 241
Amr ibn al-As **4** 26 f.
ʿAmr ibn Mattā **6** 214
Amsdorf, Nikolaus v. **7** 712, 753, **8** 6, 317, 399
Amun v. Nitria **2** 809, 823
Amyot, Jacques **8** 261
Amyraut, Moise **9** 421 f., 932, 971, 988, 1107
Ana Nzinga, Kgn. d. Kongo **9** 740
Anahit (altarmen. Göttin) **2** 104
Anaitis (ägypt. Göttin) **2** 88
Anaklet II. (Pierleone, Petrus), Gegenpapst **5** 72, 181, 186, 190–194, 197 ff., 201, 210, 307, 312, 320, 413, 664
Anania I., armen. Katholikos **4** 512, 514–517, 520, 525, 529
Anania Narekacʿi/Anania v. Narek **4** 521 ff., 525 f., 534
Anania Sanahnecʿi **4** 534
Anania Širakacʿi **4** 489 f., 522
Ananias **1** 59, 62
Ananias, Hoherpriester **1** 134
Anānīschō **4** 465
Ananja **1** 768
Ananus, Hoherpriester **1** 480
Anastas I. Akoṛecʿi, armen. Katholikos **4** 488 ff.
Anastasia (Halbschwester Licinius') **2** 209
Anastasios s. a. Anastasius
Anastasios, Abt d. Neas-Klosters **3** 955
Anastasios, Bf. v. Korinth **3** 913
Anastasios, Metropolit **4** 265
Anastasios, Oikonomikos **4** 38
Anastasios, oström. Ks. **3** 137, 139–143, 145 ff., 149, 152, 185, 187 f., 190 f., 193, 195–200, 202, 309, 359 f., 370 f., 422, 524, 537, 553, 559, 570, 574 f., 615 f., 622, 634 f., 638, 655, 670, 676, 687, 690, 720, 1205, 1209
Anastasios, Patr. v. Alexandreia **4** 438
Anastasios, Patr. v. Konstantinopel **4** 104, 106, 109 f., 575
Anastasios, Patr. v. Antiochia **3** 459 f., 500, 569, 617, 893, 895, 947, 949 f., 952 f., **4** 73
Anastasios, Patr. v. Jerusalem **3** 574, **4** 60, 410
Anastasios, pers. Märt. **4** 370
Anastasios I., byzantin. Ks. **4** 425, 712
Anastasios I., melkit. Patr. v. Antiochia **3** 509 f., **4** 400
Anastasios II., byzantin. Ks. **4** 38, 273
Anastasios II., Patr. v. Antiochia **3** 950 f., **4** 399
Anastasios Apokrisiarios **4** 45
Anastasios d. Perser, hl. **3** 1075, **4** 88 f.
Anastasios Magoundat **4** 17
Anastasios Monachos, Schüler d. Maximos **4** 45, 50 f.

Anastasios Sinaites **4** 3, 53–56, 72, 90f., 124, **7** 27
Anastasios v. Cherson, Priester **4** 943
Anastasios v. Thessalonike, Vikar **3** 327
Anastasius, konstantinopol. Priester **2** 581
Anastasius, Patr. v. Jerusalem **3** 128, 130, 132
Anastasius, Priester **3** 124
Anastasius, röm. Bf. (Papst) **2** 499, 513, 902
Anastasius, Vikar **3** 55, 72
Anastasius II., Papst **3** 139, 153, 190ff., 309, 311, 315, 379
Anastasius III., Papst **4** 203
Anastasius IV. (Konrad v. Suburra), Papst **5** 181, 210ff., 215
Anastasius (Ascherich), ungar. Bf. **4** 831, 903
Anastasius Bibliothecarius **4** 181, 183, 371, 713f., 717ff., 721, 757, 929
Anastasius v. Nizäa, Bf. **3** 114
Anatol **3** 428
Anatolios, Bf. v. Laodikeia **1** 448, **2** 72, 710
Anatolios, Patr. v. Konstantinopel **3** 70, 72, 75–79, 81, 92, 95, 98–102, 110, 112ff., 122, 125f., 128, 162–165, 167, 169ff., 173, 558ff., 637
Anatolis, stud. Mönch **4** 154
Anatolius, Diakon, päpstl. Apokrisiar **3** 465, 932, 934ff., 942, 951, 953
Anatolius v. Beroea, Bf. **2** 423
Anawati, Georges **12** 300, **13** 465
Ancel, A., Weihbischof v. Lyon **13** 17, 20, 61
Anchieta, José de **8** 727, 864f., 867, **9** 648
Ancre, Pierre de l' **8** 725, 1084, 1090, 1097
Andagoya, Pascual de **7** 524
Andelot, François d' **8** 479
Anders, Władysław, poln. General **12** 805
Anderson, C. I., Bf. **11** 422
Anderson, Charles **12** 53
Anderson, James **10** 212, 219
Anderson, Robert Mapes **12** 1100
Andilly, Arnauld d' ↗ Arnauld d'Andilly
Andlau, Heinrich Freiherr v. **11** 306
Andrade, de, Pater **9** 801
Andrade, Simão da **7** 526
Andragathius **2** 465
André, Frater, Dominikaner, Künstler **9** 1038
André, Frère **12** 1138
Andrea, Xavier d' **9** 819
Andrea Barbarigo **6** 732
Andrea Corsini **6** 358, 732, 739
Andrea Dandolo, venet. Historiograph **3** 480
Andreae, Jacob **8** 12, 326, 1071
, Johann Valentin **8** 40, 412, **9** 414
Andreä, Laurentius **7** 760
Andreas, Abt v. St. Antonius **6** 837
Andreas, Apostel **1** 35, 320, 535, 781, **2** 482, 686, 976, **4** 549, 558, 580, 584, 594f.
Andreas, Bf. v. Tarent **3** 907
Andreas, Brüder **9** 1079
Andreas, Diakon **3** 167
Andreas, Metropolit v. Thessaloniki **3** 189, 191
Andreas I., ungar. Kg. **5** 130
Andreas II., ungar. Kg. **5** 690, 701
Andreas Agnellus, Chronist, Bf. ↗ Ravenna **3** 306, 473ff., 782f.
Andreas Chrysoberges **6** 819, 823, 828, 838
Andreas de Escobar **6** 289, 291
Andreas Jastrzębiec **6** 783
Andreas (Petros) d. Kalybite **4** 119
Andreas Salos **7** 27
Andreas-Svierad, Eremit, ungar. Heiliger **4** 915
Andreas v. Bari, Ebf. **5** 31
Andreas v. Byzanz **4** 489
Andreas v. Kreta **4** 310
Andreas v. Longjumeau **5** 792ff.
Andreas v. Prag, Bf. **5** 691
Andreas v. Saint-Victor **5** 761
Andreas v. Samosata **2** 593, 620, **3** 8, 11f., 19, 1197
Andreas v. Ungarn **6** 579
Andreini, Giambattista **9** 1057, 1063
Andrelini, Fausto **7** 622

Andreoni, Jesuit **9** 716
Andrew, James **11** 866
Andrewes, Lancelot **8** 971, 1060, **9** 867
Andrieu, Paulin-Pierre, Kard. Ebf. v. Bordeaux **11** 519, **12** 569
Androin de La Roche **6** 48, 574, 647
Andromachus **3** 184, 309, 331 f.
Andronicus, Gefährte d. Paulus **1** 127, 286
Andronicus v. Tentyra, Bf. **2** 652
Andronikos, Patr. v. Alexandria **3** 428
Andronikos, Statthalter **2** 662
Andronikos, Zensor **4** 295
Andronikos I. Komnenos, byzantin. Ks. **5** 349, 366, 717
Andronikos II. Palaiologos, byzantin. Ks. **5** 731, **6** 134, 139, 143, 151, 155, 167, 190, 194, 200, 302, 305, 409, 458, 499, 507, 549, 551, 611, 621, 814, 822, 825, 827
Andronikos III. Palaiologos, byzantin. Ks. **6** 134, 139, 144, 167, 173, 175, 194, 302, 499, 503, 512, 558, 613, 618, 828, **7** 7 f.
Andronikos IV. Palaiologos, byzantin. Ks. **6** 167, 181, 512, 614, 618
Andronikos Dukas **4** 201, **5** 22
Andronikos Kallistos **7** 50
Andronikos Kamateros **5** 355, 367, 384
Andronikos v. Sardeis, Bf. **5** 730
Andropow, Jurij, sowjet. Staatschef **13** 354, 400 f.
Androutsos, Christos **12** 958
Anemius v. Sirmium, Bf. **2** 454, 457
Anenkletos, Bf. v. Rom **1** 678
Anet, L. **11** 209
Angel v. Valencia **9** 736
Angela v. Foligno **6** 518, 536
Angelarios, Schüler d. Missionars Methodios **4** 934
Angeli, Giovanni **7** 118
Angelico, Fra **6** 529, 745
Angelina v. Thessalien **6** 195
Angelis, Geronimo de **8** 929
Angelo Clareno **6** 326, 525, 542, 743
Angelo Maria v. Ajaccio **9** 737
Angelus Silesius (Johann Scheffler) **9** 837, 858, 878 f.
Angelus v. Troia **4** 835
Angers, David d' **10** 398
Anghel, Athanasios, transsylvan. Metropolit **9** 605
Anghiera, Petrus Martyr de **7** 524
Angilbert, Abt/Hofkapellan **4** 688, 749, 772
Angilram v. Metz **4** 763
Angulo, José **10** 776
Anianus **3** 350
Anianus v. Celenda **2** 533
Anicet, Bf. v. Rom **1** 163, 321, 332, 334, 377 ff., 452, 678 f., 683, 858
Anicia Faltonia Proba **2** 532
Anicia Juliana ↗ Juliana Anicia
Anicius Olybrius, oström. Ks. **3** 305, 691
Anjirō ↗ Paulo de Santa Fe
Anna, Gattin Wladimirs, russ. Großfürst **4** 940, 943
Anna, hl. **9** 910
Anna, Kgn. v. England **9** 116, 441, 446, 450 f., 453, 497
Anna, Mutter Ludwigs XIV. v. Frankreich **9** 125
Anna, Nichte Zar Peters d. Gr. **9** 504
Anna, Schwester Symeons, bulg. Zar **4** 932
Anna, Tochter Jaroslavs d. Weisen **5** 343
Anna, Tochter Zar Peters d. Gr. **9** 504
Anna Dalassene **5** 18
Anna Iwanowna, Zarin v. Rußland **9** 514, 525
Anna Katharina, Erzhzgn. v. Tirol **9** 37
Anna Komnena **4** 347, 351, **5** 13, 29, 31, 374, 376, 479, 487
Anna Komnena Dukaina Palaiologina **5** 739
Anna Notaras **7** 52
Anna v. Bretagne, franz. Kgn. **7** 833
Anna v. Jesus **8** 515, 1053
Anna v. Kleve **8** 214
Anna v. Österreich, Regentin v. Frankreich **9** 172, 353, 356, 394, 945, 1060
Anna v. Savoyen **6** 159, 175, 505
Annan, Kofi, UNO-Generalsekretär **13** 140

Annat, François, Beichtvater Ludwigs XIV. v. Frankreich **9** 362, 364, 366, 1001
Anne, Kgn. v. England **8** 525, 529
Annianus, Bf. v. Alexandria **1** 167
Annibaldi, Familie **6** 573
Annibaldi, Riccardo, Kard. **5** 579, 590, 596, 643, 846
Annibaldo da Ceccano **6** 46, 602
Annius Innocentius **2** 650
Anno II. v. Köln, Ebf. **5** 40, 42, 44, 46, 171
Anonymus Mercati **5** 375
Anonymus v. York **5** 288
Anonymus Valesianus, Chronist **3** 317 f., 339
Anosazad **3** 1168
Anquetil-Duperron, Orientalist **9** 801, 812
Ansegis v. Sens **4** 721
Ansegis v. St-Wandrille **4** 763
Anselm v. Baggio ↗ Anselm v. Lucca
Anselm v. Bec **5** 174
Anselm v. Canterbury **4** 762, **5** 77, 96, 102 ff., 106, 126, 266, 455, 472, 520, 529, 931, **6** 424, 445, 447, 518, 819, 823, **7** 264, 785, **8** 71, **9** 831, **12** 123
Anselm v. Havelberg, Bf. **5** 383, 386
Anselm v. Laon, Bf. **5** 278, 473, 575
Anselm v. Lucca, Bf. ↗ Alexander II., Papst
Anselm v. Lüttich **5** 109
Anselm v. Mailand **4** 763
Ansgar, Missionar **4** 729, 733, 893
Anslo, Pastor (u. dessen Frau) **9** 470
Antalas, maur. Stammesführer **3** 750
Antall, József, ungar. Premierminister **13** 368
Antaradus v. Balaneae, Bf. **2** 324
Anterius, Bf. **2** 499
Anthemios v. Salamis **3** 576
Anthemius, weström. Ks. **3** 228, 303–306
Anthenor v. Saint-Mont **5** 139 f., 155
Anthimos, Diakon **4** 122
Anthimos, Patr. v. Alexandria **3** 494
Anthimos, Patr. v. Jerusalem **10** 124, 127, 131
Anthimos III., Metropolit v. Athen **9** 567
Anthimos V., Metropolit v. Athen **9** 566 f.
Anthimos VI., Patr. v. Konstantinopel **11** 768
Anthimos VII., Patr. v. Konstantinopel **11** 441
Anthimos v. Trapezunt, Patr. v. Konstantinopel **3** 424, 438–441, 443, 558 f., 770, 772 f.
Anthimus, Bf. v. Nikomedia **2** 87
Anthimus v. Tyana, Bf. **2** 432
Anthrakitis, Methodios **10** 127
Anthusa (Mutter d. Johannes Chrysostomus) **2** 811
Antim Ivireanul **9** 583, 587
Antimos VI., Metropolit (Tchalakov, Atanas Mikhailov) **11** 769
Antinous **1** 883
Antiochus, Präfekt **2** 614
Antiochus I., Kg. **1** 110
Antiochus III., Kg. **1** 92
Antiochus III., syr. Herrscher **2** 15
Antiochus IV. Epiphanes, Kg. **1** 11, 257, 864, 885
Antiochus IV. v. Commagene, Kg. **1** 112
Antiochus v. Askalon **2** 707
Antiochus v. Ptolemais **2** 558, 563
Antiochus v. Resh'aina, Bf. **2** 1080
Antipater, Vater v. Herodes d. Gr. **1** 93
Antipater v. Derbe **1** 112
Antoine, Louis **12** 562
Antoine, Michel **9** 386
Anton, Paul **10** 203
Anton v. Bergen **7** 638
Antonazzi, Giovanni **11** 477
Antonelli, Giacomo, Kard. **10** 342 f, **11** 22 f.
Antonianus, numid. Bf. **2** 164, 166
Antonij, Metropolit v. St. Petersburg **11** 749
Antonij v. Novgorod **6** 141
Antonin, Ebf. v. Florenz ↗ Pierozzi, Antonin
Antonin v. Mérida, Bf. **3** 220
Antonino Pierozzi ↗ Pierozzo, Antonin
Antoninus, röm. Subdiakon **3** 912

Antoninus Marcus Aurelius, röm. Ks. ↗ Elagabal
Antoninus Pius, röm. Ks. **2** 13, 145, 818
Antoninus v. Ephesus, Bf. **2** 561, 1058, **3** 560
Antoninus v. Fussala, Bf. **2** 904, 928, 931
Antonio, Dom, Vetter Sultan Yusufs v. Malindi **9** 747
Antonio, Olu v. Warri **9** 737
Antonio I., Kg. d. Kongo **9** 740
Antonio da San Gallo **8** 1222
Antonioni, Michelangelo **12** 143
Antonios, Bf. v. Novgorod **5** 512
Antonios, litauischer Märt. **6** 553, 561
Antonios, Mönch, hl. **3** 593
Antonios, syr. Rhetoriker **4** 433
Antonios II., Patr. v. Konstantinopel **4** 200, 935
Antonios III. Studites, Patr. v. Konstantinopel **4** 326
Antonios IV., Patr. v. Konstantinopel **6** 146, 151, 164, 183, 296, 507, 612, 621, **7** 53 f.
Antonios d. Eparch **8** 373
Antonios v. Herakleia, Metropolit **6** 188
Antonios v. Larissa **6** 404
Antonios v. Sylaion **4** 146 f., 155, 157
Antonius **1** 888
Antonius, Bf. **3** 178
Antonius, Bf. v. Tarsus **2** 74
Antonius, Mönch, hl. **2** 115, 351, 819, 822, 829, 832, 855, 920, 1016 f., **3** 584, 660, 665 f., 1152, **4** 444, 451, **6** 153
Antonius I., Katholikos v. Mtzcheta **9** 586, 588
Antonius a Spiritu Sancto **9** 839
Antonius ab Annuntiatione **9** 839
Antonius Audeth **6** 215, 217
Antonius Julianus Severianus **1** 661
Antonius Marcus, Triumvir **2** 14
Antonius Pius, röm. Ks. **1** 152 f., 160, 179 f., 238, 245, 252, 259, 567, 574, 588 f., 765, 874
Antonius v. Luxemburg **7** 638
Antonius v. Padua, hl. **5** 889, **6** 538 **9** 741, 1142
Antonius v. Pečersk, Mönch **4** 949
Antonius v. Piacenza **3** 1110
Antoniutti, Hildebrando **12** 533
Antonopolou, Ioannis **12** 1014
Antraigues, Emmanuel de Launay, Comte d’ **10** 567
Antrakitis, Methodios **9** 573
Antun, Farah **11** 816
Anullinus, afrikan. Prokonsul **2** 185, 206, 248
Anysius v. Thessalonike, Bf. **2** 1062
Anzengruber, Ludwig **11** 682
Aoun, Michel **13** 447
Apafy, Mihály **9** 29
Aparicio, Sebastian de **11** 922
Apelles v. Alexandrien, Markionit **1** 184, 683, 827, 860
Aphraates/Aphrahat ↗ Afrahat
Aphrodisios, Bf. v. Cyzikus **2** 86
Aphrodite **2** 218, 234, 236, 683, 1064
Aphtonios, Manichäer **2** 371
Apiarius v. Sicca Veneria **2** 903
Apion **1** 871
Apokaukos **5** 727, 743, 750
Apolinarius v. Laodicea **2** 69, 407, 426, 430, 433, 436, 438–445, 459, 570, 579, 586, 608, 610, 619, 718, 1019, 1037, 1070, 1075, **3** 31 f., 36, 46, 67, 107, 111, 139, 166, 172, 435 f.
Apollinarios, Patr. v. Alexandria **3** 442, 452 f., 510, 564, 567 f., 603
Apollinaris, Bf. v. Valence **3** 378
Apollinaris, Onkel des A. Sidonius **3** 376
Apollinaris Sidonius, Bf. v. Clermont **2** 805, 865, **3** 226–230, 232–237, 247 ff., 251, 255, 304, 345 ff., 367, 375 f., 791, 805, 816, 822, 883, 928, 1049, 1082, 1110, 1146, 1149
Apollinaris v. Ravenna, hl. **3** 1128, 1152
Apollinarius, Bf. v. Alexandrien **1** 845
Apollinarius, Bf. v. Hierapolis **1** 160, 567, 569, 877, **2** 83, 93
Apollo(n) (↗SR: Apollon-Orakel) **2** 85, 88, 188, 198, 217, 407, 409, 687
delphischer **2** 89
Apollon, Eremit **2** 822

Apollon, Mönch **3** 600
Apollonius **1** 569
Apollonius, Presbyter **1** 329
Apollonius, Senator **1** 673
Apollonius Molon **1** 870
Apollonius v. Rom, Märt. **1** 256
Apollonius v. Tyana **1** 27, 734, **2** 98
Apollos **1** 121, 153, 166, 170, 298, 466, 479
Apostol, Daniil **9** 529
Apostolis, Arsenios **8** 372
Apʿot, georg. Bf. **3** 1261 f., 1270, 1293
Appert, Benjamin **10** 845 f.
Apringius, Bf. v. Pax Iulia **3** 408
Aprunculus, Bf. v. Langres **3** 230, 348, 363, 367, 377
Apuleius, Rhetor **1** 880, 911, 947, **2** 15
Apusahl Arcruni, armen. Kg. **4** 535
Aqaq, pers. Katholikos **3** 1171, 1177, 1180, 1209, 1212
Aqiba, Rabbi **1** 40, 763 f.
Aquaviva, Rudolfo **9** 757, 800
Aquila, Mitarbeiter d. Paulus **1** 96, 119, 121, 126 f., 172, 285 f., 292, 305 f., 626, 667 f.
Aquila Sabatianus, Präfekt **1** 592, 601, 603, 605 f.
Aquila v. Sinope **1** 484, 505, 609 ff., 735, 763 f., 766 f., 769, 783, **2** 721
Aquilinus, Märt. **1** 627
Aquino, Benigno **13** 682
Aquino, Corazón, philippin. Präsidentin **13** 682 f.
Ar-Raschid, Kalif **5** 790
Arab-Chān, Emir **6** 230
Arafat, Jassir **13** 310
Aragón, Kge. v. **6** 45, 243
Aram I., armen. Katholikos **13** 468
Arana, Sabinó **12** 522
Aranda, span. Graf **10** 170
Arande, Michel d' **7** 834 f., 837, 841, **8** 455
Aranguren, José Luís L. **12** 542
Aranha, Oswaldo **12** 1193
Arap Moi, Daniel, Präsident v. Kenia **13** 572 f.
Arator, Bf. **2** 652, **3** 234
Arator, Diakon **3** 780, 1079
Aratos **1** 895
Araujo, Maria de **11** 953, **12** 1202
Arauxo, Correa de **8** 1239
Arbogast, fränk. Heermeister **2** 467
Arboleya-Martinez, Maximiliano **11** 639
Arbousset, Thomas **11** 995, 1071
Arbués de Epila, Pedro **7** 395
Arcadia, Ksn. **2** 589
Arcadius, Bf. **2** 596
Arcadius, röm. Ks. **2** 467, 470, 472, 477, 552, 556, 562, 566, 574, 899, 995, 997, 1023, 1057, **3** 28, 714, 1078
Arcadius, röm. Legat **2** 614
Arce, Ramón José de **10** 33 f.
Archambault, Joseph Papin **12** 1142
Archambault, Paul **12** 583, 618
Archange, Pater **8** 513
Archelaos, Kg. v. Makedonien **1** 13 f., 23
Archetti, Nuntius **10** 108
Archinto, Filippo **8** 594
Archippus, Bf. v. Laodicea **2** 94
Arčʿil, Kg., hl. **3** 1250, **4** 587
Arčil v. Mchetʿa, georg. Kg. **4** 554 f.
Arckel, Joan van **9** 742
Arco-Valley, Maria v. **11** 182, 235
Arcos, Miguel de **8** 813, 816
Arcy, Martin d' **12** 806
Ardaschir, sassan. Herrscher **2** 1077
Ardaschir II., sassan. Herrscher **2** 1081
Ardashir, sassanid. Herrscher **4** 22
Ardasir I., pers. Kg. **3** 1180
Ardasir II., pers. Kg. **3** 1180
Ardasir III., pers. Kg. **3** 1180
Areagnis **3** 384
Aredius v. Limoges, Abt **3** 832, 840 f.
Aremberg, Charles d' **8** 491
Aremburgis, Mutter d. Hugo v. Cluny **5** 166
Areobindus **3** 671
Areso **11** 132
Aretas IV., Kg. **1** 21, 103 f.
Arethas ↗ Harith bar Gabala
Arethas v. Kaisareia **4** 202, 204
Aretin **9** 431
Aretin, Baron v. **10** 707

Arevalo, Sanchez de **7** 121, 134
Argenson, Voyer d' **9** 396
Argentinus, Bf. v. Lamiggigia **3** 915f., 919
Argentis, Eustratios **9** 572
Argentius, afrikan. Bf. **2** 523
Arguelles, Augustín **10** 32
Argūn, mongol. Ilchan **5** 795, **6** 881
Argyll, Hzg. v. **9** 109
Argyros **4** 356f., 360
Ariadne, Ksn. **3** 137, 139
Ariald v. Varese **5** 35, 123f.
Arias, Benito (gen. Montanus) **8** 689, 698, 1128
Arias, Oscar, Präsident v. Costa Rica **13** 476
Arias Salgado, Gabriel **12** 535
Aribert v. Mailand, Ebf. **5** 123
Arichis II., Hzg. v. Benevent **3** 903, 1094, **4** 707
Arichis II., langob. Kg. **4** 833, 836f.
Arigernus, got. Beamter **3** 314
Arigius, Abt **3** 395
Arigius, Rektor d. Provence **3** 927
Arigius (Arey), Bf. v. Gap **3** 924f.
Arinze, Francis, Kard. Bf. v. Fissiana **13** 598
Ariost **7** 104
Aripert, langob. Kg. **4** 619, 637
Arisavus (Diakon, Anhänger d. Priszillian v. Avila) **2** 493
Aristakes, armen. Bf. **2** 105, 1085
Aristakēs Lastivertcʿi **4** 526f., 531, 533
Aristakes Partʿew, armen. Katholikos **3** 1222
Aristarch, Bf. v. Thessalonike **1** 152, 609
Aristeas **1** 759
Aristide, Jean-Bertrand, hait. Präsident **13** 476, 521, 538
Aristides, Bf. v. Thessaloniki **3** 152, 577
Aristides, Philosoph **1** 153, 574, 873, 887, 914, 926, **2** 1088
Aristides, Priester **3** 204
Aristion **1** 154, 162, 320
Aristipp **1** 900
Aristobul **1** 286, 306f., 593, 748, 865, 867f.
Aristobulos I., Kg. **1** 11, 17
Aristolaus, Tribun **2** 618, 623, **3** 24, 26
Ariston v. Pella **1** 154, 480, 660, 876
Aristophanes **1** 443, 734, 922
Aristoteles **1** 611, 698, 702, 734, 881, 890, 896, 901, 903, **2** 976, **3** 194, 256, 651f., **4** 48, 52, 70, 91, 124, 433f., 467, 853, **5** xxxiii, 373, 383, 475f., 487f., 673, 752, 829, 874, 876ff., 880f., 906, **6** 92, 290, 376, 436, 476, 820, **7** 490, 498, 507f., 522, 603, 620, 632, 665, 668, 679, 685f., **8** 589, 818, 1116, 1137, 1142, 1155, 1180, **9** 528, 787, 1051, 1060, 1091, **10** 130, **12** 201
Ariulf, Hzg. v. Spoleto **3** 903, 938f.
Arius **1** 821, **2** 86, 146, 215, 271–274, 278, 281, 283, 288, 290–304, 308, 312, 316, 320, 323–327, 329, 332f., 335, 337, 339f., 350, 354f., 358, 363, 371, 373, 388, 424, 438, 443, 446, 459, 579, 586, 608, 610, 619, 655, 830, 971, 1013, 1015, 1067, **3** 38, 108, 339, 1212, 1220, **4** 130
Ariwald (Arioald), langob. Kg. **4** 618f.
Ariëns, Alphonse **11** 555
Arkadios, Mönch **4** 150
Arkadius ↗ Arcadius
Arlabosse **11** 140
Arluno, Bernardino **7** 754
Armagnac, Georges d' **8** 455, 1090
Armand **10** 857
Armand-Caillat **11** 127, 183
Armand Pradier **5** 897
Armand v. Le Puy, Bf. **5** 578
Armandinus, Bf. v. Chalon **3** 244
Armbruster **11** 1059
Armendáriz, José Pérez, Bf. **10** 776
Armenius (Anhänger d. Priszillian v. Avila) **2** 493
Armenta, Bernardo de **9** 639
Armentarius, Arzt **3** 847
Armentarius, Bf. v. Embrun **3** 232f., 238
Armentarius, fränk. Comes **3** 834
Armentarius v. Agaune, Mönch **3** 991

Arminius, Jacob **8** 118, 375, 502, 1164
Armstrong, Louis **12** 1121
Armstrong, Samuel C., General **11** 873
Arn v. Salzburg **4** 708, 751
Arnald, Archidiakon v. Poitiers **5** 209
Arnald(us) v. Villanova **5** 611, **6** 265, 325, **7** 597
Arnaldus Amalrici **5** 775
Arnaldus v. Lüttich **6** 377
Arnaud, Frédéric **11** 38, 171
Arnaud de Corbie **6** 48, 647
Arnaud de Pellegrue **6** 47
Arnaud Nouvel **6** 597
Arnauld, Agnès **9** 352, 355
Arnauld, Angélique **8** 293, 515, 1072, **9** 286, 352f., 355, 1040, **10** 239
Arnauld, Antoine, gen. le grand Arnauld **9** 85, 87, 181, 193, 331, 355f., 359, 363, 366, 368f., 371, 373f., 376, 379, 395, 789, 851, 902, 952, 978, 980ff., 988, 993, 997, 999, 1006f., 1010, 1012, 1028, 1096, 1106
Arnauld, Catherine **9** 382
Arnauld, Henri, Bf. v. Angers **9** 256
Arnauld de Pomponne, Simon **9** 369, 373, 382
Arnauld d'Andilly, Robert **4** 59, **9** 352, 369
Arndt, Johann **8** 42, 976, 1057, **9** 414, 416, 867, 882, **10** 108, 202, 475
Arnédo, Jesuit **9** 782
Arno v. Köln **4** 795
Arno v. Reichersberg **5** 149, 392, 419
Arnobius **1** 952, **2** 987, **3** 1078
Arnobius d. Jüngere **3** 74f.
Arnobus d. J. **1** 684
Arnold, Abt v. Cîteaux **5** 413
Arnold, Franz Xaver **12** 199
Arnold, Gottfried **2** 194, **9** 414, **10** 206
Arnold, Thomas **11** 222
Arnold v. Brescia **5** 211f., 232ff., 493, 495
Arnold v. Harff **7** 106
Arnold v. Lübeck, Bf. **5** 229, 233
Arnoldi, Wilhelm, Bf. **11** 301
Arnoldson, Klas Pontus **11** 583
Arnolfo da Cambio **5** 613, **6** 722
Arnou, René **12** 187
Arnouville, Marchault d' **9** 142
Arnswald, August v. **11** 313
Arnulf, Historiograph **5** 51
Arnulf v. Bayern, Hzg. **4** 799, 802
Arnulf v. Kärnten, Ks. **4** 820f., **5** xxvi
Arnulf v. Lisieux, Bf. **5** 213, 661
Arnulf v. Metz **4** 606, 632, 656
Arnulf v. Orléans **4** 820, 827, 844
Arnulf v. Reims **4** 827–830, 844
Aron **1** 287, 416
Aron, Petru Pavel, Bf. **10** 121
Arouet, François-Marie ↗ Voltaire
Arpad, ungar. Fürst **4** 232
Arpino, Cavaliere d' (Giuseppe Cesari) **8** 1221
Arran, Graf **8** 535
Arrendondo y Alvarado, Gonzalez de **7** 410
Arriaga, Antonio **10** 762
Arriaga, Manuel **11** 629
Arriaga, Pablo José de **9** 654
Arriaga, Rodrigo de **9** 35
Arrianus, Bf. **2** 423
Arriba y Castro, Benjamín de, Kard. Bf. v. Tarragona **13** 48
Arrigo, Letterio d' **11** 260
Arrius Antoninus, Prokonsul **1** 258
Arroyo, Gonzalo **13** 508
Arrupe, Pedro, Generaloberer der Jesuiten **13** 333, 501, 510
Arsacius, Bf. v. Konstantinopel **2** 566, 1059
Arsacius, heidn. Oberpriester v. Galatien **2** 407
Arsak II., armen. Kg. **2** 1087, **3** 1192
Arsen I., georg. Katholikos **4** 576f.
Arsen II., georg. Katholikos **4** 565, 576f.
Arsen III. Črnojević, Patr. v. Peć **9** 548, 577ff.
Arsen IV. Sakabent, Patr. v. Peć **9** 548, 578
Arsen Ninoc'mideli, Mönch **4** 571
Arsēn Sapʿareli, georg. Katholikos **3** 1214, **4** 480
Arsen v. Iqaltʿo **4** 589, 592
Arsenije III., serb. Patr. **10** 119
Arsenije IV., serb. Patr. **10** 119

Arsenios, Märt. v. Berrhoia **6** 549
Arsenios, Mönch/Anachoret **4** 929 f.
Arsenios, Patr. v. Alexandreia **4** 416, 420 ff.
Arsenios Autoreianos, Patr. v. Konstantinopel **5** 729 ff., 737 f., 743, 752, 754, **6** 167, 201, 305, 307, 457, 546, 562, 614
Arsenios v. Tyros **6** 179, 309
Arsenius, Asket **3** 659
Arsenius, Metropolit v. Montenegro **12** 1008
Arsenius, Metropolit v. Tyrus **6** 221
Arsenius d. Große **2** 823, 827
Arsenius v. Hypselo, Bf. **2** 331, 334, 1015
Arsenius v. Orte **4** 717
Arsusa, Pitiahs d. Iberer **3** 1238, 1248, 1261
Artabasdos, Strategos **4** 109, 138
Artajo, Alberto Martín **12** 530, 533, 535
Artapan, Historiker **1** 594, 748, 768, 794
Artapanos **1** 748, 768, 794
Artaxerxes, pers. Herrscher **1** 748
Arteaga, Manuel **12** 1184
Artemidorus, Bf. v. Sardes **2** 89
Artemij, Abt **8** 379
Artemije, Ebf. v. Raska **13** 373
Artemios, hl. **4** 84, 309, 311
Artemis **2** 85 f., 88, 218, 1064
Artemon (Artemas), röm. Theologe **1** 705, 896, **2** 68
Arthington, Robert **11** 1007
Arthur, Prinz v. Wales **8** 194, 198
Artold v. Reims **4** 781
Arudj **7** 529, 591, **8** 740
Arvandus, Präfekt **3** 228
As-Said, Kalif **5** 790
Asbaje y Ramírez, Inés de ↗ Inés de la Cruz, Juana
Asbury, Francis **10** 486, 489
Ascelinus, Dominikaner **5** 792
Ascherius v. Gran, Ebf. **5** 340
Aschtaraketzi, (Nerses V.) Katholikos **11** 795
Asclepius v. Edessa, Bf. **3** 152
Asella, Asketin **2** 850, 858
Asfeld, d' **9** 396
Ashley, Anthony Ashley Cooper, Baron, 7. Graf v. Shaftesbury, Lord **11** 136 f., 229, 572
Ashrawi, Hanan **13** 441
Aske, Pfr. v. Somerset Magna **9** 447
Asker v. Lund, Ebf. **5** 134
Askew, Anthony **1** 525
Askidas ↗ Theodor Askidas
Asklepas v. Gaza, Bf. **2** 321, 324, 351, 360
Asklepiades, Bf. v. Edessa **1** 561, 585
Asklepios **2** 74, 84, 86, 236, 403
Askotchevsky, Viktor **11** 719
Aslakssen, Cort **8** 44
Asmussen, Hans **12** 716, 718
Asołik v. Taron, Historiograph **3** 1212, **4** 349, 520
Ašot, armen. Fürst **4** 406, 432
Ašot, Erisʿav v. Tblisi **4** 559
Ašot, georg. Kuropalat **4** 588
Ašot III. Bagratuni, armen. Kg. **4** 490, 503–506, 518 f., 521, 532 f.,
Ašot III. Ołormac, armen. Kg. **4** 512
Ašot Erkatʿ, armen. Kg. **4** 512
Ašot-Sahak, Kg. **4** 529
Aspar **3** 168, 267
Aspasius, Priester **1** 630, 640, **2** 25
Aspebet, sarazen. Fürst **2** 1093
Aspurakes, armen. Bf. **2** 1087
Aspurakēs Manazkertacʿi, armen. Katholikos **3** 1223
Asquith, Herbert Henry **12** 799
Assemani, Joseph **9** 599
Asser v. Sherborne **4** 746
Assmann, Hugo **13** 179, 508
Assurbanipal, assyr. Kg. **1** 902
Astalli, Camillo **9** 227
Asterios v. Gindaros, Klostergründer **3** 606, 611
Asterius Urbanus **1** 571
Asterius v. Amaseia, Bf. **2** 1073
Asterius v. Kappadokien **2** 297, 306, 327, 1067
Asterius v. Petra, Bf. **2** 420
Astié, Jean-Frédéric **11** 196
Astros, Jean Raymond Bonaventure d', General **10** 644

Asynkritus **1** 286
Ata, Häuptling auf den Tonga-Inseln **11** 1068
Atabeg **6** 231
Atahualpa **8** 775, 816
Ataida de Gama, Alvaro de **8** 938
Atanatio **11** 1081
Atanga **11** 1015
Atargatis (Fruchtbarkeitsgöttin) **2** 15, 75, 77
Atatürk ↗ Kemal Pascha, Gazi Mustafa
Ateek, Naim Stifan **13** 445
Atenulf v. Monte Cassino **4** 841
Athalarich, ostgot. Kg. **3** 321, 323, 385, 396, 767, 771
Athanagild, westgot. Kg. **3** 411, 785 ff., 791, 851 f., 921
Athanarich **2** 989 f.
Athanasios s. a. Athanasius
Athanasios, Anba, Bf. v. Beni Suef **13** 451
Athanasios, hl. **3** 30, 33, 172, 664, 666, **4** 369
Athanasios, konstantinop. Kleriker **3** 935
Athanasios, Metropolit v. Alba Julia **10** 121
Athanasios, Mönch (Enkel Ksn. Theodoras) **3** 495, 497 ff., 505 f.
Athanasios, Mönch/Priester **3** 943
Athanasios, Mönchsdiakon **6** 399, 497, 828
Athanasios, Patr. v. Antiocheia **4** 432, 438, 484, 496
Athanasios, Patr. v. Konstantinopel **7** 17
Athanasios, Patr. v. Alexandria **3** 38, 44, 46, 106, 108, 167, 180 f., 446, **4** 449
Athanasios, Patr. v. Antiochien **9** 573
Athanasios, Priester **6** 499
Athanasios, Priester a. Lykaonien **3** 944
Athanasios I., Ebf. **9** 575
Athanasios I., Patr. v. Konstantinopel **5** 739, **6** 142, 147, 150, 152, 155, 159, 170, 176, 190, 192, 197, 200, 202, 306, 398, 404, 449, 451, 453, 455, 458, 497, 499, 514, 547, 561, 611, 613, 621, 624
Athanasios II., Patr. v. Antiocheia **4** 399
Athanasios II., Patr. v. Alexandria **3** 136 f., 190
Athanasios II. Dabbās, Patr. v. Antiochien **9** 591
Athanasios III. Dabbās, Patr. v. Antiochien **9** 583, 591
Athanasios V. Margunios, Patr. v. Konstantinopel **9** 604
Athanasios Athonites **3** 437, **4** 278, 287 ff., 291 f., 294, 310, 341, 571
Athanasios d. Kameltreiber, Patr. v. Antiochia **3** 509
Athanasios d. Meteorit **6** 194, 552
Athanasios Gamālā (Camelarius), Patr. **4** 48, 427
Athanasios Lepentrinos **6** 154
Athanasios Sandālāyā v. Maiperqaṭ **4** 431
Athanasios v. Alexandreia **6** 299
Athanasios v. Antiocheia **6** 299
Athanasios v. Balad **4** 433
Athanasios v. Sakkudion **4** 169
Athanasius, alexandr. Priester **3** 97
Athanasius, Bf. v. Pachoras u. Ibrim **6** 237
Athanasius, Kirchenvater **9** 951, 955
Athanasius, Übersetzer **4** 368
Athanasius II., Patr. v. Alexandreia **6** 219, 221
Athanasius v. Alexandria, Bf. **1** 721, 749, 878, **2** 62, 72, 75, 112, 193, 257, 260, 272, 279, 283, 285, 288, 290, 293, 298, 305–310, 318, 324, 327–340, 349–354, 356–363, 365–368, 370, 376–379, 381–384, 410, 419–424, 427, 430, 433, 439, 442, 445, 460, 581, 589, 618, 650, 653, 670, 674, 724, 726, 786, 819, 826, 829, 858, 886, 958, 1014–1020, 1022, 1037, 1088, 1091
Athanasius v. Ankyra, Bf. **2** 392, 423, 428
Athanasius v. Perrhae, Bf. **3** 33, 70, 113
Athanasius v. Putna, orth. Bf. **9** 581
Athaulf, westgot. Kg. **3** 214 f., 218
Athayde, Tristão de ↗ Amoroso Lima, Alceu
Athenagoras, Bf. v. Athen **1** 153, 574, 588 f., 875 f., 879, 887, 892, 894, 911 f., 915, 920 f., 923, 925

Athenagoras I., Patr. v. Konstantinopel **9** 543, **12** 923, 925, 1021, **13** 71, 111, 135, 426, 460
Athene **2** 85
Athenius, Prokonsul v. Mauretania Caesariensis **2** 262
Athenodoros, Mönch **3** 633
Athenodorus, Bf. **1** 565
Athenodorus, Bf. v. Neocaesarea **2** 99
Athenogenes v. Pedachthoe **2** 186
Athronges, messian. Aufrührer **1** 23
Atkinson, Henry A. **12** 63
Atom Arcruni, armen. Kg. **4** 534 f.
Atrnerseh, Kuropalat **4** 513
Attala v. Bobbio **4** 618
Attala v. Pergamon **1** 688
Attaleiates **4** 268, 298 f.
Attalos v. Pergamon, Kg. **1** 331, **2** 12
Atticus **1** 911, **3** 16
Atticus, Bf. v. Konstantinopel **2** 538, 566, 839, 1026, 1053, 1059, **3** 551
Attikos v. Nikopolis, Bf. **3** 99, 102
Attikus, Prokonsul **1** 272
Attila, Hunnenkönig **3** 158, 224, 226, 235, 302, 305
Attiret, Jesuitenpater **9** 778
Attis (phryg. Gott) **2** 12
Attlee, Clement Richard **12** 800
Atto, Bischofskandidat in Mailand **5** 45, 51, 110, 125
Atto v. Vercelli **4** 782, 865, 869 f.
Atwater, William, Bf. v. Lincoln **7** 377
Aubanel, Théodore **11** 188
Aubert, Roger **11** 350, 352, **12** 194, 202, 448, 662
Aubertin, Edmé **9** 955, 978
Aubery, Pater **10** 520
Aubigné, Agrippa d' **8** 113, **9** 867
Aubri v. Molesme, Prior **5** 169
Aubusson, Pierre d' **7** 82
Audebat, Fritz **11** 1046
Audet, Jean-Paul **1** 312
Audet, Nicolaus **7** 168
Audisio, Guglielmo **11** 607
Audius **2** 988
Audley, Thomas **8** 525
Audo, Joseph, chaldäischer Patr. **11** 137
Audoin (Dado), hl. **4** 606, 612, 631 f.
Audomarus (St. Omer) **4** 633
Augagneur, Victor **11** 1019
Auger, Edmond **8** 306, 491, 991, **9** 337
Augier, Emile **11** 487
Augouard, Ph.-Prosper, Ebf. v. Cassiope **11** 979, 1011
Augurius v. Tarragona, hl. **3** 1129
August, Hzg. v. Braunschweig-Wolfenbüttel **9** 938
August, Kf. v. Sachsen **8** 11, 15, 31, 43, 412
August II., d. Starke, Kf. v. Sachsen **9** 48, 1042
August III., sächs. Kg. **10** 42
Augusta, Jan **8** 626
Augusta Pulcheria, oström. Ksn. **3** 941
Augustin, Bruder ↗ Causse, Abbé
Augustin, Ebf. v. Nidaros **5** 340
Augustinus Aurelius, Bf. v. Hippo, hl. **1** 453, 490, 507, 572, 628, 659, 725, 803, 820, 855, 921, 944, 947, 950 ff., **2** 21, 224, 246, 253, 257, 264, 277, 497, 501, 507, 509, 513, 515, 518, 521, 525, 528, 532–537, 539–542, 544–549, 552, 590, 596, 641, 651, 653, 656, 658, 661, 678, 680, 689, 691, 696, 707, 710–715, 719, 726, 728–734, 769, 773, 777, 779, 781, 785, 789–795, 799, 803–806, 808, 812, 853, 858–863, 870, 902, 918–936, 945, 969, 972, 996, 1000, 1003, 1036, **3** 172, 220, 223, 248, 253, 255–259, 264–267, 271, 292 f., 392, 394 f., 409, 454, 790, 859 ff., 896, 933, 947, 954, 969, 972 f., 976, 985, 987, 993, 999, 1001, 1003 ff., 1016, 1025, 1078, 1081, 1085, 1094, 1097, 1113 f., 1116 f., 1119 ff., 1123, 1130, 1140 ff., 1150, **4** 670, 746, 760 f., 766, **5** 70, 452, 456, 462, 472, 498, 669, 756, 877, 880, 883, 914, **6** 201, 279, 371, 819, 850, 863, **7** 220, 241, 301, 507, 522 f., 618, 621, 626 f., 632, 662, 681–684, 686, 688, 777 f., 785 f., 813, 861, **8** 72, 156, 196, 340, 825, 1067, 1122, 1138, 1165, 1195,

9 132, 171, 291, 313, 348 f., 353 ff., 358, 366, 368, 456, 778, 824, 833, 850, 952, 969, 976, 990, 1001, 1014 f., 1043, 1103, **10** 89, **11** 107, 359, 380, 435, **12** 201, 219, 224, 249, 392, 618, 812, 1229
Augustinus, Prior, erster Bf. v. Canterbury **1** 448, **3** 895, 925, 927–931, 979, 1089, **4** 622 f., 629
Augustinus Triumphus (Augustinus v. Ancona) **6** 272, 293, 356
Augustinus v. Aquileia, Bf. **2** 543
Augustus, röm. Ks. **1** 3, 11 f., 96, 113, 237, 245, 254, 328, 599, 623, **2** 3, 5, 12, 14, 196, 198, 229, 464, **3** 862, **4** 831, **9** 523
Aujolat, Louis-Paul **12** 324
Aulard **10** 372, 374, 389
Aulén, Gustav **12** 857
Aulnay, Charles de Menon d' **9** 665
Aulneau, Jean-Pierre **9** 675
Aumont, Marquise d' **9** 356
Aunacharius, Bf. v. Auxerre **3** 802, 841
Aunemund v. Lyon **4** 641
Aunucharius, Bf. **4** 607
Aupiais, Emile **11** 1013, **12** 324
Aurangzeb **9** 800 f., 805 f.
Aurelian, röm. Ks. **2** 4, 11, 16, 66, 69, 149, 173, 188, 198
Aurelianus, Bf. v. Arles **3** 456, 466, 798 f., 823, 969, 981 f., 987, 999
Aurelius, Bekenner **2** 37
Aurelius, Bf. v. Utica **1** 643
Aurelius, Diakon (Anhänger d. Priszillian v. Avila) **2** 493
Aurelius, span. Märt. **4** 740
Aurelius v. Karthago, Bf. **2** 507, 513, 516, 519, 534, 537, 794, 902, 904, 918, 921, 923–926, 928, 930–933, 936, **3** 290, 1003
Aurelius Victor **2** 209
Auriol, Vincent **12** 624
Ausonius, Dichter **2** 463, 465, 488, 963
Auspicius, Bf. v. Vaison **3** 241
Auspicius Arborius, Präfekt **2** 969
Austregisel v. Bourges **4** 606
Austremonius, hl. **4** 871
Autchar, Hzg. **4** 667
Authari, langobard. Kg. **3** 904, **4** 637
Authier, Christophe d' **9** 265 f., 269
Autolycus **1** 560, 876
Autun, Jacques d' **9** 1144
Auxanius, Bf. v. Arles **3** 797 f.
Auxentios, hl. **3** 636, **6** 154, 157, 192
Auxentios, Metropolit v. Sofia **9** 562
Auxentios, Mönch u. Volksprediger **9** 573
Auxentius, Biograph Wulfilas **2** 989
Auxentius v. Dorostorum, Bf. **2** 153, 458
Auxentius v. Mailand, Bf. **2** 212, 370, 377, 418, 425, 433, 653, 971, **3** 476
Auxianus, Abt **3** 247
Auxianus, Bf. v. Arles **3** 779, 801
Auxiliaris, Präfekt **3** 231
Auxilius **4** 821
Avellino, Andreas **8** 585, 587
Averardi, Nuntius in Lissabon **11** 940
Averroes ↗ Ibn Rušd
Avery, Martha Moore **12** 1107
Aves, Trotterel d' ↗ Trotterel d'Aves
Avetik, Patr. v. Konstantinopel **9** 606
Aviano, Marco d' **9** 36, 222, 289, 295
Aviau du Bois de Sanzay, Charles François **10** 420, 544, 636
Avicenna ↗ Ibn Sīna
Avila, Teresa v. ↗ Teresa v. Avila
Avircius Marcellus ↗ Abercius v. Hierapolis
Avitianus, Graf **2** 661, 969
Avitus, Abt v. Micy (Orléans) **3** 989
Avitus, Bf. v. Vienne **3** 283, 344, 354, 358 ff., 363 ff., 367 f., 372, 375, 377–384, 390, 791, 1125
Avitus, weström. Ks. **3** 226, 229, 302 f., 308, 345
Avitus v. Braga **1** 726, **2** 502
Avitus v. Clermont **3** 817, 1036
Avril, Jesuit **9** 803
Avrillon, Jean-Baptiste-Élie **9** 854, **10** 240
Avvakum Petrov **9** 520–523, 526 f., 536
Axido, „Anführer d. Heiligen“ **2** 257
Axionicus v. Antiochien, Valentinianer **1** 550, 560

Axni, armen. Adlige **4** 527
Ayala, Angel **11** 640, **12** 536
Ayala, Manuel José de **9** 652
Ayfre, Amédée **12** 162
Aylwin, Patricio, chilen. Präsident **13** 533, 538
Ayman v. Auxerre **4** 641
Aymard v. Cluny **4** 785
Aymerich v. Lyon, Ebf. **5** 592
Aymery de Châtelus **6** 579
Ayna Coeninch **6** 854
Azanza, José de **10** 31
Azariah, Vedanayakam Samuel, Bf. v. Darnakal **11** 1026, **12** 309
Azar'in, Simon **9** 535
Azaña, Manuel **12** 523
Azeglio, Cesare d' **11** 265
Azeglio, Massino d' **11** 21
Azelin v. Paris **4** 840
Azevedo, Ignatius de **8** 870
Azevedo Coutinho, José J. da C. de **10** 779
Aziz, Tarek **13** 453
Azizus (syr.-arab. Gott) **2** 77
Aznar, Severio **12** 518
Azpilcueta, Martin de (gen. Navarrus) **8** 688, 690, 700, 702, 727, 1118, 1184, 1197, **9** 996
Azurana, Gomes Eanes v. **9** 709
Azurara ↗ Zurara
Azzon, Jurist **5** 829

Baader, Franz v. **10** 709, **11** 18, 32, 111, 127, 306
Baago, Kaj **13** 666
Baal **2** 61
v. Doliche (↗Jupiter Dolichenus) **2** 75
-Samem (phöniz. Gottheit) **2** 63
Baanes **4** 24
Baanes d. Schmutzige **4** 241
Babai, pers. Katholikos **3** 1171, 1180, 1209, 1254
Babai d. Große, pers. Theologe **3** 1176, 1179
Babeuf, Gracchus **10** 405
Babgēn, armen. Patr. **4** 476
Babgēn I. Otʿmsecʿi, armen. Katholikos **3** 141, 1205 ff., 1209, 1211, 1215, 1223, 1264, 1266 ff., 1270
Babila, georg. Katholikos **3** 1273
Babkovskij, Benedikt **12** 986
Babowai, pers. Katholikos **3** 1171, 1173, 1180, 1271
Babur, Mogul **7** 528, 530
Babylas, Bf. v. Edessa **1** 561
Babylas v. Antiochia, Märt. **2** 66, 161, 686, 1031
Bacchus (Gott) **1** 236 f., **2** 150
Bacchus, hl. **3** 425, 669, 693
Baccinelli **11** 803
Bach, Carl Philipp Emmanuel **9** 1082
Bach, Johann Sebastian **8** 1239, 1242, **9** 415 f., 867 f., 1069, 1072 f., 1075 ff., 1080–1084, **10** 666
Bachelet, Vittorio **13** 216
Bachem, Julius **11** 646
Bachiarius, Mönch **2** 499, 859, 950, **3** 975
Baciccia ↗ Gaulli, Giovanni Battista
Bacon, Francis, Lordkanzler **8** 1111, **9** 942 f., 947, 981, **10** 130, **11** 896, **12** 159
Bacon, Roger **5** 611 f., 788, 793
Bacurius, georg. Fürst **2** 1090
Baden-Powell, Robert **12** 285
Badger, George Percy **11** 809
Baduel, Claude **8** 459
Baeumker, Clemens **11** 350
Bäumler, Markus **8** 436, 998
Baeza, Sebastiano de **8** 940
Baga, Michael **9** 592
Bagadius v. Bostra, Bf. **2** 1040
Bagarat Bagratuni, armen. Fürst **4** 501, 503
Bagni, Kard. **9** 937
Bagot, Pater **9** 761
Bagrat III., Kg. **4** 560 f.
Bagrat IV., georg. Kg. **4** 561, 563, 572 f., 580, 582, 584 f., **5** xxxvii, xxxviii
Bagrat V. v. Georgien **6** 230
Bahā' al-Dawla, Kalif **4** 460
Bahrām I., pers. Kg. **2** 1077, **3** 1180
Bahrām II., pers. Kg. **2** 1077, **3** 1165, 1167, 1180

Bahrām III., pers. Kg. **2** 1078, **3** 1180
Bahrām IV., pers. Kg. **2** 1082, **3** 1180
Bahrām V., pers. Kg. **2** 1083, 1088, **3** 1180
Bahrām VI. Čʿobīn, pers. Kg. **3** 1180
Bahu, Bhuvaneka **8** 884, 886
Bahuth, Clemens, griech. Patr. **11** 802
Baian, awar. Khan **4** 4
Baibars, Sultan **6** 209, 220, 224, 233, 237, 243, 871
Baibars, türk. Feldherr **5** 782 f.
Baier, Johann Wilhelm **9** 987, 1003
Baif, Jean Antoine de **8** 1111
Baile, Jean, Ebf. v. Embrun **7** 441
Baillargé, François **10** 525, 527
Baillargé, Jean **10** 527
Baillargé, Thomas **10** 528
Baillès, Bf. v. Luçon **11** 174
Baillet, Pater **9** 399, 1142
Baillie, John **12** 80
Baillie, Robert **9** 460
Bailly, Emmanuel **10** 676, **11** 38, 115, 184, 500
Bailón, Pascual **8** 704
Baines **11** 238
Bainville, Jacques **12** 618
Baius/Bajus, Michael de ↗ Bay, Michel de
Bajazet/Bajezid ↗ Bayezid
Baker, George „Father Divine“ **12** 1119, 1122 f.
Baker, Joseph Allen **12** 329
Baker, Shirley Waldemar **11** 1074
Bakhtīschūʿ I., Arzt **4** 462 f.
Bakhtīschūʿ II., Arzt **4** 460, 462
Bakhtīschūʿ III., Arzt **4** 462
Bakker, Jan de **7** 746
Bakunin, Michail **11** 746
Bakur, georg. Adliger **3** 1241
Bakur, iber. Kg. **3** 1250
Balaban v. Lemberg **8** 656
Balabin, Eugen **11** 757
Balan, Pietro **11** 608
Balas, pers. Kg. **3** 1180
Balasuriya, Tissa **13** 173, 188, 663
Balbastre, Claude **9** 1082
Balbín, Bohuslav **9** 24
Balbo, Cesare **11** 266
Balboa, Vasco Núñez de **7** 524
Baldassari, Ebf. v. Ravenna **13** 20
Baldensperger, Wilhelm **11** 399
Baldinotti, Jesuit **9** 761
Baldinucci, Pater **9** 327
Balduin, Friedrich **9** 997
Balduin II., Kg. v. Jerusalem **5** 319
Balduin II., latein. Ks. v. Byzanz **5** 721
Balduin IV., Kg. v. Jerusalem **5** 316, 321
Balduin v. Capua, Abt **4** 837
Balduin v. Flandern, Graf **5** 718
Balduin v. Trier **6** 688, 859
Balduinus ↗ Bauduin, François
Baldus **5** 600
Baldus, Kanonist **6** 92
Balfour, Arthur James, 1. Graf v., brit. Außen- und Premierminister **11** 571, **12** 390, 394, 916
Balfour, H. C. R. **12** 806
Balič, Charles **12** 247, **13** 51
Balientz **6** 228
Ballanche, Pierre Simon **10** 797, 799 ff., 813, 815, 817, 824 f., 827, 854, **11** 121
Balle, Nicolai Edinger, Bf. v. Kopenhagen **10** 61 ff.
Balley, Charles **10** 545
Ballou, Hosea **11** 835
Balmes, Jaime **10** 688, **11** 113, 287, **12** 520
Balsamon, Kanonist **4** 60, 194, 199, 228, 266, 271, 318, 320, 324, 579 f., 585, 588, **6** 298, 612
Balslev, Carl Frederik **11** 592
Balthasar, Hans Urs v. **12** 102, 127, 192, 200, 208, 221, 231, 235, 676, **13** 196
Balthild, fränk. Kgn. **4** 641 f.
Baltimore, Lord **9** 690
Balue, Jean **7** 179
Balzac, Guez de ↗ Guez de Balzac, François
Balzac, Honoré de **10** 798, 801, 815, 820, 844
Balzzo v. Speyer **4** 807
Bambas, Neophytos **10** 732
Bamungwabi, Frédéric Etsou Nzabi, Kard. Ebf. v. Kinshasa **13** 572
Ban, Jan Albert **8** 506

Ban, Mitrofan, Ebf. **11** 770
Ban Kulin, bosn. Fürst **5** 342
Bancroft, Richard **8** 234, 550, 564, 567
Banda, Hastings Kamuzu, Präsident v. Malawi **13** 580
Bandarra, Conçalo Anes **8** 736
Bandinelli, Roland, Kard. **5** 213–216, 218f., 534, 665
Banerji, Surendranath (Taufname Brahmabandhab, Upadhyaya), Minister in Bengal **11** 1031
Banier **9** 558
Banning, Willem **12** 646
Bannwart, Clemens **12** 216
Banzer, Hugo, boliv. Staatschef **13** 475, 516
Bapst, Valentin **8** 28, 980
Bar, Catherine de ↗ Mechtilde du Saint-Sacrement
Bar, Nicolas du **8** 471
Bar Bahlūl **4** 468
Bar Sauma ↗ Barsauma
Bara, Jules **11** 533
Barat, Madeleine Sophie **11** 119, 158, 181, 861
Barbadinho **9** 652
Barbara, hl. **9** 1056
Barbarigo, Gregorio **9** 257
Barbarigo, Pierfrancesco **7** 642
Barbaro, Ermolao, Bf. **7** 336, 632
Barbaro, Francesco **8** 610
Barbaschemin, Bf. v. Seleukia-Ktesiphon **2** 1082
Barbatus, hl. **4** 616, 637
Barbedette **12** 188
Barberini, Antonio, Kard., Bruder v. Papst Urban VIII. **9** 228, 1031
Barberini, Francesco, Kard. **9** 937
Barberini, Maffeo ↗ Urban VIII., Papst
Barbey d'Aurevilly, Jules-Amédée **11** 121, 344
Barbeyrac, Jean **9** 188, 1096f.
Barbier **11** 524
Barbier, Advokat **9** 388, 390, 398f.
Barbieri, S. V. **12** 80
Barbo, Ludovico **7** 172
Barbosa, Duarte **8** 761
Barclay, Robert **9** 465, 871
Barcos, Martin de, Abt v. Saint-Cyran **9** 250, 355, 375, 1040
Bardaisan v. Edessa **1** 562, **2** 68, 76, 78, 1039, 1076, **3** 1162
Bardanios Turkos **4** 224
Bardas, Caesar **4** 179f., 185f., 331, 715
Bardas Skleros **4** 292, 519, 559
Bardasanes ↗ Bardaisan
Bardesanes v. Syrien **1** 889, 929
Barère, Bertrand de Vieuzac **10** 315
Barge (OP) **12** 583
Bargellini, Nuntius **9** 369
Bargigli **10** 602
Barhebraeus ↗ Gregorius Barhebraeus
Barillon, franz. Botschafter in London **9** 105
Barlaam, hl. **4** 573
Barlaam v. Kalabrien **6** 139, 174, 176, 199, 201, 302, 401, 408, 445, 557, **7** 15f.
Barlach, Ernst **12** 158
Barnabas v. Zypern, Begleiter d. Paulus **1** 59, 67, 78f., 107, 109–113, 121, 124, 150, 168, 194, 212, 273, 276ff., 298, 305, 314, 474–478, 797, **2** 65, 74,
Barnabé, Jesuit **9** 803
Barnabo, Alessandro, Kard. **11** 162f.
Barnes, Bf. v. Birmingham **12** 816
Barnett, Lincoln **12** 1044
Barnum, Phineas Tayler **11** 829f., 856
Baro **9** 1060
Barocci, Federico **9** 1039
Baroche, Pierre Jules, franz. Kultusminister **11** 173, 488f.
Baron **9** 805
Baronio, Cesare, Kard. **13** 3f.
Baronius, Caesar, Kirchenhistoriker **8** 278, 295, 353, 593, 1122, 1131, **9** 662, 954
Barozzi, Pietro, Bf. **7** 336
Barral, Louis-Mathias de, Ebf. v. Tours **10** 218, 635–639, 643–646, 649
Barrault **10** 849
Barre, Chevalier de la **10** 184
Barreira, Balthasar **8** 757, **9** 735
Barrès, Maurice **11** 335, 340

Barreto, Emmanuel **8** 926
Barrett, Charles K. **1** 279
Barrett, David B. **13** 609
Barrett, William **8** 565
Barrientos Ortuño, René **13** 535
Barrière, Jean de la **8** 491
Barron de Ballyneal, Edward, Generalvikar v. Philadelphia **11** 160, 978
Barros, Antonio, Bf. v. Porto **11** 628
Barros, João de **7** 413, 526f., 548, 580, 585f., **8** 729, 732, 736, 762, 880, 915
, Manuel de **8** 755
Barrow, Henry **8** 568, **9** 460
Barruel, Augustin, Abbé **10** 4, 178, 222, 285, 309, 336, 353, 359, 424, 426f., 507, 568
Barsanuphios v. Gaza **2** 832, **3** 444, 628, 659, 662, **4** 437
Barsanuphos **4** 340
Barsauma, hl. **6** 215, 245
Barsauma, Mönch aus Chanbalyq (= Peking) **6** 211f., 214
Barsauma, nestorian. Prälat **6** 832
Barsauma, syr. Mönch **2** 835, **3** 50, 54, 94, 108, 607f.
Barsauma v. Gavbicatha ↗ Ignatius Michael II.
Barsaumas v. Nisibis **2** 1084, **3** 1166, 1171ff., 1175ff., 1209f., 1212, **4** 426, 453
Barsbāy/Bars Bej, Sultan ↗ Barsbey
Barsbey, Sultan **6** 235, 245
Barseł Čon, armen. Abt **4** 487, 521
Barses, Bf. v. Edessa **2** 1040
Bársony, György **9** 30
Barsumas ↗ Barsauma
Bartali, Gino **12** 141, 457
Bartas, Guillaume de Salluste du **8** 1028
Bartatar, Peter Michael, Bf. v. Seert **11** 824
Bartels, Adolphe **10** 742f., **11** 32
Bartels, J. **11** 17
Barth, Carl Friedrich **10** 41
Barth, Karl **1** 824, **9** 1087, **10** 721, **11** 355, 357f., 385, 387, 403, 411, 579, **12** 49, 60, 64, 68, 77, 80, 87, 89–110, 112, 115, 118, 121–129, 195, 199, 204, 208, 236, 312, 344, 347, 353, 365, 368, 559, 641, 647, 667, 672, 677, 679, 711, 716, 718, 722, 728, 743, 745, 806, 817, 819, 824, 855, 857, 1073, 1075, 1079, 1084, 1116, 1132, **13** 195, 201, 355, 504, 665
Barth, Ulrich **11** 405ff.
Bartholomaeus, Abuna v. Äthiopien **6** 242
Bartholomäus, franziskan. Lehrer **5** 750
Bartholomäus, hl. **1** 493, 578, **4** 508, **9** 79
Bartholomäus I., Katholikos v. Iberien **3** 1273, 1285
Bartholomäus II., Katholikos v. Iberien **3** 1273
Bartholomaeus a Martyribus **8** 286, 727, 734
Bartholomäus v. Brescia **5** 635
Bartholomäus v. Cremona **5** 782
Bartholomäus v. Poggio **6** 227
Bartholomäus v. Simeri **5** 16, 312
Bartholomaios, Patr. v. Konstantinopel **13** 218
Bartlet, Vernon **12** 821
Bartmann, B. **12** 221
Bartoli, Riccardo **10** 451
Bartolini, Onofrio **7** 342
Bartolomeo d'Urbino **6** 744
Bartolomeo Prignano ↗ Urban VI., Papst
Bartolomeu dos Martires ↗ Martires, Bartolomeu dos
Bartolucci, Giulio **9** 976
Barton, Bruce **12** 1046
Barzé, Gaspard **9** 668
Baṣalota Mikāʼēl, Abt v. Dabra Gol **6** 241
Basarab, Neagoe **8** 360
Basawan, Maler **8** 897, **9** 801
Bascio, Matthäus v. **7** 341
Bascom, John **11** 899
Basedow, Johann Bernhard **10** 266
Baselius Paulose II., syr.-orth. Patr. **13** 462
Basil, „Staret" **9** 585
Basil d. Wolf, moldawischer Fürst **9** 581f.
Basil(e)ios, Großfürst v. Moskau **6** 183
Basileios, Bogomile **5** 484f.
Basileios, Diakon/Lehrmeister **5** 369
Basileios, Mönch **4** 347
Basileios, Patr. v. Jerusalem **4** 412

Basileios I., byzantin. Ks. **4** 70, 176, 178, 186ff., 190–193, 197–200, 205, 207, 215, 219, 221, 229f., 236, 242, 244ff., 265, 268, 286, 304ff., 308, 344, 505, 524, 719, 928f., 932, **5** xxxiii, xxxiv, 355, **6** 502
Basileios II., byzantin. Ks. **4** 208, 268, 292f., 303, 315f., 321, 324, 328f., 335, 346, 350, 353, 379, 405, 416, 519, 526, 528–531, 533, 578, 595, 940, 944, **5** 355, **9** 574
Basileios II., Patr. v. Konstantinopel **5** 355
Basileios d. Große, hl. ↗ Basilius v. Caesarea, hl.
Basileios d. Makedonier ↗ Basileios I., byzantin. Ks.
Basileios Skamandrenos, Patr. v. Konstantinopel **4** 209, 220
Basileios Trikakkabos **4** 133
Basileios v. Ankyra, Bf. **4** 130
Basileios v. Kaisareia ↗ Basilius v. Caesarea, hl.
Basileios v. Maipherqat (Mayyāfāriqīn) **4** 404
Basileios v. Ochrid, Metropolit **5** 384
Basileios v. Reggio **5** 376f.
Basileius (Freund d. Johannes Chrysostomus) **2** 553
Basilides, Bf. **1** 686
Basilides, Bf. v. Cyrene **2** 115
Basilides, Bf. v. León-Astorga **2** 142, 161, 166
Basilides, Gnostiker **1** 169, 521, 524, 534, 541f., 560, 591, 593, 603, 615
Basilina (Mutter Ks. Julians) **2** 232, 238, 324, 397
Basilios, armen. Mönch **4** 521
Basilios, Metropolit **4** 378
Basilios, Oberhaupt der äthiop.-orth. Kirche **13** 438
Basilios, Patr. v. Antiochia **3** 126, 169, 174
Basilios v. Pisidien, Bf. **4** 110
Basiliscus, Schwager Ks. Zenons, Usurpator **3** 129, 131f., 175ff., 574, 633, 638
Basilius, Abuna v. Äthiopien **12** 1017
Basilius, Bf. v. Aix **3** 235, 249
Basilius, Bf. v. Ephesus **3** 112
Basilius, Diakon **3** 29, 162
Basilius, Ebf. v. Mcʿḫetʿa (Georgien) **3** 1251
Basilius, georg. Katholikos **4** 576
Basilius, Prätorianerpräfekt **3** 308, 316
Basilius, röm. Presbyter **3** 75, 81
Basilius s. a. Basileios
Basilius II., georg. Katholikos **4** 578
Basilius III., Patr. v. Konstantinopel **12** 924
Basilius d. Ältere **2** 652
Basilius d. Große ↗ B. v. Caesarea
Basilius Saba **6** 216
Basilius v. Ankyra, Bf. **2** 359, 370, 375, 384, 389, 393, 423, 428, 808, 1066, 1075
Basilius v. Caesarea, hl. **1** 921, 926, **2** 224, 272, 279, 311, 427, 430–437, 440–448, 451, 531, 634, 650, 652, 654, 656, 658–661, 698, 714, 716, 787, 790, 792, 794, 798, 801, 810, 813, 836, 842, 853, 858, 862, 870, 897, 973, 1065–1074, 1088, **3** 30, 408, 446, 454, 584, 621, 668, 953, 987, 992, **4** 225, 227, 250, 274, 280, 329, 368f., 381, 408, 506, 592, 700, 843, 894, **5** xxxv, **6** 153, 165, 460, 500, 502, **7** 647, **9** 567, 951
Basilius v. Seleukeia, Bf. **3** 61, 96, 100, 102, 104f.
Basly, Déodat de **11** 351
Basnage, Jacques **9** 193, 1121, 1127
Bassi, Ugo **11** 270
Bassian v. Ephesus, Bf. **3** 112–115
Bassianus, Caesar **2** 209
Basso, Giovanni **8** 612
Bassos, Wandermönch **3** 612
Bassula **2** 686, 969
Bassus, Präfekt **2** 221, 225
Bassus, Presbyter **1** 329
Bastholm, Christian **10** 61, 63
Bastiat, Frédéric **10** 841
Bastide, Roger **12** 1203
Baston, Kanoniker **10** 417
Basville, Intendant des Languedoc **9** 873
Bataillon, Pierre-Marie **11** 1079, 1081

Batencour, Jacques de **9** 342
Bates, James **11** 853
Bathilde, fränk. Kgn. **3** 1088
Bathory, Sigismund, Prinz v. Transsylvanien **9** 581
Báthory, Stefan ↗ Stephan IV. Báthory
Bathurst, Lord **10** 525
Batiffol, Louis **11** 428, 430
Batiffol, Pierre **12** 811
Batista, Cícero Romao **11** 949, 951–955
Batista y Zaldívar, Fulgencio, kubanischer Staatschef **12** 1179, 1183, 1187, **13** 475
Batt, Jakob **7** 622
Batu, mongol. Khan **5** 792
Batygin, Gennadi **13** 401
Baubérot, Jean **13** 250
Baudeau, Nicolas **10** 829 ff., 848
Baudelaire, Charles **10** 848, **11** 344
Baudinus, Bf. v. Tours **3** 814
Baudon, Adolphe **11** 36, 39, 499
Baudonivia **3** 846
Baudot **10** 386
Baudouin I., Kg. v. Belgien **12** 658
Baudrand, Barthélemy **10** 240
Baudrillart, Alfred **12** 18
Baudry, M., Bf. v. Périgeux **11** 115
Bauduin, François **8** 497, 1127, 1134
Bauer, Bruno **11** 369
Bauer, Otto **12** 756
Bauer, Walter **1** 169, 458, 487, 683
Baugé, Zénon de **9** 802
Baugulf, hl. **4** 860
Baum, Johann Wilhelm **11** 375
Baumeler, Joseph **10** 861
Baumgarten, Alexander G. **9** 1123, 1126
Baumgarten, Otto **12** 709
Baumgarten, Siegmund Jacob **10** 40
Bauny, Étienne **9** 997, 999
Baur, Ferdinand Christian **1** 466 f., **11** 53, 56 ff., 79 f., 96 f., 99–104, 195, 353, 356, 368–373, 377, 379, 399, 526, 564
Baur, Friedrich Christian **10** 720
Baur, Hermann **12** 170
Bautain, Louis **11** 108
Bautista, Juan **9** 616
Bauto, magister militum **2** 491
Baxter, Richard **9** 100, 103, 465, 870 f., 988 f., 1005
Bay, Michel de (Baius) **8** 295, 492, 1122, **9** 350, 354, 753
Bayane, de, Kurienkardinal **10** 646
Bayazid **6** 200, 407, 874
Bayern, Hzg. v. **9** 326
Bayet, Albert **12** 176
Bayezid I., osman. Sultan **7** 9, 14
Bayezid II., osman. Sultan **7** 11, 25, 82 f.
Bayle, Pierre **9** 69, 74, 77, 141, 199, 201, 496, 880, 974, 978, 981, 1001, 1023, 1028, 1087, 1090, 1092, 1102, 1108 f., 1115 f., 1121, 1145, 1148, **10** 179, 195, 280, 485
Bayley, James Roosevelt **11** 880
Bayly, Lewis **9** 485
Bayrou, François **13** 298
Bazaine, Jean **12** 171
Bazard, Armand **10** 811 ff.
Bazard, Claire **10** 857 f.
Bazin, H., Bf. **11** 979
Bazin, Louis **9** 803
Bazire, Henri **11** 521
Bazzi, Giovanni Antonio **7** 490
Báñez, Domingo **8** 296, 698, 704, 819
Bea, Augustin, Kard. **12** 20, 182, 200, 214, 232, **13** 5 f., 8, 12, 14 f., 20, 33 f., 38, 47 f., 54, 60, 64, 67 f., 70, 92
Beatis, Antonio de **8** 610
Beaton, David **8** 536
Beatrice, Dona **8** 752, 754
Beatrix v. Nazareth **5** 937, **6** 331, 517
Beatrix v. Tuszien **5** 52, 110, 125
Beatriz, Dona **9** 741, **13** 587
Beatus Rhenanus **7** 622, 635 ff., 646, 648, 667
Beatus v. Liébana **4** 736, 739
Beaubien, Abbé **10** 519
Beaubrun, Charles-Henri **9** 370
Beaucousin, Richard **8** 492, 515, 1053, **9** 826
Beaudoin, Jesuit **10** 522
Beauduin, Lambert **11** 545, **12** 187, 225, 242, 267, 294, 658, 663, **13** 14
Beaugendre **11** 1013

Beauharnais, Eugène de, span. Kg. **10** 650
Beaumont, Christophe de, Ebf. v. Paris **10** 11 f., 180, 246, 277, 846
Beaumont, M. de, Ebf. v. Paris **9** 403
Beaupoil de Saint-Aulaire, Bf. v. Poitiers **10** 321, 556
Beauvais, Jean de ↗ Jean de Beauvais
Beauvais, Vinzenz v. ↗ Vinzenz v. Beauvais
Beauvillier, Marie de **8** 1053
Beauvoir, William **9** 195
Beauvolier, Jesuit **9** 803
Bebel, August **11** 661
Bebel, Heinrich **7** 147
Beccafumi, Domenico **7** 492
Beccaria, Cesare **10** 184
Bechir, libanes. Emir **11** 794
Bechstein, Ludwig **11** 647
Beck, Christian August v. **10** 21
Beck, Johann Tobias **9** 1122, **11** 360, 588, 592
Beck, Tobias **12** 94
Beck, Vilhelm **11** 250, 586 f., 589
Becker, Cornelius **8** 1231
Becket, Thomas, engl. Kanzler **5** 222, 227, 233 f., 237, 247, 265 f., 529, 563, **8** 532
Beckmeyer, Beda, Bf. **11** 1028
Beda, Noël **7** 850, 866
Beda Venerabilis **1** 446, **2** 141, 978, **3** 866 ff., 880, 926, 928, **4** 624 f., 627, 629 f., 640, 647, 651, 653, 659, 671, 677, 680, 744, 747, **5** 452
Bedeulfus, got. Beamter **3** 314
Bedini, Gaetano, Kard. **11** 863
Bedr ed-din, Derwisch **7** 35
Beecher, Henry Ward **11** 890, 896 f.
Beecher, Lyman **10** 508, **11** 836, 840, 845, 862, 865, 868, 890 f., 896
Beeckman, Isaak **8** 506
Beelen, Johannes Theodorus **11** 543
Beethoven, Ludwig van **10** 798
Beets, Nicolaus **11** 213
Bégin, Louis-Nazaire **12** 1138, 1140
Béguin, Albert **12** 166
Beham, Brüder **8** 897
Behem, Hans („Pfeifer v. Niklashausen") **7** 303, 327
Beilis, Menahem Mendel **11** 761
Beissel, Conrad **10** 860
Bekker, Balthazar **9** 1102 f., 1145
Bekkos, Patr. **4** 194 f.
Bekkum, Willem van, Kard. Bf. v. Ruteng **13** 33
Bel, Camille **11** 1013
Bela III., ungar. Kg. **5** 327, 352, 690
Belalcázar **8** 778, 780
Belaunde, Fernando, peruan. Präsident **13** 476
Belcastel, Comte de **11** 500
Beldenak, Jens Andersen, Bf. v. Fünen **7** 416
Belgarini **11** 351
Belges, Jean Lemaire de **7** 347, 639
Belgrado, Internuntius **11** 214
Belisar, oström. Feldherr **3** 431 f., 443, 453, 495, 751 f., 771–776, 779
Beliustin, Joann **11** 740 f.
Bell, George K. A. **12** 65, 82, 350, 358 f., 369, 724, 825, 837
Bellah, Robert N. **12** 1032, 1037
Bellarmin, Robert Franz Romulus, hl., Kard. Ebf. v. Capua **2** 715, **5** 84, **8** 278, 295, 298, 330, 334, 336, 341, 349, 353, 420, 492, 593, 925, 951, 999, 1109, 1123, 1128, 1154, 1156, 1161, 1178, **9** 231, 250, 255, 337, 339, 814, 948, 953, **11** 116, **12** 15, 180, 210, 275
Bellavin, Tikhon, Ebf. der Aleuten und v. Nordamerika, Patr. v. Moskau **11** 767
Bellay, Guillaume du **7** 639, **8** 451
Bellay, Jean du **7** 837, **8** 451, 455, 472, 593
Belleforest **8** 1152
Bellegarde, Bf. v. Sens **9** 352
Bellers, John **9** 1013
Belli, Guiseppe **13** 317
Bellini, Giovanni **7** 484, 487 ff., 512, **8** 1221
Bellintani, Paolo (Matthias v. Saló) **8** 492, 1047
Bellius, Martinus ↗ Castellio, Sebastian
Belloc, Hilaire **12** 163, 801, 831, 833

Belloni, Antonio **10** 455
Bellot **12** 167
Belloy, Jean Baptiste, Kard., Ebf. **10** 635
Belmas **11** 34
Belmas, Bf. v. Combrai **10** 626
Belsunce, Henri de, Bf. v. Marseille **9** 833, **10** 217
Beltran, Felipe **10** 34
Beltrán, Luis **11** 922
Bemarchios **3** 1078
Bembo, Pietro, Kard. **7** 50
Ben Maimon, Rabbi Mose ↗ Maimonides, Moses
ben Vives, Familie **6** 845
Benassis, Landarzt **10** 844
Benavente, Toribio de ↗ Motolinía
Benci, Jesuit **9** 716
Benedetto de Mantova, Fra **8** 683
Benedict Biscop **4** 630, 640, 646, 649, 670, 674, 678
Benedicti, Johannes **8** 1008, **9** 996
Benedictus Levita **4** 763
Benedikt **5** 601
Benedikt, dän. Heiliger **5** 134
Benedikt, ungar. Eremit **5** 131, 327
Benedikt I., Papst **3** 781 f., 784, 800
Benedikt II., Papst **4** 636, 647
Benedikt III., Papst **4** 179, 713 f., **5** 86
Benedikt IV., Papst **4** 821
Benedikt V., Papst **4** 823
Benedikt VI., Papst **4** 826
Benedikt VII., Papst **4** 826
Benedikt VIII., Papst **4** 760, 841 f., 871, 952
Benedikt IX., Papst **4** 871 f., **5** 35
Benedikt X. (Johann v. Velletri), Gegenpapst **5** 33, 35, 62
Benedikt XI., Papst **5** 599, **6** 34, 43, 572, 585, 724, 743, 832
Benedikt XII., Papst **5** 608, **6** 27, 34, 39, 43, 46, 48, 60, 64, 67, 267, 269, 302, 320, 441, 517, 531, 573, 587, 601, 627, 638, 670, 726, 742, 761, 821, 833, 873, **7** 15, 107, 167, 381
Benedikt XIII. (Pedro de Luna), Gegenpapst **6** 50, 86, 91, 94, 107, 109, 529, 540, 630, 632, 640, 648, 730, 763, 886, **7** 348
Benedikt XIII., Papst **9** 219, 229, 233, 252, 271, 817, 907, 1138
Benedikt XIV., Papst **6** 228, **9** 156 f., 216, 219 f., 223, 225, 232 f., 238, 240, 252, 258, 328, 403, 599, 606, 778, 816 ff., 831, 843, 847, 890, 1009, 1048, 1084, 1124, 1140, **10** 4, 11 f., 25, 28, 145, 166 f., 215 f., 238 f., 244, 270, 274, 276, 278, 357, **11** 461, 804
Benedikt XV. (Giacomo della Chiesa), Papst **11** 620, 807, **12** 3–12, 15, 18, 20, 22, 25, 28, 42, 44, 134, 136, 173, 209, 250, 287, 305, 316, 332, 336, 376, 378, 383–395, 397, 402, 431, 439, 455, 465, 467, 476, 500, 516, 566, 569, 617, 682, 874, 876, 884, 964, **13** 4, 79, 301, 306
Benedikt Carushomo **5** 234
Benedikt v. Aniane **2** 853, **3** 988, 992, 997, 1092, **4** 692, 700 f., 711, 736, 763, 785, 792, **5** 159, 417
Benedikt v. Avignon, Bf. **5** 151
Benedikt v. Canfield (William Fitch) **8** 300, 492, 515, 1052, **9** 799, 825 f., 840
Benedikt v. Goes **9** 801
Benedikt v. Kumae **6** 827
Benedikt v. Monte-Soracte, Chronist **4** 820, 822 f.
Benedikt v. Nursia, hl. **2** 853, 870, **3** 777, 896, 966, 973–976, 983, 987, 994, 996 f., 999, 1001, 1094, **4** 617, 700, 784 f., 790, 792, 802, 804, 894, **5** 277, 412, 432, 451, 457, **6** 328, **12** 249, **13** 142, 365, 424
Benedikt v. Padua **6** 27
Benedikt v. Polirone **5** 176
Benedikt v. S. Susanna, Kard. **5** 748
Benelli, Giovanni, Kard. Ebf. v. Florenz **13** 109, 120
Benenatus, Bf. v. Iustiniana Prima **3** 466, 469
Benevoli, Orazio **9** 1067 f.
Benezech, Minister **10** 356, 373
Benezet, Antoine **10** 513

Bengel, Johann Albrecht **9** 418, 1119, 1122, 1127, **10** 205, 273, **12** 94
Bénichou, Paul **10** 809, 811
Benigni, Umberto **11** 444 f., 470, 481, 524, 601, **12** 7, 20, 211
Benignos v. Herakleia (Pelagoniae) **3** 577
Benizelos, Dimitrios Angelos **8** 367
Benjamin, Bf. v. Jerusalem **1** 272
Benjamin, Patr. v. Alexandreia **3** 515 f., 567, 596, **4** 435, 445, 451
Benjamin, Simon XIX., Patr. **11** 803
Benjamin v. Tudela **5** 323
Bennassar, Bartolomé **9** 552
Bennassar, Lucie **9** 552
Bennett, Frank S. **12** 825
Benno II. v. Osnabrück, Bf. **5** 55, 114 ff.
Benno v. Meissen, hl. **7** 728, 855
Benoist, Jacques **11** 347
Benoist (Benoît), René, Jesuitenpater **8** 492, 1204, **9** 778 f., 849
Benoist d'Azy, Paul **11** 37, 176
Benson, Ebf. v. Canterbury **11** 569
Benson, Robert Hugh **11** 569
Bentham, Jeremy **10** 786 f.
Bentinck, William Henry Cavendish, Lord, Generalgouverneur v. Indien **11** 1025
Bentivoglio, Guido **8** 1104, **9** 82
Bentley, Richard **9** 1119
Benvenuto, Konsul **7** 24
Benzo v. Alba **5** 376
Beornrad v. Sens **4** 745
Beornwulf v. Mercien, Kg. **4** 744
Ber, Ludwig **7** 664, 863
Beran, Josef **12** 909
Bérard, Léon **12** 414
Berardo v. Messina, Ebf. v. Palermo **5** 585, 741
Berck **12** 281
Berdiaeff/Berdjajev/Berdjajew, Nikolaj A. **10** 824, **11** 749 f., **12** 195, 563, 935, 962, 1011, **13** 505
Berdolet, Marc-Antoine **10** 552
Bereczy, Albert **12** 78, 368
Berengar, Bf. v. Lucca **6** 732
Berengar I. v. Friaul, Kg. **4** 821
Berengar II. v. Friaul, Kg. **4** 822
Berengar Seniofred v. Vic, Ebf. **5** 300
Berengar v. Gerona, Bf. **5** 292
Berengar v. Sulzbach, Graf **5** 119
Berengar v. Tours **4** 852 ff., 867, **5** 48, 91, 904
Bergamín, José **12** 197
Bergamo, Gasparino da **7** 504, 641
Berger, Peter L. **12** 774
Berggrav, Eivind **12** 82, 352, 854, 856, 862
Bergier, Nicolas-Sylvestre, Abbé **9** 1118, **10** 180, 283, 312, 500
Bergman, Ingmar **12** 143
Bergoënd, Bernard **11** 942
Bergson, Henri **10** 824, **11** 340 f., 346, 351, 364, **12** 176, 189, 204, 239, 618, 1086, **13** 41
Béricourt, Étienne **10** 383
Berīkhīschōʿ **4** 466
Berington, J. **10** 501
Berinzaga Rabia, Isabella **8** 1036, 1053
Berius **3** 17
Berke v. d. Goldenen Horde **6** 208, 230
Berkeley, George, Bf. **9** 116, 717, 1026, 1028, 1126
Berkouwer, G. C. **12** 126
Berland, Pey, Ebf. v. Bordeaux **7** 177
Berlioz, Hector **10** 799
Bermúdez, Diego **8** 886
Bernabeï, Ercole **9** 1067
Bernadot, B. P. **12** 212, 621
Bernadotte, O. **11** 586
Bernáldez, Andrés **7** 397
Bernanos, Georges **12** 142, 162, 257, 623, 1154
Bernard, Claude **11** 436
Bernard, Étienne **8** 1043
Bernard, Pierre **9** 130
Bernard de Rosier **6** 641
Bernard de Sainte Thérèse ↗ Sainte Thérèse, Bernard de
Bernard Délicieux **6** 326, 651
Bernard Gui **6** 319, 328
Bernard Prims **5** 928
Bernard Saisset **6** 268, 591
Bernard v. Languissel **5** 580
Bernardin, Franziskaner **9** 764

Bernardin v. Feltre **6** 538
Bernardin v. Siena, hl. **6** 109, 124, 356, 360, 374, 377, 383, 385, 388, 527, 530, 538, 735, 853, **7** 159, 170, 339 f.
Bernardini, Msgr. **12** 433
Bernardini, Pietro **7** 342
Bernardino **7** 439
Bernardino de Sahagún ↗ Sahagún, Bernardino de
Bernardino Ochino ↗ Ochino, Bernardino
Bernardo, Arturo **12** 1193
Bernardo, japan. Konvertit **8** 916
Bernardo Tolomei **6** 26
Bernareggi, Adriano **12** 484
Bernhard, Christoph **9** 1065, 1075
Bernhard, Mönch in Cluny **5** 164
Bernhard, Pilger **4** 773
Bernhard II. v. Besalú, Graf **5** 299
Bernhard d. Spanier, Eremit **4** 887
Bernhard de la Sauvetat **5** 296
Bernhard Silvestris **5** 472
Bernhard v. Angers **4** 859, 861
Bernhard v. Aosta **7** 475
Bernhard v. Chartres **5** 462, 471
Bernhard v. Clairvaux **5** 143, 170, 185 f., 194, 197–204, 206, 208, 226 f., 233, 251, 264, 319 f., 331, 337, 344, 381, 391 f., 394, 397, 399, 402, 407 ff., 413 f., 429, 436, 442, 446, 453 f., 456 f., 465, 468, 473 f., 480, 492 ff., 524, 529, 540 f., 565, 622, 658, 669, 763, 767, 814, 853, 892, 904, 916, 925, 931, 933, 936, 938, **6** 83, 518, 534, 711, **7** 241, 274, 639, 681, **9** 831, 868, 952, **12** 249
Bernhard v. Compostela d. Ä. **5** 647
Bernhard v. Halberstadt **4** 801
Bernhard v. Laredo **8** 1048
Bernhard v. Menthon **12** 15
Bernhard v. Morlay **5** 565
Bernhard v. Pavía **5** 646, 648
Bernhard v. Porto, Kard. **5** 218
Bernhard v. S. Clemente, Kard. **5** 215
Bernhard v. Sahagún, Abt **5** 300
Bernhard v. Septimanien, Graf **4** 764
Bernhard v. Tiron **5** 140, 490
Bernhard v. Toledo, Ebf. ↗ B. v. Sahagún
Bernhardi, Bartholomäus **7** 735
Bernhardin v. Busti **7** 278
Bernhardin v. Feltre **7** 288, **8** 243
Bernhardin v. Siena **5** 564, **9** 1016
Bernier, Étienne Alexandre Jean Baptiste **10** 622, 635 f., 656
Bernier, Nicolas **9** 804, 1023, 1071
Bernières-Louvigny, Jean de **9** 840
Berning, Wilhelm **12** 696, 702
Bernini, Giovanni Lorenzo **8** 1215, **9** 243 f., 1033, 1042, 1045, 1047
Bernis, François Joaquim de Pierre de **10** 171, 340–343, 357
Berno, Abt v. Cluny **5** 161
Berno v. Baume **4** 784
Berno v. Reichenau **4** 850 f.
Bernold v. Konstanz **5** 444, 536
Bernoville, Gaétan **12** 583
Bernward v. Hildesheim **4** 803, 810 f., 813 ff., 855
Beronicianus v. Tyrus, Bf. **3** 25
Berosus **1** 794
Berowald d. Jüngere **7** 104
Béroyer **9** 398
Berquin, Louis de **7** 648, 748, 866, **8** 448
Berruyer, Jacques-Joseph **10** 168, 269
Berry, Hzg. v. **10** 674, **11** 167
Berry, Hzgn. v. **10** 844
Bersier, Eugène **11** 196
Bert, Amedeo **11** 264
Bert, Paul **11** 495
Bertali, Antonio **9** 1068
Bertauld **11** 501
Bertaut, Augustin **8** 455
Bertha, fränk. Prinzessin **3** 927 f.
Bertha, Gattin Philipps I. **5** 96
Bertha, Gattin Roberts d. Frommen **4** 828
Bertha, Tochter Karls d. Gr. **4** 688
Bertha v. Sulzbach **5** 349
Bertha v. Turin, deutsche Ksn. **5** 45
Bertharius **4** 871
Berthe **11** 931
Berthelot, Marcellin **11** 353 f., 436
Berthier, General **10** 453 f.
Berthieu, Jacques **11** 1021
Berthold v. Chiemsee **7** 850

Berthold v. Freiburg **6** 864
Berthold v. Henneberg, Ebf. v. Mainz **7** 197
Berthold v. Regensburg **6** 377, 385
Berthold v. Toul **4** 803
Berthold v. (Zähringen) Kärnten **5** 54
Bertholf, Pietist **9** 689
Berthram v. Le Mans **4** 606 f.
Bertier, Ferdinand de **10** 676
Bertier, Pater **10** 240
Bertinus, Missionar **4** 633
Bertold v. Kalocsa, Ebf. **5** 690
Bertrada, Gattin Pippins III. **4** 668, 706
Bertrada v. Montfort **5** 96, 439
Bertram, Adolf **12** 686, 689, 697, 699, 703
Bertram, Bonaventura Cornelius **9** 947
Bertrams, Wilhelm **13** 57
Bertrán, Luis **8** 704
Bertrand, Bf. v. Bordeaux **3** 818, 822
Bertrand, Bf. v. Le Mans **3** 832, 841 f., 981 f.
Bertrand, Daniel A. **1** 492
Bertrand de Colombiers **6** 602
Bertrand de Déaux **6** 573, 579
Bertrand de Got ↗ Clemens V., Papst
Bertrand du Poujet **6** 44, 583
Bertrand v. Commingues **5** 447, 529
Bertrand v. Saint-Ruf **5** 302
Bertrandon de La Broquière **6** 243
Bertsch, Berthe **13** 228
Bertsch, Ulrich **7** 115 f.
Bertschi, Max **7** 793
Bertulf v. Bobbio **4** 618, 628
Bérulle, Jacques de **8** 492, 1067
Bérulle, Pierre de **8** 292, 300, 303, 515, 519, 1053, 1057, 1102, **9** 171, 264, 266 f., 273 f., 304 f., 348, 350 ff., 355, 824–829, 836 f., 870, 905, 991, **10** 240, 242, **11** 119, 342
Beryll, Bf. v. Bostra **1** 559, 619, **2** 64
Berzelis-Nikephoros **4** 196
Besa v. Atripe **3** 600 f., 649
Bescherand, Abbé de **9** 393
Beschi, Giuseppe Constancio **9** 818
Beskow, Natanael **11** 590, **12** 852
Besnier, Pater **9** 850
Besoigne, Jérôme **9** 400 f., 403
Bessarion, Johannes, Kard. **7** 18, 49 f., 57, 73, 77 f., 121, 614, 618, 645, **8** 366
Bessarion, Patr. v. Nikaia **6** 119, 189, 824, 826
Bessieux, Jean-Rémi **11** 139, 978, 1009
Besson, M. **12** 670, 675
Bessula **2** 596
Betanzos, Domingo de **7** 551
Béthizy, de, Bf. **10** 321
Bethlen, Gábor (Gabriel), Fürst v. Siebenbürgen **9** 14, 28 f., 31, 425
Bethmann Hollweg, Moritz August v. **11** 314
Bethmann Hollweg, Theobald v. **12** 10, 355, 387, 683
Béthune, Maximilian de ↗ Sully, Hzg. v.
Betschold, Martin **7** 800, 805
Bettazzi, Luigi, Weihbischof v. Bologna **13** 20
Betti, Piagio **8** 1208
Beukelszoon, Jan ↗ Jan van Leiden
Beurrier **9** 967
Beust, Friedrich Ferdinand Graf v. **11** 28, 330, 454
Beuve-Méry, Hubert **12** 577
Bevan, Thomas **11** 140, 1015
Bévenot, Maurice **1** 852
Beveridge, William **12** 835
Bevilacqua, Giulio, Kard. Bf. v. Gaudiana **12** 195, **13** 41, 59
Bevin, Ernest **12** 800
Beyers Naudé, Christian F. **13** 583, 585
Beyschlag, Willibald **11** 667 f.
Beyssens, J. Th. **11** 554
Beza (de Bèze), Theodor (v.) **7** 675, **8** 66, 94, 102, 105, 111 f., 317, 320, 322, 349, 412, 429, 467, 479, 482, 494, 507, 559, 629, 981, 1006, 1028, 1034, 1108, 1228, **9** 430, 867, **10** 611
Bèze, Theodor de ↗ Beza (de Bèze), Theodor (v.)
Bezerra da Costa, José **13** 489
Bhutto, Ali, pakistan. Staatschef **13** 643
Bhutto, Benazir, pakistan. Staatschefin **13** 643

Biagini **10** 453
Biancardi, Stanislao **11** 606
Bianchi, Enzo **13** 140
Bianchi, Isidoro **10** 29
Biandrata, Giorgio **8** 185 f., 638, 646
Bianquis, Jean **11** 1019
Biard, Pierre **9** 662
Biayenda, Emile, Kard. Ebf. v. Brazzaville **13** 564
Bibbiena (Bernardo Dovizi) **7** 103 f.
Biber, Heinz Ignaz Franz **9** 1068
Bibliander, Theodor **8** 429
Bicchieri, Guala **5** 597, 869
Bichat, François Marie Xavier **10** 682
Bichi, Vincenzo, Nuntius **9** 156
Bichier des Ages, Jeanne-Élisabeth **12** 250
Bidault, Georges **12** 573, 624
Biddle, John **9** 495, 497
Biedermann, Alois Emmanuel **11** 361 f.
Biedermann, Benedikt **8** 188
Biel, Gabriel **7** 119, 219, 228, 232, 293, 680, 684, 688
Bielinski, Nikolas **11** 746
Bienassis, Jacques **8** 1034
Bigandet, Paul Ambrose **11** 1034
Bigne, Marguerin de la **8** 353, **9** 951
Bignon, Abbé **9** 1141 f.
Bigo (SJ, Action populaire) **12** 1154
Bilarghu, Emir **6** 208
Bilderdijk, Willem **10** 448, **11** 212
Bileam, Seher **1** 159
Bilio, L., Kard. **11** 24
Billaud, Domherr **10** 405
Billaut, franz. Innenminister **11** 175
Billing, Einar, Bf. **11** 593 f., **12** 857, 861
Billing, Gottfrid, Bf. **11** 585
Billot, Louis, Kard. Bf. v. Tulle **11** 349, 423, 428, **12** 6, 189, 212, 621, **13** 115
Billuart, Charles-René, Dominikaner, Theologe **9** 1000
Bimwenyi Kweshi, Oscar **13** 185, 303, 590, 607
Bini **11** 877
Binius, Severin **8** 295
Binsfeld, Peter **8** 1084, **9** 996
Biondo, Flavio **7** 331, 498
Biot, Dr. **12** 585
Biram Buumi Jelen, senegal. Fürst **7** 580
Biran, Maine de **11** 341
Bird **11** 137
Birgitta v. Schweden **6** 27, 116, 124, 418, 532, 536, 543, 792, 798, 871, **8** 241, 1038
Birkedal, Vilhelm **11** 587
Birkenfeld, Fürst v. **9** 472
Birnbaum, Walter **12** 65
Biro, Matthias Dévàj **8** 633
Bischay, Sidhom **11** 824
Bischr ibn Marwān, Gouverneur **4** 459
Bischr ibn Sirrī v. Damaskus **4** 407
Bishop, Simon ↗ Episkopius
Bismarck, Otto v. **10** 723, 726, **11** 39, 317, 321, 385, 412, 449 f., 454–458, 462 ff., 508, 645 f., 650, 652, 656, 659, 662 f., 665, 669 ff., 673 f.
Bisseux, Isaac **11** 984
Bissy, Kard. v. **9** 385
Bisticci, Vespasiano da **7** 644
Bizy, Mérault de **10** 672
Bizzarri, Giuseppe Andrea **11** 129
Björck, Gustav D. **11** 247
Björkquist, Manfred **11** 594, **12** 857, 861
Björnsson, Björnstjerne **11** 591
Blacas, Comte de **10** 664
Blackburn, Robin **10** xvii
Blackwell, George **8** 549
Blahoslav, Johann (Jan) **8** 627, **9** 481
Blair, James **9** 683, 713, 719
Blake, Eugene Carson **13** 132
Blake, William **10** 471, 802
Blanc, le, Apostol. Vikar **9** 773
Blanc, Louis **10** 359
Blanc de Saint-Bonnet, Antoine **11** 121
Blanche v. Kastilien **5** 781, 904
Blanche v. Savoyen **6** 540
Blanchet, André **11** 431, **12** 162
Blanchet, François Norbert **11** 861
Blanco, Guzmán **11** 939
Blanco, José C. **13** 682
Bland, Salem G. **12** 1132
Blandina, Märtyrin **1** 255, 688
Blandone, Professor in Lyon **13** 326

Blanes, Jaume Ferrer de **7** 556
Blarer, Ambrosius **7** 728, **8** 28, 314, 402
, Jakob Christoph **8** 434
Blaser, Klauspeter **13** 161, 209
Blasquez, Pedro Baptista **8** 929
Blastus, Priester **1** 452 f., 682
Blathmac, ir. Märt. **4** 741
Blaurer, Ambrosius ↗ Blarer, Ambrosius
Blaurock, Jörg **7** 821
Blaxton, John **9** 1005
Blémur, Jeanne de **9** 856
Blennerhasset, Lady **11** 182
Bliss, Daniel **11** 811
Bliss, W. D. P. **11** 890, 901
Bloch, Ernst **12** 744, **13** 203
Blocher-Saillens, Madeleine **13** 228
Blocker, Henri **13** 208
Blocklandt ↗ Montfort, Anthonie van
Bloemerdine **6** 522
Blois, Ludwig v. ↗ Blosius, Ludwig
Blok, Alexander **11** 748
Blome, Gustav Graf **11** 36
Blomfield, Charles James, Bf. v. London **10** 693, **11** 238
Blommevenna, Peter **8** 240
Blond, David **11** 761
Blondel, David **9** 955
Blondel, Henriette **10** 594
Blondel, Maurice **11** 337, 339, 341, 351, 429 ff., 438, 445, **12** 176, 189, 196 f., 203, 212, 226, 230, 237, 294, 300, 620
Blondin, Marie-Esther **11** 911
Blonizky **10** 108
Blosius, Ludwig **8** 240, 242, 1044
Blount, Richard **8** 550
Blount, William **7** 623
Blow, John **9** 1078, 1080
Bloy, Léon **11** 121, 337, 344–348, **12** 161, 163, 169, 641, 891, **13** 41
Blum, Léon **12** 401, 624
Blumhardt, Christoph **12** 89
Blumhardt, Johann Christoph **10** 726, **11** 313
Bo **10** 393
Boardman, George Dana **11** 1033
Bobadilla, Francisco de **7** 594
Bobadilla, Nicolás Alfonso de **8** 611
Bobo, Hyazinth, Kard. ↗ Coelestin III., Papst
Bobo v. S. Theodoro, Kard. **5** 234
Boccaccio, Giovanni **6** 744, **7** 209, 476, **8** 573
Boccali, Gabriele **11** 349, 477
Bocchi, Achille **8** 581
Bochart, Samuel **9** 940, 949, 966, 982
Bocskay, István **9** 14
Bocskay, Stephan **8** 640
Boddy, Alexander **12** 783
Bodeker/Bodecker, Stephan, Bf. v. Brandenburg **7** 440
Bodelschwingh, Friedrich v. **11** 324 ff., 657, 670
Bodelschwingh, Fritz v. **12** 715
Bodenstein, Andreas, gen. Karlstadt **7** 696, 708 f., 720, 733 f., 739, 756, 809–812, 828, 848, 851, **8** 315, 337, 1200
Bodin, Jean **8** 183, 1084, 1087, 1089, 1096, 1103, 1134, 1151, **9** 169, 946 f., 959, 962
Bodley, Thomas **8** 94
Bodo-Eleazar, Pfalzdiakon **4** 734
Böckenförde, Ernst-Wolfgang **12** 703
Böcklin, Wolfgang **7** 792
Boegner, Alfred **11** 412, 418, 420 f., 996, 1019 f.
Boegner, Marc **11** 412, 1059, **12** 67, 73 f., 76, 80, 82, 304, 313, 351, 353, 357, 558, 560 f.
Boegner, Pastor **10** 833
Böhler, Peter **10** 207
Böhler, Wilhelm **12** 733
Böhm, Dominikus **12** 168
Böhm, Georg **9** 1081
Böhm, Martin **10** 508
Böhme, Jacob **8** 1058, **9** 429, 867, 876 ff., 1122, **10** 205 f., 707, 822 f., **11** 85, 96
Böll, Heinrich **12** 163
Boemund, Fürst **6** 833
Boesak, Allan **13** 584 f., 608
Boethius **2** 709, **3** 194, 316–320, **4** 746, 853, **5** 462, 875, **6** 819
Boethius v. Dacien **5** 882, 906
Boétie, Étienne de la **8** 1176

Boff, Clodovis **13** 505, 508
Boff, Leonardo **13** 173, 179 f., 294, 504–508, 511, 520, 537 f.
Boganda, Barthélémy, Staatsoberhaupt v. Zentralafrika **13** 557
Bogdan Baksič, Peter **9** 557
Bogdanov, Ivan **12** 1006
Boghā (Bogha), türk. Beamter d. Kalifen **4** 501, 555
Bogoiavlensky, Vladimir, Metropolit v. St. Petersburg **11** 730
Bogomolec, Franciszek **10** 194, 196
Boguet, Henry **8** 1084
Bohemund v. Tarent, Hzg. **5** 4 16, 378
Bohlin, Torsten **12** 856, 861
Boidot, Philippe **9** 1009
Boileau, Nicolas **9** 968
Bois, Ch. **11** 526
Bois, Henri **11** 1059
Bois, Simon du **7** 836
Boisgelin, de, Ebf. v. Aix **10** 319 f., 333, 336, 339, 342, 418, 467
Boismard, M.-E. **1** 916 f.
Boismenu, Alain Guymot de **11** 1083
Boisselot **12** 629
Boisserée, Sulpice **11** 7, 126
Boland, André P. **12** 324
Bolaños, Alonso **7** 592
Bolaños, Luis de **8** 835, **9** 639 f.
Boleslaw I. Chrobry, poln. Fürst **4** 801, 831, 842, 897, 900, 913, 916, 943 f.
Boleslaw I. v. Prag **4** 896, 898
Boleslaw II., böhm. Fürst **4** 896
Bolesław II., poln. Hzg. **5** 130
Bolesław III., poln. Hzg. **4** 886 f., **5** 328
Bołesław Krzyvousty, poln. Fürst **5** 714
Boleyn, Anna **8** 194, 202, **9** 1057 f.
Bolgeni, Gian Vincenzo **10** 451
Bolingbroke, Lord Henri **9** 372, 395
Bolívar, Simón **10** 776, 782–788, 792, **11** 919, 921, 923, **12** 1211
Bolland, Jean **9** 292, 857, 953
Bollani, Domenico **8** 608
Bolliger, Adolf **12** 672
Bolsec, Jérôme **8** 66, 466
Bolton, John **10** 502
Bommel, Corneille van **11** 203
Bona, Giovanni, Kard. **9** 842
Bonaccorsi, Giuseppe **11** 601
Bonal, de, Bf. v. Clermont **10** 314, 321, 330, 336 f., 340
Bonald, Louis de **10** 309, 402, 427, 475, 563 f., 567, 797, 805, **11** 934
Bonald, Louis Jacques Maurice de, Kard. **10** 677, **11** 34, 115, 170, 262
Bonaparte, Joseph **10** 31, 34 f., 455, 650, 653, 685
Bonaparte, Louis **10** 446
Bonaparte, Napoléon ↗ Napoléon Bonaparte
Bonaventura, hl. **5** 845 f., 850 f., 881, 883, 885, **6** 4, 6, 12, 270, 323, 351, 355, 364, 370, 543, 711, **7** 241, 665, 680, **8** 763, **9** 831, 1062, **12** 202, 220
Bonaventura v. Florenz **9** 737
Bonaventura v. Sorrent **9** 740
Bonchamp, Charles, Marquis de **10** 398, 408
Bond, Charlie **12** 825
Bondarenko, Iosif D. **13** 431
Bondy, Madame de **11** 342
Bonello, Jacopo **7** 753
Bonet, Albert **12** 537
Bonfrère, Jacques **8** 352, **9** 948
Bonghi, Ruggero **11** 267
Bongo, Albert-Bernard, Präsident v. Gabun **13** 569
Bonhoeffer, Dietrich **1** 824, **12** 65, 133, 358, 561, 721, 746, 806, **13** 201 f.
Bonhomini (Bonomi), Giovanni Francesco **8** 280, 431, 489, 608, 611
Bonifacio, João **8** 925
Bonifas, François **11** 526
Bonifatius, Apokrisiar **3** 934, 942, 948 f.
Bonifatius, Archidiakon **4** 630, 649
Bonifatius, Bf. v. Gratiana **3** 286
Bonifatius, Bf. v. Karthago **3** 289, 291
Bonifatius, Bf. v. Reggio **3** 906
Bonifatius, Comes **3** 266 f.
Bonifatius, hl. **4** 641, 657–661, 663 f., 667, 671, 676, 678, 694, 743, **9** 910, **11** 14
Bonifatius, Priester **3** 81, 91, 116, 161

Bonifatius, röm. Bf. (Papst) **2** 457, 543, 567, 901, 926
Bonifatius, röm. Diakon **3** 899
Bonifatius I., Papst **3** 233, 238, 308, 312, 321 f., 324, 576
Bonifatius II., Papst **3** 395 f., 770
Bonifatius IV., Papst **4** 617, 623, 626 f., 633
Bonifatius V., Papst **4** 624, 627
Bonifatius VIII., Papst **11** 28
Bonifatius v. Albano, Bf. **5** 83
Bonifaz I., Papst **9** 349
Bonifaz VIII. (Benedetto Caetani), Papst **5** 558, 593, 599, 611, 613, 620, 685, **6** 34, 38, 40, 50, 265, 268, 271, 273, 316, 324, 350, 418, 420, 424, 471, 534, 572, 578, 580, 583, 589, 594, 601, 628, 634, 646, 664, 670, 685, 722, 724, 730, 881, 888, 893, **7** 108, 251
Bonifaz IX. (Pietro Tomacelli), Papst, **6** 82, 88, 233, 528, 543, 575, 764, 836, 884
Bonifaz v. Montferrat **5** 718 f., 734, 737, 773
Bonifaz v. Tuszien, Markgraf **5** 125
Bonino, José Miguez **13** 205, 535
Bonizo, Vater Hildebrands **5** 46
Bonizo v. Sutri **5** 36, 47, 58, 127, 438, 536, 660
Bonjean, Christophe Ernest, Ebf. v. Colombo **11** 1032
Bonjour, Jules **10** 594
Bonnand, Clément, Apostol. Vikar v. Pondichéry **11** 159, 163, 1027 f.
Bonnard, Pierre **12** 171
Bonnet, G. **10** 594
Bonnetty, Augustin **11** 108
Bonneval **9** 541
Bonniot **11** 436
Bonomelli, Geremia, Bf. v. Cremona **11** 607, 609, 612 f.
Bonomi, Ivanoe **12** 490
Bonos, byzantin. Beamter **4** 18
Bonosus, Bf. **2** 652, 1061 f., **3** 234
Bonosus, Freund d. Hieronymus **2** 857
Bonsirven, Joseph **12** 297
Bontemps **11** 1082
Boonen, Jakob, Ebf. v. Mecheln **9** 83
Booth, William **11** 237 f., 568, 572
Boquin, Pierre **8** 321
Bora, Katharina v. (Gattin Luthers) **7** 711
Boran, pers. Kg. **3** 1180
Borduas, Paul-Emile **12** 1143
Boré, Eugéne **11** 135, 798, 805, 822, 824
Borećki, Isaak **7** 56
Boreckij, Job **9** 508
Boreel **9** 73
Borell II., katalan. Graf **4** 861
Borges, Jorge Luis **12** 1224
Borghero **11** 978 f.
Borghese, Camillo ↗ Paul V., Papst
, Scipione Caffarelli **8** 593
Borghese, Paolo **11** 611, 628
Borghi, Anthony, Apostol. Vikar v. Agra, Bf. **11** 158, 1027
Borgia, Cesare **7** 84, 94 f., 104, 402
Borgia, Kard. **10** 342
Borgia, Lucrezia **7** 94
Borgia, Rodrigo ↗ Alexander VI., Papst
Borgia, Stefano **9** 779
Borgognone ↗ Cortese, Guglielmo
Borie **10** 391
Borilovič, Vissarion, Bf. v. Cetinje (Cettigne) **9** 578
Boris I., v. Bulgarien ↗ Boris (-Michael)
Boris II., bulg. Zar **4** 345, 925
Boris III., Kg. v. Bulgarien **11** 769, **12** 967
Boris Godunov, Zar **8** 377, 381, 383
Boris (-Michael), bulg. Khan **4** 184 ff., 190 f., 197, 230, 238, 716, 718 f., 888, 924–932, 934–937
Bořivoj, mähr. Fürst **4** 892
Borja, Alonso de (s. a. Calixt III., Papst) **7** 402
Borja, Francisco de **8** 684, 692, 695, 704, 717, 731, 819, 1048
Bormann, Martin **12** 699
Born, Ignaz v. **10** 220
Borna, kroat. Fürst **4** 890
Borne **10** 555
Borne, Étienne **12** 180, 624
Bornewasser, Franz Rudolf **12** 737

Bornkamm, Heinrich **12** 744
Borovoj, Vitali, Erzpriester **12** 997, **13** 133
Borromäus, Karl, hl. **8** 262, 281, 284, 292, 301, 306, 431, 433, 518, 545, 587, 601, 606, 611, 652, 735, 972, 995, 1000, 1009, 1012, 1021, 1071, 1186, 1234, 1239, **9** 248 f., 251, 267, 270, 273, 334 f., 662, 902, 994 f., 1003, 1016, 1033, 1139, **13** 4
Borromeo, Carlo ↗ Borromäus, Karl, hl.
, Federigo **8** 60, 612, 1208
Borromeo, Federico, Kard. **9** 951
Borromini, Francesco **8** 1217, **9** 244, 1045, 1047 f.
Borsselen van Veere, Anna **7** 622
Boruth, slowen. Fürst **4** 889
Bos, du **9** 1126
Bos, Charles du **12** 159, 163, 616
Bos, J. **11** 554
Bosc, Jean **12** 560, **13** 224
Bosc, du **9** 422
Bosc, Pierre du **9** 173
Bosch, David J. **13** 331, 340
Bosch, Hieronymus **7** 484, 490
Bosco, Giovanni, Don **11** 119, 158, 596, 603, 799
Bosco, Johannes **12** 251
Boscovic, Roger Joseph **9** 1091
Boso **5** 601
Boso, Kard./Biograph **5** 46, 201, 212 ff.
Boso v. Suse, Abt **5** 403
Boso v. Vienne **4** 721
Bossard, Abbé **10** 313, 347
Bossuet, Jacques-Bénigne **1** 944, **7** 863, **8** 349, **9** 133, 137, 172–175, 178, 192 f., 219, 249, 308, 336, 340, 369, 377, 395, 755, 790, 841, 956, 969, 976 ff., 980, 982, 991, 1101, 1106, 1108, 1111, 1113 f., 1120 f., **10** 179, 236, 239, 268, 271, 354, 635, **11** 425
Bost, Ami **10** 448
Bost, Th. **11** 547
Boström, Christopher Jacob **11** 256, 582
Botha, Louis, südafrikan. Präsident **13** 584
Botte, Bernard **1** 345, 696
Bottens, Polier de **9** 432
Bottero, Hugo M., Bf. v. Kumbakonam **11** 1031
Botticelli, Sandro **7** 127, 221, 478, 510, 621
Bouchard, Jean-Jacques **9** 764, 1020
Bouchardon **9** 1036
Boucher, Missionar **9** 389, 717
Boucher, Msgr. **12** 324
Boucher de Perthes, Jacques **11** 434
Bouchet, Jean **7** 148
Boucq, Engelbert Frans **9** 743
Boudios, Bf. v. Stobi **2** 146
Boudon, Henri-Marie **9** 313, 853, 994
Bouhours, Pater **9** 850
Bouillard, Henri **12** 192, 201, 231, 628
Bouillerie, François Alexandre de la **11** 494
Boukharev, Feodor, Archimandrit **11** 719
Boula, Häuptling auf den Loyalty-Inseln **11** 1069
Boulaese, Jean **8** 1108
Boulard, Fernand **12** 147, 447, 599, 605, 611, 1154
Boulay, Nicolas **11** 437
Boule, Marcellin **11** 437
Boulier, Abbé **12** 628
Boullay, Abbé **10** 815
Boulliaud, Ismael **9** 942
Boulogne, Abbé de **10** 312, 373, 474, 504
Boulogne, Étienne Antoine de, Ebf. **10** 645 f., 673 f., 839
Boulogne, Louis de **7** 543 f., 556
Boulogne, Madeleine de **9** 396
Bounaud, Pierre **10** 410 f.
Bounvisi, Nuntius **9** 222
Bourbon, Antoine de, Kg. v. Navarra **8** 479, 497
Bourbon, Hzg. v. **9** 202
Bourbon, Jean de **7** 167
Bourbon, Louis de **10** 31
Bourdaloue, Louis **9** 990 f., 1146
Bourdoise, Adrien **8** 519, **9** 266, 269, 323, 889
Bourdon, Léonard **10** 572, 574
Bourdon, Sébastien **9** 1047
Bourg, Anne de **8** 454

Bourg, Guillaume du, Bf. v. Limoges **10** 404, 501, 626
Bourg, Jean du **8** 459
Bourg, Joseph Mathurin du **10** 520f.
Bourgeois, Louis **8** 1230
Bourgeois, Pater **10** 148
Bourgeoys, Marguerite **9** 674
Bourges, de, Msgr. **9** 764, 773
Bourget, Ignace, Bf. v. Montréal **10** 532, **11** 158, 910ff.
Bourget, Paul **11** 340
Bourgoing, François **9** 316, 321, 323, 826, 828, 992
Bourignon, Antoinette **9** 75, 429, 486, 879f., 1141
Bourmont, Louis-Auguste-Victor, Comte de Ghaisnes de, franz. Brigadegeneral und Kriegsminister, Marschall v. Frankreich **11** 995
Bourne, Kard. **12** 243, 801, 806
Bournonville, Jean de **8** 1241, **9** 1071
Bourret, Generalvikar **10** 525
Bourret, Joseph-Ch., Bf. v. Rodez, Kard. **11** 493, 508
Boursier, Laurent **9** 389, 397
Bousset, Wilhelm **11** 397, 679
Boutros-Ghali, Boutros, ägypt. Staatsoberhaupt **13** 453
Boutroux, Émile **11** 340, 437, 439
Boutteville, Louis Ghislain de **10** 439ff.
Bouvet, Joachim **9** 771f., 787, 789
Bouvier **11** 115
Bouvier, Frédéric **11** 424
Bouvier de La Motte, Jeanne-Marie ↗ Guyon du Chesnoy, Jeanne-Marie
Bouwens, Leon(h)ard **8** 169, 173, 181, 460
Bouyer, Louis **9** 871, **12** 195, 200, 208, 263, 270
Bouyssonie (Brüder, Paläontologen) **11** 437
Bouzignac, Guillaume **8** 1241, **9** 1071
Bouët-Willaumez **11** 139f.
Bouëtin, Pfarrer v. Saint-Étienne-du-Mont **9** 403
Bovara, Giovanni **10** 452, 651
Boves, Andrés **8** 911
Bovet, Mgr. de, Bf. **10** 463
Bovet, Theodor **12** 263
Boxhorn, Marcus Zuerius **9** 934
Boyer, Charles **12** 75, 184, 189
Boyle, Robert **9** 941, 960, 971
Boym, Jesuit **9** 768
Boza Masvidal, Eduardo **12** 1184, 1187
Boÿs, Marie du **11** 182
Boëthos **1** 876
Brabant, Genovefa v. ↗ Genovefa v. Brabant
Bracchio, Abt **3** 982
Braccio de Montone **6** 108
Bracciolini, Poggio **7** 544ff., 556, 617
Bradford, William **9** 681
Bradlaugh, Charles **11** 561, 565
Bradshaw, Paul F. **1** 384, 696
Bradshaw, William **8** 557
Braganca, Dom Miguel de **11** 277–280
Bragança, Hzg. v. ↗ Johann (João) IV. v. Portugal
Braght, Tilman J. van **8** 179
Braham, Anba, hl., Bf. v. Fayyoum **11** 824
Brahe, Tycho **8** 336, 590, 1111, 1139, 1153, 1155, 1158, 1160, **9** 941
Brahmanandhav, Upadhyay **11** 566
Brahms, Johannes **9** 1085
Brainerd, Brüder **9** 694
Bramante (Donato d'Agnolo) **7** 102, 105, 486, 510, **8** 597, 1222
Brancaleone, Nicolò **7** 582
Branco, Castelo, Marschall, brasilian. Staatschef **13** 475, 515
Brancovici, Sava, Metropolit v. Transsylvanien **9** 581
Branda, Kard. **6** 109
Branda da Castiglione **6** 746
Brandacoro, C., Kard. **10** 655
Brandao, Antonio, Ebf. v. Goa **9** 805, 808
Brandenburg, Kf. v. **9** 491
Brandes, Georg **11** 583, 592
Brandolini, Pater **9** 817
Brandrud, A. **11** 591
Brandt, Willy, deutscher Bundeskanzler **13** 117
Brandts, Franz **11** 647f.
Brandão, Luis **8** 760

Brandão Vilela, Avelar, Kard. Ebf. v. Teresina **13** 497
Branham, William Marion **12** 1101
Branimir, kroat. Fürst **4** 730
Branković, Georg, serb. Herrscher **7** 10, 40
Branly, Édouard **11** 436
Brant, Sebastian **7** 147, 150, 189, 242 f., 272, 298, 318, 637
Brants, Victor **11** 539
Braque, Georges **12** 171
Braschi Onesti, R., Kard. **10** 467
Brask, Hans, Bf. **7** 760
Bras, Gabriel le **12** 147, 229, 470, 599, 1154
Brassac **12** 212
Brassens, Georges **12** 578
Brasseur, Henri **11** 204
Braste, Thomas **8** 107
Bratsiotis, Panayotis **12** 958
Braulio v. Saragossa **3** 1087, **4** 613, 628
Braun, Johann Wilhelm **11** 107
Braun, Konrad **8** 1206
Bray, Thomas **9** 684, 713
Brazza, Savorgnan de **11** 140
Breakspear, Nikolaus ↗ Hadrian IV., Papst
Brearley, Roger **9** 95
Brébeuf, Jean de **9** 668 f.
Breckinridge, John **11** 864
Breda, Toussaint, gen. Louverture **10** 100
Breen, Daniel de **9** 492
Breithaupt, Johann Jakob **10** 203
Breitinger, Johann Jakob **8** 436
Brel, Jacques **12** 578
Bremer, Frederika **11** 256
Bremond, Henri **10** 237, **11** 337, 345, 351, 431 f., **12** 159, 238, 618
Brendan, hl. **3** 875, 879, 978, **4** 621
Brent, Charles H. **11** 422, **12** 42, 53, 57, 59, 62
Brent, Sir Nathaniel **9** 91
Brentano, Clemens v. **10** 669 f., **11** 127, 329
Brentano, Dominikus v. **10** 274 f.
Brenz, Johannes **7** 687, 737, 840, 873, 877, **8** 11, 13, 34, 317, 320, 323, 326, 395, 402, 611, 979, 998
Brès, Emile **11** 997
Brès, Guy de (Bray, Guido de) **8** 471, 485, 494
Brescani, Antonio **11** 262, 609
Breschnew, Leonid ljitsch, sowjet. Staatschef **13** 354, 392, 396
Bresciani, Pietro **7** 754, **8** 578
Bressan **11** 470
Bressani, François **9** 692
Bresson, Robert **12** 142, 578
Bret, Chardin le **9** 169, 946
Bretanion v. Tomi, Bf. **2** 998
Breteuil, Baron v. **10** 186
Brétigny, Jean de Quintanadoine, sieur de **8** 1037, 1053
Břetislav I., Hzg. v. Böhmen **4** 897, **5** 129
Bretislav II., böhm. Herz. **5** 346
Breton, Joachim le **10** 578
Bretonvilliers **9** 273
Bretschneider, Karl Gottlieb **11** 79
Breuer, Marcel **12** 170
Breuil, Henri **11** 437, **12** 154
Brewster, James **7** 449
Brezzi, Paolo **12** 399
Brian Bórn v. Munster, Kg. **4** 787
Briand **9** 339
Briand, Aristide **11** 471, 516 ff., **12** 395, 398
Briand, Jean-Olivier **10** 520, 522 ff.
Briande Torregrossa **6** 848
Briantchaninov, Ignatij, Metropolit **11** 734, 743
Brice, Edmond **10** 678
Brice, Mme de **9** 665
Brictius v. Tours, Bf. **2** 962, 966, 969, 977, **3** 232, 1115, 1129
Bridaine, Jean-Jacques, Pater **9** 330 f.
Bridel, Friedrich **9** 37, 1069
Bridges, Robert **12** 831
Briegel, Wolfgang Carl **9** 1075
Brienne, Loménie de **10** 13
Brière, Yves de la **12** 376, 378
Briesmann (Brießmann), Johannes **7** 762 f.
Brieuc **3** 978
Briggs, Charles Augustus **11** 896, 904
Brigid, ir. Heilige **3** 877, **4** 621

Brigida ↗ Birgid, ir. Heilige
Brignon, Jean **9** 852
Brilioth, Yngve T. **12** 82, 857, 861
Brincoveanu, Constantin, Fürst **9** 583
Brindisi, Lorenzo da ↗ Lorenzo da Brindisi
Brind'amour, Pierre **1** 324
Bring, Ebbe Gustav **11** 593
Bring, Ragnar **12** 858
Brinkmann, Johannes Bernhard, Bf. v. Münster **11** 456
Brissot, Jacques-Pierre **10** 496
Britto, Joâo de **9** 813 ff., 818
Britto, Stefano de, Ebf. v. Angamale **8** 903, **9** 809
Britto v. Trier, Bf. **2** 489, 494
Brives, Martial de **9** 858
Briçonnet, Denis **7** 338, 360, 833
Briçonnet, Guillaume **7** 172, 181, 184, 200, 360 f., 372, 633, 676, 832–837, 867, 869
Brjantschaninow, Ignatij **13** 399
Brkʿisoʿ, armen. Katholikos **3** 1194, 1198, 1223
Brockes, Barthold Hinrich **9** 1082
Brötli, Johannes **7** 821
Broglia, Carlo **8** 609
Broglie, Albert de **11** 490
Broglie, Maurice-Jean-Madeleine de, Ebf. **10** 645, 739 f.
Broglie, Paul de **11** 437
Broglie, Victor de **11** 150 f., 173
Brohée, Abel **11** 544, **12** 142
Bromirski, A. **10** 195
Bromley Oxnam, G. **12** 75
Brønsted, Johannes **12** 860
Broquière, Bertrandon de la **7** 10, 20
Brossard, Abbé **10** 285
Brosse, Guy de la **9** 1020
Brosse, Jean-Baptiste la **10** 520
Brosses, Charles de **9** 204, 227, 244
Brossier, Marthe **8** 513, 516, 1102
Brottier, Daniel **12** 279
Broue, Claude de la **9** 921
Broue, Pierre de la, Bf. v. Mirepoix **9** 384
Brougham, Lord **10** 847
Broughton, William Grant **11** 1061, 1064
Brousson, Claude **9** 434, 872
Brovkovich, Nikanor, Ebf. v. Cherson, Metropolit **11** 761
Brown, Harold **11** 570
Brown, Raymond E. **1** 203, 219, 293
Brown, William Adams **11** 896
Browne, Michael, Kard. **12** 183, **13** 24
Browne, Missionar **9** 717
Browne, Robert **8** 568, **9** 460
Browne, Walter **9** 91
Browne (irischer Gesundheitsminister) **12** 869
Brownson, Orestes Augustus **11** 834, 857
Brox, Norbert **1** 483
Bruat, Armand-Joseph **11** 146
Bruce, J. **1** 525
Brucioli, Antonio **7** 753
Bruckenthal **10** 22
Brückner, Aleksander **10** 749
Brüning, Heinrich **12** 683
Brues, Guy de **8** 1143
Brugghen, Justin van der **11** 213 f.
Brugmann **6** 383
Bruguière, Prälat **10** 156 f.
Bruhns, Nicolas **9** 1081
Brully, Pierre **8** 470
Brun, Bernard de **8** 1043
Brun, Johan Nordal, Bf. **10** 62
Brun, L. **12** 856
Brun, Pierre le **9** 1103
Brun, Prosper **11** 591, 1072
Brunel, Antoine de **9** 906 f.
Brunel, Gaston **11** 1072
Brunelleschi, Fillippe **7** 474, 477
Brunetière, Ferdinand **11** 437, 517
Brunfels, Otto **7** 637, 724, 745, **8** 182
Bruni, Leonardo **7** 498
Brunichild, austr. Kgn. **4** 604
Brunichild/Brunhilde, fränk. Kgn. **3** 818, 844 f., 923–927
Brunner, Emil **11** 61, **12** 68, 87, 104, 110 ff., 118, 125, 365, 674, 679, 711, 744, 806, 860, 1079
Brunner, Georg **7** 793
Bruno, Giordano **8** 589, 615, 1116, 1143, 1154
Bruno, hl. **9** 953

Bruno d. Kartäuser **5** 312, 416, 520, 529
Bruno de Roucy, Bf. v. Langres **4** 855
Bruno-Prunward, ungar. Bf. **4** 903
Bruno v. Calw **5** 115
Bruno v. Holstein-Schaumburg **6** 6
Bruno v. Köln, Ebf. **4** 799, 804, 809 f., 814, 855, **5** 123, 140, 144
Bruno v. Olmütz **6** 871, 875
Bruno v. Querfurt **4** 842, 913, 915
Bruno v. Reims, Ebf. **5** 278
Bruno v. Segni, Bf. **5** 47, 128
Bruno v. Toul ↗ Leo IX., Papst
Brunswick, Karl Wilhelm Ferdinand v. **10** 221
Brus, Anton **8** 626
Brust, August **11** 649 f.
Brutus **10** 397
Bruyère, la **9** 1027, 1141
Bryan, William Jennings **12** 1035, 1051, 1098, 1101
Bryce, James, 1. Vicomte **11** 821
Bryden, Walter Williamson **12** 1132
Brynolf Algotsson, Bf. v. Skara **5** 872
Brynych, Eduard, Bf. v. Königgrätz **11** 708
Buber, Martin **12** 112, 1079
Bucer, Martin **7** 635 f., 687, 711, 724, 728, 730, 737, 742, 753, 793–800, 804, 807, 809, 840 f., 862 f., **8** 3, 34, 47, 56–61, 65, 83, 85, 95, 102, 112, 116, 132, 216, 221, 248, 314, 316, 319, 394, 402, 451, 462, 470, 644, 682, 977, 998, 1180, 1200, 1226, **9** 479, 482
Buchanan, George **8** 733
Buchez, Philippe Joseph Benjamin **10** 802, 804, 816, 823, 826, 828, 854 ff., 859, **11** 31, 38
Buchheim, Franz Anton v., Bf. v. Wiener Neustadt **9** 192 f.
Buchman, Frank **12** 836, 860, 1090
Buckingham, Hzg. v. **9** 91, 95
Budaeus, Wilhelm ↗ Budé, Guillaume
Budai, Iosif, Metropolit v. Transsylvanien **9** 581
Buddaeus **9** 485
Buddha **2** 20, **12** 225
Budé, Guillaume (Budaeus) **7** 129, 619, 625, 632, 634, 648, **8** 67, 1127
Büchlein, Paul, gen. Fagius **8** 1128
Bück, Victor de **11** 114
Bünderlin, Hans **7** 825
Bürckel, Josef **12** 760
Buffalo, Gaspard del **12** 250
Buffet, Louis **11** 511
Buffon, George Louis Leclerc, Comte de **9** 1126, **10** 88
Bugeaud de la Piconnerie, Thomas-Robert, Graf v. Isly, franz. Oberst und Generalgouverneur v. Algerien, Marschall v. Frankreich **11** 995
Bugenhagen, Johannes **7** 712, 745, 840, **8** 13, 22, 27, 34, 314, 393, 438, 975
Buglio, Pater **9** 770
Bugnini, Annibale **13** 13, 52, 78, 94, 262
Buhl, Frants **11** 591
Buisseret, François **8** 1102
Buisson, Ferdinand Edouard **11** 531
Buisson, Régis **10** 676
Bulányi, György **13** 359, 366
Bulatovitch, Antonij **11** 744
Bulcsu, ungar. Fürst **4** 232, 236
Bulgakov, Makarij Michail Petrowitsch, Bf., Metropolit v. Moskau **11** 735
Bulgakov, Sergij **11** 748 ff., **12** 935, 962, 1011, **13** 413
Bulgakow, Michail **13** 398
Bull, George **9** 955
Bull, John **8** 1239
Bullinger, Heinrich **7** 789, 855, **8** 50, 55, 60, 66, 81, 92, 103, 108, 110, 116, 169, 315, 317, 319, 322, 349, 427, 506, 578, 611, 618, 633 f., 636, 639, 644, 964, 979, 1006
Bulteau, Louis **9** 1009
Bultmann, Rudolf **12** 49, 87, 113, 117–122, 126, 561, 711, 745, 806, 817, 860, 1075, 1079, 1084, **13** 192, 201
Bulu, Joeli **11** 1075
Bunsen, Karl Josias v. **11** 136
Bunting, Jabez **11** 221
Bunyan, John **9** 871 f., **11** 1016

Buonaiuti, Ernesto **11** 433, 601, **12** 176, **13** 4
Búrali d'Arezzo, Paolo **8** 585, 587, 608
Burch, Francois van der **9** 82
Burchard I., Bf. v. Worms **5** 438, 446, 449
Burchard v. Basel, Bf. **5** 55
Burchard v. Halberstadt, Bf. **5** 40
Burchard v. Lausanne, Bf. **5** 55
Burchard v. Straßburg **7** 122
Burchard v. Ursberg **5** 833
Burchard v. Worms **4** 810, 812, 814, 865, 869
Burchard v. Würzburg **4** 658, 666
Burck, François **13** 694
Burckart, Johannes **7** 103, **8** 987
Burckhardt, Georg, gen. Spalatin **7** 712, 856
Burckhardt, Jakob **7** 505, **11** 578
Burdeau, Auguste **11** 335, 340
Bure, Idelette de **8** 465
Bureau, Michel **7** 146 f.
Burgund, Hzgn. v. **9** 851, 1146
Burgundio **3** 815
Burgundio v. Pisa, Jurist **5** 383
Burke, Edmund **10** xvi, 212, 223, 319, 418 f., 426 f., 485
Burlamacqui, Jean-Jacques **9** 1096 f., 1100
Burnatius, Mathias **9** 37
Burnet, Gilbert, Bf. v. Salisbury **9** 193, 451, 1107
Burnet, Thomas **9** 971, 1026
Burnett, Bill, Ebf. v. Kapstadt **13** 582
Burney, Charles **9** 1082
Burns, Francis **11** 1000
Burrus, Diakon **1** 329
Bursche, Julius **12** 889
Burt, Thomas **12** 800
Burton, Robert **8** 364
Burzio, Giuseppe **12** 414, 900
Bus, César de **8** 288, 292, 974, 1067, 1070 f., 1109, 1113, 1216, **9** 1002 f.
Busch, Johannes **7** 230
Busenbaum, Hermann **9** 997, 1002 f.
Bush, George **10** 490
Busher, Leonard **9** 197
Bushnell, Horace **11** 845, 862, 891, 895 f., 898
Busilla v. Sizilien **5** 132
Busken Huet, Conrad **11** 551
Buß, Franz Joseph Ritter v. **10** 719, **11** 32 f., 306
Bussaert, Johann **8** 176
Butherich, magister militum **2** 476
Butillard, Andrée **12** 576
Butler, Cuthbert **12** 806
Butler, James, Ebf. v. Cashel **9** 339
Butler, Joseph **9** 1117 f., 1127
Butler, Richard Austen **12** 796
Butte, A. **12** 560
Butterfield, William **11** 573
Buttmann, Rudolf **12** 693
Butturini, Giuseppe **12** 323
Butz, Straßburger Ratsherr **7** 805
Butzer, Martin ↗ Bucer, Martin
Buxtehude, Dietrich **9** 1075, 1081
Buxton, Sir Thomas Fowell, 1. Baron **11** 151, 414, 999, 1001
Buxtorf, Johannes **8** 1128, **9** 982
Buxtorf, Johannes d. Jüngere **10** 202
Buynans, John **9** 989
Buzan (Buzun), Chān **6** 213
Buzembaum, Pater **10** 167
Buzomi, Jesuit **9** 761
Buzzetti, Vicenzo **11** 600
Buñuel, Luis **12** 143, 164
Bynwalt, Matthias **7** 745
Byrd, William **8** 1239, **9** 1078
Byrhtferth, Mönch **4** 850
Byrnolf Algotsson **6** 799
Byron, George Gordon Noel, Lord **10** 797, 799, 820, **11** 780
Bystritsky, Nikodem, Metropolit **11** 734
Byzas, myth. Gründer v. Byzanz **4** 70

Caballería, de la, Familie **6** 845
, Alfonso **6** 850
, Pedro **6** 850
Caballero y Gongora, Ebf. v. Bogotá **10** 761
Caballinus, Caspar **8** 1181
Cabanis, Pierre Jean Georges **10** 682, 845

Cabarrus, François Comte de **10** 31
Cabet, Étienne **10** 809, 852
Cabezón, Antonio de **9** 1080
Cabezón, Hernando de **8** 1239
Cabochien, Familie **6** 95
Cabral, Costa **11** 280
Cabral, Francisco **9** 793
Cabral, Pedro Alvarez **7** 528, 536, 548, 587 ff.
Cabrières, de, Bf. v. Montpellier **11** 524
Cabrini, Françoise-Xavier **11** 881, **12** 250, 279
Cacault, François **10** 623
Cacciaguerra, Bonsignore **8** 583
Cacciaguerra, Eligio **11** 620
Caccianemici, Gerhard ↗ Lucius II., Papst
Caccini, Pater **8** 1156
Cachod, Jesuit **9** 604
Cadalus v. Parma, Bf. ↗ Honorius II., Gegenpapst
Caddroe, Abt **4** 786 f., 793
Cadière, Leopold **11** 1042
Cádiz, Diego José de **10** 32
Cadman, S. Parkes **12** 1045, 1056
Cadmus, Bf. v. Bosporus **2** 147
Cadoc **3** 869
Cadoux, C. J. **12** 821
Cadron-Jetté, Rosalie **11** 911
Cadwallon Gwynedd, Kg. **4** 625
Cäcilia, Tochter Geoffroys III. v. Semur **5** 426
Caecilian, Bf. v. Karthago **2** 128, 206, 245–248, 250–254, 258, 261, 305, 521, 885
Caedmon, Poet **4** 679
Caelestius **2** 528, 533, 536–542, 545, 586, 903, 926, **3** 32, 256, 333
Caesar, Julius, röm. Ks. **1** 93, 114, 238, 245, 444, 446, 623, 633, **2** 12, 16, 196, 199, 710
Caesar Baronius, Kard. **4** 779, 820
Caesaria, Schwester d. Caesarius v. Arles **3** 393
Caesaria d. Jüngere **3** 394
Caesarius, Bf. v. Arles **2** 870, 961, **3** 344, 347–352, 379, 385–399, 797, 838, 969, 982, 987, 1001, 1005, 1025, 1085, 1089, 1096, 1136, 1148, 1150
Caesarius, Mönch **5** 432
Cäsarius v. Heisterbach **6** 376
Caetani, Familie **6** 41, 730
, Benedetto ↗ Bonifaz VIII., Papst
, Francesco **6** 35
Caetani Stefaneschi, Giacomo/Jacopo **6** 46, 71
Caffarel, Abbé **12** 263
Caffe, Dominikanerpater **10** 594
Caggiano, Antonio, Kard. Ebf. v. Rosario **13** 494
Cagliostro, Giuseppe Balsamo, gen. Alessandro **10** 220, 422
Cagnola, Tommaso **7** 475
Cahensly, Peter Paul **11** 882
Cahera, Gallus (Havel) **7** 764
Caixal, Bf. v. Urgel **11** 632
Cajetan de Vio, Thomas, Ordensgeneral der Dominikaner, Ebf., Kard. **7** 112, 116, 118, 131 f., 278, 340, 493, 515, 563 ff., 601, 694 f., 847 f., 853 f., **8** 196, 247, 813, 1137, 1179, **11** 349
Cajetan v. Thiene **8** 247, 585
Cakobau, Häuptling auf den Fidschi-Inseln **11** 1074
Calama, Pérez **10** 89
Calamandreis, Pietro **12** 473
Calamy, Edmund **9** 103
Calancha, Antonio la **10** 760
Calandio, Patr. v. Antiochia **3** 132, 134
Calas, Jean **9** 203, **10** 184
Calata, James **13** 582
Calatayud, Pedro, Jesuitenpater **9** 320, 327
Calavassij, Georg **12** 967, 1026
Caldara, Antonio **9** 1068
Caldera, Rafael, Präsident v. Venezuela **13** 475, 498, 537
Calderón de la Barca, Pedro **8** 724, **9** 1053–1058
Caldonius, karthag. Bf. **2** 164
Caldwell, Mary Gwendolin **11** 886
Calenus, Henri **9** 354
Calepodius, Märt. **5** 204
Caleppi, Mgr. **10** 420

Caligula, röm. Ks. **1** 13, 17, 104, 238, 623, **2** 14
Calixt, Georg **8** 41, 329, **9** 190 ff., 413, 987
Calixt, osman. Prinz **7** 82
Calixt I., Papst **1** 262, 266, 497, 690–693, 696 ff., 700, 703, 705, 707 f., 798, 837, 946, 952, **2** 882, **5** 204
Calixt II. (Guido v. Vienne), Papst **5** 33 f., 75, 77–82, 86, 111, 121 f., 128, 134, 181, 184 ff., 188, 191 ff., 201, 206, 241, 243, 271, 421, 423
Calixt III. (Alfonso Borgia/ Borja), Papst **7** 54, 71, 75 f., 92, 121, 134, 140, 334, 543 f., 566, **8** 1181
Calixt III. (Johannes v. Struma), Gegenpapst **5** 182, 225, **6** 730
Calkoen, J. B. Van Beeck **10** 683
Callenberg, Johann Heinrich **10** 204
Calles, Plutarco Elías **12** 1109, 1169, 1174
Callet, François **11** 1022
Callier, Agostino Giuseppe, Bf. v. Haarlem **11** 554
Callimachus (Filippo) **7** 437
Callinicus v. Pelusium, Bf. **2** 330, 335, 1015
Callo, Marcel **12** 249, 288
Calloner, Richard **9** 339
Callot, Jacques **8** 929, **9** 40
Calmel, Père **9** 1028
Calmet, Augustin, Benediktiner **9** 977, 1101, 1103, 1105, 1117 f., 1120 f.
Caloca, Lauro **12** 1173
Caloen, Gerard van **11** 35, 131, 545
Calov, Abraham **9** 413 f., 496, 977
Calprenède, la **9** 1060
Caluppianis, Mönch **3** 983
Calvert, Cecil **9** 690 f.
Calvet, Jean **12** 159
Calvet, Pierre du **10** 525
Calvetos, Fernando, Bf. **7** 557, 564, 592
Calvi, Francesco **8** 574
Calvin, Johannes **7** 768, 786, 789, 832, **8** 11, 47, 49, 54, 56, 59, 62–96, 102, 110, 122, 133, 181, 184, 186, 231, 248, 263, 315–320, 322, 333, 349, 411, 428, 461, 464, 470, 494, 508, 556, 575, 578, 611, 613, 633, 643, 652, 682, 698, 870, 966, 976, 982, 998, 1004, 1024, 1031, 1062, 1081, 1108, 1119, 1129, 1142, 1147, 1168, 1176, 1178, 1186, 1203, 1221, 1226, 1230, **9** 349, 372, 421, 482, 742, 872, 1006 f., 1090, **10** 666, **11** 375, **12** 822, **13** 227
Calvo, Gabriel **12** 263
Calvo Padillo, Juan de **8** 808
Câmara, Helder, Ebf. v. Olinda-Recife **12** 1159, 1194, 1196, 1200, **13** 24, 479, 495 ff., 508, 520, 537 f.
Cambacérès, Étienne Hubert de, Ebf. **10** 638
Cambe, M. **1** 872
Cambounet de la Mothe, Jeanne de (Jeanne de Sainte-Ursule) **9** 856
Camelot, Thomas **1** 327, 330
Camero, John **8** 343
Cameron, brit. Konsul **11** 993
Cameron, John **9** 421 f.
Cameroni, Agostino **11** 613
Camillo de Lellis **8** 1068
Caminha, Pêro Vaz de **7** 536, 589
Campanella, Tommaso **1** 633, **8** 589, 591, 1155
Campanius, Johannes **9** 693
Campanus, Johannes **8** 181
Campanus v. Novara **5** 612 f.
Campbell, Alexander **10** 861, **11** 842
Campbell-Bannermann, Henry **12** 799
Campeggio, Familie **8** 596
, Tommaso **8** 396
, Lorenzo, Kard. **7** 732, 875, **8** 198
Campello della Spina, Paolo, Conte **11** 611
Campenhausen, Hans v. **1** 378
Campion, Edmund **8** 1065
Campion, Ebf. v. Cicé **10** 336
Campo, Alexander do, Bf. v. Kotschin **9** 810 f.
Campo, Mattheo do **9** 811
Campo, Thomas do, Erzdiakon **9** 809–812
Campomanes, Pedro Rodríguez **10** 31, 34
Campos, Francisco **12** 1176
Campra, André **9** 1072
Camus, Albert **12** 162

Camus, Étienne le, Bf. v. Grenoble **9** 137, 256, 260, 279, 1000, 1006 f.
Camus, Armand Gaston **10** 15, 259, 316, 320, 327 f., 331 f., 344, 459, 549, 593
Camus, Jean-Pierre, Bf. v. Belley **8** 291, 1057, **9** 124, 248, 312, 314, 321, 404, 853, 992
Canalejas, José **11** 640
Canaris, Wilhelm **12** 359
Canaye, Jean **7** 753
Cáncer, Luis **8** 822
Candida, pers. Kgn. **3** 1167
Candidian, ksl. Beamter **2** 595, 599, 606, 608
Cândido, Jacinto **11** 626
Candidus, Bf. **2** 423
Candidus, Gnostiker **1** 615
Candidus, röm. Priester **3** 900, 923 f., 927
Candler, Askin **12** 1096
Candorcanqui, José Gabriel **10** 762
Canet, Louis **11** 432, 524, **12** 176, 186, 211
Canfield, Benedikt v. ↗ Benedikt v. Canfield
Cangrande della Scala **6** 583
Canico, Joaquim do Amor Divino **10** 780
Canigiani, Alexandre **8** 285
Canisius, Petrus **8** 240, 306, 413, 418, 432, 492, 585, 915, 969, 999, 1182, 1236, **9** 337, 339, **12** 15, 210, 275
Canivet, Pierre **1** 878
Canning, George **10** 185, **11** 223
Cannon, James Jr. **12** 1048
Cano, Melchior **8** 245, 247, 297, 684, 687 f., 692, 695, 697 f., 707, 734, 818, 1120
Canova, Antonio **10** 662
Cánovas del Castillo, Antonio **11** 634 ff.
Canoz, Alexis, Bf. v. Madurai **11** 1029
Canstein, Carl Hildebrand v. **10** 203, 273
Cantianilla, Märtyrin **2** 134
Cantianus, Märt. **2** 134
Cantù, Cesare **11** 606
Cantus, Märt. **2** 134
Cão, Diogo **7** 580
Cão, Gaspar, Bf. v. São Tomé **9** 736
Capadose, Abraham **10** 448
Capece Zurlo, Giuseppe Maria, Ebf. **10** 454
Capelcantro, Giuseppe, Ebf. **10** 454
Capella **3** 880
Capéran, Louis **11** 423
Capes, John **11** 234
Capesius, Viktor **12** 767
Capestrano, Johannes **7** 73, 75, 159, 176, 340, 421, 425, 466
Capitein, Jacobus Eliza Joannes **9** 738
Capito, Wolfgang **7** 730, 792 f., 798, 804, 806, 832, 837, 840 f., 862, 873, **8** 50, 54, 60, 130, 314, 580
Capocchi, Kard. **7** 196
Capocci, Pietro **5** 643
Capoche, Luis **8** 802
Capone, Al **12** 1051
Cappaccini, Francesco, Kard. **11** 12, 280
Cappe, Victoire **11** 541
Cappel, Louis **9** 422, 932, 948 ff., 977, 982, 1107, 1118
Cappellari, Bartolomeo Alberto (Mauro), Kard. ↗ Gregor XVI.
Capponi, Gino **11** 267
Capranica, Domenico **6** 117, 128, **7** 121, 196
Capranica, Johannes **7** 133 f.
Caprara, Giovanni Battista, Kard. **10** 347, 381, 392, 469, 543, 624, 635, 663
Caprarola, Cola da **7** 485
Caprasius **2** 865
Capreolus, Bf. v. Karthago **2** 596, 605, **3** 221
Capsur, mauret. Kg. **3** 297
Captier, Eugène **11** 490
Capuano, Peter **5** 772
Capucci, Hilarion, Ebf. **13** 445
Caputo, Bf. v. Ariano **11** 607
Caracalla, röm. Ks. **1** 260, 263 f., 561, 606, 943, **2** 3, 6
Caraccioli, Domenico **9** 189, **10** 1, 188
Caracciolo, Antonio **8** 455
Caracciolo, Francisco **11** 260
Carafa, Carlo, Nuntius, Bf. v. Aversa **9** 19, 33, 310
Carafa, Familie **8** 582

, Alfonso **8** 586
, Decio **8** 587
, Giampietro (Gian Pietro) ↗ Paul IV., Papst
Caraffa, Olivieri, Kard. **7** 80 f.
Caramuel y Lobkowitz, Juan **8** 1174, 1198
Carantoc **3** 868 f.
Caravaggio, Michelangelo da (Michelangelo Merisi) **8** 304, 1215, 1218, **9** 1046
Carbonnier, Jean **13** 250
Carcano, Michele de **8** 1201
Cardano, Girolamo (Geronimo) **8** 1139, 1148, 1155
Cardenal, Ernesto, Kultusminister v. Nicaragua **13** 513 ff.
Cardenal, Fernando, Erziehungsminister v. Nicaragua **13** 514
Cardenal, Peire **5** 685
Cárdenas, Lázaro, mexikan. Staatschef **12** 1174, **13** 534
Cardijn, Joseph, Kard. **12** 286, 660, 1086, **13** 21, 59
Cardona, Sancho de **8** 669
Cardona, Carlo de **11** 616
Cardoso, Jorge Enrique, Präsident v. Guatemala **13** 533
Carducci, Giosuè **11** 597
Caresana, Paolo **12** 195
Caret **11** 44
Caretena, Gattin Gundobads **3** 380, 382
Carey, Bf. **10** 48
Carey, Felix **11** 1023 f., 1032
Carey, George, Ebf. v. Canterbury **13** 575
Carey, Lott **11** 1000
Carey, William **9** 807, **10** 689, **11** 1023, **13** 664
Carion, Eremit **2** 823
Carissimi, Giacomo **8** 1241, **9** 1057, 1065, 1067 f., 1070
Carleti, Angelus **7** 239
Carleton, Guy, kanad. Gouverneur **10** 181, 523
Carli, Luigi, Bf. v. Segni **13** 24
Carlo Borromeo ↗ Borromäus, Karl
Carlos, Don, Infant v. Spanien **8** 685
Carlos V., Kg. v. Spanien **11** 284 ff.
Carlyle, Aelred **11** 573
Carnegie, Andrew **11** 890 f., 898 f., **12** 308, 329, 1056
Carneiro Leitao, Miguel **8** 939, **9** 752
Carnesecchi, Pietro **8** 577, 599
Carnevale, Sansone **9** 267, 310
Carnot **9** 373
Carnot, H. **10** 845
Carnot, Sadi **11** 507 f.
Carnoy, Chanoine **11** 542
Carol II., Kg. v. Rumänien **12** 954
Caroli, Pierre **7** 835 ff., 839, 866, **8** 467
Caroll, John **11** 858
Caron **9** 805
Caron, Marie-Louise **13** 231
Caron, Maxime **11** 336
Carosos, Archimandrit **3** 109, 125, 168
Carpi, Alberto Pio v. **7** 850
Carpophorus (Herr des Calixtus) **1** 692
Carpos v. Pergamon, Märt. **1** 254, 567
Carpzov, Benedikt, Richter **8** 1084, 1090, **9** 1143
Carracci **9** 1046
Carracci, Annibale **8** 1218
Carranza de Miranda, Bartolomé **8** 687, 692, 698, 707, 717, 720, 734, 808, 818
Carrasco y Formiguera, Manuel **12** 528
Carré de Montgeron, Louis **9** 395
Carrell, John **11** 565
Carreras, Lluís **12** 520
Carretto, Carlo **12** 497
Carrez, Maurice **11** 400
Carrie, Antoine-Marie **11** 978 f., 1010 f.
Carrillo, Alonso, Ebf. v. Toledo **7** 394, 402 f., 406
Carroll, Charles **10** 499–505, 507, 509, 512, 521
Carroll, Daniel **10** 499
Carroll, John, Bf. v. Baltimore **10** 189, 247, 424, 482, 484, 499 f., 514, 668, 794
Carrucci, Jacopo gen. Pontormo **7** 492 f.
Carson, Donald A. **13** 208
Cartagena, Alonso de, Bf. v. Burgos **7** 393
Carterius, Bf. **3** 380
Carterius, Comes **3** 48

Carteromacho (Scipione Forteguerri) **7** 644
Cartier, Jacques **8** 817, 859, **9** 661
Cartwright, Peter **11** 837–840, 906
Cartwright, Thomas **8** 556, 559, 565, **9** 460
Carty, Charles **12** 1107
Carus, röm. Ks. **2** 173
Carvajal, Juan de, Kard. **6** 122, **7** 76, 121
Carvalho, Valentim **8** 948, **9** 761
Casalis, Eugène **11** 985, 995
Casalis, Georges **12** 353, 561, **13** 204, 287
Casaroli, Agostino, Kardinalstaatssekretär **13** 109, 118 f., 121 ff., 303, 305, 423
Casati, Alessandro **11** 601
Casaubon, Isaac **8** 343, 353, 1131, 1144, 1167
Cascajares y Azar, Antonio María **11** 638
Casel, Odo **1** 636 f., **12** 225, 267
Caselli, Francesco, Kard. **10** 622, 643
Casetti, Nikolas **9** 550
Casoni, Giambattista **11** 610
Caspari, Carl Paul **11** 253
Cassagnac, Paul de **11** 509, 511
Cassander, Georg **8** 184, 245, 350, 1035, **9** 190, 196
Cassian ↗ Johannes Cassian
Cassidy, Edward, Kadinal **13** 140
Cassini, Giacomo **11** 607
Cassiodor **3** 316, 338, 358 f., 465, 768 f., 896, 975, **4** 669 f.
Cassirer, Ernst **9** 1094
Cassius, Bf. v. Tyrus **2** 61
Cassius Dio **1** 172, 177 f.
Cassius v. Macomades, Bf. **1** 643, 655
Cassius v. Tyros, Bf. **1** 560
Castel, Charles-Irénée ↗ Saint-Pierre, Abbé de
Castelar, Emilio **11** 631, 633 f.
Castelberg, Balthasar v. **11** 242
Castelberger, Andreas **7** 821
Castelfranco, Giorgione da (Giorgio Barbarelli) **7** 488
Castellano, Alberto **8** 990
Castelli, Benedetto **8** 1156
, Giovanni Battista **8** 608
Castelli, Bf. **7** 178
Castelli, Juan José **10** 772, 775, 783
Castellio (Chât[e]illon), Sebastian (Pseudonym: Martinus Bellius) **7** 671, **8** 66, 181, 184, 349, 468, 497, 1035, **9** 196, 963, 972
Castelnau, General de **12** 571, 576, 617 f., 620
Castiglione, Baldassare **7** 106, 330, 506
Castiglione, Galfredo ↗ Coelestin IV., Papst
Castiglione, Giuseppe **9** 778, 1027
Castiglione, Kard. **7** 196
Castiran, Mgr. de **10** 462
Castlereagh, Robert Stewart Viscount Lord **10** 529, 658
Castorius, Bf. v. Rimini **3** 906 f.
Castorius, Notar **3** 900, 909, 911
Castracani, Msgr. **9** 148
Castrillón Hoyos, Darío, Kard. Bf. v. Pereira **13** 509
Castriotis, Georg **9** 571
Castro, Alfonso de **8** 698
Castro, Emilio **13** 132
Castro, Fidel, kuban. Staatschef **13** 473, 475, 498, 512 f., 522
Castro, Guillén de **9** 1053, 1056
Castro, Isaak Orobio de **9** 210
Castro, Tomaso de **9** 805 f.
Castro Mahalo, Mattheo de, Apostol. Vikar **9** 805
Castro Ruz, Fidel **12** 1148, 1179, 1181, 1183
Castus, Bf. v. Sicca **1** 643
Castus, oström. Heermeister **3** 939
Catalani v. Sévérac ↗ Jourdain Cathala de Sévérac
Catarina Colombini **6** 27
Caterina v. Siena ↗ Katharina v. Siena
Caterius v. Antadarus, Bf. **2** 321
Catharinus, Ambrosius (Politus) **7** 848, **8** 1205
Cathelineau, Jacques **10** 408
Cathwulf, Priester **4** 686
Catianus, Bf. v. Tours **2** 136
Catihern, breton. Priester **3** 885 f.
Catilina (röm. Verschwörer) **2** 485

Cato, Marcus Porcius d. Ä. **1** 633, **7** 504
Cato, Marcus Porcius d. J. **1** 633
Catrice, Abbé **12** 318
Cattaneo, Albert **7** 441 f.
Caturce, Jean de **8** 459
Cauchie, Alfred **11** 543, **12** 662
Cauchy, Augustin **11** 438
Caulet, Etienne, Bf. v. Pamiers **9** 248, 357
Caurroy, Eustache du **8** 1240
Caussade, Jean-Pierre de **9** 844, **10** 240 f., **12** 1228
Caussanel, A. **11** 1028
Causse, Abbé, gen. Bruder Augustin **9** 395
Caussin, Beichtvater Ludwigs XIII. v. Frankreich **9** 353
Cauvain, Gérard **8** 64
Cavaignac, Eugène, General **11** 172
Cavalho, Jorge **8** 879
Cavalier, Jean **9** 138
Cavallanti, Alessandro **11** 444
Cavallini, Pietro **5** 613, **6** 722
Cavins, D. S. **12** 332
Cavour, Camillo Benso **11** 14, 167, 175, 596, 607 f., **12** 467, 763
Caylus, Msgr. de, Bf. v. Auxerre **9** 332, 339, 386, 391, 395, 397
Cazalla, Agustín **8** 677, 679, 685
, Juan **8** 679
, Pedro **8** 679
, María **8** 675, 677, 679 f., 694, 698
Cazelles, Henri **1** 430
Cazet, Apostol. Vikar v. Madagaskar **11** 1021 f.
Cazzani, Giovanni **12** 484
Ceadda (St. Chad) **4** 638 f.
Ceauçescu, Nicolae, rumän. Staatschef **13** 354, 369 f.
Čechov, Anton Pawlowitsch **11** 747
Cecil, William **8** 527
Cecile, Konteradmiral **11** 1054
Cedd, ir. Priester **4** 629 f.
Cedolini, Pietro **9** 605
Cedrenus **1** 610
Celadion, Bf. v. Alexandrien **1** 167
Celantia **2** 530
Celerinus, Bekenner **2** 37
Celerinus (v. Karthago) **2** 160
Celerius, röm. Märt. **2** 160
Cellarius (Keller), Christoph **9** 947
Celnart, Madame **10** 840
Celsus **2** 85, 179, 727
Celsus, Bf. v. Ikonion **2** 96
Celsus v. Alexandrien **1** 253, 467, 660, 684, 785, 877, 880, 910 f., 928
Celtis, Konrad **7** 437, 635
Cencius **5** 42, 53
Cencius, Redaktor **5** 249
Cène, Charles le **9** 422
Cénery, hl. **3** 989
Cento, Fernando, Kard. Bf. v. Acireale **13** 63
Cenwulf v. Mercien, Kg. **4** 744
Ceolwulf, angl. Kg. **4** 640
Ceponius, Bf. **2** 502, **3** 219
Cerdo, Bf. v. Alexandrien **1** 167, 181, 183
Cerealis **3** 282
Ceredig **3** 869
Cerejeira, Manuel Gonçalvez **12** 502, 506 f., 510
Cererols, Juan **9** 1070
Ceretius, Bf. v. Grenoble **3** 254
Ceretti, B. **12** 303, 398
Cerfaux, Lucien **12** 200, 662
Cerinth **1** 159 f., 220, 482 ff., 521, 524
Černohorsky, Bohuslav **9** 1069
Ceronius, Konsul **2** 238
Cerqueira, Luis de, Bf. v. Japan **8** 926, 928, **9** 758
Cerretani, Bartolomeo **7** 343
Certeau, Michel de **9** 75
Ceruti, Giacinto, Abbé **10** 29
Cervantes, Miguel de **8** 742, 744
Cervellera, Bernardo **13** 690
Cervini, Marcello ↗ Marcellus II., Papst
Cesalpino, Andreas **8** 1138
Cesari, Giuseppe ↗ Arpino, Cavaliere d'
Cesarini, Giulio, Kard. **6** 111, 116, 121, 128, 290, **7** 73
Cesbron, Gilbert **12** 163, 611, 627
Cesi, Familie **8** 596
Česlav, bulg. Adliger **4** 934
Cesti, Marc Antonio **9** 1068

Cethegus, röm. Adliger **3** 465
Ceuneau, Abbé **10** 602
Chabrol, Comte de **10** 644
Chad(d)erton, Laurence **8** 557
, William **8** 563
Chadwick **11** 238
Chadwick, Henry **1** 889
Chadwick, Samuel **12** 811, 816
Chäremon, Bf. v. Nicopolis **2** 161
Chagall, Marc **12** 167, 171
Chaila, Abbé du **9** 138
Chaimis, Barthélemy de **7** 198
Chaireas, Comes **3** 49
Chairedin **8** 745
Chairemon **1** 597 f., 871
Chais, Charles **9** 1090, 1104, 1127
Chaise, François d'Aix de la, Beichtvater Ludwigs XIV. **9** 107, 771, 1006
Chakaipa, Patrick, Ebf. v. Harare **13** 580
Chakkarai, Vengal **12** 313
Chalier, Joseph **10** 383, 599
Chalkokondylis, Demetrios **8** 366
Challe, Robert **9** 1147
Challoner, Richard **9** 848
Chalmers, James **11** 1075
Chalmers, Thomas **11** 899
Chalotais, Louis René de Caradeux de la, franz. Staatsanwalt **9** 345, **10** 173
Chamberlain, Joseph **11** 560, **12** 800
Chambord, Henri Charles de Bourbon, Hzg. v. Bordeaux, Comte de **11** 507, 511
Chamon, Nicolas **10** 548
Chamorro, Violeta, Präsidentin v. Nicaragua **13** 476
Champaigne, Jean-Baptiste de **9** 1040
Champaigne, Philippe de **9** 372, 1035, 1040, 1043
Champion de Cicé, Jerôme **10** 325
Championnet, Jean Étienne, General **10** 454, 591
Champlain, Samuel de **8** 859, 869, **9** 662, 667
Champollion, Jean François **10** 683
Chan Pan **11** 1043, 1046
Chancelharia, Diogo Velho da **7** 547
Chandieu, Antoine de la Roche **8** 113, 351
Chandler, Joseph R. **11** 857
Chando-Saheb **9** 818
Chandos, Hzg. v. **9** 1078
Chanel, Pierre L.-M. **11** 144
Channing, William Ellery **10** 508, **11** 833, 835
Chanovsky, Albrecht **9** 37
Chanson, Paul **12** 271
Chantal, Jeanne de ↗ Johanna Franziska v. Chantal
Chantal, Johanna Franziska v. ↗ Johanna Franziska v. Chantal
Chantôme **11** 38
Chantraine, Georges **13** 77
Chanut, franz. Gesandter **9** 428
Chao, T C. **12** 76, 78, 368
Chapdelaine, Auguste **11** 148
Chaper, Achille **10** 679
Chapman, John **1** 852
Chappotin, Hélène de **11** 1030
Chappoulie, Henri **12** 324
Chararich, Swebenkönig **3** 373, 405
Charbonelle I. **11** 544
Charbonnaux, Apostol. Vikar v. Pondichéry **11** 163, 1028
Charbonneau, Paul Emile **12** 1143
Charcot **11** 350
Chardin **9** 594
Charette de la Contrie, François Athanase **10** 408
Charibert, fränk. Kg. **3** 811 f., 819, 826, 828, 837, 927, 1127, **4** 605
Chariton, Archimandrit **4** 407
Chariton, hl. **4** 411, 413, 569
Chariton v. Jerusalem, Klostergründer **2** 831, **3** 618, **6** 160
Charles, Eugène **12** 276
Charles, Kg. v. Belgien **12** 658
Charles, Pierre **11** 972, **13** 328
Charles de Blois **6** 437, 644
Charles Robert v. Anjou **6** 771
Charles-Roux, François **12** 17
Charles (SJ) **12** 323, 664
Charlety, Sébastien **10** 810
Charlier, Anne (verheiratete Lafosse) **9** 392

Charlier, Henri **12** 167
Charlotte-Elisabeth v. Bayern **9** 184
Charmoisy, Louise de **8** 1055
Charost, Ebf. v. Rennes **12** 617
Charpentier, Marc-Antoine **8** 1241, **9** 1065, 1068, 1070 ff.
Charrier de la Roche, Abbé **10** 322
Charrière, François **12** 671, 675, 678
Charron, Pierre **8** 342, 1147, **9** 963, 1020
Charterius, Bf. v. Périgueux **3** 819
Chartrousse, Bf. v. Valencia **11** 190
Chartschew, Konstantin **13** 403, 405
Charue, André-Marie, Bf. v. Namur **12** 652, **13** 50, 76
Charvaz, Andrea, Ebf. v. Genua **11** 263 f., 596, 598, 600, 606 f.
Chasseloup-Laubat, Francois, Marquis de **11** 148, 150
Chasset **10** 327, 330 f., 348
Châtaignerie, la **8** 1194
Châteaubriand, Alphonse de **10** 563
Chateaubriand, Céleste **10** 555
Chateaubriand, François René, Vicomte **10** 305, 309, 476, 555, 672, 675 f., 681, 797 ff., 803–809, 826, 839 f., 843, 849, **11** 121, 153
Châteillon, Sebastian ↗ Castellio, Sebastian
Châtel, Jean **8** 1109, **9** 390
Châtelet, Mme du **9** 1117
Châtellerault, Étienne de **9** 802
Châtillon, Odet de **8** 474, 479
Chatwode, Eustace J. **10** 662
Chatzeris, Samuel, Patr. v. Jerusalem **10** 127, 131
Chaucer, Geoffrey **5** 564
Chaumette, Pierre Gaspard **10** 383, 385
Chaumont, Mgr. **10** 468 f.
Chauncy, Charles **10** 489, 493
Chaunu, Pierre **12** 1204, 1217, 1222
Chaurand, Jesuitenpater **9** 327, 1011
Chautard, Jean-Baptiste **11** 337, **12** 252, 616
Chautemps, Camille **12** 578
Chavasse, Antoine **12** 209
Chávez, Hugo, venezuelan. Präsident **13** 477
Chávez y González, Luis, Ebf. v. San Salvador **13** 519, 538
Chédozeau, B. **9** 847
Cheitmar, slowen. Fürst **4** 889
Chelčicky, Petr **9** 477, 481
Chelhât, Patr. v. Syrien **11** 805
Chelidonius, Bf. v. Besançon **3** 234, 239 f.
Chelidonius (v. Calahorra), Märt. **2** 184
Cheltschitz, Peter v. (Chelčický) **7** 469 ff.
Chemin-Dupontès, Jean-Baptiste **10** 396, 433, 577, 581 f.
Chemnitz, Martin **8** 12, 39, 323, 344, 420
Cheng Ho, chin. Admiral **7** 525 f., 528
Chénier, Marie-Joseph **10** 375, 433, 435
Chenu, Bruno **13** 66, 160
Chenu, Marie-Dominique **12** 177, 190, 196, 198, 202, 205, 208, 228, 624, 629, **13** 17 f., 25, 160, 292
Cherbury, Edward Herbert v. **9** 957, 963
Cheremon, ägypt. Abt. **2** 549
Chéruel **11** 31
Cherville, Asselin de, franz. Konsul in Alexandria **11** 992
Chesne, Marie-Zoe du **11** 154
Chesneau, Jean **7** 14
Chesnelong, Charles **11** 36, 490 f., 500, 510 f.
Chesnelong, Ebf. v. Sens **12** 390
Chesterfield, Lord **9** 1024
Chesterfield, Philip (Sohn v. Lord Chesterfield) **9** 1024
Chesterton, Gilbert Keith **12** 163, 801, 831, 833
Chevalier, François **9** 992
Chevalier, Jacques **12** 203, 583, 618, 621, 623, **13** 41
Chevalier, Jean **9** 882
Chevalier, Michel **10** 813
Cheverus, Lefevre de, Bf. v. Boston **10** 503, 521
Chevreuil **9** 763
Chevreul, Eugène **11** 438
Chevreul, Michel **10** 9

Chevrier, Antoine **11** 34, 129, 336, 505
Chevrier, Pater **10** 558
Chezaud **9** 802 f.
Chiang Kai-shek **13** 621
Chiaramonti, Luigi (Gregorio) Barnaba ↗ Pius VII., Papst
Chidyak, Assad **11** 811
Chieregati, Francesco **7** 875
Chiesa, della, Franziskaner, Bf. **9** 773
Chiesa, Giacomo della ↗ Benedikt XV., Papst
Chièvres de Croy, Guillaume **7** 402
Chigi, Agostino **7** 99, 104, 502
Chigi, Fabio ↗ Alexander VII., Papst
Chigi, Flavio, Nuntius in München und in Paris **11** 27, 493, 610
Chihabides, Emir **9** 599
Chijwa, Miguel **8** 924
Chikane, Frank **13** 582, 584, 608
Chilandarskij, Paisios **11** 768
Childebert I., fränk. Kg. **3** 385, 397, 780, 797, 799 f., 802, 811, 817, 819, 825, 827 ff., 844 f., 969, 980
Childebert II., fränk. Kg. **3** 800, 827, 837, 923, **4** 631
Childerich, fränk. Kg. **3** 227 f., 343, 354, 356, 365 f.
Chilperich, fränk. Kg. **3** 812, 817–821, 825 ff., 829 f., 834
Chilperich I., burgund. Kg. **3** 375 ff.
Chilperich II., burgund. Kg. **3** 375, 377
Chiluba, Frederick, Präsident v. Sambia **13** 573
Chindaswind, westgot. Kg. **4** 613, 616, 635
Chingulia, Jeronimo ↗ Yusuf, Sultan v. Malindi
Chinnappa, Malayappan, Bf. v. Vellore **13** 662
Chinon, Gabriel de **9** 803
Chirac, Dr. **9** 185
Chirat, Francis **12** 288
Chisholm, Caroline **11** 1065
Chlodomer, fränk. Kg. **3** 359, 384, 814
Chlodoswinth, lombard. Kgn. **3** 357
Chlodwig I., fränk. Kg. **3** 218, 343 ff., 347, 350, 353–373, 375, 794 f., 808, 810, 820, 826–829, 832, 980, 1011, 1125, **4** 603, **9** 958
Chlodwig II., frank. Kg. **4** 605
Chlothar I., fränk. Kg. **3** 385, 794, 802, 811, 813 f., 819, 827 f., 833, 837, 840, 847, 925, 971, 980
Chlothar II., fränk. Kg. **3** 794, 809–812, 827, 830, 929, **4** 603 ff., 627
Chlothilde, Gattin Chlodwigs, fränk. Kgn. **3** 814, 980
Chloë v. Korinth **1** 129, 305
Chmelowski, B. **10** 196
Choart de Buzenval, Nicolas, Bf. v. Beauvais **9** 338
Choi, Andreas **10** 152
Choirosfraktria, Nonne **5** 15
Choiseul, Étienne François de **10** 167 f., 171, 830
Choiseul, Gilbert de, Bf. v. Tournai **9** 83, 85, 908
Chong, Yak-chong **10** 153 f.
Chong, Yak-yong (Da-san) **10** 153
Chong-jo, korean. Kg. **10** 154, 156
Chongzehn, Ming **9** 766
Choricius v. Gaza **3** 686, 725, 729
Chosrau I., pers. Kg. **3** 458 f., 510, 776, 1165–1168, 1173, 1180, 1211, 1294, 1297
Chosrau II., pers. Kg. **3** 427, 505, 1166 f., 1173, 1176, 1179 f., 1191, 1213, 1220 f., 1240, **4** 13 ff., 17, 19, 22, 73, 426, 482
Chosroes, byzantin. Ks. **9** 1050
Chosrov, sassan. Herrscher **2** 1088
Chotek, Johann, Graf **10** 20
Chouan, Jean **10** 407, 414, 601
Chouet, Jean-Robert **9** 431 f.
Chounavel, Constantin, Generalvikar v. Ceylon **11** 1032
Chovanskij, Ivan Andreeviè **9** 523
Chrabr, bulg. Mönch **4** 236, 931, 935
Chramnesind **3** 835
Chramnus, Sohn Chlothars I. **3** 833, 840
Chrapovitskij, Antonij, Ebf., Metropolit **11** 728 ff., 737, 742
Chrestien, Florent **8** 94
Chrestus, Bf. v. Syrakus **2** 250

Chrimian, Mkrtitsch I., Katholikos **11** 789
Chrisces, afrikan. Bf. **2** 260
Christensen, Jens Christian **12** 849
Christian I., dän. Kg. **7** 76, 415
Christian I., Kf. v. Sachsen **8** 103, 412
Christian II., dän. Kg. **7** 415, 756, 759
Christian III., Kg. v. Dänemark **7** 758, **8** 22, 37, 438
Christian IV., Kg. v. Dänemark **9** 41, 410
Christian V., Kg. v. Dänemark **9** 64
Christian VI., Kg. v. Dänemark **9** 64
Christian Ernst **9** 47
Christian v. Aumône **5** 140
Christian v. Buch, Ebf. v. Mainz **5** 222
Christian v. Preußen, Bf. **5** 333, 701
Christian v. Schleswig, Hzg. **7** 757
Christiani, Paulus **5** 746, 762
Christine, Kgn. v. Schweden **8** 1091, **9** 8, 65, 306, 1144
Christine de Pisan **6** 83
Christo, Jorge de **8** 903
Christodulos, Patr. v. Alexandreia **4** 416, 419
Christodulos, Patr. v. Jerusalem **4** 414, 416
Christodulos v. Patmos **5** 17, 364
Christoph, Hzg. v. Württemberg **8** 11, 31, 259, 576
Christoph Báthory, Fürst v. Siebenbg. **8** 624
Christoph Columbus **6** 848
Christophoros, hl. **3** 761
Christophoros, Patr. v. Alexandreia **4** 421
Christophoros, Patr. v. Antiocheia **4** 402 f., 407
Christophoros, Patr. v. Jerusalem **4** 414
Christophoros, Vater v. Sabas d. Jüngeren **4** 371, 381
Christophorus, Presbyter **4** 821
Christophorus, Primicerius **4** 704, 706
Chrodechilde, Gattin Chlodwigs, fränk. Kgn. **3** 357 ff., 361, 367 f., 371
Chrodechilde, Nichte Gundobads **3** 377
Chrodegang v. Metz, Bf. **4** 664, 667, 690, 694, 696, 703 f., 747, **5** 267, 417
Chromatius v. Aquileia, Bf. **2** 134, 455, 1001, **3** 1118 ff
Chrona, Nichte Gundobads **3** 377
Chruščeva, Elena, Nonne **9** 522
Chruschtschow, Nikita, sowjet. Staatschef **12** 987, 995, 998, 1001, 1009, **13** 307, 354, 356, 391 ff., 411, 423, 428
Chrysanthios Notaras, Patr. v. Jerusalem **9** 562, 572 ff., 584, 590 f.
Chrysanthos, Ebf. v. Zypern **10** 130
Chrysanthus, hl. **3** 1114
Chrysaphius **3** 35, 49, 55, 76, 91
Chrysogonus, Märt. **2** 134
Chrysophora **1** 321
Chrysostomus, Johannes ↗ Johannes Chrysostomus
Chubb, Thomas **9** 1098
Chumacero, Juan **9** 146, 155
Chuzas, Ehemann d. Johanna **1** 35
Chvolson, Daniil **11** 762
Chytraeus, David **8** 13, 39, 407
Ciampelli, Agostino **8** 1212
Ciano, Galeazzo **12** 488
Ciappi, Luigi **12** 183
Ciarán v. Saigir **3** 874
Ciccone, Michelangelo **10** 455
Cicé, Adélaide de **10** 247, 249, 423 f.
Cicé, de, Bf. **9** 780
Cicero, Marcus Tullius **1** 235, 237, 246, 761, 903, 947, 953, **2** 707, 803, 805, 919, **3** 822, **4** 754, 852 f., **5** 452, 456, 462, 914, **7** 498, 511, 660, **8** 944, 1150, **9** 1018
Cícero, Pater **12** 1189, 1200, 1228
Cicognani, Amleto G., Kardinalstaatssekretär **13** 5, 28, 42, 46, 54, 96
Cicognani, Gaetano **12** 486, 529, 531
Cidade, Juan ↗ Johannes v. Gott
Cienfuegos, Bf. **11** 921
Cienfuegos y Jovellanos, Kanoniker **10** 665
Cillenius, Bf. **3** 253
Cimabue **5** 613
Cimaga, Katholikos v. Iberien **3** 1271 f.
Cincinnatus **2** 803
Cingria, Alexandre **12** 169
Cintra, Lemeda da Silveira **12** 1164
Cintra, Maria Yolanda R. **13** 509

Circignano, Nicolo ↗ Pomarancio
Ciriaco v. Ancona **7** 38
Cisneros, Francisco Jiménez de **6** 755, **7** 173, 181, 216, 222, 387–390, 399, 403–406, 409, 414, 529, 535, 576f., 590f., 597, 604, 619, 630f., **8** 671, 673, 676, 679, 690, **9** 658
Cisneros, García Jiménez de **7** 166, 171, 174, 178, 231, 405f., **8** 1045
Čistjakov, Georgij **13** 412
Citrov, Dionisij, Bf. v. Jakutsk **11** 764
Cittinus, Märt. **1** 627, 655
Civilis, Claudius **9** 80
Cixila, Metropolit **4** 738
Claesdochter, Wendelmoet **7** 746
Claggett, Thomas John **10** 490
Clamanges ↗ Nicolas de Clémanges
Clara Gambacorta **6** 528
Clara v. Assisi ↗ Klara v. Assisi, hl.
Clara v. Montefalco **6** 518, 536, 543, 744
Clara v. Rimini **6** 542
Clarendon, George William Frederick Villiers, 4. Graf v., brit. Außenminister **11** 141
Clarendon, Graf v. ↗ Hyde, Edward
Claret, Antonio Maria **11** 291f., **12** 521
Clark, George R. **10** 512
Clarke, Samuel **9** 201, 497f., 1026, 1090, 1105, 1114
Clarke, William Newton **11** 895f.
Clarkson, J. D. **12** 870
Clarkson, Thomas **11** 414
Clarus, Mönch **2** 857
Clarus v. Mascula, Bf. **1** 644
Clarus v. Ptolemais, Bf. **1** 560
Clau, Christopher ↗ Clavius, Christoph(er)
Clauberg, Johann **9** 970, 973
Claude, Jean, reformierte Theologie **9** 178, 422, 978
Claude d'Abbeville **9** 662
Claudel, Paul **8** 819, **11** 337, 340, 342–345, 351, **12** 163f., 166, 169, 200, 1203, **13** 41
Claudianus **2** 734, **3** 791
Claudianus, donat. röm. Bf. **2** 509
Claudianus, Priester in Marseille **3** 234
Claudianus Mamertus **3** 255
Claudianus v. Vienne **3** 805
Claudio Sánchez Albornoz **6** 760
Claudius, Bf. **2** 544
Claudius, dux Lusitaniae **3** 921
Claudius, röm. Ks. **1** 3, 11, 110, 119f., 135, 166, 171f., 231, 237, 277, 284f., 623, 626, 667, **2** 12
Claudius II., röm. Ks. **2** 173
Claudius Caudex, Konsul **1** 740
Claudius Ephebus **1** 674
Claudius Julianus, Präfekt **1** 602f., 605
Claudius Lepidus **2** 969
Claudius Lysias, Tribun **1** 136, 292, 474
Claudius Postumus Dardanus **2** 698
Claudius v. Turin **4** 735, 767
Clavel **11** 38
Claver, Pedro (Petrus) **8** 768, 807, **11** 922
Claverie, Pierre, Bf. v. Oran **13** 441
Clavijero, Francisco Javier **10** 88, 90
Clavijo, span. Gesandter **6** 224
Clavius, Christoph(er) **8** 294, 942, 944, 1142, **9** 939
Cleage, Albert B. Jr. **12** 1124
Clemenceau, Georges **11** 434, 517ff., **12** 569, 1169
Clémencet, Charles **9** 403
Clemens, georg. Katholikos **4** 575
Clemens s. a. Klemens
Clemens I. (v. Rom), Papst, hl. **1** 139f., 146, 153, 168f., 179ff., 218, 232, 234, 245, 284, 287, 289–292, 302, 309, 315, 322, 334, 470, 491f., 507f., 512, 671, 674, 677–680, 702, 724, 731, 733, 778–781, 797, 801, 817, 827, 835, 858, 924, 942, **2** 31, 136, **4** 243, 718, 763, 871
Clemens II., Papst **4** 819, 872
Clemens III. (Paul Scolari), Papst **4** 952, **5** 182, 230ff., 237, 242f., 568, 601, 607, 646, 768f.
Clemens III. (Wibert v. Ravenna), Gegenpapst **5** 33, 37, 62ff., 65, 67, 72, 102, 114, 128, 130f., 133, 186, 373, 377
Clemens IV. (Guido Fulcodi), Papst **5** 555, 558f., 577–581, 596, 599, 606, 611f.,

633, 650ff., 682, 721, 760, 783, 789, 872, **6** 34, 57, 576
Clemens V. (Bertrand de Got), Papst **6** 19, 23, 31, 34, 39, 41, 43–55, 59, 62, 67, 70, 267, 277, 326, 329, 572, 578, 585, 594, 628, 644, 646, 660, 670, 685, 872, 875, 882, **7** 539
Clemens VI. (Pierre Roger), Papst **6** 34, 37, 39, 43, 49, 58, 60, 64, 71, 269, 303, 330, 364, 418, 425, 573, 579, 587, 599, 601, 629, 670, 687, 833, 856, 885, **7** 107, 695
Clemens VII. (Giulio de' Medici), Papst **7** 71, 99, 101, 108, 111, 140, 333, 339, 342, 348, 868, 875f., **8** 198, 251, 394, 549, 577, 594, 875, 1194, **9** 350
Clemens VII. (Robert v. Genf), Gegenpapst **6** 49, 61, 76, 95, 527, 534, 575, 580, 584, 601, 630, 640, 670, 693, 725, 762f., 827
Clemens VIII., Papst **8** 277, 296, 988, 999, 1034, **9** 847f., 885, 1046, 1079, **10** 274
Clemens VIII. (Gil Sánchez Muñoz), Gegenpapst **6** 640
Clemens IX., Papst **9** 217f., 221, 240, 246, 368ff., 768, 1068
Clemens X. (Emilio Altieri), Papst **9** 203, 217, 763, 805, 908, **12** 19
Clemens XI., Papst **9** 140, 153, 155f., 218, 222, 227, 241, 253, 378–383, 385f., 774, 776, 806, 817, 907, 1000
Clemens XII., Papst **9** 153, 219, 225, 227, 229, 782, 817, **10** 214
Clemens XIII., Papst **9** 403, 913, **10** 27, 168, 170f., 277
Clemens XIV., Papst **10** 12, 20, 107, 147, 171f., 177, 244, 271, 500
Clemens August, Hzg. v. Bayern, Kf.-Ebf. v. Köln **9** 44
Clemens v. Alexandrien **1** 167, 260, 267, 293f., 347, 361, 385, 388, 457, 480, 487, 494, 519, 522, 557, 573, 576–601, 603, 611, 619, 670, 675, 689, 724f., 734, 737f., 770f., 782, 796ff., 826, 830ff., 835, 844, 868f., 872, 876f., 881, 884, 887–890, 892ff., 896, 898, 902f., 905–909, 911f., 915, 921, 923ff., 928f., 931f., **2** 19, 100, 107, 110, 113, 294, 718, 727, 739, 1007, 1009, 1011, **4** 100
Clemens v. Caesarea, Bf. **2** 791
Clemens Wenzeslaus, Kf. u. Ebf. v. Trier **10** 269, 277
Clément, Bf. v. Versailles **10** 621
Clément, Jacques **8** 1177
Clénard, Nicolas **8** 1128
Cleomenes, Häretiker **1** 703
Clerc, Jean le (Pseudonym: Libère de Saint-Amour) **9** 977, 982, 1103, 1116, 1118
Clérée, Jean **7** 172, 360
Clérissac, Humbert **12** 178
Clermont, François Guillaume de **7** 128
Clermont, Graf de **10** 333
Clermont-Tonnerre, Graf de **10** 320
Cles, Bernhard, Bf. **7** 336
Cleveland, Steven Grover **11** 886
Clichtove, Josse **7** 181f., 184, 219, 360, 633, 833, 850, 854, 877, **8** 246, 272, 1078, 1201
Clichtoveus, Jodocus ↗ Clichtove, Josse
Clifford, Lord **9** 105, 107
Clifford, William **11** 235
Cliffort, John **11** 234
Clinus, Mönch **4** 369
Clive **9** 807
Cloche, Maurice **12** 143, **13** 325
Cloots, A. **10** 375
Clorivière, Pierre Joseph Picot de la **10** 247, 249, 353, 358, 360, 399, 423–427, 592, 598, **11** 118
Cobb, John B. **13** 206
Cobo, Bernabé **9** 660
Coccejus, Johannes **9** 423, 428
Cochem, Martin v. ↗ Martin v. Cochem
Cochin, Augustin **11** 37, 173, 183
Cochin, Denys **11** 437, 498, 512f., 517, **12** 395, 569
Cochins **9** 396
Cochläus, Johannes **7** 694, 697, 846, 852, 855, 860, **8** 246, 394, 1080

Cochrane, Lord **10** 781
Cock, Hendrik de **11** 212
Cocquerel, Antoine de, Bf. v. Amiens **7** 241
Coct, Anémond de **7** 747
Cocteau, Jean **12** 163, 616
Codreanu, Corneliu Zelea **12** 954
Codronchi, Antonio, Kard., Ebf. **10** 656
Coe, Shoki **13** 665
Coelestin I., Papst **2** 541, 545, 550, 583, 585–588, 590, 593, 596, 604, 610, 618, 900, 902, 904, 908, 926, 938, 966, 981, 1026, **3** 10, 52, 196, 238, 256 f., 301, 334, 1029, **9** 349
Coelestin II. (Guido v. Castello), Papst **5** 181, 188, 199 ff., 207, 211, 233
Coelestin III. (Bobo, Hyazinth), Papst **5** 182, 207, 231–236, 242, 245, 248, 308, 563, 568, 601, 607, 639, 646, 673, 676, 767, 791
Coelestin IV. (Castiglione, Galfredo), Papst **5** 555, 558 f., 571, 680
Coelestin V. (Pietro da Morrone), Papst **5** 558, 599, **6** 26, 34, 43, 49, 77, 265, 326, 595, 597, 888
Coelho, O. **8** 920
Cölin, Konrad ↗ Köllin, Konrad
Coetivy, Alain de **7** 76
Coffin, Charles **10** 11
Coffinhal, Revolutionsrichter **10** 377
Coffy, Robert, Kard. Bf. v. Marseille **13** 265
Cogitosus, Biograph der hl. Brigid **3** 877, **4** 621
Cognet, Louis **10** 237
Cohen, Hermann **11** 126
Coifi, heidn. Priester **4** 624
Coignard, Jean-Baptiste **9** 851, 1146
Coillard, François **11** 986 f.
Col, Gonthier **7** 359
Cola di Rienzo **6** 323, 573, 724
Colani, Timothée **11** 195 f., 393, 525 f.
Colbert, Jacques, Ebf. v. Rouen **9** 344
Colbert, Jean-Baptiste **9** 307, 369, 373, 382, 671, 707, 763, 804, 1004, 1006, 1144
Colbert de Croissy, Charles-Joachim, Bf. v. Montpellier **9** 339, 384, 387, 392, 395, 1006, 1008, **10** 268
Colbi, Saul P. **13** 446
Coleman, Edward **9** 107
Colenso, John William, Bf. **11** 558
Coleridge, Samuel Taylor **11** 222
Colet, Henry **7** 626
Colet, John **7** 377, 456, 619, 621, 623–627, 664, 750
Coletta, hl. **6** 28, 532, 540, **7** 357
Colette v. Corbie ↗ Coletta
Coligny, Gaspard de **8** 105, 477, 479, 486, 512, 859, 869, 1034
Colin, Jean-Claude-Marie, Gründer der Maristen **11** 159, 1079
Coll y Prat, Narciso, Bf. v. Caracas **10** 771, 785
Collenbusch, Samuel **11** 314
Collier, Bf. **11** 152
Collings, Jessie **11** 560
Collingwood, Robin George **12** 1074
Collins, Anthony **9** 1109 f., 1117, 1146
Collins, John **12** 838
Collomb, Jean Georges **11** 1079
Collor de Mello, Fernando, brasilian. Präsident **13** 476, 533
Colloredo, Bf. **10** 260, 267, 278, 281 f.
Collot d'Herbois, Jean Marie **10** 101, 353
Colluthus **2** 288, 301, 330
Colman v. Lindisfarne **4** 630
Colmar, Joseph Ludwig **10** 710, **11** 296
Colokynthes, Dimitri **9** 570
Colomb, Joseph **12** 277, 630
Colombe, Michel **8** 1204
Colombière, Claude de la **9** 832
Colombin v. Nantes **9** 736
Colombo, Carlo, Kard. Bf. **12** 462, **13** 41, 52, 54, 57
Colombo, Giuseppe **12** 185
Colòn, Diego **7** 594, 600 f.
Colonna, Familie **6** 41, 44, 108, 573, 724, 730
Giacomo/Jacopo **6** 41, 43, 316, 324, 592, 596
Giovanni **6** 46, 66

Oddo ↗ Martin V., Papst
Pietro **6** 41, 592, 596
Sciarra **6** 269, 316, 324, 573, 592, 596, 687
Stefano **6** 41, 43
Colonna, Francesco **7** 509
Colorbasus **1** 550
Colosimo, Gaspare **12** 468
Colson, René **12** 589
Colt, Jane **7** 627
Coluccio Salutati **6** 66
Columban, ir. Mönch, hl. **3** 875, 878 f., 880, 978 f., 983, 987, 1005, **4** 617 f., 620, 627, 629, 631–634, 641, 671, 673, 680, 700, **5** 176, 432
Columbus, numid. Bf. **3** 915–918
Columbus s. a. Kolumbus
Comasius, span. Priester **2** 498
Combalot **11** 121
Combarieu, Jules **1** 927
Combe, François de la, Pater **9** 840, **10** 277
Combes, Émile **11** 471, 514 ff., **12** 568, 1169
Comblin, Joseph **12** 1154, **13** 497, 508
Comboni, Daniel **11** 160, 163, 799, 975, 989, **12** 446
Comenius, Johann Amos (Jan Amos Komensky) **9** 21, 61, 191, 198, 418, 477 ff., 481, 483 ff., 487 f., 867, 880, 937, 943, 970
Comitiolus, Patricius **3** 789, 921
Commenciolus, Patricius **3** 791
Commodian **1** 741
Commodianus **2** 732, 941
Commodus, röm. Ks. **1** 167, 251, 255, 451, 577, 579, 690, 692 f., 876, **2** 14
Commynes, Philippe de **7** 158
Compton, Henry, Bf. v. London **9** 109, 453
Comte, Auguste **10** 679, 812, **11** 335, 583
Comte, Jesuit **9** 1023
Conan (Kynan) Meriadec **3** 883
Conceiçao, Antonio de **9** 744
Concha, Juan Enrique **12** 1160
Concha Córdoba, Luis, Kard. Ebf. v. Bogotá **13** 500
Concini **9** 351
Condamine, Charles Marie de la **9** 394
Condé, Louis II. de **8** 479, 512, 1101, 1176, 1178, 1204
Condé, Prinz v. **9** 959
Condianus, Konsul **1** 627
Condillac, Étienne Bonnot de **9** 1126, **10** 89, 571
Condorcet, Marie Jean Antoine Nicolas de **10** 329, 350, 471, 494, 571, 574, 810, 812
Condren, Charles de **9** 273, 304, 828, 836
Cone, James **13** 204
Confalonieri, Carlo, Kard. **13** 37, 96
Conforti, Francesco, Abt **10** 455
Conforti, Guido Maria **12** 316, 323, 446
Congar, Yves **12** 179, 187, 189, 195, 197, 200, 204, 207, 212, 214, 229, 262, 264, 273, 294, 624, 627, **13** 12, 20, 39, 60, 195 f., 329, 332
Connecte, Thomas **7** 167
Connelly, Cornelia **11** 572
Connolly, Richard H. **1** 343
Conrad, Peter **10** 272
Conrard, Valentin **9** 867
Consalvi, Ercole Marchese, Kardinalstaatssekretär **10** 35, 529, 621 ff., 643, 649 f., 657 ff., 663–666, 690, 716, 740, 788, **11** 294, 918, 920
Conseil, Mgr. **10** 560, 594
Conselheiro, Antônio **11** 949, 951 f., 954, **12** 1201
Consentius **2** 497, 501, **3** 220
Considérant, Victor **10** 813
Constans, Ernest **11** 494
Constant, Benjamin **10** 684, 781, 815, 819, 857 ff., **11** 135
Constantia, Schwester Ks. Konstantins **2** 232, **3** 673
Constantin v. Taverna, Protopapas **4** 379
Constantino, Dom, Fürst v. Monomotapa **9** 745
Constantino Ponce de la Fuente ↗ Fuente, Constantino Ponce de la
Constantinus v. Melitene **6** 216
Constantio, Camillo **8** 948
Constantius **3** 310

Constantius, Bf. v. Mailand **3** 487, 893, 910, **4** 617
Constantius, byzantin. Ks. **4** 449
Constantius, Comes **3** 771
Constantius, Sohn d. Ruricius **3** 348
Constantius I. Chlorus, röm. Ks. **2** 141, 175, 183, 199
Constantius v. Lyon **2** 546, 981, **3** 1148
Constanze, franz. Kgn. **4** 839, 866
Contarini, Ambrosio **7** 57
Contarini, Gasparo, Kard. **7** 335, **8** 251, 396
, Giovanni **8** 575
Contenot, Mgr. de **10** 96
Contesse, Gabriel **11** 1043, 1046
Conti, Augusto **11** 606
Conti, Bf. v. Padua **6** 741
Conti, Niccolò dei **7** 544
Conti, Prinz v. **9** 358, 403
Conti, Prinzessin v. **9** 851
Conti, Stefano, Kard. **5** 590
Contumeliosus, Bf. v. Riez **3** 396 f.
Conway, William **12** 864
Conwoion,hl. **3** 884
Conzemius, Victor **12** 669
Cook, Charles **10** 689
Cook, James **11** 1061, 1063, 1067
Cooke, Anthony **8** 228
Cool, Auguste **12** 655
Coolhaes, Caspar **8** 1164
Coolidge, Calvin **12** 1039, 1045
Cooper, Isaac **11** 870
Coornhert, Dirck Volkertszoon **8** 118, 181, 502, 1164, **9** 73 ff.
Coote, Edmund **9** 695
Cop, Nicolas **8** 64
Cope, Anthony **8** 564
Copleston, Bf. **11** 223
Coply, John Singleton **10** 492
Coponius, Prokurator **1** 13
Coppens, Joseph **12** 662
Coppola, Bf. **10** 475 f.
Coq d'Armandville, Cornelius J. Fr. le **11** 1037
Coquerel, Athanase **11** 194
Coram, Thomas **9** 454
Corbin, Alain **11** 191, **12** 606
Corbon, A. **11** 501
Corbon, Jean **13** 460
Corbusier, Charles-Édouard le**12** 170
Corcelles, Étienne de **9** 950
Cordatus, Conrad **7** 766
Corday, Charlotte **10** 385
Cordemoy, Géraud de **9** 1025
Córdoba, Pedro de **7** 601 f., 604 f.
Cordovani, Mariano **12** 165, 180, 183, 189
Coreggio, Giovanni Mercurio de **7** 332
Corelli, Arcangelo **9** 1065
Coresi, Diakon **9** 582
Coresi v. Targoviste **8** 373
Coret, Jacques **9** 908
Corippus **3** 683
Corlet, Elijah **9** 693
Cormac Mac Ciuleannáin, ir. Kg. **4** 742
Cormaux, Pater **10** 360
Cormier, Cléonisse **11** 180
Corneggia, Carlo **11** 613
Corneille, Pierre **9** 171, 372, 1051, 1057, 1060 ff.
Cornelissen van den Steen, Cornelius ↗ Lapide, Cornelius
Cornelius, Bf. v. Antiochien **1** 276
Cornelius, Centurio **1** 63, 77 f., 275, 472, **2** 58
Cornelius, Hans **12** 129
Cornelius, Peter v. **11** 18
Cornelius I., Papst **1** 646, 649, 654, 663, 695 f., 851, 857, **2** 43, 45, 66, 129, 133, 139, 162, 165, 636, 883, 911, **5** 204
Corner, Christoph **8** 13
Cornet, Nicolas **9** 358, 363
Cornish, Robert Ketell **11** 142
Cornoldi, Giovanni Maria **11** 349, 351, 600
Cornudet, Louis Joseph **11** 498
Cornutus **1** 611
Cornwallis, Lord **9** 807
Corona, ägypt. Heilige **3** 761
Coroticus (evtl. Ceredig v. Strath Clyde), brit. Kg. **3** 873
Corrazin, Giuseppe **12** 477
Correa de Araujo, Francisco **9** 1080
Correggio (Antonio Allegri) **9** 1035, 1045

Correira de Bastos Pina, Manuel, Bf. v. Coimbra **11** 623, 626
Correur, Jean le **9** 1007
Corselis, Franciscus Thomas **11** 206
Corsi, Francesco **8** 889
Corsi, Kard. **11** 270
Corsini, Kard. **10** 215
Corsini, Nero **9** 229
Corso, Sampiero **8** 600
Corteiz, Pierre **9** 882
Cortés, Donoso **12** 1192
Cortés, Hernán **7** 524, 533, 549 f., 555, 605–608, **8** 773, 775, 783, 786, 817, 822, 828, 845, **12** 1222
Cortés, Juan Donoso **11** 113, 934
Cortese, Gregorio **7** 339, **8** 241, 251
Cortese, Guglielmo (gen. Borgognone) **9** 1037 f.
Cortese, Paolo **7** 334, 498
Cortez, Hernando ↗ Cortés, Hernán
Corti, Giovanni **11** 607
Cortona, Pietro da **8** 1218, **9** 244, 1031, 1038, 1040, 1047
Coruña, Agustín de la **8** 809
, Martín de **8** 837
Corver, Simon **7** 745
Corvinus, Antonius **7** 745, **8** 440
Cosimo, gen. Cosmè Tura **7** 479
Cosimo, Piero di **7** 478
Cosimo III., Grhzg. v. Toskana **9** 149
Cosmas, Gesandter Ks. Zenos **3** 135
Cosmas,hl. **3** 672, 675, **4** 680
Cosmas III., Grhzg. v. Toskana **9** 206
Cosmas III. Kalokagathos, Patr. v. Alexandrien **9** 604
Cosmas Indicopleustes **3** 652, **4** 458, **9** 1120
Cosmas v. Epiphanias, Bf. **3** 143
Cossa, Francesco del **7** 479
Cossart, Jesuitenpater **9** 952
Costa, I. da **10** 448, **11** 212
Costa, Alfonso **11** 629
Costa, Cristovão da **8** 940
, João da **8** 733
Costa, Franco **13** 216
Costa Furtado do Mendonça, Hipólito Jose da **10** 780
Costa y Borrás **11** 292
Costantini, Celso **12** 172, 316, 319, 401, 431, 433
Costantini, Giovanni **12** 172
Coste, Benoît **10** 676
Coste, Eugène **11** 1055
Costello, John Aloysius **12** 869
Coster ↗ Koster
Cotin, Jean **8** 182
Cotolendi **9** 762
Coton, Pierre, Beichtvater Kg. Heinrichs IV. v. Frankreich **8** 342, 509, 513, 515, 1046, 1178, **9** 837
Cotta, Antoine **12** 306, 316
Cottolengo, Giuseppe Benedetto **11** 119
Cotton, John **9** 681, 685, 695
Couchoud, Paul-Louis **12** 176
Coucy, Mgr. de, Bf. v. La Rochelle **10** 417, 431, 462, 647, 649
Couderc, Thérese **11** 128, 180
Coudray, Madame du, Hebamme **10** 9
Coudrin, Pierre-Marie-Joseph **10** 360, 545, 597, 599, **11** 158, 1080
Coué, Émile **12** 1046
Coughlin, Charles **12** 1090
Couperin, François **9** 1072, 1080
Couplet, Philippe **9** 755, 770, 788
Couppé, Ludwig **11** 1082
Cour Grandmaison, Jean le **12** 576
Courayer, Pierre-François le **9** 195 f.
Courbe, Stanislas **12** 597
Courbet, Gustave **12** 159
Courbon, Claude-Anthime **11** 32
Courcelles, Étienne de **9** 421, 977
Courchesne, Bf. v. Rimouski (Kanada) **12** 1143
Court, Antoine **9** 139, 1111
Courtaulin **9** 764
Courville **8** 1111
Courville, Serge **10** 533
Courvoisier, Jacques **12** 358
Cousin, Victor **10** xvii, 458, **11** 335
Cousins, Norman **13** 307
Cousseau **11** 172
Cousturier, Pierre ↗ Sutor, Petrus
Coutard, Abbé **10** 602

Couthon **10** 386
Couto, Diego de **8** 876
Coutourier, Marie-Alain **12** 169, 171
Coutourier, Paul **12** 294, 582
Couturier, Quintin **8** 461
Coux, Charles de **11** 17 f., 37, 538
Covarrubias, Antonio de **8** 698
, Diego de **8** 698
Covarrubias, Emilo Tagle, Bf. v. Valparaíso **13** 516
Coverdale, Miles **8** 208, 1231
Covilhão, Pedro da **7** 581
Cowdery, Olivier **10** 862 f.
Cox, Harvey **13** 202
Coypel, Antoine **9** 1043
Coyssard, Michel **9** 316, 1069
Coyssard, Père **8** 1238
Coz, Claude le, Bf. **10** 457, 477, 557, 626, 638, 683
Cracow, Georg **8** 412
Craig, Gouverneur **10** 525
Craig, John **8** 1233
Cramoisy, Pariser Drucker **9** 949
Crampon, Augustin **11** 425
Cranach, Lukas **7** 488, 490, 727
Cranmer, Thomas **8** 202, 206, 214, 219, 224, 526, 532, 542, 1060, **9** 1058
Crashaw, Richard **9** 868, 1063
Crasset, Jean **9** 854
Crazy Horse (indian. Name Ta-Sunko-Witko), Sioux-Stammeshäuptling der Oglala **11** 878
Crellius (Crell), Johannes (Pseudonym: Junius Brutus) **9** 198, 491, 493 f.
Cremer, Hermann **11** 679
Cremonini, Cesare **8** 614, 1156, **9** 958
Crescens, Bf. v. Cirta **1** 644
Crescens, Diakon **3** 906
Crescens, Philosoph **1** 318, 874 f., 902, 910
Crescentia, hl. **3** 1142
Crescentius, Vater Rainers v. Beeda **5** 71
Crescentius II. Nomentanus, röm. Adliger **4** 826, 832
Crescentius III. (Johannes Crescentius), **4** 841
Crescentius v. Sabina, Kard. **5** 78
Crescenzio, Marcello **8** 258
Cresconius v. Tuder, Bf. **3** 190 f.
Crespin, Jean **8** 1064
Cresques, Kartographen **6** 851
Creuzer, Georg Friedrich **11** 7
Crispi, Francesco **11** 450, 464, 467, 613
Crispina v. Thagora **2** 122
Crispino **9** 251 f., 262
Crispinus, Bf. v. Padua **3** 325
Crispinus v. Calama, Bf. **2** 515
Crispinus v. Ecija, hl. **3** 1129
Crispinus v. Guelma, Bf. **2** 514
Crispolti, Filippo **12** 481
Crispus, Caesar **2** 210, 213
Crispus, Sohn v. Ks. Konstantin I., d. Gr. **2** 195, 216, 238, 319, **9** 1050
Crispus, Synagogenvorsteher **1** 119
Cristea, Miron **12** 954
Cristóbal de Madrid **8** 1040
Cristoforo Landino **6** 483
Cristovão do Espirito Santo **8** 900
Crivelli, Carlo **7** 484
Crivelli, Hubert ↗ Urban III., Papst
Croce, Benedetto **12** 190, 485
Croce, Giovanni Giuseppe della **9** 830
Crocus, Bf. **3** 229
Croft, William **9** 1078
Croiset, Jean **9** 832, 854, 1029
Croismare, Robert de **7** 178
Croissy, Joachim Colbert de ↗ Colbert de Croissy, Joachim
Croix, Pétis de la **9** 554, 566, 594
Croke, Thomas William **11** 571
Cromer, Evelyn Baring, 1. Graf **11** 816
Cromwell, Oliver, Lordprotektor v. England **1** 259, **9** 89, 98, 100 f., 113, 174, 179, 210, 410, 461, 464, 495, 869, 1013, 1026, 1058, 1078, **12** 1037
Cromwell, Thomas **8** 192, 201, 205, 214, 216, 220, 234, 525, 527, 552
Cronenberg, Eduard **11** 39
Crook **11** 1069
Crossan, John D. **13** 192
Crotus Rubianus **7** 615, 718, 730
Crowther, Samuel Adjai, Bf. v. Nigeria **11** 139, 152 f., 999 f.

Croy, Jacob de **7** 402
Crozier, Antoine **11** 505
Croÿ, Kard. de **11** 33
Cruciani, Vincenzo **10** 451
Cruciger, Caspar **8** 27
Crüger, Johann **9** 415
Cruiziat, André **12** 586
Crusius ↗ Kraus, Martin
Ctesiphon **2** 533, 536
Cucufates, hl. **3** 1114
Cudworth, Ralph **9** 967, 1102
Cuenca, Toral v. **11** 936
Cuénot, Étienne Thédore, Apostol. Vikar v. Ostcochinchina, Bf. **11** 1041 f.
Cuero y Caicedo, José, Bf. **10** 772 f.
Cuixà v. Vic, Bf. **5** 295
Cujas, Jacques **8** 1127, 1167
Cullen, Paul, Kard. Ebf. v. Dublin **11** 235, 571, **12** 867
Cullmann, Oskar **1** 293, 811, 816, **12** 560, **13** 26, 145
Cummian (Cuimíne), Abt **4** 630
Cun, Pieter van der **9** 947
Č'unak, armen. Katholikos **3** 1192, 1222
Cunedda **3** 869
Cunha, Tristão da **7** 577
Cunincpert, langob. Kg. **4** 637 f.
Cunitz, Eduard **11** 375
Cuno, Johannes **7** 645
Curaeus, Joachim **8** 412
Curci, Carlo Maria **11** 24, 35, 607, 609, 611
Curione, Celio Secundo **7** 753, **8** 186, 576, 611
Curle, Walter, Bf. v. Winchester **9** 90
Curley, M. J. **12** 1114
Currie, Robert **12** 774, 780, 783, 787, 838
Cusmano, Giacomo **11** 603
Custine, Adam Philippe de, General **10** 438
Č'utas **4** 521
Cuthbert, Abt, hl. **4** 640, 746
Cuthbert v. Canterbury **4** 662
Cutler, Timothy **9** 684
Cuvier, Georges **11** 434
Cuvier d'Héricourt, Pfarrer **10** 627
Cuypers, Petrus Josephus H. **11** 553
Cuza, Alexander Ioan, Prinz v. Moldawien und der Walachei **11** 771
Cynegius, Präfekt **2** 466
Cynehild/Chunihild **4** 659
Cyprian, Bf. v. Karthago, hl. **1** 250, 258, 347, 385, 387, 412–415, 417, 434, 447, 565, 622, 630, 634, 638, 640 ff., 645–663, 682, 695, 697, 709, 725, 760, 789, 813, 822, 827, 838, 847–859, 878, 889, 892, 944, 951, 955, **2** 8, 11, 26, 29, 32, 35–40, 45, 49–52, 120–128, 133, 138, 142, 159, 162–167, 169, 247, 267, 526, 639, 679, 713, 721, 849, 902, 914, 918, 922, 930, 933, **3** 248, 751, 1085, 1113, 1133, 1140, **10** 381, **12** 214
Cyprian, Bf. v. Toulon **3** 823
Cyprian, Gesandter d. Caesarius v. Arles **3** 395
Cyprian, Patr. v. Alexandria **10** 123
Cyprian, Thascius Caecilius, hl. **9** 1056
Cyprianus, Referendarius **3** 319
Cyrano de Bergerac, Savinien de (Hector Savinien Cyrano) **9** 960 f.
Cyriacus, Abt **3** 900, 908, 924 f.
Cyriacus, Anachoret, hl. **3** 656
Cyrila, arian. Patr. in Afrika **3** 278, 284
Cyrill, Bf. v. Paphos **2** 75
Cyrill II., Patr. v. Antiocheia **6** 220
Cyrill v. Alexandria **2** 70, 403, 537, 567, 580–594, 596–624, 719, 830, 841, 900, 1022, 1024–1028, 1036, 1040, 1043, 1059, 1084, 1088, **3** 3 f., 6–9, 11–14, 16, 18–21, 24–35, 37 f., 41–46, 49 f., 52, 55, 59 f., 66–69, 74 f., 82, 94 f., 99, 102–106, 108 f., 111, 115, 120, 122, 127 f., 140 f., 147, 150, 164, 167, 172, 191 f., 196, 205 f., 253, 433 ff., 437, 439, 446, 448 f., 501, 547, 565, 572, 629, 651, 654, 667, 672, 942, 953, 1174, 1199
Cyrill v. Jerusalem **1** 725, 802, 821 f., **2** 389, 391, 428, 440, 451, 456, 679, 694, 716, 1088, **6** 394
Cyrill v. Plovdiv **12** 1007
Cyro, Peter **7** 804
Cyrus, Bf. v. Edessa **3** 50, 136
Cyrus, Märt. **2** 1025

Cyrus s. a. Kyros
Cyrus v. Aphrodisias **3** 64
Cyrus v. Beroea, Bf. **2** 321, 324
Cyrus v. Karthago, Bf. **2** 926
Cysat, Johann Baptist **8** 952
Czacki, Wladimir, Nuntius in Paris **11** 466, 493
Czartoryski, Adam Fürst **10** 821
Czerski, Johann **11** 302

Dabosville, Pierre **12** 195
Dachstein, Wolfgang **8** 1230
Dādhormizd, pers. Groß-Mobad **3** 1168
Dadischo, Bf. v. Seleukia **2** 1083
Dādīschō, Mönch **4** 458
Dādīschō v. Bēt Qaṭrāye **4** 465
Dadīšōʿ, pers. Katholikos **3** 1171 f., 1177, 1180
Dado ↗ Audoin, hl.
Dado v. Verdun **4** 791
Dändliker, Johann Friedrich **11** 243
Daens, Adolphe **11** 540 f.
Dagan **4** 623
Dagobert I., frank. Kg. **4** 74, 603, 605 f., 627, 631, 635, 641, 704
Dagome/Dagobert ↗ Mieszko I.
Dagues, Pierre **8** 1230
Daguesseau **9** 382, 386
Dāhir al-'Umar **9** 542
Daillé, Jean **9** 421, 881, 952–955, 982
Daimbert v. Sens **5** 97
Daladier, Édouard **12** 401, 567, 570, 573, 624
Dalassene, Nonne **5** 15
Dalberg, Hzg. v. **11** 235
Dale, van **9** 1090, 1102, **11** 207
Dalí, Salvador **12** 158
Dalla Costa, Ellia, Kard. **12** 440, 471, 486, **13** 8
Dalla Torre, Giuseppe **12** 140, 455, 482
Dall'Uglio, Paolo **13** 467
Dalmatin, Georg **8** 634
Dalmatius, Archimandrit **3** 27, 35
Dalmatius, Bf. v. Cyzicus **3** 16
Dalmatius, Konsul **2** 236
Dalmatius, Mönch **2** 612, 622
Dalmatius, Vater d. Hugo v. Cluny **5** 166
Dalmatius d. Jüngere **2** 238
Dalmatius v. Brieude **5** 166
Dalmatius (Zensor, Halbbruder Ks. Konstantins) **2** 235, 238, 332
Dalmatos/Dalmatios **3** 631
Dalmond, Pierre **11** 141, 977
Damanova, Anna **11** 754
Damaris v. Athen **1** 118
Damas, Bf. v. Magnesia **1** 329
Damascius, Philosoph **3** 427, 651
Damascius, Tribun **3** 39, 45
Damaskenos Studites, Metropolit v. Arta **8** 365
Damaskinos, Diakon **9** 573
Damasus I., Papst **1** 172, 660, **2** 185, 380, 384, 426, 432, 436, 440–445, 447, 449, 455–458, 485, 488, 509, 652, 657, 676, 679, 681, 693, 721, 733, 742, 784, 788, 796, 851, 878, 882, 888, 890–898, 905, 909, 914, 926, 938, 943, 961, 966, 1020, **3** 1075, 1090, 1099, 1112, 1114 f., 1120, 1148, **6** 300, **7** 658
Damasus II., Papst **4** 819, 872
Damasus Hungarus **5** 586
Damian, hl. **3** 672, 675, **4** 309 ff., 680
Damian, Patr. v. Alexandreia **3** 507 ff., 512 ff., 567, 603, 951, **4** 437
Damian v. Dorostolos/Dristra, bulg. Patr. **4** 937
Damian v. Pavia, Bf. **4** 637
Damiens, Robert François **10** 167
Damodos, Vincent **9** 572 f.
Danae, Mutter d. Perseus **1** 766
Danbo, Gabriel **11** 802, 805, 824
Danby, Lord (Earl v.) **9** 107 f.
Dandino, Nuntius **8** 280
Daneau, Lambert **8** 110, 112, 114, 351, 1083, 1090, 1137, **9** 970
Danican Philidor, A. **9** 1082
Daniel, Abbé **12** 593, 605, 609
Daniel, Fürst v. Halitsch **5** 333, 705
Daniel, gall. Bf. **3** 233
Daniel, Lektor in Sis **6** 229, 833
Daniel, Metropolit v. Abessinien **4** 450
Daniel, Presbyter **3** 25

Daniel, Prophet **1** 384 f., 387, 657, 695, 729, 866
Daniel, syr. Chorbischof **2** 103
Daniel II., Bf. v. Prag **5** 690 f.
Daniel d. Säulensteher ↗ Daniel Stylites
Daniel de Hadschit **6** 222
Daniel (Deinioel), Mönch **3** 869
Daniel Palomnik, russ. Hegumene **5** 315
Daniel-Rops, Henri **12** 207, 264, 584
Daniel Stylites **3** 131, 605, 633 f., 637 f., 666, 690, 1234
Danīēl Tarōnacʿi, armen. Katholikos **3** 1222
Daniel v. Bēth Rabban **4** 433
Daniel v. Charrhae (Harran) **3** 39, 45, 66
Daniel v. Dionysiu **6** 548
Daniel v. Morley **5** 460
Daniel v. Raithu **4** 56
Daniel v. Volokolamsk **8** 379
Daniel v. Winchester **4** 658
Daniélou, Jean-Guinolí-Marie, Kard. **1** 469 f., **12** 192, 196, 200, 208, 212, 231, 293, 325, **13** 80
Danilo I. Stankov, Fürst v. Montenegro **11** 770
Danneels, Godfried, Kard. Ebf. v. Mecheln-Brüssel **13** 294, 594
Dannhauer, Johann Konrad **9** 997
Dante, Enrico, Kard. Bf. **13** 17, 94
Dante Alighieri **1** 633, **2** 194, **5** 251, 881, 889, **6** 265, 273, 275, 583, 585, 691, **7** 209 f, 300, 337, **9** 1064, **12** 465
Danton, George Jacques **10** xxii, 362, 370
Daon, Père **9** 995
Daoud Pascha **11** 138
Darboy, Georges, Ebf. v. Paris **11** 174, 235, 452
Darby, John Nelson **11** 842, 902, **12** 1099
Daria, hl. **3** 1114
Darius II. Kodomannus, pers. Kg. **1** 864
Darius III., pers. Kg. **1** 13
Darnard, Joseph **12** 625
Darras, Joseph **11** 425
Darrow, Clarence **12** 1051
Daru, Comte Napoleon **11** 30, 489 f.
Darwin, Charles Robert **11** 335, 434–437, 564, 566, 583, 843, 897, **12** 146, 1074, 1098
Dasius, Märt. **2** 147
Dathenus, Petrus **8** 409, 1231
Datianus, Bf. v. Karthago **3** 754
Datius, Bf. v. Mailand **3** 450, 452 f., 465 ff., 475, 483, 774–777
Daub, Karl **11** 94
Daudet, Léon **12** 569
Daunou, Pierre Claude François **10** 433, 571, 643, 682
Dauvy, Abbé **10** 463
Davelu **10** 96
Davenport, Christopher (Ordensname: François de Saint-Claire) **9** 190
Davenport, John **9** 681
David, georg. Katholikos **4** 576
David, Herrscher v. Trapezunt **5** 717
David, hl. **3** 1278, 1282, **4** 564
David, Jacques Louis **10** 321, 378, 394
David, Jan-Baptist **11** 542
David, Kg. v. Israel **1** 5, 70, 179, 272 f., 385, 406, 425 ff., 562, 735, 767, 931
David, maron. Metropolit **4** 424
David, melkit. Patr. **6** 223
David, Mönch in Thessalonike **4** 10
David I. v. Nubien **6** 209, 237
David IV., Katholikos v. Etschmiadzin **9** 593
David V. v. Georgien **6** 231
David VI. v. Georgien **6** 230
David VII. v. Georgien **6** 230
David VIII. v. Georgien **6** 230
David d. Gr., Kuropalat **4** 584
David (Dewi), Mönch **3** 869
David ibn al-Dharrah **4** 463
David(is), Franz **8** 638
David Tbetʿi **4** 595
David v. Ashby **6** 878
David v. Dara **4** 431
David v. Dinant **5** 476, 562, 610 f., 874, 905
David v. Mic'nac'ori, Abt **4** 567
Davidson, D. **12** 46

Davidson, Randall Thomas, Ebf. **11** 563, **12** 329, 331, 336
Davies, Samuel **9** 713 f., 720
Dávilas, Pedrarias **7** 533, 603
Davis, John M. **12** 310
Davis, Thomas Osborne**10** 748
Dawitᶜ, alban. Katholikos **4** 515
Dawitᶜ, armen. Mönch **4** 521
Dawitᶜ Aramonecᶜi, armen. Katholikos **4** 498
Dawitᶜ Bagrewandcᶜi **4** 488
Dawitᶜ Harkᶜacᶜi **4** 489
Dawson, Christopher **12** 197, 831
Day, Dorothy **12** 286, 1110
Day, John **8** 1233
Dayon, Sylvan **11** 1043
Debatisse, Michel **12** 589
Debs, Eugen Victor, Präsident der American Railway Union **11** 901
Decamps, A. **12** 662
Decazes et de Glücksberg, Elie Hzg. **10** 837
Decentius, Bf. v. Gubbio **1** 274, **2** 637, 907, 910, **3** 1092
Dechamps, A. **11** 25
Dechamps, Victor-Auguste, Kard. Ebf. v. Mecheln **11** 29, 114, 465, 536, 544
Decius, Jurist **7** 131
Decius, röm. Ks. **1** 260 f., 263, 267, 500, 556, 561, 647–650, 653 f., 658, 686–691, 709, 851 f., **2** 4, 26, 38, 45, 57, 63, 66, 91, 100, 115, 120, 136, 138, 156, 161, 169, 181
Decker, Pieter de **11** 533
Declan v. Ardmore **3** 873
Decrès **10** 101
Decurtins, Kaspar **11** 464, 569
Dedeken, Georg **8** 1175
Defoe, Daniel **9** 467
Degli Albizzi, Kard. **9** 840
Degola, Eustachio **10** 30, 452 f., 594 ff., 656
Deguerry **11** 38
Deharbe, Joseph **11** 127, **12** 275
Dehn, Günther **12** 91
Dehon, Léon **11** 348, 505
Deibol, Hans Johann **11** 1005
Deißmann, Adolf **11** 679, **12** 64, 339
Dejean, Bf. v. Asti **10** 655
Dekker, Eligius **1** 636, 832
Del Rio, Martin Anton **9** 1051 f.
Del Tufo, Giambattista **8** 587
Delacroix, Präfekt **10** 606, **11** 439
Delanoue, Jeanne **9** 843
Delarue, Jacques, Bf. v. Nanterre **13** 265
Delaruelle, Étienne **12** 240
Delassus **11** 524
Delattre **11** 430
Delbrêl, Madeleine **12** 249, 625
Delcassé **11** 346
Delehaye, Hippolyte **11** 427
Deleyre, Alexandre **10** 571
Delfau **9** 952
Delhaye, Philippe, Kard. **13** 174
Delitzsch, Friedrich **11** 680
Dellon, Charles **9** 153
Dell'Acqua, Angelo, Kard. **13** 36, 42, 96
Delo, Carlos Ximenes, Bf. v. Osttimor **13** 638
Delord, Philadelphe **11** 1073
Delp, Alfred **12** 704
Delphidius, Rhetor **2** 487
Delphina v. Signe **6** 542
Delphinus v. Bordeaux, Bf. **2** 484, 487, 489, 686
Delpuits, Jean Baptiste Bourdier **10** 676
Delrio, Martin **8** 1084
Demanet, Abbé **9** 735
Démann, Paul **12** 298
Demant, Vigo Auguste **12** 833
Demélas, Marie-Danielle **10** 776
Demeter (röm. Göttin) **2** 13
Demetrianos, hl. **4** 249
Demetrianus, Bf. v. Antiochia **2** 66, **3** 1164, 1169
Demetrias **2** 529, 532
Demetrios, Diakon **4** 113
Demetrios, georg. Katholikos **4** 578
Demetrios Chalkokondyles **7** 50
Demetrios Chloros **6** 515
Demetrios Chomatianos, Kanonist **4** 931, 719, 723, 727, 743 ff., **6** 613

Demetrios Dukas **7** 630
Demetrios Kydones **6** 180, 201, 302, 312, 409, 447, 499, 503, 511, 812, 819, 823, **7** 9, 21
Demetrios Tornikes **5** 356, 382
Demetrios v. Kyzikos **4** 351
Demetrios v. Lampe **5** 368
Demetrios v. Phaleron **1** 869
Demetrius, Bf. v. Caesarea **2** 45
Demetrius, Bf. v. Leptiminus **1** 643, 655
Demetrius, Bf. v. Neapel **3** 907
Demetrius, Historiker **1** 594
Demetrius, Stadtpatron v. Thessalonike, hl. **3** 670, **4** 85, 156, 199, **5** 509, 514, **6** 546
Demetrius, pannon. Diakon, Märt. **2** 152
Demetrius II., Kg. **1** 864
Demetrius II. Patr. **11** 796
Demetrius II. v. Georgien **6** 231
Demetrius v. Alexandria, Bf., hl. **1** 169 f., 265, 557, 587 f., 606 ff., 612, 617 ff., **2** 111, 114, 288, 1007, 1009, 1011, 1014, 1023
Demetrius v. Antiochia, Bf. **2** 1077
Demetrius Zvonimir, kroat. Kg. **5** 132
Demetz, Frédéric August **10** 846
Démia, Charles **9** 341
Demokrit **1** 734, 881
Demophilus v. Beroea **2** 365, 381, 447, 449, 458, 1020, 1056, 1071
Demosthenes **1** 723, 740, **2** 437
Den Haag, Johannes v. ↗ Johannes v. Den Haag
Denaut, Bf. v. Quebec **10** 519
Denck, Hans **7** 809, 822, 824 f., 828, **8** 130, 132
Deng Xiao-ping **13** 625
Denha I., Katholikos **6** 212, 214
Denifle, Heinrich **11** 350, **12** 712
Denis, Maurice **12** 166, 169
Denis, Michael **10** 175
Denisov, Andrej **9** 527
Denisov, Semën **9** 527
Denkha IV., nestorian. Patr. **13** 460, 464, 467
Dennis, James S. **11** 418, 420, 423, 975
Dentrecolles, François-Xavier **9** 755
Denzinger, Heinrich J. **1** 808, **12** 188, **11** 109
Deodati (Buchdrucker) **8** 615
Deodatus v. Toul **4** 646
Deogratias, Bf. v. Karthago **3** 274, 287
Dēoskoros, armen. Mönch **4** 532
Depierre, André **12** 603, 611, 629
Depretis, Agostino **11** 450, 467
Derand, Pater **9** 1044
Derby, Edward Stanley **11** 226, 231
Derham, William **9** 1104, 1114
Dering, Edward **8** 556
Derkenne, François **12** 276
Derkinderen, Antoon J. **11** 553
Dermine, Jean **12** 663
Dermott, Laurence **10** 214
Derrida, Jacques **13** 209
Desanctis, Luigi **12** 462
Desargues **9** 1035
DeSaulniers, Lawrence B. **12** 1108
Desbassains, Albert **11** 141
Desbois de Rochefort, Bf. **10** 457, 551
Desbuquois, Gustave **12** 36, 212, 620, 624
Descamp (Baron) **12** 323
Descartes, René **8** 1116, 1174, **9** 3, 154, 168, 175, 209, 428, 431, 787, 804, 880, 933, 942–945, 968 ff., 980 f., 1013, 1021 f., 1025, 1095, 1100 f., 1114, 1122, 1141, 1148, **10** 130, 195, 681, **12** 176
Deschamps, Etienne **9** 358
Deschamps, Paul **12** 189
Deseine **9** 204
Desessarts, Brüder **9** 389
Desgenettes **11** 120, 124, 152
Desideratus, Bf. v. Verdun **3** 836
Desideri, Ippolito **8** 893, **9** 801
Desiderius, Bf. v. Eauze **3** 816
Desiderius, Bf. v. Vienne **3** 822, 895, 924
Desiderius, langob. Kg. **4** 704, 706 f., 836
Desiderius v. Cahors **4** 606, 612, 632
Desiderius v. Montecassino ↗ Viktor III., Papst
Desjardins, Alphonse **12** 1141
Desjardins, Paul **11** 340
Desjardins, Philippe **10** 527

Deslanreau, Bf. v. Sherbrooke (Kanada) **12** 1143
Desmarets, Samuel (Maresius) **9** 421, 485
Desmoulins, Camille **10** 393, 431
Desprez, Josquin **8** 1224, 1243, **9** 849
Desroche, Henri **10** 850
Dessauret, Pierre **11** 168
Destutt de Tracy, Antoine Louis Claude, Comte de **10** 682
Désubas, Pastor **9** 1138
Desvallières, Georges **12** 169
Dettey, Abbé **9** 386
Deusdedit, Bf. v. Mailand **3** 910
Deusdedit, Kard. **5** 69, 127
Deutsch, Niklaus Manuel ↗ Manuel, Niklaus
Devanandan, Paul David **12** 316
Devaux, Paul Louis Isidore **10** 742
Dévay, Matthias Biró **7** 766
Deventwater, Lord ↗ Radcliffe, Charles
Dewey, John **12** 276, 1045
Dexter, Dr. **12** 363
Dexter, L. Petronius, Bf. v. Chiusi **2** 134
Dexter, Präfekt **2** 950
Deydier, Msgr. **9** 763 f., 773
Deza, Diego de **7** 388 ff., 404
Deza, Pedro Suárez de **7** 604
Dhu Nuwas, jemenit. Herrscher **3** 155
Dhuoda (Dodana), Gattin Bernhards v. Septimanien **4** 764
Diadochus v. Photike **2** 841, **3** 658, **6** 555
Diakonitzes **4** 243
Diana, Antonio **9** 996
Dianius v. Caesarea, Bf. **2** 430
Dias, António **8** 939
, Luis **8** 736
, Manuel d. Ältere (o Velho) **8** 949
, Manuel d. Jüngere **8** 941
, Melchior **8** 939
Dias, Bartolomeu **7** 499, 523, 561, 581
Dias de Novais, Paulo **8** 759
Díaz, Evelio **12** 1184, 1187
Díaz, Juan **8** 671
Díaz, Pedro Luis **12** 1185
Díaz, Porfirio, General, Präsident v. Mexiko **11** 881, 942, 964, **12** 1174
Díaz de Luco, Juan Bernal **8** 681, 698, 812
Díaz del Castillo, Bernal **8** 726, 845, 847
Dibelius, Martin **1** 428
Dibelius, Otto **11** 317, **12** 80, 91, 106, 712, 725, 727, 738, 750
Dibunde, Josua **11** 1005
Dick, Ignatios, Archimandrit v. Aleppo **13** 465
Dickinson, Willoughby **12** 329, 336
Dickson **11** 871
Dictinius, Bf. **2** 497, **3** 219
Diderot, Denis **9** 142, 189, 345, 404, 1126, 1150, **10** 56, 668, 833
Dido, Bf. **4** 680
Didymus **3** 213, 656
Didymus d. Blinde, alexandr. Lehrer **1** 487, 494, 588, **2** 426, 446, 1023, **3** 447
Diego de Acebes, Bf. **5** 838
Diego de Spirito Santo **9** 746
Diego Gelmirez, Bf. **5** 301
Diego Velásquez **6** 751
Diepenbroick, Alphonse J. **11** 553
Diepold v. Schweinspeunt **5** 674
Dießbach, Nikolaus Albert v. **10** 177
Dietenberger, Johannes **7** 851, **8** 246, 394, 999, **9** 848, **12** 275
Dieter v. Isenburg **6** 703, **7** 312
Dietrich, Bürgerm. v. Straßburg **10** 386
Diétrich, Suzanne de **12** 264, 304
Dietrich, Veit **8** 975
Dietrich v. Haldensleben, Markgraf **4** 899
Dietrich v. Metz **4** 804, 809 f.
Dietrich v. Niem **6** 97, 287, 694, 884
Dietrich v. Verdun, Bf. **5** 114, 118
Dietrichstein, Franz Fürst v., Kard., Bf. v. Olmütz **9** 19, 33
Dietrichstein, Franz v. **8** 629
Dietterlin, Wendelin **8** 1210
Dieulin, Jean-Baptiste **11** 178
Digeon, Claude **11** 335
Digges, Thomas **8** 1143
Diller, Michael **8** 107
Dillon, Familie **8** 553
Dillon, Peter **11** 141
Dilthey, Wilhelm **12** 1074
Dimitri, russ. Prinz **7** 60

Dimitri Donskoy, Metropolit **6** 181
Dimitri(j), Großfürst v. Moskau **6** 181, 296
Dimitri v. Rostov ↗ Dmitrij Rostovskij
Dimitrij, bulg. Patr. **4** 937
Dimitrij Donskoj, Großfürst v. Moskau **7** 52, 58
Dimitrij (Jarema), Patr. **13** 422
Dimyana (Damianos) v. Tarsos **4** 249
Dindinger, Johannes **12** 322
Dinifius, Bf. v. Tours **3** 814
Diodati, Giovanni **8** 508
Diodor, antioch. Presbyter **2** 432, 1034
Diodor v. Sizilien **1** 740, 794, 921 f.
Diodoros v. Tarsos **2** 451, 553, 555, 574, 718, 1027, 1035, 1038, 1040, **3** 27, 30 f., 36, 67, 142, 152, 436, 443, 448 f., 640, 1175, 1178, **4** 237, **9** 958
Diodorus v. Tenedus, Bf. **2** 324
Dioga, Bf. v. Leptis Magna **1** 644, 655
Diogenes d. Kyniker **1** 633, 900
Diogenes Laertius **1** 900
Diognet **1** 830
Diogo I., Kg. d. Kongo **8** 750
Diokletian, röm. Ks. **1** 450, 645, 687, 740, 825, **2** 4, 21, 24, 63, 79, 84, 87, 89, 97, 102, 104, 126, 142, 145, 150, 156, 175–182, 184, 188, 206, 214, 228, 237, 253, 313, 492, 630, 676, 681, 728, 742, 967, 978, 1007, 1011, 1063, **3** 334, 428, 1145, **4** 824
Diomedes, hl. **3** 694, **4** 304
Dionys, Bf. v. Korinth **2** 145
Dionysios, Comes Orientis **3** 575
Dionysios, Mönch **6** 552
Dionysios, Patr. v. Konstantinopel **7** 46
Dionysios I., Patr. v. Antiocheia **4** 423, 430–433, 439, 441 f., 448
Dionysios II., Patr. v. Konstantinopel **8** 359, 361
Dionysios IV., Patr. v. Antiocheia **4** 432
Dionysios IV. Muslim, Patr. v. Konstantinopel **9** 564
Dionysios d. Areopagit ↗ Pseudo-Dionysios
Dionysios Rhallis, Metropolit v. Tirnovo **8** 369
Dionysios v. Tell-Maḥrē, Patr. v. Alexandreia **4** 435
Dionysius, Bf. v. Paris **2** 136
Dionysius, ksl. Beamter **2** 335
Dionysius, röm. Bf. (Papst) **1** 706, **2** 129, 280
Dionysius, Stadtkommandant v. Alexandria **3** 126
Dionysius Areopagita **1** 118, 152
Dionysius Exiguus **1** 14, 448 f., **3** 150, 192, 206, 327, 806
Dionysius Philocalus **3** 1115
Dionysius v. Alexandrien, Bf., hl. **1** 160, 167, 262, 374, 379, 381, 588, 706, **2** 28, 48, 53, 61, 66, 72, 77, 102, 111–116, 157, 161, 166–172, 279–282, 289, 1010, **4** 871
Dionysius v. Borgo San Sepolcro **6** 744
Dionysius v. Halikarnass **1** 794
Dionysius v. Korinth, Bf. **1** 153, 174 f., 254, 292, 321 f., 328, 332 ff., 565, 573, 675, 679 ff., 684
Dionysius v. Mailand, Bf. **2** 379, 419, **3** 1115
Dionysius v. Roermond **6** 532, 711
Dionysius v. Tabriz **6** 217
Dionysos **1** 631, 634, **2** 63, 406
Dionysos Cassius, Senator **1** 261
Dionysios Sabazios (griech.röm. Gott) **2** 14, 108
Diop, Alioune **13** 605
Dios, Bf. **1** 556
Dioskur, Diakon **3** 201–204, 207, 315
Dioskur, Eremit **2** 822
Dioskur, Patr. v. Alexandria **3** 35, 37 f., 49 f., 54 f., 57–63, 65 f., 68–71, 79, 82, 91–98, 100 ff., 107, 109, 121 f., 151, 161, 165, 168, 171, 174 f., 178, 188, 196, 254, 437, 439 f., 513, 556, 565 f., 572 f., 594, 603, 953
Dioskur II., Patr. v. Alexandria **3** 137 f., 148
Dioskur v. Aphrodito **3** 649
Dioskurus, Papst **3** 321 f., 324
Diotimus, afrikan. Prokonsul **2** 515
Diotrephes **1** 304

Dirks, Walter **12** 197
Disney, Walt **12** 795
Disraeli, Benjamin **11** 232, 559 ff., **12** 811, 833
Dittrich, Jesuit **10** 711
Diuma, ir. Bf. **4** 629
Dix, Gregory **1** 345, **12** 820, 822
Dixon, Joseph, Ebf. v. Armagh, Primas v. Irland **11** 560
Djaković, Jesaja, orth. Bf., Patr. v. Peć **9** 577 f.
Djawhar, General **4** 449
Djazzār, Ahmet **9** 542
Djunkovskij, Stephan **11** 757
Długosz, Jan **7** 73, 418
Dmitrij Rostovskij (Dmitrij v. Rostov, weltl. Name: Daniil Savvič Tuptalo) **9** 536, **10** 110
Dobrawa, Tochter Boleslaws I. v. Prag **4** 896, 898, 915
Dobrogost, Bf. v. Posen **6** 784
Dobrosielski, Chrysostomus **9** 842
Dobrynin, Nikita **9** 522 f.
Docemius, Justus **9** 485
Dodd, Charles Harold **12** 1075
Doddridge, Philip **9** 467
Dodico, Graf **4** 806
Dodwell, Lord **10** 662
Dölger, Franz Joseph **1** 636, **12** 218
Döllinger, Johannes Joseph Ignaz v. **7** 137, **10** 709, **11** 109 f., 112, 135, 235, 296, 303, 306 f., 330, 338, 427, 458 f., 643 f.
Döpfner, Julius, Kard. Ebf. v. München **12** 235, 739, **13** 5, 14 f., 20, 24, 28, 36 f., 46, 56, 96, 363
Doerderlein, J. C. **10** 681
Doerner, August **12** 226
Dojić, Gabriel **12** 1003, 1005, 1008
Doktor Bernal ↗ Díaz de Luco
Doktor Constantino ↗ Fuente, Pérez de la
Doktor Navarrus/-a ↗ Azpilcueta, Martín de
Dolcino, Fra **6** 323, 327 ff., 359, **7** 302
Dolet, Etienne **8** 614
Dolganov, Bf. v. Zaritsyn **11** 730
Dollfuß, Engelbert **12** 757, 763, 767
Dom Afonso, Kg. im Kongo **7** 581
Dom Henrique, Prinz v. Kongo **7** 581
Domat, Jean, Jurist **9** 376
Domenichi, Domenico de, Bf. v. Torcello u. Brescia **7** 121, 134
Domenichino (Domenico Zampieri) **8** 1218, 1221, **9** 1031, 1036, 1046
Domenici, Giovanni, Kard. **7** 474
Domenico Cavalca **6** 356, 743
Domenico Ottomano, Pater **9** 540
Dometianus, Mönch **3** 445
Domingo de Betanzos **8** 937
Domingo de Santo Tomás **8** 803, 809, 831, 844
Domingos, Antonio **8** 757
Dominguito del Val **6** 842
Dominica, ksl. Praeposita **3** 932
Dominicus, Bf. v. Karthago **3** 915, 917
Dominicus a Santissima Trinitate **9** 839
Dominicus Gundisalvi, Archidiakon v. Segovia **5** 875
Dominikus, Ordensgründer **6** 360, **7** 153, 534, **8** 692, 789
Dominikus (Domingo de Guzmán), hl. **5** 570, 776, 833, 837–842, 853, 890, 902, 916
Dominikus v. Preußen **7** 280
Dominis, Marcantonio de **8** 297, 616, 1155
Domitian, röm. Ks. **1** 14 f., 74, 157 f., 176–179, 232, 234, 251, 273, 275, 287, 670, 831, **2** 729, **3** 1028
Domitian v. Huy **5** 527
Domitianos v. Melitene **3** 504, 893, 936 f., 949, 953
Domitianus, Bf., päpstl. Gesandter **3** 171
Domitilla **2** 893
Domitilla, Märtyrin **1** 178
Domitius Alexander **2** 186, 245
Domnal O'Neill **6** 680
Domnica (Gattin Ks. Valens') **2** 425
Domnio, Bf. v. Salona (Split) **2** 149, 182, **3** 1132
Domnio v. Serdika, Bf. **3** 196
Domnio v. Sirmium, Bf. **2** 152, 324
Domnius, Märt. **2** 681
Domnolus, Abt v. St. Laurent **3** 822

Domnos, Patr. v. Antiochia **3** 33 f., 36–39, 55, 61 ff., 65–70, 111, 548, 564, 568
Domnus, Bf. v. Antiochia **2** 66, 69, 173
Domnus v. Trapezunt **2** 1089
Domptius, Pater **8** 1103
Doms, Herbert **12** 27
Don Carlos, Kg. v. Neapel **9** 156
Don Giorgio ↗ Siculo, Giorgio
Donaldson, Lewis **11** 568
Donata, Märtyrin **1** 627
Donatello (Donato di Niccolò di Betto Bardi) **7** 474
Donati, Franziskus **9** 809
Donati, Giuseppe **11** 620
Donatulus, Bf. v. Capsa **1** 643
Donatus **2** 45, 128, 184, 242, 245, 249, 251, 256–261, 264, 360, 419, 497, 509, 511, 521, 885, **4** 852, **5** 462
Donatus, afrikan. Abt **3** 409, 976
Donatus, afrikan. Prokonsul **2** 516
Donatus, Archidiakon **3** 909
Donatus, Bf. v. Cibaliana **1** 643
Donatus, Bf. v. Karthago **1** 646, 850
Donatus, Rhetoriker **3** 880, 895
Donatus, span. Bf. **2** 499
Donatus v. Besançon **4** 634
Donatus v. Mutugenna, donat. Priester **2** 523
Donatus v. Ostia, Bf. **4** 187
Doncœur (SJ) **12** 571, 584
Donders, Peerke **11** 216
Dondeyne, Albert **12** 662
Dondi, Pater **9** 1051
Donin, Nikolaus **5** 761
Donne, John **8** 1061, **9** 867
Donnelly (ir. Politiker) **12** 869
Donoso Cortés, Juan F., Marqués de Valdegamas **11** 636
Donskoj, Dimitrij, hl. **12** 980, **13** 405
Donus, Bf. v. Messina **3** 906
Donus I., Papst **4** 45, 370, 645, 647
Dorchester, Lord **10** 528
Dordelot **11** 435
Doré, Daniel le **11** 499
Doresse, Jean **1** 526
Dorne, John **7** 750
Dorner, Isaac August **11** 318, 356–359, 389, 526
Dorothea v. Montau **6** 418, 435, 518
Dorotheos, Dikaios **6** 140
Dorotheos, gaianit. Patr. v. Alexandria **3** 513
Dorotheos, Metrop. v. Athen **7** 34
Dorotheos Blates **6** 193
Dorotheos v. Gaza **3** 628, 662
Dorotheos v. Mytilene, Patr. **6** 497
Dorotheos v. Peritherion **6** 151
Dorotheus, antioch. Presbyter **2** 70, 433, 437, 441, 448
Dorotheus, Archimandrit **3** 109, 125
Dorotheus, ksl. Beamter, Märt. **2** 182
Dorotheus, Mönch **3** 168
Dorotheus v. Marcianopolis, Bf. **2** 599, **3** 21
Dorotheus v. Thessaloniki, Bf. **3** 146, 149, 152, 195, 198, 202, 204 f., 576 f.
Dorsanne **9** 382
Dorville, Pater **9** 770
Dosifej, Metropolit v. Rostov **9** 512
Dositheos, hl. **3** 628, 662
Dositheos, Patr. v. Jerusalem **9** 571 ff.
Dositheos II., Patr. v. Jerusalem **9** 584, 590, 592
Dosoftei, Metropolit v. Moldawien, Transsylvanien **9** 581, 583
Dosseh, Robert, Ebf. v. Lomé **13** 566, 591
Dossetti, Giuseppe Luigi **12** 462, 493, **13** 46
Dostojewskij, Fjodor Michailowitsch **10** 106, 111, 825, **11** 340, 723, 743 f., 746, **12** 101, 161, 214, **13** 413
Douarre, Guillaume M., Apostol. Vikar v. Neukaledonien, Bf. **11** 148 f., 1081
Douceline v. Aix **6** 517
Dougherty, Dennis Joseph **12** 1114
Douglas, Jane Dempsey **13** 231
Douglass, Frederick **11** 870
Douglass, John **10** 418
Doumergue, Gaston **11** 530 f., **12** 557
Doutreloux, Victor, Bf. v. Lüttich **11** 440, 475, 539 f.

Douwes Dekker, Eduard **11** 551
Dove, John **9** 964
Dowling, Bf. v. St. Paul **12** 1114
Doyle, Arthur Conan **11** 856
Doïn, Sophie **10** 857
Drabík, Mikulás **9** 484
Dracontius, Dichter **3** 269
Dracontius v. Pergamon, Bf. **2** 391
Draghi, Antonio **9** 1068
Draguet, R. **12** 201, 662
Drahomira, mähr. Regentin **4** 896
Drake, John **11** 957
Drake, Sir Francis, Admiral **8** 860, 870, **11** 957
Dransfeld, Hedwig **11** 654
Drašcović, Georg **8** 639
Drelingcourt, Charles **9** 868, 1018
Dreux-Brézé, Bf. v. Moulins **11** 172, 174
Drew (Familie) **11** 890
Drey, Johann Sebastian v. **10** 712, **11** 106
Dreyer (Regisseur) **12** 143
Dreyfus, Albert **10** 349
Dreyfus, Alfred **11** 454, 513 f., 530 f.
Driedo, Johann **7** 854
Dringenberg, Ludwig **7** 635
Drogo v. Metz **4** 729
Drogon, Onkel u. Vormund Ks. Shunzhis v. China **9** 766
Drosis, Märt. **2** 1031
Droste zu Vischering, Clemens August, Ebf. **10** 717, **11** 107, 298 f.
Droulers, Paul **12** 147
Drozdov, Philaret, Metropolit v. Moskau **10** 112, **11** 734 f., 750,
Drusius, Johannes **8** 352, 1128, **9** 950
Dryander, Ernst v. **12** 331
Dryander ↗ Enzinas, Francisco de
Dschānībeg, Chān **6** 209
Dschelāl ed-Dīn Mängübirdi **6** 230
Dschem (Zizim), osman. Prinz **7** 82–85
Dschingis Khan ↗ Tschingiz, mongol. Khan
Dshugashwili, Josef Wissarionowitsch ↗ Stalin, Josef
Duarte, Napoleón, Präsident v. El Salvador **13** 538
Duarte, portugies. Kg. **7** 568 f.
Dubois, Alexandre **9** 85
Dubois, Bf. v. New York **11** 860
Dubois, Eugène **11** 434
Dubois, Henri **11** 385, 388, **12** 324
Dubois, Simon **8** 455
Dubourdieu, Jean **9** 178 f.
Dubuc, Alfred **12** 1141
Dubuisson, Pierre **8** 1230
Duby, Georges **12** 606
Duc, Fronton du (Le Duc; Ducaeus) **9** 936, 951
Duchemin, Nicolas **8** 182
Duchesne, Louis **1** 291, 630, **11** 422, 427 f., 430, **12** 240, **13** 41
Duchesne, Philippine **11** 861
Ducos, Jean-François **10** 570
Ducoudray, Abbé **10** 99
Ducpétiaux, Édouard **10** 742, **11** 32, 534, 538
Dudko, Dimitri **13** 396 f.
Dudley, John ↗ Northumberland, Hzg. **8** v.
Dürer, Albrecht **7** 221, 300, 305, 326, 489, 492, 494, 498, 512, 517, **8** 897
Dufaure **11** 493
Dufay, Guillaume **8** 1224
Duff, Alexander **11** 423, 1024
Dufourq, Albert **13** 41
Dufraisse, Bf. **10** 547
Dufresse, Jean-Gabriel **10** 151
Dugenne, Isaac **10** 610
Dugué, Perrine **10** 599, 601 f.
Duguet, Jacques-Joseph **9** 374, 389, 395 f., 401 f., 1007, 1009, 1012, 1127
Duguet, Joseph **10** 465, 592 f.
Duhamel, Albertine **12** 576
Duhamel, M. **9** 398 f.
Duhamel, Pfarrer **10** 555
Duhan, Oberer d. Mission i. Isfahan **9** 803
Duhem, Pierre **11** 436, 438 f.
Dukas, Historiograph **7** 14, 18–21, 24
Dulcitius, Notarius **3** 54, 65
Dulcitius, numid. Tribun **2** 523
Dulles, John Foster **12** 77, 80, 351, 359 f., 366

Dumani, Meletios II., Patr. v. Antiochia **11** 792
Dumarsais, Abbé **10** 673
Dumas, André **12** 561
Dumas, J. **12** 330
Duméry, Henry **12** 189, 206
Dumesnil, Georges **11** 345
Dummer, Jeremiah **9** 684
Dumont, André **10** 386
Dumont, Edmont Hyacinthe, Bf. v. Tournai **11** 536f.
Dumoriez, Charles François Du Périer, **10** 370, 438
Dunant, Henri **11** 417, 578
Duncan **9** 961
Dunn, James D. G. **1** 194
Dunod, Jesuitenpater **9** 327
Duns Scotus, Johannes **7** 390, 665, 680, 684, 719, 776, 785
Dunstan v. Canterbury **4** 782, 850, **5** xxviii
Dunstan v. Glastonbury **4** 787, 793
Dupanloup, Félix-Antoine-Philibert, Bf. v. Orléans **10** 372, **11** 17, 26ff., 30, 114, 120, 123, 125, 127, 129, 169, 172f., 177, 182f., 186f., 235, 489–492, **13** 114
Duparquet, Charles **11** 978, 1010f.
Duperré, Admiral **11** 144
Duperron, Jacques Davy **8** 340, 342, 492, 509
Dupetit-Thouars, Abel Aubert **11** 143–146
Duphot, Léonard, General **10** 597, 602
Dupin, André **10** 648
Dupin, Mme. **9** 188
Dupleix, Gouverneur **9** 807
Duplessis, Maurice **12** 1139, 1143
Dupont, Jacques **12** 662
Dupont, Jacques Louis (gen. Jacob) **10** 365
Dupont de Nemours, Philippe Samuel **10** 326
Dupont de Nemours, Pierre Samuel **10** 331, 434, 497, 683
Duprat **10** 573
Duprat, Antoine **7** 348, 355, 866
Dupuis, Charles François **10** 683f.
Dupuis, Jacques **13** 187, 340, 672
Dupuy, Jacques **9** 938
Dupuy, Pierre **9** 938
Duquesnoy **9** 1047
Duquesnoys, Adrien Cyprien **10** 316f.
Duquoc, Christian **13** 182
Durado, Constantino **8** 925
Durán, Diego **8** 827, 829, **9** 626
Duran, Louis **10** 610
Durand, Marie **9** 1138
Durand, Pierre **9** 202
Durand de Maillane **10** 315f., 324–327, 329ff., 372, 567
Durand de St-Pourçain ↗ Durandus de S. Porciano
Durandus de S. Porciano (Durand de St-Pourçain) **6** 274, 425
Durandus v. Huesca **5** 436, 838, 928
Durandus v. Lüttich **4** 814
Durant, Samuel **9** 881
Durini, Nuntius **10** 195
Durkheim, Émile **12** 147
Durocher, Eulalie **11** 911
Duroselle, Jean-Baptiste **11** 33
Duruy, Victor **11** 452, 489, 498
Dury **9** 943
Dussel, Enrique **12** 1223, **13** 179, 507f.
Duthoit, Eugène **11** 616
Duval, Léo-Etienne, Ebf. v. Algier **13** 441
Duval, Yvette **1** 645, 662
Duvalier, Jean-Claude, hait. Staatschef **13** 476
Duvergier de Hauranne, Jean-Ambroise (Abbé de Saint-Cyran) **9** 165, 171, 250, 348, 350–356, 358, 362, 369, 373, 379, 395, 404, 826, 902, 946, 952, 962
Duveyrier **10** 813
Duvoisin, Jean Baptiste, Abbé, Bf. v. **10** 309, 423–428, 431, 461, 635, 637, 639, 643, 645f.
Duwayhi, Stephan, maronit. Patr. **9** 599
Dvornik, François **12** 202
Dwane, James **11** 987
Dwight, Timothy **10** 508
Dyck, Antonius v. (Anthonis van) **8** 1220, **9** 65
Dynatus v. Nicopolis **3** 13

Eadbald v. Kent, Kg. **3** 931, **4** 624
Eadmer, Biograph **5** 102, 104, 106
Ēas, Astronom **4** 489
Eaton, Theophil **9** 681
Ebalus v. Limoges **4** 781
Ebalus v. Reims **4** 839
Ebedjesus s. ʿAbdīšōʿ bar Berika
Ebeid, Makram **11** 794
Ebeling, Gerhard **12** 128, 745
Eber, Paul **8** 28, 981
Eberhard, elsäss. Graf **4** 651
Eberhard, Graf **5** 52
Eberhard, Hzg. **4** 657
Eberhard, Johann August **10** 42 f., 681
Eberhard, Matthias, Bf. v. Trier **11** 456
Eberhard I., Ebf. v. Salzburg **5** 219 f., 661
Eberhard II., Bf. v. Bamberg **5** 191
Eberhard v. Friaul, Markgraf **4** 764
Eberhard v. Naumburg, Bf. **5** 55
Eberhard v. Württemberg, Graf **7** 173
Eberle, Hippolyt **7** 822
Eberle, Josef **12** 757
Ebert, Friedrich **12** 683
Ebion, Häretiker **1** 490 f.
Eblo (Ebolus) v. Roucy, Graf **5** 44, 298
Ebo v. Reims **4** 693, 696, 715, 728, 748, 827
Eboussi-Boulaga, Fabien **13** 333, 608
Ebrimund, ostgot. Hzg. **3** 771
Ebroin, Hausmeier **4** 641, 679
Eccard v. Mâcon, Graf **4** 764
Ecclesius, Bf. v. Ravenna **3** 326
Eccleston, Samuel, Bf. v. Baltimore **11** 859 f.
Ecclestone, Alan **12** 826
Ecdicia **2** 809
Ecdicius, westgot. Heerführer **3** 229, 345
Ecgfrid v. Mercien, Kg. **4** 744
Echevarría, José Antonio **12** 1183
Echter, Julius **8** 283, 286, 416, 970, 994, 1109
Eck, Johannes (Johannes Maier, Mayer) **7** 219, 694–697, 720, 764, 787 f., 847–851, 853, 855, 868, **8** 245, 342, 394, 413, 1080, 1179, **9** 848
Eckartshausen, Karl v. **10** 819
Ecken, Johann v. der **7** 704
Eckhart, Meister ↗ Meister Eckhart
Eckstein, Ferdinand Freiherr v. **11** 182
Eddy, Mary Baker **11** 905 f.
Eddy, Sherwood **11** 1026
Edelmann, Johann Christian **10** 260
Eden, Anthony **12** 789, 796
Eder, Georg **8** 415
Eder, Hans **12** 767
Edersheim, Alfred **11** 566
Edgar, engl. Kg. **4** 782, 786
Edgeworth, Abbé **10** 356
Edison, Thomas **11** 855, 894
Edmond Rich v. Canterbury **5** 800
Edmund, hl. **6** 600, 680
Edmund v. England **5** 682
Edmund v. Ostanglien, Kg. **4** 746
Edmundson, William **9** 712
Edson, Hiram **11** 852
Eduard, portugies. Kg. ↗ Duarte
Eduard I. v. England, **6** 43, 601, 604, 655, 664, 670, 871
Eduard II. v. England **6** 581, 599, 603, 655, 657, 665, 755
Eduard III. v. England **6** 48, 489, 581, 587, 600, 604, 655, 665, 678, 859, 873, **7** 378
Eduard IV., v. England **7** 375, 381, 453
Eduard VI., v. England **8** 58, 193, 216, 218, 220, 223, 226, 230, 234, 524, 526, 529, 532, 539, 542, 552, 568, 578, 1231
Eduard VII., v. England **11** 568, 572
Eduard VIII., v. England **12** 835
Eduard Bruce **6** 680
Eduard d. Bekenner, angels. Kg. **5** 43, 99 f.
Eduard v. England **5** 783
Edwards, Jonathan **9** 684, 701, **10** 52, 210, 487, 489, 508, **12** 1092
Edwards junior, Jonathan **10** 487
Edwin v. Northumbrien, Kg. **4** 624 f., 629 f.
Edzard, Esdras **10** 203
Efflen, Nikolaus **9** 852
Efrem, Metropolit v. Kiew **4** 948
Egbert **4** 629 f.
Egbert v. Kent, Kg. **4** 638
Egbert v. Trier **4** 805, 857

Egbert v. Wessex, Kg. **4** 744
Egbert v. York **4** 640, 651, 680, 743
Egeria, Pilgerin **2** 684, 686, 694, 827, 830, 950, 1048, **3** 611, 688 f., 706
Eggenberg, Johann Ulrich Fürst v. **9** 19
Eggerath, Werner **12** 751
Egica, westgot. Kg. **4** 636
Egidio, Dr., Domprediger v. Sevilla **8** 683
Egidius, Bf. v. Reims **3** 802, 811, 814, 819 f.
Egila, span. Mönch **4** 739
Egilbert v. Trier, Ebf. **5** 115
Eglantine, Fabre d' **10** 390
Egmont, Lamoraal v. **8** 485
Egranus, Pfarrer **7** 814
Egraz, François **10** 544
Ehem, Christoph v. **8** 409
Ehlers, Hermann **12** 738
Ehrenberg, Philipp Adolf v. ↗ Philipp Adolf v. Ehrenberg
Ehrenstrale, David **10** 56
Ehrhard, Albert **11** 352, 427, **12** 218
Ehrle, Franz **11** 350
Eichendorff, Joseph Freiherr v. **11** 329, 652
Eichhorn **11** 97
Eichrodt, Walter **12** 1075
Eichthal, Gustave d' **10** 471, 812
Eidem, Erling **12** 75, 351
Eiffel, Gustave **11** 335, 340
Eilbert v. Florennes **4** 793
Einhard, Biograph **4** 688, 690, 709
Einold, Archidiakon **4** 791
Eirenaios, Bf. v. Tyros ↗ Irenäus v. Tyrus, Bf.
Eirene, Gattin Konstantins V., byzantin. Ksn. **4** 29, 128, 131, 133, 143, 155, 221, 308, 688, 692, 708, 922
Eirene-Eulogia Chumnaina Palaiologina **6** 155, 400, 550
Eirene v. Chrysobalantos **4** 328
Eisenburg, Johannes **8** 133
Eisenhower, Dwight D. **12** 80, 1033, 1038, 1062, 1065, 1071, 1074, 1084, 1122, 1125
Eisenstein, Sergij **12** 974
Eisner, Kurt **12** 1061
Eklund, Johann Alfred **12** 857
Eklund, Pehr Gustav **12** 856
Ekman, Erik Jacob **11** 586
El-Banna, Sayed Idris **13** 575
El Greco (Domenikos Theotokopoulos) **8** 713, 1210, **9** 592
El-Hage, Johannes, Patr. **11** 805
El-Kader, Abd **11** 801
El-Meskin, Matta **12** 1019
El(t)z, Jakob v. ↗ Jakob v. Eltz
Ela, Jean-Marc **13** 184, 333, 607
Elagabal, röm. Ks. **1** 261, **2** 10, 16, 59, 88
Elcano, Juan Sebastián **7** 523
Elderen, Jean-Louis van **9** 87
Elena, Tochter Iwans III. Wassiljewitsch 504
Eleonore v. England **6** 604
Elert, Werner **12** 97, 744
Eleusius v. Cyzicus, Bf. **2** 390, 410, 419, 422, 430, 437, 451, 454, 458
Eleutherios, hl. **4** 265
Eleutherios, Mönch **4** 341 ff.
Eleutherius **4** 717
Eleutherus, Bf. v. Rom **1** 161, 321, 331 f., 334, 451, 510, 678, 684, 688, 827 f., **2** 141
Elgard, Nikolaus **8** 281
Elguero (Brüder) **11** 942
Elia, Ebf. v. Mcʿẖtʿa (Georgien) **3** 1250
Elia, Prophet **1** 76, 98, 768, 792
Ełia I., armen. Katholikos **4** 492, 497, 514
Elias, Dux v. Ägypten **3** 441
Elias, jakob. Patr. **4** 406
Elias, Legat d. Patr. v. Jerusalem **4** 416
Elias, Lehrer des Palamas **6** 154
Elias, maronit. Bf. v. Byblos **6** 838
Elias, nestorian. Katholikos **4** 460
Elias, Patr. v. Alexandreia **4** 416, 419, 421
Elias, Patr. v. Antiocheia **4** 429 f., 433
Elias, Patr. v. Jerusalem **3** 140–145, 574 f., 622
Elias I., nestorian. Katholikos **4** 395, 465
Elias I., Patr. v. Antiocheia **4** 403, 461
Elias II., Patr. v. Antiocheia **4** 405
Elias II., Patr. v. Jerusalem **4** 412

Elias III., Patr. v. Jerusalem **4** 188, 416
Elias XII. Denha, nestorian. Katholikos **9** 598
Elias XIII., nestorian. Katholikos **9** 598
Elias al-Ǧauharī **4** 465 f.
Elias d. Jüngere **4** 371, 380 f.
Elias da Cortona, Franziskaner **5** 836, 845
Elias Hoyek (al-Huwayyik), Patr. **13** 447
Elias ibn Schīnaya **4** 464–468
Elias Levita ↗ Levita, Elias
Elias Spelaiotes **4** 371
Elias (Statthalter v. Kappadokien) **2** 660
Elias v. al-Anbar **4** 464
Elias v. Caesarea, Bf. **3** 152
Elias v. Merw **4** 464
Elias v. Nisibis **4** 425
Elias v. Tirhān **4** 468
Ełiazar, alban. Katholikos **4** 497
Elie Talleyrand de Périgord **6** 48, 580, 606
Eligius v. Noyon **3** 407, **4** 606, 612, 631 f., 644, 676–679
Elijah Kapsali, Rabbi **7** 28, 38
Eliot, George **11** 565
Eliot, John **9** 692 f., 714
Eliot, T. S. **12** 831
Elipandus v. Toledo **4** 692, 738, 758
Elisabeth, Schwester Ludwigs XVI. **10** 241
Elisabeth, Tochter Kg. Jakobs I. v. England **9** 1058
Elisabeth I., Kgn. v. England, Tochter d. Anne Boleyn u. Heinrich VIII. **7** 752, **8** 193, 205, 215, 222, 227–232, 235, 275, 487, 524, 529, 534, 539, 541, 543, 546, 552, 560, 590, 870, 1060, 1177, 1205, 1233, **9** 88, 91, 95, 440, 460, 462, 678, 1005, 1058, 1077
Elisabeth Petrovna, Zarin v. Rußland **9** 514 f., 579, **10** 104, 108
Elisabeth v. Spanien **8** 481
Elisabeth v. Thüringen, hl. **5** 811, 925, 936
Elisabeth v. Ungarn ↗ Elisabeth v. Thüringen
Elisabeth v. Dijon **11** 345
Elisaios v. Sardes **3** 500 f.
Elischa, Prophet **1** 792
Elišeʿ, pers. Katholikos **3** 1172, 1180
Ełišē I., armen. Katholikos **4** 512
Elizondo, Virgil **13** 520
Elkasaï **1** 357, 497–500, 505
Ella Asbeha, äthiop. Negus **3** 155
Ellacuría, Ignacio **13** 179, 538
Ellies du Pin, Louis **9** 195 f., 976, 982
Elliot, Walter **11** 442
Ellis, William **11** 141 f., 1017
Ellul, Jacques **13** 206
Elorrio, Juan García **13** 500
Elpidios, Archimandrit **3** 124, 621, 624
Elpidios, Patr. v. Alexandria **3** 460
Elpidius, Bf. v. Huesca **3** 401
Elpidius, Comes **3** 51, 57, 59, 95
Elpidius, Priester **2** 352, 499
Elsen, Gerlacus van den **11** 555
Elski, Florian **10** xx, 197
Elvenich, Peter Joseph **11** 107
Elving, A. **10** 61
Elxaï **1** 491, 501 f.
Ely, Richard **11** 899
Elzear v. Sabran **6** 543
Elzevier, Drucker **9** 849
Emanuel II., Kg. v. Portugal **12** 500
Embrico, Ministeriale **5** 427
Embrun, d', Bf. **10** 340
Emden, Jakob Israel **9** 208
Emerich, ungar. Kg. **5** 131, 326, 674, 690
Emeritus v. Caesarea, Bf. **2** 519
Emerius, Bf. v. Saintes **3** 803
Emerson, Ralph Waldo **10** 508, **11** 833 ff.
Émery, Jacques André **10** 247, 362, 463, 639, 643 f., **11** 119
Emery, L. **12** 330
Emeterius (v. Calahorra), Märt. **2** 184
Emicho v. Leiningen, Graf **5** 763
Emilianus, span. Mönch **3** 975
Emilius, alexandr. Diakon **2** 670
Emlyn, Thomas **9** 496
Emmanuel, Pierre **12** 163
Emmanuel I., nestorian. Katholikos **4** 460 ff.
Emmanuel bar Schaḥarē **4** 464
Emmanuel Chrysoloras **7** 498

Emmanuel Philibert, Hzg. v. Savoyen **8** 613
Emmelia **2** 652, 836
Emmerich, ungar. Kronprinz **4** 843
Emmerick, Anna Katharina **10** 669 f.
Emonet **11** 524
Empedokles **1** 181, 698, 901
Emser, Hieronymus **7** 697, 720, 738, 848 f., 851 f., 854, **8** 394, **9** 848
Enbâqom **8** 387
Enea Silvio Piccolomini ↗ Pius II., Papst
Enfantin, Prosper Barthélemy, gen. le Père Enfantin **10** 812 f., 849, 858, **11** 31
Engelbert I., Ebf. v. Köln **5** 671
Engelbert v. Admont **6** 685
Engelbrecht, Anton **8** 183
Engelbriktsson, Olaf, Bf. **7** 759
Engels, Friedrich **10** 860, **11** 31, 448
Engeström, Sigfrid v. **12** 857
Engilbald v. Hérival **5** 139
England, John, Bf. v. Charleston **11** 859, 868
Enguerran de Marigny **6** 596
Ennodius, Bf. v. Pavia **3** 195, 198, 304, 306, 309 f., 321 f., 328 f., 338, 358, 379, 387, 389, 1070, 1078, 1110, 1148, 1151
Ennodius, fränk. Hzg. **3** 819
Ennodius, mailänd. Diakon **3** 315
Enrique y Tarascón, Vicente **12** 535, 538, 540
Entfelder, Christian **7** 825
Entz, Gustav **12** 768
Enzinas, Francisco de (Dryander) **8** 456, 682
Enzio, Sohn Friedrichs II. **5** 679
Eortasius v. Sardes, Bf. **2** 391
Epänetus v. Ephesus **1** 127, 286
Epagneul, Michel-Dominique **12** 610
Epalle, Jean Baptiste **11** 1079
Eparchius **3** 348
Épée, Charles de l' **10** 575
Ephemius, Patr. v. Konstantinopel **3** 137, 140, 147, 153
Ephoros v. Kyme **1** 794
Ephraim, Patr. v. Antiochia **3** 136, 153, 439, 442, 450, 493, 505
Ephraim d. Syrer/Ephraim v. Nisibis **1** 875, 889, 929, **2** 76, 79, 412, 723, 833, 835, 839, 1038, 1081, 1088, **3** 1177, **4** 532, **12** 210
Éphrem de Nevers **9** 802
Ephres, Bf. v. Jerusalem **1** 272
Epigonus, Häretiker **1** 703
Epiktet **1** 251, 253, 256, 880, **2** 377, 381, 401, **9** 1017
Epiktet v. Civitavecchia, Bf. **2** 370
Epikur **1** 734, 901, **2** 408, **8** 589, 1173, **9** 1020 f.
Epiphanes, Antiochos **10** 423
Epiphanes, Sohn d. Karpokrates **1** 591
Epiphanias, hl. **4** 90
Epiphanios, Patr. v. Konstantinopel **3** 152, 205, 208, 437, 559, 561
Epiphanios d. Abt **8** 367
Epiphanios d. Weise (Premudryj) **6** 258
Epiphanios v. Laodikaia **4** 202
Epiphanius, Bf. v. Pavia **3** 304–307, 346, 376, 771
Epiphanius, röm. Diakon **3** 900, 956
Epiphanius v. Perge **3** 63
Epiphanius v. Salamis, Bf. v. Konstantia **1** 160, 181, 217, 221, 275, 486–493, 495 f., 498, 501 f., 505, 507 ff., 523 f., 551, 569, 572, 609, 612, 675, 756, 833, 917, **2** 25, 73, 112, 282, 286, 289, 294, 296, 375, 426, 446, 457, 562, 785, 787, 832, 839, 1012, 1041, 1045, **3** 444, 673, 933, 947, 953, **4** 100, 110, 121, **9** 951
Epiphanius v. Tyrus, Bf. **3** 147
Episcopius (Simon Bishop) **8** 1164, **9** 492, 950, 977
Epʿrem Mcire **4** 594 f.
Epting, Karl Christoph **13** 142
Equitius **2** 881
Erarich, ostgot. Kg. **3** 776
Erasmus v. Rotterdam (Desiderius E.) **1** 655, **7** 105, 116, 139, 147, 216 f., 219, 221 ff., 227, 320 f., 343, 360, 375, 379, 385, 388, 400, 403, 406, 437, 498, 511, 613 f., 617 ff., 621–627, 630, 632 f., 636 ff., 640, 643, 645–671, 677 f., 682, 709 f., 712 ff., 729 f., 743, 745, 747 f.,

750, 753, 755 f., 776 f., 786, 791 f., 794 f., 832, 839, 845 f., 850 f., 855–863, 866 f., 874, **8** 75, 112, 116, 139, 199, 241, 248, 366, 424, 577, 674, 681, 698, 733, 838, 1047, 1112, 1132, 1145, 1223, 1225, **9** 78, 196, 370, 528, 948, 963, 1108, 1119, **10** 195
Erastus, Thomas **8** 118, 1005
Erbach, Christian **9** 1079
Erchembold, Abt **4** 790
Ereleuva **3** 310
Erhard, Joseph **10** 177
Erhard, Ludwig **12** 738
Erhardt, Thomas A. **9** 848
Erich IX. Jevardson, schwed. Kg. **5** 239, 333, 529
Erich Ejegod, dän. Kg. **5** 134
Erich v. Friaul, Markgraf **4** 726
Erik, Ebf. v. Norwegen **5** 689
Erik XIV., Kg. v. Schweden **8** 442
Erik v. Dänemark **6** 774
Eril, Francesco Melzi d' **10** 452, 651
Erkenbald v. Straßburg **4** 807
Erküt, Dynastie **6** 213
Erlembald **5** 44, 124 f.
Erler, Fritz **12** 739
Erluin v. Cambrai **4** 814
Ermenfried v. Sitten, Bf. **5** 91, 100
Ermengard, Gattin Geoffroys III. v. Semur **5** 426
Ermengol I. v. Urgel **4** 782
Ermenrich v. Passau, Bf. **4** 185
Ermoldus Nigellus **4** 729, 749, 768
Ernst, F. **11** 1006
Ernst, Hzg. v. Sachsen u. Gotha **9** 201
Ernst v. Lüneburg, Hzg. **7** 732 f.
Ernst v. Mansfeld, Graf **7** 815
Ernst v. Pardubitz **6** 799
Eros, Bf. v. Antiochien **1** 276
Erpe, Thomas van, gen. Erpenius **8** 1132, **9** 940
Erpo, Abt v. Klosterrath **5** 428
Errázuriz, Crescente **12** 1160
Errico, Gaetano **11** 119
Errington, George **11** 235
Erskine, Charles **10** 418 f.
Erskine, Pfr. v. Sterling **9** 426
Erskine, Ralph **10** 208
Ervig, westgot. Kg. **4** 636, 647
Erzberger, Matthias **11** 646, **12** 385, 683
Esaias, Patr. v. Konstantinopel **6** 173, 176, 202, 614
Esaias v. Gaza **3** 620, 623, 627
Esaias v. Staurupolis **6** 188
Esau **1** 654
Esayi I. Ełipatrušecʿi, armen. Katholikos **4** 500
Escande, Benjamin **11** 1018
Eschač, bulg. Adliger **4** 934
Eschliman, Nikolaj **13** 396
Eschweiler, Karl **12** 220, 695
Escobar, Frei Andreas v. **7** 542
Escobar, Juan de **8** 939
Escobar, Marina de **9** 842
Escobar y Mendoza, Antonio de **9** 364, 996–999
Escotto, Miguel d', Außenminister v. Nicaragua **13** 514
Escrivá de Balaguer, José María **12** 249, 260, 519, **13** 217 f.
Esdras **9** 976
Eskil v. Lund, Ebf. **5** 215 f., 330 f., 337, 664
Esliman, Nikolaj **12** 1002
Espartero, Baldomero **11** 12, 286 f., 289 f.
Espejo, Eugenio **10** 89
Espejo y Santa Cruz **9** 652
Espen, Zeger-Bernard van **10** 258
Espence, Claude d' **8** 456, 458, 492
Espina, d', Jesuitenpater **9** 778
Espinar, Alonso de **7** 390, 392, 600 f.
Espinosa, Pedro de **9** 706
Espinosa (Großinquisitor) **8** 691
Esquieu de Floyran **6** 594
Esquiros, Alphonse **10** 815, 856 ff.
Esra, armen. Katholikos **4** 48
Esra, Prophet **1** 223, 727, 751
Esschen, Jan van **7** 746
Essen, C. G. v. **11** 592
Estaing, François d' **7** 179, 182 ff., 186, 190, 199 f., 202, 360, 366, 370, 675, 834
Estaing, Joachim d' **9** 258

Estang, Luc **12** 166
Este, Alphonso d', Hzg. v. Ferrara **7** 94
Este, Familie **6** 47, 572, 735
Este, Ippolito d' **8** 606
Este, Isabella d' **7** 106
Este, Niccolò d' **7** 152
Esterházy, Miklós, Fürst **9** 28 f.
Estienne, Charles **8** 614
, Henri II. **8** 1167
, Robert **7** 648, **8** 456, 467
Estocart, Pascal de l' **8** 1230
Estoile, Pierre de l' **8** 615
Estouteville, Guillaume d', Kardinal **7** 215, 511
Estrada, Joseph, philippin. Präsident **13** 685
Estrada Palma, Tomás **12** 1179
Etchegaray, Roger, Kard. **13** 632, 684, 699
Etchegaray, Veuillot R., Weihbischof v. Paris **13** 24
Etemare, Abbé d' **9** 389, 396
Eteriano, Hugo **5** 368, 382, 384, 751
Ethelwold, engl. Kg. **5** 269
Étienne, Raymond **7** 539
Etienne Aubert ↗ Innozenz VI., Papst
Etienne de Bourbon **5** 908, **6** 376
Etienne de Châtillon, Bf. v. Die **5** 529
Etienne de Mornay **6** 646
Etoga, Paul, Bf. v. Yaoundé **13** 591
Euagrios ↗ Evagrios Pontikos
Euaristos, stud. Mönch **4** 283
Euborius, Bf. v. York **2** 141
Euchel, Isaak **10** 255
Eucherius, Senator **3** 346
Eucherius v. Lyon, Bf. **2** 654, 970, 975, **3** 234, 239, 246, 248, 255, 1148
Eucherius v. Orléans **4** 641
Euchrotia **2** 487, 489, 493
Eucratius, Bf. v. Thenae **1** 643, 655
Eudaemonoyannis, Andreas **9** 572
Eudes, Jean, hl. **9** 265 f., 269, 307, 326, 669, 829, 832, 837, 869, 993, **11** 120, **12** 139
Eudes de Sully **5** 802
Eudes Rigaud **5** 801, 872, **6** 7
Eudo, Hzg. v. Aquitanien **4** 652 f., 656
Eudo della Stella **5** 203
Eudokia, Gattin Alexios' Kapandrites **5** 367
Eudokia, Ksn. **2** 560, 563, 565, 589, **3** 18, 29 f., 122, 124, 282, 536, 540 f., 587, 619–622, 669, 688, 706, 708, 714, **4** 185
Eudokia Baiana **4** 200
Eudokia Ingerina, byzantin. Ksn. **4** 199
Eudokia Kantakuzene **7** 52
Eudomius, Adliger **3** 352
Eudoxia, Tochter d. Ksn. Eudokia, oström. Ksn. **3** 73, 124, 638, 1028
Eudoxios **3** 933, 947 f., 953
Eudoxius, Arzt **3** 224
Eudoxius v. Antiochia, Bf. **2** 360, 365, 370, 381, 384, 389–393, 420, 425, 427, 430, 1034, 1055, 1067
Eudoxius v. Germanicia ↗ Eudoxius v. Antiochia
Eudoxius v. Konstantinopel ↗ Eudoxius v. Antiochia
Euelpistus **1** 874
Eufronius, Bf. v. Autun **3** 244
Eufronius, Bf. v. Tours **3** 814, 823, 832, 840 f.
Eugen, pachomian. Mönch **4** 458
Eugen, Prinz v. Savoyen-Carignan **9** 540 f., 907
Eugen I., Papst **4** 645
Eugen II., Papst **4** 711 f., 751, 767, 834
Eugen III. (Bernhard aus Pisa), Papst **5** 134, 181, 190, 196, 201–207, 209–212, 214, 237 f., 242 f., 246, 251, 383 f., 493, 604, 624, 659, 936
Eugen IV., Papst **5** 624, **7** 53, 73, 117, 126, 349, 430, 480, 535, 542–546, 556 f., 559, 564, 592, **6** 28, 107–131, 288, 293, 345, 494, 529, 588, 602, 607, 638, 671, 700, 725, 740, 755, 836 f., 874
Eugendus (Oyend), Abt **3** 990 f.
Eugenios, Diakon, Xenodochos **3** 543
Eugenios v. Seleukia **3** 497 ff.
Eugenius, Bf. v. Ammaedara **1** 643, 655
Eugenius, Bf. v. Karthago **3** 276, 279 f., 288, 352
Eugenius, hl. **4** 789

Eugenius, Marcus Iulius, Bf. v. Laodicea Combusta **2** 96
Eugenius, Usurpator **2** 477, 993, **3** 331
Eugenius I. v. Toledo, Bf. **4** 613
Eugenius II. v. Toledo, Bf. **4** 613
Eugenius v. Ostia, Bf. **4** 191
Eugenius v. Toledo **3** 1087
Eugenius Valerius **4** 821
Eugippius, Mönch **3** 974, 987, 1110, 1148
Eugraphia **2** 563
Euhemeros v. Messene **1** 883
Eukaristus, Bf. **3** 309
Euklid **1** 702, 896, **4** 468, **5** 487, 612f.
Euladius v. Chalkedon, Bf. **2** 616
Euladius/Helladius, Bf. v. Arles **3** 969
Eulalia (v. Mérida), Märtyrin **2** 184, 952, **3** 216, 1114, 1140f.
Eulalios, Bf. v. Syrakus **3** 329
Eulalios, Katholikos v. Iberien **3** 1272
Eulalius, Bf. v. Antiochia **2** 1034
Eulalius, Bf. v. Ikonion **2** 96
Eulalius, Chorbischof **2** 88
Eulalius, Gegenpapst **3** 308
Eulalius, röm. Bischofskand. **2** 543
Eulalius II., georg. Katholikos **4** 574
Eulogios, Bf. v. Edessa **2** 1040
Eulogios, Patr. v. Alexandreia **3** 513, 928, 946, 948, 950–954, **4** 210f.
Eulogius, span. Mönch **4** 737, 739f.
Eulogius, Tribun **3** 50f., 57, 70
Eulogius v. Caesarea **2** 536
Eulogius v. Edessa, Presbyter **3** 66
Eulogius v. Konstantinopel, Diakon **3** 45
Eulogius v. Tarragona, hl. **3** 1129
Eumelius, afrikan. Vikar **2** 253
Eumenes, Bf. v. Alexandria **1** 167
Eumenius v. Augustodunum, Rhetor **2** 176
Eunapius v. Sardes, Historiograph **2** 397, 687, 991, 996
Eunomius **3** 31, 198
Eunomius, Bf. **2** 253
Eunomius, Metropolit v. Nikomedien **3** 114
Eunomius v. Cyzicus, Bf. **2** 374, 383, 385, 392, 427, 430, 442–446, 454, 586, 608, 610, 619, 1036, 1055, 1067, 1075
Euoptius v. Ptolemais **2** 614
Euphemia v. Chalcedon, Märtyrin **2** 87, 976, 1063, **3** 92, 97, 135, 466, 480, 691
Euphemios, Patr. v. Konstantinopel **3** 136, 149, 152, 184f., 187f., 196, 200ff., 553, 558, 574, 634f.
Euphranus, Bf. **2** 115
Euphrasius, Patr. v. Antiochia **3** 153, 505
Euphrates v. Köln, Bf. **2** 364
Euphration v. Balaneae **2** 300
Euphronius, Bf. v. Antiochia **2** 1034
Euphronius, Bf. v. Autun **3** 233
Euphronius v. Caesarea, Presbyter **2** 323
Euplus (v. Catania), Märt. **2** 184
Eupolemus, Historiker **1** 594, 869
Euporus, Bf. **2** 115
Euprepius, hl. **3** 9, 22
Eurich, westgot. Kg. **3** 217, 228ff., 235, 305, 345ff., 398, 853, 883
Euripides **1** 594, **9** 1061
Euseb, Bf. v. Laodicea **2** 72
Euseb, Bf. v. Paris **3** 816
Eusebios, Asket **4** 402
Eusebios, Bf. v. Thessalonike **3** 913
Eusebios, Mönch b. Hexakionion **3** 633
Eusebios, syr. Hegumen **3** 608
Eusebios v. Teleda, syr. Asket **3** 612
Eusebius ↗ Eusebios
Eusebius **7** 813
Eusebius, Bf. v. Ankyra **3** 64, 96, 100, 112, 117, 550
Eusebius, Bf. v. Beirut ↗ Eusebius v. Nikomedia
Eusebius, Bf. v. Konstantinopel ↗ Eusebius v. Nikomedia
Eusebius, Eunuch **2** 380, 386
Eusebius, Papst **2** 242, **3** 1115
Eusebius Gallicanus **3** 248, 392, 1150
Eusebius (Rufin) **3** 362
Eusebius v. Bologna **2** 455
Eusebius v. Caesarea **1** 4, 14f., 66, 73ff., 140, 153f., 158ff., 162f., 167, 170, 177f., 184, 207, 234, 242, 251–254, 256, 260, 271ff., 275f., 293, 305, 318, 320–323, 325, 365, 371, 374f., 377ff., 450–453, 457, 467, 480f., 486ff., 493f.,

496, 500, 505 f., 555–561, 563–567, 569, 571, 576–580, 586–589, 601 ff., 606–610, 617 f., 641, 663, 670, 687, 692, 697, 701, 721, 724, 731, 738, 740, 753, 765, 782, 795, 800 f., 803, 821, 829 f., 843, 846, 868, 873, 875, 878, 896, 910, 926, **2** 44, 55–60, 62, 64, 67, 73, 76, 83, 85, 91, 95, 99–103, 111, 113, 129, 138, 146, 151, 161, 169, 171, 173, 179–185, 187, 193, 202–205, 207, 211, 214, 217, 232, 234, 236, 238, 250, 279, 282, 284, 293, 296, 299, 302, 305–310, 317, 321, 325, 328, 333, 335–338, 340, 359, 365, 368, 370, 375, 428, 668, 672, 675, 710, 723, 727–730, 742, 778, 851, 858, 988, 998, 1001, 1015, 1031, 1033, 1043–1046, 1069, 1085, 1088, **3** 673, 933, 953, 1059, **4** 99, 110, 127, 131, 139, **6** 611, **8** 1151, **9** 939, **11** 57

Eusebius v. Doryläum **3** 40–43, 46, 59 f., 63, 69 f., 72, 77, 79, 93–97, 109, 113, 117

Eusebius v. Emesa, Bf. **2** 365, 1038

Eusebius v. Mailand **3** 80

Eusebius v. Nikomedia, Bf. **2** 62, 70, 87, 232, 238, 284, 291, 296, 304, 307–310, 312, 317–324, 326, 330, 333, 335, 337, 340, 349–354, 356, 362, 368, 370, 375, 386, 397, 655, 725, 989, 1015, 1055, 1067, 1074

Eusebius v. Samosata, Bf. **2** 423, 428, 430, 432, 437, 1074

Eusebius v. Valentinopolis **2** 561

Eusebius v. Vercelli **1** 502, **2** 378, 418, 422, 433, 437, 442, 650, 656, 855, 974, **3** 1004, 1115

Eustaios Boilas **5** 22

Eustasius v. Luxeuil **4** 633 f.

Eustathios **4** 404, 408

Eustathios, litauischer Märt. **6** 553, 561

Eustathios, Patr. v. Alexandreia **4** 419

Eustathios, Patr. v. Konstantinopel **4** 317, 353

Eustathios, pers.-georg. Märt. **3** 1279, 1281, 1284

Eustathios Boilas **4** 269

Eustathios Kataphloros **5** 356

Eustathios Rhomaios **4** 331, **5** 22

Eustathios v. Sebaste **3** 584

Eustathios v. Thessalonike, Ebf. **5** 352, 354, 364, 370, 513 f.

Eustathius, hl. **4** 587

Eustathius v. Antiochia, Bf. **2** 70, 232, 283, 285, 297, 301, 307, 309, 312, 314, 317–324, 339, 354, 371, 421, 718, 1033, **4** 594 f.

Eustathius v. Beroea ↗ Eustathius v. Antiochia

Eustathius v. Berytus (Beirut), Bf. **3** 39, 45 f., 66, 79, 95 f., 100, 111, 114, 573

Eustathius v. Sebaste, Bf. **2** 385, 389–392, 428, 433, 435, 442, 445, 660, 835, 838, 840, 1074

Eustochios, Patr. v. Jerusalem **3** 447 f., 564

Eustochius, Bf. v. Angers **3** 885

Eustochius, Bf. v. Tours **3** 234, 244, 251

Eustolus, Bf. v. Nikomedia **2** 87

Eustratios Garidas, Patr. v. Konstantinopel **5** 24 f., 487

Eustratios v. Konstantinopel, Priester **3** 459, 557

Eustratios v. Nikaia **5** 28, 379, 487, 752

Eutharich **3** 318, 335 f.

Eutherius, Eunuch **2** 399

Eutherius v. Tyana, Bf. **2** 620, **3** 18, 21

Euthymios, bulgar. Patr. **6** 137

Euthymios, Epitropos **4** 292, 294

Euthymios, hl. **3** 123 f., 621, 624, 626, 1257, **4** 274, 411, 586 ff.

Euthymios, Mönch v. Olymp **4** 231, 292, 570–573, 591 ff., 595

Euthymios, Mönch v. Peribleptos **4** 346 f., 351

Euthymios, Notar **5** 356

Euthymios, Patr. v. Tărnovo **6** 257

Euthymios, Spathairos **4** 187

Euthymios, Synkellos **4** 202, 204

Euthymios II., Patr. v. Konstantinopel **6** 185, 624

Euthymios II. Karma, Patr. v. Antiochien **9** 591

Euthymios III., Patr. v. Antiochien **9** 591

Euthymios Athonites ↗ Euthymios, Mönch v. Olymp
Euthymios d. Jüngere, Mönch **4** 286, **5** xxxvi
Euthymios Tornikes **5** 356
Euthymios v. Akmonia, Mönch **5** 479, 482
Euthymios v. Jerusalem, Klostergründer **3** 618
Euthymios v. Kaisareia **4** 188, 203
Euthymios v. Sardeis/Sardes **4** 132, 142, 148, 150 ff., 160, 166, 178, 222, 224
Euthymios v. Tarnovo **4** 930
Euthymios Zigabenos **5** 28 f., 379, 479, 482, 722
Euthymius, Katholikos v. Georgien **6** 231
Euthymius ↗ Euthymios
Euthymius I., Patr. v. Antiocheia **6** 220
Euthymius v. Melitene **2** 831, 1093
Eutropia **2** 231, 238, 351
Eutropios, ägypt. Bf. **3** 435
Eutropius, Bf. v. Saintes **2** 136
Eutropius, Bf. v. Valencia **3** 409 f.
Eutropius, Eunuch **2** 556, 560, 1057, 1059
Eutropius, span. Abt **3** 854
Eutropus, Bf. v. Orange **3** 236
Eutyches **2** 622, 838, **3** 35 f., 39–49, 51 ff., 55, 57, 59–62, 65, 69, 72 f., 75, 77 ff., 82, 91 ff., 95–99, 101, 104, 106–112, 123, 125, 128, 131, 133, 139, 142 f., 149, 163, 166 ff., 171 f., 175, 179 f., 185, 188 f., 195 ff., 253 f., 327, 333, 360, 378, 433 f., 436 f., 440, 449, 466, 560 f., 572, 587, 630, 633, 635, 798 f., 953, 1205, **4** 391, 435, **7** 538
Eutychianos, Senator **4** 146
Eutychios, Patr. v. Alexandreia ↗ Saʿīd ibn Baṭrīq)
Eutychios, Patr. v. Konstantinopel **3** 454, 457, 459 f., 491, 503, 515, 557 ff., 561, 892
Eutychius, melkit. Patr. v. Antiochia **2** 28, 114
Eutychius v. Alexandria **2** 1011
Euvodius, fränk. Priester **3** 816
Euzoius v. Antiochia, Bf. **2** 291, 325, 393, 420, 422, 428, 430, 432, 1034
Euzoius v. Caesarea, Bf. **2** 1045
Eva **1** 690, 931
Eva v. Saint-Martin, hl. **5** 577
Evagrios Pontikos **2** 823, 827, 829, 1023, 1073, 1088, **3** 444, 447, 460, 656, 658, **4** 52, 57, 171, 465, 522, **6** 555
Evagrios Scholastikos **1** 588, **3** 128 f., 131, 136, 459, 510, 649, 654, 662 f., 677, 759
Evagrios v. Soli, Bf. **3** 575
Evagrius Scholasticus ↗ Evagrios Scholastikos
Evagrius v. Antiochia, Bf. **2** 437, 1034
Evander, Hj. **12** 856
Evangelus, röm. Presbyter **2** 28
Evangelus v. Pautalia, Bf. **3** 196
Evans, Arthur John **11** 428
Evanthius **2** 969
Evanthius, Beamter **3** 231
Evaristus, Bf. v. Rom **1** 678
Evaristus **2** 133
Evdokimov, Paul **12** 1012
Everwin v. Steinfeld **5** 480, 494
Evfimi **11** 754
Evnon, Katholikos v. Iberien **3** 1273
Evodia **1** 307
Evodius, Bf. v. Antiochien **1** 276
Evodius, gall. Präfekt **2** 492
Evodius v. Uzalis **2** 537, 547, 932, **3** 1116, 1118
Evrard, Patrick **13** 210
Évreux, Yves d' ↗ Yves d'Évreux
Evstatʿi v. Mchetʿa, georg. Heiliger **4** 552
Evsukios, georg. Katholikos **4** 576
Ewald, Ferdinand Christian **11** 994 f.
Ewald, Georg Heinrich August **11** 373 f.
Ewostatewos (Ēwostātēwos) **6** 240
Expilly, Abbé **10** 326, 335
Exsuperantius, Bf. v. Ravenna **3** 326
Exuperius v. Toulouse, Bf. **2** 807, 906, 966
Eyadema, Gnassingbé, Staatsoberhaupt v. Tongo **13** 557, 564, 566, 569
Eybel, Joseph Valentin, Kanonist **10** 24
Eyck, Hubert van **6** 412
Eyck, Jan van **6** 412, **7** 474
Eymard, Pierre-Julien **11** 34, 128
Eynde, Damien van den **1** 852

Ezana, akzumit. Kg. **2** 1091
Ezechiel, Dichter **1** 594
Ezechiel, pers. Katholikos **3** 1180
Ezechiel, Prophet **1** 728 f.
Ezellino da Romana **5** 892
Ezequiel, Don **12** 1220
Ezierski, F. **10** 194
Eznik v. Kolb **2** 724, 1089
Ezquerra, Joseph Lopez de **9** 839
Ezr, armen. Katholikos **4** 482–485, 493
Ezra, Ibn **9** 959
Ezzo, Pfalzgraf **4** 795, 810

Faber, Frederick William **11** 119, 122
Faber, Pater **9** 794
Faber, Petrus **8** 249, 1040
Faber Stapulensis ↗ Lefèvre d'Etaples, Jacques
Faberi, Francesco **11** 601
Fabian v. Antiochia, Bf. **2** 44, 101, 636
Fabián y Fuero, Francisco, Ebf. v. Valencia **9** 652, **10** 31, 91
Fabianus, Bf. v. Sizilien **1** 690
Fabianus, Papst **1** 610, 648, 696 f., 706, **2** 129, 160, 164
Fabiola **2** 789
Fabius, Bf. v. Antiochien **1** 695, 857, **2** 66, 74, 133, 157
Fabius (Anhänger d. Julian v. Eclanum) **2** 546
Fabri, Johannes **7** 780, 787, 851 f., 874, **8** 246, 999
Fabri de Peiresc, Nicolas **9** 937
Facundus v. Hermiane **3** 423, 450 f., 463 ff., 756, 773
Faes, Corneille **9** 87
Fagioli, Vincenzo, Kard. Ebf. v. Chieti **13** 123
Fagius ↗ Büchlein, Paul
Faivre, Antoine **1** 842
Fakhr al-Dīn II. **9** 542
Falconi de Bustamante, Juan **9** 839 f.
Falk, Adalbert **11** 455, 462, 665, 668
Fallot, Tommy **10** 833, **11** 531
Falloux, Frédéric, Comte de **11** 34, 37, 168, 170, 172 f., 176, 499, 519
Falvius Nuvel, maur. Adliger **2** 686
Falwell, Jerry **13** 260, 282
Fanfani, Amintore **12** 461, 471, 493, 495
Fani, Mario **11** 609
Fantinus, Defensor **3** 908
Fao **11** 1069
Farabokht, pers. Katholikos **3** 1180
Farah, Philipp **9** 591
Farakhan, Louis **13** 571
Fare, de la, Bf. **10** 321
Farel, Guillaume (Wilhelm) **7** 748, 753, 806, 832, 834 f., 837, 839–843, 862, **8** 60, 64, 102, 315, 320, 463, 613
Farges **11** 436
Fargues, Marie **12** 276
Farinata degli Uberti **5** 889
Farnese, Alessandro d. Ä. ↗ Paul III., Papst
, Alessandro, Hzg. v. Parma **8** 478, 486, 491, 1093
, Alessandro d. J., Kard. **8** 472, 593, 1209
Farquhar, Sir Robert, Gouverneur v. Mauritius **11** 140, 1015
Farrar, Frederic William **11** 566
Fasani, Rainer **5** 930
Fasilidas, Negus v. Äthiopien **9** 596
Fasir **2** 257
Fastidius **2** 980
Fatḥ ibn Khāqān, Kalif **4** 462
Father Divine ↗ Baker, George
Faucher, Denys **8** 241
Fauchet, Claude, Abbé **10** 285, 311, 314, 317 f., 320, 325, 363, 365, 560, 589, 809, 828, 830
Faulhaber, Michael (v.) **12** 35, 405, 682, 686, 693, 696, 698, 703
Faure, Lucie **11** 345
Fausta, Gattin v. Ks. Konstantin I., d. Gr. **2** 195, 216, 231, **9** 1050
Faustianus, Bf. v. Dax **3** 817, 819
Faustinus, Bf. v. Lyon **1** 689, **2** 138, 166
Faustinus, Neophyt **2** 778
Faustinus, Priester **2** 444
Faustus, Archimandrit **3** 78
Faustus, Bf. v. Thimida **1** 643

Faustus, Senator **3** 207, 310
Faustus Niger **3** 188, 309, 316
Faustus v. Byzanz **3** 1187
Faustus v. Lérins, Abt **2** 866, **3** 242, 247
Faustus v. Mileve **2** 920
Faustus v. Praesidium **3** 289
Faustus v. Riez, Bf. **2** 970, 973, **3** 205, 230, 234 ff., 248 f., 253 ff., 258 f., 347 f., 380 f., 392, 807
Fava, Generalvikar **11** 142
Faye, H. **11** 114
Fayette, la **10** 328
Febronius (Justinus-Johann Nikolaus v. Hontheim) **10** 16, 258 f., 706
Fébvrier-Despointe, Konteradmiral **11** 149
Federico, Pater (Mexiko) **12** 1179
Federico Visconti **5** 819, **6** 349, 358, 380
Federmann, Nikolaus **8** 780
Fedor, Zar **8** 381
Fëdor III. Alekseevič, Zar v. Rußland **9** 507 f., 531
Fedorov, Leonid **12** 884
Fédou, Michel **13** 699
Feeney, Leonard **12** 214
Fehr, F. **11** 591, **12** 856
Fehrenbach, Konstantin **12** 683
Feidlimid mac Crinthainn, ir. Kg. **4** 742
Feijó, Diogo Antonio, Justizminister und Regent v. Brasilien **9** 652, **10** 782, **11** 947
Feillet **11** 1073
Felbiger, Johann Ignaz **10** 268 f.
Felfernigg, Pfarrer **10** 186
Felice, Guillaume de **11** 151
Felice, Renzoni de **12** 484
Felici, F. **13** 42
Felici, Pericle, Kard. **13** 15, 28, 30, 46, 51, 62, 64, 96
Felicianus v. Musti, Bf. **2** 511
Felicissimus, Bf. v. Karthago **1** 855
Felicissimus, Diakon **2** 164
Felicissimus (Kleriker, Anhänger Priszillians v. Avila) **2** 493
Felicitas, Märtyrin **1** 247, 260, **2** 26, 123, **3** 1140
Felinski, A. **10** 751
Felipe, Kg. v. Simbabwe **8** 762
Felix, afrikan. Mönch **3** 264
Felix, arian. Priester **3** 280, 285
Felix, Bf. v. Bagai **1** 644
Felix, Bf. v. Bamaccora **1** 644
Felix, Bf. v. Buslacensis **1** 642
Felix, Bf. v. Dunwich **4** 625
Felix, Bf. v. Gurgites **1** 643
Felix, Bf. v. Marazana **1** 643
Felix, Bf. v. Mérida **2** 142
Felix, Bf. v. Nantes **3** 815, 822
Felix, Bf. v. Saragossa **2** 142
Felix, Bf. v. Serdica (Sofia) **3** 912
Felix, Bf. v. Treviso **3** 486
Felix, Bf. v. Uthina **1** 643
Felix, Diakon **3** 911
Felix, Grammatiker **4** 638
Felix, karthag. Diakon **2** 246
Felix, Klostergr. **4** 635
Felix, Märt. **1** 627
Felix, Mönch **3** 280
Felix, Prätorianerpräfekt **2** 226
Felix, Prokonsul **1** 874
Felix, röm. Gegenbischof, Archidiakon **2** 380, 384, 887
Felix, span. Eremit **3** 401
Felix II. (III.), Papst **3** 180–185, 189, 192, 288, 634, 636
Felix III.(IV.), Papst **3** 135, 309, 321 f., 324, 326, 391, 396, 891, 1029, 1091
Felix V. (Amadeus VIII. v. Savoyen), Gegenpapst **6** 121, 123, 289, 701, 767, **7** 134, 483
Felix Antonius, Prokurator **1** 134–137, 140, 175, 230, 480
Felix v. Abthugni/Apthungi, Bf. **2** 246, 250, 521
Felix v. Acci **2** 953
Felix v. Aquileia, Märt. **2** 134
Felix v. Cimitile **3** 1035
Felix v. Gerona **3** 346, 1114
Felix v. Mailand, Märt. **2** 135
Felix v. Nola, Märt. **2** 133, 682, 858, 891, 976, **3** 1115, 1123, 1147
Felix v. Sevilla, hl. **3** 973, 1129
Felix v. Thibiuca, Märt. **2** 122, 185

Felix v. Trier, Bf. **2** 494, 906, 964, 977, **3** 1115
Felix v. Urgel **4** 736, 739, 758
Fell, Margaret **9** 464
Feller, Francois Xavier de **10** 177
Fellini, Federico **12** 142
Feltin, Maurice, Kard. Bf. v. Paris **12** 596, 598, **13** 9
Feltre, Vittorino da **7** 223 f., 506
Fénelon, Abbé de **10** 557, 833
Fénelon, François de Salignac de la Mothe **9** 87, 165, 176, 308, 377, 402, 841, 876, 969, 980, 1106, 1111, 1113, 1121, 1126, **10** 213, 239, 668, 681, 819
Fénelon, Marquis de **9** 716 f., **10** 94, 96
Fenicio, Jacobo **8** 904, **9** 813
Fenwick, Anne **10** 181
Feodosij, Metrop. v. Moskau **7** 55
Ferber, Nikolaus ↗ Herborn, Nikolaus v.
Ferdinand, Kg. v. Aragon **7** 88, 100, 128, 181, 384 f., 387 f., 390, 395, 397, 401–404, 407–410, 414, 557, 559 f., 564, 577, 590 f., 594, 602, 604 f., 625
Ferdinand, portugies. Prinz **7** 568 f.
Ferdinand I. Ks., Kg. v. Böhmen u. Ungarn **7** 732, 765, 800, 822, 872 ff., 876, **8** 393, 397, 619, 624, 626, 632, 635, 1035, **9** 9 f.
Ferdinand I., Kg. v. Aragón u. Sizilien **6** 754, **8** 200, 259, 262
Ferdinand I., Kg. v. León **5** 292, 295
Ferdinand I., Kg. v. Bulgarien **11** 769
Ferdinand I., österreich. Ks. **11** 13
Ferdinand I. v. Portugal **6** 80, 763
Ferdinand II. Ks., Kg. v. Böhmen u. Ungarn, Erzhzg. v. Innerösterreich **8** 415, 426, 624, 630, 639, **9** 1, 9 f., 13 f., 17–21, 23, 25 f., 28 f., 33, 35, 41 f., 303, 908, 920, 1031, 1068
Ferdinand II. v. Aragón u. Kastilien **5** 423, **6** 850, **9** 655
Ferdinand III. Ks. **9** 9, 14, 17 f., 24, 28 f., 303, 910
Ferdinand III. v. Habsburg, Ebf. v. Neapel, Vizekg. **9** 302
Ferdinand VI., Kg. v. Sizilien **10** 167
Ferdinand VI., Kg. v. Spanien **10** 73, 218
Ferdinand VII., Kg. v. Spanien **10** 30, 32, 35, 183, 674, 685 f., 768, 770 f., 775 f., 782 f., 787, 789, **11** 283 ff., 918, 921, 924
Ferdinand d. Katholische ↗ Ferdinand, Kg. v. Aragon
Ferdinand v. Bayern, Ebf. v. Köln **8** 286, 416, 1086, 1090, 1093
Ferdinand v. Habsburg, Erzhzg. **10** 750
Ferdinand v. Habsburg/v. Österreich ↗ Ferdinand I.
Ferdinand v. Österreich, Kard.-Infant **8** 710
Ferdinando, Großhzg. v. Florenz **8** 599
Ferdomnach, Schreiber **4** 741
Féret, Henri-Marie **12** 197, 263, 629
Fernandes, Gonçalo **8** 908, 910
Fernandez, Francisco **8** 911
Fernández, Gregorio **8** 1215
, Isabel **8** 732
Fernández, Ramón **12** 620
Fernández de Lugo, Alonso **7** 593
Fernández de Oviedo, Gonzalo **8** 797, 828
Fernando de Illescas **6** 759
Fernando Díaz de Toledo **6** 841
Fernando Martínez d'Écija **6** 846
Ferrandus, afrikan. Mönch, Verfasser der Vita Fulgentii **3** 280, 285, 287, 290
Ferrandus v. Karthago **3** 463, 756
Ferrante, Kg. v. Neapel **7** 92 f., 126
Ferrari, Andrea, Kard. Ebf. v. Mailand **11** 444, **12** 12
Ferrari, Bartolomeo **7** 340
Ferrari-Toniolo, Agostino **13** 7, 291
Ferrata, Domenico, Nuntius in Paris, Kard. **11** 462, 466, 493, **12** 4
Ferrault, Jean **7** 348
Ferreira, Provinzial d. Jesuiten **9** 759
Ferreira de Almeide, J. **9** 847
Ferreira dos Santos Silva, Amérigo, Bf. v. Porto, Kard. **11** 624
Ferréol, Jean-Joseph-Jean-Baptiste, Bf. der Mandschurei **11** 1053
Ferreolus, Bf. v. Uzès **3** 823, 987, 999
Ferreolus v. Vienne, Märt. **3** 251, 1126
Ferreri, Zaccaria, Abt v. Subasio **7** 131
Ferrière, Julien la **11** 148 f.

Ferrieri, Legat **11** 137
Ferriol, Marquis v., Botschafter Frankreichs in Konstantinopel **9** 604, 606
Ferro, Girolamo **8** 585
Ferronays, Pauline de la **11** 121
Ferry, Jules **10** xvi **11** 448, 466, 491, 494, 497 f., 507, 509 f., 531
Fesch, Joseph, Kard. **10** 476, 527, 639, 642, 644, 658
Fessard, Gaston **12** 204, 206, 231, 621
Fessler, Josef, Bf. v. St. Pölten **11** 31
Festus, Bf. v. Capua **3** 906
Festus, Senator **3** 190 f., 315 f.
Festus Porcius, Prokurator **1** 74, 134 f., 137 f., 140, 175, 207, 480
Feuardent, François **8** 513
Feuerbach, Ludwig **10** 679
Feuillet, A. **12** 270
Fialkowski, Antoni **11** 758
Fichet, Guillaume **7** 125, 359, 511, 641
Fichte, Johann Gottlieb **9** 878, **10** xxi, 471, 680 f., **12** 228
Fichter (SJ) **12** 1105
Ficino, Marsilio **7** 218, 241, 337, 476, 478, 491, 498, 507 f., 510 f., 620 f., 626, 632, **8** 379, 1111
Fidelis v. Sigmaringen **8** 1065, **9** 37, 289, 1151
Fidenzio v. Padua **6** 6
Fides, hl. **4** 859, 861, **5** 444
Field, John **8** 559, 562
Fieschi, Guglielmo, Kard. **5** 611
Fieschi, Katharina ↗ Katharina v. Genua
Fieschi, Ottobono, Kard. **5** 612
Fieschi, Sinibaldo ↗ Innozenz IV., Papst
Figgis, N. **11** 569, 574
Figueiredo, Antonio Pereira **10** 274
Figueiredo, Jackson de **12** 1192
Figueredo Salgado, Rafael de **9** 811
Figuira, Guilhem **5** 685
Figulus-Jablonski, Daniel Ernst **9** 479, 488
Figurovskij, Innozenz, Metropolit **11** 766
Filangieri, Gaetano **10** 29, 651
Filaret, Patr. v. Moskau (weltl. Name: Fëdor Nikitič) **8** 383, **9** 503 f., 519
Filaret (Denisenko), Metropolit v. Kiew und Galizien **13** 356, 408, 421 f.
Filastrius v. Brescia **2** 483, **3** 933, 947
Filelfo, Francesco **7** 38
Filhol, Antoine **8** 256, 472
Filibertus **4** 632
Filière, Pater **12** 626
Filip, Metropolit v. Moskau **8** 380
Filip II. Kolyčev, Metropolit **9** 506
Filippo, Fra **6** 731
Filippo degli Agazzari **6** 377
Filippo Maria Visconti **6** 110
Filippo Tripolitania **5** 611
Filippo Visconti **5** 849
Filleau de La Chaise **9** 1117
Fillmore, Millard, 13. Präsident der USA **11** 863
Fillon, Artur, Bf. v. Senlis **7** 181, 361 f.
Filofej ↗ Philotheos
Filofej v. Pskov **7** 61, **8** 376, **9** 502, 522
Filpos (Philipp), Abt v. Dabra Bizan **6** 240
Finán mac Rímedo **4** 629
Finet, Georges **12** 259, 561
Fingenius, Abt **4** 793 f.
Finney, Charles Grandison **11** 836, 839 ff., 845 ff., 854, 865 f.
Finney, Paul C. **1** 930 f.
Finnian v. Clonard **4** 621
Finnian v. Moville (Mag Bile) **3** 878
Fiorentino, Rosso **7** 492 f.
Firmian, Karl, Graf **10** 19
Firmian, Leopold Ernst Graf, Bf. **10** 18
Firmilian, Beamter d. Maximinus Daia **2** 187
Firmilian, Bf. v. Caesarea **1** 250, 262, 565, 569, 618, 630, 658, 851, 853 f., 860, **2** 27, 45, 48, 52, 99 f., 167
Firmin **11** 348
Firminus, Bf. v. Triest **3** 911
Firmus, mauret. Rebell **2** 508, 511, 934, **3** 292
Firmus v. Caesarea **2** 610, 614
Firn, Anton **7** 798
Firrao, Kard. **10** 215
Fisac, Miguel **12** 170
Fischart, Johann **8** 420

Fischer, Andreas **8** 126
, Johann, gen. Piscator **8** 411, 1118
Fischer v. Erlach, Johann Bernhard **9** 1037
Fish, Simon **7** 375
Fisher, Geoffrey Francis **12** 74, 808, 816
Fisher, John **7** 377, 697, 853, 855, 860, 864, 867, **8** 196, 198, 203, 251, 525, 1065
Fiske (Familie) **11** 890
Fiske, John **11** 435, 890, 897
Fitadius (Foebadius v. Agennum) **2** 484
Fitch, William ↗ Benedikt v. Canfield
Fitz-James, Francois, Bf. v. Soissons **10** 273
Fitzgerald, Familie **8** 551
, James Fitzmaurice **8** 552
Fitzjames, Richard, Bf. v. London **7** 377
Fitzpatrick, John Bernard, Bf. v. Boston **11** 860, 868
Flacillus, Bf. v. Antiochia **2** 335, 1034
Flacius Illyricus, Matthias (Matija Vlačić) **8** 5, 11, 14, 343, 634, 1120, 1128, **9** 948
Flad, Martin **11** 992 f.
Flamiatos, Kosmas **10** 733
Flaminio, Marco Antonio **7** 340, **8** 575, 683
Flann Sinna, ir. Kg. **4** 742
Flaubert, Gustave **10** 804
Flavia Domitilla **1** 234, 670
Flavian, Patr. v. Konstantinopel **3** 38 f., 41–46, 48 f., 51, 53, 55, 58–63, 65, 68–72, 75, 77, 79, 93–101, 105, 109, 112 f., 205, 437, 551, 558, 560, 572, 587, 633
Flavian, Patr. v. Antiochia **2** 432, 447, 454, 456, 554, 567, 791, 839, 1021, 1034, 1036
Flavian II., Patr. v. Antiochia **3** 138, 140–145, 166 f., 575, 615, 623, 627
Flavian v. Philippi, Bf. **2** 601, 614
Flavianus, ägypt. Präfekt **2** 428
Flavianus, paläst. Statthalter **2** 183
Flavianus Nicomachus **2** 467, 509
Flavie, Mère **10** 414
Flavios, Patr. v. Antiochia **3** 492
Flavius, antioch. Nicaener **2** 1034
Flavius Clemens, Märt. **1** 178
Flavius Dalmatius **2** 232
Flavius Eugenius, Rhetor **2** 467
Flavius Felix, Konsul **3** 387
Flavius Iosephus ↗ Josephus Flavius
Flavius Latinus v. Brescia **2** 650
Flavius Mallius Theodorus **2** 793
Flavius Merobaudus **3** 216
Flavius Monaxius **2** 798
Flavius Nuvel ↗ Nubel
Flavius Salia, General **2** 364
Flavius Sallustius **2** 399, 404
Flavius Vincentius **2** 969
Flavius Vopiscus **1** 166
Fléché, Weltpriester **9** 662
Fléchier, Valentin-Esprit, Bf. v. Nîmes **9** 873
Fleetwood, William, Bf. **9** 715
Fleg, Edmond **12** 297
Fleischer, Ezra **1** 348
Fleming, Klaus **8** 444
Fleming, Paul **9** 1063
Fleming, W. S. **11** 1050
Flensburg, W. **11** 593
Fletcher, John, Pfr. v. Madeley **9** 457, **10** 691
Fletcher, John C. **13** 285
Fletcher, Joseph Francis **13** 281, 285
Fletcher, William C. **13** 401
Fleury, André Hercule de, Kard. **9** 138, 140, 142, 165 f., 186, 251, 386, 391 f., 397, 401 f., **10** 213, 271
Fleury, Claude, Abbé **9** 313, 336, 954, 1121
Fleury, Joly de ↗ Joly de Fleury
Fliche, Augustin **12** 202
Floch, le, Pater **12** 621, 626, **13** 115
Flodoard v. Reims **4** 781, 790, 863
Flora, Gnostikerin **1** 537, 679
Floré, Juan José **10** 784
Florens Radewijn **6** 523, 533, 710
Florenskij, Pavel **11** 749
Florent de Jésus **9** 812
Florentina, Schwester v. Leander u. Isidor v. Sevilla **2** 952, **3** 853, 858, **4** 634
Florentini, Theodosius **11** 35, 576, 578

Florentinus, Dichter **3** 269
Florentius, Patricius **3** 43 f., 48
Florentius v. Sardes, Bf. **3** 41, 57, 102
Florenz, Bonaventura v. ↗ Bonaventura v. Florenz
Flores, Juan José, ecuadorian. General und Präsident **11** 933
Florian, Joseph **12** 891
Florimond v. Raemond ↗ Raemond, Florimond de
Florimonte, Galeazzo **8** 586
Florinus, Gnostiker **1** 163, 452, 683
Florit, Ermenegildo, Kard. Ebf. v. Florenz **13** 47
Florovskij, Georgij **9** 534, **11** 719, 748, **12** 962, 1011, 1025
Florus (Anhänger d. Julian v. Eclanum) **2** 546
Florus v. Hadrumetum **2** 547
Florus v. Lyon, Diakon **4** 734, 757, 761 f.
Flory, Charles **12** 432, 580
Flotilde v. Reims **4** 865
Flourens, Emile Leopold **11** 493, 495
Flournoy, Jacques, Pfr. i. Jussy **9** 432
Fludd, Robert **9** 943
Foblant **11** 183
Foch, Ferdinand **12** 565
Focher, Juan **9** 616
Foebadius v. Agennum ↗ Fitadius
Foedula **2** 976
Fog, B. J. **11** 592
Fogazzaro, Antonio **11** 433, 443, 601
Foggia, Antonio **9** 1068
Foggia, Francesco **9** 1068
Foisset, Th. **11** 173
Foix, Gaston de **7** 96, 130
Foligni, Gentile da **4** 59
Foligno, Angela da **7** 388, **11** 344
Folkmar, Bischofskandidat in Minden **5** 115
Folkmar v. Utrecht **4** 805, 811
Follereau, Raoul **12** 278
Folliet, Joseph **12** 620, **13** 326
Folz, Hans **7** 319
Fonck, Leopold **11** 430
Fonseca, Alfonso de, Ebf. v. Toledo **7** 178, 533, 863
Fonseca, Carlos **13** 513
Fonseca, Juan Rodríguez de, Bf. **7** 602, 604 f.
Fontaine, Jacques, Abbé de La Roche **9** 194, 371, 389, 403, 439
Fontaine, Kanoniker **10** 474
Fontaine, Nicolas **9** 862
Fontaine, Pietro la **12** 11
Fontana, Domenico **8** 283
Fontana, Pater **9** 327
Fontana, R. P. **10** 643
Fontanges, Francois de, Ebf. **10** 403 f.
Fonte, Espagnol, Ebf. v. Mexiko **10** 789
Fonteius, Bf. v. Vaison **3** 241
Fontenay, Jesuit **9** 771 f.
Fontenelle, Bernard de **9** 175, 981, 1087, 1090, 1102
Fontenelle, Msgr. **12** 401
Fontgalland, Guy de **12** 249
Fonyonga II., Bantu-Kg. **11** 1006
Fonzio, Bartolomeo **7** 754
Foppa, Vincenzo **7** 483
Forbin de Janson, Toussaint de, Kard., Bf. v. Beauvais **9** 183, 338
Forbin d'Oppède, Marquise de **11** 182
Forbin-Janson, Charles de, Bf. v. Nancy, Ebf. **10** 677, **11** 153, 178, 910, 912
Forcade, Théodore-Auguste, Apostol. Vikar v. Japan, Bf. v. La Guadeloupe und Nevers, Ebf. v. Aix **11** 1056
Ford, Henry **12** 1090
Ford, John **12** 142
Forestier **10** 548
Forestier (OP) **12** 584
Forgách, Ferenc, Ebf. v. Gran **9** 11
Forge, Étienne de la **8** 459, 464, 470
Forget du Verger, François **10** 522
Formé, Nicolas **8** 1241, **9** 1071
Formin, Thomas **9** 495
Formosus I., Papst **4** 820 f.
Formosus v. Porto, Bf. **4** 185, 716, 719, 721, 928
Fornari, Clara Isabella **9** 830
Fornari, R., Nuntius, Kard. **11** 12, 115, 169 f.

Forsyth, Peter T. **12** 807
Fort, Gertrud v. le **12** 163
Fortebraccio **6** 114
Fortoul, franz. Kultusminister **11** 173
Fortoul, Hippolyte **10** 815
Fortunat **11** 978
Fortunatianus, Bf. v. Aquileia **2** 358, **3** 325
Fortunatianus v. Sicca, Bf. **2** 519
Fortunatus **1** 305, 674
Fortunatus, Bf. v. Catania **3** 309
Fortunatus, Bf. v. Neapel **3** 908
Fortunatus, Bf. v. Thuccabor **1** 643, 654
Fortunatus, Märt. **2** 134
Fortunatus v. Catania, Bf. **3** 195
Fortunatus Venantius ↗ Venantius F.
Fortunius, Bf. v. Thubursicu Numidarum **2** 257, 514
Foscarini, Paolo Antonio **8** 1157
Fosdick, Harry Emerson **11** 896, **12** 1056, 1076, 1079
Fosdick, Raymond B. **12** 1076
Fossé, Pierre Thomas du **9** 370, 403, 849
Fossombrone, Ludwig v. **7** 341
Foster, George B. **11** 896
Fotij, Archimandrit **10** 115
Foucauld, Charles de **11** 342, 345, 348, 505, **12** 249, 252, 299, 325, 497, 616, **13** 491
Foucault, Intendant **9** 131
Fouché, Joseph **10** 385, 394, 396, 461, 637
Fouché, Suzanne **12** 281
Foucher v. Angoulême, latein. Patr. v. Jerusalem **5** 316
Foucquet, Jean-François **9** 789 f.
Foulque v. Toulouse **5** 800
Foulques de Villaret **6** 594
Fouquet, Jean **7** 480
Fouquet, Nicolas **9** 302
Fourier, Charles **10** 809 f., 813 ff., 817, 826, 828, 849, 858 f., **11** 31, 38
Fourier, Pierre **8** 293, **9** 287
Fournel, Cécile **10** 858
Fournel, Claire **10** 858
Fox, George **9** 464 f., 712, 871 f., 1013 f., **10** 495
Fox, John **9** 681
Fox (Familie) **11** 854 ff.
, Kate 11 854, 856
, Maggy 11 854, 856
Foxe, John **8** 224, 1065
Fra Angelico ↗ Angelico
Fra Dolcino ↗ Dolcino
Fra Filippo ↗ Filippo
Fra Giocondo **7** 105
Fra Salimbene ↗ Salimbene
Fracassini, Umberto **11** 433, 601
Fracheboud, Abbé **10** 474
Frambach, Pater **10** 502
Frambault **3** 989
Franc, Anne le **9** 393
Franc, Guillaume **8** 1230
France, Anatole **11** 514, **12** 159
Francesca, Guidobaldo della **7** 506
Francesca, Piero della **7** 478 f., 506
Francesca Romana **6** 27
Francesco Bruni **6** 66
Francesco de Pavia **9** 739 f.
Francesco de Petris **8** 941
Francesco di Paola ↗ Franz v. Paula
Francesco Malipiero **6** 733
Francesco Sforza **6** 114, 725
Francesco Zabarella **6** 92, 126, 285 ff., 696, **7** 119, 124, 131
Franchi, Alessandro, Nuntius, Kard. **11** 414, 462
Francia, Annibale di **11** 603
Francia, José Gaspar Rodriguez **10** 783
Francilio, Bf. v. Tours **3** 814
Francine de Centelles **6** 848
Francisco de Ávila **8** 829
Francisco de Jas(s)u y Xavier ↗ Franz Xaver
Francisco de la Cruz **8** 774, 827
Francisco dos Martyres ↗ Martyres, Francisco dos
Francisco Jiménez de Cisneros ↗ Cisneros, Francisco Jiménez de
Franciscus a Bormio **8** 433
Franck, Sebastian **7** 809, 825 ff., 874, **8** 124, 181, 188
Francke, August Hermann **9** 418 f., 477, 485, 874 f., 1118, 1127, **10** 5 f., 37, 203 f., 208, **11** 73

Franckenberg, Abraham v. **9** 877 f.
Franckenberg, Johann Heinrich Ferdinand v., Ebf. v. Malines **10** 23, 439, 442
Franco Bohamonde, Francisco, span. Staatschef **12** 165, 170, 499, 528, 544, 546, 623, 785, 837, 1184, **13** 216, 512
Franco (Bonifaz VII., Gegenpapst) **4** 826
Franco Sacchetti **6** 359
Franco v. Paris **4** 840, 867
Franco v. Perugia **6** 882
Frangipani, Cencius **5** 76
Frangipani, Familie **6** 573
Frangipani, Ottavio Mirto **8** 417
Frangipani, Robert **5** 188
Frank, Franz Hermann Reinhold **11** 92, 358 ff.
Frank-Duquesne, Albert **12** 240
Frank (russ. Intellektueller) **12** 935
Franklin, Benjamin **8** 1189, **9** 700, **10** 328, 493 f., 496, 501
Franklin, Michel, Gouverneur **10** 518, 521
Franqui, Carlos **12** 1183
Franson (schwed. Evangelist) **12** 312
Fransoni, Luigi, Ebf. v. Turin, Kard. **11** 160, 162, 260, 597
Franz I., Kg. v. Frankreich. **7** 97, 139, 182, 216, 348, 353 f., 361, 624 f., 634, 732, 748, 782, 834, 837, 866, 869, 871, **8** 246, 255, 392, 399, 451, 455, 461, 817
Franz II., Kg. v. Frankreich. **8** 454, 477, 479 f., 536
Franz II. (I.), Ks. v. Österreich **10** 16, 665, 671, 839, **11** 13, 771
Franz Ferdinand, österreich. Erzhzg. **11** 472
Franz Joseph I., Ks. v. Österreich **10** 24, **12** 385, 387, **11** 327
Franz Lambert v. Avignon ↗ Lambert v. Avignon
Franz Stephan v. Lothringen **10** 19, 25, 219
Franz v. Assisi, hl. **5** 570, 787, 818, 823, 831, 833–837, 840–845, 853 f., 883, 902, 919, 938, **6** 25, 271, 323, 329, 360, 373, 476, 525, 534, **8** 851, 1191, **10** 244, **11** 129, 342, **12** 249, 452
Franz v. Kalabrien **8** 127
Franz v. Paris **9** 141
Franz v. Paula **6** 26, 532, **8** 244
Franz v. Sales **5** 885, **8** 293, 300, 336, 342, 346, 492, 514, 614, 692, 1047, 1054, 1067, 1071, 1111, 1168, 1173, 1216, **9** 248 f., 287, 305, 349 f., 668 f., 825, 831, 837, 852, 876, 995, **10** 237, 240, 242, 248, 263, 547, 668, **11** 119, **12** 249, 259, **13** 3 f., 40
Franz v. Vitoria **8** 247
Franz Xaver (Francisco de Jassú y Javier) **7** 531, 535, 548, 552, 579, 589, **8** 249, 278, 290, 336, 704, 727, 735, 746, 761, 876, 888, 905, 912, 937, 1072, **9** 668, 746, 750, 752, 754, 758, 798, 911, 1034, **11** 1038, **13** 327, 436
Franzelin, Johann Baptist, Bf. **11** 29, 111, 117, 338, 457, **12** 189
Franzen, F. M., Bf. v. Härnösand **11** 253
Franziskus, hl. ↗ Franz v. Assisi
François, Étienne **9** 861
François, Gonsalve **9** 735
François Beaupère **6** 127
François de Conzié **6** 61
François Régis ↗ Régis, Jean-François
François Villon **6** 389
Françoise, Schwester **9** 394
Frascarolo, Vitale de **11** 945
Frasky, Karel **12** 874
Frasso, Pedro **9** 652
Fravitas, Patr. v. Konstantinopel **3** 136, 184 f., 202, 558 f., 634
Fravitta **2** 995, 997
Frayssinous, Denis **10** 676, 683 f.
Frechulf v. Lisieux **4** 767
Frédault **11** 499
Fredegundis, fränk. Kg. **3** 820
Frederik IV., Kg. v. Dänemark **9** 807
Fredouille, Jean-Claude **1** 921, 947
Freeman, Pietist **9** 689
Freeman, Thomas Birch **11** 1000, 1003
Frei, Hans **13** 209
Frei Montalva, Eduardo, chilen. Präsident **12** 1159, **13** 475, 497 ff., 537
Freij, Elias **13** 441

Freire, Paulo **13** 182, 502, 508
Freire, Ramón **11** 920f.
Frelinghuysen, Pietist **9** 689
Frémart, Henri **9** 1071
Frémont, Georges **11** 503
Frémyot de Chanta, Jeanne ↗ Chantal, Johanna Franziska v.
Frénilly, Auguste François Fauveau Baron de **10** 677
Freppel, Charles-Emile, Bf. v. Angers **11** 466, 475, 494, 499, 522
Frere, Henry Bartle Edward, Sir, brit. Gouverneur v. Bombay **11** 1010
Frere, Walter **11** 568
Frère-Orban, Walthère **11** 453
Frescobaldi, Girolamo **8** 1239, **9** 1065, 1079
Fresne, Marian de **11** 1063
Fresno Larrain, Juan Francisco, Kard. Ebf. v. Santiago de Chile **13** 516
Freud, Sigmund **12** 149, 189, 1074
Frey, Arthur **12** 673
Frey, Franz Andreas **11** 109
Frey, Nicolas **8** 161
Freycinet, Charles de **11** 494, 508, 530
Frideborg **4** 918
Fridrichsen, A. **12** 859
Friedländer, Saul **12** 412
Friedrich, Abt v. Hirsau **5** 172
Friedrich, Prediger in Friesland **5** 286
Friedrich, westgot. Fürst **3** 242
Friedrich I., Kg. in Preußen (als Friedrich III. Kf. v. Brandenburg) **9** 24, 418
Friedrich I., Kg. v. Dänemark **7** 758, **8** 438
Friedrich I., Kg. v. Schweden **10** 214
Friedrich I. Barbarossa, Ks. **4** 797, **5** 202, 212f., 215ff., 221–224, 227–230, 238, 240, 264f., 322, 328, 330, 337, 342, 380, 446, 465, 469, 493, 550, 642, 659ff., 665, 668, 670f., 708, 767, 779f., **6** 695
Friedrich II., d. Gr., Kg. v. Preußen **9** 16, 46, 52, 486f., **10** 35ff., 41f., 167, 177, 212, 722f., **11** 315
Friedrich II., Ks. **5** 323, 558f., 570–574, 582, 589–592, 595, 600, 609, 616, 633, 639, 651, 666, 669, 671, 673–682, 685f., 691, 701f., 741f., 746, 758, 776, 778ff., 792, 794, 845, 855, 861, 880, 888ff., 892f., 903, **6** 66, 268, 328, 567, 578, 585, 590, 594, 683, 854, 861, 864, **7** 309
Friedrich II., Kg. v. Dänemark **8** 43
Friedrich III., Ks. **6** 122, 589, 701, 869, **7** 4, 74, 78, 88, 120, 126f., 312, **9** 21
Friedrich III., Hzg. v. Oberlothringen **5** 125
Friedrich III., Kg. v. Dänemark **9** 64
Friedrich III., Kf. v. Brandenburg ↗ Friedrich I., Kg. in Preußen
Friedrich III., Kf. v. d. Pfalz **8** 105, 107, 111, 321, 399, 409, 429, 1205, **9** 167
Friedrich III., Kf. v. Sachsen **8** 20
Friedrich V., Kg. v. Böhmen, gen. d. Winterkg., Kf. v. d. Pfalz **8** 424, 426, 624, 631, **9** 12, 25, 41, 942
Friedrich V., Kg. v. Dänemark **9** 64
Friedrich August v. Sachsen, Hzg. v. Polen **10** 750
Friedrich d. Schöne v. Habsburg **6** 586
Friedrich d. Weise, Kf. v. Sachsen **7** 324, 704, 732, 871
Friedrich Heinrich, Prinz v. Oranien **8** 504
Friedrich Reiser **6** 336, 699
Friedrich v. Hohenzollern **7** 180
Friedrich v. Lothringen ↗ Stephan IX., Papst
Friedrich v. Sachsen-Meißen, Hochm. d. Deutschordens **7** 417
Friedrich Wilhelm, d. Gr., Kf. v. Brandenburg **9** 46f., 53, 425
Friedrich Wilhelm I., preuß. Kg. **9** 46, 53, 419, 486f., **10** 37, 203f.
Friedrich Wilhelm II., preuß. Kg. **10** 261
Friedrich Wilhelm III., preuß. Kg. **10** 723, 818, **11** 315f.
Friedrich Wilhelm IV., preuß. Kg. **10** 718, 836, **11** 1, 12, 137f., 300f., 315–320
Fries, Jakob Friedrich **11** 79
Fries, S. **11** 591
Friessem, Kölner Drucker u. Verleger **9** 845, 855f.

Frings, Josef, Kard. Ebf. v. Köln **12** 22, 702, 727, 733, **13** 14f., 17, 20, 24, 27, 40, 48
Fris, Sam **12** 856
Fritigern **2** 990–993
Fritigil, markomann. Kgn. **2** 998
Fritsche Closener **6** 692
Fritz, Jos **7** 517
Froben, Hieronymus **7** 645, 647
Froben, Johannes **7** 624f., 645ff., 651, 746, 750, 776, 791
Froben, Johannes-Erasmus, gen. Erasmius **7** 647
Frobenius, Leo **11** 971
Froberger, Johann Jakob **8** 1239, **9** 1065, 1079
Frohnmeyer, J. **12** 315
Frohschammer, Jakob **11** 110
Froidmont, Liber **9** 354
Froidure, Abbé **12** 655
Frois, Luis **8** 904, 919, 939
Fromm, Erich **12** 1074
Frontinian, Bf. v. Salona **3** 458, 469
Fronto, hl. **4** 871
Fronto v. Nikopolis, Bf. **2** 437
Frontonius **1** 253
Frontus, Bf. v. Mailand **3** 478
Froschauer, Christoph **7** 778f., **9** 474
Frossard, André **12** 629
Froude, Richard Hurrel **11** 226
Froumund, Mönch **4** 850
Fructuosus, Bf. v. Braga **3** 976, 987, **4** 634, 670
Fructuosus, Bf. v. Tarragona **1** 686, **2** 142, 171, **3** 1036, 1114, 1129
Frumentius, abessin. Missionar **4** 449
Frumentius (Abba Sâlâma) **2** 1091
Frumentius v. Aksum, Bf. **4** 449
Frutuoso da Fonseca, Manuel **11** 624
Fry, Elizabeth **10** 513
Frycz-Modrzewski, Andrzej ↗ Modrevius
Fu Tieschan, Michael, Bf. v. Peking **13** 627
Fu Xi, myth. Ks. v. China **9** 787
Fuchs, Emil **12** 346, 712
Fuchs, Ernst **12** 126, 128
Fuente, Alonso de la **8** 693, 697
, Constantino Ponce de la **8** 677, 915
, Pérez de la **8** 683, 734
Fürstenberg, Franz Freiherr v. **10** 668
Fugger, Familie **8** 1179, 1182, 1187
Fugger, Jakob II., d. Reiche **7** 288
Fujimori, Alberto, peruan. Präsident **13** 476, 533
Fujita (japan. Künstler) **12** 169
Fukansai, Fabian **8** 930
Fulbert v. Chartres **4** 815, 839f., 852f., 859, 864, 867ff.
Fulco v. Lyon, Ebf. **5** 264
Fulco v. Neuilly **5** 773, 815, 935
Fulcodi, Guido ↗ Clemens IV., Papst
Fulgentius, Bruder v. Leander u. Isidor v. Sevilla **3** 858
Fulgentius, hl. **3** 264, 268f., 274, 284, 288f.
Fulgentius v. Ruspe **3** 150, 280ff., 286f., 289f., 976, 1025, 1142
Fulko III. Nerra, Graf v. Anjou **4** 839, 863
Fulko v. Anjou, Graf **4** 847
Fulko v. Reims **4** 746, 781, 844
Fuller, Joseph Jackson **11** 1004
Fulrad v. St-Denis **4** 664, 666, 669
Fumasoni-Biondi, P. **12** 13, 306
Fumel, Bf. v. Lodève **10** 597
Funk, Franz Xaver **11** 427
Funk, Philipp **11** 352
Funk, Robert W. **13** 192
Furbity, Guy **8** 464
Furet, Louis **11** 1056
Furetière **9** 1148
Furió Ceriol, Fadrique **8** 681
Furius Dionysius Filocalus **2** 733, 893
Fuscina, Schwester des Avitus v. Vienne **3** 378
Fustel de Coulanges, Numa Denis **11** 339
Fustière **9** 172
Fux, Johann Joseph **9** 1068

Gaatha, ostgot. Fürstin **4** 884
Gabel, Père **12** 630
Gabriel, Bf. **11** 767
Gabriel, georg. Katholikos **3** 1266ff., 1270f.

Gabriel, Leibarzt Chosraus II. **3** 1220, **4** 426
Gabriel, Patr. v. Alexandreia **4** 439, 442
Gabriel, Patr. v. Fustât **6** 237
Gabriel I., georg. Katholikos **4** 576
Gabriel II., georg. Katholikos **4** 578
Gabriel Bethlen, Fürst v. Siebenbg. **8** 624
Gabriel de Hajjoula **6** 223
Gabriel ibn Bakhtīschū', Arzt **4** 462 f.
Gabriel Maria, Franziskaner **7** 357
Gabriel Sánchez **6** 848, 850
Gabriel Severos **8** 370
Gabriel v. Pentapolis **6** 456
Gabriel v. Schiggar **3** 1179
Gabriel v. Thessalonike **6** 159, 192, 402, 407, 459
Gabrieli, Andrea **8** 1239
, Giovanni **8** 1239, 1243, 1308, **9** 1074
Gabriell I., Patr. v. Konstantinopel **9** 560
Gabrielli, Kard., Bf. v. Senigalli **10** 655
Gabrielopulos **6** 515
Gaduel, Generalvikar v. Orléans **11** 129
Gaetano da Tiene ↗ Cajetan v. Thiene
Gagarin, Johannes Xaver (ursprüng. Ivan Sergejewitsch) **11** 136, 187, 744, 746, 757, **12** 884
Gagik, alban. Katholikos **4** 515
Gagik I., armen. Kg. **4** 528 f., 531, 533
Gagik I., georg. Fürst **4** 350
Gagik II., armen. Kg. **4** 533, 535
Gagik Bagratuni, armen. Adliger **4** 536
Gagliardi, Achille **8** 1046, 1053
Gagliuffi, Marco Agostino **10** 453
Gago, Balthazar **8** 916, 939
Gaguin, Jean **7** 359 f.
Gaguin, Robert **7** 347, 511, 621, 639
Gaianos, Gegenpatr. in Alexandreia **4** 437
Gaianos ↗ Gainas
Gaillard, Léopold de **11** 187
Gaillard de La Mothe **6** 47
Gaillot, Jacques, Bf. v. Evreux **13** 144
Gain-Montagnac, Mgr. de, Bf. **10** 462 f.
Gainas **2** 560, 994, 997, 1000
Gainas, monophysit. Patr. v. Alexandria **3** 435, 439, 441, 510, 566
Gaius **1** 568
Gaius, Bf. **2** 388
Gaius, röm. Priester **1** 141, 175, 286, 304, 676, 684
Galantini, Ippolito **8** 599
Galateo, Girolamo **7** 754
Galavdevos **8** 387
Galdan, Anführer d. Eleuthen **9** 772
Gale, Theophile **9** 967
Galeazzi-Lisi **12** 21
Galen **4** 90 f., **8** 1141, 1166
Galen, Clemens August Graf v. **12** 22, 700, 703, 727
Galen, Ferdinand Graf v. **11** 39, 300
Galen, Maximilian Gereon, Graf **11** 646
Galenus v. Pergamon **1** 673, 702, 880, 896
Galerius, röm. Ks. **2** 102, 107, 150, 156, 175, 177, 181, 185–189, 196, 198, 208, 211, 245, 729, 742, 1012
Galerius v. Thessalonike **2** 742
Galetti, Pietro, Bf. v. Catania **9** 153
Galgani, Gemma **12** 250
Galiffet, J. de **9** 832
Galilea, Segundo **13** 508
Galilei, Galileo **8** 952, 1112, 1116, 1138, 1142, 1145, 1155–1163, 1165, 1174, **9** 3, 237, 242, 786, 933, 937, 941–945, 961, 968, 981, 1021, **11** 438, **12** 145, 147, 153
Galimberti, Luigi, Nuntius in Wien, Kard. **11** 462 f.
Galissonière, la **10** 319
Galizin, Alexander, russ. Fürst **10** 112, 114 f., 189, 819
Galla **2** 488
Galla Placidia **2** 545, **3** 73, 214
Gallarati Scotti, Tommaso **11** 601
Gallard, Bf. v. Meaux **11** 168
Galli, Ptolomeo **8** 275, 279
Gallieni, Joseph-Simon, franz. General und Kriegsminister, Gouverneur v. Französich-Sudan, Generalgouverneur v. Madagaskar, Marschall v. Frankreich **11** 419, 1018 f.
Gallienus, röm. Ks. **1** 267, 605, 654, **2** 4, 112, 168, 171, 216
Gallio, Prokonsul v. Achaia **1** 119 ff., 172, 231, 474

Gallitzin, Adelheid Amalia, Fürstin **10** 668 f., **11** 127, 296
Gallitzin, Dimitri Fürst **10** 505, 668
Gallocia, Pietro, Kard. **5** 564
Gallois, Zivilkommissar **10** 349
Gallup, George Jr. **12** 1042, 1057
Gallus, arvern. Bf. **3** 1126
Gallus, Caesar (Neffe Konstantins) **2** 232, 239, 371, 397
Gallus, gall. Mönch **2** 969, 973
Gallus, hl. **3** 979, **4** 633, 765, 865
Gallus, Nikolaus **8** 6, 317
Gallus Anonymus, Historiograph **5** 714
Galt, Jean-Baptiste **9** 256
Galtier, Paul **12** 186
Galuzzi, Pater **9** 1051
Galvani, Pelagio, Kard. **5** 613, 749
Galvano v. Levanti **5** 611
Gálvez, José de **10** 90
Galway, Graf v., Statthalter Wilhelms III. v. Oranien in Irland **9** 115
Gama, Cristovão da **8** 770
, Vasco da **7** 499, 523, 527 f., 545, 576, 581, 587, **8** 762, 770, **9** 746
Gama, Francesco da, Vizekg. v. Indien **9** 746
Gamaleon **6** 692, 704
Gamaliel I., Rabbi **1** 95 f., 303, 348
Gamaliel II., Rabbi **1** 445, 490, 867
Gamaliel III., Rabbi **1** 866
Gamaliel VI., jüd. Patr. **2** 471
Gambart, Adrien **9** 248
Gambetta, Léon **11** 450, 453 f., 466, 496, 507 f., 512, 515
Gamboa, Romo **11** 287
Gandhi, Mahatma **12** 238, **13** 640, 666
Gandhi, Sonja **13** 642
Gangale, G. **12** 464
Ganganelli, Giovanni ↗ Clemens XIV., Papst
Ganocchi, Jean **11** 1083
Gante, Pedro de **8** 838, 845, 848
Gantin, Bernardin, Ebf. v. Cotonou **13** 591
Garampi, Giuseppe, päpstl. Nuntius **10** 22, 107, 342 f.
Garasse, François **8** 1155
Garat, Dominique Joseph, Comte **10** 378
Garbeth, Cyril **12** 834
Garcés, Julián, Bf. v. Tlaxcala **7** 567, **8** 799
Garcia, Francisco, Ebf. **8** 903, **9** 809 f.
García, Miguel **9** 710
Garcia, S. Loyez **10** 183
Garcia II., Kg. v. Kongo **9** 741
García Martínez, Fidel **12** 532
Garcia v. Toledo **5** 84
Gard, Roger Martin du **12** 162
Gardeil, Ambrise **12** 195, 228
Gardet, Louis **12** 299
Gardiner, Allan **11** 959
Gardiner, Robert **11** 422, **12** 54, 58
Gardiner, Stephen **8** 214, 222
Gardner, Lucy **12** 332, 832
Gargilius **2** 518
Garibald, bayr. Hzg. **4** 616
Garibaldi, Antonio **11** 493
Garibaldi, Giuseppe **11** 14, 28, 168, 270 f., 446, 448, 489, **12** 462
Garin v. Saint-Michel **4** 863
Garnet, Henry **8** 550
Garnet, Henry Highland **11** 867
Garnier, Antoine **11** 425
Garović, Arsenije **10** 735
Garrigou-Lagrange, Gontran-Réginald **12** 176, 184, 189 f., 203, 212, 231, 239, 618
Garrison, Lloyd **11** 866
Garronne, Gabriel-Marie, Kard. Ebf. v. Toulouse **13** 17, 20, 54, 61, 63, 65, 84, 94, 96
Garvey, Marcus **12** 1124
Garvie, A. **12** 58
Gasbert de Laval **6** 61
Gasc, Esaie **10** 55, 59
Gasca, Pedro la **8** 801
Gaschon, Vatger **12** 250
Gaspar de la Cruz **8** 939
Gasparin, Agénor de **10** 846
Gasparin-Boissier, Catherine Valérie **11** 243
Gasparini, Francesco **9** 1068
Gasparri, Pietro, Kard. **11** 470, **12** 6, 8, 11 f., 20, 32, 46, 54, 56, 186, 381, 389, 393, 468, 470, 668, **13** 5

Gasperi, Alcide de **11** 474, **12** 469, 473, 481, 484, 490, 492, 495, 497
Gasquet, Aidan **12** 806
Gassend, Pierre ↗ Gassendi, Petrus
Gassendi, Petrus (Pierre Gassend) **9** 494, 804, 942, 959f., 1020, 1148
Gaston, General **10** 415
Gaston, Hzg. v. Orléans ↗ Orléans, Gaston, Hzg. v.
Gaston, Jean **9** 149
Gates, Thomas **9** 683
Gatti, Ranièri **5** 558, 569
Gaubil, Antoine **9** 778
Gaucher v. Aureil **5** 140, 143, 151, 429
Gaudentius v. Brescia **2** 775
Gaudentius v. Naissus, Bf. **2** 360, 362
Gaudentius v. Timgad, Bf. **2** 519, 523
Gaudi, Antoni **12** 168
Gaudier, Antoine le **9** 843
Gaudry, Albert **11** 437
Gaufred II. v. Semur **5** 166
Gaufridy, Louis **8** 1103
Gaulle, Charles de, franz. Staatschef **12** 571, 573, **13** 441
Gaulli, Giovanni Battista (gen. Baciccia) **9** 218, 1035, 1043
Gaultier, R. P. **11** 115
Gauthier, Georges **12** 1139
Gauthier, Paul **13** 18, 87
Gautier de Coincy **6** 242
Gautier v. Tournai **5** 849
Gautrelet, Xavier **11** 189, 602, **12** 452
Gauzbert, Bf. **4** 729
Gauzbert v. Saint-Martial, Mönch **5** 403
Gauzlin v. Fleury, Abt **4** 844, 849, 867
Gauzlin v. Paris **4** 780
Gauzlin v. St. Benoît **4** 839, 864
Gauzlin v. Toul **4** 785, 790, 809
Gavan Duffy, Ch. **10** 748
Gavazzi, Alessandro **12** 462
Gay, Charles-Louis **11** 336f., 349
Gay, Francisque **12** 618, 620f.
Gayraud, Hippolyte **11** 351, 522
Gayre, brit. Oberst **12** 489
Geay, Bf. v. Laval **11** 516
Gebhard v. Konstanz, Bf. **5** 172
Gebhard v. Ravenna, Ebf. **5** 137
Gebhard v. Salzburg, Ebf. **5** 115
Gebhard/Jaromir v. Prag, Bf. **5** 129f.
Gedda, Luigi **12** 486, 494, 497
Gedimin, Fürst v. Litauen **6** 885
Geeraerts, Xavier, Ebf. v. Bukavu **13** 86
Geffrey, Thomas **7** 449
Gegnesios-Thimotheos **4** 240
Geijer, Erik G. **11** 256
Geiler v. Kaysersberg, Johannes **7** 142, 144, 150, 244, 285, 311, 515, 637, 792
Geisa, ungar. Fürst **4** 232, 831, 902
Geiselmann, J. R. **12** 220, 235
Geiserich, Vandalenkönig **2** 1002, **3** 158, 267f., 270–276, 280f., 283, 287, 291, 293, 305f., 750
Geismar, Eduard **12** 857
Geissel, Johannes, Ebf. v. Köln **10** 711, **11** 306
Gelasios, Abt **3** 445f.
Gelasius I., Papst **2** 457, 546, 715, **3** 139, 181, 184f., 187–190, 192, 208, 280, 304, 309, 315, 325, 327f., 331–335, 338, 340, 379, 422, 937, 974, 1046, 1091, **4** 213, **5** 186, 455, 656, 658
Gelasius II., Papst **4** 712, **5** 34, 75, 77, 86, 156, 186f., 191f., 421
Gelasius v. Caesarea, Bf. **2** 451, 1044
Gelasius v. Cyzicus, Historiograph **2** 307, 313, 326, 1044, **3** 1235, 1242, 1267
Gelasius v. Salamis, Bf. v. Zypern **1** 150, **2** 75
Geldenhauer, Gerhard (Noviomagus) **7** 862f., **8** 410
Gelimer, Vandalenkönig **3** 268, 749ff., 753, 761
Gelves, Marquis v. (Vizekg.) ↗ Mendoza y Pimentel, Diego Carrillo de
Gemelli, Agostino **11** 600, **12** 187, 460
Gemellus, gall. Vikar **3** 387
Gemellus v. Perrhae **3** 12, 33
Geminianus, Bf., päpstl. Gesandter **3** 171
Geminius, Bf. v. Furni **1** 642
Gemistos Plethon **7** 29
Génébrard, Gilbert **8** 295, 492
Geneclius v. Karthago, Bf. **2** 512

Generosa, Märtyrin **1** 627, **2** 893
Genesios **4** 72
Genesios, Historiker **4** 285
Genesius v. Arles, Märt. **2** 975, **3** 250, 1114, 1133
Genet, François **9** 1000, 1002, 1006
Genet, Jean **10** 847, **12** 161
Genetière, Desfours de la **10** 593
Genga, Annibale della **10** 664
Genina, Augusto **12** 142
Genisa **5** 746
Genlis, Mme. de **10** 280
Gennadios, Exarch **3** 915, 917, 941
Gennadios, Patr. v. Konstantinopel **1** 660, **2** 281, 509, 527, 542, 972, **3** 128, 173, 175, 558, 566, 638, 692, 720, 1094, 1267
Gennadios Scholarios, Patr. v. Konstantinopel **6** 26, 189, 195, 399, 401, 819, 829, **7** 10, 38, 40, 45, **10** 116
Gennadius, Bf. v. Asturien **3** 988
Gennadius I., Metropolit v. Transsylvanien **9** 581
Gennadius II., Metropolit v. Transsylvanien **9** 581
Gennadius v. Astorga **4** 850
Gennadius v. Marseille **3** 219, 246, 250, 252 f., 255, 805
Genocchi, Giovanni **11** 433, 443, 601, **12** 6
Genoude, Eugène de **11** 128
Genouilly, Rigault de, Admiral **11** 148
Genovefa v. Brabant **9** 857
Genovefa v. Paris, hl. **3** 367 f., 371, 984, **4** 859, **9** 864
Genovesi, Antonio **10** 27, 29
Gensonné, Armand **10** 349 f., 436
Gentile, Giovanni **12** 461
Gentile, Valentino **8** 186
Gentile da Spoleto **6** 526
Gentiloni, Ottorino, Conte **11** 613, **12** 476
Gentz, Friedrich **11** 327
Geoffroy, Mademoiselle **10** 599
Geoffroy III. v. Semur **5** 426
Geoffroy Babion **5** 815
Geoffroy de Charnay **6** 597
Geoffroy de Poitiers **5** 867
Geoffroy v. Monmouth **3** 883
Georg, Bf. d. Araber **4** 433
Georg, georg. Archimandrit **6** 232
Georg, hl. **3** 669, **4** 86, 557 f., 564, 587, 680, 765, 865, 871, **6** 680, **9** 557
Georg, Hzg. v. Sachsen **8** 397
Georg, Kg. d. Öngüten **6** 835
Gēorg, Metropolit v. Siwnikʿ **4** 515
Georg, Mönch **3** 125
Georg, nub. Kg. **4** 448 ff.
Georg, Priester d. Anastasis **4** 410
Georg I., Abt v. Athos **4** 571
Georg I., Fürst v. Siebenbürgen **9** 425
Georg I., georg. Katholikos **4** 574
Georg I., Kg. v. England **9** 106, 441, 446, 466, 497, 873
Georg I., georg. Kg. **4** 561
Georg I., Patr. v. Antiocheia **4** 400, 403, 422, 431
Gēorg I. Biwrakancʿi, armen. Katholikos **4** 500
Georg II., georg. Katholikos **4** 576, 578
Georg II., georg. Kg. **4** 561, 584, 558
Georg II., Patr. v. Alexandreia **4** 416, 419, 421
Georg II., Patr. v. Antiocheia **4** 400
Gēorg II. Gaṙnecʿi, armen. Katholikos **4** 505 ff., 511, 514
Georg III., Abt v. Athos **4** 293, 563, 571 ff., 580 ff., 587, 592–595
Georg III., engl. Kg. **10** 44, 47, 418 f., 486 f.
Georg IV., engl. Kg. **10** 47
Georg V. „der Glänzende“ v. Georgien **6** 230, 245
Georg VII. v. Georgien **6** 230
Georg Bakhtīschūʿ, Arzt **4** 462
Georg d. Reiche v. Niederbayern, Hzg. **7** 196
Georg(ios) d. Hagiorite/Athonite ↗ Georg III., Abt v. Athos
Georg Prohore, Mönch **4** 573
Georg Šeqenebuli, Eremit **4** 571
Georg Tropaiophoros, hl. **4** 305
Georg d. Kappadokier, Bf. v. Alexandria **2** 353, 362, 367, 377, 382, 386, 390, 392, 397, 406, 410, 420, 558, 1017

Georg v. Alaverdi, georg. Heiliger **4** 586
Georg v. Alfama **6** 751
Georg v. Amay **5** 527
Georg v. Arethusa, Presbyter **2** 323
Georg v. Armenien **6** 214
Georg v. Baʿaltan **4** 433
Georg v. Brandenburg-Ansbach, Markgf. **7** 733, 766
Georg v. Laodicea **2** 375, 384, 390, 1066
Georg v. Pisidien **3** 434, 677
Georg v. Podiebrad, böhm. Kg. **6** 344, **7** 419 f., 464 ff.
Georg v. Sachsen, Hzg. **7** 694, 732, 737, 849, 855, 860, 871
Georg v. Urta, syr. Bf. **3** 511
Georg v. Ioannina **11** 824
George, Henry **11** 475, 898
George, Kg. v. Tonga **11** 1070
George, Lloyd **11** 562 f., **12** 789, 799, 1087
George V., Kg. v. England **12** 1128
Georges, Abraham **8** 902
Georges Chastellain **6** 489
Georgievsky, Eulog, Metropolit v. Chelm **11** 730, **12** 924, 940, 961, 989, 1011
Georgios, Hymnograph **4** 376
Georgios, Metropolit v. Kiev **5** 707
Georgios, Patr. v. Antiocheia **4** 60
Georgios, Patr. v. Konstantinopel **4** 45 f., 49
Georgios, Priester **3** 947
Georgios, span. Mönch **4** 740
Georgios II. Xiphilinos, Patr. v. Konstantinopel **5** 355, 357, 517, **6** 139
Georgios Akropolites **5** 724, 726, 754, **6** 5, 823
Georgios Amirutzis **7** 39, 45 f.
Georgios Argyropulos **7** 49
Georgios Arsas **4** 40
Georgios Bardanes **4** 361, **5** 723 f., 742, 750
Georgios Gemistos Plethon **6** 824
Georgios Gennadios Scholarios, Patr. v. Konstantinopel ↗ Gennadios Scholarios
Georgios (Gregorios) Kyprios **5** 725 f., 754
Georgios Hieromenas **4** 71
Georgios Kappadokes **5** 359
Georgios Lapithes **6** 449, 453
Georgios Metochites **6** 169, 171, 823
Georgios Mihr Mah Goushnasp **4** 17
Georgios Monachos **4** 150, 236, 248
Georgios Moschampar **5** 726, 754, **6** 190, 825
Georgios Muzalon **5** 720, 730
Georgios Pachymeres **5** 726, 754
Georgios Palaiologos **5** 359
Georgios Pisides **4** 19 f.
Georgios Scholarios ↗ Gennadios Scholarios
Georgios Tornikes, Metropolit v. Ephesos **5** 354, 356, 386, 487
Georgios Tzerentzes **6** 514
Georgios v. Alexandreia **4** 121
Georgios v. Develtos, Bf. **4** 922
Georgios v. Mitylene **4** 164
Georgios v. Reshaina **4** 50
Georgios v. Trapezunt **7** 50
Georgios v. Zypern **4** 110, 121 f., 133 f.
Georgios II. v. Zypern ↗ Gregorios II. Kyprios
Georgius Syncellus **1** 178
Georgius v. Alexandria ↗ Georg d. Kappadokier
Gera, Lucio **13** 504
Gerald v. Ostia, Kard. **5** 93
Gerald v. Salles **5** 140
Geraldini, Alessandro **7** 522
Gerando, Joseph Marie Baron di **10** 662
Gérard II. v. Cambrai, Bf. **5** 821
Gerard d'Abbeville **5** 850
Gérard Machet **6** 122, 639
Gerard/Gerrit, Vater d. Erasmus **7** 621
Gerardi Condera, Juan José, Bf. v. Santa Cruz del Quiché **13** 519, 538
Gerardo Segarelli **6** 327 ff.
Gerasimos, Abt **5** 361
Gerasimos, Metropolit v. Herakleia **9** 565
Gerasimos I., Patr. v. Konstantinopel **6** 173
Gerasimos I. Spartaliotis, Patr. v. Alexandrien **9** 589
Gerasimos II. Palladas, Patr. v. Alexandrien **9** 589

Gerasimos v. Jerusalem, Mönch **3** 124, 618
Gerasimus, Patr. v. Jerusalem **6** 218
Gerbeck, Adam v. **8** 416
Gerberga, Gattin Karlmanns (des Sohnes Pippins) **4** 706
Gerberga, Kgn. **4** 864
Gerberga v. Gandersheim, Äbtissin **4** 812
Gerberon, Gabriel **9** 173, 375 ff., 1007
Gerbert v. Aurillac ↗ Silvester II., Papst
Gerbert v. Ravenna **4** 782, 871
Gerbert v. Reims ↗ Silvester II, Papst
Gerbet, Abbé **10** 849
Gerbet, Philippe-Olympe **11** 7 f., 16, 18, 20, 24, 120 f., 169
Gerbillon, Jesuit **9** 755, 771 f.
Gerdil, Hyacinthe-Sigismond, Kard. **10** 180, 283, 342, 345
Gerganos, Zacharias **8** 374, **9** 573
Gergy, Languet de, Bf. ↗ Languet de Gergy
Gerhard, Johann **8** 39, **9** 412 f., 867, **10** 202
Gerhard II. v. Cambrai, Bf. **5** 57, 821
Gerhard v. Amalfi **5** 319
Gerhard v. Angoulême **5** 93
Gerhard v. Aurillac **5** 446 f.
Gerhard v. Borgo San Donnino **5** 849, 903, **7** 302
Gerhard v. Brogne **4** 785, 787, 789, 791, 793, 795, 870
Gerhard v. Cambrai **4** 815, 848, 867
Gerhard v. Czanád, Bf. **5** 131, 327
Gerhard v. Florenz ↗ Nikolaus II., Papst
Gerhard v. Galeria **5** 35, 40
Gerhard v. Parma **6** 577
Gerhard v. Prato **6** 832, 878
Gerhard v. Toul **4** 809
Gerhard v. Venedig, Bf. v. Csanád **4** 843, 903, 914 f., 917
Gerhard v. Zutphen **6** 523
Gerhard/Gert Groote **6** 368, 384, 523, 533, 708, 710, 712, 801
Gerhardt, Paul **8** 329, **9** 414 ff., 868, 884, 1077
Gerhoh v. Reichersberg **5** 156, 184, 200, 205, 212, 218, 233, 237, 392, 419 f., 465
Gerlach, Ernst Ludwig v. **11** 314, 647
Gerlach, Leopold v. **11** 314
Gerlach, Otto v. **11** 314
Gerlach, Stefan **8** 374
Gerlach Peters **6** 523
Gerland, Scholaster **5** 278
Gerle, Dom **10** 308, 320, 322, 326 f., 329, 588 f.
Gerlier, Bf. v. Lyon **12** 415, 596, 598, 630
Gerlier, Pierre **11** 521
Gerlier, Pierre-Marie, Kard. Ebf. v. Lyon **13** 18
Germain, Jesuit **10** 520
Germain d. Peloponnese, Patr. v. Jerusalem **9** 589
Germanion, Bf. **1** 556
Germanos, Katholikos v. Georgien **6** 231
Germanos, Patr. v. Jerusalem **8** 361
Germanos, Patr. v. Konstantinopel **4** 50, 71, 86, 101 f., 104, 106, 108, 110, 120, 122 f., 125, 127, 132 ff., 259, 297, 411, 424, 498
Germanos II., Patr. v. Konstantinopel **5** 723, 727 ff., 735, 739, 744–747, 750, **6** 5
Germanos V., Patr. v. Konstantinopel **12** 57, 62, 64, 74, 158, 351, 919, 971, 990
Germanos Marulis d. Hagiorit **6** 546, 550
Germanos Pesimandros, Mönch **5** 735
Germanus, Bf. v. Neapolis **2** 59
Germanus, Bf. v. Rouen **3** 244
Germanus, hl. **3** 346, **4** 859
Germanus v. Auxerre, Bf. **2** 141, 546, 651, 662, 866, 907, 970, 972, 974, 980–983, **3** 224, 231, 234 ff., 239, 247, 967, 971, 977 f., 984, 1088 f., 1114, 1140
Germanus v. Capua, Bf. **3** 201
Germanus v. Paris **3** 804, 812, 829, 981, 1088, 1135
Germanus v. Pesaro, Bf. **3** 190 f.
Germinius v. Sirmium, Bf. **2** 153, 370, 376, 382, 388, 454
Germogen, Patr. v. Moskau **8** 383
Germogen, Patr. v. Moskau **13** 394
Germond, Louis **11** 243

Gernler, Lucas **9** 423
Gerold, frank. Graf **4** 706
Gerold I., Präfekt **4** 726
Geronimo (indian. Name Goyakla), Stammesführer der Bedonkohe-Apachen **11** 878
Gerontij, Metrop. v. Moskau **7** 58
Gerontios **9** 526
Gerontios v. Lampos **4** 349
Gerontius, Archimandrit **3** 124, 622 f.
Gerritz, Brixius **8** 176
Gerson Jean/Johannes ↗ Jean Gerson
Gerstenmaier, Eugen **12** 736
Gert Groote ↗ Gerhard Groote
Gertrud, Äbtissin **4** 679
Gertrud, poln. Fürstentochter **4** 918
Gertrud d. Große v. Helfta, hl. **5** 936, **6** 517, **9** 632, 831
Gertrud v. Hackeborn **5** 936
Gertrud v. Nivelles **4** 656
Gervasius, hl. **3** 251, 1114, 1116, 1121, 1129 f., 1135
Gervasius, Märt. **2** 968, 976
Gervasius v. Arrouaise, Abt **5** 420
Gervasius v. Le Mans, Bf. **5** 48
Gervasius v. Reims, Ebf. **5** 44
Géry, Guillaume de **10** 829 f.
Gesenius, Wilhelm **11** 315
Gesios, Arzt **4** 90
Gessius Florus **1** 93
Geta, röm. Ks. **1** 263
Getter, Bernel **13** 667
Getter, Joan **13** 667
Geurts, P. **11** 554
Gewiess, J. **12** 217
Gewilib v. Mainz, Bf. **4** 663
Geza, ungar. Kg. **5** 4
Geza II., ungar. Kg. **5** 248, 352
Géza (Geisa), ungar. Fürst **4** 232
Gezelius, Johann **9** 65
Gezelius, Johann jr. **9** 65
Gföllner, Johannes Maria **12** 759
Ghali, Wakif Butros **11** 794
Ghali Pascha, Butros **11** 793
Ghazan, mongol. Ilchan **6** 208, 212, 230
Gheorghian, Joseph **11** 771
Ghilardi, Tommaso **11** 596
Ghisilieri, Nicolò Fava **10** 450
Ghislieri, Michele ↗ Pius V., Papst
Gia Long, 1. Ks. v. Vietnam ↗ Nguyen Anh
Giacomo, Gennaro di **11** 607
Giacomo da Pecorara, Kard. **5** 571, 596
Giacomo di Primadizzi **6** 836
Giacomo Savelli ↗ Honorius IV., Papst
Giannolis v. Ätolien **10** 126
Giannone, Pietro **9** 151, 156
Giard **11** 437
Gibaud-Rivierre, Pfarrer **10** 409
Gibault, Pater **10** 512
Gibbon, Edward **2** 193, **10** 251
Gibbons, James, Ebf. v. Baltimore **11** 440, 442, 475 ff., 479, 569, 874, 882–887, 899, 1039
Gibbons, Orlando **8** 1239, **9** 1078
Gibellini, Rosino **13** 161
Gibergues, Msgr. de **12** 390
Giberti, Gian Matteo **7** 116, 342, 860, **8** 248, 251, 575, 605
Gibieuf, Guillaume **9** 350, 825, 828
Gibran, Khalil **11** 815
Gichtel, Johann Georg **10** 206
Gide, André **12** 159, 162
Gide, Charles **11** 531, **12** 51
Gierek, Edward, poln. Staatschef **13** 362
Giertz, Bo **12** 848, 861
Giginta, Kanoniker **8** 704
Gil (Alvárez Carillo de) Albornoz **6** 48, 574, 580, 724, 758
Gil Eannes **6** 755
Gil Robles, José María **12** 524, 533
Gilbert, Alan **12** 774, 780, 783, 787
Gilbert, Claude **9** 1147
Gilbert, Dekretist **5** 647
Gilbert Crispin, Abt v. Westminster **5** 174
Gilbert de la Porrée **5** 202 f., 207, 209, 472 f., 904 f.
Gilbert de Nogent **6** 372
Gilbert v. Sempringham **5** 427, **6** 25
Gilbert v. Tournai **5** 771, **6** 331
Gilbey, Alfred **12** 806
Gilda Sapiens **2** 141

Gildas, Historiograph **3** 865 ff., 869, 881, 978
Gildo, maur. Fürst **2** 511, 934
Gilduin, Abt v. Saint-Victor **5** 418
Gili, Eric **12** 831, 833
Gilio, Giovanni Andrea **8** 1207, 1210, 1215, **9** 1044
Gilles Aycelin **6** 596, 646
Gilles de Lessines **5** 831
Gilles Deschamps **6** 87
Gilles le Muisis **6** 71, 466
Gillespie, Pfr. **9** 426
Gillet, Lev **12** 962, 1011
Gillon, Luc, Bf. **13** 606
Gills, Bf. **11** 155
Gilson, Étienne **12** 197, 202 f., 229, 621, 1115
Giménez Fernández, Manuel **12** 524
Ginguené **10** 582
Ginoulhiac, Jaques-Marie-Achille, Ebf. v. Lyon **11** 174
Gioberti, Vincenzo **11** 21 f., 262, 267 f., 602, 608
Giolitti, Giovanni **11** 471 f., 613, **12** 468, 476, 479
Giordanini **9** 252
Giordano, Luca **9** 1042
Giorgi, abchas. Kg. **4** 531
Giorgi, Marino **8** 609
Giotto **6** 722
Giotto di Bondone **5** 613, **7** 476, 478
Giovanni Campano **6** 746
Giovanni Castellomata **5** 611
Giovanni Colombini **6** 532, 744
Giovanni Colonna, Kard. **5** 596
Giovanni da Legnano **6** 50
Giovanni da Sordi, Bf. v. Vicenza **5** 529, 855, 891, 893
Giovanni de Vico **6** 574
Giovanni della Valle **6** 526
Giovanni di Pian di Carpine **5** 595, 792
Giovanni Dominici **6** 356, 528, 745
Giovanni F. Poggio-Bracciolini **6** 292
Giovanni Gaëtano Orsini, Kard. **5** 579
Giovanni Pepoli **6** 570
Giovanni Tavelli da Tossignano **6** 733
Giovanni v. San Paolo, Kard. **5** 607
Gippius, Zinaida N. **11** 749
Giraldus Cambrensis **5** 607
Girard **10** 266
Girard, G., Abbé **10** 446
Girard, Grégoire **11** 578
Girard, Jean-Joseph **11** 988, 1056
Girardin ↗ Piers de Girardin, Patrick
Giraud, Kard. **11** 34
Girgis, Habib **13** 450
Girolama, Jan **11** 705
Girolamo Masci ↗ Nikolaus IV., Papst
Giry, François **9** 856
Gisbert, Blaise **9** 315
Gisel, Pierre **13** 210
Gisela, Ksn. **5** 125
Gisela, Tochter Karls d. Gr. **4** 707
Gisela, Tochter Pippins III. **4** 704, 706
Gisela v. Bayern, Gattin Stephans v. Ungarn **4** 831, 903
Giselbert v. Lothringen, Hzg. **4** 791, 799
Gisilher v. Merseburg **4** 801
Gisulf v. Friaul, Hzg. **4** 617
Giudici, Gaetano **10** 260, 451
Giudici, Luigi **10** 594 f.
Giuliani, Veronica **9** 830
Giulio da Milano (della Rovere) **8** 578, 580
Giurati **12** 33
Giuseppe di Santa Maria, Apostol. Vikar **8** 903, **9** 810 f.
Giussani, Luigi **12** 498, **13** 217, 266
Giustiniani, A., Nuntius **10** 35, 664
Giustiniani, Pantaleon, latein. Patr. v. Konstantinopel **5** 733
Giustiniani, Paolo **8** 241
Giustiniani, Tommaso **7** 335, 338
Giustiniani, Vincenzo **7** 136 f.
Giustiniani Bandini, Maria Cristina, Nuntius in Spanien **11** 284, 619
Giwt I. Arahezacʿi, armen. Katholikos 1203, 1223, 1262
Giyorgis, Abt v. Gascha **6** 241
Gizurr, isländ. Bf. **5** 339
Gladden, Washington **11** 891, 898, 900, **12** 1087

Gladstone, William Ewart **11** 222, 228, 231 f., 239, 308, 458, 559–562, 564, 571, 574
Glaire, Jean-Baptiste **11** 425
Glait, Oswald **8** 126
Glareanus **7** 746
Gleditsch, J. G. **11** 591, **12** 856
Gleizes, Albert **12** 166, 169
Glewys, brit. Fürst **3** 869
Gleyo, Mystiker **9** 753
Glock, Charles Y. **12** 1057
Gloege, Gerhard **12** 126
Glonokor, Ebf. v. Mcʿḫetʿa (Georgien) **3** 1250 ff., 1255
Glorieux, Achille, Bf. v. Lille **13** 12, 61, 65
Glorieux, Palémon **12** 198
Gloriosus, Bf. v. Ostia **3** 906
Glucharev, Makarij (Michail Jakowlewitsch), Archimandrit **10** 111, **11** 717, 764
Glycerius, Gegenkaiser **3** 305
Glykis **9** 571
Gnauck-Kühne, Elisabeth **11** 654
Gnesius, Bartholomaeus **8** 29
Goar, AlanenKg. **3** 224
Gobat, Samuel, Bf. v. Jerusalem **11** 136, 138, 810, 812, 992 ff.
Gobel, Jean Baptiste Joseph, Bf. v. Paris **10** 318, 338, 390, 392
Gobert d'Aspremont **5** 925
Gobien, Charles le **9** 789
Goblet d'Alviella, Eugène, Comte **11** 547
Gobron, Märt. **4** 559, 588
Godbout, Abélard **12** 1139
Godeau, Antoine **9** 248, 278, 858, 1001, 1060, 1062
Godechot, Jacques **10** 551
Godefroy, Henry **8** 1186
Godefroy v. Trani, Kard. **5** 596 f., 604, 607
Godefroys, Charles **8** 519
Godegisel, burgund. Kg. **3** 345, 375, 380
Godehard v. Hildesheim **4** 810, 812
Godelier, Abbé, Pfarrer v. Vion **10** 607
Godelieve v. Ghistelles **5** 442
Godepert, langob. Kg. **4** 637
Godescalc (Godechaud) v. Le Puy **4** 861
Godet, F. **11** 526
Godfrey Giffard **6** 662
Godfroy, Marie **10** 555
Godin, Henri **12** 277, 593, 603, 605, 609
Godolphin, Lordschatzkanzler **9** 451
Godomar, burgund. Kg. **3** 383 f., 390
Godoy, Manuel de **10** 32, 34
Godoy, Premierminister **10** 423
Goduin v. Lyon **4** 641
Godunov, Boris, Zar v. Rußland **9** 503
Godway, Morgan **9** 721
Godwyn, Morgan **9** 715
Göhre, Paul **11** 676 ff.
Goens, R. van **10** 60
Goepp, Jean Jacques **10** 627
Görranson, Nils Johann **11** 591, 593, **12** 856
Görres, Guido **10** 719
Görres, Joseph **10** 666, 707, 709, 718, **11** 18, 32, 108, 135, 296, 299, 550
Goes, Benedikt v. ↗ Benedikt v. Goes
Goes, Bentode **8** 888
Goeschel, Karl Friedrich **11** 96
Goethe, Johann Wolfgang v. **10** 1, 5, 56, 307, 668, 685, 798 f., 821, **11** 62
Goetschius, Pietist **9** 689
Götting, Gerald **12** 751
Gogarten, Friedrich **12** 58, 60, 86, 96, 112–118, 121, 128, 711, 746
Gogh, Vincent van **11** 547
Gogol, Nikolaj Wassiljewitsch **11** 340, 743, 746, 749, **13** 413
Goguel, Maurice **11** 390 ff.
Gois, Damião de **8** 733 f., 736
Góis, Estevão de **8** 939
Gojnikovič, serb. Fürst **4** 951
Gokhale, G. K. **11** 1031
Goldan **9** 775
Goldhagen, Hermann **10** 177
Goldstern, David **12** 1106
Goldwater, Barry **12** 1102
Goliath **1** 931
Golinducht **3** 1167
Golius (Gool), Jacob **8** 898
Golizyn, Alexander Fürst ↗ Galizin, Alexander
Gollwitzer, Helmut **12** 126

Goma, Isidro Tomás **12** 523, 527
Gómara, Francisco López de **8** 502, 772, 795, 828, 1152
Gomarus, Franz **8** 118
Gomes, António Ferreira **12** 508
Gomes, Barros **11** 626
Gomes, Gaspar **9** 210
Gomes, Sebastão **8** 758
Gómez, Jesuit **9** 632 f.
Goméz, Juan Vicente **11** 939
Gompers, Samuel **12** 1109
Gomulka, Władisław, polnischer Staatschef **12** 429, 911, **13** 361 f.
Gonçalves, Antão **7** 570, 572
Gonçalves Cerejeira, Manuel, Patr. v. Lissabon **11** 629
Goncalvez, Generalvikar d. Bf. v. Kotschin **9** 806
Gonçalvez, Jaime Pedro, Ebf. v. Beira **13** 579
Gondi, Familie **8** 519
Gonella, Guido **12** 427, 484
Gong Pin-mei, Kard. Bf. v. Schanghai **13** 626
Góngora **9** 1054
Gonin, Marius **11** 523, 616
Gonzaga, Elisabeth **7** 506
Gonzaga, Ercole **8** 258
Gonzaga, Familie **6** 47, 731
Gonzaga, Louise-Marie de ↗ Louise-Marie de Gonzaga
Gonzales, Tirso, Jesuitengeneral **9** 1000
Gonzáles, Zeferino, Bf. v. Córdoba, Kard. **11** 623, 634, 636, 638
González, Luis **12** 1178
González, Roque **8** 853
Gonzalez de Mendoza, Juan **8** 940
González de Mendoza, Pedro, Kard. **7** 178, 181, 387, 394, 403
Goodwin, James **9** 197
Goodwin, Thomas **9** 869 f.
Gookin, Daniel **9** 692
Gool, Jacob ↗ Golius, Jacob
Goold, James **11** 1066
Goossens, Pierre-Lambert, Kard. Ebf. v. Mecheln **11** 538, 569
Gorbatschow, Michail, sowjet. Staatschef **13** 354, 368 f., 372, 400, 402, 404 f., 424, 428, 631
Gordian, röm. Ks. **2** 20
Gordios, Anastasios **10** 124 ff.
Gordios, Bf. **1** 556
Gordius, Centurio/Märt. **2** 101
Gordon, Emmy **11** 654
Gordon, Lord **10** 182 f.
Gore, Charles, Bf. v. Oxford **11** 565–569, 573, 899 f., **12** 806, 818, 830, 1073, 1086
Goretti, Maria **12** 139, 145, 251
Gorgonius, hl. **4** 792
Gorham, J. C. **11** 230
Goritz, päpstl. Beamter **7** 116
Gorkim, Maxim **11** 761
Gorm, dän. Kg. **4** 906
Gorostieta, Enrique **12** 1173
Gorricio, Gaspardo **7** 594, 597
Gossaert, Jan, gen. Mabuse **7** 512
Gosselin, M. **11** 115
Gossenbrot, Sigmund **7** 318
Gossner, Johannes Evangelista **11** 1025
Goswinthe, westgot. Kgn. **3** 851
Goter v. Tournai, Dekan **5** 277
Gotovtseva, Feofaniya, Äbtissin **11** 741
Gottfried I. v. Semur **5** 166
Gottfried II. v. Lothringen **5** 34 f., 39 f., 42, 62, 123, 125
Gottfried d. Bärtige v. Lothringen **5** 110
Gottfried d. Bucklige, Hzg. **5** 49
Gottfried v. Anjou **5** 48
Gottfried v. Bouillon **5** 442
Gottfried v. Castiglione **5** 45, 51, 110 f., 124 f.
Gottfried v. Chalard **5** 140, 142
Gottfried v. Chartres, Bf. **5** 96
Gottfried v. Saint-Victor **5** 541
Gottfried v. Viterbo **5** 201
Gotthardt, Joseph **11** 989
Gotthelf, Jeremias **11** 578
Gottschalk, sächs. Mönch **4** 753, 761
Gottschalk v. Aachen **5** 657
Gottsched, Johann Christoph **9** 1018
Gottskalksson, Odd **8** 440

Gottwald, Clément **12** 494
Goubazios, Kg. v. Lazikos (Georgien) **3** 1234
Goubeau, Baron **10** 740
Goudimel, Claude **8** 1230
Goulart, Simon **8** 343
Gould, Abbé **9** 139
Goullard, Pfarrer **10** 333
Gounelle, Elie-Joël **11** 531, **12** 43, 45, 49, 68, 333, 338, 559
Gourlin, Pierre-Étienne **9** 397, **10** 269
Gourmont, Gilles de **7** 648
Gousset, Thomas **11** 122
Gouvea, António de, Bf. **8** 900, **10** 154
Gouveia, André de **8** 733
, Diogo de d. Ä. **8** 733, 735
, Francisco de **8** 759
Gouvion-Saint-Cyr, Laurent **10** 845
Govorov, Theophan **11** 734
Goy, Jean-Baptiste **9** 392
Goyau, Georges **11** 344, 474, 479, 517, **12** 324
Goyeneche y Barrera, José Sebastián, Ebf. v. Arequipa **10** 789–792, **11** 923 f.
Goyte, Margery **7** 450
Gozbert v. St. Gallen **4** 702, 749
Gozzadini, Giovanni **7** 119
Gozzelin v. Lüttich **4** 868
Gozzi, Kard. **11** 21
Gozzoli, Benozzo **7** 477
Grabbe, P. **8** 295
Grabmann, Martin **11** 350, **12** 223
Grabow, Georg **9** 1027
Grabowski, Stanislas **10** 752 f.
Grace, Charles E. „Sweet Daddy“ **12** 1119
Gracián, Baltasar **9** 1027
Gracias, Valerian, Kard. Ebf. v. Bombay **13** 622
Graecus, Bf. v. Marseille **3** 235, 253
Graf, Anton **11** 126
Graffe, Bernard **10** 101
Graffi, Giacomo **9** 996
Graham, Billy **12** 562, 813, 1047, 1049, 1075, 1086, 1101 ff., **13** 268 ff., 396, 680
Graham, Sir James Robert George, 2. Baronet, brit. Innenminister **11** 224
Grammont, Pater de **10** 154
Gramont, Duc de, vatikan. Botschafter **11** 175
Gramsci, Antonio **13** 513
Granada, Ludwig v. / Luis de (Luis Sarria) ↗ Ludwig v. Granada
Grand, le **10** 325
Grande, Rutilio **13** 519
Grandi, Achille **12** 477
Grandier, Urbain **8** 1105, **9** 353, 946, 1143 f.
Grandière, Admiral de la **11** 148
Grandin, François **8** 1036
Grandmaison, Léonce Loizeau de **11** 524, **12** 195, **13** 41
Granfelt, Ax. **11** 592
Grankov, Ambrosij **11** 742
Granovskij, Antonin **12** 937
Granovskij, Timotheos **11** 746
Granpierre **11** 151
Granvelle, Antoine Perrenot de **8** 477, 485, 588
Granville, George Leveson-Gower, 2. Graf, brit. Außenminister **11** 142, 235, 414
Graphaeus, Cornelis **7** 745
Grappin, Dom **10** 557
Grapte, Katechetin **1** 318, 334, 336
Gras, Antoine le **9** 306
Gras ↗ Marillac, Louise de le
Grasser, Vincenz, Bf. v. Brixen **13** 57
Grassi, Orazio (Sarsi, Lotario) **8** 1158, 1160
Grasso, Domenico **13** 329, 332
Gratefend **11** 438
Gratian **5** 84, 188 ff., 214, 231, 240 f., 254, 280, 353, 463 f., 475, 608, 617, 629, 631, 648, 822, **6** 93, 105, 128, 349, 488
Gratian, Bruder Anaklets II. **5** 194
Gratian, Kard. **5** 247
Gratian, röm. Ks. **2** 417, 426, 447, 455, 458, 463, 468, 472, 477, 487, 489 f., 494, 509, 540, 646, 858, 895, 990, 999, **3** 334

Gratien, Bf. **10** 457
Gratieux, Albert **11** 422
Gratos, Comes **3** 317
Gratry, Adolphe **11** 123, 177, 183
Gratry, Auguste-Joseph **11** 119
Grattan, Henry **10** 747
Grattan Guinness, Henry und Fanny **11** 1007
Gratus, Bf. v. Karthago **2** 258
Graupner, Johann Christoph **9** 1076
Gravenmeijer, K. H. E. **12** 646
Gray, Asa **11** 497, 897
Graziani, Bonifazio **9** 1068
Grañ ↗ Ahmad Ibn Ibrahim
Gréa, Dom **11** 129
Gréban, Arnoul **7** 248
Grebel, Konrad **7** 785, 820 ff., 872, **8** 128, 1226
Greeley, Horace **11** 856
Green, Julien **12** 163, 166
Green, Peter **12** 820
Green, Thomas Hill **11** 564
Greene, Graham **12** 162, 801, 831, 1176
Greenwood, John **8** 569, **9** 460
Grégoire, Fr. **12** 662
Grégoire, Henri, gen. Abbé **1** 324, **9** 396, **10** 33 f., 97–100, 188, 250 f., 259, 264, 281, 316 ff., 324, 333, 337, 345, 353, 358, 365, 370, 375, 377 f., 381, 386, 389, 391, 395, 433, 435, 452, 456, 458 f., 468, 473 f., 477, 544, 546 f., 551, 556, 560, 573, 591, 595 f., 656, 808, 816, 832, 845, 855, **11** 167
Grégoire, Léon **11** 474
Grégoire, Louis **10** 642
Gregor, Abt **3** 446
Gregor, Bf. v. Langres **3** 970
Gregor, Bf. v. Neocaesarea **2** 98
Gregor, Bf. v. Tyrus **2** 62
Gregor, Bf. v. Vladimir **6** 784
Gregor, Ebf. v. Mcʽhetʽa (Georgien) **3** 1251
Gregor, Führer d. böhm. Brüder **7** 468, 470 f.
Gregor, georg. Katholikos **4** 575
Gregor, melkit. Patr. v. Antiochia **3** 507, 509 f., 945, 948 f.
Gregor, Metrop. v. Kiev **7** 54, 56 f.
Gregor, orth. Ebf. **9** 575
Gregor, pers. Katholikos **3** 1179 f.
Gregor I., Papst **2** 870, **3** 454, 469, 475, 479, 482–485, 487 f., 503 f., 557, 577, 755, 757, 764, 767, 777 f., 782, 786, 788 ff., 801, 845, 853, 859, 861 f., 866, 868, 890 f., 893–900, 902–913, 915 ff., 919–941, 943 f., 946–958, 966, 973 ff., 979, 1004, 1038, 1051, 1053, 1077, 1087, 1089, 1092, 1098, 1110, 1126 f., 1134, 1140, 1142 f., 1147 f., 1150 f., 1288, 1290, **4** 5, 32, 74, 135, 368, 370, 375, 581, 603, 605, 617, 622–627, 629 f., 633 f., 649, 669 f., 673, 677 f., 703, 716, 744, 746 f., 752, 765 f., 844, 854, **5** 70, 186, 451, 462, 532, 562, 629, 669, 756, 923, **6** 371, **7** 618, **8** 1196, 1202, **13** 139
Gregor II., georg. Katholikos **4** 575
Gregor II., Papst **4** 104, 132, 160, 214, 645, 650, 653 ff., 657 f., 679, 954
Gregor III., Maphrian **6** 217
Gregor III., Papst **4** 651, 653 f., 657 f., 660, 665
Gregor III., Patr. v. Alexandreia **6** 217
Gregor IV., Haddad, Patr. v. Antiochia **11** 792
Gregor IV., Papst **4** 712, 717, 729, 768, 844, **5** 617
Gregor V., Papst **4** 782, 828 f., 844 f.
Gregor V., Patr. **11** 790
Gregor V., Patr. v. Jerusalem **10** 117, 127, 131
Gregor VI., Papst **4** 820, 872 f., **5** 47
Gregor VII., Katholikos v. Sis **6** 225
Gregor VII. (Hildebrand), Papst **4** 717, 843, 872, **5** xxv, 4, 33, 35, 37 f., 44, 46, 48–69, 71 ff., 84 f., 93 ff., 100, 111, 113–119, 122, 125 f., 128–132, 151, 155, 162, 167, 172, 186, 205, 245, 297 f., 307, 342, 376, 465, 488 f., 616, 646, 657, 669, 822, 904, **5** 34–40, 42, 46 ff., 91, 107, 124, 138, **6** 270, **8** 987, **9** 221, 390

Gregor VIII. (Albert v. Morra), Papst **5** 182, 229, 243, 649, 769, 772
Gregor VIII. (Mauritius v. Braga), Gegenpapst **5** 34, 75 f., 79
Gregor IX., Katholikos v. Sis **6** 226, 837
Gregor IX. (Ugo/Ugolino/Hugolin v. Segni) **5** 555–559., 569 f., 572 ff., 588 f., 593 f., 596, 599 f., 605, 610 f., 620, 644, 648 f., 652, 671, 676 f., 679 ff., 750, 761, 772, 785, 790 f., 822, 828, 835 f., 842, 844 f., 847, 855, 863 f., 866 ff., 872, 879, 886, 890, 892 f., 909, **6** 44, 226, 317, 541, 543, 639
Gregor X. (Visconti, Tedaldo), Papst **5** 555, 557 ff., 596 f., 599, 606, 620, 643, 753, 771, 783, 789, 793, 812, 851, 872, 883, **6** 1–16, 39, 50, 576, 581 f., 684, 831, 871, 873, 875, 878, 889
Gregor XI., Papst **6** 26, 34, 37, 43, 47, 58, 61, 75, 82, 281, 526, 537, 575, 578, 580, 588, 600, 606, 629, 691, 759, 823, 881, **7** 101
Gregor XII., Papst **6** 89, 92, 94, 98, 106, 108, 112, 725, 730, 733
Gregor XIII., Papst **1** 444, 448, **2** 711, **8** 275, 279, 294, 304, 350, 367, 417, 544, 589, 593, 688, 810, 936, 940, 991, 1139, 1182, 1234, **9** 257, 284, 599, 625
Gregor XIV, Papst **8** 277, 856
Gregor XV., Papst **8** 278 f., 748, 910, 1073, **9** 1, 19, 216, 222, 224, 226, 234, 335, 616, 734, 817, 910, 1034, 1046, **10** 146
Gregor XVI., Papst (Cappellari) **10** 665, 688, 741, 744 f., 748, 789, 808, 852, **11** 10–13, 17 f., 21, 107, 110, 124, 129, 152, 161 f., 168, 241, 257, 262, 264, 269, 277 f., 286, 289, 299, 301, 741, 757, 796, 805, 919, 924, 974, 1026 f., 1053, 1056, **12** 1150
Gregor d. Erleuchter **2** 101, 103, 107, 1085, 1089, **3** 1190, 1193 f., 1197, 1203, 1217, 1221 f., 1248 f., 1252 ff., 1285, 1296, **4** 475, 486, 493, 507 f., 511, **12** 949, **13** 435
Gregor d. Große ↗ Gregor I., Papst
Gregor d. Kappadokier ↗ Georg d. Kappadokier
Gregor d. Thaumaturg **1** 557, 565, 619, **2** 99, 101, 104, 430, 667, 1037, 1069, 1088
Gregor d. Wundertäter ↗ Gregor d. Thaumaturg
Gregor Illuminator ↗ Gregor d. Erleuchter
Gregor(ios) Akindynos **6** 139, 175, 186, 401, 408, 445, 547, 559, 819
Gregor Kamblak **6** 253, 257
Gregor Palamas **12** 957, 962
Gregor v. Alexandria, Bf. **2** 350
Gregor v. Daphne, Higumene **4** 407
Gregor v. Elvira **2** 949, **3** 408
Gregor v. Handztʿa **4** 566 f., 586, 590
Gregor v. Heimburg **6** 700
Gregor v. Monte Sacro **5** 610
Gregor v. Montelongo **5** 679
Gregor v. Nazianz **2** 272, 396, 398, 400, 412, 427, 429–432, 443, 446–449, 451, 552, 556, 571, 652, 654, 660, 679, 714, 716, 734, 787, 789, 794, 1020, 1056, 1067, 1069, 1073, 1088, **3** 255, 444, 446, 454, 667 f., 685, 953, 1263, **4** 50, 52, 124, 215, 225, 258, 407, 433, 593, **9** 951, **12** 201
Gregor v. Neapel **5** 611
Gregor v. Nikopolis **4** 531
Gregor v. Nyssa **1** 565, 908, **2** 99, 272, 396, 427, 432, 437, 443, 445, 451, 571, 650, 652, 667, 681, 716, 726, 792, 805, 841, 1022, 1037, 1040, 1064, 1067–1070, 1072, **3** 107, 446, **4** 52, 225, 408, 465, **5** 456, **12** 201
Gregor v. Rimini **7** 683
Gregor v. S. Angelo, Kard. ↗ Innozenz II., Papst
Gregor v. S. Grisogono, Kard. **5** 301
Gregor v. Tat'ew **6** 227, 229
Gregor v. Tours **1** 688, **2** 136, 856, 975, **3** 230, 344, 346, 353–358, 361, 363, 366 f., 370 ff., 375, 377, 379, 381, 405, 408, 796, 801, 803, 805 ff., 812 f., 815 f., 818, 820–830, 834–837, 839–842, 847, 881, 892, 894, 898, 970 f., 989 f., 1023 f.,

1050, 1058, 1070, 1088 f., 1110 f., 1125, 1129, 1131, 1136, 1139, 1142 f., 1147–1150, 1153, **4** 603, 612
Gregor v. Tusculum **5** 35
Gregor v. Utrecht **4** 724
Gregor v. Vercelli **5** 55
Gregor (VI.), Gegenpapst **4** 841
Gregoria, Kammerfrau **3** 936
Gregorio, Kg. der Gambier-Inseln **11** 1079
Gregorios, Abt **5** 16
Gregorios, Hymnograph **4** 376
Gregorios, karthag. Exarch **4** 43 f., 644
Gregorios, Schüler d. Romylos **6** 548, 551
Gregorios II. Kyprios, Patr. v. Konstantinopel **6** 143, 160, 169, 190, 814, 825
Gregorios II. v. Zypern ↗ Gregorios II. Kyprios
Gregorios III. „Mamme“ Melissenos, Patr. v. Konstantinopel **6** 189, 829, **7** 18, 55
Gregorios Asbestas **4** 177–180, 183, 195, 245, 376
Gregorios Pakurianos **5** 15 f., 29
Gregorios Palamas **4** 335, **6** 138, 149, 154, 165, 174, 180, 191, 199, 221, 257, 300, 311, 402, 411, 445, 453, 460, 497, 499, 507, 513, 546, 549, 557, 561, 563, 819, **7** 9, 13, 17, 33, **10** 128
Gregorios Sinaïtes **6** 154, 176, 194, 199, 547, 551, 556, 559, 563, **7** 13
Gregorios v. Agrigent **4** 376
Gregorios v. Neokaisareia **4** 111, 131, 133
Gregorios v. Nikaia ↗ Gregorios Asbestas
Gregorius, Mar, jakobinit. Bf. v. Jerusalem **9** 598
Gregorius, Prätorianerpräfekt **3** 939
Gregorius II., Maphrian **6** 216
Gregorius Abu ’l Farağ ibn al-ʿIbrī ↗ Gregorius Barhebraeus
Gregorius Barhebraeus **6** 216, 245
Gregorius v. Mérida, Bf. **2** 500
Greiner, Albert **13** 224
Greiser, Arthur **12** 896
Greiter, Matthias **8** 1230
Grellet, Étienne de **10** 513 f.
Grelot **9** 568
Grenfell, George **11** 1004 f., 1007 f.
Grenier, Nicolas **8** 473, 1206
Greogorios Kyprios ↗ Georgios Kyprios
Gretser, Jakob **8** 345, 432
Gretzinger, Benedikt **7** 745
Greuze, Jean-Baptiste **9** 389, 850
Grévy, Jules **11** 492, 494
Grey, Charles, 3. Graf, brit. Kriegsminister **11** 223 ff.
Grey, Jane **8** 220, 223
Gribaldi, Matteo **8** 186
Gribanovskij, Anastasij **12** 989
Griffet, Henri **10** 169
Griffin, David **13** 206
Grignan, Mme de **9** 833 f.
Grignion de Montfort, Louis-Marie **8** 1238, **9** 316, 327 f., 330, 829 f., 858, 1014, **10** 185, 247, 266, 412, 414, 649
Grignon, Claude-Henri **12** 1141
Grigor, armen. Metropolit **4** 479
Grigor, armen. Priester **4** 521
Grigor II., armen. Katholikos **4** 533, 536
Grigor Arcruni, armen. Fürst **4** 501
Grigor Lusaworičʿ ↗ Gregor d. Erleuchter
Grigor Magistros **4** 503, 524, 527 f., 531, 533, 536
Grigor Mamikonean **4** 488, 490
Grigor Narekacʿi, Dichter **4** 516, 519, 522 f., 526
Grigor Pahlawuni ↗ Grigor Magistros
Grigor Tatʿewacʿi **4** 523
Grigor v. Xačʿen, Fürst **4** 515
Grigoris, georg. hl., Sohn Gregors d. Erleuchters **3** 1219, 1248
Grillparzer, Franz **11** 682
Grimald v. St. Gallen **4** 758
Grimaldi, Augustin, Bf. v. Grasse **7** 360
Grimaldi, Jesuit **9** 803
Grimani, Domenico, Kard. **7** 105, 511
Grimbald v. St-Bertin **4** 746
Grimlaich, Priester **4** 703
Grimm **9** 394
Grimo ↗ Adalgyselus v. Verdun
Grimo v. Rouen **4** 650
Grimoald, langob. Kg. **4** 637

Grindal, Edmund **8** 235, 563
Gringore, Pierre **7** 131, 148
Grinod **9** 803
Grisar, Hartmann **12** 21, 712
Grisebach, Eberhard **12** 115
Griswold **11** 140
Grobendonecque, Charles de **9** 35
Grocyn, William **7** 627
Grod, Hunnenkönig **3** 429
Gröber, Conrad **12** 213, 225, 693, 696
Groen van Prinsterer, G. **11** 212 f., 215
Grösz, Joseph **12** 909
Gromyko, Andrej, sowjet. Außenminister **13** 118, 303 f., 423, 425
Gronovius, Jean-François **9** 934
Groof, Jac de, Apostol. Vikar v. Batavia **11** 1037
Groot, Hugo van ↗ Grotius, Hugo
Groot, Joannes de **11** 554
Groote, Gerhard **7** 227 f., 230 f.
Gropper, Johannes **7** 876, **8** 245, 261, 272, 396, 413
, Kaspar **8** 281
Gros, Nicolas le **9** 400 f., 1006, 1009
Grosche, Robert **12** 220
Gròsoli, Giovanni, Conte **11** 618
Grosoli, Graf **12** 480
Grosseteste, Robert **5** 592, 683 f., 752, 793, 816, 869, 872, 874, 878 f.
Grossolano, Petrus **5** 25, 379, 381, 479
Grosteste de La Mothe, Claude **9** 194
Grósz, Károly, ungar. Staatschef **13** 366
Grotewohl, Otto **12** 748, 750
Grotius, Hugo (Hugo de Groot) **8** 120, 349, 502, 506, 1151, 1164, **9** 74, 80, 187 f., 421, 494, 933 f., 950, 959, 963 f., 966, 972, 977, 981 f., 1016 f., 1051, 1063, 1091, 1096, 1100, 1103, 1120
Grou, Jean-Nicolas **10** 240, **11** 118
Grouès, Henri-A. ↗ Pierre, Abbé
Groulx, Lionel **12** 1141
Gruber, Gabriel, Pater **10** 114
Gruber, Pater **9** 770
Grueber, Johann **9** 801
Grüber, Pfarrer **12** 722
Grün, Anastasius **11** 682
Grünewald, Matthias **7** 247, 305, 323, 489 f.
Grüninger, Johannes **7** 791
Grumbach, Argula v. **7** 724, **8** 1031
Grundtvig, Nicolas Frederic Severin **11** 249, 587
Gruson, Claude **13** 288
Gruzinski, Serge **10** 761
Grynäus, Johann Jakob **8** 436
, Simon **7** 766, **8** 54
Gryphius, Sebastian **7** 648
Gschwind, Paulin **11** 575
Guadalcázar, Vizekg. **9** 633
Guadalupe, Juan de **7** 404, 412
Guano, Emilio, Bf. v. Livorno **13** 20, 61
Guaram, georg. Fürst **4** 576
Guaram, iber. (georg.) Kg. **3** 1240, 1284
Guardia, Innozenze de la, hl. **7** 396
Guardini, Romano **10** xviii **12** 187, 198, 205, 207, 219, 222, 233, 252, 267, 687, **13** 41
Guareschi, Giovanni **12** 257
Guarimpotus, Hagiograph **4** 368
Guayaquil, Tola v. **11** 936
Gudiel, Gonzalo **5** 613
Gudila, got. Beamter **3** 314
Gudiliv **3** 1054, 1138
Gudko, Ambrosij, Archimandrit **11** 765
Guébriant, Msgr. de **12** 307, 316
Guéméné, Prinzessin v. **9** 356
Guénin, Claude, Abbé de Saint-Marc **9** 389
Guénon, René **12** 239
Günther, Anton **11** 108, 110, 329, 643, **12** 220
Günther, Franz **7** 682
Günther v. Schwarzburg **6** 688
Guéranger, Prosper, Dom **11** 24, 114, 121, 126, 131, 545
Guercino **9** 1046 f.
Guérin **11** 183
Guérin, Abbé **12** 591, 1086
Guerino, Francesco **7** 753
Guerrero, Pedro **8** 667, 677, 698, 716, 734
Guerricus v. Igny **5** 468, 541
Guerrier de Dumast **11** 183

Guerry, Émile-Maurice **12** 198
Gürtner, Franz **12** 721
Gützlaff, Karl **11** 1042 f., 1046 f., 1049
Guevara, Ernesto „Che“ **13** 178, 475, 500, 513
Guévarre, Jesuitenpater **9** 327
Guèvremont, Germaine **12** 1141
Guez de Balzac, François **9** 169 f., 353, 1051
Gui Baudet **6** 630
Gui de Boulogne **6** 48, 602, 605
Gui de Cherlieu, Abt v. Cîteaux **5** 540
Gui de Dampiere **6** 603
Guiard v. Laon, Bf. v. Cambrai **5** 816, 872
Guibert, Joseph de **12** 239
Guibert, Joseph Hippolyt, Kard. Ebf. v. Tours und Paris **11** 170, 437, 446, 500
Guibert v. Nogent **5** 71, 452, 457, 473, 852
Guibert v. Tournai **6** 6
Guicciardini, Francesco **7** 107, 330
Guicciardini, P. **12** 462
Guido da Baisio **5** 604, 634
Guido da Sora **5** 869
Guido v. Anderlecht, hl. **5** 821
Guido v. Arezzo **4** 854, **5** 539
Guido v. Beauvais, Bf. **5** 152
Guido v. Castello, Kard. ↗ Coelestin II., Papst
Guido v. Crema, Kard. ↗ Paschalis III., Gegenpapst
Guido v. Ferrara, Bf. **5** 128
Guido v. Vienne ↗ Calixt II., Papst
Guiducci, Mario **8** 1158
Guifred v. Narbonne, Bf. **5** 292
Guigné, Anne de **12** 249
Guignebert, Charles **12** 176
Guilbert, Ebf. v. Bordeaux **11** 495
Guillain, Gouverneur v. Neukaledonien **11** 149 f.
Guillard, Louis, Bf. v. Tournai **7** 181, 360
Guillaume de Aigrefeuille **6** 50
Guillaume de Donjeon, Bf. v. Bourges **5** 529
Guillaume de Grimoard ↗ Urban V., Papst
Guillaume de Lestranges **6** 606
Guillaume de Mandagout **6** 36
Guillaume de Melun **6** 647
Guillaume de Montjoie **6** 640
Guillaume de Nogaret **6** 35, 269, 592, 594
Guillaume de Pierre de Godin **6** 46, 757
Guillaume de Plaisians **6** 592, 595
Guillaume de Saint-Maure **6** 646
Guillaume Durand ↗ Guillelmus Duranti
Guillaume Fillastre **6** 96, 104, 635
Guillaume Jousseaume **6** 362
Guillaume Le Maire **6** 68, 266, 597
Guillaume-Nicolas **9** 404
Guillaume v. Orange **8** 94
Guillelmus Duranti d. J./Guillaume Durand **6** 68, 266, 388, 649
Guillemins, Henri **10** 396, **12** 180, 624
Guillermo de Verdemonte **6** 764
Guillet, Urbain **10** 504–507, 512
Guilliaud, Kanoniker **8** 459
Guillon, Bf. v. Beauvais **11** 167 f.
Guillou, Louis le **10** 809, 851
Guimenius, Amadeus ↗ Moya, Amadeus
Guinefort **5** 908
Guis **11** 1082
Guisasola y Menendez, Victoriano **11** 634
Guise, Adelsfamilie **9** 962
Guise, Charles de (Kard. v. Lothringen) **8** 96, 256, 262, 270, 454, 479, 483, 489, 497, 1034, 1176
, François de **8** 479, 1176
, Henri de **8** 478, 480, 482, 1177
, Maria de **8** 536
Guitton, Jean **12** 204, 207, 270, 621
Guizot, François Pierre Guillaume **10** 689, 840, 846, **11** 3, 55, 137, 144 f., 147, 150 f., 168 f., 196, 490, 530
Gumilevskij, Philaret, Metropolit **11** 750, 759
Gummerus, J. **12** 862
Gumppenberg, Wilhelm **8** 1215
Gundeberga, Gattin d. Ariwald **4** 619
Gundekar, Kaplan **5** 107
Gunderich, Vandalenkönig **3** 216
Gundlach, Gustav **12** 29, 182, 237

Gundobad, burgund. Kg. **3** 227, 242, 307, 345, 357, 364, 367, 370, 375 ff., 379–382, 980, 1125
Gundobar, burgund.-röm. Heerführer **3** 305
Gundowald, burgund. Kg. **3** 1011
Gundowald, fränk. Thronanwärter **3** 819 f.
Gundowech, burgund. Kg. **3** 375
Gunkel, Hermann **11** 393, 396 ff., 428, 679
Gunsaprakasar **11** 1031
Gunter v. Salzburg **4** 814
Gunthamund, Vandalenkönig **3** 272, 279 f., 283, 289
Guntharius v. Saint-Venant, Bf. v. Tours **3** 814
Gunthram, fränk. Kg. **3** 800 ff., 807, 816 f., 819 f., 825, 827 ff., 834, 1146, **4** 604
Gurgen, iber. Kg. **3** 1239 f., 1274
Gurgen-Xačʿik, Kg. **4** 529
Gurian, Waldemar **12** 671
Gurny, J. J. **10** 52
Gurvitch, Georges **12** 1126
Gury, J.-P. **11** 121
Gustav I. Vasa (Wasa), Kg. v. Schweden **7** 759, 761, **8** 37, 440, 442
Gustav II. Adolf, Kg. v. Schweden **8** 38, 45, 443, 1091, 1160, **9** 1, 42 f., 64 f., 96, 167, 410, 946
Gustav III., schwed. Kg. **10** 56, 58 f.
Gutenberg, Johannes **7** 198, 244, 309, 497, 502 f., 640, 648, **10** 375
Guthlac, hl. **4** 640
Guthrum, dän. Kg. **4** 746
Gutiérrez, Gustavo **13** 178 ff., 183, 205, 293, 504 f., 507, 510, 537
Gutiérrez Gómez de Toledo **6** 758
Guttonn, Ebf. v. Norwegen **5** 689
Gutwirth, J. **12** 1071
Guy de Colmieu **6** 332
Guy de Malesset **6** 94
Guy v. Montpellier **5** 929
Guyart, Marie ↗ Marie de l'Incarnation
Guyau, Marie-Jean **11** 335
Guyon, Jacques **9** 307
Guyon du Chesnoy, Jeanne-Marie (Jeanne-Marie Bouvier de La Motte) **9** 307, 839 ff., 853, 858, 875 f., 880, **10** 237, 668, 798, 819
Guys, Henri **11** 804
Guzmán, Gaspar de **8** 719, 721, 727, 742, **9** 144, 152
, Nuño de **8** 775, 781
Guzmán Blanco, Antonio, venezuelan. Staatschef **13** 490
Gúzman Errazuriz, Jaime **13** 517
Guzman Reynoso, Abimaël **13** 476
Guzrain, Abt **4** 788
Gwalther, Rudolf **8** 430, 1006
Gyula, ungar. Fürst **4** 232, 236

Haag, Cornelius van **8** 375
Haas, Francis J. **12** 1109
Habasch, Georg **13** 441
Habbib, Johannes **11** 805
Habentius, Bf. v. Perugia **3** 906
Habermann **9** 882
Habermas, Jürgen **13** 288
Habert, M., Bf. v. Vabres **9** 358
Ḥabib ben Maslama **4** 548
Ḥabib ibn Khidma v. Tagrit **4** 434
Habibie, Bacharrudin Jusuf, indones. Präsident **13** 638
Habyarimana, Juvénal, Präsident v. Ruanda **13** 570
Hackfurt, Lucas **8** 129
Hacquet, P. F. **10** 412
Hadad (Gott aus Heliopolis) **2** 15
Hadelinus v. Visé **5** 527
Hadewijch v. Antwerpen **5** 937, 939, **6** 331
Hadji Bektasch **5** 747
Hadoard v. Corbie, Bibliothekar **4** 757
Hadrian, Abt **4** 638, 646
Hadrian, Bf. v. Theben **3** 912 f.
Hadrian, röm. Ks. **1** 75, 153, 166, 179, 207, 238, 242, 245, 250, 252, 257, 272 f., 321, 467, 480 f., 510 f., 567, 588 f., 746, 764, 873, 926, **2** 57, 683, 698, 1041, 1046
Hadrian I., Papst **3** 1092, **4** 128 f., 131, 135, 145, 706 ff., 712, 744, 748, 760, 763, 768

Hadrian II., Papst **4** 187, 191, 234 f., 717 f., 720, 724, 929
Hadrian III., Papst **4** 820
Hadrian IV. (Nikolaus Breakspear), Papst **5** 134, 181, 209–213, 215–218, 227, 233, 240, 243, 248, 308, 330, 340, 386, 558, 642, 659, 668, 776, **6** 680
Hadrian V. (Ottobone Fieschi), Papst **5** 597, 599, 653, **6** 32, 34, 38, 40
Hadrian VI. (Adrian v. Utrecht), Papst **7** 5, 71, 112, 140, 401, 407, 732, 857, 874 f.
Haeckel, Ernst **11** 434
Haecker, Theodor **12** 220
Haen, Anton de **10** 18
Händel, Georg Friedrich **8** 1244, **9** 867, 1065, 1075, 1078, 1082 ff.
Häring, Bernhard **13** 25, 52, 80
Haerne, de, Abbé **10** 742
Haerter, Franz Heinrich **10** 833 f., **11** 194
Hätzer, Ludwig **7** 821, 825
Häussling, Angelus **9** 852
Haffenreffer, Matthias **8** 40
Haffner, Paul Leopold, Bf. **11** 350
Hagar **1** 869
Hagen, Karl **7** 613
Hagen, Matthäus **7** 440
Hagenauer (Ehepaar) **11** 1062
Hagenbach, Karl Rudolf **11** 244
Haggai, Prophet **1** 749
Haggard, John R. G. **11** 857
Hagiorites, Nikodemos **10** 5, 109, 125, 127 f., **12** 1023
Hahold, Graf **4** 806
Haigneré, Daniel **11** 187
Haile Selassies, äthiop. Ks. **13** 438 f., 574
Hailoc, breton. Hzg. **3** 886
Haimerich, Kanzler **5** 185, 189 f., 193, 197 f., 210
Haimo v. Verdun **4** 814
Hainaut, Quintin d' **8** 181
Hainques **9** 763
Hajjar, Joseph **11** 139
Hakim, Markos, Bf. v. Sohag **13** 18
Hakon d. Gute, norw. Kg. **4** 907
Halde, Jean-Baptiste du **9** 756, 776
Hale, Emma **10** 862
Halévy, Élie **12** 800
Halévy, Léon **10** 812
Halifax, Charles Lindley Wood, Lord **11** 233, 422, 440, 561, 573, **12** 293
Hall, John **9** 485
Hall, Joseph, Bf. **9** 870, 997
Haller, Berchtold **7** 787, 793 f., 803, 841
Haller, Karl Ludwig v. **11** 242, 267
Hallerstein, A., Jesuit **9** 778
Hallesby, Ole **12** 854, 856
Halling, H. **11** 590
Hallvard, norweg. Heiliger **4** 909
Hals, Frans **9** 428
Halvorson, Peter L. **12** 1063
Hamann, Johann Georg **10** 721, 798
Hamao, Stephen Fumio, Bf. v. Yokohama **13** 622
Hamazasp, Mönch **4** 146
Hamazasp Mamikonean **4** 488
Hamille, François Eugène **11** 173, 487
Hamilton, Patrick **7** 752
Hamilton, William **13** 202
Hammerschmidt, Andreas **9** 1075
Hammurabi **1** 442
Hamza Beg, osman. Admiral **7** 40
Han Li **9** 791
Hananel, Rabbi **4** 245
Hanania **2** 1078
Handel-Mazzetti, Enrica v. **11** 652
Hanek, Martin **7** 764
Hanhivaara, P. **11** 589
Hanima ben Dosa **1** 25, 27
Hannas d. J., Hoherpriester **1** 11, 41, 66, 74, 206 f.
Hannibal **2** 12
Hannibalianus, armen. Kg. **2** 238
Hannover, Nathan Neta **9** 207
Hansen, Marcus **12** 1064
Hanssen, Kn. **12** 854
Ḥanūn ibn al-Salt **4** 466
Hanxleder, Hans Ernst **9** 818
Hara, Martino **8** 924
Harald, dän. Kg. **4** 728 f., 750
Harald Blauzahn, dän. Kg. **4** 782, 888, 906
Harald Klak, dän. Kg. **4** 893
Harcourt, Louis d' **7** 178

Hardenberg, Karl August v. **10** 653
Hardie, Charles **11** 1074
Hardie, Keir **11** 558
Harding, Thomas **8** 532, 541
Hardouin-Mansart, Joules **9** 952, 1038
Hardy, William C. **12** 1121
Harith bar Gabala (Arethas) **3** 493, 498, 503, 506
Harlay, François, Ebf. v. Paris **9** 340, 373f., **10** 559
Harlay de Champvallon, François de, Ebf. v. Rouen **9** 671
Harless, Gottlieb Christoph Adolf v. **11** 92
Harmel, Jacques-Joseph **11** 35
Harmel, Léon **11** 35f., 505, 624
Harmon, Ellen ↗ White, Ellen Harmon
Harmonius, Hymnenkomponist **2** 68
Harms, Claus **10** 724, **11** 81, 313
Harms, Ludwig **11** 313
Harnack, Adolf v. **1** 271f., 275, 334, 660, 841f., 890, **11** 354, 379–384, 404, 424, 428f., 675, 679f., **12** 112, 331, 712, 744, 815, 958
Harnack, Th. **11** 591, 593
Harold II., angels. Kg. **5** 99
Harpe, Frédéric César la **10** 372, 472
Harper, William Rainey **11** 895f.
Harphius, Heinrich **8** 242, **9** 824
Harrach, Ernst Adalbert Graf, Ebf. v. Prag **9** 17, 19–22, 33
Harris, Barbara, Bfn. **13** 231
Harris, Howell **10** 209
Harris, William Wade **11** 1003f., 1069, **13** 551
Harrison, P. N. **1** 324
Harrison, William Henry, 9. Präsident der USA **11** 886
Hartel, Walter **1** 852
Hartlib, Samuel **9** 483, 943
Hartmann, Felix v. **12** 683, 686
Hartshorne, Charles **13** 206
Hartsoeker, van, Wissenschaftler **9** 1090
Hartwig v. Magdeburg, Ebf. **5** 115
Harun al-Rašid s. al-Raschīd
Harvey, William **8** 1138
Ḥasan, armen. Gouverneur **4** 499
Hasenkamp, Friedrich Arnold **11** 314
Hasenkamp, Johann Gerhard **11** 314
Hassan, jordan. Prinz **13** 443
Hastings, Warren **9** 807
Hathumar, Bf. v. Paderborn **4** 726
Hatto I. v. Mainz **4** 799
Hatto II. v. Mainz **4** 801
Hatton, Christopher **8** 564
Hatzfeld, Henri **13** 225
Haubtmann, Pierre **13** 25
Hauck, Albert **12** 329
Hauerwas, Stanley **13** 282
Haüy, René-Just **10** 581
Haüy, Valentin **10** 433f., 581
Hauge, Hans Nielsen **10** 695, **11** 250, 587f., 592
Haugvalstad, Stavangar J. **11** 251
Haugwitz, Friedrich Wilhelm Graf v. **9** 9, **10** 19
Hausen, Wolfgang v. ↗ Wolfgang v. Hausen
Hausrath, Adolf **11** 393, 658
Haussonville, Comte d' **11** 510f.
Havel, Václav, tschech. Staatschef **13** 149, 369
Hawaeeny, Raphael **11** 767
Hawatmeh, Naif **13** 441
Hawkins, John **8** 870, **9** 804
Hawthrone, Nathaniel **11** 833
Haxthausen, August Freiherr v. **10** 106
Haydn, Joseph **10** 219
Hayes, Bf. v. New York **12** 1113
Haymo v. Faversham, Franziskaner **5** 845
Hayne, Robert **11** 836
Hazard, Abbé **10** 575
Hazard, Paul **9** 373, 1094
Headlam, A. C. **12** 836
Headlam, Steward **11** 572
Healy, Alexander Sherwood **11** 875
Healy, James Augustine, Bf. v. Portland **11** 875
Healy, Patrick **11** 875
Heath **11** 1069
Hebbelynck **11** 543
Hebert, A. G. **12** 820, 822

Hébert, Jacques René **10** 383
Hébert, M. **10** 361
Hébert, Marcel **11** 432
Hébrard, Jean **10** 574
Heckel, Joseph Hilarius **10** 175
Heckel, Theodor **12** 65
Hecker, Isaac Thomas **11** 442, 857, 887
Hécquet, Pierre, Arzt **9** 395
Hector, Sohn d. Hzg.s v. Bourbon **7** 178
Hedberg, F. G. **11** 249
Hedberg, G. H. **11** 588
Heddo v. Straßburg **4** 657
Hedengren, O. G. **11** 586
Hedern, J. J. **11** 253
Hedin, Edvard L. M. **11** 585
Hedinger, Johann **9** 418
Hedio, Kaspar **7** 742, 791, 793
Hedlund, S. A. **11** 256
Hedwig, hl. **5** 704
Hedwig (Jadwiga) v. Polen **6** 17, 771, 778, 782
Heemskerck, Maarten (Maerten) van **7** 485, **8** 897
Heemskerk, Jan **11** 551
Heenan, John Carmel, Kard. Ebf. v. Westminster **12** 828, **13** 54
Heer, Friedrich **12** 764
Heerbrand, Jakob **8** 39
Heermann, Johannes **9** 1077
Hefele, Karl Josef v., Bf. v. Rottenburg **10** 719, **11** 109, 305, 308, 427, 592, 643f.
Hegel, Georg Wilhelm Friedrich **9** 878, **10** xvii, 685, 835, **11** 32, 53, 57, 59, 70–73, 76, 79, 83, 89f., 92–96, 100f., 107, 335, 356–359, 361f., 379, 393, 971, **12** 204
Hegesipp **1** 14, 66, 73f., 153, 159, 179, 272f., 305, 320f., 332, 334, 457, 460f., 467, 480f., 486f., 493f., 510, 679, 787
Hegius, Alexander **7** 227
Heguerty, d' **10** 213
Heidegger, Johann Heinrich **9** 423, 975
Heidegger, Martin **12** 88, 113, 118, 120, 128, 205, 219, 232, 745, 1079
Heiding, Michael **8** 400, 999
Heiler, F. **12** 222
Heim, Hans **7** 800f.
Heimburg, Gregor **7** 314
Heine, Heinrich **10** 680
Heinemann, Gustav Walter **12** 368, 738, **13** 286
Heinichen, Johann David **9** 1069
Heinke, Franz Joseph **10** 20
Heinrich, Domherr **5** 107
Heinrich, Ebf. v. Lissabon, Kg. v. Portugal **8** 727, 731, 735
Heinrich, Johann Baptist **11** 27, 109, 350
Heinrich I., Kg. **4** 246, 791, 799, 840, 895f., **5** xxxi, 89
Heinrich I., Kg. v. England **5** 77, 103f., 106, 248, 265
Heinrich I., Kg. v. Frankreich **4** 839, 873, **5** 343
Heinrich II., Ks. **4** 760, 793f., 801, 803, 806f., 819, 838, 840–843, 848, 868, 871, 875, 903, **5** xxvi, 85, 238, 442
Heinrich II., Kg. v. England **5** 219, 221ff., 233, 248, 265f., 668, 758, 766, 870, 888, **6** 656, 680
Heinrich II., Hzg. v. Braunschweig **8** 4
Heinrich II., Kg. v. Frankreich **8** 97, 256, 261, 403, 453, 474, 476, 479, 492, 613, 707, 1010, 1194
Heinrich II. Plantagenet ↗ Heinrich II., Kg. v. England
Heinrich II. v. Kastilien **6** 762, 842
Heinrich III., Ks. **4** 795, 809, 812, 819, 845, 871–875, 954, **5** i, 39, 48, 107–110, 116, 125, 129, 166, 251, 343, 439, 445, 530, 658
Heinrich III., Kg. v. England **5** 220, 579, 684
Heinrich III., Kg. v. Frankreich u. Polen **8** 285, 298, 333, 478, 482, 489, 491, 493, 589, 622, 648, 701, 1022, 1097, 1143, 1177
Heinrich III. v. Kastilien **6** 746, 758, 846
Heinrich IV., Ks. **5** xxxi, 40, 45, 49–58, 62–65, 68, 71ff., 110–117, 119, 124ff., 130f., 133, 166f., 171f., 328, 343, 376, 446, 657f., 757, 767, **9** 390

Heinrich IV., Kg. v. England **6** 675
Heinrich IV., Kg. v. Frankreich u. Navarra **8** 94, 277, 298, 333, 347, 424, 447, 478, 482, 489, 492, 498, 507, 509, 512, 515, 517, 616, 701, 1022, 1046, 1090, 1102, 1109, 1112, 1143, 1173, 1177, 1195, 1241, **9** 1, 117, 122, 126, 128, 164, 185 ff., 189 f., 197, 202, 361 f., 372, 661, 962, **10** 167
Heinrich IV., Kg. v. Kastilien **7** 384, 392, 395, 398, 401 f.
Heinrich V., Ks. **5** 72–80, 98, 119 ff., 126, 128, 134, 187, 191, 197, 264, 379
Heinrich V., Kg. v. Englangd **6** 607, 637, 660, 675, 680, **7** 381
Heinrich VI., Ks. **5** 4, 34, 37, 228 ff., 232–235, 322, 639, 641 f., 671, 673 ff., 773, 780
Heinrich VI., Kg. v. England **6** 607, 647, 671, 680
Heinrich VII., Kg. v. England **6** 676, **7** 178, 381, 453, 577, **8** 194, 220, 234
Heinrich VII. v. Luxemburg, Ks. **5** 590, 675 f., 679, 780, **6** 47, 578, 585, 588, 596, 686, 688
Heinrich VIII., Kg. v. England **7** 374 f., 378, 456, 623 f., 626 f., 749 f., 752, 849, 857, 864, **8** 191, 224, 230, 251, 524, 533, 539, 542, 551, 1180, 1231, **9** 111, 162, 447, 1005, 1057 ff., **10** 46
Heinrich d. Fromme, Hzg. v. Sachsen **5** 704, **8** 395, 975
Heinrich d. Löwe **5** 258, 331 f., 446, 543, 671, 674
Heinrich d. Seefahrer, Prinz v. Portugal **6** 754, **7** 411, 521, 531 f., 535, 543, 547, 558, 564 f., 568–573, 579, **8** 934
Heinrich d. Stolze **5** 196
Heinrich Eger v. Kalkar **6** 711
Heinrich (H. v. Lausanne), Prediger **5** 491 f., 495, 814
Heinrich Heinbuch v. Langenstein ↗ Heinrich v. Langenstein
Heinrich Kalteisen **6** 319, 869
Heinrich Seuse ↗ Seuse, Heinrich
Heinrich v. Albano **5** 230
Heinrich v. Bayern, Hzg. **4** 810, 812 f., 831
Heinrich v. Beaufort **6** 670
Heinrich v. Bergen **7** 622
Heinrich v. Blois **5** 408
Heinrich v. Burgund **5** 296
Heinrich v. d. Nordmark, Markgraf **5** 343
Heinrich v. Gent **5** 850, 883
Heinrich v. Gorze, Abt **4** 795
Heinrich v. Langenstein **6** 285, 870
Heinrich v. Marcy, Kard. **5** 243, 500
Heinrich v. Navarra ↗ Heinrich IV., Kg. v. Frankreich u. Navarra
Heinrich v. Nidaros, Ebf. **5** 340
Heinrich v. Nördlingen **6** 521
Heinrich v. Österreich **6** 583
Heinrich v. Portugal ↗ Heinrich der Seefahrer
Heinrich v. Susa (Hostiensis), Kard. **5** 449, 559, 597, 600, 635, 786, 927, **6** 21, 424, 491, 720, **7** 563 f., **8** 816
Heinrich v. Trastámara ↗ Heinrich II. v. Kastilien
Heinrich v. Trier **4** 809
Heinrich v. Uppsala, Bf. **5** 333
Heinrich v. Valois ↗ Heinrich III., Kg. v. Frankreich
Heinrich v. Virneburg, Ebf. v. Köln **6** 332
Heinrich v. Werl, Bf. v. Paderborn **5** 116
Heinsius, Daniel **9** 934, 940, 1051, 1119
Heinzelmann, Johannes **12** 767
Heiric v. Auxerre **4** 757, 762
Heitmüller, Wilhelm **1** 394
Heiu, hl. **4** 629
Heje, N. I. **12** 860
Hekataios v. Abdera **1** 870
Held, Matthias **8** 397
Heldring O. G. **11** 217
Helena, chines. Kaiserwitwe (Ming-Dynastie) **9** 768
Helena, Gattin Joannes' V. **6** 176
Helena, Gattin Konstantins VII., byzantin. Ks. **4** 238
Helena, moldav. Prinzessin **7** 58
Helena, Mutter Ks. Konstantins **2** 232, 234, 238, 319, 323, 669, 685, 793, 879, 1034, 1046

Helena, Mutter Michael Kantakuzenos' **9** 582
Helena, röm. Ksn. **3** 706, 1244, 1246 f.
Helena, Schwester Konstantius' II. **2** 399
Helene, äthiop. Regentin **7** 582
Helenus, Bf. v. Tarsus **2** 74, 99
Helgaud, Biograph **4** 839
Helgesen, Paul (Paulus Helie) **7** 756 ff.
Helias, Bf. v. Aquileja **3** 480–483
Helias, isaur. Abt **3** 956
Helias v. Caesarea, Bf. **3** 205
Helias v. Grado, Bf. **4** 368
Helie, Paulus ↗ Helgesen, Paul
Hélinand de Froidmont **5** 868
Heliodor v. Bet Zabdai, Bf. **3** 1164
Heliodorus **3** 249
Heliogabal ↗ Elagabal, röm. Ks.
Helios (griech. Sonnengott) **2** 11, 14, 173, 398, 401 f.
Hell, Admiral v. **11** 141
Hell, Maximilian **10** 175
Helladios, Alexander **9** 570
Helladius v. Arles, Bf. **2** 966, **3** 238
Helladius v. Caesarea, Bf. **2** 1072
Helladius v. Tarsus, Bf. **3** 17 f.
Hellendoorn **11** 1036
Helleputte, Georges **11** 539 f.
Hello, Ernest **11** 121, 344
Héloise **5** 397, 440 f.
Helpidius, Rhetor **2** 225, 485
Helvetius, Claude Adrien **9** 345, **10** 280
Helvidius **2** 779
Helvig v. Neuss, Äbtissin **4** 810
Helwys, Thomas **8** 569, **9** 461
Hélye, Thomas **5** 873
Hemert, van **10** 55
Hemming, finn. Bf. **6** 799
Hemmingsen, Niels **8** 22, 43, 439, 979
Hemptinne, Joseph de **11** 536
Henana v. Adiabene **3** 1172, 1176, 1179, 1211
Ḥenānīschōʿ v. Ḥīrā **4** 468
Ḥenānīšōʿ I., nestorian. Katholikos **4** 459, 467
Ḥenānīšōʿ II., nestorian. Katholikos **4** 460, 464
Henderson, Arthur **12** 800
Henexthoven, Emile van **11** 1014
Hengsbach, Franz **12** 735
Hengstenberg, Ernst Wilhelm **10** 724 f., **11** 81, 315
Henhöfer, Aloys **11** 313
Henley, Lord **11** 225
Hennebert v. Saint-Omer **10** 280
Henoch **1** 464, 657
Henot, Katharina **8** 1104
Henri de la Baume **6** 540
Henricus de Segusia ↗ Heinrich v. Susa
Henrietta Maria v. Frankreich, Kgn. v. England **8** 551, **9** 95, 98, 172, 190, 678
Henriod, H. L. **12** 65
Henrion, Charles **12** 299
Henrique, kongoles. Bf. **8** 752
Henriquez, Henrique (Missionar) **8** 879, 886, 1197
Henríquez, Raúl Silva, Kard. Ebf. v. Santiago de Chile **13** 46, 54, 516 f.
Henry, A. M. **12** 324, **13** 329
Henry, Harry **13** 565
Henry, L. **11** 542
Henry Chichele **6** 675, 677
Henry Knighton **6** 573, 670
Henryk Kietlicz, Ebf. v. Gnesen **5** 689, 701
Henschen, Gottfried ↗ Henskens, Gottfried
Henskens (Henschen), Gottfried **9** 953
Henson, Hensley **12** 803, 816, 834
Hentrich (SJ) **12** 21
Hepburn, J. C. **11** 1057
Hepburn, John **9** 712
Hepp, Johannes **7** 792
Hera (griech. Göttin) **2** 15, 406
Heracleius v. Ephesus, Bf. **2** 1058
Heraclianus, afrikan. Aufrührer **2** 522
Heraclius, Bf. v. Saintes **3** 819
Heraclius, Illustris **3** 380
Heraclius s. a. Herakleios
Heraklas, Bf. v. Alexandrien **1** 588, 603 ff., 607 f., 619, 846, **2** 28, 111, 289, 1010
Herakleides v. Ephesus, Bf. **2** 561, 566

Herakleios, byzantin. Ks. **3** 505, 562 f., 568, 650, 677 f., 683, 744, 761, 1180, 1222, 1235 f., 1240, 1298, **4** 10, 13 f., 17 f., 22 ff., 26, 33, 35 ff., 40 f., 43, 48 ff., 53, 70, 74, 81, 83, 86, 89, 91, 133, 221, 244, 267, 297, 399, 412, 414, 422 f., 425, 480, 483–486, 616, 626, 642, 644, **9** 1050
Herakleon, Gnostiker **1** 523 f., 530, 537, 550, 689
Herakleon, Valentinianer **1** 591, 615
Herakles **1** 96, 883, **2** 86, 401, 403
Heraklianus **2** 153
Heraklides, Bf. **1** 559
Heraklides, Märt. **1** 603, 619
Heraklit **1** 698, 732, 768, 874, 901
Heraklius **2** 242, 654
Heraklius, Kg. v. Jerusalem **5** 316
Heraïs, Märtyrin **1** 603
Herbelot, d' **9** 976
Herbelot, G. d' **11** 510
Herberg, William **12** 1044, 1064, 1069
Herberskin, Karl Graf, Bf. **10** 18
Herberstein, Johann Karl Graf, Bf. v. Laibach **10** 186, 272
Herberstorff, Adam Graf v. **9** 25
Herbert, George **9** 867 f., 1063
Herbert Losing, Abt v. Ramsey **5** 174
Herbigny, Michel d' **12** 968
Herborn, Nikolaus v. (Nikolaus Ferber) **7** 758
Herbst, Johann Georg **11** 106
Herculanus, Bf. v. Perugia **3** 777
Herculanus, karthag. Bf. **2** 164
Herder, Johann Gottfried v. **9** 1121, **10** 4, 43, 509, 681, 798, **11** 52, 62, 69
Heremigarius, Suewenkönig **3** 216
Herenas, Bf. **2** 497, 499
Herennius (Schüler des Ammonius Sakkas) **1** 605
Hergé **12** 141
Hergenröther, Joseph **11** 109, 427
Heribert v. Köln **4** 792, 805, 808, 810
Heribert v. Vermandios **4** 781
Heriveus v. Reims **4** 780 f.
Herman, Nikolaus **8** 1229
Hermann, Benediktiner **5** 337
Hermann Contractus, Abt v. Reichenau **5** 539
Hermann d. Lahme, Mönch **4** 850
Hermann v. Köln, Ebf. **5** 115
Hermann v. Metz, Bf. **5** 54, 115, 118, 126
Hermann v. Salza **5** 323, 677 ff., 701, 779
Hermann v. Toul **4** 814
Hermann v. Wied, Ebf. v. Köln **8** 34, 61, 246, 397, 399
Hermansz, Jacob ↗ Arminius
Hermas, Verfasser d. Hirten **1** 173, 179 ff., 286, 308, 315–318, 332 f., 336, 402 f., 484, 663, 780, 797, 799, 898, 923, **3** 1076
Hermenegild, westgot. Heerführer **3** 785–788, 791, 853
Hermes, Bf. v. Narbonne **3** 242
Hermes, Georg **10** 663, 711, 714, 717, **11** 107, 297 f., 643, **12** 220
Hermès, M. **10** 361
Hermes Trismegistos **1** 518
Hermias **1** 877, **3** 651 f.
Hermite, Tristan l' **9** 1060
Hermogen, Patr. v. Moskau **9** 502
Hermogenes, General **2** 357
Hermogenes, Häretiker **1** 560, 569, 639
Hermogenes v. Caesarea, Bf. **2** 311
Hernandarias (Hernando Arias de Saavedra) **8** 790, **9** 640
Hernández, Francisca **8** 673, 694
, Gregorio **8** 723
, (Pater SJ) **8** 819
Hernando de Pulgar **6** 850
Herner, S. **12** 856
Herodes **9** 1050, 1057
Herodes, Irenarch **1** 163
Herodes Agrippa I., Kg. v. Judäa **1** 65, 231, 271, 273, 473, 668
Herodes Antipas, Tetrarch v. Galiläa **1** 11 f., 16, 20 ff., 43, 78, 83, 104
Herodes d. Gr., Kg. v. Judäa **1** 13 f., 16, 21, 23, 35, 137, 746, 765, 866 f.
Herodian **1** 261
Herodias **2** 565
Herodias, Kgn. **1** 21, 104

Herodion **1** 286
Herodot **1** 723, 922 f., **9** 958, 1121
Héron **10** 466
Heron, Bf. v. Antiochien **1** 276
Heron, Märt. **1** 603
Heros v. Arles, Bf. **2** 536, 538, 654, 972
Herp, Heinrich **7** 231
Herr, Lucien **11** 340
Herrand v. Halberstadt, Bf. **5** 170
Herrera, Chronist **8** 809
, Juan de **8** 709
Herrera y Oria, Angel **12** 518, 533, 535, 542
Herrick **9** 1063
Herring, Ebf. v. York **9** 448
Herriot, Édouard-Marie **12** 17, 566
Herrliberger, David **9** 52
Herrmann, Emil **11** 667 f.
Herrmann, Wilhelm **11** 389–392, 593, 679, **12** 118
Herron, Georges D. **11** 901
Hersinde v. Fontevrault, Priorin **5** 146
Hersleb, Svend **11** 252
Hertault, Louis **7** 639
Hertling, Georg, Freiherr v. **11** 352, 651 f., **12** 682
Hervet, Gentian **8** 492
Herveus Natalis **6** 270
Herwegen, Ildefons **12** 225, 267, 687
Herxen, Dirk van **7** 229
Herzen, Alexander Iwanowitsch **10** 799, 801, 824, **11** 746
Herzog, Eduard **11** 457 f., 526, 576, **12** 678
Hesaia, Bf. **3** 178
Hesiod **1** 748, 881, 885, 892, 906, **2** 718, **9** 1051
Hesnard, Angelo-Louis **12** 148
Hess, Moses **11** 448
Hessain, Marguerite ↗ Sablière, Mme de la
Heßhusen (Heßhusius), Tilemann **8** 11, 317, 321
Hesychios **4** 70
Hesychius **3** 293
Hesychius, Bf. v. Vienne **3** 243, 378
Hesychius, Adliger **3** 376
Hesychius v. Salona **2** 647
Hetherius, span. Mönch **4** 739
Hethum, armen. Fürst, OPraem. **6** 228
Hethum, Geschichtsschreiber **6** 218
Hethum I. v. Armenien **6** 224
Hethum II. v. Armenien **6** 208, 215, 225, 873
Hethumiden, Dynastie **6** 224
Hetsch, Albert, Generalvikar in Orléans **11** 129
Hettinger, Franz Seraph **11** 109
Heuch, Johan Christian, Bf. **11** 591 f.
Heuschen, Abbé **12** 659
Heusde, Ph. W. van **11** 211
Heusenstamm, Sebastian v. ↗ Sebastian v. Heusenstamm
Hewatt, Alexander **9** 718
Heydrich, Reinhard **12** 695
Heykamp, Johannes, Bf. v. Deventer **11** 644
Heylen, Victor **13** 81
Heynlin, Johannes **7** 641
Hiberia **3** 347
Hickey, Barry James, Ebf. v. Perth **13** 688
Hicks, Thommy **13** 534
Hidalgo y Costilla, Miguel **10** 774 f., 777
Hidetada **8** 930
Hideyoshi **8** 929
Hieg-Guldberg, Ove **10** 61
Hien Vuong **9** 764
Hierakas v. Leontopolis **2** 822
Hierax **2** 86, 1024
Hierax v. Ikonium **1** 152, 874
Hierocles, Beamter d. Maximinus Daia **2** 187
Hierokles **4** 925
Hieronymus, Kirchenvater, hl. **1** 159, 161, 177, 217, 318, 382, 488 ff., 493 ff., 505, 609, 611 f., 628, 659, 726, 749, 756 ff., 822, 833, 942 f., 947, 952, **2** 24, 28, 92, 151, 153, 289, 294, 383, 481, 488, 494, 525–529, 531, 535, 634, 637, 658, 660, 698, 706, 709, 715, 717–722, 727, 732, 772, 789, 794–797, 805, 808, 827, 831, 842, 850, 853, 855, 857–863, 895, 913, 919, 929, 946, 950, 969, 972, 989, 996, 1001, 1044, 1048, **3** 620, 734, 1094,

1097, 1111, 1115, 1130, 1147, **5** 70, 452, **6** 26, 371, 819, **7** 241, 318, 616 ff., 630, 639, 646, 649, 651, 658, 661 ff., 682, 836, **9** 349, 952, **12** 201
Hieronymus v. Colloredo **10** 244
Hieronymus v. Kaffa **6** 833
Hieronymus v. Kiptschak **6** 882
Hieronymus v. Mailand **8** 127, 340
Hieronymus v. Prag **6** 99
Hierotheos, Metropolit v. Monembasia **8** 382
Hierotheos, ungar. Bf. **4** 232, 902
Hierotheus **4** 433
Hierta, Lars **11** 256
Hilarianus, Prokurator **1** 260, 638
Hilarion, Bf., Metropolit **11** 769, 791
Hilarion, Eremit **2** 832
Hilarion, georg. Katholikos **4** 576
Hilarion, hl. **4** 564, 570, 588
Hilarion, Metropolit v. Kiew **4** 945 ff.
Hilarion, Priester **6** 150, 510
Hilarion (Tsigalas), Ebf. v. Zypern **9** 567
Hilarion v. Dalmatu **4** 150, 164, 166, 169
Hilarion v. Didymoteichos **6** 548, 553
Hilarion v. Gaza **3** 620, 627 f.
Hilarius **5** 209
Hilarius, Bf. v. Arles **2** 655, 970, 978, **3** 232, 234 ff., 238–241, 247–250, 967, 1123, 1148
Hilarius, päpstl. Notar in Afrika **3** 71, 195, 915, 919, 972
Hilarius, Papst **1** 449, **3** 52, 54 f., 57, 59, 62 f., 174 f., 242 f., 304, 337, 379, 806, 1131
Hilarius v. Narbonne, Bf. **2** 965
Hilarius v. Poitiers, Bf. **1** 749, **2** 72, 193, 257, 260, 277, 283, 311, 373, 375, 379, 383, 389, 393, 399, 418, 420, 428, 433, 442, 481, 499, 548, 719, 733, 771, 856, 887, 947, 949, 964, 970–973 **3** 172, 227, 247, 252, 790, 863, 1088 f., 1129
Hilarius v. Syrakus **2** 535
Hilarus, Diakon s Hilarius, Papst
Hilda v. Whitby, hl. **4** 629 f.
Hildebald v. Köln **4** 696, 708
Hildebert de Lavardin, Bf. v. Le Mans **5** 491
Hildebrand ↗ Gregor VII., Papst
Hildebrandt, Dietrich v. **12** 28, 263, 757
Hildegard **6** 265
Hildegard, Gattin Karls d. Gr. **4** 706 f.
Hildegard v. Bingen, hl. **5** 203, 212, 441, 465, 817, 936
Hildemar v. Corbie **4** 753
Hilderich, Vandalenkönig **3** 264, 268, 270, 272, 281, 283, 291, 749 f.
Hildibald v. Worms **4** 805, 807
Hildiward v. Halberstadt **4** 801
Hilgenfeld, Adolf **11** 103, 369 ff., 393
Hill, David **11** 1053
Hillel, Rabbi **1** 33, 95, 763
Hillel v. Erfurt **6** 869
Hillenius, Michael **7** 751
Hiller, Michael **8** 187
Himerius **2** 404, **3** 1087
Himerius v. Nikomedia **2** 620
Himerius v. Tarragona, Bf. **2** 486, 647, 859, 905
Himes, Josuah V. **11** 852
Himmelreich, Dr. **12** 760
Himmer, Charles-Marie, Bf. **13** 18
Himmler, Heinrich **12** 695, 975
Hindenburg, Paul v. **12** 11, 388, 683
Hinderbach, Johannes, Bf. **7** 336
Hindi, Augustin **11** 801 f.
Hindiyé **10** 142
Hinkmar v. Laon **4** 695, 717, 763
Hinkmar v. Reims **4** 186, 694–698, 715, 717, 721, 748, 757, 760–763, 765, 773, 780 f., 955
Hinsley, Kard. **12** 787, 837
Hiob **1** 657
Hipparchus **1** 446
Hippokrates **4** 90 f., **8** 1166
Hippolyt v. Rom, hl. **1** 181, 262, 266, 333, 341, 343 f., 362, 374, 381, 415, 446 f., 449, 484, 558, 566, 571, 691 f., 696 f., 798 f., 819, 838 ff., 843, 846, 857, 890, 942, 951 f., **2** 163, 276, 708, 710, 727, 891, 1088, **3** 1113
Hir, A. le **11** 115, 425

Hirn, François Joseph, Bf. v. Tours **10** 645 f.
Hirsch, Emanuel **12** 105, 346, 744
Hirscher, Johann Baptist **10** 272, 712 f., **11** 106, 126 f., 305
Hirth, Johannes Joseph, Apostol. Vikar in Uganda und v. Kivu (Ruanda-Urundi) **11** 1012
Hisach Benrabi **6** 847
Hischām, Kalif **4** 403, 419, 460
Hitda v. Meschede, Äbtissin **4** 815
Hitler, Adolf **12** 18, 57, 64, 124, 343, 348, 351, 354, 358, 365, 400, 406, 412, 415, 425, 486, 570, 642, 674, 684, 689, 714, 746, 759, 761, 767, 975, 979
Hitze, Franz **11** 647 ff.
Hlinka, Andrej **11** 706, **12** 876, 891 f.
Hlond, August **12** 880, 890, 896, 907
Ho Chi Minh, Staatschef v. Vietnam **13** 631
Hoadly, Benjamin, Bf. v. Bangor **9** 497, **10** 44
Hobbes, Thomas **8** 1174, **9** 168, 173, 431, 941, 947, 957, 959, 962, 981, 1013, 1020 f., 1025, **10** 195
Hoburg, Christian **9** 874
Hocart, Thomas **11** 996
Hoch, Pieter de **9** 428
Hoche, Lazare Louis **10** 434, 443
Hochhuth, Rolf **12** 22, 405, 412, 703
Hocker, Thomas **9** 685
Hocking, William F. **12** 1054
Hodge, Archibald Alexander **11** 897
Hodge, Charles **11** 897
Hodgkin, Henry Th. **12** 332
Hodur, Franciszek, Bf. **11** 695
Hody, Martin **10** 522
Hoeck, Johannes M. **13** 89
Hoedemaker, Ph. J. **11** 552
Höffner, Joseph **12** 736
Högsbro, Sofus **11** 587
Hölderlin, Friedrich **10** 798 f.
Hoen, Cornelius **7** 746
Hoënegg, Hoë v. **8** 329, 407, 413
Höß, Kreszentia ↗ Kreszentia v. Kaufbeuren **9** 842
Hofacker, Ludwig **11** 313
Hofbauer, Clemens Maria **10** 671, **11** 108, 122, 296, 329
Hoffman, Melchior **8** 122, 126, 131, 137, 142, 145, 148, 151, 154, 156, 174, 460
Hoffmann, Gottlieb Wilhelm **11** 313
Hoffmann, Professor **10** 426
Hofius, Otfried **1** 356
Hofmann, Christian Conrad v. **11** 92 f.
Hofmann, Konrad **7** 781
Hofmann, Melchior **7** 809
Hofstätter, Felix Franz **10** 177
Hofstede, P. **10** 62
Hofstede de Groot, P. **11** 211
Hogarth, William **10** 242
Høgsbro, Halfdan R. **12** 860
Hohenlohe, Alexander v. **10** 670 f.
Hohenlohe, Gustav Adolf v., Kard. **11** 455
Hohenlohe-Schillingsfürst, Fürst Chlodwig zu, bayer. Ministerpräsident **11** 28, 643
Hōin, Vinzenz, Sohn v. Paulus Yōhōken **8** 925
Holbach, Paul Henri, Baron d' **9** 1106, **10** 234, 275
Holbein, Ambrosius **7** 646
Holbein, Hans d. J. **7** 221, 323, 646, **8** 1200
Holl, Karl **12** 712, 744
Holland, Henry Scott **11** 899
Hollaz, David **9** 413
Holleman, A. W. J. **1** 927
Hollen, Gottschalk **7** 244
Holmes **11** 833
Holste, Lukas **9** 938
Holt, Arthur E. **12** 1089, 1091
Holtby, Richard **8** 540
Holton, Calvin **11** 1000
Holtzmann, Heinrich Julius **11** 378, 428
Holzhauser, Bartholomäus **8** 1070, **9** 267, **10** 674, **11** 129
Homer **1** 610, 616, 629, 740, 742, 748, 755, 881, 885, 892, 906, 922, **2** 402, 708, 718, 732, 946, **9** 106
Homobonus v. Cremona, hl. **5** 445, 529, 831
Honda, Yoichi, Bf. **11** 1059

Honecker, Erich **12** 747
Honecker, Martin **12** 233
Hongi, Häupting in Neuseeland **11** 1063
Honi d. Kreiszieher **1** 25, 27
Honoratus, Archidiakon in Salona **3** 911
Honoratus, Bf. v. Arles **2** 548, 651, 654, 726, 865, 966, 970, 973, 978, **3** 231 f., 238, 248, 250, 967, 969, 1123
Honoratus, Bf. v. Mailand **3** 478
Honoratus, Bf. v. Marseille **3** 234, 236
Honoratus, Bf. v. Sicilibba **2** 253
Honoratus, Bf. v. Thia bena **3** 271
Honoratus, Bf. v. Thucca **1** 643
Honoratus, Diakon, päpstl. Apokrisiar **3** 934
Honoratus v. Robba, donat. Bf. **2** 523
Honoré Bouvet **6** 492
Honoré de Cannes, Kapuziner **9** 326 f.
Honorius, weström. Ks. **2** 467–470, 472, 475, 477, 500, 511, 515, 521, 539, 542, 545, 552, 566, 646, 662, 698, 804, 899, 901, 903, 994, **3** 222, 303, 312, 576, 1018
Honorius I., Papst **3** 557, **4** 32, 42, 49 f., 75, 618 f., 624, 626 ff., 645 f.
Honorius II., Gegenpapst **5** 33, 39 f., 42, 62
Honorius II., Papst **5** 156, 181, 185–188, 190, 193, 198, 200, 206, 243, 248, 407, 605, 677
Honorius III. (Savelli, Cencio), Papst **4** 952, **5** 195, 232, 555, 557, 559 f., 568, 570, 574, 595 f., 599–602, 611, 643, 648 ff., 676, 679, 741, 769, 777 ff., 787, 790, 836, 838, 847, 864, 866 ff., 870, 890, 928, **5** 232, 559, 568, 601, 650, **6** 364
Honorius IV. (Giacomo Savelli), Papst **5** 599, 625, **6** 32, 34, 38, 43, 578, 627, 685
Honorius Augustoduniensis **5** 392, 536, 658, 665, 913, 918
Honorius v. Canterbury **4** 625, 630
Honterus, Johannes **8** 635
Hontheim ↗ Febronius
Hoogstraeten, Jakob **7** 615, 848, 854
Hooke, Lukas-Joseph **9** 1106, 1113, **10** 284, 427
Hooker, Richard **8** 232, 234, 560, **9** 93, 867
Hoonacker, Albin van **11** 543
Hooper, John **8** 220
Hoover, Herbert Clark **12** 1039, 1108
Hoover, W. C. **11** 965 f., **12** 1215
Hopkins, Gerard Manley **11** 566, 573
Hopkins, John **8** 1233
Hopkins, Samuel **9** 713
Horaz **1** 761, **2** 734, 949, **4** 852, **5** 452, **7** 622, **9** 1051
Horik, dän. Kg. **4** 729
Hormez, Johannes, Patr. v. Babylon **9** 598, **11** 801 f.
Hormisdas I., Papst **3** 146, 149–153, 192, 194–197, 199 ff., 203 ff., 207 f., 288, 309, 317, 322, 327, 338, 378, 389, 394, 399, 437 f., 442, 452, 460, 770, 945, 1003, 1134, **4** 422
Hormizd I., pers. Kg. **3** 1180, 1297
Hormizd II., pers. Kg. **3** 1180
Hormizd III., pers. Kg. **3** 1180
Hormizd IV., pers. Kg. **3** 1180
Horn, Georg ↗ Hornius
Horn, Johannes (Jan Roh) **7** 765
Horne, Melville **11** 998 f.
Horneck, Anton **9** 452
Horner, Antoine **11** 1010
Horney, Karen **12** 1074
Hornius (Georg Horn) **9** 939, 947
Horrebow, O. **10** 62 f.
Horsiesi **2** 824, 826, **3** 565
Horsley, Lee **12** 774, 780, 783, 787
Hort, Fenton John Anthony **11** 565, 567
Horta, Salvador de **8** 704
Hortemels, Madeleine **9** 396
Hortensianus, Bf. v. Lares **1** 642
Hortensius, Ehemann d. Marcia **1** 633
Horthy, Miklós (Nikolaus) **12** 414, 416, 878, 893, 902
Horton, Douglas **12** 1079
Hosius (Hozjus), Stanislaus **8** 256, 258, 340, 346, 649
Hoskyns, Edward G. **12** 818
Hospinian, Rudolf **8** 17, 412, 436
Hospital, Michel de l' ↗ L'Hôpital, Michel de

Hospitius, Einsiedler **3** 970, 990
Hossenfelder, Joachim **12** 174, 716
Hostiensis, Kard. ↗ Heinrich v. Susa
Hotman, François **8** 482, 1176
Hotovitsky, D. **12** 54
Houbigant, Charles François **9** 1119, 1127
Hough, George **11** 1032
Houphouët-Boigny, Félix, Staatsoberhaupt der Republik Elfenbeinküste **13** 557, 573, 604
Hourdin, Georges **13** 326
Hours, Joseph **12** 382
Houteville, Claude **9** 1105, 1116 ff., 1127
Houtin, Albert **11** 432, 443
Hovanyi, Fr. **11** 111
Howard, Familie **8** 543
Howard, John **10** 845
Howe, William **11** 147
Howley, William, Ebf. v. Canterbury **10** 693, **11** 224
Howson, John **11** 239
Hoxha, Enver, alban. Staatschef **13** 353
Hoyois, Giovanni **12** 661
Hrabanus Maurus **4** 735, 753 ff., 757 f., 761, 765
Hranoyš, armen. Fürstin **4** 527
Hromádka, Josef L. **12** 77, 82, 124, 353, 366, 371, 674, 718, 909, 993, **13** 355, 395
Hrotsvith (Roswitha) v. Gandersheim **4** 813 f., 851
Hruševs'kyj, Mychajlo **11** 702
Hsi (Xi) **11** 1050
Huascar **8** 775, 777
Huayna Capac **8** 775
Hubald v. Sabina, Kard. **5** 67
Ḥubaysch, Arzt **4** 462
Ḥubaysch ibn al-Ḥasan **4** 468
Huber, Lorenz **11** 650
Huber, Samuel **8** 436
Huber, Victor **10** 726
Huberinus, Caspar **7** 745
Hubert, Bf. **10** 526
Hubert v. Lüttich **4** 679
Hubmaier, Balthasar **7** 326, 809, 822, 824, 851, 873, **8** 134, 154
Huby, Joseph **12** 211
Huby, Vincent **9** 317, 862
Hucbald v. St-Amand **4** 757
Huchard **10** 815
Hudal, Alois **12** 759
Huddleston, Trevor, Bf. v. Tanganjika **13** 582
Hueblocq, Martin **8** 470
Hübner, Reinhard M. **1** 325 f.
Hüeman, E. **11** 594
Hügel, Friedrich v. **11** 337, 429, 431 f., **12** 819
Hügelü, mong. Großkhan **7** 537, 540 f.
Hülagü, mongol. Khan **5** 721, 782, 793 f., **6** 230, 878
Hünermann, Peter **13** 197
Huet, François **11** 538
Huet, Pierre-Daniel, Bf. v. Avranches **9** 966, 1101
Hug, Leonhard **10** 713
Hughes, John, Bf. v. New York **11** 860, 864, 868
Hughes, John Jay **12** 1105
Hugo, Abt v. Saint-Amand **5** 403
Hugo, Victor **10** 801, **11** 20
Hugo I. v. Salins, Bf. **5** 270
Hugo II. v. Rouen, Hzg. der Normandie **4** 781
Hugo Candidus, Kard. **5** 43, 48, 53, 292, 297, 299
Hugo Capet, franz. Kg. **4** 827 f., 838, 844, 870
Hugo d. Große, Hzg. **4** 781, 799
Hugo d. Weiße, Mönch v. Remiremont **4** 872
Hugo de Lusignan **6** 494, 607
Hugo v. Auxerre, Bf. **5** 166
Hugo v. Besançon, Ebf. **5** 166
Hugo v. Cluny, Abt **5** 55, 70, 113, 161–167, 172, 296 f., 405, 408, 424, 426, 530
Hugo v. d. Provence **4** 822
Hugo v. Die **5** 51, 57, 93–97
Hugo v. Digne, Franziskaner **5** 847, **6** 322
Hugo v. Flavigny **4** 353
Hugo v. Fleury, Abt **5** 97, 104, 661, 663, 669

Hugo v. Fosses, Abt v. Prémontré **5** 421, 540
Hugo v. Grenoble, Bf. **5** 144
Hugo v. Hohenlandenberg, Bf. **7** 851
Hugo v. Lincoln, hl. **5** 529, 934
Hugo v. Lisieux, Bf. **5** 100
Hugo v. Lyon, Ebf. **5** 65, 68
Hugo v. Payens **5** 319f.
Hugo v. Rouen **4** 650
Hugo v. Saint-Cher, Kard. **5** 596f., 610f., **6** 424
Hugo v. Saint-Victor **5** 154, 418, 440, 458, 467, 565, 665, 669
Hugo v. Salins **4** 871
Hugo v. Semur ↗ H. v. Cluny, Abt
Hugonin, Bf. v. Bayeux **11** 505
Huguccio, Kanonist **5** 214, 244f., 464, 563f., 600, 621, 626, 630, 633, 635, 645, 770, 818, 826, **6** 92, **8** 1196
Hugues, Victor **10** 99, 101
Hugues d'Arcy **6** 642
Hugues Géraud **6** 629
Hugues Roger, Bruder Clemens' VI. **6** 37
Huisseau, Isaac d' **9** 422, 973
Huisseau, René d' **9** 179
Hull, W. **12** 340
Hulst, Maurice d', Bf. **11** 350, 427ff., 436, 468, 510
Hultgren, G. **12** 858
Humbeeck, Pierre van **11** 537
Humbert, Rekluse **4** 791
Humbert II. v. Viennois **6** 874
Humbert de Romans **6** 7, 11, 265, 365, 369, 871, 881
Humbert v. Moyenmoutier ↗ Humbert v. Silva Candida
Humbert v. Ormont, Ebf. **5** 573
Humbert v. Romans **5** 571, 786, 789, 916, 919
Humbert v. Silva Candida, Kard. **4** 320, 351, 354f., 357, 359f., 872–875, **5** xxv, 23, 35, 47, 83, 118
Humbert v. Toul, Mönch **4** 812
Humboldt, Alexander v. **10** 76
Humboldt, Wilhelm v. **10** 662
Hume, David **9** 1024f., 1126, **10** 493
Humfrey, Pelham **9** 1078
Hummel, Dekan **9** 423
Ḥunayn, Arzt **4** 462f.
Ḥunayn ibn Isḥāq **4** 398, 467f.
Hunerich, Vandalenkönig **3** 268, 272f., 276, 279, 281–284, 294f.
Hung-Hsiu-Ch'uan ↗ Tai-Ping-Wang
Hunne, Richard **7** 459
Hunne, Stephen **7** 459
Hunnius, Aegidius **8** 400
Hunt, Holmund **11** 239
Huntingdon, Selina Gräfin v. **9** 457
Huntington, Jedediah V. **11** 857
Huntington, Lady **10** 51
Huntington, William Reed **11** 892
Huntpichler, Leonhard **7** 119
Hunyadi, Johann **7** 75, 420f.
Hurd, Richard **10** 48
Huré, Charles **9** 370
Hurley, Denis, Ebf. v. Durban **13** 582
Hurley (Sektierer) **12** 1120f.
Hurmazd I., sassan. Herrscher **2** 1077
Hurmazd II., sassan. Herrscher **2** 1078
Hurtado, Alberto **12** 1160, **13** 495, 516
Hurtado de Mendoza, Juan **7** 405, 601
Hurter, Friedrich Emmanuel **11** 242
Hus, Jan ↗ Jan Hus
Ḥusayn ibn ʿAmr **4** 464
Huschke, Philipp Eduard **11** 315
Hussein, Bey, v. Algier **11** 995
Hussein, Saddam **13** 440
Hussein II., jordan. Kg. **13** 443
Husserl, Edmund **12** 205
Hut, Hans **7** 809, 824, 827f., **8** 125, 130, 168
Hutchinson, Anne **9** 687
Hutten, Ulrich v. **7** 221, 306, 328, 615, 720, 724, 729, 857
Hutter, Jakob **8** 123, 133–136
Leonhard **8** 17, 39, 44, 412
Huusman/Huysman, Roelof ↗ Agricola, Rudolf
Huvelin, Henri **11** 123, 337, 342, 429
Huxley, Aldous **12** 162, 823
Huxley, Julian **12** 174
Huxley, Thomas Henry **11** 434f.

Huygens, Gommaire **9** 981, 1090
Huysmans, Joris-Karl **11** 339, 344 ff., 348, **12** 169
Ḥuzāma, armen. Gouverneur **4** 500
Huzayma, Beamter d. Kalifen in Georgien **4** 555
Hwang, Alexander **10** 156
Hwang Sa-yong **10** 155
Hyacinthus, arseniat. Mönch **6** 169
Hyaleas, Priester **6** 499
Hydatius, Chronist **2** 1002
Hydatius v. Aquae Flaviae, Bf. u. Chronist **3** 213–221, 405
Hydatius v. Chaves, Bf. **2** 948, 956, **3** 219 f.
Hydatius v. Mérida, Bf. **2** 484–488, 490, 493–496, 502
Hydax **2** 728
Hyde, Edward, Graf v. Clarendon **9** 102, 109, 981
Hygieia (griech. Göttin) **2** 74
Hyginus, Bf. v. Rom **1** 377, 678
Hyginus v. Cordoba, Bf. **2** 484, 486, 493
Hyncock, Thomas **8** 220
Hypatia, Philosophin **2** 1024
Hypatios, hl. **3** 630, 639
Hypatios v. Otranto, Metropolit **4** 378
Hypatios/Hypatius, Bf. v. Ephesos **3** 437, 657, 674 f., **4** 139
Hypatius, Neffe des röm. Ks. Anastasius **3** 146
Hypatius v. Rufianes, hl. **2** 774, 798, 811, 838
Hyperius, Andreas Gerhard **8** 979
Hyre, Laurent de la **9** 1043
Hyun Kyung Chung **13** 134, 210, 668

I Pyok **10** 152 ff.
I Sung-hun (Peter) **10** 153 ff.
Iader, Bf. v. Midili **1** 644, 655
Iambus, Bf. v. Germaniciana **1** 643
Ianuaria, Märt. **1** 627
Ianuarius, Bf. v. Cagliari **3** 907 f.
Ianuarius, Bf. v. Lambaesis **1** 644
Ianuarius, Bf. v. Malaga **3** 921
Ianuarius, Bf. v. Muzula **1** 643
Ianuarius, Bf. v. Vicus Caesaris **1** 643
Ianuarius, Märt. **2** 669, 681
Ibar v. Beggery **3** 874
Ibas v. Edessa **2** 1040, 1084, **3** 4, 27, 39 f., 44 f., 49 ff., 55, 66 f., 70, 111 f., 437, 448 f., 451, 455 f., 464, 481, 533, 568, 756, 942, 1200
Ibáñez, Pedro **8** 696
Ibba, ostgot. General **3** 386
Ibiam, Francis **12** 84
Ibiapina, José Maria de (Taufname José Antônio Pereira) **11** 945 f., 952
Ibn al-Chatir **6** 220
Ibn al-Hidah **6** 219
Ibn al-Nadim **1** 497, 503
Ibn Aṯradī **4** 464
Ibn Baddscha (Avempace), Philosoph **5** 475
Ibn Battuta **6** 190
Ibn Dokē, armen. Gouverneur **4** 500
Ibn Madjid **7** 527
Ibn Rosteh **4** 232
Ibn Rušd (Averroes), Philosoph **5** 475, 875, 880–883, 905, **7** 508
Ibn Sandjala, Sekretär **4** 460, 464
Ibn Sīna (Avicenna), Philosoph **4** 468, **5** 875, **9** 1015
Ibn Sulaym al-Aswānī **4** 449
Ibn Ṭūlūn, Kalif **4** 404
Ibn 'Abdallah Hātem, Michael **9** 591
Ibrāhīm, Emir **4** 503
Ibrahim, Sultan **9** 540
Ibrahim, türk. Verwaltungsbeamter **9** 552
Ibrāhīm ibn ʿAbd Allāh **4** 467
Ibrāhīm ibn al-Salt **4** 467
Ibrāhīm ibn Bakus **4** 467
Ibrāhīm ibn Yūḥannā **4** 407
Ibrahim Pascha **10** 138, **11** 138
Ibrahim v. Tiberias, Mönch **4** 414
Ibrisimović, Pater **9** 600
Ibsen, Henrik **11** 340, 583
Icard, M. **11** 115
Ickstatt, Johann Adam v. **10** 174
Ida, Äbtissin in Gandersheim u. Köln **4** 810
Ida v. Boulogne **5** 442
Ida v. St. Cäcilien, Äbtissin **5** 109

Ieyasu, Tokugawa **8** 913, 929, **9** 759
Ignatios, Patr. v. Konstantinopel **4** 177–184, 187f., 190ff., 195, 197, 201, 224f., 283, 305, 714ff., 718f., 925, 928f.
Ignatios IV. Hazim, griech.-orth. Patr. v. Antiochien **13** 468, 470
Ignatios bar Qīqī, Metropolit **4** 461
Ignatios Jakob III., syr.-orth. Patr. **13** 460f.
Ignatios Studites **6** 548
Ignatios Xanthopulos **6** 183
Ignatios Zakka I., syr.-orth. Patr. **13** 437, 458, 462
Ignatius II., Patr. v. Antiocheia **6** 220f.
Ignatius IV. Hazim, Patr. v. Antiochien **12** 1021
Ignatius XII. Nuh (Noah), Mar, Patr. **9** 597
Ignatius XXI. PatriarchSham'ūn, Mar, syr. Patr. **9** 597
Ignatius Basilius, syr. Patr. **6** 215
Ignatius Ismael, syr. Patr. **6** 216
Ignatius Josua, syr. Patr. **6** 215
Ignatius Michael II., syr. Patr. **6** 216
Ignatius Philoxenus, syr. Patr. **6** 215
Ignatius v. Antiochien **1** 80, 156, 159, 162ff., 174, 180, 218, 247, 251, 276, 295, 299, 309, 322, 324–330, 332f., 335f., 371, 458, 675, 680, 779f., 817, 840, 928, **2** 23, 41, 43, 1088, **8** 340, **9** 952
Ignatius v. Loyola, hl. **7** 174, 226, 232, 360, 405f., **8** 248, 278, 291, 298, 594, 601, 611, 651, 665, 671, 674, 677, 704, 735, 866, 926, 937, 1008, 1040, 1045, 1066, 1072, 1115, 1202, 1215, **9** 752, 796, 825, 856, 870, 911, 1034, 1039, **10** 238, 762, **12** 15, 255, **13** 4
Ignell, Nils **11** 256
Igor, russ. Großfürst **4** 939
Ihmels, Ludwig **12** 48
Ikelia, Pilgerin **3** 619
Ildefons v. Toledo **3** 1087, **4** 613, 615, 673
Ildibad, ostgot. Kg. **3** 776
Illidius, Bf. v. Clermont **3** 1036
Illus **3** 133f.
Illyricus, Thomas **7** 517, 848
Ilminskij, Nikolas **11** 765
Iltred **3** 977
Iltschagatai, mongol. Chān **6** 883
Ilundaín, Eustaqui **12** 529
Imbert, Laurent Joseph Marius, 2. Apostol. Vikar v. Korea, Bf. **11** 1053
Imbroich, Thomas v. **8** 177
Imma, alemann. Adlige **4** 706
Immo v. Gorze **4** 793, 803, 841
Immo v. Reichenau **4** 850
Imperia, röm. Kurtisane **7** 98
Imre ↗ Emerich, ungar. Kg.
Incarnation, Marie de l' ↗ Marie de l'Incarnation
Indicia **2** 849
Indicopleustes, Cosmas ↗ Cosmas Indicopleustes
Inés de la Cruz, Juana, Schwester (Inés de Asbaje y Ramírez) **9** 631f.
Inge, William Ralph **12** 816
Ingeborg v. Dänemark **5** 439
Ingeborg v. Frankreich **5** 691
Ingenuus, Bf. v. Embrun **3** 243, 254
Ingitrudis **3** 982
Ingman, A. W. **11** 592
Ingold, Heinrich, Bürgerm. v. Straßburg **7** 637
Ingoli **12** 306
Ingoli, Francesco, Kard. **8** 846, **9** 235, 616, 734
Ingrand **10** 388, 394
Ingres, Jean A. D. **12** 167
Inguimbert, Malachias d', Bf. v. Carpentras **9** 204f., 248
Iñigo López de Loyola ↗ Ignatius v. Loyola
Injuriosus, Bf. v. Tours **3** 814
Inka Atahualpa **9** 643
Innitzer, Theodor **12** 760
Innocentius v. Maronea **3** 1200
Innozenz I., Papst **1** 274, **2** 498, 502, 537, 542, 565, 637, 662, 807, 851, 899, 903, 905, 910, 964, 966, 1062, **3** 576, 1026, 1029, 1092, **6** 571, **9** 349, **10** 345
Innozenz II. (Gregor Papareschi), Papst **5** 79f., 134, 181, 185, 190–201, 203f.,

206, 208, 210, 227, 233, 245 f., 321, 330, 399, 413, 470, 493, 605, 607
Innozenz III. (Lando v. Sezze), Gegenpapst **5** 182, 225
Innozenz III. (Lothar v. Segni), Papst **5** 234–237, 242 f., 246–249, 382, 386, 436, 464, 470, 475, 486, 501 f., 555–564, 565–570, 581–585, 587 ff., 594, 596 f., 599 f., 602–607, 609 ff., 615, 617–624, 626, 628 f., 632 ff., 636, 638–644, 646–651, 659, 663, 665 ff., 671, 673–676, 688–692, 699 f., 709, 733 f., 736–739, 741, 748 f., 762 f., 766–772, 775 ff., 779, 785, 791, 815, 818, 831, 834, 838, 862 f., 867, 870, 872 f., 886, 890, 916, 927, **6** 8, 51, 270, 349, 364, 379, 581, 589, 600, 888, **8** 196, 297
Innozenz IV. (Sinibaldo Fieschi) Papst, **4** 894, **5** 333, 555–560, 572–576, 589–592, 594–597, 599 f., 604, 609 ff., 616, 619 f., 623 ff., 637 f., 639, 643, 651, 653, 666 f., 669, 672 f., 680 ff., 684, 705, 733 ff., 751, 761, 770, 772, 780, 785 f., 788, 790, 792, 801, 828, 846 f., 849, 855, 865, 868, 892, 903, **6** 57, 66, 68, 221, 316, 424, 488, 543, 590, 766, 831, 836, 864
Innozenz V. (Pierre de Tarentaise), Papst **5** 599, **6** 4, 32, 34, 38
Innozenz VI. (Etienne Aubert), Papst **6** 34, 37, 39, 43, 49, 60, 229, 491, 574, 601, 874, 889
Innozenz VII. (Cosma Migliorati), Papst **6** 89, 101, 108
Innozenz VIII. (Giovanni Battista Cibò), Papst, **7** 70, 81 f., 93, 101, 106, 140, 162, 244, 296, 408, **8** 1074
Innozenz IX., Papst **8** 277, 1222
Innozenz X., Papst **9** 147, 168, 216 f., 220, 227 ff., 233, 244, 358 f., 363, 366, 767 f.
Innozenz XI., Papst **9** 135, 179 f., 183, 192, 203 f., 215, 217 ff., 221–224, 228, 230, 238, 251 f., 256, 373, 540, 604, 764 f., 770, 773 f., 907, 1000, 1007
Innozenz XII., Papst **9** 183, 216, 218 f., 228, 337, 812, 907, 994
Innozenz XIII., Papst **9** 219, 387, 776, 817
Instantius (Schüler Priszillians) **2** 485, 489, 493, 950
Institoris, Heinrich **7** 127, 296 f., 326, **8** 1074, 1089
Invrea, Francesco **11** 617
Ioann v. Ladoga, Metropolit v. St. Petersburg **13** 413
Ioannakios **4** 166, 277 f., 282, 286
Ioannikios, Mönch **4** 169, 178
Ioannikios v. Olymp ↗ Methodios, Patr. v. Konstantinopel
Ioasaf, Metropolit v. Transsylvanien **9** 581
Iorest, Ilia, Metropolit v. Transsylvanien **9** 581
Iosif v. Volokolamsk **7** 30, 61 f., 64, **8** 377
Iotele, Häuptling auf den Marquesas-Inseln **11** 1069
Iov, Patr. v. Moskau **8** 382
Irakli I., Kg. v. Kartli (als Muslim mit d. Namen Nazar Ali Khan) **9** 586
Irakli II., Kg. v. Kartli **9** 587
Iranzo, Miguel Lucàs de **7** 394
Irbachi, Nikephor **9** 587
Ireland, John, Ebf. v. St. Paul **11** 442, 512, 601, 886, **12** 1112
Irenäus, Bf. v. Sirmium **2** 152
Irenäus, comes **2** 595, 597, 612, **3** 22
Irenaeus, Gesandter **3** 188
Irenäus v. Lyon **1** 91, 145 f., 153 f., 158 f., 162 f., 170, 179, 181, 220, 223, 252, 255, 280, 293, 320, 323, 331, 335, 347, 377 ff., 395, 452, 454, 457, 459, 461, 482 ff., 487, 491, 521, 528, 534, 536 f., 545–551, 563, 585, 591, 593, 638, 662 f., 666, 677, 679, 681–685, 688 f., 699, 718, 724 f., 737 f., 763, 768 ff., 788 ff., 795 f., 810, 812, 816–819, 826–829, 853, 855 f., 860, 890, 904, 950, **2** 56, 83, 138, 142, 720, 904, 1091, **3** 1087, **8** 314, 340, **11** 123
Irenäus v. Tyrus, Bf. **3** 34, 36 ff., 45, 66, 68, 551
Irene, Äbtissin v. Chrysobalanton **5** 506
Irene, Gattin Joannes III., byzantin. Ksn. **5** 740

Irene s. a. Eirene
Irene, Tochter Kg. Ladislaus' v. Ungarn, byzantin. Ksn. **5** 4, 349, 359, 510
Irene Dukas, byzantin. Ksn. **5** 3, 14, 24, 505
Irene-Eulogia Palaiologina **5** 754
Irene v. Perama **3** 541
Ireton, Schwiegersohn Cromwells **9** 113
Irina, Tochter Michail Romanovs **8** 386
Irmingard, Gattin Ludwigs d. Fr. **4** 711
Irmino v. St-Germain-des-Prés, Abt **4** 701
Irujo y Ollo, Manuel de **12** 528
Irvine, William **12** 1132
ʿIsa d. Interpret **6** 212
Isā ibn Farrukhanshah **4** 463
Isā ibn Ibrahim **4** 463
Isā ibn Schalufa, Arzt **4** 463
Isā ibn Yaḥyā **4** 468
Isā ibn Yaḥyā v. Gurgan **4** 435
Isā ibn Zur'a v. Bagdad **4** 434f.
Isaac, donat. Märt. **2** 259
Isaac, Gegner Damasus' **2** 891
Isaac, Heinrich **8** 1224
Isaac, Jules **12** 298
Isaac, span. Adliger **4** 740
Isaak, Erzvater **1** 491, 695, 735, **2** 748, 751, 754f.
Isaak, Bf. v. Seleukia-Ktesiphon **2** 1083
Isaak, donat. Märt. **2** 264
Isaak, Julius **13** 92
Isaak, maronit. Priester **6** 838
Isaak, Neffe Melchisedeks **9** 593
Isaak, Patr. v. Alexandreia **4** 416, 419, 439, 443, 449
Isaak, Patr. v. Antiocheia **4** 438
Isaak, syr. Mönch **2** 558, 838, **3** 631
Isaak I. Angelos, byzantin. Ks. **5** 386
Isaak I. Komnenos, byzantin. Ks. **4** 322, 325, **5** xxxiii, 3, 21, 24, 350, **5** 13, 24f., 355, 359
Isaak II. Angelos, byzantin. Ks. **5** 349, 352, 357, 366, 382, 718, 734, 743
Isaak Argyros **6** 819
Isaak Aron **5** 517
Isaak d. Syrer **4** 407
Isaak v. Antiocheia **3** 614
Isaak v. Anestorian.ntiochia **3** 607
Isaak v. Harran **4** 431
Isaak v. Jerusalem **3** 955
Isaak v. Ninive **4** 408, 466
Isabel de la Cruz **8** 673, 679, 694
Isabella I. ↗ Isabella d. Katholische
Isabella II., Kgn. v. Spanien **11** 285f., 289f., 631
Isabella d. Katholische, Kgn. v. Kastilien **6** 850, **7** 88, 181, 384f., 387, 395, 401f., 404, 407f., 560, 590, 594, 598f., 630, **8** 498, 671, **9** 81f., 655
Isabella de la Cruz **7** 755
Isabella v. Brienne **5** 676, 778f.
Isabella v. Frankreich **6** 604
Isabella v. Portugal **6** 540
Isaeus, Rhetor **2** 713
Isaia v. Trani, Rabbi **5** 746
Isaias, Bf. v. Cilkani **3** 1280
Isaias, Eremit **2** 823, 832
Isaias, Mönch **3** 128, 134
Isaias, Rekluse **5** 742f.
Isaias d. Asket **3** 659, **4** 466
Isaias v. Nitsch **6** 227
Isboulos, bulg. Kavchán **4** 924
Ischaq, Adib **11** 815
Ischōʿbar ʿAlī **4** 468
Ischōʿbar Nūn, nestorian. Katholikos **4** 464
Ischōʿdad v. Merw **4** 464f.
Ischōʿdenaḥ v. Basra **4** 467
Ischōʿjahb II., nestorian. Katholikos **4** 458
Ischōʿjahb III., nestorian. Katholikos **4** 454, 459, 461, 464
Ischōʿjahb IV., nestorian. Katholikos **4** 462
Ischyras **2** 330, 335, 1015
Ischyrion, Diakon **3** 97
Isenberg, Karl-Wilhelm **11** 992
Isenbiehl, Johann Lorenz **10** 275
Isḥāq, Arzt **4** 462
Ishaq ↗ Yeshaq
Isḥāq ibn Ḥunayn **4** 398, 468
Isḥaq v. Seleucia-Ctesiphon, pers. Katholikos **3** 1169, 1180
Ishôsabran, pers. Märt. **4** 17
Isidor, Bf. v. Sevilla **2** 715, 952, 991, **3** 401f., 406, 408, 785–788, 790, 792,

851, 854, 857–862, 864, 976, **4** 5, 235, 612 f., 615 f., 634, 666, 670, 673, 678, 681, 736, 758, **5** 669, **8** 670, 704, 1072
Isidor, Eremit **2** 822
Isidor, Gnostiker **1** 524, 542
Isidor, Sohn des Basilides **1** 591, 593
Isidor II., Patr. v. Konstantinopel **7** 45
Isidor v. Alexandria, Priester **2** 556, 787, 1022, 1057
Isidor v. Kiew, Metrop. **6** 188, 254, 824, 826, 829, **7** 18, 25, 49, 53 ff., 73, 430
Isidor v. Madrid, hl. **9** 1055
Isidor v. Pelusium **2** 716, 822, **3** 12
Isidoros, Abt **3** 447
Isidoros, alexandrin. Diakon **3** 952
Isidoros Buche(i)ras, Patr. v. Konstantinopel **6** 139, 145, 154, 165, 175, 178, 202, 546, 552, 557, 559, 562, 618, 622
Isidoros Glabas **6** 402, 499, 503
Isidoros v. Anchialos **6** 146
Isidoros v. Chios, hl. **3** 761
Isidoros v. Monembasia **6** 175
Isidoros v. Pelusion **3** 640, **4** 215
Isidoros v. Thessalonike **6** 148, 151, 298, 407, 497, 503
Isidorus, Präfekt **3** 21
Isidorus Mercator (Pseudoisidor) **4** 763, 827, **5** 617
Isis **1** 518
Isleifr Gizurarson, isländ. Bf. **4** 909, **5** 339
Ismael, Rabbi **1** 867
Isma'il **11** 783, 796, 815
Isma'il I., Schah v. Persien **7** 530, 542, 547, 577, **9** 585
Isoard, Joseph **10** 465
Isocasius **3** 68
Išoʿdenah· v. Basrā **3** 1178
Išoʿjahb, armen. Katholikos **4** 484
Isokrates, Redner **1** 792, **2** 707
Isolani, Isidoro **7** 342, **9** 909
Isonius, Bf. **2** 499
Išoʿyahb I., pers. Katholikos **3** 1173, 1177, 1180
Išoʿyahb II., pers. Katholikos **3** 1177, 1179 f.
Israel, Arzt **4** 462
Israel, Manasse ben ↗ Manasse ben Israel
Israel v. Kaschkar, Bf. **4** 464
Israyēl Otʿmsecʿi, armen. Katholikos **4** 490
Ithacius v. Mérida, Bf. **2** 501
Ithacius v. Ossonoba, Bf. **2** 484, 487, 489–495, 500, 964
Ito, Mancio **8** 924
Iturbide, Agustín de, General **10** 783
Iuabaianus, Bf. aus Mauretanien **1** 644, 647, 653, 655, 661
Iulia Florentina **2** 680
Iulia Geliola **2** 523
Iulianos Euteknios **1** 688
Iulianus, Bf. v. Thelepte **1** 643
Iulianus (Grundbesitzer, Hippo) **2** 678
Iulius Afrikanus **2** 727
Iunius, Bf. v. Neapolis **1** 642
Ivan III. d. Große **7** 3, 30, 55–62, 64, **8** 377, **9** 504
Ivan IV., d. Schreckliche, Zar v. Rußland **7** 62, 65, **8** 282, 378, 380, 386, **9** 506, 518, 522, 536, **11** 762, **13** 405
Ivan V., Zar v. Rußland **9** 509, 523
Ivan d. Jüngere, moskov. Prinz **7** 57 f.
Ivan d. Schreckliche ↗ Ivan IV., der Schreckliche
Ivan (Johannes) Asen II., bulg. Kg. **5** 709, 719
Ivan v. Moskau **6** 179
Ivanov, Feodor **9** 527
Ivanov, Makarij **11** 742
Ivanovitch-Niegus, Nikanor, Metropolit v. Montenegro **11** 770
Ivens, William **12** 1132
Ivireanul, Antim ↗ Antim Ivireanul
Ivo v. Chartres **5** 95 ff., 104, 152, 278, 438 f., 455, **6** 539
Iwand, Joachim **12** 126
Iwanis v. Tabriz ↗ Johannes v. Tabriz
Iwo, Bf. v. Krakau **5** 696
Iyas Effendi, Mullah **7** 38
Iyasu, Lij **11** 813
Iyāsu II., Negus v. Äthiopien **9** 596
Iyasus Mo'a, Abt v. Dabra Hayq **6** 240
Izid-Bozid, georg. Katholikos **4** 574
Izvekov, Pimen **12** 996

Izvolski, Alexander **11** 758

Jabineau **9** 404, **10** 320
Jablonski, Daniel Ernst ↗ Figulus-Jablonski, Daniel Ernst
Jaca, Francisco José de **9** 710
Jacini, Stefano **11** 433, 601
Jackson, Andrew, 7. Präsident der USA **11** 844, 890
Jackson, George **12** 810
Jacob, Edmond **11** 375
Jacob, Henry **8** 569
Jacobazzi, Domenico **7** 123, 137
Jacobellus v. Střibra ↗ Jacobus v. Mies
Jacobi, Friedrich Heinrich **10** 668
Jacobini, Domenico **11** 625
Jacobini, Lodovico, Nuntius in Wien, Kard. **11** 462f., 493, 495
Jacobis, Giustine de, Apostol. Präfekt und Vikar v. Abessinien, Bf. **11** 812f., 991
Jacobus, Apostel **4** 736
Jacobus, Schüler d. Pelagius **2** 532, 535
Jacobus a Voragine **7** 241, **8** 248
Jacobus de Marchia (Mark Ancona) **6** 356, 377, 527, 538, 745
Jacobus de Voragine (Jakob v. Varazze) **6** 356, 731
Jacobus v. Mies **6** 336, 340, 806, **7** 463
Jacomo Ferrer **6** 851
Jacopino da Tradati **6** 101
Jacopo Passavanti **6** 356, 360, 377, 380
Jacquelot, Isaac **9** 1116
Jacquemet, Bf. **11** 172
Jacquemin, M. **10** 96
Jacquemin, Nicolas, Bf. **10** 99f.
Jacquemont, François **10** 675
Jacques de Molay **6** 594, 596f.
Jacques de Vitry **6** 377
Jacques Duèse ↗ Johannes XXII., Papst
Jacques Fournier ↗ Benedikt XII., Papst
Jacques v. Troyes ↗ Pantaléon, Jacques
Jadwiga ↗ Hedwig v. Polen
Jäger, August **12** 715, 718
Jaenberth v. Canterbury **4** 744
Jänicke, Johannes **11** 314, 1043
Jaffray, R. **11** 1043
Jagiełłonen, Geschlecht **8** 619, 621
Jahan, Schah **9** 800ff., 804
Jahangir, Sohn Akbars **9** 800f., 804
Jahāngir (Salīm) **8** 888, 892, 895, 897
Jahballahā, nestorian. Katholikos **4** 454
Jahballaha I., Bf. v. Seleukia-Ktesiphon **2** 1083
Jaime Alvarez de Paz **9** 839
Jais, Aegidius **10** 269
Jakob **1** 491, 735, 747, 769, 918
Jakob, Patr. v. Alexandreia **4** 432, 437, 441, 445, 450
Jakob, Vardapet **6** 229
Jakob I., Kg. v. England (Jakob VI. v. Schottland) **8** 205, 233, 235, 335, 538, 550, 561, 566, 568, 700, 861, 1027, 1085, 1178, **9** 88–91, 93, 95, 111, 162, 167, 197, 440, 447, 495, 678, 804, 848, 997, 1058, 1143, **12** 1044
Jakob I., Kg. v. Aragón **5** 671, 762, 783, **6** 8, 845
Jakob I. Theodoret, nestorian. Katholikos **4** 403
Jakob I. v. Schottland **6** 660
Jakob I. v. Zypern **6** 767
Jakob II., Katholikos v. Sis **6** 225, 229
Jakob II., Kg. v. England Schottland u. Irland, Hzg. v. York **8** 553, **9** 8, 105, 107–111, 114f., 133, 137, 141, 181, 198, 393, 426, 441, 679, 876, 1078, **10** 212f.
Jakob II., nestorian. Katholikos **4** 460, 463
Jakob II. v. Aragón **6** 27, 578, 580
Jakob III., engl. Thronprätendent **10** 213
Jakob III., Markgraf v. Baden **8** 415
Jakob III. v. Mallorca **6** 580, 601, 851
Jakob V., Kg. v. England **8** 535
Jakob VI., Kg. v. Schottland ↗ Jakob I., Kg. v. England
Jakob b. Elias **5** 746
Jakob Baradai, Bf. **3** 442, 458, 493ff., 497–501, 503–507, 510, 512, 566, 618, 1173, **4** 392, 397, 426f., 433, 435, **12** 948
Jakob Burdaia ↗ J. Baradai
Jakob d. Kartäuser **6** 711
Jakob Hagen **6** 711
Jakob v. Arles (-sur-Tech) **6** 832

Jakob v. Bourbon **6** 540
Jakob v. Edessa ↗ Jakob Baradai
Jakob v. Eltz, Bf. v. Trier **8** 286, 423
Jakob v. Jüterbog ↗ Jakob v. Paradies
Jakob v. Mies ↗ Jacobus v. Mies
Jakob v. Nisibis, Bf. **2** 79, 1080
Jakob v. Paradies (v. Jüterbog) **6** 803, **7** 119
Jakob v. Sainte-Maxence **6** 856
Jakob v. Sarug **3** 649, 1177
Jakob v. Varazze ↗ Jacobus de Voragine
Jakob v. Viterbo **6** 272
Jakob v. Vitry **5** 196, 569, 597, 787, 815, 827, 833, 917 f., 928, 936
Jakob v. Sarug, hl. **13** 458
Jakobos Perses **3** 606
Jakobs, Benjamin F. **11** 889
Jakobus, Bruder Jesu **1** 4, 30, 41, 57 ff., 63–75, 79 f., 85, 88, 104, 122 ff., 130, 135 f., 159, 188 ff., 192, 195, 199, 206 f., 223, 271–275, 282, 295, 298, 305, 325, 370, 457, 467, 469, 473–481, 495, 506, 508–511, 513 f., 600, **2** 56
Jakobus, Diakon **4** 625, 630
Jakobus, Ebf. v. Mcʿḫetʿa (Georgien) **3** 1250
Jakobus, hl. **4** 368
Jakobus, karth. Märt. **2** 121
Jakobus, Metropolit v. Malta **12** 1024
Jakobus IV., Katholikos **9** 593
Jakobus Basilikos (d. Heraklide) **8** 373
Jakobus d. Ä., Sohn d. Zebedäus, Apostel **1** 35, 59, 65, 85, 230, 269, 271, 320, 473, 491 f., 535, 781, 802
Jakobus d. J., Sohn d. Alphäus, Apostel **1** 271, 273
Jakobus v. Alcalá, hl. **9** 1055
Jakobus v. Cʿurtʿavi, Priester **3** 1260 f.
Jakowljew, Alexander **13** 402, 408
Jakunin, Gleb **12** 1002, **13** 367, 396, 401, 408, 415
Jalāl al-Dīn Mangubertī/Manbartī/Mengübirdi ↗ Dschelāl ed-Dīn Mängübirdi
Jamblichos **4** 333 f.
Jamblichus **2** 397, 402
James, Henry **12** 162
James, William **11** 364, 405, 439, 895, **12** 1063
Jamieson, Penelope, Bfn. **13** 231
Jammes, Francis **11** 345
Jamometić (Zamometić) **7** 119, 125 ff., 130
Jan, Julius v. **12** 721
Jan III. Sobieski, Kg. v. Polen ↗ Johann III. Sobieski
Jan Capek **6** 343
Jan de Ruusbroec ↗ Johannes Ruysbroeck
Jan Długosz **6** 786
Jan Hus **6** 90, 95, 99, 103, 107, 111, 282 ff., 288, 340–346, 384, 435, 696, 699, 802, 804–807, **7** 436, 439, 461, 469, 696, 717, 764, 872, **8** 1064, **9** 477, 487, **10** 115, **12** 874, 891
Jan Milič **6** 340, 801, 804
Jan van Leiden (Beukelszoon) **8** 124, 138, 151, 155, 161, 460
Jan Zelivisky **6** 343
Jan/Johannes Žižka **6** 343
Janeau **11** 1080
Janko, franzisk. Prediger **7** 302 f.
Janmot, Jean Louis **11** 127
Jannet, Claudio **11** 475
Janni, U. **12** 464
Janos Laskaris **7** 50
Jansen, Cornelius (Jansenius), Bf. v. Ypern **9** 171, 176, 348, 350–355, 358, 363 f., 366, 377, 952, 962, 982, 990
Jansenius, Cornelius d. Ä. **8** 1167, 1174
Janson, Kristofer **11** 583, 591
Janssen, Arnold **11** 557
Janssen, Nikolaus, OP **9** 856
Januarius, Bf. v. Malaga **3** 789
Januarius, hl. **3** 1147
Janvier **10** 844
Janzé, J. H. Vicomte de **10** 645 f.
Jaouen **11** 141
Jarcke, Karl Ernst **11** 32, 327
Jarento (Jerunta), Abt v. St. Bénigne **5** 102
Jaricot, Pauline **10** 676, **11** 120, 154
Jaricot, Philéas **10** 676
Jarlot, P. **12** 400
Jarlsberg, W. **10** 62
Jarnac, Baron de **8** 1194

Jaropolk, russ. Großfürst **4** 942
Jaroslav d. Weise, Großfürst v. Kiev **4** 944–947, **5** 343 f., 706
Jaroslav v. Novgorod, russ. Fürst **4** 909
Jaroslavskij, Emaljan **12** 941
Jarosseau, M. E. **11** 991
Jaruzelski, Wojciech Witold, poln. Staatschef **13** 364
Jaruševič, Nikolaj **12** 975, 977, 980, 989, 996, 1002
Jarwah, Michael, Bf. **10** 140
Jason **1** 116 f.
Jaspers, Karl **12** 205, 238
Jassú y Javier, Francisco ↗ Franz Xaver
Jatho, Karl **11** 680
Jau, Francis le **9** 715, 717, 721
Jaubert, Comte **11** 490
Jauffret, Gaspard Jean André Joseph **10** 312 f., 322
Jauréguiberry **11** 1072
Jaurès, Jean **11** 340, 515 f.
Jaussen, Florentine-Étienne, Apostol. Vikar v. Mangareva **11** 1079
Jautard, Valentin **10** 525
Javorskij, Stefan **9** 510, 530 f., 536, **10** 104
Javouhey, Anne-Marie **11** 119, 152 f., 158, 1012
Javouhey, Mater **10** 102
Jay, la **9** 982
Jayvira, Kg. v. Kandy **8** 885
Jazdagird I., pers. Kg. **3** 1165, 1169, 1172, 1180
Jazdagird II., pers. Kg. **3** 1165, 1167, 1180, 1202
Jazdagird III., pers. Kg. **3** 1180
Jazdbozid **3** 1167
Jazdgird I., sassan. Herrscher **2** 1082, 1088
Jazdin, pers. Beamter **4** 17, 73
Jbrahim Ibn Ja'kub **4** 860
Jean Bassand **6** 532
Jean Beaupère **6** 112
Jean Birel **6** 37
Jean Courtecuisse **6** 354, 370
Jean Cœur **6** 354
Jean d'Abbeville, Kard. **5** 596, 610
Jean d'Armagnac **6** 636
Jean d'Augerant **6** 647
Jean de Beauvais **9** 802
Jean de Béthencourt **6** 886
Jean de Candelis **5** 863
Jean de Comminges **6** 67
Jean de Dormans **6** 45, 647
Jean de Jésus, Augustiner **9** 747
Jean de la Grange **6** 45, 48, 647
Jean de Limoges **6** 848
Jean de Monchy **5** 610
Jean de Montmirail **5** 924
Jean de Montreuil **6** 95, 489
Jean de Ponilly **6** 270
Jean de Puinoix **6** 762
Jean de Réomé **3** 986
Jean de Saint-Paul **5** 611
Jean de Thoisy **6** 642, 648
Jean de Verceil **5** 851
Jean des Belles Mains, Ebf. v. Lyon **5** 500
Jean-François v. Rom, Kapuziner **9** 738 f.
Jean Germain **6** 485
Jean Gerson **5** 885, **6** 82–88, 94, 100, 105, 126, 129, 267, 285–288, 354, 362, 370, 421, 437, 492, 522, 530, 650, 708, 713, 890, **7** 118, 124, 131, 171, 202, 214, 219, 223, 232, 239, 241, 244, 278, 318, 359, 365, 368 f., 632, 637, 676, 681, **8** 247, 303, 1040
Jean Gobi **6** 377
Jean Le Fèvre **6** 647
Jean Le Mercier **6** 647
Jean Le Moine (Johannes Monachus) **6** 49, 592
Jean Mauroux **6** 97
Jean Petit **6** 91, 100, 492, 632, 635, 648
Jean Quidort (Johannes v. Paris) **6** 273
Jean v. Montfort ↗ Johannes IV. v. Montfort
Jeanjean, Jesuit **10** 711
Jeanne de Chantal ↗ Johanna Franziska v. Chantal
Jeanne de France (Johanna v. Valois) **7** 95, 173, 357
Jeanne de Sainte-Ursule ↗ Cambounet de la Mothe, Jeanne de
Jeanne de Valois **10** 610

Jeanne des Anges **8** 1104, **9** 838, 967
Jeanne d'Arc, hl. **6** 112, 126, 344, 387, 490, 530, 543, 648, **9** 958, **11** 346, 472, **12** 11, 168, 251, 564, 616
Jefferson, Thomas, 3. Päsident der USA **10** xxii, 484, 493 ff., 497, 499, 512, 682, **11** 832, 851, 864, 894
Jeffreys, Richter **9** 109
Jehan Boinebroke **6** 482
Jelich, Donato **9** 577
Jellicoe, Basil **12** 834
Jelzin, Boris, sowjet. Staatschef **13** 408, 415 f., 421
Jemolo, Carlo Arturo **12** 493
Jenny, Henri-Martin, Weihbischof v. Cambrai **13** 77
Jensen, N. O. **12** 860
Jensen, O. **11** 591
Jepsen, Maria, Bfn. **13** 231
Jeremia, Prophet **1** 758
Jeremias, Joachim **1** 356
Jeremias I., Patr. v. Konstantinopel **8** 361
Jeremias II., Patr. v. Konstantinopel **8** 358, 361, 367 f., 372, 374, 382, 654
Jeremias II. Tranos, Patr. v. Konstantinopel **9** 581, 603, 605
Jeremias III., Patr. v. Konstantinopel **9** 513, 573
Jerome, Prinz **11** 452
Jerónimo de Burgos **8** 940
Jerónimo de la Cruz **8** 900
Jerónimo de Santa Fé **6** 850
Jeršov, Michail **12** 1000
Jesaja, Prophet **1** 17, 195, 611, 766 f., 769, 773, 917
Jesse v. Amiens **4** 693
Jésus, Florent de ↗ Florent de Jésus
Jésus, Jean de ↗ Jean de Jésus
Jesus Barrabas **1** 45
Jesus ben Ananias **1** 41
Jesús de Agreda, María de ↗ María de Jesús de Agreda
Jesus v. Nazaret **1** 1–10, 13 f., 17–20, 22, 24–52, 57–62, 64 ff., 70 ff., 76, 81 ff., 85 ff., 92, 101 f., 117, 122, 130 f., 137, 165, 171, 183, 187–190, 192, 197, 201, 203, 205, 208, 215, 219 f., 222, 229 f., 239, 241, 257, 269, 272 ff., 282, 290, 293–296, 300 f., 303, 329, 341, 348, 558, 592, 594, 600, 613, 640, 677, 685 f., 695, 700 f., 703, 705, 717, 728, 736, 741, 762, 764–768, 770, 776 f., 779, 782–786, 793, 801 f., 812, 814–819, 828 f., 832, 840, 844, 852 f., 859, 871, 880, 883, 890, 906, 912, 916 f., 919 f., 924, 930
Jeune, Claude le **8** 1231
Jeune, Paul le, Pater **9** 331, 666, 676, 993
Jiaqing, chin. Ks. **10** 151
Jilinski **11** 758
Jiménez, Joaquín Ruiz **12** 197
Jimenez, Zacharias, Bf. v. Pagadian **13** 684
Jiménez de Cisneros ↗ Cisneros
Jirsík, Jan Valerian, Bf. v. Budweis **11** 708
J̌iwanšer, armen. Fürst **4** 515
Jo(h)annes, melkit. Patr. **6** 223
Jo(h)annes, Patr. v. Konstantinopel **3** 146 f., 149, 152 f., 935
Jo(h)annes I. Chrysostomos, Patr. v. Konstantinopel **1** 146, 184, 561, 695, 724, **2** 527, 552–568, 574, 577, 579, 583, 591, 634, 650, 658, 689, 699, 716, 719, 770, 775, 777, 787, 792–795, 797–800, 802, 804–809, 824, 833, 835, 838, 899, 997, 1000, 1022, 1026, 1032, 1034, 1038, 1057, 1088, **3** 115, 172, 185, 446, 454, 537, 551, 560, 631, 667, 711, 788, 969, 1139, 1196, **4** 67, 72, 407 f., 422, 533, 576, 578, 593, **6** 394, 401, 818, **7** 284, 647, 651, 777, **9** 567, 851, 951, **10** 113, **12** 201
Jo(h)annes I. Tzimiskes, byzantin. Ks. **4** 208 f., 220, 223, 243, 268, 288 f., 293, 304, 344 f., 431, 519, **5** vxxxi, 31
Jo(h)annes II., Patr. v. Konstantinopel **3** 200, 202 f., 205, 207 f., 556 ff.
Jo(h)annes II. Komnenos, byzantin. Ks. **5** 3 ff., 342, 349 f., 359, 362, 369, 381, 383, 510 f.
Jo(h)annes III., Ebf. v. Sultanija **6** 881, 884

Jo(h)annes III., Patr. v. Konstantinopel **3** 460, 495 f., 498, 501, 503, 558 f.
Jo(h)annes III. Dukas Vatatzes, byzantin. Ks. **5** 595, 719 f., 724, 729, 731 f., 739 ff., 746, 751, **7** 7
Jo(h)annes IV. Laskaris, byzantin. Ks. **5** xxxiii, 9, 730, 752, **6** 305, 307, 546
Jo(h)annes IV. Nesteutes (J. d. Faster), Patr. v. Konstantinopel **3** 503, 559, 676, 740, 893, 932, 939 f., 943–946, 948, 950, 953, 957, **4** 353, 355, **5** 505
Jo(h)annes V. Palaiologos, byzantin. Ks. **4** 220, **6** 134, 139, 144, 146, 148, 150, 157, 162, 167, 175
Jo(h)annes VI. Kantakuzenos, byzantin. Ks. **6** 134, 138, 150, 157, 167, 174, 190, 218, 302, 309, 312, 409, 447, 452, 500, 510, 548, 551, 553, 558, 612, 617, 819, 823, 828
Jo(h)annes VI., Patr. v. Konstantinopel **4** 49
Jo(h)annes VII. Palaiologos, byzantin. Ks. **7** 9
Jo(h)annes VIII. Palaiologos, byzantin. Ks. **7** 18, 54
Jo(h)annes VIII. Xiphilinos, Patr. v. Konstantinopel **4** 317, 332, 378, 536, **5** 8, 23, 355, 514, **6** 398
Jo(h)annes X., maronit. Patr. **6** 837
Jo(h)annes X. Kamateros, Patr. v. Konstantinopel **5** 355, 386, 719
Jo(h)annes XI. Bekkos, Patr. v. Konstantinopel **5** 726, 753 f., **6** 10, 144, 166–170, 187, 221, 451, 546, 549, 814, 818, 822
Jo(h)annes XII. Kosmas, Patr. v. Konstantinopel **6** 170
Jo(h)annes XIII. Glykys, Patr. v. Konstantinopel **6** 139, 142, 173, 310
Jo(h)annes XIV. Kalekas, Patr. v. Konstantinopel **6** 138, 143, 150, 174, 218, 296, 458, 460, 514, 558, 561, 613, 618
Jo(h)annes Cheilas v. Ephesos **6** 143, 170, 190, 306, 456
Jo(h)annes Klimax **6** 555
Jo(h)annes Konstanzos **6** 409
Jo(h)annes Kyparissiotes **6** 819, 823
Jo(h)annes v. Segovia **6** 115, 289
Joachim, Patr. v. Alexandrien **8** 381
Joachim, Patr., Bf. v. Broussa **9** 592
Joachim I., Patr. v. Konstantinopel **8** 360
Joachim II., Kf. v. Sachsen **8** 395
Joachim ho Panu, Patr. v. Alexandrien **9** 589
Joachim v. Cherson, Bf. **4** 948
Joachim v. Cîteaux, Abt **5** 416
Joachim v. Fiore **5** 231, 234, 465, 467, 502, 585, 587, 680, 773, 778, 901 ff., 930, **6** 90, 265, 321 ff., 328, **7** 302, 337, 597, 608, 813, 815, **8** 131, 814, **10** 89, 306, 815, 826
Joakeim v. Zichnai **6** 161
Joakim, Patr. v. Moskau **9** 507 ff., 531
Joan of Kent **8** 531
Joannes ↗ Jo(h)annes
Joannes, Chartophylax **4** 208
Joannes, hl., Arzt **4** 90, 309
Joannes, litauischer Märt. **6** 553, 561
Joannes, Logothet **4** 272
Joannes, Metropolit v. Kiev **5** 373
Joannes, Mönch v. Kokkinobaphos **5** 515
Joannes, Orphanotrophos **4** 273
Joannes, Patr. v. Antiocheia **5** 15, 20, 25, 365, 378, 511
Joannes, Patrikios **4** 192
Joannes, Priester (II. Nicaeanum) **4** 122, 129, 131
Joannes, Rector **4** 273
Joannes, Spathairos **4** 156
Joannes II., Metropolit v. Kiev **4** 949, **5** 377
Joannes II., Patr. v. Antiocheia **4** 430 f.
Joannes III., Patr. v. Alexandreia **4** 439, 441, 443, 451
Joannes III., Patr. v. Antiocheia **4** 401 f., 404, 438
Joannes IV., Patr. v. Alexandreia **4** 438 f., 443
Joannes V., Patr. v. Jerusalem **4** 123, 125, 132, 404, 410 ff., 479
Joannes VII., Patr. v. Antiocheia **4** 431

Joannes VII., Patr. v. Jerusalem **4** 414
Joannes VIII., Patr. v. Antiocheia **4** 405, 431
Joannes VIII., Patr. v. Jerusalem **4** 413
Joannes Abramios **6** 512
Joannes Apokaukos **5** 723
Joannes Athonites **4** 570 ff., 588
Joannes bar kaldūn **4** 466
Joannes Bogas, Patrikios **4** 207
Joannes Chrysocheiros, Spathairos **4** 197, 242 f., 344
Joannes d. Almosengeber (Elemosynarius) **4** 13 f., 83
Joannes d. Iberer **4** 289, 292
Joannes d. Jüngere **4** 592**6** 548
Joannes Damaskenos ↗ Johannes v. Damaskus
Joannes Drymis **6** 613
Joannes Dukas **5** 717
Joannes Eirenikos, Abt v. Batala **5** 369
Joannes Eugenikos **6** 189
Joannes Grammatikos **4** 146 ff., 152, 155, 157 f., 164, 166
Joannes Italos **4** 334, **5** 486 f.
Joannes Kalybites **6** 160
Joannes Kamateros **5** 355, 516
Joannes Kantakuzenos **5** 366
Joannes Katsambas **4** 169
Joannes Kinnamos, Historiker **5** 368, 380, 382, 386
Joannes Klimakos **4** 3, 56, 58, 124, 171, 274, 335, 340
Joannes Kolobos **3** 595, **4** 286
Joannes Komnenos **4** 309, **5** 355, 376
Joannes Komnenos Angelos Maliasenos Palaiologos **5** 739
Joannes Lydos **4** 70
Joannes Mar Abdoun, jakob. Patr. **4** 350
Joannes Mauropus **4** 332, **5** 355
Joannes Mesarites, Mönch **5** 723, 749
Joannes Moschos **4** 48, 90
Joannes (Papas Joannakis), Diakon **4** 38
Joannes Phokas, Mönch **5** 513
Joannes Phurnes **5** 379
Joannes Prodromos, Metropolit v. Kiew **4** 945
Joannes Scholastikos, Patr. v. Konstantinopel **4** 225
Joannes Seismos **4** 37
Joannes Spektas **4** 146
Joannes Staurakios **5** 743
Joannes Tornikios **4** 292
Joannes Tzetzes **5** 365, 485
Joannes Tzurillas **5** 485
Joannes v. Antiocheia **4** 323
Joannes v. Ephesos **4** 39, 69
Joannes v. Gaza **4** 340
Joannes v. Herakleia **6** 548
Joannes v. Jerusalem, Patr. **4** 100
Joannes v. Jerusalem, Presbyter **4** 107
Joannes v. Kitros **5** 734
Joannes v. Kyzikos **4** 50 f.
Joannes v. Monagria, Higumene **4** 119
Joannes v. Monembasia **4** 154
Joannes v. Nikiu **4** 26 f., 81, 451
Joannes v. Raithu **4** 56
Joannes v. Reggio **4** 45
Joannes v. Rhaidestos, Bf. **5** 734
Joannes v. Sylaion, Bf. **4** 187, 192
Joannes v. Syn(n)ada, Metropolit **4** 102, 132
Joannes v. Thessalonike **4** 11, 154
Joannes v. Trani, Bf. **4** 354, **5** 378
Joannes v. Zypern **4** 60
Joannes Xenos **4** 349
Joannes Zonaras **5** 352 f.
Joannice II., Patr. v. Konstantinopel **9** 604
Joannitza, bulg. Zar **5** 342
Joanović, Vincent, Patr. v. Peć **9** 578
Joao, Dom, Fürst v. Monomotapa **9** 745
João I., Kg. d. Kongo **7** 500, 580 **8** 745
João II., Kg. v. Portugal **8** 733, 934
João III., Kg. v. Portugal **8** 727, 729, 733, 735, 750, 770, 808, 862, 938
João IV, Kg. v. Portugal **8** 737
João María (Mönch) **12** 1201
Joasaf I., Patr. v. Moskau **9** 504
Joasaf II., Patr. v. Konstantinopel **8** 359 f., 373, 381
Joasaph, Hieromönch **6** 498
Joasaph, Metropolit v. Corytza **9** 575
Joasaph, Metropolit v. Ephesos **6** 191

Joasaph I., Patr. v. Konstantinopel **7** 45
Joasaph Uroš **6** 195
Job, Ebf. v. Mcʿẖetʿa (Georgien) **3** 1250
Job, paläst. Mönch **4** 150
Job, Patr. v. Antiocheia **4** 403, 408
Job Jasites **5** 732, 754, **6** 298, 615, 825
Job Vener **6** 695
Jochanan ben Zakkai, Rabbi **1** 17, 206, 751
Joël, Ebf. v. Mcʿẖetʿa (Georgien) **3** 1251
Joel, georg. Katholikos **4** 574
Joel, Prophet **1** 396, 639
Joffre, Joseph **12** 565
Jogailo ↗ Władisław Jagiełło
Jogues, Isaac **9** 692
Johan Sent Pol **6** 849
Johan/n s. a. Jo(h)annes
Johann, Hzg. v. Jülich-Kleve-Berg **8** 1079
Johann, Kge. v. Portugal ↗ João, Kge. v. Portugal
Johann I., Kg. v. Dänemark **7** 415 f.
Johann I., Kg. v. Aragon **7** 543
Johann I., Kg. v. Portugal **7** 558, 565, 568 f.
Johann I., Kg. v. Frankreich. **6** 48
Johann I., Kg. v. Kastilien **6** 754, 758, 761
Johann II., Kg. v. Aragon **7** 384, 393, 401
Johann II., Kg. v. Frankreich **6** 48, 601, 605, 629, 647, 873
Johann II., Kg. v. Kastilien **6** 848, **7** 398, 401 f.
Johann II., Kg. v. Portugal **7** 560 f., 574, 579 ff., 594
Johann II. Kasimir, Kg. v. Polen, Kard. **9** 62, 271, 289, 306, 491
Johann III., Hzg. d. Bretagne **6** 642
Johann III., Kg. v. Portugal **7** 411, 566, 575, 585, **9** 147
Johann III., Kg. v. Schweden **8** 44, 442, 444
Johann IV., Kg. v. Portugal **9** 148, 648 f., 814
Johann IV. v. Armagnac **6** 640
Johann V., Hzg. v. Burgund ↗ Johann Ohnefurcht
Johann V., Kg. v. Portugal **9** 156
Johann VI.,Kg. v. Portugal **10** 779 f.
Johann d. Blinde **6** 688
Johann d. Gute ↗ Johann II., Kg. v. Frankreich
Johann(es) v. Capestrano **6** 356, 527, 538, 713, 745, 869
Johann Friedrich, Hzg. v. Braunschweig-Lüneburg **9** 192
Johann Friedrich, Kf. v. Sachsen **7** 816, **8** 11, 31, 392
Johann (Jan) III. Sobieski, Kg. v. Polen **9** 60, 177, 222, 540, 907
Johann Nepomuk v. Prag **6** 804
Johann Ohnefurcht, burgund. Hzg. **6** 91, 99, 492, 644, 648, **7** 75
Johann Ohneland, Kg. v. England **5** 464, 585, 666, 671, 684, **6** 581, 857
Johann Schiltberger **6** 884
Johann Sigismund, Kf. v. Brandenburg **8** 97, 321, 410, 424, **9** 46
Johann v. Avranches, Ebf. **5** 100 f.
Johann v. Böhmen **6** 584, 588, 601
Johann v. Bridlington **6** 543
Johann v. Brienne, Kg. v. Jerusalem **5** 777 f.
Johann v. Gorze **4** 787, 790 f., 851, 870
Johann v. Jenstein **6** 804
Johann v. Luxemburg **6** 584
Johann v. Matha **6** 751
Johann v. Sachsen, Kf. **7** 732 f., 816
Johann v. Werden **6** 371
Johann Wilhelm, Hzg. v. Kleve **8** 424
Johann/Jean IV. v. Montfort **6** 644
Johanna, Jüngerin Jesu **1** 35
Johanna I. v. Neapel **6** 65, 578
Johanna II. v. Neapel **6** 48, 76, 79, 81, 108
Johanna d. Wahnsinnige **7** 387
Johanna Franziska v. Chantal **8** 293, 517, 1054, 1072, **9** 287, 1151, **10** 238, 240
Johanna v. Aragón **8** 194
Johanna v. Bourbon **7** 178
Johanna v. den Engeln ↗ Jeanne des Anges
Johanna v. Flandern, Gräfin **5** 858
Johanna v. Hennegau, Gräfin **5** 856
Johanna vom Kreuz, hl. **9** 1055
Johannes s. a. Jo(h)annes bzw. Joannes
Johannes, Abt v. Sinai **3** 955 f.

Johannes, Anhänger d. Priszillian v. Avila **2** 493
Johannes, Apostel **2** 49, 82, 86, 94, 482
Johannes, Arzt **4** 462
Johannes, Bf. **3** 201, 204, 207
Johannes, Bf. v. Elche **3** 399
Johannes, Bf. v. Ephesus **2** 85
Johannes, Bf. v. Fars **2** 81
Johannes, Bf. v. Hephaistos **3** 493
Johannes, Bf. v. Jerusalem **1** 272
Johannes, Bf. v. Marsi **3** 465
Johannes, Bf. v. Palermo **3** 906
Johannes, Bf. v. Ravenna **3** 306, 326, 483, 485, 782, 895, 909 f.
Johannes, Bf. v. Syrakus **3** 918, 947, 1092
Johannes, Diakon **3** 1098
Johannes, Ebf. v. Mcʿḫetʿa (Georgien) **3** 1250
Johannes, Erzkantor **4** 646
Johannes, Evangelist **1** 6, 9, 15, 18, 38, 47 f., 71, 109 f., 153–156, 158, 219, 274, 299, 304, 320, 332, 375, 570, 779, 788, 800, 802, **2** 446, 714, 741
Johannes, Exarch **4** 921
Johannes, georg. Mönch **3** 1278, 1284
Johannes, ksl. Beamter (Ephesus) **2** 613, 621, 623
Johannes, legend. Priesterkönig **5** 241 f., 793, **7** 539 ff., 543, 546 f., 549, 555, 558, 572, 577, 580, 585 f.
Johannes, Märt. **2** 1025
Johannes, Metropolit v. Abessinien **4** 450
Johannes, Metropolit v. Tarragona **3** 402
Johannes, Metropolit v. Transsylvanien **9** 581
Johannes, Mönch in Lérins **3** 970
Johannes, päpstl. Defensor **3** 789, 921
Johannes, Patr. v. Antiochia **3** 3, 6 ff., 12, 16–20, 25 ff., 30, 32, 38, 43, 45, 95, 99, 111, 448, 501, 547, 575, 1174, 1200, 1254
Johannes, Patr. v. Jerusalem **3** 147, 444, 557, 667, 955
Johannes, Patr. v. Peć **9** 574
Johannes, Priester in Ravenna **3** 909
Johannes, Regionarius in Gallien **3** 924
Johannes, röm. Subdiakon **3** 910
Johannes, Silentiarius, Sondergesandter **3** 122
Johannes, Sohn d. Zebedäus, Apostel **1** 35, 59, 62, 64, 72, 76, 85, 104, 122, 154, 159, 162 f., 188, 203, 252, 271, 273, 302, 320, 347, 376, 378, 386 f., 396, 407, 451 ff., 473 f., 491 f., 564, 567, 600, 630, 682, 781, 789
Johannes, span. Bf. **2** 500
Johannes, Tscherkesse, Missionar **6** 883
Johannes, Usurpator **2** 545
Johannes I., Katholikos v. Iberien **3** 1273
Johannes I., Papst **1** 449, **3** 156, 317–321, 323, 431, 769, 1029
Johannes I. Mandakuni, armen. Katholikos **3** 1268
Johannes II., armen. Katholikos **3** 1274, **4** 432
Johannes II., georg. Katholikos **4** 575
Johannes II., monophysit. Patr. v. Alexandria **3** 603
Johannes II., nestorian. Katholikos **4** 460
Johannes II., Papst **3** 301, 322, 396 f., 438, 751 f., 769, 784, 801
Johannes III., georg. Katholikos **4** 578, 581
Johannes III., nestorian. Katholikos **4** 460
Johannes III., Papst **3** 780 f., 800 f., 1028
Johannes III., Patr. v. Alexandria **3** 140
Johannes III. v. Nikiu, Patr. v. Alexandria **3** 137
Johannes IV., Ks. v. Äthiopien **11** 813, 993
Johannes IV., Negus v. Äthiopien **9** 597
Johannes IV., Papst **3** 880, **4** 43, 626 f., 642
Johannes IV., Patr. v. Alexandria **3** 515, 568
Johannes IV., Patr. v. Jerusalem **3** 622, 1217
Johannes IV. ↗ J. d. Faster, Patr. v. Konstantinopel
Johannes V., nestorian. Katholikos **4** 460 f.
Johannes V., Papst **4** 649
Johannes VI., Graf v. Nassau-Dillenburg **8** 410
Johannes VI., nestorian. Katholikos **4** 395, 460 f.

Johannes VII., Papst **4** 647, 649
Johannes VIII., Papst **4** 191 f., 194 f., 234 f., 718–721, 730, 746, 757, 778 f., 820, 890, 929, 951, **5** 84
Johannes IX., Papst **4** 821
Johannes X., Papst **4** 206, 778, 821 f., 826
Johannes XI., Papst **4** 353, 785, 821, 826
Johannes XII., Papst **4** 799, 820, 822 ff.
Johannes XIII., Abuna **9** 596
Johannes XIII., Papst **4** 823, 826
Johannes XIV., Papst **4** 826
Johannes XV., Papst **4** 826 ff.
Johannes XVI., koptischer Patr. **9** 595
Johannes XVI., Papst **4** 829
Johannes XVII., Papst **4** 841
Johannes XVIII., Papst **4** 360, 841, 844
Johannes XIX., Papst **4** 875
Johannes XXI. (Petrus Hispanus), Papst **5** 558, 599, 612, **6** 32, 38 ff., **8** 1117
Johannes XXII. (Jacques Duèse), Papst **5** 870, **6** 19, 24, 34, 36, 39, 43, 47, 50, 56, 59, 62, 65, 67, 227, 232, 269, 275, 302, 316, 326, 332, 428, 440, 520, 524, 526, 572, 575, 578, 583, 599, 629, 649, 651, 670, 680, 686, 694, 717, 726, 827, 833, 836, 873, 882, **7** 97, 107
Johannes XXIII. (Angelo Guiseppe Roncalli), Papst **8** 849, **12** 17, 24, 82, 172, 223, 230, 232, 296, 320, 370, 536, 631, 764, 912, 1229, **13** 3–18, 22, 26–30, 32–37, 39–42, 44 f., 51, 62, 64, 67, 69, 71 f., 89, 91 ff., 96 f., 108, 111, 115, 117, 120 f., 154, 158, 166 f., 291, 301 ff., 306 ff., 311, 327, 329, 331, 358, 360, 365, 473, 494, 502, 559, 603, 625
Johannes XXIII. (Baldassare Cossa), Gegenpapst **6** 94, 99, 105, 108, 121, 127, 340, 543, 588, 637, 730, 767
Johannes a Lasco ↗ Laski, Jan
Johannes Aemulus, Patr. v. Alexandria **3** 137
Johannes al-Gagi **6** 223
Johannes Archaph, Bf. v. Memphis **2** 329, 331, 338
Johannes Arkaphas, Bf. v. Lykopolis **2** 1014, 1016
Johannes Askotzanges **3** 496 f.
Johannes Barbur, Archimandrit **3** 508
Johannes Bausans, Ebf. v. Arles **5** 685
Johannes Cassian **2** 548, 587, 822, 853, 862–866, 870, 900, 972, 975, 977, **3** 7, 253, 256, 259, 393 f., 409, 967, 969, 976, 982, 985, 987, 991, 997, 1000, 1005, 1113, 1123, 1141, **4** 57, 635, 672
Johannes Chrysostomos ↗ Jo(h)annes Chrysostomos, Patr. v. Konstantinopel
Johannes Codonatos, Bf. v. Tyros, Patr. v. Antiochia **3** 132, 182
Johannes Colobos **2** 823
Johannes Colombini **6** 26
Johannes d. Almosengeber **3** 565
Johannes d. Aussätzige, nestorian. Katholikos **4** 459, 461
Johannes d. Eremit **3** 663
Johannes d. Eunuche **3** 627
Johannes d. Gote, Bf. **4** 575
Johannes d. Hesychast **3** 664
Johannes d. Jüngere ↗ Joannes d. Jüngere
Johannes d. Perser **2** 80
Johannes d. Prophet **3** 662
Johannes d. Täufer **1** 4, 9, 11, 14, 17–21, 24, 36, 43, 62, 83, 126, 140, 201, 303, 348, 389–392, 394, 405, 495 f., 514
Johannes Damascenus ↗ Johannes v. Damaskus
Johannes Dederoth **6** 28, 709
Johannes Diaconus (Hymnonides) **3** 906, **4** 720, 757
Johannes Eleemon, Patr. v. Alexandria **3** 629
Johannes Falkenberg **6** 103
Johannes Gerson ↗ Jean Gerson
Johannes Grdzelisdze, Mönch **4** 571
Johannes Gualbertus **5** 139, 176, 519
Johannes Gutenberg **6** 715
Johannes Hemula, Patr. v. Alexandria **3** 190
Johannes Hunyadi **6** 120, 874
Johannes Hus ↗ Jan Hus
Johannes Hyrkanus, Kg. **1** 11
Johannes ibn al-Bitriq **4** 408

Johannes ibn Bakhtīschūʿ, Arzt **4** 462 f.
Johannes ibn Masawayh, Arzt **4** 462
Johannes (Iwanis) v. Tabriz **6** 214
Johannes Kantakuzenos, byzantin. Ks. **7** 8, 13, 15 f.
Johannes Kebolos **3** 595
Johannes Klimakos, hl. **2** 830, **3** 628, 659 f., **9** 370
Johannes Kommentiolos **3** 497, 499 f.
Johannes Maxentius **3** 150, 206, 208
Johannes Milič ↗ Jan Milič
Johannes Monachus ↗ Jean Le Moine
Johannes Moschos **3** 515, 595, 603, 612, 629, 660, 684, 958
Johannes Ni(e)der **6** 319, 706
Johannes Parastronos **6** 5
Johannes Paul I., Papst **13** 119 f., 510
Johannes Paul II. (Karol Wojtyła), Papst **12** 910, **13** 54, 80, 114, 117, 119–127, 136, 139, 142–145, 154 ff., 158, 166, 168 ff., 189, 196, 218, 231, 262, 264 f., 269 f., 293 ff., 299–302, 306–311, 317, 322, 332 f., 339, 363–369, 372, 374, 423–426, 437, 444 f., 449, 460, 464, 489, 509 ff., 515, 522 f., 538, 568, 575, 577, 597, 625 f., 633, 646, 657, 661, 680, 688, 698 f.
Johannes Peckham **6** 662, 678
Johannes Philagatos ↗ Johannes XVI., Papst
Johannes Philoponos/Philoponus **3** 427, 497 ff., 505, 509, 513, 651 ff.
Johannes Rode **6** 531, 709, 711
Johannes Rufus, Bf. v. Maiouma **3** 623, 688, 1256 f.
Johannes Ruysbroe(c)k **6** 29, 522
Johannes Schele **6** 698
Johannes Scholastikos ↗ Jo(h)annes III., Patr. v. Konstantinopel
Johannes Scotus Eriugena **4** 750, 757, 761 f., 853 f.
Johannes (Staurophylax) **3** 575
Johannes Talaia, Patr. v. Alexandria **3** 133, 135, 179–182, 634
Johannes Tauler ↗ Tauler, Johannes
Johannes Tbetʿi, Hymnograph **4** 568
Johannes Teutonicus **5** 245, 464, 586, 630, 633, 635, 647 f.
Johannes Troglita, Feldherr **3** 757
Johannes Urtaya **3** 617
Johannes v. Amida, Bf. **2** 1080, **3** 431, 460, 495
Johannes v. Antiochia **2** 590, 593, 597, 606–610, 614, 618–621, 623, 716, 1035
Johannes v. Apamea **4** 465
Johannes v. Ávila ↗ Juan de Ávila
Johannes v. Avranches, Ebf. **5** 536 f.
Johannes v. Beth Aphthonia **3** 616
Johannes v. Biclar, Abt **3** 763, 787, 851
Johannes v. Cathania, Bf. v. Syrakus **3** 906
Johannes v. Cesena, Bf. **5** 137
Johannes v. Chalkedon, Priester **3** 940, 943 ff.
Johannes v. Chalkis, Bf. **3** 511
Johannes v. Cori **6** 881
Johannes v. d. Kellien, Patr. v. Alexandria **3** 497, 510 f., **4** 435
Johannes v. Dalyathā **4** 466
Johannes v. Damaskus **2** 715, **4** 72, 76, 82, 105, 108, 110, 117, 120, 122–127, 133 f., 139, 158, 247, 403 f., 407 f., 411 ff., 423 f., 739, **5** 752, **6** 169, **7** 6, 24, **8** 1201
Johannes v. Damaskus, Bf. **2** 614
Johannes v. Den Haag **9** 951
Johannes v. Drubheim, Bf. v. Straßburg **6** 332, 334
Johannes v. Ephesos **3** 428, 441, 493 f., 497, 499 ff., 503 f., 508, 511, 611, 617, 651, 675, 1212
Johannes v. Ephesus, Märt. **2** 1063
Johannes v. Florenz **6** 227
Johannes v. Fontevrault, Prior **5** 146
Johannes v. Gaza **3** 628, 659
Johannes v. Gaëta s. a. Gelasius II., Papst **5** 186, 455
Johannes v. Germanikaia, Bf. **3** 101 f., 110
Johannes v. Gott, hl. **8** 242, 704, 727, 1068, **9** 628, **10** 654
Johannes v. Hierapolis, Bf. **3** 33
Johannes v. Iustiniana Prima **3** 913
Johannes v. Jandun/de Jadundo **6** 275, 687

Johannes v. Jerusalem **2** 532, 536, 686, 1022, 1043, 1045
Johannes v. Jesus Maria **9** 839
Johannes v. Kastl **7** 171
Johannes v. Klosterrath, Abt **5** 428
Johannes v. Kreuz (Juan de Yepes) **8** 299, 665, 672, 693, 696, 704, 717, 1048, 1050, 1056, **9** 825, 896, 875, **12** 15, 210
Johannes v. Kronstadt **13** 399
Johannes v. Larissa **3** 913
Johannes v. Legnano **6** 491
Johannes v. Lugio **5** 498
Johannes v. Lykopolis **2** 822
Johannes v. Marignolla **6** 213, 884
Johannes v. Marūn **4** 434
Johannes v. Matera, hl. **5** 312
Johannes v. Menuthis, hl. **3** 492, 515, 672
Johannes v. Moerbeke **6** 5
Johannes v. Montecorvino **6** 17, 19, 214, 832, 835, 878, 882, 884
Johannes v. Montmirail **5** 447
Johannes v. Narni ↗ Johannes XIII., Papst
Johannes v. Nepomuk **9** 39, 901
Johannes v. Nikopolis, Metropolit v. Altepirus **3** 198
Johannes v. Orotn/Orodn **6** 227, 229
Johannes v. Paris ↗ Jean Quidort
Johannes v. Parma **5** 595
Johannes v. Patmos, Verfasser d. Apokalypse **1** 234, 302, 729, 831
Johannes v. Penek **4** 466
Johannes v. Philadelphia (Amman) **4** 400, **4** 410
Johannes v. Porto **4** 45
Johannes v. Porto, Bf. **5** 83
Johannes v. Přibram **6** 343
Johannes v. Qrhna **6** 227, 229
Johannes v. Ragusa **6** 110, 128, 815
Johannes v. Raqqa **4** 431
Johannes v. Ravenna, Ebf. **4** 715
Johannes v. Rila, bulg. Eremit **4** 949
Johannes v. Rokycana **6** 343
Johannes v. S. Prisca, Kard. **5** 235
Johannes v. Sacro Bosco **8** 1117, 1142
Johannes v. Salisbury **5** 205 f., 209, 211, 237, 251, 261, 265, 469, 661, 664, 669 f.
Johannes v. San Gimignano **6** 374
Johannes v. Sankt Thomas **9** 936
Johannes v. Santa Severina **4** 378
Johannes v. Sirimis ↗ Johannes III., Patr. v. Konstantinopel
Johannes v. Skythopolis **3** 657
Johannes v. St. Arnulf, Abt **4** 790
Johannes v. Studios, hl. **3** 694
Johannes v. Swineford **6** 227
Johannes v. Tagliacozzo **7** 75
Johannes v. Tella, Bf. **3** 151, 441, 493, 1173
Johannes v. Theodosiopolis **3** 39, 45
Johannes v. Toledo, Kard. **5** 559, 597, 610 f., 613, 661
Johannes v. Tufara **5** 312
Johannes v. Tusculum, Kard. **5** 75
Johannes v. Tynemouth **5** 475
Johannes v. Vercelli **6** 7
Johannes v. Zedazeni, Märt. **4** 565
Johannes v. Ziqua **6** 835
Johannes v. Zorzor **6** 228
Johannes Zdazneli, georg. Heiliger **4** 555
Johannes Žižka ↗ Jan Žižka
Johansson, G. **11** 592
John Aston **6** 338
John Ball **6** 474, 673
John Clanvowe, Sir **6** 674
John Comyn **6** 670
John of Garland **5** 868
John of Gaunt **6** 673
John Oldcastle, Sir **6** 675
John Peckham **5** 610, 612
John Purvey **6** 676
John Wyclif **6** 77, 83, 91–99, 103, 107, 130, 279–282, 284, 288, 338 ff., 384, 425, 433, 666, 672, 679, 805, 889, 894, **7** 439, 447–450, 458, 460, 469, 749, 751, 858, 872, **8** 191, 1064
Johnson, Francis **8** 569
Johnson, Gisle **11** 251, 253, 587 f., 591 f.
Johnson, Hewlett **12** 836
Johnson, Lyndon B. **12** 1032, 1039
Johnson, Samuel **9** 684
Johnson, Thomas **12** 869
Johnson, Thomas Horton **11** 1000, 1004

Joliot-Curie, F. **12** 368
Jolly, Julius, badischer Minister **11** 28, 454
Joly, Barthélemy **8** 704
Joly, Claude, Bf. v. Agen **9** 990
Joly, Henri **11** 419 f.
Joly, Robert **1** 325
Joly de Choin, L. A. **9** 885, 888 f.
Joly de Fleury **9** 381 f., 917
Jom Tob Lipman, Rabbi **6** 869
Jomier, Pater **12** 300
Jon, François du ↗ Junius, Franz
Jona, Metropolit v. Moskau **8** 376
Jona, Prophet **1** 690, 695
Jonas, Bf. **11** 767
Jonas, Ebf. v. Mcʿẖetʿa (Georgien) **3** 1251
Jonas, Justus **7** 216, 712, **8** 27
Jonas, Metrop. v. Novgorod **7** 56
Jonas, russ. Metropolit **6** 253
Jonas v. Bobbio **3** 983, **4** 633
Jonas v. Orléans **4** 693, 764, 767, 773
Jonas v. Riazan, Metrop. v. Moskau **7** 54 f., 430
Joncoux, Mademoiselle de **9** 396
Jones, Basil, Bf. **11** 558
Jones, David **11** 140, 1015 f.
Jones, F. Stanley **1** 510
Jones, Hugues **9** 717
Jones, John **11** 1073
Jones, Sam **11** 889
Jong, Johannes de **12** 641, 644, 647
Jordaens, Jacob **8** 1220
Jordan, Camille **10** 435 f.
Jordan, poln. Bf. **4** 899
Jordan v. Capua **5** 67 f.
Jordan v. Pisa **6** 356, 360, 370, 374, 377, 385, 477, 480
Jordanes, got. Geschichtsschreiber **2** 991, 1002, **3** 266, 338
Jordanus Catalani v. Sévérac ↗ Jourdain Cathala de Sévérac
Jorge, Marcos **8** 880
Joris, David **8** 124, 132, 140, 145, 160, 181, 460, 578
Josafat II., Patr. v. Moskau **9** 507
Josef, Bf. v. Mardin **6** 216
Josef II., Patr. v. Alexandrien **12** 1017, 1019
Josef Abenafia **6** 852
Josef v. Wolokolamsk **13** 413
Joseph **1** 654, 844
Joseph, Archimandrit **11** 735
Joseph, Bf. v. Jerusalem **1** 272
Joseph, Ebf. v. Thessalonike **4** 168 f.
Joseph, gen. Barsabbas **1** 272 f.
Joseph, John, Bf. v. Faisalabad **13** 453, 643
Joseph, Kg. v. Portugal **8** 735, **9** 156, 779
Joseph, Legat **4** 421
Joseph, maron. Mönch **4** 424
Joseph, Metropolit v. Kiew **7** 431
Joseph, Metropolit ↗ Jovtchev, Lazarus
Joseph, Metropolit v. Diyarbakir **9** 598
Joseph, Metropolit v. Ephesos **6** 191
Joseph, Patr. v. Alexandreia **4** 432, 439, 441 ff., 448, 450
Joseph, Patr. v. Antiocheia **4** 430
Joseph, Patr. v. Jerusalem **4** 415
Joseph, pers. Katholikos **3** 1171 f., 1180
Joseph I., Ks. **9** 24
Joseph I., Kg. v. Portugal **10** 30, 33, 168
Joseph I. Galesiotes, Patr. v. Konstantinopel **5** 730, 732, 739, 753 f., **6** 167, 300, 305, 546, 615, 825
Joseph II., Patr. v. Jerusalem **4** 416
Joseph II., Patr. v. Konstantinopel **6** 186 ff., 824, 829, **7** 18,
Joseph II., röm.-deutscher Ks. **8** 415, 638, **9** 9, 16, 18, 31, 33 ff., 404, 475, **10** 14, 16, 20–24, 26–29, 108, 120, 185 f., 188, 200, 219, 270, 450 f., 706, 713, 739, **11** 327, 683 f.
Joseph III., Katholikos v. Sis **6** 226
Joseph IV., Audo, Patr. **11** 803 ff., 807
Joseph V., chaldäischer Patr. **11** 802
Joseph a Sancto Spiritu **9** 839
Joseph aus Cranganore, syro-malabr. Priester **7** 588
Joseph Bladynteros **6** 828
Joseph Bryennios **6** 399, 402, 405, 410, 449, 497, 507, 513, 515, 815, 820, **7** 17

Joseph-Clemens, Hzg. v. Bayern, Ebf. v. Köln, Bf. v. Lüttich, Freising u. Regensburg **9** 87, 253
Joseph de Paris, Kapuzinerpater **9** 121, 288f., 802, 830
Joseph Ḥazzāyā **4** 466
Joseph Kalothetes **6** 547
Joseph v. Alaverdi **4** 564
Joseph v. Arimathäa **1** 35, 303
Joseph v. Calasanza **8** 292
Joseph v. Metelis, Bf. **3** 510f.
Joseph v. Nazareth **1** 14, 272, 482, 485, 487f., 491
Joseph v. Thessalonike **4** 166
Joseph v. Tiberias **1** 490
Joseph/Stephan, Ebf. v. Pliska **4** 936
Josephine de Beauharnais, franz. Ksn. **10** 642
Josephos, Hymnograph **4** 376
Josephus Flavius **1** 4, 16–22, 41, 66, 73f., 93, 142, 172, 206f., 238, 465, 480, 670, 723ff., 730f., 733f., 747–752, 755, 761, 768, 794f., 865f., 869, 871, **2** 1008, **8** 1134, 1151, **9** 966, 1117
Josephus v. Tiberias **2** 689
Joses, Bruder Jesu **1** 59, 71
Josif, Patr. v. Moskau **9** 504, 520
Josselyn, John **8** 527
Josua, Prophet **1** 287, 727, 735, 750, 801, 847
Josua ben Hanania, Rabbi **1** 867
Jouffroy, Théodore de **10** 799, **11** 1
Jourdain Cathala de Sévérac **6** 214, 883f.
Jourdain de l'Isle **6** 599
Journet, Charles **12** 178, 198, 207, 297, 671
Jousse, Marcel **12** 154
Jovanović, Petar **10** 735
Jovanović, Vikentije **10** 734
Jovanovitch, Michael Miloye, Metropolit **11** 769f.
Jovellanos, Gaspar Melchior de **10** 31f., 34
Jovian, röm. Ks. **2** 242, 411, 417, 423, 428, 462, 475, 723
Jovinian **2** 527, 531, 779, 805, 857, 861, 878
Jovinius **3** 222
Jovinus **2** 968
Jovtchev, Lazarus **11** 769
Jowett, Benjamin **11** 64
Jowett, William **11** 992, 994
Joyeuse, Ange de **8** 491
, François **8** 518
Juan, Jorge **10** 76
Juan, span. Prinz **7** 594
Juan Bautista de Toledo **8** 709
Juan de Alarcón **6** 762
Juan de Austria **8** 486, 668, 741
Juan de Ávila **8** 241, 244, 677, 679, 684, 686, 692f., 715, 915, 1049
Juan de Torquemada **6** 113, 122, 128, 291
Juan Pacheco **6** 849
Juan v. Valpuesta, Bf. **4** 736
Juárez, Benito, mexikan. Justizminister und Präsident **11** 964
Juba I., mauretan. Kg. **1** 623
Juba II., mauretan. Kg. **1** 623
Jubaianus, Bf. v. Mauretanien **2** 47
Jubés, Jacques **9** 399
Jucundus, Bf. v. Sbeitla (Sufetula) **3** 1063
Jud, Leo **7** 782f., 787, 820, **8** 60, 998
Juda, Patr. **1** 867
Judah He Hasid, Rabbi **6** 846
Judas **1** 404
Judas, Apostel ↗ Thaddäus/Addai, Apostel
Judas, Bf. v. Jerusalem **1** 272
Judas, Bruder Jesu **1** 15, 59, 71, 74, 179, 271, 273, 305
Judas, Sohn d. Ezechias **1** 23
Judas Barsabbas **1** 477
Judas d. Galiläer **1** 23f.
Judas Iskariot **1** 273, 278, 282, 659
Judas Makkabäus **1** 11
Judas Thaddäus, Apostel ↗ Thaddäus/Addai, Apostel
Judde, Claude **10** 238
Judet, Ernest **11** 511
Judicael, breton. Kg. **3** 884, **4** 631
Judith, Gattin Ludwigs d. Fr. **4** 693
Judith-Yvette v. Betanien, Äbtissin **5** 318
Judson, Adoniram **11** 1032f.
Jüngel, Eberhard **12** 126, 745, **13** 195

Jünger, Ernst **10** 798
Jugurtha, mauretan. Kg. **1** 623, **2** 922
Julia **1** 286, 505
Julia Domna, röm. Ksn. **1** 259, **2** 16
Julia Maesa **1** 261, **2** 16
Julia Mamaea, röm. Ksn. **1** 261, 561, 617f.
Julia v. Caesarea **1** 505
Julian, afrikan. Heiliger **3** 1128
Julian, alexandrin. Priester **3** 429
Julian, Bf. v. Alexandria **1** 167
Julian, Bf. v. Apamea **1** 571, **2** 96
Julian, Bf. v. Vienne **3** 395
Julian, Patr. v. Antiochia **3** 130, 509
Julian, Präfekt **2** 296
Julian II., Patr. v. Antiocheia **4** 431
Julian (Apostata), röm. Ks. **2** 187, 193, 232, 261, 371, 394, 396, 400–412, 417, 419, 423, 425, 427, 430, 462, 507, 644, 687, 723, 771, 777, 786, 788, 804, 878, 887, 971, 1017, 1027, 1032, 1038, 1053, 1063, 1071, **3** 304, 523, **9** 1017
Julian (Nachfahre Konstantins) **2** 239
Julian Pomerius **3** 255, 349, 352, 379
Julian v. Aeclanum/Eclanum **2** 525, 533, 542–547, 550, 586, 650, 652, 925, 1036
Julian v. Andramytion, Bf. **3** 674
Julian v. Antiocheia, hl. **3** 761
Julian v. Brioude, hl. **3** 251, 761, 1126, 1136, 1143, 1148
Julian v. Eclanum **3** 256
Julian v. Halikarnassos **3** 151, 435, 439, 513, 1208, **4** 437, 496
Julian v. Kos, Bf. **3** 53, 55, 72, 79, 159f., 162f., 165, 167ff., 171
Julian v. Toledo **3** 1087, **4** 635f., 647, 681
Juliana, hl. **5** 577
Juliana (Anhängerin d. Pelagius) **2** 532, 535
Juliana Anicia **3** 671, 691, 710
Juliana v. Norwich **6** 677
Juliani, Petrus ↗ Johannes XXI., Papst
Julianos Sabas **3** 606, 611f.
Julianos v. Adramyttion **4** 101
Julianus **2** 673, 675
Julianus, Bf. v. Cingulum **3** 465
Julianus, Caesar **2** 347
Julianus v. Brioude, Märt. **2** 975
Julianus Valens v. Poetovio, Bf. **2** 454, 456, 999
Julitta, Märtyrin **2** 101
Julius, Friedrich **11** 323
Julius, Hzg. v. Braunschweig **8** 11
Julius, Märt. **1** 687
Julius, Rufin **13** 643
Julius I., Papst, hl. **2** 350–354, 357, 359, 362, 367, 377, 441, 881, 886, 1017, **3** 1115, **5** 204
Julius II. (Giuliano della Rovere), Papst **7** 5, 70, 89, 95ff., 101f., 104f., 112, 116, 119f., 123, 125, 127–132, 135f., 138, 140, 168, 288, 312, 334f., 338, 353, 404, 486, 498, 510, 561, 567, 576f., 623, 681, 833, **8** 196, **10** 71
Julius III., Papst **8** 223, 258, 261, 474, 593
Julius Africanus, Bf. v. Nicopolis **1** 558, 697, 772
Julius Argentarius, Bankier **3** 1012
Julius Cassian **1** 592
Julius Konstantius **2** 232, 238, 397
Julius Nepos, röm. Ks. **3** 229, 235, 305, 346, 376
Julius Nepotianus, Konsul **2** 238
Julius v. Puteoli, Bf. **3** 52, 55, 58, 62
Julião, Francisco **12** 1196
Jullet, Jean **9** 866
Jullien, André **11** 1083
Jung, Carl Gustav **12** 1074
Jung-Stilling **11** 312
Jungmann, Bernard **11** 543
Jungmann, Josef Andreas **12** 196, 198, 221, 225, 267, 764
Junia(s), Gefährte(-in) d. Paulus **1** 127, 286
Junius, Franz **8** 328, 1128
Junius Bassus, Präfekt **2** 748, **3** 1028, 1042
Junius Brutus ↗ Crellius, Johannes
Junius Gallio, Prokonsul **1** 285
Junius Rusticus, Präfekt **1** 254
Junod, Samuel **11** 417
Jupiter **2** 176f., 196, 733
  Capitolinus **2** 996
  Dolichenus (kleinasiat.-röm. Gott) **2** 15, 75

Jurieu, Pierre **9** 137, 193, 199, 201, 422, 872f., 982, 988, 1116
Jury, Paul **12** 149
Jussuf (Hubaysch), melkit. Patr. **10** 142
Jussuf (Istifan), melkit. Patr. **10** 142
Justin I., oström. Ks. **3** 146, 149f., 152–156, 199f., 202ff., 206, 208, 317, 319, 322, 421, 429f., 436, 456, 496, 505, 568, 617, 635, 693, 749, 769, 781, 1173, 1205, 1208, 1239, 1265, 1273, **4** 425
Justin II., oström. Ks. **3** 492, 495f., 499, 501, 503, 506, 510, 531, 617, 676, 683, 744, 949, 1274, **4** 509
Justin d. Märt. **1** 145, 152, 181, 208, 217f., 221f., 240, 242, 252, 254, 276, 294, 302, 328f., 332f., 347, 369, 371, 391, 397, 400f., 408, 410, 430, 432ff., 459, 461, 481f., 490, 563, 567, 582, 593, 595, 632, 669, 672ff., 679, 684, 704, 718, 763–770, 772, 774, 785–788, 790, 812, 818f., 873–876, 878f., 884, 887ff., 892, 894, 897, 901f., 904f., 907–913, 915ff., 921f., 925f., 928, 942, 945, **2** 18
Justina, Märtyrin **3** 1138
Justina (Mutter Ks. Valentinians II.) **2** 458, 490, 679, 999
Justinian, Bf. v. Tours **3** 232
Justinian, Bf. v. Valencia **3** 401
Justinian, byzantin. Ks. **1** 243, **2** 84, 830, 1061, **3** 148f., 152–156, 200ff., 206ff., 282, 284, 300, 319, 323, 401, 411, 421–451, 453ff., 457–460, 464, 468ff., 473, 475, 478, 482, 484, 487, 491f., 494f., 524f., 528f., 531f., 538f., 541, 543ff., 548f., 553, 555f., 558–562, 564, 566f., 569ff., 576f., 585, 589ff., 593, 600, 602f., 617f., 625, 628f., 634, 636, 640, 648, 650f., 655, 657, 670, 672, 676–679, 681–687, 692–695, 750f., 753–759, 761ff., 768f., 771, 775f., 778–783, 785–788, 796, 798, 897, 903, 912, 921, 931, 1016, 1033, 1134, 1169, 1191, 1211, 1234, 1236, 1275f., **4** 31, 36, 46, 64, 86, 213, 226, 263f., 267, 300, 303, 320, 370, 411, 422, 549, 603, 953, **5** 425, 463, 664, 668, 676, 826, **7** 61, 337
Justinian II., byzantin. Ks. **4** 28f., 34, 59f., 70, 89, 108, 114, 221, 272, 490f., 649
Justinus, Diakon **3** 402
Justus, Bf. v. Alexandria **1** 167, 272
Justus, Bf. v. Lyon, Märt. **3** 251
Justus, Bf. v. Rochester **3** 931
Justus, Bf. v. Urgel **3** 401ff.
Justus II., Bf. v. Jerusalem **1** 272
Justus v. Canterbury **4** 622, 624, 627
Justus v. Gent (Joost van Wassenhove) **7** 481
Justus v. Lyon, Bf. **2** 866
Justus v. Toledo **4** 612
Juusten, Paavali (Paul) **8** 444
Juvenal **4** 852
Juvenal, Patr. v. Jerusalem **2** 589, 597, 599, 601, 603, 607, 614, 1042, 1048, **3** 50, 54f., 57, 61, 63ff., 68, 79, 92–96, 100f., 114, 122ff., 128, 164ff., 169, 547f., 571–574, 586f., 621f., 688, 1257
Juvenalij (Pojarkov), Metropolit **13** 408
Juvencus, Gaius Vettius Aquilinus **2** 733, 945, 950, **3** 790f., 880
Juvencus, span. Priester **3** 1077

Kaas, Ludwig **12** 20, 693
Kabanov, Ilarion Egorov **11** 753
Kabila, Laurent-Désiré, Präsident v. Kongo **13** 571
Kabongo, Bukasa **13** 590
Kádár, János, ungar. Staatschef **13** 304, 359f., 366
Kähler, Martin **11** 360f., 679
Käsemann, Ernst **12** 122, 128, 746, **13** 192, 210
Kaestli, Jean-Daniel **1** 467
Kafity, Samir, anglikan. Bf. v. Jerusalem **13** 445
Kahl, Wilhelm **12** 711
Kain **1** 654
Kaiphas/Kajafas, Hoherpriester **1** 11, 40f., 510
Kairis, Theophilos **10** 732
Kaiser, Jakob **7** 788
Kakavelas, Jeremias **9** 572
Kalandion, Patr. v. Antiochia **3** 178, 183

Kalawūn/Qalāwūn **6** 234
Káldy, Zoltán **13** 355
Kalinixt VI., Patr. v. Jerusalem **10** 131
Kalinovskij, S. **12** 937
Kalinowski, Konstanty **11** 699
Kalkbrenner, Gerhard **8** 240
Kállay, Miklós v. **12** 416
Kalliergis **7** 50
Kallinike **4** 240
Kallinikos **2** 810
Kallinikos, Mönch **3** 630f.
Kallinikos, oström. Exarch **3** 904, 936
Kallinikos II. Akarnan, Patr. v. Konstantinopel **9** 555, 563f., 604
Kallinixt I., serb. Patr. **10** 119f.
Kallist, röm. Bf. (Papst) **2** 228, 276
Kallistos Angelikudes **6** 456, 819
Kallistos I., Patr. v. Konstantinopel **6** 138, 143, 154, 164, 176–179, 200, 299, 398, 411, 451, 457, 459, 461, 497, 514, 547, 551, 557, 559, 561, 612, 618, 620, 622
Kallistos II. Xanthopulos, Patr. v. Konstantinopel **6** 183
Kalo v. Poitiers, Archidiakon **5** 209
Kalogeras, Makarios **10** 126
Kalojan Asen, bulg. Kg. **5** 352, 709, 719
Kaltenbrunner, Ernst **12** 704
Kaltenmarkter, Johannes **7** 119
Kam, Joseph **11** 1036
Kamal, Mustafa **11** 817
Kamaray, armen. Adlige **4** 527
Kameeta, Zephania **13** 585
Kamensky, Nikolas, Bf. **11** 725
Kamillus v. Lellis ↗ Camillo de Lellis
Kamo Naizen **9** 760
Kampmiller, Ignaz **10** 176
Kanceff, E., Herausgeber der Schriften J.-J. Bouchards **9** 1020
Kandida, Märtyrin **2** 1078
Kandinsky, Wassily **12** 158
Kangxi, Regent u. Ks. v. China **9** 769–777, 787f., 791f., 800, 817, **10** 145f.
Kanki, Vicente Pazos **11** 957f.
Kannemann, Johann **7** 440
Kant, Immanuel **9** 168, 1099, 1116, **10** 63, 254–258, 260ff., 680ff., 714, 721, 817, **11** 41ff., 59, 62, 71, 76f., 94, 106f., 335f., 340, 353, 362, 368, 385, 392, 405ff., **12** 101, 228
Kantakuzenos, Michael **9** 582
Kantakuzenos, Michael (Schaitan-oglu) **8** 360, 368
, Nikephoros **8** 371
Kantz, Kaspar **7** 734
Kanz al-Dawla **6** 237
Kapararidze **9** 745
Kapasoulas, Samuel, Patr. v. Alexandrien **9** 589, 604
Kapiton, Mönch **9** 519, 522, 526
Kapler, Hermann **12** 708
Kapodistrias, Johannes **10** 731
Kapp, Georg **11** 33
Kappeyne van de Coppello, Johannes **11** 550
Karadǐć, Vuk **10** 734
Karadjordje, Erbprinz v. Serbien s.a. Petrović, Kara Georg **11** 780
Karalliysede, Kg. v. Kandy (Dom João) **8** 886
Karapet v. Tokat, Katholikos v. Sis **6** 226
Karbeas, Protomandator **4** 241
Kardec, Allan **12** 1218
Karekin I. Sarkissian, armen.-orth. Patr. **13** 429, 435, 462, 464, 467
Karekin II. (Nersesian), armen.-orth. Patr. **13** 429, 435
Kareu, F. **10** 114
Kariba **2** 1078
Karl, Heerführer **6** 605
Karl, Sohn Karls d. Gr. **4** 692
Karl I., Kg. v. England **8** 235, 551, 554, **9** 88–100, 102f., 106, 112f., 162, 172, 190, 440, 445, 464, 678, 868, 946, 1063
Karl I., Kg. v. Portugal **12** 500
Karl I., Kg. v. Spanien ↗ Karl V., Ks.
Karl I. v. Anjou **5** 580f., 682f., 685, 721, 783, 893, 898, **6** 2, 34, 166, 572, 576, 582, 872, **7** 87
Karl II., Erzhzg. v. d. Steiermark **9** 14
Karl II., Erzhzg. v. Österreich **8** 415
Karl II., Graf der Provence **6** 62

Karl II., Kg. v. England u. Schottland **9** 89, 102, 104–109, 113–116, 426, 445, 453, 678 f., 682, 941, 1078
Karl II., Kg. v. Spanien **9** 147, 152, 209, 1042, 1053
Karl II. v. Anjou **6** 35, 578
Karl II. v. Navarra **6** 48, 605, 762
Karl II. v. Neapel ↗ Karl II. v. Anjou
Karl III., Kg. v. Spanien **9** 156, 653, **10** 30 f., 34, 166, 170, 274
Karl III. d. Dicke, fränk. Kg. **4** 721, 820, **5** xxx
Karl III. v. Navarra **6** 763
Karl IV., Ks. **6** 37, 68, 77, 269, 588, 601, 686–689, 691, 771, 793, 799, 804, 827, 866, **7** 464
Karl IV., Kg. v. Frankreich **6** 173, 604, 629, 873
Karl IV., Kg. v. Spanien **10** 30 ff., 274, 609, 685, 765, 768
Karl IV. v. Luxemburg ↗ Karl IV., Ks.
Karl V., Ks. (als Karl I. span. Kg.) **6** 844, 893, **7** 85, 342, 387, 390, 397, 399 f., 402, 407–410, 529, 557, 603, 607, 624, 671, 704, 732 f., 742, 754, 766, 856, 871, 876, **8** 3, 20, 31, 50, 194, 198, 255, 259, 261, 372 f., 391, 393 f., 399, 402, 406, 439, 449, 476, 603, 669, 671, 674, 677, 685, 687, 705, 707, 710, 740, 780, 800, 808, 816, 820, 838, 855, 995, 1010, 1082, 1180, 1209
Karl V. d. Weise, Kg. v. Frankreich **6** 45, 48, 77, 80, 83, 293, 437, 600, 629, 647, 755, 856
Karl VI., Ks., Erzhzg. v. Habsburg **9** 11, 14, 17, 31 f., 153, 155 f., 380, 541
Karl VI., Kg. v. Frankreich **6** 61, 81, 492, 632, 635, 670, 857, 876, 884, **7** 349
Karl VII., Ks. (Karl Albrecht, Kf. v. Bayern) **11** 632
Karl VII., Kg. v. Frankreich **6** 102, 106, 109, 112, 117, 122, 344, 490, 607, 638, 647, 700, **7** 345 f., 349, 352, 441
Karl VIII., Kg. v. Frankreich **7** 28, 83–86, 88, 94, 120, 146, 154 f., 157 f., 346, 353, 361, 512, 832
Karl IX., Kg. v. Frankreich **8** 477, 480, 1097, 1111, 1176
Karl IX., Kg. v. Schweden **8** 38, 44, 442, **9** 64
Karl X., Kg. v. Frankreich **10** 839, **11** 196
Karl XI., Kg. v. Schweden **9** 65
Karl XII., Kg. v. Schweden **9** 24, 65 f.
Karl Alexander, Hzg. v. Württemberg **9** 48
Karl d. Einfältige, Kg. **4** 730, 778, 780, 790, 826
Karl d. Große **4** 135, 162, 358, 662, 668, 686–690, 692, 695, 697, 699 f., 702, 706–712, 723–728, 730, 735 f., 743–746, 748, 750, 752–755, 760, 762, 767 f., 772, 823, 831, 833, 855, 889 f., 954, **5** xxvi, 212, 223, 272, 336, 386, 668, 757, **6** 268, **7** 309, 347, **9** 1036
Karl d. Kahle, fränk. Kg. **4** 367, 693 f., 698, 714, 717 f., 720 f., 730, 734, 742, 746, 750, 758, 760 ff., **5** xxx, 625
Karl d. Kühne, Hzg. v. Burgund **7** 544, 790
Karl-Emmanuel I., Hzg. v. Savoyen **8** 613, **9** 668
Karl-Friederich, Fürst v. Holstein-Gottorf **9** 504
Karl Ludwig, Kf. v. d. Pfalz **9** 53
Karl Martell **4** 650 f., 653, 655–658, 660, 665
Karl v. Böhmen **6** 588
Karl v. Bourbon, Hzg. **7** 69
Karl v. Durazzo **6** 48, 81, 580
Karl v. Hessen **10** 221
Karl v. Lothringen **10** 219
Karl v. Lothringen, Hzg. **4** 807, 827
Karl v. Valois **6** 578, 583, 585, 686, 872, **7** 348
Karlmann, Hausmeier, Sohn Karl Martells **4** 655, 660–664, 836
Karlmann, Sohn Pippins III. **4** 668, 686, 706
Karlmann (Pippin), Sohn Karls d. Gr. **4** 707
Karlmann v. Bayern **4** 721
Karlstadt ↗ Bodenstein, Andreas, gen. Karlstadt
Karnicek, Jan **7** 765

Karoli, Gaspar **8** 659
Karoli, Nikolaus **7** 172
Karpokrates, Gnostiker **1** 220, 482 f., 521, 524
Karpov, Gregorij G. **12** 990, 1002
Karpus, Märt. **2** 86
Karrer, Otto **12** 671
Karsavin (russ. Intellektueller) **12** 935
Kartachev, A. W. **12** 928
Kartanos, Joannikios **8** 361, 365
Kartir, pers. Magier **3** 1167
Karup, F. C. **11** 591
Karyophillis, Johannes **9** 573
Karyophyllos, Matthias **9** 572
Kasa, Lij, Prinz v. Qwara ↗ Theodor II., Ks. v. Äthiopien
Kasatkin, P. Nikolas **11** 766
Kasīm, armen. Kommandant **4** 491
Kasimir, Großfürst v. Litauen **7** 54
Kasimir, hl. **13** 423
Kasimir IV., Kg. v. Polen **7** 417, 419, 430
Kasimir (d. Große Jagiełończyk) v. Polen **6** 181, 254, 771, 781
Kaspar, Karol **12** 891, 899
Kaspar, Walter **13** 197
Kassander, Diadochus **1** 116
Kassian (v. Imola), Märt. **2** 184
Kassiepe, M. **12** 226
Kassivi, Pascal **13** 590
Kastor v. Apt, Bf. **2** 863, 974
Katharina, hl. **9** 925
Katharina II., d. Gr., Zarin v. Rußland **9** 502, 504, 513 ff., 518, 530, 533, 536, 541, **10** 5, 104–108, 114, 184, 200 f., 475, **11** 741, 745, 752, 760
Katharina v. Alexandrien, hl. **4** 411
Katharina v. Aragón **8** 194, 198, 202, **9** 1057 f.
Katharina v. Bologna **7** 340
Katharina v. Bourbon **8** 1031
Katharina v. Braganza, Kgn. v. England (Gemahlin Karls II.) **9** 107
Katharina v. Brandenburg **9** 29
Katharina v. Genua **6** 742, **7** 232, 340, **10** 280
Katharina v. Medici, Kgn. v. Frankreich **8** 262, 477, 480, 489, 1101
Katharina v. Schweden **6** 27, 77, 532, 792, **9** 241
Katharina v. Siena **6** 77, 83, 124, 389, 412, 435, 518, 522, 528, 536, 745, 871, **7** 388, **8** 814, **9** 632, **12** 452
Katsa **4** 918
Katsonis, Lambros **10** 729
Katzer, Friedrich Xaver, Ebf. v. Milwaukee **11** 885
Kauer, Robert **12** 767
Kaufbeuren, Kreszentia v. ↗ Kreszentia v. Kaufbeuren
Kaunda, Kenneth, Staatsoberhaupt v. Sambia **13** 557
Kaunitz, Wenzel Anton Graf **10** 16, 19 ff., 28, 176, 270
Kaunitz-Rittberg, Graf v. ↗ Kaunitz
Kausabon, Isaak **9** 572
Kautz, Jakob **8** 130, 132
Kawad, pers. Kg. **3** 140, 1180, 1239
Kayibanda, Grégoire, Staatsoberhaupt v. Ruanda **13** 557, 561, 564
Kazanskij, Veniamin **12** 936
Kazem-Bek, Alexander **12** 974
Keane, John **12** 1114
Kearney, John **9** 115
Keatin, Geoffroy **9** 112
Keble, John **11** 226, 230
Keeble, Samuel **12** 800
Keegan, Pat **13** 55
Keim, Karl Theodor **11** 377 ff.
Keiser, Reinhard **9** 1075
Keith, George **9** 712
Kekaumenos **4** 341
Keller, Adolf **12** 49, 63, 357, 672
Keller, Augustin **11** 576
Keller, Christoph ↗ Cellarius, Christoph
Keller, Émile **11** 36, 500, 510 f.
Kelley, Francis Clement **12** 1106
Kelly, John Norman Davidson **1** 814, 816
Kemal Pascha, Gazi Mustafa (Atatürk) **12** 916, 920, 950, 957
Kemp, Jan Theodosius van der **10** 447, **11** 1015

Kena **11** 442
Kennedy, Geoffrey Studdert **12** 829
Kennedy, John F., amerikan. Präsident **12** 1031, 1047, 1056, 1065, 1084, 1095, 1106, 1122, 1125, **13** 475, 495
Kenrick, Francis Patrick **11** 860, 880
Kentigern, Mönch **3** 869
Kenyatta, Jomo **13** 563
Keokuk, Häuptling der Sauk **11** 877
Kephalos, Nektarios **12** 956, 1023
Kepler, Johannes **8** 953, 1096, 1111, 1116, 1139, 1143, 1155, 1162, **9** 786, 867
Keppler, P. W. **12** 265
Kerdon, Gnostiker **1** 521, 524, 560
Kérékou, Mathieu, Staatschef v. Benin **13** 564, 569
Kerenskij, Alexandr Fjodorowitsch **12** 928
Kerkhoff, Bf. v. Lüttich **12** 657
Kerle, Jacobus de **8** 1235
Kerll, Johann Kaspar **9** 1065, 1070, 1079
Kern, Cyprian **12** 1012
Kern, Philipp Friedrich **10** 627
Kerrl, Hanns **12** 695, 719
Kersten **10** 742
Kesu Das (Kesava Dās) **8** 897
Ketboga, mongol. Khan **5** 782
Ketewan, Mutter v. Kg. Teimuraz I. v. Kacheti **9** 586
Ketteler, Gotthard **8** 641
Ketteler, Wilhelm August v. **10** 718
Ketteler, Wilhelm Emmanuel, Freiherr v., Bf. v. Mainz **10** 711, **11** 25, 35 f., 39, 109, 300, 304, 306, 456, 616, 642, 647, 664, 682, 1050
Kettenbach, Heinrich v. **7** 745
Keussen, Rudolf **12** 70
Kevin, hl. **4** 621
Kevork IV, Katholikos **11** 795
Kework VI., Katholikos v. Edschmiadzin **12** 1016, **13** 428
Keynes, J. M. **12** 1074
Keyser, Hendrik de **8** 506
Khadir beg v. Ephesos **6** 191
Khālid ibn al-Walid **4** 24, 393, 412
Khama, Häuptling in Botswana **11** 983
Khayr al-Din „Barbarossa“ **7** 529, 591, **8** 740
Khlesl, Melchior ↗ Klesl, Melchior
Khodr, Georges **12** 1021
Khoren I., armen. Katholikos **12** 950
Khosrau II., sassanid. Herrscher ↗ Chosrau II., pers. Kg.
Khrapovickij, Antonij **12** 883, 928, 933, 940, 989
Khubilai, mongol. Großchān **5** 793, **6** 878
Khun, Béla **12** 1061
Kicking Bear, Medizinmann der Teton-Dakota **11** 878
Kie Shou-kang **13** 627
Kierkegaard, Sören A. **11** 250, 583, 587, 591, **12** 94, 101, 107, 112, 204, 673, 711, 1079
Kiesinger, Kurt Georg **12** 738
Kiessling, Johann Tobias **11** 314
Kihlmann, A. K. **11** 592
Kilian, ir. Missionar **4** 658
Kilir, Elasar **4** 74
Kim Dae-jung **13** 634
Kim Kum-Hai, André, Missionar **11** 148, 1053
Kim Su Wan, Kard. Ebf. v. Seoul **13** 634, 658
Kimbangu, Simon **13** 543, 551, 562 f., 566, 610
Kinamon v. Adrianopel, bulg. Missionar **4** 924
Kinder, Christian **12** 716
Kinderholm, E. **12** 856
King, Martin Luther **12** 1034, 1094, 1102, 1124, **13** 133 f.
King, William Lyon Mackenzie **12** 1128
King Bill, letzter Häuptling der Aborigines **11** 1061
Kingsley, Charles **10** 828, **11** 228, 237, 338, 899
Kino, Eusebio **9** 649 f.
Kir **12** 571
Kircher, Athanasius **9** 292, 786, 936, 940, 966 f., 981
Kirejevskij, Ivan **11** 743 f.
Kirk, P. T. R. **12** 835

Kirwitzer, Wenzel Pantaleon **8** 952
Kis, Stephan Szegedi **8** 633
Kissi, Christophoros **12** 1006
Kittel, Gerhard **12** 806
Kiwanuka, Benedicto **13** 563
Kiwrakos, armen. Priester **4** 533
Kiwrion, Katholikos v. Iberien **3** 1217 ff., 1221 f., **4** 479
Klaine, Theo **11** 1010
Klara v. Assisi, hl. **5** 570, 575, 834, 938, **6** 744
Klauck, Hans-Josef **1** 360
Klauser, Theodor **1** 637, **12** 218
Klaveness, Th. **11** 591, **12** 856
Klearchos **1** 870
Kleberger, Johann **7** 516
Klee, Heinrich **10** 711, **11** 109
Klee, Paul **12** 167
Klefbeck, A. **11** 590
Klein, Félix **11** 436, 887
Klemens s. a. Clemens
Klemens, Bogomile **5** 486
Klemens, ir. Kleriker **4** 650, 662
Klemens d. Bulgare ↗ Kliment, Bf. v. Ochrid
Klemens v. Alexandreia ↗ Clemens v. Alexandria
Klemens v. Ochrid **4** 235, 924, 931, 933 ff., 937
Kleopas **1** 48
Kleostratos **1** 443
Klepacz, Bf. v. Łódź **12** 910
Klerk, Frederik Willem de, Präsident v. Südafrika **13** 584
Klesl, Melchior **8** 415
Klettenberg, Katharina v. **10** 6
Kleutgen, Josef **11** 117
Kley, D. van **9** 403
Kliefoth, Theodor Friedrich Dethlof **11** 81
Klijn, Albertus F. J. **1** 483
Klimakos, Johannes ↗ Johannes Klimakos, hl.
Kliment, Bf. v. Ochrid (auch Klemens d. Bulgare) **9** 574
Klingemann, Karl **12** 342
Klinghardt, Matthias **1** 427, 432
Klipffel, Thérèse **13** 231
Kljustina, Anastasia **11** 757
Klopstock, Friedrich Gottlieb **10** 668 f.
Klüpfel, Engelbert **10** 713
Klug, Joseph **8** 980
Kmetko, Karel **12** 900
Knab, Otto M. **12** 671
Knappen, M. **12** 360
Knaus, H. **12** 28
Kniebs, Nikolaus **7** 805
Knill, Richard **11** 1024
Knipperdolling, Bernd **8** 136, 138
Knobloch, Johannes **7** 791
Knoll, Jan **9** 493
Knolly, Francis **8** 228, 234
Knowles, David **12** 806
Knox, John **8** 97, 219, 536, 556, 1231, 1233, **12** 822
Knox, Ronald **12** 801, 806, 824
Knud, hl. **6** 810
Knut VI., dän. Kg. **5** 331, 333, 664
Knut d. Große, dän. Kg. **4** 838, 861, 871, 906 f., 909
Knut d. Heilige, dän. Kg. **5** 134, 327, 529
Knut Laward **5** 331
Ko Myat Kyan **11** 1033
Ko Tha Byu **11** 1033
Kobès, Aloÿs, Apostol. Vikar v. Dakar, Bf. v. Ngasobil **11** 140, 978 f., 1009 f.
Kočetkov, Georgij **13** 412
Koch, Hal **12** 849
Koch, Karl **12** 65, 715
Koch, Werner **12** 720
Koch, Wilhelm **12** 219, 222
Kochanowski, Jan **9** 528
Koechlin, Alphonse **12** 357, 673, 677
Kögel, Rudolf **11** 667 f., 672
Kölle, S. W. **11** 999 f.
Köllin, Konrad **8** 246
König, Franz, Kard. Ebf. v. Wien **12** 235, 764, **13** 5, 14 f., 20, 24, 47, 52, 54, 56, 60, 76, 80, 89
Kgn. v. Saba **13** 439
Köprülü, Ahmet, Großvezir **9** 540
Köprülü, Familie **8** 360
Köstlin, Karl Reinhold **11** 99, 103, 369

Koffler, Jesuitenpater **9** 768, 782
Kohlbrügge, Hermann Friedrich **11** 314
Kohn, Theodor, Ebf. v. Olmütz **11** 708
Kojève, Alexandre **12** 204
Kojong, Kg. v. Korea **11** 1055
Kolb, Sylvia **13** 229
Kolb-Bernard, Charles **11** 34, 183
Kolbe, Maximilian **12** 249, 898
Kollár, Jan **11** 745
Kołłataj, Hugo **10** 194 f., 197
Kollmann, Bernd **1** 426
Kollonitsch, Leopold Karl Graf, Kard. **9** 30
Kollonitsch, Sigismund Graf, Kard. **9** 27
Kollonitz, Kard. **9** 604
Koloman, ungar. Kg. **5** 132, 327, 341
Kolot, Yovhannes **10** 139
Kolping, Adolf **11** 32, 34, 301, 306 f., 647
Kolumban d. Jüngere ↗ Columban, ir. Mönch
Kolumbus, Bartolomé **7** 594, 599
Kolumbus, Christoph **7** 303, 409, 498, 521 f., 524, 526, 531 f., 535, 537, 539, 541 f., 544 ff., 548 f., 555 f., 560 f., 573, 579, 589 f., 593, 595–599, **12** 1222
Kolumbus, Diego ↗ Colón, Diego
Komarius, Bf. **2** 612
Kombo, Ernest, Bf. v. Owando **13** 569
Komensky, Jan Amos ↗ Comenius, Johann Amos
Komiakov, Aleksej **11** 744, 747, 759
Komitas **11** 825
Komitas Ałcʿecʿi, armen. Katholikos **3** 1221, 1223, **4** 480–483, 514 f.
Komnene, Nonne **5** 15
Komnenus-Papadopoli, Nikolas **9** 572
Konarski, Stanislaw **10** 194 f.
Konfuzius **9** 767 ff., 774, 787, 789, 792, 1023
Konon, Märt. **3** 670
Konon I., Papst **4** 649
Konon v. Tarsus **3** 497 ff.
Konrad, Sohn Heinrichs IV. **5** 71, 119
Konrad I., Kg. **5** xxxi
Konrad I. v. Salzburg, Ebf. **5** 107, 156, 194, 419
Konrad II., Ks. und Kg. **4** 799, 809, 812, 819, 868, 875, **5** 445
Konrad III., Kg. **5** 134, 202, 211, 264, 332, 349 f., 659
Konrad IV., Kg. **5** 677, 682, 779 f.
Konrad d. Rote, Hzg. v. Lothringen **4** 799
Konrad v. Gelnhausen **6** 50, 81, 285
Konrad v. Marburg **5** 811, 893, 936
Konrad v. Masowien **5** 701 f.
Konrad v. Megenberg **6** 689
Konrad v. Prag **6** 343
Konrad v. Preußen **6** 528, 709
Konrad v. Regensburg, Bf. **5** 419
Konrad v. Suburra s Anastasius IV., Papst
Konrad v. Urach **5** 868
Konrad v. Vechta, Ebf. v. Prag **6** 344, **7** 463
Konrad v. Waldhausen **6** 801
Konrad v. Weinsberg **6** 868
Konrad v. Wittelsbach, Ebf. v. Mainz **5** 222, 243
Konradin **6** 576
Konradin v. Hohenstaufen **5** 682 f.
Konstans, röm. Ks. **2** 238, 273, 345, 349, 357, 366, 369, 378, 552, 721, 886, 967, 1017
Konstans II., byzantin. Ks. **2** 688, 955, **4** 33, 38, 44 f., 49, 213, 240, 485, 487 f., 497, 637, 643 ff.
Konstantia (Schwester Konstantins) **2** 205, 213, 296, 326, 655, **4** 100, 110
Konstantin, abchas. Kg. **4** 557
Konstantin, afrikan. Akolyth **2** 650
Konstantin, Chartophylax **5** 365
Konstantin, chines. Kronprinz (Ming-Dynastie) **9** 768
Konstantin, Märt. **4** 587 f.
Konstantin, Patr. v. Konstantinopel **4** 118
Konstantin, Sohn d. Basileios I. **4** 193
Konstantin, Sohn d. Herakleios **4** 22
Konstantin I., Papst **4** 649, 704
Konstantin I., röm. Ks. **1** 450, 721, 740, **2** 17, 55, 62, 80, 107, 126, 131, 139, 143, 145, 151, 153, 177, 184, 188, 193–212, 214–221, 223–239, 247, 250, 252–256, 274, 291, 294, 296, 300, 303, 306, 308, 312, 315, 319, 323, 325, 331, 334–340,

345, 347, 354, 359, 361, 368, 378, 386, 391, 396, 401, 404, 406, 410, 459, 474, 491, 630, 634, 643, 655, 669, 675, 679, 681, 683, 688, 691, 693, 728, 742, 770, 772, 781, 783, 788, 793, 804, 810, 818, 851, 877, 880, 885, 904, 947, 958, 967, 976, 987, 1003, 1015, 1017, 1044, 1046, 1050, 1066, 1085, **3** 361 f., 370 f., 426, 529, 540, 543, 667, 671, 688, 690, 692, 706, 755, 762, 1015, 1028, 1077, 1242 f., 1246, 1251, 1253, **4** 70, 213 f., 220, 285, 307, 362, 711, 824, 953, **5** 5, 251, 640, 659, **6** 328, 616, **7** 30, 60, 102, 332, 362, **8** 179, 346, **9** 1050
Konstantin II., Katholikos v. Sis **6** 225
Konstantin II., röm. Ks. **2** 238, 338, 345, 349, 351, 967
Konstantin III., röm. Ks. **2** 536, 655, 906, 972, 980, **3** 222
Konstantin III. Leichudes, Patr. v. Konstantinopel **5** 23
Konstantin III. v. Georgien **9** 585
Konstantin IV., byzantin. Ks. **4** 28, 45, 49, 127, 143, 214, 645, 767, 921
Konstantin V., byzantin. Ks. **4** 28 f., 97 f., 108, 111, 113, 118–123, 125, 127–130, 133, 139, 141, 145 ff., 155, 157 f., 166, 205, 214, 221, 224, 241, 273, 323, 344, 412, 575, 667, 922, **5** 13, **7** 22
Konstantin V., Katholikos v. Sis **6** 226
Konstantin VI., byzantin. Ks. **4** 128, 131, 133, 143 ff., 167, 708
Konstantin VII. Porphyrogenetos, byzant. Ks. **3** 742, **4** 34, 69, 200, 202 f., 207 f., 230, 232, 236, 238, 244, 246, 272 f., 275, 278, 291, 296, 308, 513, 939, **5** 356
Konstantin VIII. Monomachos, byzantin. Ks. **4** 208, 293, 318, 335, 533, **5** xxxiii, xxxvi
Konstantin IX. Monomachos, byzantin. Ks. **4** 293, 305, 308, 325, 332, 355 f., 359, 527, 533, 875, **5** xxxiii, 18, 23, 356
Konstantin X. Dukas, byzantin. Ks. **4** 474, 534 ff., **5** xxxiii, 3, 24, 28, 376
Konstantin XI. Dragases, byzantin. Ks. **7** 18, 22, 57
Konstantin Angelos **5** 717
Konstantin Bodin, serb. Fürst **5** 4, 132
Konstantin Chrysomallos **4** 343
Konstantin d. Gr. ↗ Konstantin I., röm. Ks.
Konstantin Kabasilas **5** 734
Konstantin Kʿartʿveli **4** 555
Konstantin Komnenos Maliasenos Bryennios **5** 740
Konstantin-Kyrillos, slaw. Missionar **4** 229 ff., 233–236, 718, 720, 733, 883, 885, 891, 900, 933, 951, **5** 708, **9** 574
Konstantin Podopaguros, Logothet **4** 118
Konstantin Sakellarios **4** 357
Konstantin Stilibes, Metropolit **5** 748
Konstantin v. Ḥarrān **4** 406
Konstantin v. Korfu **5** 369
Konstantin v. Laodikeia, Metropolit **3** 505
Konstantin v. Nakoleia, Bf. **4** 102 f., 105, 107, 115, 122 f., 132, 138
Konstantin v. Preslav, Bf. **4** 921, 931, 933
Konstantin v. Side, Metropolit **4** 342
Konstantin v. Sylaion **4** 110
Konstantina, oström. Ksn. **3** 893, 932, 936, 939 f., 945, 957
Konstantinos III., abchas. Fürst **4** 232
Konstantinos IX. Monomachos, byzantin. Ks. **4** 527
Konstantinos XII. Dragesas, byzantin. Ks. **6** 167, 189
Konstantinos Akropolites **6** 546
Konstantinos Cheilas **6** 160
Konstantinos Chrysomallos **5** 479, 481
Konstantinos Kabasilas **6** 499, **7** 34
Konstantinos Leichudes, Patr. v. Konstantinopel **4** 36, 317, 325, 332
Konstantinos Lips **4** 297
Konstantinos Meliteniotes **5** 753 f., **6** 169, 171, 823
Konstantinos (Silvanos) **4** 240, 242
Konstantinos Stilbes **6** 820
Konstantinovic, Konstantin **8** 654
Konstantius, röm. Ks. **1** 502, **2** 236, 238, 256, 259–262, 345–350, 355, 358, 360, 364–367, 369, 376–389, 391, 394, 397, 404, 637, 644, 646, 657, 776, 851, 886, 890, 926, 988, 1055, **3** 883

Konstantius II., röm. Ks. **2** 210, 212, 217, 222, 229 f., 272, 338, 396, 399, 409, 417–421, 425, 435, 459, 462, 656, 775, 971, 977, 989, 1091
Konstanze, Tochter Roberts I. v. Burgund **5** 296
Konstanze v. Aragón, Gattin Friedrichs II. **5** 675 f.
Konstanze v. Hauteville ↗ K. v. Sizilien
Konstanze v. Sizilien, Ksn. **5** 228 f., 232, 235, 673 f., 676, 778
Konstanze v. Ungarn **5** 690
Kontoglu, Photis **12** 1014
Kopernikus, Nikolaus **7** 436, **8** 1111, 1143, 1153, 1157, 1160, 1162, 1174, **9** 3, 942
Kopken, Andreas **7** 763
Kopp, Georg, Bf. v. Fulda, Fürstbischof v. Breslau, Kard. **11** 463, 482, 650
Kopres, Eremit **2** 822
Korais (Corais), Adamantios **10** xix, 729
Korakion, Bf. v. Arsinoë **2** 114
Koranda, Wenzel **7** 466, 468
Kordac, Francis **12** 874, 891
Korec, Ján Chryzostom, Kard. Bf. v. Nitra **13** 374
Korion **2** 724
Koriwn, armen. Historiker **3** 1196 ff., 1250
Korniłowicz, W. **12** 881
Korolenko, Vladimir **11** 743, 761
Korošek, Anton **12** 877, 892
Korum, Michael Felix, Bf. v. Trier **11** 463, 650
Korydaleus, Theophilos **8** 367, **9** 570, **10** 131 f.
Korydalis, Theophylos ↗ Korydaleus, Theophilus
Kosanovitch, Savo, Metropolit v. Sarajevo **11** 770
Kościuszko, Tadeusz **10** 3, 193, 751, 753
Kosmas, Bf. **4** 121 f.
Kosmas, franziskan. Missionar **6** 883
Kosmas, hl. **4** 309 ff.
Kosmas, Priester in Bulg. **4** 344 f., 347
Kosmas I., Patr. v. Alexandreia **4** 419 ff.
Kosmas I., Patr. v. Konstantinopel **5** 24
Kosmas II., Patr. v. Alexandreia **4** 438 f., 441
Kosmas II. Attikos, Patr. v. Konstantinopel **5** 367, 480 f.
Kosmas III., Patr. v. Alexandreia **4** 450
Kosmas III. Kalokagathos, Patr. v. Alexandrien **9** 589
Kosmas Tzinzulikes **4** 293
Kosmas v. Ätolien, hl. **10** 125, 128, 728, 733, **12** 1021, 1023
Kosmas v. Emesa, Bf. **4** 404
Kosmas v. Jerusalem **4** 69
Kosmas v. Maiuma, Bf. (Adoptivbruder d. Joannes Damaskenos) **4** 124, 412
Kosoj, Feodosij **8** 379, 646
Kosov (Kosiv), Sylvester, Metropolit v. Kiew **9** 508 f.
Kosovicky, Gabriel **9** 605
Kossygin, Alexij **12** 1002
Kostelnyk, Gabriel **12** 975, 987
Koster, Franz **8** 1037
Koster, Manes Dominikus **12** 222
Kotschetkow, Georgij **13** 412
Kotter, Christoph **9** 484
Kotto, Jean **13** 324
Kotto, Joseph, Häuptling in Kamerun **11** 1005
Kottwitz, Hans Ernst v. **10** 834, **11** 314, 321
Koutzinas, maur. Stammesführer **3** 750
Kovalevskij, Eugraphios **12** 962, 1011
Kovalnitskij, A. **11** 761
Kovrad-Široe, sassanid. Herrscher **4** 22
Koxinga, Korsar **9** 765, 768, 770
Koyré, Alexandre **9** 945
Koze, Michael **7** 9
Kozlovskij, Fürst **11** 757
Kozmian, J. Sz., Bf. **10** 754
Kózmínski, Honorat **11** 695, 697
Krachmalnikowa, Zoja **13** 408 f.
Kraemer, Hendrik **12** 310, 313, 315, 646
Krafft, Christian **11** 314
Kraft, Magdalena **7** 242
Kralik, Richard v. **11** 684
Krapf, Johann Ludwig **11** 992

Krarup, F. C. **12** 857
Krasinski, Zygmunt **10** 801, 820, 849
Krasnickij, V. D. **12** 936
Kratz, Georg **10** 175
Kraus, Franz Xaver **11** 352, 427, 651
Kraus, Martin **8** 364
Krause, Christian, Bf. **13** 140
Krause, Reinhold **12** 715
Krautwald, Valentin **8** 124, 126
Kravářsky, Adam **9** 37
Krawtschuk, Leonid, ukrain. Präsident **13** 422
Krebs, Engelbert **12** 219, 222
Kreck, Walter **12** 126
Krek, Janez **11** 710
Krekšin, Ignatij **13** 412
Krell, Nikolaus **8** 412
Krementz, Philipp, Bf. v. Ermland **11** 454, 463
Kresling, Johannes **7** 766
Kressel v. Qualtenberg **10** 20
Kreszentia v. Kaufbeuren (Kreszentia Höß) **9** 842
Kreutz, Benedikt **12** 736
Kreuzer, Erwin **12** 70
Krick, Nicolas **11** 1029
Krikor VII., Patr. **9** 594
Kʿristapʿor I. Tirařižecʿi, armen. Katholikos **3** 1223
Kʿristapʿor II. Apahuni, armen. Katholikos **4** 483
Kʿristapʿor v. Siwnik, Metropolit **4** 479
Kritobulos v. Imbros **7** 38, 40
Kritopoulos, Metrophan, Patr. v. Alexandrien **9** 582, 589
Krjutschkow, Gennadi K. **13** 430
Kronos **1** 890
Kronstadt, Joann v. ↗ Sergiev, Joann
Kronstadtsky, Joann ↗ Sergiev, Joann
Kropholler, A. J. **11** 553
Krüdener, Barbara Juliane Freifrau v. **10** 5, 112, 588, 818 ff., 837 ff., 861
Krüdener, Juliette v. **10** 837
Krüger, Friedrich-Hermann **11** 415, 996, 1019
Kruijt, J. **11** 1036
Krum, bulg. Khan **4** 98, 143 f., 229 f., 726, 922, 925
Krummacher, Gottfried Daniel **11** 314
Kryjanovskij, Smaragd, Ebf. v. Orel **11** 714
Ktenas **4** 272
Ktesias **1** 922
Kubitschek de Oliveira, Juscelino **12** 1195
Kucewicz (Kunczyk/ Kunzewitsch), Josaphat **8** 657, **9** 62
Kühlmann, Richard v. **12** 389
Kuenen, Abraham **11** 395
Küng, Hans **12** 127, 223, 237, 806, **13** 159, 173
Künneth, Walter **12** 133, 714, 744
Küry, Adolf **12** 678
Küry, Urs **12** 678
Kugler, Christian **11** 992
Kuhn, Johannes Evangelist **11** 107
Kuhn, Thomas S. **13** 198
Kuhnau, Johann **9** 1075
Kujuk, mongol. Khan **5** 792
Kulzianus, ägypt. Präfekt **2** 183
Kum-Hai **11** 1054
Kumitas, Katholikos **4** 73
Kuncik, armen. Mönch **4** 527
Kunigunde, bayr. Hzgn. **7** 323
Kunigunde, Ksn. **5** 442
Kunigunde, Kgn. **4** 865
Kunipert, langobard. Kg. **3** 488
Kuno, Klostergründer v. Arrouaise **5** 420
Kuno v. Praeneste, Kard. **5** 76, 421
Kunwald, Matthias v. **7** 470
Kunzewitsch, Josaphat ↗ Kucewitcz, Josaphat
Kurajew, Andrej **13** 417
Kurbskij, Andrej **8** 380
Kuricyn, Fedor **7** 64
Kurland, Fürst v. **9** 504
Kurljatew, Nil **8** 380
Kurojedow, W. A. **13** 392
Kurth, Godefroid **11** 539
Kurtik, Pavlo, alban. Herrscher **7** 32
Kuss, Otto **12** 217, 223
Kutschma, Leonid, ukrain. Präsident **13** 422

Kutter, Hermann **11** 579, **12** 45, 89, 94, 99, 101, 672, 709
Kuyck, Arnoldus **7** 745
Kuyper, Abraham **11** 550 ff., 555, **12** 633
Kuyper, Franz **8** 143
Kuzmitch, Feodor **11** 743
Kvirion, georg. Katholikos **4** 574
Kwon Ch'ol-shin **10** 153
Kybele/Mater Magna (kleinasiat. Göttin) **1** 160, 237, 518, 568 f., **2** 12 f., 86, 88, 92, 150, 406, 996
Kyprian, Metrop. v. Novgorod **7** 52, 59
Kyprianos, bulgar. Mönch **6** 181
Kyprianos, Kalogeros **6** 140
Kyprianos, russ. Metropolit **6** 181, 253, 257
Kyriakos, Patr. v. Antiocheia **4** 427, 431 f., 439
Kyriakos, Patr. v. Konstantinopel **3** 559, 932, 940, 942, 944, 946 ff., 950, 952, 1290, **4** 36
Kyriakos II., georg. Fürst **4** 561
Kyrill s.a. Cyrill
Kyrill, Abuna v. Ägypten **12** 1017
Kyrill, Archimandrit **3** 181
Kyrill, Bf. **11** 753
Kyrill, georg. Katholikos **4** 575
Kyrill, hl. **13** 142, 309, 365, 424
Kyrill II., Metropolit v. Kiev **5** 706
Kyrill IV., Patr. **11** 795
Kyrill V., ökumen. Patr. **10** 117
Kyrill V., Patr. v. Konstantinopel **11** 783, 793, 796
Kyrill VI., kopt. Patr. v. Alexandrien **12** 1017, 1019, **13** 449 ff., 465
Kyrill VI., Patr. v. Antiochia ↗ Kyrillos VI
Kyrill und Method **6** 258
Kyrill v. Paphos, Bf. v. Zypern **1** 150
Kyrill v. Skythopolis **3** 445, 623 f., 656, 664
Kyrillos, Hegumen d. Aikometen **3** 634
Kyrillos, Slavenmissionar ↗ Konstantin-Kyrillos
Kyrillos II. Kontaris, Patr. v. Konstantinopel **9** 560, 563
Kyrillos V., Patr. v. Konstantinopel **9** 565, 570, 573, 586, 602, 605
Kyrillos VI. Tanas, kath.-melkit. Patr. **9** 606, **10** 123, 139 f.
Kyrillos Lukaris, Patr. v. Konstantinopel v. Alexandrien **8** 371, 375, 382, 657, **9** 560, 563 f., 571, 573, 581 f., 589
Kyrillos v. Alexandreia **4** 46, 124
Kyrillos v. Alexandrien **9** 813
Kyrillos v. Antiocheia **6** 299
Kyrillos v. Philea **5** 10, 366
Kyrillos v. Side **6** 179
Kyrion, georg. Katholikos **2** 1090
Kyrion, Katholikos v. Iberien **3** 1249, 1265 f., 1271 ff., 1283, 1286 f., 1290–1296, 1298
Kyros, Bf. v. Edessa **2** 1040
Kyros, Bf. v. Lazike **4** 41
Kyros, hl. **4** 90, 309, 680
Kyros, melk. Patr. **4** 435
Kyros, Patr. v. Alexandreia **3** 568, 1236, **4** 26 f., 41, 44, 46, 48, 409, 418
Kyros, pers. Kg. **1** 205
Kyros v. Menuthis, hl. **3** 492, 515, 672
Kyzikos **6** 172

L'Hôpital, Michel de **8** 480, 614, **9** 971
L'Isle de Dieu, Abbé de **10** 516, 520, 522 f.
Laaf, Johann **11** 39
Labadie, Jean de **9** 75, 432, 486, 879, **10** 202
Labastida, P. A., Ebf. v. Mexiko **11** 940
Labat, Jean-Baptiste, Dominikanerpater **9** 719, 721
Labayen, Julio Xavier, Bf. **13** 681
Labbé, Philippe, Jesuitenpater **9** 952
Laberthonnière, Lucien **11** 337, 351, 431 f., 438, 443, 445, **12** 176, 186, 189, 195, 211, 230
Laborde, Pfarrer **10** 318
Laboulaye **11** 490 f.
Labourdette, M.-M. **12** 231
Labouré, Catherine **11** 120, 189, **12** 248, 251
Labre, Benedikt **11** 124

Labre, Benoît-Joseph **10** 286, 442, 590 f., **11** 347 f., 506
Labreón, Alonso **9** 639
Labroue, Cathérine **9** 316
Labrousse, Suzette **10** 588 f., 591
Lacantius, Beamter **3** 231
Lacerta, Hugo **5** 140
Lachat, Eugène, Bf. v. Basel-Solothurn **11** 458, 575 f.
Lachelier **11** 340, 437
Lachner, Anna **7** 647
Lachner, Gertrud **7** 645, 647
Lachner, Wolfgang **7** 645 f.
Lacombe, Bf. v. Angoulême **10** 458, 626
Lacombe, O. **12** 325
Laconius, Berater Gundobads **3** 376
Lacordaire, Henri **10** xviii **11** 3, 16 ff., 32, 112, 123, 127, 131 f., 168, 177, 183
Lacoste **10** 386
Lacretelle **11** 491
Lacroix, Jean **12** 204
Lacroix, Jesuit **10** 167
Lactantius **7** 519
Lactanz/Laktanz **1** 659, 878, 952, **2** 150, 174, 177, 179–183, 187, 193, 202–205, 207, 215, 729, 732, 967, **3** 362
Lacuée, Graf de Cessac, General **10** 584
Lacunza y Diaz, Manuel **10** 595 f.
Lade, Serafim **12** 986
Ladeuze, Paulin **11** 543
Ladislaus, Sohn Sigismunds, Wasa v. Polen **8** 622
Ladislaus I., ungar. Kg. (s.a. Wladislaw bzw. Laszlo) **5** 4, 131, 326 f., 341, 716
Ladislaus IV., Kg. v. Polen ↗ Władisław IV.
Ladislaus V. Postumus, böhm.-ungar. Kg. **7** 49, 464
Ladislaus-Hermann, poln. Hzg. **5** 130
Ladislaus Jagiełło ↗ Władisław II. Jagiełło
Ladislaus v. Durazzo **6** 89
Ladislaus v. Neapel **6** 94
Ladrière, Paul **13** 288
Laerzio **8** 906
Laestadius, Lars Levi **11** 247
Laetantius, Märt. **1** 627
Laetus, Quintus Marcus, Präfekt **1** 587, 601 f.
Laetus v. Nepta, Märt. **3** 751
Lafarge **11** 183
Lafont, Louis **12** 154
Lafosse, Anne ↗ Charlier, Anne
Lagarde, Paul de **10** 721
Lagerlöf, Selma **11** 583
Lagny, Paul de **9** 221
Lagrange **10** 817
Lagrange, Marie-Joseph (Taufname Albert) **11** 350, 429 ff., 445, **12** 195, 207, 230, 811, 1078, 1086
Lagrenée **11** 148
Lagus, J. **11** 248
Lahontan, Baron de **9** 1023
Laï, Geatano de, Kard. **11** 428, 443, 470, **12** 4, 7, 211
Lailler, Jean **7** 118
Laimbeckhoven, Gottfried v., Bf. v. Nankin **9** 779
Laín Entralgo, Pedro **12** 542
Laínez, Diego (Jakob) **8** 247, 258, 270, 665, 677, 698, 1182
Lajimonière, Jean-Baptiste **10** 530
Lak, Robert **13** 694
Lake, Handsome **11** 877
Lakner, F. **12** 221
Laktanz, Historiker ↗ Lactanz/ Laktanz
Lakwena, Alice **13** 551
Lalande, Joseph Jérôme Lefrançois **10** 683
Lalande, Michel Richard de **9** 1071, 1082
Lalive d'Epinay, Christian **12** 1215, 1218, **13** 525, 530
Lallemand **12** 323
Lallemant, Louis **9** 824, 836, **10** 240
Lally, Marquis v. **10** 842
Lamarck, Jean Baptiste de Monet de **11** 434
Lamartine, Alphonse de **10** 806
Lambert, Bernard **9** 396
Lambert, Dominikanerpater **10** 592 ff.
Lambert, Franz **7** 747, 779, 840 f., 877
Lambert, Jacques **12** 1188
Lambert, Joseph **10** 266, **11** 141, 190
Lambert, Mme de **9** 1150

Lambert de La Motte, Pierre **9** 762 ff.
Lambert v. Avignon, Franz **7** 877, **8** 61, 459
Lambert v. Hersfeld **4** 942
Lambert v. Lüttich **4** 679
Lambert v. Moyenmoutier **4** 814
Lambert v. Ostia, Kard. **5** 79 f., 121, 191
Lambert v. Regensburg **6** 863
Lambert v. Spoleto, Hzg. **4** 721, 821
Lambertini, Prospero ↗ Benedikt XIV., Papst
Lambruschini, Luigi, Ebf. v. Genua, Nuntius in Paris, Kard. **11** 18 f., 21, 168, 301
Lambruschini, Raffaello **11** 267
Lamennais, Hugo-Félicité Robert de **10** xx, 2, 102, 532, 539, 677, 685, 688, 742, 748, 801, 805–809, 815, 817, 822 f., 826 ff., 843, 848 f., 851 ff., 856 f., **11** 1, 7, 14–22, 32, 114 f., 118, 121 f., 126, 186, 202, 206, 262, 264, 266, 296, 300, 425
Lamennais, Jean-Marie-Robert de **10** 2, 677, **11** 118, 121, 181, 425, 496 f.
Lamormaini, Wilhelm **9** 19
Lamourette, Adrien **10** 281, 312, 318, 325, 830
Lamparter v. Greiffenstein, Hans **8** 1269
Lampe, Geoffrey W. H. **1** 291
Lampe, Peter **1** 334
Lampetios, Mönch **4** 342
Lamprecht v. Regensburg, Prediger **5** 939
Lampropoulos, Ignatios **10** 733
Lamy, Bernard **9** 936, 968, 975, 982, 1001, 1013, 1022
Lamy, Étienne **11** 428, 466, 512
Lamy, François, Benediktiner **9** 1114
Lamy, Jean-Baptiste, Bf. v. Santa Fé **10** 484, **11** 861
Lancelot, Claude **9** 357, 371, 403, 981
Lancilotto, Pater **8** 904, 918
Landini, G. B. **8** 1159
Landino, Cristoforo **7** 510
Landivar, Rafael **10** 91
Landmann, Abbé **10** 847
Landolf v. Benevent **5** 49
Landos, Agapios **9** 573
Landriot, J.-B.-F., Ebf. v. Reims **11** 123
Landry, François **8** 456, 459
Landsberg, Paul-Ludwig **12** 204
Landulf Cotta **5** 35, 123 f.
Laneau, Msgr. **9** 764 f., 771, 773, 780, 792 f.
Lanfranc **6** 658
Lanfranc da Septala **5** 846
Lanfranc v. Bec ↗ Lanfranc v. Pavia
Lanfranc v. Pavia, Dialektiker **4** 854, **5** 44, 96, 100 ff., 106, 174, 260, 269, 455
Lanfranco, Giovanni **8** 1218, 1221, **9** 1031, 1035, 1047
Lang, John Dunmore **11** 1063
Lang, Matthäus, Kard. **7** 312
Lang, William Cosmo Gordon, 1. Baron v. Lambeth, Ebf. v. Canterbury und York **11** 574, **12** 67, 351
Lange, Joachim **10** 203
Langénieux, Benedikt Maria, Kard. Ebf. v. Reims **11** 441, 510, 806 f.
Langham **11** 1075
Langle, Pierre de, Bf. v. Boulogne **9** 384, 387
Langlois, Claude **10** 624, **11** 118, 129, 354
Langlois, Weihbischof v. Quebec **12** 1138
Langton, Stephan **5** 541, 562, 596, 619, 815, 827
Languet, Hubert **8** 482, 1177
Languet de Gergy, Ebf. v. Sens, Bf. v. Soissons **9** 339, 392, 899, 994, **10** 268 ff.
Languschi, Francesco **7** 38
Lanjuinais, Jean Denis **10** 15, 325, 329, 555 f., 567 ff., 845
Lanneau de Marey, Pierre Antoine Victor de **10** 577 f.
Lannoy, Jean de **9** 1142
Lansbury, George **12** 800
Lantechild, Schwester Chlodwigs **3** 363 f.
Lanteri, Pio Brunone **11** 119, 122, 265
Lanza, Ebf. v. Reggio Calabria **12** 448
Lanzenstiehl, Leonhard **8** 178
Lanzon v. Lewes **5** 174
Lao Pereira, Gasper de, Ebf. v. Goa **9** 798

Laonikos **8** 366
Laonikos Chalkokondyles **7** 29, 50
Laonikos d. Athener ↗ Laonikos Chalkokondyles
Lapacci, Kard. **6** 826
Lapide, Cornelius a **8** 1129
Laplace, Admiral **11** 143
Laplanche, François **11** 355, 364, 368, 376 f.
Lapointe, Eugène **12** 1141
Laporte, Jean **1** 430
Lapparent, Albert F. de **11** 436, **12** 154
Lara, Rodríguez, Staatschef v. Ekuador **13** 516
Larben, François de **9** 849
Lardner, Nathanael **9** 1117
Larios, Juan **9** 641
Laros, Matthias **12** 220
Larousse, Pierre **11** 496
Larraín, Manuel, Bf. v. Talca **12** 1160, **13** 24, 292, 495–498, 516, 537
Larraona, Arcadio María, Kard. **13** 51, 94
Lartigue, Jean-Jacques **10** 528, 531 ff.
Las Casas, Bartolomé de **7** 525, 533, 545 f., 550 f., 557, 563, 565 f., 600, 603–606, **8** 688, 700, 704, 765, 772–874, 905, **9** 638, 704, 754, **10** 370, **13** 473
Las Navas, Francisco de **8** 837
Lasabo **11** 1069
Laskaris, Janus **8** 379
Laski, H. **12** 1074
Laski, Jan (Johannes) **8** 82, 102, 316 f., 320, 470, 644, 649
Lassalle, Ferdinand **11** 35, 306, 661
Lassar, Joannes **10** 147
Lassaulx, Ernst v. **11** 135
Lasserre, Henri **11** 348
Lasso, Orlando di **8** 1234, 1239
Lassus, J.-B. **11** 188
Laszlo (Ladislaus), ungar. Kg. **4** 843
Latimer, Hugh **8** 220, 224, 531, 533
Latomus, Jakob **7** 667, 705, 848
Latourette, Kenneth Scott **12** 315
Latreille, André **12** 567
Latronianus (Schüler d. Priszillian v. Avila) **2** 481, 493
Lattakia, Johannes v. **9** 592
Lattre, Pierre de **8** 1218
Latuin Levesque **11** 1081
Lau, Jean-Marie du, Ebf. v. Arles **10** 360
Laubardemont, Jean Martin de **9** 302, 358
Laud, William, Ebf. v. Canterbury **8** 234, **9** 89–93, 96, 98, 101, 103, 105, 112, 165, 190, 197, 869 f.
Lauga, Henri **11** 1019
Launay **11** 413
Launoy, Jean de **9** 953 f., 956
Laurana, Luciano **7** 506
Laurence, Bf. v. Tarbes **11** 348
Laurent, Francois **11** 204
Laurent, Jean-Théodore **11** 209
Laurent de la Faye **6** 354
Laurentius, Bf. v. Canterbury **3** 931
Laurentius, Bf. v. Mailand **3** 306 f., 310, 313 f., 329, 487, 771, 892, 910
Laurentius, Diakon, hl. **3** 346, 1113, 1121, 1140, 1147
Laurentius, Gegenpapst **3** 193, 311, 313, 315 ff., 321 f., 330, 378, 1126
Laurentius, Märt. **2** 171, 681, 915
Laurentius, Priester **3** 929
Laurentius, Prior **4** 623 f.
Laurentius, Senator **3** 378
Laurentius II., Bf. v. Mailand **3** 479, **4** 617
Laurentius Hispanus **5** 449, 663
Laurentius v. Amalfi, Ebf. **5** 47
Laurentius v. Brindisi **8** 1071, **9** 35 f.
Laurentius v. Portugal **5** 595
Laurentsen, Peter **7** 758
Laussat, Augustin de **10** 417
Lausus, ksl. Beamter **2** 595, 793
Lavai, Pierre **12** 401, 417
Laval, Gasbert de **7** 107
Laval, Jacques-Désiré **11** 144, 152, 1009
Laval, Pyrard de **9** 799
Lavalette, Antoine, Pater **10** 169
Lavardière **8** 869
Lavarenne, Msgr. **12** 325
Lavater, Johann Kaspar **10** 221, 668 f., 832
Laveleye, Emile de **11** 547
Lavelle, Louis **12** 189
Lavérandrye, Pierre Gauthier de **9** 675

Laverdant, D. **11** 38
Lavergne, Claudius **11** 127
Lavergne, Édouard V. **12** 1139
Lavigerie, Charles-Martial-Allemand, Ebf. v. Algier, Primas v. Afrika, Kard. **11** 136f., 160f., 174, 413ff., 418, 420, 440f., 466f., 493f., 508ff., 977, 979f., 989f., 1012, **13** 316f., 556, 594
Lavisse, Ernest **11** 339
Lavitrano, Ebf. v. Palermo **12** 465
Lavoisier, Antoine de **10** 377
Law, John **9** 386
Law, William **9** 876, 1009, 1141
Lawes, William **11** 1075
Lawrence, Gouverneur **10** 516, 518
Lawrence, William **11** 891
Lay, Benjamin **9** 712
Laymann, Paul **9** 997
Laynez, François, Ebf. v. Malaipur **9** 817
Lazar Pʿarpecʿi, armen. Historiker **3** 1187, 1195f., 1203
Lazar (Puhalo), russ.-orth. Ebf. **13** 409
Lazaros, Patr. v. Jerusalem **6** 175, 180, 218
Lazaros Galesiotes **5** 512
Lazaros Stylites **5** xxxvi
Lazarus, Jünger Jesu **1** 35, 695
Lazarus v. Aix, Bf. **2** 536, 538, 655, 972
Lazarus v. Bēth Qandasā **4** 433
Lazar' v. Borisoglebsk **9** 522
Lazzati, Giuseppe **12** 462, 493, 497
Le Duc ↗ Duc, Fronton du
Lea, Asketin **2** 850
Leander, Bf. v. Sevilla **2** 952, **3** 408, 410, 785–788, 790, 851, 853, 858, 862, 893, 895, 919f., 976, 1087, **4** 634
Leardi, Paolo **10** 357f.
Lebau, Joseph **10** 742
Lebbe, Vincent **11** 420, 1052, **12** 293, 306, 316, 324, 663
Lebègue, Nicolas Antoine **9** 1080, 1082
Leblois, Georges Louis **11** 531
Lebna Dengel, Negus v. Äthiopien **7** 583, 585
Lebon, J. **12** 662
Lebret, Louis-Joseph **12** 591, 1153, 1196, **13** 292, 491, 498
Lebreton, Jules **12** 196, 207
Lebrun, François **8** 1011
Lebrun, Pierre, Pater **9** 1142
Lebzeltern, Ludwig v. **10** 838
Lecanuet, E. **11** 511
Lecanuet, Jean **13** 298
Lecerf, Auguste **12** 559
Lecinska, Maria ↗ Leszczynska, Maria
LeClerc, Alix **8** 293, 1001
Leclerc, General **10** 100f., 507
Leclerc, Jean **7** 870, **9** 74
Leclerc, Jean-Baptiste **10** 582
Leclercq, Jacques **12** 198, 662
Leclère, Buchhändler **10** 561
Leclerq, H. **1** 645
Lecointe-Puyraveau **10** 411, 414
Lecomte, A. **11** 545
Lecomte, Louis **9** 771, 788f.
Lecomte du Nouy, Pierre **12** 154
Ledesma **9** 337, 339
Ledeur, Lucien **12** 170, 172
Ledóchowski, Mieczyslaw Halka, Nuntius in Brüssel, Kard., Ebf. v. Gnesen-Posen, Graf v. **11** 441, 456, 692
Ledóchowski, Wladimir **12** 29, 36
Ledreuille, François **10** 840f., **11** 34
Ledrou, Pierre-Lambert **9** 87
Leduc, Abbé **10** 672
Lee, Ann **10** 851, 859f., **11** 854
Lee, Richard **10** 493
Lee, Robert E. **12** 1096, 1122
Leech, Humphrey **9** 91
Leenhardt, Maurice **11** 1073, **12** 313, **13** 608
Leeuwenhoek, Antonie van **9** 1090
Lefebvre, Gaspard **12** 266, 276, 658
Lefébvre, Léon-Albert **11** 653
Lefebvre, Marcel, Bf. v. Dakar **12** 630, **13** 24f., 112, 115ff., 124f.
Lefèvre d'Étaples (Faber Stapulensis), Jacques **7** 184, 359f., 372, 511, 619, 621, 632f., 640, 648, 682, 745, 832–837, 841, 857, 866, 869, **8** 112, 454, 463, 733, 1117
Leffler, Siegfried **12** 714
Lefort, E. **11** 34

Lefranc de Pompignan ↗ Pompignan
Legault, Émile **12** 1138
Légaut, Marcel **12** 580, 583
Legazpi **8** 855
Léger, Fernand **12** 171
Léger, Paul-Emile, Kard. **13** 14 f., 36, 54
Léger des Dumes **5** 140
Legge, James **10** 147
Legname, Francesco dal, Bf. **7** 336
Legrand **10** 833
Legrand, Abbé **10** 100
Legrand, Daniel **10** 833
Legrenzi, Giovanni **9** 1068
Legros, Martial **10** 550
Lehmann, Karl, Bf. v. Mainz **13** 174, 214
Lehmann, Paul Louis **13** 281
Lehnbach, Franz **11** 460
Lehnert, Pascalina **12** 21, 182
Leiber, Robert **12** 20, 182, 408, 426
Leibniz, Gottfried Wilhelm Frhr. v. **8** 705, 948, **9** 163, 165 f., 175 ff., 179, 185, 192 f., 200, 413, 756, 855, 956, 979, 1020, 1025 f., 1028, 1089 ff., 1094 ff., 1098 ff., 1102, 1104 f., 1108, 1116, 1122, 1126
Leiderer, Ulrich **7** 798
Leidrad v. Lyon **4** 696, 736, 748, 751 f.
Leiper, Henry S. **12** 74
Leisentritt, Johann **8** 418, 1235
Leitao, Duarte **8** 887, **9** 800
Leitao de Gamboa, Pedro de **9** 746
Leite, Gonçalo **9** 710
Lejeune, Jean **9** 315, 324
Lékai, László, Kard. Primas v. Ungarn, Ebf. v. Esztergom **13** 119, 304, 359, 366
Lelièvre, Pater **10** 526
Lelli, Teodoro de' **7** 121
Lemaistre de Sacy, Louis-Isaac **9** 845, 849, 862, **10** 274
Leme, Sebastiao, Ebf. v. Rio de Janeiro **11** 950, **12** 1191, 1198
Lemire, Jules **11** 520, 522 f.
Lemius, P. J. **11** 347
Lemmi, Adriano **11** 450
Lemoine, Georges **11** 436
Lemonnyer, Antoine **12** 196
Lemor, H. **10** 848
Lempereur, Martin **7** 751
Lemue, Prosper **11** 984
Lenau, Nikolaus **11** 682
Lenin, Wladimir Iljitsch **12** 90, 393, 879, 936, **13** 401
Lenkiewicz, Peter Gabriel **10** 107
Lenning, Franz Adam **11** 304
Lennstrand, V. **11** 583
Lenoir, Alexandre **10** 378
Lenormant, François **11** 173
Lentulo, Scipione **8** 613
Lentulus, Konsul **1** 93
Leo, Bf. v. Bourges **3** 244
Leo, Bf. v. Tours **3** 814
Leo, waldens. Heiliger **7** 443
Leo I., oström. Ks. **3** 126 ff., 168 f., 173 f., 176, 180, 196, 275, 303 f., 529, 536, 574, 587, 616, 633, 638, 655, 681 f., 1203, 1234, 1264, 1267
Leo I. d. Gr., Papst **1** 528, 662, **2** 502, 546, 587, 617, 650, 901, 1043, **3** 6, 36, 46, 51 ff., 55, 59, 62, 71 ff., 77 ff., 83, 91 f., 95, 99–106, 109 f., 116 f., 120 f., 124–128, 131, 137, 147, 158–162, 165–172, 174–177, 187, 193, 196 f., 199 ff., 203, 219 f., 240–243, 253 f., 271, 283, 294, 300 ff., 305 f., 315, 325–328, 331–334, 388, 467, 482, 500, 515, 556, 560, 573, 635, 799, 801, 895, 918, 943, 945 f., 952, 958, 972, 1077, 1091, 1097, 1126, 1131, 1147 f., 1220, 1264 ff., **4** 41, **5** 186, 435, 618, **9** 1035
Leo II., Papst **3** 1026, **4** 646 f.
Leo III., Papst **4** 162, 655, 688, 708 f., 711, 719, 721, 744, 748, 760
Leo III., röm. Ks. **2** 1062
Leo IV., Papst **4** 179, 712 f., 748, 925
Leo V., Papst **4** 821
Leo VI., Papst **4** 822
Leo VII., Papst **4** 822
Leo VIII., Papst **4** 823
Leo IX., Papst **4** 354 f., 357, 360, 795 f., 803, 810, 812, 819, 863, 872–876, **5** xxv, 35, 38, 43, 47 f., 82 f., 85, 90 ff., 98, 110, 118, 122, 129, 165, 167, 307, 391

Leo X. (Giovanni de' Medici), Papst **7** 5, 52, 70f., 97, 102–108, 110, 112, 123, 136, 138ff., 169, 288, 338–341, 354f., 390, 490, 498, 507, 510, 615, 625, 659, 675, 691, 695, 698, 763, 832, 846f., 856, **7** 99, 333f., 623, **8** 243, **9** 229
Leo XI., Papst **5** 33, **8** 277
Leo XII., Papst **10** 476, 690, 716, 781, 789f., **11** 129, 263, 918ff., 923, 1086
Leo XIII. (Vincenzo Gioacchino Pecci), Papst **10** 643, 647, 662, 665f., **11** 120, 161, 257, 338, 340, 347–350, 412ff., 417f., 422, 426, 436f., 439f., 442f., 447f., 450, 457, 459–464, 466ff., 471, 476–482, 493ff., 508ff., 512, 523, 536, 542f., 546, 554, 569, 595, 598, 600, 602, 604, 609ff., 613, 617f., 620, 623f., 626, 636f., 665, 672, 705, 710, 758, 769, 797f., 806f., 882, 884, 887, 899, 939, 941f., 950, 1012, 1027, 1052, 1059, 1086, **12** 3, 5, 24, 28, 175, 191, 243, 248, 259, 282, 375, 379, 389, 391, 441, 445, 475, 491, 554, 573, 634, 667, 832, 893, 964, 1107, 1147, 1150, 1153, 1157, 1160, 1169, 1228, **13** 3, 60, 91, 123, 170, 295, 301, 306, 522, 646
Leo Battista Alberti **6** 733
Leo d. Große ↗ Leo I. d. Gr., Papst
Leo d. Isaurier ↗ Leon III., byzantin. Ks.
Leo de Monumento **5** 230
Leo v. Benevent **4** 292
Leo v. Harran, Bf. **4** 406, 433
Leo v. Narbonne **3** 346f.
Leo v. Ostia **5** 34f., 186
Leo v. Ravenna **4** 705
Leo v. Sens **3** 800
Leobardus, Asket in Marmoutier **3** 846f.
Leodegar v. Autun, hl. **3** 1088, **4** 641, 679, 681, 865
Leon, Gesandter **4** 182f.
León, Luis de ↗ Luis de León
Leon, Metropolit v. Chalkedon **5** 25
Leon, Metropolit v. Preslava **5** 374
Leon, Oheim d. Michael Maleinos **4** 278
Leon, Patrikios **4** 192
Leon, Sakellarios **4** 163
Leon, Walache **9** 582
Leon I., byzantin. Ks. **4** 20
Leon III., byzantin. Ks. **3** 577, **4** 28, 32, 75, 97f., 101, 103–108, 114, 118–121, 123, 125, 127, 133, 138, 141, 143, 160, 205, 214, 240, 244, 401, 411, 498, 502f., 650, 653f., 658, 665, 679, 927, 951, 954
Leon IV., byzantin. Ks. **4** 97, 128, 932, 935, **6** 208, 228
Leon V., byzantin. Ks. **4** 98, 120, 127, 141, 143f., 146ff., 150f., 153f., 156ff., 162, 327, 767, **6** 225, 834
Leon VI., byzantin. Ks. **4** 60, 144, 170, 178, 191, 194, 198ff., 202–207, 212, 215, 219f., 224–227, 229, 237f., 246, 250, 258, 262–265, 272, 286, 296f., 301, 304, 308, 325, 327, 375, 404, 951, **5** xxxiii, **6** 503, **7** 28
Leon Choirosphaktes **4** 935
Leon d. Isaurier ↗ Leon III., byzantin. Ks.
Leon Gabalas **5** 718
Leon Lukas v. Corleone **4** 371, 381
Leon Muzakes, Mönch **5** 365
Leon Phokas, Domestikos **4** 287
Leon Tornikes **5** 356
Leon v. Catania, Bf. **4** 376
Leon v. Ochrid, Bf. **4** 354–357
Leon v. Synada **4** 268
Léonard, Émile **12** 1204
Leonardis, Francesco de **9** 576f.
Leonardo Bruni **6** 483
Leonardo da Vinci **7** 476, 478, 485f., 510, **8** 1218
Leonardo Dati **6** 746
Leonardo de Sá, Bf. v. Macao **8** 937
Leonas, ksl. Beamter **2** 389
Leone Toscano **5** 384, 751
Leonhard, hl. **3** 989
Leonhard Huntpichler **6** 291
Leonhard Paetraer **6** 711
Leoni, Aldo **12** 450, 495
Leonidas, Bf. **3** 510f.
Leonidas, Vater d. Origenes **1** 601
Leontia, oström. Ksn. **3** 941
Leontiev, Konstantin **11** 743, 747
Leontinus, Bf. v. Bordeaux **3** 1012

Leontios, Bogomile **5** 486
Leontios, Mönch **4** 146
Leontios, Patr. v. Jerusalem **4** 416, **5** 364
Leontios, Präfekt **4** 38
Leontios Neos **7** 15
Leontios v. Byzanz **2** 67, **3** 433, 445
Leontios v. Damaskus **4** 413
Leontios v. Jerusalem **3** 433, 654
Leontios v. Neapolis **3** 662 f., 674, **4** 14, 76, 132
Leontius s. a. Leontios
Leontius, Bf. v. Arles **3** 235, 242 f., 258
Leontius, Bf. v. Bordeaux **3** 1127
Leontius, Bf. v. Fréjus **3** 247, 967
Leontius, comes **2** 253
Leontius, Mönch **3** 150
Leontius, Presbyter **3** 23
Leontius, röm. Stadtpräfekt **2** 380, 887
Leontius, Usurpator **3** 134
Leontius d. Eunuch, Bf. v. Antiochia **2** 364, 370, 1034
Leontius v. Caesarea, Bf. **2** 101, 104, 1085
Leontius v. Fréjus, Bf. **2** 865
Leopardi, Giacomo **10** 799, **11** 265
Leopardi, Monaldo **11** 265
Leopold, Fürst v. Anhalt-Köthen **9** 1076
Leopold I., Ks., Kg. v. Böhmen u. Ungarn **9** 14, 16, 18, 22, 29 ff., 175, 179, 182 ff., 192, 222, 289, 546, 577, 910, 1068, 1108
Leopold I., Kg. v. Belgien (Leopold v. Sachsen-Coburg-Gotha) **10** 744, **11** 202
Leopold II., Kg. v. Belgien **11** 413, 546
Leopold II., Ks. **9** 812
Leopold II., österr. Ks. **10** 16, 24, 27 f.
Leopold III., Kg. v. Belgien **12** 656
Leopold III. v. Österreich, Markgraf **5** 119, **6** 79
Leopold V., Erzhzg. v. Tirol **9** 36
Leopold VI. v. Österreich, Hzg. **5** 777
Leopold Eberhard, Hzg. v. Württemberg **9** 472
Leopold-Wilhelm, Erzhzg., Gouverneur i. d. Niederlanden **9** 82
Leopoldo, Pietro **10** 450
Leothericus v. Sens **4** 839 f., 844, 867
Leovigild v. Cristóbal **4** 740
Leowa II., westgot. Kg. **4** 612
Leowigild, westgot. Kg. **3** 411, 785 f., 790, 851 ff., 859, 1011
Lépicier, A.-H.-M. **12** 189
Lepidus, Triumvir **2** 14
Leporius, Mönch **2** 573, **3** 253
Leporius, Priester in Hippo **2** 787
Leprohon, B. **12** 143
Lepsius, Johannes **11** 821
Lequeux **11** 115
Lequinio **10** 394
Leray **11** 1082
Lercari, Ebf. v. Genua **10** 453
Lercaro, Giacomo, Kard. Ebf. v. Mailand **13** 6 f., 10, 20 f., 24, 28, 40, 46 f., 52, 56, 89, 92, 94, 96, 262
Lerminier **10** 799
Lerolle, Jean **11** 518, 521
Leroux, Pierre **10** 802, 815, 827, 849, 854, **11** 31
Leroux, Thomas François **10** 520
Leroy-Beaulieu, Anatole **11** 474, 513, 517
Leroy-Ladurie, Marie de l'Assomption **12** 325
Lerroux, Alejandro **12** 525
Léry, Jean de **8** 864, 869
Lesbroussart **10** 742
Lescallier, Gouverneur **10** 100
Lescarbot, M., Advokat **9** 662
Lescure **10** 409
Lesdiguière, François de Bonne, Hzg. v. **9** 833
Lesdiguières **8** 512
Leskov, Nikolai Semjonowitsch **11** 739, 747
Leslie, Alexander **9** 97
Lessing, Gotthold Ephraim **9** 1099, 1122, **10** 43, 257, 275, 472, 581 f., 681, 721, 821, 825, **11** 55
Lessing, Johann Gottfried **9** 988
Lessius, Leonhard **8** 296, 335, 492, 1181
Lestonnac, Jeanne de **9** 287
Lestrange, Augustin **11** 118

Lesueur, Pierre Étienne **10** 356
Leszczynska, Maria (Gattin Ludwigs XV.) **9** 781, 905, **10** 241, 277
Leszczynski, Rafal **9** 479
Letronne, Jean Antoine **10** 683
Leu de Wilhem, David le **8** 375
Leubricus v. Saint-Pieremont **5** 139
Leucius, Bf. v. Theveste **1** 644, 655
Leudaste v. Tours, fränk. Graf **3** 818, 834
Leutheuser, Julius **12** 714
Leuze, Nicolas de **9** 849
Levesque, Joseph **13** 331
Levesque de Burigny **9** 1117
Levesque de Pouilly **9** 1028
Levi, Bf. v. Jerusalem **1** 272
Levi, Carlo **12** 444
Levie, Michel **11** 539
Levin, Vassilij **9** 524
Levita, Elias **8** 1128
Levschin, Platon, Metropolit v. Moskau **10** 108
Lewanika, Kg. v. pays lozi **11** 983, 986f.
Lewis, C. S. **12** 831
Lewis, John **12** 1110
Lewon, armen. Theologe **4** 519
Lewond Eṙastecʿi, armen. Katholikos **3** 1223
Lewy, Guenter **12** 412
Leyden, Charlotte de **11** 182
Leyden, Lucas van **7** 492
Leyden, Nikolaus Gerhaert van **7** 480
Leygues, Georges **11** 515
Leyser, Polycarp **8** 40
Leyssin, de **10** 340, 467
Lhande, Pierre **12** 578, 609
Li, Andreas **10** 150ff.
Li, Lukas **10** 150
Li Hung-chang **11** 1048
Li-Ma-Hong **8** 856
Li Tim Oi, Florence **13** 228
Li Zhizao, Leo **8** 945, 947, **9** 791
Li Zicheng **9** 766
Liachtschewsky, Barbam **10** 108
Liancourt, Hzg. v. **9** 356, 363
Liausu, Cyprien **11** 1080
Libanios **3** 1078
Libanius, Rhetor **2** 398, 406, 408, 466, 553, 777, 1073
Liberati, Antimo **9** 1067
Liberatore, Matteo **11** 35, 349, 476f., 600, 609
Liberatus, Bf. v. Karthago **3** 30, 32, 289f., 469, 772f.
Liberda, Jan (oder Johann) **9** 487
Liberi, Pietro **9** 1047
Liberius, gall. Prätorianerpräfekt **3** 307, 316, 387, 395
Liberius, röm. Adliger **3** 465
Liberius, Papst **2** 371, 377–381, 383, 387, 393, 418, 428, 432, 436, 457, 886, 890, 895, 1017
Libermann, François **11** 139, 152f., 159f., 978, 1009ff.
Libermann, Jakob **13** 330
Libius Severus, röm. Ks. **3** 227f., 303
Libosus, Bf. v. Vaga **1** 643, 655
Libutius v. St. Alban, Mönch **4** 942
Licerius, Bf. v. Arles **3** 800
Lichatschow, D. **13** 401
Lichtenberg, Bernhard **12** 419, 702
Lichtenberger, Frédéric **11** 59f., 64ff., 68, 78, 90, 96, 364, 375, 377, 526
Lichtenberger, Johannes **7** 300
Lichudes, Brüder **9** 531
Licinia Eudoxia **3** 691
Licinianos/Licinianus, Bf. v. Cartagena **3** 410, 790, 895, 919
Licinianus, Notarius **3** 350
Licinius, Bf. v. Tours **3** 885
Licinius, Caesar **2** 55, 102, 131, 187, 195, 197, 204–210, 212, 217, 221, 224, 252, 255, 294, 296, 300, 303, 313, 317, 326, 655, 976, 1046
Licinius d. Jüngere, Caesar **2** 210
Licinius Serenianus, Statthalter **1** 566
Lieber, Ernst **11** 646
Liebermann, Bruno Franz Leopold **10** 710f., **11** 108, 296
Liebknecht, Wilhelm **11** 661
Liebman, Josuah Loth **12** 1047
Liechtenstein, Alois Prinz v. **11** 683
Liechtenstein, Karl Fürst v. **9** 19f.

Liégé, Pierre-André **12** 199
Liemar v. Hamburg-Bremen, Ebf. **5** 50, 55, 115, 133f., 329
Liénart, Achille, Kard. Bf. v. Lille **12** 265, 571, 596, 598, 630, **13** 14f., 17, 20, 27, 37, 62, 92, 96
Liesvelt, Jakob v. **7** 745
Lietbert v. Saint-Ruf, Abt **5** 154f.
Liethard, Kaufmann i. Metz **5** 437
Lietzmann, Hans **1** 418, 426
Liévens, Constantin **11** 1029
Ligarides, Paisios **9** 520
Lightfoot, Joseph Barber **11** 564, 567
Ligne, Fürst v. **10**
Liguori, Alfons Maria/Alfons de ↗ Alfons v. Liguori, hl.
Ligustro, Tarquinio **8** 1212
Lilburne, John **9** 463
Lima, Rodrigo de **7** 582
Limberti, Bf. v. Florenz **11** 607
Limborch, Philipp van **9** 210
Limperger, Tilman **7** 800
Linacre, Thomas **7** 625, 627
Lincoln, Abraham **10** 485, **11** 864, 885, 891, **12** 1031, 1033, 1038, 1040, 1122
Lind, P. E. **11** 592
Lindbeck, George **13** 209
Lindbergh, Anne Morrow **12** 1047
Lindblom, J. A. **10** 63
Linden, J. P. van der**10** 856
Linderot, L. **10** 61
Lindet, Robert Thomas **10** 363, 365
Lindsay, Lord **11** 136
Lindsell, Augustine, Bf. v. Peterborough **9** 90
Lino, Alberto **8** 607
Linos **1** 890
Linsolas, Abbé **10** 464f., 549
Linton, Moses L. **11** 857
Linus, Bf. v. Rom **1** 678
Lioba, Äbtissin v. Tauberbischofsheim **4** 658
Lionne, de, Apostol. Vikar **9** 772f.
Liotič, Dimitrij **12** 959
Lippay, György, Ebf. v. Gran **9** 34
Lippi, Filippino **7** 476, 478
Lippomani, Luigi **8** 258
Lipset, Seymour M. **12** 1058
Lipsius, Justus **8** 1112, 1130, 1164, 1166, **9** 75, 1017
Lipsius, Richard Adalbert **11** 362, 427
Lisboa, Antonio Francisco **10** 87
Lisiard, Archidiakon **4** 840
Lissowski, Herakliusz, unierter Ebf. **10** 201
Lister, Hugh **12** 826, 828
Lith, van **11** 1037
Litorius, Bf. v. Tours **3** 1129
Litorius, hunnischer Heerführer **3** 224, 235
Littaeus, Bf. v. Gemellae **1** 644
Littré, Maximilien Paul Émile de **10** 373, 679, **11** 335, 337, 452
Liudger, fries. Missionar **4** 679, 724, 726, 745
Liudger, Kanzler **4** 805
Liudhard, Bf. v. Canterbury **3** 1089
Liudhard, fränk. Bf. **3** 927
Liudolf, Graf **4** 806
Liudolf v. Osnabrück **4** 804
Liudolf v. Schwaben, Hzg. **4** 799
Liudolf v. Trier **4** 827
Liutprand, langob. Kg. **4** 638, 653ff., 665
Liutprand v. Cremona **4** 820, 875, 931
Liuwa, westgot. Kg. **3** 851
Livin v. Wisberg **7** 302f.
Livingstone, David **11** 414, 1005, 1007
Livius, Titus **1** 742, **2** 729, **7** 478, **9** 1051
Livizzani, Kard. **10** 343
Lizet, Pierre **7** 869
Lizop, Édouard **12** 571
Llimona, Josep **12** 169
Llinás **9** 641
Llorente, Antonio **10** 32
Lloyd, Roger **12** 780
Lluch, Joaquin **11** 634
Loarte, Gaspar **8** 926
Loaysa, Jerónimo de **8** 803
Lobkowitz, Jiří v. **9** 37
Lobkowitz, Juan (Johannes) Caramuel de **9** 23, 996
Lobwasser, Ambrosius **8** 437, 1231, **9** 471

Locke, John **8** 364, 765, **9** 3, 74, 110, 175, 181 f., 200 f., 372, 398, 400, 411, 458, 495, 497 f., 684, 872, 880, 971, 973, 980 f., 1023–1026, 1097 f., 1106, 1111, 1118, 1120, 1141, 1148, **10** 130, 178, 258, 493, 682, 769
Lodensteyn, Jodocus v., Pastor **9** 79
Lods, Marcel **12** 170
Löhe, Johann Konrad Wilhelm **11** 81, 322, 593
Löscher, Valentin **9** 413
Lövgren, N. **11** 594
Loew, Jacques **12** 611, **13** 397
Löwenbrück, Abbé **10** 677
Löwenstein, Karl Fürst zu **12** 735
Löwy, Michael **13** 506
Logau, Kaspar v. **8** 625
Loher, Dietrich **8** 241
Lohmann, Theodor **11** 670
Loiseaux, Chanoine **11** 544
Loisy, Alfred **11** 337, 426, 428–431, 442 ff., 900, **12** 176, 229, 810, 816, 821, 824, 1076
Lokuang, Stanislaus, Bf. v. Taipei **13** 329
Lombardi, Riccardo **12** 139, 491
Lombardus, Petrus ↗ Petrus Lombardus
Loménie de Brienne, Étienne Charles de **10** 341, 343, 403
Lomonosov, Michail Vasil'evič **9** 537
Long, le **9** 976, 1127
Longfellow, Henry Wadsworth **11** 833
Longinos, Bf. d. Nobaden **3** 429, 506 f., 511, 514
Longinus **2** 63
Longinus v. ʿAlwa (Nubien), Bf. **4** 435, 446
Longland, John, Bf. v. Lincoln **7** 455, 458 f., **8** 204, 529
Longman **11** 1010
Longobardi, Niccolò **8** 947, 951, 953, **9** 766, 789
Longuespée, Dom **8** 1104
Longueville, Hzgn. v. **9** 356, 369, 373
Loofs, Friedrich **12** 744
Loos, Cornelius **8** 1097
Lope de Vega, Félix ↗ Vega, Félix Lope de
Lope Fernández de Ayn **5** 790
Lopes de Sequeira, Diogo **7** 582
López, Geronimo, Pater **9** 320
López, Gregorio **8** 853, **11** 922
López, Juan Luis **9** 652
López de Celaín, Juan **8** 679
López de Gómara, Francisco **7** 533, 550 f.
López de la Serna, Miguel **7** 593
López (Gregor Luo Wenzao), chines. Dominikaner u. Bf. v. Nankin **9** 763 f., 769, 773
López Pacheco Cabrera y Bobadilla, Diego, Vizekg. **9** 621
López Rodó, Laureato **12** 535
López y Brú, Claudio, 2. Marquis v. Commillas **11** 639
Lorenzana, Ebf. v. Toledo **10** 31, 91
Lorenzo da Brindisi **9** 1016
Lorenzo de' Ponziani **6** 27
Lorenzo Ridolfi **6** 483
Lorenzo Valla **6** 129, 888
Lorges, Gabriel **8** 1204
Lorin, Henri **11** 507, 523, 616
Lorraine, Monsieur de, Bf. v. Bayeux **9** 387
Lortz, Joseph **12** 202, 218, 223, 696
Lory, J. **11** 453
Los Rios **10** 185
Lossius, Lucas **8** 979
Losskij, Vladimir **12** 207, 962, 1011
Lósy, Imre **9** 34
Lot-Borodin, Myrrha **12** 962, 1011
Lothar, westfränk. Kg. **4** 799, 827
Lothar I., Ks. **4** 692 ff., 711 f., 751, 796, 801
Lothar II., fränk. Kg. **4** 714 f., 717, 720
Lothar III., Ks. **5** 80 f., 120, 134, 194, 196 f., 201 f., 217, 264, 329 ff., 383
Lothar v. Segni ↗ Innozenz III., Papst
Lothar v. Supplinburg ↗ Lothar III., Ks.
Lothringer, François-Joseph **10** 560
Lotte, Joseph **11** 346, **12** 580
Lotz, Johann Baptist **12** 232
Lou-Tseng-Tsiang **12** 303
Loubet, Émile **11** 471, 515
Loui, Kg. v. Gabun **11** 140

Louis Aleman **6** 115, 118, 120, 123, 289
Louis de Luxembourg, Ebf. v. Thérouanne **6** 647, **7** 178
Louis de Rochechouart **6** 246
Louis Napoléon ↗ Napoléon III., Ks. v. Frankreich
Louis Peresi **6** 371
Louis-Philippe, Kg. v. Frankreich **10** 711, 805, 807, 820, **11** 10, 143 f., 147, 167
Louis v. Orléans, Prinz ↗ Orléans, Louis v.
Louise, Tochter Ludwigs XV. **10** 241
Louise-Marie de Gonzaga, Kgn. v. Polen **9** 306, 356
Lourdusamy, Duraisamy Simon **13** 622
Lourenço, Irmão **8** 916
Loutre, Louis-Joseph le **10** 516 ff., 523
Louverture ↗ Breda, Toussaint
Louvois **9** 771
Lovini **8** 1156
Lovocat, breton. Priester **3** 885
Lowell, James Russell **11** 833
Lowrie, Walter **12** 1079
Lowth, Robert, anglikan. Bf. **9** 1121
Loyola, Ignatius v. ↗ Ignatius v. Loyola
Loyola, Martín Ignacio de **8** 940
Loyson, Hyacinthe **11** 457
Lubac, Henri de **10** 679, 849, 855, **12** 192, 196, 200, 207, 227, 230, 236, 624, 628, 676, **13** 12, 20, 76, 196, 292
Lubachivsky, Myroslav Ivan, Kard. Bf. v. Lemberg **13** 372
Lubich, Chiara **12** 259, **13** 217
Lubienicki, Stanislas **9** 491, 494
Lubomirska, poln. Fürstin **10** 218
Luc, Beau **11** 877
Luca, Antonio de, Kard. **11** 349
Luca, G. B. de **9** 224
Luca, Giuseppe de **12** 239
Luca, Luca Nicola De **10** 29
Lucas, Charles **10** 847
Luccarelli da Pesaro, Giovanni Battista **8** 940
Lucensius v. Ascoli, Bf., Legat **3** 81, 91, 116, 161
Lucero, Inquisitor **7** 389 f.
Lucia v. Syrakus, hl. **2** 184, **3** 1113, **12** 246
Luciano, Albino, Patr. v. Venedig ↗ Johannes Paul I.
Lucianus, Bf. v. Rucuma **1** 643
Lucidus, Priester **3** 243, 258
Lucifer v. Cagliari **1** 659
Lucifer v. Calaris, Bf. **2** 193, 378, 418, 422, 721, 852, 892, 1034
Lucilla, afrikan. Donatistin **2** 245
Lucillus, Bf. v. Malta **3** 907
Lucillus v. Verona, Bf. **2** 358
Lucitas, Märt. **1** 627
Lucius **1** 100
Lucius, Bf. v. Ausafa **1** 643
Lucius, Bf. v. Castra Galbae **1** 644
Lucius, Bf. v. Membressa **1** 642
Lucius, brit. Kg. **2** 141
Lucius, karth. Märt. **2** 121
Lucius, Papst **1** 649, 654, **2** 139, **3** 1115
Lucius II. (Gerhard Caccianemici), Papst **5** 181, 201
Lucius III. (Hubald Allucingoli), Papst **5** 182, 226–229, 243, 283, 501, 535, 646
Lucius Antonius, Konsul **1** 307
Lucius Claudius Herminianus, Statthalter **1** 565
Lucius Septimius, Praeses v. Britannien **2** 406
Lucius Statius Quadratus, Prokonsul v. Asia **1** 252
Lucius v. Adrianopel, Bf. **2** 349, 351, 364
Lucius v. Alexandria, Bf. **2** 434, 447, 1020
Lucius v. Cyrene **1** 78, 277, 298
Lucius Verus **3** 760
Luckmann, Thomas **12** 774
Lucon **10** 333
Lucques, Lourenço de **8** 760
Lucrecia de León **8** 670
Lucretius, Bf. v. Braga **3** 407
Luctulf **5** 155
Ludendorff, Erich **12** 11, 388, 683
Luder (Luther), Hans **7** 679
Luder (Luther), Margarete **7** 679
Ludlow, John Malcolm **10** 828, **11** 237
Ludmilla, Gattin Bořivojs **4** 892, 896
Ludolf, Hiob **9** 940

Ludolf v. Sachsen (Ludolf d. Kartäuser) **6** 532, 711, **7** 171, 232, 241, 388, 406, **8** 241, 248, 1066
Ludolph d. Kartäuser ↗ Ludolf v. Sachsen
Ludovico Barbo **6** 28, 531, 733, 740, 742
Ludovico Severi ↗ Ludwig v. Bologna
Ludovisi, Alessandro ↗ Gregor XV., Papst
Ludwig, hl. **9** 1036
Ludwig, Hzg. v. Württemberg **8** 1210
Ludwig, span. Märt. **4** 740
Ludwig I., Kg. v. Bayern **10** 709, **11** 318
Ludwig I. d. Große v. Ungarn **6** 452, 771, 776, **7** 49
Ludwig I. v. Anjou **6** 77, 79, 81, 121, 534, 543, 853
Ludwig I. v. Bayern, Hzg. **5** 777
Ludwig II., fränk. Ks. **4** 713, 715, 717f., 720, **5** xxx
Ludwig II. d. Deutsche **4** 184, 186, 693f., 714, 717, 720f., 731, 733, 891, 926f.
Ludwig II. Jagiełło, Kg. v. Ungarn u. Böhmen **7** 422, **8** 619
Ludwig II. v. Anjou **6** 81, 95, 580, 584, 601, 630
Ludwig IV. (das Kind), Kg. **4** 799
Ludwig IV. Transmarinus (d'Outremer), westfränk. Kg. **4** 826
Ludwig IV. v. Thüringen, Landgraf **5** 925
Ludwig VI., Kg. v. Frankreich **5** xxvi, 76, 79, 97, 194, 196, 397, 445, 661
Ludwig VI., Kf. v. d. Pfalz **8** 321, 411
Ludwig VII., Kg. v. Frankreich **5** 219ff., 256, 266, 381, 397, 445, 663f., 690, 762, 769
Ludwig VIII., Kg. v. Frankreich **5** 890
Ludwig IX., d. Heilige, Kg. v. Frankreich **5** 578ff., 598, 680, 684, 721, 753, 760, 762, 772, 781–784, 791, 793, 810, 850, 856, 903f., 910, 925, **6** 1, 591, 871, 878, **7** 350, 537, 542f.
Ludwig X., Kg. v. Frankreich. **6** 36, 646, 855
Ludwig XI., Kg. v. Frankreich **7** 95, 120, 125, 146, 179, 193, 218, 346f., 352f., 357, 361, 370f., 441, 500, **10** 610, 635
Ludwig XII., franz. Kg. **7** 88, 95f., 128ff., 173, 193, 312, 348, 353, 357, 361, 512, 591
Ludwig XIII., Kg. v. Frankreich **8** 510, 859, 1195, 1220, 1240, **9** 118, 123f., 169, 171, 187, 250, 268, 304, 353, 356, 575, 825, 835, 919, 945, 1044, **12** 139
Ludwig XIV., Kg. v. Frankreich **1** 259, **8** 1241, **9** 8, 30, 48f., 79, 83, 85, 105ff., 110, 114f., 125–128, 131ff., 135, 137f., 140, 164ff., 172f., 175–185, 187, 197ff., 201ff., 209, 217, 219, 222, 255, 270, 277, 304, 306, 343, 359, 364–369, 372–375, 377–382, 385, 393, 401, 420, 472, 597, 671, 763ff., 770–773, 780f., 800, 802, 817, 834, 840, 887, 917, 919, 945, 958, 972, 974, 991, 1006f., 1011, 1021, 1036, 1065, 1070f., 1093, 1111, 1137, 1143, 1145ff., **10** 9, 85, 172, 354, 566
Ludwig XV., Kg. v. Frankreich **9** 84, 138, 142, 166, 397f., 401, 403, 1147, **10** 9f., 14, 149, 167, 169f., 241, 516, 566, 634
Ludwig XVI., Kg. v. Frankreich **9** 783, **10** 10, 146f., 149, 185ff., 241, 313, 319, 341ff., 345, 351–354, 356ff., 360, 420, 425, 496, 574, 598, 672, 764f.
Ludwig XVIII., Kg. v. Frankreich **10** 98, 101, 421, 424, 468f., 475, 625, 647, 658, 664, 672, 675, 781
Ludwig d. Bayer **6** 27, 37, 47, 68, 275, 317, 573, 578, 583, 586, 604, 686–689, 699, 862
Ludwig d. Fromme **3** 887, **4** 161, 376, 692ff., 696, 700, 707, 710ff., 726, 728f., 733, 740, 742, 751, 763, 765, 767f., 771, 798, 823, 893, 955, **5** 138, 272, 655, 757
Ludwig d. Große, ungar. Kg. ↗ Ludwig I. d. Große v. Ungarn
Ludwig d. Heilige ↗ Ludwig IX., Kg. v. Frankreich
Ludwig d. Stammler, fränk. Kg. **4** 721
Ludwig v. Bologna (Ludovico Severi) **6** 233
Ludwig v. Boulogne **6** 884

Ludwig v. Granada (Luis Sarria) **8** 242, 298, 492, 651, 684, 692, 723, 727, 731, 734, 926, 1051, 1168, **9** 853, 871, 1020, **10** 238
Ludwig v. Nassau **8** 486
Ludwig v. Navarra **6** 598
Ludwig v. Orléans **6** 83, 88, 91, 492
Ludwig v. Tarent **6** 579
Lué y Riega, Benito de, Bf. **10** 772
Lübeck, Vinzenz **9** 1081
Lüdemann, Gerd **1** 509, 513
Lüdke, F. G. **10** 43
Lueger, Karl, Bürgermeister v. Wien **11** 683
Lützow, Graf **11** 18
Lufuluabo Mizeka, François-Marie **13** 590
Lugo, Kard. **9** 936, **10** 184
Luis, Dom, Ebf. v. Salvador de Bahia **11** 947, 952
Luís, Washington **12** 1193
Luis de Alcázar **8** 691
Luis de Granada (Luis Sarria) ↗ Ludwig v. Granada
Luis de la Cerda **6** 885
Luis de la Puente ↗ Puente, Luis de la
Luis de León **8** 691, 693, 698, 720, 1050
Luis Perpinya **6** 848
Luisa, Regentin v. Portugal **9** 649
Luise v. Savoyen, franz. Kgn. **7** 866, 868
Luitgard v. Tongeren, hl. **5** 938
Luka, Voino-Jasenetskij, Bf. v. Simferopol **13** 394
Lukan **5** 452
Lukás **9** 481 f.
Lukas, Evangelist **1** 5 f., 9 f., 14, 27, 41, 47 f., 84, 91, 191 f., 198, 201, 206, 211–214, 271, 276, 279, 295, 297 ff., 303, 305, 396, 471, 473, 476, 478 f., 510, 666, 669, 779, 784 f., 788, 794 f., 800, 802, 872, **2** 407, 667, 686, 714, 976
Lukas, Frater, Rekollekte, Künstler **9** 1038
Lukas, hl. **4** 88
Lukas Chrysoberges, Patr. v. Konstantinopel **5** 366, 368, 513
Lukas Notaras **6** 812
Lukas v. Bnahrān, Patr. **6** 222
Lukas v. Bova **4** 378
Lukas v. Demena **4** 381
Lukas v. Gran, Ebf. **5** 327
Lukas v. Isola Capo Rizzuto, Bf. **4** 378, **5** 375
Lukas v. Prag **7** 470 f., 765
Lukian, Bf. **3** 162
Lukian, Märt. **2** 320
Lukian v. Antiochia **2** 70, 74, 87, 281, 283
Lukian v. Samosata **1** 3, 253, 565, 633, 860, 881, **7** 623
Lukjanov, Serafim **12** 989
Łukomski **12** 890
Lukrez **1** 652, **8** 589
Lul, jüd. Gelehrter **4** 735
Lul, Missionar **4** 658 f.
Lulli, Giovanni Battista ↗ Lully, Jean-Baptiste
Lullus **4** 745
Lullus, Raimundus ↗ Raimundus Lullus
Lully, Jean-Baptiste (Giovanni Battista Lulli) **9** 1065, 1071
Lumière, Brüder **12** 141
Lumumba, Patrice, Regierungschef v. Kongo **13** 562
Lundahl **11** 993
Lundborg, H. **11** 588
Lunel, Sicar **5** 897
Luo Wenzao, Gregor ↗ López
Lupazzolo, Sir **9** 558
Lupi, Didier **8** 1230
Lupicinus, Klostergründer in Condat **2** 866, **3** 377, 970, 990
Lupo, G. B. **8** 1183
Lupold v. Bebenburg **6** 689
Lupus, Bf. v. Troyes **2** 546, 654, 970, 981, **3** 234 f., 244
Lupus, Hzg. v. Aquitanien **4** 641
Lupus v. Ferrières, Abt **4** 755, 757
Luquet, Jean **11** 159 f., 162
Lurçat, André **12** 170
Lusignan, Kg. v. Jerusalem **5** 229
Lusinsky, Jan **8** 373
Luskinia **10** 195
Lussavoritsch, Gregor **8** 898
Lussy, Melchior **8** 430, 433

Lustiger, Jean-Marie, Kard. Bf. v. Paris **13** 265
Luther, Martin **6** 712, **7** 105, 172, 213, 219f., 242, 271f., 278, 300, 308, 311, 313, 329, 338, 341, 343, 406, 450, 456, 460, 494, 511, 517f., 615, 646, 664, 667–670, 677, 679–708, 710–720, 723–731, 733–743, 745–751, 753–758, 760–765, 767f., 774, 778, 780, 785f., 791–797, 801, 807, 809–814, 816ff., 826, 832, 835f., 838–841, 844–853, 855–862, 864, 866, 868–872, 874–877, **8** 3–47, 55, 57, 61, 67, 69, 71, 77, 88, 110, 116, 122, 139, 144, 146, 170, 179, 183, 201, 231, 263, 265, 309–315, 318, 325, 328, 333, 335, 353, 373, 386, 391, 393, 400, 407, 439, 448, 451, 456, 461, 532, 577f., 618, 626, 633f., 641, 675, 680, 682, 685, 733, 773, 962, 966, 974, 977, 979, 982, 996, 1018, 1024, 1058, 1077, 1080, 1116, 1142, 1145, 1176, 1179, 1189, 1199, 1221, 1223, 1226, 1228, 1241, **9** 162, 349, 452, 479, 482, 807, 876f., 884, 912, 919, 993, 1072, 1111, 1115, **10** 43, 104, 202, 208, 265, 471, 695, 721, 724, 798, **11** 57, 389, **12** 46, 114, 116, 128, 202, 218, 713, 723, 744f., 812, 822, 858, 1090, **13** 145, 195, 227
Luthuli, Albert **13** 582
Luttemann, A. **11** 590
Lutz, Felix **11** 454
Luxorius, Dichter **3** 269
Luyckx, Pater **13** 603
Luynes, Hzg. v. **9** 371
Luynes, Hzgn. v. **9** 356
Luz, Maria-Perpetua da ↗ Maria-Perpetua da Luz
Luzifer v. Cagliari ↗ Lucifer v. Calaris
Luzzi, G. **12** 464
Lvov, W. N. **12** 928
Lyautey, Louis Hubert Gonzalve **12** 585
Lydia, Mitarbeiterin d. Paulus **1** 115, 142, 307
Lyell, Charles **11** 434
Lykomedes **4** 100
Lykurg **10** 397
Lyn, Tilman v. **7** 793
Lynch, Bf. v. Charleston **11** 868
Lynch, F. **12** 330
Lynd, Helen Merrell **12** 1054
Lynd, Robert S. **12** 1054
Lysanias, Tetrarch v. Abilene **1** 11
Lysimachus **1** 871
Lyszcynski, Kasimir **10** 191

Mabbo v. St-Pol de Léon, Abt **4** 785
Mabille, Adolphe **11** 985
Mabillon, Jean **9** 292, 952ff., 975, 981f.
Mably, Gabriel Bomot de **9** 188
Maburnus, Johannes ↗ Mombaer, Jan
Mac Carthy, Nicolas, Pater **10** 672
Mac Dang Dung **9** 759
Mac Donald, Abbé **10** 530
Mac Eachern, Angus B. **10** 529
Mac Farlane **11** 149
Mac Hale, John **11** 235
Mac Leane **10** 213
Mac Mahon, Edme Patrice **11** 492
Macanaz, Melchor de **9** 155, 652
Macarius, Priester in Alexandria **2** 789
Macarius, Tribun **2** 258–261
Macarius d. Politiker **1** 588
Macarius v. Laodicea **2** 614
Macaulay **9** 871
Maccalan **4** 793
Macchi, V., Kard. **10** 664
Macchiavelli, Niccolò **7** 95, 334, 509, 788, **8** 201, 348, 1146, 1168, **9** 168, 170, 1027, **10** 195
MacDermot (irischer Politiker) **12** 869
Macdonald, James **10** 519f.
MacDonald, James Ramsay **11** 572
MacDonald, Ramsay **12** 800, 832
Macdonell, A. **10** 529f.
Macé, Jean **11** 498
Macedo Bezerra, Emir **13** 527
Macedo Costa, Antônio de, Bf. v. Para **11** 948
Macedonius, afrikan. Statthalter **2** 790
Macedonius, Bf. v. Aquileja **3** 476, 483
Macedonius, mailänd. Beamter **2** 489

Macedonius, Patr. v. Konstantinopel **3** 139–142, 145, 147, 149, 152f., 191, 196, 200ff., 558, 575, 635, 932, 1220
Macedonius, Tribun **3** 48
Macedonius v. Konstantinopel, Bf. **2** 338, 357, 384–391, 422, 430, 442, 446, 660, 838, 1053, 1055, 1074
Macfarland, Charles **12** 329
Mach, slowak. Innenminister **12** 415
Machado, Antonio **8** 889
Machado, Bernardino **11** 629
Machado y Morales, Gerardo **12** 1179
Machen, J. Gresham **12** 1096
Macheville, Etienne de **7** 870
Machluf, Sharbel, hl. **11** 824, **13** 448, 460
Machopolis, Étienne **8** 459
Maciel **10** 89
MacIntire, Carl **12** 74, 364
Macintosh, Douglas Clyde **12** 1077
MacIntyre, John **11** 1054
Mackau, Armand, Baron de **11** 500, 507, 510
Mackay, Aeneas, Baron **11** 550
Mackay, John **12** 1212
Mackean **11** 146
Mackenzie, John **11** 983
MacLeod, George **12** 822
MacLeod, Herbert **11** 564
Maclovius v. Alet (Saint Malo) **4** 631
MacMillan, Harold **12** 797
MacNabb, Vincent **12** 833
MacNicholas, Bf. v. Cincinnati **12** 406, 1111
Macrina **2** 652
Macrinus, röm. Ks. **2** 7
Macrobius **2** 13, 15, 17, 710
Maculano, Vincenzo **8** 1161
Madalianus, Präfekt **2** 346
Madbachos (syr. Gott) **2** 72
Madariaga, Dimas de **12** 525
Madeleine de Saint-Joseph **9** 1039
Maderna, Carlo **8** 283, 1215, 1222, **9** 1047
Madero, Francisco **11** 942f., **12** 1169
Madison, James **10** 490, 494, 503
Madrid, Alonso de **7** 406
Madrid, Isidor v. ↗ Isidor v. Madrid, hl.
Madrigal, Alonso de **7** 181, 403
Madrigal, Pater **12** 1185
Madruzzo, Cristoforo **8** 256, 610
, Ludovico **8** 610
Maduro, Otto **13** 507
Maecenas, Caius **1** 261
Mägerle, Johann Ulrich ↗ Abraham a Santa Clara
Maelgwn (Maglocunus), brit. Kg. **3** 869
Máelrúain v. Tallaght, Abt **4** 741
Mändl, Hans **8** 169
Maes (Masius), Andreas **8** 352, 1130
Mästlin, Michael **8** 1143
Maeterlinck, Maurice **12** 159
Maffei, Marchese Scipione **9** 1009
Maffi, Pietro, Kard. Ebf. v. Pisa **11** 438, **12** 4, 12
Magalhaes ↗ Magellan
Magdalena, hl. **4** 865
Magellan (Magalhães), Fernão de **7** 523, 528, 551, 562, **8** 855, **9** 757, 787
Maglione, Luigi, Kardinalstaatssekretär **12** 18, 20, 395, 406, 414, 417, 596, 668, **13** 5, 41
Magna Crescentiana (v. Tipasa) **1** 661
Magnasco, Ebf. **11** 607, 609
Magnentius, Usurpator **2** 345, 347, 358, 369, 376, 776
Magni, Valerio **9** 20, 191, 938, 970
Magnulfus, Bf. v. Toulouse **3** 817
Magnus, Bf. v. Damaskus **2** 63
Magnus, Silentiarius **3** 43, 48
Magnus Erlingsson, norweg. Kg. **5** 715
Magnus Maximus, Usurpator **2** 458, 462, 465, 477, 479, 490, 494, 497, 500, 657, 896, 921, 978, 993
Mahmud I., Sultan **9** 546
Mahmud Pascha, osman. Großwesir **7** 38f.
Mahníc, Antun **11** 705
Mahot **9** 764f.
Mahy, Francois de **11** 418
Maier, Friedrich Wilhelm **12** 217, 227
Maier, Jean-Louis **1** 645
Maier (Mayer), Johannes ↗ Eck, Johannes
Maignen, Charles **11** 36, 442, 506
Maignen, Maurice **11** 184, 506

Maigret, Aimé **7** 747
Maigrot, Ch., Apostol. Vikar, Bf., **9** 765, 773ff., 792
Maillard, Antoine Simon **10** 522
Maillard, Olivier **7** 160, 168, 239, 272, 284, 356, 360f., **8** 1227
Maillard, Pierre Antoine **10** 516f.
Maillys, François de, Ebf. v. Reims **9** 400
Maimonides, Moses (Rabbi Mose Ben Maimon, gen. Rambam) **9** 973
Mainardi, Agostino **8** 127, 576, 610
Maine, Hzg. v. Sohn Kg. Ludwigs XIV. v. Frankreich **9** 1091
Maintenon, Mme de **9** 306ff., 841, 1061, 1111, **10** 241
Maiolus v. Cluny, Abt **5** 161, 163, 408
Maiorianus, weström. Ks. **3** 226ff., 275, 303, 318
Maiorinus, donat. Bf. v. Karthago **2** 128, 246, 251
Mair, Johann **8** 1121
Mair, Martin ↗ Mayr, Martin
Maires, Nicolas le **9** 849
Maisonneuve, Paul de **9** 670
Maistre, Joseph de **10** 111, 114, 217, 222, 309, 427, 471, 475, 685, 797, 799, 801, 803, 805, 826, **11** 120, 262, 267, 550, 602, 934
Maître, Antoine le **9** 353, 834
Maître de Claville, le **9** 1028
Majolus v. Cluny **4** 785, 788, 844, 861
Major, Georg **8** 7, 13
, Johannes **8** 439
, John **7** 118, **8** 1196
Major, Petru **10** 737
Majuma (syr. Gott) **2** 65, 86
Makar, Bruder Mehmet Sokoloviths **9** 574
Makarij, Metropolit v. Moskau **8** 380, 383, **9** 536, **13** 405
Makarije, Patr. v. Peć **8** 359
Makarios s. a. Makarius
Makarios, Bf. v. Naxos **9** 602
Makarios, Eremit **4** 444, 451
Makarios, Lehrer d. Hilarion **6** 553
Makarios, Patr. v. Konstantinopel **6** 143, 181ff., 618
Makarios, Patr. v. Jerusalem **3** 447
Makarios I., Patr. v. Antiocheia **4** 45f., 400, 422f., 530
Makarios II., Metropolit v. Athen **9** 566
Makarios III., Patr. v. Zypern **12** 1015
Makarios III. Za'īm, Patr. v. Antiochien **9** 582, 591f.
Makarios Chrysokephalos **6** 396, 398, 404
Makarios Chumnos **6** 159, 193, 400
Makarios Makres **6** 404
Makarios v. Ankyra **6** 185, 613, 619, 624
Makarios v. Collesano **4** 381
Makarios v. Korinth **10** 109
Makarios v. Philadelph(e)ia **6** 138
Makarios v. Skete, hl. **3** 442, 595
Makarios Xanthopulos **6** 409
Makarius s. a. Makarios
Makarius, alexandr. Presbyter **2** 330, 332, 335, 350, 352
Makarius, georg. Priester **3** 1258
Makarius, Katholikos v. Iberien **3** 1272
Makarius, Kyrill, Patr. **11** 807
Makarius d. Alexandriner **2** 823
Makarius d. Große **2** 823
Makarius v. Jerusalem, Bf. **2** 234, 297, 675, 1043
Makarius s.a. Makarios
Makedonios, Patr. v. Antiocheia **4** 399f., 422
Makievič, Arsenij, Metropolit v. Rostov **9** 515, 536
Makrian, Beamter Ks. Valerians **2** 168
Makrina **2** 667, 836, 842
Makrina, Großmutter d. Basilius v. Caesarea **2** 1069
Makris, Amphilochios **12** 956, 960, 1014, 1023
Makrobius, röm. donat. Bf. **2** 261, 265
Makrobius v. Hippo, Bf. **2** 516
Maksim Grek ↗ Maximos d. Grieche
Malachias II., Katholikos v. Pitzunda **9** 587
Malachias v. der Krim **6** 229
Malagrida, italien. Jesuit **10** 4, 168
Malamir, bulg. Khan **4** 924
Malaparte, Curzio **12** 489

Malatesta, Sigismondo **7** 92
Malaval, François **9** 840
Malchos, Bf. **3** 939
Maldonado, Juan de **8** 295, 492, 681, 1054, 1114, 1121, 1123, 1129, 1132, 1153, 1167, **9** 95
Maldonat, Jean ↗ Maldonado, Juan de
Maleachi, Prophet **1** 387, 749
Malebranche, Nicolas de **8** 705, **9** 756, 968 f., 979–982, 1020, 1025, 1028, 1087, 1097, 1100 f., 1103–1106, 1112, 1122, 1125, 1145
Malègue, Joseph **12** 162
Malesherbes, Chrétien Guillaume de Lamoignon de **10** 187
Malevanskij, Silvester **11** 750
Malik Danischmend **5** 4
Malkamäki, J. **11** 588
Malkikarib, himyarit. Kg. **2** 1093
Mallet, J.-B. **10** 434
Mallia Daedalia **2** 793
Mallinckrodt, Hermann v. **11** 645, 648
Mallio, Michele **10** 448
Malmberg, N. G. **11** 248, 588
Malmivaara, W. **11** 588
Malo, ir. Heiliger **3** 886, 978
Malou, Jean-Baptiste, Bf. v. Brügge **11** 114
Malouet **10** 96
Malouli, Joseph **13** 468
Maltsev, Aleksej **11** 736
Malula, Joseph, Kard. Ebf. v. Kinshasa **13** 565, 594, 603
Malvestiti, Piero **12** 484, 490
Maly', Václav **13** 369
Malzac **11** 1022
Mamas, Comes **3** 48
Mamas, georg. Katholikos **4** 565, 575, 587
Mamas, Märt. **2** 101
Mamas, Presbyter **3** 43
Mamé **11** 183
Mamertus, Bf. v. Vienne **3** 232, 234, 242, 248, 251, 378, 805 f., 1089, 1126
Mamiani, Trerenzio, Conte **11** 607
Mamie, Pierre, Bf. v. Sitten **13** 116
Man, Thomas **7** 453
Mana, Bf. v. Seleukia **2** 1083
Mana, Kä **13** 542, 606
Manaën, Gefährte d. Herodes **1** 78
Manahen, jüd. Lehrer **1** 277
Manalo, Felix **11** 1040
Manasse, Mönch **3** 600
Manasse ben Israel **9** 210
Manasses v. Reims, Ebf. **5** 94, 144
Mance, Jeanne **9** 674
Mancel, Abbé **12** 587
Manchester, Graf v. **9** 461
Mancini, Giulio **9** 1046
Mancini, Pasquale **11** 453
Mancio de Corpus Christi **8** 819
Manco Capac **8** 778
Mandela, Nelson, südafrikan. Präsident **13** 134, 557, 584 f.
Mandeville, Bernard de **9** 1024, 1026
Mandeville, Jean de **7** 541, 544
Mandonnet, Pierre Félix **12** 196
Manegold v. Huy **5** 527
Manelfi, Pietro **8** 127
Manes **4** 119, 240
Manessier, Alfred **12** 169
Manetho **1** 794, 870
Manetti, Gianozzo **7** 659
Manfred, Kg. **6** 576
Manfred v. Hohenstaufen **5** 580, 682 f., 685, 721, 889
Manfred v. Vercelli **6** 383
Mangenot, Eugène **12** 188
Mangin, Nicolas **7** 836
Mani **1** 497, 503 ff., **2** 19, 76, 78, 179, 494, 502, 723, 921, 1039, **3** 108, 126, 166, 172, 436, 440
Manikam, Rajah Bh. **12** 310
Mann, Horace **11** 236
Manna, Paolo **12** 307, 316, 322
Mannering, L. G. **12** 824
Manning, Henry Edward, Kard. Ebf. v. Westminster **11** 28, 112, 234, 236, 459, 499, 560, 569 f., 572
Manohar, Maler **9** 801
Manolakis v. Kastoria **9** 571
Manolo, Felix **13** 680
Manrique, Alfonso de, Großinquisitor **7** 400, **8** 678

Mans, Raphael du **9** 803
Manso, Ebf. **9** 633
Mansuetus, Bf. v. Toul, hl. **4** 871
Mansuetus, breton. Bf. **3** 882
Manṣūr, Großvater d. Joannes Damaskenos **4** 412, 416
Mantegna, Andrea **7** 478, 484 f., 489, 509 f., 512
Mantovani, Kanoniker **10** 655
Mantuanus, Baptista (Spagnoli) **7** 106
Mantz, Felix **7** 785, 820 ff., 872 f., **8** 128
Manučar III., Safar Pascha **9** 586
Manuč'ē **4** 503
Manuel, Antonio **8** 754
Manuel, Niklaus (Deutsch) **7** 792, 797, 801, **8** 1200
Manuel, Staatsanwalt **10** 354, 360
Manuel I., Kg. v. Portugal **7** 411, 413 f., 489, 526, 529, 547, 549, 559, 561, 574, 576 f., 582, 587, 597, **8** 728, 745
Manuel I. Komnenos, byzantin. Ks. **4** 330, **5** 13, 202, 349 f., 352, 355–359, 365–368, 370, 380 ff., 384 f., 484, 494, 510 f., 516 f., 725
Manuel I. Sarantenos, Patr. v. Konstantinopel **5** 723, 727
Manuel II., Patr. v. Konstantinopel **5** 751
Manuel II. Palaiologos, byzantin. Ks. **6** 138, 144, 157, 164, 167, 181, 200, 304, 402, 409, 503, 612, 615, 617, 619, 621, 623, 828, 874, **7** 9, 14, 17
Manuel Gabalas ↗ Matthaios v. Ephesos, Metropolit
Manuel Kalekas **6** 447, 819, 823
Manuel Kantakuzenos **6** 196
Manuel Malaxos **8** 365
Manuel (Maximos) Holobolos **5** 726, 754
Manuel v. Adrianopel, Metropolit **4** 922
Manuel v. Korinth **8** 365
Manuel v. Thessalonike, Bf. **5** 730
Manukian, Manuk **11** 787
Manutius, Aldus ↗ Aldus Manutius
Manzoni, Alessandro **9** 1132, **10** 451, 594, **11** 266
Mao Tse-tung, chines. Staatschef **13** 312, 481, 624, 629
Maoupoint, Bf. **11** 142
Map, Walter **5** 500, 818
Maputoa, Kg. **11** 143
Mar Aba, pers. Katholikos **3** 1172, 1177, 1180, 1210
Mar Abimelech **12** 1016
Mar Abraham **8** 881, 902
Mar Arcacius, pers. Katholikos **2** 1084
Mar Athanasius Mattheus **11** 810
Mar Awgin/Eugen **3** 1177
Mar Bassos v. Bitabo **3** 613 f.
Mar Elias **8** 902
Mar Elias Mellus **11** 803
Mar Jakob, syro-malabr. Bf. **7** 589, **8** 901
Mar Joannes (Sarigta), jakob. Patr. **4** 349 f.
Mar Johannan Urtaia **3** 611
Mar Joseph **8** 902
Mar Mama **3** 611
Mar Rokos, Bf. v. Malabar **11** 803
Mar Samuel, syr. Klostergründer **3** 610
Mar Schemæun **11** 809
Mar Schimoun XXI. **12** 947, 1016
Mar Thomas **12** 1016
Mar Timotheus Abimelech **11** 803
Mara, osman. Sultanin **7** 40, 46 f.
Mara v. Birta, Bf. **2** 1080
Mara v. Seleukia, Bf. **3** 151
Marahrens, August **12** 715, 719 f.
Marandé **9** 361 f.
Maras **3** 50
Marat, Jean-Paul **10** 359, 363, 383, 397, 496, 599
Marathonius **2** 838
Marbach, Johannes **8** 40, 104, 321 f.
Marbeau, Firmin **11** 184
Marbeuf, Mgr. de **10** 464
Marbod v. Rennes, Bf. **3** 885, **5** 145
Marc, Raimond **5** 580
Marc Aurel, röm. Ks. ↗ Mark Aurel
Marca, Pierre de, Ebf. v. Paris **9** 367
Marcantonio Antimachos **8** 368
Marcel, Gabriel **12** 166, 189, 205, 616, 621, 1079
Marcella, Asketin **2** 850
Marcellianus, Bf. v. Aquileia **3** 313, 330
Marcellin, röm. Märt. **2** 184

Marcellina, Gnostikerin **1** 524
Marcellina, Schwester d. Ambrosius **2** 849
Marcellinus, Chronist **3** 295
Marcellinus, Comes **3** 303
Marcellinus, hl. **2** 893
Marcellinus, ksl. Beamter **2** 517, 521, 534, 769
Marcellinus, röm. Bf. (Papst) **2** 185
Marcellus **4** 758
Marcellus, Bf. v. Die **3** 230, 232, 234, 242, 347
Marcellus, Bf. v. Zama **1** 643
Marcellus, Centurio, karth. Märt. **2** 121
Marcellus, fränk. Diakon **3** 816
Marcellus, hl. **3** 1146
Marcellus, röm. Bf. (Papst) **2** 185
Marcellus II., Papst **8** 258
Marcellus v. Ankyra, Bf. **2** 97, 257, 283, 297, 304, 317, 320, 322, 327, 335, 337–340, 349, 351, 354, 359, 363, 368, 376, 429, 441, 452, 570, 1037, 1065 f., 1075
Marcet, Antoni M. **12** 520
Marchais, Pfarrer **10** 405, 546, 598
Marchand, Louis **9** 1080
Marchant, Guyot **8** 1077
Marche, la, Bf. **10** 418
Marche, Giacomo delle **7** 176
Marchetti, Msgr. **12** 668
Marcia **1** 255
Marcia, Frau d. Cato **1** 633
Marcia Aurelia Ceionia Demetrias **1** 693
Marcian, Abt **3** 124, 132, 136
Marcian, Bf. v. Arles **1** 689, **2** 139, 160, 166
Marcian, konstantinopol. Heiliger **3** 691 f.
Marcian, novatian. Bf. v. Konstantinopel **2** 1053
Marcian, oström. Ks. **3** 76, 78–81, 83, 90 f., 94, 103, 120, 123–126, 161–164, 166 ff., 176, 180, 185, 197, 199, 221, 303, 566, 573, 588 f., 624, 630, 633, 635, 655, 681, 855, **4** 422
Marcianus, afrikan. Bf. **2** 247
Marcianus, syr. Heiliger **3** 666
Marcianus v. Lampsakus, Bf. **2** 451
Marck, A. van der **10** 444
Marck, Erhard v. der **8** 450
Marck, F. A. van der **10** 55, 60
Marco Polo ↗ Polo, Marco
Marcone, Pater **12** 418
Marconi, Giuseppe-Loreto **10** 590
Marconi, Guglielmo **12** 144, 154
Marcos, Ferdinand, philippin. Präsident **13** 477, 678, 681 ff.
Marcourt, Antoine **8** 60, 451, 464
Marculus, donat. Bf. **2** 259, 261, 264
Marcus, armen. Katholikos ↗ Yahṯallāhā III.
Marcus, armen. Metropolit **6** 212, 214
Marcus, Bf. v. Mactharis **1** 643
Marcus, Bf. v. Orléans **3** 817
Marcus, röm. Bf. (Papst) **2** 881, 883
Marcus Acilius Glabrio **1** 670
Marcus Antonius, röm. Feldherr **1** 13, 114
Marcus Iulius Eugenius, Bf. v. Lycaonia **2** 669
Mardochai ben Hillel, Rabbi **6** 865
Mardonius, Gelehrter **2** 397
Maréchal, Bf. v. Baltimore **10** 503
Maréchal, Joseph **12** 195, 227, 230, 232, 237, 662
Maréchal, Pierre Sylvain **10** 389, 506, 582
Marella, P. **12** 630
Marelos y Pav., José Maria **10** 774
Marescot **8** 1102
Maresius ↗ Desmarets
Maret, J. Henri Louis Charles **11** 27, 37, 114 f., 172, 174, 308, 509
Marfa Borećkaja **7** 56
Margareta v. Cortona **5** 938, **6** 517, 536, 731
Margarete, Kgn. v. Schottland **5** 442
Margarete, Mutter d. Erasmus **7** 621
Margarete, Tochter Ludwigs VII. **5** 220
Margarete Ebner **6** 522
Margarete Maultasch **6** 687
Margarete v. Angoulême **8** 1228
Margarete v. Bayern **6** 540
Margarete v. Dänemark **6** 774
Margarete v. Flandern **5** 858, **6** 600

Margarete v. Navarra **7** 621, 834, 837, 866, 869, **8** 182, 455, 457, 467
Margarete v. Parma **8** 485, 489
Margarethe v. Foix **7** 445
Margil de Jesús, Antonio de **9** 643
Margotti, Giacomo **11** 606 ff., **12** 474
Margounios, Maximos **8** 366, 370
Marguerite (de) Porète **6** 331 ff.
Marguerite du Saint-Sacrement **9** 836, 864
Marguerite d'Angoulême ↗ Margarete v. Angoulême
Marguerite v. Lothringen **9** 353
Marheineke, Philipp Konrad **11** 95 f.
Mari, hl. **4** 453, 459 f.
Mari, pers. Bf. **3** 4, 45, 66, 111, 449, 451
Mari, syr. Apostel **1** 438 f.
Mari II., nestorian. Katholikos **4** 460 f.
Maria, byzantin. Ksn. **5** 24
Maria, Gattin v. al-Azīz **4** 421
Maria, Jüngerin Jesu **1** 35
Maria, Júlio **11** 950
Maria, Mutter d. Johannes Markus **1** 359, 373
Maria, Mutter Jesu **1** 3, 6, 59, 63 f., 71, 204, 274, 415, 482, 485, 487 f., 490, 819, 844, 930
Maria, Mutter v. Bagrat IV. **4** 573
Maria, Schwester d. Pachomius **2** 842
Maria I., Kgn. v. Portugal **10** 30, 779
Maria I., Tudor, gen. d. Katholische od. d. Blutige, Kgn. v. England, Tochter Katharinas v. Aragón u. Heinrichs VIII. **7** 751, **8** 215, 220–227, 470, 527, 532, 541, 548, 552, 568, 687, 1065, 1176, 1231, **9** 1057, **10** 213
Maria II., Kgn. v. England (Maria v. York) **9** 106, 108, 110 f., 441, 444, 450 f., 453
Maria II., Kgn. v. Portugal **11** 277 ff.
Maria Anna v. Österreich **9** 145
Maria-Beatrix v. Modena, Kgn. v. England **9** 109 f.
Maria Borissovna **7** 57
Maria-Christina, spanische Regentin **10** 183, **11** 285
Maria d. Ägypterin, hl. **3** 661, **5** 934
Maria d. Jüngere **4** 328
Maria d. Katholische ↗ Maria I.,Tudor
María de Jesús de Agreda **9** 842
Maria Glabaina **5** 20
Maria Leszczynska (Lecinska), Kgn. ↗ Leszczynska, Maria (Gattin Ludwigs XV.)
Maria Magdalena v. Pazzi **8** 599
Maria-Perpetua da Luz **9** 838
Maria Stuart, Kgn. v. Schottland **8** 535, 546, **10** 357
Maria Theresia, österr. Ksn., Kgn. v. Böhmen u. Ungarn **9** 9, 17 f., 23, 27, 343, 404, 602, **10** 16, 18–21, 23, 25, 42, 120 f., 171, 184, 200, 219, **11** 315
Maria Tudor, Kgn. v. England ↗ Maria I., Tudor
Maria v. Antiocheia **5** 349, 359
Maria v. Burgund **7** 88
Maria v. d. Inkarnation ↗ Marie de l'Incarnation
Maria v. Habsburg, ungar. Kgn. **7** 766
Maria v. Magdala **1** 35, 48, 535
Maria v. Oignies, hl. **5** 928, 936 f.
Maria v. Rom **1** 286
Maria v. Ungarn, Generalstatthalterin der Niederlande **8** 456
Maria v. Valencia **6** 847
Maria v. York ↗ Maria II., Kgn. v. England
Mariam, Tochter d. Ašot Bagratuni, Kg. **4** 503, 521
Mariamne, Kgn. v. Judäa **1** 13
Mariana, Juan de **8** 295, 690, 692, 700, 704, 1177, **10** 89, **11** 933
Mariana de Jesús, hl. **9** 630
Mariano, Luis **8** 763
Marianos, Bf. v. Arabien **3** 956
Marianos, Ökonom **3** 541
Marianos, Patrikios **4** 273
Marianus, karth. Märt. **2** 121
Marianus Socinus **6** 128
Marías, Julián **12** 542
Mariátegui (Peru) **12** 1174
Marie, Gattin v. Khosrau II. **4** 15
Marie, Schwester **9** 394
Marie, Schwester v. Pierre Durand **9** 202

Marie Antoinette **10** 355, 390
Marie-Christine v. Savoyen **12** 457
Marie de l'Incarnation, (Marie Guyart) Ursulinerin **9** 291, 664, 666, 676, 837
Marie de Sains **8** 1104
Marie de Valence (Marie Teysonnier) **9** 837
Marie du Divin-Coeur **11** 347
Marie Louise v. Österreich, franz. Ksn. **10** 642 f., 658
Marie Robine **6** 95
Marillac, Kanzler **9** 123, 131
Marillac, Louise de (Mlle Le Gras) **8** 1069, **9** 287, 306
, Ebf. v. Vienne **8** 1034
, Michel de **8** 515
Marin, Jerónimo **8** 940
Marin, Louis **9** 371 f.
Marín, Sorí **12** 1185
Marina, Justinian **12** 1006
Marina, Ksn. **2** 589
Marinianus, Bf. v. Ravenna **3** 906, 909 f., 912
Marinianus v. Synnades **3** 63
Marinianus v. Tipasa **1** 661
Marinus, Abt v. Lérins **3** 969
Marinus, afrikan. Fürst **2** 522
Marinus, Bf. v. Arles **2** 249, 251
Marinus, Bf. v. Palmyra **2** 63
Marinus I., Papst **4** 820, **6** 32
Marinus II., Papst **4** 822, 826, **6** 32
Marinus v. Tyrus, Bf. **2** 61
Marion **9** 138
Marion-Bresillac, Melchior de, Bf. **11** 159 f., 978
Maris v. Chalkedon, Bf. **2** 88, 358, 391
Maritain, Jacques **11** 345, 348, 351, **12** 38, 157, 163, 174, 178, 195, 197, 203, 212, 214, 229, 240, 297, 299, 323, 472, 494, 542, 571, 574, 583 f., 618, 621, 623, 627, 641, 671, 1109, 1115, 1154, **13** 41, 490, 500, 509, 534
Maritain, Raïssa **11** 345 f., 348, **12** 163
Marius, Augustinus **7** 800, 803
Marius Mercator **2** 528, 546, **3** 31
Marius v. Avenches, Chronist **3** 356
Marius Victorinus **1** 506, **2** 305, 372, 426, 445, 460, 526, 719, 735, 772, 781, **3** 255, 1075, 1099
Mariño, Ignácio **10** 778
Mark Aurel, röm. Ks. **1** 153, 160, 163, 247, 252–255, 258, 320, 521, 565, 567 f., 573, 589, 672, 684, 738, 873, 876, 880, **2** 4, 6, 83, 86, 401
Markell v. Ankyra ↗ Marcellus v. Ancyra
Markella, Märtyrin **1** 603
Markellinos, Bf. **4** 273
Markellos, Abt d. Aikometenklosters in Konstantinopel **3** 639 f., 1260
Markian ↗ Marcian
Markianos, Bf. v. Gaza **3** 525
Markianos v. Bethlehem **3** 574, 612, 621 f., 625
Markianus Kyris, Architekt **2** 673
Markion v. Sinope **1** 145, 163, 181–184, 318, 326, 334 f., 461, 504, 511 ff., 521, 524, 537, 539, 550, 560, 562 f., 565, 568, 615, 639, 672–675, 684, 689, 767 f., 783–788, 790, 796, 860, 945, **2** 76, 284, 429, 723, 1039, **3** 166
Marko v. Devol, bulg. Bf. **4** 935
Markos s. a. Markus
Markos, Mönch **6** 170
Markos, Silentiarius **3** 638
Markos II., Patr. v. Alexandreia **4** 437 ff., 443, 445, **5** 357
Markos Blates **6** 193
Markos Eugenikos v. Ephesos **6** 188, 301, 815, 817, 819, 824
Markos Monachos **4** 335, 380
Markos Musuros **7** 50
Markos Xylokarabes, Patr. v. Konstantinopel **7** 46
Marks, John Ebenenzer **11** 1033
Markus s. a. Markos
Markus, äthiop. Metrop. **7** 583
Markus, Apostel **2** 354, 458
Markus, Bf. v. Alexandria **1** 167
Markus, Evangelist **1** 5 f., 9 f., 15, 20 f., 27, 30 f., 38 f., 41, 47 f., 71 f., 84, 86, 167 f., 170, 201 ff., 288, 293 f., 296, 303, 359, 373, 476, 488, 591, 669 f.,

782, 785, 788 f., 800, 802, 829, **2** 28, 114, 289
Markus, kalabr. Bf. **2** 134
Markus, röm. Märt. **2** 184
Markus VI., Patr. v. Alexandrien **6** 217
Markus VII., koptischer Patr. **9** 595
Markus der Magier **1** 521, 524, 537, 539, 550
Markus Eremita **2** 837, 841
Markus v. Arethusa, Bf. **2** 386, 406, 1032
Markus v. Memphis **2** 485, 494, 501, 945
Markus v. Weida **7** 281
Markward v. Anweiler, Markgraf **5** 569, 674
Markward v. Corvey, Abt **5** 115 f.
Marlowe, Christopher **9** 1056
Marmion, Columbia, Abt **11** 337, **12** 198, 239, 252, 616, 659
Marmontel, Jean-François **10** 11, 56, 195
Marnix, Philipp **8** 94
Marolles, Abbé de **9** 849
Marolles, Bf. **10** 335, 543
Maron, hl. **4** 422
Marot, Clément **7** 656, **8** 437, 455, 576, 981, 1229, **9** 867
Maroveus, Bf. **3** 837
Marozia, Mätresse Papst Sergius' III. **4** 784, 821 f.
Marpeck, Pilgram **7** 809, **8** 123, 131, 146, 149, 152, 154, 181
Marquardt, Friedrich Wilhelm **12** 89, 127
Marquart, Hans **8** 129
Marquette, Jacques **9** 675
Marquez, Pedro José **10** 90
Marquiset, Armand **12** 280
Marron, Henri **10** 477, 690
Marroquin, Francisco **8** 740, 801
Marrou, Henri-Irénée **1** 324, 830, **12** 201
Marsais, du **9** 1126
Marsden, Samuel **11** 1061, 1063
Marshall, I. Havard **13** 208
Marshall, Peter **12** 1047
Marsham **9** 939, 982
Marshman, Joshua **10** 147
Marsilius v. Padua **1** 669, **6** 66, 90, 92, 274–279, 281, 291, 293, 317, 587, 634, 687, 691, 695, 889, **8** 200, 700
Martellange, Jesuitenpater, Künstler **9** 1037, 1044
Martens, Theodor **7** 648
Martensen, Hans Lassen **11** 253, 589, 592
Martey, Emmanuel **13** 608
Martha, hl. **9** 928
Martha, Jüngerin Jesu **1** 35
Marthana, Häretikerin **1** 502
Marthus **1** 502
Martial, Bf. **1** 686
Martial, Comes **3** 48
Martial, hl. **4** 871
Martial, röm. Dichter **1** 742, **9** 528
Martialis, Bf. v. Limoges **2** 136
Martianay **9** 952
Martianus **3** 880
Martillat, apostol. Vikar v. Yunnan **9** 778, **10** 151
Martimort, Aimé-Georges **13** 17
Martin **1** 921
Martin, André **9** 968
Martin, Auguste, Bf. v. Natchitoches **11** 868
Martin, Bf. v. Braga **3** 221, 405–408, 787, 860, 975
Martin, Bf. v. Tours, hl. **2** 140, 490, 492, 494, 533, 650, 656, 661, 686, 688, 774, 780, 792, 856–860, 866, 869, 961, 964, 966–969, 973–978, **3** 227, 244, 248 f., 251 f., 357, 361, 368, 370 f., 405, 408, 814, 825, 833, 836, 845, 868, 930, 966, 971, 973, 982 f., 991, 1001, 1003, 1036, 1088, 1111 f., 1114 f., 1120, 1123, 1126, 1128 f., 1140, 1142 ff., 1150 ff.
Martin, David **12** 814
Martin, Fernão **7** 545
Martin, François **9** 804 f.
Martin, Henri Jean **10** 375
Martin, hl. **4** 656, **11** 124
Martin, Jacqueline **12** 271
Martin, Joseph-Marie-Eugène, Kard. Ebf. v. Rouen **13** 112
Martin, Konrad, Bf. v. Paderborn **11** 456

Martin, Marie **10** 599
Martin, Pauline **12** 582
Martin, Thérèse ↗ Thérèse v. Lisieux
Martin, Victor **12** 202
Martin, William **11** 1050
Martin I., Papst **4** 32, 43f., 48f., 213, 400, 404, 422, 642–646, 649
Martin I. v. Aragón **6** 844
Martin IV. (Simon de Brie), Papst **5** 577, 599, 673, 850, **6** 32, 34, 38, 43, 271, 308, 350, 572, 576, 602, 724, 872
Martin V., Papst **5** 601, **6** 91, 101, 104, 106–131, 287, 341, 527, 543, 575, 606, 637, 644, 648, 671, 696, 725, 730f., 754, 764, 827, 874, 890, **7** 101, 107, 117, 168, 339, 557, **8** 1250
Martin de Valencia **8** 937
Martín de Vargas **6** 761
Martin Fuster **6** 848
Martin Gouge **6** 647
Martin Luther ↗ Luther, Martin
Martin Mayr **6** 704
Martin v. Braga **2** 955
Martin v. Cochem **9** 854f., 861
Martin v. Córdoba **6** 372
Martin v. Prag **6** 335
Martin v. Schaumberg, Bf. v. Eichstätt **8** 288, 416
Martín Villaverde, Alberto **12** 1184
Martina, byzantin. Ksn. **4** 22, 37
Martineau, Louis-Simon, Advokat **10** 312, 325, 330f., 334
Martinellus v. Tours **3** 1151
Martinengo, Maria Maddalena **9** 830
Martinet, J. F. **10** 60
Martinet, Pastor **9** 1114
Martínez Companón, Bf. **10** 73, 82
Martínez Montañés, Juan **8** 723
Martínez Siliceo, Juan **8** 710
Martini, Antonio **9** 847
Martini, Ebf. v. Florenz **10** 274
Martini, Karl Anton v. **10** 6, 20
Martini, Martino, Jesuit **9** 768, 787, 939
Martini, Raimund **5** 761
Martinianus **3** 287, 289
Martinianus, Mönch **2** 862
Martinov, Ivan **11** 757, **12** 884
Martinovskij, Anatol, Ebf. v. Mohilev **11** 714
Martins, Henry **9** 808
Martins, Peter **8** 928, 1128
Martinus, Archimandrit **3** 78
Martire, Egilberto **12** 481, 485, 487
Martires, Bartolomeu dos, Ebf. v. Braga **9** 248
Marty, François, Kard. Ebf. v. Paris **13** 169f., 265
Marty, Martin E. **12** 1061
Martyn, Henry **11** 809
Martyres, Francisco dos, Ebf. v. Goa **9** 799
Martyrios, Abt **4** 56
Martyrios, Patr. v. Antiochia **3** 130
Martyrios, Patr. v. Jerusalem **3** 132, 134, 574, 619
Martyrius, Diakon **3** 178
Martyrius, Märt. **2** 649
Marut(h)a v. Maipherkat, Bf. **2** 1080, 1082
Marutha v. Maipherqat, Bf. **3** 1169
Marūthā v. Tagrit **3** 1173, **4** 427
Marwān II., Kalif **4** 403, 430f.
Marwān ben Muḥammad, arab. Feldherr **4** 557
Marx, Karl **10** 828, 854, **11** 40, 448, **12** 189, 1074
Marx, Wilhelm **12** 683
Maryam, Walda **11** 813
Mas'udi **4** 232
Masaccio (Tommaso Guidi di San Giovanni) **7** 474
Masamune, Date **8** 929
Masawayh, Apotheker **4** 462
Mascrier, le **9** 558
Masius, Andreas ↗ Maes, Andreas
Maškot, armen. Gelehrter **4** 521
Masolino **6** 746
Mason, Charles H. **11** 907, **12** 1118
Massaja, Gugliemo, Apostol. Vikar der Galleas, Kard. **11** 813, 991
Massarelli, Angelo **8** 259
Massé, Ennemond **9** 662
Massey, James **13** 641
Massieu, Pfarrer **10** 326

Massignon, Louis **11** 345, **12** 325
Massinissa, mauretan. Kg. **1** 623
Massis, Henri **11** 346
Masson, Innocent le **10** 545
Masson, Pierre **7** 442
Massys (Metsys), Quentin **7** 490
Mastai-Ferretti, Giovanni Maria ↗ Pius IX, Papst
Maštoc' Ełivardec'i, armen. Katholikos **4** 506 f., 521
Mastocʿ/Mesrop, armen. Heiliger **3** 1196–1199, 1223, 1248 ff., 1254
Mastunes, Abt **5** 359, 362
Masuna, mauret. Kg. **3** 295
Masure, Eugène **12** 198
Masurier, Martial **7** 832, 834–837, 839, 866, **8** 455 f.
Mas'ad, Paul, Patr. **11** 805
Mat(t)hijs, Jan **8** 124, 137, 142, 151, 159, 460
Matamoros, Mariano **10** 777
Mateo, Cora **13** 653
Maternus, Bf. v. Trier **2** 249, **6** 704
Matfrid, Graf **4** 764
Mather, I. **9** 699
Mather, Cotton **9** 692, 714–717
Mather, Richard **9** 685
Mathesius, Johann **8** 407
Mathews, Shailer **11** 896
Mathieu, Césaire **11** 168
Mathiez **10** 337, 341 f., 372, 374, 389
Mathilda v. Savoyen **7** 172
Mathilde **4** 865
Mathilde, Äbtissin in Villich u. Dietkirchen **4** 810
Mathilde, Ksn. **5** 80
Mathilde, Gräfin **6** 600
Mathilde v. Canossa ↗ M. v. Tuszien
Mathilde v. Chalon **5** 166
Mathilde v. Quedlinburg, Äbtissin **4** 810
Mathilde v. Tuszien **5** 52, 55, 68, 71, 75, 113, 123, 125 f., 139, 162, 642
Mathon, Eugène **12** 28
Matienzo **8** 804
Matisse, Henri **12** 167, 171
Matmonoc, Abt **4** 740
Matos, Húber **12** 1185
Mattā ibn Yūnus **4** 468
Mattei, Alessandro, Kard. **10** 467, 663
Mattei, Enrico **12** 490
Matteo, japan. Konvertit **8** 916
Matteo da Bascio (Matthäus v. Bascio) **8** 244
Matteo di San Giuseppe **9** 810
Matteo Gommera **6** 853
Matteo Villani **6** 479
Mattʿēos J̌ułayecʿi **4** 523
Mattʿēos Uřhayecʿi **4** 529, 533 f.
Matter, Albert **11** 354
Matthäus, Abuna v. Äthiopien **12** 951
Matthäus, Apostel **1** 781
Matthäus, Evangelist **1** 5 f., 9 f., 14, 18, 27, 30, 32, 47 f., 51, 58, 191, 201, 206, 208–211, 218, 220, 276, 283, 295 ff., 303, 483, 486, 489, 491–495, 506, 727, 735, 779, 782, 785, 788 f., 800, 802, 817, 871, **2** 223, 407, 440, 446, **11** 97
Matthäus II., Patr. v. Konstantinopel **8** 359
Matthäus Grabow **6** 533
Matthaeus Parisiensis **5** 564, 574, 591, 635, 771
Matthäus v. Acquasparta **6** 355, 592
Matthäus v. Albano, Kard. **5** 392
Matthäus v. Krakau **6** 696, 801
Matthäus v. Krakau, Ebf. **5** 344 f.
Matthäus v. Myra, Metropolit **9** 549
Matthaios I., Patr. v. Konstantinopel **6** 138 ff., 142 ff., 146, 164, 184, 235, 409, 457, 503, 616, 619
Matthaios Blastares **6** 450, 454, 502, 613
Matthaios Kantakuzenos **6** 178, 622
Matthaios Palaiologos **6** 618
Matthaios v. Ephesos **6** 190, 309
Matthaios v. Kernitza **6** 614
Matthaios v. Kyzikos **6** 624
Matthaios v. Medeia **6** 186, 623
Mattheus, Patr. v. Alexandrien **9** 573
Matthew, Ebf. v. York, Primas d. engl. Kirche **9** 95
Matthew, Thomas **8** 208
Matthews, Marjorie, Bfn. **13** 231

Matthias, Apostel **1** 278, 282, 320, 541
Matthias, Bf. v. Jerusalem **1** 272
Matthias II., Ks., Kg. v. Böhmen u. Ungarn **8** 624, 630, **9** 10, 21
Matthias Corvinus, ungar. Kg. **7** 49, 78, 88, 420, 436, 466
Matthias d. Sänger, Patr. v. Alexandria **9** 589, **10** 123
Matthias v. Chieti **6** 881
Matthias v. Janov **6** 340, 435, 804, **7** 469
Matthias v. Saló ↗ Bellintani, Paolo
Matthopoulos, Eusebios **12** 958, 960
Mattingly, Ann Carbery **10** 671
Mattiussi, Guido **12** 192
Matulaitis, Jurgis **12** 885
Matʿusała Siwnecʿi **4** 484 f.
Mauburnus, Johannes ↗ Mombaer, Jan
Maudramnus v. Corbie, Abt **4** 755
Mauduit, Jacques **8** 1240, **9** 1071
Mauer, Georg v. **10** 731
Mauger v. Rouen, Ebf. **5** 91
Maultrot, Gabriel Nicolas **9** 404, **10** 14, 282, 311, 313, 328
Maunoir, Julien **8** 1238, **9** 313, 315 ff., 319, 326, 329, 668 f., 859, 1069
Maupeou, René-Nicolas-Charles-Augustin **10** 9
Maupertuis, Pierre Louis Moreau de ↗ Moreau de Maupertuis, Pierre Louis
Maupoint, Bf. v. Réunion **11** 978
Maura, Miguel **12** 524
Mauriac, François **11** 345, **12** 161, 163, 207, 577, 629
Maurice **10** 828
Maurice, Frederick Denison **11** 237, 567, 899
Maurice de Sully **5** 541, 805, 815 f., **6** 376
Mauricellus, Steuerpächter **3** 310
Mauricio, Domingos **12** 512
Maurienne, Chérubin de **9** 668 f.
Maurikios, byzantin. Ks. **3** 483 f., 503 f., 617, 679, 683, 687 f., 893 f., 897, 903, 910, 912, 921, 934, 936–942, 944–948, 951, 1134, 1179, 1192, 1213 ff., 1220, 1240, 1286, **4** 5, 13, 15, 34, 69, 237, 301, 478, 483, 519, **9** 1050
Maurille v. Rouen, Ebf. **5** 91
Maurin, Ebf. v. Lyon **12** 620
Maurin, Peter **12** 286, 1111
Mauritius, Märt. **2** 975, **3** 382
Mauritius Hispanus **5** 874
Mauritius v. Agaunum **5** 527
Mauritius v. Braga ↗ Gregor VIII., Gegenpapst
Mauritius v. Fecamp **5** 100
Mauro, span. Franziskaner **7** 576
Maurras, Charles **11** 472, 524, 530, **12** 31, 179, 212, 569, 572, 574, 582, 596, 618, 1192
Maury, Jean-Marie, Bf. v. Dakar **13** 591
Maury, Jean Siffrein, Ebf. v. Paris **10** 325, 467, 475, 639, 643 f.
Maury, Pierre **12** 68, 96, 104, 313, 559, 561
Mauviel, Guillaume, Bf. **10** 99 f.
Mavhura, Ks. v. Monomotapa **9** 745
Mavia (Mawiya), sarazen. Kgn. **2** 1093
Mavrocordato, Alexander **9** 564
Mavroidis, Nikolas **9** 573
Mavropumis, türk. Beamter **7** 9
Max, Prinz v. Baden **12** 683
Max III. Joseph, bayr. Kf. **10** 177
Maxentius, röm. Ks. **2** 185, 188, 197, 202, 245, **3** 362, 1028
Maxentius, Usurpator **2** 870, 886
Maxima **3** 289
Maximian, röm. Ks. **2** 27, 175, 184, **3** 883
Maximian v. Konstantinopel, Bf. **2** 616, 618, 621–624
Maximianus, Abt v. St. Andreas (Bf. v. Syrakus) **3** 893, 906
Maximianus, Bf. v. Pudentiana **3** 916
Maximianus, Bf. v. Ravenna **3** 473 ff., 780–783, 1025
Maximianus, Diakon **2** 510
Maximianus, donat. Märt. **2** 259, 264
Maximianus, Patr. v. Konstantinopel **3** 12, 15 f., 559 f.
Maximianus (Herculius), röm. Ks. **2** 126, 742, 975
Maximianus (Maximinus) v. Anazarbus, Bf. **3** 17
Maximilian, karth. Märt. **2** 121, 680

Maximilian I., Ks., Kg. v. Böhmen **7** 88, 97, 120, 129 f., 174, 216, 306, 308, 312 f., 790, **8** 624
Maximilian I., Hzg. v. Bayern, Kf. **8** 415, 420, 424, 1040, 1043, **9** 12, 44 f., 303
Maximilian I. (Ferdinand Maximilian Joseph), Ks. v. Mexiko **11** 452, 964
Maximilian II., Ks. **8** 105, 1035
Maximilian Franz v. Österreich, Ebf. v. Köln **10** 713
Maximilianus, Bf. **3** 473, 476
Maximilla, Montanistin **1** 160, 570 f., 860
Maximin v. Trier, Bf. **2** 349, 358, 361, 366, 455
Maximinus, Bf. v. Turin **2** 153, **3** 1148, 1150
Maximinus Daia, Caesar **1** 564, 566, **2** 70, 103, 112, 185–188, 197, 205, 207, 313, 407, 1012, 1085
Maximinus (Thrax), röm. Ks. **1** 262, 506, 565 f., 618 f., **2** 8
Maximius, Usurpator **2** 557
Maximos, Mönch **5** 740
Maximos, Patr. v. Antiochia **3** 70, 92, 110, 112, 114 f., 163 ff., 178, 573
Maximos, russ. Metropolit **6** 252
Maximos III. Manasses (Manuel Christonymos), Patr. v. Konstantinopel **7** 46
Maximos III. (Maslum), melkit. Patr. **10** 141, **11** 136
Maximos IV., Patr. v. Konstantinopel **7** 47
Maximos IV. Saïgh, melkitischer Patr. **12** 1027, **13** 14, 21 f., 24, 34, 47, 89 f., 370, 460
Maximos Confessor **1** 576, **2** 1075, **3** 1088, **4** 3, 42–45, 47 f., 50–53, 57, 74, 80, 124, 160, 211, 213 f., 245, 370, 375, 408, 422 f., 593, 642 ff., 646, 762, **5** 13, 23, 456, 752, **6** 307, 394
Maximos d. Bekenner ↗ Maximus Confessor
Maximos d. Grieche (Maksim Grek) **7** 30, 51, 63, **8** 366, 368, 379
Maximos Homologetes ↗ Maximos Confessor
Maximos Kausokalybes **6** 548
Maximos Planudes **6** 155, 819
Maximus, Archimandrit **3** 25
Maximus, Bf. v. Alexandria **2** 112
Maximus, Bf. v. Bostra **2** 64
Maximus, Bf. v. Genf **3** 382
Maximus, Bf. v. Nola, Märt. **2** 133
Maximus, Bf. v. Salona **3** 469, 912, 935, 938 f.
Maximus, Bf. v. Valence **3** 233
Maximus, byzantin. Stadtpräfekt **2** 220
Maximus, Diakon **3** 28
Maximus, gall. Mönch **2** 866, 975
Maximus, magistrianus **2** 620
Maximus, Mönch im Kloster Ile-Barbe **3** 970
Maximus, Prätorianerpräfekt **2** 221
Maximus, röm. Presbyter **2** 160
Maximus Confessor ↗ Maximos Confessor
Maximus Philosophus ↗ M. v. Alexandria
Maximus v. Alexandria **2** 449, 451, 453, 456, 556, 1010, 1020, 1056
Maximus v. Ephesus **2** 398, 404, 407, 412
Maximus v. Jerusalem, Bf. **2** 335, 367
Maximus v. Madaura **1** 628
Maximus v. Riez, Bf. **2** 970, **3** 232, 234, 967
Maximus v. Turin, Bf. **2** 134, 689, 775, 778, 802, 914, **3** 331, 335
Maximus v. Tyrus **1** 911
Maxwell, James Clerk **11** 564
May **11** 111
May, Bartholome **7** 792
May, Gerhard **12** 767
Mayans **9** 652
Mayenne, Turquet de **9** 179
Mayeur, Marie **12** 490
Mayhew, Jonathan **10** 489
Mayhew, Thomas **9** 693
Maynier d'Oppède, Charles **8** 453
Mayor, Henri Samuel **11** 996
Mayr, Georg **8** 1128
Mayr, Martin, Kanzler v. Mainz **7** 76, 314
Mazabanes, röm. Ks. **1** 556
Mazarella, B. **12** 462

Mazarin, Jules, Kard. **9** 123, 125, 165, 171, 179, 197, 220, 304, 356, 358 f., 363 f., 366, 572, 851, 946, 958, 961
Mazel, Abraham **9** 873
Mazenod, Charles-Joseph-Eugène de, Bf. v. Marseilles **11** 122, 153, 158, 181, 910, 912
Mazepa, Ivan **9** 529
Mazio, Raffale, Kard. **10** 665
Mazloum, Michel, Bf. **11** 136
Mazlum, Maximos III., Patr. **11** 800, 805
Mazo, Garc a **11** 292
Mazowiecki, Tadeusz, poln. Staatschef **13** 368
Mazzella, Camillo, Kard. **11** 349 f., 436, 441, 443, 477
Mazzini, Giuseppe **10** 853 f., **11** 268–271, 448 f.
Mazzocchi, Virgilio **9** 1067
Mazzolari, Primo **12** 448, 484
Mazzolini, Silvestro ↗ Prierias, Silvester
Ma'anides, Emir **9** 599
Mbembe, Achille **13** 333
Mbiti, John **13** 542
McCabe, Edward **11** 571
McCarthy, Joseph Raymond **12** 1061
McCartney, Bill **13** 260
McCormick (Familie) **11** 890
McCosh, James **11** 897
McFarlane, Samuel **11** 1075
McGiffert, A. C. **11** 896
McIntyre, J. F. **12** 1112
McKinley, William, 25. Präsident der USA **11** 886
McNeil, Neil **12** 1133
Mead, Charles **11** 1024
Méan, de, Ebf. v. Mecheln **10** 740 f., 744
Meaux, Vicomte v. **11** 321
Mechithar **9** 595, **10** 143
Mechithar v. Abaran **6** 229
Mechthild v. Magdeburg **5** 936, **6** 517, **9** 831
Mechtilde du Saint-Sacrement (Catherine de Bar) **9** 837
Mecia de Viladeste, Kartographen **6** 851
Meczyslawska, Makrina **11** 756
Meda, Filippo **11** 613 f., 617, **12** 465, 475 f.
Mederer, Johann Nepomuk **10** 175
Medici, Alessandro de' **8** 598
, Cosimo I. de' **7** 476 f., 506 f., 620, **8** 599
, Cosimo II. de' **8** 1156
, Katharina de' ↗ Katharina v. Medici, Kgn. v. Frankreich
, Maria de' **8** 1220
, Martius de' **8** 598
Medici, Familie **6** 731
, Como de' **6** 529
, Lorenzo de' **6** 529
Medici, Giovanni de' ↗ Leo X., Papst
Medici, Giulio de' ↗ Clemens VII., Papst
Medici, Lorenzo il Magnifico de' **7** 71, 92, 153 f., 333 f., 477 f., 490, 498, 506 f., 620, 625
Medici, Maria de', Kgn. v. Frankreich **9** 170, 351, 945, 1038, 1042 f.
Medici, Pietro de' **7** 155
Medina, Bartolomé de **8** 698, 819, **9** 998
Meer, J. **12** 332
Meer de Walcheren, Pieter van der **12** 641
Meersch, Maxence van der **12** 163, 166
Megala, Witwe Theophanes' d. Bekenners **4** 154
Meganck, Franz **9** 1008
Megander, Kaspar **7** 783, **8** 998
Megasthenes **1** 870
Megetia, karthag. Bürgerin **3** 1118
Meglia, P., Nuntius v. Mexikao, Kard. **11** 493
Mehl, Roger **13** 229, 286
Mehmed, Sohn d. Georgios Amirutzis **7** 39
Mehmed (Mohammed) I., osman. Sultan **7** 33
Mehmed (Mohammed) II., osman. Sultan **6** 120, 194, **7** 10 f., 22 f., 28, 31, 38–41, 46 f., 75, 78, 81 f., **9** 592, **10** 116
Mehmed (Mohammed) V. Reschad **12** 10, 915
Mehmed (Mohammed) VI. **12** 915, 919
Mehmet d. Eroberer, osman. Sultan ↗ Mehmed (Mohammed) II.
Meier, John P. **1** 295

Meignan, Guillaume-René, Kard. Ebf. v. Tours **11** 114, 495
Meijer, Lodewijk **9** 973, 982
Meiji, Ks. v. Japan **11** 1056
Meinwerk v. Paderborn **4** 810
Meïr, Rabbi **1** 763
Meir, Rabbi, aus Rothenburg **6** 860, 862, 868
Meiser, Hans **12** 715, 718, 728, 732
Meister Eckhart **6** 66, 317, 331 ff., 377, 380, 520, **7** 317, **8** 1044, **9** 868
Méjan, François **12** 434
Méjan, Louis **11** 516
Mejía, Francisco Ramos **11** 957 f.
Mélac, Graf v. **9** 49
Melanchthon, Philipp **7** 712 f., 718, 724, 733, 737, 740 f., 743, 745, 752, 755, 761, 766, 849 f., 855, 872, **8** 3, 17, 57, 61, 67, 69, 72, 82, 95, 102, 112, 170, 229, 245, 263, 314–321, 323, 328, 333, 374, 393, 396, 409, 412, 420, 439, 443, 451, 578, 627, 633, 644, 733, 1079, 1116, 1134, 1143, **9** 479, 482, 975, 1093, **10** 44
Melania, Nonne **9** 522
Melania d. Ältere **2** 686, 827, 831, 842, **3** 619
Melania d. Jüngere **2** 531, 541, 653, 794, 799, 831, 842, 850, 913, 932, **3** 29, 124, 536, 619 f., 622 f.
Mélanie **11** 190, 348
Melanius, Bf. v. Rennes **3** 885
Melbourne, Lord **10** 693
Melbourne, William Lamb, 2. Vicomte, brit. Premierminister **11** 136
Melchers, Paulus, Ebf. v. Köln, Kurienkardinal **11** 456, 463
Melchisedech, georg. Katholikos **4** 578
Melchisedek **9** 593
Melentije, Metropolit v. Serbien **10** 735
Meletios, Mönch **6** 546
Meletios, Mönch v. Galesios **5** 754
Meletios, Patr. v. Jerusalem **9** 590 f.
Meletios II., Metropolit v. Athen **9** 567
Meletios IV. Metaxakis, Patr. v. Konstantinopel **12** 56, 919, 923, 952, 957, 970, 973
Meletios d. Bekenner **6** 561, 825
Meletios d. Jüngere v. Kithairon **5** 364
Meletios Galesiotes **6** 154, 549
Meletios Pegas, Patr. v. Alexandrien **8** 367, 382
Meletius v. Antiochia, Bf. **2** 392, 421–424, 428, 432–437, 439, 441, 443, 447, 451, 457, 553, 679, 822, 830, 897, 1020, 1031, 1034, 1071, 1074
Meletius v. Lykopolis, Bf. **2** 1011–1014
Meletius v. Mopsuestia, Bf. **3** 19 f.
Méline, Jules **11** 512
Melisendis, Kgn. v. Jerusalem **5** 318
Melitē Manazkertacʿi **3** 1223
Melitius v. Lykopolis, Bf. **2** 286–290, 314
Melito v. Sardes, Bf. **1** 152, 245, 253, 374 ff., 380, 451, 558, 567, 570, 574, 585, 731, 738, 753, 774, 877, **2** 83, 89, 94
Melius, Petrus **8** 103, 639
Melle, F. Otto **12** 70
Melliet, Laurens **9** 169
Mellitus, Abt, Bf. v. London **3** 929, 931, **4** 622 ff., 627, 629
Mello, Anthony de **13** 672
Mello Perreira, Manuel de **9** 746
Melo, Antonio **13** 496
Melo, Nicolau de **8** 900
Melun, Armand de **10** 841, 847, **11** 34, 36, 173, 184, 498
Melville, Andrew **8** 537, 539, **9** 460
Melville, Hermann **11** 833
Mem de Sá **8** 866, 868
Memkabesi, georg. Heiliger **4** 587
Memnon v. Ephesus, Bf. **2** 601, 606, 608, 613, 615, **3** 112
Memor, Bf. **2** 542
Men (kleinasiat. Gottheit) **1** 111, 568, **2** 88
Men, Alexander **13** 394, 413, 417, 420
Men, Michail **13** 420
Mena, Pedro de **8** 1221
Ménager, Jacques, Bf. **13** 326
Menander, Gnostiker **1** 276, 305, 521, 523, 538, 560, 594, 922
Menas, abessin. Metropolit **4** 450

Menas, hl. **3** 514, 602, 669 f., 733, **13** 451
Menas, Märt. **2** 681
Menas, Patr. v. Konstantinopel **3** 421, 439, 441, 449 f., 452, 472, 557, 559, 567, 617, 636, **4** 41, 46
Menas I., Patr. v. Alexandreia **4** 439, 441, 443
Menas II., Patr. v. Alexandreia **4** 436, 440
Menasce, P. de **12** 314
Mendel, David **11** 85
Mendelssohn, Moses **10** 254 f., 257
Mendelssohn-Bartholdy, Felix **9** 1084, **10** 666
Mendes, Candido **13** 169
Mendès-France, Pierre **12** 592, 627
Mendez, Alonso **9** 596
Méndez, J. N., Bf., Gouverneur v. Puebla/ Mexiko **11** 964
Mendieta, Jerónimo de **8** 773, 804, 813, 846, **9** 626
Mendizában, Juan Alvarez **10** 686, **11** 285
Mendoza, Antonio de **8** 782
, Pedro de **8** 846
Mendoza, Antonio de Escobar y ↗ Escobar y Mendoza, Antonio de
Mendoza, Ezequiel **12** 1170
Mendoza y Pimentel, Diego Carrillo de, Marquis v. Gelves, Vizekg. v. Neuspanien **9** 621
Ménégoz, Eugène **11** 528
Menelik II., Ks. v. Äthiopien **11** 813, 991, 993 f.
Menem, Carlos, argent. Präsident **13** 476, 527
Menéndez de Avilés **8** 870
Menéndez y Pelayo, Marcelino **11** 636
Ménestrier, Jesuitenpater **9** 318
Menetra, Louis **10** 390
Menezes, Alexis de, Ebf. v. Goa **8** 900, 902, **9** 598, 798, 809
Mengistu, Haile Mariam, äthiop. Diktator **13** 574
Meniates, Elias **9** 572
Menippus v. Gadara **1** 734
Menius, Justus **7** 745, **8** 7
Menno ↗ Simons, Menno
Ménochet, Generalvikar **10** 607
Menochio, Johannes Stephanus **9** 947
Menophantes, Bf. v. Ephesus **2** 85, 360
Menot, Michel **7** 356
Mensilhas **8** 885
Mensing, Johannes **8** 246
Mensurinus, Bf. v. Karthago **2** 185, 244
Menthon, Marie de **11** 182
Mentzer, Balthasar **8** 41
Meouchi, Paulus Petrus, Kard., maronit. Patr. **12** 1027, **13** 460
Méquillet, S. **9** 890
Mercado, Tomás de **8** 702, 766
Mercator, Kartograph **8** 929
Mercier, Désiré Joseph, Ebf. v. Mecheln, Primas v. Belgien, Kard. **11** 350, 431, 438, 445, 538, 541–544, **12** 4, 192, 202, 293, 307, 650, 656, 841
Mercier, Jean **8** 352, 1129, 1134
Mercier, Louis-Sébastien **9** 189, **10** 363, 561
Mercier de La Rivière, le **10** 830
Mercurian, Eberhard **8** 1217
Mercy, de, Bf. **10** 415, 468
Méré, Chevalier de **9** 1146
Méré, Poltot de **8** 1176
Merezkovskij, Dmitrij **11** 749 f.
Merici, Angela **7** 232, **8** 243, 292, 605, **9** 286
Mérida, span. Metropolit **4** 738
Merino, Dias, Bf. v. Menorca **10** 686
Merisi, Michelangelo ↗ Caravaggio, Michelangelo da
Merkle, Sebastian **11** 352
Merklen, Léon **12** 621, 624, 630
Merkurios, Kg. **4** 447
Merle, Ch. **12** 64
Merlier, Henri **11** 524
Merlin **6** 265
Merlin, J. **8** 295, 998
Mermillod, Gaspard, Bf., Kurienkardinal **11** 36, 415, 458, 464, 499, 536, 576
Merocles, Bf. v. Mailand **2** 135
Mérode, Marie-Anne de **11** 182
Merowech/Meroveus **3** 354, 818
Merril, W. P. **12** 330

Merry del Val, Raffaele, Titular-Ebf. v. Nikaia, Kard. **11** 443, 445, 469 f., 481 f., 516, 524, 628, **12** 5, 12, 186, 211, 1113
Mersapuh v. Taron, armen. Bf. **3** 1195, 1208
Mersch, Émile **12** 180, 207, 662
Mersenne, Marin **8** 1111, **9** 3, 292, 494, 936 f., 942 f., 957, 959, 961, 969, 982
Merton, Charles **9** 467
Merton, Thomas **12** 163, 1072, 1115
Merulo, Claudio **8** 1239
Merulus, Mönch **3** 892
Meruzanes, armen. Bf. **2** 102
Merz, Alois **10** 177
Merz, Georg **12** 711
Mésenguy, François-Philippe **9** 403, 1029
Meslier, Jean, Pfarrer v. Étrépigny **9** 280, 1090, 1092, 1147 f.
Meslier, Pfarrer **10** 374
Mesmer, Franz Anton **10** 219
Mesplet, Fleury **10** 525
Mesrop (Maschtotz), Mönch **2** 724, 1088, 1091
Messein, Abbé de **10** 521
Messi Metogo, Eloi **13** 542
Messius Phoebus Severus **3** 303
Messos **1** 541
Mestrézat, Jean **9** 881, 992
Mestrezat, Philippe **9** 431
Methodij (Nemzev), Metropolit **13** 408
Methodios, hl. **13** 142, 309, 365 f., 424
Methodios, Metropolit v. Saloniki **9** 566
Methodios, Patr. v. Konstantinopel **4** 142, 151–154, 164–167, 169, 177, 179 f., 212, 222, 277, 283, 376
Methodios, Slavenmissionar **4** 230 f., 234 ff., 718, 720, 733, 883, 885, 890 ff., 894, 900, 924, 930 f., 933, 935, 951, **5** 708, **9** 574
Methodius, Bf. v. Olympus **2** 90
Methodius ↗ Methodios
Meton **1** 443, **2** 710
Metrophanes II., Patr. v. Konstantinopel **6** 189, **7** 18
Metrophanes III., Patr. v. Konstantinopel **8** 361, 370, 372
Metrophanes v. Smyrna **4** 188, 192, 380
Mette, Ebf. v. Paris **12** 390
Metternich-Winneburg, Clemens Wenzel Nepomuk Lothar, Fürst v., österr. Staatskanzler **10** 658, 664 f., 690, 740, 819, 836–839, **11** 13, 17 ff., 257, 318, 327, 329, 758
Metz, Johann Baptist **12** 235, **13** 161, 180, 194, 203, 505
Metz-Noblat, A. de **11** 183
Metzger, Marcel **1** 696
Meulen, Johannes van der ↗ Molanus
Meunier, Jean **7** 118
Meur, de **9** 762
Mexía, Gonzalo **8** 675
Mey, Claude **10** 14, 328
Meyendorff, Baron **11** 758
Meyendorff, Jean **12** 1011
Meyendorff, John **13** 413
Meyer, A. de **12** 662
Meyer, Conrad Ferdinand **11** 578
Meyer, Joseph **10** 197
Meyer, Rudolf **11** 672
Meyer, Sebastian **7** 793 f., 801
Meyfart, Johann Matthäus **8** 1098
Meyger, Philipp **7** 793
Meynier, Bernard **9** 130
Mezezios, armen. Aufst. **4** 645
Mezzabarba, A., päpstl. Legat **9** 774 f., 778, 782
Mgojo, Khoza **13** 584
Miall, Edward **11** 238
Miani, Girolamo (Hieronymus) **7** 340, **8** 243, 1071
Miao-Chi **11** 1053
Micara, Clemente, Kard. **13** 52
Micha, Prophet **1** 14
Michael, Arzt **4** 462
Michael, Ebf. v. Betlehem **6** 621
Michael, Ebf. v. Mcʿḫetʿa (Georgien) **3** 1251 f., 1256, 1258 ff., 1267
Michael, georg. Katholikos **4** 576
Michael, griech.-orth. Ebf. **12** 80
Michael, hl. **4** 443
Michael, paläst. Mönch **4** 150
Michael, Patr. v. Antiocheia **4** 427–430

Michael, Protospathairos **4** 183
Michael, serb. Fürst **5** 132 f.
Michael, utraq. Priester **7** 470
Michael I., byzantin. Ks. **4** 143–146, 167, 178, 241, 305
Michael I., Patr. v. Alexandreia **4** 420 f., 436 ff., 441 ff., 445, 447
Michael I., Patr. v. Antiocheia **6** 220
Michael I. Kerullarios, Patr. v. Konstantinopel **4** 317 f., 320, 322, 334, 351, 353–357, 359–362, 378, 580, 874 ff., **5** 24, 355, 373, 387, 479, 485
Michael II., byzantin. Ks. **4** 98, 120, 150 f., 156, 158, 161, 163, 166, 214, 239, 403, 711, 767
Michael II., Patr. v. Alexandreia **4** 416, 419
Michael II., Patr. v. Antiocheia **6** 218, 220
Michael II. Kurkuas, Patr. v. Konstantinopel **5** 354
Michael II. v. Epeiros **5** 732
Michael III., byzantin. Ks. **4** 164, 176, 179, 181, 183–186, 189, 235, 238, 249, 715 f., 926
Michael III., Patr. v. Alexandreia **4** 436, 441
Michael III., Patr. v. Antiocheia **6** 298
Michael III., Patr. v. Konstantinopel **5** 355, 358, 384, 513
Michael IV., byzantin. Ks. **4** 273, 533, **5** 20, 24
Michael IV. Autoreianos, Patr. v. Konstantinopel **5** 719, 726, 729
Michael VI., byzantin. Ks. **4** 320, **5** 15
Michael VII. Dukas, byzantin. Ks. **4** 314, **5** 3 f., 15, 22, 24, 376
Michael VIII. Palaiologos, byzantin. Ks. **5** 372, 384, 717, 719 ff., 724, 730 ff., 739 f., 742, 752 ff., 783, **6** 1, 5, 10, 12, 132, 142, 155, 157, 166, 192, 197, 301, 305, 410, 546, 548, 576, 610, 625, 767, 813, 815, 822, 825, 827, **7** 7
Michael IX. Kerullarios, Patr. v. Konstantinopel **5** 15
Michael IX. Palaiologos **6** 158, 171, 196
Michael Attaleiates **5** 14, 18, 20, 505
Michael Choniates **5** 354, 356, 514, 723, 734, 748
Michael d. Slawe **6** 149
Michael d. Syrer **3** 1213, 1254, **4** 15, 349, 398, 454
Michael d. Tapfere **8** 369
Michael Glykas Sikidites **5** 517
Michael ibn Masawayh, Arzt **4** 462
Michael Komnenos Angelos Dukas **5** 717
Michael Lachanodrakon **4** 119
Michael Maleinos **4** 277 f., 287, 310
Michael Martinos **6** 157
Michael Melissenos **4** 119
Michael Mitjaj **6** 181
Michael Modrekili, Hymnograph **4** 568
Michael Psellos, Mönch **2** 1073, **4** 324, 332 ff., **5** xxxiii, 5, 19, 485, 487, 513, 515 f., 744
Michael Scotus **5** 569
Michael Studites, Hagiograph **4** 212, 280
Michael Synkellos **4** 142, 164
Michael Trivolis ↗ Maximos d. Grieche
Michael v. Ankyra, Bf. **5** 357
Michael v. Antiochien **4** 413
Michael v. Apulien, hl. **3** 1128
Michael v. Cesena **6** 27, 37, 48, 276, 526
Michael v. Damanhūr, Diakon **4** 452
Michael v. Ephesos, Metropolit **5** 487
Michael v. Klopsko **7** 56
Michael v. Synada **4** 148
Michael v. Tinnīs, Bf. **4** 452
Michael v. Tver **6** 172, 262
Michael Viševič, serb. Fürst **4** 952
Michaelis, Georg **12** 10, 387, 389
Michaelis, Johann David **9** 1121
Michaelis, Johann Heinrich **9** 1119, 1126
Michaëlis, Sebastian **8** 491, 1087, 1090, 1103, 1105
Michail Andrejevič, russ. Fürst **7** 59
Michail Fjodorowitsch, Zar v. Rußland **9** 503 f.
Micha'il, Gabra **11** 813
Michail Olel'kovič, litau. Fürst **7** 56
Michail Romanov, Zar **8** 370, 386
Michailovna, Irina **9** 504
Miche, Jean Claude **11** 1042

Michel, Ernst **12** 271
Michel, Jean **7** 248
Michel, Joseph **12** 324
Michel Menot **6** 370
Michelangelo Buonarroti **7** 105, 485 ff., 491, 510, **8** 283, 1200, 1208, 1216, 1218
Michelet, Jean **8** 1089
Michelet, Jules **7** 505, **9** 1121, **10** 372, 374, 389, 816, 822, 856 ff., **11** 7, 20, 169, 189, 567
Michelet, S. T. **11** 591, **12** 856
Micipsa, mauretan. Kg. **1** 623
Mickiewicz, Adam Bernhard **10** 816, 820–824, **11** 19, 687, 700
Miclescu, Kalinits, Metropolit v. Bukarest **11** 771
Micon v. St-Riquier, Grammatiker **4** 757
Micron, Maarten **8** 316, 470
Micu, Samuel **10** 737
Micuklein, Innocentij, Bf. **10** 121
Middleton, C. **9** 1018
Middleton, George **11** 987
Mier, Servando Teresa de **10** 760
Mieszko I., poln. Fürst **4** 888, 896, 898 ff., 915
Mieszko II., poln. Fürst **4** 842
Mieszko d. Alte, poln. Fürst **5** 713
Migazzi, Christoph Anton, Graf **10** 18, 22
Migeot, G. **9** 849
Migetius, span. Mönch **4** 739
Miggin, Märt. **1** 627
Miglietti, Salvien **12** 617
Miglioli, Guido **12** 482
Mignard, Pierre **9** 1036, 1043
Migne, Jacques-Paul **11** 114, **12** 201
Mignet, Auguste **10** xvii
Mignot, Eudoxe Irénée, Ebf. v. Albi **11** 430
Miguel, Dom M. **10** 686
Miguel, Sohn Kapararidzes **9** 745
Mihailo, montenegr. Kg. **5** 4
Mihnea, Voivoide **9** 581
Mihnea III., walachischer Fürst **9** 582
Mikkelsen, Hans **7** 757
Mikojan, Anastas I. **12** 1186
Milan I. Obrenovitch, Kg. v. Serbien **11** 770
Milani, Lorenzo **12** 448, **13** 8
Miles v. Susa, Märt. **2** 81, 1082
Milescu, Nicolas Spatar **9** 583
Milingo, Emmanuel, Ebf. v. Lusaka **13** 611
Miljukov, Pawel Nikolajewitsch, Fürst **11** 726, 751
Mill, John **9** 1119
Mill, John Stuart **11** 583
Millais, John Everett **11** 239
Millard, Abbé **12** 603
Mille, Cecil B. de **12** 143
Miller, Francis **12** 1092
Miller, Lewis **10** 495
Miller, William **10** 802, 861, **11** 851 f., 854
Milleret, Eugénie **11** 130
Milletière, Théophile Brachet de la **9** 179, 191 f.
Milleville, Gérard de, Ebf. v. Conakry **13** 560
Milley, François-Claude **9** 844
Millin **10** 378
Mills, B. Fay **11** 889
Milne, William **10** 147, **11** 1046
Milo v. St-Amand **4** 757
Milo v. Trier, Bf. **4** 650, 663 f.
Miltiades, Montanist **1** 569 f.
Miltiades, Rhetor aus Asien **1** 877
Miltiades, röm. Bf. (Papst) **2** 139, 248, 251, 521, 878, 885, **4** 763
Miltitz, Karl v. **7** 761
Milton, John **9** 872, 1059, 1063 f., **10** 281, **11** 19
Milutin ↗ Stephan Uroš II. Milutin
Mimmi, Bf. v. Bari/Neapel **12** 440
Mimouni, Simon Claude **1** 467
Mina, Nikita. ↗ Nikon, Patr. v. Moskau
Minault, Paul **11** 1018
Minaya, Bernardino de **8** 765, 799
Mindaugas, litau. Hzg. **5** 702, 705
Mindszenty, József, Kard. Primas v. Ungarn, Ebf. v. Esztergom **12** 429, 906, 909, 911, **13** 40, 119, 304, 359 f., 366
Minh Vuong, Chua **9** 782
Miniatis, Ilias **10** 127
Minicius v. Gerona, Bf. **2** 500
Minières, Bellot des **11** 495

Minocchi, Salvatore **11** 432, 601
Minov, Nikita ↗ Nikon, Patr. v. Moskau
Minteguiaga **11** 640
Minucius Felix **1** 248, 659, 691, 878, 898, 910, 921, 943, 952–955, **2** 11
Minucius Fundanus, Prokonsul **1** 242, 321, 567
Minzoni, Giovanni **12** 481, 484
Miollis, Sesto Alessandro Francesco, General **10** 650, 654, 656
Mir Narseh, pers. Groß-Wesir **3** 1167, 1202
Mirabeau, Gabriel de Riqueti, Graf v. **9** 345, **10** 180, 189, 220, 316, 318, 328f., 333, 373, 496, 830
Miranda, Francisco **10** 764, 771, 776
Miranda, Luis **9** 616
Mirandola, Pico della ↗ Pico della Mirandola, Giovanni
Mirian, georg. Kg. **2** 1090, **3** 1232, 1244ff., 1248, 1269, 1285, **4** 549, 551, 573
Miro, Swebenkönig **3** 406f.
Miro III., Bf. v. Gerona **4** 782
Mirus, Johannes **7** 764
Misenus v. Cumae, Bf. **3** 181f., 189, 195
Missia, Jakob **11** 710
Mistral, Frédéric **11** 188
Mithradates v. Pontus **2** 98
Mithras (oriental. Gott) **1** 237, 518, **2** 11, 16, *17f.*, 150, 173
Mithridates d. Eunuch (Johannes) **3** 1256
Mitzenheim, Moritz **12** 751
Mivart, George Jackson **11** 435
Mizael, Metrop. v. Kiew **7** 431
Mlada, Tochter Boleslaws I. v. Prag **4** 915
Mobidan, Ebf. v. Mcʿḫetʿa (Georgien) **3** 1251
Mobutu, Joseph D., Regierungschef v. Kongo-Kinshasa **13** 562, 565ff., 569, 571, 607
Mocenigo, Patrizier **8** 590
Mochnacki, M. **10** 751
Modahari **3** 249
Modestos, armen. Priester **3** 1221
Modestos, Patr. v. Jerusalem **4** 14, 17, 23, 73, 409
Modestus, Bf. **4** 889
Modestus, ksl. Präfekt **2** 431
Modrevius (Andrzej Frycz-Modrzewski) **8** 643, 649, 655
Möhler, Johann Adam **10** 668, 712f., 804, **11** 1, 106f., 109, 111, 120, 297, 307, 642, **12** 179, 194, 220, 222, 624
Moeller, Charles **12** 158, 162, 662, **13** 61, 96
Moeller, Jean **11** 534
Mönge, mongol. Khan **5** 782, **6** 878
Möser, Justus **10** 706
Moffat, Robert **11** 983
Mogila (Mohyla, Movila), Peter, Metropolit v. Kiew **9** 62, 508f., 527ff., 531, 534, 563
Mogrovejo, Toribio de **8** 794, 811, 824
Mohammed II. ↗ Mehmed (Mohammed) II., osmanischer Sultan
Mohammed Ali **11** 135
Mohammed ech-Cheik **7** 574
Mohammed (Muhammad) **1** 443, **4** 80, 248, 393, 396f., 467, 502, 589, 739f., **7** 532, 552, 585, **9** 547, 568, 1023,
Mohrmann, Christine **1** 948
Mohyla, Peter ↗ Mogila, Peter
Moidrey, Tardif de **11** 337
Moingt, Joseph **1** 951
Moirans, Epifanio de **9** 710
Mojmir, mähr. Fürst **4** 731, 733, 891
Mokalapa, Willie **11** 986f.
Mokawe, afrikanische Kgn. **11** 986
Mokios, hl. **3** 632
Mokone, Maghena **11** 987
Molanus, Gerhard, Abt v. Loccum **9** 192f., 1108
Molanus, Johannes (Ver Meulen, Jan) **8** 103, 302, 1208
Molé, Louis Matthieu **9** 358, **11** 12, 490
Molière **9** 163, 304, 853, 1020
Molina, Luis de **8** 268, 296, 698, 704, 728, 1181, **9** 349f., 710, 753, 990, 999
Molina, Tirso de **9** 1053, 1055
Molinaeus ↗ Moulin, Charles du/ Pierre du
Molinos, Miguel de **8** 674, **9** 152, 307, 840, **10** 203

Mollet, Guy **12** 624
Møller, A. **12** 854
Molotow, Wjatscheslaw Michailowitsch **12** 980
Moltke, Helmuth James Graf v. **12** 704
Moltke, Helmuth v. **11** 657
Moltmann, Jürgen **12** 744, **13** 203, 205, 504
Moltmann-Wendel, Elisabeth **13** 204
Mombaer, Jan (Johannes Mauburnus) **7** 171, 231, **9** 870
Momigliano, Arnaldo **1** 870
Momis, John **13** 694
Mommsen, Theodor **11** 339, 427
Mon Ik Whan **13** 634
Monceaux, Paul **1** 630, 645, 661
Monchanin, Jules **12** 293, 325, **13** 659
Mondlane, Eduardo Chivambo **13** 578
Mondrian, Piet **12** 159
Moneta v. Cremona **5** 787, 897
Mongolfier, Étienne **10** 522 f.
Monika (Mutter Augustins) **2** 808, 811, 919
Monimus (syr.-arab. Gott) **2** 77
Monino, span. Botschafter **10** 172
Monk, Maria **11** 862
Monluc, Jean de **8** 1204
Monmouth, Hzg. v. **9** 109
Monnet, Alexander **11** 152, 1009
Monnica (Gattin d. Falvius Nuvel) **2** 686
Monnier, Dom Hilarion **9** 375
Monnulus, Bf. v. Girba **1** 644
Monod, Adolphe **11** 194
Monod, Frédéric **10** 831
Monod, Gabriel **11** 339
Monod, Guillaume **11** 531, 995 f.
Monod, Jean-Paul-Frédéric **11** 526
Monod, Wilfred **11** 531, **12** 48, 52, 58, 61, 340, 344, 559
Monoya **9** 936
Monrad, Jörgen Herman **11** 587
Monroe, James **12** 1211
Monserrate, Jesuit **9** 800
Mont, Henry du, Komponist **8** 1241, **9** 1071
Mont, J. du **9** 545, 553, 567
Montagu, Richard, Bf. v. Chichester **9** 90
Montaigne, Michel de **8** 597, 614, 733, 776, 870, 1097, 1151, 1176, **9** 1022
Montalembert, Charles Forbes de **10** 809, 822, **11** 17 ff., 23 ff., 37, 117, 126, 131, 170, 172 f., 182 f., 185, 187 f., 306, 308, 448, 499, 534, 607
Montalte, Louis de ↗ Pascal, Blaise
Montanus, Bf. v. Toledo **3** 403 f., 791
Montanus, Gnostiker **1** 160, 570 f., 573, 631
Montanus, karth. Märt. **2** 121
Montanus, phryg. Prophet **2** 84, 92
Montanus ↗ Arias, Benito
Montault des Isles, Bf. v. Angers **10** 637
Montazet, Ebf. v. Lyon **10** 268, 829
Montchal, Charles de, Ebf. v. Toulouse **9** 896
Montcheuil, Yves de **12** 196, 198, 230
Montclar, Ripert de **10** 566
Monte, Giovanni Battista de **8** 939
, Giovanni Maria del ↗ Julius III., Papst
Montecorvino, Johannes de **7** 538 f., 545
Montefeltre, Federigo da **7** 92, 506
Monteiro, Francisco **11** 953
Monteith, Robert **11** 237
Montemor (Montemayor), Jorge de **8** 726
Montemurro, Eugenio **11** 603
Montenegro, Peña, Bf. v. Quito **9** 659
Monterisi, Bf. v. Salerno **11** 261, **12** 440
Montes Tupac Inka, Calixto **10** 80
Montes v. Oca, Bf. **11** 940
Montesino, Ambrosio **7** 388
Montesinos, Antonio de **7** 533, 553, 564, 601 f., 604 f., **8** 798
Montespan, Mme de **10** 241
Montesquieu, Charles de Secondat, Baron de La Brède et de **8** 765**9** 142, 202, 211, 376, 401, 403, 756, 1018 f., 1026, 1090, 1095, 1097, 1109, 1121 f., 1126, 1147, **10** 1, 3, 88, 195
Montesquiou, Abbé de **10** 326
Montessori, Maria **12** 276
Monteverdi, Claudio **8** 1240, 1243, **9** 1064–1067, 1074
Montezuma, Aztekenherrscher **7** 606

Montfaucon **9** 1120
Montfoort, Anthonie van, gen. Blocklandt **8** 1210
Montfort, Louis-Marie Grignion de ↗ Grignion de Montfort, Louis-Marie
Montgeron, Louis Carré de ↗ Carré de Montgeron, Louis
Montgomery, Graf v. **8** 1204
Montherlant, Henri Millon de **9** 367
Monticelli, Oktavian, Kard. **5** 218 f.
Montini, Giorgio **13** 40
Montini, Giovanni Battista, Kard. Ebf. v. Mailand ↗ Paul VI., Papst
Montjoie **10** 352
Montloisier, François Dominique de Rey **10** 470, 550, 611, 675
Montmorency, Mathieu de **10** 676
Montmorency-Laval, François de **9** 671 ff., 677
Montmorency-Luxembourg, Hzg. v. **10** 217
Montmort, Hubert de **9** 937
Montoya, Ruys de **8** 852, 868, **9** 754
Montreuil, Jean de **7** 359, 632
Montt, Efraín Rios, Präsident v. Guatemala **13** 532 f., 538
Montuclard, Maurice **12** 628
Montúfar, Alonso de **8** 808, 846
Monzó, Juli Navarro **11** 965
Moody, Dwight Lyman **11** 840, 888 f., 893, 898 f.
Moon, Kyu Kang **13** 622
Mooney, Bf. v. Detroit **12** 1111
Moore, A. L. **11** 435
Mora, José Maria Luis **11** 958
Mora y del Rio **11** 942
Morales, Christobal de **9** 1070
Moralès, Juan de **9** 767
Moran, Patrick F., Kard. Ebf. v. Sydney **11** 1065 f.
Moratín, Leandro Fernández de **10** 32
Moravia, Alberto (Pincherle) **12** 159
Mordechai **1** 96
More, Hannah **10** 692
More, Thomas (Thomas Morus) **7** 379, 513, 619, 623–630, 632, 648, 751, 860, 869, 873, **8** 198, 203, 591, 681, 812, 814, 836, 1065, **12** 251
Moreau, Jean-Baptiste **9** 1061 f.
Moreau de Maupertuis, Pierre Louis **9** 1089, 1115, 1125, **10** 41
Moreira, Marino Prudencio **13** 527
Moreira, Pater **8** 928
Morel, Georges **7** 442, 445
Morel, Robert **12** 270
Morelos y Pav., José Maria **10** 775, 777
Morély, Jean **8** 118
Moreno, Gabriel García, Präsident v. Ecuador **11** 113, 606, 931–938
Moreno, Luigi, Bf. v. Ivrée **11** 607 f., 636
Moreno, Mariano **10** 783
Moreno y Escadón **9** 652
Moreto, Augustín **9** 1053
Moretus, Schwiegersohn v. Plantin **9** 848
Morgan **9** 1098
Morgan, J. P. **12** 54
Morgan, Thomas Hunt **11** 898, **12** 1074
Morgan, William **10** 207
Morgues, Mathieu de **9** 170
Moriarty, Bf. **11** 235
Morigia, Giacopo **7** 340
Morin, Jean **9** 936, 949
Morin, Marie **9** 677
Moritz, Kf. v. Sachsen **8** 4, 259, 262, 401, 403
Moritz, Landgraf v. Hessen-Kassel **8** 410, **9** 424, 1074
Moritz v. Nassau-Oranien **8** 504, **9** 88
Morley, John **11** 565
Morlot, Kard. Ebf. v. Paris **11** 174
Moro, Renato **12** 485
Morone, Giovanni, Bf. **7** 754, **8** 259, 262, 396
Morosini, Francesco **9** 540
Morosini, Tommaso, latein. Patr. v. Konstantinopel **5** 584, 718, 733 f., 737, 748
Morozova, Feodosija **9** 522 f., 527
Morrison, Robert **10** 147, **11** 1046 f.
Morrow (amerikan. Botschafter in Mexiko) **12** 1173
Morse, Samuel **11** 855
Morsier, A. de **12** 43

Mortara, Edgardo **11** 606
Mortier, Jeanne **12** 152
Morus, Alexandre **9** 422, 431
Morus, Thomas ↗ More, Thomas
Mosaeus v. Aradus u. Antaradus, Bf. **3** 25, 34
Moscoso y Peralta, Juan Manuel, Bf. v. Cuzco **10** 763
Mose **1** 23 f., 33, 39, 42, 66, 68, 94, 122, 132, 214, 222, 246, 287, 416, 471, 477, 479, 481, 501, 510, 512 f., 515, 594 ff., 657, 695, 723 f., 727 ff., 733, 735, 737, 739, 744, 748, 752, 755 f., 767 f., 771 f., 870, 880, 906, 918, 924, **2** 211, 403
Mose d. Äthiopier **2** 823
Mosè del Brolo **5** 383
Mosekelatsi, Häuptling der Ntebele **11** 983
Moser, Friedrich Karl **10** 6, 706
Moses, D. **12** 84
Moses, Ebf. v. Mcʿḫetʿa (Georgien) **3** 1251
Moses, Katholikos **9** 593
Moses, röm. Presbyter **2** 160
Moses aus Nisibis, Abt **4** 445
Moses bar Kepha **4** 433, 465
Moses ben Nahman/Nahmanides **5** 762
Moses v. Abydos **3** 600
Moses v. Choren, armen. Historiker **3** 1249, 1254, 1285
Moses v. Cʿurtʿavi, Bf. **3** 1270, 1291–1296
Mosheim, Johann Lorenz v. **9** 1102, **11** 57
Moshesh, Sotho-Häuptling, später Moshoeshoe I., Kg. der Basoutos **11** 983 ff., 988
Moshoeshoe I., Kg. der Basoutos ↗ Moshesh
Mosley, Oswald **12** 836
Mosquera, Tomás Cipriano de, Präsident v. Neu-Granada und Kolumbien **11** 937
Mothe Le Vayer, François de la **9** 958 f., 1017
Motolinía, Franziskaner **9** 641
Motolinía (Toribio de Benavente) **7** 608, **8** 740, 788, 801, 813, 833, 837, 840
Motoshima, Hitoshi **13** 647
Mott, John R. **11** 418, 421, 891, 893, 1051, **12** 42, 56, 75, 304, 308, 334, 1212, **13** 664 f.
Motta, Giuseppe **12** 668
Motta da Reggio, Raffaelino **8** 1210
Motte Lambert, Msgr. de la **10** 151
Mouani, Häuptling auf den Tonga-Inseln **11** 1068
Moufang, Franz Christoph **11** 109
Mouhy, Chevalier (Ritter) de **9** 1029
Moulart, Chanoine **11** 536
Moule, Hundley **11** 567
Moulin, Charles du (Molinaeus) **8** 1180, 1185
Moulin, Guillaume de **7** 747
Moulin, Louis **11** 168
Moulin, Pierre du (Molinaeus) **8** 1150, **9** 106, 421, 992, 1007
Moulins, Bertrand de **8** 181
Moulton, James Edgar **11** 1074
Moultou, P. **10** 59
Mounier, Emmanuel **12** 166, 189, 197, 204, 212, 542, 583, 621, 627, 1143, 1154, **13** 500
Mountain, Jacob, Bf. **10** 523, 525, 528
Mouskos, Makarios ↗ Makarios III., Patr. v. Zypern
Mousouros, Markos **8** 366
Movsēs, armen. Mönch **4** 521
Movsēs I. Manazkertacʿi, armen. Katholikos **3** 1223, 1249, 1286 f., 1290, 1294 f.
Movsēs II. Ełivardecʿi, armen. Katholikos **3** 1213 ff., 1217 f., 1223, 1265 f., **4** 478, 489
Movsēs Kałankatuacʿi/Dasxurancʿi, armen. Historiker **3** 1215
Movsēs v. Cʿurtav, Bf. **3** 1219, 1221
Movsēs Xorenacʿi **3** 1187
Moya, Matteo di (Pseudonym: Amadeus Guimenius) **9** 1001, 1005
Moya de Contreras, Pedro **8** 793, 804
Moye, Jean-Marie **11** 118
Moye, Jean Martin **10** 151 f., 248 f.
Moye, Mystiker **9** 753
Moyne, Simon le **9** 667
Moyse, Bf. **10** 458, 543

Moyses Medici de Benavogla **6** 852
Mozart, Wolfgang Amadeus **9** 163, 1085, **10** 219
Mstislav Vladimirovič, russ. Fürst **4** 949
Mstyslav (Skrypnyk), Patr. v. Kiew **13** 382, 421 f.
Mu'ad, taghlib. Fürst **4** 398
Muaca, Eduardo André, Bf. v. Luanda **13** 578
Muard, Jean-Baptiste **11** 131
Muʿāwiya, Kalif **4** 54, 412, 488
Mubarak, Mohammed Hosni, ägypt. Präsident **13** 442
Mubarak, Youakim **13** 443
Mucius v. Konstantinopel, hl. **3** 1129
Mühlenberg, Heinrich Melchior **10** 206
Müller, Adam **10** 707, **11** 32, 327, 329
Müller, Denis **13** 282, 285
Müller, Friedrich **12** 720
Müller, Ignaz **10** 18 f.
Müller, Joseph **11** 352
Müller, Julius **10** 722, **11** 85
Müller, Ludwig **12** 65, 714
Müller, Max **11** 566, **12** 232
Muench, Alois **12** 23
Münster, Sebastian **8** 1128
Müntzer, Thomas **7** 304, 708 f., 715, 734, 736 f., 739, 809 f., 812–819, 821, 828, **8** 125, 144, 1080, **12** 1221
Münzer, Hieronymus **7** 385
Müslim **7** 14
Muffat, Georg **8** 1239, **9** 1079
Mugabe, Robert **13** 134, 580
Múgica, Mateo **12** 523, 528
Muhammad, armen. Gouverneur **4** 491
Muhammad, Gouverneur v. Mesopotamien **4** 398
Muhammad II. d. Eroberer ↗ Mehmed (Mohammed) II., osmanischer Sultan
Muhammad Ali, ägypt. Sultan **10** 138
Muhammad ibn Tāhir **4** 430
Muʿizz al-Dawla, Kalif **4** 460
Mulago, Vincent **13** 607
Mulder, G. J. **11** 215
Mulla, Paul **12** 300
Muller, Albert **12** 29
Muller, Camille **12** 155
Mulot **10** 327
Mulot, René **10** 412, 414
Mumby, Deny **12** 371
Mumm, Reinhard **12** 709
Mummolenus, Missionar **4** 633
Mummolenus v. Noyon **4** 677
Mun, Albert, Comte de **11** 36 f., 184, 321, 466, 475 f., 482, 503, 506 f., 510 ff., 514, 517, 521 f., 624
Mundelein, George **12** 1114
Munderius, Bf. v. Langres **3** 819
Mundhir, arab. Phylarch **3** 503, 507 ff., 515
Mung-Nau **11** 1032
Munguia, C., Ebf. v. Morelia **11** 940
Munzinger, brit. Konsul **11** 993
Munzinger, Walter **11** 576
Murad I., Sultan **6** 151, 194
Murad II., osman. Sultan **7** 10, 25, 40, 47
Murad IV. **9** 539
Muralt, Béat-Louis de **9** 189
Murat, Joachim **10** 455, 650, 652, 658
Muratori, Ludovico Antonio **9** 156, 242, 278, 938, 1118, 1124, 1126, 1140, **10** 18, 26–29, 262 f.
Muravev, Michail Nikolajewitsch, Graf **11** 756 f.
Muraviev, A. N. **11** 136, 718
Murce Benodrich **6** 847
Murdani, Benny **13** 639
Muret, Vikar **10** 543
Murgrave, Ebf. v. York **11** 231
Murner, Thomas **7** 147, 298, 697, 719, 731, 787, 794, 798, 845, 849, **8** 394
Murphy, Frank P. **12** 1109, 1118
Murray **11** 1069
Murray, James **10** 523
Murray, John, Earl of Dunmore, Gouverneur **10** 482
Murray, John Courtney **12** 185, 1111, **13** 58, 61, 91
Murri, Romolo **11** 426, 433, 469, 617–620, **12** 475
Musa, osman. Sultan **7** 14
Musaeus, Simon **8** 979
Musaios **1** 890

Musculus, Abraham **8** 998, 1006
Mušee Aylaberecʿi, armen. Katholikos **3** 1223
Mušeł, armen. Mönch **4** 526
Museus, fränk. Priester **3** 805
Musiles (Musel Mamikonean) **3** 1213
Musitano, Carlo **9** 1015
Musonius Rufus **1** 902, **2** 808
Musonius v. Neocaesarea, Bf. **2** 659
Musset, Alfred de **10** 799
Musso, Cornelio **7** 330
Mussolini, Benito, italien. Staatschef **12** 11, 18, 31, 33, 400, 403, 466, 470, 479, 487, 490, 641, 656, 759, 837, 951, 1038, **13** 40
Mustafa III., Sultan **9** 556
Musuro, Marco **7** 644
Musy, Jean-Marie **12** 667
Mutel, Charles-Marie, Apostol. Vikar v. Séoul **11** 1055
Muth, Carl **11** 652 f., **12** 688
Mutimir, serb. Fürst **4** 890, 951
Mutter Matriona **11** 743
Muzi, Giovanni, Ebf. **10** 788, **11** 919–922
Muziano, Girolamo **8** 1216
Muzorewa, Abel, Bf. **13** 580
Mveng, Engelbert **13** 590, 640
Myconius, Friedrich **7** 728
Myconius, Oswald **7** 782 f., **8** 60, 428
Mygdonia **1** 408
Myionnet, Clément **11** 184
Myklebust, O. G. **12** 315
Mylius, Georg **8** 412
Mynster, Jakob P., Bf. v. Seeland **10** 63, **11** 253
Mystopol, Johann (Jan) **8** 625
Mžēž Gnuni, armen. Gouverneur **4** 484

Naaman **3** 509
Nabarnugius ↗ Petrus d. Iberer **2** 832
Nabor, afrikan. Diakon **2** 514
Nabor, hl. **3** 780
Nabor, Märt. **2** 135
Nabu (mesopot. Gottheit) **2** 77
Nabuco, José **11** 944
Nadal, Jéronimo **8** 585
Nadaud, Martin **11** 496
Nādêr (Nadir) Schah **9** 542, 803
Nadeshdin, Nikolaj **10** 825
Nadire Banu **8** 897
Naevia Galla **2** 969
Nafziger, Hans **9** 473
Nagolkin, Leonid **11** 742
Nagore, Augustinus (Pseudonym: Joseph Lopez de Ezquerra) **9** 839
Naidoo, Stephen, Ebf. v. Kapstadt **13** 584
Naigeon, Jacques André **10** 682 f.
Nain de Tillemont, Sébastien le **9** 954
Naisseline, Häuptling auf den Loyalty-Inseln **11** 1069
Naitō, Julia **8** 923
Naito, Luis **8** 948
Nakatenus, Wilhelm **9** 824, 854
Nakaura, Julian **8** 924
Namphamo, Märt. **1** 627 f.
Nan Inta **11** 1043
Nan Tschai **11** 1043
Nana ↗ Nonnos v. Nisibis
Nanari **11** 1069
Nanctus, Abt v. Mérida **3** 409, 976
Nantes, Colombin v. ↗ Colombin v. Nantes
Napier of Magdala, Rober Cornelis, 1. Baron brit. Feldmarschall Generalgouverneur v. Indien **11** 993
Napoleon I. Bonaparte, Ks. v. Frankreich **10** 2, 15, 31 f., 35, 98, 100, 111, 115, 132, 138, 222, 307, 309, 341, 354, 385, 418, 421, 424, 449, 453–456, 461, 468, 471, 476, 584, 590, 619, 622 ff., 626 f., 631, 633–639, 642–647, 650, 652–655, 658 f., 662 ff., 671, 675 f., 680, 682, 684 f., 689, 706, 710 f., 723, 728 f., 739, 750, 753, 759, 765, 768 ff., 785, 798, 803, 811, 817, 819 f., 822 f., 844, **11** 192, 282, 656, 780, 792, 931, **12** 566
Napoleon III., Louis, Ks. v. Frankreich **11** 23, 25, 34, 138, 141, 147 ff., 172, 174, 186, 197, 488 f., 527, 529, 657, 933, 1017
Naqqasch, Salim **11** 815

Narcissus, Bf. v. Jerusalem **1** 286, 306 f., 555 ff., **2** 100
Narcissus v. Neronias, Bf. **2** 323, 335, 358
Nardaud, Martin **12** 609
Nardini **7** 196
Narkopin, Barnabas, Bf. v. Tobolsk **11** 730
Narsai, pers. Schulleiter **3** 1175, 1177 f.
Narse, pers. Katholikos **3** 1172, 1180
Narseh, pers. Kg. **3** 1180
Narses, oström. Feldherr **3** 458, 472, 775, 780, 932, 935
Narses, sassan. Fürstensohn **2** 1081
Narses, sassan. Herrscher **2** 102, 1078
Narses v. Edessa, Lehrer **2** 1040, 1084
Nartzalus, Märt. **1** 255, 627
Naruszewicz, A., Bf. **10** 194
Narváez, Pánfilo **8** 781
Nary, Cornelius **9** 116
Nas, Johann **8** 420
Nasr ibn Salih **4** 409
Nasser, Gamal Abd el, ägypt. Präsident **12** 1019, **13** 441 f.
Nastorg, Clément, Abbé **10** 393
Natale, Michele, Bf. **10** 454 f.
Natalios **1** 703
Natalis, Bf. v. Oea **1** 644
Natalis, Bf. v. Salona **3** 894, 911 f.
Nathusius, Martin **11** 678
Naudé, Gabriel **9** 169, 938, 958 f., 961 f., 1017 f., 1146
Naudé, Philippe **10** 179
Naudet **12** 1078
Naudet, Paul **11** 523
Naukratios **2** 836
Naukratios, Higumene **4** 169, 283
Naum v. Ochrid **4** 931, 933 ff.
Naumann, Friedrich **11** 676, 678
Naurūz, Emir **6** 212
Nausea, Friedrich **8** 394, 999
Navagero, Bernardo **8** 259
Navarette, Domingo F., Dominikaner **8** 948, **9** 763, 769
Navarre, P. L.-A., Apostol. Vikar **11** 1082 f.
Navarro, Pedro **7** 590
Navarro Rubios, Mariano **12** 535
Navarrus ↗ Azpilcueta, Martin de
Nazar Ali Khan ↗ Irakli I., Kg. v. Kartli
Nazari di Calabiana, Luigi **11** 600, 608 f.
Nazario v. Concorezzo **5** 480
Nazarius **2** 210
Nazif ibn Yumn **4** 409
Naïdenoff, Georges **12** 324
Ndadaye, Melchior, Präsident v. Ruanda **13** 571
Neagoe Basarab, walach. Fürst **7** 48
Neagoe Basarab III., Metropolit d. Ungrovalachei **9** 580
Neander, Johann August Wilhelm **10** 712, 835, **11** 7, 57, 85 f.
Nebridius, Bf. v. Egara **3** 401, 403
Nebrija, Antonio de **7** 388, 630 ff.
Nebukadnezar **9** 1050
Necker, Jacques **10** 10, 565
Necker, M. **11** 151
Nectarius v. Konstantinopel, Bf. **2** 452, 456, 552, 556, 558, 566, 651, 655, 1021, 1057
Nédoncelle, Maurice **12** 204
Nee To-sheng **13** 629
Neff, Félix **11** 264
Negri, Paola Antonia **7** 341
Negus, äthiop. Ks. **13** 439
Nehmé, Abraham, Bf. v. Yabrud-Homs **13** 467
Neile, Richard, Bf. v. Winchester **9** 89 ff.
Neill, Stephen Charles **12** 305, 312, 775, 780, 818
Neilos Doxapatres **5** 356
Neilos Kerameus, Patr. v. Konstantinopel **4** 220, **6** 156, 182, 184, 298, 312, 398, 401, 458, 497, 507, 612, 614, 617, 622
Neilos v. Ankyra **4** 114, 131
Neilos v. Kalabrien **4** 351, **5** 478, 480, 484
Neilos v. Sizilien **6** 154
Neilos v. Tamasia, Bf. **5** 742
Nekes, Hermann **11** 1015
Nektarios, Patr. v. Konstantinopel **3** 547, 560
Nektarios Pelopides, Patr. v. Jerusalem **9** 584, 590
Nektarios v. Ägina ↗ Kephalos, Nektarios

Nelander, J. **10** 56
Nell-Breuning, Oswald v. **12** 29, 237
Neller, Christoph Georg **10** 258
Nemesianus, Bf. v. Thubunae **1** 644
Nemesios v. Emesa **1** 896, **4** 52, 124
Nemesius, Bf. v. Doclea **3** 912
Nemessanus, Bf. **2** 523
Nemeyer **10** 714
Nemius, Gaspar **9** 83
Nemrod ↗ Ignatius Philoxenus
Nenadović, Matija **10** 735
Nenadović, Pavle, Metropolit v. Serbien **10** 734
Neny, Patrice François de **10** 6, 16, 20, 22
Neofit Cretanul (der Kreter), Metropolit der Ungrovalachei **9** 585
Neon, Bf. v. Ravenna **3** 1023
Neonas v. Seleukeia, Bf. **2** 391
Neophyt, Patr. v. Antiochien **9** 591
Neophythos **6** 140
Neophytos, Bf. v. Arta **10** 124
Neophytos, Bf. v. Urbnisi **4** 555
Neophytos II., Patr. v. Konstantinopel **8** 372
Neophytos Enkleistos (N. d. Rekluse) **5** 366, 515, 742
Neophytos v. Chios **6** 191
Neophytos v. Zypern, Ebf. **5** 728, 735
Neper, John **9** 932
Nephalius, Abt **3** 135, 140
Nephon, Dikaios **6** 178
Nephon, Eremit **6** 550
Nephon, Mönch **5** 479, 484ff., **6** 201
Nephon, Patr. v. Alexandreia **6** 180
Nephon, Patr. v. Konstantinopel **6** 155, 172, 305, 310, 507
Nephon, Protos **6** 199
Nephon, Schüler d. Maximos Kausokalybes **6** 548
Nepomuk, Johannes v. ↗ Johannes v. Nepomuk
Nepos v. Arsinoe, Bf. **2** 48, 114, 1010
Nereus, hl. **2** 893
Neri, Filippo **8** 278, 292, 295, 298, 586, 593, 607, 1046, 1071, 1187, 1221, 1244, **9** 264, 267f., 806, 919, 1034, 1039f.
Neri, Philipp, hl. **11** 1, **13** 4
Nérincx, Charles **11** 546
Nero, röm. Ks. **1** 2, 135, 140, 171, 174, 176f., 179, 229f., 232, 234, 243, 251, 292, 302, 670, **2** 14, 729
Neronov, Ivan **9** 519, 521f.
Nereus, Märt. **1** 178
Nerses, armen. Bf. v. Urmia **6** 833
Nersēs I., armen. Patr. **4** 475
Nersēs II. Bagrewandacʿi, armen. Katholikos **3** 1206ff., 1210ff., 1223, 1264, **4** 477, 497, 525
Nersēs III., armen. Katholikos **4** 485f., 488
Nersēs IV. Šnorhali, armen. Katholikos **4** 528
Nerses V. ↗ Aschtaraketsi
Nersēs Bakur, alban. Katholikos **4** 492
Nersēs d. Große, armen. Katholikos **2** 107, 1087, **3** 1192f., 1222, 1251, 1254
Nersēs Kamsarakan, armen. Fürst **4** 490
Nerses v. Musch **6** 227
Nerva, röm. Ks. **1** 178f.
Neryllinos **1** 883
Nestor, Mönch/Chronist **4** 950
Nestorius, Patr. v. Konstantinopel **2** 440, 541, 546, 570, 573–579, 581–599, 601–620, 622, 838, 900, 1026, 1035, 1037, 1040, 1053, 1055, 1059, 1084, **3** 3–13, 15–26, 30f., 34f., 37f., 40f., 46, 49, 54f., 62, 66, 69, 72, 74f., 77f., 82f., 94, 99, 104–110, 112, 131, 133, 139, 141f., 149, 155, 166, 172, 175, 179f., 194–197, 221, 253f., 360, 378, 433, 440, 449, 455f., 466, 551, 558f., 631f., 678, 798f., 932, 956, 1174, 1176, 1178, 1198f., 1205, 1220, 1256, 1289, **4** 391, 484, **7** 538, **9** 813, **11** 774
Nestorius v. Nūhadrā **4** 466
Neto, António Lino **12** 503
Nettesheim, Cornelius Agrippa v. **7** 621
Neufchâteau, François de **10** 350, 546, 573, 577f.
Neuhaus, Agnes **11** 654
Neumann, Balthasar **9** 1037
Neumann, Therese **12** 249
Neumeister, Erdmann **9** 1075

Neumeister, Johannes **7** 640
Neusner, Jacob **1** 747
Nevers, Éphrem de s. Éphrem de Nevers
Neves, Lucas Moreira, Kard. Bf. v. São Salvador de Bahia **13** 488
Neville, George, Ebf. v. York **7** 377
Nevin **10** 509
Nevsky, Makarij, Bf. v. Moskau **11** 730
Newbigin, Lesslie **12** 82
Newcomers, Christian **10** 508
Newman, John Henry, Kard. **10** 509, **11** 1, 25, 112, 119, 138, 226 ff., 234 f., 239, 338 f., 345, 351, 429, 431, 459, 564, 566, 569, 573, **12** 204, 220, 618, 785, **13** 190
Newman, William M. **12** 1063, 1074
Newskij, Alexander, hl. **12** 974, **13** 410
Newton, Sir Isaac **8** 1155, **9** 175, 201, 467, 497 f., 684, 786, 932, 941, 968, 971, 977, 981, 1024 ff., 1105 f., 1113, 1115, 1126, 1141, **10** 2, 130, 682, 810 f., **12** 154
Ngindu Mushete, Oscar **13** 185
Ngongo, Emmanuel **13** 560
Ngoubai, Marien, Staatschef v. Kongo **13** 564
Nguyên, Van Thuân **13** 632
Nguyen Anh (als Ks. v. Vietnam: Gia Long) **9** 783
Nguyen Huang **9** 760
Nguyen Kim, Mandarin **9** 759
Nguyen Lu **9** 782
Nguyen Nhac **9** 782
Nguyên Nhe The, Stefan, Ebf. v. Hue **13** 632
Nguyên Van Binh, Ebf. v. Ho Chi Minh-Stadt **13** 631
Nguyen Van Hue (als Ks.: Quang Trong) **9** 782
Niccolino Fieschi **6** 603
Niccolò Acciaiuoli **6** 579
Niccolò Boccasini ↗ Benedikt XI., Papst
Niccolò Capocci **6** 47, 606
Niccolò d'Albergati **6** 114, 494, 607, 733
Niccolò da Calvi **5** 611
Niccolò da Poggibonsi **6** 219
Nicephorus Callistus Xanthopulus **3** 679, 681
Nicetas v. Remesiana, Bf. **2** 153, 998, 1060, **3** 278
Nicetius, Bf. v. Lyon **3** 807, 820, 827, 834
Nicetius, Bf. v. Trier **3** 354, 357 f., 361 f., 799, 813, 819, 970
Nicholau Valdaura **6** 848
Nicholson, E. C. **11** 964
Niclaes, Hendrik (Heinrich) **8** 181, 461
Nicolai, Christoph Friedrich **10** 43
Nicolai, Lars **8** 442
, Philipp **8** 28, 981, **10** 202
Nicolao, Giovanni **8** 927
Nicolas, Gilbert **7** 173
Nicolas Albergati ↗ Niccolò d'Albergati
Nicolas de Clémanges **6** 88, 125
Nicolas Hereford **6** 338
Nicolas Rolin **6** 647
Nicolaus de Tudeschis (Panormitanus) **6** 115, 128, 130, 289, **7** 119, 694
Nicolaus v. Eymericus **6** 319
Nicolay, Nicolas de **7** 41
Nicolayson **11** 137
Nicolazic, Yves **9** 921
Nicole, Pierre **9** 363, 367, 369, 371, 374, 395, 978, 981 f., 990, 995, 999 f., 1003, 1007, 1012 f., 1112
Nicolò d'Osimo **6** 67
Nicolo di Castro Arquato, latein. Patr. v. Konstantinopel **5** 733
Nicomachus, Bf. v. Bostra **2** 64
Nicomedes, Bf. v. Segermes **1** 643, 655
Nicostratus, röm. Diakon **2** 160
Nider, Johannes **7** 142, 296
Niebuhr, Berthold Georg **10** 662
Niebuhr, Carsten **11** 135
Niebuhr, Reinhold **12** 68, 129, 365, 372, 806, 1035, 1073, 1079, 1081, 1084, 1089, 1091, 1132, 1168
Niebuhr, Richard **12** 1073, 1082, 1084, 1089, 1091, 1094
Nielsson, H. **12** 855
Niemeyer, Oscar **12** 170
Niemöller, Martin **12** 67, 84, 348, 361, 368, 714, 718, 721, 723, 727, 733, 742, **13** 355
Niethammer, Friedrich Immanuel **7** 613

Nietzsche, Friedrich Wilhelm **9** 980, **10** 679, 798, **11** 344, 749, **12** 124, 189, 207
Nieuwentijdt, Bernard **9** 941, 1114
Nigellus **5** 470
Nigrinus **9** 191
Nikephoros, Chartophylax **5** 27
Nikephoros, melk. Metropolit **4** 431
Nikephoros, Metropolit v. Kiev **5** 707
Nikephoros, Patr. v. Alexandreia **4** 421
Nikephoros, Patr. v. Jerusalem **4** 416
Nikephoros, Patr. v. Konstantinopel **3** 558, **4** 147f., 151, 163, 166, 180, 211f., 283
Nikephoros I., byzantin. Ks. **4** 29, 34, 143f., 168, 170, 223f., 241, 301, 305
Nikephoros II., Patr. v. Konstantinopel **6** 302, 305, 308
Nikephoros III. Botaneiates, byzantin. Ks. **4** 314, **5** 3f., 24, 376
Nikephoros Athonites ↗ Nikephoros d. Hesychast
Nikephoros Basilakes **5** 368
Nikephoros Blemmydes **5** 724f., 730, 740, **6** 815
Nikephoros Chrysoberges **5** 382f.
Nikephoros Chumnos **5** 726, **6** 145, 155, 170, 172, 400, 499, 507, 509, 546, 548, 550
Nikephoros d. Hesychast **6** 549, 817, 825
Nikephoros d. Patr. **4** 103, 109, 111, 114f., 127, 140f., 143, 155–158, 160, 162, 166, 241
Nikephoros Erotikos **4** 297
Nikephoros Gregoras **6** 171, 179, 201, 401, 408, 410, 445, 512, 548, 552, 559, 823, 827, **7** 14, 33
Nikephoros Phokas, byzantin. Ks. **4** 208, 227, 238, 250, 275, 278, 287ff., 301, 314, 348ff., 431
Nikephoros Phokas d. Ältere **4** 243
Nikephoros Uranos **4** 289
Nikephoros v. Ephesos, Metropolit **5** 730
Niketas, byzantin. Beamter **4** 13f.
Niketas, Katharer **5** 497, 775
Niketas, Metropolit v. Naupaktos **5** 356
Niketas, Mönch **4** 158
Niketas, Patr. v. Konstantinopel **4** 36, 114, 127, 506
Niketas, Patrikios **4** 40
Niketas Choniates, Historiker **5** 356, 365, 367, 380, 516, 722
Niketas d. J. **6** 149, 549
Niketas Paphlagon **4** 181, 191, 204f., 249
Niketas Philosophos ↗ Niketas Paphlagon
Niketas Seides, Rhetor **5** 379, 381
Niketas Stethatos **4** 264, 325, 335, 338, 341, 351, 356f., 359, **5** 8, 15, 23, 28, 479, 483
Niketas v. Amaseia **4** 223
Niketas v. Herakleia **5** 487
Niketas v. Medikion **4** 150, 154, 169
Niketas v. Nikomedeia **5** 386
Niketes, Vater d. Irenarchen Herodes **1** 163
Nikitič, Fëdor ↗ Filaret
Nikodemos, Lehrer des Palamas **6** 154
Nikodemos d. J. **6** 546
Nikodemos v. Pherai **8** 367
Nikodemus **1** 35, 303
Nikodim (Rotow), Bf. v. Leningrad und Nowgorod **13** 395, 411
Nikokles, Grammatiker **2** 397
Nikolaj, Metropolit **13** 393, 395
Nikolaos, Biograph **5** 366
Nikolaos, hl. **4** 285, 331
Nikolaos, Metropolit v. Alanien **4** 943
Nikolaos III. Grammatikos, Patr. v. Konstantinopel **5** 10, 12, 15, 505
Nikolaos IV. Muzalon, Patr. v. Konstantinopel **5** 366f., 379, 514, 720
Nikolaos Bulgaris **7** 16
Nikolaos Chrysoberges, Patr. v. Konstantinopel **4** 337, 352
Nikolaos Hexakionites **4** 145
Nikolaos Kabasilas **12** 957, 962
Nikolaos Komnenos Maliasenos Angelos **5** 740
Nikolaos Laonikos Thomaeos **7** 50
Nikolaos Maleinos, Ebf. v. Rossano **5** 378
Nikolaos Mesarites **5** 722, 749
Nikolaos Mystikos, Patr. v. Konstantinopel **4** 177f., 201–204, 206ff., 212, 220, 224,

232, 237 f., 268, 297, 506, 513, 937, 952, **7** 7, 59
Nikolaos (Neilos) Kabasilas **6** 138, 160, 178, 201, 299, 312, 395, 445, 447, 460, 499, 503–508, 559, 563, 613, 616, 815, 818, 825
Nikolaos Studites **4** 181, 283
Nikolaos v. Crotone, Bf. **5** 748, 753
Nikolaos v. d. Schönen Quelle, Abt **5** 5
Nikolaos v. Dyrrhachion (Durazzo) **5** 751
Nikolaos v. Modon, Bf. **5** 354, 364, 367
Nikolaos v. Otranto (Nektarios) **5** 742, 745 ff., 748 f., 751
Nikolas I. Petrovitch, Fürst v. Montenegro **11** 70
Nikolas Eudaimonoiannes **6** 828
Nikolas v. Chimarra **6** 408
Nikolaus, Bf. v. Myra **2** 90
Nikolaus I., Katholikos in Georgien **6** 230
Nikolaus I., Papst **4** 135, 181–188, 230, 694, 714–718, 729, 757, 760, 763, 773, 891, 926 ff., **5** 892
Nikolaus I., Patr. v. Antiocheia **4** 404
Nikolaus I., Zar v. Rußland **10** 104 f., 111 ff., 115, 201, 748, 751 f., 820, 825, **11** 13, 138, 714 f., 718, 724, 731 f., 735, 750, 752 f., 756 f., 759 f., 772
Nikolaus II., Papst **4** 706, **5** 33, 35 f., 38 ff., 42, 51, 62, 83, 130, 244
Nikolaus II., Patr. v. Antiocheia **4** 405
Nikolaus II., Patr. v. Georgien **6** 231
Nikolaus II., Zar v. Rußland **10** 103, **11** 714, 721 ff., 725 f., 728, 739, 753, 758, **12** 928, 1009, **13** 410
Nikolaus III. (Giovanni Gaëtano Orsini), Papst **5** 579, 599, 613, 625, 642, **6** 32, 34, 38, 40, 43, 271, 572, 576, 582, 627, 722, 832, 878
Nikolaus IV. (Girolamo Masci), Papst **5** 613, 625, 644, 869, **6** 5, 7, 32, 34, 43, 45, 49, 324, 594, 722, 832, 872, 878, 881
Nikolaus V., Papst **6** 28, 115, 123, 128, 293, 354, 589, 642, 664, 702, 705, 725, 728, 731, **7** 72 f., 75, 86, 91, 100, 102, 117 f., 123, 126, 133, 136, 140, 331, 393, 477, 506, 543, 558 f., 618, 659, **9** 149
Nikolaus V. (Pietro [Rainalducci] da Corbara/Corvaro), Gegenpapst **6** 37, 587, 687
Nikolaus Cusanus ↗ N. v. Kues
Nikolaus Jauer **6** 319
Nikolaus Picingli **4** 206
Nikolaus Seyringer **6** 711
Nikolaus Trivet **5** 761
Nikolaus v. Antiochia **1** 159
Nikolaus v. Bari **5** 678
Nikolaus v. Błonie **6** 786, 803
Nikolaus v. Calvi, Biograph **5** 557
Nikolaus v. Clémanges (Nicolas de Clamanges) **7** 359, 632
Nikolaus v. d. Flüe, hl. **7** 290, 317, **8** 241, **12** 251, 667, 675
Nikolaus v. Dinkelsbühl **6** 713
Nikolaus v. Dresden **6** 336, 340, 344, 806, **7** 469
Nikolaus v. Köln **5** 776
Nikolaus v. Kues (Cusanus) **6** 28, 111, 127, 129, 289, 291, 345, 421, 698, 703, 706, 713, 869, 890, **7** 78, 121, 133 f., 172, 218, 255, 466, 483, 618, 633, **9** 887, 926, 997, 1003
Nikolaus v. Linköping **6** 799
Nikolaus v. Lisieux **5** 850
Nikolaus v. Lyra **5** 761, **7** 658, 682
Nikolaus v. Martoni **6** 235
Nikolaus v. Osimo **6** 527
Nikolaus v. Pilgram **7** 464
Nikolaus v. Tolentino **6** 542 f.
Nikolaus v. Verdun **5** 527
Nikolaus v. Wachenheim **6** 713, **7** 293
Nikomas, Bf. v. Ikonion **2** 96
Nikon, Abt d. Kiewer Höhlenklosters **4** 950
Nikon, Patr. v. Moskau (weltl. Name: Nikita Minov) **9** 503–507, 519–522, 525 f., 536, 589, **11** 718, 759
Nikon Metanoeite **4** 341, 347
Nikon v. Raithu **4** 535
Nikostratus, Bf. **3** 205
Nil Sorskij **7** 61 f.
Nilan, John **12** 1103
Nilus, Priester **3** 178

Nilus, sket. Mönch **3** 684 f.
Nilus d. Jüngere, Eremit **5** 138
Nilus (Neilos) v. Rossano **4** 369, 371, 380 f., 788, 867, 870, **5** xxxvi, 519
Nilus v. Ancyra **2** 837
Nimr, Faris **11** 815 f.
Nina, Lorenzo, Präfekt der Propaganda Fide, Kard. **11** 462, 612
Ninguarda, Felician **8** 285, 611
Ninh Vuong, Chua **9** 782
Ninian, Bf. **2** 978
Ninian, ir. Heiliger **3** 868, 978
Nino, georg. Heilige **2** 725, 1090, **3** 1244–1247, 1249, 1254, 1270, 1278, 1280, 1285, 1298, **4** 551 f., 556, 565, 577, 587 f., 594 f.
Niphon II., Patr. v. Konstantinopel **7** 47 f.
Nisanci Mehmed, osman. Großwesir **7** 11
Nishkunto **11** 879
Nisima **11** 1057
Nissiotis, Nikos A. **13** 69, 71
Nithard, Abt **4** 688
Nithard, Eberhard, Beichtvater Maria Annas v. Österreich **9** 145
Nitigisius, Bf. v. Lugo **3** 407
Nitschmann **9** 488
Nitti, Francesco Salverio **12** 479
Nitzsch, Karl Immanuel **11** 83 ff., 318
Nivardus **5** 471
Nivelle, Gabriel-Nicolas **9** 384
Nivers, Guillaume Gabriel **9** 1071, 1080
Njoya, Kg. v. Fumban **11** 1006
Nkomos, Joshua **13** 580
Nkrumah, Kwame **12** 310, **13** 557, 580
Nkwe, George **11** 1004
Noah **1** 659
Noah/Nuh, jakobit. Patr. **6** 223
Noailles, Louis Antoine de, Kard., Ebf. v. Paris **9** 180, 375, 377, 381 f., 384–387, 390 f., 402, 977, 1006
Nobarnugios ↗ Petrus d. Iberer
Nobili, Roberto de **8** 903, 905, **9** 750, 754 f., 797, 799, 809 f., 813 f., 818
Nobletz, Michel le **8** 519, 1002, **9** 317
Nóbrega, Manuel da **8** 829, 862, 865, **9** 624, 648
Nobunaga, Oda **8** 913, 919
Nocedal, Candido **11** 113
Nocedal, Ramón **11** 636
Noé, Mgr. de **10** 422 f., 425
Noel, A., Dominikaner **9** 789
Noët v. Smyrna **1** 326, 567, 703 ff., **2** 83
Nöthiger-Strahm, Christine **13** 229
Nøgaard, A. **12** 854
Nogaj, mongol. Khan **5** 721
Nogaret, Félix **10** 583
Nohrborg, A. **10** 61
Nointel, Marquis v. **9** 556, 567
Nolan, Albert **13** 582
Nolens, Willem Hubert **11** 555
Noli, Fan (Theophan) **12** 953
Nomenyo, Seth **13** 607
Nominoë, bret. Fürst **3** 884 f., **4** 695
Nonna (Mutter Gregors v. Nazianz) **2** 811
Nonnos, Bf. v. Edessa **3** 70, 611
Nonnos, Mönch d. Neuen Laura **3** 445 f.
Nonnos v. Amida, Bf. **3** 151
Nonnos v. Nisibis, Archidiakon **4** 406, 432 f., 502 ff.
Nonnus v. Panopolis **3** 649
Noodt, Gerard **9** 74
Norbert v. Magdeburg, Ebf. **5** 192, 194, 198
Norbert v. Xanten **5** 78, 140, 143, 155 f., 185, 391, 397, 404, 409, 421, 429, 444, 529
Nord, Martin du, franz. Kultusminister **11** 168
Nordez, le, Bf. v. Dijon **11** 516
Nordin, C. G. **10** 58
Norfolk, Hzg. v. **9** 94
Norfolk, Thomas Howard, Hzg. v. **8** 214
Noriega Morena, Manuel Antonio, Staatschef v. Panama **13** 476
Norman, Edward R. **12** 804, 806, 836
Normann, Georg **8** 441
Norris, J. Frank **12** 1096
Northumberland (John Dudley), Hzg. v. **8** 219
Nostradamus **8** 1079
Notaras, Makarios **10** 125, 127

Nothomb **10** 742
Notker Balbulus **4** 758, 789
Notker v. Lüttich **4** 806, 810, 814
Nott, Henry **11** 1068
Nouet, Jacques **9** 854
Nouwens, Joseph Jean **11** 555
Novalis (Friedrich v. Hardenberg) **10** 471 f., 707
Novarina, Maurice **12** 171
Novatian, Bf. v. Rom **1** 648, 658 f., 662 f., 673, 703, 705 ff., 813, 851 f., 855, 951, 955, **2** 45, 50, 66, 74, 88, 94, 101, 130, 133, 165, 353, 483, 849, 949, **3** 248, 1075
Novatus **2** 130, 163
Novatus, Bf. v. Thamogade **1** 644
Novial, Marie-Suzanne **11** 1080
Noviomagus ↗ Geldenhauer, Gerhard
Nowack, Wilhelm **11** 428
Noyers, Sublet des **9** 302
Noyes, John Humphrey **11** 847 f.
Nravota, Sohn Omurtags **4** 922
Nuæayma, Micha'il **11** 812
Nubel, maur. Kg. **2** 934
Nubel (Flavius Nuvel) **3** 292, 294
Numagen, Peter **7** 126
Numenius v. Apamea **1** 611, 870, 911, **2** 293
Numerian, Caesar **2** 152
Numidicus, Bekenner **2** 38
Numidicus, karthag. Presbyter **2** 164
Nundinarius, Diakon **2** 254
Nuñez, Hernán **7** 630
Núñez Barreto, Melchior **8** 917, 939
Nuñez Bernal, Abraham **9** 211
Nuñez Cabeza de Vaca, Alvar **8** 828
Nuñez de Balboa, Vasco **7** 603
Nuñez Vela, Blasco **8** 801
Nur al-Din **6** 224
Nûr ibn-al Mujahid **8** 387
Nurhaci, Ks. v. China **8** 946
Nurhatchi, Khan d. Tungusen (Mandschu) **9** 766
Nuyens, Willem **11** 554
Nyel, Adrien **9** 341
Nyerere, Julius Kambarage, Staatsoberhaupt v. Tansania **13** 557, 563, 566
Nygren, Anders **12** 858
Nympha v. Laodicea **1** 286, 305
Nymphidianus **2** 404
Nyon, Buchhändler **10** 561
Nyström, A. **11** 583
Nzinga, Ana ↗ Ana Nzinga
Nzinga, Kg. d. Kongo ↗ João I., Kg. d. Kongo

O'Brien, William D. **12** 1108
O'Connell, Daniel **10** 747 f., **11** 266, 306, 601
O'Connell, William Henry **12** 1106, 1111 f.
O'Connor, Gründer der „Home Rule Confederation" **11** 561
O'Connor, John Joseph, Kard. Ebf. v. New York **13** 30, 95
O'Connor, T. P., Abgeordneter **12** 802
O'Donoju, Juan, General **10** 783
O'Higgins, Bernardo **10** 785, 793
O'Higgins, Bernardo, chilen. Staatsoberhaupt **11** 920
O'Leary, Daniel Florencio **10** 784
O'Neill, Hugh **8** 553, **9** 111
Oates, Titus **9** 107
Obando y Bravo, Miguel, Ebf. v. Managua **13** 514, 537
Obasanjo, Olusegun, nigerian. Präsident **13** 577
Oberlin, Johann Friedrich **10** 832 f.
Oberthür, Franz **10** 174
Obizzo v. Parma, Bf. **5** 572
Obote, Milton, Staatsoberhaupt v. Uganda **13** 557, 563
Obradović, Dositej **10** 734
Obregón, Alvaro **12** 1170, 1172
Obrenowitsch, Milosch **11** 780
Obry, Nicole **8** 1101
Occo, Pompeius **7** 649
Ochino, Bernardino **7** 753 f., **8** 186, 221, 254, 317, 575, 583, 683, 1224
Ockeghem, Johannes **8** 1224
Ockham Wilhelm ↗ William v. Ockham
Octavian v. Spoleto ↗ Johannes XII., Papst
Oda, Gattin Mieszkos I. **4** 899
Odelrich v. Reims **4** 781, 792, 808

Oderisi, Pietro **5** 613
Oderisius v. Montecassino **5** 186, 311
Odescalchi, Benedetto ↗ Innozenz XI., Papst
Odescalchi, Erba **9** 257
Odet, Mgr. d' **10** 446
Odilard, Mönch **4** 740
Odilia, Schw. d. Eberhard **4** 657
Odilo v. Bayern, Hzg. **4** 664
Odilo v. Cluny, Abt **4** 794f., 837, 840, 843f., 846f., 851, **5** 161, 164, 166, 168
Odilo v. Fleury **4** 845
Odin, Jean-Marie **11** 861
Odo-Heinrich v. Burgund, Hzg. **5** 166
Odo v. Bayeux, Bf. **5** 101
Odo v. Beauvais **4** 760
Odo v. Canterbury **4** 787
Odo v. Châteauroux, Kard. **5** 597, 762, 791
Odo v. Cluny
Odo v. Cluny, Abt **4** 785, 788, 822, 844, 849, 854, **5** 161, 408, 446
Odo v. Déols **4** 863
Odo v. Orléans **5** 278
Odo v. Ostia ↗ Urban II., Papst
Odo v. Ourscamp **5** 243
Odo v. Paris, Kg. **4** 820
Odo v. Saint-Rémy **5** 241
Odo v. Tournai, Bf. **5** 152
Odo v. Vaudémont, Bf. v. Toul **5** 255
Odoaker, german. Heerführer **3** 158, 221, 300f., 305–309, 311, 345, 771
Odolrich v. Orléans **4** 840
Odoni, Giovanni Angelo **7** 343
Odorich v. Pordenone **6** 886
Odulfus, Kanoniker, hl. **9** 910
Oduyoye, Mercy Amba **13** 184
Ögädai, mongol. Khan **5** 791
Oekolampad, Johannes **7** 442, 742, 745, 755, 787, 791, 793f., 799, 803f., 807, 832, 839f., 851, 862, 872, 877, **8** 47, 50, 54, 59, 309, 311, 315, 428, 462, 579
Öldschäitü, Emir **6** 208, 212
Ölschläger, Adam ↗ Olearius, Adam
Öngüt, Dynastie **6** 211, 214
Oengus, ir. Eremit **4** 741
Örtel, Veit **7** 766
Oesterreicher, Johannes **12** 298, **13** 92
Oetinger, Friedrich Christoph **9** 1122f., **10** 205, **12** 94
Özbeg, Chān **6** 209
Offa v. Mercien, Kg. **4** 743ff.
Ogelthorpe **9** 689
Ogelthorpe, Owen **8** 533
Ogino, K. **12** 28
Ogo v. St. Maximin, Propst **4** 790f.
Ogorodnikov, Alexander **13** 396f., 401, 407
Ohm, Philipp **12** 322
Ohm, Thomas **13** 328
Ohsson, M. d' **9** 547
Ohtrich, Scholaster **4** 853
Oikonomos, Konstantin **10** 732
Oknov, Pitirim, Metropolit v. St. Petersburg **11** 730
Oksjuk, Makarios **12** 987f.
Olaf II. Haraldsson (Olaf d. Heilige), norweg. Kg. **4** 888, 909, 913, **5** 327, 716, **6** 810
Olaf Schoßkönig (Sköttkonung), schwed. Kg. **4** 888, 911
Olaf Tryggvasson, norweg. Kg. **4** 888, 907, 909
Oláh (Olahus), Nikolaus **8** 639
Olavide, Pablo Antonio de **10** 31, 34
Olbert v. Gembloux **4** 815
Olcott, Henry Steel **11** 1032
Oldcastle, Sir John **7** 447, 458
Oldenbarnevelt, Johan van **8** 502, 504, 1164, **9** 77, 89
Oldenburg, Henry **9** 941
Oldham, Joseph H. **11** 421, **12** 304, 308, 314
Olearius II, Johann **9** 997
Olearius (Ölschläger), Adam **9** 935
Olesen-Larsen, K. **12** 860
Olevianus, Caspar **8** 94, 107
Olga, russ. Fürstin **4** 230, 238, 939, 943
Olgerd (Algirdas) v. Litauen **6** 179, 181, 253, 553
Olgiati, Francesco **12** 460, 478
Oliba, Abt v. Ripoll **5** 295

Olier, Jean Jacques **9** 249, 269, 273 f., 363, 828 f., 837, 843
Oliva, Kartographen **6** 852
Oliva, Ordensgeneral d. Jesuiten **9** 765
Oliva v. Ripoll, Abt **4** 788, 851
Olivares, Graf v. ↗ Guzmán, Gaspar de
Oliveira, Fernando de **8** 766
Oliveira, Vital Maria Gonçalves de **11** 948
Oliver v. Köln/Paderborn, Prediger **5** 776 f.
Olivétan, Pierre Robert **8** 459, 464, 998, **9** 881
Olivi, Petrus ↗ Petrus Johannis Olivi
Olivier-Martin, F. **10** 184
Ollé-Laprune, Léon **11** 337, 339, 341
Ollegar v. Saint-Ruf, Abt **5** 302
Ollivier, Émile **11** 28, 30, 117, 489
Olmedo, Bartolomé de **7** 607
Olmos, Andrés de **8** 837
Olybrius, Gegenkaiser ↗ Anicius Olybrius
Olympas **1** 286
Olympias, Diakonisse **2** 559, 651, 842
Olympias, Stifterin **3** 536, 691
Olympios, Exarch **4** 44, 644
Olympius, Bf. **2** 253
Olympos, Präfekt **4** 38
Omar ↗ Umar I., Kalif
Ometochtzin, Carlos **8** 840, 846
Ommatius **3** 347
Ommatius, Bf. v. Tours **3** 814
Ommatius, Priester **3** 348
Omurtag, bulg. Khan **4** 922, 924 f.
Oñate, Juan de **8** 789
Oncken, Johann Georg **11** 313
Onde, Vito d' **12** 475
Ondes Reggio, Vito d' **11** 606, 610
Onclin, Willy **13** 82
Onesimus, Bf. v. Ephesus **1** 329, 738, 753
Onesiphorus v. Ikonium **3** 63
Onganía, Juan, argent. Staatschef **13** 475
Ongman, John **11** 585
Opitz, Martin **9** 1063
Oppas, Metropolit **4** 738
Opstraet, Johannes (Jean/ Jan) **9** 902, 1008, **10** 18, 272
Optat, hl., Märt. **10** 624
Optatus, Bekenner **2** 38
Optatus, Bf. v. Karthago **1** 630, 634, 640, **2** 25, 37, 123, 127
Optatus v. Mileve, Bf. **2** 245, 257, 259, 266, 507, 512, 925
Optatus v. Timgad, Bf. **2** 511, 515, 935
Oqba ibn Nafi, islam. Heerführer **7** 529
Or, Eremit **2** 822
Oraison, Marc **12** 148, 166
Orchan **6** 149
Orchard, W. E. **12** 822
Ordass, Lajos **12** 370
Ordelaffi, Familie **6** 572
Ordericus Vitalis **5** 79, 106, 194, 661
Ording, Johannes **11** 591
Oré, Luis de **8** 861
Oreglia, Giuseppe **11** 609
Orest, Patr. v. Jerusalem **4** 415 f., 421
Orestes, röm. Heermeister **3** 305
Organtino **8** 905, 920
Orhan, osman. Sultan **7** 8 f.
Oribasius v. Pergamon **2** 404, 411
Orientus (Orens), Bf. v. Auch **3** 235
Origenes **1** 153, 169, 175, 208, 260 ff., 265, 267, 275, 347, 357, 362, 381 f., 385 ff., 467, 485–488, 492–496, 505 f., 508, 519, 522 f., 530, 557 ff., 561, 565, 576, 585, 588 f., 601–614, 616–619, 666, 686, 706 f., 724 f., 730 f., 733, 738, 749 f., 754, 757, 760, 771–775, 782, 785, 798–803, 810, 821, 830, 838, 843–847, 857, 863, 868 f., 872, 877, 884, 889 f., 894, 896, 908, 910 f., 915, 919 f., 925 f., **2** 19, 45, 57, 61, 64, 68, 90, 98, 107, 111, 113, 141, 151, 161, 163, 187, 278, 281, 284, 293, 298, 320, 322, 356, 365, 459, 481, 502, 527, 529, 562, 717–721, 723, 739, 769, 774, 820, 824, 829, 1009, 1022, 1044, **3** 443–447, 449, 457, 463, 470, 653, 656, **4** 52, 139, **5** 456, **6** 111, **7** 618, 623, 651, 655, 658, 661, 663, 666, 668, 836, **11** 359, **12** 201
Orione, Luigi, Don **11** 603, **12** 257
Orlando, Vittorio Emanuele **12** 31, 467
Orléans, Gaston, Hzg. v. **9** 353, 967

Orléans, Louis v., Prinz, Sohn d. Regenten v. Frankreich Philipp v. Orléans **9** 1101
Orléans, Philipp, Hzg. v., Regent v. Frankreich **9** 140, 184 f., 202, 382–386, 472
Orleanu, Kallistrat Birladeanu, Metropolit **11** 771
Orlov, Alexej, russ. Admiral **10** 728
Orlov, Alexej Feodorowitsch, Fürst **11** 759
Orlova, Anna, Gräfin **11** 742
Ormaneto, Nicolo **8** 606
Ormesson, Marie François de Paule Lefèvre, Marquis d' **10** 13, 325
Ormonde, Graf u. Hzg. v., Statthalter Karls I. i. Irland, Vizekönig Karls II. i. Irland **9** 113 f.
Orobio de Castro, Isaac **9** 1090
Orontius (Anhänger d. Julian v. Eclanum) **2** 546
Oropesa, Alonso de **7** 393 ff.
Orosius **1** 172, 285, **2** 491, 501, 509, 529, 533, 536, 728, 918, 948, 996, 1000–1004, **3** 213 f., 216, 223, 361, 880, 1116, **4** 746
Orpheus **1** 594, 748, 797, 885, 890, 892, 931
Orsenigo, Cesare **12** 18, 414, 703
Orsini, Familie **6** 574, **8** 596
, Giacomo **6** 47
, Giovanni Gaetano ↗ Nikolaus III., Papst
, Matteo Rosso **5** 558, 571, **6** 35
, Napoleon **6** 35, 47, 441
, Rinaldo **6** 46, 575
Orsini, Kard. ↗ Benedikt XIII., Papst
Orsini, Napoleone **5** 643
Orsisios ↗ Horsiesi
Ortega, Daniel **13** 476
Ortelius, Abraham, Kartograph **8** 929
Ortiz, Francisco **8** 673
Ortygius, Bf. **2** 496, 498
Ory, Mathieu **7** 868, **8** 451
Orzechowski, Stanislaw **8** 644, 655, **9** 528
Osbourne d'Arcy, G. F. **12** 407
Osgar **4** 787
Osiander, Andreas **8** 9, 402, 1143
Osiris (ägypt. Gott) **2** 12, 14, 108
Osma, Pedro de **7** 408
Osman-gâzi, osman. Sultan **7** 9
Osmond, d', Bf. **10** 463
Osor'in, Družina **9** 535
Osor'ina, Ul'jana **9** 535
Ossipow, Vladimir **13** 407
Ossius v. Cordoba, Bf. **2** 143, 206, 253, 300, 303, 307, 310, 317, 319, 359–362, 381, 383, 642, 947, 953
Ossorio y Gallardo, Angel **12** 524, 528
Ostervald, Johann Friedrich **9** 56, 432, 1099 f., 1111, 1127, **10** 274
Osterwald, Jean Frédéric ↗ Ostervald, Johann Friedrich
Osterwald, Peter v. **10** 176 f.
Ostini, Pietro, Nuntius **10** 789
Ostrogski, Konstantin, russ. Fürst **7** 418
Ostrogski, Konstantin v. **8** 656
Ostromir, Beamter i. Nowgorod **4** 950
Osuna, Francisco de **7** 406, **8** 671, 684, 686, 695, 732, 1048
Osuna, Hzg. v. **9** 1043
Oswald v. Northumbrien, engl. Kg. **3** 867, **4** 629
Oswald v. York, Bf. **4** 782, 850
Oswiu v. Northumbrien, Kg. **4** 629 f., 638, 646, 678
Otbert v. Lüttich, Bf. **5** 118
Otenskij, Zinovij **8** 379
Otfrid v. Weißenburg **4** 764
Otfried v. Watten **5** 140
Otger v. Ferrain **5** 155
Otloh v. St. Emmeram **4** 871
Ott **9** 423
Ott, Auguste **11** 32
Ottaviani, Alfredo, Kard. **12** 13, 21, 183, 186, 241, 245, 425, 594, 1111, 1113, **13** 6, 8, 13 ff., 24, 32–35, 42, 46, 48, 58, 82, 113
Ottaviano, Kard. **5** 862
Otterbein, Philipp W. **10** 508
Otto, griech. Kg. **10** 733
Otto, Rudolf **12** 87
Otto I. d. Große, Ks. **4** 778, 781 f., 790 f., 798 ff., 809 f., 814, 818, 822, 826, 828,

841, 851, 855, 875, 895 f., 898 f., 902, 906, 942 f., **5** xxxi, 212, 331, 343, 591, 657, **6** 268, 695, **7** 309
Otto I. v. Wittelsbach, Kg. der Hellenen **11** 780
Otto II., Ks. **4** 810, 812, 818, 823 f., 826, 841, 853, 871, 875
Otto III., Ks. **4** 232, 371, 779, 801, 803, 806, 810–813, 819, 828–832, 838, 842, 853, 875, 900, 903, 913, **5** xxvii, 340, 343, 658
Otto IV., Ks. **5** 235, 569, 582, 585, 589, 604, 636, 640, 671, 674 f., 691, 776
Otto v. Bamberg, Bf. **4** 886 f., **5** 328, 331
Otto v. Braunschweig, Söldnerführer **6** 580
Otto v. Braunschweig ↗ Otto IV., Ks.
Otto v. Freising **5** 212, 233, 241, 419, 465, 660, **8** 745
Otto v. Kärnten **4** 828
Otto v. Northeim **5** 54
Otto v. Wittelsbach, Pfalzgraf **5** 216, 218, 675
Ottobone Fieschi ↗ Hadrian V., Papst
Ottoboni, Kard. ↗ Alexander VIII., Papst
Ottokar I. Přemysl, böhm. Kg. **5** 328, 690 f.
Ottolenghe, Missionar **9** 717
Ottomano, Domenico, Pater ↗ Domenico Ottomano
Otton de la Roche **5** 737
Ottone da Tonengo, Kard. **5** 571
Ou **10** 155
Oudin, Pierre, Kanoniker **9** 305 f., 335
Ousberghen, Jodokus van **8** 459
Ovando, Nicolás de **7** 533 f., 595, 599 ff.
Overbeck, Franz **12** 94, 101
Overbeck, Johann Friedrich **11** 126
Overberg, Bernhard **10** 669 f., **11** 127
Overton, Richard **9** 463
Ovid **1** 742, **2** 949, **5** 452
Oviedo, Gonzalo Fernández de **7** 550, 603
Owari, Constantino de **8** 922
Owen, Goronuy **10** 216
Owen, Richard **11** 435
Owen, Robert **10** 860 f., **11** 834 f.
Ozanam, Frédéric **10** 815, 842, **11** 31, 38 f., 155, 182 ff., 186, 237
Ozman, Agnes **11** 907

Pabst, Johann **11** 863
Pac(h)omios, hl. **6** 153, 165, 240
Pacard, G. **8** 1150
Pacatus Drepanius **2** 495
Pacca, Bartolomeo, Kard., Nuntius in Köln und Lissabon **10** 187, 646, 654, 659, **11** 18
Pace, Richard **7** 750
Pacelli, Eugenio ↗ Pius XII., Papst
Pacelli, Francesco **12** 20
Pacheco, Franziskaner **11** 920
Pacheco, Pedro **8** 698
Pachelbel, Johann **8** 1239, **9** 1079
Pacher, Michael **7** 483
Pachkov, Vassilij **11** 756
Pachomios, Mönch, hl. **2** 115, 724, 824, 830, 837, 842, 853, 863, 973, 1017, **3** 394, 565, 593, 598 ff., 987, 992, **4** 274, 444, 451, 700
Pachomios I., Patr. v. Konstantinopel **7** 48, **8** 360
Pachomios Rusanos **8** 370
Pacomius I. **6** 219
Pachymeres **6** 132, 144, 146, 170, 305, 614, **7** 9
Pacian v. Barcelona **2** 949 f., 952
Pacioli, Luca **7** 510
Packer, James Innell **13** 208
Padilla, Diego **10** 778
Padilla, Juan de **9** 621
Padrão, Antonio de **8** 876
Paerus, Bf. v. Heraclea-Perinthus **2** 146
Paesius, Eremit **2** 823
Paez, François **9** 596, 815
Paez, José Antonio **10** 784
Páez, Pedro **8** 7701
Pagano, Mariano **10** 651
Paganuzzi, Giambattista **11** 480, 615 f., 618
Pagès, Léon **11** 499
Pagi, Antonius **9** 954
Paglia, Vincenzo **13** 218
Pagnino, Sanctes **8** 1128

Pahlewi, Reza **11** 783
Paige, le **9** 403
Paine, Thomas **10** xvi, 328, 493, 496f.
País, Frank **12** 1183
Pais, Sidónio **12** 504
Paisij v. Hilandar **10** 734, 736f.
Paisios, Patr. v. Alexandrien **9** 589
Paisios I., Patr. v. Konstantinopel **9** 521
Paisios II., Patr. v. Jerusalem **9** 590
Paisios II., Patr. v. Konstantinopel **9** 573
Paisios (Anba Bishoi),hl. **3** 595
Paissos II., ökumen. Patr. **10** 117
Paiva **8** 863
Pajon, Claude **9** 422, 1093
Pajsije, Patr. v. Peć **9** 576
Palacios Rubios, Juan López de **7** 564
Palacky, Frantisek **11** 745
Palafox y Mendoza, Juan de, Bf. v. Puebla **9** 621, 633
Palamas ↗ Gregorios Palamas
Palamon, Eremit **2** 824
Palanque, J.-R. **11** 182
Palatinus, Bruder v. Gregor I. **3** 891, 894
Paldo, Mönch **4** 836
Paleotti, Gabriele **8** 302, 596, 609, 1208, 1212, **9** 1043
Palestrina, Giovanni Pierluigi da **8** 1234, 1239, **9** 1066f.
Palianenç ↗ Balientz
Palladia **3** 384
Palladios v. Hellenopolis **1** 505, **2** 553, 563, 566, 660, 789, 797, 809, 823, 827, 842, 858, **3** 586, 599, 601, 603, 631, 660, **4** 465
Palladius, Diakon, ir. Missionar **2** 981, **3** 871, 978
Palladius, Niels **8** 439
, Peder **8** 37, 439
Palladius, Patr. v. Antiochia **3** 138
Palladius v. Ratiaria, Bf. **2** 153, 454, 1061
Pallas, Günstling Neros **1** 135, 307
Pallavicino, Oberto **5** 892
Pallavicino, Sforza, Pater **9** 1051
Pallotti, Vincenzo **11** 119, 155
Pallu, François **9** 762–765, 770, 773, 802
Palm, J. H. van der **10** 445
Palma, Luis de la **8** 703
Palma-Cayet **8** 1035
Palmas, Bf. v. Amastris (Amasra) **1** 565, **2** 98
Palmer, C. **11** 136
Palmer, William **11** 759
Palmerius, Petrus **8** 472
Palmerston, Henry Temple **11** 136, 138, 231
Palmieri, Vincenzo **10** 452
Paltus v. Balaneae, Bf. **2** 324
Paltz, Johannes v. **7** 318
Palut, Bf. v. Edessa **1** 561, 564, **2** 76
Pambo, ägypt. Mönch **2** 795, 823
Pamfili, Kard. ↗ Innozenz X., Papst
Pammachius, Senator **2** 528, 772, 794, 796, 805, 850
Pamphilius v. Alexandria, Presbyter **1** 489, 609, 618, 910, **2** 58, 113, 187, 1044
Pamprepius v. Titiopolis, Bf. **3** 125
Pan **2** 150
Panafieu, Bernard, Bf. v. Aix-en-Provence **13** 265
Panaitios v. Rhodos **2** 707
Pancement, de, Bf. v. Vannes **10** 638
Pancemont, M. de, Pfarrer **10** 329, 347, 541
Panckoucke, Charles Joseph, Verleger **10** 283
Pancratius, Priester **2** 379
Pandulf, Biograph **5** 184
Pandulf v. Capua **4** 841
Panduro, Lorenzo **10** 178
Pané, Ramón **7** 598
Panigarola, Arcangela **7** 338, 833
Panikkar, Raimon **13** 187f., 659
Panisset, Bf. **10** 395
Pankratius, Märt. **1** 178
Pankratius v. Taormina **4** 376
Pannenberg, Wolfhart **12** 744
Pannili, Bf. **10** 594
Pannonius, Janus **7** 437
Panormitanus ↗ Nicolaus de Tudeschis
Pantänus, Bf. v. Alexandria **1** 167, 576–579, 588f., 594, 603, 619, 830, 888, 921, 925, **2** 100, 1009

Pantagatus, Adliger **3** 376
Pantaleo, Notar **3** 910, 915
Pantaleon, Abt **4** 51
Pantaleon, hl. **3** 761
Pantaléon, Jacques ↗ Urban IV., Papst
Pantaleon, Metropolit v. Lemberg **12** 978
Pantenos **1** 493
Pantherios, Adliger **4** 324
Pantoja, Diego de **8** 941, 951
Panvinio, Onofrio **5** 217
Paolino da Venezia **5** 625
Paolo da Certaldo **6** 479
Paolo Francesco Danei ↗ Paulus vom Kreuz
Paolo Morelli **6** 479
Paoluccio de' Trinci **6** 526
Pap, armen. Bf. **2** 1087
Pap, armen. Kg. **4** 475
Papa, nestorian. Katholikos **4** 453
Papa bar Aggai, Bf. v. Seleukia-Ktesiphon **2** 80, 1079, **3** 1169, 1180
Papa v. Bet Lapat **3** 1171
Papadopoulos, Chrysostomos **12** 958, 967
Papaskotas, Seraphim **12** 959, 1014
Papen, Franz v. **12** 692, 695, 759
Papenbroeck, Daniel **9** 953
Paphnutios, stud. Mönch **4** 283
Paphnutius **2** 306, 315, 336, 549, 642, 823
Papias v. Hierapolis, Bf. **1** 82, 154, 160, 162, 167, 293, 320, 332, 486, 489, 492 ff., 568, 781 f., 786 f., 859, **2** 94
Papineau, Louis-Joseph **10** 532
Papirius **1** 375
Papius Saturninus Iulianus (aus Hadrumetum) **1** 661
Papoulakos **10** 733
Papylos, Märt. **1** 567, **2** 86
Paracelsus (Theophrast v. Hohenheim) **7** 828 f., **8** 1060, 1079, 1116, 1138, 1149, 1166
Parampil, Thomas **9** 598
Parastron, Jean **5** 753
Parayle-Monial, Schwester v. **9** 870
Pardus, apul. Bf. **2** 133
Paré, Ambroise **8** 1139
P'aren, armen. Bf. **2** 1086
P'arēn Aštišatecʿi, armen. Katholikos **3** 1222
Parennin, Jesuitenpater **9** 755, 778
Parent, B. **10** 576
Parente, Pietro, Kard. Ebf. v. Perugia **12** 186, 189, **13** 7, 291
Parenzo, Pietro **5** 643
Pareus, David **8** 328
Parham, Charles **11** 907
Parhammer, Ignaz, Pater **9** 335 f.
Parieu, de, franz. Minister **11** 172
Parios, Athanasios **10** 132
Paris, Comte de **11** 507, 510
Pâris, François de, Diakon **9** 348, 392–395
Paris, Joseph de, Pater ↗ Joseph de Paris
Paris, Pierre **12** 580
Parisis, Pierre **11** 34, 172, 187 f.
Parisot, Beichtvater v. Marguerite du Saint-Sacrement **9** 865
Park Chung-hee, korean. Präsident **13** 634
Parker, Joseph **11** 236
Parker, Matthew **8** 527, 558
Parker, Theodor **11** 583, 836
Parks, Rosa **12** 1124
Parlin, Ch. **12** 84
Parmenianus v. Karthago, Bf. **2** 261, 507–510, 512, 514
Parmenides **10** 130
Parmentier, Elisabeth **13** 210
Parmigianino (Francesco Mazzuoli) **7** 492, 494
Parnell, Charles Stewart **11** 571
Parr, Katharina **8** 215
Parrales, Edgardo, Sozialminister v. Nicaragua **13** 514
Parravicino Revel, Sabina, Contessa di **11** 601
Parsch, Pius **12** 225, 265, 267, 269
Parsons, Talcott **12** 1105
Parsons (Persons), Robert **8** 350, 544, 546, 548
Parthenios, Patr. v. Jerusalem **9** 573, 590 f.
Parthenios I. d. Ä., Patr. v. Konstantinopel **9** 560, 563, 572
Parthenios II. d. J., Patr. v. Konstantinopel **9** 560, 564

Parthenios III., Patr. v. Konstantinopel **9** 560
Parthenios III. Koinidis, Patr. v. Alexandrien **13** 438
Parthenios IV., Patr. v. Konstantinopel **9** 582
Parthenius, röm. Märt. **2** 160
Pascal, Blaise (Pseudonym: Louis de Montalte) **7** 236, **8** 705, 1124, 1197, **9** 171, 184, 356, 362–365, 372, 376f., 392, 405, 834, 902, 932, 959, 964, 967, 979f., 982, 991, 996, 999, 1005, 1012f., 1017f., 1022, 1097, 1100, 1112, 1115, 1117, **10** 251, 276, 680, **11** 368, **12** 204, 224, 618, **13** 41
Pascal, Gilberte **9** 834
Pascal, Jacqueline **9** 357, 363, 991
Pascal v. Vitoria **6** 882
Pascalina, Sr. ↗ Lehnert, Pascalina
Pascasius, Abt **3** 349
Pascasius, Bf. v. Neapel **3** 907f.
Paschalis I., Papst **4** 151, 154, 162, 692, 711, 728, 772, **5** 72
Paschalis II. (Rainer v. Beeda), Papst **5** 33f., 63, 71ff., 75, 77, 81f., 84, 86, 92f., 97f., 103f., 111, 119f., 128, 134, 167, 184, 186, 188, 191, 193, 245, 251, 321, 329, 379, 405, 423, 605, 631, 668, 772
Paschalis III. (Guido v. Crema), Gegenpapst **5** 182, 219, 222f., 225
Paschasinus v. Lilybäum, Legat **3** 81f., 91, 95, 97f., 108, 113, 116f.
Paschasius Radbertus **4** 730, 735, 757, 761
Paschasius v. Dumio **3** 406
Pashkovskij, Theophil **12** 989
Pasio, Francesco **8** 941
Paskai, László, Ebf. v. Esztergom **13** 366
Pasquier, Etienne **9** 172
Pasquini, Bernardo **9** 1068
Passaglia, Carlo **11** 27, 606ff.
Passano, Manfredi da **11** 607, 612
Passarino Bonaccolsi **6** 583
Passarion, hl. **3** 124, 541, 621–624
Passavant, Theophil **11** 243
Passelecq, G. **12** 662
Passerat, Joseph Amand **11** 122
Passionei, Domenico **10** 18
Passy, Hippolyte **11** 150
Pasternak, Boris **13** 398
Pasteur, Louis **11** 436, 438
Pastor, Adam **8** 143
Pastor, Bf. **3** 219
Pastor, Ludwig v. **11** 427
Paterius, Notar **3** 899
Paterna **2** 849
Paternus, afrikan. Prokonsul **2** 169
Paternus v. Braga, Bf. **2** 497, 499
Paternus v. Périgueux, Bf. **2** 418, 971
Paternus v. Tomi, Bf. **3** 206
Patiens, Bf. v. Lyon **3** 230, 233, 236, 244, 249, 251, 377
Patin, Guy **9** 959
Paton, William **12** 74, 308, 310
Patouillet, Pater **9** 388
Patricia Rusticiana **3** 932, 935f., 955
Patricius, ksl. Beamter **2** 493
Patricius Ricimer ↗ Ricimer
Patricius (Vater Augustins) **2** 808, 919
Patrick, ir. Heiliger **2** 983, **3** 868, 871–876, 878, 977, **4** 619, 741
Patrikejev, Vassian **7** 62, **8** 378
Patrobas **1** 286
Patroclus, Einsiedler **3** 990
Patroclus v. Arles, Bf. **2** 545, 906, 961, 964, **3** 238f., 797
Patrophilus v. Skythopolis, Bf. **2** 321, 335, 389
Patruinus v. Mérida, Bf. **2** 496, 498
Pattek, Vater d. Mani **1** 503
Pauck, Wilhelm **12** 1080, 1092
Paul, Bf. v. Kolomna **9** 521
Paul, Diakon, Sohn d. Patriarchen Makarios III. Za'īm **9** 591
Paul, gen. Aurelian, breton. Heiliger **3** 869
Paul, Graf **3** 227f.
Paul, Mönch **6** 409
Paul, Vinzenz v. ↗ Vinzenz v. Paul
Paul I., Papst **4** 704, 767
Paul I., Zar v. Rußland **10** 104, 106, 201, 212, 475, **11** 715, 759

Paul II. Cheikho, chald. Patr. **13** 455
Paul II. (Pietro Barbo), Papst **7** 57, 70, 78, 99, 104, 121, 134, 140, 420, 466
Paul III., Papst **7** 334, 342, 407, 557, 566, 654, 876, **8** 251, 254, 261, 337, 397, 535, 577, 593, 729, 735, 765, 768, 799, 809, 1019, **12** 18
Paul IV., Papst **7** 340, 342, **8** 247, 262, 274, 577, 585, 593, 595, 606, 669, 707, 880, 1208
Paul V., Papst **8** 277, 283, 291, 296, 304, 372, 593, 615, 699, 707, 754, 991, 1178, **9** 350, 767, 770, 809, 885, 891, 908, 1046, **13** 42
Paul VI. (Giovanni Battista Montini), Papst **1** 824, **13** 5, 7, 10, 15 f., 18, 20, 26, 28 ff., 32, 36, 39–46, 48 f., 51–54, 57–62, 64 f., 70 ff., 74, 90–93, 95–98, 108 f., 111–123, 127, 138, 152, 154, 158 f., 166, 168–172, 174, 183, 185, 216, 262 f., 292–295, 301–308, 310 f., 322, 332, 359, 362, 423, 426, 429, 460, 465, 468, 501, 510, 523, 537, 564, 578, 597, 680, 691, **12** 13, 170, 175, 186, 195, 307, 421, 432, 442, 485, 671, 739
Paul(os) Tagaris **6** 151, 767
Paul(us) v. Kalabrien **6** 180, 304, 452, 617, 625, 820, 828
Paul v. Aleppo **9** 582
Paul v. Bernried **5** 46
Paul v. Saint Alban, Abt **5** 174
Paul v. Segni **6** 8
Paul vom Kreuz **10** 25, 278
Paul „der Einäugige“ (Paulos Akephalos) **4** 40
Paula, Franz v. **7** 341, 357
Paula, Klostergründerin, hl. **1** 178, **2** 827, 831, 842, 850, 863, 1048, **3** 734
Pauli, Gregor **8** 646
Paulina, Gattin d. Pammachius **2** 794
Paulinos **4** 69
Paulinus, Bf. v. Fossombrone **3** 476 f.
Paulinus, Bf. v. Tegesis **3** 918
Paulinus v. Antiochia, Bf. **2** 422, 432, 437, 440, 444, 448, 456, 1020
Paulinus v. Aquileia **4** 726, 758
Paulinus v. Mailand **2** 529, 534, 539, 726, 812
Paulinus v. Nola **2** 133, 532, 542, 651, 653, 656, 674, 682, 686, 733, 763, 853, 858, 861, 894, 921, 967, 975, 998, **3** 973, 1035, 1147, 1151
Paulinus v. Pella **3** 248
Paulinus v. Périgueux **3** 251 f., 1111, 1148
Paulinus v. Trier, Bf. **2** 378, 977, **3** 1115
Paulinus v. Tyrus, Bf. **2** 62, 297, 323, 1034, 1067
Paulinus v. York **4** 624 f., 627, 630
Paull, Andreas **8** 412
Paulo de Santa Fe **7** 552, **8** 912
Paulos s. a. Paulus
Paulos, Abt v. Euergetis-Kloster **5** 515
Paulos, Bf. v. Nisibis **3** 459
Paulos, Exarch **4** 654
Paulos, Gründ. d. Euergetes-Klosters **4** 284
Paulos, Gründ. v. Xeropotamu **4** 291
Paulos, Lektor **4** 127
Paulos, Patr. v. Konstantinopel **4** 36, 43, 46, 128, 180, 626, 642
Paulos, Patrikios **4** 192
Paulos, pers. Katholikos **3** 1180
Paulos d. Jüngere **4** 243, 278 f.
Paulos d. Schwarze, Patr. v. Antiochia **3** 151, 153, 494, 498, 500 f., 503, 505–508, 511 f., 514, 541
Paulos Gebre Yohannis, äthiop.-orth. Patr. **13** 462, 574 f.
Paulos v. Aphrodisias, Bf. **3** 501
Paulos v. Edessa, Bf. **3** 131 f., 151 f., 616
Paulos v. Ephesos, Bf. **3** 129, 178
Paulos v. Samosata **3** 1290, **4** 240
Paulos v. Tabannese, Patr. v. Alexandria **3** 441 f., 445, 566 f.
Paulos v. Tella **3** 604
Pauls, Theodor **12** 723
Paulus s. a. Paulos
Paulus, Apokrisiar v. St. Maron **4** 422
Paulus, Apostel **1** 5, 9 f., 15, 30 f., 57, 63, 65 ff., 69 f., 72 f., 77–80, 87 f., 90–107, 109–146, 150, 152, 156, 160, 170, 172–177, 180, 182, 187 f., 192–200, 204 f., 209, 211–214, 218, 220, 222 f., 229–

234, 236, 239, 245, 250f., 263, 269f., 273–280, 282–286, 288, 292f., 297f., 564, 588, 627, 642, 655, 666–671, 674, 676ff., 680ff., 685f., 717ff., 724, 730, 733, 736, 741, 760, 776ff., 780f., 783ff., 787, 789, 791, 794, 800, 802, 815, 827ff., 840, 869, 871f., 889, 895, 900, 916, 928, 932, 942, **2** 49, 51, 65, 74, 82, 91, 96, 130, 145, 148, 150, 216, 223, 357, 363, 444, 457, 480, 482, 526, 540, 680, 714, 784, 798, 860, 880, 888, 894, 914, 949, 977, **9** 335, 456, 824, 1014, 1062, 1120, **11** 77ff.
Paulus, Bf. **2** 535, **3** 233
Paulus, Bf. v. Aquileja **3** 476, 478ff.
Paulus, Bf. v. Cirta **2** 127, 244
Paulus, Bf. v. Doclea **3** 912
Paulus, Bf. v. Maiouma **3** 1256
Paulus, Bf. v. Mérida **3** 787
Paulus, Bf. v. Narbonne **2** 136
Paulus, Bf. v. Obba **1** 642, 655
Paulus, Bf. v. Thessalonike **2** 146
Paulus, Bischofskand. in Konstantinopel **2** 338, 1055, 1074
Paulus, Comes **3** 354
Paulus, Eremit **2** 823
Paulus, Häretiker **1** 602
Paulus, Heinrich E. G. **11** 77
Paulus, japan. Gelehrter, Konvertit **8** 922
Paulus, Neffe d. Cyrill v. Alexandria **2** 615
Paulus, numid. Bf. **3** 915–918
Paulus, Priester **3** 203
Paulus, röm. Diakon **3** 465
Paulus, span. Hzg. **4** 635f.
Paulus, Tribun **2** 258, 260
Paulus Alvarus **4** 734, 739
Paulus Aurelianus, hl. **4** 631
Paulus Diaconus **3** 480, 486, **4** 616, 757
Paulus Orosius ↗ Orosius
Paulus v. Ancona, Bf. **4** 191
Paulus v. Aradus u. Antaradus, Bf. **3** 34
Paulus v. Emesa **2** 614, 620–623
Paulus v. Konstantinopel, Bf. **2** 349, 357
Paulus v. Monembasia **4** 407
Paulus v. Narbonne, Märt. **2** 975, **3** 1114
Paulus v. Piombino ↗ Paulus v. Populonia
Paulus v. Populonia, Bf. **4** 185, 716, 928
Paulus v. Samosata, Bf. **1** 618, 707, **2** 48, 58, 64, 66, 69, 72, 74, 96, 99, 101, 173, 281–285, 353, 361, 366, 429, 443, 582, 587, 592, 612, 1032, **3** 139, 443, 492, 1212
Paulus v. Theben **2** 115, **6** 26
Paulus (v. Triocala), Bf. **3** 905
Paulus vom Kreuz (Paolo Francesco Danei) **9** 830f.
Paulus Wladimiri ↗ Pawel Włodkowic
Pautre, Antoine le **9** 356, 1040
Pauvan, Jacques **7** 835, 837, 870
Pauw, Cornelius **10** 88
Pauw, Reinier **9** 78
Pauwels, Henri **12** 655
Pavan, Pietro, Kard. **13** 7, 43, 58, 80, 91, 291
Pavelić, Ante **12** 901, 906, 1004
Pavesi, Giulio **8** 586
Pavia, Francesco de ↗ Francesco de Pavia
Pavillon, Nicolas, Bf. v. Alet **9** 248, 357, 885, 902, 1006
Pavlov, Innokentij **13** 401, 418
Pavlovski, Stanislav **8** 629
Pavskij, Gerasimos **11** 716f.
Pawel Włodkowic (Paulus Wladimiri) **6** 802
Pawle, Patr. Ebf. v. Sec **13** 373
Pawłow Tarōnecʿi **4** 528
Paya Chakkri, General ↗ Rama I., Kg. v. Siam
Paya Tak ↗ Phajatak
Payaslian, Zareh **12** 1017
Payen Dolio **6** 362
Payva, Afonso de **7** 581
Paz, Jaime Alvarez de ↗ Jaime Alvarez de Paz
Pázmány, Péter, Ebf. v. Gran, Primas v. Ungarn **8** 632, 640, **9** 11, 29, 34, 255
Pazos Kanki, Vicente **11** 958
Pazzi **9** 1141
Peabody, Francis Greenwood **11** 568, 900
Peada v. Mercien **4** 629
Peale, Norman Vincent **12** 1046

Pearse, George **11** 996
Pécaut, Félix **11** 78, 196, 531
Pecci, Giuseppe, Bf. v. Gubbio, Kard. **11** 270, 349
Pecci, Vincenzo Gioacchino, Nuntius in Belgien ↗ Leo XIII.
Péchenard, P. L., Generalvikar v. Reims **11** 441
Pechmann, Wilhelm Freiherr v. **12** 721
Peck, John Mason **10** 513
Peckham, John, Johannes **5** 610, 612, 883
Pecqueur, C. **10** 813
Pedersen, Christian **8** 439
Pédézert, Jean **11** 193
Pédoue, François **9** 834
Pedro, portugies. Regent ↗ Peter IV., Kg. v. Portugal und Brasilien
Pedro I., Ks. v. Brasilien **10** 782
Pedro II., Ks. v. Brasilien **11** 944, 947
Pedro de Alcántara ↗ Petrus v. Alcántara
Pedro de León **8** 718
Pedro de Luna ↗ Benedikt XIII., Gegenpapst
Pedro de Valencia **8** 668, 689, 725
Pedro de Villacreces **6** 527, 761
Pedro Fernández Pecha **6** 27, 759
Pedro Luis v. Aragon **7** 92
Pedro Tenorio **6** 79
Pedro v. Trinidad **9** 744
Peel, Albert **12** 821
Peel, Sir Robert, brit. Premierminister **10** 693, 747 f., **11** 147, 225, 229, 231, **12** 811
Pegas ↗ Meletios Pegas
Pègues, Th. **12** 275
Péguy, Charles **11** 346, 516, **12** 163, **13** 41
Peillaube, Emile-Antoine **11** 350
Peiresc **9** 942
Pelagia, hl. **5** 934
Pelagia, Reklusin **3** 620
Pelagia v. Limoges **3** 840
Pelagianus, Bf. v. Luperciana **1** 644
Pelagius **2** 479, 525–533, 535–547, 549, 779, 903, 908, 925, 972, 980, 1043, **7** 220, **10** 240
Pelagius, antioch. Märt. **2** 1031
Pelagius, breton. Mönch **3** 32, 256, 258 f., 333, 977, 1123
Pelagius, Diakon, päpstl. Apokrisiar ↗ Pelagius I., Papst
Pelagius, Kleriker aus Antiochia **3** 67
Pelagius I., Papst **3** 441 f., 445, 449 f., 456 ff., 463, 465, 468, 470–473, 476 ff., 484, 557, 757, 777 f., 780, 782, 796–800, 815, 931, 935, 1028, 1051, 1053
Pelagius II., Papst **3** 481 f., 484, 781, 800 f., 890, 892 ff., 911, 915, 945, 953, 1028
Pelagius (Pelayo), westgot. Kg. **4** 652
Pelagius v. Albano, Kard. **5** 735, 777 f.
Pelagius v. Laodicea, Bf. **2** 423
Pelargus, Ambrosius **7** 800, 851, **8** 261
Peletier de Saint Fargeau, Félix le**10** 382
Peletier de Saint Fargeau, Michel le **10** 169, 351, 382 f., 599
Pellegrin, Abbé **9** 850
Pellegrini, Abt v. Grottaferrata **11** 441
Pellegrini, Giovanni Antonio **9** 1042
Pellegrino, Michele, Kard. Bf. v. Turin **13** 211
Pellegroix, Bf. **11** 1040
Pelleprat, Jesuit **9** 718
Pelletier, le, Bf. v. Angers **9** 256 f.
Pelley, William Dudley **12** 1090
Pellico, Francesco **11** 609
Pellico, Sylvio **10** 854
Pellikan, Konrad **7** 728, 782 f., 793, **8** 429
Pellision, Paul **9** 130, 851
Pellissier, Jean-Pierre **11** 984
Pellizzo, Luigi **11** 619
Peltrie, Mme de la **9** 670
Pelz, Karl **12** 179
Pemberton **9** 1090
Pen, Jean-Marie le **13** 255
Peñalvez, Fernando **10** 787
Pénaud **11** 143
Pencz, Georg **8** 897
Penda v. Mercien, Kg. **4** 625, 629
Penn, William **9** 465, 679, 689 f., 712, 872, 1013 f., **10** 5, 495, 513
Penry, John **8** 569
Penteado, Alvaro **8** 901

Peqida, Bf. v. Edessa **2** 1040
Peqida, Mar **3** 1161
Péquet, Pater **8** 1067
Peraudi, Raimund, Kard. **7** 82, 84, 192, 271, 311, 313
Perbal, A. **12** 322
Perbundus, Kg. **4** 29
Perctarit, langob. Kg. **4** 637
Pere Navarro **6** 755
Péréfixe, Hardouin de, Ebf. v. Paris **9** 338, 356, 367, 370
Peregrinus v. Misenum, Bf. **3** 198
Pereira, Duarte Pacheco **7** 523, 547 f.
Pereira de Figueiredo, A. **9** 847
Pereira dos Reis, José Manuel **12** 510
Pereira (Pererius), Benedikt **8** 352, 1130, 1134, 1137, 1145
Perestrello, Bartolomeo **7** 573
Peretti, Felice ↗ Sixtus V., Papst
Pereyra, Solórzano **9** 657, 771
Pérez, Apostol. Vikar v. Cochinchina **9** 773, 781
Pérez, Carlos Andrés, Regierungschef v. Venezuela **13** 476
Pérez, Francisco **8** 936, 939
Pérez Calama, José **9** 652
Pérez de Ayala, Martín **8** 698
Pérez de Herrera, Cristóbal **8** 704
Pérez de la Fuente ↗ Fuente, Pérez de la
Pérez de La Serna, Juan ↗ La Serna, Juan Pérez de
Pérez Esquivel, Adolfo **13** 518
Pérez Serantes, Enrique **12** 1184, 1186
Pergamon **1** 159
Pergolesi, Giovanni Battista **9** 1068, **10** 602
Pericoli, Paolo **11** 619
Péridgurdin **8** 745
Périer, Bf. v. Avignon **10** 477, 626
Périer, Casimir **11** 168
Périer, Louis **9** 377
Périer, Marguerite **9** 363
Perigenes v. Korinth, Bf. **2** 901
Périgord, Charles Maurice de **10** 10, 673
Périn, Charles **11** 37, 475, 536, 539
Perkins, Justin **11** 809
Perkins, William **8** 566, 1141, **9** 695
Perler, Othmar **1** 852
Perna, Pietro **8** 185
Pero Tafur **4** 259
Perón, Juan Domingo, argent. Präsident **12** 1166, **13** 475, 534
Peroz, iber./georg. Kg. **3** 1248
Peroz, pers. Kg. **3** 1166, 1172, 1180, 1204, 1261
Perpetua, Märtyrin **1** 247, 260, 629, 634, 639 f., 833, 859, **2** 25, 123, 956, **3** 1140
Perpetuus, Bf. v. Tours **3** 226, 229, 234, 236, 244, 247, 251, 807, 1036, 1125, 1129 f., 1132
Perpetuus, Priester **4** 680
Perraud, Adolphe Louis Albert **11** 119, 490
Perraud, Jeanne **9** 837
Perraudin, André, Ebf. v. Kabgayi **13** 561
Perrault **9** 981
Perreault, Joseph François **10** 522
Perrenis, Präfekt **1** 256
Perret, Auguste **12** 168, 170
Perriraz, Louis **11** 361 f., 390, 405
Perron, du **9** 978
Perrone, Giovanni, Kard. **10** 663, **11** 24, 111, 120, 262
Perrot, Emile **7** 753
Perroton **11** 1081
Perroux, François **13** 292
Perseus **1** 766
Persico, Elena da **11** 619
Persigny, Jean Fialin **11** 487
Persis **1** 286
Persius **4** 852
Person, Yves **11** 149
Persons, Robert ↗ Parsons, Robert
Peruzzi, Angelo **8** 608
Pervincus, Diakon **3** 219 f.
Pesaro, Jacopo **7** 488
Pesch, Heinrich **12** 30
Pestalozzi, Heinrich **10** 266, 669, 833 f.
Pétain, (Henri) Philippe **12** 414, 567, 571, 625, 675
Petamius v. Lissabon **2** 949
Petau, Denys ↗ Petavius, Dionysius

Petavius, Dionysius (Denys Petau) **8** 1167, **9** 936, 939, 951 f., 955 f.
Petcherin, Vladimir **11** 757
Peter, Bruder Ludwigs VII. **5** 220
Peter, russ. Metropolit ↗ Petros
Peter, Sohn Friedrichs II. **6** 578
Peter I., d. Gr., Zar v. Rußland **1** 449, **9** 66, 419, 502, 504, 509–514, 516, 518 f., 523 ff., 529–533, 535 ff., 539, 570, 579, 803, 1089, **10** 103 ff., 110 ff., 474, 728, 824, **12** 928, **13** 413
Peter I. Karageorgevitch, Kg. v. Serbien **11** 769 f.
Peter I. v. Zypern **6** 210, 223, 235, 245, 842, 874
Peter II., Kg. v. Aragón **5** 674, 775, 783
Peter II., Metropolit v. Montenegro **10** 737
Peter III., Kg. v. Aragón **5** 673, 685, **6** 577, 845
Peter III., Zar v. Rußland **9** 504, 515
Peter IV., Kg. v. Portugal, als Peter I. Kg. v. Brasilien, **7** 568, **10** 30, 780 f., **11** 277 f., **12** 1188
Peter IV. v. Aragón **6** 80, 227, 601, 763
Peter Chelčycký **6** 344
Peter d. Eremit **5** 770
Peter d. Große ↗ Peter I., d. Gr.
Peter d. Lahme, moldaw. Fürst **9** 582
Peter Deljan **5** xxxvii
Peter Gojnikovič, serb. Fürst **4** 952
Peter Leopold, Großhz. d. Toskana **10** 27 ff.
Peter Orseolo, ungar. Kg. **4** 843
Peter Payne **6** 344
Peter (Petros), bulg. Zar **4** 208, 238, 278, 344, 931 f., 937
Peter Philargi ↗ Alexander V., Papst
Peter v. Amalfi **4** 355
Peter v. Capua, Kard. **5** 865
Peter v. Castelnau **5** 775
Peter v. Cava **4** 837
Peter v. Celle **5** 243
Peter v. Corbeil **5** 562, 873
Peter v. Dresden **6** 336
Peter v. Eboli **5** 778
Peter v. Etoile **5** 140
Peter v. Herenthal **6** 50
Peter v. Kiev **6** 553, 561
Peter v. Luxemburg **6** 114, 418, 531 f., 534
Peter v. Moldawien, Voivoide **9** 581
Peter v. Montbiosier **5** 405
Peter v. Poitiers **5** 226
Peter v. Porto, Kard. **5** 77, 193
Peter v. San-Chrysogono, Kard. **5** 243
Peter Zwicker **6** 335
Peters, Gerlach ↗ Gerlach Peters
Peters, Norbert **12** 265
Petersen, Fredrik **11** 591
Petersen, Johann Wilhelm **9** 420
Petersen, N. **12** 854
Peterson, Erik **12** 297
Pethiōn, Arzt **4** 461
Pethiōn, nestorian. Katholikos **4** 460
Pethrus, Levi **11** 585
Petilianus v. Cirta, Bf. **2** 510, 514, 519
Petilianus v. Constantina ↗ Petilianus v. Cirta
Petit, Guillaume, Bf. v. Troyes **7** 867
Petit, Jean **8** 471
Petitjean, Bernard-Thadeé, Apostol. Vikar v. Osaka **11** 1056
Petitpied, Nicolas **9** 377, 383, 395
Petrarca, Francesco **5** 564, **6** 46, 83, 116, 588, 688, **7** 209, 476, 498, 505, 507, 511, 620, 649
Petre, Maud **11** 431
Petrescu, Ghenadie **11** 771
Petri, Adam **7** 791
Petri, Lars (Laurentius), Ebf. v. Uppsala **7** 761, **8** 22, 38, 383, 441
, Olaus **7** 759 ff., **8** 27, 38, 441
Petri, Ludwig Adolf **11** 313
Petrie, William Matthew Flinders **11** 428
Petrocić, Mojsije **10** 733
Petronax v. Brescia **4** 637, 836
Petronilla, hl. **4** 704
Petronilla, Tochter Ramiros II. **5** 304
Petronilla v. Chemillé, Äbtissin **5** 146, 426 f.
Petronius, Bf. v. Die **3** 232, 234
Petronius, Mönch **2** 826

Petronius, Priester **3** 253
Petronius Maximus, röm. Ks. **3** 302
Petros s. a. Petrus
Petros, alan. Ebf. **4** 232
Petros, armen. Katholikos **3** 1263
Petros, Eremit v. Athos **4** 285
Petros, Hagiograph **4** 169
Petros, Higumene **4** 278
Petros, Koinobit **3** 622
Petros, Patr. v. Alexandreia **4** 60, 435
Petros, Patr. v. Konstantinopel **4** 36, 46
Petros, Patr. v. Alexandria **3** 507, 511 f., 514
Petros, Patr. v. Jerusalem **3** 446 f., 449
Petros, russ. Metropolit **6** 172, 252
Petros I., armen. Katholikos **4** 508, 512, 528, 531–534
Petros I., georg. Katholikos **3** 1267 f., 1270 f.
Petros III. Mongos, Patr. v. Alexandria **3** 121, 132–137, 142, 178 ff., 182–185, 190, 193, 195 f., 513, 603
Petros III. (Peter), Patr. v. Antiocheia **4** 351, 354, 358, 360 ff., 579 ff., 876
Petros IV., monophysit. Patr. v. Alexandria **3** 567, 603
Petros d. Iberer **3** 123, 128, 134, 138, 151, 619 ff., 623, 627, 688, 1252, 1256 ff., 1274 f.
Petros d. Walker (Fullo), Patr. v. Antiochia **3** 128, 130 ff., 134, 136, 138, 176, 178, 183, 185, 195, 206, 499, 575, 685, 1256
Petros Gnapheus (Fullo) **4** 139
Petros Kallinikos, Patr. v. Antiocheia **4** 437
Petros Mansur (Damaskenos) **5** 483
Petros v. Altinum, Bf. **3** 313, 315, 911
Petros v. Apameia, Bf. **3** 143, 148, 439 f., 533, 561, 613, 617
Petros v. Atroa **4** 275 ff.
Petros v. Kallinikon, Patr. v. Antiochia **3** 507 ff., 512 f.
Petros v. Narek **4** 521 f.
Petros v. Nikaia **4** 148, 150
Petros v. Sizilien (Sikeliotes) **4** 197, 242, 928, 936
Petros v. Triocala, Bf. **3** 906
Petros v. Troas **4** 187
Petrov, G. **11** 727
Petrov, Gabriel, Metropolit **10** 110
Petrović, Aleksej (Sohn Zar Peters d. Gr.) **9** 511 f., 536
Petrović, Kara Georg ↗ Karadjordje
Petrović, Moses, Patr. v. Peć **9** 578
Petrović, Parthenos **9** 605
Petrović-Niegoš, Daniel, Bf. v. Cetinje (Cettigne) **9** 578 f.
Petrovitsch, Joseph **12** 941
Petrovskij-Sintianovič, Samuil Emel'janovič ↗ Simeon v. Polock
Petrucci, Alfonso, Kard. **7** 102
Petrus s. a. Petros
Petrus, Abt **3** 289
Petrus, alexandr. Lektor **2** 1025
Petrus, alexandr. Notar **2** 601, 604
Petrus, Apostel **1** 6, 35, 48, 57, 59, 62–67, 69 f., 72 f., 76 f., 82 f., 85, 88, 104, 122, 124, 135, 139 ff., 152, 154, 166 f., 173–177, 179 f., 187–191, 193 f., 199, 212, 218, 232 f., 251, 269, 274–278, 284 f., 287, 292 ff., 296 f., 299, 302 ff., 320, 328, 373, 385 ff., 396, 437, 466, 565, 600, 651 f., 666, 668 f., 671, 674, 676–682, 685, 701, 779, 781 f., 789, 800, 802, 812, 815, 828 f., 838, 852–855, 872, 916 f., 930 f., **2** 49, 58, 65, 86, 136, 150, 216, 354, 357, 363, 449, 457, 482, 629, 680, 698, 748, 754, 879, 888, 893, 905, 907, 914, 977, **11** 28
Petrus, Arzt **4** 824
Petrus, Bf. v. Ercavica **3** 409
Petrus, Bf. v. Hippo Diarrhytus **1** 642, 655
Petrus, Bf. v. Ikonion **2** 96
Petrus, Bf. v. Ravenna **3** 313 f., 329, 336, 378
Petrus, Bf. v. Terracina **3** 908
Petrus, Camerarius **5** 86
Petrus, Erzpriester **4** 129
Petrus, illyr. Priester in Rom **2** 796, **3** 1029
Petrus, ksl. Beamter, Märt. **2** 182
Petrus, Kard. **4** 192
Petrus, Konsul **3** 400
Petrus, Metropolit v. Abessinien **4** 450

Petrus, Mönch **3** 929
Petrus, Patr. v. Antiocheia **5** 387
Petrus, Priester in Alexandrien **4** 418
Petrus, röm. Diakon **3** 465, 899, 908
Petrus, röm. Stadtpräfekt **4** 823
Petrus, span. Märt. **4** 740
Petrus II., Bf. v. Ravenna **3** 1024 f.
Petrus III., Bf. v. Ravenna **3** 777, 782
Petrus III., Patr. v. Alexandreia **4** 418
Petrus IV., Bf. v. Salona **3** 469
Petrus IV., georg. Katholikos **4** 574 f.
Petrus Apselamus **3** 667
Petrus Candiano, venez. Doge **4** 868
Petrus Cantor **5** 226, 562 f., 586, 776, 815, 818, 827, **6** 475
Petrus Chrysologus, Bf. v. Ravenna **3** 326, 335
Petrus Comestor **5** 761
Petrus d. Gr., Bf. **1** 588
Petrus d. Iberer **2** 832
Petrus Damiani **4** 852, 854, 870, 873, **5** 34 ff., 42, 45, 59, 65, 83, 138, 148, 164, 251, 457, 534, 756, 852, 913
Petrus de Palude (Pierre de la Palude) **6** 274
Petrus de Vinea **5** 638, 682
Petrus Diaconus **5** 383
Petrus Eremita **5** 378
Petrus Fullo **4** 481
Petrus Hispanus ↗ Hadrian V., Papst
Petrus Johannis Olivi (Pierre de Jean Olieu) **5** 626, 628, 829, **6** 265, 271, 317, 323, 431, 525
Petrus Lombardus **5** 474, 541, 877, 901, 916, **6** 322, 352, **7** 680, **8** 247, 1115, 1117, 1123
Petrus Martyr ↗ Petrus v. Verona
Petrus Thomas **6** 767, 828, 874
Petrus v. Alcántara **8** 241, 244, 672, 695, 704, 727, 1048
Petrus v. Alexandria, Bf. **2** 183, 286–290, 434, 442, 447, 453, 556, 652, 822, 898, 943, 1011, 1020
Petrus v. Amiens **5** 526
Petrus v. Benevent **5** 647
Petrus v. Bruis **5** 409, 492, 495
Petrus v. Capua, Kard. **5** 339 f.
Petrus v. Emesa, Bf. **3** 34
Petrus v. Illyrien **2** 909
Petrus v. Köln **8** 176
Petrus v. Montecassino **5** 249
Petrus v. Pavia ↗ Johannes XIV., Papst
Petrus v. Pisa **4** 735, **5** 191, 197, 199 f., 209
Petrus v. Sebaste, Bf. **2** 102, 451, 652
Petrus v. Verona (Petrus Martyr, hl.) **5** 855, 893, 897, **6** 538
Petrus Valdes(ius) ↗ Pierre Vaudès
Petrus Valomeres **2** 380
Petrus Venerabilis **5** 185, 198, 381, 391 ff., 397, 399, 404, 407 f., 456, 762, 788, 905, **9** 349
Pett, Peter **9** 198
Pettolaz, Senator **10** 474
Peucer, Kaspar **8** 320, 412, 1135
Peutinger, Konrad **7** 650 f.
Peutinger, Margarete **7** 650 f.
Pévost-Paradol, Lucien Anatole **11** 490
Pey Berland **6** 644, 651
Peyrat, Alphonse **11** 453
Peyraut, Guillaume **5** 910
Peyrère, Isaac de la **9** 958 f.
Peyriguère, Albert **12** 299
Pezel, Christoph **8** 103
Pfannenstil, Görran Magnus **11** 591, **12** 856
Pfanner, Franz **11** 988
Pfarrer v. Ars, hl. **13** 4
Pfefferkorn, Johannes **7** 615
Pfeffinger, Johann **8** 8
Pfeiffer, Heinrich **7** 817
Pfeilschifter, Johann Baptist v. **10** 709
Pfistermeyer, Hans **8** 129
Pfleiderer, Otto **11** 103, 372 f., 389, 396
Pflug, Julius **8** 400, 413
Pflummern, Heinrich v. **7** 322
Pfrimmer, August **11** 995 f.
Pfyffer, Ludwig **8** 432
Pgol **2** 1027
Phaidimos, Bf. v. Neocäsarea **1** 565
Phaidimus, Bf. v. Amaseia **2** 98
Phajatak (Paya Tak), General, Herrscher v. Siam **9** 780
Phalaris v. Akragos (Agrigent) **2** 495

Pham Hung, vietnames. Premierminister **13** 632
Pham Minh Man, Johann Baptist, Ebf. v. Ho Chi Minh-Stadt **13** 632
Pharmakidis, Theoklitos **10** 732
Phaulcon, siamesischer Minister **9** 764, 772 f.
Phaustos v. Byzanz **2** 103
Pherekydes **1** 901, 903
Phereos, Rhigas **10** xix, 729
Phidias **1** 895
Philagathos, Prediger **5** 514 f.
Philagrius, Präfekt **2** 334, 351, 359, 364
Philaretos Vahram **5** 3
Phileas, Bf. v. Thmuis **2** 183
Philemon **1** 92, 126, 139, 286, 305
Philibert de Naillac **6** 244, 769
Philip, John **11** 983
Philipot, Jacques **9** 202
Philipp, Dominikanerprovinzial **5** 794
Philipp, Kanzler v. Paris **5** 862, 865, 877
Philipp, Katholikos **9** 593
Philipp, Landgraf v. Hessen **8** 31, 61, 392, 394, 426
Philipp, Metrop. v. Moskau **7** 55–58
Philipp, portugies. Prinz **7** 551
Philipp I., franz. Kg. **5** 44, 50, 94, 96 f., 110, 439, 447, 822
Philipp II., Kg. v. Spanien **7** 388, 401, 490, **8** 221, 259, 262, 285, 450, 454, 476, 478, 481, 485, 489, 498, 546, 588, 603, 669, 685, 687, 703, 705, 712, 717, 725, 737, 742, 748, 787, 795, 808, 810, 825, 837, 855, 857, 860, 1085, 1128, 1211, **9** 79, 616
Philipp II. (August) v. Frankreich **5** 439, 464, 636, 666, 675, 758, 765 f., 772 f., 776, 805, 862, 865, 887 f., 924, **6** 855
Philipp II. v. Makedonien **1** 114, 864
Philipp III. d. Kühne, Kg. v. Frankreich **5** 684, **6** 577, 582, 684, 856
Philipp III., Kg. v. Portugal ↗ Philipp IV. v. Spanien
Philipp III., Kg. v. Spanien **8** 702, 710, 713, 717, 719, 723, 725, 730, 742, 754, 822, 849, 1220, **9** 628, 735
Philipp IV., Kg. v. Spanien **8** 498, 702, 719, 722, 727, 743, 762, 810, **9** 144–147, 616, 842, 1053
Philipp IV. d. Schöne, Kg. v. Frankreich **5** 685, 766, 769, 887, **6** 35, 47, 55, 268, 285, 578, 585, 589, 594, 601, 603, 627, 634, 646, 651, 664, 686, 855, 872, **7** 387, 397
Philipp V., Kg. v. Spanien **9** 152, 155, 647
Philipp V. v. Frankreich **6** 599, 629
Philipp VI. v. Frankreich **6** 604, 629, 647, 856, 873
Philipp VI. v. Mallorca **6** 601
Philipp Adolf v. Ehrenberg, Bf. v. Würzburg **8** 1093
Philipp d. Gute, Hzg. v. Burgund **6** 88, 600, 607, 642, 873, **7** 20, 75, 77
Philipp d. Schöne ↗ Philipp IV., Kg. v. Frankreich
Philipp Neri ↗ Neri, Filippo
Philipp v. Agira **4** 373
Philipp v. Aix, Ebf. **5** 578
Philipp v. Beaumanoire **5** 683
Philipp v. Harvengt **5** 392
Philipp v. Heinsberg, Ebf. v. Köln **5** 228, 671
Philipp v. Hessen, Landgraf **7** 732 f., 841
Philipp v. Hierapolis, Märt. **2** 1063
Philipp v. Jenne **5** 574
Philipp v. Makedonien, Kg. **2** 12
Philipp v. Orléans ↗ Orléans, Philipp v., Regent v. Frankreich
Philipp v. Savoyen, Ebf. v. Lyon **5** 592
Philipp v. Schwaben, Kg. **5** 569, 640, 674 f., 691, 700, 773
Philipp v. Side **2** 577, 586, 616
Philipp v. Valois **6** 583, 646
Philippe, André **12** 559
Philippe, Graf v. Poitiers **6** 36
Philippe, Hzg. v. Chartres (Philippe Égalité) **10** 217
Philippe, Paul-Pierre, Kard. **13** 38
Philippe Auguste ↗ Philipp II. (August) v. Frankreich
Philippe Beruyer **5** 872
Philippe de Coëtquis **6** 122

Philippe de Marigny **6** 596f.
Philippe de Mézières **6** 83, 428, 489, 491, 495, 531
Philippe v. Bourges **5** 800
Philippi, Johannes ↗ Sleidanus
Philippicus, röm. General **3** 677
Philippikos, General **4** 297
Philippikos, Mönch **4** 50
Philippikos, Schwager Ks. Maurikios' **3** 936
Philippikos Bardanes, byzantin. Ks. **4** 49
Philipps, J. B. **12** 824
Philippus **2** 58, 82
Philippus, Apostel **1** 154, 320, 375, 451, 453, 682, 781, **2** 93
Philippus, Bf. v. Jerusalem **1** 272
Philippus, Praefectus Praetorio Illyrici **3** 576
Philippus, Präfekt Konstantius' **2** 370
Philippus, Priester in Jerusalem **3** 955
Philippus, röm. Legat **2** 596, 614
Philippus, Schüler v. Bardaisan v. Edessa **1** 562, **2** 1076, **3** 1162
Philippus, Tetrarch v. Ituräa u. Trachonitis **1** 11f.
Philippus I. Arabs, röm. Ks. **1** 262f., 500, 561, **2** 157
Philippus d. Evangelist, Missionar **1** 76f., 81, 84, 87, 134, 154, 192, 275, 299, 322, 332, 336, 396, 471, 535, 568, 814, 859
Philippus v. Side **1** 588f., 875f., **3** 16
Philippus v. Tralles, Asiarch **1** 164
Philips, Dirk **8** 141, 167
, Obbe **8** 141
Philips, Gérard, Bf. **12** 207, 662, **13** 25, 38f., 50f., 57, 74
Philips, William **9** 699
Phillip, Leibarzt Alexanders III. **5** 241
Phillips, George **10** 719, **11** 109, 111
Phillips, W. T. **12** 1119
Phillpotts, Bf. v. Exeter **11** 230
Philo v. Alexandrien **1** 22, 94, 238, 381, 430, 488, 519, 593, 669, 717, 723ff., 731ff., 740, 761, 769, 777, 792, 865, 867ff., 882, 914, **2** 108, 277, 292, 726, 817, **4** 522
Philogonius v. Alexandria, Bf. **2** 70, 301
Philologus **1** 272
Philomena, hl. **10** 686
Philomena, Prophetin **1** 827, 860
Philomenus, ksl. Beamter **2** 252, 308, 330
Philoromus **2** 183
Philostorgius **2** 112, 301, 303, 321, 329, 385, 730, 1067, 1093
Philostrat **1** 734
Philostratus **2** 98
Philotheos **4** 929
Philotheos, Metropolit v. Euchaita **4** 243
Philotheos, Metropolit v. Selymbria **6** 548
Philotheos, Patr. v. Alexandreia **4** 440, 442, 450, **6** 836
Philotheos d. Athonit **6** 548
Philotheos Kokkinos, Patr. v. Konstantinopel **6** 138, 140, 148, 155, 161, 165, 176, 178, 180, 182, 186, 199, 221, 296, 303, 404, 458, 515, 546, 550, 553, 561, 618, 620, 622, 828
Philotheos v. Pskov ↗ Filofej v. Pskov
Philoxenos v. Dolichai **3** 437
Philoxenos v. Mabbug (Hierapolis) **2** 723, **3** 132, 134, 136, 140–144, 151, 153, 434, 437, 491, 611, 615f., 649, 654, 1173, 1177, 1211, **4** 131, 139, **6** 242
Philoxenus **2** 352
Phlegon **1** 286
Phoebadius v. Agen, Bf. **2** 372, 379, 384, 387, 389
Phöbe, Diakonin **1** 127, 283, 307f., 318
Phokas, Bf. v. Stobi **3** 577
Phokas, hl. **3** 761
Phokas I., byzantin. Ks. **3** 677, 683, 904, 934, 937, 941f., 948, 1240, **4** 5, 13, 27, 73, 89, 297, 626
Phokas Bardas **4** 405
Photeinos, Bf. v. Chalkedon **3** 636
Photin v. Sirmium, Bf. **1** 507, **2** 366, 368, 370, 376, 429, 442, 570, **3** 139
Photinos, Diakon **3** 190f.
Photinos v. Antiochia **3** 494
Photios, Hegumen **3** 495
Photios, Patr. v. Konstantinopel **2** 714, **4** 31, 70, 135, 177–188, 190–198, 201,

204, 210, 215, 219, 221, 224 f., 236 f., 240, 249, 283, 297, 317, 320, 352 f., 358 f., 362, 380, 404, 416, 421, 504 ff., 512, 715 f., 718 f., 760, 925–929, 932 f., 938 f., **5** 374, 386 f.
Photios, russ. Metropolit **6** 185, 253
Photios II., Patr. v. Konstantinopel **12** 202, 924, 952
Photius **1** 618, **2** 1036
Photius, Presbyter **3** 22
Photius s.a. Photios
Photius v. Tyrus, Bf. **3** 39, 45 f., 66 f., 111, 114
Phra Narai, Kg. v. Siam **9** 762, 764, 772 f., 780, 792 f.
Phronimius, Bf. v. Vence **3** 835
Phudules **6** 515
Pi y Margall, Francisco **11** 631, 633
Pialanti **11** 349
Piasecki, Bolesław **12** 910
Piavi, Ludovico, Patr. in Jerusalem **11** 441
Picard, François **11** 440, 500
Picard, Gérard **12** 1143
Picard, Louis **12** 660
Picasso, Pablo **12** 167
Piccinelli, Giuseppe **11** 613
Piccinino, Jacopo **7** 76, 92
Piccirillo, Carlo **11** 609
Piccolomini, Enea Silvio ↗ Pius II., Papst
Pichard, Joseph **12** 171
Pichard, Raymond **12** 578
Pichon, Pater **9** 332
Pickering, William **12** 782, 786
Pico, Gianfrancesco **7** 342
Pico della Mirandola, Giovanni **7** 104, 139, 153 f., 218, 222 f., 359, 478, 491, 507, 613, 620 f., 630, 632, 642, 659, 786, **8** 379
Picot, Michel **10** 681, **11** 153
Picoté, Vikar v. Saint-Sulpice **9** 363
Picquet, François **9** 597 f., 802 f., 810
Pictet, Benedict **9** 884
Pidal, Alejandro **11** 636
Pie, Louis Edouard, Kard. Bf. v. Poitiers **11** 27, 114, 116 f., 127, 169, 335, 468, 493, 495, 503
Pieper, August **11** 649
Pieris, Aloysius **13** 187 f., 659, 667
Pierius **2** 58
Pierius v. Alexandria **1** 588, **2** 112, 1011
Pierleone, Petrus ↗ Anaklet II., Gegenpapst
Pierleoni, Baruch **5** 184
Pierling, Paul **12** 884
Pierozzi, Antonin, Ebf. v. Florenz **6** 123, 358, 372, 483 ff., 529, 733, 745, **7** 110, 336, 340, **8** 598, 1209
Pierre, Abbé (Grouès, Henri-A.) **12** 279, 579, 1110
Pierre Ameilh **6** 50, 335, 580
Pierre Authiés **6** 320
Pierre-aux-Bœufs **6** 635
Pierre Aycelin de Montaigu **6** 647
Pierre Barriere **6** 50
Pierre Bureau **6** 640
Pierre Cauchon **6** 637, 648
Pierre d'Ailly **6** 82, 87, 91–97, 100, 105, 126, 285 ff., 354, 362, 364, 370, 635, 648, 711, 890, **7** 131, 541, 548, 684
Pierre de Bar, Kard. **5** 596
Pierre de Cros **6** 61, 82
Pierre de Cuignières **6** 627
Pierre de Foix **6** 117
Pierre de Jean Olieu ↗ Petrus Johannis Olivi
Pierre de la Forêt **6** 647
Pierre de Lusignan **6** 601
Pierre de Monteruc **6** 58
Pierre de Mortemartre **6** 629
Pierre de Nemours **5** 862
Pierre de Salins **5** 610
Pierre de Tarentaise ↗ Innozenz V., Papst
Pierre des Prés **6** 58, 602
Pierre du Bois **6** 594, 627
Pierre Flandrin **6** 50
Pierre Flotte **6** 590, 601, 646
Pierre Gerald **6** 232
Pierre le Mangeur **5** 243
Pierre Le Roy/Leroy **6** 82, 87, 633, 635
Pierre-Léopold, Großhzg. **11** 260
Pierre Plaoul **6** 635
Pierre Poquet **6** 532

Pierre Ravat **6** 635
Pierre Roger ↗ Clemens VI., Papst
Pierre Roger de Beaufort ↗ Gregor XI., Papst
Pierre v. Montbrun **5** 580
Pierre Valdès/Valdo/de Vaux ↗ Pierre Vaudès
Pierre Vaudès (Valdesius) **6** 334
Piers de Girardin, Patrick **9** 195
Pierson, Allard **11** 551
Pietri, Charles **1** 331
Pietro, di, Kard. **10** 342, 643, 663
Pietro II. Candiano, Doge **4** 246
Pietro Barozzi **6** 733
Pietro da Cortona ↗ Cortona, Pietro da
Pietro da Lucalongo **6** 884
Pietro da Morrone ↗ Cölestin V., Papst
Pietro de Vico **5** 642
Pietro Gallocia **5** 564
Pietro Ismaël **5** 561 f.
Pietro Orseolo, Doge v. Venedig **4** 832
Pietro (Rainalducci) da Corbara/Corvaro ↗ Nikolaus V., Papst
Pietro Rombulo **6** 243
Pigas, Meletius, Patr. v. Alexandrien **9** 589, 592
Pighino, Sebastiano **8** 258
Pigneau de Béhaine, P.-J.-G., Apostol. Vikar v. Cotchinchina **9** 783
Pignedoli, Sergio, Bf. v. Lagos **13** 591
Pilatus **2** 495
Pileo **6** 693
Pileo de Prata **6** 606
Pilgrim v. Passau **4** 903
Pillai, Mathusami **9** 818
Piller, Joseph **12** 676
Piłsudski, Józef **12** 879, 881, 890
Pimen (Iswekow), Patr. v. Moskau **13** 370, 394, 396, 411, 425
Pimentel, Diego, Bf. v. Osma **9** 146, 155
Pimentel, Diego Carrillo de Mendoza y ↗ Mendoza y Pimentel, Diego Carrillo de
Pin, Louis Ellies du ↗ Ellies du Pin, Louis
Pinamonti, Begleiter Paolo Segnieris d. Älteren **9** 327
Pinchas **1** 98
Pincherle ↗ Moravia, Alberto
Pindar **1** 723
Pineda, Juan de **8** 691
Pinelle, Louis, Bf. **7** 360, 833
Pinheiro, Emmanuele **8** 888, 896
Pinho, Custodio de, Apostol. Vikar **9** 805, 811
Pinho, Mariano **12** 512
Pinianus **2** 531, 541, 653, 794, 850, 932
Pinochet, Augusto, chilen. Staatschef **12** 1148, **13** 475, 516 f., 533, 537
Pinsk, Johannes **12** 270
Pinta, Bf. **3** 282
Pinto, Sebastião **12** 512
Pinto Ramírez, Andrés **9** 842
Pinytos v. Knossos, Bf. **1** 573
Pio, Pater **12** 138
Piombo, Sebastiano del **7** 493
Pionios v. Smyrna, Märt. **1** 254, 558, **2** 86
Piotr Wolfram **6** 802
Piou, Jacques **11** 512, 514, 518, 521
Piovre, Intendant a. Mauritius **10** 96
Pippin, Sohn Karls d. Gr. **4** 692
Pippin, Sohn Ludwigs d. Fr. **4** 693
Pippin II., Hausmeier **4** 646, 650, 656
Pippin III., Hausmeier **4** 655 f., 660–667, 669, 686, 688 ff., 694 f., 697, 704, 706, 727, 750, 752, 768, 823
Pippin d. Kurze, fränk. Heerführer **3** 1088
Pira, Giorgio la **12** 141, 462, 471, 493
Pirangušnasp, pers. General **3** 1167
Pirckheimer, Charitas **7** 318, **8** 1031
Pirckheimer, Willibald **7** 489, 498, 512
Pire, Dominique-Georges **12** 279, 655
Pires, Tomé **7** 526, 549, 587, **8** 936
Pirmin v. Reichenau **3** 407, **4** 657, 664, 676, 678
Pironio, Eugenio, Kard. **13** 169, 508
Pirot, Georges **9** 364, 997, 999, 1001
Pirounakis, Georgios **12** 1014
Pirozzi, Bf. v. Antanarivo **13** 591
Pisari, Pasquale **9** 1067
Piscator ↗ Fischer, Johann
Pisentios v. Qift **4** 451

Pistoris **7** 216
Pistos v. Alexandria, Bf. **2** 350, 362, 1016
Pistus, Bf. v. Markianopolis **2** 147
Pithiviers, Pierre de **9** 802
Pithois, Claude **8** 1105
Pithou, Pierre **8** 1135
Piticus **8** 328
Pitirim, Patr. v. Moskau **9** 507
Pitirim (Netschaev), Metropolit **13** 408
Pitocchi, Francisco **13** 3
Pitra, Jean-Baptiste, Dom, Bf. v. Frascati und Porto, Kard. **11** 131, 499
Pitt d. J., William **10** 98, 523
Pityrion, Eremit **2** 822
Pius I., Bf. v. Rom **1** 316 ff., 377, 678
Pius II. (Enea Silvio Piccolomini), Papst **6** 110, 112, 128, 233, 254, 291, 469, 701, 807, 890, **7** 3 f., 25, 49, 70 f., 73, 76 ff., 92, 99, 103, 108 f., 117 f., 120 f., 125, 134, 140, 162, 173, 210, 430, 466, 541, 543–546, 548, 557, 564, 639
Pius III., Papst **7** 70 f., 95, 103, 135, 140
Pius IV., Papst **8** 256, 262, 273, 284, 430, 489, 589, 606, 626, 1234, **10** 274, **13** 54, 114, 159
Pius V., Papst **8** 275, 278, 296, 303, 305, 417, 546, 587, 593, 596, 601, 611, 688, 690, 810, 987, 1038, 1071, 1078, 1122, 1181, 1184, 1186, 1214, **9** 284, 350, 904 f., 1005, **10** 270, **12** 1126, **13** 49, 78
Pius VI., Papst **9** 778, **10** 23 f., 32, 108, 190, 342 ff., 357 f., 365, 418, 426, 454, 464, 466 f., 474 ff., 501, 558, 588, 590, 622, 636, 639, 647, 657, 839
Pius VII. (Luigi Barnaba Chiaramonti), Papst **10** 342, 418, 449, 461, 468 f., 474, 476 f., 503, 590, 602, 621–626, 633, 639, 642, 644, 646 f., 650, 654 f., 657 f., 662–665, 671, 675, 715 f., 838, **11** 264, 919, **12** 1150
Pius VIII., Papst **10** 789, **11** 11, 299, 923
Pius IX. (Giovanni Maria Mastai-Ferretti), Papst **10** 788, 792, 824, **11** 13 f., 16 f., 21–24, 32, 108, 110 ff., 116 f., 119 f., 129, 137, 160, 162, 172, 209, 214, 230, 258, 267, 269 ff., 289, 304, 330, 435, 444 f., 448, 452, 455–458, 461, 488, 492, 499, 536, 549, 556, 569, 576, 595–600, 604 f., 607 ff., 611, 642, 758, 802, 912, 920 ff., 932, 936, 938, 948, **13** 522, **12** 13, 139, 210, 243, 251, 281, 374, 379, 454, 467, 474, 634, 1150, 1153
Pius X. (Giuseppe Sarto), Papst **11** 116, 430, 438 f., 443 ff., 468 f., 471, 473, 480 ff., 515, 517 f., 522 f., 595, 599, 602, 611, 613, 617–620, 628, 640, 650 f., 807, 887, 1086, **12** 3, 12, 16, 21, 24, 134, 138, 159, 175, 177, 180, 182, 186, 192, 244, 251, 266, 268, 274, 282, 284, 440, 445, 447, 449, 455, 475, 494, 566, 569, 595, 617, 621, 658, 819, 964, 1138, 1229, **13** 109, 120, 122, 124
Pius XI. (Achille Ratti), Papst **11** 347, **12** 3, 8, 11–18, 22, 24, 33, 36, 134, 142, 144, 154, 180, 186, 188, 192, 212, 227, 248, 250, 254, 257, 263, 271, 273, 282, 287, 289, 297, 305, 316, 322, 376, 379, 381, 393, 395–402, 412, 427, 431, 439, 442, 448, 454, 458, 461, 465, 469, 480 f., 486, 491, 516, 523, 566, 569, 571, 596, 617, 620, 623, 625, 641, 660, 669, 685, 691, 693, 832, 869, 879, 887, 959, 966, 1105, 1108, 1113, 1174, 1193, **13** 4, 41, 65, 82, 216, 291, 301, 306
Pius XII., Papst **9** 168, **11** 477, **12** 3, 9, 13, 17–25, 30, 35, 37, 134, 141, 144, 149, 153, 155, 157, 166, 171, 176, 180, 185, 192, 209, 213, 216, 218, 221, 229, 232, 234, 236, 241, 246, 248, 257, 264, 268, 271, 273, 283, 289, 292, 299, 303, 305, 319, 367, 377, 387, 398, 401–421, 426, 439, 442, 448, 454, 457, 465, 488, 492, 507, 511, 515, 529, 570, 581, 624, 693, 697, 702, 727, 735, 761, 764, 988, 992, 1026, 1106, 1147, 1154, 1157, **13** 3 ff., 7 ff., 13 f., 20, 32 f., 41, 49, 65, 76, 78, 82, 90 f., 111, 216, 290 f., 297, 299 ff., 306, 308, 315, 322, 325, 328, 494, 559, 625
Pivert, Aimée **9** 393
Pixley, Jorge **13** 205
Pizarro, Francisco **8** 775, 816

, Gonzalo **8** 801
Pizzardo, Giuseppe, Kard. **12** 13, 21, 166, 183, 400, 1174, **13** 6, 8f., 40
Pizzaro, Luna **10** 792
Pla y Deniel, Enrique **12** 533
Place, Josué de la **9** 422
Placentinus **5** 868
Places, Claude Poullard de **10** 247
Placidia, oström. Ksn. **3** 691
Placidus v. Nonantola **5** 128
Planas, Nikolas **12** 959
Plancius, Kartograph **8** 929
Planck, Gottlieb Jakob **11** 57, 78
Plancy, Collin de **10** 666
Plano Carpini, Johannes de **7** 536f.
Planque, Augustin **11** 978, 1013
Plantin, Christophe **7** 648, **8** 183, 461, 689, 897, **9** 848f.
Plantsch, Martin **7** 220
Plateas **2** 235
Platina, (Bartolommeo de' Sacchi) **7** 104, 331
Platon **1** 578, 581, 595, 608, 611, 633, 723, 732, 734, 739f., 748, 768, 777, 797, 870, 874, 881f., 887, 890, 892, 900f., 903, 905f., 908, 911, 915, 920, 922, 948, 954f., **2** 13, 90, 401, 707, 712, 727, **3** 255, 651, 656, **4** 70, 91, 138, 333, 434, 853, **5** xxxiii, 462, 472f., 487, 516, 883, **6** 111, 820, **7** 476, 498, 507f., 620f., 644, 655, **9** 787, **12** 101, 201
Platon, Oheim d. Theodoros Studites **4** 144, 168, 279
Platon, Patr. v. Moskau **10** 127
Plautus **4** 852, **9** 940, 1050
Play, Frédéric le **10** 563, **11** 36f., 522, 539, **12** 284
Plaza, Juan **8** 687
Plegmund v. Canterbury **4** 746
Plessis, Joseph-Octave, Bf. v. Quebec **10** 182, 504, 519, 524f., 528ff., 532
Plessis-Mornay, Philippe Du **8** 111, 332, 343, 497, 509, 512, 870, 1112, 1147, 1177, 1180, **9** 179, 478, 672, 764, 867, 964f.
Plethon **6** 826, **7** 29
Plethon, Georgios Gemistos **7** 620
Pleynet, Marcelin **12** 159
Plinius d. Jüngere **1** 3, 113, 157f., 240ff., 247, 251, 256ff., 309, 311, 336, 370, 565, 928, **2** 87, 713, 731, 774
Plotin **1** 523, 529, 540f., 604f., 607, 699, 743, 910, **2** 16, 172, 216, 402, 920, **4** 100, 138, 333, **7** 620, **11** 341
Plowden, Charles **10** 501
Pluche, Antoine, Abbé **9** 1114
Plütschau, Heinrich **9** 807
Plunkett, Oliver, Ebf. v. Armagh **9** 113f.
Plusianus, Bf. **2** 331
Plutarch **1** 633, 761, 792, 881, 911
Plutarch, Märt. **1** 603, 605
Pluto **2** 108
Pobedonoscev, Konstantin Petrovitch **11** 722–728, 737, 739, 744, 746, 749f., 753, 756, 763, 768
Poblete, Renato **13** 508
Pociej (Potij), Hyptius **8** 655
Podgornyj, Nikolaj, sowjet. Staatsoberhaupt **13** 423
Podoski, G. **10** 219
Poduska, Jan **7** 764
Poe, Edgar A. **12** 161
Poels, H. A. **11** 554f.
Poemenia, Pilgerin **2** 827, **3** 619
Poggio Bracciolini **6** 483
Poglietti, Alessandro **9** 1068
Pogodin, Mikhail **11** 715, 745
Poimen, Asket **2** 28, 823, **3** 659
Poimen, Metropolit **6** 182
Poincaré, Henri **11** 437f.
Poincaré, Raymond **12** 572
Poiret, Pierre **9** 841, 880, 1141
Poirier, Ephrem Sylvain **10** 519
Poitevin **10** 574
Poivre **9** 782
Poivre, Pierre **10** 185
Pokrovsk, Nikolaj **11** 751
Pol Aurelian, ir. Missionar **3** 978
Polanco, Juan **8** 999, 1008
Polani, Augustinerpater **10** 655
Polansdorf, Polanus v. **8** 437
Polding, John Bede **11** 1065f.

Pole, Reginald **8** 222, 226, 251, 256, 258, 272, 575
Polemius, Bf. v. Astorga **3** 406
Polemon, Bf. **2** 336
Polemon v. Smyrna **1** 673
Polenta, Familie **6** 572
Polentz, Georg v., Bf. **7** 762
Polianskij, Petr **12** 939
Polianus, Bf. v. Mileu **1** 644
Polignac **10** 676
Polignac, Jules Auguste de, franz. Außenminister **11** 134
Polikin, P. Isaij **11** 766
Politianos, Patr. v. Alexandreia **4** 420 f.
Politus ↗ Catherinus, Ambrosius
Poliziano, Angelo **7** 507, 621, 645, **8** 379
Pollaiuolo, Antonio del **7** 478, 486
Pollock, Jackson **12** 159
Polo, Familie **6** 6, 878
Polo, Marco **5** 793, **6** 215, 878, **7** 499, 522, 526, 536 f., 541, 544 f., 550 f., **8** 857
Polosin, Vyacheslav **13** 402
Polybius, Bf. v. Tralles **1** 236, 329, 740, 761
Polycarp de Souza **10** 146
Polycarpus, Bf. v. Hadrumetum **1** 643, 655
Polychronios **4** 46
Polychronius v. Apameia **2** 1038
Polycrates v. Ephesus, Bf. **1** 154, 322, 375 ff., 451, 556 f., 568, 681 f., **2** 85
Polyeuktos, Patr. v. Konstantinopel **4** 206, 208 f., 220, 223, 250, 342, 431
Polyeuktus, hl. **3** 671
Polykarp, Bf. v. Smyrna **1** 152, 154, 157, 161–164, 239, 246, 251 f., 258, 280, 287, 320, 323 f., 329–335, 375, 377 ff., 451 f., 521, 567, 630 f., 640, 672, 679, 682 f., 688, 725, 733, 780, 815, 817, 826, 858 f., **2** 83, 86, 139, 146, 723
Polykarpos, Metropolit v. Adrianupolis **6** 150
Polykrates, Bf. v. Ephesus ↗ Polycrates v. Ephesus
Poma de Ayala, Felipe Guamán **8** 802, 849
Pomarancio (Nicolo Circignano) , **8** 1212, 1221
Pomaré, Kgn. der tahitischen Gesellschafts-Inseln **11** 144 f., 147, 1068
Pombal, Graf v. Oeiras, Marquis de (eigentlich Sebastião José de Carvalho e Mello), portugies. Außen- und Premierminister **9** 156, 657, 740, 744, 818, **10** 33, 166, 168, 779, **11** 944
Pomey, Père **9** 835
Pompallier, Jean-Baptiste, Apostol. Vikar, **11** 144, 1063, 1076
Pompeia Agrippinilla **1** 307 f.
Pompeiana **2** 680
Pompeius, Bf. v. Sabratha **1** 644, **2** 47
Pompeius, Neffe Ks. Anastasios' **3** 202
Pompeius, röm. Feldherr **1** 11, 238, 307, 462, 865
Pompejanus, Prätorianerpräfekt v. Verona **2** 199
Pompignan, Jean Georges Lefranc de **10** 236, 251 f., 255, 283, 285, 311 ff., 331
Pompili, Kardinalvikar **12** 386, 396
Pomponazzi, Pietro **7** 342, 490, 509, **8** 368, 614, 1148, 1155, 1167, **9** 959
Pomponia Graecina **1** 176, 670
Pomponius, Bf. v. Dionysiana **1** 643
Pomponius v. Karthago, Diakon **1** 640
Pomponne, Arnauld de ↗ Arnauld de Pomponne
Ponce v. Saint-Ruf, Abt **5** 155
Poncelet, Yvonne **12** 664
Poncher, Etienne, Bf. v. Paris **7** 172, 181, 360
Poniatowska, Kristina **9** 484
Poniatowski, Michael Jerzy, Bf. **10** 194
Poniatowski, Stanislas August, poln. Kg. **10** 191, 195, 197, 218
Ponsard, Abgeordneter **10** 678
Ponsignon **10** 459
Pont, Robert **8** 1233
Pontard, Bf. **10** 543, 588, 591 f.
Pontbriand, de, Bf. v. Quebec **10** 522
Pontchâteau, Abbé M. de **9** 378
Pontianus, Bf. v. Rom **1** 262, 618 f., 691, 697
Ponticianus **2** 920

Ponticus v. Pontus, Märt. **1** 255, 331
Pontius, Abt v. Cluny **5** 77, 79
Pontius, Diakon **1** 648ff., 653, 659
Pontius, Märt. **3** 251
Pontius, Schüler Donatus' **2** 261, 265
Pontius Diaconus **2** 726
Pontius Pilatus **1** 2–5, 11, 22f., 25, 40, 45ff., 137, 171, 210, 229f., 400f., 490, 817, 819
Pontius v. Melgueil **5** 405, 407
Pontoppidan, E. **10** 62
Pontoppidan, Morten **11** 587
Pontormo ↗ Carrucci, Jacopo
Ponzetti, Ferdinando **7** 112
Popelinière, la **8** 823, 871, 1135
Popiel, Markell **11** 758
Popieluszko, Jerzy **13** 365
Popov, Irinarch, Ebf. v. Riga **11** 759
Popović, Vincent, Patr. v. Peć **9** 578
Poppe, Édouard **12** 659
Poppo, dän. Missionar **4** 906
Poppo v. Stablo **4** 794f., 841
Poppo v. Würzburg **4** 804
Poquet, Antoine **8** 181
Porcarius, Abt v. Lérins **3** 969
Porcaro, Stefano **7** 91, 99, 332
Porcaro, Tiburzio **7** 91
Porech, Wladimir **13** 397
Porfirio, Diaz, mexikan. General **11** 940f., 964
Porion, Bf. **10** 543
Porphyrios v. Tyrus **1** 523, 540f., 604f., 608, 699, 743, **2** 13, 16, 179, 237, 333, 397, 402, 718, 920, **3** 255, **4** 124, 333, 433, 853, **5** 875
Porphyrius v. Antiochia, Bf. **2** 567, 1034, 1038
Porphyrius v. Gaza, Bf. **2** 560, 1041
Porpora, Nicola **9** 1068
Porres, Martín de **8** 849, **11** 922
Porta, Giacomo della **8** 283, 1216, 1222
Portal, Baron **11** 134
Portal, Fernand (Pseudonym Dalbus) **11** 337, 351, 422, 440, **12** 293
Portalis, Comte **11** 167
Portalis, Jean Étienne Marie **10** 15, 312, 624f., 627f., 631, 637, 651, 655f., 680f., 717, 722, 831
Portalis, Joseph **10** 476f.
Porte, la Kanoniker **9** 138, 1039
Porter **11** 896
Portier, Lucienne **11** 337
Portillo, Alvaro de
Porto Maurizio, Leonardo da **9** 899, 906, **10** 25, 266
Posadas Ocamopo, Jesús, Kard. Ebf. v. Guadalajara **13** 538
Poseidonios **2** 707
Posidonius **3** 1148
Posidonius, alexandr. Diakon **2** 586
Possessor, Bf. **3** 198, 208
Possevino, Antonio **8** 386, 442, 491, 614, 1054, 1066
Possidius v. Calama **2** 513, 515, 537, 726, 918, 922, 924, **3** 271
Postel, Guillaume **8** 183, 918, 1103, 1167, **9** 940
Postumianus **2** 827, 973
Poszman **10** 822
Potamiaina, Märtyrin **1** 260, 603
Potamius (Anhänger d. Priszillian v. Avila) **2** 493
Potamon, Bf. **2** 612
Potamon v. Alexandria **1** 599
Potemkin, Grigorij A., russ. Fürst **10** 107
Potentius, Bf. v. Tipasa **3** 1132
Pothinus, Bf. v. Lyon **1** 254, 330ff., 335, 521, 688, 826, **2** 138
Pothouin **9** 398
Potij, Ipatij ↗ Pociej, Hyptius
Potocka, Teresa **10** 218
Potocki, Johann **10** 218
Potocki, Stanislaus **10** 751f.
Potter, Louis de **10** 742f., **11** 17
Potter, Philipp **13** 132
Pottier, Antoine **11** 539ff.
Pottier, Msgr. **10** 150
Pouchet **11** 436
Poulain, Auguste **11** 439
Poulat, Emile **11** 383, 439, 444, 481, **12** 609

Poullain, Valérand **8** 317, 471
Poupard, Paul, Kard. **13** 44
Poupart, Pfarrer **10** 347f.
Pourbus, Frans **9** 1042
Pourrat, Pierre **11** 338
Poussin, Nicolas **9** 1042, 1044
Poutrincourt, Jean de **9** 662
Powell, Enoch **12** 807
Poynet, John **8** 1176
Pozzo, Andrea **9** 1035, 1037
Prades, Jean-Martin de, Abbé **10** 284
Pradié, Victor **11** 38, 171
Pradt, Dominique Georges Frédéric Dufour **10** 645
Praejectus (Prix), Bf. v. Colombier **3** 847
Praepositinus v. Cremona **5** 876
Praesens, Konsul **1** 627
Praetextat, Bf. v. Rouen **3** 811, 817f., 820, 827
Praetextatus, Vettius Agorius **2** 13, 17, 796
Praetextatus v. Assuras, Bf. **2** 511
Praetorius, Jacob **9** 1081
Praetorius, Michael **8** 29, 1241, 1244, **9** 1074
Prätorius, Stephan **10** 202
Pranaytis, Justin **11** 761
Praxeas, Häretiker **1** 571, 684, 703, 707, 945, 950f., **2** 276
Praxedis (Adelheid) **5** 343
Praylos v. Jerusalem, Bf. **2** 538, 541
Préameneu, Bigot de **10** 631, 643, 646, 656
Prélot, Marcel **12** 620
Prémare, Joseph de **9** 789f.
Premudryi ↗ Epiphanios d. Weise
Preobrazenskij, Agafangel **12** 937
Pressensé, Edmond de **11** 48, 75f., 196, 415, 501, 526
Prevost, J. M. **11** 964
Prévost, Jean **7** 837
Prévost, Jean-Léon le **11** 34, 184
Preysing, Konrad Graf v. **12** 22, 419, 699, 727
Price, Richard **10** 53
Prierias, Silvester **7** 694, 750, 847f., 853f.
Priestley, Joseph **10** 53, 494
Prieur, Abbé **10** 637
Prigione, Jerónimo, Apostol. Nuntius in Mexiko **13** 522
Prim, Juan **11** 631
Primasius, Bf. v. Hadrumetum **3** 465, 757
Primianus v. Karthago, Bf. **2** 510, 514, 519
Primitianus, Bf. v. Sufetula **1** 643
Primo de Riveira, Miguel **12** 516, 520, 522
Primosus, Bf. v. Karthago **3** 452, 756
Primus, Bf. v. Alexandria **1** 167
Primus, Bf. v. Korinth **1** 153
Primus, Bf. v. Misgirpa **1** 644
Primus, Bf. v. Salona (Split) **2** 149
Principius, Bf. v. Soissons **3** 248
Prinsterer, Guillaume Groen van **11** 549f., 552
Priscian ↗ Priscianus
Priscianus **3** 880, **4** 852, **5** 462
Priscilla, Mitarbeiterin d. Paulus **1** 119, 121, 126f., 172, 285f., 292, 305f., 626, 667f.
Priscilla, Montanistin **1** 160, 570f., 573f., 860
Priscillian **3** 219ff., 405
Priscillian ↗ Priszillian
Priscos, Patricius Orientis **3** 936
Priscus, Bf. v. Nocera **2** 133
Priszillian v. Avila **2** 462, 478–491, 493–502, 525, 859, 896, 905, 943, 950, 957, 972, 974, 977
Pritchard, George **11** 144–147
Privatus, Bf. v. Sufes **1** 643
Privatus, häret. Bf. v. Lambaesis **1** 646, **2** 45, 51, 126
Priwina, mähr. Fürst **4** 733
Proaño, Leonidas, Bf. v. Riobamba **13** 59
Proba **2** 850, 913
Probinus, Bf. v. Aquileja **3** 479
Probinus, röm. Priester **3** 919ff.
Probinus, Senator **3** 316
Probos, Sophist, Bf. v. Chalkedon **3** 508f.
Probus, Neffe Ks. Anastasius' **3** 154
Probus, röm. Ks. **2** 175
Probus, röm. Kleriker in Jerusalem **3** 955
Probus v. Canusium, röm. Legat **3** 175
Prochanov, Ivan S. **13** 420, 430
Prochoros Kydones **6** 201, 302, 819

Prochorus, hl. **4** 588
Proclus **2** 577, 616
Proclus, Montanist **1** 161, 572, 641, 684
Proclus, Patr. v. Konstantinopel **3** 15 ff., 19, 21, 23 f., 26–30, 32–35, 38, 112, 115, 205, 551, 558, 1199 ff.
Proclus, peripatet. Philosoph **3** 651, 657, 678
Proclus, Proconsul Asiae **3** 51
Procopius **3** 1273
Procopius, Aufständ. gg. Valens **2** 425, 428
Procula **2** 487, 490
Proculianus v. Hippo, Bf. **2** 514
Proculus, Bf. v. Marseille **2** 961, 965, **3** 253, 367, 967, 982
Proculus, Bf. v. Tours **3** 814
Proculus Gregorius, Präfekt **2** 489
Prodanov, Vinzenz **12** 1006, 1008
Prodikos **1** 591
Profuturus **3** 1086 f.
Profuturus v. Constantina, Bf. **2** 513
Prohászka, Ottokár **11** 704, **12** 878, 893
Projectus, Bf. **2** 596, **3** 239 f.
Proklos s. a. Proclus
Proklos, armen. Patr. **4** 476
Proklos, Philosoph **2** 717, **4** 333, **5** 367, 516
Prokofiew, K. K. **13** 430
Prokop **6** 343
Prokop v. Gaza, Bf. **2** 1058
Prokop (v. Skytopolis) **2** 183
Prokopios v. Caesarea **3** 264, 266, 280, 339, 425, 470, 650, 682, 690, 692, 694, 757, 762 f., 767, 771 f., 774, 776
Prokopios v. Gaza **3** 653
Prokopovič, Feofan, orth. Ebf. **9** 510 f., 528–531, 533, 536, **10** 103
Prokopovitch, Theophan **11** 724
Prometheus **2** 759
Promotus, Bf. v. Chateaudun **3** 802
Propst, Jakob **7** 745 f.
Prosch, Roderich de **11** 417
Prosper Tiro v. Aquitanien, Chronist **2** 490, 548, 727, 981, **3** 252, 256 f., 302, 334, 469, 871
Prota-Giurleo, Luigi **11** 606
Protasius, Märt. **2** 968, 976, **3** 251, 1114, 1116, 1121, 1129 f., 1135
Protasov, Nikolaj Aleksandrowitsch **11** 716
Proterios, Patr. v. Alexandria **3** 121, 165, 167 f., 170, 513, 566
Protogenes v. Sardica, Bf. **2** 153, 361
Protus v. Aquileia, Märt. **2** 134
Proudhon, Pierre Joseph **9** 168, **10** 680, **11** 935
Provencher, Weihbischof **10** 530
Providentius, Bf. **3** 911
Provins, Pacifique de **9** 663 f., 802
Provost, Jan **8** 1209
Prudentius (Aurelius Prudentius Clemens) **1** 140, **2** 139, 142, 152, 184, 733, 742, 894, 914, 947, 952, 964, 999, **3** 213, 402, 725, 1114, 1117, 1125, 1148
Prudhomme, Claude **11** 412, 418
Prugner, Nikolaus **7** 728
Prusinovsk, Wilhelm **8** 629
Pruystinck, Éloy **8** 461
Pryjov, Ivan **11** 743
Przypkowski, Samuel **9** 492, 494
Przywara, Erich **12** 220, 232
Psaume, Nicolas **8** 284
Pseudo-Athanasios **3** 587, **4** 78
Pseudo-Demetrius **1** 144
Pseudo-Dionysios Areopagita **2** 1075, **3** 640, 656 f., 659, 1216, **4** 52, 126, 138, 163, 433, 465, 704, 762, 854, **5** 13, 23, 381, 456, 467, 472, 752, 877 f., **6** 286, 297, 308, 395, 558, **7** 620, 626, 681, 851, **9** 273, 824, 826
Pseudo-Dositheus **4** 850
Pseudo-Fredegar, Chronist **3** 359, **4** 74
Pseudo-Hekataios **1** 869
Pseudo-Hieronymus **2** 204
Pseudo-Hippolyt **1** 522, 541 f., 549
Pseudo-Isidor ↗ Isidorus Mercator
Pseudo-Kaisarios **3** 640
Pseudo-Kodinos **6** 137
Pseudo-Makarius ↗ Symeon v. Mesopotamien
Pseudo-Melito **2** 78

Pseudo-Methodios v. Patara **4** 81, **7** 27 f., 61
Pseudo-Nennius **3** 865, 868
Pseudo-Photios **4** 235
Pseudo-Sebeos **3** 1212, 1221, **4** 81, 480, 502
Pseudo-Symeon **6** 558
Pseudo-Tertullian **1** 452
Psichari, Ernest **11** 346
Ptolemäus **1** 100, 446, 521, 523 f., 537, 550, **7** 522, **8** 1141, 1160
Ptolemäus, Gnostiker **1** 679
Ptolemaeus, mauretan. Kg. **1** 623
Ptolemäus I. Soter, ägypt. Herrscher **1** 870
Ptolemäus II. Philadelphus, ägypt. Herrscher **1** 756, 763, 765 f., 768, 868
Ptolemäus IV. Philometor, ägypt. Herrscher **1** 867 f.
Ptolemaios **4** 91, 468, **5** 487
Ptolemaios Soter **2** 13
Ptolemeus v. Lucca **6** 582
Publius, Bf. v. Athen **1** 153, 254
Publius, Klostergründer **3** 606
Publius Julius Scapula, Prokonsul **1** 260
Publius v. Lakedaemonia, Bf. **1** 573
Pucelle, Abbé **9** 382, 391
Pucelle, Gerhard **5** 243
Pudentianus, Bf. v. Cuicul **1** 644
Puech, H.-Ch. **1** 526
Puech, Joseph **10** 545
Puente, Luis de la **8** 693, 1052, **9** 842 f.
Pufendorf, Samuel Freiherr v. **9** 187 f., 531, 981, 1096, **10** 21, 29, 55, 61
Pugačëv (Pugatschow) **9** 515, 518, 524
Puget, Guillaume **11** 337
Puget de La Serre, Jean **9** 1017, 1060
Pugin, Augustus Welby Northmore **11** 238
Pujati, Giuseppe Maria **10** 30, 278, 594
Pulcheria, oström. Ksn. **2** 589, 622, **3** 18, 30, 52, 71, 73, 75 f., 78, 81, 83, 91, 94, 103, 123, 175, 633, 638, 671, 680 f., 742
Pulgar, Hernando de **7** 391
Pulzone ↗ Scipione da Gaeta
Pumacahua, Mateo **10** 776
Pupey-Girard (SJ) **12** 586
Purcell, Edward **11** 861, 868
Purcell, Henry **9** 1078, 1080, 1137
Purchas, Samuel **9** 735
Purinton, Edward **12** 1045
Purpurius, Bf. v. Limata **2** 244, 247
Pury, Roland de **12** 262
Puschkin, Alexander **10** 821, 824 f.
Pusey, Eduard Bouverie **11** 1, 226 ff., 230, 233, 239, 559
Pusillus, Bf. v. Lamasba **1** 644
Puttkamer, Robert v., deutscher Kultus- und Innenminister **11** 463, 1005
Puvis de Chavannes, Pierre **11** 127
Puy, François du **7** 184
Py, Fernand **12** 167
Pym, John **9** 97
Pyrrhos, Patr. v. Konstantinopel **4** 36, 42 ff., 46 f., 51, 626, 642
Pyt, Henri **10** 689
Pythagoras **1** 500, 546, 748, 890, 901, **2** 408, **3** 656

Qais d. Maronit **4** 424
Qalāhwūn, Sultan **6** 222
Qanīšō, Metropolit **4** 480
Qianlong, Ks. v. China **9** 775 f., 778 f., 803, **10** 146
Quadratus, Bf. v. Athen **1** 573, 873, 926
Quang Trong ↗ Nguyen Van Hue
Quarracino, Antonio, Kard. Ebf. v. Buenos Aires **13** 509
Quatremère de Quincy **10** 378
Qubilai, mong. Großkhan **7** 536, 538, 540
Queis, Erhard v., Bf. v. Pommern **7** 762
Quélen, Hyacinthe Louis de, Ebf. v. Paris **10** 674, **11** 167, 169
Quémener **9** 773, 780
Quental, Bartolomeu do **9** 267
Quentel, Verleger **8** 1236
Quéralay, de, Bf. **9** 780
Querbes, Louis **11** 181
Quéré, France **13** 285
Quesada, Jiménez de **8** 780, 782
Quesnel, Pasquier **9** 140 f., 374 f., 378–383, 385, 390, 400, 1007, **10** 11, 26, 566
Questenberg, Kaspar v. **9** 22
Quesvremont-Lamotte **10** 589

Quevedo, Juan, Bf. **7** 603
Quevedo, Orlando B., Bf. v. Nueva Segovia **13** 684
Quevedo y Quintana, Pedro, Bf. v. Orense **11** 282
Quévillon, Louis Amable **10** 528
Quiblier **10** 532
Quiens, Mgr. le **10** 416
Quietus, Bf. v. Uruc **1** 643
Quieu, Antoine le **9** 282
Quilij Arslan **5** 4
Quillet **9** 961
Quinet **10** 856
Quinet, Charles **12** 276
Quinet, Edgar **11** 169, 514
Quiñone, Francisco de **8** 218, 977
Quint, Charles **9** 757
Quintilian **1** 947, **2** 707, **4** 754
Quintillus v. Herakleia, Bf. **3** 55
Quintinianus, Bf. v. Rodez **3** 352, 363
Quintus, Bf. in Mauretanien **1** 644, 647, 661, 682
Quintus, Bf. v. Agbia **1** 642
Quintus, Bf. v. Nola, Märt. **2** 133
Quintus Lollius Urbicus, Präfekt **1** 252, 874
Quiricius, iber. (georg.) Bf. **3** 956
Quirini, Tommaso **7** 136 f.
Quirini, Vincenzo **7** 335, 338
Quirinius, Statthalter v. Syrien **1** 13 f.
Quirino de Jesus **11** 626
Quirinus (Pseudonym v. Acton, John Lord) ↗ Acton
Quiroga, Gaspar de **8** 691, 714
, Vasco de **7** 567, **8** 801, 806, 812–815, 835, 851, 866, **9** 645
Quisling, Vidkun **12** 849
Quispel, G. **1** 526
Quna ↗ Qune, Bf. v. Edessa
Qune, Bf. v. Edessa **1** 564, **2** 76
Quodvultdeus, Bf. v. Karthago **3** 265, 272, 274, 285, 288, 297
Quodvultdeus, röm. Abt **3** 481
Quoist, M. **12** 252
Quonus, Johannes **7** 638
Qustā ibn Lūqā **4** 408 f.

Rabanus v. Helmstedt **6** 696
Rabaut-Dupuis **10** 477
Rabban, Yonan **11** 823
Rabban Marcus **6** 245
Rabbula, Bf. v. Edessa **2** 621, 1039, 1084, **3** 11 f., 14, 23, 25, 49, 448 f., 587, 608 ff., 1197, 1199 ff.
Rabelais, François **7** 86, 144, 497, 632, 656, **8** 457, 576, 1145
Rabemila, Yvette **13** 335 f.
Råbergh, C. H., Bf. v. Provoo **11** 592
Racan, Honorat de **9** 1062
Racine, Jean Baptiste **1** 859, **9** 355 f., 358 ff., 364, 367, 372 f., 850, 1061 f.
Raczynski, Ignacy, Ebf. v. Gnesen **10** 638
Rad, Gerhard v. **12** 1075
Rada, Martín de **8** 940
Radagais **2** 1000, 1002
Radama I., Kg. v. Madagaskar **11** 140 f., 1015 f.
Radama II., Kg. v. Madagaskar **11** 141 f., 1017
Radaxara, Pandit **8** 884, 886
Radbold, fries. Hzg. **4** 656
Radcliffe, Charles, Lord Deventwater **10** 213
Rade, Martin **11** 679, **12** 89
Radegund, Nonne, fränk. Kgn. **3** 814, 824, 840 f., 844 f., 847, 971, 980, 989, 1003
Rademaker, Carlos Joao **11** 281
Rader, Matthäus **8** 1043
Radewijns, Florens **7** 227 f., 230 f.
Radicati, Alberto **9** 156
Radim-Gaudentius v. Gnesen **4** 831, 900
Radini-Tedeschi, Giacomo M., Bf. v. Bergamo **11** 617, 619, **13** 3 f.
Radoald v. Porto **4** 181, 183
Radolf v. Lüttich **4** 853
Radstock, Lord **11** 586, 588
Radu d. Große, walach. Fürst **7** 47 f.
Radu d. Schöne, walach. Fürst **7** 47
Radu-Mihnea **9** 582
Radu-Serban, Walachischer Fürst **9** 582
Raduleanu, Boris **13** 370
Radulf Niger **5** 231
Radulf v. Besalu, Bf. v. Gerona **4** 782

Radziszewski, Idzi **12** 880
Raedwald, Kg. v. Ostanglien **4** 624
Raemond, Florimond de **8** 335, 1102
Raess, André **10** 711, **11** 108
Rafael Maria da Assunçao **12** 514
Raffael (Raffaello Santi/Sanzio) **7** 105 f., 485, 487, 491, 510, **8** 1199, **12** 167
Rafiringa, Raphaël **11** 1021
Raganfrid v. Rouen **4** 650
Ragaz, Leonhard **11** 579 **12** 45, 89, 91, 99, 347, 672, 674, 709
Ragazzoni, Jeronimo **8** 1234
Raginbold v. Köln **4** 853
Ragland, Thomas **11** 1024
Ragueneau, Paul **9** 676
Raharo, madagass. Premierminister und Regent **11** 1017
Rahewin, Chronist **5** 216, 233
Rahidy, Basilide **11** 977
Rahner, Hugo **12** 196, 221, 764, 806
Rahner, Karl **12** 188, 196, 205, 209, 213, 221, 225, 232, 273, 764, 806, **13** 12, 20, 33, 39, 153, 160, 173 f., 189 f., 194, 196, 199
Raimund III. v. d. Provence, Graf **5** 221
Raimund V. v. Toulouse, Graf **5** 577
Raimund VI. v. Toulouse, Graf **5** 582, 588, 892
Raimund VII. v. Toulouse, Graf **5** 577 f., 868
Raimund Berengar I. v. Barcelona, Graf **5** 292
Raimund Berengar IV. v. Barcelona, Graf **5** 221, 304
Raimund Gaspard v. Toulouse **5** 529
Raimund v. Burgund **5** 296
Raimund v. Capua **6** 28, 77, 528, 709, 745
Raimund v. Fitero, Abt **5** 304
Raimund v. Penafort **5** 607, 610, 648, 679, 788, 791, 829, **6** 488
Raimund v. Puy, Johanniter-Ordensmeister **5** 321
Raimund v. Saint-Gilles **5** 49, 584
Raimundus Lullus **5** 788, **6** 265, 372, 541, 845, 851, 879, 881, **7** 532, 535, 537, 563 f., 592, **8** 709, 894
Rainald v. Dassel **5** 215 f., 221 f., 661
Rainald v. Jenne, Kard. **5** 559, 574, 590, 593
Rainald v. Sens, Graf **4** 868
Rainer v. Bieda ↗ Paschalis II., Papst
Rainer v. Pisa **5** 529
Rainer v. Pomposa **5** 646
Rainilaiarivony, madagass. Premierminister und Regent **11** 142, 1017
Rainisoalambo **11** 1019
Rainivoninahitriniony, madagass. Premierminister und Regent ↗ Raharo
Rainolds, William **8** 546
Rainulf v. Alife **5** 197 f.
Rainulf v. Caiazzo **5** 67
Raiser, Konrad **13** 132, 135
Raison, André **9** 1082
Raj, Katadshama, Bfn. **13** 231
Rajaonary **11** 1018
Rajić, Jovan **10** 734
Rákóczi, Ferenc II. **9** 14, 30
Rákóczi, György I. **9** 14, 29, 31
Rákóczi, Sigismund, Fürst **9** 483
Rakoto, madagass. Fürst ↗ Radama II.
Rakotomolala, Jérôme, Ebf. v. Antananarivo **13** 591
Râle, Sébastien **9** 675
Ram Mohan Roy **11** 1025, 1031
Rama I., Kg. v. Siam (General Paya Chakkri) **9** 780
Ramakrishna Paranahamsa, Sri **11** 1031
Ramalho, João **8** 863
Ramanones, Conte **11** 640
Ramazzini, Arzt **9** 204
Ramazzotti, Bf.v. Pavia, Patr. v. Venedig **11** 154
Rambam ↗ Maimonides, Moses
Rambaud, Camille **11** 34
Rambaud, Joseph **11** 183, 498
Rameau, Jean-Philippe **9** 1071
Ramiére, Henri **11** 124, 189
Ramirdus v. Douai **5** 140
Ramírez, Juan **10** 776
Ramiro II., Kg. v. Aragón **5** 304
Ramoma ↗ Ranavalona II.
Ramón, Pedro **8** 926

Ramón Lull ↗ Raimundus Lullus
Ramos, Fidel, philippin. Präsident **13** 683, 685
Rampolla del Tindaro, Mariano, Nuntius in Madrid, Kard. **11** 347, 462, 469, 471, 493, 508, 511, 612, 636f., **12** 4, 389, **13** 308
Ramsay, André Michel **10** 213
Ramsey, Arthur Michael, Ebf. v. Canterbury **12** 84, 812, 817, **13** 138
Ramsey, Paul **13** 285
Ramus, Petrus **8** 105, 113, 118, 1117
Ramwold v. Regensburg, Mönch **4** 803
Ranavalona I., Kgn. v. Madagaskar **11** 107, 141, 977, 1015f.
Ranavalona II., Kgn. v. Madagaskar **11** 142, 1017
Ranc, Pastor **9** 1138
Rancé, Armand Jean Le Bouthillier de **9** 282, 293, 307, 834f.
Randon **11** 995
Ranerio Fasani **6** 329
Ranfaing, Elisabeth v. **8** 1104
Rangerius v. Lucca, Bf. **5** 128
Raniero v. Viterbo, Kard. **5** 638, 643, 680
Rank, Otto **12** 1074
Ranke, Leopold v. **11** 55, 300
Ranulphe de la Houblonnière **5** 873, **6** 351, 363, 371, 379, 385
Ranutius **5** 213
Ranyard, Ellen **11** 237
Raoul de Presles **6** 82
Raphael, Patr. v. Konstantinopel **7** 46
Raphael II., Patr. v. Konstantinopel **8** 372
Rapp, Johann Georg **10** 861, **11** 313
Rashdall, Hastings **12** 816
Rasinia Secunda v. Tipasa **1** 661
Rasmussen, Arboe **11** 592, **12** 857
Rasoamanarivo, Victoire **11** 1021
Rasoherina, Kgn. v. Madagaskar **11** 142, 1017
Rasputin, Grigorij **11** 726, 729f.
Rasputin, Valentin **13** 398
Rasser, Johannes **8** 416
Rastell, John **8** 541
Rastislav, mähr. Fürst **4** 184, 197, 230, 233, 731, 891
Rastock, Lord **11** 756
Ratchis, langob. Kg. **4** 665
Rather v. Verona, Bf. **4** 780, 870, **5** 123
Ratisbonne, Alphonse **11** 126, 189
Ratramnus v. Corbie **4** 757, 761
Ratsiraka, Didier, Präsident v. Madagaskar **13** 569
Rattazzi **11** 18
Ratti, Achille ↗ Pius XI., Papst
Ratzinger, Joseph, Kurienkardinal **12** 223, **13** 60, 123, 126, 155ff., 174f., 285, 510f., 698
Rauchingus v. Soissons, fränk. Hzg. **3** 836
Raue, Christian ↗ Ravius
Raulin, Jean **7** 181, 360, 362, 833
Raumer, Karl v. **11** 314
Rauschenbusch, Walter **11** 898ff., **12** 45, 1132
Rauscher, Joseph Ottmar v., Kard. Ebf. v. Wien **11** 13, 111, 330
Rautenberg, Johann Wilhelm **10** 835, **11** 313, 323
Rautenstrauch, Franz Stephan **10** 271
Rauzan, Jean-Baptiste **10** 677, **11** 123
Ravago, Peter **10** 218
Ravaillac, François **8** 509, 1177, **9** 390, **10** 167
Ravaisson-Mollien, Jean-Gaspard-Félix **11** 340f.
Raven, Charles **12** 832
Ravennius v. Arles, Bf. **2** 866, **3** 231, 241f., 247, 253f., 1003
Ravignan, Gustav-Xavier de la Croix de **11** 123, 136, 177
Ravius (Christian Raue) **9** 940
Rawlings, John J., Staatschef v. Ghana **13** 573
Ray, Satyajit **12** 142
Rayley, James R. **11** 857
Raymond de Got **6** 47
Raymond Geoffroi **6** 324
Raymond v. Orvieto **6** 574
Raymundus Martinus **5** 788
Raymundus v. Capua **7** 167

Rays, John **9** 971
Ražden, georg. Heiliger **3** 1252, 1281, **4** 552, 587
Razilly **8** 869
Razin, Stenka **9** 515, 518
Razumovskij, Kirill **9** 529 f.
Read, Jack **11** 983
Reagan, Ronald **13** 260
Real, Antonio **7** 549
Rebekka **1** 657
Rebel, Lise-Lotte, Bfn. **13** 231
Reboul, Abgeordneter **10** 375
Reccared ↗ Rekkared
Receveur, Antoine-Sylvestre **10** 248 f., 546, 608
Recharius **2** 1001
Rechiar, Suewenkönig **3** 220
Rechila **2** 1001
Recke-Volmerstein, Albrecht v. **11** 321
Reckitt, Maurice **12** 833
Recorde, Robert **8** 1144
Reddeswind, westgot. Kg. **4** 635
Redemptus, Bf. **3** 481
Redinger, D. **10** 448
Reed, John **12** 1062
Reed, Rebecca **11** 862
Reeves, C. **11** 1043
Reeves, Paul, Ebf. **13** 691
Régamey, Pie-Raymond **12** 169
Regelson, Lev **13** 396
Reginald Pecock **6** 676
Reginaldo, Laieneremit **5** 817
Reginhard v. Lüttich **4** 808
Regino v. Prüm **4** 699, 716, 752, 763, 765, 814, 820, 931 f., 942, **5** 446
Reginos, Bf. v. Salamis **3** 575
Régis, Jean-François **8** 29, 514, **9** 316, 921, 1151
Régis de Chambacères, Jean Jacques **10** 563
Régis (Familie) **11** 183
Regnault de Chartres **6** 647
Régnier **11** 169, 172
Reguera, Manuel-Ignatius de la **9** 839
Regulus, Diakon **3** 253
Rei, Ondrej **9** 478
Reichelt, Karl Ludwig **11** 1053, **12** 315
Reichensperger, August **10** 718, **11** 300, 304, 645, 648
Reichensperger, Peter **11** 648
Reichlin-Meldegg, Carl Alexander v. **10** 713
Reid, Thomas **10** xvi
Reilly, P. O. **12** 314
Reimarus, Hermann Samuel **1** 2, **10** 41, 43, 237, 266, 275, **11** 55
Reimonet, Abbé **10** 546, 558
Reincken, Johann Adam **9** 1081
Reine, Gräfin v. Mâcon **5** 425
Reineccius, Reiner **8** 1135
Reiner v. Huy **5** 531
Reinerz **11** 298
Reinesius, Thomas **9** 940
Reinfried **5** 140
Reinhard, Bischofskandidat in Minden **5** 115
Reinhard v. Halberstadt, Bf. **5** 419
Reinhart, Anna **7** 779
Reinhold, Karl Leonhard **10** 681
Reinink, Gerrit J. **1** 483
Reinkens, Joseph Hubert, Bf. v. Utrecht **11** 458, 576, 644
Reinstadler **12** 188
Reisach, Karl August Graf v., Ebf. v. München-Freising **11** 298
Reiser, Friedrich **7** 316, 440
Reith, Lord (BBC-Chef) **12** 796
Reitzenstein, Richard **11** 398
Rekkared, westgot. Kg. **3** 399, 786, 791, 851 f., 854, 858, 901, 919 ff., **4** 612 f.
Rekkeswind, westgot. Kg. **4** 613, 616
Rély, Jean de **7** 146
Rem, Jakob **8** 290
Rembrandt Harmensz van Rijn **8** 505, **9** 80, 428, 470, 1041, 1046, 1137
Remigio de' Girolami **6** 356, 380
Remigius, Bf. v. Reims **3** 244, 248, 356, 362, 365–369, 372, 832, 839
Remigius v. Auxerre **4** 762
Remigius v. Rouen **4** 690, 704
Rémond, René **12** 594
Rémusant, Anne-Madeleine **9** 833

Rémy, Jean **12** 447
Rémy, Nicolas **8** 1066
Renan, Ernest **10** xvi **11** 115, 335 f., 339, 346, 353 f., 365, 425, 428, 436, 447, 452, 496, 583, 816, 896, **12** 165, 816
Renato, Camillo **8** 127, 185, 580, 611
Renatus, Presbyter **3** 52, 55
Renaud v. Châtillon **5** 350
Renaud v. Semur **5** 426
Rencurel, Benoîte **9** 921
Rendtorff, Trutz **12** 133, **13** 283
Rendu, Ambroise **10** 844
René de Châlons **8** 1200
René v. Anjou **6** 117, 122 f.
Renée de France **8** 64, 576, 579, 1031
Renée v. Bourbon **7** 173
Reni, Guido **8** 1221, **9** 1031, 1040, 1042, 1046 f.
Renier, Étienne **8** 459
Renovatus v. Mérida **4** 615
Renqvist, H. **11** 248
Renssalaer, Potter van **13** 299
Renty, Gaston de **8** 517, **9** 303, 834
Reovalis, Arzt **3** 847
Reparatus, Bf. v. Karthago **3** 451, 466, 469, 472, 754, 756 f.
Requeséns, Luis de **8** 689
Resch, Conrad **7** 746
Rescoe, Sydney **12** 826
Resen, Hans Poulsen **8** 43, 440
Resende, André de **8** 733
Resende, García de **7** 547
Restif de la Bretonne, Nicolas **9** 850
Restitutus, Bf. v. London **2** 141
Restitutus v. Karthago, Bf. **2** 260, 384, 387, 419, 511, 925
Reticius, Bf. v. Autun **2** 249
Rétif, André **12** 316, 325
Retz, Kard. de, Ebf. v. Paris **9** 359 f., 365 ff.
Reublin, Wilhelm (Röubli) **7** 820 f., **8** 130
Reuchlin, Johannes **7** 328 f., 343, 614 ff., 638, 645, 682, 712, 730, 832, 834
Reusch, Heinrich **11** 110
Reusens, E. H. J. **11** 114
Reuss, Edouard-Guillaume-Eugène **11** 374–377, 393, 526
Reuß, Eduard ↗ Reuss, Edouard-Guillaume-Eugène
Reuß, Heinrich Posthumus v. **9** 1074
Reuter, Friedrich **10** 505
Reuterdahl, H., Ebf. v. Uppsala **11** 252, 593
Rev, Sohn d. Mirian **3** 1285
Réveillaud, Eugène **11** 996 f.
Réveillaud, Maurice **1** 653
Révellière-Lépeaux, Louis Marie de la **10** 373, 434, 582, 840
Reventlow, Cai Graf v. **11** 313
Reventlow, Fritz Graf v. **11** 313
Réville, Albert **11** 196, 394 f., 525 f.
Réville, Jean **11** 394, 427
Rey, Pierre Joseph **10** 608
Reymond, Bf. v. Dijon **10** 626
Reynold, Gonzague de **12** 670
Reynolds, Edward **9** 103
Rezzara, Nicolò **11** 616 f., 619
Rhenius, Karl **11** 1024
Rhetor, Athanasios **9** 572
Rhijn, H. van **9** 848
Rho, Giacomo **8** 952
Rhodanius v. Toulouse, Bf. **2** 379, 399
Rhodes, Alexander de **9** 750, 754, 759, 761, 767, 793 f., 803, **11** 1042
Rhodes, Cecil **11** 972
Rhodinos, Neophytos **9** 572
Rhodon v. Side **1** 184, 318, 333, 588 f., 683
Riario, Girolamo **7** 92 f.
Riario, Raffaello **7** 99, 103
Ribadeneyra, Pedro de **8** 675, 700, **9** 856, 1055
Ribalta, Francisco de **8** 1221
Ribeira, Bernardino de ↗ Sahagún, Bernardino de
Ribeiro, Casal **11** 626
Ribeiro, Catarina **8** 732
Ribeiro, Diogo **7** 524
Ribeiro, Ernesto Rodolfo Hintze **11** 623
Ribeiro, Juan, Ebf. v. Cranganore **9** 812
Ribera, Juan Bautista de **8** 668, 939
, Jusepe de **8** 1221, **9** 1043
Riberi, Antonio, Ebf., apostol. Nuntius in China **13** 627

Ribot, Alexandre **12** 390
Ricasoli, Bettino **11** 267
Riccardi, A. **12** 182
Riccardi, Andrea **13** 218, 579
Riccardi, Antonio **11** 262
Riccardi, Niccolò **8** 1159
Ricci, Bf. de' **10** 594
Ricci, Lorenzo, Jesuitengeneral **10** 171 f.
Ricci, Matteo **8** 857, 905, 933, 935, 941–952, **9** 2, 750, 754 ff., 766 f., 784, 787–791, 794, 813, **10** 147 ff., 153, **11** 1050
Ricci, Scipione de **10** 26 ff., 270, 455, 656
Ricci, Sebastiano, Künstler **9** 1042
Ricciardi, Minister **10** 652
Riccio, Francesco **7** 754
Rich, Arthur **13** 288
Richard, A. V. **11** 208
Richard, François-Marie-Benjamin, Kard. Ebf. v. Paris **11** 443, 466, 510
Richard, Observant **6** 530
Richard, Pablo **13** 507 f.
Richard, Pfarrer **12** 626
Richard, Präfekt **10** 606
Richard, Timothy **11** 1050
Richard I., Hzg. d. Normandie **4** 781, 826, 871
Richard I. Löwenherz v. England **5** 352, 764, 773, **6** 656
Richard II., Bf. v. Bourges **5** 94
Richard II., Hzg. d. Normandie **4** 785, 846, 869
Richard II., Kg. v. England **6** 62, 88, 665, 670, 673, **7** 375, **8** 216
Richard III., Kg. v. England **7** 375
Richard de Fournival **5** 610 f.
Richard de Mores **5** 475
Richard Fitzralph **6** 271, 368
Richard Mesyn **6** 677
Richard Rolle **6** 677
Richard v. Albano **5** 93
Richard v. Aversa, Graf **4** 874, **5** 36, 38
Richard v. Bayeux, Mönch **5** 106
Richard v. Burgund **6** 884
Richard v. Capua **5** 39, 49, **6** 82
Richard v. Cornwall **5** 682, **6** 570, 684
Richard v. Saint-Victor **5** 297, 299, 418, 458, 467, 541, 923
Richard v. St-Vannes **4** 794 ff., 841, 843, 848, 863, 870
Richarda, Kgn. **4** 865
Richards, L. **12** 332
Richardson, Kathleen **13** 231
Richaud, P. M. **12** 630
Richelet **9** 835
Richelieu, Armand Jean du Plessis, Hzg. v., Kard. **8** 510, 513, 591, 669, 871, 1105, 1195, **9** 123 ff., 165, 168–171, 176, 187, 191 f., 268, 302, 305, 337 f., 351 ff., 356, 358, 362, 368, 664, 707, 802, 825 f., 834, 946, 961 f., 964, 1017, 1044, 1111, **10** 334
Richeôme, Louis **8** 1215, **9** 318
Richer, Edmond **8** 297, **9** 381, **10** 26
Richer v. Klosterrath, Abt **5** 428
Richer v. Saint-Rémi **4** 852, 854
Richer v. Sens **5** 96
Richier, Germaine **12** 171
Richier, Ligier **8** 1200
Richter, Ferdinand Tobias **9** 1070
Richter, Gregorius **8** 1059
Richwin v. Metz, Graf **4** 791
Ricimer, Patricius, Usurpator/weström. Ks. **3** 227 ff., 303, 305 f.
Ricœur, Paul **12** 559
Ricold v. Montecroce ↗ Ricoldo da Monte Croce
Ricoldo da Monte Croce **6** 214, 217, 222, 410, 834, 881, **7** 21
Riculf v. Soissons **4** 697, 752
Riculfus, fränk. Priester **3** 803
Ridley, John **8** 215
, Nicholas **8** 198, 224, 532
Ridolfi, Nicolò **9** 1042
Riebeeck, Jan van **9** 742
Riedmann, Peter **8** 134, 178
Riedmatten, Adrian v. **8** 434
Riehl, Wilhelm **11** 303
Riemenschneider, Tilman **7** 480
Riera, Pedro Bonaventura **8** 939
Ries, Hans de **8** 177, 179, **9** 491
Riesbeck, J. K., Baron v. **10** 706

Riesman, David **12** 1074
Rifqa, hl. **13** 448
Riga, Aleksander (Sandr) **13** 406
Rigault, Nicolas **9** 952
Righetti, Igino **12** 484
Rigoleuc, Jean **9** 836, **10** 240
Rigomer, hl. **3** 989
Rigordi, Jesuit **9** 802
Riis, Andreas **11** 1000f.
Rilke, Rainer Maria **12** 224
Rimbaud, Arthur **11** 343f.
Rimbert, Missionar **4** 729, 893
Rimmestad, C. **11** 590
Rimoldi, Antonio **12** 147
Rinck, Melchior **8** 124, 126
Rinuccini, Nuntius **9** 113
Rio, François **11** 20, 127
Riobé, Guy, Ebf. v. Orléans **13** 329
Riofrío, José María, Ebf. v. Quito **11** 936
Ripa, Cesare **7** 337
Ripa, Matteo **10** 148
Ripalda **9** 936
Ripoll, Cayetano **10** 183
Riquet, Michel **12** 585
Ritschl, Albrecht Benjamin **11** 20, 54, 99, 102f., 127, 355f., 362f., 371f., 381, 384–392, 398f., 403, 406, 590f., 675, 678f.
Ritter, Joseph **12** 1126
Rivadavia, Bernardino **10** 682, 786, 788, 793, **11** 920f.
Rivadeneyra **9** 652
Rivard, Marguerite **12** 281
Rivarol, Antoine **9** 189, **10** 309
Rivarola, Agostino, Kard. **10** 659
Rivera y Damas, Arturo, Ebf. v. San Salvador **13** 523
Rivet, André **8** 353, 1222, **9** 421
Rivet, F. V., Bf. v. Dijon **11** 187
Rivier, Anne-Marie **10** 549
Rivière, M. de la **9** 371
Rivière, Louis de la **9** 837
Rivkes, Moses, Großrabbiner **9** 208
Roannez, Hzg. v. **9** 1146
Robert, A. **12** 270
Robert, Abt v. Sahagún **5** 296f.
Robert, Antoine **7** 241
Robert, Daniel **10** 477
Robert, Eremit **5** 168f.
Robert, Mönch i. Clairvaux **5** 394
Robert, Pierre **9** 1071
Robert I., Herz. v. Burgund **5** 166, 296
Robert II. d. Fromme, Kg. v. Frankreich **4** 828, 838f., 843–846, 848, 861, 864, 867, **5** 296
Robert Bruce, Kg. v. Schottland **6** 670, 680
Robert Ciboule **6** 354, 370
Robert d'Uzès **6** 536
Robert d'Arbrissel **3** 885
Robert de Basevorn **6** 372
Robert de la Salle **6** 532
Robert Grosseteste **6** 66, 315
Robert Guiscard, Hzg. v. Apulien **4** 874, **5** 4, 38, 49f., 52, 63f., 307, 311, 378
Robert Jolivet **6** 648
Robert Kilwardby **5** 872, 883, 906
Robert Le Bougre **5** 893, 897
Robert Le Coq **6** 647
Robert Pullus **5** 209, 243
Robert v. Anjou, Kg. v. Neapel **6** 36, 359, 573, 578, 583, 585, 596, 600, 686, 744
Robert v. Arbrissel **5** 140, 143–146, 426f., 444, 490, 520
Robert v. Artois **6** 577, 646
Robert v. Béthune **6** 604
Robert v. Courçon **5** 476, 562, 582, 597, 776f., 815, 827, 863, 874
Robert v. Flamborough **5** 226, 827
Robert v. Genf ↗ Clemens VII., Gegenpapst
Robert v. Loritello **5** 49f.
Robert v. Molesme **5** 139, 410, 412, **7** 174
Robert v. Rouen **4** 781
Robert v. Somercotes, Kard. **5** 571, 611
Robert v. Sorbon **5** 816
Robert v. Turlande **5** 168, 520
Roberti, Ercole de' **7** 479
Roberti, Francesco, Kard. **13** 96
Roberts, Issachar **11** 1048
Roberts, John **11** 1000
Roberts, Oral **12** 1101
Roberts, R. **12** 332

Robertson, Pat **13** 260
Robertson, Roland **12** 774, 1068
Roberval **8** 859, 869
Robespierre, Augustin **10** 394
Robespierre, Maximilien de **10** 197, 240, 305, 322, 369, 373, 376 f., 383, 385, 388 f., 393 f., 396, 472, 547, 552, 563, 568, 589, 611, 681 f., 855
Robin **11** 436
Robin, Marthe **12** 249, 259, 1110
Robinet, Abbé **10** 841
Robinson, Edward **11** 136
Robinson, Henry **9** 197
Robinson, John A. T. **1** 302, **13** 202
Robledo, Juan de Dios **12** 1173
Robles, Juan de **8** 704
Robu, Ion, Ebf. v. Bukarest **13** 370
Rocha, de, Jesuitenpater **9** 778
Roche, Alain de la **7** 280
Roche, Sophie la **10** 669
Rochefoucauld, François de la, Kard. **9** 281, 1018, **10** 10, 328, 331, 343
Rochefoucauld-Bayers, la, Bf. v. Saintes **10** 360
Rochefoucauld-Liancourt, la **10** 848
Rochefoucauld-Marmont, François-Joseph la **10** 360
Rochefoucault, Sosthène de la **10** 676
Rochester, Lord **9** 109
Rochus, hl. **6** 417, 423, 542 f., **9** 910
Rockefeller, John D. Jr. **12** 308, 1039, 1045, 1055, 1076
Rockefeller (Familie) **11** 890
Rod, Edouard **11** 340
Rode, Hinne **7** 746
Rode, Johannes **7** 169
Roderich, span. Märt. **4** 740
Roderich, westgot. Kg. **4** 636, 652
Rodhain, Jean **12** 281
Rodhe, E. **12** 861
Rodionova, Eudoxia **10** 111
Rodó, José Enrique **11** 939
Rodolfi, Bf. v. Vicenza **12** 484
Rodrigo, span. Adliger **5** 321
Rodrigues, Olinde **10** 812 f., 849
Rodríguez, Alonso **8** 693, 1052, **10** 238
, João, gen. Tçuz(z)u **8** 926, 948
, Simão **8** 733, 735
Rodríguez, José Maria Caro **12** 1160
Rodríguez, Manuel **9** 616
Rodríguez de Mendoza, Toribio **9** 652
Rodulfus Glaber **4** 353, 780, 829, 847, 855, 857, 860, 863–866, 868 f., 875
Roe, Sir Thomas **9** 804
Röhr, Johann Friedrich **11** 77
Roelas, Juan de **8** 1221
Rördam, Skat, Bf. v. Seeland **11** 587
Rößler, Rudolf **12** 671
Röubli, Wilhelm ↗ Reublin, Wilhelm
Roey, Joseph Ernst van **12** 650
Roganovitch, Ilarion, Ebf. v. Cetinje **11** 770
Rogatianus, Bf. v. Nova **1** 642, 848
Rogatianus, karthag. Presbyter **2** 164
Rogatus, alexandr. Presbyter **2** 670
Rogatus, donat. Bf. **2** 509
Rogatus v. Cartenna, Bf. **2** 508
Roger I. v. Sizilien, Graf **5** 16, 132, 307
Roger II., Kg. v. Sizilien **5** 197 f., 200 f., 212, 228, 247, 307, 310, 312, 350, 363, 383, 515, 664
Roger II. v. Châlons, Bf. **5** 109
Roger Bacon **6** 386, 876
Roger v. Apulien, Hzg. **5** 67 f.
Roger v. Hoveden **5** 235
Roger v. Moulin, Johanniter-Ordensmeister **5** 321
Roger v. Torrecuso, Kard. v. Toledo **5** 595
Rogers, John **8** 208
Rogier **10** 742
Rohan, Heinrich v. **8** 509
Rohan, Henri, Hzg. v. **9** 117, 123, 170, 191
Rohan, Kard. v. **9** 385
Rohault **9** 968
Rohrbacher, Réné-Francois **11** 114, 121
Rojar y Spinola, Christoph de, Bf. **9** 192, 1108
Rojdestvenskij, Platon **12** 961, 989
Rojo, Ignacio **9** 35
Rokycana, Jan **7** 463 f., 466, 468, **8** 626
Rokycana, Johann ↗ Rokycana, Jan
Rokyta, Jan **8** 386

Roland, franz. Sagenheld **5** 810
Roland, Mme. **10** 243
Roland v. Cremona **5** 868
Rolduc, Klostergründer **5** 337
Rolin **10** 561
Roll, Heinrich **8** 137
Rolland, Emile **11** 997
Rolland, Romain **11** 336
Rolland, Samuel **11** 984 f., 997
Rollet, Henri **12** 576
Rollo, wiking. Fürst **4** 730, 778
Roma (röm. Göttin) **2** 11
Roma, Jean de **7** 868, **8** 451
Romagère **10** 521
Romaine, William **9** 457, **10** 691
Romano, Giuseppe **11** 263
Romanos ↗Romanus
Romanos, Mönch **3** 621 ff.
Romanos, oström. Exarch **3** 903 f., 938
Romanos I. Lakapenos, byzantin. Ks. **4** 203, 207 f., 238, 246, 286, 297, 302, 304, 308, 937, 939
Romanos II. Argyros, byzantin. Ks. **4** 208, 238, **5** 356, 479
Romanos III. Argyros, byzantin. Ks. **4** 268, 321, 431
Romanos IV. Diogenes, byzantin. Ks. **4** 314, **5** 3
Romanos (Litauen) **6** 179
Romanus, antioch. Märt. **2** 1031
Romanus s. a. Romanos
Romanus, byzant. Dichter **3** 686
Romanus, Eremit **2** 866
Romanus, ksl. Gesandter **2** 508
Romanus, Klostergründer in Condat **2** 975, **3** 124, 240, 970, 990 f.
Romanus d. Melode **2** 723, **3** 650
Romanus v. Myra, Bf. **3** 112
Romanus v. Rossano, Ebf. **5** 377 f.
Romanus v. Santa Maria, Kard. **5** 201
Romarich v. Remiremont **4** 632
Romero, Oscar Arnulfo, Ebf. v. San Salvador **8** 809, **13** 518 f., 523, 538
Romilly, franz. Minister **10** 179
Romme, Charles-Gilbert **10** 389, 396, 576
Rommerskirchen, Johannes **12** 322
Romuald, hl. **4** 788, 870, 915
Romuald, langob. Kg. **4** 637
Romuald I. v. Benevent, Hzg. **4** 833
Romuald v. Camaldoli **4** 867, **5** 138
Romuald v. Ravenna **4** 788, **5** 519
Romuald v. Salerno **5** 309, 611
Romulfus, Bf. v. Reims **3** 832, 840
Romulus **2** 197
Romulus, Grundbesitzer **2** 661, 800
Romulus Augustulus, weström. Ks. **3** 158, 229, 305
Romylos **6** 548, 551
Roncalli, Angelo Giuseppe ↗ Johannes XXIII., Papst
Rond d'Alembert, Jean le ↗ Alembert, Jean Le Rond d'
Ronge, Johannes **11** 302
Ronsard **8** 863
Ronsin, François Xavier **10** 676
Roosen, Gerrit **9** 469
Roosevelt, Franklin D., amerikan. Präsident **12** 406, 409, 421, 1035, 1039, 1074, 1082, 1087, 1089, 1108, 1112, 1114, **13** 524 f.
Roosevelt, Theodore, 26. Präsident der USA **11** 886, 900, 1039, **12** 1035
Roothan, Johannes **11** 24, 124
Ropp, Edward **12** 881
Ropp, Metropolit v. Mohilev **12** 393
Roquefeuil, Robert de **11** 521
Roques, Ebf. v. Rennes **12** 26
Rordorf, Willy **1** 312, 370
Rosa v. Lima, hl. **8** 853, **9** 630, **10** 763
Rosales, Andrés, Bf. v. Almería **11** 632
Rosalie **11** 34
Roscelin v. Compiègne **5** 288, 458
Roschini, Gabriele **12** 189, 262
Roschnocskij, Pantaleon **12** 977
Rosdalovsky, Vaclav **7** 764
Rosegger, Peter **11** 682
Roselli, Kartographen **6** 851
Rosenberg, Alfred **12** 346, 671, 695 f.
Rosenberg, Martin **12** 677
Rosendal, G. **12** 861
Rosenius, Carl Olof **11** 248, 586, 588
Rosenkranz, Johann Karl **11** 96

Rosenmüller, Johann **9** 1075
Rosier, Bernard du, Ebf. v. Toulouse **7** 348, 350
Rosillo, Andrès **10** 778
Rosman, Bf. v. Laibach **12** 901
Rosmini-Serbati, Antonio, Conte di **11** 21f., 32, 115, 266ff., 305, 351, 433, 596, 604, 608, **12** 447
Rosoy, du **10** 352
Rospigliosi **9** 1057
Ross, Alexander **9** 941
Ross, John **11** 1054
Rossellini, Roberto **12** 143, 489
Rosset, Gabriel **12** 279
Rossetti, Dante Gabriel **11** 239
Rossi, Giovanni Battista de **1** 693, **11** 427
Rossi, Ippolito de **8** 608
Rossi, Luigi **9** 1068
Rossi, Mario **12** 290, 497
Rossi, Pellegrino **11** 22, 271
Rossum, Willem van **12** 7, 305, 316
Rostand, Jean **12** 154
Rostocki, Teodor, unierter Metropolit **10** 200
Rostom, Kg. v. Kartli **9** 586
Rostu, Marie du **12** 576
Rosweyde, Heribert **9** 953
Roth, Karl Johann Friedrich v. **10** 721
Rothad v. Soissons **4** 695, 715
Rothard v. Cambrai **4** 808, 814
Rothari, langob. Kg. **4** 619
Rothe, Richard **11** 89ff.
Rothko, Mark **12** 159
Rothmann, Bernhard **8** 124, 136, 145
Rotier, Esprit **7** 868
Rotour, Baron **10** 548
Rotrou **9** 1060f.
Rotta, Nuntius in Budapest **12** 417
Rottmaner, Prof. **10** 707
Rouault, Georges **12** 158, 167, 171
Rouchouze, Bf., Apost. Vikar **11** 143, 1076, 1079
Rougement, Denis de **12** 677
Rouland, Gustave, franz. Kultusminister **11** 173, 487f.
Roumanille, Joseph **11** 188
Rous, Francis **9** 869
Rouseau, Louis **11** 31
Rousse, Gérard **9** 392
Rousseau, Jean-Jacques **1** 893, **8** 701, **9** 188f., 345, 401, 404, 1088, 1126, **10** 3f., 6, 56f., 60, 88, 132, 178, 180, 195, 251, 276, 280, 283, 397, 494, 578, 581, 684, 769, 798, 833f.
Roussel, Gérard **7** 832, 834–837, 841, **8** 455, 1228
Rousselot, Pierre **12** 195, 211, 230, 232
Rouvier, Maurice **11** 516
Rouwhorst, Gerardus **1** 435
Roux, Georges **12** 562
Roux, Hébert **13** 82
Roux, Jaques **10** 804, 855
Rovenius, Philipp **8** 505
Rovere, Francesco della ↗ Sixtus IV., Papst
Rovere, Giovanni della **7** 92, 95
Rovere, Giuliano della ↗ Julius II., Papst
Rovere, Giulio della ↗ Giulio da Milano
Roy, Alexandre le**11** 424, 978, 1010f.
Roy, Édouard le**11** 437, 439, 444, **12** 176, 189, 1086
Roy, Henry **12** 1142
Roy, Louis le **8** 1135
Roy, Maurice, Kard. Ebf. v. Québec **13** 169, 292
Roy Ladurie, Emmanuel le **9** 343
Royden, M. **12** 332
Royer, Clémence **11** 434
Royer, Philippe Elie le **11** 530
Royou, Abbé **10** 352, 358
Roz, Francis, Bf. v. Cranganore **8** 903, 910
Roz, Franziskus, Ebf. v. Angamale **9** 809f.
Rozanov, Vasilij **11** 749, 761
Roze, Admiral **11** 148, 1054
Ruar, Martin **9** 493
Rubeni, David **8** 736
Rubens, Peter Paul **8** 1218, **9** 1032
Rubinstein, Anton **11** 760
Rubinstein, Nikolas **11** 760
Rubios, Palacios **8** 816
Rucellai, Giulio **9** 149
Ruchat, Abraham **9** 432

Rudenko, Roman **12** 1002
Rudigier, Franz Joseph, Bf. v. Linz **11** 331
Rudiní, Antonio di **11** 613, 616
Rudler, Joseph **10** 443
Rudolf II., Ks., Kg. v. Böhmen und Ungarn **8** 407, 415, 424, 624, 627, 629, 640, 1139, **9** 9, 478
Rudolf III. v. Burgund, Hzg. **4** 845
Rudolf IV., Hzg. v. Österreich **6** 705
Rudolf v. Burgund, Kg. **4** 820
Rudolf v. Habsburg **6** 6, 576, 581, 584, 685, 722, 861
Rudolf v. Langeais **5** 44, 110
Rudolf v. Rheinfelden **5** 45, 54, 56ff., 63, 114, 131, 171, 658
Rudolf v. Tours, Ebf. **5** 57
Rudolf v. Valois **5** 447
Rudyk ↗ Pantaleon, Metropolit v. Lemberg
Rue, Pierre de la ↗ L'Isle de Dieu
Rue, de la, Beichtvater **9** 379
Rückert, Hanns **12** 744
Rüdiger, Esrom **9** 481
Ruffet, Louis **11** 416f.
Ruffini, Ernesto, Kard. Ebf. v. Palermo **12** 413, 440, **13** 20, 24, 33f., 47f., 52
Ruffini, F., Jurist **9** 148
Ruffo, Kard. **10** 455, 651
Ruffo, Vincenzo **8** 1239
Rufina, Synagogenvorsteherin **1** 161
Rufinianus, Bf. **3** 281
Rufinos, Bf. v. Ephesos **3** 956
Rufinus **5** 475, 629, 631, 825f.
Rufinus, Bf. (Tarraconensis) **2** 500
Rufinus, konstant. Präfekt **2** 1040
Rufinus v. Aquileia **1** 508, 609, 613, 801, 811, 813, 820, 843, **2** 306, 331, 457, 527, 556, 730, 831, 837, 842, 853, 858, 862, 1001, 1044, 1090, 1093, **3** 254, 444, 973, 1239, 1241ff., 1248
Rufius Volusianus **2** 246
Rufus, Märt. **1** 164
Rufus v. Metz, Bf. **2** 492
Rufus v. Rom **1** 286
Rufus v. Thessalonike, Bf. **2** 543, 610, 901, **3** 576
Rugambwa, Laurean, Kard. Bf. v. Rutabo **13** 22
Ruggieri, Michele **8** 857, 940, **9** 756
Ruggiero da Torrecuso **5** 611
Ruggiero v. Santa Anastasia, Kard. **5** 610
Ruiz, Diego **9** 706
Ruiz de Alcaraz, Pedro **8** 673, 679
Ruiz García, Samuel, Bf. v. San Cristobal de las Casas **13** 522
Ruiz Giménez, Joaquín **12** 533, 535
Ruiz y Flores, Ebf. v. Morelia, Mexiko **12** 1173
Rulman Merswin **6** 522
Rummel, Joseph F. **12** 1126
Rundgren, C. H., Bf. vom Karlstad **11** 594
Runestam, Arvin **12** 857, 861
Ruotger, Biograph **4** 799
Ruotger v. Trier **4** 804
Ruotsalainen, Paavo **10** 695, **11** 248
Rupert v. Deutz **5** 392, 440, 456, 536, 852, **8** 1137
Ruprecht v. d. Pfalz **6** 696, 869
Ruremund, Christoffel van **7** 751
Ruricius, Bf. v. Limoges **3** 347f., 351f., 822
Rush, Benjamin **10** 493f., 512
Ruskin, John **11** 239
Russano, Buchhändler **10** 561
Russell, Bertrand **12** 838
Russell, Charles Taze **11** 905
Russell, John, 1. Graf v., brit. Premierminister **11** 223, 225, 230f., 454, 458
Russell, William **7** 456
Russo, Vincenzo **10** 651
Rust, Bernhard **12** 715
Rusticus, Bf. v. Limoges **3** 234
Rusticus, Bf. v. Narbonne **3** 234, 237, 242, 1003, 1014
Rusticus, Diakon **3** 451, 465f., 468
Rusticus, Präfekt **1** 318, 874
Rusticus, Senator, Bruder v. Papst Vigilius **3** 772
Rusticus v. Cahors **4** 606
Rusticus v. Marseille **2** 652
Rusudan, Kgn. v. Georgien **6** 230
Rutebeuf, Dichter **5** 771, 859

Rutherford, Samuel **9** 198
Rutilius Namatianus **2** 861, 996
Rutski, Josef **8** 657
Rutström, Pastor **10** 55
Rutten, C. J. **12** 655
Rutten, Georges Ceslas **11** 541
Ruvigny, Marquis de **9** 115
Ruy Capon **6** 849
Ruysbroek, Jan (Johannes) van **7** 230, **8** 240, 1044, **11** 344
Ruyssen, Th. **12** 328
Ryan, George **11** 854
Ryan, John A. **12** 1108
Ryan, Maurice, Bf. **11** 142
Rycaut, Sir Paul **9** 545, 549, 551 f., 554, 556, 561, 588, 594
Rydberg, Viktor **11** 256, 582 f.
Ryer, Pierre du **9** 1060

S'Gravesande, William, Physiker **9** 1103 f.
Sa e Lisboa, Christoph de, Ebf. v. Goa **9** 799
Saæid **11** 783
Saarinen, Eero **12** 170
Saavedra, Hernando Arias de ↗ Hernandarias
Saba I., georg. Bf. **2** 1090
Saba/Dasabia, georg. Katholikos **3** 1272, 1284
Sabas **3** 148
Sabas, Anachoret, hl. **3** 134, 139 f., 143 ff., 444 f., 541, 574 f., 618, 622–626, 1257, 1276, **4** 274, 411, 413
Sabas, Hagiograph **4** 166, 169
Sabas, Mönch **4** 130, 169, **5** 361
Sabas, paläst. Mönch **2** 831
Sabas d. Jüngere **4** 371, 381
Sabas v. Vatopedi **6** 154, 546, 550
Sabatier, Louis Auguste **11** 354 f., 363–368, 377, 395, 526, 528
Sabatier, Paul **12** 821
Sabatier, S. **11** 444
Sabbah, Michael, latein. Patr. v. Jerusalem **13** 445, 457
Sabellius **1** 705, **2** 276, 279, 322, 361, 363, 375, 971, 1010
Sabigotiana, span. Märtyrin **4** 740
Sabinianus, Bf. v. Perrhae **3** 70, 113
Sabinianus, gall. Mönch **3** 991
Sabinianus, päpstl. Apokrisiar **3** 940, 945 f., 955
Sabinianus v. Ephesus, Bf. **3** 115
Sabinianus v. Juli **3** 934 f.
Sabinus, Bf. v. Gallipolis **3** 906
Sabinus, Bf. v. León-Astorga **2** 142
Sabinus, Bf. v. Sevilla **2** 143, 953
Sabinus, Präfekt **1** 564
Sabinus, Präfekt v. Ägypten **2** 161
Sabinus, zypr. Diakon **2** 785
Sabinus v. Lyon, Abt **2** 866, 975
Sabinus v. Mailand, Diakon **2** 433, 436, 448
Sablé, Marquise d' **9** 356
Sabler, V. K., russ. Oberprokuror **11** 727, 729
Sablière, Marquise de la **9** 833
Sablière, Mme de la (Marguerite Hessain) **9** 307, 987
Sabodan, Vladimir, Metropolit v. Kiew **13** 422
Sabrīschōʿ III., nestorian. Katholikos **4** 13, 458
Sabrīšōʿ, pers. Katholikos **3** 1177, 1180
Sacchetti, Giuseppe **11** 608, 610, **12** 475
Sacchi, Andrea **9** 1031, 1047
Sacconi, Rainer **5** 897
Sacharja, Prophet **1** 749
Sacharoff, Sophronij **12** 962, 1011
Sachs, Maurice **12** 163, 247, 616
Sachsen, Kf. v. **9** 486
Sacleux, Charles **11** 424, 1010, 1022
Saco, José Antonio **8** 768
Sacy, Isaac Lemaistre de **9** 369 f., 395, 399
Sadaqa ibn Bischr, Synkellos **4** 415
Sadat, Mohammed Anwar as, ägypt.Präsident **13** 442
Sade, Marquis de **9** 395
Sadeler, Raphael **8** 897
Sadolet, Jakob (Sadoleto, Jacopo) **7** 116, 342, 860, **8** 66, 248, 251, 254, 1186
Sáenz Laccalle, Fernando, Ebf. v. San Salvador **13** 523

Särkilathi, Petrus **7** 761
Saettler, Jesuit **10** 711
Safarik, Pavel Josef **11** 745
Saffaracus, Bf. v. Paris **3** 811
Sagaris, Bf. v. Laodicea **1** 375, 451, 568, **2** 94
Sagasta, Praxede Mateo **11** 635, 637
Sagduht, iber. Kgn. **3** 1251
Sage, Hervé Julien le **10** 344
Sage ten Broek, le **11** 216
Sagehomme, Georges **12** 162
Sagittarius, Bf. v. Gap **3** 801, 811, 817, 819 f.
Sahagún, Bernardino de (Bernardino de Ribeira) **7** 608, **8** 788, 797, 837, 841, 905, **9** 626, 641, 754
Sahak I., alban. Katholikos **4** 515
Sahak I. Part'ew, armen. Katholikos **3** 1223, **4** 476, 514
Sahak II. Ułkec'i, armen. Katholikos **3** 1223
Sahak III., armen. Katholikos **4** 490 ff.
Sahak d. Große ↗ Sahak d. Parther
Sahak d. Parther, armen. Bf. **2** 1087, **3** 15, 1193 f., 1198–1201, 1203
Šahak Manazkertac'i, armen. Katholikos **3** 1222
Sahak Mṙut (Apikurēs) **4** 505 f.
Sahak Part'ew, armen. Katholikos **4** 507
Sahdona **4** 465
Sahpur ↗ Schahpur
Sa'īd ibn Baṭrīq (Eutychios) **4** 156, 409 f., 412, 414, 419 f., 452
Sa'īd ibn Makhlad **4** 463
Said Pascha, Mohammed, Vizekönig v. Ägypten **11** 795
Saifi, Euthymos **10** 123
Sailer, Johann Michael **10** 243, 262, 272, 276, 669 f., 708, **11** 106, 109, 127, 296, 314
Sainctes, Claude des **8** 492
Saint-Amour, Libère de ↗ Le Clerc, Jean
Saint-André, Jean Bon **10** 403, 722
Saint-Augustin, Thérèse de **10** 598
Saint-Claire, François de ↗ Davenport, Christopher
Saint-Cyran, Abbé de ↗ Duvergier de Hauranne, Jean-Ambroise
Saint Étienne, Paul Rabaut de **10** 189, 318 ff., 570
Saint-Evremond, Charles de **9** 1021, **10** 236
Saint-Jean-d'Angély, Regnault de **10** 433
Saint-Joseph, Madeleine de ↗ Madeleine de Saint-Joseph
Saint-Jure **9** 303, 824, 990
Saint-Just, Louis Antoine Léon **10** 377
Saint-Luc, Msgr. de, Ebf. v. Quimper **10** 217
Saint-Martin, Claude de **10** 309, 589, 798
Saint-Pierre, Bernardin de **10** 4, 433, 577 f.
Saint-Pierre, (Charles-Irénée Castel) Abbé de **9** 163, 184–189, 1131
Saint-Robert, Charles de **11** 935
Saint-Simon, Claude Henri de Rouvroy, Comte de **9** 274, 378 f., 383 f., 789, 835, **10** 471, 584, 798, 809–814, 817, 821, 825 f., 828, 854, 858 f.
Saint-Vallier, Bf. v. Québec **9** 673, 677
Saint-Vincent, Hyazinthe de **9** 809
Sainte-Beuve, Charles Augustin **11** 20, 120, 431, 453
Sainte-Beuve, Jacques de **9** 997
Sainte-Beuve, Madame de **8** 515
Sainte-Catherine, Touret de **9** 370
Sainte-Cathérine, U. de **9** 666
Sainte-Marie, Laurent de, Ebf. v. Goa **9** 806
Sainte-Marie-Pérrin **11** 183
Sainte-Thérèse, Ange-François de **9** 812
Sainte Thérèse, Bernard de, Bf. v. Babylon (Bagdad) **9** 802
Sainte-Thérèse, Jean-Baptiste-Marie de **9** 812
Saker, Alfred **11** 1004
Sakko, Sarah **12** 78, 310
Sala, Abbé **10** 602
Saladin, Sultan **5** 229, 382, 767, **6** 237
Salama, Abuna, kopt. Bf. **11** 813, 991
Salama (Salāma), Abuna v. Äthiopien **6** 242
Salamwayh, Arzt **4** 460

Salazar, Antonio de Oliveira **11** 629, **12** 499, 502, 504, 506, 508, 544, 546, 656
Salazar, Domingo de **8** 856
, Juan de **8** 670
Salazar, Tristan de **7** 358
Sales, Eugenio de Araújo, Kard. Ebf. **12** 1197, **13** 497
Sales, Franz v. ↗ Franz v. Sales
Salès, Jacques **8** 1065
Salet, Georges **12** 154
Salgado, Plinio **12** 1159, 1192
Saliba, nestorian. Katholikos **4** 460
Saliceti, Christophe **10** 394
Salier, Jan **11** 217
Salīm ↗ Jahāngir
Salimbene, Fra **5** 567, 818 f., 848, **6** 5
Salinas de Gortari, Carlos, mexikan. Präsident **13** 476, 522, 538
Salinas Fuenzialida, Augusto Osvaldo, Bf. v. Linares **13** 516
Salinas y Córdoba, Buenaventura **8** 803, 827
Salinis, de **11** 169
Salla, westgot. Hzg. **3** 217 f.
Sallam al-Abrasch **4** 467
Salle, Caillebot de la **9** 85
Salle, Jean-Baptiste de la, Kanoniker **9** 344, 830, 843, 1027, 1139
Sallé de Choux **10** 325
Sallust **2** 485, **7** 511
Sallust, Patr. v. Jerusalem **3** 136, 139 f., 574, 624
Salmasius, Claudius ↗ Saumaise, Claude de
Salmerón, Alfonso **8** 247, 258, 295, 586, 698, 812, 852, 1123
Salmerón, Nicolás **11** 633
Salmuth, Johannes **8** 412
Saló, Matthias v. ↗ Bellintani, Paolo
Salome, Generaloberin der Weißen Schwestern **11** 990
Salome, Jüngerin Jesu **1** 35, 592
Salomo, Kg. v. Israel **1** 195, 471, **13** 439
Salomo, ungar. Kg. **5** 4, 131
Salomo III., Abt v. St. Gallen **4** 789
Salomon, Higumenos v. Sinai **4** 421, 444
Salomon, span. Märt. **4** 740
Salomon v. Konstanz **4** 799
Salomon v. Makenocʿ **3** 1216, 1218
Salomon v. Mokkʿ, armen. Bf. **3** 1210
Salonius, Bf. v. Embrun **3** 801, 811, 817, 819 f.
Salonius, Bf. v. Genf **3** 234, 254
Salsa v. Tipasa, hl. **2** 681, **3** 1132
Salucio, Agustín **8** 664
Salusti, J. Damasceno **10** 146
Salvandy, Narcisse Achille de, Minister **10** 844
Salvard, M. **8** 328
Salvemini, Tommaso **12** 445
Salvian, Priester **3** 248
Salvianus, Bf. v. Gadiaufala **1** 644, 655
Salvianus, Mönch **2** 970
Salvianus (Schüler Priszillians) **2** 485–488, 950
Salvianus v. Marseille **2** 804, 1001, **3** 224 f., 231
Salviati, Francesco Benigno **7** 92, 338
Salviati, Scipione **11** 182, 499, 610
Salvien, P. (Charles Miglietti) **11** 524
Salvius, Bf. v. Albi **3** 812, 834
Salvius v. Membressa, Bf. **2** 511
Samarin, Jurij **11** 744
Samartha, Jedidiah **13** 666
Sambiasi, Francesco **8** 949
Samojlovič, Ivan **9** 529
Samorè, Antonio, Kard. **13** 308
Sampson, Joan **7** 451
Samson, Bernardin **7** 792
Samson, ir. Mönch **3** 978
Samson, span. Abt **4** 738
Samson v. Dol **4** 631
Samson v. Reims, Ebf. **5** 264
Samson v. Worcester, Bf. **5** 106
Samuel, armen. Katholikos **2** 1089, **3** 1194, 1198, 1202, 1223
Samuel, bulg. Zar **4** 952
Samuel, georg. Katholikos **4** 556
Samuel, Prophet **1** 562, 735
Samuel, ungar. Thronprätendent **4** 843
Samuel, Zar v. Bulgarien **9** 574

Samuel I., georg. Katholikos **3** 1250, 1262, 1267 f., 1271
Samuel II., georg. Katholikos **3** 1272
Samuel III., georg. Katholikos **3** 1273
Samuel IV., georg. Katholikos **3** 1273
Samuel V., georg. Katholikos **3** 1273
Samuel VI., georg. Katholikos **3** 1273
Samuel VII., georg. Katholikos **4** 574
Samuel VIII., georg. Katholikos **4** 575
Samuel IX., georg. Katholikos **4** 576
Samuēl Arckecʿi, armen. Katholikos **3** 1223
Samuēl Kamrjajorecʿi, Theologe **4** 520
Samuel Mauropus **5** 355
Samuel v. Edessa **3** 50
Samuel v. Qalamun **4** 451
Samuel v. Resaina **3** 496
San Alberto, José Antonio de **9** 652
San Buenaventura, Alonso de **9** 639
San Carlo, David di **9** 558, 590, 592, 604
San Giuseppe, Matteo di ↗ Matteo di San Giuseppe
San Martin, José de **10** 784 f.
San Miguel, Felipe Scio de **10** 274
Sanam, Märt. **1** 627
Sancha, Gattin Ferdinands I. v. León **5** 293
Sánchez, Alonso **8** 825, 857, **9** 756 f.
, Miguel **8** 848
, Tomás **8** 1124, 1197, **9** 996, 999, 1015
Sánchez de Arévalo **6** 128
Sánchez de Tejada, Ignácio **10** 788
Sánchez-Juliá, Fernando Lartín **12** 533
Sancho II., portugies. Kg. **5** 666
Sancho III., Kg. v. Kastilien-León **5** 295 f.
Sancho III. d. Große, Kg. v. Navarra **4** 849, **5** xxvii
Sancho de Paternoy **6** 850
Sancho el Mayor ↗ Sancho III. d. Große
Sancho Mulier **6** 636
Sancho Ramirez, Kg. v. Aragón **5** 299
Sancia v. Anjou (Gemahlin Roberts) **6** 744
Sancroft, William, Ebf. v. Canterbury **9** 109, 466
Sanctes Pagnino ↗ Pagnino, Sanctes
Sanctesimus v. Antiochia **2** 441
Sanctus v. Vienne, Diakon **1** 255, 330 ff., 687, **2** 138
Sand, Christoph **9** 494
Sand, George **10** 827, 854
Sandaeus, Felinus **7** 123
Sandaeus (Maximilian van der Sandt) **9** 839
Sande, Duarte de **8** 925
Sanders, Ed P. **13** 192
Sanders, Nicolas **8** 333, 350
Sandjar, Sultan **5** 242
Sandoval, Alonso de **8** 760, 767, **9** 706, 710 ff., 847
Sandoval y Rojas, Bernardo **8** 714, 721
Sandt, Maximilian van der ↗ Sandaeus
Sanfelice, Guglielmo **11** 612
Sangallo, Francesco da **8** 597
Sangallo, Giuliano da **7** 477, 485
Sangaré, Luc, Ebf. v. Bamako **13** 566, 591
Sangbae Ri, John **10** 152 f.
Sangiorgio, Giovanni Antonio, Kard. **7** 123, 132
Sangnier, Marc **11** 481, 521, 523, **12** 6, 572, 583, 615, 617, 620
Sankey, Ira D. **11** 888
Sankt Thomas, Johannes v. ↗ Johannes v, Sankt Thomas
Sanok, Gregor v. **7** 437
Sanon, Anselme T. **13** 607
Sanseverino, Gaetano **11** 600
Sanson, Pierre **12** 176, 618
Sansovino, Jacopo **7** 487
Santa Agata, Angelo Maria de **11** 991
Santa Maria, Giuseppe di ↗ Giuseppe di Santa Maria
Santa Maria, Pablo de **7** 393
Santamaría, Carlos **12** 542
Santander, Francisco de Paula **10** 786 f.
Santangel, Jakob de **6** 848
Luis de **6** 848, 850
Santarosa, Santore di **11** 266
Santiago Matamoros **6** 751
Santo Domingo, María de **7** 409
Santonio, Giovanni Battista **8** 431
Santorin, Augustin Lucian v., Bf. v. Mira **7** 467
Santoro, Giulio Antonio **8** 585
Santos, Juan **9** 643

Santos, Luis Antônio dos, Dom, Bf. **11** 946
Santos, Rufino J., Kard. Ebf. v. Manila **13** 679
Santos, Trinidad Sánchez **11** 939
Sanwala **8** 897
Sanz, Apostol. Vikar **9** 779
São José e Castro, D. Antonio de **10** 639
Sapatus, Diakon **3** 465
Sapaudus, Bf. v. Arles **3** 799 f., 823, 922
Saphira **1** 59, 62
Sapidus, Johannes **7** 223, 635 ff.
Sapieha, Adam Stefan **12** 896
Sapinaud **10** 408
Sapores, General **2** 448
Sapsezian, Aharon **13** 665
Sara **1** 869
Sara Arau'ul Öngüt **6** 211
Sarapion, Priester **2** 564
Sarbiewski, Matthäus **9** 528
Sardjūn (Sergios), Vater d. Joannes Damaskenos **4** 123, 412, 423
Sargis, armen. Adliger **4** 533
Sargis, Sohn des Arslan **6** 232
Sargis I., armen. Katholikos **4** 508, 512, 527, 529, 531
Sarigta ↗ Mar Joannes
Sarkander, Jan, hl. **13** 142
Sarkis, Vardapet **6** 229, 836
Sarmiane, hl., georg. Katholikos **4** 575, 587
Sarpi, Paolo **8** 297, 615, 1178, **9** 150
Sarr, Théodore-Adrien, Bf. v. Kaolack **13** 596
Sarrah, Eremitin **2** 842
Sarria, Luis ↗ Ludwig v. Granada **9** 853
Sarruf, Yaæqub **11** 815 f.
Sarsi, Lotario ↗ Grassi, Orazio
Sartach, mongol. Prinz **6** 877
Sarteano, Alberto **7** 176
Sartiaux, Félix **12** 176
Sartiaux, Maurice **11** 432
Sarto, Andrea del **7** 492 f.
Sarto, Giuseppe, Ebf. v. Venedig **11** 443, 468, 612
Sartorius v. Morra **5** 229
Sartre, Jean-Paul **12** 159, 161
Sartre, Victor, Ebf. v. Tananarivo **13** 329
Satolli, Francesco, Kard. **11** 349 f., 442
Sattius, Bf. v. Sicilibba **1** 643, 655
Sattler, Michael **7** 809, 823, 873
Saturninus, Bf. v. Abitinae **1** 642
Saturninus, Bf. v. Thucca Therebentina **1** 643
Saturninus, Bf. v. Toulouse **2** 136, 139, 975, **3** 251, 1149
Saturninus, Bf. v. Victoriana **1** 644
Saturninus, Gnostiker **1** 276, 305, 521, 523, 538, 560
Saturninus v. Arles, Bf. **2** 370, 378, 399, 418, 971
Saturus, Märt. **1** 260, 634, 640, 859, **2** 25
Saudreau, Augustin **10** 666
Saul, Kg. v. Israel **1** 96, 654, 659
Sauli, Alessandro **8** 601, 1002, 1071
Saulus, span. Geistl. **4** 738
Saulx, Henri le **12** 325
Saumaise, Claude de (Claudius Salmasius) **9** 934, 936, 940, 955
Saunhac-Belcastel, Jean François de, Bf. v. Perpignan **10** 674
Saunier, Matthieu **7** 837
Saurin, Bf. v. Dax **10** 359, 361 f., 457
Saurin, Elie **9** 201 f.
Saurin, Jacques **9** 1103 f., 1127
Saurine, Bf. v. Straßburg **10** 626
Saussaye, Pierre Daniel Chantepie de la **11** 213, 395
Sausse, la, Buchhändler **10** 561
Saussol, Mgr. de **10** 462
Sauvageon, Christophe, Prior **9** 929, 995
Sava, serb. Ebf. **4** 952, **5** 710
Sava I., Bf. v. Cetinje (Cettigne) **9** 578 f.
Sava III., Metropolit v. Transsylvanien **9** 581
Savart, Claude **11** 128, 336
Savary v. Orléans **4** 641
Savelli, Cencio, Kard. ↗ Honorius III., Papst
Savelli, Familie **6** 573
Savelli, Giacomo **8** 594
Savenko, Semen **11** 754

Saverio, Francesco **12** 446
Savile, Sir George **10** 182
Savio, Domenico **12** 251
Savona, Francesco di **7** 126
Savonarola, Girolamo **7** 84, 94, 134, 152–158, 174, 188, 299, 331, 337–340, 342 f., 388, 405, 439, 478 f., 517, 556, **8** 598, 616, **10** 422
Savonarola, Michele **7** 152 f.
Savoy, Abbé **12** 670
Savoyen, Hzg. v. **9** 410
Saxer, Victor **1** 949
Saxo v. S. Stefano, Kard. **5** 80, 191
Say, Jean-Baptiste **10** 682
Say, Léon **11** 530
Sayers, Dorothy **12** 831
Sayf al-Dawla **4** 403
Sazana, akzumit. Fürst **2** 1092
Scaglia, Giovanni Battista **12** 486
Scalabrini, Giovanni Battista, Bf. v. Piacenza **11** 603, 607, 609, 612
Scaliger, Joseph Justus **1** 450, **8** 343, 353, 1112, 1130, 1133, 1143, 1167, **9** 933 f., 936, 939 f., 959
Scaliger, Julius Caesar **1** 450
Scannone, Juan Carlos **13** 508
Scaramelli, Giovanni Battista **9** 842 f.
Scarampo, Ludovico, Kard. **7** 75
Scarlatti, Alessandro **9** 1065, 1068
Scarlatti, Giuseppe Domenico **9** 1065, 1070, 1080, 1082
Schachleiter, Albanus **12** 714
Schack, T. **12** 860
Schaepman, Hermann J. M. **11** 465, 550, 555, **12** 634
Schaff, Philipp **11** 892
Schahak, armen. Bf. **2** 1087
Schahdost, Bf. v. Seleukia-Ktesiphon **2** 1082
Schāhpūr I., pers. Kg. **3** 1164, 1166, 1180
Schāhpūr II., pers. Kg. **3** 1164 f., 1168 f., 1180
Schāhpūr III., pers. Kg. **3** 1180, 1238
Schahrvarāz, pers. Kg. **3** 1180
Schaitan-oglu ↗ Kantakuzenos, Michael
Schall v. Bell, Johann Adam **8** 948, 952, **9** 2, 755, 767 ff., 786 f.
Schalm **11** 351
Schammai, Rabbi **1** 95
Schappeler, Christoph **7** 736
Schapur I., sassan. Herrscher **2** 20, 80, 1077
Schapur II., sassan. Herrscher **2** 80, 1078, 1080, 1087
Schapur III., sassan. Herrscher **2** 1082, 1087
Scharaf al-Dawla, Kalif **4** 460
Scharnschlager, Leopold **8** 124, 131, 153, 164, 166, 181
Schartau, H. **11** 246 f.
Schatzgeyer, Kaspar **7** 849, 853
Schauenburg, Graf v. **9** 469
Schaull, Richard **13** 535
Schaumann, L. **11** 254
Schaumberg, Martin v. ↗ Martin v. Schaumberg
Schdanov (Sowjetideologe) **12** 94
Scheeben, Matthias Joseph **11** 109 f., 350, **12** 220
Scheele, K. H. G. v. **11** 594
Scheffini, G. **11** 349
Scheffler, Johann ↗ Angelus Silesius
Scheibe, Johann Adolf **9** 1081
Scheibel, Johann Gottfried **11** 315
Scheidemann, Heinrich **9** 1081
Scheidemann, Philipp **12** 683
Scheidt, Samuel **8** 29, 1239, 1244, **9** 1074, 1081
Schein, Johann Hermann **8** 29, 1244, **9** 1074
Scheiner, Christoph **8** 952
Schelderup, K. **12** 856
Schele, Johann, Bf. v. Lübeck **7** 147
Scheler, Max **9** 878, **12** 129, 205, 218, **13** 121
Schell, Hermann **11** 109, 351 f., 443, 651, **12** 175, 217
Schelling, Friedrich Wilhelm Joseph v. **9** 878, **10** 799, 822–825, 854, **11** 18, 94, 96, 126 f., **12** 94, 129
Schenck, Ernst v. **12** 677

Schenk, Karl **11** 464
Schenkel **11** 109
Schenuda, Koinobit **4** 444, 451
Schenuda I., Patr. v. Alexandreia **4** 437 ff., 441 ff., 445
Schenuda II., Patr. v. Alexandreia **4** 442
Schenuda III., kopt. Patr. v. Alexandrien **13** 442, 449 ff., 460
Schenute v. Atripe **2** 597, 724, 826, 1025, 1027, **3** 599 ff., 649
Schepelern, W. **1** 569
Scherdakkov, V. N. **13** 401
Scherer, Alfredo Vicente, Kard. Ebf. v. Porto Alegre **13** 494
Scherer, Edmond **11** 42, 46, 54, 58, 195 f., 525 f.
Schets, Erasmus **7** 625, 649
Scheuchzer **9** 1104
Scheuer, Pierre **12** 227
Scheurer-Kestner, Daniel Nicolas Auguste **11** 531
Schewil, H. K. **12** 80
Schick, C. **11** 136
Schidyaq, Assad **11** 815
Schidyaq, Faris **11** 815
Schihab, Baschir, Emir **10** 138
Schihab, Bassir II., Emir **10** 142
Schihab, Jussuf, Emir **10** 136
Schīlā, pers. Katholikos **3** 1180
Schillebeeckx, Edward **12** 662, **13** 173, 196
Schiller, Friedrich **10** 307
Schindler, Franz **11** 683
Schiner, Matthäus, Kard. **7** 96
Schīrīn, Gattin Khosraus II. **3** 1167, 1179, 1220, **4** 426
Schīrūya, pers. Kg. **3** 1180
Schlegel, August Wilhelm **10** 307
Schlegel, Dorothea **10** 707
Schlegel, Friedrich **10** 471, 669, 671, 707, **11** 108, 329, 652
Schleiermacher, Friedrich Daniel Ernst **10** 714, 720, 724, 835, **11** 40, 43–46, 48, 52 ff., 56, 58, 61–70, 74, 76 f., 82–87, 89, 91–94, 96 f., 100, 353 f., 356–362, 364 f., 367 f., 372 f., 384 f., 390, 392 f., 403, 405 f., 526, 961, **12** 102, 110, 118
Schlichting, Jonas **9** 491–494
Schlier, Heinrich **12** 218
Schlippenbach, Filareta, Äbtissin **11** 741
Schlözer, Kurt v. **11** 463
Schmaus, Michael **12** 219, 223, 695
Schmelzer, Johann Heinrich **9** 1068
Schmeman, Alexander **12** 1011, **13** 413
Schmettau, Gräfin v. **10** 668
Schmid, Christian **11** 127
Schmid, Christoph v. **10** 269
Schmid, Josef **12** 217, 223
Schmid, Martin **9** 1070
Schmid v. Grüneck, Bf. v. Chur **12** 668
Schmidhueber, Probus **10** 278
Schmidlin, Joseph **11** 423, 461, **12** 322
Schmidt, Anna **11** 747
Schmidt, Elisabeth **12** 561, **13** 229
Schmidt, Georg **9** 741, **11** 982, 998
Schmidt, Michael Ignaz **10** 270
Schmidt, Paul **12** 70
Schmidt, Wilhelm **11** 424, **12** 325
Schmöger, Carl Erhard **10** 670
Schmucker, Samuel **10** 509
Schnabel, Georg **8** 126
Schnackenburg, Rudolf **12** 217
Schneider **11** 176
Schneider, Eugen Erwin **12** 768
Schneider, Eulogius **10** 275 f., 386
Schneider, Paul **12** 723
Schnepf, Erhard **8** 314, 317
Schneuwly, Pierre **8** 33
Schnitger, Arp **9** 1079
Schnitzer, Josef **12** 218
Schnorr v. Carolsfeld, Julius **11** 127
Schöffer, Peter **7** 751
Schoelcher, Viktor **10** 804, **11** 150
Schön, J. T. **11** 152, 999
Schönborn, Johann Philipp v., Kf. v. Mainz **8** 1022, **9** 855
Schönfeld, Hans **12** 357 f.
Schönherr, Karl **11** 682
Schoeps, Julius H. **1** 469, 506
Scholte, H. P. **11** 212
Scholten, Jan **11** 394
Scholten, Joannes Henricus **11** 213, 551
Schomberg, franz. Marschall **9** 115

Schongauer, Martin **7** 250, 305, 323, 481, 489, 492
Schopenhauer, Arthur **9** 1027, **11** 340
Schorant, Wolfgang **7** 822
Schorlemer-Alst, Burghard **11** 647
Schott, Johannes **7** 791
Schottelius, Justus Georg **9** 987, 1025 f.
Schousboe **11** 592
Schrader, Clemens **11** 11, 24, 27, 29
Schramm, Dominicus **10** 239
Schreck (Terrenz/ Terrentius), Johann **8** 950, 952, **9** 767
Schreiber, August Wilhelm **11** 1037
Schrempf, Christoph **11** 679
Schroder, Egbert **13** 286
Schröderheim, F. **12** 861
Schubert, G. H. **11** 135
Schürer, Emil **11** 395
Schürer, Matthias **7** 635 f., 791
Schütte, Johannes **13** 329, 331
Schütz, Heinrich **8** 29, 1241, 1243, **9** 1065, 1072–1075
Schütz, Johann Jakob **9** 420
Schugger, Thomas **7** 822
Schuler **11** 1006
Schulte, Johannes v. **11** 644
Schulte, Karl Josef **12** 697
Schulten, J. H., Apostol. Präfekt v. Batavia **11** 1037
Schultens, Albert **9** 940
Schultheiß, Wolfgang **8** 183
Schultz, Augustin **9** 487
Schumacher, P., Bf. v. Portoviejo **11** 930
Schumayyel, Schibli **11** 816
Schurman, Anna Maria van **9** 879
Schuschnigg, Kurt **12** 759
Schuster, Ildefons **12** 440, 472, 487, 489
Schutz, Roger **12** 560, **13** 140 f.
Schuur, A. van der **9** 848
Schwalm, M. B. **12** 228
Schwartz, Eduard **1** 343
Schwarz, Frederik Christian **9** 807
Schwarz, Rudolf **12** 170
Schwarz, Theobald **7** 798 f.
Schwarzel, Carl **10** 713
Schwarzenberg, Friedrich Fürst v., Kard. Ebf. v. Salzburg und Prag **11** 13, 329 f.
Schwarzenberg, Mathilde v. **10** 671
Schwarzl, Karl **10** 272
Schwegler, Albert **11** 99, 103 f.
Schweitzer, Albert **1** 43, **11** 400 f., **12** 217, 561, 1080, **13** 192
Schweizer, Alexander **11** 82 f., 85
Schwenckfeld, Kaspar **7** 809, 826 f., 852, 874, **8** 28, 122, 126, 131, 146, 151, 154, 158, 160, 184, 187, 578
Schyns, M. **12** 664
Sciarelli, Bf. **10** 594
Scio de San Miguel, Felipe **9** 847
Scipione da Gaeta, gen. Pulzone **8** 1213
Sclua v. Narbonne **3** 864
Scolari, Paul ↗ Clemens III., Papst
Scopes, John Thomas **12** 798, 1051
Scopoli, Lorenzo **10** 668
Scoppola, Pietro **11** 432, 460
Scot, Reginald **9** 1143, 1145
Scott, George **11** 247
Scott, Gilbert **11** 573
Scott, Walter **10** 820
Scotti, Claricia **5** 561
Scouville, Philippe de **9** 903
Screpel, Jacques **12** 604
Scrivener, Frederick Henry **11** 565
Scudder, Vida D. **11** 901
Scudéry, Madeleine de **9** 1060
Scupoli, Lorenzo **8** 1047, **9** 853, 871, 876
Sebastian, hl. **6** 417, 893, **9** 910
Sebastian, Kg. v. Portugal **8** 731, 737, 742, 759, 762
Sebastian v. Heusenstamm, Ebf. v. Mainz **8** 413
Sebastian (v. Rom), Märt. **2** 184
Sebastiani, Giuseppe ↗ Giuseppe di Santa Maria
Sebastianos, Bf. v. Remesiana **3** 950
Sebastianus, Diakon **3** 465 f., 468
Sebastiao, Olu v. Warri **9** 736
Seckendorf, Veit Ludwig v. **9** 201
Sécretan, Charles **11** 44 f., 49 ff., 53, 526
Secunda, Märtyrin **1** 627
Secundianus, Bf. v. Thambae **1** 643, 655

Secundianus v. Singidunum, Bf. **2** 454, 1061
Secundinus, Bf. v. Carpi **1** 642, 655
Secundinus, Bf. v. Cedias **1** 644
Secundinus, Manichäer **2** 697
Secundinus (v. Taormina), Bf. **3** 913
Secundus, Bf. v. Tigisi **2** 127, 244, 247, 261
Secundus, Gnostiker **1** 550
Secundus, Kleriker u. Chronist **3** 486f.
Secundus v. Nano **4** 617
Secundus v. Ptolemais, Bf. **2** 115, 295, 312, 350, 1017
Sedatus, Bf. v. Nimes **3** 348
Sedatus, Bf. v. Thuburbo **1** 643
Sedelius Scotus **4** 764
Sedelmayer, Ludwig **10** 242
Sédillez **10** 567
Sedlnitzky, Leopold Graf **11** 301
Seeberg, Reinhold **12** 744
Seeley **11** 567
Segarelli, Gerardo **5** 848, 903, **6** 359, **7** 302
Segene v. Iona, Abt **3** 880, **4** 629
Segesser, Philipp Anton v. **11** 458, 575
Segneri, Neffe Segneris d. Älteren **9** 327
Segneri d. Ältere, Paolo, Jesuitenpater **9** 320, 327ff., 332, 1000, **10** 25
Séguenot, Claude **9** 353, 828
Séguier **9** 259f.
Séguier, Pierre **8** 1042
Seguin v. Chaise-Dieu, Abt **5** 144
Segundo, Juan Luis **13** 179, 504f., 508
Ségur, Louis-Gaston-Adrien de **11** 125, 173, 499f.
Segura, Pedro **12** 523, 529
Séguy, Jean **9** 472–475, **11** 410
Seher v. Chaumousey **5** 139
Seidenburch, Johann Georg **9** 267
Seigewasser, Hans **12** 751
Seignobos, Charles **11** 339
Seipel, Ignaz **12** 756, 758
Seius Fuscianus, Präfekt **1** 693
Seixas, José António Carlos de **9** 1080
Sékou Touré, Ahmed, Regierungschef v. Guinea **13** 560, 564
Sekundos, armen. Bf. **3** 1210
Selassie, Haile **12** 1017
Selbie, John A. **12** 821
Selborne, Roundell Palmer, 1. Graf v. **11** 571
Selden, J. **9** 967
Seleucus v. Amasea **3** 60
Seleukos Nikator I. **1** 93, **2** 76
Seligwanow, Chlysten Kondratu **10** 821
Selim, Sohn Akbars **9** 800
Selim I., osman. Sultan **7** 45, 48, 529, **8** 358, 362
Selina, Gräfin v. Huntingdon ↗ Huntingdon, Selina Gräfin v.
Selnecker, Nikolaus **8** 12, 28, 981
Selve, Jean de **7** 869
Selwyns **12** 818
Sembratovyč, Sylvestr, Ebf. v. Lemberg **11** 702
Semedo, Alvaro de, Jesuit **8** 949, **9** 787
Semender, chazar. Khan **4** 231
Semenov, Mikhail, Archimandrit **11** 749
Semeria, Giovanni **11** 433, 445, 601, **12** 6
Semler, Johann Salomo **10** 40f., **11** 55, 57
Semmelroth, Otto **13** 174
Sempronianus **2** 949
Sen, Keshab Chandra **11** 1031
Sena de Freitas **11** 624
Sénac de Meilhan, Gabriel **10** 309, 426
Senacherina, Nonne **5** 15
Senarius, Gesandter Theoderichs **3** 1099
Senarius, Senator **3** 378
Senator, Presbyter **3** 75, 80
Seneca **1** 119, 144, 231, 285, 633, 669, 740, 953, **5** 452, 462, 914, **9** 1050f.
Senecius **2** 209
Senekas, Bf. v. Jerusalem **1** 272
Senekʿerim-Yovhannēs, Kg. **4** 529
Seneor, Abraham **7** 397
Senfft-Pilsach, Ernst v. **11** 315
Senghor, Léopold Sédar **13** 557
Senne, René le **12** 189
Senoch, Abt **3** 837, 846f.
Šeper, Franjo, Kard. Ebf. v. Zagreb **13** 156
Septimius, Bf. v. Altinum **3** 333
Septimius, dalmat. Usurpator **2** 149

Septimius Severus, röm. Ks. **1** 243, 247, 259 ff., 263, 505, 557, 579, 601, 606, 645, 850, 943, **2** 8, 14, 16, 59, 61, 63, 100, 108, 111, 114, 1007, **3** 1033
Septimus v. Salona, Diakon **2** 182
Sepúlveda, Juan Ginés de **7** 410, 603, 860, **8** 782, 788, 818, 826, **13** 473
Serafim, Metropolit v. Tîgoviţe **9** 581
Serafim, Metropolit v. Uglič **12** 940
Serafim v. Sarov, hl. **10** 110, **11** 743
Serafini, Domenico **12** 4, 316
Serai, Bessarion, Einsiedlermönch **10** 121
Serantes, Pérez, Ebf. v. Santiago de Cuba **13** 512
Seraphim II., Patr. v. Jerusalem **10** 131
Seraphim II., Patr. v. Konstantinopel **10** 728
Serapion **2** 163
Serapion, Archidiakon in Konstantinopel **2** 658
Serapion, Bf. v. Antiochien **1** 560 f., 569, 574, **2** 65, 77, 146
Serapion v. Zarzma, hl. **4** 567
Serapion v. Alexandrien **1** 588
Serapion v. Tentyra **2** 652
Serapion v. Thmuis, Asket **2** 377, 422, 822
Serapis (ägypt. Gottheit) **2** 14, 86, 108, 939
Serebriakova, Pelagia **11** 743
Séredi, Justinian **12** 417, 902, 906
Serena, Gattin Stilichos **2** 996
Serenianus, Statthalter **2** 27
Serenius Granianus, Prokonsul **1** 321
Serenus, Bf. v. Marseille **3** 1151
Serenus, Märt. **1** 693
Sergej v. Radonej, hl. **6** 165, 256, 258, 262, 553
Sergiev, Ivan **11** 747
Sergiev, Joann (Kronstadt, Joann v./Kronstadtsky, Joann) **11** 738, 746, 749
Sergij, Metropolit **13** 395, 409
Sergij v. Radonež **9** 535, 537
Sergios s. a. Sergius
Sergios, Arzt **4** 463
Sergios, Bf. v. Caesarea **3** 430
Sergios, hl. **4** 486, 680
Sergios, Patr. v. Antiocheia **4** 426
Sergios, paulik. Lehrer **4** 241 ff.
Sergios, Subdiakon **4** 311
Sergios, syr. Mönch **3** 638
Sergios, Vater d. Joannes Damaskenos ↗ Sardjūn **4** 123
Sergios I., nestorian. Katholikos **4** 460
Sergios I., Patr. v. Jerusalem **4** 416
Sergios I., Patr. v. Konstantinopel **3** 557, 562, 677, 683, 686, 695, **4** 13, 18 ff., 33, 36 f., 40–44, 46, 48 f., 89, 196, 321, 337 f., 391, 422, 626, 644
Sergios II., Patr. v. Konstantinopel **4** 324, 353
Sergios d. Stylite **4** 72
Sergios Niketiates **4** 179
Sergios-Tychikos **4** 241
Sergios v. Damaskus **4** 371
Sergios v. Jaffa **4** 410
Sergios v. Resafa, hl. **3** 510, 689, 1179
Sergios v. Tella, Patr. v. Antiochia **3** 494, 505
Sergius s. a. Sergios
Sergius, Großhzg., Bruder v. Zar Alexander III. **11** 812
Sergius, hl. **2** 686, **3** 425, 570, 669 f., 693, 1145
Sergius, Metropolit v. Tarragona **3** 402
Sergius, Sohn d. Christophorus Primic. **4** 706
Sergius I., Papst **4** 637, 646 f., 649, 656
Sergius II., Papst **4** 712, 717
Sergius III., Papst **4** 779, 784, 820 f.
Sergius IV., Papst **4** 832, 841, 869, 875
Sergius Paulus, Prokonsul **1** 109 f.
Sergius v. Reschaina **3** 657
Seridos **3** 628
Seripando, Girolamo **8** 258, 267
Serlo, Chorherr **5** 288
Serna, Juan Pérez de la, Ebf. v. Neuspanien **9** 621, 633
Seronatus, röm. Beamter **3** 228
Serra, Junipero **9** 644
Serrano, Francisco **11** 631
Serrano Elias, Jorge, Präsident v. Guatemala **13** 533, 538

Serrao, Giovanni Andrea, Bf. **10** 270f., 454, 562
Serres, Jean de **8** 1035
Sert, José Maria **12** 169
Sertillanges, Antonin-Gilbert **12** 195, 211, 228, 240, 390, 583
Servaes, Albert **12** 172
Servant, Vikar **10** 560f.
Servatius, Roger **7** 622
Servatius v. Tongern, Bf. **2** 387, 389
Servatus Lupus **4** 761
Servet, Michel **8** 66, 186, 466, 578, 646, 682, 1132, 1138
Servusdei, Subdiakon **3** 465
Sesboüé, Bernard **13** 197
Seso, Carlos de **8** 683
Seth Skleros **5** 517
Seton, Elizabeth Bayley **10** 502, 504, **11** 881
Seumois, André **13** 38, 60, 329, 335
Seuse, Heinrich **5** 885, **6** 380, 521, **7** 241, 258, 276, 317, 814, **8** 241, **9** 824
Severa, röm. Ksn. **1** 262
Séverac, Jourdain Cathala de **7** 539f.
Severian v. Arethusa, Bf. **3** 143
Severianos **3** 197
Severianus, afrikan. Bf. **2** 260
Severianus, brit. Bf. **2** 546
Severianus, Konsul **1** 166
Severianus, Schüler d. Pelagius, Bf. **2** 980
Severianus v. Gabala **2** 558, 563, 1038
Severin, hl. **3** 974
Severini, Gino **12** 167, 169
Severinus I., Papst **4** 42, 626
Severos, monophysit. Patr. v. Alexandria **3** 507
Severos, Patrikios **4** 38
Severos ibn al-Muqaffaʿ **3** 596
Severus, Bf. v. Aquileja **3** 483f., 488, 504, 910f.
Severus, Bf. v. Laodicea Combusta **2** 96
Severus, Bf. v. Malaga **3** 790f.
Severus, Bf. v. Vence **3** 386
Severus, Caesar **2** 185
Severus, Patr. v. Antiocheia **2** 28, **3** 138, 140–148, 151, 192, 199f., 203, 433, 435, 437, 439f., 443, 491f., 494f., 498, 501, 505, 515, 524, 526, 561, 568, 574f., 595, 603, 616, 622f., 649, 652, 654, 668, 773, 953, 1208, **4** 121, 131, 139, 406, 425, 429, 433, 437, 481
Severus, röm. Ks. ↗ Septimus Severus
Severus II., Patr. v. Antiocheia **4** 431
Severus Alexander ↗ Alexander Severus, röm. Ks.
Severus aus Hadrumentum **1** 661
Severus ibn al-Muqaffaʿ **4** 452
Severus Sebokt (Sēbōkht) **4** 433
Severus v. Ficuclae **3** 909
Severus v. Marseille **4** 101
Severus v. Menorca **2** 954
Severus v. Mileve, Bf. **2** 513, 654
Severus v. Trier **2** 981
Sévigné, Marquise de **9** 370, 833f., 1000
Sevin, Kard. **11** 472
Sewell, Fr. **11** 1030
Sextus Julius Africanus **1** 167, 487f., 845
Seymour, Eduard **8** 216
Seymour, J., Admiral **11** 148
Seymour, William J. **11** 907, **12** 1118
Seys, John **11** 1000
Seyß-Inquart, Arthur **12** 642
Seyssel, Claude de **7** 182, 184, 442, 445, 675, 874
Sforza, Francesco **7** 77, 92
Sforza, Giovanni **7** 94
Shaftesbury, Anthony Ashley Cooper, Earl of **9** 107f., 110, 1021f., 1026
Shahin, pers. General **4** 13, 17, 22, 38
Shahrbaraz, pers. General **4** 13, 18f., 22
Shakespeare, William **9** 1058
Sham'ala, taghlib. Fürst **4** 398
Sham'ūn VII. bar Māma, nestorian. Katholikos **9** 597
Sham'ūn XIII., nestorian. Katholikos v. Kotchanes **9** 597
Sharpe, Ebf. **9** 445
Sharpe, John **9** 718
Shaull, Richard **13** 133, 205
Shaw, Barnabas **11** 983
Shaw, John **9** 463
Shearer, J. G. **12** 1132

Sheen, Fulton **12** 1047
Shefatiá, Rabbi **4** 245
Sheldon, Gilbert, Ebf. v. Canterbury **9** 105, 441
Shen Que **8** 949
Shepard, Thomas **9** 692
Shields, T. T. **12** 1132
Shigeru, Yoshida, japan. Premierminister **13** 647
Shim'un XXI., nestorian. Patr. **13** 467
Shirer, William L. **12** 1050, 1067
Shōgun **8** 913
Shrewsbury, Lord **11** 232
Shunzhi, Ks. v. China **9** 766, 768
Shway-Gnong, Maug **11** 1032
Siaguna, Andreas, Metropolit v. Sibiu **11** 771 f.
Siber, Johannes **7** 119
Siblot **10** 392
Sibour, M.-D.-A., Ebf. v. Paris **11** 172
Sicard v. Cremona, Bf. **5** 831
Siccardi, Luigi, Conte **11** 596
Sichar, Richter **3** 835
Sichelgaita **5** 67
Sicking, Thom **13** 470
Sickingen, Franz v. **7** 728
Siculo, Giorgio (Don Giorgio) **8** 578
Siderius v. Pentapolis, Bf. **2** 653
Sidonius ↗ Apollinaris Sidonius
Sidorova, Feofaniya, Äbtissin **11** 741
Sidotti, J. B. **9** 759
Siegfried, André **11** 567, **12** 1223
Siegfried v. Gorze, Abt **4** 795, **5** 439
Siegfried v. Mainz, Ebf. **5** 45 f., 50, 54
Siegmund-Schultze, Friedrich **11** 681, **12** 64, 329, 335, 337, 340
Sierra, Manuel de la **10** 34
Siestrzencewicz-Bohusz, Stanislaw Bf. **10** 107, 115
Sieveking, Amalie **11** 313
Siewerth, Gustav **12** 232
Sieyès, Emmanuel Joseph, Abbé **10** 315, 328
Sigmund, Kg. v. Ungarn, Ks. ↗ Sigismund I., Ks.
Sigaud, G. Proença, Bf. v. Brasilien **13** 25
Sigebert, fränk. Kg. **3** 802, 814, 816, 818
Sigebert, engl. Kg. **4** 625, 629
Sigebert d. Lahme, fränk. Kg. **3** 358
Sigebert v. Gembloux **5** 118, 120
Siger v. Brabant **5** 881 f., 906
Siger/Sigerich v. Canterbury **4** 782, 863
Sigerich, Sohn Sigismunds **3** 384
Sigewin v. Köln, Ebf. **5** 115
Sigfrid v. York, skand. Missionar **4** 907, 911
Sigibert, Abt **4** 796
Sigibert, westgot. Adliger **4** 636
Sigibert III., fränk. Kg. **4** 605, 633, 644
Sigismondi (Sekr. Propag. Fide) **12** 306
Sigismund, burgund. Kg. **3** 344, 364, 375, 380, 382 ff., 390, 980, 1011, 1046, 1125
Sigismund I., Ks., Kg. v. Polen u. Ungarn **6** 96, 98, 104, 109, 112, 183, 288, 340, 345, 581, 588, 693, 697, 700, 772, 805, 868, 874, **7** 74, 120, 462 f., **8** 44, 105, 622, 624, 642
Sigismund I. August, poln. Kg. **7** 417, 869
Sigismund II. August, Ks. **8** 622, 624, 643, 647
Sigismund III. Vasa, Kg. v. Schweden u. Polen **8** 371, 442, 623, 648, 656, **9** 58, 62, 491, 508
Sigmund Báthory, Fürst v. Siebenbg. **8** 624
Signorelli, Luca **7** 479
Sigogne, Pater **10** 520, 527
Sigüenza, José de **8** 689, 709
Siguier, A. **10** 801
Sikorskij, Polykarp **12** 978
Silas, Mitarbeiter d. Paulus **1** 69, 116 f., 121, 153, 231, 273, 277, 477
Silbermann, Gottfried **9** 1079
Silbestros Syropulos **6** 402, 826
Siliceo, Juan Martínez **8** 663
Sillery, Brûlart de **9** 302
Silva, Juan de **8** 822
Silvan, Einsiedler **12** 957
Silvanos, Bf. v. Edessa **2** 1040
Silvanos d. Skete, Abt **3** 620
Silvanus, Bf. v. Cirta **2** 127, 244, 254, 261
Silvanus, Bf./Märt. **2** 62
Silvanus, Eremit **2** 823

Silvanus, Heermeister u. Usurpator **2** 399
Silvanus v. Gaza **2** 60, 187, 832
Silvanus v. Tarsus, Bf. **2** 390, 423, 428, 432, 435
Silveira, Gonçalo da **8** 762, **9** 744
Silvera, Mouzinho da **11** 278
Silverius, Papst **3** 443, 471, 767, 770–776
Silvester, Beichtvater Ivans IV. **8** 383
Silvester I., Papst **2** 252, 353, 881, 885, **3** 362, 454, 1015, **4** 355, 359, 667, **5** 640, 659, **6** 328, **7** 443, 469, **8** 179
Silvester II. (Gerbert v. Aurillac), Papst **4** 779, 826–830, 832, 839, 841, 844, 850–854, 861, 863, 866, 871, 900, **5** 340, 343,
Silvester III., Papst **4** 872
Silvester IV., Papst **5** 34, 72
Silvester v. Rennes, Bf. **5** 145
Simaika, Murqus **11** 793
Simanskij, Aleksij **12** 980, 982, 987, 990, 996, 1002
Simen, Johann Peter **10** 20
Simeon s. a. Symeon
Simeon, Charles **9** 458, **10** 691
Simeon, Gegenpatr. in Antiocheia **4** 431
Simeon, georg. Katholikos **3** 1251, **4** 576
Simeon, Metrop. v. Moskau **7** 60
Simeon, Sohn d. Klopas, Bf. v. Jerusalem **1** 74, 159, 207, 251, 272 f., 277, 325, 481
Simeon bar Ṣabbaʿē, pers. Bf. **2** 1079–1082, **3** 1168 f.
Simeon d. Gerechte **1** 652, 660
Simeon d. Kanaanäer **4** 580
Simeon d. Neue Theologe ↗ Symeon d. Neue Theologe
Simeon Rabbṯn-Ata **5** 794
Simeon (Simon), hl. **4** 549, 558, 565
Simeon Stylites **2** 1093
Simeon Uroš, serb. Kg. **6** 195
Simeon v. Aleppo, hl. **4** 409
Simeon v. Beth Arṣam **3** 141, 1173, **4** 477
Simeon v. Polock (Simeon Polockij, weltl. Name: Samuil Emel'janovič Petrovskij-Sintianovič) **9** 531, 536
Simeoni, Giovanni, Präfekt der Propaganda-Kongregation, Kard. **11** 349, 476, 884
Simmons, Jim **12** 800
Simon, Bruder Jesu **1** 59, 71
Simon, Jacques ↗ Plancy, Collin de
Simon, John **11** 238
Simon, Jules **11** 490, 492 f., 498
Simon, Marcel **1** 207, 467 f.
Simon, melkit. Patr. **6** 223
Simon, messian. Aufrührer **1** 23
Simon, Pierre-Henri **12** 163
Simon, Richard **7** 663, **9** 936, 950, 976 f., 982, 1127
Simon, syr. Mönch **3** 610
Simon I., Patr. v. Alexandreia **4** 436, 438 f., 441, 445, 449 ff.
Simon I., Patr. v. Antiocheia **4** 404
Simon Awwad, maronit. Patr. **9** 599
Simon bar Kochba **1** 40, 223, 481, 745, 764 f.
Simon d. Magier **1** 76, 109, 146, 275, 507, 509, 511 f., 514 f., 521, 523, 537 f., 546, 669, 916
Simon de Brie ↗ Martin IV., Papst
Simon de Cramaud **6** 86, 91–95, 100, 635
Simon Langham, Ebf. v. Canterbury **6** 661
Simon Niger **1** 78, 277
Simon of Sudbury **6** 673
Simon-Petrus, Katholikos v. Iberien **3** 1273
Simon Simeonis **6** 236
Simon v. Bisignano **5** 190
Simon v. Cascia ↗ Simone da Cascia
Simon v. Genua **5** 613
Simon v. Konstantinopel OP **6** 300
Simon v. Kyrenaika **1** 46
Simon v. Montfort **5** 579, 585, 588, 775, 838, 890
Simon v. St-Quentin **5** 792
Simon v. Taybūtha **4** 466
Simon v. Tyros, latein. Patr. v. Konstantinopel **5** 733
Simon v. Valois **5** 447, 529
Simon v. Wladimir-Suzdal, Bf. **4** 949
Simond, Pierre **9** 742
Simone da Cascia **6** 356, 381
Simone Fidati **6** 744
Simone Martini **6** 46, 65

Simonetta, Ludovico **8** 259
Simonis, Tochter Andronikos' II. **6** 171, 194
Simonovskij, Petr **9** 532
Simons, Menno **8** 124, 140–143, 146, 155, 174, 181, 335, 460, 646
Simplicianus v. Mailand, Bf. **2** 499, 654
Simplicius, Bf. v. Bourges **3** 229, 233 f.
Simplicius, Bf. v. Vienne **2** 965
Simplicius, Papst **3** 131, 174–180, 203, 308, 326, 336, 399, 1029
Simplicius, Philosoph **3** 427, 651
Simpson, A. B. **12** 312
Simpson, Richard **11** 234 f.
Šimʿūn bar Ṣabbaʿē, pers. Katholikos **3** 1180
Sin (mesopot. Gottheit) **2** 77
Sin, Jaime L., Kard. Ebf. v. Manila **13** 682
Sinadskij, Viktor **11** 767
Sincai, Gheorghe **10** 737
Sinerotas ↗ Synerus
Singlin, Antoine **9** 356
Sinnigh, John **9** 1015
Sio, georg. Mönch, hl. **3** 1278, 1285, **4** 565
Sion I., Bawonacʿi, armen. Katholikos **4** 499
Siphor **1** 438
Siri, Giuseppe, Kard. Ebf. v. Genua **12** 187, **13** 7, 15, 19 f., 24, 33, 40, 42, 45, 120, 124
Siricius, Papst **2** 495, 497, 500, 513, 647, 851, 859, 862, 895, 897, 905–908, 961, 1062, **3** 334, 576, 975, 1003, 1026, 1087
Sirmond, Jacques **9** 936, 952
Sisebert v. Toledo **4** 636
Sisebut, westgot. Kg. **3** 861
Sisenand, span. Märt. **4** 740
Sisenand, westgot. Kg. **3** 862, 864, **4** 613
Sisibut, westgot. Kg. **4** 612 f., 616 f.
Sisinnios II., Patr. v. Konstantinopel **4** 317, 323, 329, 337 f., 353, 943
Sisinnios v. Perge, Bf. **4** 110, 133
Sisinnius, Diakon/Märt. **2** 649
Sisinnius, Presbyter **3** 16
Sisinnius v. Konstantinopel, Bf. **2** 574, 839, 1026
Sisoe **2** 823
Sithole, Ndabaningi **13** 580
Sittich v. Hohenems, Mark **8** 259
Sitting Bull (indian. Name Tatanka Iyotake), Sioux-Häuptling der Teton-Dakota **11** 878
Sivaji **9** 815
Six, J. F. **11** 341 f., 523
Sixtus I., Bf. v. Rom **1** 282, 377, 678
Sixtus II., Papst **1** 660, 663, **2** 167, 171, **7** 81
Sixtus III., Papst **2** 539, 541, 546, 619, 624, 877, 898, 909, **3** 3, 12, 18, 301, 725, 972, 1028 f., 1131
Sixtus IV. (Francesco della Rovere), Papst **7** 71, 80, 92 f., 99 ff., 103 f., 107 f., 110 f., 120, 125 ff., 134, 140, 162, 239, 251, 278, 352 f., 395, 403, 408, 560, 592, **8** 265, 387, **9** 847
Sixtus V., Papst **7** 334, **8** 276, 278, 282, 297, 483, 493, 593, 597, 1085, 1092, 1130, 1178, 1182, 1187, 1210, **9** 229, 243, 1005, 1031, **13** 5
Sixtus v. Siena **8** 1128
Sjuganow, Gennadij **13** 421
Skanderbeg (Georg Kastriotis), alban. Fürst **7** 52, 79 f., 83, 421, **9** 579
Skarlatos **8** 361
Skender, Sohn d. Georgios Amirutzis **7** 39
Skleros, byzantin. Strategos **4** 29
Skobtzoff, Marie **12** 1011
Skovoroda, Gregorij **11** 754
Skylitzes, Historiograph **4** 236, **7** 16
Skylitzes Continuatus **4** 320
Skytte, Marten **7** 761
Slack, Kenneth **12** 775, 813
Sladkevicius, Vincentas, Kard. Bf. v. Kaisiadorys **13** 367
Slater, Edward, Apostol. Vikar v. Mauritius **11** 977, 1065
Sleidanus (Johannes Philippi) **8** 1134
Slerka, Jan **9** 479
Slipyi, Josef, Kard. Ebf. v. Lvov **12** 975, 983, 987, **13** 6, 307, 424 f.
Slowacki, Juliusz **10** 820, 823
Smaragdus, byzant. Exarch **3** 481, 483

Smaragdus v. St. Mihiel **4** 760
Smbat, armen. Häretiker **4** 524
Smbat Bagratuni **3** 1220 f., 1294, **4** 479 f., 482, 490
Smbat Bagratuni, armen. Kg. **4** 506 f., 512 f.
Smbat Bagratuni Aplabas, armen. General **4** 501, 503
Smedt, Charles de **11** 114, 427
Smedt, Emil de, Kard. Bf. v. Brügge **13** 35, 54
Smet, Pierre Jean de **11** 546, 861
Smetana, Pavel **13** 142
Smid, Henrik **7** 756
Smidovič, P. G. **12** 942
Smirnov, Method **10** 108
Smith, A. E. **12** 1132
Smith, Adam **10** 214, **11** 32
Smith, Alfred **12** 1099, 1107, 1109
Smith, Augustin **10** 505
Smith, Eli **11** 137, 811
Smith, Gerald **12** 1090
Smith, Henry **9** 964
Smith, Henry Preserved **11** 904
Smith, Ian, Regierungschef v. Simbabwe **13** 580
Smith, Joseph **10** 862 ff., **11** 848 ff., 852, 854, 863, 906
Smith, Morton **1** 167
Smith, William **10** 528
Smith O'Brien, W. **10** 748
Smithies, John **11** 1062
Smogorzenski, Johan, Bf. **10** 107
Smotrickij, Meletij **9** 508
Smyth, John **8** 569, **9** 461
Smyth, William, Bf. v. Lincoln **7** 455, 459
Smythies, William, Hilfsgeistlicher **9** 452
Snorri Sturluson **5** 715
Snyders, Frans **8** 1220
Soanen, Jean, Bf. v. Senez **9** 140, 384, 387, 390 f., 395, 1008
Soares, Manuel-Baptista, Bf. v. Sao Salvador **9** 378
Soares de Resende, D. Sebastião, Bf. v. Beira **12** 515, **13** 578
Sobiaï **1** 497
Sobrino, Jon **13** 508
Socin **9** 982
Sodano, Angelo, Kardinalstaatssekretär **13** 310, 521, 626
Soden, Hans v. **1** 645
Søe, Niels H. **12** 860
Söderblom, Nathan **11** 591, 593 f., **12** 44, 63, 95, 315, 331, 341, 344, 352, 852, 856, 861
Söhngen, Gottlieb **12** 223
Sölle, Dorothee **13** 203, 210
Soetens, Claude **11** 440
Sofija, Regentin v. Rußland **9** 509, 523 f.
Sōin, Gotō Tōmei **8** 926
Sokken, Yasui **11** 1057
Sokolov, Johann, Archimandrit **11** 717
Sokolović, Mehmed **8** 359, 370, **9** 574
Sokolovic, Pascha **10** 119
Sokrates **1** 633, 732, 748, 768, 874, 915, 923
Sokrates Scholasticus, Historiograph **2** 92, 147, 171, 290, 307, 318, 326, 357, 385, 388, 462, 553, 560, 577, 691, 730, 786, 835, 988, 991, 1004, 1021, 1025, 1044, 1052, 1055, **3** 1242, **4** 490
Sol (röm. Sonnengott) **2** 11, 173, 210, 218
invictus **2** 173, 188, 406
pacator **2** 198
Solages, Henri de **11** 134, 141
Solano, Francisco **8** 831, **11** 922
Solari, Bf. v. Noli, **10** 656
Solari, Giuseppe **10** 453
Solario, Andrea **7** 512
Soler, Antonio **9** 1070, 1080, 1082
Soleri, Kartographen **6** 851
Solminihac, Alain de **9** 248
Solomon, afrikan. Präfekt **3** 753
Sołomon I. Gaṙnecʿi, armen. Katholikos **4** 500
Solopova, Taisiya, Äbtissin **11** 741
Solórzano y Pereyra, Juan de **9** 616, 652
Solov'ev, Agathang, Ebf. **11** 718
Solov'ev, Vladimir **11** 743, 747 ff., 759, 761, **12** 884
Solózano Pereira **8** 809
Solschenizyn, Alexander **13** 396

Somaglia, Giulio Maria della, Kard. **10** 643, 663 f., **11** 158
Somellera, Gabriel Fernández **11** 942
Somerset **8** 219
Somoza Debayle, Anastasio, Staatschef v. Nicaragua **13** 475
Soner, Ernst **9** 491
Sonnatius, Bf. v. Reims **3** 841
Sonnenfels, Joseph v. **10** 174
Sopater, Begleiter d. Paulus **1** 118
Sopatros **2** 218, 237
Sophia, Gattin Ivans III. v. Moskau ↗ Zoe
Sophia, oström. Ksn. **3** 495, 683
Sophia v. Benevent, hl. **3** 1094
Sophia v. Gandersheim, Äbtissin **4** 810, 812 f.
Sophia v. Mainz, Äbtissin **4** 810
Sophie Alexejevna, Zarin v. Rußland **9** 540
Sophokles **1** 594
Sophron, Patr. v. Jerusalem **10** 124
Sophron v. Cioara **10** 121
Sophronios, Abt **3** 446
Sophronios, Mönch **4** 409 f.
Sophronios, Patr. v. Jerusalem **3** 625, 672 f., 677, 684, **4** 41 f., 48, 50 f., 80, 90, 370, 408, 414
Sophronios, Sophist **3** 629, 660
Sophronios I., Patr. v. Alexandreia **4** 419
Sophronius, Patr. v. Antiocheia **6** 220
Sophronius v. Constantina (Osrhoene) **3** 110
Sophronius v. Pompeiopolis, Bf. **2** 390, 423
Sophronius v. Tella, Bf. **3** 67
Sopransi **10** 595
Sorbier de Villars **10** 522
Sørensen, A. **12** 860
Soreth, Johannes, Ordensgeneral der Karmeliten **7** 167 f., 357
Sorin, Ōtomo ↗ Yoshishige
Sorolainen, Bf. v. Turku **8** 44
Sorrent, Bonaventura v. ↗ Bonaventura v. Sorrent
Sorskij, Nil **8** 377, **9** 512
Sosigenes **1** 444
Sossianus Hierokles **2** 179
Sosthenes **1** 153
Sotas v. Anchialos, Bf. **1** 571, 574
Sotelo, Luis **8** 929
Soter, Bf. v. Rom **1** 153, 174, 315, 321 f., 332, 334, 377, 452, 557, 678 f., 684
Soterichos Pantageunos, Patr. v. Antiocheia **5** 368
Soto, Domingo de **7** 563, **8** 247, 698, 703 f., 818, 1181, 1196
, Pedro de **8** 698, 819
Sotomayor, Antonio de, Beichtvater Philipps IV. u. span. Generalinquisitor **9** 146, 847
Sotomayor, Juan Fernández de **10** 778
Soubirous, Bernadette **11** 120, 190, 348, **12** 138, 248, 251
Sourdis, François de **8** 518
Sousa, Tomé de **8** 862, 866
Southcott, Ernest **12** 826
Southgate, Horatius **11** 137
Souza, Henri d', Ebf. v. Kalkutta **13** 672
Souza, Isidore de, Ebf. v. Cotonou **13** 565, 569
Souza Coutinho, Rodrigo de **10** 779
Souzy, Jean-Baptiste **10** 431
Soveral, Francesco v., Bf. v. Sao Salvador **9** 739
Soymonova-Svečhin, Sophie **11** 757
Sozomenus, Historiograph **1** 588, **2** 64, 216, 290, 299, 307, 323, 335, 338, 357, 385, 393, 439, 443, 553, 560, 563, 730, 987, 991, 1021, 1085, **3** 627, 933, 948, 1242
Sozzini, Fausto **8** 185, 187, 578, 645, 647, 1132, **9** 490, 492 ff., 497, 950
, Lelio **8** 186, 578, 580
Spahn, Peter **12** 682
Spalatin, Georg ↗ Burckhardt, Georg
Spalding, Johann Joachim **10** 40, 43
Spalding, Martin John, Ebf. v. Baltimore **11** 499, 864, 880
Spanheim, Prof. **9** 421
Spann, Othmar **12** 757
Spanneut, Michel **1** 948
Spanzotti, Giovanni **7** 483
Spaur, Christoph Andreas v. **8** 415

Spedalieri, N. **10** 306
Spee, Friedrich (v.) **8** 418, 1086, 1097, 1236
Spee v. Langenfeld, Friedrich **9** 837, 855, 857 f., 901, 909, 1069, 1143 ff.
Speer, R. E. **11** 418
Spellman, Francis Joseph, Kard. Ebf. v. New York **12** 409, 1039, 1075, 1111, **13** 58, 96
Spencer **9** 982
Spencer, Herbert **11** 335, 898
Spener, Philipp Jakob **9** 416 ff., 420, 477, 496, 874, 879, 975, 981, **10** 5, 202 ff., **11** 73
Spengler, Lazarus **7** 730
Spengler, Oswald **12** 96 f., 1074
Speraindeo v. San Zoilo, Abt **4** 739
Speranskij, Mikhail **11** 762
Speratus, Märt. **1** 627
Speratus, Paulus **7** 762, 765, **8** 27, 980
Sphrantzes **7** 22
Spiecker, F. A. **12** 329
Spiegel, Ferdinand August, Ebf. v. Köln **10** 717, **11** 299
Spiere, Pierre van **8** 949
Spiller, Vsevolod **13** 394
Spina, Kurienprälat **10** 622, 643
Spindler, M. **12** 314
Spinelli, Giuseppe, Ebf. v. Mailand **9** 337
Spinola, Christoph de Rojas y ↗ Rojas y Spinola, Christoph de
Spinola, Marcelo, Ebf. v. Sevilla **11** 640
Spinoza, Benedict (Bente Baruch) de **8** 731, **9** 73 f., 209 ff., 365, 431 f., 492, 880, 933, 941, 947, 973 f., 976, 981, 1019 f., 1023, 1025, 1090, 1095, 1102, 1105, 1114, 1141, 1146, **10** 195
Spiridon, Patr. v. Antiochia **11** 792
Spittler, Christian Friedrich **11** 136, 243, 992, 994
Spleiß, David **11** 243
Spon, Arzt aus Lyon **9** 556, 568
Sprenger, Jakob **7** 296, 326, **8** 1074, 1089
Sproll, Johannes Baptista **12** 699
Spuller, Jacques Eugène **11** 466, 507, 512
Spurgeon, Charles **11** 236
Spyridion v. Trimithon, Bf. v. Zypern, hl. **1** 150, **3** 669
Spyrou, Aristoteles ↗ Athenagoras I., Patr.
Spytihnev, Sohn Bořivojs **4** 892
Šrámek, Jan **11** 709
Srbik, Heinrich v. **12** 759
Staats, Reinhart **1** 370
Stackhouse, Thomas **9** 451
Stadler, Daniel **10** 176
Stadler, Josip **11** 705
Staffa, Dino, Kard. **13** 25
Stahl, Friedrich Julius **10** 724, **11** 81
Stalin, Josef, sowjet. Staatschef **11** 737, **12** 365, 911, 973, 979, 985, 987, 996, 1001, 1009, 1062, 1094, **13** 391, 400 f., 421
Stancaro, Francesco **8** 127, 638
Standish, Henry **8** 198
Standonck, Jan **7** 226, 360, 622
Staniewski, Jozef Maximilian **11** 758
Staniloae, Dumitru **12** 1007
Stanislaus, hl. **6** 810
Stanisław, Bf. v. Krakau **5** 130, 716
Stanisław I. Leszcynski, Kg. v. Polen **9** 1028
Stankievitch, Nikolas **11** 746
Stanley, John Rowlands **11** 1005, 1007
Staphylus, Friedrich **8** 1031
Stapleton, Thomas **7** 854, **8** 333, 341, 354, 554
Starck **9** 882
Starck, J. A. **10** 475
Starkey, Nicholas **7** 379
Starkey, Thomas **7** 375
Starogodskij, Sergij, Metropolit **11** 730, 742, 750
Staszić, Stanislaus **10** 194, 753
Statius **3** 791, **4** 852
Statius Quadratus, Prokonsul **1** 163
Stattler, Benedict **10** 175, 279
Staudenmaier, Franz Anton **10** 713, **11** 107
Stauffenberg, Claus Graf Schenk v. **12** 360
Staupitz, Johann v. **7** 220, 681, 745, **8** 1058
Stauriakos, Sohn Nikephoros' I. **4** 143
Staël, Madame Germaine de **10** 306 f., 309, 682, 819, **11** 150, 242, 264

Steeg, Jules **11** 531
Steele **9** 1027
Steen, Jan **8** 506
Ştefan, Metropolit d. Ungrovalachei **9** 580
Stefan, serb. Kg. **4** 952
Stefan VII. Thomas, bosn. Kg. **7** 36
Stefan IX., Papst (Friedrich v. Lothringen) **4** 872
Stefan Bodecker **6** 870
Stefan Dušan, serb. Großzar **7** 12
Stefan Nemanja, serb. Fürst **4** 950, 952
Stefan v. Acerenza **4** 835
Stefan v. Tournus, Abt **4** 859
Stefan v. Ungarn ↗ Stephan I., ungar. Kg.
Stefanus v. Nepi, Bf. **4** 187
Steffani, Agostino **9** 1065
Stefonio, Pater **9** 1050f.
Stegerstedt, T. **11** 591
Stegmann, Joachim **9** 493
Stein, Edith **12** 249, 643
Stein, H. **11** 589, 592
Stein, Heynlin v. **7** 318
Steinbach, Wendelin **7** 220
Steinbeck, John **12** 1080
Steinmann, Jean **12** 265
Steinmetz **11** 1013
Stel, Simon van der **9** 742
Stella, Tommaso **8** 595
Stelzle, Charles **12** 1132
Stendhal (Marie-Henri Beyle) **10** 676
Stenijaew, Gründer v. „Vozrozdenie“ **13** 406
Steno, Nicolaus ↗ Stensen, Niels
Stensen, Niels (Nicolaus Steno) **9** 63, 971
Step῾annos Ōrbełean, Historiker **3** 1216
Step῾anos, armen. Asket **4** 506
Step῾anos, armen. Mönch **4** 521
Step῾anos I. Duinec῾i, armen. Katholikos **4** 500
Step῾anos II., armen. Katholikos **4** 512
Step῾anos III., Abt v. Sewan **4** 518
Step῾anos Siwnec῾i **4** 498
Step῾anos v. Aparank῾, Bf. **4** 529
Stephan, Bf. v. Laodicea **2** 73
Stephan, Bf. v. Nikomedeia **4** 337
Stephan, bulg. Bf. **4** 928
Stephan, Exarch v. Bulgarien **12** 1006
Stephan, Märt. **2** 687
Stephan, röm. Stadtpräfekt **5** 53
Stephan, ungar. Kard. **5** 595
Stephan, Waldenser-Bf. **7** 440
Stephan I., georg. Kg. **3** 1240
Stephan I., röm. Bf. (Papst) **1** 649, 652ff., 658, 706, 851–854, 858, **2** 27, 46, 51, 123, 139, 142, 166, 171
Stephan I., ungar. Kg. **4** 232, 801, 831, 843, 863, 903, 913–916, **5** xxviii, xxxvii, 131, 326f., 340, 716
Stephan II., georg. Kg. **3** 1240, 1298
Stephan II., Großžupan v. Serbien **5** 727
Stephan II., Papst **4** 667f., 694, 704, 711, 721, **5** 83
Stephan III., Papst **4** 706
Stephan III., Patr. v. Antiocheia **4** 403, 423
Stephan III., ungar. Kg. **5** 248
Stephan IV., Katholikos v. Sis **6** 225
Stephan IV., Papst **4** 711, 717
Stephan IV. Báthory, Kg. v. Polen **8** 371, 623, 639
Stephan V., Papst **4** 194, 234, 375, 720, 821
Stephan V., ungar. Kg. **5** 720
Stephan VI., Papst **4** 820f.
Stephan VIII., Papst **4** 822, 826
Stephan IX., Papst **5** 33ff., 38, 48
Stephan bar Soudaili **3** 444
Stephan d. Große, moldav. Fürst **7** 421, **9** 581
Stephan d. Sabait, hl. **4** 413, 416
Stephan Dušan **6** 133, 137, 157, 194f., 199, 249
Stephan Harding, Abt v. Cîteaux **5** 170, 397, 409f., 414, 429, 539, 760
Stephan ibn Basil **4** 408
Stephan Nemanja, serb. Großžupan **5** 342, 350, 359, 709f.
Stephan Orbelian **6** 225
Stephan Sananoisdze **4** 595
Stephan Uroš II. Milutin **6** 157f., 171, 194, 249
Stephan v. Baugé **5** 536
Stephan v. Bosra **4** 76

Stephan v. Bourbon **6** 4
Stephan v. Chartres, latein. Patr. v. Jerusalem **5** 316
Stephan v. Dora **4** 410
Stephan v. Lissac **5** 417
Stephan v. Mercour, Abt v. Chaise-Dieu **5** 168
Stephan v. Muret **5** 140, 192, 416, 823
Stephan v. Nagy-Varad **6** 884
Stephan v. Novgorod **4** 259
Stephan v. Obazine, hl. **5** 140, 426
Stephan v. Perm **6** 258 f.
Stephan v. Salona, Bf. **3** 327
Stephan v. Tbet'i **4** 590
Stephan v. Tournai **5** 437, 475, 631, 635, 663
Stephanas v. Korinth, Diakon **1** 118, 143, 305
Stephani, Johann Joachim **8** 32
Stephanos s. a. Stephanus
Stephanos, Diakon **4** 311
Stephanos, Gelehrter **4** 90
Stephanos, Higumene **4** 293
Stephanos, Patr. v. Antiochia **3** 132, 178
Stephanos I., georg. Katholikos **3** 1284 ff.
Stephanos I., Patr. v. Konstantinopel **4** 198, 200, 219, 226, 265, 306, 932
Stephanos I. Sidarus, kopt.-kath. Patr. **13** 462
Stephanos II., georg. Katholikos **3** 1284
Stephanos II., Patr. v. Konstantinopel **4** 207
Stephanos II. Ghattas, kopt.-kath. Patr. **13** 462
Stephanos d. Jüngere **4** 86, 103, 106, 119, 275 ff., 369
Stephanos d. Melode **4** 413
Stephanos Niobes **3** 513
Stephanos v. Alexandreia, hl. **4** 91
Stephanos v. Antiochien **4** 46
Stephanos v. Dor **4** 43 f.
Stephanos v. Reggio **4** 378
Stephanos v. Zypern, Bf. **3** 498, 500 f., 508
Stephanus s a. Stephanos
Stephanus, Abt **3** 310
Stephanus, Bf. v. Laodicea **2** 183
Stephanus, burgund. Beamter **3** 384
Stephanus, Cartularius a. Sizilien **3** 941
Stephanus, Diakon, päpstl. Apokrisiar **3** 462 f., 465
Stephanus, hl. **4** 586
Stephanus, Märt. **1** 41, 65, 75, 79, 81, 84, 87, 94, 98 f., 192, 195, 255, 275, 277, 296, 299, 471 f., 640, **2** 57
Stephanus, span. Bf. **3** 789, 921
Stephanus v. Antiochia, Bf. **2** 364, 1034
Stephanus v. Bobbio, Mönch **4** 637
Stephanus v. Ephesus, Bf. **3** 55, 64, 92, 112 f.
Stephen, engl. Kg. **5** 265
Stephen, Leslie **11** 565
Stephens, Edward **9** 452
Stepinac, Alois (Alojzije) **12** 494, 901, 906
Sterckx, Engelbert, Kard. Ebf. v. Mecheln **10** 743 f., **11** 13, 201, 204
Sternersen, Sterner **11** 252
Sternhold, Thomas **8** 1231, 1233
Steuchus, Augustinus **7** 850
Steudel, Christian Friedrich **11** 78
Stevenson, Adlai **12** 1041
Steward, Lyon und Milton **11** 903
Stewart, Adam **9** 197
Steyer, Mat(t)hias **9** 857, 1069
Sthyr **11** 592
Stiefel, Michael **7** 719
Stifter, Adalbert **11** 652
Stigand v. Canterbury, Ebf. **5** 44, 99 f.
Stiles, Ezra **9** 714
Stilicho **2** 995, **3** 303
Stillingfleet, Edward, Bf. **9** 956, 967
Stitny, Thomas **7** 469
Stock, Ambros Simon v. **10** 18, 20
Stock, Franz **12** 278
Stoddart, Solomon **9** 701
Stöckel, Leonhard **8** 633
Stoecker, Adolf **11** 590, 657, 667, 669–678
Stör, Stephan **7** 794, 799, 803
Stofflet, Jagdhüter **10** 408
Stojałowski, Stanisłas **11** 697
Stojan, Anton Cyrill **12** 874
Stolberg, Leopold Graf v. **10** 669
Stolypin, Pjotr A. **11** 729, 759

Storch, Ambrosius ↗ Pelargus, Ambrosius
Storch, Nikolaus **7** 814
Storchenau, Sigismund v. **10** 175
Stordeur, Jean **8** 465
Stoß, Veit **7** 426, 480
Stouppa, G. **9** 427
Stouppe, Jean-Baptiste **9** 72 f.
Stowe, Harriet Beecher **11** 868
Strabo **1** 761
Strachey, Lytton **12** 797
Stradella, Alessandro **9** 1057
Strängnäs, Peder Mansson v. **7** 760
Strafford, Graf v. ↗ Wentworth, Thomas
Stragorodskij, Sergij **12** 939, 955, 975, 979, 985, 995
Straker, Will **12** 800
Strambino, Giovanni-Battista de **9** 251
Strategios, gr. Mönch **4** 16, 23
Strategios/Strategius, Consularis v. Bithynien **3** 83, 91
Strategius, Patricius **3** 437
Stratimirović, Rostislav **9** 575
Stratimirović, Stefan, Metropolit v. Serbien **10** 734 f.
Stratophilos v. Pityous, Bf. **2** 1089, **3** 1235
Straubinger, Johannes **12** 264
Strauss, David Friedrich **10** xvii, 721, **11** 52, 56 ff., 80, 83, 86, 96–100, 102, 107, 213, 243, 256, 353, 361, 369, 376, 402, 896, **12** 119, 816
Strecker, Georg **1** 458, 509
Streit, Robert **12** 321
Stremonius, Bf. v. Clermont **2** 136
Strenopoulos, Germanos **12** 56, 923
Streso, Pastor **9** 80
Strigel, Victorinus **8** 9
Strindberg, August **11** 583
Stringfellow, Thornton **11** 867
Stritch, Ebf. v. Chicago **12** 1111
Strössner, Alfredo, Diktator v. Paraguay **13** 476
Strong, Josiah **11** 891, 893, 898
Strossmayer, Josip Juraj **11** 705
Stuart, Henry, Kard. **10** 418
Studios, ehem. Konsul u. Klostergründer **3** 634, 640
Stuers, Victor de **11** 553
Stumm-Halberg, Karl Freiherr v. **11** 677
Stumpf, Simon **7** 820 f.
Stunica ↗ Zúñiga
Stur, Ludovit **11** 745
Sture, Sten, schwed. Kg. **7** 415
Sture, Svante Nilsson, schwed. Kg. **7** 415
Sturm, Jakob **7** 805
Sturm, Johann **7** 807, **8** 1108, 1118
Sturmi v. Fulda **4** 723
Sturzo, Luigi **11** 614, 616, 620, **12** 33, 38, 455, 476, 481, 484, 497, **13** 40, 296, 534
Stuyvesant, Peter **9** 688
Stylianos v. Neokaisareia, Bf. **4** 192, 194
Suares, Manuel Baptista **8** 751
Suárez, Francisco **7** 563, **8** 298, 700, 704, 728, 1116, 1122, 1124, **9** 908, 944, 990, **10** 89, **11** 116, 351, 435, 933
Suasso, Antonio Lopes **9** 209
Subercaseaux, Francisco Valdés, Bf. v. Osorno **13** 517
Sublet de Noyers **9** 1045
Succensos (Successos) v. Diocaesarea, Bf. **3** 11, 13, 207, 953
Successus, Bf. v. Abbir Germaniciana **1** 643, 655
Succonius, Bf. **3** 188
Sucre, Antonio José de, General **10** 791
Suda **1** 610
Sudermann, David **8** 187
Süleyman II. d. Prächtige ↗ Suleimann II. (d. Prächtige)
Suenens, Léon-Joseph, Kard. Bf. v. Mecheln **12** 661, **13** 11, 14 ff., 24, 28, 36–39, 46 f., 56, 61, 96, 169, 265
Süßkind v. Trimberg **6** 859
Sueton **1** 3, 171 f., 177 f., 229, 231, 235, 240, 248, 284 f., 292, 667
Sueur, Eustache le **9** 1043
Sufi Hidr, Scheich **6** 219
Suger v. St-Denis, Abt **5** 194, 249, 397, 445, 661, 663
Suhard, Emmanuel **12** 214, 582, 596, 598, 625, 628, 630, 829
Suharto, indones. Präsident **13** 636, 638 f.
Suinthila, westgot. Kg. **3** 785, 862, 864

Sukarno, Achmed, indones. Regierungschef **12** 310, **13** 636
Sukkensus ↗ Succensos
Sulaymān, armen. Gouverneur **4** 499
Sulaymān ibn al-Ghazzī, Bf. **4** 417 f.
Suleiman II. (d. Prächtige), osman. Sultan **6** 200, **7** 422, 528, **8** 358, **9** 542, 568, 588
Suleiman d. Große ↗ Suleiman II. (d. Prächtige)
Sulla **2** 196
Sully, Hzg. v. **8** 509, 512, **9** 164, 187
Sulpicius, Bf. v. Bourges **3** 822
Sulpicius II., Bf. v. Bourges **4** 606
Sulpicius Severus **1** 269, **2** 138, 418, 485–490, 492, 494, 533, 650, 657, 726, 774, 780, 793, 853, 856, 967, 971, 977, **3** 251, 1001, 1111, 1115, 1150 f.
Sulze, E. **11** 593
Sulzer, Simon **8** 428
Sumitada, Omura **8** 920, 924, 929
Summenhart, Konrad **7** 220
Sun Yat-sen (auch Sun Wen oder Sun Chung-Shan), 1. provisor. Präsident der Republik China **11** 1051, **13** 621
Sunday, Billy **12** 1049, 1061, 1106
Sundberg, A. N. **11** 593
Sundkler, Bengt **12** 315
Súñer, Serano **12** 531
Suneson, Anders, Ebf. v. Lund **5** 688, 699
Sunniva, norweg. Heilige **4** 909
Supiot **10** 414
Surgant, Ulrich **7** 119
Surgentius **3** 465
Surin, Jean-Joseph **9** 836, 838, 858, 1069, **10** 240
Sūrīn, nestorian. Katholikos **4** 460 f.
Surius, Laurentius **8** 240
Surmak Bznunacʿi, armen. Katholikos **2** 1089; **3** 1194, 1198, 1202, 1223
Surowiecki, K. **10** 752
Surville **11** 1063
Šušanik, georg. Heiliger **3** 1219, 1238, 1250, 1260 ff., 1270, 1292 ff., 1296; **4** 552, 587
Susanin, Ivan **8** 370
Susanna **1** 848
Susanna, Jüngerin Jesu **1** 35
Susanna, pers. Nonne **3** 627
Susenyos, Negus v. Äthiopien **9** 596
Suso, Heinrich ↗ Seuse, Heinrich
Sutor, Petrus (Cousturier, Pierre) **7** 850
Suvorov, Maxim Terentijevič **10** 733
Suyurghatmisch **6** 224
Suzor, Pierre **10** 392
Svane, Hans **9** 64
Svatopluk, mähr. Fürst **4** 234, 720, 892
Svečhin/Swetchine, Sophie **11** 36, 136, 187, 746, 757
Sven, Sohn d. Harald Blauzahn **4** 782
Sven Estridson, dän. Kg. **4** 907; **5** 133, 329
Sven Gabelbart, dän. Kg. **4** 906 f.
Sveradrup, S. **11** 588
Sverre Sigurdson, norweg. Kg. **5** 688 f.
Sviridov, Ioann **13** 412
Svjatoslav, russ. Großfürst **4** 345, 940, 942
Swane, J. **11** 592
Swarthmoore, v., Richter **9** 464
Swatos, William **12** 773, 1068
Swatoslaw, russ. Fürst **4** 230
Swedenborg, Emanuel v. **10** 205, 668, 798, 825
Sweelinck, Jan Pieterszoon **8** 1239, **9** 1081
Swiatek, Kazimierz, Kard. Bf. v. Minsk-Mohilew **13** 374
Swieten, Gerard van **10** 16, 18
Swift, Dekan v. Saint-Patrick **9** 116
Swinburne, Algernon Charles **11** 565
Swinthila, westgot. Kgn. **4** 613
Syagrius, Bf. v. Autun **3** 845, 923 ff.
Syagrius, Bf. v. Lugo **3** 219
Syagrius, galloröm. General **3** 344, 356
Syagrius (Freund d. Apollinaris Sidonius) **3** 376
Syagrius v. Verona, Bf. **2** 849
Sybel, Heinrich v. **11** 339
Sylten, Werner **12** 722
Sylvester, Patr. v. Alexandrien **9** 589
Sylvester, Patr. v. Antiochien **9** 583, 591
Sylvester I., Papst ↗ Silvester I., Papst
Sylvester d. Zypriot **10** 139 f.
Symeon, bulg. Zar **4** 176, 207, 237 f., 928, 930 ff., 935, 937, 952

Symeon, Klostergründer **3** 612
Symeon, Metrop. v. Trapezunt **7** 46
Symeon, Mönch **3** 182
Symeon II., Patr. v. Jerusalem **5** 374, 377
Symeon d. Ältere **4** 402
Symeon d. Jüngere **3** 604 f., 676, 1273 f., **4** 105, 402, 407, 573
Symeon d. Narr ↗ Symeon Salos
Symeon d. Neue Theologe **4** 58, 267, 335–343, **5** 8, 13, 15, 361, 479, 483, 506, **6** 555, **10** 128
Symeon Eulabes, Mönch **4** 335–340, 343
Symeon Salos **3** 662 f., **6** 550
Symeon Studites **5** 483, 506, 510
Symeon Stylites **3** 124, 144, 604 ff., 612, 615, 620 f., 637 f., 661, 664 ff., 668, 733, 989, 1276, 1282, **4** 164, 166
Symeon Stylites d. Ältere **2** 834
Symeon-Titos **4** 240
Symeon v. Mesopotamien **2** 840, **3** 658, **4** 465, **6** 555
Symeon v. Thessalonike **6** 138, 147, 150, 395, 403, 407, 449, 513, 613, 616, 618, 815, 818, 820, 825
Symmachus **1** 484 f., 505 f., 609 ff., 735, 763, **2** 465, 698, 705, 721, 791, 892, 914
Symmachus, jüd. Rechtsgelehrter **3** 337
Symmachus, Papst **3** 192 ff., 199, 208, 288, 311–317, 321 f., 328 ff., 335, 340, 364, 378 f., 382, 388, 390, 399, 797, 1126, 1147
Symmachus, Schwiegervater d. Boethius **3** 320
Symphorianus v. Autun, Märt. **2** 975, **3** 1129
Symposius, Bf. **3** 219
Symposius v. Astorga, Bf. **2** 484, 497
Syncletius, Diakon **3** 187
Synerus/Sinerotas, Märt. **2** 152, 182
Synesius v. Cyrene, Bf. **2** 651, 653, 658, 661, 1008, 1024
Synkletika, Eremitin **2** 842
Syntyche **1** 307
Syrigos, Meletios **9** 564, 567
Syropulos, Arzt **6** 515
Syropulos, Großekklesiarch **6** 616
Sysoev, Akinfij **9** 524
Szakmári, Georg **7** 766
Szalka, Ladislaus v. **7** 766
Szaniawski, J. **10** 752 f.
Szelepcsényi, György, Ebf. v. Gran **9** 30, 34
Szembek Jerzy Jozef, Ebf. v. Mogilev **11** 758
Szeptyckij, Andrej **11** 702, **12** 883, 888, 953, 968, 976, 987
Szeremi, Teofil, Metropolit v. Transsylvanien **9** 581
Szwejnic, Eduard **12** 889
Szymański, Antoni **12** 881
Szymon v. Lipnica **7** 428

T’ovma Arcruni **4** 502, 529
Tabaraud, Mathieu **10** 470, 477, 581
Tabaraud, Mathurin **10** 675
Tabita, Jüngerin Jesu **1** 275
Tabor, georg. Katholikos **3** 1273
Taborin, Gabriel **10** 544
Tabourin, Brüder **9** 358
Tacchi-Venturi, Pietro **12** 18, 34, 414, 486
Tachard, Jesuitenpater **9** 771 ff.
Tacitus, Publius Cornelius **1** 2 f., 16, 140, 171 f., 177, 229, 231, 235, 240, 248, 251, 256, 285, 292, 302, 670, **2** 707, **7** 306, 309, 650, **9** 80
Tadaoki, Hosokawa **8** 923
Taddeo Dini **6** 356, 381
Tadēod, armen. Ikonoklast **4** 497
Taft, William Howard, 27. Präsident der USA **11** 886
Tagliavia, Pietro **8** 586
Tagore, Rabindranath **11** 1031
Tai-Ping-Wang (auch Hung-Hsiu-Ch’uan) **11** 1047 f.
Taigi, Anna Maria **10** 593
Taillandier, le **11** 184
Taine **9** 871
Taine, Hippolyte Adolphe **11** 335, 339
Tait, Bf. v. London **11** 239
Tajeleng-Gebra, Mariam **11** 993 f.
Tajón v. Saragossa **4** 613, 649
Takahisa, Shimatsu **8** 913

Takla Haimanot, äthiop.-orth. Patr. **13** 575
Takla Hāymānot **6** 240f.
Talamo, Salvatore **11** 349, 600, 616, **12** 461
Talavera, Hernando de, Ebf. v. Granada **7** 181, 389, 391, 393f., 399, 404, 521f.
Talbot, Pierre, Ebf. v. Dublin **9** 114
Talele, georg. Katholikos **4** 575
Talickij, Grigorij **9** 524
Talleyrand, Charles Maurice de **10** 98, 331, 335, 338, 341, 375, 462f., 571, 623
Talma, Schauspieler **10** 329
Talon, Jean **9** 671
Talon, Omer **9** 200
Talpa, Antonio **8** 586
Tamarschirīn, Chān **6** 213
Tamburini, Pietro **10** 188f., 451, 473, 562
Tamburini, Tommaso **9** 997
Tamerlan, Mongolenchan **6** 200, 209, 216, 224, 229f., 232, 407, 836, 874, 884, 886, **7** 528, 535, 540, 542, **11** 774
Tanas, Seraphim ↗ Kyrillos VI. Tanas, kath.-melkit. Patr.
Tanchelm v. Antwerpen, Prediger **5** 140, 490
Taney, Mary **9** 697
Tang, Dominic, Ebf. v. Kanton **13** 625
Tanielo **11** 1069
Tankred v. Bologna **5** 648
Tankred v. Lecce **5** 231, 234f., 308, 673f.
Tanner, Johann **9** 842
Tanquerey, Adolphe **12** 188
Tanucci, Bernardo **10** 167, 609
Taparelli d'Azeglio, Luigi **11** 35, 262, 268, 476, 600, 609, **12** 426
Tappan, Arthur **11** 865
Tapper, Ruard **8** 450
Tappouni, Patr. v. Antiochien **12** 14, 969
Taqla, Bischara **11** 815
Taqla, Salim **11** 815
Tarasios, Patr. v. Konstantinopel **4** 113, 128–131, 133ff., 144f., 162, 166–170, 179f., 211f., 214, 222, 224, 271, 279, 767
Tarde, A. de **11** 346
Tardif **11** 173, 493
Tardini, Domenico, Kadinalstaatssekretär **11** 477, **12** 21, 403, 407, **13** 5, 10f., 41
Tardy, Bf. v. Vercelli **10** 656
Tariq ibn Ziyad, arab. General **4** 652
Taronitis, Arzt **7** 9
Tarphon, Rabbi **1** 481f., 567, 867
Tarugi, Francesco Maria **8** 278, 292, 586
Taschereau, Louis-Alexandre **12** 1138
Tasman, Abel-Janszoon **11** 1061, 1063
Taso, Mönch **4** 836
Tasso, Torquato **9** 1063
Tataio **11** 1069
Tatia **2** 542
Tatian **1** 318, 333, 405f., 408, 492, 504, 563, 591f., 595, 672f., 683, 787f., 790, 869, 874f., 887f., 892, 894f., 897, 900, 902, 912, 915, 920–925, **2** 19, 77, 81, 723, 1039
Tatlow, T. **12** 54
Tato, Mönch **4** 836
Taufa, Häuptling ↗ Tupu I.
Taufiq **11** 815, 824
Tauler, Johannes **6** 377, 380, 521, **7** 317, 683, 814f., **8** 187, 240, 686, 693, 1044, 1058, **9** 420, **10** 202, 668
Taurin, Apostol. Vikar der Galla **11** 991
Taurus, Präfekt **2** 348, 387, **3** 17
Tausen, Hans **7** 757, **8** 37, 439
Tavani **11** 937
Tavares, Francisco de Sousa **8** 732
Tavares, Francisco Muniz **10** 781
Tavares, Pero **9** 739
Taveira, Ebf. v. Goa **9** 808
Tavelli da Tossignano, Giovanni, Bf. **7** 336, 340
Tavenaux, René **9** 398
Tavera, Juan de **8** 721
Tavernier-Gamelin, Émilie **11** 911
Tavpačag, georg. Katholikos **3** 1271
Tʻavpačag II., georg. Katholikos **4** 574
Tavrion, Mönch **13** 397
Tawney, R. H. **12** 832
Taylor, James Hudson **11** 1046, 1049
Taylor, Jeremy, Bf. v. Down-Connor **9** 113, 868, 876, 997, **10** 207

Taylor, Mark C. **13** 209
Taylor, Myron **12** 367, 406, 421
Taylor, Walter **11** 1000 f., 1049 f.
Tchaadaev, Petr **11** 746
Tchalakov, Atanas Mikhailov ↗ Antimos VI., Metropolit
Tchidimbo, Raymond, Ebf. v. Conakry **13** 560, 564, 591
Tchou-li **9** 768
Tçuz(z)u ↗ Rodríguez, João
Tebaldeschi **6** 75
Tebaldo Visconti ↗ Gregor X., Papst
Tedald, Bischofskandidat in Mailand **5** 52, 125
Tedeschini, Federigo **12** 533
Teellinck, Willem, Pastor **9** 79
Teerstegen **11** 314
Tegner, Esaias **10** 695
Teia, got. Comes **3** 309 f.
Teilhard de Chardin, Pierre **10** 824, **11** 437, **12** 151, 156, 174, 190, 209, 227, 230, 232, 542, 584, 587, 618, 621, 631, 1072, 1084, **13** 8, 80, 178, 206
Teilo, Mönch **3** 869
Teimuraz I., Kg. v. Kacheti **9** 586
Teive, Diogo de **7** 573, **8** 733
Teixeira, Manuel **8** 936, 939
Teixera de Sousa, Antónia **11** 623
Tejada, Ignacio Sanchez de **10** 789
Tejada, Lerdo de **11** 964
Teküder **6** 208
Teleki, Jószef **10** 22
Telemachus, Mönch **2** 804
Telemann, Georg Philipp **9** 1075 f., 1082
Telerig, bulg. Khan **4** 922
Telesio, Bernardino **8** 589, 591
Telesphorus **6** 692
Telesphorus, Bf. v. Rom **1** 252, 377, 678
Teller, Wilhelm Abraham **10** 44
Tellier, Maurice le, Ebf. v. Reims u. Kanzler unter Ludwig XIV. **9** 133, 250, 400, 789, 850, 976
Tellus (Anhänger d. Priszillian) **2** 493
Tempels, Placide **12** 664, 607
Tempesta, Antonio **8** 1212
Tempier, Etienne, Bf. v. Paris **5** 882 f., 906
Temple, Frederick **11** 564
Temple, Paul **12** 74
Temple, William **11** 568 f., 574, **12** 42, 44, 64, 70, 350, 358, 807, 818, 834, 1086
Tenax, Bf. v. Horrea Caelia **1** 643
Tencin, Guérin de, Ebf. v. Embrun **9** 387
Tengström, Jakob, Ebf. v. Turku **11** 253
Tenhumberg, Wilhelm **12** 739
Tenison, Thomas **9** 452 f.
Tennent, Erweckungsprediger **9** 720
Tʿēodoros I., armen. Katholikos **4** 512
Tʿeodoros Kʿṙtenawor **4** 483 ff., 492
Tʿēodoros Ṛštuni **4** 486, 488
Teofilo, Massimo **7** 753
Ter Komitas Kheomurgian, armen. Katholikos **9** 606
Ter-Petrosjan, Lev, armen. Präsident **13** 429
Teradius, Priester **3** 969
Terentius, antioch. Fürst **2** 437
Terentius, Bf. **3** 473, 476
Terenz **4** 852, **7** 622
Terenz (Publius Terentius Afer) **9** 1051
Teresa, Tochter Alfons VI. **5** 296
Teresa de Cepeda y Ahumada ↗ Teresa v. Ávila
Teresa v. Ávila (Teresa de Jesús) **8** 278, 293, 299, 515, 591, 665, 672, 675, 687, 693–698, 704, 717, 723, 853, 1040, 1048, 1053, 1057, 1067, 1072, 1215, **9** 825 f., 1034, 1037, 1039, 1041, 1047, **11** 342
Teridius, Kleriker **3** 394
Terlecki, Kyrill **8** 655
Termacsu, ungar. Fürst **4** 232
Termier, Pierre **11** 345
Terpos, Nektarios **10** 125, 127
Terrentius v. Tomi, Bf. **2** 1060
Terrenz (Terrentius) ↗ Schreck, Johann
Tersteegen, Gerhard (Gerrit) **9** 875 f.
Tertius v. Karthago, Diakon **1** 640
Tertre, Jean-Baptiste du **9** 706, 716
Tertullian **1** 140, 152, 161, 175 f., 181, 229, 233, 243 f., 246 ff., 250, 258 ff., 263–267, 291, 323, 347, 362, 381 f., 385, 387, 398, 413 f., 416 f., 522, 532, 534 f.,

543 f., 550, 565, 571 f., 622, 627–641, 648 ff., 658 f., 661 ff., 666, 674, 679, 681, 684 f., 690, 698, 704, 706 f., 725, 739, 760, 770, 783, 796, 798, 810, 817, 822 f., 826 f., 832–838, 855 f., 860, 863, 878 f., 888 f., 894, 898, 908 f., 924, 926 f., 943–952, 954 f., **2** 11, 18, 24, 27, 29, 35, 38, 49, 83, 138, 141, 163, 189, 267, 276, 280, 301, 311, 706, 709, 714, 721, 741, 746, 849, 949, **3** 1075 f., 1085, 1102, **5** 669, **7** 667 f., **9** 951, **12** 201
Tertullus **1** 137
Tesch, Peter **8** 126, 133
Tessarakontapechys, Magier **4** 107
Tessier, Gaston **12** 592
Tessier de Quéralay, Jean-Jacques **8** 909, **9** 813
Tétaz, Jean-Marc **11** 385, 406 f.
Tetzel, Gabriel **7** 384
Tetzel, Johannes **7** 691, 694, 761, 846
Teuzo, Kard. **5** 132
Tēwodros (Teodoros) I., äthiop. Kg. **6** 241
Thaddäus, hl. **4** 508
Thaddäus v. Suessa **5** 591, 681
Thaddäus/Addai, Apostel **1** 35, 59, 69, 273, 438 f., 564, 802, **2** 76, 80, 102
Thaddaios, Mönch **4** 150
Thadden-Trieglaff, Adolf v. **11** 314 f.
Thais, hl. **5** 934
Thalasius, Bf. v. Angers **3** 244
Thalassios v. Caesarea, Bf. **3** 48, 54 f., 62, 64 f., 92, 94 ff., 100, 117, 125
Thamer, Theobald **8** 183
Thaumastus, Onkel des A. Sidonius **3** 376
Thaurens, Pater **12** 325
Theagenes **1** 883
Theanos v. Mamarika, Bf. **2** 296
Theiner **10** 342
Theiner, Augustin **11** 160
Theissen, Gerd **13** 192
Thekla, Äbtissin **4** 658
Thekla v. Ikonion, Märtyrin, hl. **1** 152, 566, 860, **2** 91, 96, 841, **3** 131, 669
Thelymidres, Bf. v. Laodicea **2** 72
Thémericourt, Mademoiselle de **9** 396
Thémines, de, Bf. v. Blois **10** 647
Themison, Montanist **1** 570 f.
Themistios, alexandrin. Diakon **3** 436
Theobald, Christoph **11** 403
Theobald, langob. Gesandter **4** 637
Theobald I., Kg. v. Navarra **5** 672
Theobald II., Kg. v. Navarra **5** 672
Theobald v. Akkon, Bf. **5** 791
Theobald v. Canterbury **5** 265
Theobald v. d. Champagne, Graf **5** 772
Theobald v. Ostia, Bf. **5** 230
Theobald v. Provins **5** 447
Theobald v. San Libertore, Propst **4** 841
Theobald v. Sézanne **5** 761
Theoctistus, Bf. v. Caesarea **2** 45
Theodahad, ostgot. Kg. **3** 323, 439, 466, 768, 770 f., 775 f., 778
Theodebert ↗ Theudebert
Theodelinda, langobard. Kgn. **3** 486 f.
Theodelinde, Gattin d. Authari **4** 637
Theoderich, Gegenpapst **5** 34
Theoderich, ostgot. Kg. **3** 137 f., 155, 158, 188, 190, 223 f., 300 f., 306 f., 309–323, 327, 335–339, 343, 345, 357–360, 370, 378, 383–387, 396, 399 f., 486, 767, 769 ff., 1011, 1023, 1078, **4** 616, 669
Theoderich I., westgot. Kg. **3** 220, 226, 235 f., 242
Theoderich II., westgot. Kg. **3** 226 ff.
Theoderich (Dietrich) v. Treyden, Abt v. Dünamünde **5** 700
Theoderich v. Albano **5** 72
Theoderich v. Nidaros, Ebf. **5** 340
Theoderich v. Orléans **4** 840
Theoderich v. Prag **6** 793
Theoderich v. Toulouse, germ. Kg. **3** 216
Theodin, Kard. **5** 247
Theodogote, Tochter Theoderichs **3** 345
Theodomir v. Iria Flavia **4** 736
Theodomir v. Orihuela **4** 652
Theodor **1** 167
Theodor, ägypt. Priester **4** 451
Theodor, afrikan. Heiliger **3** 1128
Theodor, alexandrin. Diakon **3** 511
Theodor, Bf. v. Tyrus **2** 62
Theodor, Ebf. v. Canterbury **4** 638 ff., 645 f., 680

Theodor, georg. Katholikos **4** 574
Theodor, Hzg. v. Neapel **4** 368
Theodor, hl. **3** 669, **4** 199
Theodor, Mönch **2** 826
Theodor, Patr. v. Jerusalem **4** 412
Theodor, phantasiast. Bf. **4** 449 f.
Theodor I., nestorian. Katholikos **4** 460
Theodor I., Papst **4** 43, 642 f.
Theodor I., Patr. v. Antiocheia **4** 402 ff.
Theodor II., Ks. v. Äthiopien **11** 813, 992 f.
Theodor II., Patr. v. Alexandreia **4** 435, 439
Theodor III., Patr. v. Antiocheia **4** 405
Theodor Abu Qurra **4** 108, 247, 406, 413, 424, 432, 434, 503
Theodor Askidas **3** 445 f., 449, 452 f., 455 f.
Theodor bar Qōnī **4** 464
Theodor v. Arabien **3** 493, 500
Theodor v. Claudiopolis, Bf. **3** 94, 102
Theodor v. Edessa **4** 413
Theodor v. Euchaita, Märt. **2** 1063
Theodor v. Heraclea, Bf. **2** 358
Theodor v. Mopsuestia **2** 69, 443, 527, 543, 545, 572–575, 624, 718, 1027, 1035, 1038, 1040, 1084, **3** 10 f., 14 f., 20, 23, 25, 27–32, 36, 49, 67, 136, 141 f., 152, 253, 436 f., 442 f., 446, 448 f., 455, 458, 481 f., 568, 640, 704, 756, 933, 942, 948, 1174 ff., 1178, 1197, 1199 ff., 1208 f., 1220, **4** 465
Theodor v. Nobatia, Bf. **4** 446
Theodor v. Pherme **2** 823
Theodor v. Sykeon **3** 676
Theodora, Eremitin **2** 842
Theodora, Gattin Michaels II. v. Epeiros **5** 732
Theodora, Tochter Alexios' I. **5** 349, 717
Theodora, Tochter Basileios II., byzantin. Ksn. **4** 316
Theodora, Tochter Isaaks II. Angelos **5** 743
Theodora I., Gattin Justinians, byzantin. Ksn. **3** 429, 433, 437 ff., 441 ff., 445, 450 f., 456, 458, 493 f., 497, 503, 566, 692, 771 f., 1173, **4** 397, 425, 446
Theodora II., Witwe d. Theophilos, byzantin. Ksn. **4** 164, 178 ff., 185, 224, 241, 712, **5** xxxiii
Theodora d. Ä., Gattin d. Theophylakt, röm. Adlige **4** 821
Theodora v. Thessalonike, hl. **5** 509
Theodoret, Patr. v. Antiocheia **4** 406
Theodoret v. Cyrus **1** 878, **2** 79, 147, 307–310, 313, 322, 380, 411, 454, 463, 476, 593, 599, 614, 620, 719, 730, 804, 833, 991, 1034, 1037, **3** 8 f., 11 f., 17–20, 31, 33 f., 36 ff., 47, 54 f., 57, 67–70, 72, 94 f., 99, 102, 105, 109 ff., 141, 152, 164, 191, 436 f., 443, 448 f., 455 f., 464, 568, 606 ff., 611 ff., 651, 661, 664, 756, 942, 1198, 1243, 1276, **4** 402, 422, 594
Theodoret v. Kyros ↗ T. v. Cyrus
Theodoretos, Metropolit **6** 178, 191
Theodoros s. a. Theodorus
Theodoros, Bf. v. Pharan **4** 40, 46
Theodoros, byzantin. Feldherr **4** 22
Theodoros, Diakon **3** 947
Theodoros, Erzpriester d. Blachernenkirch ↗ Theodoros v. d. Blachernen
Theodoros, Heermeister **3** 918
Theodoros, heidn. Oberpriester **2** 407
Theodoros, ksl. Leibarzt **3** 936, 938
Theodoros, Mönch **4** 144
Theodoros, Patr. v. Konstantinopel **4** 36, 45, 49
Theodoros, Patr. v. Alexandria **3** 506 f., 511, 514, 600
Theodoros, Präfekt v. Ägypten **4** 26
Theodoros, Sakellarios **4** 24
Theodoros, Synkellos **4** 18 ff.
Theodoros I., Patr. v. Antiocheia **4** 243
Theodoros I. Laskaris, byzantin. Ks. **5** 717, 719, 726, 750
Theodoros II. Eirenikos, Patr. v. Konstantinopel **5** 728
Theodoros II. Laskaris, byzantin. Ks. **5** 574, 719, 724, 730 f.
Theodoros Anagnostes **3** 681
Theodoros Angelos v. Epeiros **5** 709, 719, 727 f., 746
Theodoros Askidas **3** 467

Theodoros Balsamon **5** xxxiv, 24, 352 f., 364, 369, 380, 382, 386 f., 479, 481, 485, 514, 517, 742, 748
Theodoros Chrysoberges **6** 819, 823
Theodoros Daphnophanes **4** 265
Theodoros Dexios **6** 819
Theodoros Dukas **5** 750
Theodoros Gabras **5** 29
Theodoros Graptos **4** 150, 152, 154, 412
Theodoros Kalliopas **4** 44, 644
Theodoros Krithinos **4** 189, 376
Theodoros Laskaris **6** 616
Theodoros Lektor **3** 576, 720, 742
Theodoros Metochites **6** 155, 170, 192, 512, 546, 548
Theodoros Muzalon **6** 144, 546
Theodoros Neos **7** 16
Theodoros Prodromos, Dichter **4** 945
Theodoros Skutariotes **5** 726, 729, 743
Theodoros Studites **4** 4, 111, 115, 127, 136, 140 ff., 145, 148, 150 f., 153 f., 156 ff., 162, 166–170, 177, 211, 214, 221, 241, 256, 258, 274, 276 f., 279–284, 294 f., 300, 327, 369, 380 f., 407, 954, **5** xxxv, 24, 339, **6** 153, 165, 256, 299, 307, 403, 552
Theodoros Tzutzos **4** 34
Theodoros v. d. Blachernen **4** 343, **5** 480, 483
Theodoros v. Melitene **4** 520
Theodoros v. Myra, Bf. **4** 130
Theodoros v. Negroponte, Bf. **5** 734, 749
Theodoros v. Nikaia **4** 244
Theodoros v. Petra **3** 626, 663 f.
Theodoros v. Sykeon **4** 34, 83 f., 86, 88, 265
Theodoros v. Tarsos **4** 370
Theodorus s. a. TheodorosTheodorus, Abt **3** 969
Theodorus, Bf. **3** 367
Theodorus, Bf. v. Fréjus **2** 866, **3** 242, 247, 1003
Theodorus, Bf. v. Marseille **3** 820, 922
Theodorus, Bf. v. Philai **3** 429, 510 f.
Theodorus, Bf. v. Tours **3** 814
Theodorus, päpstl. Ratgeber **3** 899
Theodorus, Soldat unter Diokletian **2** 688
Theodorus v. Aquileia, Bf. **2** 134, 669, 739
Theodorus v. Mahon **2** 687
Theodorus v. Octodurum, Bf. **2** 975
Theodosij v. Pečersk, Mönch **4** 284, 949
Theodosios s. a. Theodosius
Theodosios, alexandrin. Archipresbyter **3** 511
Theodosios, Archimandrit **3** 574 f.
Theodosios, Bf. v. Joppe **3** 492
Theodosios, nestorian. Katholikos **4** 460, 463
Theodosios, Patr. v. Alexandreia **3** 429, 438 f., 441 ff., 446, 493–498, 505 f., 510 f., 515, 566 f., 773, **4** 435, 437
Theodosios, Patr. v. Antiocheia **4** 426, 580
Theodosios, Patr. v. Jerusalem **4** 131, 416
Theodosios, Patr. v. Konstantinopel **4** 573
Theodosios I., byzantin. Ks. ↗ Theodosius I.
Theodosius II., byzantin. Ks. ↗ Theodosius II.
Theodosios II., Patr. v. Antiocheia **4** 403 f.
Theodosios III., byzantin. Ks. **4** 108
Theodosios III., Patr. v. Antiocheia **4** 351
Theodosios d. Sinait **4** 930
Theodosios Gudeles **5** 364
Theodosios Koinobiarches **3** 618, 621–625, 663 f.
Theodosios Scholastikos **3** 627
Theodosios v. Anastasiupolis **4** 83
Theodosios v. Arabien **3** 503
Theodosios v. Ephesos, Bf. **4** 110, 133
Theodosios v. Kiev **6** 165
Theodosios v. Tărnovo **6** 221, 257, 547, 553
Theodosius s. a. Theodosios
Theodosius, Abt **3** 134
Theodosius, afrikan. General **2** 508
Theodosius, Archimandrit **3** 139, 145
Theodosius, Bf. v. Antiochia **2** 1035
Theodosius, Diakon **3** 97
Theodosius, Gegenpatr. v. Jerusalem **3** 573, 1257
Theodosius, Mönch, Patr. v. Jerusalem **3** 122 f.

Theodosius, Philosoph **4** 433
Theodosius, Protektor **4** 34
Theodosius s. a. Theodosios
Theodosius I., röm. Ks. **1** 588, **2** 107, 274, 417, 447–450, 452–456, 458, 462, 464, 466–470, 472–477, 490, 495, 500, 511, 515, 552, 555, 559, 655, 676, 688, 773, 776, 790, 810, 823, 853, 898, 940, 947, 953, 956, 990, 992–995, 1020, 1034, 1048, 1050, 1053, 1082, 1087, **3** 116, 155, 213, 330, 336, 404, 426, 547 f., 631, 667, 671, 691, 704, 1074, 1078, 1191, 1238, **4** 101, 206, 214, 953, **5** 463, **7** 30, 362
Theodosius II., Bf. **2** 617
Theodosius II., röm. Ks. **2** 468, 470, 541, 545, 567, 577, 582, 589, 592, 596, 600, 609, 612, 615, 618, 694, 772, 900, 1088, **3** 3, 16, 21, 28, 32 f., 35–39, 43, 46 ff., 50, 52 ff., 58, 69, 71 ff., 76, 94, 114 f., 122, 155, 334, 425, 430, 551, 559, 572, 576, 586 f., 608, 631, 633, 688, 691, 706, 742, 893, 1028, 1032, 1034, **7** 362
Theodosius d. Gr. ↗ Theodosius I., röm. Ks.
Theodosius v. Amoron **4** 130
Theodosius v. Oria **4** 835
Theodosius v. Villehardouin **6** 219 f.
Theodot d. Bankier, Valentinianer **1** 570, 574, **2** 276
Theodot d. Gerber, Valentinianer **1** 318, 523 f., 539, 574, 591, 685, 701 f., 705, **2** 275
Theodot v. Ankyra, Bf. **2** 598, 602, 604, 614, **3** 31
Theodot v. Byzanz **2** 83
Theodot v. Laodicea, Bf. **2** 73, 317
Theodotion v. Ephesus **1** 484, 505, 609 ff., 769
Theodotos, Logothet **4** 272
Theodotos, Patr. v. Konstantinopel **4** 150 f.
Theodotos, Patr. v. Antiochia **2** 541, **3** 607
Theodotus d. Bankier ↗ Theodot d. Bankier
Theodotus d. Lederarbeiter ↗ Theodot d. Gerber
Theodotus d. Schuster, Valentinianer **1** 318
Theodotus v. Ankyra, Bf. ↗ Theodot v. Ankyra
Theodotus v. Laodicea, Bf. **2** 323
Theodotus v. Nikopolis, Bf. **2** 435
Theodulf, Bf. v. Malaga **3** 789, 857
Theodulf v. Orléans, Bf. **4** 140, 692, 698, 712, 736, 751, 760, 766, 870, **8** 1201
Theogenes, Bf. v. Hippo Regius **1** 644, 655
Theoger v. Metz, Bf. **5** 172
Theoger v. St. Georgen **5** 429
Theognis (Theognitus), Gefährte Martins v. Tours **2** 492
Theognis v. Nizäa, Bf. **2** 87, 304, 312, 317, 322, 326, 335
Theognius, Mönch/Bf. **3** 664
Theognostos, Mönch **4** 182 f.
Theognostos, Priestermönch **5** 743 f.
Theognostos, Skeuophylax **4** 191
Theognostos v. Kiev **6** 174, 178, 252, 561
Theognostus, Bf. v. Alexandria **1** 588, **2** 113, 1011
Theokrit **3** 146
Theoktist, Bf. v. Caesarea **1** 557, 559, 617 ff., **2** 100
Theoktista, Schwester Ks. Maurikiosᶜ **3** 936
Theoktistos, Logothet **4** 164, 179
Theoktistos, Mönch **3** 624, **4** 279
Theoktistos, Vertrauter Ks. Maurikiosᶜ **3** 944
Theoktistos Studites **6** 548
Theoleptos I., Patr. v. Konstantinopel **7** 30, 48, 64, **8** 358, 362, 376, 379
Theoleptos v. Philadelphia **6** 145, 147, 150, 157, 162, 165, 170, 190, 306, 309 ff., 394, 400, 404, 449, 459, 547 f., 550, 556, 825
Theon **4** 91
Theonas, libyscher Bf. **2** 116
Theonas v. Alexandria, Bf. **2** 112, 1010
Theonas v. Marmarika, Bf. **2** 312
Theopemptos, Metropolit v. Kiew **4** 944 f.
Theopemptus v. Cabasa **3** 55
Theophan III., Patr. v. Jerusalem **9** 582, 590, 592

Theophan der Klausner **13** 399
Theophan (Govorov), Bf. **10** 110
Theophanes, Chorbischof v. Nizäa **2** 88
Theophanes, Chronist **4** 14, 24, 74, 82, 103, 106f., 109, 118f., 125, 127ff., 142–145, 167, 170, 241, 248, 301, 305, 380, 922
Theophanes, Patr. v. Antiocheia **4** 400
Theophanes, Patr. v. Jerusalem **8** 382, **9** 508
Theophanes Confessor **3** 576, 681, **4** 154, 178, 282
Theophanes Continuatus **4** 236, 239f.
Theophanes der Bekenner ↗ Theophanes Confessor
Theophanes Graptos **4** 150, 152, 164, 412
Theophanes Homologetes **3** 634f., 720
Theophanes v. Mytilene **1** 307
Theophanes v. S. Pietro, Abt **4** 375
Theophano, Gattin d. Nikephoros Phokas **4** 288
Theophano, Gattin Leons VI., byzantin. Ksn. **4** 200, 308, 327
Theophano, Gattin Ottos II., Ksn. ↗Theophanu, Ksn.
Theophano, Gattin Romanos II., byzantin. Ksn. **4** 208
Theophano v. Essen, Äbtissin **4** 810, 813, 815
Theophanu s. a.Theophano
Theophanu, Ksn. **4** 371, 812, 824, 826, 855, 875, **5** 658
Theophil, Bf. v. Antiochia **1** 822
Theophil, Bf. v. Caesarea **1** 253, 276, 555, 560, 724, 733, 735, 790, 869, 876, 890, 892, 901, 910, 920
Theophilos, Asket **2** 371
Theophilos, byzantin. Ks. **4** 120, 152f., 156, 164, 166, 180, 308, 412
Theophilos, Diakon **4** 67
Theophilos, Metrop. v. Novgorod **7** 56
Theophilos, Patr. v. Alexandria **2** 556, 562–567, 580, 658, 787, 797, 824, 826, 830, 899, 1020, 1022, 1040, 1059, 1093, **3** 30, 167, 444, 446, 560, 565, 603
Theophilos ibn Thomas **4** 424
Theophilos v. Adana, Diakon **4** 83
Theophilus **3** 172
Theophilus, Bf. i. Abessinien **4** 449
Theophilus, Bf. v. Antiochia **2** 65
Theophilus, Bf. v. Caesarea **2** 61
Theophilus, Bf. v. Gotien **2** 147
Theophilus, Presbyter **3** 43
Theophilus v. Castabala, Bf. **2** 423, 428
Theophilus v. Kairo, Bf. **4** 420
Theophilus v. Weißenburg, orth. Bf. **9** 31
Theophrast **1** 702, 734, 870, 896
Theophrast v. Hohenheim ↗ Paracelsus
Theophylakt **7** 651
Theophylakt, Patr. v. Antiocheia **4** 423, 575, 579f.
Theophylakt, Patr. v. Konstantinopel **4** 207f., 223, 232, 344, 401, 403, 939
Theophylakt, röm. Adliger **4** 821f., 824
Theophylakt v. Tusculum, Graf **4** 784
Theophylaktos s.a. Theophylakt
Theophylaktos, Ebf. v. Bulgarien **5** 10, 21, 29, 356, 374
Theophylaktos, Metropolit v. Kiew **4** 944
Theophylaktos v. Nikomedeia **4** 148, 310
Theophylaktos v. Ochrid **4** 361, 924, 931, 934
Theopompos **3** 197
Theosebius v. Chios, Bf. **3** 21
Theosebos **4** 121f.
Theosteriktos, Mönch v. Athos **4** 286
Théot, Catherine **10** 394, 588f.
Theoteknos, Bf. v. Antiochia **2** 58, 187
Theotimus, Gnostiker **1** 550
Theotimus v. Tomi, Bf. **2** 998
Theotokis, Nikephoros **10** 127
Theotokopoulos, Domenikos ↗ El Greco
Théranger **10** 546
Therapius, Bf. v. Bulla Regia **1** 642, 655, **2** 46
Therasia **2** 686
Therasia v. Nola **3** 973
Theresa, Mutter **13** 655f.
Thérèse v. Lisieux (Thérèse Martin) **11** 342f., 345, **12** 139, 168, 251, 325, 401, 582, 616
Theresia (Gattin d. Paulinus v. Nola) **2** 858

Theresia v. Ávila ↗ Teresa v. Ávila
Thessalonica, Halbschwester Alexanders d. Gr. **1** 116
Theudas **1** 24
Theudebert, fränk. Kg. **3** 385, 398, 802, 827, 836, 923, 925, 927
Theudelinde, langobard. Kgn. **3** 903 f., 910, **4** 616 f., 619
Theuderich, fränk. Kg. **3** 923, 925 ff.
Theudis, westgot. Kg. **3** 399, 402, 408, 411
Theudobald **3** 359
Theutberga, Gattin Lothars II. **4** 714
Thévenet, Claudine **11** 119, 181
Thevet, André **7** 11, **8** 864, 869, 1152
Thévoz, Jean-Marie **13** 285
Thiandoum, Hyacinthe, Ebf. v. Dakar **13** 591
Thibaud de Provins **5** 529
Thibaudeau, Präfekt **10** 606
Thibon, Gustave **12** 1111
Thiebaud v. Étampes **5** 288
Thielicke, Helmut **12** 133, 744
Thierry v. Chartres **5** 462, 471
Thiers, Adolphe **11** 34, 169, 172, 490
Thiers, Jean-Baptiste, Abbé **9** 329, 924 f., 1142, **10** 249, 459
Thietmar v. Merseburg **4** 814, 898, 944, **5** 343
Thietmar v. Prag **4** 801, 896
Thijm, Josephus Albertus Alberdingk **11** 553
Thils, Gustave **12** 179, 209, 652, **13** 332
Thimotheos I., nestorian. Katholikos **4** 424, 454, 458, 460 f., 463, 465–468
Thimotheus III., Patr. v. Alexandreia **4** 437
Thimotheus Aelurus **4** 481
Thököly, Imre, Graf **9** 30
Tholosan, Claude **7** 296
Tholuck, Friedrich August Gottreu **10** 722, **11** 85–89, 389
Thoma, J. M. **12** 80
Thomais v. Lesbos **4** 328
Thomas, Apostel **1** 48, 320, 535, 578, 781, **2** 77, 81, 482, 976
Thomas, Bf. **3** 205
Thomas, Bf. v. Mopsuestia **3** 20
Thomas, Christian ↗ Thomasius
Thomas, Higumene **4** 129, 131
Thomas, J. M. Lloyd **12** 821
Thomas, John **11** 1068
Thomas, langob. Gesandter **4** 637
Thomas, legend. christl. Kg. v. Indien **7** 540
Thomas, Madathiparampil Mammen **13** 667
Thomas, Mönch **4** 421
Thomas, Patr. v. Antiocheia **4** 400, 403 f.
Thomas, Patr. v. Jerusalem **4** 406
Thomas, Priester **4** 202
Thomas, Vardapet **6** 836
Thomas I., Patr. v. Jerusalem **4** 414
Thomas I., Patr. v. Konstantinopel **3** 559
Thomas II., Patr. v. Jerusalem **4** 415
Thomas II. v. York, Ebf. **5** 106
Thomas a Jesus **9** 839
Thomas a Kempis ↗ Thomas v. Kempen
Thomas Arundel, Ebf. v. Canterbury **6** 338, 675
Thomas Basin **6** 494
Thomas Becket **6** 680
Thomas Cornette **6** 362
Thomas d. Athlet **1** 346
Thomas d. Slave **4** 150, 156
Thomas Dagworth, Sir **6** 489
Thomas de Cantilupe **5** 872
Thomas Ebendorfer **6** 291, 713
Thomas Jorz **6** 43
Thomas Mancasola **6** 883
Thomas Morus ↗ More, Thomas
Thomas Palaiologos **7** 57
Thomas Polton **6** 657
Thomas Sitny **6** 801
Thomas v. Aquin **1** 952, **2** 715, **4** 52, **5** 586, 751, 786, 789, 828, 845, 850 f., 877–883, 892, 906, 908, 910, **6** 5, 7, 39, 201, 227, 356, 380, 424, 436, 445, 447, 477, 488, 518, 543, 818, 823, 826, **7** 153, 509, 532, 563, 612, 664 f., 670, 680, 719, 873, **8** 113, 700, 766, 798, 803, 808, 813, 816, 818, 1115, 1117, 1121, 1123–1126, 1137, **9** 349, 533, 944, 990, 1015, 1017, 1112 f., **10** 89, 769, **11** 349 ff., 423,

435, **12** 23, 157, 191, 201, 203, 209, 249, 396, 618, 620, **13** 300
Thomas v. Bethlehem, Bf. **5** 576
Thomas v. Capua, Kard. **5** 610, 678
Thomas v. Chobham **5** 226, 815, 826 f. **6** 475
Thomas v. Herakleia, Bf. v. Mabbug **3** 604
Thomas v. Kempen **6** 524, **9** 910, **7** 293, **8** 298, **10** 202, 207, **13** 4
Thomas v. Klaudiupolis **4** 103, 105 f., 132, 138
Thomas v. Marga **3** 1178
Thomas v. Mecop **6** 226
Thomas v. Tyros **4** 188
Thomas Walley **6** 372
Thomas Walsingham **6** 670, 673
Thomasius, Christian **8** 1098, **10** 203
Thomasius, Gottfried **11** 92, 358 f.
Thomasius (Christian Thomas) **9** 880, 1094, 1145
Thomasset **11** 183
Thomassin d'Eynac, Louis de **9** 251, 936, 966
Thomissön, Hans **8** 22
Thompson, Johannes Wilhelmus **11** 554
Thomson, James **11** 957 f.
Thorbecke, Johan Rudolf **11** 214 f., 458, 549 f.
Thore, Ebf. v. Norwegen **5** 689
Thoreau, Henri David **11** 833
Thoreau, William Henry **11** 834
Thorez, Maurice **12** 36, 622
Thornhill, James **9** 1043
Thou, Nicolas de **8** 991
Thouret, Jeanne-Antide **10** 249, 608
Thouvenel **11** 175, 489
Thrasamund, Vandalenkönig **3** 273, 280 f., 283, 289 f.
Thraseas v. Eumenia, Bf. **1** 375, 568, **2** 95
Throckmorton, Job **8** 565
Thukydides **1** 652, 740, 794
Thun, Josef Maria Graf, Bf. **10** 18
Thuong Vuong **9** 761
Thureau-Dangin, Paul **11** 168, 345
Thurneysen, Eduard **12** 68, 87, 349, 674, 711
Tianqi, Ks. v. China **8** 946
Tiberianus (Schüler d. Priszillian v. Avila) **2** 481, 493
Tiberius, Bf. v. Ilistria **2** 92
Tiberius, röm. Ks. **1** 2 f., 11, 14, 16, 21, 171, 183
Tiberius II., oström. Ks. **3** 428, 501, 503, 510, 617, 677
Tiburcius, hl. **3** 780
Tichomirov, Sava, Ebf. v. Tver **11** 740, 742
Tichomirov, Sergij **12** 963
Tichon (Bellavin), Metropolit v. Moskau **12** 55, 923, 929, 935, 960, 981, **13** 408
Tichon v. Zadonsk **10** 110 f.
Tichonitskij, Vladimir **12** 989
Tieffenthaler, Joseph **9** 801, 812
Tiele, Cornelis Petrus **11** 394
Tien Chen-Sin, Kard. Ebf. v. Peking **13** 622
Tierney, Michael **12** 1103
Tigrius, Priester **2** 564
Tillich, Ernst **12** 720
Tillich, Paul **11** 402, 411, **12** 68, 81, 88, 92, 128–133, 345, 348, 355, 561, 720, 746, 806, 1075, 1084 ff., 1092, 1095, 1115, **13** 201
Tillotson, John, Ebf. v. Canterbury **9** 989, 1026, 1107, 1112, 1114
Tilmann, Klemens **12** 277
Timaeus, Bf. v. Antiochia **2** 69
Timann, J. **8** 317
Timasius, Schüler d. Pelagius **2** 532, 535
Timofejev, Vassilij **11** 765
Timon-David **11** 184
Timotheos, Metropolit v. Tarsus **6** 838
Timotheos, Patr. v. Alexandria **2** 652, 1021, **3** 547
Timotheos, Patr. v. Konstantinopel **3** 142 f., 145 f., 198, 202, 513, 558, 576, 681
Timotheos, Presbyter **4** 71
Timotheos II., Patr. v. Konstantinopel **8** 372, 375
Timotheos II. Ailuros, Patr. v. Alexandria **2** 67, **3** 107, 121, 126–132, 137, 168–173, 176–179, 185, 192, 196, 434, 491 f., 513, 603, 1211

Timotheos III. Salophakiolos, Patr. v. Alexandria **3** 127, 130, 132 f., 173 f., 178 f., 435, 566
Timotheos IV., Patr. v. Alexandria **3** 151, 204
Timotheus, Abba, Bf. v. Pachoras u. Ibrim **6** 237
Timotheus, Mitarbeiter d. Paulus **1** 91, 113, 117 f., 121, 125, 128 f., 139, 281 f., 333, 678, 741, 777, **2** 85, 686
Timotheus II., armen. Katholikos **6** 211, 214
Timotheus Aelurus ↗ T. II. Ailuros
Timur ↗ Tamerlan
Timur-Lenk ↗ Tamerlan
Tindal, Matthew **9** 1097 f., 1109, 1117, 1126
Ting Ding Guangxum, Bf. v. Chekiang **13** 628 ff.
Tintoretto, Jacopo **8** 897, 1207, 1213
Tipu Sultan **9** 807
Tiran, armen. Kg. **2** 1086
Tírechán **3** 875
Tiridates (Trdat) III., armen. Kg. ↗ Trdat III., armen. Kg.
Tiso, Josef **12** 414, 892, 899, 907
Tisserand, Jehan **8** 1227
Tisserant, Eugène-Gabriel-Gervais-Laurent, Kard. **12** 13, 968, 976, 988, 1026, **13** 5, 96, 109
Tit Pang **11** 1043, 1046
Titelmans, Peter **8** 450
Titelouze, Jean **9** 1080
Titia **2** 652
Tito, Josip, Staatschef v. Jugoslawien **12** 895, 972, 1009, **13** 305, 353
Titus, Begleiter d. Paulus **1** 91, 121, 125, 130, 139, 281, 333, 474, **2** 148
Titus, Comes **3** 638
Titus, röm. Ks. **1** 177, 205, 245, 269 f., 287, 746, **5** 314, **7** 485
Titus Flavius Clemens **1** 670
Titus Justus **1** 119
Titus Livius ↗ Livius, Titus
Titus v. Bostra, Bf. **2** 409, 1040
Tixeront, Joseph **11** 428
Tizian (Tiziano Vecelli[o]) **7** 488, 493, **8** 1207, 1213, 1219, **9** 1046
Tjibaou, Jean-Marie **13** 694
Tjutcev, Feodor Iwanowitsch **11** 744
Tobias, Bf. v. Jerusalem **1** 272
Tobit **1** 735
Tochtamyš, tatar. Khan **6** 230, **7** 58
Tochtu, mongol. Chān **6** 882
Tocqueville, Charles Alexis Clérel de **10** xxii, 305, 307 f., 485, 509, 513, 845 f., 864, **11** 168
Tocqueville, François de **11** 496
Todd, John **9** 714
Todt, Rudolf **11** 672
Tökes, Lázsló **13** 369
Togliatti, Palmiro **12** 473, 494
Toland, John **9** 495, 982, 1106, 1146
Toledo, Francisco de, Jesuit und Theologe **8** 278, 295, 1008, 1181, 1195, 1197, **9** 996
, Francisco, Vizekönig **8** 778, 787, 803, 810, 819, 825, 835
Tollesson, P. **10** 61
Tolli, Filippo **11** 618
Tolomeo v. Lucca **5** 638
Tolstoj, Dimitri Andrejewitsch, Graf, russ. Minister **11** 719 f., 737
Tolstoj, Leo Nikolajewitsch, Graf **11** 340, 723, 739, 743, 746, 749, 754 f., **13** 413
tom Kloster, Gert **8** 138
Tomášek, František, Kard. Ebf. v. Prag **13** 365 f., 369
Tomasuccio v. Foligno **6** 358, 536, 542
Tomé de la Cruz **8** 879
Tomic, Radomiro **12** 1159
Tomislav, kroat. Fürst **4** 894
Tomkins, Thomas **9** 1078
Tomlinson, Ambrose Jessup **11** 907
Tommaseo, Niccolò **11** 267
Tommasi, Minister **10** 653
Tommasini **9** 329
Tommasini, Bf. v. Oppido **10** 652
Tommasino, Bernardino ↗ Ochino, Bernardino
Tommaso Parentucelli ↗ Nikolaus V., Papst

Tonantius, span. Mönch **3** 221
Toniolo, Giuseppe **11** 438, 480, 600, 616ff., **12** 461
Tonquédec, Joseph de **11** 341, **12** 176, 227
Toorop, Jan Th. **11** 553
Topal Osman Pascha **9** 541
Toplady, Augustus **10** 691
Toral, José de León **12** 1172
Torcy **10** 188
Torcy, Marquis de **9** 381f.
Tordesillas, Augustino de **8** 940
Torelli, Ludovica, Hzgn. v. Guastalla **7** 341, **8** 1067
Toribio, Ebf. v. Lima **11** 922
Toribio de Benavente ↗ Motolinía
Tornabuoni, Leonardo **7** 493
Torné, Bf. **10** 543
Tʿornik, General **4** 571
Torquemada, Juan de **7** 77, 118, 121, 123f., 127, 393f., **9** 626, 637
Torquemada, Tomás de, Großinquisitor **7** 390, 394f.
Torras y Bages, José **12** 519
Torre, Carlos María della, Kard. Ebf. v. Quito **13** 40
Torre, Edicio de la **13** 681
Torrero, Diego Munoz **10** 32
Torres, Cosmas de **8** 905, 918
, Pablo de **8** 809
Torres Restrepo, Camilo **13** 178, 212, 499f., 537
Torresani, Andrea **7** 642f.
Tortola, Adolfo Servando, Ebf. v. Paraná **13** 517
Toscanelli, Paolo **7** 545f.
Tosti, Luigi **11** 607, 611f.
Toth, Elek Alexis (Amerikanskij, Alexis) **11** 767
Totila, ostgot. Kg. **3** 450, 470f., 776f.
Toto v. Nepi, Hzg. **4** 704, 706
Toullelans, P. Y. **11** 1080
Toulotte, Apostol. Präfekt der Sahara **11** 979
Tour, de la **7** 752
Tour du Pin, Mgr. de la, Ebf. **10** 462
Tour du Pin, René de la **11** 36, 475, 511, 522f.
Tour d'Auvergne, Henri de la, Vicomte de Turenne ↗ Turenne, Henri
Tour Landry, Maillé de la, Bf. **10** 544
Tour-Maubourg, Marie Victor Nicolas, Marquis de la **11** 137
Tournay, Raymond **13** 443
Tournefort, Pitton de **9** 551, 553–556, 566f., 570, 572, 587, 594
Tournemine, Pater **9** 1091, 1115
Tourneur, Cyril **9** 1059
Tourneux, Nicolas le **9** 851
Tournon, Baron de **10** 656
Tournon, Camille de, Graf **10** 654, 662
Tournon, Charles Maillard de **9** 774f., 778, 816f.
Tournon, François de **8** 472
Tours, François-Marie de **9** 816
Toussain, Daniel **8** 409
Toussain, Pierre **7** 841
Toussaint Louverture ↗ Breda, Toussaint
Tovanović, Stefan **10** 735
Tovilo **11** 877
Tovini, Giuseppe **11** 616
Towianski, Andrzej **10** 816, 820, 822
Toynbee, Arnold Joseph **11** 820f., **12** 1074
Tracy, David **13** 209
Tragella, J. B. **12** 322
Trajan, röm. Ks. **1** 74, 102, 113, 150, 157ff., 163, 179f., 240ff., 244f., 247f., 251f., 256f., 259, 272, 309, 311, 324, 370, 499, 565, **2** 63, 87, 108, 230, 1008, **3** 1061
Tramontin, S. **11** 443
Tranquille, Pater **8** 1105
Transamund, Hzg. v. Spoleto **4** 655, 665
Transmond v. Segni **5** 560f.
Trantson, Johann Joseph Graf, Ebf. **10** 18
Traub, Gottfried **11** 680, **12** 709
Traub, Theodor **11** 680
Travers, Walter **8** 560
, William **8** 565
Traversari, A. **4** 59
Trdat I. Otʿmsecʿi, armen. Katholikos **4** 499
Trdat II. Dasnaworecʿi, armen. Katholikos **4** 499

Trdat III., armen. Kg. **2** 102, 104, 1085, **3** 1244 ff., 1252, 1285, **4** 475, 486, 511
Trebonius Gallus, röm. Ks. **2** 162, 164
Trediakovskij, Vasilij Kirillovič **9** 537
Treger, Konrad **7** 794, 798, 804
Treilhard **10** 325
Treitschke, Heinrich v. **11** 651
Trembelas, Panayotis **12** 1014
Tremblay, François-Joseph du **8** 514
Tremblay, Joseph **9** 601
Trémoille, Kard. de la **9** 380
Treptes, hl. **3** 1129
Tribigild **2** 994
Tribonian, Jurist **3** 423
Trichet, Marie-Louise **9** 830
Triest, Antonius, Bf. v. Gent **9** 83
Triest, Joseph **11** 119, 206
Trifolius, Priester **3** 207
Trigault, Nicolas **8** 948, 951 f., **9** 766, 770
Trigland, J. **9** 428
Trincal, J. B. **11** 1028, 1031
Trine, Ralph Waldo **12** 1046
Trinh-Can **9** 781
Trinh Khoi **9** 782
Trinh Tac **9** 763
Trinh Trang **9** 761
Trinh Tung **9** 760
Trinidad, Pedro v. ↗ Pedro v. Trinidad
Triphyllius, Bf. v. Ledia/Leukosia **2** 75
Tripodes, Nektarios, Metropolit v. Ikonium **9** 566
Tristan, Flora **10** 859
Tristano, Giovanni **8** 1216
Trithemius, Johannes **7** 162, 170, 293, 326, 359, 639
Triwila **3** 336
Trochu, Abbé **12** 587
Troeltsch, Ernst **9** 1094, **10** 719, **11** 52 ff., 355 f., 402–411, 676, 679 f., **12** 90, 133, 148, 709, 712, 1041, 1048, 1074, 1076
Troisi, Vincenzo **10** 455
Trojan, Jakub **13** 142
Trolle, Gustav, Ebf. v. Uppsala **7** 759
Tromp, Sebastian **12** 180
Tronchin, Louis **9** 431 f.
Tronchin, Théodore **8** 508
Tronson, Louis **9** 273 f.
Trophimus, Bf. v. Arles **2** 136, **3** 241
Trophimus v. Ephesus **1** 136
Trott zu Solz, Adam v. **12** 358
Trotterel d'Aves **9** 1059
Trubar, Primoz **8** 634
Trubetskoj, Eugen **11** 748
Trubetskoj, Sergij **11** 748
Trudel, Dorothea **11** 243
Truffet, Apostol. Vikar **11** 978
Trujillo, López, Kard. Ebf. v. Medellín **13** 180, 509, 537
Truman, Harry Spencer **12** 367, 421, 1022, 1038, 1062, 1074, 1084, 1109, 1111
Trumball, David **11** 960
Trutfetter, Jodocus **7** 679
Tryphäna **1** 286
Tryphon, Patr. v. Konstantinopel **4** 207, 265
Tryphosa **1** 286
Tschaadajew, Pjotr Jakowlewitsch **10** 824–827
Tschaqmaq, Sultan **6** 221, 235, 245
Tschernembl, Georg Erasmus Frh. v. **9** 11
Tschernenko, Konstantin, sowjet. Staatschef **13** 354
Tschingiz, mongol. Khan **5** 794, **6** 208, **7** 538, 540
Tschirnhausen, Ehrenfried Walter **9** 970
Tschitscherin, Georgij Vassiljevitsch **12** 400
Tschitschkov, Admiral **10** 115
Tschu En-lai, Regierungschef in China **13** 628
Tschudi, Ägidius **8** 430
Tschukov, Gregorij (Nikolaj) **12** 935, 989
Tschunak, armen. Bf. **2** 1087
Tseng Kuo-fan **11** 1048
Tseu Hi, Ksn. v. China **11** 1048
Tsi, Mitrofan **11** 766
Tsigalas ↗ Hilarion, Ebf. v. Zypern
Tsishiku, Tshibangu, Bf. **13** 606
Tu-Duc, Ks. v. Annam **11** 148
Tubberville, Henry **9** 339
Tucci, P. Roberto **13** 30, 39, 61
Tucher, Katharina **7** 318

Tudeschis, Nicolaus de, gen. Panormitanus ↗ Nicolaus de Tudeschis
Tudor, Dynastie **8** 1193
Tudor, Mary ↗ Maria I. Tudor
Tudual ↗ Tudwal
Tudwal, hl. **3** 978, **4** 631
Tughluq Temür **6** 209
Tui-Nayau **11** 1070
Tunder, Franz **9** 1081
Tunstall, Cuthbert, Bf. v. London **7** 750, 867
Túpac Amaru **8** 778, **10** 761 ff., 776
Tupac Catari **10** 762
Tuptalo, Daniil Savvič ↗ Dmitrij Rostovskij
Tupu I., George, Kg. der Tonganer **11** 1069, 1074
Tūrān-schah **6** 209
Turbantius **2** 546
Turchi, Adeodato **10** 30
Turenne, Henri de La Tour d'Auvergne, Vicomte de **9** 833, 835
Turettini, J. F. **10** 59
Turgot **9** 1126
Turibius, Bf. v. Palencia **3** 219 f., 404
Turinaz, Ch. François, Bf. v. Nancy **11** 442
Turmel, Joseph **11** 432, **12** 176
Turner, George **11** 1074
Turner, Harold W. **13** 609
Turner, Henry MacNeal, Bf. **11** 874, 987
Turner, Nat **11** 865, 871
Turner, W. **9** 699
Turpio v. Limoges **4** 781
Turretini, Benedikt **8** 508
Turrettini, François **9** 423, 431, 977
Turrettini, Jean-Alphonse **9** 56, 193, 195, 432, 882, 977 f., 1093, 1096, 1099 f., 1105–1108, 1113, 1120, 1127
Turrettini, Jean-Baptiste **9** 1111
Turrettini, Samuel **9** 1111
Turribius v. Astorga, Bf. **2** 502
Tutu, Desmond, Ebf. v. Kapstadt **13** 582–585, 608
Tutus, Mönch **3** 182 f., 634
Twain, Mark **11** 894
Twardowski, Samuel **9** 528
Twesten, August Detlev Christian **11** 84, 313
Twinger aus Straßburg **6** 866
Tyard, Pontus de **8** 1143
Tyconius, donat. Gelehrter **2** 509, 719, **3** 408
Tympius, Matthaeus **8** 243
Tyndale, William **7** 750 f., 867, 871, 877, **8** 200, 204, 208, 525
Typaldos, Metropolit v. Philadelphia **9** 603
Tyra, Mutter Harald Blauzahns **4** 906
Tyrannion, Bf. v. Tyrus **2** 61
Tyrannos v. Ephesus **1** 126, 360
Tyrconnel, Graf v. **8** 553, **9** 109
Tyrone, Graf **8** 553
Tyrrell, George **11** 431, 433, 444, **12** 806
Tzathios, Kg. v. Lazika (Georgien) **3** 1234, 1239
Tzurillas (Papas), Bogomile **4** 346
Tz'u-hsi, Kaiserinwitwe **11** 1050

Ubaldini, Ottaviano **5** 597
Ubayd Allāh, Präfekt **4** 414, 430
Uberti, Ehemann Margaretes v. Cortona **6** 731
Ubertin v. Casale ↗ Ubertino da Casale
Ubertino da Casale **6** 324, 326, 355, 386, 525, 743
Uberto da Pirovano, Kard. **5** 596
Uccello, Paolo **7** 476 f., 481
Uchański, Jakob **8** 644
Udalrich v. Rottenbuch, Propst **5** 156
Udemans, Pastor **9** 79
Ufa, Nikon v., Metropolit **11** 739
Ughelli, Fernando, Abt **7** 337
Uglitch, Petr v. **11** 743
Ugo Boncompagni ↗ Gregor XIII., Papst
Ugo/Ugolino/Hugolin v. Segni ↗ Gregor IX., Papst
Ugoni, Mattia **7** 119
Uhlhorn, Gerhard **11** 669
Uhtʿanes, armen. Historiker **3** 1255
Ujazemsky, Fürst **11** 738
Ukeneso, Häuptling auf den Loyalty-Inseln **11** 1069

ul-Aziz, Abd **11** 768
ul-Haq, Zia, pakistan. Staatschef **13** 643
Ulbricht, Walter **12** 751
Ulenberg, C(K)aspar **8** 418, 1236, **9** 848
Ulfila(s) ↗ Wulfila
Ullastres Calvos, Alberto **12** 535
Ullathorne, William (Ordensname G. Bernard), Bf. v. Birmingham, Titular-Ebf. v. Cabasa **11** 13
Ullmann, Karl **11** 84
Ulloa, Antonio de **10** 76
Ulmer, Johann Konrad **8** 437
Ulpianus **1** 243 f.
Ulrich, Hzg. v. Württemberg **8** 395
Ulrich, Mönch in Cluny **5** 164, 172
Ulrich v. Augsburg **4** 802, 810
Ulrich v. Hutten ↗ Hutten, Ulrich v.
Ulrich v. Straßburg **5** 787
Ulrich v. Württemberg, Graf **7** 173
Ulrich v. Württemberg, Hzg. **7** 839
Ulrich v. Zell **5** 400
Ultrogotha, fränk. Kgn. **3** 844
Um Nyobe, Reuben **13** 560
Umar I., Kalif **4** 24, 394 f., 397 f., 410, 414
Umar II., Kalif **4** 394, 396, 412, 502 f.
Umbreit, Friedrich Wilhelm Karl **11** 84
Umur, Pascha v. Aydin **7** 8, 12
Umur beg, Emir v. Aydin **6** 191
Unamuno, Miguel de **12** 189, 1079
Underhill, Evelyn **12** 818, 820
Undset, Sigrid **12** 163
Unger v. Posen, Bf. **4** 899 f.
Ungnad, Hans v. **8** 634
Unila, got. Bf. **2** 559
Upadhyaya Brahmabandhab ↗ Banerij, Surendranath
Uranikos **4** 113
Uranius v. Emesa, Bf. **3** 34, 66
Uranius v. Himeria, Bf. **3** 39, 45, 51, 55, 66
Urban, Jerzy **11** 756
Urban I., Papst **5** 69 f., 576, **6** 418
Urban II. (Odo v. Ostia), Papst **4** 358, **5** 33, 63, 65, 69–73, 78, 83–86, 92 ff., 96 f., 102 f., 106, 119, 122, 126, 128, 134, 145, 148, 167, 172, 184, 186, 206, 210, 245, 247, 260, 307 f., 376 f., 417, 449, 489, 576, 772, 800, **7** 86
Urban III., Papst **5** 182, 228 ff.
Urban IV. (Pantaléon, Jacques), Papst **5** 555, 558 ff., 575 ff., 579 f., 596, 599, 611 f., 633, 682, 752, 770, 813, **6** 34
Urban V. (Guillaume de Grimoard), Papst **6** 27, 34, 38, 43, 46, 50, 57, 61, 67, 71, 180, 221, 226, 267, 540, 575, 580, 588, 600, 629 f., 670, 726, 828, **8** 1159
Urban VI., Papst **6** 75, 80, 433, 491, 537, 575, 580, 588, 644, 670, 693, 730, 762, 784
Urban VIII., Papst **5** 126, **8** 277, 594, 768, 1064, 1098, 1159, 1162, 1187, 1215, **9** 146, 148, 216 f., 223, 232, 237, 239, 243, 286, 350, 354, 575, 646, 826, 905, 910, 1031, 1033, 1046 f.
Urban v. Langres, Bf. **5** 70
Urbani, Giovanni, Kard. Ebf. v. Verona **12** 258, **13** 37, 96
Urbanus **1** 286
Urbanus, Beamter d. Maximinus Daia 187
Urbanus Rhegius **7** 745
Urbicus, Präfekt **1** 679
Urbikus, Abt **3** 906
Urdaneta, Andrés de **8** 855, 857
Uros, hl. **9** 576
Urquijo, Mariano Luis de **10** 31, 34
Urraca, Tochter Alfons VI. **5** 296
Urrea, Pedro de, Ebf. v. Tarragona **7** 408
Ursacius, Abt **2** 863
Ursacius v. Singidunum, Bf. **2** 335, 337, 360, 368, 370, 376, 382, 388, 418, 454, 1061
Ursatius, dux **2** 253
Ursicinus, Bf. v. Cahors **3** 819
Ursins, Jouvenel des **7** 179
Ursinus, Gegenpapst **1** 660, **2** 425, 433, 456, 652, 657, 890, 895
Ursinus, röm. Diakon **2** 381
Ursinus, Zacharias **8** 107, 322, 328, 409
Ursis, Sabatino de **8** 948, 950
Ursmarus, Rektor d. Prager „Clementinums“ **9** 37

Urusova, Evdok'ja **9** 522
Urville, Dumont d' **11** 143
Usingen, Bartholomäus Arnoldi v. **7** 679
Uso di Mare, Antoniotto **7** 572
Uspenskij, Porphyr, Archimandrit **11** 138, 718
Ussher, James, Ebf. **3** 874, **9** 112, 952
Ussing, Henry **11** 590
Usuard, Mönch **4** 740
Utenhove, Jan **8** 470
Uvarov, Sergius **11** 715, 724
Uxtʿanēs, alban. Katholikos **4** 497
Uxtanes v. Sebaste, Bf. **3** 1217 f.
Uytenbogaert, Johannes **9** 427
Uytenhove, Johannes **7** 164
Uzun Hasan **7** 542, 544

Vacant, Jean-Michel-Alfred **12** 188
Vachet **9** 764, 772
Vachtang V., Kg. v. Kartli **9** 586
Vachtang VI., Kg. v. Kartli **9** 586
Vachucht, Fürst **9** 587
Vadian, Joachim (Joachim v. Watt) **7** 788, 822, **8** 428
Vadkovskij, Antonij, Metropolit v. St. Petersburg **11** 726–730, 742
Vagnoni, Alfonso **8** 948 f.
Vahan I., armen. Katholikos **4** 515, 518
Vahan Gołtʿnacʿi **4** 499
Vahan Mamikonean, armen. Fürst **3** 1204
Vahan v. Nike, Ebf. **4** 504
Vahanian, Gabriel **13** 203
Vahram Pahlawuni ↗ Grigor II., armen. Katholikos
Vahtang Gorgasal, georg. Kg. **3** 1238, 1251 f., 1256, 1258 ff., 1263 f., 1268 f., 1281, Kg. **4** 552
Vaillant, François le **9** 742
Vair, Guillaume du **9** 1017
Vajk (Waik), ungar. Fürst ↗ Stephan I., ungar. Kg.
Vajpayee, Fatal Bihari, ind. Premierminister **13** 641
Val, André du **8** 297
Valancius, Motiejus, Bf. v. Kaunas **11** 701
Valdés, Alfonso de **7** 342, 403, 409 f., 519, **8** 665, 675, 677, 680, 686
, Fernando de **8** 684, 687, 691, 695, 707, 721, 731, 734
, Juan de **7** 403, 754 f., **8** 575, 579, 583, 665, 677, 680, 686
Valdivia **8** 780 f.
Valdivielso, José de **9** 1053
Valdivieso **8** 811
Valdour, Jacques **12** 609
Valedinskij, Dionisij **12** 988
Valencia, Angel v. ↗ Angel v. Valencia
Valencia, Fray Martín de **7** 551, 607
Valens, Presbyter **1** 164, 329
Valens, röm. Ks. **2** 417, 425, 428, 430, 434, 438, 442, 444, 447, 455, 459, 463, 471, 477, 639, 646, 788, 824, 897, 990–993, 1000, 1018, 1020, 1053, 1074, **3** 114, **4** 143, 458
Valens v. Mursa, Bf. **2** 335, 337, 360, 368, 376, 378, 382, 385, 387–390, 418, 428, 657, 1061
Valensin, Albert **12** 196, 204, 227
Valensin, Auguste **12** 196, 204, 227, 230, 232, 621
Valente, Giovanni Battista **11** 617, **12** 477
Valentia (Tabarca) **2** 675
Valentin **3** 126, 172
Valentin, Bf. **13** 408 f.
Valentin da Luz **8** 734
Valentini, Giovanni **9** 1068
Valentinian, Bf. v. Skythien **3** 456
Valentinian, Gnostiker **1** 562, 591, 593, 615, 672, 674, 679, 683 f., 689, 699, 860, 890
Valentinian I., röm. Ks. **2** 417, 419, 425, 429, 432, 447, 463, 465, 471, 474, 477, 508, 639, 655, 810, 896
Valentinian II., röm. Ks. **2** 456, 458, 465, 469, 477, 490, 495, 522, 646, 773, 907, 999
Valentinian III., oström. Ks. **2** 545, **3** 72 f., 114, 158, 208, 223, 226, 240, 268, 294, 302, 318, 691, 749, 853, 1078
Valentinianus Augustus, Konsul **3** 1014

Valentinus, Abt v. Hadrumetum **2** 547
Valentinus, Abt v. St. Andreas **3** 892 f.
Valentinus, Bf. **3** 777
Valentinus, Gnostiker **1** 169, 461, 521, 523 f., 536 f., 549
Valentyn, Franz **9** 742
Valera, Eamon de **12** 866, 869
Valerga, Giuseppe, Ebf., Patr. v. Jerusalem, Apostol. Delegat für Syrien **11** 137, 802, 805
Valeri, Valerio **12** 414, 417
Valerian, röm. Ks. **1** 267, 647 ff., 654, 661, 825, 852, **2** 4, 20, 26, 120, 156, 162, 168–172, 181, 239, 680
Valerian v. Aquileia, Bf. **2** 455, 457, 857
Valerian v. Ikonion **3** 13, 953
Valeriano, Giuseppe **8** 1222
Valerianus, Bf. v. Cimiez **3** 251, 258
Valerianus, ksl. Statthalter **3** 475 f., 483
Valerius, Bf. v. Hippo **2** 653, **3** 976
Valerius, Ebf. v. Uppsala **5** 588
Valerius Biton **1** 674
Valerius Florus, numid. Prokonsul **2** 185
Valerius v. Bierzo **4** 634, 670
Valerius v. Ravenna, Graf **2** 539, 542, 544
Valerius v. Zaragoza, Bf. **2** 484
Valier, Agostino **8** 281, 286, 299, 608, 1047
Valignano, Alessandro **8** 881, 888, 905, 924, 939, 941, **9** 754, 756, 790
Valjean, Jean **10** 102
Valla, Lorenzo **1** 820, **7** 332, 388, 504, 613, 616 ff., 620, 641, 659, 662, **8** 574, 1117, 1127
Vallainc, Fausto **13** 29 f.
Valle, del **10** 786
Valle, Claudio della**10** 453
Valle, Federigo della **9** 1057
Valle, Juan del **8** 809
Vallées, Marie des **9** 307, 837
Vallery-Radot, Robert **11** 345
Vallière, Louise de la **9** 307, 834
Valls, Francisco **9** 1070
Vallsecha, Kartographen **6** 851
Valois, Dynastie **8** 337
Valroger, H. de **11** 119
Valsecchi, A. **10** 422
Valverde, Vicente **8** 776
Vanderbild (Familie) **11** 890
Vanderpol, A. **11** 472
Vaneau, Pierre **10** 384
Vanini, Julius Caesar (Lucilio) **8** 1155, **9** 959, 967
Vanneufville, Msgr. **12** 307
Vanni, Francesco **8** 1210
Vansina, Jan **9** 741
Vansittart, Lord **12** 745
Vardan, armen. Bf. **2** 1086
Vardan II. Mamikonean, armen. Fürst **3** 1274
Vardan Arewelcʿi **3** 1212
Vardan Mamikonean, d. Rote, armen. Fürst **2** 1088, **3** 1202, 1204, 1212 f., 1219, 1238 f.
Vardan Mamikonean, General **4** 478
Vardan „der Rote“ ↗ Vardan Mamikonean, armen. Fürst
Varénes, Alain de **7** 184
Vargas, Getúlio **12** 1189, 1192, 1218
Vargas Llosa, Mario **13** 476, 533
Varick, James **11** 872
Varlaam Moţóc, Metropolit v. Transsylvanien **9** 581, 583
Varlet, Dominique-Marie, Bf. **9** 391, 1008
Varneskij, Leonid **12** 937
Varro **2** 735, **3** 862
Varsken (Vazgen/Vasken), georg. Kg. **3** 1238, 1260 f., 1268
Várszegi, Asztrik, Bf. v. Pannonhalma **13** 367
Vasari, Giorgio **7** 490, **9** 1040
Vasco Fernández **6** 758
Vasgen I. (Palkian), armen. Katholikos **13** 428 f.
Vasian, Ebf. v. Rostov **7** 58 f.
Vasilij I., Großfürst v. Moskau **7** 52, 59
Vasilij II., Großfürst v. Moskau **6** 254, 612, **7** 53–56, 58 f., **8** 376
Vasilij III., Großfürst v. Moskau **7** 30, 51, 61, 64, **8** 366, 376, 379, **9** 522
Vásquez, Francisco Pablo, Bf. v. Puebla **10** 788 f.

Vasseur, Jean **7** 638
Vatable, François **7** 834 f., **8** 456
Vatable, Jean **7** 648
Vatablus, François ↗ Vatable, François
Vatang III. ↗ Wachtang III.
Vattel, Emer de **9** 1109
Vauban, Sebastien de **10** 565
Vaucel, Louis de **9** 378
Vaugelas, Claude Favre, Baron v. Pérouges, Seigneur de **9** 302
Vaughan, Henry **9** 868, 1063
Vaughan, Herbert Alfred, Ebf. v. Westminster **11** 435, 442
Vaugris, Jean de **7** 746
Vaulchier, Marquis de **10** 836
Vaumas, G. de **12** 324
Vaussard, Maurice **12** 318, 460, 584
Vauvenargues, Marquis de **9** 1019
Vaux, Laurence **8** 542
Vauzelles, Jean de **7** 516
Vavasseur, le **11** 1009
Vayalil, Sebastian, syro-malabar. Bf. **13** 650
Vaz, António **8** 939
, Miguel **8** 876
Vaz, Joseph **9** 806
Vaz de Camões, Luis **8** 736
Vazken I. (Baldjian), armen.-apostol. Katholikos **13** 435
Vázquez, Gabriel **8** 1124
Vecchi, Giovanni de' **8** 1210
Vecelli[o], Tiziano ↗ Tizian
Vedder, Henry Clay **12** 1078
Vega, Andrés de **8** 698
, Félix Lope de **8** 724, **9** 1053 ff., 1057, 1060, 1062
, Garcilaso de la **8** 840, 855, **9** 659
Vega, Lasso de la **11** 919
Vega, Rafael Lasso de la, Bf. **10** 788
Vega Mantilla, Pablo Antonio, Bf. v. Juigalpa **13** 515
Vegetinus, Bf. **2** 497, 499
Veghe, Johannes **7** 231
Vehe, Michael **8** 394, 1235
Veit, hl. **4** 859
Veith, Johann Emanuel. **11** 329
Vejluva, Bf. **10** 594
Vekemans, Roger **13** 509
Velasco, Luis de **8** 804, 806
Velásquez, Diego Rodríguez de Silva y **9** 217
Velde, Abraham van de **9** 79
Velde, James van de, Bf. v. Chicago **11** 861
Velenin **10** 736
Veličkovskij, Paisij **9** 585, **10** 110 f., 128, 736
Velikodvorskij, Pavel **11** 753
Velimirovič, Nikolaus **12** 959
Velitchkovskij, Paisios **11** 742
Vellozo, chin. Pater **10** 155
Velsius, Justus **8** 183
Venantius, Bf. v. Luni **3** 895
Venantius, Bf. v. Salona (Split) **2** 149
Venantius, Bf. v. Thinisa **1** 643
Venantius, Patricius **3** 935
Venantius, Priester **3** 195
Venantius (Bruder d. Honoratus v. Arles) **2** 865
Venantius Fortunatus **3** 408, 821, 824 f., 828, 846, 1012, 1049, 1089, 1110 f., 1123, 1148, 1151
Venantius Opilio, Präfekt **3** 1138
Venecia, José de **13** 685
Venegas, Alejo **8** 664
Venerius, Bf. v. Marseille **3** 234, 805
Venerius v. Mailand, Bf. **2** 500, 513
Veneto, Giacomo **5** 383
Veniaminov, Innokentij, Metropolit v. Moskau **10** 111, **11** 718, 763 f.
Venizelos, E. **12** 957
Venizelos, Regille **9** 570
Venn, Henry **10** 691, **11** 157, 999, **13** 598
Venn, John **10** 692
Ventadour, Hzg. v. **9** 303
Ventav., Pater **9** 778
Ventidus Cumanus, Prokurator **1** 134
Ventura, Gioacchino **11** 22, 262, 266, 268
Venturino da Bergamo **6** 330, 382, 420
Venus (röm. Göttin) **1** 631, 634
Ver Meulen, Jan ↗ Molanus, Johannes
Veranus, Bf. v. Vence **3** 234, 254
Vérard, Antoine **7** 300

Verbeck, Guido Fridolin **11** 1057
Verbiest, Ferdinand de **9** 755, 770 f., 785–788, 790
Verbist, Theophil **11** 546
Verdier, J. **12** 570
Verecundus, Bf. v. Junca **3** 465, 757
Vereide, Abraham **12** 1038
Vergara, José **10** 787
Vergara, Juan de **8** 679 f.
Vergennes, Charles Gravier, Comte de **10** 147
Vergerio, Pier Paolo **7** 754, **8** 576, 634
Vergil **1** 742, **2** 211, 708, 732, 946, **3** 218, 791, 822, 1078, **4** 852, **5** 452, 462, 914, **7** 622, **9** 1063
Vergilius, Bf. v. Arles **3** 800
Verhaegen, Arthur **11** 536, 539
Verhaegen, Theodor **10** 745
Veriguine, Pierre **11** 755
Verin, Friedrich Heinrich **11** 111
Verina, oström. Ksn. **3** 681 f., 692, **4** 20
Verinianus **3** 213
Verinus, afrikan. Vikar **2** 255
Verjus, Henri **11** 1083
Verkade, Jan **12** 172
Verkhovskij, Sergij **12** 1011
Verlaine, Paul **11** 344
Vermeer, Jan **9** 428
Vermeersch, Arthur **12** 27
Vermeil, Antoine, Pastor **10** 835
Vermeil, Edmond **11** 404–407
Vermigli, Petrus Martyr **7** 754; **8** 216, 221, 316, 322, 575, 578
Vermigli, Pietro Martire ↗ Vermigli, Petrus Martyr
Vernazza, Ettore **7** 340
Vernerey **10** 458
Vernes, Jacob **10** 55, 59
Vernes, Maurice **11** 78, 393 f., 399
Vernet, Jacob **9** 1100, 1127
Vernier, Frédéric **11** 1072
Véron, François **8** 513, **9** 121, 124, 191 f.
Veronese, Guarino Guarini **7** 223, 506
Veronese, Paolo **8** 1208
Veronese, Vittorino **12** 174, 292
Verri, Gabriele **10** 184
Verri, Pietro **10** 184
Verrocchio, Andrea **7** 477
Verrolles, Em. J., Apostol. Vikar der Mandschurei, Bf. **11** 160
Versé (Verzé), Noël Aubert de **9** 178, 199, 201
Versoris, Nicolas **7** 516 ff.
Verulus, Bf. v. Rusiccade **1** 644, 655
Verus, Bf. v. Tours **3** 347, 352
Verzim, Abel **12** 513
Vesal, Andres **8** 1138
Vespagniani, Virginio **1** 284
Vespasian, röm. Ks. **1** 245, **2** 59
Vespucci, Amerigo **7** 499, 524
Vestia, Märtyrin **1** 627
Vetter, Konrad **8** 1236
Vettius Epagathus **1** 640, 688
Veturius, Märt. **1** 627
Veuillot, Elise **11** 512
Veuillot, Eugène **11** 509
Veuillot, Louis **11** 115, 121, 128, 182, 186, 499, 511, 554, 931, 934
Veuster, Damian de **11** 546, 1080
Viadana, Ludovico **8** 1240
Viaixnes, Dom Thierry de **9** 379, 1009
Vial, Gonzalo **13** 517
Vialar, Emilie de **11** 130
Viallet, Jean-Pierre **12** 463
Vianney, Jean-Baptiste Marie **10** 545, **11** 119, 124 f., 338, **12** 139, 250, 616
Viau, Théophile de **9** 967
Vicat **11** 183
Vicent, Antonio **11** 638 f.
Vicente, Gil **8** 726
Vicentius, röm. Legat **2** 134
Vico, di, Familie **6** 575
Vico, Giambattista **9** 1121, 1126, **10** 800
Victor s. a. Viktor
Victor, afrikan. Bf. **3** 290, 917 f.
Victor, Bf. v. Assuras **1** 642
Victor, Bf. v. Gor **1** 642
Victor, Bf. v. Octava **1** 644
Victor, Bf. v. Palermo **3** 908
Victor, Bf. v. Rom ↗ Viktor, Papst
Victor, Bf. v. Tunnuna **3** 458
Victor, Priester **1** 661

Victor-Emmanuel II., Kg. v. Italien **11** 258, 266, 596, 605
Victor v. Capua, Epistolar **3** 1094
Victor v. Cartenna **3** 288
Victor v. Vita **3** 264, 266 ff., 271–274, 276, 279 f., 287, 295, 297, 1034
Victoria (röm. Siegesgöttin) **2** 11, 464, 466 f., 491, 892, 914
Victoria, Johann **9** 37
Victoria, Tomás Luis de **8** 1239, **9** 1070
Victoria I. (Taufname Alexandrina Victoria), Kgn. v. England **11** 558, 572, 987, 1025, 1074, **12** 778, 832
Victorian, italien. Mönch **3** 401
Victoricus, Bf. v. Thabraca **1** 643
Victorinus, Bf. v. Pettau/Poetovio/Ptuj **2** 150–153, 182
Victorinus v. Aquitanien **1** 448 f.
Victorinus v. Pettau **3** 408
Victorius, Beamter **3** 345, 347
Victorius, Bf. v. Grenoble **3** 383
Victorius, Graf **3** 230
Victorius, Märt. **2** 976
Victorius v. Aquitanien **3** 806
Victricius, Bf. v. Rouen **2** 153, 662, 851, 853, 859, 961, 966, 968, 976, 979, 998, **3** 1120 f.
Vidal, João Evangelista de Lima **12** 515
Vidal i Barraquer, Francese **12** 520, 528, 532, 537, 540
Videla, Jorge Rafaél, argent. Staatschef **13** 475, 516 f.
Vidigal, Francisco Correa **10** 788
Vidler, Alec **12** 806
Vidua, Carlo **11** 266
Vieira, Antonio **8** 758, 768, 803, 867, **9** 648 f., 704, 710 ff., 716, 735
, Francisco **8** 952
Vieira, Manuel Pinto, Bf. v. Nampula **13** 578
Viénot, Charles **11** 1071 f.
Vieta (Viète), Franciscus **8** 1111
Vieter **11** 1014
Vieusseux, Gian Pietro **11** 267
Vigellius Saturninus, Prokonsul **1** 255, 627
Vigilantius, Priester **2** 779, 861
Vigilantus, gall. Priester **3** 1141
Vigilius, Bf. **1** 660
Vigilius, Bf. v. Trient **3** 1114
Vigilius, Diakon **3** 322
Vigilius I., Papst **3** 398, 425, 442 f., 446, 450–457, 460, 462–475, 482, 549, 577, 756 f., 770–775, 777–781, 796 ff., 801, 815, 1086 f., 1091, **4** 41, 46, 360, 617 f., 627
Vigilius v. Marseille, Archidiakon **3** 834
Vigilius v. Thapsus, Bf. **1** 661
Vigilius v. Trient **2** 774
Vignaux, Paul **1** 706, **12** 581
Vignola, Giacomo Barozzi da **8** 1210, 1216, **9** 1033
Vigny, Alfred de **10** 851 f.
Vigouroux, Fulcrand **11** 425, **12** 212
Viktor s. a. Victor
Viktor, ägypt. Heiliger **3** 761
Viktor s. a. Victor
Viktor, Bf. v. Ravenna **3** 473
Viktor, Diakon **3** 206 f.
Viktor, Lektor in Cirta **2** 254
Viktor, Papst **1** 161, 322, 375, 377, 450–454, 567, 574, 663, 673, 679, 681–685, 693, 701 f., 853, 858, 942, **2** 48 f., **3** 1087
Viktor II., Papst **4** 358, 819, **5** 33 f., 39, 48, 83, 86, 107
Viktor III. (Desiderius v. Montecassino) **5** 33, 36.f, 39, 63 f., 67, 68, 72, 75, 94, 176, 186, 218, 311
Viktor IV. (Gregor), Gegenpapst **5** 181, 198
Viktor IV. (Montecelli, Oktavian) **5** 182, 219–222, 225, 244, 661
Viktor a Garbe, Bf. **2** 257
Viktor-Amadeus II., Hzg. v. Savoyen **9** 149, 156
Viktor Amadeus III., Kg. v. Sardinien **10** 656
Viktor Emanuel II., Kg. v. Italien **12** 10, 32, 374
Viktor Emanuel III., Kg. v. Italien **12** 468
Viktor v. Mailand, Märt. **2** 135
Viktor v. Tonnunna **3** 469
Viktoria ↗ Victoria

Vilalobos, Ruy López de **7** 551
Vilanova, Johannes E. **13** 161
Vilatte, altkath. Ebf. **12** 1123
Vilela, Gaspar **8** 917, 919, 921, 939
Villa do Conde, João da **8** 881, 884
Villacreces, Pedro de **7** 159
Villada, García **11** 640
Villagómez, Ebf. **9** 621
Villanueva, Antonio de **8** 940
Villanueva, Joaquín Lorenzo **10** 32
Villaret, Bf. v. Casale **10** 655
Villars, de, Marschall **9** 184
Villavicenio **9** 653
Villedieu, François Du Mouchet de, Bf. **10** 647
Villegagnon **8** 869
Villegas, Alfonso de **9** 1055
Villèlle, Jean-Baptiste Guillaume Joseph **10** 676, **11** 141
Villemain, Abel Francois **11** 169
Villeneuve, R. **12** 1137, 1139, 1143
Villeneuve-Bargemont, Alban de **11** 33
Viller, Marcel **12** 239
Villermé, Louis René **10** 845
Villermont, Comte de **11** 536
Villot, Jean, Kardinalstaatssekretär **13** 30, 110, 116, 118–121, 305
Vilmar, August Friedrich Christian **11** 81
Vinat, Alexandre **11** 526
Vincent, Isabeau **9** 138
Vincent, Samuel **10** 831, **11** 40, 194
Vincente de Nazareth **8** 879
Vincentius, Bf. v. Thibaris **1** 643
Vincentius Hispanus **5** 586
Vincentius v. Lérins, Mönch **2** 970
Vincentius v. Saragossa **2** 686
Vincentius v. Valencia, hl. **3** 402, 1114, 1121, 1129, 1140
Vincentus, Subdiakon **3** 465
Vincenz v. Beauvais **5** 794
Vinci, Leonardo da ↗ Leonardo da Vinci
Vindemialis, afrikan. Bf. **2** 539
Vinet, Alexandre **11** 48 f., 88 ff., 242, 264
Vingle, Pierre de **8** 459, 463
Vintimille du Luc, Charles-Gaspard de **9** 391, 905
Vintras, Pierre Michel **10** 802, 815
Vinzenz, Bf. v. Ibiza **3** 790
Vinzenz, Bf. v. Saragossa **3** 790, 853
Vinzenz, Märt. **2** 142, 184
Vinzenz s. a. Vincentius
Vinzenz Ferrer **6** 95, 124, 323, 335, 360, 362, 382, 529 f., 538, 651, 754, 757, 761, 763, 844, 848, 853, **9** 309
Vinzenz v. Aggsbach **7** 119
Vinzenz v. Beauvais **9** 190
Vinzenz v. Capua, Bf. **2** 305, 364, 378, 433
Vinzenz v. Lérins **2** 715, **3** 6 f., 250, 252 f., 257
Vinzenz v. Paul **8** 517, 519, 521, 1067, 1069, **9** 2, 172, 264–270, 275, 287 f., 305 f., 309, 314 f., 319, 353, 837, 843, 990, 1001, 1151, **10** 286, 591, 676, 828 f., 833
Vinzenz v. Vesoul **6** 856
Vio, Thomas de ↗ Cajetan de Vio, Thomas
Violette, Kommissar **10** 361
Viollet, Abbé **12** 577
Viollet, Paul **11** 513
Viollet-le-Duc, Eugène **11** 188
Virchow, Rudolf **11** 335, 664
Viret, Pierre **8** 60, 464, 494, 1147, 1204
Virgil v. Salzburg **4** 741, 889
Virgilius, Bf. v. Arles **3** 922–925
Virieu, Marquis de **10** 221
Viroy, Katholikos d. Ałuankʿ **3** 1221, **4** 480
Viscardo y Guzman, Juan Pablo **10** 91
Vischer, Lukas **13** 50, 69 f.
Vischer, Wilhelm **12** 721
Visconti, Familie **6** 47, 317, 363, 581, 728
, Federico **5** 819, 831, 919, **6** 731, 743
, Filippo Maria **6** 728
, Gian-Galeazzo **6** 727
, Giovanni **6** 570, 573
, Lucchino **6** 570
, Matteo **6** 583
, Matteo I. d. Große **6** 570
, Tedaldo ↗ Gregor X., Papst
, Valentina **6** 82, **7** 88
Visdelou, Jesuitenpater **9** 753, 771, 773 f., 817
Visinier **9** 398 f.

Visser't Hoof, Willem Adolph **12** 68, 74, 76, 79, 304, 310, 313, 350, 352, 358, 370, 647, **13** 68, 132
Vital, Dom **12** 1159, 1191
Vital v. Savigny **5** 140, 403, 490
Vitalian **3** 145 f., 148, 152, 194 f., 197, 201 f., 205 f., 208
Vitalian I., Papst **4** 32, 638, 645 f.
Vitalij, Metropolit **13** 409
Vitalis, antioch. Presbyter **2** 437, 439, 442
Vitalis, Bf. v. Mailand **3** 476
Vitalis, Diakon **3** 195
Vitalis, span. Mönch **3** 221
Vitalis v. Albano, Kard. **5** 78
Vitalis v. Bologna, hl. **3** 1114, 1121
Vitalis v. Castrum Novum **4** 371, 381
Vitalis v. Ravenna, hl. **3** 1152
Vitalis v. Truentum, Bf. **3** 181 f., 189, 195
Viteazul, Michael, Voivoide d. Walachei **9** 581
Vitelleschi, Kard. **6** 114, 117, 129
Vitellius, Kard. **5** 247
Vitellius, Schüler Donatus' **2** 261
Vitellius Afer **2** 265
Vitellozzo, Vitellius **8** 1234
Vitéz, Johannes (Janos) **7** 437
Vitigis, ostgot. Kg. **3** 397, 443, 771 f., 775 f.
Vito, Francesco **12** 461
Viton v. Verdun **5** 527
Vitoria, Francisco de, Theologe **7** 563, **8** 698, 700, 704, 777, 816–820, 1121, 1142, 1184, **10** 89, 831
Vitrier, Jean **7** 150, 171, 623, 638
Vitringa, Campegius **9** 1120
Vitrolles **11** 19
Vitruvius Pollio, röm. Baumeister **4** 748, **7** 510
Vitus, röm. Legat **2** 134
Vitus, röm. Presbyter **2** 305
Vivaldi, Antonio **9** 1068
Vivekananda, Swami **11** 1031
Vivelin **6** 859
Vivens, F. **9** 434
Viventiolus, Bf. v. Lyon **3** 382, 384, 390
Vives, Batista, Kard. **9** 734
Vives, Juan Luis **7** 391, 410, 515, 619, 631 f., **8** 196, 680, 703, 1068, 1117, 1192
Vives y Tutó, Joseph Calasanz, Kard. **11** 470
Vivian, Kard. **5** 247
Vivianus, Bf. v. Saintes **3** 235 f.
Vizan **1** 408
Vizan, legend. Kg. **5** 242
Vlachos, Spiridon **12** 1013
Vlačić, Matija ↗ Flacius Illyricus
Vlad d. Mönch, walach. Prinz **7** 47
Vladimir, bulg. Zar **4** 931, 935
Vladimir s. a. Wladimir
Vladimir I., gen. d. Heilige o. d. Gr., Großfürst v. Kiew **5** 327, 343 f., 706, **7** 54, **8** 376, **9** 529
Vladimir Jaroslavič, russ. Fürst **4** 948
Vladimir Monomach, Großfürst v. Kiev **5** 329
Vladimirescu **10** 737
Vladislav ↗ Wladislaw
Vlasios, Gabriel, Metropolit **9** 583
Vlatislavov, Sofronij (Stoiko) **10** 736
Vlk, Miroslav, Kard. Bf. v. Prag **13** 374
Vo Vuong, Chua **9** 782
Voditza, Paisios **12** 1006
Vögelin (Verleger) **8** 21
Vögtle, Anton **12** 218
Voes, Hendrik **7** 746
Voetius (Voet), calvinist. Pastor **9** 428, 970, 1143
Vogel, Heinrich **12** 126
Vogelsang, Carl, Freiherr v. **11** 683
Vogler, Georg **8** 1236
Vogüe, Eugène-Melchior de **11** 340
Voillaume, René (de) **12** 252, 299, 325
Voisin, Joseph de **9** 851
Volkening, Johann Heinrich **11** 313
Volkertszoon ↗ Coornhert, Dirck Volkertszoon
Volkmar, Gustav **11** 103, 369
Volkold, Magister u. Bf. **4** 810
Volkonskaja, Zinaida **11** 757
Volney, Constantin François Chasse-Boeuf, Comte de **10** 683 f., **11** 135

Volodymir (Romaniuk), Patr. v. Kiew **13** 422
Volpe, Giovanni Antonio **8** 431
Volpini, A., Bf. **11** 477
Volta, Alessandro **11** 438, **12** 154
Voltaire (François-Marie Arouet) **9** 142, 166, 189, 202 f., 211, 345, 372, 389, 395, 404, 497 f., 647, 756, 1024, 1088 f., 1092, 1109, 1115, 1117, 1125 f., 1147, **10** xxiii, 2 f., 57 f., 60, 88, 130, 132, 168, 178, 184 f., 195 f., 234, 275, 283, 397, 493, 496, 524, 581, 679, 684, **11** 14
Volusianus, Bf. v. Tours **3** 234, 247, 347 f.
Volventius, Proconsul Lusitaniens **2** 489
Volz, Paul **7** 623, 635 ff.
Voncomalus, Defensor **3** 899
Vondel, Joost van den **8** 506, **9** 79
Vonifat'ev, Stepan **9** 519 f., 522
Voronicz, J. P. **10** 753
Vorontsov, Eleutherios **12** 988
Vortigern, breton. Fürst **3** 865, 869
Vos, Gerhard ↗ Vossius
Voskresenskij, Sergij **12** 975, 978
Vosmeer, Sasbout **8** 505
Voss, Gerhard Johann ↗ Vossius, Gerhard Johann
Voß, Johann Heinrich **10** 669
Vossius, Isaak **9** 938, 940
Vossius, Gerhard Johann (Gerhard Vos) **8** 1164, **9** 966 f.
Vosté, Jacques-Marie **12** 214
Vouet, Simon **9** 1043 f.
Voulgaris, Eugenios **9** 567, 570 ff., **10** 130, 736
Voulgaris, Nikolaos **10** 127
Voynet, Dominique **13** 255
Vrána, Josef, Bf. v. Olmütz **13** 360
Vratislav II., tschech. Herz. **5** 129 f.
Vries, Egbert de **12** 371
Vrtʿanēs Kʿertʿoł **4** 497 f.
Vrtʿanēs Kʿertoł, Vertreter d. armen. Katholikats **3** 1217, 1223, 1286, 1291 f., 1294
Vrtʿanēs Partʿew, armen. Katholikos **3** 1222
Vrtʿanēs v. Siwnikʿ, Metropolit **4** 479
Vrvēř, armen. Fürst **4** 527
Vsevolod I., russ. Fürst **5** 343
Vulfad v. Chartres, Bf. **4** 786
Vvedenskij, Alexander **12** 936, 941
Vytautas ↗ Witold

Wach, Joachim **12** 148
Wachtang ↗Vachtang
Wachtang I., georg. Kg. **2** 1090
Wachtang III. v. Georgien **6** 208, 230
Waddington, William Henry **11** 491, 530 f.
Wade **11** 1033
Wade, William **13** 134
Waerferth v. Worcester **4** 746
Wagner, Adolph **11** 659, 672, 675
Wagner, Liborius **8** 1065
, Valentin **8** 635
Wagner, Richard **11** 340, 344
Waik, ungar. Fürst ↗ Stephan I. ungar. Kg.
Waimar v. Salerno **4** 841
Wainya **11** 149
Waitz, Georg **11** 427
Waitz, Hans **1** 509
Waitz, Sigismund **12** 759
Wake, William, Ebf. v. Canterbury **9** 195 f., 453, **10** 212
Wakefield, Edward Gibbon **11** 1064
Walahfrid Strabo **4** 741, 747, 758, 768
Walasser, Adam **8** 241
Walbert v. Luxeuil **4** 634
Walcher **4** 868
Waldeck-Rousseau, Pierre **11** 514
Waldegrave, Robert **8** 565
Waldemar, Erbprinz v. Dänemark **9** 504
Waldemar I., dän. Kg. **5** 331 f., 664
Waldemar II., dän. Kg. **5** 333, 688
Waldemar IV. Atterdag v. Dänemark **6** 774
Waldenström, Paul Peter **11** 586
Waldersee, Alfred v. **11** 674
Waldes, Petrus **5** 499 f., **8** 462
Waldes, Pierre ↗ Waldes, Petrus
Waldrada, Konkubine Lothars II. **4** 714
Waldseemüller, Martin **7** 524
Walewski, Alexandre Joseph Colonna **11** 175
Walid, Kalif s. al-Walīd

Walker, Samuel **10** 691
Wallenstein, Albrecht Wenzel Eusebius v. **9** 22, 41 f., 45, 65
Wallins, J. O. **10** 694
Wallon, Henri **11** 186
Wallquist, O., Bf. **10** 58
Walmesley, Charles, Bf. **10** 592
Walo v. Saint-Arnould, Abt **5** 115
Walpot, Peter **8** 178
Walsh, H. H. **12** 1133
Walsh, William **11** 571
Walter, Hubert, Ebf. v. Canterbury **5** 771
Walter, Johann **8** 1242
Walter Bower **6** 678
Walter Hilton **6** 677
Walter Manny, Sir **6** 660, 678
Walter Stapledon **6** 662
Walter v. Maguelonne, Bf. **5** 155, 444
Walter v. Palearia **5** 674 f.
Walter v. Plettenberg **7** 417
Walter v. Saint-Victor **5** 541
Walther, Johann Gottfried **9** 1083
Walwyn, William **9** 463
Wamba, westgot. Kg. **4** 613, 635 f.
Wandelaincourt, Bf. **10** 457
Wandregisil, fränk. Heilige **4** 649
Wang Yangming **8** 945
Wang Zheng **8** 950
Wanker, Ferdinand **10** 713
Warburton **9** 1127
Ward, Barbara **13** 169
Ward, Humphrey **11** 565
Ward, Lester Frank **11** 899
Ward, Mary **8** 1001, **9** 286
Ward, Wilfred **12** 806
Ward, William George **11** 112, 234
Ware, H. **10** 508
Warfield, Benjamin **11** 897
Warham, William, Ebf. v. Canterbury **7** 457, 626, **8** 200
Warmund v. Picquigny, latein. Patr. v. Jerusalem **5** 316
Warneck, Gustav **11** 415, 419, 423, 972, **12** 311, 321
Warren, Max A. C. **12** 305, 312, 315
Warwick **11** 569
Washington, Booker Taliaferro **11** 873, **12** 1122
Washington, George, General und 1. Präsident der USA **10** 485, 490 f., 498 f., **12** 1031, 1034, 1038, 1106, 836
Wasken I. Palkian, Katholikos v. Edschmiadzin **12** 1016
Wasmann, Erich **11** 435
Wassenhove, Joost van ↗ Justus v. Gent
Waterhouse **11** 1074
Watt, Joachim v. ↗ Vadian, Joachim
Watteau **9** 1040
Wattenwyl, Johann v. **8** 434
Watts, Isaac **9** 466
Waugh, Evelyn **12** 801, 831
Wazelin v. Saint-Pieremont **5** 139
Wazo v. Lüttich, Bf. **4** 814, 819, 868, **5** 109, 117 f.
Webb, Beatrice **11** 572
Webber **11** 1022
Weber, Jean Julien (Bf. v. Straßburg) **12** 230
Weber, Ludwig **11** 678
Weber, Max **10** 759, **11** 410, 677 f., 935, 963, **12** 116, 148, 774, 833, 1048, 1076, 1217, **13** 278
Weber, Otto **12** 126
Webster, Daniel **11** 836
Wecelin v. Mainz, Kleriker **4** 868
Weckmann, Matthias **9** 1075, 1081
Wedderborn, John **8** 1231
Weems, Mason **11** 836
Wegiersky, Tomasz **9** 424
Wegscheider, Julius August Ludwig **11** 77, 315
Wehner, Herbert **12** 739
Wei Zhongxian **8** 946
Weidemann, Heinz **12** 723
Weigel, Erhard **9** 970
Weigel, Valentin **8** 181, 188
Weil, Simone **12** 162, 1110
Weill, Georges **11**
Weinrich, Harald **13** 195
Weis, Nikolaus, Bf. v. Speyer **10** 711
Weishaupt, Adam **10** 4, 220, 426
Weismann, August **11** 434

Weiss, Johannes **11** 399, 679
Weiße, Michael **7** 765, **8** 28
Weissenbach, Joseph Anton **10** 177
Weissenburg, Wolfgang **7** 793 f.
Weizsäcker, Carl Friedrich v. **13** 289
Weizsäcker, Carl v. **11** 103, 370 f., 378, 428
Weizsäcker, Ernst v. **12** 412
Weld, Theodore Dwight **11** 865 f.
Welf IV. v. Bayern, Hzg. **5** 54, 71, 202
Welf V. v. Bayern, Hzg. **5** 126
Wellhausen, Julius **11** 401, 591, 679
Wellington, Arthur Wellesley, Hzg. v. **10** 639, 689, 748
Welser, Emmeran **8** 418
Welte, Bernhard **12** 232
Wendland, Heinz-Dietrich **13** 133
Wenger, Antoine **13** 30
Wenrich, Scholaster **5** 118
Wentworth, Thomas, Graf v. Strafford **9** 92, 96 ff., 112
Wenzel, böhm. Kg., hl. **5** 716
Wenzel, Kg. v. Böhmen u. Dtschl. **6** 85, 88, 340, 588, 691, 693, 804, 806
Wenzel, P. **11** 108
Wenzel IV., Kg. v. Böhmen **9** 901
Wenzel (Václav) I., mähr. Fürst **4** 896, 913
Wenzeslaus, Clemens, Ebf. v. Trier **9** 906
Werenfels, Samuel **9** 56, 432, 1099
Werner, Zacharias **10** 707
Werner v. Bacharach **6** 541, 864, 869
Werner v. Eppenstein **6** 570
Werner v. Mainz, Ebf. **5** 115
Werner v. Straßburg, Bf. **5** 55
Wernher v. Klosterneuburg, Propst **5** 527
Weroch, breton. Hzg. **3** 819
Werro, Sebastian **8** 433
Wertz, Dorothy C. **13** 285
Wery v. Cent **5** 140
Wesley, Charles **9** 456 ff., 468, 877, 884, **10** 51, 207, 490, 691
Wesley, John **9** 452 f., 456–459, 468, 489, 876 f., 884, 1137, 1141, **10** 5, 51, 182, 206–211, 266, 276, 485 f., 512, 689 ff., 860, **11** 915, **12** 785
Wesley, Samuel **9** 452, 458, 467, **10** 206
Wesselényi, Ferenc **9** 29
Wessenberg, Ignaz Heinrich v. **10** 709, **11** 297
West, Algernon **11** 568
Westcott, Brooke Foss **11** 567
Westenrieder, Lorenz v. **10** 257, 267
Westergaard, Harald **11** 590
Westermann, Diedrich **11** 971
Westermann, François-Joseph **10** 388, 409
Westman, Knut Bernhard **12** 857
Westphal, Charles **12** 561
Westphal, Joachim **8** 11, 82, 315–320
Wette, Wilhelm Martin Leberecht de **11** 79 f.
Wetter, Gillis **12** 856
Wettstein, Johann Jakob **9** 1119
Wexels, W. A. **11** 251
Wexford **9** 113
Weyden, Rogier van der **7** 480
Weyer, Johannes ↗ Weyer (Wier), Jean
Weyer (Wier), Jean **8** 1084, 1097, 1139, **9** 1143 ff.
Weyer, van de **10** 742
Wezilo, Präfekt **5** 67 f.
Wharton, Charles **10** 501
Wheelock, Eleazar **9** 693
Wheler **9** 556, 568
Whiston, William **9** 497 f., 1025
Whitaker, Alexander **9** 684
Whitaker, William **8** 557, 565
White, Ellen Harmon **11** 852 f., 905
White, Francis, Bf. v. Norwich **9** 90
White, Gavin **12** 777
White, James **11** 853
White, Patrick **12** 1074
White, Samuel, Bf. **10** 491
White, Thomas **7** 455
Whitefield, George **9** 457, 701, 714, 720, 877, **10** 51 f., 207–210, 691
Whitehead, Alfred North **12** 1077, **13** 205 f.
Whiterspoon, John **10** 493 f., 496, 508
Whitfield, James, Bf. v. Baltimore **11** 859
Whitgift, John **8** 234, 559, 563, 566, 1060
Whiting **11** 137
Whittingham, William **8** 1231, 1233
Wibald v. Corvey, Abt **5** 397

Wiberg, A. **11** 585
Wibert, Kanzler **5** 40
Wibert v. Ravenna, Ebf. ↗ Clemens III., Gegenpapst
Wichern, Johann Hinrich **10** 726, 835 f., 845 f., **11** 313, 319, 323 f., 326, 589 f., 658 f., 676
Wichern, Therese **10** 835
Wiching v. Neitra **4** 720
Wichmann v. Magdeburg, Ebf. **5** 222
Wickham, Edward R. **12** 829
Widenfeld, Adam v. **9** 908
Widger v. Ravenna, Ebf. **5** 109
Wido, Abt **4** 650
Wido II. v. Spoleto, Ks. **4** 821
Wido v. d. Bretagne, Graf **4** 764
Wido v. Le Puy **4** 847
Wido v. Tuszien, Hzg. **4** 822
Wido v. Velate, Ebf. v. Mailand **5** 38 f., 45, 110, 123 ff.
Widukind, sächs. Hzg. **4** 724
Widukind v. Corvey, Chronist **4** 898
Wied, Hermann v. ↗ Hermann v. Wied
Wieman, Henry Nelson **12** 1077
Wienken, Heinrich **12** 702
Wier, Jean ↗ Weyer, Jean
Wifred v. Barcelona, Bf. **5** 292
Wifred v. Barcelona, Graf **4** 788
Wigand, Johann **8** 6, 317
Wighard **4** 646
Wijckerslooth, C. L. Baron van **11** 211, 216
Wikbert v. Ohrdruf **4** 658
Wikenhauser, Alfred **12** 217
Wikner, Pontus **11** 583
Wilberforce, Samuel, Bf. v. Oxford **11** 151, 230, 238 f., 434
Wilberforce, William **10** 98, 692, 803, **11** 414
Wilcox, Thomas **8** 559
Wilderod v. Straßburg **4** 827
Wilfrith, Bf. **4** 630, 638 ff., 646 f.
Wilfrith v. Ripon, Abt **4** 630
Wilhelm, Herz. d. Normandie ↗ W. d. Eroberer
Wilhelm, Kg. v. Holland **6** 570
Wilhelm I., der Schweiger, Prinz v. Oranien, Graf v. Nassau **8** 410, 477, 485, 497, **9** 80 f., **10** 739–743
Wilhelm I., Kg. der Niederlande **11** 200, 210
Wilhelm I., Kg. v. Sizilien **5** 212, 215, 231, 248, 307, 350, 384
Wilhelm I., Kg. v. Preußen, deutscher Ks. **10** 711, **11** 317, 320, 456, 657, 665, 667
Wilhelm II., Kg. der Niederlande **11** 210 f., 213
Wilhelm II., Kg. v. Sizilien **5** 224, 228, 231, 235
Wilhelm II., Kg. v. Preußen, deutscher Ks. **11** 477, 674 f., 677, 779, 810, **12** 10, 98, 328, 355, 387, 639, 681, 1038
Wilhelm II. Rufus, Kg. v. England **5** 101 ff.
Wilhelm III., deutscher Ks. **11** 673 f.
Wilhelm III. d. Fromme, Hzg. v. Aquitanien **4** 701, 779, 784
Wilhelm III. v. Oranien, Kg. v. England, Statthalter d. Niederlande **8** 553, 795, **9** 81, 106, 108, 110 f., 114 f., 137 f., 181–184, 209, 424, 441, 444, 453, 972, **10** 745 f., **11** 214 f.
Wilhelm IV., Hzg. v. Bayern **8** 414
Wilhelm IV. v. Oranien **10** 55
Wilhelm V. (d. Fromme), Hzg. v. Bayern **8** 414, 1038
Wilhelm V. d. Große, Hzg. v. Aquitanien **4** 861, 863
Wilhelm VI., Landgraf v. Hessen-Kassel **9** 424
Wilhelm d. Eroberer **5** 43 f., 91, 99 ff., 265
Wilhelm d. Kleriker **5** 564
Wilhelm Durandus d. Ä. **5** 634
Wilhelm Horboch **6** 603
Wilhelm Taillefer **4** 865
Wilhelm v. Angoulême **4** 863
Wilhelm v. Auvergne **5** 800, 877, 935
Wilhelm v. Auxerre **5** 867, 876, 879
Wilhelm v. Burgund **5** 49
Wilhelm v. Champagne, Bf. **5** 259
Wilhelm v. Champeaux **5** 79, 262, 418, 458, 473
Wilhelm v. Chieri **6** 881

Wilhelm v. Dijon **5** 101, 171
Wilhelm v. Durham **5** 174
Wilhelm v. Hirsau **5** 172
Wilhelm v. Holland, deutscher Kg. **5** 576, 592, 682
Wilhelm v. Honstein, Bf. v. Straßburg **7** 115 f., 200
Wilhelm v. Mainz **4** 800 f., 942
Wilhelm v. Merle **5** 541
Wilhelm v. Messina, latein. Patr. v. Jerusalem **5** 316
Wilhelm v. Modena **5** 695, **6** 17
Wilhelm v. Moerbeke **5** 612 f., 673, 752, 879 f.
Wilhelm v. Ockham ↗ William v. Ockham
Wilhelm v. Poitiers **4** 839
Wilhelm v. Rubruck/Ruysbroeck **5** 782, 793, **6** 835, 876
Wilhelm v. Saint-Amour **5** 849 f., 880
Wilhelm v. Saint-Bénigne, Abt **4** 794 f., **5** 139
Wilhelm v. Saint-Calais **5** 176
Wilhelm v. Saint-Thierry **5** 207, 393, 397, 456, 525, 938
Wilhelm v. Septimanien **4** 764
Wilhelm v. Toulouse **4** 727
Wilhelm v. Tripolis **5** 789, **6** 6, 871, 878, 881
Wilhelm v. Tyrus **5** 316, 323, **6** 223
Wilhelm v. Utrecht, Bf. **5** 114
Wilhelm v. Vercelli, hl. **5** 312
Wilhelm v. Villehardouin **5** 721
Wilhelm v. Volpiano **4** 785, 788, 793, 845, 875
Wilhelmine, Kgn. der Niederlande **11** 467, **12** 638, 642
Wilkin, Jeminah **10** 860
Wilkins, John, Ebf. v. Chester **9** 941, 971, 989
Wilkinson, Sir John Gardner **10** 419
Wilks, Marc **10** 689
Willaert, Adrian **8** 1239
Willebrands, Jan ↗ Willebrands, Johannes
Willebrands, Johannes **12** 295, **13** 6, 12, 21, 67, 88
Willehad v. Bremen **4** 724, 726, 745
Willerich, Bf. v. Bremen **4** 726
Willermoz, J.-B. **10** 221
William Courtenay **6** 674
William Langland **6** 677
William of Pagula **6** 489
William Tyndale **6** 676
William v. Norwich **5** 765
William v. Ockham **5** 638, **6** 66, 81, 91, 93, 274–279, 285, 288, 291, 293, 317, 634, 713, 889, **7** 217 f., 680, 684, 700
Williams, Charles **12** 831
Williams, Elisha **9** 700
Williams, George **11** 237, 564
Williams, John **11** 1068 f., 1074
Williams, Joseph **11** 983
Williams, Roger **9** 197, 679, 681, 687, 691
Williams, Thomas Stafford, Kard. **13** 691
Williams, William (William v. Pant-y-Cely) **10** 581
Willibald, Pilger **4** 772
Willibald v. Eichstätt, Bf. **4** 660, 680
Willibrord, Missionar, hl **4** 630, 641, 646, 656, 658, **9** 910
Willigis v. Mainz **4** 805, 808, 810 ff., 855
Willis, James **7** 455
Willy, Maurice **11** 1043, 1046
Wilm, Ernst **12** 723
Wilson, John ↗ Nishkunto
Wilson, Thomas Woodrow, 28. Präsident der USA **11** 886, **12** 56, 339, 390, 1031, 1035, 1038, 1051
Wilson (Missionar) **11** 140
Wilson (Priester) **11** 564
Wiltz, Peter **9** 903
Wimpfeling, Jakob **7** 224, 320, 497, 635, 637, 794
Wimpina, Konrad **7** 847
Wincenty Kadłubek (Magister Vinzenz), hl. **5** 714
Windthorst, Ludwig v. **11** 645 f., 648, **12** 687
Wingård, Carl F. af, Bf. v. Göteborg **11** 246, 253
Wingard, J., Bf. v. Göteborg **10** 59
Winghe, Niklas van **9** 848
Wingren, Gustaf **12** 96, 858

Winling, Raymond **13** 160
Winnaert, Irénée (Louis-Charles) **12** 962
Winrod, Gerald **12** 1090
Winter, Ernst Karl **12** 759
Winter, Vitus **12** 275
Winthrop, John **9** 681
Wipo, ksl. Kapellan **5** 445, 655
Wiriamu Kingi, Kg. der Maori **11** 1064
Wirsberg, Friedrich v. **8** 413
Wirth, Joseph **12** 683
Wise, John **9** 700
Wiseman, Nicholas Patrick Stephen, Kard. Ebf. v. Westminster **11** 13, 111 f., 230, 232, 234–237, 569
Wishart, George **8** 536
Wiszowaty, Andreas **9** 493 f.
Witelo v. Viterbo, Mathematiker **5** 612
Witiges ↗ Vitigis
Witigowo v. Reichenau **4** 789, 850
Witiza, westgot. Fürst **4** 738
Witold (W/Vytautas), litau. Großfürst **6** 253, 780, **7** 418
Witsius, Herman **9** 79
Witt, Conrad de **11** 530
Witt, Cornelis de **9** 972
Witt, Johan de **9** 972
Witte, Sergej **11** 726 f., 729
Wittgenstein, Fürstin **11** 117
Wittich, Christoph **9** 970, 982
Wittig, Joseph **12** 221
Witting, V. **11** 585
Witz, Johannes ↗ Sapidus, Johannes
Witz, Konrad **7** 483
Witzel, Georg **8** 245, 394, 999, 1031, 1035, **12** 275
Wladimir s. a. Vladimir
Wladimir (Vladimir), russ. Großfürst **4** 230, 238, 832, 913, 938, 942 ff., 947, **13** 410
Wladimiri, Schüler Zabarellas **6** 696
Wladislaw s. a. Ladislaus
Władisław, Kg. v. Böhmen **5** 328, **7** 420, 422, 433, 466 f.
Władisław II. Jagiełło **6** 17, 183, 772, 780, 792, 810, 874, 885
Władisław III. Jagiełło **6** 772
Władisław IV., Kg. v. Polen **9** 62, 191, 306, 469, 491, 504, 508, 528
Wladislaw Jagiełło, poln. Kg. **7** 418
Władisław Laskonogi, poln. Fürst **5** 689
Władisław v. Oppeln **6** 781
Wlaton **10** 108
Woeste, Charles **11** 539 f.
Wojtyła, Karol ↗ Johannes Paul II., Papst
Wolf, Ernst **12** 126
Wolf, J. B. **10** 61
Wolfe, John **11** 1054
Wolff, Christian **9** 413, 1094, 1097, 1099, 1109, 1116, 1126 f., **10** 37, 59 ff., 130, 175, 195, 204, 255
Wolfgang v. Anhalt, Fürst **7** 733
Wolfgang v. Regensburg **4** 802, 871, 903
Wolfgang v. Hausen, Bf. v. Regensburg **8** 416
Wolfgang Wilhelm, Pfalzgraf v. Pfalz-Neuenburg **8** 420, 424
Wolsey, Thomas, Kard. **7** 177, 374 ff., 750, 864, 867, **8** 196, 198, 201, **9** 1057 f.
Wolter, Maurus **11** 126, 131
Wolter, Placidus **11** 108, 131
Wolzogen, Johann Ludwig, Baron v. **9** 492, 494
Wood, Charles **11** 233
Wood, Gordon S. **10** 497
Wood, James, Ebf. v. Philadelphia **11** 857
Woodruff, Wilford, Präsident der Mormonen **11** 851
Woods, F. Th. **12** 48
Woodsworth, J. S. **12** 1128, 1132
Woodward, Josiah **10** 206
Woolman, John **10** 513
Woolston **9** 1117
Wordsworth **10** 420
Woroniecki, Jacek **12** 881
Wovoka, Medizinmann der Paiute **11** 878
Woytsicki **11** 758
Wratislaw, poln. Hzg. **4** 886
Wrede, William **11** 399, 401 f., 428
Wren, Christopher **9** 1137
Wren, Matthew, Bf. v. Ely **9** 90, 101
Wresinski, Joseph **12** 280
Wright, Archibald **11** 1075

Wright, George F. **11** 897
Wright, John **9** 714
Writers, Michael S. **10** 503
Wronski, Jószef Maria Hoene **10** 798, 815–820, 822
Wu Sangui **9** 766, 770
Wu Yao-tsung **13** 628
Wujek, Jakob **8** 659
Wulf, Maurice de **11** 350
Wulfila, got. Bf. **2** 147, 459, 725, 989, 992, **4** 884
Wulfilaich, Einsiedler **3** 970, 989
Wulfram v. Sens **4** 678
Wulfstan v. York **4** 782
Wulliez, P. **12** 324
Wunibald, Missionar **4** 660
Wurm, Theophil **12** 361, 715, 718, 721, 723, 725, 728, 733, 767
Wurstemberger, Sophie v. **11** 243
Wurtz, Jean Wendel **10** 592
Wust, Peter **12** 197, 688
Wyatt, Thomas **8** 223
Wyclif ↗ John Wyclif
Wygant Jagiełło ↗ Alexander Jagiełło
Wyszyński, Stefan, Kard. Primas v. Polen **12** 429, 881, 908, 910f., **13** 33, 121, 361ff., 365

Xačʿik I., armen. Katholikos **4** 518ff., 525f.
Xačʿik II., armen. Katholikos **4** 534f.
Xačʿik Gagik Arcruni **4** 512f.
Xanpi, katalan. Pfarrer **9** 1150
Xanthippe **1** 633
Xanthopulos, Brüder **6** 154
Xaver, Franz ↗ Franz Xaver
Xavier, Francisco ↗ Franz Xaver
Jerónimo **8** 881, 888
Xavier, Jérôme **9** 800
Xenophanes **1** 881, 905
Xenophon **1** 111, 786
Xerxes, pers. Herrscher **1** 748
Ximenes de Cisneros, Francisco ↗ Cisneros
Xosrov Anjewacʿi, armen. Bf. **4** 516f.
Xu, Candida **10** 151
Xu, Eugen **10** 150
Xu Guangqui, Paul **8** 945, 947, 950, 952, **9** 767, 791
Xystus, Bf. v. Rom ↗Sixtus

Yagba Seyon, äthiop. Kg. **6** 239
Yago, Bernard, Ebf. v. Abidjan **13** 566, 573, 591
Yahb-allāhā III., armen. Katholikos **6** 211, 832, 834
Yahbalaha, pers. Katholikos **3** 1180
Yaḥyā ibn ʿAdī v. Tagrit **4** 434f.
Yaḥyā ibn al-Munadjdjim **4** 408, 467
Yaḥyā ibn Djarīr v. Tagrit **4** 435
Yaḥyā ibn Saʿīd **4** 409, 411, 419, 444
Yajirō (Anjirō) ↗ Paulo de Santa Fe
Yakob v. Siwnikʿ **4** 514f.
Yakobos Kʿarapʿnecʿi **4** 535
Yakobos v. Harkʿ, Bf. **4** 526f.
Yang Guang-xian **9** 769f.
Yang Tingyun, Michael **8** 945, **9** 791
Yannulis, Eugenius **9** 571
Yāʿqob, Abuna **6** 241
Yaqut, syr. Geograph **4** 402
Yarhibol (phönizische Gottheit) **2** 63
Yazdbōzī, pers. Märt. **3** 1210
Yazdegird II., armen. Fürst **4** 476
Yazid, Kalif **4** 82
Yazid II., Kalif **4** 107, 403
Yekuno Amlak (Yikunno-'Amlak) **6** 239
Yepes, Juan de ↗ Johannes v. Kreuz
Yeshaq (Ishaq), äthiop. Kg. **6** 242
Yesu, armen. Ikonoklast **4** 497
Yikunno-'Amlak ↗ Yekuno Amlak
Yohannes, Abuna **6** 241
Yōhōken, Paulus **8** 925
Yokoi Toko **11** 1058
Yong-li, Ming, Ks. v. China **9** 768
Yongzehng, Ks. v. China **9** 776, **10** 145, 148
Yorck zu Wartenburg, Peter Graf **12** 723
York, Hzg. v. ↗ Jakob II.
Yoshisada, Arima **8** 920
Yoshishige (Ōtomo Sorin) **8** 916, 920, 924
Yoshitaka, Ōuchi **8** 916

Youlou, Fulbert, Staatsoberhaupt v. Kongo-Brazzaville **13** 557
Young, Brigham **11** 850 f.
Youville, Mme d' **9** 674
Yovab I. Děwinecʿi, armen. Katholikos **4** 500
Yovhannēs, hl. **4** 483
Yovhannēs I. Mandakuni, armen. Katholikos **3** 1203 ff., 1223
Yovhannēs II. Gabełean, armen. Katholikos **3** 1210, 1212, 1214, 1223
Yovhannēs IV. Ovayecʿi, armen. Katholikos **4** 501, 524
Yovhannēs V. Drasxanakertcʿi, armen. Katholikos **4** 502, 507, 511–514
Yovhannēs Bagarancʿi, armen. Katholikos **3** 1214 f., 1223, **4** 478 f., 481
Yovhannēs Drasxanakertcʿi, armen. Katholikos **3** 1187, 1202, 1212
Yovhannēs Kozeṙn **4** 532
Yovhannēs Mayragomecʿi/ Mayravanecʿi **4** 481–485, 497
Yovhannēs Ōjnecʿi, armen. Katholikos **4** 474, 481, 492 f., 496 ff., 523, 525, 536
Yovhannēs Smbat, armen. Kg. **4** 521, 528, 531 ff.
Yovnan, alban. Katholikos **4** 515
Yovsēpʿ, alban. Katholikos **4** 532
Yovsēpʿ Hołocʿmecʿi, armen. Katholikos **3** 1194, 1202, 1223
Yovsēp II. Pʿarpecʿi, armen. Katholikos **4** 500
Ypsilanti, Alexander **10** 737
Yu, Pazifikus **10** 156 f.
Yun Chi-ch'ung, Paul **10** 155
Yusik, Enkel Gregors d. Erleuchters **2** 107
Yusik I. Partʿew, armen. Katholikos **2** 1086, **3** 1222
Yusik II. Manazkertacʿi, armen. Katholikos **2** 1087, **3** 1223
Yussuf, Gregor II., Kard., Patr. **11** 804, 806
Yusūf, armen. Gouverneur **4** 501, 513, 524
Yusuf, Sultan v. Malindi (nach seiner Taufe: Jeronimo Chingulia) **9** 746 f.
Yusuf al-Misri **6** 219
Yves de Paris **9** 318, 322, 1014
Yves d'Évreux **8** 869, **9** 662
Yves Hélory de Kermartin **5** 873
Yvo v. Séez, Bf. **5** 100

Za-Mika'ēl **6** 242
Zabarda, Hzg. v. Sardinien **3** 908
Zabarella ↗ Francesco Zabarella
Zaccaria, Antonius Maria **8** 247
, Francesco Antonio **8** 1071
, Johann I. **8** 619, 624, 632
Zacchaeus, Bf. v. Squillace **3** 465
Zachäus, Bf. v. Jerusalem **1** 272
Zachäus, Märt. **2** 183
Zacharias **1** 390, 640, 767
Zacharias, armen. Katholikos **4** 235
Zacharias, Arzt **4** 462
Zacharias, Eremit **2** 823
Zacharias, nub. Kg. **4** 448
Zacharias, Patr. v. Alexandreia **4** 441 f.
Zacharias, Patr. v. Jerusalem **4** 13 f., 16 f., 73
Zacharias I., Papst **4** 660 ff., 664–667, 676
Zacharias Rhetor **3** 566, 621, 623, 649, 1256, 1258
Zacharias v. Aghthamar **6** 226
Zacharias v. Anagni **4** 181, 183
Zacharias v. Chalkedon, Bf. **4** 188, 193
Zacharias v. Merw **4** 468
Zachow, Friedrich Wilhelm **9** 1075
Zängerle, Roman Sebastian **11** 329
Zaepffel, Jean Evangéliste, Bf. v. Lüttich) **10** 550, 636
Zärä Ya'iqog, Negus v. Äthiopien **7** 544
Zafy, Albert, Staatschef v. Madagaskar **13** 569
Zaghlul, Saad **11** 794
Zago, Marcello, Bf. **13** 334
Zagwe (Zāgwē), Dynastie **6** 239, 241
Zahlaoui, Elias **13** 468
Zahm, J. **11** 436
Zahn, Th. **1** 701
Zakʿaria I., armen. Katholikos **4** 474, 501, 504, 507, 512
Zakkur, Myrna **13** 468
Zaleski, Ladislaus **11** 1027, 1031
Zamasp, pers. Kg. **3** 1180

Zamet, Sébastien, Bf. v. Langres **9** 352
Zamometić ↗ Jamometić
Zamora, Alfonso de **7** 630
Zampieri, Domenico ↗ Domenichino
Zanardelli, Giuseppe **11** 597
Zanchi, Girolamo **7** 754, **8** 111, 322, 1119, **9** 970
Zander, Léon **12** 71, 1012
Zapata, Emiliano **12** 1172
Zápolya, Isabella **8** 619, 636
, Johann II. Sigismund **8** 624, 636
Zapʿranik, armen. Fürst **4** 529
Zar'a Yāʿqob, äthiop. Kg. **6** 239
Zarathustra ↗ Zoroaster
Zareh, armen. Katholikos **13** 428
Zarlino, Gioseffo **8** 1239
Zawen, armen. Bf. **2** 1087
Zawēn Manazkertacʿi, armen. Katholikos **3** 1223
Zaydan, Jurdji **11** 816
Zbynek, Ebf. v. Prag **6** 282, 340
Zdziechowski, M. **11** 695
Zebennos, Bf. v. Edessa **1** 561
Zedler, Johann Heinrich **9** 200
Zelada, Kard. **10** 342 f., 418, 420
Zelenka, Jan Dismas **9** 1069 f.
Zeligovski, L. **12** 884
Zell, Katharina **7** 725, 732, **8** 130, 1031
Zell, Matthias **7** 793, 798 f.
Zeller, Christian-Heinrich **11** 321
Zeller, Eduard **11** 99, 103, 243, 369
Zemp, Josef **11** 241
Zeno, Bf. v. Sevilla **3** 399
Zeno, Bf. v. Verona **3** 1128
Zeno(n), oström. Ks. **2** 1090, **3** 128, 131 ff., 135 ff., 149, 175–181, 185, 190, 202, 217, 309, 500, 523, 531, 574 ff., 620, 633 f., 655, 666, 670, 1173 f., 1177, 1205, 1257, **4** 49, 437, 476
Zeno v. Kurion, Bf. **3** 575
Zeno v. Verona, Bf. **2** 793, 849
Zenobia **2** 16, 63, 66
Zenon, Bf. v. Tyrus **2** 62
Zenon, Philosoph **2** 408, **10** 130
Zenon ↗ Zeno
Zenophilus **2** 236, 254
Zephyrin, Bf. v. Rom **1** 266, 571, 666, 693, 696, 701 ff., 705, 707, 837
Zepper, Wilhelm **8** 411
Zerotin, Karel v. **9** 483
Zervakos, Philotheos **12** 1014
Zetus, röm. Bf. **2** 133
Zeus (griech. Gott) **1** 864, **2** 13 ff., 63, 65, 72, 85 f., 88, 187, 402, 788
Kabates **2** 75
Lydius **2** 88
Zheng He ↗ Cheng Ho
Ziegenbalg, Bartholomäus **9** 807
Ziegler, Clemens **7** 728, **8** 129, 133
, Jakob **8** 183
Ziegler, Gregor Thomas **11** 329
Zigliara, Tommaso Maria, Kard. **11** 349, 477
Zili, Wilhelm **7** 800
Zimin, Gavril **11** 754
Zimmer, Friedrich **11** 322
Zimmermann, Johann Liborius **9** 875
Zind, Pierre **11** 118
Zintgraff, Eugen **11** 1006
Zinzendorf, Nikolaus Ludwig Graf v. **9** 417 f., 477, 486–489, 1141, **10** 5, 204 f., 276, 833, 860
Ziorov, Nikolas, Ebf. v. Warschau **11** 730
Zipoli, Domenico **9** 1070
Zirkel, Gregor **10** 708
Ziyad, Tawfiq **13** 441
Zoa, Jean-Baptiste, Ebf. v. Yaoundé **13** 329, 591
Zoaras, syr. Mönch **3** 439 f.
Zoe, byzantin. Ksn. **5** xxxiii
Zoe, Tochter Basileios' II., byzantin. Ksn. **4** 316
Zoe Karbonopsina, Gattin Leons VI., byz. Ksn. **4** 200, 203, **5** 517
Zoe (Sophia), Gattin Ivans III. v. Moskau **7** 57 f.
Zöllner, Johann Georg **10** 255
Zoellner, Wilhelm **12** 65, 719
Zoerard-Andreas, Eremit **5** 131, 327
Zoilo, Annibale **8** 1234
Zoilos, paläst. Mönch, Patr. v. Alexandria **3** 442, 450 ff., 603

Zola, Émile **11** 335, 348, 439
Zola, Giuseppe **10** 271, 562
Zonaras, Kanonist **4** 60
Zooras **3** 561
Zorčić, Pavlé, orth. Bf. **9** 32
Zoroaster **1** 591, **2** 20
Zorrilla, Rojas **9** 1053
Zosimas v. Syrakus **4** 376
Zosimos **4** 587
Zosimos, Metropol. v. Moskau **7** 60
Zosimos, Mönch **4** 146
Zosimos, Papst **2** 136, 538, 542, 553, 567, 647, 901, 903, 906, 908, 923, 926, 961, 964, **3** 238, 240, 242, 388
Zosimus, Bf. v. Tharassa **1** 644, 655
Zosimus, Historiograph **2** 193, 209, 216, 411, 463, 465, 773, 996
Zosimus, Märt. **1** 164
Zoticus v. Cumana **1** 571
Zotikos, Heiliger. **3** 541
Zotion, Diakon **1** 329
Zoungrana, Paul, Kard. Bf. v. Ouagadougou **13** 566, 591
Zozimus, Papst **9** 349
Zrínyis, Péter **9** 29
Zuccari, Federico **8** 1210
Zuccaria, Antonio Maria **7** 340
Zumárraga, Juan de, Ebf. v. Mexiko **7** 551, 555, 567, 608, **8** 799, 801, 813, 831, 840, 846, 848, 937, **9** 641
Zúñiga, Diego de (Stunica) **8** 1142, 1148, 1158
Zuñiga, Diego López de **7** 850
Zurara, Gomes Eanes de **7** 521, 568, 571
Zurbarán, Francisco **9** 1043
Zutphen, Hendrik van **7** 746
Zvinica, Sohn Omurtags **4** 924
Zwijsen, Johannes, Bf. v. Utrecht **11** 211, 215
Zwilling, Gabriel **7** 728
Zwingli, Huldrych **7** 450, 456, 710, 715, 724, 728, 742f., 746, 749, 751f., 768, 774, 776–789, 794, 804, 807, 809f., 819ff., 823, 832, 839, 841, 843, 851f., 862, 872, **8** 3, 47, 60, 67, 72, 78, 80, 86, 114, 122, 127, 137, 139, 146, 167, 179, 230, 309–313, 315, 319, 325, 427, 430, 451, 463, 465, 618, 976, 982, 1006, 1176, 1200, 1223, 1226, **9** 470, 482, **13** 227
Zwolle, Wilhelm v. **8** 448
Zygomalas, Theodosios **8** 374

2. Sachbegriffe

Erstellt von Alfons Brüning (für die Bände 2–10) und Stephanie Knauss (für die Bände 1 und 11–13)

A*a (Associatio amicorum)* 9 916 f., **10** *246 f.*, 403, 412
AACC ↗Gesamtafrikanische Kirchenkonferenz
Abasgen ↗Abchasier
Abbasiden (Kalifen-Dynastie, Bagdad) **4** 440, 443, 460, 463, 469, 474 (Armenien), 727 (Karl d. Gr.), **6** 208
Abchasier **4** 230 f.
Abendländisches Schisma **5** 946, **6** *75–131*, 727, 732 f., 884 (Mission), **12** 966, 1026
Abendmahl (↗Eucharistie; ↗Realpräsenz) **7** 709, 714, 733, 746, 782 (Zwingli), 784, 786, 812 (Karlstadt), 827 (Schwenckfeld), 829 (Paracelsus), 840 f., **8** 5, 14, 18, 21, 40, 47, 59 (Bucer), 61, 79 f. (Calvin), 82, 84 f., 166, 218, 220 (engl. Reformation), 230 f., *309–315* (Luther/Zwingli), *315–319* (Calvinismus), 320, 322–325, 327 ff., *982 ff.*, 1027, **9** 409, 410 (Abb.), 482 (Böhmische Brüder), 488 (Herrnhuter), 904, **11** 658, **12** 61, 560
letztes (Jesu, Ikonographie) **1** 43 f., 62, 419 f., 422, **3** 729, 736, **7** 710 f.
Abendmahlsstreit, erster (↗Abendmahl) **4** *760 ff.*, **8** 9 f., 23
Abendmahlsstreit, zweiter (Reformation) ↗Abendmahl; ↗Realpräsenz
Aberglaube (↗Heiden, Heidentum; ↗Karneval; ↗Frömmigkeit; ↗Volksfrömmigkeit) **1** 241, **4** 662, 859 f., *864 ff.* (11. Jh.), **5** 515 ff. (Dämonenglaube), *907*, **6** 673 (Lollarden), **7** *293 ff.* (SpätMA, frühe NZ), **8** 303, 1012, **9** *329*, 865, 924 ff. (Konfessionalisierung), 1087, **10** 250 f., 258, **12** 1227
Ablaß, Ablaßwesen **1** 837, **4** 863, **5** 768 f. (Kreuzzug), **6** 418, *424 f.*, 871, 876, **7** *271 f.*, 322 ff., *690–694* (Luther), 792, 845 ff., **8** 21, 1008, **9** 245 ff., **12** 139, **13** 63, 144 f.
Abodriten **4** 726, 885, 895, **5** 332
Abolitionismus **10** 803, **11** 415 ff., *864–868*, 871, 998
Aborigines (austral. Ureinwohner) **11** 1061 f., **13** 691
Abrenuntiation **1** 400, 412 ff., 636
Abrüstung, Militärische **12** 340 f., 343, 360, 368, 391, 427 f., 837 f., **13** 81, 306 ff.
Abschreibewesen **3** 615 f.
Absolutismus (↗*Princeps legibus solutus*) **6** 128, **8** 701, 1003, **9** 8, *133 ff.* (Gallikanismus, Frankreich), 141, *172 ff.*, 226 (Kirchenstaat), 231, 832, 962 (Hobbes), **10** 9, 30 (Spanien, Portugal), 183
aufgeklärter Absolutismus (↗Josephinismus) **10** 91 (Lateinamerika), 779
Abstinenz (Alkohol u. a. Genußmittel) **12** 790 ff.
Abt **3** 984, 997, 1003, 1125 (hl. Schutzpatrone), **4** 689 (Karolingerreich), 809 f. (Wahl, otton.-sal. Reichskirche), 873 (Wahl), **5** 116 (Wahl, Corvey), 158 f., *396 f.*, 506
Abtei(en) (↗Klosterwesen, Klöster; ↗OR: Einzeleinträge) **4** *749*, **6** 466 f.
Abtreibung **2** 809, **3** 393, **6** 456, 485, **12** 739, **13** 144, 245, 256, 284, 299 f., 373 f., 683
Abuna (kopt. Metropolit v. Aksum) **6** 239, **7** 538
Acheiropoieta („nicht von Menschenhand geschaffene Bilder“, Ikonen) **3** *741 f.*, **4** 19 (Christusbild), *87 f.*, 121, 132, 140, 564

Achtzehnbittengebet *(Amidah)* **1** 217
Acta Sanctorum **9** 857, 936, 953
Action Française **11** 445, 472, 524f., **12** 31, 212, 398, 569ff., 603, 615, 618, 620f., 624, 1174, **13** 116
Ad abolendam (Konstitution zur Häresiebekämpfung, erlassen von Papst Lucius III., 1184) **5** 227
Ad fontes (Programm der Humanisten) **7** 612, *614–619* (Bibelkritik u. Patristik)
Ad limina **5** 600, **8** 278ff., 282, **9** 232
Adam (Ikonographie) **1** 506, 512, 530, 538, 690, 931, **2** 743, 748, 751, 759
Adamiten **6** 344
Adaptation **8** *905–911*, 917–922 (Japan), 938f. (China), *941–954*, 947f.
Adel, Aristokratie (↗Patronatsrecht; ↗Ritter, Ritterideal) **2** 969–979 (antikes Gallien), **3** 821 (Senatorenadel, Frankenreich), 1022, **4** 562f. (Klöster, Georgien, MA), *635–642* (Kirche, FrühMA), 651 (Kirche, Frankenreich), 764 (Frömmigkeit, Frankenreich), 792 (Mönchtum, MA), 808 (Reichskirche), 838 (Frankreich, 11. Jh.), **5** 112 (Deutsches Reich, Investiturstreit), 148 (Domklerus, 11. Jh.), 260f. (u. Bischofsamt, MA), 356 (Byzanz, 12. Jh.), 394f., 431, 434, *445–448* (Ritter), 671f., 683, **6** 463, 467, 569 (Mittel-, Ostdtschl.), 789f. (Osteuropa, SpätMA), 843 (Spanien, SpätMA), **7** 418 (Adelsrepublik Polen-Litauen), 419 (Böhmen), 420f. (Ungarn, ab 1490), 424 (Polen), 461 (Böhmen, Hussit.), 700 (Luther), 731 (Reformation, Dtschl.), **8** 158 (Täufertum), 620 (Polen, Ungarn), 643 (Reformation, Polen), 652, 658, **9** 226f. (Kirchenstaat, 17./18. Jh.), *253f.* (Bischofsamt), 298 (Frauenklöster), 514f. (Rußland, ab 1762), 1146 (Unglaube), 1148f.
Adiaphora (heilsindifferente Elemente d. Glaubenslehre) **8** 4, 556f. (anglikan. Kirche), 974
  -streit (luther. Theologie) **8** *4–17*
Adoptianismus **1** 559, 574, 701, **4** 736, 739, *758*
Advent **3** 807, **5** 537, **7** 259
Adventisten (Gemeinschaft der Siebenten-Tags-Adventisten) **10** 861, **11** 851, 905, 963, **12** 545, 562, 679, 783, 1000, 1067, 1153, 1217, **13** 384, 431, 485, 551, 609
Ägidianische Konstitutionen **6** 574
Ägypter-Evangelium ↗Apokryphen
Ägyptologie (↗OR: Ägypten) **10** 683
Älteste ↗Presbyter (Amt)
Ämter **11** 732 (russ.-orth.)
  alttestamentliche **1** 291, 309, 351, 842, 845
  -lehre **1** 314
  -laufbahn, kirchl. **2** *647f.*
  Terminologie **1** 291, 294, 301, 313, 319, 326
Ästhetik **11** 126f.
Äthiopismus ↗Afrikanische Unabhängige Kirche(n)
Affaire des placards **8** 451f.
Afra (altlatein. Bibel) **2** 721
Afrikanische Sprachen **11** 999f., 1004, 1006, 1008, 1010, 1012f., 1015, **13** 601ff.
Afrikanische Unabhängige Kirche(n) **11** 986f., 1004f., **12** 82f., 309ff., **13** 545, 551, 555, 562, 566, 608–612
Agapeten **2** *833*
Aggiornamento **13** 3, 11, 15, 21, 23f., 39, 56, 67, 72, 97ff., 107, 331, 454, 467, 501, 519, 681
Agnoeten **3** 953f.
Agrarwirtschaft **1** 624f., **11** 615, **12** 587, 589, 604, 886, 904, 1192, 1196–1199
Ahnenkult (afrikan. u. asiat. Religionen) **13** 612, 660, 671
Aids **13** 284f., 586, 613
Akademie (↗OR: Konstantinopel, Patriarchat, Patriarchats-Akademie) **2** 113 (Athen), 706, 710, **8** 1111f. (Florenz), **9** 241f. (Rom, 17./18. Jh.), 431 (Saumur), 467 (engl. Dissenter), 527ff. (Kiew), 569f. (Athos), 570, 1124
Akademie(n) d. Wissenschaften **9** 1089

Akathistos (byzantin. Hymnus auf die Gottesmutter) **3** 684, 686, **4** 20 f.
Akefaler **4** 437
Akkommodation ↗Adaptation
Akoimeten („Schlaflose", Mönche eines Klosters in Konstantinopel) (↗OR: Akoimeten-Kloster) **2** 835, *838 f.*, **3** 150, 181–184, 438, 632, 634, *639 ff.*, 1259 f.
Akolyth **1** 696, 848, 856 f., **2** 36 f., 636 f., 650, 911, **6** 662 (England)
Akribeia (↗*Oikonomia*) **4** 211 ff., **6** 307, **9** 573
Akroomenoi (Hörer) (↗Katechumenen) **2** 780
Alamannen ↗Alemannen
Alanen **2** 491, 501, 993 f., 1003, **3** 213 f., 216 f., 224, 267, **4** 230 f., 557
Alaviten **2** 1032
Albaner **4** 366, **7** 52, **9** 546
Albigenser **5** 495, 774, 890
Alchimie **4** 91
Aldeamentos **9** 635
Alemannen **2** 4, 399 f., 459, 491, 690, 987, 994, **3** 222, 230 f., 354, 358 f., 362, **4** 633
Alexandrinische Bullen (Bullen Alexanders VI. zur Souveränität Kastiliens in Übersee) **7** *560 f.*
Algerienkrieg **12** 582, 585, 626, 630, **13** 441
Algonkin **9** 666, 669, **10** 515 f.
Allegorese **1** 540
christliche ↗Bibelauslegung, allegorische
heidnische **1** 519, 868 f., 873, 913 f., **2** 718
Allerseelen **4** *846* (Herkunft)
Allgemeines Preußisches Landrecht **10** 722
Allgemeines Priestertum ↗Priestertum, aller Gläubigen
Almohaden (span. muslim. Dynastie) **5** 304, 789
Almosen (↗Armenfürsorge, Armenhilfe) **2** 32, 659 f., 674, 791 ff., 795, 913, **3** 832, 837, 841 f., 1146, **5** 505, 523, 769 (Ablaß, Kreuzzug), 809, **6** 421, 449, **7** 286, **8** 167 (Täufer), 1192, **9** 1010, **10** 827
Alodäer **3** 514
Alpha (Christussymbol) **1** 300
Alphabetisierung (↗Lesen, Lesekultur) **7** 651, 726 (Dtschl., Reformation), **8** 714 (Spanien), 1005, 1031, **9** 846, 859, 896 f., **10** 400, **11** 869
Altar **1** 365, **3** 1067, 1116, *1133 ff.* (Reliquien), **5** 541, 547 (Privataltäre), **7** 246, **8** 84 f. (Reformierte Kirchen), 219 (engl. Reformation), 301, 971 f., **9** 1033
-bild(er) **6** 389, **7** 246 f. (Spätgotik), 426 f. (Abb.), 487
Hochaltar **9** 1033
Altbulgarische Sprache (↗Altslawische Sprache) **4** 931 ff.
Alternativa (Einigungsmethode zwischen europäischen und kreolischem Ordensklerus, Lateinamerika) **9** 620, 633, *634*, **10** 76
Altes Testament (↗Apokalypse) **1** 564, 724, 749 f., 753, 762 f., 771, 775, 795, 797, 809, **2** 77, 81, 215, 264, 718, 720, 723, 727, 735, 747, 753, 755 f., 759, 762, 1039, 1045, 1048, **4** 143, 746 (Gesetzgebung, England), **5** 526, 760, **7** 709 (Th. Müntzer), 818 (Th. Müntzer), **8** 59, 129, 145 (Täufer), 344, 349, 1130, **9** 971, 974, 976, 1098, 1101, 1120 f., **13** 77
Altgläubige (↗*Raskol*) **9** 506 f., *522–527*, **10** *105 f.*, 111, **11** 751–755, **12** 999, **13** 396, 413, 432
Altkatholische Kirche **11** 210 (Niederlande), 215, 329, 455, 457, 555, 576, 644, 760, **12** 41, 58, 679, 765, 768, 840, 993, **13** 124
Altkirchenslawische Sprache ↗Altslawische Sprache
Altslawische Sprache **4** 233 ff., 384, 718, 720 (Liturgie), 891 (slaw. Mission), 894 (Kroatien), 931 ff. (Altbulgarien), 947 (Kiewer Rus'), **5** 342, 707, 711, **6** 258,

9 527 (Kiew), 533, **11** 766, 768, 791, **13** 412
Altväter ↗Wüstenväter, Altväter
Alumbrados **7** *754ff.*, **8** 241, 665, *673f.*, 679, 694, **10** 239
Amalrikaner **5** 873, 905f.
Ambo **2** 695, **3** 1067, **5** 548, **6** 366
American Board **11** 137, 140, 808f., 811, 1024, 1032f., 1043, 1046f., 1058
American Unitarian Association **11** 833ff., **12** 58
Amerikanismus **11** 440ff., 462, 600, 612, 886f., **12** 175
Amidah ↗Achtzehnbittengebet
Amish **9** 471, 473
Ampullae, Ampullen (Reliquare) **3** 733ff., 738, 741
Amulette **3** 732, **4** 662, **9** 865, 925f.
Anabaptisten ↗Täufer
Anachoreten, Anachorese **2** 816f., *819–824*, 830, 834, 852, 944, 973, **3** 233, 574, 584, *585* (Begriff), 593, 606, 612, 626ff., 662, 989f., 1195 (Armenien), **4** 274, 286 (Athos), 402, 411 (Palästina, MA), **6** 550 (Heilige, 14. Jh.), 552, **7** 169
weibliche **2** 842f., **3** 661
Analogie **11** 403, **12** 101, 125f.
Anamnese **1** 356–359, 433
Anarchismus **11** 931, 939
Anbetung der Könige, Anbetung der Magier (Ikonographie) **3** 743
Anciennitätsprinzip **1** 646
Andachtsbilder **7** 276, **9** *1040f.* (Barock)
Andachtsliteratur **11** 127f., 292
Andreaslegende **4** 549, **5** 708
Angeliken **7** 341
Angeln **3** 865, 868, 926f.
Angelologie **1** 470, 529, 539, 613, 882, 906
Angelsachsen (↗Angeln; ↗Sachsen) **3** 867, 923, *926–931* (Missionierung unter Gregor d. Gr.), **4** 603, *622–625* (Kirche, FrühMA), 627, *638–641* (Kirche, 7. Jh.), 646, 651f. (Kirche, 7. Jh.)
Angelusläuten **7** 257, 370, **8** 1012
Anglikanische Kirche **8** *191–238*, *524–534*, 554–570 (u. Puritaner), 964, 977 (Liturgie), 982f., 1007, *1060ff.* (Mystik), 1065, 1231 (Kirchenmusik), 1241, **9** *88–116* (17. Jh.), 193ff., *440–459* (17./18. Jh.), 679 (Nordamerika), 680ff., 682ff. (Virginia), 688 (Neu-Niederlande), 689, 807f. (Indien), 867ff., 955f., 988, 997 (Kasuistik), 1077f., **10** *44–54*, 530, 662 (Rom), 693f., **11** 221f., 224–227, 229, 232f., 264, 448, 558, 759f., 810, 892, 913f., 957, 959, 1025, 1063 (Australien), 1064 (Neuseeland), **12** 15, 41, 56, 70, 72, 293f., 328, 463, 664, 773, 778ff., 783, 785–795, 799, 808f., 812f., 815–822, 827–838, 861f., 870f., 965, 969ff., 994, 1025, 1127ff. (Kanada), 1136, **13** 26, 88f., 131, 135, 143, 150, 229, 426, 437, 628
Anglikanische Weihen ↗Ordination, Anglikanische
Anglokatholizismus (↗OR: England) **11** 232ff., **12** 812, 818
Anhomöer (↗Neoarianer) **2** 280, 371, 374f., 385, 419f., 425, 427ff., 441, 444, 454, 1069f.
Anikonismus (↗Bilderstreit, Bilderverbot) **4** 98ff.
Animismus **11** 763
Annales ecclesiastici **8** 295
Annonen **2** 669, 699
Annunziaten **7** 357, **8** 500
Anten (Ostslawen) **4** 4
Anthem **9** 1078
Anthropologie (christl.) (↗Erbsünde; ↗Prädestinationslehre; ↗Humanismus; ↗Menschenrechte) **1** 394, 405, 596, 612, 704, 915, 919, **5** *472* (HochMA), **7** 847, **9** 959, 965f., **10** 236, 256 (Aufklärung), 264, 328, **12** 146, 150, **13** 80 (christl.)
Anthropomorphismus **1** 873, 880ff., 886, 895, **2** 1022
Anthropomorphiten **2** 1022
Anthropotokos (Titel d. Gottesmutter) **2** 598, **3** 7

Anthropozentrismus **11** 53, 62, 70, 73, 87, **12** 88
Anti-Slavery Society **11** 150, 414, 843, 865, 867, 998
Antichalkedonische Kirchen ↗Orientalische Kirche(n)
Antichrist (Motiv) (↗Apokalypse) **4** 864, **5** 680, 744, 902, **6** 124, 324 f., 530, 804, **7** 301 (Abb.), **8** 333–336, 1166, **10** 592
Antidicomarianiten **1** 560, **2** 1041,
Antijudaismus (↗Juden, Judentum) **1** 156, 161, 203, 208, 214 f., 219, 239, 304, 371, 563, 786, 870 f., **2** 316 f., 470 f., **4** 53, *72–80* (7./8. Jh.), 121, 245, 356, *868 f.* (christl. Häresien), **5** 194 (1130), 758 f. (13. Jh.), *761–765*, **6** 385, **7** 659 (Erasmus), **8** 663, **12** 296, 701, 722 f.
Antiklerikalismus **5** 470 f. (Goliarden), *490–493*, 519, 683, 685 f., 770, 781, **6** 125, 340 (Lollarden), 343 (Taboriten), 346, 474 (Habgier), 699, 744, 756 f. (Spanien, SpätMA), 790 (Adel, Osteuropa), 803 (poln. Adel), 890, **7** 144 f. (Anfang 16. Jh.), 147 (Humanisten), 149 f., 205, 344, 382 (England, nach 1500), 452 (Lollarden), 456, 459, 729 (Reformation), 809, **8** 159, 533, 573, **9** 93, 701, **10** 62, 222, 372, 390, 675, *678 f.*, 706, **11** 2 f., 8, 10, 13 f., 26, 113, 131, 167, 175, 179, 191, 203 f., 258, 265, 271, 274, 284, *446–473*, 501, 513, 596 f., 604 f., 622 f., 627, 631 f., 640, 682, 692, 927–931, 935 f., 1021, 1085, **12** 440, 468, 480, 499–504, 516, 519, 521 ff., 526, 536, 564 ff., 570, 603, 606, 608, 613 f., 616, 649, 792, 889, 896, 1013, 1165, 1168, 1170, 1175
Antikolonialismus **8** 819 f.
Antilatinismus, Antiromanismus (↗Antipapalismus) **5** 707 (Kiewer Rus', ab 13. Jh.), **7** 314, 729 f. (Dtschl., Reformation)
Antimodernismus (↗Moderne; ↗Modernismus) **11** 104, 337, 428, 469, 612, 645, 651 ff., 887, **12** 3, 211, 213, 440, 448, 494, 615–621, 626, 630, 819, **13** 20, 23
Antimodernisteneid **11** 444, **12** 3, 175, 177, 186, 217, 1096
Antinomismus **9** 687
Antinomistischer Streit **8** 7 f.
Antiochenischer Zwischenfall **1** 70, *123 ff.*, 190, 222, 276, 475 f., 478
Antipapalismus **11** 223, 226–232, 885 ff., **12** 1105
Antipaulinismus **1** 146, 220, 466, 478 f., 483 ff., 492, 500, 507, 509–515
Antipoden **2** 711
Antiromanismus ↗Antilatinismus
Antisemitismus (↗Antijudaismus) **1** 166, **4** 245, **6** 849 f. (Spanien, SpätMA), *863–867* (Dtschl., MA), **7** 295, 413, **8** 4 (Luther), 663 f., **11** 513, 523, 673, 683, 688, 722, 760 ff., **12** 296–299, 350, 402, 406, *411–421*, 428, 487, 671, 694, 700 ff. (Drittes Reich), 720–723, 759 f., 836, 882, 886, 954, 1090, 1105, 1167, **13** 64, 92 f., 260, 413 f.
Antitakten **1** 591
Antitrinitarier ↗Sozinianer
Antonianer **10** 143
Antonianersekte **8** 752
Antoniter **5** *422 f.*, *929*, **6** 27, **9** 628
Apartheid **12** 83, **13** 581–586
Aphthartodoketen ↗Julianisten
Apis **2** 108
Apokalypse (Offbarung d. Johannes) **1** 154, 156, 158–161, 299–303, 316, 569, 729, 777, 789, 791 f., 796, 798 f., 802, **2** 88, **4** 829, 864 (Rodulfus Glaber), **5** 901 (Joachim v. Fiore), 903, **7** 828 (Hans Hut), **8** *349*, **9** 321, 396, 1120, **10** 422
Apokalyptik (↗Apokalypse; ↗Eschatologie; ↗Millenarismus; ↗Jüngstes Gericht; ↗Geschichtsphilosophie, Geschichtstheologie; ↗PR: Joachim v. Fiore) **1** 28, 95, 161, 200, 497, 504, 652, **3** 215, **4** 79 f., 121, 144, 160, 237, 829 (um 1000), 863 f., **5** 465, 660 (Otto v. Freising), 680, 744, *777 ff.* (Kaisertum, Friedrich II.), 923, 943, **6** 124, 265, 267, *512 f.* (Byzanz, MA), **7** 26 f. (Orthodoxie

im Osman. Reich), 152, *298ff.* (15./16. Jh.), 326f. (Dtschl., Vorreformation), 717 (Luther), **8** 4, 131 (Melchior Hoffman), , 1136, **9** 321, 522 (russ. *Raskol*), **10** 306, *421–428* (Deutungen der Franz. Revolution), *587–596*
frühchristliche **1** 174, 190f., 301, 429, 435, 459, 495, 499, 502, 542, 569, 630, 899
jüdische **1** 23, 50, 194, 199, 203, 234, 301, 348, 459, 464f., 470, 539, 569, 675, 728ff., 735, 751f., **11** 396, 398f.
Apokatastasis **1** 920, **3** 446, **10** 800
Apokrisiar (Vertreter der Patriarchate beim Kaiser) **3** 934f., 942
Apokryphen (↗Apostelakten) **1** 169, 270, 461, 485ff., 489, 539, 542, 560, 592, 629, 771, 793, 801, **2** 485, 488, 667, 1018f.
Ägypter-Evangelium **1** 169, 487
Ebioniten-Evangelium **1** 220, 491ff., 495f.
Hebräer-Evangelium **1** 169, 220, 467, 486f., 492–495, 782, 797
Nazaräer-Evangelium **1** 220, 486, 489, 491, 493ff.
Apollinarismus, Apollinaristen (↗PR: Apollinaris v. Laodicea) **2** 575, 1021, 1035f., **3** 434
Apollon-Orakel
2 86 (Klaros), 180 (Milet)
Apologetik, christliche **8** 1147 (Calvin), *1149–1153*, **9** *964–981*, *1112–1126*, **10** 279ff., **12** 111
Apologie, Apologetik **1** 132, 558, 863, 872, 877–880, 884, 886, 890, 892ff., 896f., 900f., 904f., 909, 912, 914, 918, 920ff., 953f.
Aristides **1** 153, 873
Athenagoras **1** 153, 875f.
jüdische **1** 595, 880, 905
Justin **1** 145, 765f., 873f.
moderne **11** 49, 66, 86, 89, 114, 351, 363, **12** 131
Quadratus **1** 153, 873
Tatian **1** 874f.
Tertullian **1** 631, 944
Theophilus **1** 876, 890
Apophthegmata Patrum (Sammlung v. Sprüchen u. Begebenheiten der Wüstenväter; ↗Mönchsliteratur) **2** 822f., 829, 841f., **3** 594, 621, *658f.*, 664, **4** 274
Apostasie **2** 163f.
Apostaten (↗*Lapsi*, ↗*Traditores*) **2** 46, *162f.*, 183, 249, 251, 467, **10** 379
Apostel (Amt in Urgemeinde) **1** 59, 67, 72f., 90, 143, 288, 300f., 308, 312, 315ff., 330, 332, 353, 676, 779
Apostolat d. Paulus **1** 67, 101, 121, 140, 173, 278f., 298, 305, 466, 474, 478, 514
Apostelakten (apokryphe Apostelgeschichten) **1** 152, 345ff., 360f., 491, 542, **2** 482
Aposteldekret **1** 122f., 131f., 195f., 277, 468, 477ff.
Apostelgeschichte **1** 67, 91, 106f., 118, 138, 145, 150, 168, 206, 211–214, 216, 297ff., 736, 794f., 798f., 802, 872, **2** 446, 726, **11** 102, 400
Apostelkonzil **1** 79, 106f., 109, *121ff.*, 144, 272, 274, 277, 473–479
Apostolat **1** 294, 852, **12** 86–133 (Protestantismus), 134–300 (Katholizismus)
Laien- **12** 272ff., 284, 291f., 497, 537, 541, 616, 735, 958f., 1014, 1115, 1160, **13** 26, 46f., 55, 85f., 680
Apostoliker, Apostelbrüder (Dolcinianer) **5** 848, 852, 903f., **6** *328f.*, **7** 302
Apostolische Kirche(n) **11** 553
Apostolische Konstitutionen **2** 84f., 94, 634f., 638, 640, **4** 493 (Armenien)
Apostolische Sukzession **1** 273, 281, 293, 328, 459, 528, 545, 584, 588f., 677, 679, 681, 685, 826, 828, 843, 855, **8** 340, **11** 226f., **12** 61, 180, 1123, **13** 136
Apostolische Tradition **1** 376, 457, 522, 535, 548, 571, 583, 600, 613, 676f., 679, 681f., 775, 778f., 781, 783, 797, 810, 826–829, 855, 945

Apostolischer Stuhl (↗Papsttum) **1** 707, **2** 890, *895*
Appellation (v. Klerikern an die weltliche Gewalt bzw. den Kaiser) **2** 324, 339
Aprilbewegung (Niederlande, 1853) **11** 210, 214
Apsisbilder **3** *720–724*
Araber (↗Sarazenen; ↗Muslime) **1** 168, **2** 1093, **3** 763, **4** *23–28* (Eroberungen nach 622), 80, 97, 106 ff., 247, 349, *392–399*, 474, 488, 497 ff. (Armenien), 512, 547 ff. (Georgien), 553 f., 636, 652, **5** 744, **6** 840 f. (Spanien, SpätMA), **9** 542 (Osman. Reich)
Arabische Literatur **4** 398, 417 f.
Arabische Sprache **2** 720 f., 1092, **4** 405 f., 411, 413, 419 f., 424, 451 f. (Kopten, MA), 464, 469, **5** 787, **6** 219, *840 f.* (Toledo, SpätMA), 852 (sizilian. Juden), **8** 1131 f., **9** 940, 949, **11** 814 f., **12** 952, 1018, **13** 467
Aramäische Sprache (↗Syrische Sprache) **1** 17, 493, 718, 761, **2** 56, 63, 82, 1030, **4** 405, 411, 432, **9** 940, 949
Araukaner **8** 781
Arawak **7** 598
Arbeit **2** 803 f., 835, 837, 839 ff., 855, 860, 865, **3** 994 (Benedikt-Regel), *1001*, **4** 270 (Heiligenviten), 277 (östl. Mönchtum), 281 f., **5** 393, 422, 435, 824 f., **7** 731 (Luther), **8** 91 (Calvin), 164 (Täufer), 703, 814, 1193, **9** 1010, **10** 811, **11** 831 f., **12** 508, 791 (Arbeitslosigkeit), **13** 81, 293
Arbeiter, Lohnarbeiter **2** 800, 803, 968, **11** 538, **12** 610 f., 803, **13** 291
-aufstand, Lyon **11** 31, 38
-aufstand, Paris **11** 34, 36
-bewegung **11** 32, 36, 474, 535, 569, **12** 90, 516 f., 525, 532, 534 f., 541, 574, 605, 623, 765, **13** 654
-frage **11** 19 f., 31 f., 35, 38, 540, 555, 624, 673, 722, 883 f., 900, **12** 499, 590–595, 790, 1142 f.
-mission ↗Mission, innere
-verein(e) **10** 842 f., **11** 476 f., 479, 500, 535, 555, 622, 624, 638, 647–650, 661 f., 676, **12** 286–289 (kirchl.), 590, 655, 735
Arbeiterpriester **11** 540, **12** 229 f., 258, 292, 593, 597 f., 610 f., 615, 628 ff., 663, 828 ff., **13** 8, 211
Arbeitsteilung **5** 136, **9** 1111 f.
Arche (Symbol) **1** 844, **2** 90
Archidiakon, Archidiakonat **2** 912, **4** 607 (Gallien), 615, 697, 783, **5** 272, 277 f., 695, 864, **6** 22, **8** 903, **9** 86
Archimandrit **3** 589, **11** 732
Archipresbyter **4** 783
Architektur (↗Kirchenbau; ↗Klosterarchitektur; ↗Geometrie) **1** 927, **2** 737, 951, **3** *707–716* (5./6. Jh.), *1059–1070* (Kirchenanlage, 6. Jh.), 1146 (Heiligtümer), **4** 84 f. (Sakral, 7./8. Jh.), 316, 853, **5** 167 f. (Cluny III), **7** 510, **8** 301, 845 (lateinamerikan. Missionsklöster), **9** 244 f. (Rom, Barock), 1037 f. (barocke Kirchenfassaden, Abb.), 1044 f., 1048 (Abb.), **10** 86 f. (Barock, Lateinamerika), **11** 126, 175, 553 f., **12** 158, 167, 168 ff. (Funktionalismus, Bauhaus), 173
Archontes (Amtsträger d. kirchl. Verwaltung, Byzanz) **4** 35 f., **5** 11 f., 353, **6** 140 f., 148, **8** 360 f.
Arianer (Antitrinitarier) ↗Sozinianismus, Sozinianer
Arianerstreit ↗Arianismus
Arianismus, Arianer **1** 821, **2** *271–344*, 345, 348, 354, 361, 376, 433, 442, 452, 491, 577 f., 725, 830, 885, 949, 964, 971 f., 988–993 (Goten), 995, 999 ff., 1004, 1034 f., 1054 ff., 1058, 1061, 1071, **3** 155 f., 220 (Goten, Spanien), 226 (Goten, Gallien), 227, 230, 250 f. (gall. Theologie), 266 (Nordafrika), *270–291* (Vandalen, Nordafrika), 300 f., 304, 320, 330 f., 336–340 (got. Italien), 344, 349, 351, 360, 363 ff. (Chlodwig), 364, 377 (Burgunder), 380, 382 f., 406 (Sueben, Spanien), 431 f. (Gesetzgebung Justinians), 486 f. (Langobarden), 503, 650, 721 (Christusdarstellungen),

749–755 (Nordafrika, byzantin. Rückeroberung), 851 (Spanien, 6. Jh.), 852 f., 855, 954, 956, 1018 f. (Kirchenbauten), 1122, **4** 238, 616–619 (Langobarden, 7. Jh.), 637 (Langobarden), **8** 636 (Antitrinitarier, 16. Jh.), **9** 468, **10** 798, **13** 205
Aristokratie ↗Adel
Aristotelismus (↗PR: Aristoteles) **1** 576, 599, 886, 902 f., 911, 913 f., **2** 445, 460, 976, **3** *651 f.*, 654, **5** 565, *874–881* (HochMA), **6** 269 f., 275 (Marsilius v. Padua), **7** 50 f. (Padua), 490, **8** 40, 112, 589 f., 614, 945, *1116 f.*, 1142, 1155, **9** 411, 941, 943 (Descartes), 965, 1091, **11** 7
Arithmetik **2** 72, 709 ff., **3** 861, **4** 853
Arkandisziplin **1** 249, 534, 632, 821, 834
Armenfürsorge, Armenhilfe (↗Hospize, Hospitäler; ↗Wohlfahrtspflege; ↗Gesellschaftslehre, Gesellschaftsethik) **1** 68 (Urgemeinde), 590, 629, 632, 653, 696, **2** 558 f., 659 f., *785–791*, 912 f., **3** 236 (gall. Bischöfe), 527, 539, 836, *837–848* (Frankenreich, 6. Jh.), **6** *421–424* (MA), **7** *515 f.*, 632, **8** *703 f.* (span. Spätscholastik), 714, *1068 ff.*, 1192, **10** 840 f. (Soziallehre, Katholizismus)
Armenische Literatur, Armenische Sprache (↗OR: Armenien, Armenier, Armenische Kirche) **2** 722, 724, *724 f.*, 1088, 1091, **3** 619, 1203 f., 1293, **4** 384, 522 f., **11** 795, 817, **13** 467
Armenmatrikel **3** *839–843*
Arminianismus, Arminianer **8** *118 ff.*, 329, 1191, **9** 2, *88–94* (England), 427, 950 (Exegese), 977
Armut, Arme **5** *434–438* (Kirchenlehre, MA), **6** *422*, 483, 500 f., *542 f.*, **7** *284–290*, *514–517* (Zunahme ab 1500), **8** 1192, **9** *1010–1014* (Barock), **10** 828, 830, 836, **13** 87, 536
Armutsbewegung **5** 123, 313, 318, 436, 441, 573, 943
Armutsideal, christl (↗Besitzlosigkeit; ↗Askese) **1** 190, **2** 656, 658, 854, 973 **3** 607, 639, **4** 281, **5** 123, 137 f. (11. Jh.), 393, 435 f., 489 ff., 519, *834–837* (Franz v. Assisi), 943, **6** 271, 324 (Petrus Johannis Olivi), *422*, 476, **9** 295, **13** 85
Armutsstreit **6** 276
Ars moriendi **5** 565, **6** 438, 713, **7** 261, 323, 368, **8** 986, 1077 f., **9** 863
Ars nova (polyphon. Musik) **6** 66, **7** 483
Ars praedicandi (↗Predigt; ↗Homiletik) **6** 370 ff., 374, 376
Arseniaten ↗Schisma, arseniatisches
Artemistempel (Ephesus) **2** 84
Artes liberales (↗*Trivium*; ↗*Quadrivium*; ↗Einzeleinträge der Fächer) **2** 709, **4** 669, 671, 752, 754, **5** 458, 460, 469, 871
Artotyriten ↗Priszillianer **1** 572
Askese, Asketentum (↗Manichäismus; ↗Priszillianismus; ↗Pelagianismus; ↗Vollkommenheitsideal; ↗Familienaskese; ↗Nachahmung Christi; ↗Hesychasmus; ↗Mönchtum, Mönch) **1** 161, 183, 345, 435, 470, 503 f., 536, 556, 563, 566, 570, 573, 606 f., 842, 887, 902, **2** 530 ff., 545, 554 f., 632, 642, 684, 816, 820, 824 f., 827, 833 f., 836, 841, *848–853*, 859, 944, 957, 978, **3** 394 ff. (Caesarius v. Arles), 606, *658 ff.* (Literatur), 661, 885 (Syneisakten), 984, 998, **4** 57 f. (Johannes Klimakos), 125, 276 f., 465 (nestorian. Osten), 521 (Armenien), **5** *365 f.*, 498 (Katharer), 519, **8** 918 (buddh. Mönche), **9** 293 f. (Orden, kath. Reform)
Asklepieion (Pergamon) **2** 86
Aspersionstaufe (Taufe durch Übergießen) **3** 1070
Associatio Amicorum ↗ Aa
Association Catholique de la Jeunesse Française **11** 506, 521, 523,544
Assumptionisten **11** 130, 181, 466, 506, 514, 797, **12** 139
Astrologie **2** 501, 711, **3** 428, **4** 68, 91, 333, **5** 472, *516 f.* (Byzanz, MA), **6** *512* (Byzanz, SpätMA), **7** 341 f., **8** 1079 f., 1139, 1141, **9** 698 f.

Astronomie **2** 72, 707, 710 f., 1036, **3** 822, 861, **4** 91, 331, 671, 853 f., **5** 472, 612, **8** 929, 943 ff. (Matteo Ricci, China), *950–954* (Chinamission), 1117, 1139, *1142–1145* (Kopernikan. System), *1153–1163* (Kopernikan. System), **9** 785 ff. (Jesuiten, China), 937, 941, 960, **10** 148
Asyl, kirchliches **2** 473 f., 687 **3** 373 (*Codex Iustinianus*), 425, 831, 835 f., **4** 34, 619, **7** 262
Atheismus **1** 246 f., 311, 522 (antiker), 871, 876, 879, 902, 909, 953, **7** 509, **8** 731, 1148 f., **9** 1147 f., **10** 393 f., *679–688*, **12** 50, 472, 851, **13** 12, 45, 60, 388, 392 f., 396, 400, 403
Athinganoi **4** 71, 239, 241, **5** 369, *369 f.* (Byzanz, 12. Jh.)
Atlantikcharta (1941) **12** 409
Atomenergie, Atomwaffen **12** 427, 838, **13** 289, 692 f.
Atomismus **9** 960 f., 1021
Attikamegues **9** 666
Auctoritas (d. Kirchenväter) (↗Tradition; ↗Ratio) **4** 760, 762, **5** 462 f., 944
Auferstehung Christi (Ikonographie) **1** 1, 6 (Petrus-Evangelium), 47 f., 51, 58, 60, 83, 190, 192 f., 208, 269, 359, 368 f., 375, 377, 387, 392, 394, 445, 453, 490, 495, 611, 765, 818, **3** 737 f., **11** 97, 366, 377 f., 400, **12** 120, 1033
Auferstehung d. Toten (↗Eschatologie) **1** 129, 131, 376, 488, 547, 571, 608, 611, 613, 615, 818, 876, 919 f., 945, 953, 955
Aufklärung **2** 768, **9** 142, 175, 700 ff. (Nordamerika), 932 f., *1087–1130*, **10** 1–3, 27 (Italien), 29, 31 (Spanien, Portugal), 43 f. (luth. Preußen), 59, *125–133* (griech. Orthodoxie), 194 f. (Polen), *254–264*, 493 (Nordamerika), 581, **11** 35, 41, 66, 212, 257, 780, 794, 832–835, 894 f., **12** 87, 189, 1044
katholische **9** 928 f., **10** 88 f. (Lateinamerika), *233 f.*, *252–264*, 829 ff.
Augsburger Bekenntnis ↗Bekenntnisschriften, *Confessio Augustana*
Augsburger Interim **8** 400 ff.
Augsburger Religionsfrieden (1555) **11** 310
Augustinerchorherren ↗Regularkanoniker
Augustinereremiten **5** 577, 698, *846*, 858, 946, **6** 25 f., 28, 272, 525, 658, 660, 721, 726, 743 f., 744 (Clara v. Montefalco), 745, 762, 784 (Brest), 790 (Ostmitteleuropa), 796, **7** 165, 168 ff., 172, 175, 608 (Mexiko), 745 f. (Antwerpen, Reformation), 754, **8** 433, 499, 773 (Lateinamerika), 833, 857 (Philippinen), 883 (Goa), 900, 929, 934 (China), 940, 1021, **9** 35, 627, 633 f., 746 f. (Mombasa), 757 (Philippinen), 770, **10** 74, 248, 654, 773, 790
Augustinismus (↗Prädestination; ↗Jansenismus) **5** 657 (Politik, polit. Theorie), 883, **6** 274, **7** 220, **8** 825, **9** 349, 753, 826, 969, 990, 1028, **10** 256, 798, **11** 351
Austuriani (maur. Stamm) **3** 292 f.
Autokephalie, Autokephale Kirchen (↗Orthodoxe Kirche; ↗Patriarchat; ↗OR: Einzeleinträge) **11** 768 ff. (Serbien), **12** 883, 919, 921 (Albanien), 922 (Finnland, Estland, Lettland, Polen, Tschechien), 925, 926 (Finnland, Estland, Lettland, Litauen, Tschechoslowakei, Albanien, Polen), 931 (Georgien, Ukraine, Finnland, Litauen, Lettland, Estland, Polen, Tschechoslowakei), 954 (Albanien, Rumänien), 1003–1009, 1023, **13** 382, 421 f. (Ukraine)
Autorität, kirchl. **11** 20, 44, 46, 106, 228, 442, **13** 98, 113, 127
Ave Maria **5** 521 f.
Averroismus **5** 881, **7** 218, **8** 1148
Avesta **2** 80
Awaren **4** 4 f., 10, 18 f., *726 f.*, 890
Aymaras **8** 780
Azteken **7** *606 f.*, **8** 780, 797, 822, 840, 843 f.
Azymen (ungesäuerte Brote, Hostien) **4** 354, 358, 360 f., **5** 372, 385, 749, 942, **6** 120, 294, *818*

Babylonisches Exil **1** 25, 205, 657
Bagauden (span. religiös-soziale Protestbewegung) **3** 216, 219, 224 f., 231

Bagratiden (georg. Dynastie) **4** *559ff.*
Bajuwaren **4** 633, 726
Bakkalaureat **5** 871
Balkankriege **11** 783 (1912, 1913), 819 (1912/1913), **12** 915, **13** 309, 372
Bank(en) **11** 615, 660, **12** 475
Baptisten **9** 95, 460 ff., 467 f., 681, 687, 701 f., 807 f. (Indien), **10** 51 f., 490 f., 512 f., 530, 689, 850, 860, **11** 247, 313, 548, 553, 585, 680, 730, 755 f., 808, 866 f., 869 f., 874 f., 880, 960, 963, 1000 (Mission in Afrika), 1004 (Mission in Afrika), 1023 (Mission in Indien, Ceylon), 1032 (Mission in Birma), 1043 (Mission in Siam), **12** 41, 83 (Rußland), 462 ff., 545, 558, 562, 664, 679, 755, 765, 768, 773, 778, 783, 790, 823, 852, 1000, 1050, 1052, 1054, 1056, 1067, 1093, 1096 f., 1117, 1120, 1122 f., 1127, 1132, 1153, 1208, 1217, **13** 207 f., 267, 356, 367, 384, 430 f., 485, 628, 669
Baptisterium, Baptisterien (Begriff, Bauformen) **1** 363, 561, 637, **2** 674, **3** 1012, *1020f.*, 1030, 1032, 1035 ff., 1045 ff., 1051, *1068ff.*, **5** 530 f., **11** 221
Bar-Kochba-Aufstand **1** 6, 40, 188, 207, 216, 223, 238 f., 245, 462, 467, 481 f., 745 f., 764 f., **2** 57
Baraita **1** 216
Barbaricini **3** 908
Barbelo-Gnostiker **1** 521, 545
Bardesaniten **2** 79
Barmer Theologische Erklärung ↗Bekenntnisschriften
Barmherzige Brüder (d. hl. Johannes von Gott) **9** 628
Barmherzige Schwestern **9** 397
Barnabas **2** 65
-brief **1** 314, **2** 1007
Barnabiten **7** 340 f., **8** 247, 292, 604, 911, **9** 310, 780, **10** 654
Barock (↗Architektur; ↗Kirchenbau; ↗Malerei) **8** 299, 301 f., 971, *1214–1220*, **9** 244 (Rom), 415 f. (Luthertum), 837 f., 1043, 1139 f., **10** 86 ff. (Lateinamerika), **11** 318
Barsanuphiten **4** 437
Bartholomäer **8** 1070
Bartholomäusnacht **8** *481f.*, 1176 f.
Basilianer (↗Mönchsregeln, Basilius v. Caesarea) **5** 176, **6** 229, 721, 742, **8** 657 f., **9** 603, **10** 199, **11** 702, 756, 805
Basilika **1** 365, **2** 672 f., 675 f., **3** 707 ff., 1041, **11** 188
Apostolorum **2** 672
Constantiniana **2** 878
Sacré-Cœur **11** 348, 501, **12** 138, 243
Basken **4** 727
Basler Mission **11** 136, 156, 243, 579, 980, 992, 1000 ff., 1005 f., 1025, 1047, 1049 (China)
Bataver **2** 14
Battuti **8** 1018–1022
Bauern, Bauerntum (↗Kolonen; ↗Kolonatssystem) **2** 774 ff., 800, 935, **4** 838, **5** 919, **6** 260 (Rußland, SpätMA), **7** 59 f. (Moskau, 15./16. Jh.), 163, 731 (Reformation, Dtschl.), **8** 158 (Täufertum), **11** 541, **12** 587
Bauernbewegung **12** 289 (kirchl.), 475, 496, 588 f., 655
Bauernkrieg **7** 163, 328, 518 f., *735–738*, 802 f., 817 f. (Th. Müntzer), 828 (Hans Hut), **8** 962
Beatas **7** *388*, **8** 673, 694, 732, **9** 630, **10** 83
Beatus (Titel) **6** 541
Befreiungstheologie ↗Theologie der Befreiung
Begarden **6** 331, 333 f.
Beginen **5** 441, *928*, 935 ff., **6** 316 f., 323, *325f.*, *331ff.*, 364
Begräbnis ↗Totenbestattung
Beichtbücher ↗Bußbücher
Beichte (↗Buße) **3** *1100f.* (Anfänge), **4** 340 (Ostkirche), 770 f., **5** 346, 492, 504, *505f.* (Byzanz), 520, 532 (Privatbeichte), 587, 803, 807, 809–812 (Entwicklung 13. Jh.), **6** 261 (Rußland, 14./15. Jh.), 432, *435ff.* (SpätMA), 449, 454 (vor der Kommunion, Byzanz), *454–458* (Byzanz, SpätMA), 673 (Lollard), **7** *238f.*, 265, 322, 450 (Lollarden), 691,

8 21, 982 f., 994 f. (Katholizismus nachtridentin.), 1174, **9** 309, *319 f.* (Innere Mission), *900 ff.*, 995, **10** 248, 677, 712, **11** 125
Beichtgericht **8** 1007 ff.
Beichtspiegel (↗Bußbücher) **6** 436 f., **8** 1008, **9** 900 f.
Beichtstuhl **8** 301 f., 972, 982, 995
Beichtvater (↗Vater, geistlicher) **6** 455 ff. (Byzanz, SpätMA), **8** 1043, **9** *145*, 171, 379, **10** 176
Bekehrungsgeschichten **2** 667
Bekennende Kirche (Verband deutscher Protestanten, -innen im Dritten Reich) **12** 57, 64 f., 69, 75, 105, 107 f., 110, 122, 126, 346–350, 360, 641, 701, 713, 716–725, 727, 732, 767, 837
Bekenner ↗*Confessores*
Bekenntnisschriften (↗Glaubensbekenntnis) **1** 823 (Konfession v. La Rochelle), 824, **7** *741–744*, 758 (Dänemark), 807, 852, **8** 3, 12, 18, 20, 22, 49 (Reformierte Kirche), 50, 60, *96 f.* (Reformierte Kirchen), 134 f. (Hutterer), 177 f. (Täufer), 206 (engl. „Zehn Artikel"), 214 (engl. „sechs Artikel"), 312 f., 319, 633 (Ungarn), **9** 422 f. (Reformation, 17./18. Jh.), 469 f. (Mennoniten), 529 (orth. Mohyla), *571 ff.* (griech.-orth. Kirche, frühe NZ)
Barmer Theologische Erklärung **1** 824, **12** 64, 105, 107, 123, 126, 347–350, 716 ff.
Confessio Augustana (Invariata) **1** 823, **7** 713, *742 ff.*, 758, **8** 3, 12, 15, *17*, 43 f., 50, 147, 169, 220, 231, 312, 314, 318, 321, 374, *391 f.*, 403, 421, 626 ff. (Böhmen), 633 (Ungarn), **9** 414, 912
Confessio Augustana (Variata) **8** 18, 628
Confessio Bohemica **8** 627, 629, **9** 12 f., 483
Confessio doctrinae Ecclesiarum gallicarum **8** 321
Confessio Helvetica Posterior **1** 823, **8** 322, 429, 639, 647 f.
Confessio Tetrapolitana **8** 3, 49, 312
Consensus Helveticus **9** 56, 423, 431
Consensus Tigurinus **8** 47, 81 f., 429
Credo Pauls VI. **1** 824
Fidei ratio (Zwingli) **8** 49, 312 f.
Göppinger Bekenntnis **8** 320
Professio fidei Tridentina **8** 263
Schmalkaldische Artikel **8** 15, 20, 399
Westminster Confession (1647) **11** 892
Wittenberger Konkordie **8** 3, 314, 394
Bekenntnisse (Augustinus) **2** 919
Bektaschismus **5** 746
Belgische Christliche Missionskirche **11** 209
Benediktiner (↗Mönchtum; ↗Mönchsregeln; ↗Sulpizianer; ↗Mauriner; ↗PR: Benedikt v. Nursia; ↗OR: Cluny; Monte Cassino) **5** *156–178*, 194, 422, 425, 443, 543, 735 f., **6** 24–27, 30, 531, 658, 662, 709 (Observanten), 741, 746, 760 f. (Iber. Halbinsel, SpätMA), **7** 165, 169, 176, 231, 754, **8** 433 (Schweiz), 545 (England), 549, 863 (Brasilien), **9** 36 (Böhmen), 56, 281, 397, 628 f., 635, 936, **10** 654, **11** 131, 329, 577, 797, 979, 1055 (Korea), 1066, **12** 324, 582, **13** 590
Benediktinerinnen Unserer Lieben Frau v. Kalvarienberg **9** 397
Beneventana (Typus d. latein. Schrift) **5** 455
Berber ↗Mauren (Nordafrika)
Bergpredigt **1** 5, 32, 37, **8** 145 f., 176
Bernhardinerinnen **9** 286
Beruf, Berufsethik **2** *801 f.*, 803, **8** 25 (Luthertum), 88 (Calvin), 91, 1190, **9** *1003 f.*
unehrenhafte Berufe **2** 474 f., 911, **4** 270 f. (Kleriker, Ostkirche)
Berufung **11** 250, 837 f., **12** 540, 616, 630, 652, 787, 887, 1155, 1182, **13** 176 (kirchl. Berufung d. Theologen)
Beschneidung **1** 122 f., 131 f., 135, 142, 144, 193, 195 f., 198, 220, 231, 238, 257, 277, 295, 463, 476, 478 f., 485, 487, 507

Besitz
-kritik **1** 651, **2** 790 f., **9** 265 (Priesterkongregationen, kath. Reform)
-losigkeit (↗Askese; ↗Armutsideal) **2** 531, 535, 555, 642
-verzicht (↗Besitzlosigkeit) **2** 793 f., **7** 269
Besitzende *(Stjazateli)* (geistl. Fraktion, Moskau, 15./16. Jh.) **7** *61 ff.*, **8** *376–381*
Bestattung, Bestattungswesen ↗Totenbestattung
Bethlehemiten **10** 81
Betteln, Bettlerwesen **7** 515
Bettelorden ↗Mendikanten
Bevölkerung (Wachstum, Entwicklung) **6** 462 ff. (Umschichtungen, SpätMA), 788 (Osteuropa, SpätMA), **7** *499 f.* (1470–1540), **8** 592 (Mittelitalien, 16. Jh.), **9** 1132 f., **10** 9 (Frankreich, 18. Jh.), **12** 1146 (Lateinamerika), **13** 588
Biafrakrieg (1967–70) **13** 576
Bibel-Babel-Streit **11** 679
Bibel (Terminologie) **1** *721–739*, 760, 763, 775, 802 f.
Buch (Bibel) **1** 725–731, 733, 762
Gesetz **1** 727 f., 733, 762
Schrift **1** 722–725, 762
Testament **1** 733–739, 796
Wort **1** 731 ff.
Bibel, Bibelausgaben, Bibelwissenschaft (↗Bibelübersetzungen; ↗Bibelauslegung; ↗Exegese; ↗Bibel(Terminologie); ↗Schriftsinn) **6** 370, 539, 894, **7** 379 (England, Vorreformation), 382 (engl. Bibel), 388 (Complutenser Polyglotte, Alcalà), 503 (Druckausgabe), *630 f.* (Alcalà), 725 (deutsch), **8** 40, *263 ff.* (Tridentinum), 352, 412, 437 (Zürcher Bibel), 628 (Böhm. Brüder), 654 (Kirchenslawisch, 1581), 676 (Complutenser Polyglotte), 690, **9** 846, 861 *(Bible de Royaumont)*, 881, 949 (Londoner Polyglotte), 975 ff., 1118, **10** 42 f., 203 f. (Cansteinsche Bibelanstalt), 265, *272–275*, 275, **11** 835, **12** 1042 f., **13** 249
Bibelauslegung (↗Exegese; ↗Schriftsinn; ↗Bibel) **1** 424, 460, 530, 547, 581 f., 591, 608–611, 613 f., 717, 774, 776 f., 780, 801, 926, 932, **7** *681–687* (Luther), **8** 145 ff. (Täufer), *342*, 344 f., *1126–1136*, 1157 (Galilei), 1164 f., **11** 391, 750, 833 (USA), **12** 72, 449, 806, 809, **13** 76, 191 f. (theolog. Disziplin), 451 (kopt. Kirche)
allegorisch (↗Origenismus) **1** 206, 214 f., 519, 548, 590, 593 f., 597 f., 600, 612, 616 f., 869, 884 f., 913 f., 925, **2** 510, *718 ff.*, 949, 1023, 1035, 1038, 1072, **3** 444, **4** 240 (Paulikianer), **5** *453 f.*, **7** 666
moralisch **1** 913, 925, **11** 43
prophetisch **1** 220, **7** 503
symbolisch **11** 195
typologisch **1** 418, 913, 925, **2** 949, 1039, **3** 828
wörtlich **1** 914, **2** 949, 1035 ff., **4** 465, **11** 843, 903, **12** 798, 1219, **13** 268
Bibelbewegung **12** 264 ff., 519
Bibelkommentar(e) ↗Exegetische Kommentare
Bibelkommission, Päpstliche **11** 469, **13** 52, 176
Bibelübersetzung(en) **1** 564, 735, 756, 759, 761, 763 f., 766, 769, 773, 777, 867, **2** *720–725*, 989 (got., Wulfila), 1045, 1092 (Äthiopien), **3** 1075 f., **4** 407 ff. (griech.-arab.), 420, 591 (georg.), **5** 476 (Volkssprache, MA), **6** 338 f. (England, Wyclif), 371, 673 (engl.), 676 f., 715 (deutsch), **7** 451 (Lollarden), *706* (Luther), 745 (holländ.), 750 f. (engl., Tyndale), 753 (italien.), 757 (dän.), 759 (schwed.), 837 (franz.), **8** 22 (dän.), 208 (engl.), 233, 275 (kath. Index), 305, 341, 373 f., 394, 441 (schwed.), 463 (franz.), 492, 536, 634 (slowen.), 654 (ruthen.), 659 (Ostmitteleuropa), 681, 686, 690, 844, 951 (chines.), 1027 f., 1128, **9** 115, 370 (Port-Royal), 482 (Böhmische Brüder), 583 (rumän.), 693 (indian. Sprachen), 807 (Indien), 847, 867 *(King*

James Version), **10** 112 (russ., Filaret Drozdov), 147 (chines.), *272–275*, **11** 127, 565, 716 f. (orth. Kirche), 798 (arab.), 808 f., 814 (arab.), 985, 992 (afrikan. Sprachen), 999 f. (afrikan. Sprachen), 1002 (Ewe-Sprache), 1004 (Duala-Sprache), 1007 (Kikongo), 1016 (Madagaskar), 1023 (Sanskrit, Bengali), 1031 (Tamil), 1046 (laot.), 1046 (chines.), 1064 (Maori-Sprache), 1068 (Tahiti), 1075 (Motu-Sprache), **12** 264, 824, **13** 340, 405 (ukrain.), 467, 491, 601 f.
Bibliothek(en) **1** 486, **4** 755, 814 (Klöster, 10. Jh.), 841 (Bamberg), **5** 455, 457, 510, 613 (Gonzalo Gudiel, 13. Jh.), 713, **6** 66 (päpstl., Avignon), 254 f., 372, 715, 746, 797 (Ostmitteleuropa), **7** 38 (Serailbibliothek, Istanbul), 49 f. *(Bibliotheca Marciana)*, 104 (Vatikan, Renaissance), 241 (Antoine Robert), 331 (Päpstl., Nikolaus V.), 635 f. (Schlettstadt), 639, **8** 286 (Bischöfe, nachtridentin.), **9** 533 (russ. Bildungsstätten), 859, 938
Biblizismus **11** 252, 360 f., **13** 272
Bilder
Götzen- **1** 362, 881
-streit (↗Ikonoklasmus) **3** 732, **4** 50, 84, *97–175*, 358, 366, 403, *411 f.* (Patriarchat Jerusalem), 421 (Patriarchat Alexandria), 496 f. (Armenien), 706 (Lateran 769), 712, 766 f. (Frankenreich)
-sturm **10** 378
-verbot **1** 22, 866, 886, 894, 929, **2** 737 ff., 942, **4** *98 f.*, **8** 83 (Calvin), *1203 f.* (Calvinismus)
-verehrung (↗Ikonen; ↗Nizäa, Konzil 787; ↗Kirchenschmuck; ↗Amulette; ↗Eulogien) **1** 930, **3** 647, *673–677* (6. Jh.), *731–744* (Privatbereich, 5./6. Jh.), 1151 f. (Heiligenbilder im Westen), **4** 77 f., 84 (Heilige, 7./8. Jh.), 86–89, *125 ff.* (Johannes v. Damaskus), 146 f., *157–160* (Theodoros Studites, Nikephoros), 171 ff., 196 (Photios), 406 (melkit. Kirche), 421 (Patriarchat Alexandria), 496 f. (Armenien), 678 f. („stumme Predigt"), 692 (Frankfurter Synode, 794), 712, 766 („stumme Predigt", Karolinger), 860 (Westen, um 1000), **6** 676 (Lollarden), 820, **7** *245–250* (Spätgotik), 448 f. (Lollarden), 474 ff. (christl. Kunst, ab 15. Jh.), 709 (Luther contra Karlstadt), 726 (Propaganda, Reformation), 733 f. (Bildersturm, Reformation), 781 (Zwingli), 810 (Karlstadt), 820, 842 (Farel), 878, **8** 106 (Bullinger), 301 (Tridentinum), 302, 971 f., *1199 f.*, *1205–1210* (kath. nachtridentin.), **9** *317 f.* (innere Mission, Pädagogik), *861 ff.* (kath. Frömmigkeit), 924, *1031–1048*
Bildung
antike **1** 874, *885–896*, 908 ff., 921, 925, 947, 949, 955
christliche **1** 580–583, 606 ff., 658, *921–932*, 947, **13** 93
geistliche/theologische (↗Klerus) **1** 581, 649, **5** 919 f. (Laien, HochMA), **12** 461
jüdische **1** 94 f.
weltliche (Bewertung durch christl. Autoren ↗Wissenschaft, weltl.; ↗Intellektuelle) **1** 598, 601, 649, 908, **3** 859 f. (Isidor v. Sevilla), 895 f. (Gregor d. Große), **4** 195 (Photios), 669 ff., **5** 196, 469
Bildungswesen (↗Elementarbildung; ↗Katechese; ↗Lesen, Lesekenntnis; ↗Alphabetisierung; ↗Klerus, Kleriker, Bildung; ↗artes liberales; ↗Universität; ↗*Studium generale)* **2** *708–715* (Rom, Antike allgemein), **3** 820–824 (Frankenreich, 6. Jh.), **4** *331–334* (Byzanz, MA), 459 (nestorian. Kirche), *750–753* (Karolinger), 814 f., 851 f. (11. Jh.), 914 f. (Ostmitteleuropa, MA), **5** *14–22* (Byzanz, 11./12. Jh.), 126 f., 188, *279–289* (HochMA), *451–477* (Veränd. im MA), 459 f., 462 ff., 470 ff., 475, 560, 587, 711 f. (Nordosteuropa, MA), 861–885, **6** 796 (Ostmitteleuropa, SpätMA), 796,

807 (Taboriten), 868 f. (Juden, MA), **7** *212–232* (Renaissance, Vorreformation), *306* (Dtschl., Vorreformation), 426 (Nord- u. Osteuropa, 15./16. Jh.), *433–437*, 506 f. (Italien, Renaissance), 507, 635 ff. (Schlettstadt, Lateinschule), 782 f. (Zürich, Zwingli), 806 f., **8** 289 (Jesuitenkollegien), *364–368* (Orthodoxie, frühe NZ), 501 (Sonntagsschulen), 714, *1108 ff.*, **9** *341–345* (Katechismusunterricht), 357 f. (Port-Royal), 418 f. (Halle, Pietismus), 527 ff. (Kiew, 17. Jh.), 531 ff. (Moskau, 18. Jh.), 570 f. (Patriarchat v. Konstantinopel), 695 (nordamerikan. Kolonien), 698, **10** 82 (Lateinamerika), 112 f. (Rußland, Anfang 19. Jh.), 173 (Aufhebung d. Jesuiten, Frankreich), 174 f. (Jesuiten, Kritik, Dtschl.), 194 (Polen, Ende 18. Jh.), 527 f. (Kanada, Ende 18. Jh.), *570–574* (republikan. Frankreich), **11** 23, 28, 33, 36, 130, 169, 172, 174, 183, 185, 203 f., 209, 213, 224, 249 f., 260, 288, 291, 466, 519, 533, 537 f., 549 ff., 560, 563, 616, 622, 719 (Rußland), 784 f. (Christen im Osman. Reich), 794 (oriental. Kirchen), 958 (Lateinamerika), 1014 (Afrika), 1015 (Madagaskar), 1020 f. (afrikan. Mission), 1024 (ind. Mission), 1028 (Indien), 1030 (Indien), 1060 (Japan), 1066 (Australien), 1072 (Polynesien), 1080 (Ozeanien), **12** 26, 472, 532, 567 f., 571, 580, 595, 634, 649, 654, 750, 797, 800, 804 (kath. Schulen), 850 f., 868 f., 893, 1104 f., 1129, 1139 f., 1149, 1166, 1191, 1196 ff. *(Movimento de Educação de Base),* **13** 373, 402, 453, 596 (kirchl. Ausbildungsstätten in Afrika), 654 ff. (Einrichtungen d. kath. Kirche in Asien)

Bischofsschule, Kathedralschule **4** 671, 750, 752, 814, **5** 261, 459, **6** 736, **12** 654

Domschule **4** 851 f.

Erwachsenenbildung, kirchl. **13** 220 f., 396 f.

Klosterschule **2** 709, **4** 671 ff. (Erziehung, Kloster), 750, 814, 852, **5** 261, *451–458*, **11** 180, 515, 1011 (afrikan. Mission), **12** 579, 654, **13** 442 f.

Mädchenbildung **11** 118, 180 f., 453, 489, 537, 720, 795

Pfarrschule/Gemeindeschule (↗Sonntagsschule) **4** 671, **6** 796 (Ostmitteleuropa), **7** 378, 435, **9** 454 f. (England, 17./18. Jh.), **11** 177, 497 f., 635, 725 (russ.-orth.), 860, 880, **12** 576, 579, 603, 616, 691, 754

Sonntagsschule **9** 341

staatliches **11** 23, 171, 225, 449, 455, 463, 487, 491, 572, 914 (Kanada), **12** 581, 908, 934

Bill of Rights **9** 110, 181

Binitarismus **1** 657

Bioethik **13** 125, 283–286, 299 f., 692

Künstliche Befruchtung **13** 285, 299 f.

Birgittenorden (*Ordo Sancti Salvatoris*) **6** 532, 661, *792 f.*, *798 f.*, **7** 381 (England)

Birkat ha-minim **1** 216 ff., 221, 466, 490

Bischof (Episkopat) (↗Rechtsprechung, bischöfl.; ↗Gerichtsbarkeit, kirchl.; ↗Bischofsweihe; ↗Bischofswahl; ↗Fürstentümer, geistl.) **1** 143, 181, 272, 275, 278 f., 281 ff., 290–293, 298, 301, 305 f., 309, 313, 315 ff., 318 f., 321 f., 327–335, 343, 352 f., 363 ff., 414, 417, 543, 571, 583 f., 586 f., 608, 638, 641, 652, 674–677, 821, 826 f., 830 f., 833, 835 f., 838 ff., 842, 844 f., 847 ff., 854–857, 889 f., **2** *28 f.*, 32 f., 35 f., 38 ff., 42, 44, 314, 324, 453, 472 f., 634 f., 637, 639, 641–647, 650, *652–662*, 695, 715 f., *790 f.*, 812, 830, *928–936* (spätant. Afrika), 943, **3** *118* (Chalkedon), 217 f. (Spanien), 222, 229, *231–237* (Gallien, 5. Jh.), 245 f. *(Statuta ecclesiae antiqua)*, 305–311 (got. Italien), 343, 347–350 (Westgotenreich v. Toulouse), 351 (Synode v. Agde), 400 (Spanien, 6. Jh.), 423 f. (*Codex Iustinianus),* 521, *522–531* (Amt, Bedeutung, Funktionen im 6. Jh., Ostkirche), 539 (Klassen), 543

(Adressat staatl. Gewalt), 588 (Verhältnis zu Mönchtum, Ostkirche), 589, 757 f. (Afrika, nach byzantin. Rückeroberung), 815, 817, *820–824* (Frankenreich, 6. Jh.), *829–848* (Frankenreich, 6. Jh.), 876 (Irland), 877 f. (Irland, 5./6. Jh.), 906 ff. (Italien 6. Jh.), *922–931* (Frankenreich, Gregor d. Gr.), 939, 1003 f. (Autorität gg. Klöster), 1022, 1081 (literar. Entscheidungen), *1124f.* (Beitrag zur Heiligenverehrung), 1125 f. (hl. Schutzpatrone), **4** 11 f. (Byzanz, Völkerwanderung), 62 *(in partibus infidelium)*, 182, 223 f. (Kaiser), 264 (Mindestalter), 582 f. (Georgien, 9./10. Jh.), *605–612* (Merowingerreich), 613 f. (westgot. Spanien), 641 (Frankenreich), 663, 689 (Karolingerreich), *692ff.* (Politik, Karolingerreich), *695–699* (Karolingerreich), 747 f. (Bischofsstädte, Karolinger), *779–783* (10. Jh.), 799 f. (Reichsbischof, 10. Jh.), 808–813 (Prälaten d. Reichskirche), 819 f., 834 (Süditalien, 8.–10. Jh.), 835, 839 f. (Fulbert v. Chartres), *954f.*, **5** 10 (Byzanz, 11. Jh.), 108 f. (Reichsbischof, 11./12. Jh.), 183 f., *237f.* (Papst, Alexander III.), *254–266* (Westen, 12. Jh.), 353 f. (Autoren, Byzanz, MA), 587 (Domkapitel), 621 (Translation), 736 f. (Byzanz nach 1204), *800–803* (Reformepiskopat, 13. Jh.), 820, **6** *145–149* (byzantin. Episkopat, SpätMA), *149–153* (byzantin. Episkopat u. Türkenherrschaft), 399 f. (Predigt, Byzanz, SpätMA), 402–405, 468 f. (weltl. Herrschaft, SpätMA), 552 f. (Heilige, Byzanz, SpätMA), 623 (Kaiser, Byzanz, SpätMA), 649 (Frankreich, 14. Jh.), 707 f. (Kirchenreform, Dtschl., SpätMA), 731–734 (Italien, SpätMA), 799 (Ideal, St. Birgitta), **7** *176–185* (Reformbestrebungen im 16. Jh.), 336 f. (Italien, frühes 16. Jh.), 376 f. (England, Vorreformation), *402ff.* (Spanien, Kath. Könige), 422 f. (Nord- u. Osteuropa, 15./16. Jh.), 867 f. (Antireformat. Maßnahmen), **8** 34 (Luthertum), 37 (prot. Skandinavien), 74 (Calvinismus), 205 (engl. Reformation), 234 f. (anglikan. Kirche), 246 (Kath. Reform, Köln), 276 *(Ad limina)*, *285ff.* (nachtridentin.), *393f.* (Dtschl., frühe Reformation), 471 f. (Frankreich, 16. Jh.), 564 (anglikan. Kirche), 794 (span. Amerika), **9** 82 f. (südl. Niederlande, 17. Jh.), 232 f., *247–260* (17./18. Jh.), **10** 10 (Frankreich, Ende 18. Jh.), 72 f. (Lateinamerika, 18. Jh.), 626 (Frankreich, nach 1801), **11** 179, 207, 253, 310, 642, 732 (russ.-orth.), 734 f. (russ.-orth.), 742 (russ.-orth.), **12** 61, 181, 208, 597, 708 (prot.), **13** 47 f., 82, 163, 166

Bischofsernennung **11** 168, 174, 294, 300, 330, 463, 487 f., 600, 921 ff., 943, **12** 8, 378, 380 f., 535, 566, 568, 595 f., 616, 758, 882, 1166, **13** 144, 511, 627

röm. Bischof ↗Papst, Papsttum

Bischofskonferenz(en) **11** 306, **12** 25, 1178 (mexikan.), 1195 (Brasilien), **13** 48, 64, 83 f., 127, 166, 518, 688 (Australien, Neuseeland, Pazifik [CEPAC], Papua-Neuginea u. Salomon-Inseln)

Amerikanische **12** 1113

Asiatische (FABC) **13** 654

Brasilianische **13** 491, 496 f.

Chinesische **13** 627

Deutsche **11** 35, 171, 642, **12** 686, 689, 726, 754

Französische **11** 171, **12** 25, 597 f.

in Afrika (↗OR: einzelne Länder) **13** 567, 592 f.

Italienische **12** 442, 448, **13** 7

Lateinamerikanische (CELAM) **12** 25, 1154 f., 1165, **13** 156 (Versammlung in Medellín), 169 (Versammlung in Medellín), 178 (Generalversammlungen in Medellín, Puebla, Santo-Domingo), 180, 333, 489, 494, 497–504, 509 f., 520 f., 537 f.

Österreichische **12** 758

Polnische **12** 880

Rat d. Bischofskonferenzen Europas (CCEE) **13** 141 f., 148, 308
Schweizerische **11** 577, **12** 668
Spanische **11** 637, **12** 533, 535
Bischofsliste(n) **1** 152 (Thessalonike), 167 (Alexandria), 169 (Alexandria), 179 (Rom), 207 (Jerusalem), 272 (Jerusalem), 276 (Antiochien), 285 (Rom), 320 (Jerusalem), 321 (Rom), 325 (Antiochien), 332 (Jerusalem), 643 ff. (Afrika), 678 f. (Rom), 686, 692 (Rom), 828 (Rom), 856 (Rom)
Bischofsordination ↗Bischofsweihe
Bischofsresidenz **3** *1021–1024*
Bischofssynode **13** 62, 110, 121, 123, 127, 154, 166–170, 213
Bischofswahl (↗Investitur; ↗Investiturstreit) **1** 281, 645, 697, 840, 847, **2** 36, 40, 314 f., 441, 444, 639 f., 653 f., 1014, **3** *231 ff.* (Gallien, 5. Jh.), *524 ff.* (Ostkirche, 6. Jh. Verfahren, Kandidaten), *808–817* (Frankenreich, 6. Jh.), *905 f.* (Italien, Gregor d. Große), 922, **4** 81 f., 190, 222, 318, 605 (Merowingerreich), 805, *809 f.* (otton.-sal. Reichskirche), 873, **5** *12 f.* (Byzanz, MA), 98 f., 107 f., 226 (III. Laterankonzil), 262 f. (HochMA), 587, 619 ff. (Papst), 693, **8** 269 ff. (Tridentinum), **12** 380, 535, 846, 921
Bischofsweihe/-ordination (↗Bischofswahl) **1** 281, 328, 645, 697, 840 f., 844, 857, **2** 40, 640, 907, 930, 1013 f., **3** 544, 815, *1101 f.*, **4** 265, **5** 66, 108, **6** 146, **13** 45, 74, 164, 625
Bistumszeitschrift ↗Presse
Blasphemie **5** 910, **6** 316, 456, **13** 453
Bluttaufe (↗Martyrium) **1** 660
Böhmische Brüder **6** *344*, **7** *468–473*, 764 f. (Luthertum), **8** 28, 61, *625–630*, **9** 12, 20 f., 459, *475–490*, 689, 693, 868, **10** 204 f., 837 f., **11** 65, 73, **12** 891
Bogomilen **4** 208, 229, 244, *343–346*, 867, **5** 342, 479, *480–484*, 485 f., 494 f. (Katharer), 690, 744, 774, **6** 260, **7** 36
Bolivarismus **12** 1211
Bollandisten **9** 857, 953, **11** 114, 205
Bolschewiken, Bolschewismus **11** 725, **12** 90
Book of Common Prayer
, erstes **8** 217 f.
, zweites **8** 219, 223, 226 f., 229
, drittes (Elisabeth) **8** 230, 233, 983, **9** 103 f., 447, 883
Book of Kells **4** 741
Botanik **9** 937
Boulangismus **11** 507
Boxeraufstand (1900/01) **11** 766, 1050, 1053
Brand Roms (64) **1** 2, 140, 171, 176 f., 231 f., 288, 292, 302, 670
Bretonen **2** 14, **3** 354, 882 f., 885, **4** 631, 740
Bretonische Sprache **12** 603
Breviarium Alaricianum ↗ *Lex Romana Visigothorum*
Brevier **5** 551, **9** 851 f.
Brian-Kellogg-Pakt (1928) **12** 398
Brigittenorden ↗Birgittenorden
Briten (kelt. Bewohner d. antiken Britanniens) **3** 865, 867, 878, 931
British and Foreign Antislavery Society **11** 151
British Council of Churches (1942) **12** 840
Broad Church ↗Latitudinarismus
Brotvermehrung **1** 87
Bruderschaften, religiöse (Laienbruderschaften) (↗Rosenkranzbruderschaften; ↗Jakobsbruderschaften; ↗Marianische Kongregationen; ↗Laudesi; ↗Battuti; ↗Corpus-Christi-Bruderschaften) **3** 534 f., 719, **4** 38 f., *256–261* (8.–10. Jh., Ostkirche), **5** 423, 442, 513, 743, 893, *926*, **6** 364, 385, 421 f., *425 ff.* (SpätMA, Westen), 471, 473, **7** *253–256* (15./16. Jh.), 283, 318 f., 367 (Frankreich), 431, **8** 21, 244, 301, *305*, 433 f. (Schweiz), 473 f. (Frankreich, 16. Jh.), 583 f. (Neapel, 16. Jh.), 594 f. (Rom), 601, 604 f. (Norditalien), 612, 654 (orth., Polen-Litauen), 731 (*Misericordias,* Portugal), 848 f. (Mexiko), 867, 868 (schwarze, Brasilien), 898, 922 (Ja-

pan), *1015–1024* (16. Jh.), 1039, **9** 56 (Gegenreformation, Schweiz), 86, 121 (franz. Gegenreformation), 246 f. (Rom), 290, 301, 324 f., 508 (Kiew u. a.), 589 (Hl. Grab, Jerusalem), 660 (Lateinamerika), *912–917* (Barock), 1011, 1143, **10** *82 ff.* (Lateinamerika, *Ancien Régime*), 242, 244 f., 270, *603–612*, 653, **11** 129, 207, 216, 524, 1011, **12** 243, 259, 459, 537, 959 (*Bogomoltsi*, serb. Bewegung), **13** 406 (*Ekumena*, ↗Riga), 411 f.

Bruderschaft der Christlichen Lehre **8** 1000, **9** 334 f.

Bruderschaft der Nächstenliebe (↗PR: Vinzenz v. Paul) **8** 1069

Brüder d. Nächstenliebe **11** 206

Brüder und Schwestern v. Freien Geist **6** 316

Brüder und Schwestern v. Gemeinsamen Leben **6** 28 f., *333 f.*, *523 f.*, 533, 708–711, **7** 159, 171, 195, *226 f.*, 317 f., 503, 621 f. (Erasmus)

Brüderunität ↗Böhmische Brüder

Brüsseler Revolution **11** 17

Buch

-druck **6** 715, **7** 50 (griech. Drucke in Venedig), 147, 170 (Orden), *197 ff.*, 209, *222 f.* (Humanismus), 228 f. *(Devotio moderna)*, 240, 250 (Druckgraphik), 305 f. (Dtschl.), 379 (England), 497 f., *502 ff.*, 507 (Italien), 631 (Complutenser Polyglotte), *640–652* (Humanismus), 723 ff. (Luthertum), 791 (Basel, Straßburg), 846, **8** 339, 924–927 (Japanmission), 1113, **9** 582 f. (rumän. Fürstentümer), 587 f. (Georgien), 595 (Armenier)

-malerei **4** 629, 696 (Reims), 742, 756, **8** 927 f. (Japan)

-markt/-kultur (↗Bibliotheken; ↗Buch, -druck; ↗Alphabetisierung) **1** 720, 739–743, 790, **3** 615 f. (syr. Klöster), **4** 754 f. (Karolingerzeit), **6** 715, **7** *239–244*, 319 f., 369, 451 (Lollarden), 504 f., 641 f., *648–652* (gedruckte Bücher), **8** 330 f. (Kontroversschriften, 16./17. Jh.), 725, 924–927, **9** 74 (Niederlande), *844–861* (kath. Schrifttum, 17./18. Jh.), 881 f. (Protestantismus, Barock), 938, 1090 (Niederlande, Aufklärung), 1148, **10** 126 f. (griech. Orthodoxie, 18. Jh.), 237 f., 561 f.

Buddhismus **2** 20, **7** 540, **8** 916 f., 938 (Jesuiten), 945, **9** 751, 767, 791, 793, 795, **11** 765, 1031 ff., 1040 (Hinanyana), 1053 (Amidismus), 1055 (Korea), **13** 61, 92, 633 (Theravada), 641, 645 (Hinayana), 646, 669

Zen-Buddhismus **8** 916

Bücherverbrennung **5** 485, 761, **7** 750, **8** 902, **9** 882

Bürger, Bürgertum (Stand, Begriff) **1** 899, **5** 115 (Dtschl., Investiturstreit), 437, **6** 275 (Marsilius v. Padua), **7** 243 (Frömmigkeitsliteratur), 319 f. (geistl. Kultur, frühe NZ), **9** 428 (Vereinigte Niederlande), 859 f., 1027 f. („Bürgersinn“), **10** *311–368* („christl. Staatsbürger“, Franz. Revolution), *491 ff.* (amerikan. Unabhängigkeit), 583, **11** 13, 38, 192, 256, 296

-recht, röm. **1** 92 ff., 137, 260 f., 263, 602, **2** 3, 708

-recht(e), allg. (↗Menschenrechte) **11** 13, 872

-rechtsbewegung **12** 1074, 1124 ff.

Bürgerkrieg(e) **13** 568 (Liberia, Sierra Leone, Kongo, Ruanda, Burundi, Eritrea), 569 (Kongo), 570 (Ruanda)

Amerikanischer Bürgerkrieg **11** 868 f., **12** 1031, 1033

Irischer Bürgerkrieg **12** 863

Libanesischer Bürgerkrieg **13** 447 ff.

Spanischer Bürgerkrieg **12** 136, 515, 525–529, 537 f., 546, 623, 671, 837, 1167

Büßer **8** *244 f.*, 493, **10** 606

-bewegung (↗Flagellanten) **5** *444 f.*, **6** 420, 538

-gemeinschaften ↗Humiliaten; ↗Pönitentiarier

Bulgaren (↗OR: Bulgarien) **4** 4, 10, 28, 143, 184 ff., 207, 229 f., 236 f., 716, 891, **5** 342, 352, 721, **6** 257, 553 (Heilige), 776
Bulgarische Sprache **11** 791
Bundessöhne, Bundestöchter (vormonastische Lebensform im Nahen Osten, 4. Jh.) **2** 1039, 1079, 1082
Bundestheologie (Judentum und Christentum) **1** 194, 198, 215, 220, 290, 422, 463–469, 657, 736 f., 809, 822, **13** 70
Bundschuh **7** 328, 517
Burgunder **2** 994, 1001–1004, **3** 223 f., 226–230, 243, 343 f., 357, 386 f., 926
-reich **3** 344, 363, 367, *375–385* (Anfang 6. Jh., bis Ende), 802, 925 f.
Bursen **7** 215
Buß- und Bettag **9** 911
Bußbruderschaften ↗Büßerbewegung
Bußbücher (Poenitentiale) **4** 210 (Ostkirche), 281, 621 f. (kelt.-ir.), 632, 640, 680, 771, **5** 505, 531 f., 923, **6** 436, 455 f., 739, **7** 238 f., **8** 800
Buße **1** 837
Bußsakrament (↗Rekonziliation; ↗Ablaß; ↗Beichte) **1** 315 f., 343, 460, 600, 635 f., 697, 828, 832, 835, 837 f., 945 f., 949, 952, **2** 26, 44, 46, 1012, **3** 1100 f., **4** 621 f., *633* (ir. Mönchtum), 680, 752, *770 f.* (karoling. Praxis), **5** 346, *531–534*, *606 ff.*, 769, 809–812, 923, 929, **6** 449, *454–458* (Byzanz, SpätMA), **7** 693 (Luther), 702, **8** 21, 269 (Tridentinum), 1174, **11** 120, 188, **12** 510
Kirchenbuße **1** 555, 650, 697, 848
öffentliche Buße (↗Büßer, Büßerbewegung) **1** 651, **2** 783 f., **3** 1100, **4** 633, 680, 771, **5** 445, **6** 435, **8** 982, **9** 320, 902, **11** 247
-predigt **6** *382 ff.*
-zeiten **3** 804 ff. (Gallien, 6. Jh.)
Bylinen (epische russ. Volksdichtung) **7** 56

Cäsaropapismus (↗Kaisertum, byzant.; ↗Kaiserkult; ↗Königtum; ↗Monarchie, christl.) **2** 369, 378, 392, **3** 422, 828, **4** 122, 954, **6** 610, **8** 203, **10** 104
Cahiers de doléances **7** 146
Calixtiner **6** *343 f.*, 345, 806
Calvinismus (↗PR: Calvin, Johannes; ↗Hugenotten; ↗Reformierte Kirchen) **8** 15 f., 47 f., *62–96*, 215 f. (England), 220 f., 228, 315–330, 375 (Kyrillos Lukaris), *409–413*, *463–471* (Frankreich, Niederlande), 479, *536–539* (Schottland), 565 f. (engl. Puritanismus), 965 (Pfarreien), 1064, *1203 f.* (Bilderverbot), 1230–1233 (Kirchengesang), **9** 92 ff. (England, Anfang 17. Jh.), 654 f. (portugies. Amerika), 807 (Indien), **10** 62, 446, 723 (Preußen), **11** 121, 214 ff., 221, 465, 684, 831, **12** 606, 633, 641, 1153, 1217
Camaldulenser **5** 139, 176 ff., 400, **6** 721, 741, 746
Camisarden **9** 434
Camp-Meeting (↗Erweckungsbewegungen) **11** 837
Cargokulte **11** 149
Caritas (↗Wohlfahrtspflege, kirchl.) **11** 119, 130, 161, 177, 243, 615, **12** 278–282, 489, **13** 653
Caritas-Verband **11** 577, 653, **12** 687, 736, 755, **13** 217
Carlismus **11** 113, 284–287, 632 ff., 636 f., **12** 522
Cartesianismus (↗PR: Descartes, René) **9** 371, 943, 968–971
Cartistas (portugies. polit. Gruppierung) **11** 279
Casa de Caridade (brasil. Kongregation) **11** 945 f.
Catalogus Liberianus **2** 129
Cathedra (Bischofssitz in d. Kirche) **2** 931
Cathedra Sancti Petri **5** *625 f.*, 627 (Abb.)
Catholic Defense Association **11** 231
CELAM ↗Bischofskonferenz(en), -lateinamerikanische
Cenobia, cenobium ↗*Koinobion*
Centesimus Annus (Enzyklika) **13** 293–296
Centre Catholique des Intellectuels Français (CCIF) **12** 584, 586

Centuratio (röm. Flureinteilung) **1** 623
Chaldäische Kirche ↗Nestorianische Kirche
Chalkedonismus ↗OR: Chalkedon, Konzil
Chanson **8** 1224f.
Chantries (*Chaplainries*; Stiftungen zum Lesen der Messe, England) **6** 677ff., **8** 218
Chaplainries ↗*Chantries*
Charisma (↗Heiliger Geist) **1** 142f., 275, 278, 283, 288, 305, 308, 313, 317, 319, 424, 570, 572, 639f., 777, 827, 833, 840f., 859, **13** 47
Charismatische Bewegung **13** 265f., 523 (kath. Kirche), 611, 654, 668
Charivari **7** 262
Charta 77 (anti-totalitäre Erklärung tschechischer Intellektueller) **13** 360, 366, 369
Chartismus **11** 237
Chartophylax (Notar der bischöfl. Kanzlei, Ostkirche) **3** 533, **4** 35, **5** 11f., 353, **6** 141, 148, 398
Chartularios (kirchl. Güterverwalter) **4** 35
Chasaren **4** 28, 206, 229f.
Chassidismus **6** 863
Chautaqua (evangelikale Bewegung in d. Vereinigten Staaten) **12** 1097f., 1101
Cheirotonia (Handauflegung) **1** 78, 281, 283, 333, 396, 400, 406, 410ff., 416ff., 584, 651, 660, 840f., 853, **2** 40f., 51, 781, **4** 261
Chevaliers de la foi **10** 676
Chibchas **8** 780
Chichimeken **8** 782
Chiese ricettize **9** 276
Chiliasmus, Chiliasten (↗Millenarismus; ↗Apokalypse; ↗Eschatologie) **1** 190f., 369, 449, 459, **4** 829, **7** *302ff.* (15./16. Jh.), 326ff. (Dtschl., Vorreformation), **8** 156, 736f. (G. A. Bandarra), **11** 878f., **12** 241
Chinesisch-Japanischer Krieg **11** 1050, **13** 664
Chinesische Sprache **11** 766
Choral **8** 29, **9** 1072
Chorbischof **2** 630, *636*, **3** 523, **5** 278
Chorherren ↗Kanoniker; ↗Regularkanoniker
v. Heiligen Grab **5** 316, 319f., **6** 27
Chorschranke (↗Ikonostase) **4** 262, 674, **5** 548, **8** 301, 972
Chrismon **1** 844, **2** 954f.
Christ, -in (Begriff) **1** 78f., 193, 277, 416, 794f.
Christdemokratie (↗Parteien, christliche) **11** 38f., 480, 522f., 617–620, 625, 640, 704, 940, 942, **12** 603, 620, 634, 1148, 1152, 1157, 1159f., 1178, **13** 497f., 516
Christenlehrbruderschaft ↗Bruderschaft der Christlichen Lehre
Christentumsgesellschaft **11** 313f.
Christenverfolgung **1** 97–102 (Juden), 117, 152, 157f., 180, 198, 223, 236, 239, *240–259*, 247, 260, 266, 323, 473, 500, 502, 521, 565f., 572, 587f., 601ff., 606, 626f., 651, 687, 692, 697, 708f., 811f., 815, 847ff., 855, 859, 871, 878f., 944, 949, **2** 1, 24, 26f., 32, 38, 45f., 51, 53, 61, 87, 112, 142, *156–189*, 1007, 1077f. (Persien, 3. Jh.), 1080ff. (Persien, 4. Jh.), **3** 264f. (Vandalen, Nordafrika), *270–283* (Verfolgung v. Katholiken, Vandalenreich), 1165–1169 (Sassaniden), **4** *394ff.* (Islam), 443f. (al-Hakim), 500f. (Armenien, Kalifat), 922 (FrühMA, Bulgarien), 931, **6** 210 (Islam), 234f. (kopt. Kirche, SpätMA), 884 (Islam), **9** 759 (Japan), 769 (China), 779, 781f. (Indochina), 802 (Persien), **10** 145 (China), 154ff. (Korea), *369–428* (Franz. Revolution), **11** 148 (China), 1016 (Madagaskar), 1041 (Indochina), 1043 (Siam), 1049f. (China), 1053 (China), 1054 (Korea), **12** 526f. (im span. Bürgerkrieg), 537 (span. Bürgerkrieg), 932–936 (Sowjetunion), 941ff. (Sowjetunion), 975 (Sowjetunion), 1000ff. (Sowjetunion), 1006 (sozialist. Regimes), 1172 (mexikan. Bürgerkrieg), 1177 (mexikan. Bürgerkrieg), 1184 (Kuba), **13** 356f. (kommu-

nist. Regimes), 392 (Sowjetunion), 639 (Indonesien)
Caracalla **1** 260
Commodius **1** 690
Decius **1** 260, 263, 267, 561, 565, 647–650, 653 f., 658, 686, 689, 851 f., **2** 63, 91, 100, *156–161*
Diokletian **1** 365, 825, **2** 73, 89, 95, 126, 139, 142, 150, 953
Domitian **1** 157, *176–179*, 234
Gallus **1** 654
Hadrian **1** 242, 252, 257
Julian **2** 407, *408–411*, 412
Marc Aurel **1** 247, 252 ff., 258, 521, 567, 672
Maximinus Thrax **1** 262
Nero **1** 140, 171, 173–177, 229 f., *231 ff.*, 251, 257, 284, 292, 294, 302, 670
Septimius Severus **1** 243, 247, 260
Statius Quadratus **1** 163 f.
Trajan **1** 157 ff., 241 f., 251
Valerian **1** 267, 365, 647 ff., 654, 656, 658, 660 f., 825, 852, 857, **2** *168–171*
Christi Himmelfahrt **7** 260
Christian Missionary Society **11** 151 f.
Christian Science **12** 679, 783
Christian Social Union (CSU) **11** 567
Christian Socialism **10** 828
Christianisierung (↗Missionierung, christl.; ↗Heidentum; ↗OR: unter den Orten bzw. Regionen) **1** 622, 646 f., 686, **3** 391 (ländl. Gebiete Galliens), 1125, **4** *236 ff.* (Politik, Byzanz), 628, *723–726* (Sachsen), *883–920* (Nord- u. Osteuropa), **5** *345 ff.* (Nord- u. Osteuropa, MA), 799 („nach innen", MA), **6** 777 (Osteuropa, SpätMA), *781–784* (Litauen), 807 f., 889, **8** 306 (Delumeau), **9** 1134 f. (Delumeau u. a.), 1140
Christkönigsfest **12** 14, 210, 243 f., 454
Christliche Schulbrüder **9** 843
Christliche Schulbrüder ↗*Frères de l'Instruction Chrétienne*
Christliche Vereinigung Junger Menschen (YMCA bzw. YWCA) **11** 209, 237, 888 f., 1039, **13** 628
Christlicher Rat Chinas **13** 629 f.
Christlicher Verein Junger Männer (CVJM) **11** 578, 680, 900, **12** 40, 464, 961, 965, 970
Christologie (↗Trinitätstheologie; ↗Arianismus, Arianer; ↗Sozinianer; ↗Nestorianismus, Nestorianer; ↗Monophysitismus, Monophysiten; ↗Dyophysitismus, Dyophysiten; ↗Glaubensbekenntnis; ↗*Tomus ad Flavianum* usw.) **1** 24 f., 48, 50 (implizite Christologie), 60 f., 65, 68, 81, 204, 221, 326, 357, 387, 391 f., 422 f., 470, 482, 484 f., 498, 500, 502, 506 f., 549, 563, 611 ff., 661, 700–703, 706 f., 765, 768, 770, 821, 823, 883, 915 ff., 919, 949, **2** 68 f., 283, 421, 426, 439 ff., *570–625*, 619, 622, 624, 900, 1037, 1072, **3** 4 ff., 10–13, 15, 23, 25, 27, 30 f., 34 f., 40 f., 43, 45, 49, 74 f., *103–107* (Text v. Chalkedon), 129, 133, 139, 172, 177, 187 (Gelasius I.), 192, 194, 433 f. (Severianer), 447 (Origenismus), 495 (Theodosios v. Alexandria), 648, 653 ff., 678, **4** 124, *391 f.* (östl. Häresien), **5** *368 f.* (Byzanz, 12. Jh.), **7** 827 (Schwenckfeld), **8** 5, 9 f., 14, 40, 114 (Beza), 131 (Melchior Hoffman), 177, 187 (Schwenckfeld), 311 f. (Luther/Zwingli), 318, *323–326* (Konkordienformel), **9** 959 f. *(Theophrastus redivivus)*, **10** 205, **11** 47, 50 ff., 67 ff., 86, 98, 103, 355, 357, 365 f., 378, 387, **12** 101, 123 f., 186, 210, 222, 262 f., 744, 810, 815, 817, 945 f., **13** 188, 192, 194 f., 203, 336, 464, 658 f., 663
Hoheits- **1** 155, 303, 917, **11** 358 f.
d. Johannesevangeliums **1** 64, 155, 203, 302, 304
judenchristliche (↗Theologie, judenchristl.) **1** 220 ff., 303, 469, 496
d. Markusevangeliums **1** 86 f.
Präexistenz **1** 302, 482, 486, 491
Proexistenz **1** 51, 87
Selbstverständnis Jesu **1** 48 ff., 535, **11** 400
Christotokos **2** 579, 586, 592, **3** 7

Christus (Motiv) (↗Jesus) **2** 35, 754, 758 f., 762
-darstellungen (↗Schmerzensmann) **3** *720–724* (Apsisbilder, Spätantike), **4** 65 (Trullanum II), 99 f., 115, 159, 858 (St. Pierre, Moissac, Abb.), **5** 507 (Pantokrator, Byzanz), 511, 512 (Abb.), **6** 412 ff. (van Eyck), **7** 276 f. (Spätgotik), *483 ff.* (Hl. Blut), 491, **9** 760 (Japan), 863
-hymnen **1** 585, **2** 68, 731
-orden **6** 755, **7** 411 (Portugal), 565 f., **8** 748
Chroniken **2** *727 f.*
Church Missionary Society **11** 134, 808, 810, 812, 914, 992, 994, 999 f., 1024 f., 1035, 1049, **12** 812
Circumcellionen **2** 254, 256, *256 ff.*, *266 ff.*, *511*, 514 f., 521
Civiltà Cattolica (Zeitschrift) **11** 24, 26, 28
Clari (Senatoren in Konstantinopel) **2** 219
Claudianisten **2** 510
Claudius-Dekret (Vertreibung der Juden aus Rom) **1** 3, 119, 171 f., 231, 284 f., 292, 667
Claustrum, claustra **3** 1000
Clausula Jacobi ↗Aposteldekret
Clemensbrief (↗PR: Clemens von Rom) **1** 289
Cluniazenser, cluniazens. Reform (↗OR: Cluny) **4** 701, 785, 789, 794 ff., 840, 845, 847, 854, **5** 101, 117, 126, 159, 176, 295, 312, 393 f., 396, 539, 597, **6** 658, 660
Code Clarendon **9** 104
Codex Iustinianus **3** 421, *423 ff.* (Kirchengesetzgebung), 436, 460, 523, 529, 589 f. (Mönchtum), **5** 668, 826, **6** 502, 506
Codex Theodosianus **2** 222, 253, 633, 853, **3** 350, 687
Codex Vigilanus **3** 864
Codex Iuris Canonici (↗Recht, kanonisches) **12** 6 (1918), 8 f., 24 f., **13** 122 f., 158, 175
Cölestiner **6** 531 f., 660 f. (England), 741
Colettinnen **8** 500
Collège de France **7** 634
Collegia (städt. Zwangskorporationen) **2** 8
Colloquium Charitativum (Thorn, 1645) **9** 191, 491
Combes-Gesetze **11** 206
Commandatio (verbindl. Nachfolgeempfehlung eines Amtsinhabers) **2** 654
Commonitorium (↗PR: Vinzenz v. Lérins) **3** 252
Communio et Progressio (päpstl. Instruktion) **13** 95
Communione e Liberazione (kath. Studierendenbewegung) **12** 498, **13** 266, 397
Communità di Sant'Egidio **13** 218, 579
Compagnie du Saint-Sacrement **8** 517
Confederatio Bohemica **9** 12 f.
Conférence de Saint-Vincent-de-Paul ↗Vinzenzverein(e)
Confessio Augustana ↗Bekenntnisschriften
Confessio Bohemica ↗Bekenntnisschriften
Confessio Doctrinae Ecclesiarum ↗Bekenntnisschriften
Confessio Helvetica Posterior ↗Bekenntnisschriften
Confessio Tetrapolitana ↗Bekenntnisschriften
Confessores (Bekenner) (↗Christenverfolgung) **1** 839, 841, 847, 859, **2** 26, 38–41, 122, 159 f.
Confidimus quidem (Synodalschreiben v. Papst Damasus) **2** 433 f., 437, 448
Congregatio de propaganda fide ↗Propagandakongregation
Congrégation des Prêtres de la Mission **8** 521
Congrégation du Saint-Coeur de Marie **11** 139, 189, 546, 1014
Conquista **8** *775–783*
Consensus ↗Bekenntnisschriften
Consensus v. Sendomir **8** 326 ff., 647
Constitutio Antonina **1** 260
Constitutiones apostolicae ↗Apostolische Konstitutionen
Constitutum Constantini ↗Konstantinische Schenkung

Consuetudo, consuetudines (↗Mönchsregeln, Augustinus; ↗Kanonikerregeln) **5** 154, 159, 163, 524
Contemptus mundi ↗Weltflucht, Weltverachtung
Conversi (Neubekehrte) **2** 969 f.
Conversos (↗Marranen) **7** 383 f., 390–399 (Spanien, um 1500), **8** *663 ff.*, 1010
Corpus-Christi-Bruderschaften **7** 367, **8** 493, 594, 1018, *1019*, 1021, **9** 914, 916, 1011 f., **10** 603
Corpus Iuris Canonici (↗*Codex Iuris Canonici*) **5** 236, 239, 588, **6** 591 (*Clericis laicos*)
Corpus Iuris Civili (↗*Codex Iustinianus*) **8** 1117
Corpus Polycarpianum **1** 323 f.
Correspondant **11** 186 f.
Cortegiano, Il libro del (↗PR: Baldassare Castiglione) **7** *106*, 330, 506
Credo ↗Glaubensbekenntnis
Credo Pauls VI. ↗Bekenntnisschriften
Cristiada (mexikan. Bürgerkrieg 1926–29) **12** 1170–1179
Cuius regio eius religio **8** *32*
Culdeer (ir. Reformbewegung) **4** 741
Curiales ↗Kurialen
Cursus honorum (kirchl. Ämterlaufbahn) **1** 648, **2** 37
CVJM ↗Christlicher Verein Junger Männer

Dämonen, Dämonenglauben **5** 742 f., 909, **8** *1074–1107* (16./17. Jh.), **9** *1102 f.*
Dänen **4** 728, 745 f. (England, 9. Jh.)
Dalai Lama **9** 768, 775
Damaskuserlebnis **1** 99, 101 f., 131 f., 197 f., 514
Damen von Saint-Maur **9** 288
Dames de l'Assomption **11** 130
Damianistinnen ↗Klarissen
Daniel, Prophet (Motiv) **1** 695, **2** 748, 751
Daoismus **8** 945
Darbysten, -innen **12** 545, 562, 664, 679, 783, 1099
Darwinismus **11** 335, *434–437*, 583, 897 f., 929, **12** 146, 798, 1050 f.
Datarie, päpstliche **7** 110, 113
David, bibl. König (Motiv) **1** 5 (Abstammung Jesu vom Königshaus David), 70, **2** 748, 759
De civitate dei (Gottesstaat) (Augustinus) **2** 510, 730 f., 929, 997, 1000, **7** 681 (Luther)
De consolatione Philosophiae (Boethius) **3** 319
De doctrina christiana (Augustinus) **2** 510
De Maiestate **1** 244, 247 f.
De miseria conditionis humanae (theolog. Schrift Papst Innozenz III.) **5** 564 f.
De mortibus persecutorum (Lactanz) **2** 202
De Principiis (↗Origenismus; ↗PR: Origenes) **1** 613
De septem ordinibus (südgall. Kirchenordnung) **2** 634 f., 637
Decretum Gratiani **4** 764, **5** *188 ff.*, 231, *463*, 499, 586, 608, 617, 630 f., 633, 756, 821, 913, **8** 1117
Deesis (Ikonographie) **5** 507
Defensores (Verantwortliche für Rechtsfragen) **2** 933, **3** 533, *898–902* (päpstl. Kurie), 907 f.
Definitivsentenz **1** 837 f.
Deismus **8** 731, **9** 457 f., 1097 f., 1109, 1147, **10** 2, 241, **11** 77
Dekabristen **10** 111
Dekalog **1** 371, **7** 709, 713, **8** 5 f., 83, 979, **9** 988, 993 f.
Dekalog-Hirtenbrief (Hirtenbrief d. deutschen Episkopats 1943) **12** 702 f.
Dekan, Dekanat **4** 697, 796, **5** 277, 695, 864, **6** 22, **7** 201
Dekretalen, päpstl./röm. **2** 633, 637, 640, 647 f., 851, *897*, 904, 966, **5** *644–653*, **6** 639, **8** 1117
Dekurionen *(Ordines decurionum)* (städt. Oberschichten im antiken Rom) **1** 631, **2** 7, 471 f., 644
Delphi-Inschrift **1** 120
Demiurg (↗Gnostizismus; ↗Markioniten usw.) **1** 183, 529–533, 911

Demokratie (↗Parlament, Parlamentarismus; ↗Konziliarismus) **10** 484, **11** 1, 3, 25, 36 f., 245, 330, 460, 479, 481, 530, 844, **12** 37 f., 77, 124, 423, 457, 471, 507, 641, 657, 733, 837, 873, 886, 1036, 1148, 1159, 1212, **13** 417 f., 568
Demut (↗Arbeit; ↗Sklaverei; ↗Berufsethik) **2** 804
Dendriten (Asketen auf Bäumen) **2** *834*
Determinismus **1** 902, **11** 335, 898, **12** 147
Deuteronomium **11** 375
Deutsch-Französischer Krieg (1870/71) **11** 30, 35 f., 335, 463, 656 ff., **12** 239, 328, 555 f.
Deutsche Christen (prot. Glaubensbewegung im Dritten Reich) **12** 64 f., 108, 111, 115, 122, 344, 346, 349 f., 360, 701, 713–717, 722 ff.
Deutsche Evangelische Kirche (Drittes Reich) **12** 714 f., 717 ff.
Deutsche Sprache, Deutsche Literatur **7** 725 (Lutherbibel), 733 f., **8** 1027, **9** 419 (Universität Halle), 837 f. (Barock), 845, *1049–1064* (relig. Drama, Barock), **11** 701, 759, 961
Deutscher Bund **11** 309 f., 319
Deutscher Evangelischer Kirchenbund **12** 706 f., 767
Deutscher Orden **5** 320, *322 ff.* (Entstehung), 423, 677, *701 ff.* (Preußen, MA), 925, **6** 17, 25, 567, 569, 771 f., 774, 777 f., 780, 784, 788 f., 793, 802 (Konzil v. Konstanz), 875, **7** 416 f. (15./16. Jh.)
Deutschkatholizismus **11** 302 f.
Devotio moderna (↗Brüder u. Schwestern v. Gemeinsamen Leben; ↗OR: Windesheim, Windesheimer Kongregation) **6** 28, *523 f.*, 533, 709 f., 746, 760, 801 (Böhmen), **7** 171, 195, 209, 213, *226–233*, 249, 263, 273, 317 f., 322, 369 (Frankreich), 370, 384, 405, 676, 679 (Luther), **8** 671, 1044 f., **10** 262 f., 265
Devotio Romana **12** 242–260
Devşirme (Knabenlese im Osman. Reich) **7** *10 f.*, 44
Dhimmī („Schutzbefohlener", Status v. Nichtmuslimen im Kalifat) **4** 395, 468, **11** 777, 784, **13** 452, 454
Diakon, Diakonat (↗Erzdiakon) **1** 143, 283, 288, 290 ff., 298, 305, 313, 315–319, 321 f., 327, 329 f., 332, 336, 352 f., 364 f., 432, 543, 583 f., 587, 638, 641, 674–677, 696 f., 830 f., 833, 835 f., 839–842, 844 f., 848 f., 856 f., **2** 32–36, 38, 40–43, 315, 472, 634 ff., 641 f., 647, 649 ff., 786, 911 f., **3** 351 (Synode v. Agde), 532, 1101 f. (Ordination), **4** 63 f. (Trullanum II), 264, 839, **5** 9 (Eherecht, Byzanz, MA), 284, **8** 77 f. (Calvinismus), 271, **11** 593 f., 732, **13** 11, 45 f., 53, 74, 213 f., 594
Diakonien (Institute zur Wohlfahrtspflege; ↗Bruderschaften, relig.) **4** 258 f., 368 ff., 371 f. (Rom)
Diakonisches Werk **12** 736, 753
Diakonin(nen) **1** 283, 311, 334, 336, 641, 842, **2** 42, 472, 496, 638 f., **3** 119, 533, **11** 217, 239, 243, 321 f., 324 f., **12** 831
Dialektik **2** 707, **4** 331, 754, *853 ff.* (MA, Westen), 866, **5** 460, 463, **8** *1117–1123* (Loci-Methode), **11** 71 ff., 90, 95, 99, 101 f., 107, **12** 93, 99–106, 125, 188
Dialog, interreligiöser **11** 973, 1031, **12** 293, 296–300 (jüd.-christl. und islam.-christl. Dialog), **13** 126, 465 f. (islam.-christl.), 662 f., 673 f., 699
Diaspora (↗Orthodoxe Kirchen; ↗Unierte Kirchen) **11** 732, 762–768, **12** 923 f., 926 f., 940 (russ.-orth. Auslandskirche), 959–963, 986, 1011 f., **13** 382, 408 ff. (russ.-orth. Auslandskirche), 455–460
Diatesseron ↗Evangelienharmonie
Dichtung ↗Literatur
Dictatus papae **5** *59–62*
Didache **1** 312 ff., 342, 400, **2** 1007
Didaskaleion (↗OR: Alexandria, Katechetenschule) **1** 830, **2** 113
Didaskalia Apostolorum (Kirchenordnung) **1** 343, 841, **2** 34, 41, 72, 638

Didaskaloi (Lehrer; Ökumen. Patr.) **1** 143, 181, 275, 277, 292, 305, 308, 312 f., 315 ff., 330, 332, 334, 582 f., 586 f., 675 f., 836, 846, **5** 11, 26, **6** 148, *398 f.*
Dikaios (Patriarchatsvikar) **6** 140
Diözesanstatuten, diözesan. Gesetzgebung **4** 698, **5** 802, **7** 145
Diözesansynoden **7** 145, 195, 200, **8** 286, 793 f. (span. Amerika, 16. Jh.), **9** *258 ff.*, **11** 570, 598, 603
Diözese(n) **1** 645, **2** 453, 629 f., **5** 256 ff. (Westen, 12. Jh.), **6** 469 (Verwaltung, SpätMA), **9** 252 f., 618 ff. (Lateinamerika), **10** 631 ff. (Frankreich, nach 1801), **11** 261, **12** 442 f.
Diokletianische Reform **1** 623 f., 645, 740, **2** 940
Dionysos-Mysterien **1** 236, 568
Diptychen **3** 472, 521, 543 f., 1097, **4** 674
Disciples of Christ **11** 904, **12** 1067, 1071, 1096 f., 1134
Disestablishment (Trennung v. Kirche u. Staat in Großbritannien) (↗Laizismus; ↗Kirche und Staat; ↗Säkularisierung) **11** 558–564
Diskriminierung **1** 34
ethnische **12** 1094, 1121 f. (christl. Bewegung gg. Diskriminierung d. Schwarzen)
religiöse **1** 34, **11** 223, 225, 231 f., 562, 752 f., 784, **12** 421, 634 (v. Katholiken in den Niederlanden), 866, 871, 1187, **13** 453
Dispens (röm. Kirche; ↗*Oikonomia*) **4** 212, 331, **5** 606, 630, **6** 53
Dissenters (England) (↗Quäker; ↗Methodismus; ↗Methodisten; ↗Baptisten; ↗Puritanismus usw.) **9** *459–468*, 679, **11** 221 ff., 225, 229, 236, 559
Disziplinierung (↗Kirchenzucht; ↗Kirchenordnung(en); ↗Obrigkeit, weltl.; ↗Konfessionalisierung) **8** *1003–1011*, **10** 204
Ditheismus **2** 276, 292
Divini Redemptoris (Enzyklika 1937) **12** 35 ff., 182, **13** 631
Doctrinas (Pfarreien für Eingeborene) **9** 635, **10** 73, 84
Dogma, Dogmatik (↗Orthodoxie, christl.; ↗Lehramt) **1** 684, 708, 803, 810, 823 f., 915–921, 944 f., 949, **8** 41, **9** 412 (luth. Orthodoxie), **10** 712, **11** 46, 55, 59, 67, 69, 77, 79, 98 f., 227, 358, 361 f., 367 f., 380 f., 385, 747 (russ.-orth.), 750, **12** 53, 57 f., 71, 218 ff., 222 ff., 262 f., 815, 817, 1071, **13** 76, 193–196, 198
Assumptio Corporea **12** 23, 139, 181, 210 f., 245 f., 248, 262, 448, 511, 1026
Immaculata Conceptio **11** 120, 207, 263, 290 f., 602, **12** 210 f., 245 f., 248, 454, 991
Dogmengeschichte (↗Christologie; ↗Abendmahl usw.) **11** 79, 354, 379, **12** 1074
Doketismus **1** 326, 335, 532 f., 549, 560, 592, 611, 615, 812, 817, 945
Doktrinarier **9** 269
Dolcinianer ↗Apostoliker
Doleanz **12** 633
Dominikaner, -innen **5** 570, 578, 597, 607, 698 f. (Ungarn), 736 (Konstantinopel), 748, 750 f., 770, 774, 783, 787 f. (Orientmission), 791, 793, *837–840* (Entstehung), 840, 853–856, 858, 865, 893, 898, **6** 5, 25 f., 28, 30, 213 f. (Naher Osten), 227 (Armenien), 232 (Georgien), 301 (Pera b. Konstantinopel), 317, 350 (Predigt), 351, 354, 356, 360, 363 f., 374, 377, 380, 386, 409 (Konstantinopel), 477 („Wucher"), 520 ff. (Mystiker, SpätMA), 525, *527–530* (Observanz), 541, 658, 721 (Italien), 726, 731, 743 ff., 761 (Iber. Halbinsel), 762 f., 767 (Zypern), 769, 775 (Osteuropa), 776, 778, 784 f., 790 f. (Abb.), 796 (Schulwesen, Ostmitteleuropa), 799, 821 (Pera), 823, 835 (Maragha), 879 (Mission, muslim. Spanien), 881, 885, **7** 159, 167 f. (Observanz), 175, 232, 339 f. (Observanz, Italien), 356 f. (Ob-

servanten, Frankreich), 388 (Spanien), 404 f. (Observanz, Spanien), 435, 539 (Äthiopien), 551 (Mexiko), 553 (Mittelamerika), 564 f. (Indianer), 601 f. (Santo Domingo, ab 1510), 605 (Venezuela), 605 f. (Verteidiger d. Indianer), 608 (Mexiko), **8** 247, 303, 491, 499, 611, 692 f. (Spanien), 724, 750 (Kongo), 762 f., 766 (Sklaverei), 773 (Lateinamerika), 799, *807 ff.*, 831, 833, 844, 857 (Philippinen), 876, 929, 934 (China), 947, 954, 1021, **9** 282, 355, 600 (Persien), 627, 633 f., 639, 663, 734 (Afrika), 737, 743 ff., 757 (Philippinen), 769 (China), 770, 796, 914, 1034, **10** 74, 502, 654, 790, **11** 127, 131, 137, 205, 216, 546, 557, 578, 798, 937 f., 1038, 1051, **12** 195, 204, 228 ff., 259, 513, 652, 1142, **13** 679

Domkapitel ↗Kapitel; ↗Kathedralklerus, Kathedralkapitel

Domostroj (altruss. Hausbuch) **8** 383

Donaten **5** 912, **11** 911

Donatismus, Donatisten **1** 660, **2** 127 f., 226 f., *242–270*, 303, 319, 360, 410, 477 f., 494, *507–523* (Donatistenstreit), 526, 885, 892, 896, 902 f., 923, 925 f., 1012 f., **3** 265, 283, 753, 758, *916 ff.* (Ende 6. Jh.), 1018 f. (Kirchenbauten), **8** 144 (Täufer)

Donum Vitae (Instruktion d. Glaubenskongregation) **13** 125 f., 280

Doppelklöster **5** *425–429*, **6** *156 f.* (byzantin. SpätMA), 498

Doxologie **3** 1097

Drei-Ämter-Lehre **8** 71

Drei-Hypostasen-Theologie **2** 278, 282 f., 318, 328, 333, 363, 422

Drei-Kapitel-Streit **3** 447, *448 f.* (Definition), 450 f., 454 ff., *462–490* (Auswirkungen im Westen), 568, 755–758 (afrikan. Kirche, 6. Jh.), 767, 772, 780, 787, 796 ff., 892, 904, 910 f., 1127, **4** 617 f.

Dreikönigsfest **5** 538

Dreißigjähriger Krieg **8** 426 (1618), 630 f., **9** *40–44* (Dtschl.), *167*

Dreyfus-Affaire **11** 513 f., 531

Dritte Welt (↗Kolonisation, Kolonialismus; ↗Theologie der Befreiung) **12** 363, 368 f., 372 f., 431, **13** 81, 97, 186 f., 494 f., 505, 536

Dritter Stand (↗Ständewesen) **1** 59 f., **4** 746

Drittes Reich (↗Nationalsozialismus, Faschismus; ↗OR: Dtschl., Drittes Reich) **12** 15 f., 34–37, 64 f., 87, 106 ff., 126, 344–363, 688–705, 713–725, 759–763, 767, 836 f., 860, 892, 894–902, 974–986, 990, 1037, 1090

Druckgraphik (↗Holzschnitt) **7** 485

Druidentum **1** 237

Drusen **11** 138, 779, 781, 785 (Massaker im Libanon), 800 f.

Dualismus **1** 183, 217, 503, 530, 539, 543, 546, 890, **11** 849, **12** 1220, **13** 611

Dublin Review (kath. Zeitschrift) **11** 112 f., 234

Duchovnyj Reglament **10** 103

Duell **8** *1194 f.*

Duma **11** 726

Duophysitismus ↗Dyophysitismus

Dusares (altarab. Gott) **2** 63

Dyophysitismus, Dyophysiten (↗OR: Chalkedon, Konzil; ↗Glaubensbekenntnis (Chalkedon); ↗Zwei-Naturen-Lehre) **3** 14 f., 23 f., 27, 31 f., 34, 47, 49, 69 f., 77, 79, 82, 105, 120, 128, 187, 447, 455, 492, 500, 568, 616 (Syrien), 654, 1175 (Persien), 1176, 1179, 1200 f. (Armenien), 1210 f., 1264 (Kaukasus), 1265, **4** 517 (Armenien)

EATWOT ↗Ökumen. Vereinigung von Theologinnen u. Theologen der Dritten Welt

Ebioniten (judenchristl. Theologen) **1** 146, 159, 220 f., 223, 371, 469, 482, *483–487*, 487 ff., *490–493*, 496, 501, 505 f., 545, 701, 705, **2** 275, 1041, **11** 104

Ebioniten-Evangelium ↗Apokryphen

Ecclesiam Suam (Enzyklika) **13** 41 f., 53, 118

Ecclesiastical Titles Act (1851) **11** 231

École française **8** 517
Edictus Rothari **4** 619
Edikt von … ↗OR: Einzeleinträge Ortsnamen
Edler Wilder (Topos) **7** 586, 589, **8** 869f.
EECCS ↗Europäische Ökumenische Kommission Kirche und Gesellschaft
Eger cui lenia **5** *638f.*
Église Chrétienne Missionnaire Belge **11** 547
Église Libérale de Belgique **11** 547
Ehe (↗Klerus, Kleriker, Eherecht)
-bruch **1** 946, **2** 807 f., 942 f., **6** 316, 456
-gericht **7** 783 (Zürich, Zwingli), 806, **8** 53, 1006
-losigkeit ↗Zölibat; ↗Jungfräulichkeit
Misch- **10** 716 f., **11** 298 ff., 465, 575, 957, **12** 415, 487, 557, 802, 868, 871, **13** 70, 90, 145, 464 f., 645
-recht **1** 592, 697 f., 834, 836, 946, **2** 228 f., 475, 527, 531, 543 f., 639, 641 f., 769, *805–809*, 807 f., 861 f., **3** 811 f., *1101*, **4** 63 (Trullanum II), 200, 262 ff. (Ostkirche, 8.–10. Jh.), *326–331* (Byzanz, MA), 327, 329 f., 588 f. (Georgien, MA), 681, 773, **5** *8f.* (Byzanz, MA), 90, 96, *366f.* (Byzanz, 12. Jh.), 438–441, 566 (Innozenz III.), 587 (Lateranum IV), 588, 683, 742, **7** 783 (Zwingli, Zürich), **8** 25 (Luthertum), 30, 53, 161 f. (Täufer), 271 (Tridentinum), 722, 984 f. (prot. Kirchen), *1195–1198*, **9** *1014ff.* (Ehemoral, Barock), **10** 364 f., *565–569* (Franz. Revolution), 624 f., **11** 28, 126, 231, 330, **12** 27 f., 263, 271, 469, 532, 663, **13** 81, 613
-scheidung **2** 807, **4** 327, **5** 8, **7** 629 (Morus, Utopia), 657 (Erasmus), 783, **8** 35, **10** 364, 458, *555f.*, 563, *567f.*, 624, **11** 231, **12** 500, 523, 796, 834 f., 868, 871, **13** 115
-schließung (Liturgie, kirchl. Zeremonie) **1** 636, 837, **2** 807, **3** *1101*, **5** 534 f. (als Sakrament, MA), **6** *431f.* (SpätMA), **8** 984 f. (Prot. Kirchen), 992 f. (Katholizismus nachtridentin.), **9** 437 (Hugenotten, Frankreich), 474 (Amish), *890f.* (17./18. Jh.), **10** 463, 552 f., **11** 224, 545, **12** 758
-verbot ↗Zölibat
Wiederverheiratung **11** 231, **12** 796, **13** 98
Zivil- **10** 187, 329 f., 364, 450, 495, *565–569*, 624 f., **11** 201, 455, 457, 463, 465, 502, 596, 622, 632, 664 f., 949, 960, **12** 874, **13** 466
Eichensynode (403) **2** 563 ff., 580, 899, 1023, 1038
Eid (↗Klerus, Kleriker -Zivilkonstitution d. Klerus) **6** 862 f. (Juden, SpätMA), **8** 154, 160, 563 (Suprematseid, England), 1175, **9** 18, 470, 525, **10** 336
Eiferer der Frömmigkeit (Rußland, 17. Jh.) **9** 519 f.
Eigenkirchen, Eigenkirchenwesen **4** 612, 615, 783, 833 f. (Süditalien, 8.–11. Jh.), 912 (Skandinavien), **5** 65 (Gregor VII.), 98, 282, 299, 309 f. (normann. Süditalien), 693
Eigenkloster (↗Klöster; Klosterwesen; ↗Klosterstiftungen) **5** 171
Eigentum (↗Besitz) **11** 475, 477, 616, **12** 29 f., 833, 1091, **13** 81, 291
Einfalt **1** 891, 893
Einheit, Einheitsideologie (↗Kirchenpolitik, Antike; ↗Kaisertum, oström./byzantin.; ↗Union) **1** 195 f., 328, 377 f., 420 ff., 459, 550 f., 651 f., 654, 671, 681 f., 822, 849–852, 854 f., **2** 339, 376, 380, 394, 396, 449, 459, 574, 630, 679, **3** 423, **4** 693 (Frankenreich, Karl d. Gr.), **5** 379, 765 (*Reductio ad unum*, MA), 889, **6** 83 ff., **7** 542, **12** 45, 52, 54, 59, 62, 72 f., 79, 84, 222, 294 f., 323, 500 f. (Einheit der kath. Kirche in Portugal), 504–509 (Einheit d. kath. Kirche in Portugal), 595–598 (Einheit der kath. Kirche in Frankreich), 922, 971, **13** 16, 67, 145, 199
Einsetzungsbericht **1** 341, 356, 422 f., 425, **3** 1095, 1097, **12** 72
Einsiedler ↗Eremiten

Eisagoge (byzantin. Gesetzessammlung; Photios) **4** *215–219*, 225, 267, 320, 327, 353
Eisenbahn **11** 270, 660, **12** 137
EKD ↗Evangelische Kirche in Dtschl.
Ekdikoi (↗*Defensores*) **3** 533, **4** 34 f.
Ekklesiologie (↗Papsttum; ↗Petrusdoktrin; ↗Primat, röm.; ↗Kanon 28; ↗Nationalkirche(n); ↗Gallikanismus) **1** 87 f., 216, 224, 279 f. (Paulus), 296, 305 (kosmische), 315 f., 321, 327 f., 392, 396, 401 ff., 428, 459, 462, 470, 543, 546, 583 f., 635, 651 f., 675, 682, 818, 822, 830 f., 843, 855 f., 949, **2** 517, 519, 521, 967, **3** 327–330, 1083, **4** *160–164* (Osten, nach Bilderstreit), **5** 203 ff. (Bernhard v. Clairvaux), *236–242* (Papsttum, 12. Jh.), 245, 566 (Innozenz III.), 600, *615 ff.* (Papst, *Christianitas*), 623 f. (Innozenz III.), 640 f. (Rekuperation, Kirchenstaat), 651 f. (päpstl. Benefizien), 851, **6** 93 (Konziliarismus, Pisa 1409), *264–294* (latein. SpätMA, Konziliarismus), *294–314* (Orthodoxie, SpätMA), *889*, **7** 689 (Luther), 695, 700, 702, 716 f., 744, 843 (G. Farel), 847 f., 853 f., 877, **8** 57–60 (Bucer), *73–82* (Calvin), 96, 147 f. (Täufer), *150–153* (Täufer), 232 (engl. Reformation), 297, 342–345, 347, 396, 568 (engl. Separatisten), **9** 409, 753, 990 (Jansenismus), **10** 27 (Pistoia, 1786), 560, **11** 29, 75, 81, 106 f., 111 f., 116, 196, 233, 249, 252, 357, 388, 410, 526 f., 593, 642, 747 (russ.-orth.), 805 (melkit.), 963 (Episkopale), 1018 (prot. Mission), 1019 (prot. Mission), **12** 23, 57 f., 60, 71, 79, 91, 93, 106–110, 178–181 (Kirche als Leib Christi), 207 f., 222 f., 263, 294, 325, 744, 818, 820, 858 f., 1083, **13** 59 (Lumen Gentium), 70, 73 ff. (Lumen Gentium), 78, 87, 123 (Lumen Gentium), 136, 139, 153, 162 ff., 166, 663
Matthäusevangelium **1** 206, 210 f., 214, 305
Eklektizismus **1** 599 f.
Ekloge (Codex Leons III.) **4** 214
Ekstase **1** 570 f.
Ekthesis (Dekret v. 638, Monotheletismus) **4** 42 f., 49, 399, 626, 642, 644
Elagabal **1** 259, 261, **2** 16
Elementarbildung (↗Lesen, Lesekenntnis) **3** 823, 1002
Elia **2** 818
Elkasaiten, Elkesaiten (judenchristliche Häresie) **1** 221, 483, 491, *496–506*, 513, 560, **2** 73
Emanation(en) **1** 541, 614 f.
Emanzipation, polit. (↗Freiheit) **11** 8, 10, 14, 596 (Juden), 688, 783–786
Emkendorfer Kreis **11** 313
Emmanuel (charismat. Gemeinschaft) **13** 265 f.
Empfängnisverhütung ↗Sexualität, Sexualmoral
Empirismus **5** 878 (R. Grosseteste), **9** 1022–1025
Emser Punktation **10** 706
Encomienda (span. Komtur, Kolonien) **7** *600 f.*, 602 ff., 606, **8** *801 f.*, **9** 639 f.
Encyclopedia Britannica **10** 2
Encyclopédie **9** 142, **10** 2, 12, 178 ff., 184
Endzeiterwartung (↗Apokalyptik; ↗Chiliasmus) **7** 499, 517, 717 (Luther), 824, **8** 6, 155 (Täufer), 333 f., 1060 (Böhme), **9** 319, 420 (Luthertum, um 1700), 464 (Quäker), 481 (Böhmische Brüder), 522 (russ. Altgläubige)
Endzeitvorstellungen ↗Apokalyptik
Engel **1** 300 f. (Amt d. johann. Gemeinden), 305, **10** 85, **12** 248
Englisch, englische Sprache, englische Literatur **6** 655, 677, **7** 450 f. (Lollarden), **8** 217 (Gottesdienst), 1027 f., **12** 831, 865, 1145, **13** 592 (in Afrika)
Englische Fräulein (↗PR: Ward, Mary) **8** 1001, **9** 286
English Church Union (ECU) **11** 232, 573
Enkainensynode (Enkaenien-Synode) (Antiochia, 341) **2** 71, 324, *354–357*, 358

Enkratiten **1** 321, 345 f., 503 f., 555 f., 563, 570, 591 f., 875, 889, **2** 833
Entdeckungen (Erschließung der Neuen Welt ab 15. Jh. und kulturelle Folgen; ↗OR) **7** 498 f., *521–611*
Enthaltsamkeit, sexuelle (↗Keuschheit; ↗Zölibat; ↗Ehe; ↗Konkupiszenz; ↗Sexualität; ↗Askese) **1** 556, 563, 570, 835, **2** 229, 531, 641 f., 809, 966, **4** 342, **5** 519, **6** 415, **8** 722
Enthusiasten **5** 483 f.
Entmythologisierung **11** 583, **12** 88, 118–122, 127 f., 745 f.
Entnazifizierung **12** 732 f.
Entwicklungshilfe **11** 157, **12** 81, **13** 133, 325–328
Enzyklika, Enzykliken **5** 649, **13** 168–172 (päpstl. Lehrkorpus), 292 f. (Sozialenzykliken)
Epanagoge **6** 610
Eparchie **1** 858, **2** 630, 640, **3** *544f.* (Bestimmungen bis 6. Jh.)
Ephebenausbildung **1** 580
Epiklese **1** 345 f., 395, 397, 399, 401, 403–407, 409, 414, 423, 427, 433, 435–439, 637, **3** 1095, 1097, **6** *818f.*
Epikureismus **1** 886, 902, **9** *1020ff.*
Epiphanie (Fest) **2** 754
Episcopus-tyrannus **2** 935 f.
Episkopalismus **9** 233, **10** 16
Episkopalkirche **11** 561, 892, 960, 963 f., 1049 (Mission in China), **12** 54, 56 f., 70, 545, 1056, 1067, 1153, 1208, 1217
Episkopat ↗Bischof **12** 505 (Portugal), 995 f., **13** 6 (Italien), 10, 24, 35, 37, 44 f., 49, 74, 87, 110 f., 491, 517 (Chile), 591 f. (Afrika), 597 (Afrika), 649 (Asien)
  charismatischer **1** 180, 308, **2** 23, 25
  kollegialer **1** 180, 277, 313, 317 f., 322, 325, 333, 335, 674 f., 677
  monarchischer **1** 218, 297, 299, *309–336*, 330, 335 f., 343, 584, 586 ff., 592, 608, 617, 677–680, 683, 688, 832, 838, 842 f., 856, **2** 23, 25, 34 f., 41
Epistemonarch **6** *614f.*
Erasmianismus (↗PR: Erasmus v. Rotterdam) **8** 674–680 (Spanien), 732 ff. (Portugal), 816
Erbpacht **4** 35
Erbrecht **2** 222, 472, 642, **3** 591 (betr. Klöster, Mönche, 5./6. Jh.)
Erbsünde, Erbsündenlehre **1** 904, **2** 529 f., 534, 537, 540, 542, 544 f., 1036, **3** 953, **7** 787 (Zwingli), 854, **8** 9 (M. Flacius), 13, 148 f. (Täufer), 265 (Tridentinum), 312, **9** 349 f., 354, 422 f., **10** 850, **11** 24, 53, 68, 85, 357 f., 387, 849, **12** 111
Eremiten, Eremitentum (↗Reklusen) **2** 816, 820, 823, 827, 832, 852, 856 (Inseleremiten), 864 f., 867, **3** 984 (Westen), 989 ff., 1195 (Armenien), **4** 274, 281, 285 (Athos), 371 (Italien), 444, 703 (karoling. Frankenreich), 867 (Häresie), 870, **5** 14, *138–147* (11. Jh., Westen), *391*, 416, 490, 519, 540, 542 f., 846, *925f.*, **6** 26, 153 f., 162, 358 (Wanderprediger, Westen), 721, 741, **7** 341, **8** 293 (Ende 16. Jh.), 515, 726, 1067, **10** 248
Erfahrung **13** 278
  religiöse **11** 48, 51–55, 59, 62, 67, 79, 83, 91 ff., 354, 357, 359, 364, 390, **12** 110, 810
Erkenntnis **11** 116
  Gottes **11** 44–54, 63, **12** 222
  -lehre **11** 43, 407
Erlöserorden **6** 27
Erotik (Kunst, Dichtung) **2** 731, **4** 65
Erscheinung d. Auferstandenen (Ikonographie) **1** 42, 57, 368, 370, 495, **3** 729, 743
Erster Weltkrieg **11** 472, 820 f., 916, **12** 4, 6, 9 f., 54 f., 86, 90, 96–100, 243, 330–337, 352, 383–395, 465, 476 f., 503, 555 f., 564 f., 569, 615, 637–640, 651, 666, 682 f., 755, 787, 872 f., 882, 915, 1038
Erstkommunion **7** 262, **8** 306, 521, 1002, **9** 336, *889*, **10** 243, *557*, **11** 125, 127, 188, **12** 242, 285
Erwählungsglaube (jüd. u. christl.) **1** 199, 205, 209

Erweckungsbewegung(en) **9** *455–459* (anglikan. Kirche), 687 (Nordamerika), *700ff.* (Nordamerika, 18. Jh.), 719f. (schw. Sklaven), 876, **10** 5, 206, 210, *485–491* (Zweite E., Nordamerika), *507–510* (Zweite E., USA), 512, 688ff. (Frankreich), 690ff. (England, Anfang 19. Jh.), 695 (Skandinavien), **11** 1f., 73–76, 81, 83, 85–91, 194f., 208f., 212f., 229, 242, 247f., 250ff., 254f., 301, 312–316, 321ff., 584–589, 680, 835–841, 844–854, 866f., 869ff., 875, 965, 1018f. (Fifohazana, Madagaskar), 1085, **12** 543, 783ff., 814, 852–855, 860, 862, 1086, 1209, **13** 690

Erzbischof (↗Metropolit) **5** 258f.

Erzdiakon ↗Archidiakon, Archidiakonat

Erziehung ↗Bildung

Erzkapellan **4** 804

Eschatologie, eschatologisches Denken (↗Apokalypse; ↗Apokalyptik; ↗Millenarismus; ↗Joachimismus) **1** 19 (Johannes d. Täufer), 27, 29 (Anbruch des Gottesreiches), 39, 51, 120, 141, 189, 191, 195, 200f., 280, 295, 300, 316, 352–359, 368ff., 376, 388, 390ff., 402f., 419, 421, 423, 426–430, 435, 437, 449, 558, 570, 597, 600, 708, 728, 830, 953, **2** *762–765*, **4** 124 (Johannes v. Damaskus), 953f., **5** 464f., 678 (Kaiserprophetie Friedrich II.), 680, 901 (Joachim v. Fiore), **6** *321–330* (Bewegungen, SpätMA), **7** 23f. (Byzanz, vor 1453), 27ff. (Byzanz, nach1453), 61 (Moskau als „Drittes Rom"), **8** 1138, **10** 815 (Sozialutopie), **11** 383, 398–401, **12** 80, 120f., 263, 368, **13** 75, 203

Esoterik **13** 609, 690

Esprit (kath. Bewegung) **12** 204

Essener **1** 19, 35, 59–62, 68, 189, 194, 283, 349, 351, 368, 463, 465, 472, 502, 505, 532, 539, 727, 729, 745, 762, 776, 780, **2** 817

Estnische Sprache **11** 759

Ethik **1** 38 (rabbin.), 173 (Hellenisten), 183 (Markioniten), 202 (Hellenisten), 245, 263, 397, 535 (Gnostizismus), 549 (Gnostizismus), 599, 730 (rabbin.), 798, 899f., 902f., 915, 944–947, **8** *1173–1198*, **9** 413 (luth. Orthodoxie), **10** 43, **11** 41f., 83, 179, 250, 391f., 409f., 678, **12** 105, 114, 124f., 782, 796, **13** 139, 143f., 280–290 (Protestantismus), 613

Jesu (↗Bergpredigt) **1** 5 (Liebesethik Jesu), 25, 32, 37f., 201

Ethnologie, Ethnographie **8** 837f. (span. Amerika), 869, 1133f., 1151ff., **9** 668, **11** 424, 1010, 1082, **12** 299, 304, 314

Eucharistie, Eucharistiefeier (↗Abendmahl; ↗Frömmigkeit) **1** 62, 65, 68, 143, 197, 205, 274ff., 319, 333, 342, 348, 355f., 359ff., 363–367, 370ff., 378, 381f., 399ff., 404f., 408f., *418–439*, 470, 477, 566, 583, 636, 683, 698, 775, 821f., 833ff., 840, 842, 849, 860, **2** 39, 43f., 642, 933, **3** *1094–1098* (Feier, Spätantike), 1119, **4** 64, **5** 566 (Innozenz III.), *812f.*, **6** 119, 338 (Wyclif), *432–435* (SpätMA), 447 (Gregor Palamas), **7** 247 (Sakramentshäuser), 295 (Aberglaube), 443 (Waldenser), 493, 786 (Zwingli), 787f., **8** 114 (Beza), 268 (Tridentinum), 303, 347, 1221, **9** 371f. (Logique, Port-Royal), 893, **11** 239, **12** 72, 806, 821ff., **13** 78, 83, 136, 263

-gebet **1** 344, 402, 422, 428–436, **3** 1097 (eucharist. Hochgebet)

Ritus **1** 344, 347, *422–439*, 632, 674

Theologie **1** 341, 354, 420–423, 430, **11** 120f., 227

Eucharistische Kongresse (↗OR) **11** 440ff., 641, 684, **12** 136, 140, 244, 454, 533, 887 (Prag 1935), 892 (Ljubljana 1935), 894 (Budapest 1938, Kaunas 1934), **13** 494 (Rio de Janeiro), 501 (Bogotá), 680 (Philippinen)

Euchiten **5** 744

Euchologion (ostkirchl. Gebetssammlung) **5** 509

Eudisten (↗PR: Jean Eude) **9** 269, 310, *829*, **11** 181

Eudoxianer **2** 452

Euergetismus (Verbindung christl. Wohlfahrtspflege mit antikem ↗Sponsorentum) **2** 794 ff., **3** 236, 718 f.
Euhemerismus **1** 882 f., 953
Eulogien (segenstragende Gegenstände; ↗Ampullae) **3** 733 ff.
Eumenea **2** 94 f.
Eunomianer (↗PR: Eunomius v. Cyzicus) **2** 1054 f., 1066, 1070
Europäische Ökumenische Kommission Kirche und Gesellschaft (EECCS) **13** 149
Europäische Union **12** 426 f., **13** 150
Eusebianer (↗Arianismus; ↗PR: Eusebius v. Nikomedien bzw. Eusebius. v. Caesarea; ↗OR: Nizäa, Konzil) **2** 328, 336–340, 345, 358, 360, 1067
Euthanasie **7** 629 (Morus, Utopia), **12** 700 (Drittes Reich), 723 (Drittes Reich), **13** 299 f.
Eva (Motiv) **1** 690, 931 **2** 748, 751, 759
Evangeliar **5** 551
Evangelicals, Evangelical Revival ↗Erweckungsbewegung
Evangelical Socialists **11** 847
Evangelien (↗Neues Testament; ↗PR: Einzeleinträge) **1** 51, 780, 782, *783–790*, 792 f., 795–798, 800 ff., 871, **11** 386, **13** 77
Evangelienharmonie **1** 788, 790, 875
Evangelii Nuntiandi (Enzyklika) **13** 170, 332
Evangelikalismus (↗Erweckungsbewegungen) **10** 51, **11** 247, 525–529, 562, 909 f., 915, **12** 40, 133, 809–814, 1101 f., **13** 206 ff., 250, 258–261, 267–270, 284, 384, 573, 601, 669, 680
Evangelische Allianz **11** 74, 236 f., 416, 420, 586, **12** 40, **13** 206, 267
Evangelische Kirche der Union (Preußen) **10** 722
Evangelische Kirche in Dtschl. (EKD) **12** 75 (Stuttgarter Erklärung), 727 ff., 739 f., 742, 754, **13** 220, 242, 284
Evangelische Kirche Österreichs **12** 768
Evangelische Kirchenzeitung **11** 315
Evangelische Union **8** 424
Evangelischer Bund **11** 668 f.
Evangelischer Oberkirchenrat (EOK) **11** 320, 656, 667, 672, 674, 677, **12** 684
Evangelischer-sozialer Kongreß (gegr. 1890) **11** 674–677
Evangelismus (Italien, 16. Jh.) **7** 752, **8** *454–460* (Frankreich), *574–577* (Italien), 733 f. (Portugal)
Evangelium (als Gesamtheit der Botschaft Jesu und über Jesus) **1** 52, 60, 86, 105, 124 f., 132, 144, 196 f., 200, 204, 213, 246, 265, 280, 296, 514, 737, 743, 779, **11** 380 ff., 398, **12** 59 f., 107, 810, **13** 162
Evangelium Vitae (Enzyklika) **13** 144, 300
Evangeliumschristen **13** 430 f.
Evolutionstheorie (↗Darwinismus) **11** 434–437, 896, 903, **12** 152, 154 f., 1074, 1129
Ewiges Gebet **10** 241
Exarch **6** 142
Exegese (↗Exegetische Kommentare; ↗Schriftsinn; ↗Bibelauslegung; ↗Hermeneutik) **1** 341, 611, 619, 702, **2** *717–720*, 827, 949, 1023, 1035, 1039, **3** 402, 859 ff. (Isidor v. Sevilla), 880 (frühchristl. Irland), **5** *453 ff.* (MA), 526, **7** *616 ff.* (Lorenzo Valla), *658–663* (Humanismus), **8** 54 f., 341, *352 f.*, *690 ff.* (Spanien, 16. Jh.), *1126–1136*, **9** 395 f. (Figurismus), 940, *948–951*, 977, *1118–1123*, **10** 40 f., **11** 9
historisch-kritische **1** 609 f., 615 f., 702, 745 f., 774 **11** 51, *54–61*, 69, 76 f., 80, 83, 97, 99, 102 f., 107, 194 f., 243, 352, 354, 360, 364 f., 368–384, 386, 395, 401–405, 427–433, 439, 564, 601, 833, 895, 898, 900, 902, **12** 23, 103, 117, 199 f., 214, 217 f., 807, 810 ff., 815–818, 859, 1129, **13** 33, 77
philologische **1** 616
Toraexegese **1** 29, 463, 730, 763 f., 780, 868 f., 913, 925
Exegetische Kommentare **2** *717–720*, **11** 336 f.

Exemplum (↗Vorbild) **2** 526, **6** *376ff.* (Predigt, SpätMA), **7** 236, **9** 855
Exemtion (↗Klöster; ↗Stauropigie) **4** *844ff.*, **5** 117, 165 (Cluny u. a.), 231, 255, 396
Exerzitien **7** 231, **12** 255, 259, 486, 532, 582
Existenzphilosophie **12** 88, 112 (Buber, Kierkegaard), 115 (Buber, Ebner), 118, 120, 205
Exklusivismus **9** 787–790
Exkommunikation **2** 783, **4** 771 (Frankenreich), **5** 533 f., 666, **6** 600, **8** 142 f. (Mennoniten), 150 (Täufer), 1004, 1194, **9** 471 (Täufer)
Exodus **1** 359, 373, 377, 380 f., 390, 657, 809
Exorzismus **1** 410 ff., 414, 811 f., **2** 637, 781, **8** 993, 1081 f., 1100, **9** 927
Exorzist (kirchl. Amt) **1** 696, 848, 856 f., **2** 37, 636 f., 647, 650, 911
Experiment **8** 1138

Faith and Order (ökumen. Bewegung für Glaube und Kirchenverfassung) **11** 422, 893, **12** 42 f., 46, *52–63*, 63–74, 310, 314, 922, 970, **13** 131 ff., 135 ff.
Falange **12** 530 f., 535
Falkland-Krieg (1982) **13** 476
Familie **1** 924, **2** *805–811*, **4** *328–331* (Byzanz, MA), **6** 387 (Seelsorge, MA), **10** *563ff.* (Franz. Revolution), **11** 36, 477, 479, **12** 27, 258, 472, 542, 576 f., 868 ff., 1034, 1149, **13** 81, 419
Familienaskese **2** 841 f., 848
Familisten **8** 181, *182f.*, 461, 689
Fanatismus (↗Moderne) **10** 372 f., 393, 401, 411, 591 f., 624
Fareinistes **10** 593 f.
Faschismus (↗Drittes Reich; ↗Nationalsozialismus; ↗OR: Italien, Spanien) **12** 17, 26, 30 f., 33 f., 136 (Spanien), 283 (Spanien), 401, 456, 463, 468 ff., 479–487, 490, 623, 640 ff. (Niederlande), 656, 671, 836 f., 887, 902, 993, 1017 (Äthiopien), 1089 f., 1159 ff., 1167, 1211
Fasten **1** 495, 556, 570, 572, 946, **2** 816, 825, 834, 836, 848, 855, **3** 352, 863, **5** 372, 524, **6** 415 f., **8** 1012, **9** 556 f., **11** 125, **12** 215
-zeit, vorösterliche **1** 372, 374 f., 377–380, 382, 445, 451 f., **2** 710, 944, **3** 372, 806 f. (Gallien, 6. Jh.), 863, **5** 524
-zeiten/-tage **1** 371, 384, 398, 400 f., **2** 474, 690 f., **3** 807, 994 f. (Benediktregel)
Fatimiden (Kalifen-Dynastie, Kairo) **4** 469
Febronianismus **10** 706
Februarrevolution, russische **11** 38, **12** 336
Fédération Protestante de France **11** 529, **12** 558, **13** 250 f.
Fegefeuer **4** 210 (Ostkirche), **5** *521*, 749, 752, 923 f., **6** 119 f., 294, 343, 425, *441f.*, *817* (Abendland u. Byzanz), **7** 264, 369, 443 (Waldenser), 448 (Lollarden), 847, 878, **8** 17 (Confessio Augustana), 21, 271 f. (Tridentinum), 986, 989, 993, **9** 321, 989
Fehden, Fehdewesen **4** 838, **5** 448, **6** 463
Feiertage ↗Sonntag; ↗Osterfest; ↗Christi Geburt; ↗Pfingstfest; ↗Märtyrerkult
Feminismus ↗Frauen, -bewegung; -frage
Fernsehen **12** 140, 144 f., 796, **13** 657
Festkalender ↗Kalender, liturgische
Feudalismus, Feudalsystem (↗Lehnswesen) **5** *434*, **6** 663 (Klerus, England)
Feuertaufe **1** 660
Feuillanten **8** 491, **9** 358, **10** 327
Fideismus **11** 108, **12** 146, 191
Fides et Ratio (Enzyklika) **13** 172, 199
Fidei Ratio (Zwingli) ↗Bekenntnisschriften
Fifth Monarchy Men (Quintomonarchisten) **9** 464
Filioque **4** 186, 193, 352, 358, 360, 692, 711, 719, *759f.*, 875, 954, **5** 372, 385, 707, 749, 752, 942, **6** 119 f., 167 ff., 294, 300 ff., 408, 559, *813–816*, 819, 826, 829, **9** 529, **12** 207, 966, 991
Filles de la Charité ↗Töchter der Fürsorge/Töchter der Nächstenliebe
Film **12** 140–144, 458, 578

Finanzwesen **6** 859 f. (Juden, Dtschl., SpätMA), **8** 1193, **9** 624 f. (lateinamerikan. Kirche), 628 f. (Orden, Lateinamerika)
Bischöfe **6** 148 f. (Byzanz, SpätMA), 468 f. (SpätMA)
Papsttum (↗Kammer, päpstliche; ↗Kirchenstaat) **3** 900 (6./7. Jh.), **5** 650–653, **6** *53–62* (14. Jh.), *66–72*, **7** 71 f. (nach Basel), 87, *106–112* (Renaissance), 331, **9** 225
Patriarchat v. Konstantinopel **6** 142 f. (SpätMA), 148, **9** 561 f.
Städte **6** 866 f. (Juden, MA), 868
Firmung **1** 396, 417 f., **3** 1098, 1100, **5** 254, 531, **7** 261 f., **8** *992*, **9** 888 f., **11** 125, 211, **12** 777, 806
Fisch (Christussymbol) **1** 300
Flagellanten (↗Battuti) **5** 903, 930, **6** *329 f.*, 414, 420, 530, 866 (Judenverfolgung, MA), **8** 1022
Flamboyantstil **7** 364 f. (Abb.), 480
Fleischverzicht **2** 836
Flugschriften (↗Holzschnitt) **7** 725 (Reformation)
Fokolare **12** 259 f., **13** 217
Folter **2** 935, **5** 580, **6** 318, *319 ff.* (Aussterben), 596, **7** 396, 458, **8** 1086 f. (Hexenprozesse), **9** 1145, **10** 4, *183 ff.*
Formel **6** 450
zweite antiochenische **2** 71, 355 f., 390, 430
vierte antiochenische **2** 358, 361
nizänische ↗Glaubensbekenntnis
sirmische (↗Trinitätstheologie [Donatisten]) **2** 260, 418, 429
zweite sirmische **2** *382 ff.*, 386, 947
dritte sirmische **2** 385
vierte sirmische **2** 386 ff.
Forschungsfreiheit (↗Lehrfreiheit) **11** 25, 110, **13** 176
Forster Act (1870; Schulwesen in Großbritannien) **11** 560, 563
Fortschritt **2** 705, **8** 823 f., 1136, **11** 1 (technischer), 842, **12** 594, 787
Fossores ↗Totengräber
Fourierismus **10** *813 ff.*, 861
Franken **2** 4, 940, 994, **3** 222, 224, 227 f., 231, 357, 386, 399, 770, 794
Frankenreich (Regnum Francorum) **3** 343, *353–375* (Chlodwig), 397, *794–848* (Kirche im 6. Jh.), *922–926* (Kirche unter Gregor d. Gr.), **4** 135 (Rezeption d. II. Nicaenum), *603–612* (Kirche, Merowinger), 641 f. (Kirche u. Adel), 650 f. (Kirche, 7. Jh.), *655–658* (Karl Martell), *660–665* (Kirchenreform, 8. Jh.), *686–777* (Karolinger, Christentum)
Franziskaner, -innen (↗Spiritualen; ↗Fratizellen) **5** 467, 570 f., 575, 595, 597, 607, 698 f., 736 (Konstantinopel), 748 f., 751 f., 760, 770, 781 (Mongolenmission), 786 f. (Orientmission), 791, 818, *834–837* (Gründung), 840, *842–846*, 854 f., 858, 893, 898, 902 f., **6** 5, 25–28, 30, 109, 223 (Beirut), 232 (Georgien), 243 f. (Hl. Grab), 271 f., 317, 319, 322, *323–327* (eschatolog. Strömungen), 325 f., 350, 354 ff., 363 f., 377, 386, 476 f. (Geldwirtschaft), *524–527* (Reformation, SpätMA), 540 f. (Reformation, St.Coletta), 542, 587, 658 (Brit. Inseln), 660, 687, 721 (Italien), 726, 731, 743 f., 760 (Iber. Halbinsel), 761, 767 (Zypern), 769, 775, 776 (Bosnien), 783 ff. (Litauen), 790 f. (Abb.), 823, 835 (Orient), 878 (Mongolenmission), 879 (Mallorca), 881, 882 ff. (Mongolenmission), 885, **7** 165, 168, 170, 175 f., 231 f. *(Devotio moderna)*, 236, 288, 302, 341, 388 (Spanien), 404 (Spanien, ab Ende 15. Jh.), 550 f. (Mexiko, Anfang 16. Jh.), 553 (Mittelamerika), 596 (franz. Spiritualität u. Kolumbus), 600 (Mittelamerika), 603, 605 (Venezuela), **8** 433 (Schweiz), 601 (Korsika), 750 (Kongo), 773 (Lateinamerika), 788, 790, 799, 831, 837, 844, 857 (Philippinen), 860 (Brasilien), 862 f., 875 f. (Indien), 882, 922 (Japan), 929, 933 (China), 934, 940, 947, 954, **9** 283, 627 f., 634 f., 638 f., *640–644* (Mission,

Lateinamerika, 17./18. Jh.), 651 (Lateinamerika), 757 (Philippinen), 769 (China), 770, 772, 790 (China), 796, 798 (Indien), 798 (Indien), 830 f., 833, 905, 914, 918, **10** 74, 76 f., 79 f. (Indios), 90, 654, 773, 790, **11** 132, 135, 205, 216, 351, 621 f., 797, 975, 991, 1051, **12** 253, 259, 284 (Tertiarier), 512, 537, 652, 901, 972, **13** 679
-Observanten **6** 484, *525ff.*, 710, 761, 770, **7** 159, 168, 172, 176, 303, 339 ff., 356 f. (Frankreich), 381, 411 f. (Portugal), 424 f. (Polen, Osteuropa), 426 (Polen), 466, *607f.* (Mexiko), **8** 611, 717 *(Alcantarinos)*, 727, 732, **9** 36 (Böhmen), 283, **10** 25
-Rekollekten **8** 499, 514, 883, **9** 282 f., 300, 662 f., 757 (Philippinen), **11** 910
Französische Revolution **10** *305–481* **11** 192, 264, **12** 612, **13** 507
Französische Schule ↗*École Française*
Französische Sprache **7** 209 f., **11** 140, 797, 1013, 1071 (Polynesien), 1080 (Ozeanien), **12** 649 (Sprachproblem Belgien), 651, 655, 1145, 1150, **13** 592 (Afrika), 602 (Basisfranzösisch)
Fraterherren ↗Brüder und Schwestern v. Gemeinsamen Leben
Fratizellen **6** 317, *326f.*, 333, 355 f., 359, 526, **7** 302
Fratres conversi ↗Konversen (Begriff)
Fratres Unitores ↗Unitoren
Frau, Frauen (↗Witwe; ↗Jungfrau; ↗Beatas; ↗Beginen) **1** 197, 307 f., 322, 336, 544, 566, 570, 572, 590, 633, 641, 833, 842, 845, 859 f., **2** 24 f., *27f.*, 31 f., 34, 484, *638f.*, 777, 826, 849 f., **3** 534, **4** 620 (Kelten, Britannien), 658 f. (Missionarinnen, MA), 672, 812 f. (Äbtissinnen, 10./11. Jh.), 839, 865, 870 (Einsiedlerinnen), 918 (Skandinavien, MA), **5** 8 (Heilige, Byzanz, MA), 154 (Kanoniker), *429f.* (neue Orden, MA), *439–442* (Theologie, 11./12. Jh.), 482 (byzantin. Häresien), 485 f. (häret. Bewegungen, Osten, MA), 547, 818, *930–939*, 945 f., **6** 320 (Katharer), 331 (Beginen), 536 f. (Heilige, SpätMA), **7** 317, 343 („lebendige Heilige“), 457 (Lollarden), 650 (Humanismus, Peutinger), **8** 679 f. (Spanien, 16. Jh.), *697* (Teresa v. Avila), 892, 1031 (Reformation), 1036 f., 1041 f., 1089 (Hexenverfolgung), 1093, 1095, 1100, **9** 285, 291 f., *304–308*, 335 f., 344, 389, 393 f., 464 (Quäker), 631 f. (Inès de la Cruz), *696ff.* (relig. Gruppen, Nordamerika), 854 f., 888, 916, 1150, **10** 151 (Chinamission), 218 (Freimaurertum), 243, 548 f. (Kirche, Franz. Revolution), 567 f., 587 ff., 812 f. (Saint-Simonismus), *857–860* (Messianismus, Romantik), **11** 126, 161, 180, 182, 301, 305, 522, 570, 577, 895 f. (Liturgie), 1028 (Indien), 1030 (Indien), **12** 66, 76, 256, 324 (i. d. Mission), 613, 796, **13** 13, 43, 47, 132 f., 667 f. (Indien), 690, 692
-bewegung, -frage, -emanzipation **10** 812 f. (Saint-Simonismus), 851, 857–860, **11** 256, 578, 653 f., 675, 868, **12** 561, 575 f.
-klöster (↗Nonnen; ↗OR: Einzeleinträge) **2** 826, 831 f., 858, 866, 870, 973, **3** 393, 600, 971, 981 f., 1000 f., **4** 632, 672, 793 (Lothringen, 10. Jh.), *803f.* (Dtschl., MA), **5** *146*, 158, 169, 173 f. (Reform, MA), 272, 391, *424–433* (HochMA), 742 (Byzanz, 13. Jh.), 858 f. (Bettelorden), **6** 25, 27, 517, 709 f. (Observanz), **7** 161, 164, **8** 241, 853, **9** 285, 290, 570 (orth., 17./18. Jh.), 631 (Lateinamerika), 799 (Indien), **12** 1014, 1021 (melkit. Kloster)
-orden, -gemeinschaften (↗Nonnen; ↗Einzeleinträge) **6** 744, **7** 341, **9** 281, *284–288* (kath. Reform, ab 17. Jh.), 290, 296 f., 630 f. (Lateinamerika), 674 (Kanada), **11** 119, 129, 158, 179 ff., 206, 290, 603, 741, 805 (unierte), 911, 1021, **12** 253, 256, 446, 652, 898, **13** 214, 321 (Mission), 451 (kopt.), 589, 651
-ordination **12** 830 f. (anglikan. Kirche), 848 f. (skandinav. prot. Kirchen), **13** 98,

126 *(Ordinatio Sacerdotalis)*, 135, 138, 143 *(Ordinatio Sacerdotalis)*, 214, 227–232 (prot. Kirchen), 426 (anglikan. Kirche)
am Grab (Ikonographie) **1** 57 f., **3** 734 ff., 738, 743
-verbände **11** 625, **12** 502 (kath. Mädchenverbände), 575 f.
Freidenker(tum) **6** 316, **8** 1146 f., **9** *956–964*, 1146, **11** 176, **12** 756
Freie Künste ↗*Artes liberales*
Freiheit **11** 8, 16, 24, 26, 73, 85, 115, 202, 664, 1085, **12** 72, **13** 91, 281
d. Familie **11** 15
politische **11** *10–39*, 167, 319, 783 ff., **12** 320
Freikirchentum **11** 410, 562, 680, **12** 558, 664, 679, 742, 755, 778, 780, 788 ff., 793, 798 ff., 821–824, 840, 851 ff., 858, 861, **13** 131 f., 137, 145, 219, 242
Freimaurer, Freimaurerei **9** 1150, **10** 89, 196 (Polen), *211–223*, 426, 581 f., 740, 752 (Polen), 780, 793, **11** 13, 27, 173, 203 f., 277, 446, 450, 452, 460, 472, 476, 533, 627, 948, **12** 480, 565, 1181, **13** 609
Freizeit **12** 794 f.
Frères de l'Instruction Chrétienne **9** 843, **11** 118, 141, 181, 206, 797, 910
Frieden von … ↗OR: Einzeleinträge
Friedhof, Friedhöfe **1** 637 f., 694, 696, **2** *679–683*, 882, **5** 535 f., **8** 972, **9** 262, 894, 927, **11** 175, **12** 523
Friesen **3** 865, **4** 726
Frömmigkeit (↗Volksfrömmigkeit; ↗Reliquien; ↗Märtyrerkult; ↗Heiligenverehrung; ↗Marienverehrung) **1** 144, **2** 684, **3** *1281–1286* (kaukas. Kirchen), **4** *81–91* (7./8. Jh.), 171, 865 f., **5** 513 f., *515 ff.* (Volksfrömmigkeit, Byzanz, MA), *518–530* (Volksfrömmigkeit, Westen, MA), 587, 742 f., **6** *412 ff.* (15. Jh.), *807–810* (Ostmitteleuropa, SpätMA), **7** *256–263* (Spätgotik), *272–290* (Innerlichkeit, Spätgotik), *316–323* (Dtschl., Vorreformation), *365–372* (Frankreich nach 1450), 426–429 (Ostmitteleuropa, ca. 1500), 855, **8** 240, *692 f.*, 732 (Portugal), *1035–1043* (persönl. Frömmigkeit, 16. Jh.), 1215 f. (Barock, Bilder), **9** 485 f. (Comenius), 554–558 (orth. Kirchen im Islam), *884–930* (Barock), 1110, **10** *241–251* (18. Jh.), *264–278* (Katholizismus, nach 1760), 277 f. (Festtage, Aufklärungszeit), 412, **11** 42, 47, 67, 73, 75, 177 f., 187, 501–506, 630, 680, 682, **12** 86–133 (Protestantismus), 134–300 (Katholizismus), 1149, **13** 78, 385 ff., 434, 653
Eucharistie- **10** 242 ff., **11** 120, 189, 291, 545, **12** 215, 244, 259, 509
Herz-Jesu- **9** 294, 330, *831 ff.*, 841, 869, 914, **10** 29, *276 f.*, 360 f., 383, 596 ff., **11** 120, 123, 291, 347 f., 500, 602, 949, **12** 14 f., 24, 210, 241–244, 247, 261, 452, 454, 510, 517, 540, 564, 866
Passions- **12** 242
Fronde **9** 359 f.
Frondienst, -arbeit **2** 643 f.
Fronleichnam **5** 577, **8** 303 f., 724, 896, **9** 21, 659 (Cuzco)
Fronleichnamsfest **11** 120, **12** 242
Fronleichnamsprozession (↗Corpus-Christi-Bruderschaften) **6** 433, **7** 367, **8** 501, 896, 1013 (Abb.), 1014, **9** 21, 129, *905 f.*, **11** 189
Frühe Kirche (↗Urgemeinde) **1** 4, **11** 376
Frühlingsäquinoktium (↗Osterfeststreit) **2** 303
Fürst, Fürsten (↗Fürstenspiegel; ↗König, Königtum; ↗Kaisertum; ↗Monarchie) **6** 262 f. (Ideal, Rußland, SpätMA), 275 f. (Marsilius v. Padua), 278 f. (Wilhelm v. Ockham), 281, 494, 542 (Heilige), 672 (Wyclif), 705 (kirchl. Reformen, Reichsfürsten), **7** 311 (Reichsfürsten), 677 (Reformation), 709 (Th. Müntzer), 732 (Reformation), **8** *29–32* (frühes Luthertum), 259 (Tridentinum), **9** 962
-spiegel **4** 185, 693, 764, 843 (Ungarn, MA), 926, **5** 445, **7** 61, 224, **8** 1034

-tümer, geistliche (↗OR: Kirchenstaat; ↗Bischof, Bischöfe) **6** *567–576* (SpätMA)
Fugger, Fuggerei **7** *287f.*, 307, 313, 501, **8** 1179, 1183 (Abb.)
Fundamentalismus **11** 901–908 (christl.), 1085 (christl.), **12** 633 (christl.), 809–814 (christl.), 1075 (christl.), 1095–1102 (christl.), 1132, **13** 207 (christl.), 260, 267 (christl.), 284, 535, 577 (Islam), 669
Fundamentaltheologie **13** 193 f.

Gälische Sprache **12** 865, 870
Gaianiten ↗Julianisten (nach Gainas)
Gallikanismus, gallikanische Kirche (↗Pragmatische Sanktion) **3** *796–808* (Anfänge im 6. Jh.), **6** 87, 91, 106, 293, *632–636*, **7** *348–351*, **8** 474 f., 1179, **9** *133 ff.* (franz. Absolutismus), 141, *178* (Vier gallikan. Artikel, 1682), 193–196, 380–384 *(Unigenitus)*, 385, 652, 661, 671, 955, 1070, **10** *9–15*, 333, 644, 656, **11** 170, 174, 488 f., **12** 595
Garamantes (maur. Stamm) **3** 292 f.
Garantiegesetz (Italien 1871) **12** 374, 467
Gastmahl (d. Methodius) **2** 90
Gebet **8** *1041 ff.*, **13** 610 (afrikan. unabhängige Kirchen)
christliches **1** 197, 342, 346, 348, 352 f., 361, *383–389*, 460, 470, 600, 834, 946, **11** 262, **12** 215, **13** 451 (Jesus-Gebet)
immerwährendes **1** 385
jüdisches **1** 349, 351, 383 f., 428 f., 434, 809
Vierzigstündiges **7** 379, **8** 304, 493, 604, 1015, **9** 907, **10** 242
Gebetbuch, Gebetbücher **8** 1035
Gebetsapostolat **11** 119, 124, 189, 627, **12** 272, 284, 452, 512, 537
Geburt Christi (Ikonographie) **1** 6 (Protoevangelium d. Jakobus), 14 (Datierung), 15, 449, 469, 657, **3** 729, 737 f., 743
Geburtenkontrolle ↗Sexualität, Sexualmoral
Gedenkbücher ↗Nekrologe
Gegenreformation (↗Katholische Reform) **7** 176, 205, *874–878* (Anfänge), **8** 226, 239, 339, *397 ff.*, 419 f., *429–436* (Schweiz), 474 ff. (Frankreich), *513–521*, **9** 7, *9–39* (Habsburgerreich), 81, *808–819* (Indien), **11** 119
Gehorsam **2** 825 f., 854, **13** 85
Geißler ↗Flagellanten
Geist (↗Heiliger Geist; ↗Pneumatologie) **2** 438 f., **11** 103
Geisteskranke, Geisteskrankheit **6** 423, **7** 286
Geisttaufe **1** 392, 660, **5** 482, 494
Geld, Geldwirtschaft (↗Finanzwesen; ↗Zins) **5** 136, 324 (Templer), 435, 821–831 (kirchl. Ethik, 13. Jh.), **6** 436, 466, 472, *475–485* (Ethik, SpätMA), *499 ff.* (Byzanz, SpätMA), 859 f. (Juden, MA), 866 ff. (Juden, Dtschl., MA), **8** 163 (Täufer), 701 f., *1179–1188*, **9** 624 f. (lateinamerikan. Kirche), 656 (lateinamerikan. Inquisition)
Gelehrtenrepublik **9** 934–983, 1088–1091, 1123 f.
Gemeinde(n), christl. (Institution, Bestand, Struktur; ↗Pfarrgemeinde) **1** 18, 59 f., 63, 67, 112, 116, 142, 152, 180, *269–336*, 343, 543, 551, 570, 572, 586 f., 638, 674, 676, 687 f., 696, 703, **2** 3 f., 23 f., 30, 32, 35, 39, 43, 55, 630 f., 640, 910, 912, 938 f. (Spanien), 941, 943, **3** 521 (Städte d. Ostens, 6. Jh.), *526–531* (Bischof u. städt. Gemeinde), *1053–1056* (Ortsgemeinden und Kirchen), **7** 735 (Reformation), 737, 739, 797 (Bucer), 820 (Zürcher Reformation), **11** 156, **13** 97, 219–222, 503 f., 595
Basis- (↗Theologie d. Befreiung) **13** 181, 359 f. (Osteuropa), 366 f., 501, 509 f., 513 ff., 520, 595 f., 654, 681, 683 f.
Gemeinschaften, religiöse (↗Orden; ↗Priestergemeinschaften; ↗Frauenorden u. Einzeleinträge) **11** 128–132, 743 (russ.-orth.), 847–851 (USA)

Gemeinwohl **2** 769, **5** 667, 671, **6** 275 (Marsilius v. Padua), **8** 30, 53, 84, **10** 89, **12** 31, **13** 291
Generalkapitel **5** *397ff.*, 402, 408 (Cluny)
Generalkonzil(ien) **5** 182f., 583, 660, **6** 276
Generalstände *(États généraux)* **7** 146
Generalvikar **7** 184, **9** 86f. (Lüttich)
Genetik **12** 1074
Genossenschaft(en) **11** 35, 540f., 615f., 638, **12** 655, 869, 888, 1141, **13** 656
Genovefaner **9** 282, 968
Geographie, geograph. Vorstellungen **7** *521–525* (15. Jh.), 548, 572f. (portugies. Afrika, 15. Jh.), **8** 1153
Geologie **9** 971
Geometrie **2** 710, **4** 331, 853
Georgier (↗OR: Georgien) **4** 350, 480, **5** 28f. (Byzanz, MA), **6** 199 (Athos), 205, 245 (Jerusalem), **9** 592
Georgische Sprache (Liturgie usw.) **2** 722, **3** 1232f. (Literatur im frühen Christentum), 1293, **4** 384, 543 (Literatur), 550, 569, 579
Gepiden **2** 1002
Gereformeerde Kerken in Nederland (↗OR: Niederlande) **11** 548, 552, 984, **12** 633, 635f., 638, 640, 645, 664, **13** 246
Gericht, päpstliches **5** 82, *246f.*, *604ff.*, **6** 142
Gerichtsbarkeit, geistliche **2** 473, 492, 645f., **5** 693
Gerichtsbarkeit, weltliche (↗Eherecht; ↗Kirche und Staat, ↗Staatskirchentum) **2** 492, 495, 646, **3** 118 (Kleriker)
Germanen (↗Einzelstämme) **1** 263, **2** *4*, 14, 272, 501, 899, 936, *987–1006* (Christianisierung im 4./5. Jh.)
Germanisierung **11** 692f.
Gerontismos **10** 117
Gesamtafrikanische Kirchenkonferenz (AACC) *(All Africa Conference of Churches)* **13** 543, 552, 569, 599f.
Gesamtkirche ↗Universalkirche
Gesangbuch, Gesangbücher **8** 980f., **9** 858, 1073 (Abb.), **10** 509 (*Congregational Hymn Book,* USA)
Geschichte, Geschichtssschreibung (↗Kirchengeschichte; ↗PR: Einzeleinträge) **1** 150, 211, 214, 597, 686, 718, 793, 795, **2** 707, 727f., 747, 758, **3** 361f. (Gregor v. Tours), 822, 861f. (Isidor v. Sevilla), *1152f.* (Hagiographie), **4** 409 (Melkiten), 420, 452, 850 (Ademar v. Chabannes), **5** 455, 660f., 714 (Nordosteuropa, MA), **7** 62 (sowjet., zu Besitzenden, Nichtbes.), 548, **8** 352ff., 1119ff., 1127 (hist. Methode), 1130ff., *1134ff.*, 1167ff., **9** 112 (Irland), 403, 752 (zur Asien-Mission), 753f., 783–790, *938ff.*, 947, *957–960*, 964, 1120f. (Exegese), *1121ff.*, **11** 55f., 58, 364, 367–384, **12** 146, 703
antike **1** 2f., 7, 171, 794
marxistische **6** 329, 337, 345, **7** 736 (Bauernkrieg), 813 (Th. Müntzer), **8** 158
Geschichtsphilosophie, Geschichtstheologie (↗Kirchengeschichte, Eusebius v. Caesarea; ↗Heilsgeschichte; ↗Endzeiterwartung; ↗Eschatologie) **1** 24, 62, 86, 188, 200, 224, 376, 381, 594, 651, 788, 816, 818f., 822, **2** 728 (Joachim v. Fiore u. a.), 730f., 747, 758, 763, 997, **3** 223, 224f. (Salvianus v. Marseille), 825f. (Gregor v. Tours), **5** *464–467* (HochMA), 660 (Otto v. Freising), 902 (Joachimitismus), **8** 179f. (Täufer), **9** 964, 980, **10** 306f., 799ff., 816, 823, **11** 15, 57, 72, 344, 410, **12** 80f., 95, 99, 103, 126, 202, 228, 345f., 1074f., 1082
Gesellschaft der Lutherischen Freikirche von Norwegen **11** 142
Gesellschaft vom Heiligen Sakrament **9** 302, *303f.*
Gesellschaftslehre, Gesellschaftsethik (↗Sklaverei; ↗Reichtum; ↗Armenfürsorge) **2** 556, 768ff., *791–797*, *800f.*, **7** 515f. (Juan L. Vives), 632, 780f. (Zwingli), **8** 220, 703f. (span. Spätscho-

lastik), 798 (Indios, Span. Amerika), *1191–1195*, **9** 400 f., *1002 ff.*, *1010–1014* (Reichtum u. Armut), **10** 281–286, *797–864* (Romantik), **11** 900, **12** 28–31, 51, 670, 832–835, 869, 1086–1095, 1108–1111, 1157–1161, **13** 256, 286–301, 496, 500

Gesellschaftsvertrag **9** 141 f., **10** 89, 768 (lateinamerikan. Revolutionen), 769 f.

Gesetz, mosaisches (↗Tora; ↗Gnadenlehre; ↗Theologie, paulinische; ↗Speise-, Ritualgesetze usw.) **1** 91, 98, 102, 122 ff., 131 ff., 135, 173, 190–193, 196–199, 202, 204 f., 208, 210, 215, 221 ff., 230 f., 237 ff., 257, 276 f., 326, 390, 463 f., 471, 473, 475–479, 481, 483–488, 501 f., 507, 512 f., 594, 657, 727, 729, 735, 737, 747, 755, 762, **11** 371, 375

Gesetzgebung, staatlich-christliche (↗Staatskirchentum; ↗Rechtssprechung) **2** 474 f., 693 f.

Gesta Liberii **2** 384

Gewalt **6** *485–496* (Ethik, SpätMA), 510 f. (byzantin. Kirche, 14./15. Jh.), **7** 715 (Luther), **8** 146, 154, **10** 855 f. (Buchez)

Gewaltlosigkeit **6** 486, **10** 5

Gewerkschaft(en) **11** 32, 34 f., 445, 472, 475 f., 479, 481, 522, 539, 541, 549, 555, 639, 649 f., 883 f., **12** 28, 30, 90, 477, 496, 532, 581 f., 587, 605, 637, 643, 735, 803 f., 882, 1088, 1094, 1109 f., 1160, 1167, 1174, **13** 297
  Katholische **11** 577, 649, 942, **12** 4, 517, 590–593, 639, 655, 1141 ff., 1184, 1196 f.

Gewissen **7** 704 (Luther), 787 (Zwingli), 873 f., **9** 173 f., 376, 974, 987, 996 (Kasuistik), **11** 42 f., 45, 48–51, 59, 88, 90, 116, 228, 338 f. (nach Newman), **12** 815

Gewissensfreiheit (↗Religionsfreiheit; ↗Toleranz) **8** 968, *1033 ff.*, **9** *69*, *73 f.* (Coornhert), 100 f. (Cromwell), 110 (England, 1689), 141, *196–199*, 202, 363 (Pascal), *376–380* (Jansenismus), 427, 488 (Herrnhuter), 1109, **10** 328 f. (Condorcet), 452, 719, 722, 745, **11** 15, 25, 27, 60, 276, 310, 410, 447, 459 f., 516, 832, **12** 938, **13** 91, 305

Ghassaniden **4** 396 ff.

Ghetto **6** 846, 869, **7** *209* (Begriff), **8** 275, **9** 203 f.

Ghibellinen **6** 572, 578, 583 f., 731, **12** 493

Gilden **5** 823

Girovagen (vagabundierende Prediger, Mönche) **7** 189

Gladiatoren **2** 804

Glagolitisches Alphabet/Schrift **4** 233, 235, 894 (Kroaten), 935

Glaube **1** 197, **11** 92, 116, 360, 362, 391 f., **12** 54, 221, 261, 1066

Glaubensbekenntnis (↗*Filioque*; ↗Bekenntnisschriften) **1** 218, 257, 296, 414, 796, *808–824*, **2** 308, *309–312*, 452, 621, 623 f., 781 f., 924, 1066, **3** 93, 99, 1096 (Liturgie), 1099, **4** 711 *(Filioque)*, **5** 752, 809, 812, 917, **6** 147, **7** 257, 839 (G. Farel), **8** 353, **11** 358, 679, **12** 60, **13** 136 *(Confessing Our Faith Around the World)*
  Antiochia (341) (↗Formel) **2** 354–357, 361, 390
  apostolisches **1** 808, 814, *819 ff.*, **9** 952, **11** 667, **12** 61, 272
  Chalkedon (451) (↗Neuchalkedonismus; ↗Monophysitismus) **3** *103–107* (Text u. Deutungen), 120, 128 f., 131, 134, 136 f., 143 ff., 148, 161, 176 f., 179, 193, 205 f., *432–460* (Politik Justinians gg. Gegner), 499 f., 1207 f. (armen. Kirche), 1211, 1213, **4** 48, 476 (Armenien), 479, 482
  christologisches **1** 814 f., 817 ff.
  deklaratorisches **1** 813, 820
  dreigliedriges **1** 812, 814, 816, 818
  Funktion **1** 810 f.
  historisches **1** 809, 822
  ignatianisches **1** 817
  1. Korintherbrief **1** 67
  interrogatorisches **1** 414 ff., 813, 819 f.
  Nizäa (Nicaenum) (↗Nizäa, Konzil v.) **2** 308, 354 ff., 358, 365, 372 f., 375,

378ff., 383, 388, 417f., 423f., 426, 429, 433f., 436, 442, 447f., 452, 570ff., 579, 585, 588, 603, 608, 610, 612, 614f., 617f., 885, 947, 971, 1037, 1086 (Armenien), 1092, **3** 30, 58, 73, 75, 82, 93, 96, 99f., 103, 121, 172, 176, 179, 191, 500, 1169 (Persien), 1174, **4** 476 (Armenien), **5** 521f., **12** 60
Nizäa-Konstantinopel (381) *(Nicaeno-Constantinopolitanum)* **1** 808, 814, *821ff.*, **2** 417, *452ff.*, 456, 1054, **3** 99 (zitiert in Chalkedon), 100, 103, 121, 130, 176, 179, 499, 855 (westgot. Spanien), **4** 476 (Armenien), 719, 759, **13** 136
Römerbrief **1** 70
Symbolum Quicumque **1** 818
Terminologie **1** 812ff.
trinitarisches **1** 814, 816, 818f.
zweigliedriges **1** 812, 814f., 817f.
Glaubenskongregation ↗Kongregation für die Glaubenslehre
Glaubensunterweisung (↗Katechese) **2** 659
Gleichheit **10** 427, *830f.*
Gleichnis(se) **1** 6
Jesu **1** 6, 28 (Reich-Gottes-Gleichnisse), 37, 191, 209, 600
Globalisierung **13** 588
Glocken, Glockenläuten (↗Angelusläuten) **5** 549, **7** 257, **8** 968f., **10** 376, 437, 440, 586
Glorious Revolution **9** *108ff.*, 181f.
Glosse **5** 462f.
Glossolalie **13** 526f.
Glück, Glücksstreben **9** 1023f. (Locke), 1025, *1028f.*, **10** 279ff.
Gnadenlehre (↗Prädestinationslehre) **1** 37, 133, 197, 199, 210f., 239, 283, **2** 526 (Semipelagianismus), 530, 534–538, 540, *542–551*, 972f., **3** *256–259*, 395f., 1123, **7** *684ff.* (Luther), 854, **8** 71ff. (Calvin), 556 (Puritaner), **9** 2, 349, 1093, 1100ff., **11** 67f., 73, 108, 121, 194, **12** 71f., 88, 111f., 125, 130, 222, **13** 138
Gnadenwallfahrt *(Pilgrimage of Grace)* **8** 211, 213, *529ff.*
Gnosis, Gnostizismus **1** 145, 169f., 181, 183, 217f., 251, 258f., 276, 280f., 326, 335, 345, 459, 461, 482, 506, 511f., *518–551*, 519f., 528, 534, 538, 541, 543, 546, 550, 555, 560, 563, 586, 591ff., 598, 600, 612, 615, 636, 638, 662, 681, 683f., 689, 699, 707, 730, 743, 752, 771, 786, 789, 812, 828, 855, 876, 890, 899, 907, 919f., 925, 928f., 943ff., 952, **2** *19–22*, 78f., 110f., 502, 529, 718, 720, **10** 798
„wahre" **1** 522, 577, 580ff., 584, 592, 599f., 887
Godesberger Erklärung **12** 350
Göppinger Bekenntnis ↗Bekenntnisschriften
Görres-Gesellschaft **11** 350, 651
Görres-Kreis **11** 296, 308
Götzenverehrung **1** 159, 659, 864, 866, 873, 880ff., 886, 888, 894, 946
Goldene Bulle (1356) **6** 269, *588*, 689, 862
Golfkrieg(e) **13** 307 (1991), 457, 466
Goliarden **5** 470f.
Gomaristen **8** 502ff.
Gordon Riots **10** 183
Goten (↗Westgoten, Ostgoten) **2** 4, 85, 87, 89, 99, 147f., 169, 447, 458f., 533, 559, 561, 900, 903, 987, *988–1006* (Christianisierung), 1018, 1058, 1060f., 1074, **3** 137f., 155f., 215, 225f., 228, 300, 303 (Gotenreich Theoderichs), 307, 309, 317f., 321, 323, 335f., 339, 429, **4** 884
Gotik, gotische Kunst (↗Flamboyantstil) **5** 397, 398 (Abb.), **6** 793f. (Ostmitteleuropa), **7** *245–248* (Spätgotik), 323f. (deutsche Spätgotik u. Frömmigkeit), 365 (franz. Spätgotik), 426 (Spätgotik, Ostmitteleuropa), 468 (Kuttenberg, Barbarakirche, Abb.), 479ff. (Ausklang, Italien), **8** 970, **11** 126, 318
Neu- **11** 188, 238, 573, **12** 167f.
Gotische Literatur, Sprache (christl. Antike) (↗PR: Wulfila) **2** 722 *725*
Gottebenbildlichkeit **12** 111

Gottesbeweise (↗Scholastik) **8** 1167, **9** 1092, 1115, **11** 67
Gottesbild **1** 37, 85, 591, 596, **11** 545, **13** 200, 210, 695
gnostisches **1** 529
Jesu **1** *37f.*
markionitisches **1** 183, 511, 784 f.
Gottesdienst (↗Messe, Meßfeier; ↗Liturgie;↗Eucharistie; ↗Abendmahl) **1** 312, 317, 327, *340–439*, 348 ff., 354, 359, 361 ff., 371, 423 f., 431 f., 434, 460, 774 f., 791, 811 f., 834, **8** *82–85* (Calvinismus), 345 ff., *974–987*, **9** 435 (Abb.), **13** 33, 263, 273 f. (Pfingstbewegung)
jüdischer ↗Synagogengottesdienst
-kollekte **1** 431, 632, 834
-ordung(en) **2** 235, **8** 975, **9** 886
Ritus **1** 346, 365
-zeiten (↗Sonntag; ↗Sabbat; ↗Ostern) **1** *366–389*, 434
Gottesfreunde **6** 521 f., **7** 317
Gottesfrieden, Gottesfriedensbewegung (Treuga Dei) **4** 838, *846–849*, **5** 91, 183, 291 f., 435, 446, *448f.*, 526, **6** 486, 489
Gottesfürchtige **1** 193, 198, 211, 220
Gottesgebärerin ↗*Theotokos* (Titel Marias seit der spätantiken Theologie)
Gotteslästerung ↗Blasphemie
Gottesmutter ↗*Theotokos*
Gottesnarren, „Narren in Christo" **3** 662 f. (Symeon Salos), **4** 68, **6** 550 f., **11** 743 (russ. *Yurodiviye*), **12** 1000
Gottesstaat ↗*De civitate dei*
Gottesurteil **5** *532f.*, 563
Grab, Heiliges **2** 675, 683, **3** 735 (Ikonographie), **4** 17, **11** 135
Grabinschriften ↗Grabmalskunst
Grabmal, Grabmalskunst **1** 694, **2** 55, 679, 736, 753, 951–958, **3** 704 f., **5** 546, **7** 486 (Renaissance), **8** 987, **9** 894
Graduale **3** 1080, **5** 551
Grammatik (Lehrfach der *Artes liberales*) **2** 707 f., **3** 859 f., 895 f., **4** 283, 331, 669, 750, 752, 754, 852, 854, **5** 452, 460, 871, **6** 351, **7** 665 (Erasmus), **9** 371 (Port-Royal)
Grandmontenser ↗OR: Grandmont
Gravamina nationis germanicae (1451) **6** *703f.*, **7** 76, 313
Gregoriana ↗OR: Rom
Gregorianik, gregorian. Gesang (↗Kirchengesang) **1** 928, **4** 624, **8** 981, 1230, *1234* (Tridentinum), **9** 1065, 1071, **11** 126, 344, 1011, **12** 266, 269, 639, **13** 264
Gregorianische Reform (↗Simonie; ↗Nikolaitismus; ↗Investitur; ↗Investiturstreit) **4** 796, 838, **5** 35, *42–46* (Alexander II.), *66f.*, 127 f. (Italien), 182, 186, 282, 339, 385, 387, 444, 488 ff., 519, 660–663 (Nachwehen im 13. Jh.), 800, 819, 913, 944
Greutungen ↗Ostgoten
Griechen **9** 545, 548, 558, 601
Griechische Sprache (Sprache und Kultur; ↗Hellenisierung; ↗Bibelübersetzungen; ↗Septuaginta) **1** 673, 718, 744, 757–764, 768, 773, 803 f., 865–869, 871, 889, 923 f., **2** 65, 82, 95, 97, 103, 128, 306, 696, 720, 722 f., 732, 840, 1008, 1023, 1028, 1088, 1092, **3** 159, 505 (Syrien, 6. Jh.), 516 (Ägypten, 6. Jh.), 616 (Syrien), 619, 787 f. (Spanien 6. Jh., Isidor v. Sevilla), 932 f., 1076 (Liturgie), 1190 (Armenien), 1196, 1236 (Georgien), **4** 233 ff., 351 f. (Kriterium d. Orthodie), 373 f. (Italien), 405, 407 f. (Melkiten), 413, 419 (Ägypten, MA), 433, 451 (Kopten), 469, 549, 933 (frühes Bulgarien), 947 (Kiewer Rus'), **5** 707 (Kiewer Rus'), **6** 220, **7** 29, 33 (Osman. Reich), 50 (Renaissance-Italien), 105, **9** 527 (Kiew), 528, 940, **11** 790, **12** 919, 952, **13** 262
Griechisch-katholische Kirche ↗Union, Unierte Kirchen
Griechisch-Orthodoxe Kirche (↗Konstantinopel, Patriarchat; ↗OR: Griechenland) **10** 125–133 (griech. Aufklärung), 728–735, **11** 768, 777, 779, 785, 790 ff., **12** 664, 878 f., 919 ff., 955–960, 973, 993 f., 1010–1015, **13** 447, 458, 466

Grindletonianer **9** 95
Große Mutter (↗Kybele, Mater Magna) **2** 12
Großgrundbesitzer ↗Grundherren (Antike)
Grundgesetz, Deutsches **12** 733 f., 747
Grundherren, Grundbesitzer (Spätantike) **2** 800 ff., 947, 951, 953, *954*, 956, 968, **3** 224 f., 234, 601 (Schenkungen an Klöster, Ägypten), 779, 1052, 1054
Grundtvigianismus **11** 249 ff., 255, 586 ff., **12** 853 f.
Guanchen (Ureinwohner d. Kanarischen Inseln; ↗OR) **7** 557 f., 564, 573, *591 ff.*
Guaraní **8** 782, 835, 841, 844 f., 865, 867, **9** 639, 645 ff. (Paraguay), **10** 78
Guelfen **6** 572, 578, 584, 731, **12** 493
Guerilla **13** 475, 500
Gütergemeinschaft (↗Urgemeinde) **1** 58, 61, 189, 633, **2** 768, 792, 825, 837, **5** 500 (Waldenser), **7** 469 f. (Böhmische Brüder), 816, **8** *135 f.* (Hutterer), 138 (Täuferreich, Münster), 151, 167
Güterverzicht ↗Besitzverzicht
Gunpowder Plot ↗Pulververschwörung
Gymnasium **7** 225 f.

Habit **5** *403 f.*, **9** 286 (Frauen)
Habsburger (Dynastie; ↗PR: Einzeleinträge; ↗OR: Habsburgerreich) **6** 685, **7** 308, **8** 416, 1043, **11** 327
Haciendas **9** 629 f. (Jesuiten)
Hadrianswall **2** 979
Häresie, Häretiker (↗Unglaube) **1** 157, 159 f., 181, 220, 280, *457–551*, 571, 591, 593, 638, 640, 679, 698, 703, 904, **2** 226 f., 471, **4** 71 f., 159, 237 ff., 244, 257, 351 f. (Ethnien), 510 (Armenien), 517 (und Ethnos, Armenien), 590 (Georgien), *866 ff.* (Westen, 11. Jh.), 869 f., **5** *28–31* (Byzanz, MA), 143 (Eremitentum, MA), 221 f. (Konzil v. Tours, 1163), 227, *478–488* (Byzanz, 11./12. Jh.), *501* (Abb.), 518 f., 631 (Papst), 636 (weltl. u. geistl. Macht), 643, 743 f., 854 f., *886–911* (Westen, 13. Jh.), 909 (Ikonographie, Abb.), 942 f., **6** *315–346* (SpätMA, Westen), *408* (Byzanz, Predigt, SpätMA), 675, **7** 316 f. (Dtschl., Vorreformation), 370 f. (Frankreich), *439–473* (1450–1530), *666–671* (Humanismus), **8** 332 f., **9** 882, *973*, *978*
Häresiegesetzgebung **2** 227, 477 f., **3** *430 ff.* (Justinian), **5** 484 (byzantin. Kaisertum), 679, *890 ff.*, **8** 216 (England), 222 ff. (Maria Tudor), 230, 449 (Karl V.), 1010, **9** 18
Häresiologie **1** 470, 483, 487, 520, 522 f., 528, 536, 545 ff., 550 f., 573, 592, 641, 684, 904
Häretikertaufstreit ↗Ketzertaufstreit
Hagiographie (↗Heilige, Heiligenviten; ↗Märtyrerberichte) **1** 150, **2** *726*, **3** *659–667* (monast. Heilige), *1148–1153*, **5** 455, 515, **6** *545–548* (Byzanz, SpätMA), **9** *953*
Hagioretischer Tomos **6** *199*
Handauflegung ↗*Cheirotonia*
Handelsgesellschaft(en) **11** 133, 139, 972, 986, 1023 (Ostindien-Kompanie), 1035
Handwerk (im kirchl. Recht) **2** 642, 645
Hanse **6** 774, 777 f. (Osteuropa), 793, **7** 415
Harmonisten ↗Rappisten
Harristenkirche (afrikan. Prophetenkirche) **13** 134
Haruspices, Haruspizien **2** 220, 347, **3** 862
Hasmonäerreich **1** 11, 13, 865
Haugianer **11** 250 f.
Hausandacht **9** 896
Hauskirche **1** 286, 289, 292, 305 f., 319, 333, 359 ff., 561 f., 685, **12** 827
Hebräer (judenchristl. Häresie) **1** 483, *487*, 495, 512
Hebräerbrief **1** 206, 214 f., 234, 287, 798 f., **2** 480, **11** 372
Hebräer-Evangelium ↗Apokryphen
Hebräische Sprache **1** 744, 757, 759–763, 773, 804, 867, **2** 56, 70, **4** 233, **5** 756, 760, **6** 870, **7** 105, 614 f. (Humanisten), **8** 1128, 1131, 1133, **9** 940, **11** 58
Hedschra (Zug des Propheten Mohammed 622 nach Medina) **4** 23

Hegelianismus **11** 71 f., 93–105
Hegumenos (Klostervorsteher) **3** 589–593, 599, **6** 161 ff.
Heidenchristen, Heidenchristentum **1** 69, 131, 133, 142, 144, 173, 190, 200, 216, 218, 221 ff., 277, 294, 299, 370 f., 466, 468, 473–477, 481, 513, **11** 102
Heidentum, allgem. (↗Aberglaube; ↗Christianisierung; ↗Mission, christl.; ↗PR: einzelne Götternamen) **1** 568 f., **3** 393 (Gallien, 6. Jh.), 405 (Spanien, 6. Jh.), 406 f., *426–429* (Verfolgung unter Justinian), 855, 866 (Britannien), *876 f.* (Irland, 5./6. Jh.), 930 (Angelsachsen, 6. Jh.), 1043, 1121, **4** 662 (Frankenreich, 8. Jh.), 675 ff., *723–726* (Sachsen), 765 (Bräuche, Frankenreich), 885 (Slawen, Skandinavier), 913 (Ostsee, MA), 916 f. (Ostmitteleuropa, Christianisierung), **5** 331 (Wendenkreuzz.), 345 f. (Nord- u. Osteuropa, MA), 513 f., 521, 706 (Kiewer Rus'), 784, **6** 241 (Äthiopien, SpätMA), *513 f.* (heidn. Kulte in Byzanz, SpätMA), 777 (Preußen, Litauen), **7** 532, 537, 548, 563 ff. (mittelalterl. Recht u. Entdeckungen), **8** 820 (Las Casas), *838–844* (Südamerika), 865 (Tupis), 945
römisch-antikes (↗Kunst, klassische; ↗Dichtung, christliche) **1** 178, 245, 250, 518, 631, 873, 877, 880, 885, *896–900*, 908, 953, **2** 220, 236, 345 ff., *396–413*, 420, *462–468*, 478, 667, 706, 708, 731, 764, 773–777, 788, 861, 892, 915, 941 f. (Spanien), 1008, 1061, 1063 f. (Kleinasien), **3** 303 f., *330–333* (Italien, 5./6. Jh.), *426–429* (Verfolgung unter Justinian), 650 f., 672, 739 (Bilderverehrung), 908, 1027 (Rom, Sakralbau), **4** 60 (Trullanum II), 66–71 (Feste, Bräuche), **7** 331 f. (röm. Renaissance), 490 f. (Renaissance)
semitisches **2** 60, 471, 1025 f., 1032, 1035, 1038, **3** 428
Heil (↗Soteriologie) **1** 520, 533 ff., 651, 653, **11** 29
Heiler **1** 841, **2** 40
Heilig, das Heilige (↗Heiligkeit) **4** 140
Heilige Allianz **10** 818 f., **11** 309
Heilige Familie (Frömmigkeit, Ikonographie) **6** 425, **7** 368
Heilige/r (Bezeichnung für frühe Christen) **1** 59, 305
Heilige Schrift(en) **1** *717–804*, 808, 810, 828, 875, 885, 891 f., 896, 911, 914, 920, **11** 44, 47, 49, 60, 93, 116, 127, 357, **12** 60, **13** 33 (Bibel), 70, 208 (Bibel)
Heilige, Heiligenviten (↗Kanonisation; ↗Heiligenverehrung) **2** 722, *726*, **3** 250, 587, 823, 868 (Britannien), 883 (Armorika), 895, 965, 1110 f., 1124, **4** 11, 82 f., 111, 126, 142, 265, 270, 327 f. (verheiratete Heilige), 451, 545 (Georgien), 678, 765 f., 834, 865, **5** 5 f., 141 (Eremiten, Frankreich, 11. Jh.), 529, 715, 800, 831 (Händler), 914, 945, **6** 261 f. (Rußland, SpätMA), *534–544* (SpätMA), *545–548* (Byzanz, SpätMA), 810 (Könige, Nord- u. Ostmitteleuropa), **7** 16 (Islam, Konvertiten), 451 (Lollarden), **9** 292 (Acta Sanctorum), 535 f. (Rußland, frühe NZ), 847, 855 ff. (hagiograph. Literatur, Barock), **12** 248–251
Heiligenfigur (↗Reliquiar) **5** 545
Heiligenkalender **3** 667 f., 689, 1110 f., 1128 ff., **5** 510, **7** 260
Heiligenlegenden ↗Heilige, Heiligenviten
Heiligenverehrung (↗Patron, Patronin; ↗Heilige, Heiligenviten) **1** 258, **2** 662, 975 f., **3** 286 (Nordafrika), 665 ff. (Mönche), 667 f., 714 (Kirchen), 743, 760 f., *1109–1157* (Westkirche, ab 5./6. Jh.), **4** *82–86*, 111 (Bilderstreit), 140, *586 ff.* (Georgien, MA), 679 (Feste), 772, **5** 523, *527–530*, 538 (Ortsheilige), **6** *427 ff.* (SpätMA), 562 (Byzanz, SpätMA), 892 f., **7** 268, *281 ff.*, 324 f., 368, 448 (Lollarden), 714 (Luther), 786 (Zwingli), 878, **8** 21, 100 (Reformierte Kirchen), 972, 1025 (Protestantismus), 1221, **9** 535 (Rußland, frühe NZ), 659 f. (Lateinamerika), 924, 1055 f. *(Comedias*

de santos), 1057 f. (Theater, Italien), **10** 29, 599–603 (Revolutionszeit, Frankreich), 793, **11** 124, 189, 191, 824 (oriental. Kirche), **12** 15, 72, 248 ff., 261, 452, 454, 866, 1123, 1200, 1226, **13** 264
Heiliger Geist (↗Pneumatologie; ↗*Filioque*) **1** 59, 86 f., 113, 160, 258, 277, 298 f., 303, 308, 389, 391–394, 396, 404–409, 413, 415, 417, 426, 429, 438, 494 f., 497, 636, 639 f., 677, 790, 816, 818 f., 822, 841, **2** 434 f., 441, 443, 445, 453, 733, 840, **5** 383 f., 483 (byzantin. Häresien), 747, **11** 45, **12** 966
Heiliger Synod (Verwaltungsorgan d. russ.-orth. Kirche) **10** *103 f.*, **11** 713, *714–730*, 732, **12** 919, 928 f., **13** 404 f.
Heiliges Jahr **8** 1014, **12** 139, **13** 117 (1975)
Heiliges Offizium ↗Glaubenskongregation
Heiligkeit (Ideal, Kriterien) **1** 31 f. (des Volkes Gottes), 827, **2** 970, 975–978, **4** 82 ff. (Kleriker, Laien; 7./8. Jh.), 338, **6** *534–544* (SpätMA), *545–553* (Byzanz, SpätMA), **8** *1062–1073*
Heiligtümer, Heilige Stätten (Verehrungsorte von Heiligen: Gräber usw.) **3** *1131–1135*, 1145 f., **4** 414
Heilsarmee **11** 237, 548, 553, 568, 572, **12** 462, 464, 562, 664, 679, 783
Heilsgeschichte ↗Geschichtsphilosophie, Geschichtstheologie
Heilung(en) **1** 7, **12** 1227, **13** 611
bei d. Juden **1** 27
bei d. Römer **1** 27
Jesu (in christl. Literatur) **1** 7, 26 f. (als Hinweis auf das Gottesreich), 81 f.
Heimsuchung Mariens (Fest) **6** 428
Hellenisierung (↗Griechische Sprache) **1** 11, 21, 462 f., 569, 864 ff., 889, **2** 56, 82, 89, 98, **4** 235, 372 ff. (südl. Italien)
Hellenisierung d. Christentums **1** 569, 600, 890, **2** 108, 113
Hellenismus **1** 155, 246, 267, 298, 331, 466, 519, 529, 541, 560, 587, 598, 601, 605, 759, 867, 871 f., 875, 879, 886 f., 891, 895, 915 f., 918, 920, 932, **2** 61, 63, 71, 74 f., 82, 85, 88, 398, 402 f., 407, 707 f., 788, **3** *650 f.*, **8** 1151, **11** 398
christlicher **2** 107
Hellenisten (judenchristl. Gruppierung in d. Urgemeinde) **1** 64, 68, 70, 72, *75–88*, 94, 134, 192–196, 202 f., 214 f., 223, 296, 298 f., 464, 470 ff., 475
Henotheismus (Antike, Heidentum) **2** 198, 206
Henotikon (482) **2** 1090, **3** *133 ff.*, 136–144, 146, 152 ff., *179*, 180, 183, 190, 192, 194, 196, 208, 436, 439, 574, 622, 655, 1204 f. (Armen. Kirche), 1207 f., 1239 (Georgien), 1257, *1263–1267* (kaukas. Kirchen), 1273, **4** 49, 437, 476 f. (Armenien)
Herkules (Mythologie, Kult, Kunst; ↗PR: Herakles) **2** 176 f., 196, 759
Hermeneutik (Bibelauslegung) **1** 61, 65, 68, 598, 615 f., **2** 510, **8** 341 (Protestantismus), **9** 973, **12** 128, 745
Hermesianer **11** 107 ff., 298 f.
Hermetismus **1** 518, 539 f., 560, 563, **2** 110
Herrnhuter Brüdergemein(d)e **9** 417 f., 477, *486–490*, 741, 876, **10** 5, 57, 204 f., 207, 490, 510, 850, 860, **11** 62, 74, 246, 253, 680, 959, 982, 1062 (Mission in Australien), **12** 706, 729, 755
Herrscherkult ↗Kaiserkult
Heruler **3** 429
Herz-Jesu-Frömmigkeit ↗Frömmigkeit, Herz-Jesu-Frömmigkeit
Herzensgebet (↗Hesychasmus) **6** 551, *555 ff.*, 559 f., 563, **12** 956 f.
Hesychasmus, Hesychasten **3** 593, 626, 659, **4** 56, 125, 274, 276 ff., 281, 335, **6** 174, 184, *553–560*, **10** 109 f. (Philokalie), **11** 742, 744, **12** 956 f., 1007
Hesychastische Bewegung (SpätMA) (↗PR: Gregorios Palamas) **6** 159, *165*, 199 (Athos), 200 ff., *257 ff.* (slaw. Osten, SpätMA), 311 f. (Ekklesiologie), 408, 445 ff., 453, *558*, 616 (Kaisermacht), 812, **7** 13 f. (osman. Eroberung), 17
Hethumiden (↗OR: Kilikien, Sis) **6** 224

Hexapla **1** 558, 574, 609 ff., 774 f., **2** 720
Hexen, Hexerei (↗Magie, schwarze; ↗Hexenverfolgung, Hexenprozesse) **4** 865, **6** 336, *514 f.* (Byzanz, SpätMA), **7** 296, 371 f., **8** *725 f.*, 1010, **9** 699 f., *1143–1146*, **10** 196
Hexenverfolgung, Hexenprozesse (↗Hexen, Hexerei; ↗Magie) **1** 237, **6** 316, 336, **7** *296 ff.*, 326, 333, 342 f., **8** 497, 501, 1076, *1082–1099*, **9** 237, 430 (Schweiz), 520 (Rußland), 699 f. (Nordamerika), **10** 196 (Polen)
Hic et Nunc (theolog. Zeitschrift) **12** 102 f.
Hierarchie **1** 152, 160, 271, 309, 343, 543 f., 570, 592, 617, 831, 833 f., 836–839, 842, 844 ff., 848, 856, 859, 910, **2** *35–42*, **11** 117, 179, 214 f., 225, 230, 234, 380, 461, 732 (russ.-orth.), 822, 858, 882, 918, **12** 178–182, 291, 475, 803, **13** 45, 49, 74, 507, 649, 683
dreistufige **1** 322, 326 f., 329 f., 584, 830
himmlische **1** 584
zweistufige **1** 313, 330
Hieronymiten **6** 26 f., 532, 758, *759 f.*, **7** 169, 394 (Judenstatut, Spanien), **8** 709, **9** 628
Higumen (Vorsteher koinobit. Klöster) **4** 281 f., **11** 732
Himmelfahrt Christi (Ikonographie) **3** 729, 736, 738
Himmelfahrtsfest **1** 377, 382, **3** 806
Hinduismus **7** 579, *587 f.* (portugies. Kontakte, um 1500), **8** 904 f., *906–911* (R. de Nobili), **9** 800 f., 813–819 (christl. Mission), **13** 61, 92, 488, 640 ff., 645, 659 f., 662, 669
Hirte (Ikonographie) **1** 930, **2** 740 ff., 954 f.
Hirtenbrief(e) **11** 207
Historia Francorum (Gregor v. Tours) **2** 136
Historia monachorum in Aegypto **2** 822, 827
Historiographie ↗Geschichte, Geschichtsschreibung
Hitler-Stalin-Pakt (1939) **12** 487, 983
Hochaltar **8** 972
Hochgebet **2** 695
Hochland (kath. Zeitschrift) **11** 652, **12** 682, 688
Hochzeit ↗Ehe, -schließung
Hochzeit zu Kana (Ikonographie) **3** 729
Hodegetria (Marienikone a. d. Hodegon-Kloster, Konstantinopel) **4** 259, **5** 5, 511, 736, 741, **6** 262
Hölle **2** 532, **5** 742, 923 f., **8** 841, 1077, **9** 321, *1025 f.*, 1107
Hofbauer-Kreis **11** 329
Hofkapellan **4** 819
Hofkapelle **4** 797, *804 f.*, **5** 108, 445
Hofprediger **8** 32
Hofrat **6** *569*
Hohe Pforte ↗OR: Osmanisches Reich
Hoheitstitel Jesu **1** 47, 49 f., 61, 82, 484, **13** 186
Hollandmission **11** 215 f.
Holocaust **12** 22, 296 ff., 358, 415–421, 643 f., 702, 721 ff., 895, 900, 902, 972, 975
Holzschnitt **7** 475 f., 502 f.
Home and Foreign Review ↗Rambler
Home Rule (ir. Unabhängigkeitsbewegung) **11** 561 ff., 571
Homiletik (↗Predigt; ↗Predigtsammlungen) **2** 696 f., 705, *716 f.*, **5** 743, **8** 439, **9** 315, 319
Homilie(n) **2** *716 f.*, 949, **6** 374
Homöer **2** 376, 381, 383, 385, 387, 390 f., 393, 417 ff., 425, 427, 430, 434, 436 f., 440, 443, 447, 451, 454 ff., 458 f., 896, 926, 936, 1044, 1070, 1072, **3** 154, 223 (Westgoten)
Homoiousios **2** 273, 373, 375, 383, 385, 424, 454, 971
Homonaden (anatol. Volksstamm) **2** 92
Homoousios **1** 821 f., **2** 265, 273, 275, 279 ff., 283, 309–312, 317, 321, 326, 352, 355 f., 363, 372 ff., 383, 385, 388 ff., 418, 424, 426, 429 ff., 434–437, 440, 570, 1017, 1021, 1034, 1038, 1070, 1074
Homosexualität **2** 475, **5** 886, 888 f., **6** 316, 334, *436*, **7** 384, **8** 722, 745, 1010 f., **9** 1016

Honestiores (röm. Würdenträger) **2** 8
Hospitäler, Hospize **3** *539–544*, *843–848* (Frankenreich, 6. Jh.), **4** 38 (Konstantinopel), *307–311* (Byzanz, MA), 702, **5** 154, 394 f., 436 f., **6** 24, 364, 421, 677, **7** 286, 515, **8** 1194, **11** 491
Hospitaliterinnen des hl. Joseph **9** 674
Hospitaliterinnen von der Barmherzigkeit Jesu **9** 666, 674
Hospitalorden, Hospitaliter (↗Orden v. Heiligen Geist) **5** 418, *422f.*, 929 f., **6** 594, 658, 660 f., 872, **7** 75, 175, 318, **11** 910
Huateken **8** 780
Hugenotten **8** *479–482*, 495, 869 f., 983, 1229 ff., **9** 46 f. (Brandenburg-Preußen), 57, 76 (Niederlande), 77, *117–120*, 123–130, 134, 136–140, 459, 742 (Kap d. Guten Hoffnung), 1137 f., **10** 398 (Franz. Revolution), 402 f., *408–411* (Vendée, 1791), 482 (Louisiana), 626 f. (Frankreich, ab 1801), **11** 193–198, 530, 982
  Hugenottenkriege **8** 509 f.
Humanae Vitae (Enzyklika) **13** 112 ff., 299
Humani Generis **12** 152 f., 155, 180 f., 193, 213 f., 232, 295, 628, **13** 13
Humanismus **6** 543, 733, 746 f. (italien. Klerus, SpätMA), **7** 216 (Universitäten), *221–226* (Erziehung), 320 f. (Dtschl., Anfang 16. Jh.), 328 f. (Dunkelmännerbriefe), 332, 359 f. (Paris), 379 f. (England), 382, 384 (Spanien), 388 f., 436 f. (Ungarn, Ostmitteleuropa), *476ff.* (Kunst, Florenz), 498, *612–672* (Christentum), 712 (Melanchthon), 730, 752 (Italien 16.Jh.), 754, 756 f. (Reformation in Dänemark), **8** *54–57* (Reformation), 350 (Irenik), 351 f., 379 f. (Maxim Grek), 396 f., **9** 755, **12** 157, **13** 81
Humiliaten **5** 445, *501*, 818, 927
Humiliores (röm. Unterschichten) **2** 8, 819
Hundertjähriger Krieg **6** 603–607 (päpstl. Diplomatie), 655 f., 670, 762
Hundertkapitelsynode (Moskau, 1551) **8** 380, **9** 521
Hungertuch **7** 259
Hunnen **2** 491, 983, 990, 993, 1001, 1004, **3** 154, 224, 226, 235, 429
Huronen **9** 667, 669
Hussiten (↗PR: Hus, Jan) **6** 107, 336 (Waldenser), *340–346*, 676, 696, 698, 772, 790, 801 ff., *804–807*, 889, 894, **7** 439, *461–473*, **8** 1227, **9** 16, *475–480*
Hutterer **8** 123, *133–136*, 150, 160, 168 f., *178f.*, 638
Hymenaeusbrief **2** 282
Hymnen (↗Christus-Hymnen) **1** 340, 929, **2** 731 ff., **3** 684 ff.
Hypostase, *hypostasis* (↗Drei-Hypostasen-Theologie; ↗Substanz; ↗Christologie) **1** 910, **2** 281, 355 f., 358, 363, 365, 372 f., 375, 383, 388, 421 f., 436, 439, 441, 445, 459, 570, 585, 1010, 1021, 1070, **3** 23, 49, 106 f., 434, 496, 499, **4** 211, 391

Idealismus **11** 340, **12** 189, 191
Identität **12** 1063 ff., 1103 f.
  christliche **1** 188, 196, 208, 214 f., 218, 304, 461, 587, 590, 675, 808, 810, 813, 900, 932
  jüdische **1** 188, 218, 223, 718, 867
Ideologie **10** 681 f.
Idolatrie ↗Götzenverehrung
Ignatiusbriefe **1** 324 ff.
Ikonen (↗*Acheiropoieta*; ↗Bilderstreit; ↗Nizäa, Konzil 787) **3** *676f.* (6. Jh.), 683 (Gottesmutter), 713, *739–744* (Anfänge, Motive), **4** 20, 23, 65, 77 f., 86–89, 121 ff., 125 (Johannes v. Damaskus), 126, 156 (Wunderglaube), 157 ff., 171 f. (Hesychasmus), 497 (Armenien), 586 (Georgien), **5** *507ff.* (Byzanz, MA), 708 (Kiewer Rus'), 742, **6** 203 (A. Rubljev, Abb.), 297, *396*, **9** 521 f. *(Raskol)*
  wundertätige **3** 739 f.
Ikonographie, christliche (↗Anikonismus; ↗Christusdarstellungen; ↗Ikonen; ↗Einzelmotive) **1** 694 f., 707, 817, 930 f., **2** *740–767*, 942, 951, **4** 99, **5** 186 f. (Papsttum, 12. Jh.), 217, *506–509* (By-

zanz, MA), **6** 438 f. (Tod), **8** *1221ff.* (Barock), **9** 1034–1039 (Barockkirchen), **12** 1014
Ikonoklasmus (↗Bilderstreit; ↗Bildersturm) **13** 271 f., 531
Ikonophobie ↗Anikonismus; ↗Bilderverbot
Ikonostase **3** 1083, **4** 64, 84, 262, **5** *506f.*, **6** 262 (Rußland, SpätMA)
Illuminaten **7** 388, **9** 1111, **10** 220 f. (Freimaurer), 426
Illuminismus (↗*Alumbrados*) **8** 674–680, 682 (Juan de Valdès), *693f.*, 732, **9** 840, **10** 239
Imitatio Christi (↗*Devotio moderna*) **2** 848, **4** 125, 125 (Johannes v. Damaskus), **6** 435, *524* (Thomas a Kempis), **7** 230, **8** 298, 492, 1044, **9** 852, 866, 876, **10** 262 f.
Immanenz **1** 902, 914, 920
Immersionstaufe (Taufe durch Untertauchen) **1** 399, **3** 1020, 1070, **6** 451, 820
Immunität (kirchl. Territorien, MA) **4** 805
Imperium (↗*Regnum*; ↗Zwei-Gewalten-Lehre; ↗Kirche und Staat) **3** 422, **4** 213, 215, 220, **5** 107, 118, 240, *656–660* (12. Jh., antike Referenzen), 665, 944 f., **6** 685 f., **8** 200, **9** 390
Index (verbotener Bücher) **8** 274 f. (Tridentinum), 686, **9** 846, *847–850* (Bibelübers.), **10** 274, **12** 6, 159 ff., 176
Indexkongregation **11** 470, **12** 7
Indianer, Indios **7** 405, 523, 525 (Las Casas), 533, 557, 561, 564 f. (Recht), *589*, 599 ff., 601 ff. (Mission, Motesino u. a.), *604ff.* (Verteidigung, Las Casas u. a.), **8** *796–807*, *812–858*, 864–868 (Brasilien), 1152 f., **9** 614, 625 f. (lateinamerikan. Klerus), 635, 639, 648 f., 654 f., 659, 665–669 (franz. Nordamerika), 666, *692ff.* (Nordamerika), 704 f., **10** 79 ff., *83ff.*, 93, 512 f. (USA, um 1800), 521 (Kanada), **11** 850, 861, 875–879 (Cherokee), 959, **12** 1219, **13** 486, 520 ff., 529 f.
Indienrat (Spanien) **7** 567 f., 605 f.
Individualismus **11** 8, 15, 31, 35, 45, 60, 62, 66, 479, 522, **12** 30, 37, 794 f., 825, 1040 f., **13** 124, 507
Industrialisierung (↗Industrielle Revolution; ↗Arbeiter, Lohnarbeiter; ↗Soziale Frage; ↗Soziallehre) **11** 32 f., 217, 236, 240, 275, 340, 474, 538, 615, 659 ff., 663, 683, 722, 725, 814, 1085, **12** 498 f., 590, 602, 604, 606 f., 646, 788, 792, 903, 1139, 1141 ff., 1153, 1165, 1192, 1196, **13** 353, 455
Industrielle Revolution **10** 725 f., **11** 31, 73, 221
Ineffabilis Deus (Enzyklika) **11** 24
Infralapsarismus **8** 116, **9** 420, 423
Infusionstaufe **1** 399
Inkarnation Christi **1** 52, 155, 303, 470, 482, 485, 500, 522, 532 f., 559, 611, 768, 818, 917, 920, **9** 826 f., **11** 24, 68, 94, 357 ff., **12** 60, 96, 103, 124 f., 207, 262 f., 807
Inkas **8** 775 ff., 787 f., 822, 836, 840, 855
Inklusivismus **9** 787–790
Inkulturation (↗Ritenstreit; ↗Adaptation) **10** 459, **11** 763 f., 766, 990, **12** 313, 318 ff., 1200, 1227 f., **13** 79, 183–186, 188, 333, 335, *587–613* (Afrikanisierung d. Christentums), 648–663, 665, 670–673, 680, 693, 695, 697 f.
Innere Mission (evang. soziale Bewegung) **11** 322 f., 325 f., 586 ff., 669–672, **12** 765, 853 f.
Inquisition
Lateinamerika **8** 788, 841, 861, **9** *655f.*, **10** 84, 779 (Brasilien)
portugiesische **8** 729 f., **9** 150, *153*, 210 f., **10** *32–35*
römische **5** 228, 575, 578, 580, 855, 886, *892–898*, 916, **6** 315, *317ff.* (13.–15. Jh.), 596, 675 (England, Lollarden), **7** 342 (Italien, 16. Jh.), 413 f. (Portugal), 670 (Kritik, Erasmus), *868*, **8** 254 (Paul III.), 278, *577ff.* (röm., Italien, 17. Jh.), 882 (Goa), **9** *150–154*, *236ff.* (röm.), 710, **10** 4, **11** 533
spanische **7** 383 ff., *388ff.* (Francisco X. de Cisneros), *395–399* (Juden, *Con-*

versos, ab 1474), 400 f., 670, 755 f. (Reformation), 868, **8** 662, 678 f., 685–688, *718–721*, 722, 725 f., 1010 f., **9** 143, 150, *152 f.*, **10** *32–35*, 183, **11** 282
Inspiration d. Schrift **1** 608, 613, 615 f., 639, 717, 722, 724, 765, 769 f., 776 ff., 780, 784, 786, 790, 797 f., 800, 802, 868, 907, 922, **11** 46 f., 56, 75, 81, 83, 87 f., 93, 195, 242, 377, 564, 566, 843, 895, 897, 902 f., **13** 77, 268
Institutum Neronianum **1** 176, 233, 243
Integralismus **11** 443 ff., 524, 646, 650 f., 932, **12** 6, 244, 248, 486, 627, 1157, 1167, **13** 657
Integration (↗Migration) **12** 802, 1062 ff., 1070, 1103–1111, 1120 f., 1125, **13** 660
Intellektuelle (nichtklerikale Gelehrte, 12. Jh.) **5** 469 ff.
Interdikt ↗Kirchenbann
International Council of Christian Churches (ICCC) **12** 74 f., 364
International Council of Christian Leadership (ICCL) **12** 1038 f.
Internationaler Missionsrat **11** 421, **12** 308–311, **13** 133, 135, 312 ff., 598 f., 664 f.
Internationaler Schiedsgerichtshof (↗OR: Den Haag) **11** 467, **12** 341, 391
Intoleranz, religiöse (↗Toleranz) **4** 347, 351
Intransigenz **11** 24, 27, 185, 491, 605, 608 ff., 614, **12** 7, 385, 471, 563
Investitur **5** *95–98* (Begriff; Ivo v. Chartres)
Investiturstreit **4** 789, **5** 44, *50–58*, 52, 57, 71, 73 ff., 79 f., *88–135* (europ. Regionen), 167 (Hugo v. Cluny), 183 f. (1123), 188, 199, *263–266*, 463 (Jurisprudenz), 657, 944
Inzest **1** 876, 879, 897, 901, 953, **4** 330, **5** 438 f.
antichristliche Polemik **1** 249, 253 f., 311
Iren (kelt. Bewohner des antiken Irland) **3** 867
Irenik, Irenismus **9** *190–196*
Irisch-Republikanische Armee (IRA) **12** 863, 867
Irmãs da Caridade ↗Schwestern d. Nächstenliebe
Irokesen **9** 666 f.
Irvingianer **11** 680
Isenheimer Altar **7** 489 f.
Isidorische Renaissance (↗PR: Isidor v. Sevilla) **3** 789, **4** 612, 670
Isis-Kult **1** 237, 518, **2** 13 f., 1025, **3** 427, 672
Islam (und Christentum) **4** 56 (Christentum), 80 ff., 97 f., 107 f. (Bilderstreit), 124 f., 138, *247–251* (Christentum, FrühMA), 348, *392–399*, 406, 413 (Johannes v. Damaskus), 414 (christl. Polemik), 444, 466 f. (islam.-christl. Kontroversen), 468 f., *501 ff.* (Polemik, Armenien), 555, 740, 848 f., 851 (Katalonien), 859 (christl. Liturgie), **5** 27, 29, 318 (Kreuzfahrer), 745 f. (Byzanz, 13. Jh.), 785, 787, 794, 910, 941, **6** 6 f. (Lyon 1274), 24, 208 f., 213 (Asien, SpätMA), 224 (Armenien, SpätMA), 230 (Tamerlan, Georgien), 403 f. (Byzanz Predigt, SpätMA), 405 f., 881 (Mission), **7** 6, 16, 20 f. (christl. Konversionen, Byzanz, 15. Jh.), 32 f. (Balkan), 34–37 (Islamisierung, Osman. Reich), 41 f., 78 (Pius II.), 421 (Südosteuropa), *527–531* (christl. Expansion, seit 15. Jh.), 540, 546 ff., 574–579 (portugies. Eroberungen, 15./16. Jh.), **8** 387 (Christentum, Äthiopien), 740, 892 (Indien), 895, **9** 516 ff. (Rußland), 543 f., 548, 550 ff. (christl. Konversionen), 586 (Georgien), *745 ff.* (Ostafrika), 798 (Indien), 800–803 (Mogulreich, Indien), **10** 124 f. (christl. Bekehrungen, 18. Jh.), **11** 342, 345, 764 f., 1006 f., 1036 (Christentum in Indonesien), 1040, **12** 394, 916, 946, 973, 1124 (Black Muslim Movement, USA), **13** 61, 92, 302, 312, 433, 442 f., 447, 452 ff., 456, 469, 542, 545, 552, 554–557, 574–577 (Christentum in afrikan. Übergangszonen), 641, 643 f., 669, 671
Mystik **11** 345

Schiiten **11** 137
Sunniten **11** 137
Islamismus (↗Fundamentalismus, Islam) **13** 433 f., 441 f., 444, 446, 454, 577, 637
Ismaeliten (Bezeichnung für Muslime) **7** 6
Israel, neues (theolog.-ideolog. Terminus; ↗Volk Israel; ↗SR: Jerusalem) **1** 36, 59, 65, 141, 210, 213 f., 224, 300, **2** 215, **4** 687, **10** 484, 637
Isthmische Spiele (Korinth) **1** 315
Italienische Sprache **7** 209
Italische Revolution **4** 653 f.

Jakobinismus **11** 10, 627
Jakobiten, Jakobitische Kirche **3** *504–510* (Entstehung, 6. Jh.), 505, 1190 (Armenien), **4** 27, 238, 349, 392 f., 397, 401, 405 f., 413, *425–435* (Antiochia), 466, **5** 28 f. (Byzanz, MA), 31, 484, 783, 793, **6** 205–208, *215 ff.* (13./14. Jh.), 831 (Union mit Rom), 834, 837 (Konzil v. Florenz), 838, **7** 537 f., **8** 900, **9** 546, 597, **11** 137, 775, 777, 783, 785, 794, 798, 810, 819 ff., 823, **12** 948, **13** 436 f., 439, 456, 458
Jakobsbruderschaften **7** 265
Jakobsmuschel **9** 866
Jakobusbrief **1** 801, **7** 451
Janitscharen **7** *10 f.*, **8** 744
Jansenismus, Jansenisten **8** 297, **9** 75, 82 f., 85, 87 (Lüttich), 134 ff., 140 ff., 171, 173, 250 f., 331 f., *348–408*, 832, 849 (Bibelübersetzung), 860, 899 f., 902, 933, 952, 955, 978, 990, 1000, 1005 ff. (Wucher), 1012 (Sozialethik), 1040 (Bilder), 1092 f., 1141, **10** 11, 18 f., 26 (Italien), 28 f., 452, 562, 592 f., 785, **11** 118, 121, 265 f., 342, **12** 634
Japanische Sprache **11** 766
Jenseitsvorstellungen **3** 1123, **4** 55 (Anastasios Sinaites), **5** *504* (Byzanz, MA), *520 f.* (Westen, MA), 920, 922, **6** *440 ff.* (SpätMA, Westen)
Jesuaten **6** 26 f., 532, 745
Jesuiten **8** *248–251* (Entstehung), 252 f. (Karte), 258 (Tridentinum), 288, *289 ff.*, 298 (Spiritualität), 331, 372, 397, *417 f.*, 432 f. (Schweiz), 490 f. (Frankreich, Niederlande), 492 f., 499 (südl. Niederlande), 500 f., 514, 517 (Frankreich, Anfang 17. Jh.), 545 (England), 548 ff., 585 f. (Süditalien), 594 (Rom), 599 (Florenz), 611, 631 (Abb.), 649 f. (Polen-Litauen), 665, 667 f. (Granada), 684 f. (Spanien), 687, 692 f., 717 f., 722 f., 731 f. (Portugal), 735 f., 750 (Kongo), 757, 759 (Angola), 762, 766 ff. (Sklaverei), 770 (Äthiopien), 788 (Lateinamerika), 790, 807, 826 ff. (Paraguay), *834 ff.* (Lateinamerika), 844 f., 852, 857 (Philippinen), 860 (Brasilien), 862 f., 865, *876–880* (Indien), 882, 904, *913–931* (Japan), *934–954* (China), 1008 f., 1015, 1023 f., 1040 f., 1044, *1045 f.* (Spiritualität), 1052, 1109, 1202, 1212 f., 1216 (Il Gesù), 1236 f., **9** 35 f. (Habsburgerr.), 37, 82, 86, 120 f., 147, 269, 283, 309 f., 316, 318, 331, 390, 403, 519, 601, 628, 629 f. (lateinamerikan. *Haciendas*), 633, 635, 638, *644–651* (Mission, Lateinamerika), *652 f.*, 663, 664–671 (franz. Kolonien, Nordamerika), 671, 673, 734 f. (Afrika), 748, 765 f. (Indochina), 767 (China), 769 ff., 776–779, 785–792, 795 f., *799 ff.* (Mogulreich, Indien), 802 f. (Persien, Türkei), 809 f., *813–819* (Indien), 853, 910, 914, 916, 936, 938, 951 f., 955, 968, 996 f. (Kasuistik), 1000 f., 1069 (geistl. Musik), *1091*, 1092 f., **10** 12 (Verbot, Frankreich), 20 (Verbot, Habsburgerreich), 25 (Italien), 26, 31 (Vertreibung, Portugal, Spanien), 74 f., *77 ff.* (Lateinamerika, 18. Jh.), 80, *90 f.* (Vertreibung, Lateinamerika), 106 f. (Rußland), 114 (Rußland, Vertreibung), 145–152 (China, 18. Jh.), *165–178* (Verbot, Unterdrükkung), 194, 245 f., 424 f., 502 (USA), 506 f., 675, **11** 119, 136 f., 158, 161, 169, 181, 184, 205 ff., 241, 277, 281, 283,

286, 290, 301, 330, 419, 430, 451, 457, 498, 523, 540, 544, 546 f., 577, 600, 609, 621 ff., 664, 695, 702, 798 f., 861, 910, 938, 943 f., 1020 f., 1051, 1065 f., **12** 184, 195 f., 204, 230 f., 253, 255 f., 452, 512, 523, 537, 628, 652, 666, 679, 681, 1167, **13** 515, 645, 654, 660 f., 679

Jesus (Thema, Gegenstand d. Theologie, Kunst usw.); ↗Christologie; ↗Christus; ↗Hirte; ↗Lamm) **1** 20, 930 f., **2** 65, 68 f., 76, 305, 446, 495, 571, 735, 751

Jiddische Sprache **7** 432

Joachimismus (↗PR: Joachim v. Fiore) **5** 900–903, 943, **6** *321 ff.*, 327 ff., **7** 302 f., 388, 596 ff. (Kolumbus), 815 (Th. Müntzer), **10** 849

Johanneische Gemeinde **1** 64, 72, 155 f., 219, *299–304*

Johannesbriefe **1** 145, 154, 299, 303 f., 569, 801

Johannesevangelium **1** 7 f., 64, 71, 145, 153 ff., 168 (ältester Papyrusfund), 194, 203, 218 f., 299, 303 f., 569, 732, 736, 779, 788 f., **2** 446, **11** 58, 79, 97 f., 102, 369, 376, 378, 397

Johannestaufe **1** *17–20*, 389–393, 396, 401

Johanniter **5** 304, *319–324*, 423, 582, 677, 925, **6** 17, 24, 767 (Zypern), 769 f. (Rhodos), **7** 3, 82

Jom Kippur **1** 19

Joseph-Brüder **11** 206

Joseph-Schwestern **11** 141

Josephinismus **9** 917, **10** *15–25*, 706, **11** 116, 327, 329 f., 682, 690, 703, **12** 382
„roter Josephinismus" (kommunist. Religionspolitik) **13** 359 f.

Jubeljahr(e) **6** 418, 722, **7** 72, 271, **9** 919

Judaisieren, Judaisierende (Vorwurf der christl. antihäret. Polemik, Bezeichnung für häret. Gruppen) **1** 131 ff., 304, 453, 481, 585, 917, **2** 443, 554, **4** 123, 239, 241, **7** 64

Judaisierung **1** 17

Juden, Judentum (jüd. Religion, Judentum u. Christentum; ↗Antijudaismus; ↗Antisemitismus; ↗Judenpogrome; ↗Kalender, jüdischer; ↗Ghetto; ↗Judenchristen) **1** 9 f., 17 (z. Zt. Jesu), 25, 30, 33, 68, 87, 95, 122 (röm. Reich), 187 ff. (im 1. Jh.), 194 (1. Jh.), 198, 205 (rabbin. Judentum), 208 (rabbin. Judentum), 214–220 (Tempelkult), 223 (rabbin. Judent.), 235 (röm. Reich), 237 ff. (röm. Reich), 245 (röm. Reich), 282 (Gemeinden), 285 (Claudius-Dekret), 307 f. (jüd. Gemeinden), 333 (Gemeinden), 348 f. (Gottesdienst im 1. Jh.), 357 (Gebetsrichtung im rabbin. Judent.), 368 (Sonnenkalender), 386 (Riten), 462–466 (Judenchristentum), 518, 538 f. (Gnostizismus), 593–599 (Clemens v. Alexandrien), 718 (Hl. Schriften), 720, 729 f. (rabbin. Judentum), 743 (Hl. Schriften), 747 (rabbin. Judent.), 767 (Hl. Schriften), 780 (rabbin. Judent.), 868 (alexandrin. Judentum), 870 f. (Sicht d. griech. Philosophie), 877 (Verhältnis zu Christentum), 887 (röm. Reich), 932, **2** 58 ff., 63, 72, 74 f., 77, 80 f., 85 f., 89, 94, 108, 110, 146, 172, 223, 226 f., 316, 347, 402 f., *468–471*, 478, 710, 718, 727, 731, 739, 743, 942, 954, 1024, 1032 (Orient), 1032, 1038 f., 1077, 1080, 1083, 1089, **3** 330 f. (Gotenreich, Italien), *335 ff.*, 429 f. (Justinian), 650, 674 (Bilderverehrung), 811 f. (Frankenreich, 6. Jh.), 855 (westgot. Spanien), 856, 908 (Italien, 6. Jh.), 920, 1036, 1084 (literar. Vorbilder), 1242 (Georgien), 1247, **4** 17, 53 (Maximus Confessor), 56 (Christentum, Synkretismus), 60 (Trullanum II), 72–80 (Konflikte, 7./8. Jh.), 97, 103 (Bilderstreit), 106 ff., 132, 133 (Nicaenum II), 138, 230 (Chasaren), 239, *244 ff.* (Byzanz, 9. Jh.), 348, 406, 434, 589, 615 f. (Verfolgung, Spanien, FrühMA), 616, 636 (Spanien, arab. Eroberung), 637, *733 ff.* (Frankenreich), *868 f.* (Westen, 11. Jh.), **5** 31 f. (Byzanz, 11. Jh.), *369 f.* (Byzanz, 12. Jh.), 587 (Lateranum IV), 741, *744 f.* (Byzanz, 13. Jh.), *754–765* (Christen, 13. Jh.),

784, 824 (Geldwirtschaft), 886 f., **6** 65 (Avignon, 14. Jh.), 109, 260, *409* (orth. Polemik, SpätMA), *859–870* (Dtschl., SpätMA), **7** 21 (Thessalonike, 16. Jh.), 28 (Byzanz, nach 1453), 36, 209, 332 f. (Italien, 16. Jh.), 384 (Spanien, 15./16. Jh.), 385 ff., *390–399* (Spanien, um 1500), 411 ff. (Portugal), 432, 573 (Azoren), 591 (Oran), 596, **8** 4 (Luther), 275, 505 (nördl. Niederlande), 595 (Rom), 618 (Ostmitteleuropa), 652 f., 662–665 (Spanien, 16. Jh.), 728–731 (Portugal), 1033, **9** 151, *203–211* (Toleranz, 17./18. Jh.), 396, 547, 790, 929, 959 (I. La Peyrère), *1109* („jüdische Frage", Aufklärung), **10** 23 f. (Toleranzedikt Josephs II.), 42 (Preußen, 18. Jh.), 204 (Hallescher Pietismus), 235, 254 f. (Haskala), 308, 318 f. (1789), 443, **11** 103 (alexandrin.), 201 (Belgien, 19. Jh.), 210 (Niederlande), 396–399 (hellenist.), 558 (Großbritannien, 19. Jh.), 596 (Italien, 19. Jh.), 662 f. (Deutsches Reich, 19. Jh.), 683 (Österreich 19. Jh.), 688 (Osteuropa 19. Jh.), 694 (Polen 19. Jh.), 699 (Osteuropa 19. Jh.), 715 (Rußland 19. Jh.), 760 (Rußland, 19. Jh.), 775 (Osman. Reich), 777 (Osman. Reich), 784 (Osman. Reich), 786 (Osman. Reich), **12** 394, 649 (Belgien), 881 (Polen), 886 (Osteuropa), 1050, 1136 (Kanada), **13** 61, 92 f., 188 f., 385 (Osteuropa), 488 (Lateinamerika)
-verfolgung (↗Judenpogrome) **1** 116, 257, **5** 886 f., **6** 713 f. (Breslau, SpätMA), 846 f. (Spanien, MA), 853 f. (Sizilien, SpätMA), *863–867* (Dtschl., MA), **7** *392–399* (Vertreibung aus Spanien, Ende 15. Jh.), **12** 22 (Drittes Reich), 34 (Italien), 351 (Drittes Reich), 357 f., 411–421 (Drittes Reich), 643 (Drittes Reich), 644 (Drittes Reich), 700 ff., 720–723 (Drittes Reich), 898, 900, 902, 972, 974 f.
-frage (↗Drittes Reich; ↗Antisemitismus) **12** 348, 406, 640, 700 ff.
-pogrome (↗Judenverfolgung) **2** 470 f., 687, **5** 762 ff., **6** 330, *331–334* (Häresie, Westen, SpätMA), 754, 842 (León), 855 ff. (Frankreich, 14. Jh.), 859 (Würzburg), 865, 867 (Nürnberg), **7** 392 ff. (Spanien, Ende 15. Jh.), **11** 722, 761, **12** 700 f. (Reichspogromnacht), 721 (Reichspogromnacht)
-regal **5** 757
Judenchristen, -christentum (↗*Conversos*) **1** 80, 112, 124, 129, 131, 146, 170, 187, 189 ff., 194, 196, 200, 206, 208, 211, 216 ff., 221 ff., 239, 277, 296, 299, 303, 335, 370 f., 459 ff., *462–515*, 560, 569, 593, 657, 700 f., **2** 72, 80 f., 86, 110, 1007, 1039, 1041, 1078, **7** 413 (Portugal), **11** 102
Judicatum (Erlaß Papst Vigilius' z. Drei-Kapitel-Streit, 548) **3** 450 f., 456, 465 f.
Jüdischer Krieg
Aufstand unter Trajan **1** 150
Erster **1** 13, 24, 74, 80, 188, 194, 201, 238, 245, 269, 287, 294, 302, 480 f.
Zweiter ↗Bar-Kochba-Aufstand
Jüdischer Weltkongreß **12** 358
Jüngerschaft Jesu **1** 34 ff.
Jüngstes Gericht (↗Apokalyptik) **1** 33, 86, 191, 200, 210, 315, 353, 390 f., 427, 559, 592, 651, 653, **2** 243, 731, **5** 507, **6** 441, 442 (Abb.), **7** 299 f., **9** 989, **11** 843, 853, **13** 531
Jüten **3** 865
Jugend **12** 813
-arbeit **11** 33, 217, 506, 521, **12** 853
-bewegung **12** 225, 267 (Quickborn), 284–289 (Katholische Jugend), 483, 502, 525, 541 (kath.), 560 f., 574 f., 627, 687, 748 (prot. in der DDR), 767, 908, **13** 216, 467 (orth.), 628
-werk(e) (↗Einzeleinträge) **11** 184, 208, 237, 521, 625, 629, 680, 698, **12** 475, 497
Julianismus, Julianisten (Gaianiten, Aphthartodoketisten; ↗PR: Julian v. Halikarnassos) **3** 435, 458 f., 513, 566,

595 f., 654 f., **4** 210, 435, 437, 477, 481 f. (Armenien), 496
Julirevolution (Frankreich, 1830) **11** 10, 19, 31, 135, 143, 150, 167, 170, 175, 191, 193, 196
Jungfräulichkeit (asket. Ideal) **1** 563, 566, **2** 229, 531, 555, 805 f., 816, 841, 848, 850 f., 855, 861 f., 1036, **5** 927, **7** 444 f. (Waldenser)
Jungfrau, Jungfrauenstand (frühkirchl. Stand) **1** 636, 650, 835, 839, 841, 846, 857, **2** 638 f., 816, 841, 848 f., 852, 859, 913, **3** 119 (Chalkedon), 811, 857, 984
Jungfrauengeburt (Geburt Christi, Ikonographie) **1** 3 (talmud. Polemik gg. Jungfräulichkeit Mariens), 204, 220, 297, 469, 482, 484 ff., 488, 490 f., 495, 498, 765 f., 769, 817, 917, **11** 24, 67, 667, 679, **12** 125
Jura, Jurisprudenz (↗OR: Bologna/Schule, Universität; ↗Juristen) **4** 331 f., **5** 194, 460, *463 f.*, 713, 944, **9** 255, 1097
Jurisdiktionsgewalt, päpstliche **11** 14, 117, 446, 575, 664, 912, **12** 3, 8, 181, 991
Juristen **5** 469 f., 475, 662, 944, **6** 125 (Basel), 540 (St.Ivo), 645 f. (14. Jh., Frankreich), **7** 179 (Bischöfe, 15./16. Jh.), 184 (bischöfl. Kurie), 376 f. (engl. Bischöfe), **8** 33, 35, 1174

Kabbala **1** 520, 539, **7** 337, 614 f. (Humanismus), **8** 1060
Kabirische Mysterien **1** 114
Kaddisch (jüdisches Gebet) **1** 25 f.
Kainiten **1** 945
Kaiser
-insignien **2** 177 (Byzanz), 217, **4** 831 (Krönungsevangeliar, Otto III.), **5** 655 (Abb.)
-kult, christl. **2** 346, 643, 705, 728 f., 758 ff., 1044, **3** 675 (Bilderverehrung), 710 (Kirchenbau), 744, **4** 115
-kult, heidn. (Antike) (↗Christenverfolgung; ↗Kaiserkult, christl.) **1** 94, 140, 157 f., 236 ff., 240 f., 244 f., 247 f., 250, 254, 883, **2** 4, 10, 86, 89, 156 f., 177, **3** 1079 (Vorbild für Liturgie), 1084
-kult, jüdischer **1** 238
-tum, abendländ./latein. **4** *687 f.* (Karl d. Gr.), *708 ff.*, 822 f. (Ottonen), 953 f., **5** 74, 122, 212 f. (Barbarossa), 240, 591 f. (II. Konzil v. Lyon), 616, 637, 665, 668, *777 ff.* (Friedrich II.), 942, 945, **6** 37 (Anfang 14. Jh.), 96 (Pisa, 1409), 97 (Konstanz, 1415), 269, 273 (Dante), 275 (Marsilius v. Padua), 581 f. (Rudolf v. Habsburg), 582 f. (Alexander v. Roes), *584–587*, *587 ff.* (Dtschl., 14. Jh.), 685 f. (Alexander v. Roes), 689, 691, **7** 347 f. (franz. Königtum)
-tum, oström./byzantin. (seit Konstantin); ↗Kaiserkult, Kaiserinsignien; ↗Kirche und Staat) **2** 235 ff. (Konstantin), 369 f., 449, *475 ff.*, 479, 555 f., 613 f., 618 f., 655, 669, 758, **3** 103, 127, 170, 208, 421, 522, 524 (Bischofswahl), 553 (Konstantinopel), 647, 655 (Kaiser als Theologe), 744, 757 f. (afrikan. Rückeroberung, 6. Jh.), 897 f., 937–942 (Gregor d. Gr.), **4** 115, 160 f., 177 (Zeremoniell), *198–209* (Tetragamiestreit), 199 f., *213–224* (u. Patr.), 316, 953 f., **5** *13 f.* (11./12. Jh.), *23–27*, 249 f. (päpstl. Zeremoniell), *367 ff.* (12. Jh.), *381 ff.* (Kreuzzüge), 386, 484 (Häresie), 513, 660, 719 ff. (Palaiologen), 724 (Abb.), *725–731* (nach 1204), 942, **6** 138, 156, 296, *611–617* (Byzanz, SpätMA), *619 f.* (Wahl u. Krönung)
Kalender
ägyptischer **1** 444 f.
athenischer **1** 443
chinesischer **9** 767
(früh)christlicher (↗Kalender, liturgische) **1** *442–454*, 656 f., **2** 710, **4** 918
Franz. Revolution **10** 389 f.
gregorianischer **8** 276, 1139, **9** 537, 939, **11** 802, **12** 924, 994
islamischer **1** 443
jüdischer (Mondkalender) **1** 442, 445, 450, **2** 710

julianischer **1** 442, 444–448, 450, **2** 710, **4** 489, **9** 537 (Rußland), **12** 924, 955, 994, 1013
liturgischer (Kalendarien) **2** 474, 679, *690–694*, **3** 743, 804 f., **5** 509 ff., **8** 1012, **9** 905 (nachtridentin.), **12** 823
-reform **1** 448, **4** 489 f. (Armenien, 665 f.), **8** 276 (Gregor XIII.), 1139, **9** 510 (Peter I., Rußland), **12** 955 (Orthodoxie, ab 1917/23), 956, **13** 79
Kalifat (↗Abbasiden, Omaiyaden, Fatimiden) **1** 273, **4** 491–501 (Armenien), 555 (Georgien)
Kalogeros **6** 140
Kalter Krieg (↗Kommunismus; ↗Sozialismus; ↗OR: Sowjetunion, Vereinigte Staaten) **12** 363–374, *421–431*, 511, 646, 837, 988, 992, 994, 1005, 1022 f., 1038, 1061, **13** 287, 306–309
Kalvarienberge **7** 247 (Abb.), 262 f., 276, **9** 330, 918
Kamaldulenser ↗Camaldulenser
Kamillianer **8** 1069
Kammer, päpstliche/apostolische (↗Finanzen; ↗Papsttum) **6** *53 f.* (14. Jh.), 61, 469, 629, 631, 730, **7** 98, 110, **9** 146, 225
Kanaanäisch **2** 56
Kannibalen, Kannibalismus **1** 241, 248, 253 f., 311, 871, 879, 901, **7** 598, **8** 764, 824, 865 f. (Tupi), 867
Kanon 15 (Nizäa) **1** 556
Kanon 28 (Chalkedon) (über die Gleichstellung Konstantinopels mit Rom) **3** *116* (Text), 125, 128, 130 f., 161, *162–165*, 174 ff., 179, 548, 553, 556 f., 564, **4** 62
Kanon, Kanonbildung (Altes und Neues Testament) **11** 46
christlicher **1** 6, 218, 718, 720 f., 737, 759, 764, 776 f., 788, 796, 798–804, **11** 100–103
jüdischer **1** 488, 608, 744–764, 767 f., 770, 772 f., 776 f., 800
markionitischer **1** 182, 461, 529, 767, 783–786, 788, 790
Kanones d. Athanasius **2** 634
Kanoniker (↗Kathedralkapitel; ↗Kollegiatsstifte; ↗Regularkanoniker; ↗*Consuetudines*; ↗Mönchsregeln, Augustinus) **4** 696, 783, **5** 38, 70, 137 f., *148–156* (regulierte Chorherren, 11. Jh.), 176, 261, *267–279* (HochMA), 272, 392, 394, 396, 458 (Schulwesen), 539, **7** 423 (Nord- u. Osteuropa, 15./16. Jh.)
-regeln (↗*Consuetudines*; ↗Mönchsregeln, Augustinus) **5** *155 f.*, 432
Kanonikon (byzantin. Ordinationstaxe) **6** 146 f., 507 f., 766
Kanonisierung, Kanonisation (↗Heiligkeit) **4** 338, **5** 231, 238 f. (Alexander III.), 799, **6** 561 f. (Byzanz, ab SpätMA), **8** 380 (Moskau,16. Jh.), 704 f. (Spanien), 1064, *1071 ff.*, **9** *238 ff.*
Kanonissen des hl. Augustinus **9** 287
Kantate **9** 1075 f.
Kantor **3** 119, 533 f., **4** 752, 770, **5** 277, 864, **8** 1242 (Protestantismus), **9** 1073 (Protestantismus, Barock)
Kanzel (↗Ambo) **6** 366 f.
Kanzlei
bischöfliche **7** 184
königliche **4** 804
päpstliche **3** 899, **4** 825, 872, **5** 82, *86*, 185, 572, *602*, **6** 51 f. (13. Jh.), 58 f., 64
Patriarchats- (↗*Chartophylax*) **6** 141
Kanzler **4** *804 f.*, **5** 277 f. (Domkapitel), **6** 569
Kapellan **4** 805, **5** 284
Kapelle (↗Privatkapellen; ↗Hofkapelle; ↗Kapelle, päpstliche) **4** 612, **6** 22 f., **8** 973
päpstliche **5** 86, 602
Kapetinger **4** 838 f., **5** 88 f.
Kapital, Kapitalismus (↗Finanzwesen; ↗Wirtschaftsethik) **5** 825, *829 f.* (Petrus J. Olivi), **6** 478, **8** *1189 ff.* (Protestantismus), **9** 391, **11** 475, 479, 890 f., **12** 28, 50, 77 f., 366, 425, 833, 1094, 1158, **13** 178, 295, 417, 502, 507, 668
Kapitel (↗Kathedralklerus, K.kapitel) **5** 267, **6** 23, 469
Kapitelsbuch **5** 551

Kapitularien (karoling. Gesetzeserlasse) **4** 700

Kapuziner **7** *341*, **8** 244, *291f.*, 303, 433f., 491, 493, 499f., 514, 601 (Korsika), 604, 611f., 717, 722, 768, 790, 833, 1015, **9** 35, 36 (Böhmen), 56 (Schweiz, 17. Jh.), 120f., 282ff., 288ff., 295, 310, 316, 331, 519, 601, 628, 638, 662f., 665, 734 (Afrika), 735f., 739f., 748, 802, 816f. (Indien), 824, 830f., 1031, 1144f., **10** 502, **11** 132, 137, 158, 205, 546, 798, 812f., 945, 978

Karäer **7** 432

Karaiten **5** 31, 369, 745

Kardinal, Kardinalskollegium **5** *82* (Begriff), 183, 185, 193f. (1130), *206f.*, *242–248*, 556f., 594, *595ff.* (1198–1276), *632–635* (ekklesiolog. Aspekte), 643f., 667, 945, **6** 11, *40–50* (Anfang 14. Jh.), 92ff., 109, 285f., 293, 602, 628f., 730, **7** 92 (Nepotismus), 99, 102f. (Renaissance), 114, *121ff.*, 333f., **8** 276, *278f.*, **9** *223*, 229f., **11** 461, **12** 14, 21f., 24, **13** 3, 5, 109ff., 597f., 622

Kardinal-Staatssekretär **8** 279, **9** *229*, **12** 13, 381, 399, **13** 5, 121

Karfreitag **2** 695, **9** 911

Kariben **7** 598

Karlsbader Beschlüsse **11** 309

Karmeliter **5** 577, 847f., 858, **6** 25f., 28, 354 (Predigt), 356, 525, 658, 726, 767 (Zypern), 790, **7** 159, 167f., 175f., 357, **8** 303, 433, 499f., *695f.* (Teresa v. Avila), 717, 860 (Brasilien), 863, 900, 903f., 1045 (Abb.), 1050, **9** 286, 355, 358, 397, 628f., 635, 663, 802f. (Persien), 806 (Indien), 810–813 (Syro-malab. Kirche, Indien), 836f., 910, 914, 921f., 953, 1150, **10** 654, 790, **11** 118, 126, 205, 546, 797f., **12** 239, 582

Unbeschuhte Karmeliter (↗PR: Teresa v. Ávila) **8** 833f., 883, 1050, 1053f. (Frankreich), **9** 600, 824, **11** 132

Karneval **5** 513, **7** 101

Karolinger **4** 647, 656, 666ff.

Karolingische Minuskel **4** 754, 851

Karolingische Renaissance **4** 660, 671, 747, 849–855 („dritte")

Karpokratianer **1** 318, 890

Kartäuser **5** *144f.* (Gründung), *401*, *416*, 540, 767, **6** 24, *531f.*, 658, 660, 711, 758f. (Kastilien), 760, 790, **7** 119, 169, 176, 232, 381, **8** 240, 397, 1044, **9** 397, 1151, **10** 545, **11** 123, 131

Kartographie **6** 851 (jüd. Kartographen), 895, **8** 929, 943

Karwoche (↗Ostern, Osterfest) **1** 379, **5** 538, **8** 842, **9** 905f.

Kastensystem **9** 816ff. (Indien), **11** 1024, 1028, 1030, **13** 437, 620, 640f., 662, 667f.

Kastration **4** 267

Kasualgebühr **11** 630

Kasualien (Taufe, Trauung, Begräbnis) **12** 742, 851, **13** 237

Kasuistik **8** 1175, **9** 901, *996–1002*

Katakomben **1** 690, 693f., 930f., **2** 681, 882f., 894, **8** 283, **9** 245f., **10** 546 (Franz. Revolution)

Kataphryger ↗Montanismus

Katechese (↗Predigt; ↗Katechismus, Katechismen) **1** 146 (mystagogische), 603, 606ff., 708, 810ff., 815f., 819, 821, 824, 842, 848, 860, **2** *694–697*, 716f., **3** 823, **6** 437, 848–851 (konverierte Juden), **8** *110–120* (Reformierte Kirchen), 919 (Japan), *922–927*, *995–1003*, **9** *314–318* (Konfessionalisierung), *333–341*, 669, **10** *268–271*, *558–563* (Franz. Revolution), **11** 119, 127f., 1014, 1024, **12** 274–278, 281, 455, 486, 574, 659, 735, 806, 910, 997, 1082f., **13** 78, 97, 126

Katechet, -in **1** 318, 836, 839, **11** 1081 (Einheimische in der Mission), **13** 593, 653, 694

Katechetenschule (v. Alexandria) ↗OR: Alexandria

Katechismus, Katechismen **5** 742, **7** 241, 406 (Spanien), 548 (João de Barros), 725f. (Luther), 740, **8** *305f.* (nachtridentin.), 331f., 394, 492, 721, 750, 793,

824, 879 f. (Tamil), 891 (Hindustani), 915 ff. (Japan), *923f.*, 925, 1236, **9** *333–341*, 432 (J. F. Osterwald), 490 (Sozinianer, Rakow), 492 (Rakower Katechismus, Holländischer Katechismus), 529 (orth., Mohyla), 531 (Rußland, Prokopovic), 853, 993 f., 1027 f., **10** *268–271*, 529 (Québec), 559–562 (Frankreich, Revolutionszeit), *574–581* (revolutionäre Katechismen, Frankreich), 634 ff. (napoleon. Einheitskatechismus), **11** 127, 207, 292, **12** 274–278, 455, **13** 158
Heidelberger Katechismus **8** 6, 84, *107–110*, 321 f., 409 f., 412, 421, 974, 977, *998f.*, **9** 993 f., **13** 156
Luther **8** 15, *18ff.*, 641, *996ff.*, 1229, **9** 807 (Tamilisch), 993
Petrus Canisius **8** 413, 418, 969, *999*, 1236
Römischer Katechismus **8** 275, 288, 1000, 1081, 1195, **9** 337, 993, **12** 274 f.
Katechumenen, Katechumenat **1** 394, 397, 401, 410 ff., 414, 581 f., 635, 811, 825, 828, 832, **2** 23 f., 38, 652, 780–783, 933, 1009, **3** 407, 1098 f., **5** 546, **11** 161, 1012 (Afrika), 1082 f., **12** 278 (Erwachsenenkatechumenat)
Audientes/Akroomenoi (Hörer) **1** 836, **2** 23, 780, **3** 1099
Competentes (↗*Photizomenoi*) **1** 583, **2** 23, 780, **3** 1099
Electi **2** 23, 781, **3** 1099
Katenen, exeget. **3** 653
Katharer, Katharismus **5** 480 (Bogomilen), *494–499*, 774, 838, 840, 890, 892, 895, 897–900, 916, 943, **6** 315, **7** 370
Katharoi (↗Novatianer) **2** 313 f.
Kathedra (Bischofsstuhl) **2** 696
Kathedrale **3** 1012–1015, 1017–1022, 1025, *1064–1068*, **4** 696 (karoling. Frankenreich), 787 (England), **5** 271
Kathedralkapitel, -klerus, -schule (↗Kanoniker; ↗Klerus) **4** 696, **5** 261, 267, *267–271* (Reformen, HochMA)
-schulen ↗Bildungswesen
Kathedraloffizium **1** 389
Katholikentag(e) **11** 304 f., 465, 539 (Belgien), 577 (Schweiz), 610, 638 f. (Spanien), 683, 710 (Slowenien), **12** 274, 670 (Schweiz), 753, 763, 894 (Ungarn), 1186 (Havanna 1959), **13** 115, 217, 222
Katholikos, Katholikat (Georgien, Armenien) (↗OR: Georgien, georgische Kirche, Armenien, armenische Kirche) **2** 1089 f., **3** *1268–1273*, **4** 474 (Armenien), *507–511*, 515 ff., 550, **6** 231 f. (Georgien), **13** 427 ff., 435
Katholikos, Katholikat (Persien) **2** 1083 f., **3** 1171 (Titel)
Katholische Aktion **11** 119, 155, 470, 480, 618 f. (Italien), **12** 14, 34, 180, 208, 215, 247, 254 f., 258 f., 263, 272 f., 282–292, 325, 379, 455–459, 476, 479, 484–487, 491 f., 494–497, 502, 505–508, 512 f., 519, 532 f., 536 f., 540, 571 f., 575 f., 580, 586, 588 f., 591–594, 602, 622, 627, 660 f., 670, 735, 758 f., 887, 889 ff., 900, 908, 959, 966, 1140 f., 1143, 1152 f., 1159, 1165, 1167, 1170, 1174, 1184, 1194, 1197 f., **13** 86, 178, 215 ff., 265 f., 490, 497
Katholische Kirche, Katholizismus (↗Papst, Papsttum usw.; ↗OR: Rom) **1** 684, 855, **8** *221–227* (Maria Tudor, England), 229, *239–308* (1530–1630), *330–354* (Kontroversen mit Protestantismus), 471–476 (Frankreich, Niederlande, nach 1530), 487–494, 504 f. (nördl. Niederlande), *539–552* (England, Irland), 639 (Ungarn, Kroatien), *961f.* (Pfarrei ab 1550), 999 f. (Katechese, nachtridentin.), 1035 f., 1065 f., *1205–1210* (Bilderverehrung), *1233–1238* (Kirchenmusik nachtridentin.), **9** 44 f. (Dtschl.), *120ff.* (Frankreich), *140ff.* (Frankreich, Anfang 18. Jh.), 183 f., 690 f. (Nordamerika), *709–712* (Sklaverei), *824–866* (Spiritualität), *844–861* (Schrifttum, 17./18. Jh.), 989 f. (Moraltheologie), 994 f., *1005–1010*

(Wirtschaftsethik, Barock), *1065–1072* (geistl. Musik), 1100 ff. (Frühaufklärung), 1112, 1138 ff., **10** *25–30* (Italien, 18. Jh.), 142 ff. (Naher Osten, 18. Jh.), 482 ff. (Nordamerika), *499–507* (USA, Ende 18. Jh.), *514–533* (Kanada), 667–671 (Dtschl., Anfang 19. Jh.), *707–719* (Romantik, Dtschl.), 745–755 (Irland, Polen, Anfang19. Jh.), *789–794* (Lateinamerika, nach d. Unabhängigkeit), 804 f., 840 f. (Soziallehre), **11** *106–132*, 106–132, 167–191 (Frankreich), 202–208 (Belgien), 214 f. (Niederlande), 226–232 (Großbritannien), 258–271 (Italien), 274–292 (Iber. Halbinsel), 303–308 (Dtschl.), 327–331 (Österreich-Ungarn), 348–352, 439–445 (Antimodernismusstreit), 446–473 (Antiklerikalismus), 487–525 (Frankreich), 533–547 (Belgien), 553–557 (Niederlande), 575–579 (Schweiz), 595–620 (Italien), 621–641 (Iber. Halbinsel), 642–655 (Dtschl.), 692–698 (Polen), 700, 707–710 (Tschechien, Slowakei), 856–864 (USA), 880–887 (USA), 910–913 (Kanada), 918–956 (Lateinamerika), **12** 3–38, *134–300*, 134–300 (theolog. Entwicklung), 305 ff. (Mission), 316–326 (Mission), 374–434 (internat. Beziehungen), 439–462 (Italien), 465–543 (Iber. Halbinsel), 563–631 (Frankreich), 649, 652–664, 667–672 (Schweiz), 681 f., 685–705 (Weimarer Republik u. Drittes Reich), 751 (DDR), 753 ff. (DDR), 755–765 (Österreich), 785 ff., 801–804, 814–819, 832 f., 872–912 (Ostmitteleuropa), 974, 1050, 1055 f., 1102–1116, 1122–1127, 1136–1144 (Kanada), 1147–1204 (Lateinamerika), 1221 f., 1226–1230 (Lateinamerika), **13** 132, 135, 137–145 (ökumen. Dialog mit prot. Kirche), *152–200*, 211–219, 262–266, 284, 290–311, 332, 356–368, 371, 376 f., 383, 388, 395, 423–426, 432, 479–484, *488–523* (Lateinamerika), 530 ff., 537, 543 (Afrika), 545, 546 (Afrika), 548 f., 560–563, 572, 575–582 (Afrika), 584 (Südafrika), 586, 588–598 (Afrika), 611, 622, 625 ff. (China), 630 ff. (Vietnam), 633 f., 637 f. (Indonesien), 645 f., 647 (Japan), 648–663 (Asien), 671 f., 678–685 (Philippinen), 688–695 (Ozeanien, Australien, Neuseeland, Pazifik-Inseln), 697 f.

Katholische Liga **8** 424

Katholische Reform (↗Gegenreformation; ↗OR: Trient, Konzil) **7** 137, 335, *337 ff.*, **8** *239–254* (Anfänge), *413–419*, *431–436* (Schweiz), 489 f. (Frankreich, Niederlande), 498–501 (südl. Niederlande), *583–588* (Süditalien), *649–652* (Polen-Litauen), *734 ff.* (Portugal), 1019, 1193, **9** 60 f. (Polen), *215–347*

Katholisches Milieu (↗Ultramontanismus) **11** 645, 652 f., **12** 681

KEK ↗Konferenz der Europäischen Kirchen

Kellien (Zellen) (Mönchssiedlung; ↗*Koinobiten*) **2** 822 f.

Kelten (↗Waliser; ↗OR: Irland, Bretagne, Armorica, Wales) **4** 603, 619, 623, 740

Keltisch, keltische Sprachen **2** 97, **6** 655

Kerygma **1** 193, 824, 911

Ketschua ↗Quechua

Ketzer ↗Häresie, Häretiker

Ketzertaufstreit **1** 414 f., 572, 642, 647, 650, 652 ff., 658, 660, 663, 706 f., 813, 850 f., 853 f., 857 f., **2** 27, 46 f., 49, *51 ff.*, 97, 101, 123, *166 f.*, 260, 476, 514

Keuschheit (↗Enthaltsamkeit, sexuelle) **2** 642, 837, **4** 342, **5** 434, 519, **6** 673 (Lollarden), **13** 85

Khmer **9** 780

Kimbangi-Kirche **13** 133

Kinder, Kindheit (Recht, Status; Vorstellungen) (↗Pädagogik) **2** 229 ff., *810 f.*, **4** *671 f.*, 765 f., **5** 438 (Findelkinder), **6** 388, **7** 260 f., 286 (ausgesetzte Kinder), **9** 341–347 (Katechismusunterricht)

-arbeit **10** 834, **11** 33

-kreuzzug **5** *775*, 904
-mord, Kindstötung **3** 855, **5** 438, **6** 485
-taufe ↗Taufe
Kindergarten **10** 832 f.
Kindesaussetzung **2** 809 f. **7** 286
Kindheit Jesu (Ikonographie) **1** 165, **2** 759
Kirche (Begriff) *(Ekklesia)* **1** 63, 65, 87, 98, 141, 354 f., 543, 583, 599
Kirche und Staat (↗Theologie, politische; ↗Reichskirche; ↗Landeskirche(n); ↗Staatskirchentum; ↗Kirchenpolitik; ↗Kaisertum, oström.; ↗König, Königtum; ↗Fürst; ↗Papsttum; ↗Nationalkonzil(ien); ↗Gallikanismus; ↗Zwei-Gewalten-Lehre; ↗Obrigkeit, weltliche; ↗Investiturstreit; ↗Inquisition; ↗Konkordat(e) usw.) **2** 195, 219, 235, 248, 274, 385, 459, 478–503, 552–568, 613 f., 618 f., 643, 655, 884–887, **3** 120, 186 f. (Gewaltentrennung, Brief Gelasius' I. an Ks. Anastasios), 193, 199, *301–324* (Ostgoten in Italien), 404 f. (span. Westgotenreich), *421–461* (Religionspolitik Justinians), 487 f., 526 (Bischofsernennungen, Ostkirche), 536 (kaiserl. Stiftungen), 543 (charitative Zusammenarbeit), 553 (Konstantinopel), *690–695* (Konstantinopel als christl. Hauptstadt), 757 f., *808–828* (Frankenreich, 6. Jh.), 855 f. (westgot. Spanien), *897f.* (Gregor d. Große), 921, 1170 (Sassaniden), 1172, 1179, 1193 (Armenien, 5. Jh.), **4** 49 (Monotheletismus), 89 (Ikonen, Verwendung), 143, 148, 160, *176–255* (9./10. Jh.), 177, *316–320* (Byzanz, MA), 537, 584 f. (Georgien), 612 f. (westgot. Spanien), 688 ff. (Karolinger), 693, 712, 914 (Ostmitteleuropa, MA), **5** 54 (Gregor VII.), *240f.* (12. Jh., Päpste), 263 (*Electi*, Bischöfe), *326–333* (östl. Europa, MA), *367–371* (Byzanz, 12. Jh.), *655–687* (Entwicklung im HochMA), 710 (Serbien, 13. Jh.), *944f.*, **6** 129 (Abb.), 130 (Abendland. Schisma), 249 (Balkanreiche, SpätMA), *268f.* (14. Jh., Westen), 273 ff. (Antipapalismus, SpätMA), *567–607* (SpätMA), *610–625* (Byzanz, SpätMA), *645–648* (franz. Staatsbildung, 14. Jh.), 727 f. (italien. Stadtstaaten, SpätMA), *771–775* (Nord- u. Ostmitteleuropa), 893 f., **7** 59–65 (Gft. Moskau, 15./16. Jh.), 373–376 (England, 15./16. Jh.), *401–411* (Reform d. Kath. Könige, Spanien), 707 f. (Luther), 740 f. (luth. Landeskirchen), **8** 200 (engl. Reformation), 227 f. (Elisabeth I.), *233ff.* (Jakob I.), 816 f. (F. de Vitoria), 1149, 1163 f. (Niederlande, Arminianer), 1167 f., **9** 7, 17 f. (Habsburger, Gegenreformation), 67 (Vereinigte Niederlande), 94 f. (England, Anfang 17. Jh.), *154–157* (Konkordate, Anfang 18. Jh.), 162 f. (England, 17. Jh.), 165, 420 (preuß. Pietismus), 492 (J. Schlichting, Sozinianer), *503–519* (Rußland, 17./18. Jh.), 559 (orth. Kirche im Osman. Reich), 615 (Lateinamerika), 620 f., 680 ff. (engl. Kolonien in Nordamerika), **10** 19 ff. (Josephinismus), *54–59* (Reformierte Kirchen, 18. Jh.), 91 ff. (Regalismus, Lateinamerika), *305–368* (franz. Konstituante), 497 ff. (amerikan. Revolution), 663, **11** 2, 12 ff., 25, 27 f., 75, 88, 90, 168 f., 173 ff., 197, 242, 254 f., 268, 279 f., 296, 300, 310, 320, 329, 443, 458, 467, 488, 514 ff., 612, 666 f., 936, 943 f., 947–950, **12** 110, 464, 467, 470, 472 ff., 500, 508, 523, 531 f., 566–573, 679, 684 f., 717, 751, 763, 819 f., 843–850, 866–870, 876, 879, 893, 928, 965, 1001 ff., 1144, 1153, 1164–1187, 1191–1196, 1220 f., **13** 11, 35, 91, 414–418, 429, 512–519 (lateinamerikan. Diktaturen), 522, 532 ff. (Pfingstbewegung), 559, 564–567, 578–581 (afrikan. Staaten), 586, 625–647 (Asien), 673, 678, 682 ff.
Kirche und Synagoge (Spätantike) **1** 4, 6, 40, 90, 142, 157, 161, 172, *187–224*, 239, 269, 465 f., 718, 871, 932
Kirchenasyl ↗Asyl, kirchliches

Kirchenbann (↗Exkommunikation; ↗Kirchenstrafen) **5** 534, 666, **6** 600

Kirchenbau (↗Architektur; ↗Basilika; ↗Zentralbau; ↗Kathedrale; ↗Stabkirchen) **1** *363–366*, 635 ff., 830, 833, 848, **2** *668–679*, *878–883* (Rom), 892 ff. (Rom), 908 ff., 931 (Afrika), 967 f. (Gallien), 1030 ff. (Antiochia und Orient, 4./5. Jh.), 1046 f. (Jerusalem, Palästina), 1051 (Konstantinopel, 4. Jh.), **3** 425 (Justinian), 527 (Bischöfe), *707–716* (5./6. Jh.), 759 f. (Nordafrika, 6. Jh.), *1011–1071* (5./6. Jh.), **4** 379 f. (griech. Süditalien), 748 f. (Rom u. Franken), 815 (10. Jh.), 855 f. (10./11. Jh.), **5** 442 (Pfarrkirchen, 12. Jh.), *542 ff.* (HochMA), 711 (Holzkirchen, Nordosteuropa), 946, **6** 793 (Ostmitteleuropa), **7** 323, 363 (Frankreich, ab 1450), **8** 474 (Frankreich), 845 (span. Amerika), *970 f.* (nach 1550), 1216 (Il Gesù), **9** 1044 f., **10** 500 (Baltimore, Abb.), 527 f. (Kanada), **12** 167 f., 639, **13** 604 (Afrika)

Kirchengesang, liturgischer Gesang **1** 424, 634, 929, **3** 1080, **4** 283, 487 (Armenien), *523*, 624 (England, FrühMA), 679, 751 f., 768 f. (Franken), **5** 539 f., **8** 27 f., 84 (Reformierte Kirche), 437, *980 f.* (Protestantismus), 988 (Katholizismus), *1223–1244*, **9** 316, 414 f. (Paul Gerhard), 416 (Abb.), 474 (Täufer), 522 (Rußland, *Raskol*), *857 ff.* (barockes Kirchenlied), 884, 900, **11** 126, **13** 603 f.

Kirchengeschichtsschreibung (↗Geschichte, Geschichtsschreibung; ↗Geschichtsphilosophie, Geschichtstheologie) **1** 74, 597, 795, **2** 55, 64, 722, *728 ff.*, 1037, **3** 223, **4** *137–141* (Bilderstreit, Nicaenum II), 420, **8** 295 (Baronius), 343, 352 ff., 1119 f., 1127 f., **9** 947, 951, *954 ff.*, **10** 108 (Rußland, 18. Jh.), 712 f. (Möhler), **11** 57 f., 86, 93, 99–102, 235, 426 f., **12** 202, **13** 472 ff.
- Beda Venerabilis **2** 141, **3** 866
- Eusebius v. Caesarea **1** 579, **2** 57, 67, 76, 91, 130, 161, 181, 202, 211 f., 307, 723, *728–731*, 988, 1001, 1043 f.
- Lactanz **2** 729 f., 1044
- Rufinus v. Aquileia **2** 203, 307, 730, 1044, 1090 f., **3** 1241 f. (Georgien)
- Socrates Scholasticus **2** 308, 317, 553, 577, 642, *730*, 835, 988, 991 f., 1025, 1052, 1055, **3** 1242
- Sozomenus **2** 64, 307, 323, 335 f., 338, 393, 553, 642, 987 f., 1082, 1085, **3** 627, 933, 946, 1242
- Sulpicius Severus **2** 972
- Theodoret v. Cyrus **2** 308, 310, 313, 322, 380, 411, 425, *730*, 991 f.

Kirchengut/-vermögen/-besitz **1** 845, **2** 643, 651, 669, *796 f.*, 933, **3** 351, 425 *(Codex Iustinianus)*, *535–539* (Ostkirche, 6. Jh.), 752, *831 ff.* (Frankenreich, 6.Jh), 838, 855, 900 ff. (päpstl. Patrimonium), 908 f., 930, **4** 33–37, 64, 190, *320–325* (Byzanz, MA), 607 (Gallien, Merowinger), 615 (westgot. Spanien), 663, 697, **5** *21 f.* (Byzanz, 11. Jh.), 25 (Byzanz, Alexios I.), 581 (Clemens IV.), **6** 125, **7** 192 f. (Laien, Renaissance), **9** 504 f. (Rußland, 17./18.Jh), 507, 514, **11** 516 ff., 534, 628, 683, 703, **12** 566, 616, 893, 905, 934, 981 (orth. Kirche, Sowjetunion), 982, **13** 373, 378

Kirchenkampf **11** 250 (Dänemark), **12** 87 (Drittes Reich), 849 (Norwegen)
- Protestantismus, Drittes Reich **12** 106f., 110f., 122, 344, 695

Kirchenlehrer (Titel, Terminus) **2** 715

Kirchenmusik (↗Musik; ↗Kirchengesang) **4** 950 (Kiew, MA), **8** 29, 299, 1028 (Luthertum), *1223–1244*, **9** 414 f., **10** 666, **11** 126, 194, 535, 739, 759, **12** 269, 271, 743, 1121, **13** 33, 79, 264

Kirchenordnung(en) (↗Gottesdienstordnungen) **1** 333, 341–346, **2** 23, 29, 33, 35, 40, 633, 1007, **7** 806 (Schweiz), **8** 21, 22 (Schweden), 26 (Luthertum), *33 f.*, 36 (Kursachsen), 37 (Dänemark), 53, 57 (Straßburg, 1534), 61 (Ziegenhain), 66 (Genf), 76, 98 (Reformation,

Frankreich), 964, 975, **9** 424, **11** 212, 255, 311 f., 316 f., 319, 666–669, **12** 708, 982 (russ.-orth. Kirche), 990 (russ.-orth. Kirche), 995 (russ.-orth. Kirche), 997 (russ.-orth. Kirche)
Kirchenpolitik (↗Relgionspolitik; ↗Toleranz; ↗Kirche und Staat; ↗Kaisertum, oström./byzantin.) **2** 318–321, 334, 339, 376, 393 f., 453 f., 459, 613 f., 618 f., 884–887, **3** 103, 120–156 (nach Chalkedon), 129, 150–157 (Durchsetzung d. Chalkedonense, Justinian), 168–174 (Ks. Leo I.), 176 (Basiliskos), **11** 168 f., 172, 175, 210, 222, 300, 317, 320, 330, 489, 493, 518, 596, 666–669
Kirchenprovinz ↗Eparchie
Kirchenrecht ↗Recht, kanonisches
Kirchenreform (↗Gregorianische Reform; ↗Cluniazenser; ↗Konzil, Konziliarismus; ↗Observanz, Observanten; ↗Katholische Reform) **4** *869 ff.*, **5** *22–27* (Byzanz, MA), **6** *706 ff.* (Nikolaus v. Cues), *756–762* (Spanien, SpätMA), 801 (Böhmen), **7** 5, *132–140*, *142–206* (Renaissance, Vorreformation), *310–315* (Dtschl.), *335–344* (Italien), *355–362* (Frankreich), **11** 21, 726 ff. (russ.-orth.), 807 (unierte Kirchen), 946 f. (Brasilien), 955 (Brasilien), **12** 101 (Protestantismus, Weimarer Republik), 443, 595, 928 (russ.-orth. Kirche), 957 (griech.-orth. Kirche), 958 (griech.-orth. Kirche), 990 (russ.-orth. Kirche), **13** 393 f. (russ.-orth. Kirche), 411–414 (russ.-orth. Kirche)
Kirchenschmuck, -ausstattung (↗Apsisbilder; ↗Christusdarstellungen; ↗Ikonen) **1** 301, 343, 361–366, **3** *717–731*, 1151 f. (Heiligenbilder), **8** 968 ff.
Mosaiken **3** *717–720*, 725, **4** 85
Kirchenslawische Sprache ↗Altslawische Sprache
Kirchenstaat ↗OR
Kirchensteuer (↗Zehnt, Zehntabgabe) **4** 34, **11** 224, 232, 558 f., **12** 747, 752, 844, 851, **13** 235, 242
Kirchenstrafen (↗Kirchenbann; ↗Exkommunikation) **8** *1009 f.*
Kirchentag(e) (prot.) **11** 319, 520 (Frankreich), 657 f., **12** 707, 710 f., 740, 753, 767, **13** 222
Kirchenunion ↗Union (d. Kirchen)
Kirchenzucht (↗Kirchenordnungen) **1** 697, **8** 106 (Bullinger), 109
Kirchweihsynode, antiochenische (↗Enkainensynode) **2** 71
Klarissen **5** 577, 834, **6** 28, 540 f. (Reform, St. Coletta), 744, 894, **7** 357, **8** 500, **9** 1150, **11** 797
Klassizismus **7** 331 (Rom, Renaissance)
Klausur (↗*Claustrum, claustra*) **2** 816, **5** 431 f.
Kleidung (↗Habit) **5** *403 f.* (Mönche, MA)
Kleidervorschrift(en) **11** 777
Kleine Brüder Jesu **12** 254
Kleine Schwestern Jesu **12** 254
Klerus, Kleriker (↗Kanoniker; ↗Regularkanoniker; ↗Antiklerikalismus) **1** 587, 827, 831, 833 ff., 837, 839, 841–844, 847 f., **2** 30, *30–35*, 31 f., 34, 39, 44, *224 ff.*, 248, 315, 347 f., 362, 410, *471–474*, *633–666*, 862, 906, 911 f., 927 f. (Afrika), 931, 933, 974 f. (Mönchtum), 975, 1036, **3** *117 ff.* (Regelungen in Chalkedon), 233, 246 (Gallien, 5. Jh.), 351 (Syn. v. Agde), 373 (Synode v. Orléans, 511), 391, 400 (Spanien, 6. Jh.), 401 ff., 424 (*Codex Iustinianus*), *531–534* (Ostkirche, 6. Jh.), 586 ff. (Mönchtum), 778 f. (byzantin. Italien), 790 (Spanien, 6. Jh.), 815, 839, 856 (westgot. Spanien), 863, 896, 930 (Britannien), **4** 61 (Trullanum II), 63 f., *261–273* (8.–10. Jh., Ostkirche), 326 (Lohn, Byzanz 10. Jh.), 607 (Merowingerreich), 614 f. (westgot. Spanien), 661 (Frankenreich, 8. Jh.), 699, 914, **5** 21 (Einkünfte, Byzanz, 11. Jh.), 26 (Byzanz, Alexios I.), 138, *253–289* (Weltklerus, 12. Jh.), *279–289* (Pfarrklerus, HochMA), *354–358* (Byzanz, 12. Jh.), 392, 419, *451* (Begriff), 488 f., 587 (La-

teranum IV), 693, 713 (Nordosteuropa, MA), 721–725 (byzantin. Teilreiche nach 1204), 823 (Geldwirtsch.), 826 (Handel), *871f.* (Universität), **6** 10, *29ff.* (14. Jh.), 464f., 468–473, 498f. (byzantin., SpätMA), 502 (Zinsverbot, Byzanz), 510 (Gewaltverbot), 645–648 (franz. Staat, SpätMA), *661ff.* (England, SpätMA), 720ff. (Italien, SpätMA), 756–762 (Iber. Halbinsel), **7** 42f. (orth., Osman. Reich), *176–205* (Reformbestrebungen im 15./16. Jh.), 357f. (Frankreich, 16. Jh.), 363f., *376–383* (England, Vorreformation), 405f. (Reformation, Spanien), 425f., 735 (Reformation), 878, **8** 288, 518f. (Reformation, franz. Gegenreformation), *714–718* (Spanien, 16. Jh.), 846 (Indios, Lateinamerika), **9** 17 (Habsburgerreich, 17. Jh.), 257 (Bischöfe, 17./18. Jh.), *275–280 (Ancien Régime)*, *440–444* (anglikan. Kirche 17./18. Jh.), 512f. (Rußland, petrin. Reform), 533 (Rußland), 567f. (orth. Kirche v. Konstantinopel), 623f. (Weltklerus, Lateinamerika), 625f. (Lateinamerika, Einheimische), 632ff. (Lateinamerika), 636f. (Neu-Spanien), 673f. (Kanada), **10** 10 (Frankreich, Ende 18. Jh.), *45–49* (anglikan. Kirche, 18. Jh.), *71–81* (Lateinamerika, 18. Jh.), 92f., 113 (Rußland, 19. Jh.), 416–421 (franz. Emigration nach 1791), 441f. (Belgien, nach 1797), 449 (Italien, nach 1796), 628–633 (Frankreich, nach 1801), 777f. (lateinamerikan. Unabhängigkeit), **11** 29, 159f., 164, 260, 283ff., 288, 449, 503, 505, 571, 602ff., 638, 694, 697, 719, 728, 732, *735–741* (Weißer Klerus, Ostkirche), 736, *741–744* (Schwarzer Klerus, Ostkirche), 804f. (Unierte), 822 (oriental. Kirche), 858, 911, 923, 944, 950 (Brasilien), 1013, **12** 7, 15, 195, 306, 317, 320, 445–449 (Italien), 515, 537f., 864ff., 887, 894, 955f., 997, 1005f., 1109, 1139, 1182, 1184, **13** 65, 211–219, 320f., 328, 450 (kopt. Kirche), 481, 559, 588–592 (Priester u. Bischöfe in Afrika), 648–654, 679

Besitzrecht (↗Kirchengut) **2** 642

Bildung, Ausbildung (↗Priesterseminar) **3** 403f. (Spanien, 6. Jh.), 790, 856, 859, **4** *750–753* (Karolinger), **5** *470f.*, **6** 736 (Italien, SpätMA), 740, **7** 48f. (Konstantinopel, 15./16. Jh.), 195ff. (Renaissance), 425f., **8** 248 (kath. Reform), 265 (Tridentinum), 275f., 499, 594, 793f. (Span. Amerika), **9** *268–271* (Priesterseminare, Kath. Reform)

Eherecht (↗Zölibat; ↗Ehelosigkeit) **2** 642, 769, **4** 262ff. (Ostkirche, 8.–10. Jh.), **5** *9f.* (Byzanz, MA), **10** 365, **11** 738 (russ.-orth.)

Erbrecht **2** 642

Steuerbefreiung **2** 347, *643ff.*, **3** 830, 863, **5** 357, **6** 665 (England, SpätMA), 756 (Iber. Halbinsel), **7** 193, **8** 488

Zivilkonstitution d. Klerus (Franz. Revolution) **10** 312, 319f., 322–328, *330–349*, 359, 408, 418, 427, 450, 588, 593, 782, 793

Klöster, Klosterwesen (↗Mönchtum; ↗*Laura*; ↗*Koinobion*; ↗Klausur; ↗Observanz, Observanten; ↗Frauenklöster; ↗OR: Syrien, Ägypten, Palästina, Gallien usw., ↗OR: Einzeleinträge) **2** 857, 931 (Afrika), 932, 969 (Gallien), 973, 978 (Provence), **3** 246f. (Gallien), 289 (Nordafrika, Vandalenzeit), 537 (private Stiftungen), 588 (Gründungen), 592f. (Gesetzgebung Justinians), 663ff. (Heiligkeit), 715 (Sakralbauten), *869ff.* (Gründungen in Wales), *874–878* (Irland, St. Patrick), 896f., *965–1010* (Gründungen u. Formen im Westen, 430–610), 1235 (Georgien), *1274–1279* (Georgien), **4** 61 (Trullanum II), 119f. (Verfolgung, Bilderstreit), *273–313* (Osten, 8.–10. Jh.), 398f. (islam. Gebiete), 444ff. (Ägypten, MA), 458f. (Nestorianer), *561–574* (Georgien), 620f. (Irland, FrühMA), 641f. (Frankenreich), 659 f. (Ostfranken, FrühMA), 701 ff. (karoling. Frankenreich), 780, *783–796* (Reform, 10. Jh., Westen), *844 ff.* (Exemtion), **5** 149 (Stift), *157 ff.* (11. Jh.), 338 f. (Osteuropa, MA), *359–366* (Byzanz, 12. Jh.), *737–742* (Byzanz, nach 1204), **6** *153–165* (byzantin. SpätMA), 232 (Georgien), *254–259* (slaw. Osten, SpätMA), 466 f. (Wirtschaftskrise, SpätMA), 472, 517, *658–661* (Brit. Inseln, SpätMA), 740 f. (Italien, SpätMA), 790 f. (Osteuropa, SpätMA), **7** 381 f. (England, 15./16. Jh.), 431 f. (Ostkirche in Polen-Litauen), **8** 21, *210–215* (Aufhebung, England), 853 (Lima), **9** 295, 568 ff. (orth., 17./18. Jh.), 584 f. (orth. Rumänien), 592 (Naher Osten, frühe NZ), **10** 75 f., 327 (Franz. Revolution), 653 ff., 732 (Aufhebung, Griechenland, nach 1821), **11** 533 (Klostergesetz, Belgien 1857), **12** 931 f. (russ.-orth.), 956, 996 f., 1007, 1013, 1018 f. (kopt. Klöster), 1021 (melkit. Klöster), **13** 374, 391 (Höhlenkloster, Kiew), 401 (Daniil-Kloster), 410, 451, 589 f.

Kloster
- -architektur **3** 614 (Syrien, Spätantike), 625
- „bischöfliches" **2** 928, **3** 1004, **4** 802
- -regeln ↗Mönchsregeln
- -stiftungen **3** 871 (Wales, 5./6. Jh.), 872, 877 (Irland), **4** 640 (England)

Knabenlese ↗*Devşirme*

Kölner Ereignis (1837) **11** 299 f.

König, Königtum (↗Absolutismus) **3** *824–829* (Frankenreich, 6. Jh.), *824–829* (Frankenreich), 854 f. (westgot. Spanien), *864*, 898, **4** 584 (Georgien, 9./10. Jh.), 612 f. (westgot. Spanien), 635 f. (Salbung, westgot. Spanien), *666 ff.*, *686 f.* (Karolinger), 708, 819 (otton.-sal.), 887 (Osteuropa, MA), 953 f., **5** 66, 73 (Heinrich V.), 80 f. (Wormser Konkordat), 104 (Anonymus v. York), 108 (Heinrich III., Dtschl.), 112, 118, 248, 327 (Ungarn, 11. Jh.), 340 f. (Ungarn, MA), *663 f.*, *668–673*, 668, *671 ff.* (England, 13. Jh.), 685, 689 (Norwegen, Anfang 13. Jh.), 945, **6** 429 (Salbung), 586 (Abb.), **7** *348* (Frankreich, frühe NZ), **8** 38 (prot. Schweden), 200 (engl. Reformation), 525 (engl. Reformation), 705 ff. (span. Monarchie, 16. Jh.), **9** 133 (Frankreich, Absolutismus), 141, 155 (Spanien, Barock), 171, *172 ff.* (Absolutismus), 400 ff., 946, **10** 11 (Frankreich, Gallikanismus), 14, 167, *351–358* (Tod Ludwigs XVI.)
- Christi **1** 46

Koinobion (latein. *Cenobia*; ↗Koinobiten) **2** *831*, 858, **3** 598 f., 601 ff., 623, *625 ff.*, 993, 1002, **4** 274, 278

Koinobiten, Koinobitentum (↗*Laura*; ↗Kartäuser) **2** 816 f., *824–830*, 842, 852, 858, 865, 1019, **3** 424, 574, 584, *598–602* (Ägypten, 5./6. Jh.), 606 ff. (Syrien), 613, 621 (Palästina), 627, 659, 662 (Dositheus), 974, 984 f., 988, 991, 998, **4** *279–284* (Studitische Reform), 294, 444, 949 (Kiew), **5** 14, 416, 432, **6** 153–156, **7** 169

Kollegialität (d. Bischöfe) **12** 181, 595, **13** 45 ff., 52 f., 57, 64, 74, 97, 111, 115, 126 f., 154, 159, 164 f., 168, 494

Kollegiatsstifte **5** 267, *271–274*

Kollegien **7** 215, 225 f. (Paris), 379 (Oxford, Cambridge), **8** 289 f. (Jesuiten), *1109*

Kollekte ↗Gottesdienst; ↗Urgemeinde

Kollyridianer, -innen **1** 560 **2** 1041

Kollyvaden **10** 127

Kolonatssystem **2** 6

Kolonen *(Coloni)* (röm. Kleinpachtbauern) **2** 6, 661, **3** 531 (als Kleriker), 533

Kolonialismus **7** 581, **8** 819, **9** 754, 1133, **11** 157, 275, 412, 980, 987, 997, 1001, 1006, 1008, 1032, **12** 433, 1181, **13** 441, 623, 630 f.

Kolonisation (↗Mission, Missionierung, christliche; ↗Kolonialismus; ↗OR: Einzelregionen) **1** 623, **6** 754, **11** 3, 144 f.,

164, 417–420, 812ff., 972, 1002, 1005, 1064 (Neuseeland), 1086, **12** 306, 363–374 (Entkolonisierung), 421, 431–434 (Entkolonisierung), 503 (portugies. Kolonien), 513f., **13** 544–551, 555–558
Kolpingwerk **11** 35, 306f.
Kommisson Gerechtigkeit und Frieden, Päpstliche **13** 109
Kommunikation **11** 660, 855
Kommunion, Kommunionempfang (↗Krankenkommunion; ↗Erstkommunion; ↗Abendmahl) **1** 433, 438, **2** 695, **3** 1094f., 1100, **4** 752, 770, 839, **5** 505, 537, 549, 803, 807, 813, **6** 433, *435*, 449, *452ff.* (Byzanz, SpätMA), 804, **7** 319, 583f. (Kopten, Äthiopien), 702 (Luther), **8** 216f., 219, 230, 268 (Tridentinum), *982ff.* (Protestantismus), 994f. (Katholizismus nachtridentin.), 1027 (Protestantismus), 1040, **9** 446ff. (anglikan. Kirche, 17./18. Jh.), 902ff., **10** 547, 712, **11** 121, 125, 189, **12** 244, 266, 269, 509f., 820f., 824f., **13** 79, 90 (Interkommunion)
Oster- **11** 176, 188, **12** 777
Kommunismus **11** 939, **12** 24, 28, 30, 35ff., 77f., 283, 365f., 373, 400f., 406ff., 421f., 424f., 433, 466f., 470, 491, 494f., 565, 608, 623, 626ff., 646, 656, 837, 878, 887, 901–912, 973–1009, 1026, 1088, 1111f., 1152, 1157, 1160, 1165, 1185ff., **13** 7, 12, 22f., 91, 118f., 124, 126, 303, 311f., 353–362, 391ff., 490, 623–634, 636, 680f.
Kompaktaten ↗OR: Jihlava, Prag
Konferenz von … ↗OR: Einzeleintrag Tagungsort
Konferenz der Europäischen Kirchen (KEK) **13** 141f., 147f., 150, 287, 308
Konfession/Konfessionen ↗Bekenntnisschriften
Konfessionalisierung (↗Mission, Missionierung; ↗Seelsorge) **1** 823, **7** 675, 844, 846, **8** 239, 302, 391, 406, **9** 2, 68, 76, 84, 190, 312, 333, 438, 439 (franz. Hugenotten), *925*, 1136f., 1140, **11** 80ff., 549, 592, 594, **12** 3–84, **13** 209
Konfessionsbildung (↗Konfessionalisierung) **8** *309–355*, *419–424*, 637 (Siebenbürgen)
Konfirmation **9** 64, 889f., 952, **12** 750
Konfuzianismus **8** 941, 945, 948, **9** 767f., 781, 784, 787, 791, 794, **10** *152ff.* (Christentum, Korea), **12** 319
Kongregation
-für das Katholische Bildungswesen **12** 182f., 187, **13** 122, 211
-für den Gottesdienst und die Sakramentenordnung (bis 1969: Ritenkongregation) **9** 239, 390, **12** 182, **13** 122, 262
-für den Klerus **13** 122
-für die außerordentl. kirchl. Angelegenheiten **10** 663f.
-für die Bischöfe **13** 122
-für die Evangelisierung der Völker **13** 122, 302
-für die Glaubenslehre, Glaubenskongregation (↗Inquisition, röm.) **8** 292, **11** 276, **12** 182f., 186, **13** 48 (Reform), 93 (Reform), 109, 122, 154f., 172
-für die Institute des Gottgeweihten Lebens und die Gemeinschaften Apostolischen Lebens **13** 122
-für die Orientalischen Kirchen **12** 7, 316, 966, 976, 1026, **13** 122, 302
-für die Selig- und Heiligsprechungsprozesse **13** 122
-für die Seminare und Universitäten ↗Kongregation für das Katholische Bildungswesen (seit 1967 umbenannt)
Kongregation von der Christlichen Lehre ↗Kongregation für die Glaubenslehre
Kongregationalismus **8** 225, 964, **9** 95, 460, 466, 685, 713f., **10** 51, 530, **11** 222, 840f., 846, **12** 41, 58, 545, 773, 783, 793, 1056, 1067, 1070, 1119, 1123, 1127f., 1153
Kongress(e) v. Mecheln **11** 13, 25, 37, 205, 534–536, 539, 545, **12** 15, 649, 656, 658, 841
Konklave **5** *557ff.*, **6** 11, 31, **7** 136, **13** 109

Konkordat(e) (↗OR: Einzeleinträge: Wiener K.; Wormser K. usw.; ↗Pragmatische Sanktion) **6** 893 f., **7** 331, 349 (Konstanz 1418), 354 (Bologna 1516), **8** 413 f., **9** *154–157* (Anfang 18. Jh.), **10** 714 f. (Bayern 1817), **11** 10, 12, 13 (Österreich, 1855), 25, 30, 167–172 (Frankreich), **12** 16 f., 31, 378–383, 399, 685, 877 (Montenegro, Bosnien-Herzegowina, Serbien), 879 (Rumänien, Polen), 887 (Lettland, Litauen, Rumänien, Polen), 889 (Polen), 892 (Jugoslawien), 899, 965 (Rumänien, Jugoslawien), 1005, 1149 (Cost Rica, Ecuador, Haiti, Honduras, Guatemala, Nicaragua, El Salvador, Kolumbien, Venezuela), 1165 (Kolumbien), **13** 302, 374 (Polen)
Baden (1932) **12** 685 f., 690, 693, 734
Bayern (1924) **12** 685, 690, 693, 734
Bologna (1515) **7** 769, **9** 134, 251, 373
Frankreich (Napoleon 1801) **10** 309 f., 461–470, *621–625*, 663 f., **12** 557, 566, 605, 615
Italien (1929 – Lateranverträge) **12** 32 ff., 376, 443, 455, 465, 467, 469–474, 483, 487, 693
Londoner (1107) **5**, 103–106, 121
Niederlande (1827) **11** 210 f.
Österreich (1855) **11** 330, 594, **12** 765, 877
Österreich (1934) **12** 399, 758, 763 f.
Portugal (1940) **12** 506, 512
Preußen (1931) **12** 685 f., 690, 693, 734
Reichs- (1933) **12** 23, 34 f., 691–695, 733 f., 747
Spanien (1851) **11** 289 f.
Spanien (1953) **12** 531–534
Wiener (1448) **6** 702, 705, **7** 177, 312
Wormser (1122) **5** 80 ff., 119–122, 182, 192, 197, 619 f., 658
Konkordienbuch **8** *11–17* (Entstehung), 43, **9** 411, 413
Konkordienformel **8** 9, *11–17* (Entstehung), 39, 42 f., 43 (Dänemark), *323–326*, 412, 421, 628, **9** 413
Konkupiszenz **1** 464, **2** 545, **7** 854, **8** 265, 267
Konsistorialkongregation **11** 470
Konsistorium, Konsistorien **7** 740, **8** 33, **9** 58 ff. (Polen)
Calvinismus **8** 76 f., 964, 1003–1006, **9** 75 ff. (Niederlande, 17. Jh.)
römisches (↗Gericht, päpstliches) **5** 82, 84, 183, 206, 246, *634 f.*, **8** 278, **9** 232
Konstantinische Schenkung **4** 320, 355, 359, 668, 704, 763, 830, **5** 24 (Michael Kerullarios), 205, 213, 249, 251, 299, 353 (kanon. Recht, Byzanz), 386, 594, 640, 658 f. (Papstideologie, 13. Jh.), 741, 747, **6** *129 f.*, 888, **7** 332 (Valla), 617 (Valla)
Konstantinische Wende **1** 358, **2** *193–239*, 629
Konstantinsbogen (Rom) **2** 200 f.
Konstitution, päpstliche **5** *649*
Konstitutionen, Apostolische (frühkirchl. Rechtsquelle) ⇐↗Kirchenordnungen) **2** 58, 634, 638, 783 f., 796, 800, 802, 810, **4** 61
Konstitutionen von Melfi (1231) **5** 679
Kontextualität (↗Theologie, -kontextuelle, -d. Befreiung; ↗Inkulturation) **13** 183, 333, 336 ff., 666 ff., 670–673, 695
Kontroverstheologie **7** *844–855* (frühe Reformationszeit), **8** *245 ff.*, 295, 308–330 (Reformation), **9** *948–951* (Exegese), **10** 174
Konvention v. Évora-Monte (1834) **11** 279
Konversen **5** *399 ff.*, 402, 412, 415, 442, 444, 912, 924, **6** 30
Konvokation(en) **11** 231, 568, 570, 658
Konzil, Konziliarismus **1** 823, 825, 849, 851, 857, **5** 238, *629 ff.* (Papst, 13. Jh.), 633, **6** 12, 81 (Paris, Abendländ. Schisma), 92 f. (Pisa, 1409), 97 (Konstanz, 1415), 99, *104 ff.*, 121, 123 ff., 127 f., 264, 266 f., 277 (Wilhelm v. Ockham), *284–292*, 293, *299–304* (Ostkirche, MA), 617 (Kaiser, Byzanz), 634, 727 f. (Italien), 802 f. (Polen, Böhmen), 816 (Unionskonzilien), 817, **7** 72, *117–*

132 (Renaissance), 349 (Gallikanismus), 352, 373 (England), *436*, 694 ff. (Luther), 700, 853 f. (John Fisher), 876, **8** 273, 328, 397 f., **9** 178, 390 (Jansenismus), 622, **11** 117 f., 171 f. (Provinzialkonzilien), **12** 928 ff. (Landeskonzilien), 936 f., 950, 960 f., 990 (Landeskonzilien), **13** 83 (Provinzialkonzilien), 404 (Landeskonzilien)
Konzilien ↗Unionskonzilien; ↗OR: Einzeleinträge Tagungsorte
Kopieren (Abschreibetätigkeit d. Klöster, MA) **4** 750, 755, **5** 454
Kopten, Koptische Kirche (↗Koptische Sprache; ↗Koptische Literatur) **2** 108, 1007 f., 1028, **3** *510–517* (Entstehung, 6. Jh.), **4** *392*, *435–452* (MA), **6** 205–208, 215, (13./14. Jh.), 837 f. (Konzil v. Florenz), **7** 537 f., 540 f., 583 f. (Äthiopien, Anfang 16. Jh.), **8** 386 f., **9** 547, *595 ff.*, **10** 134, 137, **11** 775, 778, 783, 788, 792–796, 800, 823, 991–994, **12** 946, 948, 950 f., 1017 ff., 1025, 1027, **13** 434, 437 ff., 442 f., 449–452, 456, 459, 466
Koptische Sprache **2** 108, 722, 724, 1008, 1028, 1092, **3** 515 f., **4** 419, 451, 469, **6** 236, **9** 940, **11** 794, **12** 1018
Koptische Literatur **2** *724*, **3** 515 f., 649, **6** 236
Koran **2** 720, **4** 247 ff. (christl. Polemik), *392 f.* (Christen), 395, 503, **5** *409* (Cluny), 787 f., **7** 78
Korinthische Krise **1** 128–131
Kosmologie, Kosmographie **1** 612, **3** 861, **8** 1117, 1137 f., *1153–1163* (Kopernikan. System), **9** 960 f.
Krankenhäuser ↗Hospitäler, Hospize
Krankenkommunion **6** 453 (Byzanz, SpätMA), **8** 268, 993
Krankenpfleger (frühkirchl. Amt) **2** 637, 787
Krankensalbung (↗Letzte Ölung) **1** 274 f., **4** 752, **9** 891
Kreolen (↗*Alternativa*) **9** 622, 627, 630, 632 ff. (Klerus), 641, **10** 72, 778 f. (Portugal, Brasilien, Anfang 19. Jh.)
Kreuz **1** 393, 470
Kreuzauffindungslegende **2** 234 f., 685, *1046*, 1051, **3** 1247 (Georgien)
Kreuzfahrer (↗Kreuzzüge) **5** *313–325* (Palästina, 12. Jh.)
Kreuzgang **3** 1000
Kreuzsymbol **4** 65, 250 (Militär), 925
Kreuzweg **7** 263, **9** 905, **10** 278, **11** 602
Kreuzzeichen (Bekreuzigen) **1** 393, 403, 417, 436 f., **2** 689, **3** 1085, **6** 223 (Monophysiten), 820, **8** 84, **9** *521* (russ. *Raskol*)
Kreuzesreliquie **2** 686, 1048, 1051, **4** 17, 22 f., 74, 89, 414, 483 f. (Armenien), 497, 529, **8** 345
Kreuzestheologie **1** 205, **7** 686 (Luther), **8** 345 f., **10** 265
Kreuzigung Christi, Kreuzesdarstellungen (Ikonographie) (↗Schmerzensmann; ↗Christusdarstellungen) **1** 6 (Petrus-Evangelium), **3** 734, 738, 1061, **4** 648 (Abb.), **7** 276 (Spätgotik), **8** 751 f. (christl. Kongo)
Kreuzzug, Kreuzzüge, Kreuzzugsbewegung, -idee (↗Kreuzfahrer; ↗Wendenkreuzzug; ↗Reconquista) **4** 727, **5** 4, 49, 70, 167 (Cluny), 184, 333, 373, *375–379* (Byzanz), 380, *381 ff.* (griech. Kaisertum), 414, 447 (Abb.), 449 f., 526, 570, 581 f., 585 (Lateranum IV), 586, 588 f., 668, 675 ff., 690, 708, 754, *766–782* (Verlauf, 13. Jh.), 925, 941, **6** 1, 7 f., 10, 329 (gg. Apostoliker), 488 ff., 537, 577, 598, 601, 629, 751 f., 754 f. (Kolonialismus, Übersee), *771* (Osteuropa), 806 (Hussiten), 827 (gg. Byzanz), *871–876*, 879, 889, **7** 25 (Pius II., 1464), *73–86* (nach 1453), *85 f.* (1500 f.), 408, 532 ff. (span. Eroberungen), 542 f., 546, 548, 557 f. (portugies. Expansion), 568, 574–579 (Portugal, 15. Jh., Afrika, Asien), 576 ff. (Portugal, Nahost), 590 (Kolumbus), 597 (Kolumbus), **8** 712 f., 740, **9** 146, 176, 217, *221 f.*, *288 f.* (Orden, 17./18. Jh.), 289, 746
erster **5** 4, 32 (byzantin. Juden), 444

zweiter **5** 350, 381, 446
dritter **5** 766
vierter **4** 358, **5** 349, 731 f., 942, **6** 812, 821
fünfter **5** *776f.*, 836
Krieg, Kriegswesen (↗Eigennamen von Kriegen, z. B. Hundertjähriger Krieg usw.; ↗Militär) **6** 486 ff., **7** 307 (Veränderg. im 15./16. Jh.), 345 f. (Berufsheer, Frankreich), 776 (Zwingli), 788, **8** 154 (Täufer), 160, **9** 8 (Abb.), **12** 337, 399, 401, 411, 425, 682, 1038
gerechter **5** *449f.*, **6** *488*, 491, 495, **8** 764, **9** 165, **10** *637*
heiliger **4** *249ff.*, 727, **5** 298 (Reconquista), *449f.* (Kreuzzüge), **6** 239, 487, 493 (H. Bovet, Abb.), 494 f., **9** 165, **13** 556
Kriegsdienstverweigerung (↗Täufer; ↗Altgläubige) **9** 525, 871, **10** 638, 850, **12** 323
Kriegsgefangene, Kriegsgefangenschaft **12** 334, 358, 385
Krimkrieg **11** 141, 717, 781
Krippe **9** 864 f.
Kritik **8** *1130*, 1136, **9** 938, 1087, 1092
Kroaten (↗OR: Kroatien) **4** 28, 236, 727, 730, 890, **12** 972
Krönungsevangeliar **4** 831
Krypta **3** 1064 f., **5** 548
Ku Klux Klan **11** 885, **12** 1089 f., 1095, **13** 260
Kubakrise (↗OR: Kuba) **12** 1037, **13** 307, 475, 512
Kubanische Revolution (1961) (↗OR: Kuba) **12** 1147 f., 1168, 1179–1187, **13** 474, 499
Kugelherren ↗Brüder und Schwestern v. Gemeinsamen Leben
Kugu Sorta (antichristl. schamanist. Bewegung) **11** 764
Kultätiologie **1** 423
Kultmahl (Mithraskult) **2** 18
christliches (↗Eucharistie) **1** 241, 249, 327, 340 f., 345 f., 355, 360, 418, 422, 632, 634, 775
Kulturkampf **11** 14, 28, 39, 131, 241, 304, 352, 449 f., 453, 455–458, 462 ff., 576 (Schweiz), 642, 644 ff., *663–666*, 667, 690, 692 f., **12** 666 (Schweiz), 668 (Schweiz), 681 (Dtschl.), 848 (Skandinavien)
Kulturprotestantismus **11** 679, **12** 86, 106, 109 f., 112 f., 344, 560, 711
Kulturrevolution **12** 1009 (Albanien), **13** 354 (Albanien), 625 (China)
Kumanen **5** 352, 838, **6** 776, 882, 885
Kunst (↗Malerei; ↗Ikonographie; ↗Architektur; ↗Kirchenbau; ↗Gotik; ↗Renaissance; ↗Barock) **1** 363, **8** *301f.* (nachtridentin.), *1199–1223*, **9** *1031–1048* (Barock), **11** 126, 553, **12** 143, **13** 79
christliche (↗Malerei; ↗Gotik; ↗Renaissance; ↗Barock) **1** 362, *921–932*, **2** *735–767*, *951–958* (Spanien), **7** *474–494* (Spätgotik, Renaissance), **8** 845 f. (Span. Amerika), **11** 125 ff., 183, 188, 344, 825 (oriental.), **12** 510, **13** 604 (Afrika)
klassische (Antike) **1** 866, 886, 894 f., 929–932, **2** 705, *735–767*
moderne **12** 129, 157 ff., 166–173
Kurden **12** 916
Kurfürsten **6** *570*
Kurialen (Stadtpräfektur d. Antike, auch städt. magistrale Oberschicht; ↗Grundherren) **2** 773 f., **3** 231, 525 (Kandidaten für Bischofsamt), 532
Kurie **9** 230
bischöfliche (bischöfl. Verwaltungsapparat) **2** 658 f., **7** 183 f. (15./16. Jh.)
römische/päpstliche (↗Kardinal, Kardinalskollegium; ↗Kammer, päpstliche; ↗Kanzlei, päpstliche) **2** 658, *895*, **3** *898–902* (unter Gregor d. Großen), **5** *82–86* (Herausbildg., 11.Jh), *207–210* (12. Jh.), 226, 231, *242–248* (12. Jh.), 592, 594, *599f.* (13. Jh.), **6** 54 f. (Finanzen, 14. Jh.), 109 (Martin V.), 266, 602 f., 730 f. (13./14. Jh.), **7** *113–117* (Renaissance), **11** 257, **12** 439, **13** 24, 47 f., 126, 598, 622

Kurienreform **13** 5, 44, 52, 59, 83, 93, 108–112, 122, 334
Kutriguren **4** 4
Kuttenberger Religionsfriede (1485) **7** 433, 467, 470, **9** 475
Kynismus **1** 902, 913
Kyrillisches Alphabet, kyrillische Schrift **4** 235, 935

L'Avenir (Zeitschrift)) **11** 14–21, 25, 37, 186, 191, 235, 264
Labadisten **9** 879
Laborem Exercens **13** 293
Laestadianismus **11** 247, 249, 589, **12** 853
Laien (↗Volkssprache; ↗Volksfrömmigkeit) **1** 291 ff., 364, 827, 833 f., 839 f., 842 ff., 846 f., **2** 23, 30–33, 35, 42, 633, 652, **3** 351 (Synode v. Agde), 525 (als Bischofskandidaten), 534 f., 857, **4** 61 (Trullanum II), 64, 81 f. (Bischofswahlen, Ende 7. Jh.), 82 (Heiligenverehrung), 182, 184, *256–261*, *764–768* (Frömmigkeit, Karolinger), **5** 8 f., *399 ff.* (Konversen, MA), *442–448* (HochMA), 489, 629 f. (Konzil), 636, 742 f., *912–940* (mittelalterl. Kirche, Westen), 945 f., **6** 277 (Wilhelm v. Ockham), 364, 427, 539, 562 f. (Heilige, Byzanz, SpätMA), 804 (Hussiten), 894, **7** *191–195* (15./16. Jh.), 252 f., 677, **8** 59 (Bucer), 74, 101 (Reformierte Kirchen), 144 f. (Täufer), 273 (Tridentinum), 964, 988 f. (Katholizismus), 991 f. (Katholizismus nachtridentin.), 1011, **9** *301–308* (Kath. Reform), 452–455 (Laienvereine, anglikan. Kirche), 686 f. (puritan. Neuengland), 824, 882 f. (Protestantismus), 992 f. (Moral), **10** 118, 175, 458, *539–612* (Franz. Revolution), 695, **11** 112, 182–185, 246, 252, 260, 305 f., 329, 339–346, 470 f., 505, 520 ff., 570 f., 587 ff., 594, 608, 729, 791, 793 (kopt. Kirche), 794 (Jakobiten), 843 (in amerikan. relig. Gemeinschaften), 857 ff. (USA), 1012 (afrikan. Mission), 1015, **12** 8, 61, 66, 76, 180, 196 (Theologen), 208, 258 ff., 272 ff., 276, 282 f., 291, 312, 315, 454–457, 475, 491, 498, 652, 734, 830 f., 846, 849, 889, 894, 1017, 1106 f. (als Gemeindeleiter, -innen, USA), 1194 f., **13** 13, 26, 35, 37, 43, 70, 74, 137, 211–219, 224, 407, 412, 434, 450 (kopt. Kirche), 467, 469, 593, 648, 652 ff., 690
-gemeinschaft(en) (↗Bruderschaften, religiöse; ↗Beginen; ↗Begarden) **11** 118, 184, 207 f., 487, 609, **12** 582, **13** 97, 266, 594 f. (als Gemeindeleitung)
-investitur ↗Investitur; ↗Investiturstreit
-predigt **1** 557, 566, 618, **5** 499–503 (Waldenser u. Humiliaten), **6** 359, **11** 839 (Erweckungsbewegung)
-taufe **1** 566, **2** 31
Laizismus **11** 15, 443, 451 ff., 467, 469, 471, 491, 494 ff., 514, 529, 533, 551, 559 f., 562, 573, 584, 595 f., 604, 612, 624, 627–633, 666 f., 689, 778, 816, 914, 927 ff., 940, 955, 1019 f., **12** 109, 467 f., 472, 500, 502, 522 f., 552, 554 f., 563, 566 ff., 570, 572 f., 579, 595 f., 615, 617, 624, 747, 753, 768, 820, 848, 852, 874, 904, 916, 920, 933 f., 938, 1039, 1129, 1133, 1166, 1169, 1183, 1189, 1193, **13** 280 f., 640
Lakhmiden **4** 396 ff.
Lambeth-Konferenz(en) **11** 441, 568, 571, **12** 27, 41
Lamm (Ikonographie) **1** 372, 375, 380, 451, **2** 763
Lançados **8** 755 f., 759
Land, Heiliges (↗OR: Palästina) **2** 684
Landeskirche(n) (↗Anglikanische Kirche; ↗OR) **7** 733, *738–741* (Entstehung), **8** 30, 406, 411, 1006, **9** 215, **11** 310 f., 658, **13** 220
Landfrieden, Landfriedensbewegung (↗Gottesfriedensbewegung) **5** 449
Langobarden **3** 478, 480 f., *485–488* (Herrschaft in Norditalien, 6. Jh.), 796, *902–905* (Gregor d. Große), 925 f., 938 f., **4** 367, *616–619* (Kirche im langobard.

Italien), *637f.* (Bekenntnis. zum Katholizismus), 653 ff., 665 (Aistulf), 668 f., 704, 706 f., 778, 833, **5** 307
Lapsi (Gefallene) (↗Christenverfolgungen) **1** 257, 555 f., 560, 565, 640, 650 f., 658 f., 663, 706 f., 847 ff., 859, **2** 26, 38, 46, 50 f., 112, 122, 127, 158–161, *162f.*, 184, 186, 242, 286 ff., 313, 891, 1011 f., **3** 288, 383 (Synode v. Epaon, 517), **10** 379, 381
Latein (Verbreitung bzw. Verwendung) (↗Kultur, röm.) **1** 760, 763, 796, 923 f., 943, 948 f., 955, **2** 95, 149 f., 306, 696, 705, 708, 720, 732, **3** 216, 822, 868 (Britannien), 873 (Irland), 880, *1075–1079* (Liturgiesprache), **4** 233 ff., 622 (Irland, FrühMA), 661 (Frankenreich, 8. Jh.), 750 f., **5** 132, 452, 537, 711, **6** 809 f. (Nord- u. Ostmitteleuropa, SpätMA), **7** 320 (Buchproduktion vor 1500), **9** 528 (Kiew), 533 (Rußland), 534, 845, **10** 151 (Chinamission), 273, **11** 719, 790, 1080 (Ozeanien), **12** 157, 188, **13** 32, 79, 262, 603, 660
Latinisierung ↗Liturgie, röm.; ↗Latein
Latitudinarismus *(Broad Church)* **9** 455 f.
Laudesi **8** 1018
Laura (Mönchszelle; asket. Gemeinschafts- bzw. Klosterform) **2** *831*, 856, **3** 574, 595, *625ff.*, 991 (Marmoutier), **4** 274, **6** 154
Laus perennis (↗Akoimeten; ↗OR: Saint-Maurice d'Agaune) **3** 384, 639, 970, 980
Lausanne Convention (Lausanner Verpflichtung evangelikal-prot. Gemeinschaften) **13** 268
Lazaristen **9** 264 ff., 268–271, 275, 310, 315 f., 324, 331, 770 (China), 779, 992, 1139, **10** 25, 149 (China), 194, 250, **11** 135, 137, 184, 515, 557, 621, 797 ff., 812 f., 1051
Lazarus (Motiv) **1** 695, **2** 748, 759
Lazen **4** 230
Leben-Jesu-Forschung (Frage nach dem hist. Jesus) **1** 0 ff., 8 ff. (Authentizität der Tradition), **11** 48, 96–99, 361, 365, 377, 398, 401 f., **12** 99, 122, **13** 192
Lebendige Kirche (Fraktion d. russ.-orth. Kirche) **12** 936–939, 941, 955, 967, 981
Lectio (Vorlesung) **8** 1114 f.
Lectio continua **8** 55, 84, 978
Legalitätsprinzip **11** 10–14
Legaten, päpstliche (↗Nuntius, Nuntiatur) **5** 92, 316 (Palästina, MA), 340, *608f.*, **6** *602* (14.Jh), **9** 231
Legende **11** 97
Legio Christi **13** 523
Legio Fulminata **1** 565
Legitimismus **11** 265
Legitimitätsprinzip **11** 10–14
Lehnswesen **4** 780, 839, **5** 97, 502
Lehramt **1** 317, 330, 333, 457, 459 f., 528, 548, 571, 584, 681, 828, **11** 28 f., 117, 469, **12** 15, 107, 135, 177 f., 181 f., 187, 209 f., 274, **13** 127, 155, 159, 162–177, 198 f.
Lehrfreiheit (↗Forschungsfreiheit) **11** 15, 211, 213
Leib-Seele-Problem **1** 405 f., 919, **3** 255 f.
Leibeigenschaft (↗Bauern, Bauerntum; ↗Kolonen; ↗Sklaverei, Sklaven) **11** 717, 735
Leichensynode (Papst Stefan VI., 897) **4** 820 f.
Leidensankündigung Jesu **1** 42 f., 82
Leipziger Interim **8** 4
Lektionar **3** 1080, **5** 551
Lektor **1** 316, 319, 332, 336, 696, 833, 836, 839, 841 f., 845, 848, 856 f., **2** 35, 37, 40, 636, 640 f., 647, 649 f., 696, 911, **3** 119, 533 f., **4** 261, 264, 271 f.
Lesen, Lesekultur **1** 719, **2** 708, **3** 1002, **4** 331, 672 (stumme Lektüre), 750, **5** 451 f., **7** 306 (Dtschl., frühes 16. Jh.), 506 f., *651* (Veränderung durch Buchdruck), 726, **9** *859ff.* (Barock)
Leseordnung **1** 431
Lesung (↗Wortgottesdienst) **1** 197, 363, 431, 433, 607, 614, 639, 658, 737, 774 f., 787, 791, 799, 834, 848, **13** 78, 263

Lettische Sprache **11** 759
Letzte Ölung (↗Krankensalbung; ↗Sterbesakramente) **5** 742, **6** 429, 438 f., **8** 993, **9** 891
Leuenberger Konkordie **13** 146, 150, 250
Levellers **9** 463 f.
Leviathan (Th. Hobbes) **9** 168
Lex
Burgundiorum **3** 376
Butler (1944) **12** 797
Julia de Vi Publica et Privata **1** 137
Juliae Majestatis **1** 45 f., 117
Porcia **1** 93
Romana Visigothorum **3** 350 f.
Ley del Candado (1910) **11** 640
Leyendra negra **8** 795 f., 870
Liber Censuum Ecclesiae Romanae **5** *601*, **6** 53
Liber Extra (↗Dekretalen, päpstl.) **5** 648 f., 679, **6** 639
Liber Pontificalis **2** 129, 141, 209, 669, 880 f., 883, 892 ff., 896, 909 f., **3** 175, 198, 282, 311, 319, 337, 364, 471 f., 767, 770–774, 781, 942, **4** 625, 647, 652 ff., 665, 668, 709, 714, **5** 46, 72, 186
Liberal Catholicism **11** 567
Liberalismus **11** 1, 3, *7–164*, 31, 35, 245, 277 ff., 282–292, 321, 460, 533–538, 582, 596, 611, 661, 663 f., 669, 682, 705, 834, 890, 928 ff., 941, 958 f., 1085, **12** 31, 37, 382, 521, 560, 632, 709, 800, 1139, 1149 f., 1157, 1174, **13** 417 f., 522, 527 f., 536
katholischer **11** 28, 202, 266 f., 280, 307, **12** 816–819, 1111, **13** 177
protestantischer **11** 75 f., 196, 244, 254 ff., 525–529, 659, 667 f., 956 f., **12** 58, 97
Liberation Society **11** 229, 559, 562
Liberianischer Katalog **2** 888
Libertiner, *Libertin* **8** 181 f., 1147, **9** 1020
Libri memoriales **4** 703
Liebesgebot (Jesuan. Ethik; ↗Nächstenliebe) **1** 32 ff., 42, 210, 654, **11** 382
Life and Work (Ökumen. Bewegung für Praktisches Christentum) **11** 422, **12** *43–53*, 62–74, 77, 95, 310, 342, 861, 970, **13** 135
Lima-Papier (Papier über Taufe, Abendmahl und Amt) **13** 133, 136 f.
Linonen **4** 726
Litanei(en) **6** 459
Litauische Sprache **11** 700 f.
Literalsinn ↗Bibelauslegung, wörtliche
Literatur (↗Theater) **1** 2 (außerkanonische), 7, 143, 719, 722, 790, 803, 889, **4** 316, **5** 460 (Orléans), **11** 583, 763, **12** 157–167, 173, 639
antike (griech.-röm. Klassik u. Christentum) **1** 590, 725, 742, 771, 792, 867, 869, 884 ff., 892 f., 922, 954 f., **4** 852 f. (mittelalterl. Schulwesen), **5** 452, 456, 471 ff.
biblische **1** 719, 759
christliche, theologische (↗PR: Einzeleinträge Autoren) **1** 2 (außerkanonische), 6 f., 143, 188, 526, 542, 649, 667, 720, 722 f., 734, 738, 742, 760, 775, 793, 871 f., 884, 892 f., 921 f., 926 f., *942–955* (lateinische), **2** *731–734*, 915, *945–948* (Spanien), 949 f. (Spanien), 950, 970 (Gallien), **3** 402 (Spanien, 6. Jh.), **4** 671, **5** 452 f., **11** 121, 182, 208, 336, 339–346, 430, 652 f., **12** 575
jüdische **1** 2 ff., 7, 66, 95, 736 f., 882, 922
profane (MA) **4** 752, 764 f. (Karolingerreich)
Literaturstreit **11** 652 f., 684 (Österreich), **12** 682
Liturgie (↗Gottesdienst; ↗Kirchengesang; ↗Volkssprache; ↗jEinzelbegriffe z. B. Taufe, Kommunion, Feiertag, Kalender, Meßordnungen usw.) **1** 144, 358, 377, 630, 811, 816, 823, 928 f., **2** 34, 371, 460, *694 ff.*, 731, 780, **3** 352, 400 f. (Spanien, 6. Jh.), *684–687* (im städt. Raum), 707 f. (Kirchenbau), 855, 879 (Irland, 6. Jh.), 1014, 1066 f. (Einfluß auf Kirchenarchitektur, 6. Jh.), *1074–1108* (bis 7. Jh.), *1129–1135* (Heiligenfeste), 1147, 1214 (armen. Kirche u. Byzanz), 1261 (Kaukasus), 1293 f.

(frühe kaukas. Kirchen), 1297 f., **4** 372, 383 f. (Süditalien, MA), 493 (Armenien, 719), 522 (Armenien), 569 (Georgien), 647 f. (Rom, 7. Jh.), *673 ff.* (Westeuropa, FrühMA), 738 f. (muslim. Spanien), *768–771* (karoling. Frankenreich), 851 (Spanien, 10. Jh.), *857 ff.* (um 1000, Westen), 930 (frühes Bulgarien), 955, **5** 132, 164, 408 (Cluny), 453, *509–514* (Byzanz, MA), *536 f.*, **6** 388, *393–396* (Byzanz, SpätMA), 612 f. (Privilegien d. Kaisers), 619, 676 (Lollarden), **8** *26–29* (frühes Luthertum), 217 (anglikan. Kirche), *345 ff.*, 976 (Calvinismus), 1235 (kath., nachtridentin.), **9** 399 f. (Jansenismus, 18. Jh.), 883 f. (Protestantismus, 17./18. Jh.), 905, 1077 f. (anglikan. Kirche), **10** 457, 459, **11** 125 ff., 227, 311 f., 380, 545, 561, 573 (anglikan.), 751 (orth.), 1011 (Afrika), 1014 (Afrika), **12** 23 f., **13** 32 (vatikan. Konstitution), 70, 77 ff., 185 (Inkulturation, Afrika), 412 (russ.-orth.), 603 ff. (Afrika), 660
antiochenische **4** 405
Basilius- **4** 368, 593
Chrysostomos- **4** 593
griech.-byzantinische **4** 366, 405, 411, 419 (Melkiten, Alexandria), **6** 261 (slaw. Osten, SpätMA)
himmlische **1** 301 f., 351 f., 354 f.
irdische **1** 301 f., 351, 355
Jakobus- **4** 368, 587 (Georgien), 592 f.
Liturgiereform **11** 126, **12** 265–272, 806, 819–825, **13** 11, 78, 97, 116, 262–266
römische/lateinische **4** 370, 673, 690 f. (Karl d. Gr., Franken), 703 f., 768 (Franken), **5** 43 (Spanien), 132 (Kroatien), 297 f. (Spanien, MA), **11** 115, 806 f., 813, 822, **12** 266, **13** 603
slawische (↗Altslawische Sprache; ↗PR: Basilius, Chrysostomos;) **11** 705, 791
-sprache (↗Volkssprache) **2** *720 ff.*, 724, **3** *1075–1079* (Latein), **4** 211, 405 (Patriarchat Antiochia, MA), 411, 419 (Ägypten, Melkiten), 432 (Antiochia, Monophysiten), 434 (syr., Jakobiten), 451, 464 (nestorian. Kirche), 469, 543 (georg.), 720 (altslaw.), 894 (altslaw., Kroaten), 932 f. (Altbulgarien), 947 (Kiew), **5** 342 (altslaw.), **11** 126, 794, **12** 269, 272, 1011, 1018, **13** 32, 78 f., 262, 412 (russ.), 439 (Geez, Sprache d. kopt. Liturgie), 479, 603, 661 f., 695
Liturgiegeschichte **1** 341–345, 347 f., 353, 419, **12** 225
Liturgiereform **11** 126, **12** 265–272, 806, 819–825, **13** 11, 78, 97, 116, 262–266
Liturgische Bewegung (↗Liturgie, -reform) **12** 24, 168, 225, 265–272, 449, 510, 519 f., 658 f., 687, 819–826, 861, 1083, 1159, **13** 491
Liturgische Bücher **3** *1080 f.* (Trullanum II), **4** *64 f.*, 592 f. (Georgien), 752, 814 ff., **5** 412, 540, 550 f., **6** 261, **10** 126 f., **13** 94 (Reform)
Liturgische Formel(n) **1** 340, 427
Akklamation(en) **1** 340, 355
Doxologie **1** 430
Liturgische Geräte **3** 1084, **5** 541 f., 550
Liturgische Gewänder **3** 1083 f., **5** 541 f., 550
Liturgischer Dienst **1** 838 f., 841, 846, 848
Liutizen **4** 842, 895, **5** 332
Lizentiat **5** 871
Loci-Methode **8** *1117–1123*, 1119, **9** 975
Logienquelle **1** 5 f., 65, 68, 82, 191, 201, 209, **11** 371, 376
Logik (↗Dialektik; ↗*Artes liberales*) **2** 707, **6** 352, **8** 113 (reformierte Theologie), 1117, **9** *371* (Port-Royal), 787 (China)
Logos (↗Logostheologie) **1** 868 f., 871, 907, **2** 363, 370, 373, 375, 421, 439, 443, 446, 459, 571, 575, 582, 584, 615, 619, 623 f., 1035, 1067, **3** 106, 499 f., 513
-Sarx-Schema **2** 439
Spermatikos (↗Stoa) **1** 507, 907, 912, 920
-theologie, -christologie **1** 485, 563, 585, *703–708*, 768, 874, 914, 916, 918,

2 275 ff., 292 f., 356, 363, 438 f., 586, **3** 444
Logothetes **6** 148, 398
Lohn **11** 477 ff., 539 f., **12** 29 f.
Loi Falloux **11** 177, 185
Loi Guizot **11** 185
Loisten **8** 182
Lollarden **6** *338 ff.*, 495, *673–677*, 889, **7** 375, 380, 439, *447–460* (ab 15. Jh.), 748 f. (16. Jh.), 751, **8** 191, 531 ff. (Reformation, England), **9** 461
Lombarden ↗Langobarden
London Jews Society **11** 138, 994 ff.
London Missionary Society (LMS) (seit 1977 *Council for World Mission*) **11** 134, 140–147, 149 f., 156, 983, 998 f., 1015–1018, 1024, 1034, 1036, 1046 f., 1067 f., 1076, **13** 600
Lucaya **7** 598
Luciferianer ↗Luziferianer
Lukasevangelium **1** 6 ff., 71, 145, 206, 211–214, 216, 276, 297 ff., 736, 779, 784, 786, 788 f., 793 ff., **2** 452, **11** 58, 97, 102, 369 ff., 374
Lukasgilde(n) (christl. Künstlervereinigungen) **12** 169
Lukianist **2** 1067
Lupercalien (heidn. röm. Frühlingsfest) **3** 331 f.
Lutherischer Weltbund (bis 1947: Lutherischer Weltkonvent) **12** 41, **13** 146, 287 f., 622
Luthertum, Lutheraner, luth. Kirche(n) (↗PR: Luther, Martin) **7** 460 (Lollarden), 472 (Böhm. Brüder), *713–720* (Luthers Theologie), *723–773* (Verbreitung), **8** *3–46*, *309–330* (Kontroversen mit Reformatoren), 383 f. (Moskau), 393, 405 (Augsburger Religionsfriede), *406–409*, 962 f. (Gemeinden), *974 ff.* (Gottesd.), 982 f. (Abendmahl), 996 ff. (Katechese), 1006 f. (Disziplinargerichte), 1035, 1040, *1228 ff.* (Kirchenlied), **9** 12 (Ungarn), 50 (Augsburg), 58 ff. (Polen), 63 ff. (Skandinavien), *411–420* (17./18. Jh., luth. Orthodoxie), 807 (Indien), **10** *35–44* (Preußen, Friedrich II.), 508 f. (USA), 627 (Frankreich, nach 1801), 662 (Kapelle in Rom), 723 ff., **11** 81, 192, 210, 251–254, 311, 315, 582, 656, 658 f., 665, 667, 684, 701, 703, 708, 730, 759, 808, 810, 813, 847 (USA), 868, 880, 914, 959 ff., 963, 1024 (asiat. Mission), **12** 41, 83 (Estland, Lettland), 463, 555, 557 ff., 706, 740, 755, 769, 805, 840, 843–860, 886 f., 889, 891, 896, 904, 908, 974, 976, 1052, 1054, 1056, 1067, 1127, 1153, 1206, **13** 131, 145 f., 150 f., 208, 219, 250, 356, 358, 383 f., 485, 698
Neu- **11** 81 ff., 253
Luzernar **1** 344, 634
Luziferianer (nach L. v. Calaris) **2** 419, 483, 956
Lykaonien **2** *95 f.*
Lyoner Afrikamission (Gesellschaft der Priester der Lyoner Afrikamission) **11** 1013
Lyoner Schule **11** 127

Macariani **2** 264
Machiavellismus (↗PR: Machiavelli, Niccolo) **8** 1146, 1149, 1168, **9** 168, 961 f.
Märtyrer (↗Christenverfolgung; ↗Martyrium) **1** 257 (jüd.), 676, **2** 59, 679, 818, 929, 975 f., 978, 1007 (Ägypten), 1051, **3** *1112–1157*, **4** 119 (Bilderstreit), 739 f. (islam. Spanien), **5** 29 (Neu-Märtyrer, Byzanz), **8** 1212 f., **9** 553 f. (Osman. Reich)
-akten, -berichte **1** 152, 255–258, 260, 323, 626 f., 639 f., 690, **2** 25, 121, 126, 254, 726, 729, 975, **3** 1110 f., 1148
-kult, -verehrung (↗Martyrion) **1** 258, 630, 639 f., **2** 670, 672, 679 ff., 692 ff., 733 f., 957, 975–978, 1051, **3** 250 f. (Gallien, 5. Jh.), 286 (Nordafrika), 666–669, 704, 706 f. (Kirchen), *713–716* (Kirchen), *1112–1157*, **8** 283, *1064 ff.* (16./17. Jh.)
Mäzenatentum, antikes ↗Sponsorentum

Magie (↗Zauberei; ↗Wahrsagerei) **1** 244, **2** 221, 236 f., 463, 492, 780, 896, **3** 393, 428, **4** 84 (Heilige), 157, 676, 765, 771, **5** *516 f.*, 520, 575, 908, **6** 316, 336, 808 f., **8** 840, *1094 f.* (Hexenverfolgung), 1141, **9** 237, 698 f., 1056 f. *(Comedia de magia)*
schwarze **2** 221, 463, **4** 765, **6** *514*, **7** 296
weiße **2** 221, **4** 765
Magister, Magisterium, **5** 459 f., 469, 871
Magna Charta (England) **5** 671
Magouillistes ↗*Fareinistes* (Begriffe)
Magusäer **2** 1063
Magyaren ↗OR: Ungarn
Magyarisierung **11** 703 f., 706
Mahl, antikes **1** 424, 432, 434, 436, 633 f.
Mahlgemeinschaft **1** 35, 37, 79, 123 f., 274, 475, 477
eschatologische **1** 35, 419, 421
Maigesetze **11** 330 (1868), 330 (1874), 450, 455 (1874), 664 f.
Mainzer Kreis **11** 296, 350
Makedonianer **2** 430, 436, 442, 445, 578, 1035 f., 1054, 1056, 1059, **3** 304
Makkabäer-Aufstand **1** 864
Makumba-Religion **12** 1202 f.
Malabar-Christen **8** 900 f., **11** 775, 803, 807
Malabarische Kirche ↗Syro-malabarische Kirche
Malaiische Sprache **11** 1038
Malerei **3** 704 f. (Katakomben), 705 f. (Kirchen, 5./6. Jh.), **4** 316, 768 (Kirchen, Karoling.), 857, **5** 545 (roman. Kirchen), **6** 388 f. („Laienbibel"), 808, **7** *474–494* (spätes 15. Jh.), **8** 897 f. (ind. Mogulreiche), *1199–1223*, **9** 833, *1035* (Kirchen, Barock), 1041–1048, **11** 126
Mamelucken **5** 781 f., **6** 209, **7** 7 f., 529 f., 576 f. (portugies. Offensiven, Anfang 16. Jh.)
Mandäer **1** 520, **2** 1078
Mandschu **9** 766, 768 ff.
Mandylion **3** 676, **4** 404
Manichäismus, Manichäer **1** 497, 503 ff., 520, 528 f., 532, 950, **2** *19–22*, 79 f., 111, 177, 180, 482 f., 488, 491 f., 502, 711, 817, 891, 896, 920 f., 1011, 1038, 1041, 1063, 1078, 1083, **3** 219 f., 265, 324, 330 (Rom, 5./6. Jh.), 334 f. (Rom, 5./6. Jh.), 430 f., 650, 1242, **4** 72, 238 f., 406, 413, 867, **5** 482
Manierismus **7** *491–494*, **8** *1210–1213* (Spät-)
Manifest Destiny (göttliche Bestimmung Amerikas; ↗Zivilreligion) **11** 841–846, 862, 873, 886, 891, 894 f., 898, **13** 484 f.
Mantik **2** 110
Maori (*Ma'ohi)* (neuseel. Ureinwohner) **11** 1063 f., 1067, **13** 691 f.
Maphorion (Wolltuch Mariens, Reliquie) **4** 20, 196
Maphrian (persönl. Delegat d. monophysit. Patriarchen v. Antiochia) **6** *208*, 216
Marcioniten ↗Markioniten
Maria Magdalena (Verehrung, Ikonographie) **5** 524, 934 f.
Maria-Magdalenen-Orden (Reuerinnen) **5** 935
Mariä Geburt **5** 538
Mariä Himmelfahrt **5** 538
Mariä Verkündigung **5** 537
Marianische Kongregation(en) **8** 290, 493, 517, 1023 f., 1035 f., 1238, **9** 85 f. (Antwerpen), *302 f.*, 853, 916 f., **10** 244 f., 247, **11** 190, 207, 609, 697, **12** 247, 284, 512, 537
Marienerscheinung(en) **10** 760, **11** 120, 124, 189 f., **12** 245 f., 262, 510 f., 660, **13** 264 f., 468
Marienverehrung (↗*Theotokos*; ↗Ikonen; ↗Schutzmantelmadonna; ↗Marianische Kongregationen) **3** 286 (antikes Nordafrika), 647, *678–684* (6. Jh.), 742 f., **4** 11, 20 (Konstantinopel), 118 (Synode v. Hiereia), 196 (Photios), 586 (Georgien), 674, **5** 204 (Bernhard v. Clairvaux), 414, 440, 442, 511, 515 (M.predigten), 523, *524 f.*, 847, *931–934*, 945 f., **6** 262 (Rußland, SpätMA), 385, *427 ff.* (SpätMA), 721 (Serviten), 746, 893, **7** 237, 258, 268, *278–281*, 368

(Pietà), 451 (Lollarden), **8** 303, 501, 723, 838 f. (Mexiko), 848 (Tepeyac), 896, 1043, 1221, **9** 16, 303, 553 (islam. Orient), 827, 863, *907f.*, 919 (Wallfahrten), 1034, **10** 29, 502 f. (amerikan. Katholizismus), 608, 711, 760 (Guadelupe), 761, **11** 120, 123, 189 f., 262, 291, 347 f., 500, 602, 630, 945, 949, **12** 24 (Mediatrix-, Corredemptorix-Funktion), 207, 210 f., 245–248, 259, 261, 452, 454, 510 f., 603, 866, 1123, 1137, 1175, 1226, **13** 264, 679

Mariologie **12** 211, 448, **13** 47, 49, 53, 75

Maristen **11** 148, 158, 988
  Drittorden **11** 34

Markioniten **1** 145, 181–184, 318, 321, 326, 335, 459, 461, 511–514, 521, 545, 560–565, 568, 591, 615, 639, 700, 783–787, 833, 860, 945, 950, **2** 24, 31, 35, 79, 1032, 1038, 1078, 1083, **4** 71

Markomannen **2** 998, 1003

Markosier **1** 550

Marktrecht **4** 805 (Prälaten)

Markusevanglium **1** 5, 7 f., 70 f., *81–85*, 145, 167 f., 173, 201 ff., 208, 293 f., 782, 788 f., **10** 852 f. (H. F. de Lamennais), **11** 58, 97, 102, 369 ff., 373 f., 376, 378, 400, 402

Marokkokrise (1905) **11** 346

Maroniten, Maronitische Kirche (Patriarchat Antiochia) (↗OR: Maron-Kloster) **4** 392, 400, 403, 406, **5** 318, 574 f., 783, **6** 205–208, *222f.* (13.–15. Jh.), 832 (Union m. Rom), 834, 837 (Konzil v. Florenz), **8** 386, **9** 546, 599, **10** 135, 141 ff., **11** 135, 138, 775, 779, 781, 785, 787, 794, 800 ff., 804 f., 814, 818, **12** 968, 1027, **13** 22, 89, 440, 447 f., 458 f., 462

Marranen **7** *385* (Begriff), 579 (São Tomé), **8** 719, *729ff.* (Portugal), 755, 861, 1132, **9** 152, 205 f.

Mars **1** 631, 634, **2** 197

Marshall-Plan **12** 363

Martyrion (einem Märtyrer geweihte Kirche) **3** 707, *713–716*

Martyrium (Begriff) (↗Donatisten; ↗Märtyrer) **1** 251, 254, *257ff.*, 570, 592, 602, 606, 639 f., 651, 659, 812, 833, 945, **2** 264, 267, **4** 621

Martyrologien (Kalender mit Festtagen v. lokalen Märtyrern) **2** 126, 160, **8** 179 (Täufer), 1064 f. (Calvinismus)

Martyrologium
  Hieronymianum **2** 147, 149 f., 152, **3** 1130
  Syriacum **2** 150, 152

Marxismus **11** 340, 689, **12** 102, 303, 747 f., 941, 1074, 1148, **13** 312, 505, 510 f.
  Austro- **11** 683

Masoretischer Text **1** 746 f., 804

Mater et Magistra (Enzyklika) **12** 631, **13** 7, 291, 327, 496

Mathematik **2** 72, 707, **4** 814, **5** 612 (päpstl. Hof, 13. Jh.), 878, **7** 510, **8** 276, 283, 942 ff. (M. Ricci, China), 1156 (Galilei), 1167, 1174, **9** 497, 785 ff. (Jesuiten, China), 968, **10** 175

Matthäusevangelium **1** 6 ff., 80, 145, 194, 208–211, 220, 276, 295 ff., 312, 489, 491–495, 505 f., 578, 736, 779, 782, 786, 788 f., **2** 446, **7** 264, **8** 877 f. (Franz Xaver), 915, **11** 58, 97, 102, 369 ff., 374, 376, 378, 400

Mauren (Berber; ↗Barbaricini; ↗Morisken) **3** 264 ff., 276, 291 (Begriff), *291–297* (Christentum im 5./6. Jh.), 750 f., 757, *761–765* (Missionierungsversuche im 6. Jh.), **4** 636, 652, *727* (Karl d. Gr.), **7** 385 ff. (Granada), *398ff.* (Spanien), 590, **8** *665–668* (Spanien)

Mauriner (↗OR: St.-Maur) **9** 292, 952 f., 968, 1139

Maximianer **2** 519

Maximiten (↗PR: Maximus Confessor) **4** 423

Mazdaismus ↗Zoroaster, Zoroastrismus

Mazdener **2** 1063

McCarthyism (Überwachung von kommunist. Bewegungen in den USA der 1950er Jahre) **12** 79

Mechanik **9** 941, 970
Mechitaristen **10** 143
Mediator Dei (Enzyklika) **12** 268, **13** 78
Medien **12** 135, 140–145, 173, 458, 577 f., 796 f., **13** 95, 168, 453, 527, 656 f.
Medizin **3** 822, *846 ff.* (Frankenreich, 6. Jh.), **4** *90 f.*, 309 ff. (Byzanz, MA), 462 f. (nestorian. Kirche, Kalifat), 751, 771 (Gebetbücher), 854, **5** 194, 357 (Klerus, Byzanz), 455 (Salerno), 460, 611 ff. (päpstl. Hof, 13. Jh.), 864 f., 868, 871, 944, **8** 1117, *1138–1141*, 1146, 1166, **9** 209, 961, **11** 335
Megachurch(es) **13** 261
Meinungsfreiheit **11** 200, **12** 1039, **13** 90
Melchioriten ↗Mennoniten
Melchisedek-Frage **2** 301
Melchisedekiten **4** 71
Meletianer ↗Melitianer
Melitianer (↗PR: Melitius v. Lykopolis) **2** 164, *286–289*, 288, 290, 303, 315 f., 325, 329–333, 337, 360, *1011–1016*, 1024
Melkiten, melkitische Kirchen **3** *505*, *566 ff.*, 951–955 (Gregor d. Gr.), **4** 392, *399–422* (Islam), 423, **6** 205–208, *217–222* (14. Jh.), **8** 386, **9** 546, **10** 123, 134, 139, 141, 143, **11** 135, 775, 802, 805, 814, **12** 951 f., 968, 973, 1019 ff., 1025, 1027, **13** 22, 458
Melothesie **1** 530
Memento mori **9** 861
Memorial Day **12** 1034
Menandrianer **1** 528
Mendikanten (Bettelorden) (↗Dominikaner; ↗Franziskaner) **5** 595, 679, 695, 747 f., *786–789* (Mission, 13. Jh.), 828–831 (Geldwirtschaft, MA), *833–860* (Entwicklung im 13. Jh.), 894, 898, **6** 27 f., 30, 94, 171 (Konstantinopel), 270 ff. (Ekklesiologie, SpätMA), 317, 328, 332, 349 ff. (Predigt), 353 ff., 360, 367 f., 382, 386, 471 (Städte, SpätMA), 477 (Wucherfrage), 517, 538, 541, 651 (Frankreich, SpätMA), 658, 660, 665, 709 f., 721 f. (Italien, SpätMA), 726, 731, *743 ff.* (Italien, SpätMA), 770 (Palästina, Zypern), 783 (Litauen), 790 f. (Nord- u. Osteuropa), 799, 890 f., 894, **7** 159 f. (Observanz), 170, 175, 234 f., *535* (Überseemission), **8** 212, 258 (Tridentinum), 473, 717 (Spanien), 773 (Lateinamerika), 788, 793, 802, *830–834* (Mission, Lateinamerika), **9** 333, 633, **10** 654, **11** 130 f.
Mennoniten **8** *141 ff.*, 150, 160, 162, 169, 460 f., 498, 505, 646 (Polen), **9** 70, *469 f.* (Vereinigte Niederlande), 471, 491, 689, **10** 106 (Rußland), 491 f., **11** 210, 680, **12** 562, 664, 768, 1134, **13** 267, 384, 430
Menschenachtung **9** 1146 f.
Menschenrechte (↗Naturrecht; ↗Völkerrecht) **7** 564, **9** 1125, **10** *343 ff.* (kath. Kirche nach 1789), 427, 513, 831, 839, **12** 415, 1033, **13** 124, 511
Allgemeine Erklärung **1** 809, **10** *315 f.* (1789), 369 f. (1793), 848
Menschewiken **11** 725
Mercedarier **6** 24, 27, 751, **7** 553 (Mittelamerika), **8** 833 f., 860, **9** 627, **10** 74, 77, 90, 773, 790
Mercosur *(Mercado común del sur)* **13** 476
Messalianismus, Messalianer (↗Neo-Messalianismus) **2** *839 ff.*, 1034, **3** 607, 658, 1176, **5** 482, 744, **6** 201 (Athos)
Messe (↗Liturgie; ↗Eucharistie, Eucharistiefeier; ↗Abendmahl) **5** 536 f., 566, **7** 258, 295, 322, 450 (Lollarden), 784 (Zürich, Zwingli), 845, 878, **8** 21, 81 (Calvin), 218 (engl. Reformation), 219, 226, 268 f. (Tridentinum), 345, 396, 974 f., *987 ff.* (nachtridentin.), 1224 f., **9** 898 ff. (Barock), **10** 244, 547 f.
„blinde"/„trockene" Messe **10** 545, 547 f.
Messianismus **1** 18, 22 ff., 39, 49, 223, 230, 303, 762, 764, **7** *409 ff.* (Spanien, ab Ende 15. Jh.), 413 f. (Portugal), *593–598* (Spanien, Kolumbus), **8** 670 f. (Spanien, 16. Jh.), 736 f. (Portugal), 843 (Indios, Lateinamerika), **10** *802–827* (Roman-

tik), 849, **11** 875–879 (indian.), **12** 1036–1039, 1201 f., **13** 182, 188, 609
Messianität Jesu **1** 42, 45, 49, 57, 83, 101 f., 189, 191 f., 194, 220, 222, 230, 239, 303, 391 f., 407, 466 f., 469, 481 f., 488, 490, 510, 660, 685, 700, 762, 765 f., 906, 917, **11** 378, 401 f.
Meßordnungen *(Ordo missae)* **3** 804 ff. (Gallien, 6. Jh.), *1095–1098* (Spätantike, Westen)
Mestizen **9** 625 f. (lateinamerikan. Klerus), 630, **10** 79
Metanoia (Umkehr, Verwandlung, Verklärung) **1** 201, 315, 897, **2** 705
Metaphysik **10** 682, **11** 335, 385, 389, 391, **12** 203
Methodiste, Methodismus, **9** 468, 714, 876 f., **10** 5, 51, 98, *206–211*, 485 f., 490, 513, 531, 690 f., 860, **11** 209, 221, 547, 569, 585, 680, 866, 869 f., 872, 874 f., 880, 913, 960, 963, 983, 987, 996 f. (nordafrikan. Mission), 999 (Mission in Sierra Leone), 1003 f. (Mission in Afrika), 1035 (Mission in Malaysia), 1068 (Mission auf den Tonga-Inseln), 1074 (Mission in Ozeanien), **12** 41, 462 ff., 545, 562, 664, 755, 765, 768, 773, 778, 783, 786, 790, 800, 805, 807 f., 810 ff., 823, 840, 852, 1050, 1052, 1054, 1056, 1067, 1093, 1096, 1117, 1120, 1122 f., 1127 f., 1153, 1208, 1215, 1217, **13** 267, 485
Metrik **4** 283, 671, 852
Metropolit, Metropolitanverfassung (oberster Bischof einer Kirchenprovinz bzw. Eparchie) **2** 315, 324, 453, 473, 630, 635, 639 f., 961, **3** 114 (Chalkedon), 118, 522 (-verfassung), *544 f.*, 546, 802 f. (Gallien, 6. Jh.), 1081, **4** 436 (Kopten), 663, 695 (Karl d. Gr.), 723, **11** 732
Metropolitansitz, Metropolie ↗Eparchie
Middle East Council of Churches **13** 462, 464
Midrasch **1** 95
Migration **12** 606 ff., 802, 805, 923, 933, 960, 1048, 1103 f., 1107, 1128, 1133, 1209 f., **13** 255, 434, 455–460, 620, 654, 658, 692
Militär (und Kirche, Religion) (↗Krieg) **1** 263–266, 879, **2** 778, 802, **3** 1048, **4** 806 f. (Kirche u. Kriegsdienst, MA), **6** 463, **12** 584 f.
-diktatur **12** 1148, **13** 475 f., 502, 511–519
-dienst **9** 525, 871, **11** 202, 717, 760, **12** 332 (Verweigerer), 391, 681, 1139, **13** 356, 384, 431 f.
-seelsorge **11** 202, 491, **12** 333 f., 384, 503 f., 532, 567, 740, 742, 750, 782
Millenarismus (↗Joachimitismus) **1** 160, 162, 449, 470, 568, 570, 573, **2** 152, 727, **6** 343, **7** 291, *301–304* (15./16. Jh.), 452 (Lollarden), **9** 649, 873, **10** 587–596, 847–860, **11** 841–844, 847 f., 877 ff., 901 f., 905, **12** 1087, 1099 f., 1220, **13** 531, 536
Post- **10** *860–864*, **11** 842 f., 852, 902, **12** 1087 f.
Prä- **11** 842 f., 851, 896, 902
Millet(s), Milletreform (nicht-muslim. Gemeinschaften im Osman. Reich) **11** 775 f., 778, 785–794, 796, 814
Minimen (↗Paulaner) **6** 26, 532, **7** 176, 341, 357, **9** 292, 824
Ministerialen **5** 113, 261, 395
Minoriten, Minderbrüder ↗Franziskaner
Mirari vos (Enzyklika) **11** 18, 280
Mischna **1** 3, 31, 206, 348, 351, 372, 730, 754 f.
Missale **5** 550 f., **9** 846, 851, **10** 561, **13** 263 (Römisches Missale 1969)
Missio Canonica (päpstl. Lehrerlaubnis) **12** 186
Mission de France **11** 150, **12** 292, 597, 610 f., 625, 629
Mission de Paris **11** 140, 147, 154, 163, 417 ff., 579, 1028, 1040, **12** 292
Mission Muzi **11** 919–924
Mission, Missionierung, christliche (↗Missionsorden; ↗Missionsreisen ; ↗Christianisierung; ↗Kreuzzüge; ↗Reconquista; ↗Kolonisation; ↗Propaganda-

kongragation; ↗Ritenstreit; ↗Adaptation; ↗Inkulturation) (↗PR: Einzeleinträge Missionare) **1** 36, 48, 65, 70, 72 f., 76, 88, 90, *101–105*, 122 f., 131, 166, 170, 188, 195 f., 209 ff., 213 f., 277, 294 ff., 460, 576, 580 f., 613, 617, 626, 686, 831, 843, 871, **2** 23, 223 f., 227, 668, 689, **3** 248 f. (Gallien, 5. Jh.), 428 f. (Johannes v. Amida), **4** *228–238* (byzantin. Missionspolitik, ab 8. Jh.), 455 f. (nestorian. Kirche, Asien), 633 (ir. Mönchtum), 728 f. (Nordosteuropa, 9. Jh.), **5** 331 f. (Slawen, Ostsee), *783–794* (Mongolen, Muslime, 13. Jh.), **6** *876–887* (SpätMA), **7** 86 (Kreuzzugsbewegung), 531–535 (span. Eroberungen), 546, 554 f. (Übersee, um 1530), 564, 579 ff. (portugies. Afrika), 586 f. (Asien, Portugal), 592 f. (Spanier, Kanar. Inseln), 600 f. (span. Mittelamerika), 607 (Mexiko, Cortès), **8** 144 f. (Täufer), *168 f.*, *772–874* (Lateinamerika), *875–956* (Indien, Japan, China), **9** 235, 454 (engl. Missionsgesellschaften), 488 (Herrnhuter), *614 f.*, *638–653* (Lateinamerika, 17./18. Jh.), 661–677 (franz. Kolonien in Amerika), 684, 692 ff. (Indianer in Nordamerika), *732–749* (Afrika, 17./18. Jh.), *750–820* (China, Indien), **10** 52, 145–152 (China), 166, 205 (Herrnhuter), 207 (Wesley), 512 (Katholizismus, amerikan. Westen), 530 (kanad. Westen), 692 (*Evangelicals*, England), **11** *133–164*, 157–163, 419, 796–807 (Orient), 813 f., 861 (Nordamerika), 876 (Nordamerika), 973, 975–982 (Afrika), 984, 988–991 (Süd- u. Nordafrika, Äthiopien), 1005, 1008, 1009–1015 (Afrika), 1011 f., 1014 f., 1020 ff. (Madagaskar), 1024 ff., 1026–1032 (Indien, Ceylon), 1033 f. (Birma), 1035 (Malaysia), 1037 ff. (Indonesien, Philippinen), 1040 ff. (Siam, Indochina), 1044 (Karte), 1055 f. (Korea), 1059 f. (Japan), 1065 ff. (Australien, 1073, 1076–1083 (Ozeanien), **12** 7 f., 15, 316–326, 513 ff. (portugies. Kirche), 663, 1152, **13** 320–323, 462, 692 f.**12** 261, *302–326*, 433, 503, 506, **13** 78, 83, 86 f. *(Ad Gentes)*, 141 f., 171, *312–340*, 315, 322 f., 334, 544–551, 587, 623, 669

äußere **11** 2, 159, 181, 216, 221, 246, 326, *412–424*, 546 f., 557, 621 f., **12** 42, 293, **13** 330

innere (↗Volksmission) **9** 266, *308–333* (Konfessionalisierung), 667 f., 992 f., **10** 250, 265–268, 677, 726 (Wichern), 834 ff. (Arbeitermission), **11** 2, 130, 159, 221, 246, 319 f., 888 f., **12** 286 f., 325, 609 ff., 630, 786, 1056, **13** 330

anglikanische **11** 133, 142, 974, 987, 998, 1016, 1035, *1061–1065*, **12** 969 ff.

manichäische **1** 529

protestantische **11** 133, 136, 138, 155–158, 275 (iber. Halbinsel), 418 f., 796 (Orient), 808–814 (Orient), 929 f. (Lateinamerika), 956–959 (Lateinamerika), 974 f. (Afrika), 976 (Karte), 982–987 (Südafrika), 992–1009 (Nord-, West-, Zentralafrika), 1015–1020 (Madagaskar), 1023–1026 (Indien, Ceylon), 1032 f. (Birma), 1034–1037 (Malaysia, Indonesien), 1039 f. (Philippinen), 1042–1051 (Siam, Indochina, China; Karte S. 1045), 1054 f. (Korea), 1056–1059 (Japan), 1061–1065 (Australien, Neuseeland), 1067–1077 (Ozeanien), **12** 308–316, 331, 543 (Iber. Halbinsel), 546 (portugies. Kolonien), 969 ff., 1024, 1210 ff., **13** 317 ff., 323 f., 335–338, 598–601, 632, 664–674 (Asien), 692 f.

russisch-orthodoxe **9** 516 ff. **11** 138, *762–768*, 811 f., 1060 (Japan)

Missionarinnen d. Nächstenliebe **13** 656

Missionnaires de Provence **11** 158, 181

Missionsgesellschaft(en) (↗Einzeleinträge) **11** 134, 154 f., 158, 160, 419, 557, 579, 763, 797, 808, 810, 972, 983–987, 996 f., 1001, 1007 (Afrika), 1008 (Afrika), 1015, 1017, 1020, 1026 (Indien), 1033, 1036, 1047, 1058 f. (japan.), 1062 f. (Australien u. Neuseeland), **12** 854 f., 969, 1210, **13** 318, 323, 335 (Zusammenschlüsse: *Communauté évangélique d'action apostolique; Council for World Mission; United Evangelical Mission*), 551 f., 599, 600 f. (Afrika), 692

Missionsinstitut(e) **11** 156, 162, 992, **12** 185, 315, 318

Missionskonferenz(en) (↗OR: Einzeleintrag Tagungsort) **11** 420 f., 423, 975, 1008 f., 1050 f. (Shanghai 1877), 1058 (Tokyo), **12** 42, 53 (Edinburgh), 58 (Edinburgh), 82, 303, 313 (Mexiko 1963), 1210 (Panama 1916), 1212 (Madras 1938), **13** 312 f., 318 (Edinburgh), 327 (Lyon), 333, 335 (Mexiko 1963), 336 f. (Bangkok 1972), 338 (Melbourne 1981, San Antonio 1989, Salvador de Bahia 1996), 665

Missionsorden (↗Einzeleinträge) **10** 864, **11** 119, 123 f., 160, 546, 797 ff., 812 f., 988 f., 1027, 1034, 1051, 1059 f., 1079, **12** 325, 446, **13** 314–317, 320 f., 330 f., 589, 596

Missionsreisen

Hellenisten **1** 65, *75–88*, 107, 193, 199, 212, 472

Paulus **1** 67, 69 f., 90 f., *106–143*, 150, 152, 166, 194, 197 f., 200, 204, 212, 231, 240, 278, 286, 473–476, 478 f., 564, 566, 667 ff., 686, 932

Petrus **1** 65, 190, 199, 212, 285, 472

Missionswissenschaft **11** 423 f., **12** 304, 311, 314 f., 321–326, **13** 326, 328, 332 f., 336, 339 f., 665

Mit brennender Sorge (Enzyklika 1937) **12** 15, 22, 35 f., 400, 412, 641, 697 f.

Mittelplatonismus **1** 539 f., 563, 599 f., 873, 910 f.

Mobilität (↗Migration) **12** 786, 788, 790, 792–795, 1062–1065, 1069, 1138

Modalismus **1** 559, 641, **2** 280

Moderne **10** 1, *165–232*, 864, **11** 461, 551 ff., **12** 3, 97, 101, 103, 126, 134 ff., 166–175, **13** 108

Modernismus (↗Antimodernismus; ↗Antimodernisteneid) **11** 20, 24, 40, 337, 352, *425–445*, 506, 553 f., 566, 618, 698, **12** 4, 6, 14, 175–178, 188, 193 ff., 218, 221, 228, 240, 806, 814–817, 1075

-streit **10** 849, **11** 425, *428–445*, 601, 604, 611, 646, **12** 12, 146, 175 ff., 184, 186, 195, 227, 238, 808, **13** 113

Mönchsliteratur (↗*Vita Antonii*; ↗*Apophthegmata Patrum*; Mönchsregeln; ↗Heiligenviten) **2** 818 f., 837, 840 f.

Mönchsregeln (↗Nonnenregeln) **2** *825*, 834, *853 ff.*, 859, *862–865*, 864, *869 f.*, **3** 394, *607–610* (Syrien), 658, 965 f., 970, 976, 979, *985–1002* (Westen, 4.–7. Jh.), 1004, **4** 949 (Kiew), **5** 164 (Cluny), **6** 30

Augustinus (↗Kanoniker; ↗Regularkanoniker; ↗Augustinereremiten) **2** 853, 863, 870, **3** 969, 976, 985, 987, 993 f., 999 f., **4** 915 (skandinav. Klöster), **5** 138, *149 ff.* (regulierte Kanoniker), 337 f., 418, 420, 421 (Norbert v. Xanten), 840, 846, 946, **6** 24 f., 532, 708, **7** 407 (Orden v. Santiago)

Basilius v. Caesarea **2** *836 f.*, 853, 858, 862, 870, **3** 584, 621 (Palästina), 973 f., 976, 985, 987, 992, 997

Benedikt v. Nursia **2** 853 f., *870*, **3** 966, 973, 988, 992, 993 (Einfluß d. röm. Rechts), *993–997* (Aufbau, Inhalt), 999, 1004 f., **4** 624 (England), 634, 662, 690, *700 f.* (Benedikt v. Aniane), 740, 785 (Gerhard v. Brogne), 790, 792, 804, **5** 136, 149, 159, 410, 432

Columban **4** 634, **5** 432

Johannes Cassian **2** 863 f., 870, 973, 975, **3** 394, 976, 985, 987, 997, 1000

Pachomius **2** 825, 853, 863, **3** 394, 584, 985, 987, 992

Mönchtum, Mönche (↗Klosterwesen; ↗Spiritualität; ↗Anachoreten; ↗Koinobiten; ↗Eremiten; ↗Askese; ↗*Laura*; ↗Wandermönche; ↗Habit; ↗Observanz↗Einzeleinträge Orden; ↗Einzeleinträge Orden;) **1** 266, 900, 910,

2 *816–874*, *852f.* (Definition), 932 (Afrika), 973, 1020, 1063 (Kleinasien), **3** 117 ff. (Chalkedon), 289 (Nordafrika, Vandalenzeit), 393 (Gallien, 6. Jh.), 400 (Spanien, 6. Jh.), 424 f. *(Codex Iustinianus)*, *574f.* (Jerusalem), *657–667* (Literatur, Hagiographie), 863 (IV. Konzil v. Toledo), 869 f. (Wales), 879 (Irland), 896 f., *965–1010* (Westen, 430–610), *984*, 1177 ff. (Persien), 1195 (Armenien), *1277ff.* (Georgien), 1280, **4** 64 (Trullanum II), 118 ff. (Bilderstreit), 169 f., 264, 273 f., 275 ff. (Bithynien), 284 (Rußland), 340 (Beichte), *380ff.* (griech. Mönchtum; Süditalien), 402 f. (Patriarchat Antiochia, MA), 411 (Palästina, MA), *520–523* (Armenien, MA), 530 f. (armen. Wandermönche), *562f.* (Georgien, MA), *628–635* (Westen, FrühMA), *699–703* (Karolingerreich), 792 f. (10. Jh., Gorze), *836ff.* (Süditalien, 8.–10. Jh.), *843–846* (nach 960), 870, 949 (Kiewer Rus'), 955, **5** 5–8, *14–22* (Byzanz, 11./12. Jh.), 23, 70 (Kanoniker), *136–178* (Reformen, HochMA), 148 (Chorherren), 153, 311 f. (Süditalien, Sizilien, 11. Jh.), *318f.* (Palästina), 320 (Ritterideal), 364 ff. (Byzanz, 12. Jh.), *391–433* (Orden im 12. Jh.), 505, **6** *161–165* (byzantin. SpätMA), *226–229* (Armenien, SpätMA), *257ff.* (slaw. Osten, SpätMA), 400 (Predigt, Byzanz), 669 (England), 738 f. (Italien, SpätMA), 740–743, **7** 381 f. (England, Vorreformation), 424 f. (Nord- u. Osteuropa), 705 f. (Luther), **8** 25 (Luthertum), *384f.* (Rußland, Karte), **9** 568 ff. (griech., 17./18. Jh.), 585 (orth. Rumänien), 587 (Georgien), 594 f. (Armenier), 596 (Äthiopien), **11** 822 f. (oriental.), **12** 1013 f., 1017, **13** 450, 466 f.

keltisches (↗OR: Irland, Britannien) **3** 967, *977ff.*, **4** *628–635*, 670, 793

pneumatisches **2** 854, 869

Verhältnis zu Klerus, kirchl. Institution (↗Messalianismus, Messalianer; ↗Klerus) **2** *829f.*, 836 ff., 859, 974, **3** *117ff.* (Chalkedon), 587 ff., 608 (Syrien), 618 (syr. Monophysiten), 632, 897, 990, *1002–1005* (Westen, 4.–7. Jh.), **4** 615 (westgot. Spanien), **5** 255, 560, *849–852* (Bettelorden)

weibliches (↗Frauenklöster; ↗Nonnenregeln; ↗Anachoreten, Anachorese) **2** *841ff.*, **3** 600, 612

Molinismus **8** 699, **9** 152 f., 349, 990, 1092

Monarchianismus **1** 559, 657, *703–708*, 945, 950, 952, **2** 72 f., 99, 275 ff., 285, 365, 418, 482, 971

Monarchie ↗König, Königtum; ↗Kaiser, Kaisertum

Monastische Bewegung (↗Mönchtum) **2** 632, 812, 970, 1022 f., **12** 861, 1115

Monenergismus (↗Monotheletismus) **4** 40, 42, 626 (Päpste)

Mongolen (↗Tataren) **5** 3, 576, 703, 709, 718, 746, 754, 779, 781 f., *791–794*, 903, 941, **6** 5 (1274), 17, 149, 208 f. (asiat. Chanate), 211 f., 230 (Georgien), 871 (Persien), 872 (Syrien), 876 ff. (christl. Mission, MA), *881–885*, 886, **7** 536 f., 563 f.

Monophysitismus, Monophysiten (↗Monophysitische Kirchen) **2** 723, **3** 17, 25, 29, 32 f., *35–70*, 70, 74, 76 f., 128, 133, 136 ff., 140 ff., 145, 151 (Ägypten), 154, 165 f., 168–171, 177, 183, 194, 433–436 (Justinian), 437 f., 441 ff., 445, 448, 458 ff., *491* (Begriffsverwendung), 492 (Kirchen), 493, 495–498, 503 f., 510, 512 (Ägypten), 513 ff., 564, 566, 603, 613 (Klöster, Syrien), 616 ff., 622 f. (Mönche, Palästina), 634, 652, 654 f., 673, 678 (Marienverehrung), 721 (Christusdarstellungen), 954, 1173 (Persien), 1175 f., 1179, 1208 (Armenien), 1212, 1256 ff. (Georgien, Petrus d. Iberer), 1264 (Georgien), 1266, 1274 f., 1294 (Armenien), **4** 15 f., 23, 26, 40 (Monotheletismus), 41 f., 48, 139 (Bilderverehrung), 239, 351, 391, 397, *422–425*

(Maroniten, Antiochia), 475–478 (Armenien), **6** 223, 834, **7** 538, **12** 945
Monophysitische Kirchen (antichalkedon. Kirchen) (↗Koptische Kirche; ↗Jakobitische [Syrisch-orthodoxe] Kirche; ↗Maronitische Kirche) **3** *491–518* (Entstehung), 951, *1161* (Persien), **4** 417 f. (Alexandria), 419 f., *425–452* (Syrien, Ägypten), **6** *205–208*, **9** 543, *595 ff.*, **11** 813, **12** 927, 947 ff., 968, 1015–1019
Monotheismus **1** 194, 204, 235, 237 f., 245 f., 463, 704, 708, 903, 905, 953, **11** 424
Monotheletismus, monotheletische Krise **4** 3, 23, 32, *40–50* (Theologie, Verlauf), 124, 125 (Johannes v. Damaskus), 239, 366, 391, 400, 403, 413, 422–425 (Maroniten, Antiochia), 482 f. (Armenien), 605 (Konzil v. Orléans), 636, 642 ff. (Päpste), 646, **6** 223, 834
Montagnais **9** 666
Montanismus, Montanisten **1** 160 f., 254, 258 f., 264, 561, 566, 568–574, 628, 631, 634, 638–641, 663, 684, 700, 703, 707, 786, 827, 832 f., 836 ff., 856–859, 944 ff., 950 ff., **2** 27, 44, 93–96, 101, 1063, **3** *431*, 503, 650, **4** 72, 238 f.
Montes pietatis (Kreditanstalten gg. Wucher) **6** *539*, **7** 139, 288, 333, *514 f.*, **8** 243, 605, 1179, 1185, **9** 203
Montfortianer **9** 331
Moraltheologie (↗Ethik) **8** 1124, *1173 ff.*, **9** *987–995*, *1026–1029*, **11** 912, **13** 192 f.
Morgenländisches Schisma (1054) (↗Azymen; ↗*Filioque*; ↗Fegefeuer; ↗Primat, päpstl.; ↗Union) **4** *352–362* (Hintergründe, Ereignisse)
Morisken **7** 398 ff., **8** 663, *665–668*, 678 f., 689, 740, 743, 1010, 1132
Mormonen („Kirche Jesu Christi der Heiligen der letzten Tage“) **10** *862 ff.*, **11** 848–851, 863, 876 f., **12** 562, 679, 783, 786, 831, 1056, 1067, 1069 f., 1134, **13** 551, 609
Mortara-Affäre **11** 606
Moses (Motiv) **1** 695, **2** 235, 238, 370, 748, 754, 818, 888
Moskowiter, Moskowiterreich (↗OR: Rußland, Moskau) **6** 181, 247
Motette **9** *1071 f.*, 1082
Mozaraber (Christen im islam. Spanien) **4** 737 ff.
Mudejaren (Muslime unter christl. Herrschaft) **7** *383*, 384, *398 ff.* (Spanien)
Münchener Schule **11** 32
Münsteraner Kreis **11** 296
Münzen, Münzbilder **4** 114, 158
Münzregal, Münzwesen **4** 780 f. (Bischöfe), 805 f.
Mütter, Wüstenmütter **2** 827, 842
Muiscas **8** 780
Musik (↗Kirchengesang; ↗Kirchenmusik; ↗Gregorianik; ↗Oper; ↗Oratorium; ↗Motette, usw.) **1** 866, 894, 927 ff., **2** 707, **4** 679, 770, *854* (Lehre, 10./11. Jh.), **5** 539 f., **8** *1223–1244* (16./17. Jh.), **9** *1064–1085* (Barock), **11** 553, 825 (oriental.), **12** 578 f., 640
Muslimbruderschaft **13** 450, 454
Muslime (↗Araber; ↗Sarazenen) **4** 56, 72, 81, 103 (Bilderstreit), 106 ff., 132, 143, 206, 247 ff., 348, *392–399*, 406, 434, 447 f. (Nubien), 488, 498 (Armenien), 588 ff. (Georgien), 738 f. (Spanien), 848 f., 851, **5** *369 f.* (Byzanz, 12. Jh.), 745 f. (Byzanz, 13. Jh.), 754, 783, 786 ff. (Bettelorden, 13. Jh.), 789 f., 880, **6** 149 (Osmanen), *410* (orth. Polemik, SpätMA), 840 f. (Toledo, SpätMA), 842 f. (Kastilien, Aragon), 878 ff. (Mission, MA), **7** 6 f., 36, *398 ff.* (Vertreibung aus Spanien), 541 ff. (abendländ. Vorstellungen), 563 (mittelalterl. Recht, Scholastik), 574–579 (portugies. Kreuzzug), **8** 662 f., **9** *163*, 516 ff. (Rußland), **11** 715 (Rußland 19. Jh.), 777, 823, 995 f., **12** 886, **13** 371, 384
Myron (hl. Öl) **4** 508 f. (Armenien)
Mysterien, eleusinische **1** 236 f., 600, 631, 634, 809, 890, **2** 172

Mysterienkult(e) **1** 146, 261, 518, 522, 590, 809
Mysterienspiel(e) **7** *248f.*, 277
Mysterium, Mysterien ↗Sakramente (ostkirchl. Bezeichnung)
Mystik **1** 614, **4** *334–341* (Byzanz, MA), 465 f. (nestorian. Osten), **5** *467f.* (Westen, HochMA), 479 ff. (Häresie, Byzanz), 483, 486, *936–939* (Frauen, HochMA), 945, **6** 124, *311ff.* (ekklesiolog. Visionen, Byzanz), *517–525* (SpätMA), 536, **7** 232, 317 f., 810, 812 (Karlstadt), **8** 240 f., *298–301* (kath. Kirche nachtridentin.), 672 f., *694–698* (Teresa v. Ávila), 1044 f. (niederl.-fläm.), *1048–1062*, **9** 307 f. (Bouvier de la Motte), 429, *835–844* (kath., Barock), 869, *877–880*, 1110, **10** *237–241*, 668, **11** 65, 128, 338, 344, 410, 583, **12** 110, 238 f., 958
Mystizismus **11** 128
Mythologie **1** 883 f., 896
Mythos **11** 97 ff., **12** 118 f.

Naassener **1** 528, 890
Nachahmung Christi ↗*Imitatio Christi*
Nachtwachen, nächtl. Gebet (Askeseform d. frühen Mönchtums) **2** 825, 834, 848
Nächstenliebe (↗Liebesgebot) **1** 20, 37, 120, 251, 288, 695, **11** 383, 386
Nag-Hammadi-Schriften (↗Kopten) **1** 145, 461, 494, 525 ff., 534, 536, 538–542, 549, 591
Nahda ↗Renaissance, arabische
Naherwartung **1** 203, **11** 679
Namensgebung, Namenwahl **6** 386, 430, 807, 893, **8** 986, 992, 1062, **9** *50f.*
Napoleonische Kriege **11** 12, 133, 282, 310
Narren (literar. Motiv) **7** 147 (Humanismus)
Narren in Christo ↗Gottesnarren
Nasiräer **1** 136, 488
Nation, Nationalbewußtsein (↗Nationalismus; ↗Patriotismus; ↗Messianismus; ↗Nationalkirchen) **4** 883 f. (Geschichtsschreibung z. FrühMA), **5** 747 (Byzanz, 13. Jh.), 751, 871, **6** 11 f. (Lyon 1274), 79, 97, 130, 657 (England), 680 (Irland), 683, *810* (Ostmitteleuropa, SpätMA), 889, **7** 209, *346ff.* (Frankreich, nach 1450), 774 (Schweiz, SpätMA), **8** 45 (prot. Schweden), 444 (Schweden), *669ff.* (Spanien, 16. Jh.), 736 f. (Portugal), **9** 79 (Niederlande, 17. Jh.), 289, 502 (Rußland, Anfang 17. Jh.), 514 (Rußland, Anfang 18. Jh.), 605 (Rumänen), **10** 1, 5, 121 (Siebenbürgen), 129 (Griechenland), 132 (Balkan), *727–738* (Balkanregion, Anfang 19. Jh.), **11** 210 (Niederlande), 257 (Italien), 258 (Italien), 268 (Italien), 625 (Portugal), 686–710, 776, 782, 817 (arab., armen.), 832, 1018 (Madagaskar), **12** 330, 396, 432 f., 504 (Portugal), 950 f., 953–964, 1004, **13** 350, 388, 670
Nationalfeiertag **11** 657
Nationalismus **10** *4*, **11** 1, 311 (Dtschl.), 321, 626 f. (Portugal), 673, 678, 680, 689 f., 693, 721 (Rußland), 776 (Osman. Reich), 795 (Armenien), 814–825 (Vorderer Orient), **12** 14, 31, 69, 81, 302 f., 372 f., 391, 399, 433, 499 f., 508, 514 ff., 519–522, 530 f., 569 f., 618 f., 623, 657, 711, 882, 915, 919, 954, 1015, 1141, **13** 81, 309, 312, 374, 442, 631, 641 f., 647, 666 (hinduist.), 668
Nationalkirche(n), Nationalreligion (↗Nation, Nationalbewußtsein; ↗Gallikanismus; ↗Landeskirchen; ↗Klerus, Kleriker) **6** 97 (Konstanz, 1415), 124, 293, **7** 375, 760 (Schweden), **10** 6, *311–323* (Nationalreligion, Franz. Revolution), 782, *792–795* (lateinamerikan. Unabhängigkeit), **11** 883 *(National Polish Church)*, **12** 874 (Tschechoslowakei Jednotaverband), 886, 890 f. (Tschechoslowakei), 899 (Tschechoslowakei), 909 (Tschechoslowakei), 1003–1009 (Orthodoxie), 1174 (Peru), **13** 560 (Guinea), 625 (China), 680 (Philippinen)

Nationalkonzil(ien) **3** 804, 810, 854, **7** 876, **9** 382, **10** 456–461 (Frankreich, 1797–1801), 644 ff. (napoleon. Frankreich)
Nationalsozialismus (↗Drittes Reich; ↗Faschismus; ↗OR: Deutschland) **12** 15, 17, 22 f., 34–37, 64 f., 185, 303, 344–363, 365, 399, 401 f., 407, 411–421 (Judenverfolgung), 642, 671, 674, 683, 688–705, 713–726, 759–763, 767, 836 f., 887, 889, 894–902, 972, 974–986, 990, 1091
Native American Church **11** 876, 879
Natur **5** 471, 487, 565, **6** 500 f. (Byzanz), **8** 300, 804, 1058, 1125, **9** 944 f. (Descartes), 988, 1019 (Spinoza), 1020 (Gassendi), 1021 f. (Shaftesbury), 1023 (Locke), 1092, 1100 ff., 1105, **10** 185, 798
Naturreligion **11** 832–835
Naturdarstellung (↗Schöpfung) **2** *739–747*, 763 f.
Naturoffenbarung, -theologie (↗Schöpfung) **1** 947 f., **4** 52 (Maximus Confessor)
Naturrecht **5** 332, 463 f., 754, 784, **6** 274, 881, **7** 563 („Ungläubige"), 565, **8** 349, 803, 816 ff., 820 (Las Casas), 823, 841, **9** 142, *187 f.*, 376, 972, 974, 1017, *1096 f.*, 1098, 1100, 1109, 1124, **10** 29, 187, 283, 769, **11** 934, **12** 20, 31
Naturwissenschaft(en) (↗Dialektik; ↗Natur) **2** 711, **4** 853, **5** 611 ff. (päpstl. Hof, 13. Jh.), **6** 351, **7** 503 (Abb.), **8** *1136–1145*, **9** *941–945*, 960 f., 1114 f. (Theologie), **11** 433–439, 542 ff., 651, 746, 894–898, 935, **12** 155 f., 797 f., **13** 113
Naturalismus **11** 26, 335, 339
Nazaräer (judenchristl. Gruppierung) **1** 489, 501 f., **2** 73
Nazaräer-Evangelium ↗Apokryphen
Nazarener-Stil **11** 126
Nazoräer **1** 221, 466, 483, 486, *487–490*, 917, **2** 1041
Nederduitse Gereformeede Kerk (Südafrika) **13** 581, 583 f.
Nederlandse Hervormde Kerk (↗OR: Niederlande) **11** 548, 552, **12** 633, 635 f., 638, 640 f., 645
Nekrologe, Nekrologien (Klöster, Ordensgemeinschaften) **5** 401, *402 f.*, 443 f., 535, 551, 921
Nekropolen (↗Katakomben) **1** 638, 661, **2** 679, 681
Neminem Profecto (Enzyklika) **11** 159, 162
Neo-Messalianismus **4** 335, *341 ff.*
Neoarianer, Neoarianismus (↗Anhomöer; ↗PR: Eunomius v. Cyzicus) **2** 373 f., 383, 431, 1066, 1069
Nepotismus **6** 731, **7** 71, 91 f. (Renaissancepapsttum), 94 (Alexander VI.), 103, 121, 334, **9** *227 ff.* (Papsttum, 17./18. Jh.)
Nestor-Chronik **5** 714
Nestorianismus, Nestorianer (↗PR: Nestorius v. Konstantinopel) **2** 973, 1026 f., 1040, 1084, **3** 46 (Begriff), 53, 101, 110 f., 221 (Spanien), 253 (Gallien), 438, 448, 455, 458, *491* (Begriffsverwendung), 649, 654, 956, 1209–1211 (armen. Kirche), 1286–1291 (kaukas. Kirchen), 1292, 1295 f., **4** 23, 125, 239, 349, 351, 391, 406, 413, 477 (Armenien), **5** 318, 781 (Mongolen), 783, 793, **6** 834, 835 (Mongolei), **7** 538, 540, 544 (Indien), 587 (Sokotra), 588, **10** 133 f., **11** 767, 774 f., 785, 788, 798, 802 f., 805, 819 f., 822, **12** 945
nestorianische Kirche(n) **2** 723, 1023, **3** 458, 493, *1161* (Bezeichnung), *1174*, 1180, **4** 392, *453–469* (MA), **5** 318, **6** 205, *211–214*, 217, 834, 838 (Konzil v. Florenz), **7** 537 f., **8** 386, 900, 953, **9** 546, *597 f.*, **10** 133, **11** 137, 783, **12** 10, 946 f., 968, 1015–1019, **13** 437, 440, 455–459, 464
Neuchalkedonismus **3** 500, 628, 652, 654 f.
Neues Testament (↗Bibel, Bibelausgaben, Bibelwissenschaften) **1** 2, 5 f., 270, 564, 724, 763, 775, 795, 924, 929, **2** 735, 747, 753, 756, 759, 762, 1039, 1048, **8** 129, **9** 1098, 1119, **11** 55, **12** 117–122, **13** 77
Neuguelfentum **11** 257, 267 ff., 271, **12** 493

Neumen (karoling. Notenschrift, Musik) **4** 770, 858
Neupythagoreismus **1** 600, **2** 817
New Deal (Politik Roosevelts) **11** 900, **12** 1074, 1093, 1108 f.
Nicaeno-Constantinopolitanum ↗Glaubensbekenntnis
Nicaenum ↗Glaubensbekenntnis (Nizäa)
Nichtbesitzende *(Niestjazateli)* (geistl. Fraktion, Moskau, 15./16. Jh.; ↗Besitzende) **7** *61 ff.*, **8** *376–381*
Niederländische Sprache **12** 649 (Sprachproblem Belgien), 651, 655
Niestjazateli ↗Nichtbesitzende
Nihilismus **10** 799, **11** 746
Nika-Aufstand (532) **3** 437, 693
Nikodemismus, Nikodemiten **8** 181 f., *579 ff.* (Italien), 689, **9** 438
Nikolaiten **1** 159, 482, 521, 545
Nikolaitismus (Priesterkonkubinat) **4** 869, **5** 38, 117, 123 f., 126, 128, 287 f.
Nimbus (röm. Kaiserinsignum) **2** 177
Noah (Motiv) **2** 748
Nobaden **3** 512, 514
Nomaden **1** 624, 626, 647
Nominalismus **6** 276 f. (Wilhelm v. Ockham), **7** *217–220*, 679 (Luther), 684
Nomokanon (Kompilation d. kanon. Rechts, Ostkirche) **4** 224 f., 592 (Georgien), **5** 344, 353, 386, **7** 431
Nonnen (↗Nonnenregeln; ↗Frauen, -orden; ↗Frauen, -klöster) **3** 812 (Byzanz, 11. Jh.), 984, **5** 15, 146, **9** 297 f. (Ideal, kath. Reform), 671 (Kanada-Mission) -regeln **3** 394 (Caesarius v. Arles), 969, 987 f., **5** 150
Norddeutscher Bund **11** 14
Normannen (↗Wikinger; ↗OR: Normandie, Sizilien) **4** 848, **5** 4, 38 f., 43 f. (Wilhelm d. Eroberer, England), 49 (Gregor VII.), 63 (Rom, 1084), 100, 197 (Roger II.), 212 f., 231, 234 f. (Tankred v. Lecce), 307 (Süditalien, 11. Jh.), 352, 363, 378, 661 f.
Norweger **4** 728
Norwegische Sprache **11** 251
Notenschrift, Notation (↗Neumen) **4** 770, 858, **5** 539
Nothelfer, Vierzehn **7** 268, *282*, 324
Notitia Antiochena **3** *568 ff.*
Nouvelles ecclésiastiques **9** 388 f., 392, 1009, **10** 12, 239, 244, 277, 328, 422, 591
Novatianer **1** 454, 663, 703, 705 f., 813, 852, **2** 94 f., 165 f., 227, 242, 303, 313, 410, 451, 483, 578, 852, 892, 956, 1024, 1038, 1052 f., 1055, 1058, 1063, **4** 239
Numismatik ↗Münzen
Nuntius, Nuntiatur (↗Legaten, päpstliche) **5** 609, **8** *279 f.* (nachtridentin.), 417, 431 (Schweiz), 498 f. (südl. Niederlande), **9** 82 (Brüssel), 146, 148, 219, *231 f.*, 235, **12** 11 (Frankreich, Weimarer Republik)

Obbeniten ↗Mennoniten
Oberrheinischer Revolutionär **7** 314 f.
Oblaten der Unbefleckten Jungfrau Maria **11** 122 f., 158, 181, 546, 910, 988, 1027
Oblaten ↗Donaten
Oblaten v. hl. Ambrosius **9** 267
Obodriten ↗Abodriten
Obrigkeit, weltliche (↗Kirche und Staat, ↗*Regnum*; ↗*Imperium*; ↗Kaisertum, abendländ.; ↗König, Königtum; ↗Fürst; ↗Staat) **7** 709 (Müntzer, Karlstadt), 715 (Luther), 737 (Luther, Bauernkrieg), 780 f. (Zwingli), 816 (Th. Müntzer), **8** 25 (Luthertum), 87 f. (Calvin), 100 (reformierte Bekenntnisse), 107 (Bullinger), 114 (Beza), 153 ff. (Täufer), *347 ff.*, 525 (England), *700 f.*, *1175 f.*, **9** 162 f., 1002 f.
Observanz, Observanten (↗Franziskaner-Observanten) **6** 525, 527–530 (Dominikaner), 708–712, 745, 894, **7** *159–176* (Vorreformation), 310, 317 f., 339 ff. (Italien, 16. Jh.), 356 f. (Frankreich), 361, 364, *424 f.* (Polen), **8** 717, **9** 281, 285, 295, 638
Obskurantismus **1** 892, 910

Octogesima adveniens (Apostol. Schreiben) **13** 292
Oden Salomos **2** 78
Ökologie **13** 289 f., 404
Ökonom ↗*Oikonomos*
Ökumene, Ökumenismus **6** 12 (Lyon, 1274), 894, **9** 1108 (Aufklärung), **10** 470–477, 662, **11** 9, 233, 308, *412–424*, 420–423, 439 ff., 461, 644, 681, 760, 892 ff., 900, 903 f., 1086, **12** 8, 15, 24, *40–84*, 95, 105, 261, 293–296, 308–311, 315, 323, 325, 328, 334, 337, 343, 351, 464, 560, 647, 663 f., 673, 675–679, 727, 753, 768, 774, 819, 822, 832, 837–841, 853, 858, 871, 890, 922 f., 958, 962, 965, 970, 973, 992–995, 1003, 1024–1027, 1063 ff., 1080, 1095, 1128, 1222, **13** 15, 35, 59 f., 65, 67–71, 87 ff., *131–151*, 163, 171, 199, 207, 254, 269, 271, 290, 310, 340, 365, 429, 434, 439, 460–466, 469, 488, 516, 573, 602, 612 f., 633, 644, 654, 685, 689–692, 699
Ökumenische Vereinigung von Theologinnen und Theologen der Dritten Welt (EATWOT) **13** 183, 186 f., 204, 210, 659
Ökumenischer Rat der Kirchen (ÖRK) **11** 893, **12** 40–84, 133, 295, 310 f., 315, 350, 357 f., 362 ff., 366–374, 647, 673, 677, 768, 840, 923, 926, 946 f., 992 f., 998, 1025, 1083, **13** 60, 68–71, 89, *131–151*, 184, 210, 268, 271, 284, 286, 288 f., 338, 355, 358, 395, 426, 429, 439, 543, 552, 562, 599, 622, 629, 665, 668
Ökumenizität (Konzilien, Synoden usw.) **4** 161 f., **12** 861 f., 1082 f.
Ölmalerei **7** 474
Öngüt **6** 211 f., 882
Offenbarung (↗Vernunft; ↗*Ratio*; ↗Scholastik) **1** 48, *728–731* (bibl. Terminologie), 730, 732, 752, 770, 784, 891 f., 901, 947 f., **9** 979 ff., 1097–1100, *1116 ff.*, **10** 41, **11** 41 f., 45, 50 f., 53, 55 f., 65, 72 f., 79 f., 91 f., 107 f., 116, 338, 352, 386, 388 f., 391 f., 834, **12** 88, 93, 95–98, 102 f., 111–114, 118, 125, 128, 190, 228, 815, 1043, **13** 33 (Konstitution *Dei Verbum*), 75 ff., 175, 177
Offizial **7** 184
Ohrenbeichte **8** 982
Oikonomia (↗*Akribeia*) **4** 144, 147, 200, 202, *210–213* (Begriff), 216, 273, 295, 331, **6** 307, 309
Oikonomos (kirchl. Güterverwalter) **2** 658, **3** 527, 533, 537 f. **4** 35, **5** 11 f. (Großoikonomos, Konstantinopel), **6** 140, 148
Oktoberrevolution 1917 **11** 713, **12** 55, 90
Olivetaner **6** 26 f., 721, 741 f., 746
Omaiyaden (Kalifen-Dynastie, Damaskus, Spanien) **4** 440, 443, 459, 469, 727 (Spanien), 737, 850
Omega (Christussymbol) **1** 300
Onomatodoxe (russ. Häresie) **11** 744, **12** 956
Oper **9** 1065
Opera dei Congressi **11** 36, 433, 474, 609 f., 614–620, **12** 282, 459, 475
Opfer **1** 19, 62, 159, 309
  -fleisch **1** 158, 196, 261, 277, 311, 468, 897
  jüdisches **1** 19, 39, 173, 189, 215, 222, 238, 290, 350, 353, 384, 386, 451, 492, 809
  römisches (↗Kaiserkult) **1** 158, 241, 248, 254, 261
  Sühneopfer Christi **1** 215, 290, 352, 422, 430, 434, **12** 1033 f.
Ophiten **1** 521, 541 f., 545
Ophthalmologie (Augen-/Augenheilkunde) **5** 612
Opiumkrieg (1840–1842) **11** 148, 1047
Optik **5** 460, 612, 878
Opus Dei **12** 260, 513, 519, 530, 533, 535, 542, **13** 217 f., 523
Oratorianer (Oratorium der Göttlichen Liebe) **7** 340, 493, **8** 247, 292, 586, 593, 604, 883 f. (Goa), 886, 1047, **9** 264 f., 267, 269 f., 273, 310, 331, 355, 397 f., 628, 638, 806, 910, 936, **11** 119, **12** 184, 195
  Frankreich (P. de Bérulle) **9** 825–830, 1103

Oratorium (Musik) **8** *1244*, **9** *1067f.*, 1083 (Händel)
Oratorium der Göttlichen Liebe ↗Oratorianer (↗PR: Neri, Filippo)
Orden (↗Mendikanten; ↗Mönch, Mönchtum; ↗Einzeleinträge) **11** 118, 130f., 141, 189, 205f., 216 (Niederlande), 239, 261, 276, 281ff., 296, 348, 463, 466, 487, 497, 506, 514f., 577, 621, 627, 635, 640, 653, 695, 797, 799, 804f. (unierte), 861, 910f., 938, 944, 948, 955f. (Brasilien), 991, 1030, 1034, **12** 170f., 184, 196, 252–256, 259, 284, 378, 445, 500, 512f., 523, 537, 566ff., 582, 652, 662, 679, 754, 868, 887, 889, 891, 894, 910, **13** 74, 84f., 214, 361, 491, 650, 679
  anglikanische **12** 830, **13** 10
  katholische (↗Einzeleinträge; ↗Mendikanten; ↗Mönchtum, Mönch) **9** 233, 257f., *281–301* (kath. Reform), *627–631* (Lateinamerika), 633, 636f., **10** 13f., 73 (Lateinamerika), 74ff., 326f. (Franz. Revolution), 440f. (Belgien, 1796), 653, 686 (Säkularisierung, Spanien, Portugal), 790 (lateinamerikan. Unabhängigkeit), 864
  orthodoxe ↗Mönchtum, Mönch; ↗Basilianer
  protestantische (↗OR: Taizé-les-Cluny) **12** 560
Orden von der Heimsuchung Mariä ↗Visitantinnen
Ordensgemeinschaft vom Heiligen Geist **5** *438*, 929, **6** 24, **11** 174
Ordination (↗Bischofsweihe; ↗Priesterweihe) **1** 143, 290, 319, 333, 544, 835, 841f., **3** 1101f., **11** 318, 422 (anglikan.), 440ff. (anglikan.), **13** 136ff., 224f.
  Anglikanische Weihen (Thema d. ökumen. Dialogs) **12** 56, 970, 993f., 1025, **13** 229
Ordo (kirchl. Rang, Stand) **1** 291, 827, 834f., 845f.
  römisch (röm. Sozialklassen) **1** 628, 835
Organisation, kirchliche (↗Gemeindestruktur, Hierarchie) **1** *825–860*, **11** 252, 570f. (anglikan. Kirche), 666
Organische Artikel **11** 169, 171, 173, 490, 527f.
Organologische Metaphorik (für Staat oder Kirche) **5** 632f., 669, **6** 313 (Kabasilas, Ekklesiologie), 611f. (Kirche u. Staat, Byzanz)
Orgel **4** 770, **5** 540, **8** *29*, 971, *1225*, *1238f.*, **9** *1078–1081* (Barock), 1083
Orientalische Frage **11** 776, 779–783
Orientalische Kirche(n) (↗Einzeleinträge: monophysitische Kirche, nestorianische Kirche usw.) **11** 136, 138, *774–825*, **12** 927, 944–970, 973, 991, 993, **13** 433–470
Origenismus (↗PR: Origenes) **1** 356, 608–619, 920, **2** 64, 278, 311, 370, 374, 459, 501, 820, 822, 824, 829, 1022f., 1043, **3** *443–448* (Verurteilung unter Justinian), 628, *656*, 1176, **4** 51f. (Maximus Confessor), **10** 800
Orthodoxe Kirche(n) (↗Patriarch, Patriarchat; ↗OR: Einzeleinträge: Griechenland, griech.-orth. Kirche; Rußland, russ.-orth. Kirche; Serbien, serb.-orth. Kirche usw.) **1** 214, *555–574*, 681, 821, **6** 775ff. (Katholizismus, Osteuropa), 778ff., 786f., **7** 417f. (Polen-Litauen), 431f. (Polen-Litauen), **8** 635f. (Siebenbürgen), 637f., *652–658* (Polen-Litauen, 16. Jh.), **11** 380, 440f., 706f. (Serbien), 768ff. (bulgar.- bzw. serb.-orth.), 771 (rumän.-orth.), 772 (alban.-orth.), 774 (Balkan), 788, 792 (arabisch-orth.), **12** 8, 57f., 71f., 74, 78, 83 (Rumänien, Bulgarien, Polen, Georgien, Armenien), 464f. (alban.-orth. Kirche), 563, 768, 805, 877 (serb.-orth. Nationalkirche), 891 (Tschechoslowakei), 892 (serb.-orth. Kirche), 901 (serb.-orth. Kirche), 902 (Rumänien), *917–1027*, 958, 962f., 1012, 1014, 1123 (orth. afrikan. Kirche in USA), 1134, **13** 26, 131, 133, 135 (Georgien, Bulgarien), 142,

150, 356 f. (Osteuropa), 367, 370–374, 378–382, 456, 465, 574 f., 697 f.
Orthodoxie
christliche (Großkirche) **1** 169, 184, 216, 220 f., 328, 345, 451, 457–462, 466, 469, 493, 514, 533, 535, 546, 549, 561, 585, 608, 628 ff., 636, 638, 640, 676, 683 f., 689, 699, 701 f., 705 ff., 832–836, 856, 875, 889, 899, 917, **11** 81, 87, 551 ff.
jüdische **1** 206, 216
Neo- **12** 1079–1084, 1086, 1091–1095, 1132
Orthopraxie **1** 461, 468, 519
Ortskirche (↗Gemeinde; ↗Pfarrei/en) **1** 69, 98, 106, 141, 279, 296 f., 305 f., 327, 333, 583, 635, 637, 652, 675, 826 ff., 830, 834, 843, 847 ff., 855, **2** 43, **11** 162, 210, **12** 24 f., **13** 11, 47, 87, 99, 123, 127, 154, 165 f., 319, 332, 337, 339, 592, 648, 690
Osmanen (↗Türken, Turkvölker; ↗OR: Osmanisches Reich) **6** *133 f.*, 149, 247, 873 ff., **7** 3, **9** 176, 216 ff.
Ossäer **1** 501 f.
Ossener **1** 491
Osteraufstand (*Easter Rising* 1916, Irland) **12** 863, 867
Osterdatum (↗Osterfeststreit) **1** 334, 373, 375, 445–449, 452, 454, 568, 572, 641, 656 f., 853, **2** *710 f.*, 929, 1010, 1053, **3** 312, 316, 407, 564 (Alexandria), 806 (Gallien, 6. Jh.), 872, 876 (Irland), 879 f., 887, 931, **4** 91, 239 (Quatuordezimaner), 489 (Armenien), 530 (Armenier u. Griechen), 630 f. (Irland, Rom), 646 (röm. *Computus*, Angelsachsen), 671, **12** 994, **13** 79, 465
Osterfeststreit **1** 163, 323, *374–379*, *450–454*, 555 f., 560, 663, 681 ff., 688 f., 827, 853, 857 f., **2** 44, 48 f., 65, 303, 308 f., 316 f., 691, **4** 623 (Britannien, MA)
irisch-gallischer **1** 448
Ostergeschehen ↗Auferstehung Christi
Osterkalender ↗Osterdatum; ↗Kalender
Ostern, Osterfest (↗Osterdatum) **1** 343, 349, *372–382*, 378–383, 453, 460, **2** 73, 474, 691–694, 1010, **3** 401, 807, 862, **5** 526, 538, **7** 259 f., **8** 895 f. (Indien)
Theologie **1** 372, 376 f., 381, 453, **13** 78
Ostervigil **1** 373, 380, 388, 561
Ostfränkisches Reich **4** 185
Ostgoten (Ostrogoten, Greutungen; ↗Goten) **2** 990, 993, 1002 f., **3** 358 f., 386 f., 767, 770 ff., 775 ff.
-reich **3** *300–340*, 386, 767 ff.
Ostiarier **1** 696, 857
Ostkirche ↗Orthodoxe Kirche(n)
Ostkirchliches Päpstliches Institut **12** 966
Ostpolitik **12** 740, **13** 117 ff., 121, 149, 303 ff., 365
Ostslawen ↗Anten
Ostung (Ausrichtung v. Kirchenbauten) **1** 220, 356 ff., 364, 502, **3** 1065
Ottonen (↗PR: Einzeleinträge) **4** 797, 818
Ousia **1** 821, **2** 1068, 1070, **3** 107
Oweniten **11** 847
Oxford-Bewegung **11** 112, 138, 226–229, 233 ff., 431, 559, 566, **12** 807

Pacem, Dei munus (Enzyklika) **12** 391 f.
Pacem in terris (Enzyklika) **13** 7, 39, 62, 99, 291, 306, 360, 496
Pachomianer ↗Tabennesioten (frühchristl. Mönchsorden)
Pädagogik (↗Kind, Kindheit; ↗Bildungswesen) **2** 770, *810 f.*, **4** *671 f.* (Klosterschulen, FrühMA), 753 (karoling. Klöster), **7** 223 f. (Humanismus), *228–233 (Devotio moderna)*, 613, 627 (J. Colet, St. Paul’s School), 644 (Manutius), **8** 722 f., **9** 357 f. (Port-Royal), 418 f. (Halle, Pietismus), 484 ff. (Comenius), **10** 266 ff., 833 f., **12** 276 f.
Päpstliche Akademie der Wissenschaften **12** 154
Päpstlicher Rat für die Laien **13** 108, 122
Palästinenser, -innen **13** 310 f., 440, 444–448, 459

Palaiomerologiten (griech.-orth. Bewegung) **12** 1013
Palamismus, Palamismusstreit (↗Hesychasmus, hesychast. Bewegung; ↗PR: Gregorios Palamas) **6** 546–550, *559*, 825 (Unionsgegner)
Pallotiner, -innen **11** 119, 262, 695, 979 f., 1014 f.
Palmsonntag **7** 259
Panamerikanismus **12** 1148, 1153, 1211
Panarabismus **11** 816 ff., **12** 1019, **13** 440–444
Panegyrik, christl. **2** 714
Panslawismus **10** 115, **11** 704 f., 709, 744 f., 769
Pantheismus **9** 878, **11** 26
Pantokrator (Ikonographie) **1** 818, **2** 762
Panturanismus (↗OR: Türkei, Osman. Reich) **11** 820
Papias-Zeugnis (Auslegung von Herrenworten; früheste Tradition über Autoren der Evangelien) **1** 162, 293, 320, 494, 568, 782
Papst, *Papa* (Titel; inhaltl. ↗Papsttum) **1** 69, 655, 836 f., **2** 39, 715, 1009, **3** 565 (Patriarchat v. Alexandria), **11** 459–473, **13** 168
Papstreisen **13** 111 f., 124, 126, 128 ff., 159, 168, 264, 311, 332, 523, 597, 646, 680
Papstideologie (↗Primat, röm.; ↗Petrusdoktrin) **3** 314, *327–330*, **5** 186 f. (Ikonographie, 12. Jh.), 203 ff., **12** 1178
Papstkritik (Kritik am päpstl. Primatsanspruch; ↗Antiromanismus; ↗Antipapalismus) **5** 205, *251*, 684 (England, Frankreich, 13. Jh.)
Papstkrönung (↗Tiara; ↗Papstwahl) **1** 296, **6** 32, 33 (Abb.)
Papstnamen **5** 69
Papsttum, Papst (↗Primat, röm.; ↗Kanzlei, päpstl.; ↗Papstwahl; ↗*Plenitudo potestatis*; ↗Unfehlbarkeit, päpstl.; ↗Abendländisches Schisma) **1** 70 (Papsttum d. Jakobus), 72, 180, 296 f., 321, 662, 838, **2** 362 f., 441–444, 447, 453, 473, 631, 647 f., 656 ff., *884–917*, 911, 929, 938, **3** 18, 51 ff., 71–76, *158–210* (Politik im Osten nach Chalkedon), 301 f., 308, 314, 321 ff., 324 ff. (Autorität im Westen bzw. Italien), 549 ff. (Kanon 28 bzw. Konstantinopel), 556 f. (Ökumen. Patriarchat), *779 ff.* (byzantin. Italien, 6. Jh.), *797–801* (Gallien, 6. Jh.), *890–961* (Gregor d. Gr.), 1075 (Ritus), 1291 f. (Georgien), **4** 104 (Bilderstreit), 128 (Nicaenum II), 135, 162 f. (Pentarchie), 219, 370 (östl. Päpste), *625–628* (Anfang 7. Jh.), 633 f. (ir. Mönchtum), *642–650* (Byzanz, 7. Jh.), *665–669* (Pippin III.), *703–721* (FrühMA), 779, *820–832* (10. Jh.), *871–876* (Reformen, 11. Jh.), 927 f. (Bulgarien, Jurisdiktion), **5** *33–87* (1054–1124), *181–251* (11./12. Jh.), 307 f. (Normannen), 464, *555–614* (1. Hälfte 13. Jh.), *615–654* (1198–1274), 660 ff., 664–668 (Theokratie, 13. Jh.), 720, 731 ff. (latein. Konstantinopel, nach 1204), *862–870* (Universitäten, MA), 945 f., **6** *31–41*, 114 (Eugen IV.), 117, 123, 128, *270–279* (Ekklesiologie, SpätMA), 317, *571–598* (weltl. Herrscher, 14. Jh.), *598–607* (päpstl. Diplomatie, Anfang 14. Jh.), 630 f. (franz. Kirche, 14. Jh.), 669–672 (England, SpätMA), 686 f., 692 f. (päpstl. Steuern, Dtschl.), *722–728* (Italien, SpätMA), 774 f. (Skandinavien, Osteuropa), **7** 3 ff., *69–140* (Renaissance), *331–335* (Italien, Anfang 16. Jh.), 353, 373 ff. (England, Vorreformation), *555–568* (Entdeckungen, ab 1492), 694 ff. (Luther), 698, 716 (Luther), **8** *251–254* (vortridentin.), 270 f., 273, *274–283* (nachtridentin.), 592 f., 622 (Ostmitteleuropa, 16. Jh.), 1178 f. (polit. Stellung, 16. Jh.), 1221, **9** 135 (Frankreich, 17. Jh.), 147 f. (Portugal, 17. Jh.), 148 f. (Italien, 17. Jh.), 183 f., *215–247* (kath. Reform, ab 17. Jh.), **10** 27 f., 214 ff. (Freimaurertum), 258 f., *621–626* (Napoleon, bis 1801), 634,

639, 642, 644, 646, *649–666* (Anfang 19. Jh.), 685 (de Maistre), 787 ff. (lateinamerikan. Unabhängigkeit), **11** 17–31, 114, 117, 268, 270, 308, 340, 467, 609, **12** 3, 4–38 (Benedikt XV., Pius XI., Pius XII.), 40, 54, 139, 208, 440, 442, 1157, **13** 45, 47, 74, *108–130*, 139, 625
Papstverehrung **11** 602
Papstwahl **5** *36ff.* (Dekret 1059), 83 f., 226, *244*, *556–559*, 661 f., **6** 8, 11, *31–38*, 116
Papyrus Rylands **1** 168 ff.
Paradies **1** 358, 418, 659, **2** 763 f., 792
Parakletismus **10** 798
Pariser Kommune (1871) **11** 452, 490, 501
Pariser Kongreß **11** 175
Parlament, Parlamentarismus **5** 584, 644 (Kirchenstaat), **6** 665 (Klerus, England), **10** 457, **11** 596
Parmenianer ↗Donatisten
Parochia ↗Gemeinde(n), christliche; ↗Pfarre, Pfarrkirche
Partei(en) **11** 223, 225, 725, 863, 942, **12** 477–482 (italien. Volkspartei), 501, 520 f. (Spanien), 633 f., 638 f., 657, 683, 691, 709, 798–801, 876, 881 f., 891, 1132, 1147, 1178, **13** 243 ff., 298, 563
Christliche **11** 39, 183, 209, 241 f., 250, 465 (Niederlande), 507, 523, 542, 611, 614–620, 625, 636, 638, 645, 667, 669, 672, 676 f., 683 f., 704, 940, **12** 471 f., 476, 490–493 (Italien), 495 ff. (Italien), 518 (Spanien), 524 f., 572, 641, 735–740, 860, 892, 1039, 1164, 1167, **13** 296 f., 420, 586
Partikularismus **1** 35, 238
regionaler **11** 246–249, 275
religiöser **1** 35, 898, 900
Parusie **1** 58, 62, 65, 67, 90, 120, 280, 316, 321, 348, 353 f., 356–359, 367, 369 f., 373, 375 ff., 381 f., 388, 423, 426 f., 429, 435, 437, 572, **2** 35, **11** 399 f., 853
Pascendi Dominici gregis (Enzyklika) **11** 431, 433
Passalorychiten **1** 572
Passion Christi **1** 15, 40–44, *45ff.*, 188, 192 f., 197, 202, 205, 257, 269, 294, 372, 376 f., 379 ff., 386, 392, 394, 422, 449, 453, 657, 765
Passiones ↗Märtyrerberichte
Passionisten **9** 830 f., 833, **10** 25, 266, **12** 255
Passionsbericht (Vorlage für Evangelien) **1** 43, 62, 65, 189, 422, 431, 433, 736
Passionsspiel(e) **11** 127
Pastor (↗Priester, Priesteramt; ↗Pfarrer) **8** *74f.* (Calvinismus), 111 (Reformierte Kirchen, Ausbreitung), 164, 437, **9** 435 ff. (franz. Hugenotten), **10** 43 (luth. Preußen), 60 (Aufklärung), **12** 561 (erste Pastorin, Frankreich), **13** 598
Pastor Bonus (Dokument zur Kurienreform 1988) **13** 334
Pastoralbriefe **1** 270, 280–283, **11** 102
Pastoraltheologie (↗Seelsorge; ↗Predigt) **7** 212, 219, 366 (Miroirs), **10** 265, 271 f.
Pastorellen **5** 781, 904
Patarer, Patarener (↗*Pataria*) **5** 482, 484, *489*, 685, 893
Pataria (Mailand) **5** 35, *38*, 44 f., 110, *123ff.*, 519
Pate (Taufpate) **1** 410, **6** 387
Pater noster **1** 384, 389, 653, **3** 863, 1092, 1101, **5** 498 (Katharer), 521, **7** 257, 839 (G. Farel), **10** 585
Paterikon (Kirchenväter-Sammlung, Ostkirche) **5** 515
Patrirach, Patriarchat (↗OR: Alexandria, Antiochia, Jerusalem, Konstantinopel, Moskau usw.) **3** 477, *521* (Pentarchie), 545–549 (Pentarchie, bis 6. Jh.), 552, 556 f. (Konstantinopel), 1171 (Titel, Persien), **4** *213–220* (Verhältnis z. Kaiser), 222 ff. (Konstantinopel), *316–320* (Konstantinopel, MA), 436 (Monophysiten, Alexandria), **5** 23 f. (Konstantinopel, MA), *725–731* (griech., nach 1204), **6** 137 ff. (Wahl, Konstantinopel SpätMA), *295–299* (Ekklesiologie, 14. Jh.), 610 f. (Kaiser), *618f.* (Wahl, Investitur, SpätMA), **11** 732, 768, 769 (Moskau), **12** 917–927 (Konstantinopel), 921 (Serbien, Rumänien, Alba-

nien), *927–944* (Moskau), 930, 990, **13** 90
Patriarch, ökumenischer (Titel) (↗OR; Konstantinopel, Patriarchat) **3** *556f.*, *945–948* (Streit mit Gregor d. Gr.), 950, **4** 128f., 353, 355, **6** 296
Patriarchensynode ↗Ständige Synode
Patrimonium Petri ↗Kirchenstaat
Patrimonium ↗Kirchengut
Patriotismus (↗Nation, Nationalbewußtsein; ↗Nationalismus) **7** *306* (deutscher Humanismus), 308f. (Dtschl., Vorreformation), 330 (Italien, Anfang 16. Jh.), 729 (Dtschl., Reformation), **10** 284ff., 830, **12** 1031f., **13** 393ff.
Patripassianismus **1** 704, 943, 945, **2** 276, 482
Patristik **2** 715, **3** 648, 653, **7** 618f. (Humanismus), 663 (Erasmus), **8** 295, **9** *951ff.*, **12** 201f., 218, 264, 815, 1014
Patron, Patronin (Funktion von Heiligen für Orte oder Personen) **3** 668, 714, *1125ff.*, 1135f.
Patronatsrecht, Patronatswesen **1** 308, **5** 284f., 693, 820, **6** 21f., 789f. (Nord- u. Osteuropa), **7** 193, 376 (engl. Krone), 378, 401f. (span. Könige), 424, 431, 768 (Reformation), **8** *709ff.* (span. Könige, 16. Jh.), 934, 960f., **9** 144, 155, 275, 616f. (span. Amerika), 651f. (span. Lateinamerika), **11** 33, 162f., 275, 278f., 449, 467, 561, 572, 622, 633, 635, 873, 918ff., 924–929, 936, 943f., 949, **12** 1166, 1189, **13** 678
Paulaner (↗Minimen) **8** 244, **9** 628, 824
Paulianisten (↗PR: Paulus v. Samosata) **2** 314
Paulikianer, Paulikianismus **4** *240–244*, 344, 493 (Armenien), 496, 524, 928, **5** 31, *31f.* (Byzanz, 11. Jh.), 482, 486, 495, **6** 201, **9** 600
Pauliner **6** 26, 792, 797, **7** 176, **9** 289, 292
Paulus, Apostel (Gestalt, Motiv) **1** 141, **2** 36, 49, 65, 74, 82, 84, 91, 96, 130, 145f., 148, 150, 223, 457, 480, 526, 679, 681, 880, 888, 894, 914, **3** 1113, 1125, **4** 674, 779, **5** 708
Paulusbriefe **1** 5, 7, 69, 90f., 96, 106f., 113, 143f., 211, 220, 627, 720, 741ff., 776–780, 784f., 787, 790ff., 796, 798f., 801f., **2** 534f., 555, **3** 1152, **10** 721, **11** 400
  Deuteropaulinen **1** 145, 791
  Galater **10** 306, **11** 102
  Kolosser **2** 446
  Korinther **1** 128ff., **11** 102
  Philipper **2** 446, **7** 379
  Römer **1** 133, 668, **2** 527, **7** 687f. (Luther), 712, **8** 69, **9** 525, **10** 258, 306, 636, **11** 102
Paulus-Schwestern **11** 141
Pazifismus **12** 328ff., 332, 335ff., 340f., 343, 425, 639, 675, 800, 836, 1088, **13** 287, 310
Pelagianismus, Pelagianer **2** *525–551*, 578, 586f., 903, 908, 925f., 972, 980f., 1036, 1043, **3** 324, 330, 333, 1123, **7** 683
  Lehre **2** 529f.
Pentarchie (↗Patriarchat) **3** *545–549* (Festlegungen bis 6. Jh.), **4** 161ff., 188, 190, 195, 219, 221, 351, 360, 362, **6** *298f.* (MA), 816f.
Pentateuch (↗Tora) **1** 530, 757, 762, **11** 80, 375, 895
Pentekoste (↗Pfingstfest, Himmelfahrtsfest) **1** 382
Pepuziten ↗Quintillianer
Peraten **1** 541, 890
Peregrinatio (Form d. Askese; ↗Weltflucht) **2** 855, **3** 984, 999, **4** 629
Peregrinatio academica **9** 938
Pères du Sacré-Cœur de Picpus **11** 158, 546, 557
Perestrojka **13** 400–407, 418, 429
Periodeuten (Wandermönche) **3** 523, 612
Perser (↗Sassaniden; ↗OR: Persien) **1** 864, **4** 13–18
Persische Sprache **8** 888f., 891
Persona (Person; ↗*Prosopon*) **2** 364, 383, 459, 572f., **3** 106, 194, 434, **4** 211

Personalität **12** 471 f.
Pesach, Pesachfeier **1** 349, 372 f., 377, 380, 445, 451, 460, 485, 568, 681
Peskes (Abgabe im Osman. Reich, für Bischofsernennungen usw.) **7** 43
Peschitta (maßgebl. syr. Bibelübersetzung) **2** 723
Pest **6** 414 f., 423 (Rochus), 462, 464, 772, 774, 856 (Judenverfolgung, Frankreich), 865 f. (Judenverfolgung, Dtschl., MA), 883, **7** 778 (Zürich, 1519), **9** 1132 f. (17./18. Jh.)
Peterspfennig **4** 782, **6** 774
Petrinische Reformen (Reformen Peters I. in d. russ. Kirche) **9** *509–513*
Petrus, Apostel (Motiv, Person); ↗Petrusdoktrin; ↗Petrusgrab) **1** 141, 931, **2** 49 f., 52, 58, 65, 77, 86, 136, 150, 449, 457, 679, 681, 698, 748, 754, 879, 888, 894, 914, **3** 328, 943, 1113, 1125, **4** 674, 779
Petrus
-briefe **1** 287 ff., 801
-doktrin, -tradition (↗Liberianischer Katalog; ↗Primat, päpstl.) **2** 885, 888, 898, 901 ff., 905, 907, 914, **3** *328*, *943*, **4** 355, 362, **5** 65 f. (Gregor VII.), 236, 239, 618 f. (Innozenz III.)
-evangelium ↗Protoevangelien
-grab **1** 176, 284, 676, 678, **3** 1125, 1131, 1134
Petschenegen **4** 207, 901, 939, **5** 5
Pfadfinder, -innen **11** 698, **12** 244, 285, 458, 502, 574, 586
Pfalz **4** *749f.*
Pfarrei(en), Pfarrgemeinde(n) (↗Plebankirche; ↗Gemeinde, christliche) **2** 629 (Pfarrkirchen), **3** 391, 837 f. (Armenfürsorge, Gallien, 6. Jh.), *886f.* (breton. Armorika, 6. Jh.), 1044, 1049, 1054, 1058, **4** 615, **5** *22* (Byzanz, MA), 95, 336 (Dänemark), 442, 531, 693, 695, *803–807* (Entwicklung, 13. Jh.), 850 (Bettelorden), 887, **6** 10, *20ff.*, 259 f. (Polen, Rußland, SpätMA), 358, 463 ff., 473, 649 f. (Frankreich, SpätMA), 658 (Brit. Inseln, SpätMA), 661 (England), *717–720* (Italien, SpätMA), 777 (Polen-Litauen), 778, 787 ff. (Ostmitteleuropa), **7** *251ff.* (15./16. Jh.), 365 ff. (Frankreich, nach 1450), **8** *959–973* (16. Jh.), **9** 32 ff. (Habsburg, Gegenreformation), 276 f., 301, 450 f. (anglikan. Kirche, 18. Jh.), 634 f. (Lateinamerika), **10** 25 f. (Italien, 18. Jh.), 73 (Lateinamerika), **11** 296, 496 f., **12** 509, 653 f. (Belgien), 820, 825, 827, 846, **13** 215
National- **11** 882 f., **12** 1069, 1103 f.
Pfarrer, Pfarrklerus (↗Pfarrei/en, Pfarrgemeinde/n) **5** 286, **6** 270, 349, 354 f., 358, 465, 471, 649 ff. (Frankreich, SpäMA), 718 f., *734–740* (Italien, SpätMA), 890, **7** 203 f. (Vorreformation), 235, 252, 377 f. (England, Vorreformation), 735 (Reformation), 739, **8** 35, 297 (Richer), 716 f. (Spanien, 16. Jh.), 960, 961 f. (Katholizismus), 963 f. (Protestantismus), 1070, **9** 263, 673 (Kanada), **10** 26, 73 f. (Lateinamerika, 18. Jh.), **13** 222–232 (prot. Pfarramt)
, protestantische ↗Pastor
Pfarrernotbund (evangel. Protestbewegung) **12** 715, 721
Pfingstbewegung **11** 553, 585, 906 ff., 963, 965 f., **12** 83, 242, 463 f., 545, 562, 664, 783 ff., 805, 814, 1000, 1100 f., 1118 f., 1134, 1153, 1159 f., 1195, 1198 ff., 1208 f., 1212, 1215–1219, 1221 f., 1227, **13** 132 f., 135, 250, 270–279, 384, 430 f., 485 f., 488 f., *524–534*, 536 ff., 582 f., 628 f.
Pfingsten **1** 165, 396, 639, 820, **3** 806, **5** 538, **7** 260, **12** 783
Pfingstfest **1** 382, **2** 692, **12** 242
Pfründen ↗Finanzwesen; ↗Papsttum
Phänomenologie **12** 205 f., 218
Phanarioten **9** 548, 564 f., **10** 118
Phantasiasten ↗Julianisten
Pharisäer **1** 19, 32, 37 f., 42, 45, 68, 74, 82, 85, 96, 98, 189 f., 194, 202, 205, 208, 277, 294, 296 f., 303, 463, 471, 473, 476, 490, 507, 747, 795
Philanthropie **10** 797, *836–847*, 847 f.

Philokalia **10** *5ff.* (↗PR: Nikodim Hagioreites), 104 (Rußland), *109f.*, 128
Philologie (↗Exegese) **1** 609 f., 615 f., 702, **8** *1127–1134*, **9** *938ff.*, 1118 f. (Bibel), **11** 7, 58, 354, 1022
Philosophie (↗PR: Einzeleinträge Philosophen) **1** 596, 604, 611, 887, 891, **2** 1039, **4** 761 f. (Religion, Johannes Eriugena), 853, **5** 876 (Scholastik), 881 f., 944, **6** 559 (Theologie, Gregor Palamas), **8** 96, 1116 f., **9** 3, 957, 974, **11** 336, 747–750 (russ.), **12** 461, 1077 f. (*Process philosophy*, Whitehead)
antike (Philosophie der griech.-röm. Antike und deren Rezeption) (↗Platonismus; ↗Aristotelismus) **1** 246 f., 522, 539, 546, 579, 588, 590, 593, 595, 605 ff., 614, 698, 732, 767 f., 781, 797, 821, 868, 870, 874 f., 877, 881, 886, *900–905*, 908, 910, 925, 932, 947, **2** 86, 107, 110, 179, 707, **4** 215, 283, 331, 467 (nestorian. Kirche), **5** *471ff.* (MA, Scholastik), *486ff.* (Häresien, Osten, MA), 516, 871, 876, **11** 341
christliche (↗Theologie; ↗Augustinismus; ↗Scholastik; ↗Humanismus) **1** 887 f., **7** *652–671* (*Philosophia Christi*, Humanismus)
Phönizische Sprache **9** 940
Photinianer **2** 283
Photizomenoi (Erleuchtete) **2** 780
Phrygier (Sekte) **4** 239, 241
Phundagiagiten (↗Bogomilen) **4** *346f.*
Phyletismus **10** 5
Physik **2** 72, 707, **9** 937, 968, 1095, 1114 f. (Theologie), **11** 439
Piaristen **9** 36 f. (Habsburgerr.), **10** 246
Pietà **7** 484, 493
Pietismus, Pietisten **8** 1058, **9** 46 (Halle), 56 f. (Schweiz), 64 (Dänemark), 65 (Schweden), 72 (Niederlande), 75, *416–420*, 474 f. (Täufer), 477, 489 (Zinzendorf), 496 (Sozinianer), *874ff.*, 1112, *1118–1123* (Frühaufklärung), *1122f.*, 1141, **10** 2, *5f.*, 42, *201–206*, 723 (Preußen, Anfang19. Jh.), 831–836 (Soziallehren, Anfang 19. Jh.), 837, 860, **11** 73, 209, 242 f., 246 ff., 253, 255 f., 313 f., 579, 588, 594, 959, **12** 87, 821
Pievere **6** 717 f., **8** 959 f.
Pikarden ↗Adamiten
Pikten **2** 979, 982, **3** 865, 868
Pilatianer („Drei-Sprachen-Vertreter"; ↗Sprachen, heilige; ↗Trilinguismus) **4** 235
Pilger, Pilgerwesen (↗Wallfahrten; ↗Kreuzfahrer) **1** 558 f., **2** 670, 682 ff., *1046f.* (Palästina, 4. Jh.), **3** 688 f. (Jerusalem), *714ff.* (Kirchen), 733, 735, 1139, 1146, **4** 679 f., *772f.* (karoling. Frankenreich), 905 (Ungarn), **5** 313 (Palästina, 12. Jh.), 436 f., 444, 529 f., **6** 419 (Abb.), 422, **7** *265–268*, 292, **9** *243ff.* (Rom, 17./18. Jh.), 557, **10** 596, **11** 743
Pilgrimage of Grace ↗Gnadenwallfahrt
Pippinsche Schenkung **4** 692, 707, 711, 823
Plagiat **1** 595 f., 905 f.
Platonismus (↗Neuplatonismus; ↗Origenismus; ↗Arianismus; ↗*Homoousios*; ↗Drei-Hypostasen-Theologie usw.) **1** 519, 540, 600, 605, 830, 875, 882, 886, 890 f., 903, 911–915, 920, 948, **2** 78, 107, 112, 291 f., 356, 460, **3** 255, **5** 471, 565 (Innozenz III.), **6** 746, **7** 507 (Florenz), 620 (Marsilio Ficino), 624 (Erasmus)
Neu-Platonismus **1** 540 f., 576, 598, 604 f., 732, **2** 172, 372 ff., 398, 401 f., 426, 460, 719, 817, 920 f., 1022, 1024, **3** 107, 255, 651, 657, **4** 126, 138 f., 953, **5** 486, 516, 875, **6** 292, **7** 332, 337, 486, 488, **11** 533
Plebankirchen *(Pième)* **3** *1056ff.*
Plenitudo potestatis (päpstl. Machtanspruch) **5** *617–621*, 630, 651, **6** 270, 585, 590, 601, **8** 297 f., **9** 946
Pluralität **12** 619, **13** 152, 155, 177, 190, 194, 199, 252, 554 f., 636 f., 645
im Christentum (↗Theologische Schulen) **1** 52, 377, 461, 464, 555, 671, 673, 683, 685, 702, 905, **11** 209, 226, 731,

825 (Vorderer Orient), 829, 880–887 (Katholizismus, USA), **12** 60, 79, 605, 774, 782 ff., 838, 969, 974, 992, 1027, **13** 88, 99, 145, 173 f., 340, 383, 432, 477
im Judentum **1** 217, 464, 745
Pneumatiker **1** 612
Pneumatologie (Lehre vom Heiligen Geist) **1** 303, 613, **2** 422 f., 426, 436, 443, 446, **5** 383 f., **12** 207, 242, **13** 164, 195
Pneumatomachen **2** 422, 441, 443, 448, 452, 836, 1035, 1054, 1070
Podestà **6** 571
Pönitenten ↗Battuti
Pönitentiar **7** 184
Pönitentiarie (päpstl. Institut für Bußangelegenheiten) **5** *607f.*, **6** 53, 435, **7** 112, **8** 279
Pönitentiarier **5** 927, *928*
Poetik, Poesie ↗Literatur
Polaben **4** 886
Politeia (Gemeinwesen, Byzanz) **4** 217 f.
Polnische Brüder **8** *645 ff.*
Polnische Sprache **9** 528, **11** 692, 699 f.
Polygamie **7** 584, **8** 138 f. (Täuferreich, Münster), 161, 745, 751, 755, 863 f., 947, **10** 863 f. (Mormonen), **11** 848, 850 f., 1006, **12** 1069
Polytheismus (↗Heiden, Heidentum) **1** *872–885*, 892, 895, 903, 909, 953, **9** 967
Pontifex maximus (Titel),) **1** 247, **2** 206, 219 f., 303, 346, 407, *464f.*
Pontifikale **5** 551
Populorum Progressio (Enzyklika) **13** 292, 501
Portugiesische Sprache **12** 1145
Positivismus **11** 274, 583, 591, 929, 934 f., **12** 1149, 1218
Post, Postnetz **7** *500f.*
Prae-Peschitta (syr. *Vulgata*) **2** 81
Prädestination, Prädestinationslehre (↗Gnadenlehre) **2** 534, *546f.*, 548 ff., 972 f., **3** *256–259* (Semipelagianismus), 395 f., **5** 367, **6** 279 (Wyclif), 282 (Hus), **7** 220, **8** *72f.* (Calvin), 103, 107 (Bullinger), 109 (Heidelberger Katechismus), 111, 114 (Beza), *116ff.*, 182, 186, 220, 232, 312, *322f.*, 326 (Konkordienformel), *502ff.* (Remonstranten u. Gomaristen), 565 f. (W. Barrett), 1165, 1168, **9** 79, 349 ff., 420–423, 990, 1107, **10** 208, 249, **11** 67
doppelte **4** 761, **8** 100 *(Confessio belgica)*, 114 (Beza), 1164, **9** 879
Prämonstratenser (↗OR: Premontré) **5** 156, 261, 302, 337, 404, 418, *421f.*, 429, 524, 540, 571, 582, 697, 767, 946, **6** 23 f., 27, 30, 658, 760, **7** 165, 381, **8** 433, **9** 36, **10** 259, **11** 129, 131, 205, 216, 1029
Präraffaeliten **11** 127, 239
Prager Fenstersturz **8** 425 f.
Pragmatische Sanktion (1438) (↗Gallikanismus, Gallikanische Kirche) **6** *122*, *130f.*, 293, 473 f., *638–642*, 700 f., 894, **7** 120, 139, 178, *349–352*, 355 f.
Pragmaton **2** 364
Praxis, religiöse **11** 176, 188, 204–208, 236, 346, 544 ff., 653, **12** 450, 509–515, 537 f., 540, 599–603, 607 ff., 611 ff., 658 ff., 704, 738, 742 f., 764, 776–781 (Graphik), 795, 851, 998 f., 1053, 1137 f., 1183, 1199–1203, **13** *233–279*, 479
Prayer Book ↗*Book of Common Prayer*
Predigerbrüder ↗Dominikaner, -innen
Predigt (↗Homiletik) **1** 422, **2** *696f.*, 716 f., 933, 952, **3** 391 ff., 931, 1096, **4** *677ff.* (Westeuropa, MA), 766, 865, **5** 141 f. (Eremiten), 143, 393, *514f.* (Byzanz, MA), 537, *540f.* (Westen, MA), *813–820* (Entwicklung, 13. Jh.), 841 f. (Bettelorden, 13. Jh.), 854, *918f.*, **6** 147, *349–392* (Westen, 1280–1450), *396–407* (Byzanz, SpätMA), *538–541* (Prediger, SpätMA), 651 (Frankreich, 14. Jh.), 713 f., 890 f., **7** *148–151*, *233–238*, 258, 364, 380 (England, Vorreformation), 711 (Luther), *728* (Reformation), 747, 780 (Zwingli), 834 f. (Meaux, Reformation), **8** *977–980* (prot. Kir-

chen), 1241, **9** 249, 315, 319, 436 (hugenott. Pastoren, Frankreich), 1072–1078 (geistl. Musik, Protestantismus), **10** 265, **11** 123 ff., 455, 464, 739 f., **12** 98, 824, **13** 78, 138, 273 f. (Pfingstbewegung)
Kontroverspredigt **9** 50
Predigtsammlungen **6** 370 f., **7** 198 f. (Buchdruck), 284 f., **8** 331 f., 979 f. (Protestantismus), **9** 881 f. (Protestantismus)
Přemysliden **4** 895 ff.
Preußisch-Österreichischer Krieg (1866) **11** 330, 656
Presbyter **1** 67, 112, 152 f., 155, 180 f., 272, 274 f., 278 f., 281 ff., 288–293, 298, 301 f., 304 f., 309, 313, 315–320, 322, 327–335, 352 f., 363 f., 504 f., 585, 638, 675, 697, 826 f., 830 ff., 834, 836, 839–842, 855 ff., **2** 29, 33–44, 315, 634–637, 641 f., 647 f., 650 f.
Presbyterianer, Presbyterianische Kirche **8** *536–539*, 558 f., 561 ff., **9** 95, 98 f., 102 f., 113 f. (Irland), 426, 460 ff., 466 f., 681, 686, 689, **10** 53, 530, 864, **11** 222, 229, 561, 808, 840, 846, 864, 866 f., 880, 892, 913 f., 960, 963 f., 994 (Mission in Nordafrika), 1024 (asiat. Mission), 1035 (Mission in Malaysia), 1043 (Mission in Siam), 1049 (Mission in China), 1054 (Mission in Korea), 1064 (Neuseeland), **12** 545, 773, 804, 808, 822, 840, 969, 1056, 1093, 1096 f., 1127 ff., 1153, 1208, 1217 f., **13** 485, 628
Presse **11** 17, 682, 718 f., 794, 815 f. (Ägypten), 845, 866, **12** 343, 908, **13** 29 ff. (Vaticanum II), 316 f. (Missionspresse), 401, 405 (russ.-orth.), 597
Bistumszeitschrift(en) **11** 187
katholische (↗Einzeleinträge) **11** 25, 177, 182, 186 f., 208, 265, 277, 280, 287, 296, 444, 487, 491, 498 f., 535, 606–609, 615, 622 ff., 626, 864, 955 f., **12** 140 f., 173, 258, 318, 446, 502 f., 513, 519 f., 536 f., 577, 583, 620, 696, 804, 887, 892, 894, 1138, 1149, **13** 326 (Missionszeitschriften), 657, 682
ökumenische **12** 63
protestantische **11** 315, 985 (Afrika), **12** 464, 544, 753
Pressefreiheit **10** 745, **11** 15, 167, 200, 211, 319, 596, 718
Preußischer Bund **7** 416
Priester, Priesteramt (↗Arbeiterpriester; ↗Presbyter) **1** 583–587, 641, 696, 827, 833, 835 ff., 842, 844 ff., 848 f., **2** 472, 557, 656, 911, 928, 1036, **3** 351 (Synode v. Agde), 532, **4** *63 f.* (Trullanum II), 190, 264, *697 f.* (karoling. Frankenreich), 751 f., 780, **5** 9 (Eherecht, Byzanz, MA), 148, 200, 267, *283–289* (Pfarreien, HochMA), 286 f. (Pfarrer, HochMA), 393, 431 (Frauen, MA), 489, *803–807* (13. Jh.), 864, 873, **6** 470 f., 662 (England, SpätMA), **7** *187–191* (Renaissance), 815 (Th. Müntzer), **8** 269, 271, 472 f. (Frankreich, 16. Jh.), 516 (P. de Bérulle), 519, **9** *263–280* (kath. Reform), *533 ff.* (Rußland, 18. Jh.), 827 (P. de Bérulle), 893, **10** 24 (Josephinismus), 379 f. (Franz. Revolution), *542–550* (Revolutionszeit, Frankreich), 631 (Frankreich nach 1801), 780 f. (brasilian. Unabhängigkeit), 853, **11** 252, 442, **12** 60 f., 73, 257, 541, 789, 864, 990, 1181 f., **13** 74, 83 f., 136, 139, 169, 177, 212, 407 (russ.-orth. Kirche), 419 f. (russ.-orth. Kirche), 481–484, 548 f. (afrikan. kath. Kirche), 650 f., 653, 690
Priesterausbildung **11** 21, 172, 178 f., 205, 290, 298, 599, 621, 643, 725, 804 (unierte Kirchen), 985 (afrikan. einheimischer Klerus), 990 (afrikan. einheimischer Klerus), 1010 f. (afrikan. einheimischer Klerus), 1021 (Madagaskar), **12** 186 ff., 198, 257, 447 ff., 500, 510, 519, 537, 540, 754, 887, 938, 981, 997, 1013, 1017 f., 1137, 1181, **13** 83 f., 211 f., 374, 410 f. (russ.-orth. Kirche), 467, 589, 661
Priesterehe (↗Zölibat; ↗Klerus; ↗Nikolaitismus) **4** 356, 360 f., 869, **5** 49, 103 f.,

117, 287 ff. (HochMA, Westen), 735, **7** 584 (Kopten, Äthiopien), **10** 379, 458, 543 f.
Priestergemeinschaften (↗Priesterkongregationen) **6** 739 (Italien, 15. Jh.), **11** 118 f., 129, 205, 505, **12** 253, 257, 323 *(Unio cleri pro missionibus)*, 510, **13** 500 (Lateinamerika)
Priesterkönig Johannes ↗PR: Johannes, legendärer Priesterkönig
Priesterkönigtum **4** 44, 98, 206, 686 ff., 954, **5** 619, 622 f. (Päpste,13. Jh.), 641
Priesterkongregationen (↗Oratorianer; ↗Lazaristen; ↗Priestergemeinschaften) **9** *264–268*, 331
Priestermönche **3** 609, 632, **4** 846 (Cluny)
Priesterrat **13** 83, 213
Priesterseminar(e) **8** 271, 490, 499, 519, 677, 715 f., **9** 264, 266, *268–271* (kath. Reform), **10** 628, **11** 119, 281, 291, 621, 860, 946, 1028 (Indien), 1059 (Japan), **12** 7, 195, 510, 889, 896, 904, 982, 997, 1008 f., **13** 153, 211 f., 467, 605, 625 (Shanghai), 632 (Saigon)
Priestertum aller Gläubigen, Allgemeines Priestertum **1** 353, 416, 834, **2** 30, 912, 933, **5** 803, **6** 339 (Lollarden), 343 (Taboriten), **7** 700 (Luther), 707, 714 (Luther), 728, **8** 24, 35, 42, 106, 144 (Täufer), 269, 962, **9** 399, 417, **10** 202, **11** 530, 849, **12** 272 f., **13** 47, 65, 73, 177, 224
Priesterweihe **1** 557, 618, 846, **2** 40, **3** *1101 f.*, **4** 265, **8** 21, 269 (Tridentinum), 794 (Indios), **13** 164
Primas **5** 259 f., **6** 20, 91, 777
Primat, päpstlicher (↗Petrusdoktrin; ↗Kanon 28 (Chalkedon); ↗*Dictatus papae*) **1** 291 f., 296, 299, 328, 453 f., 651 ff., 680 ff., 709, 828, 838, 851–854, 858, **2** 43, *48–53*, 352 f., 357, 457 f., 473, 629, 888, 895–898, *898–908*, 925 f., **3** *116 f.* (Chalkedon), 174 ff., 185 ff., 199, 208, *327–330*, 945–948, 955, **4** 161 f., 183, 190, 193, 195, 873, **5** 54 (Gregor VII.), *59–62 (Dictatus papae)*, 65, 70 f. (Urban II.), *236 f.* (Alexander III.), 239, 372, 383, 385 ff., *621–626* (13. Jh.), 747, 752, 783, **6** 119 f. (Florenz-Ferrara), 284 (Hus), 295, 298 (ostkirchl. Ekklesiologie), 302, *816 f.* (Unionskonzilien), 831, **8** 17, **9** 529, **11** 28, 106, 109, 111, 113, 286, 441, 575, 642, **12** 54, 181, **13** 46, 53, 57, 127
Princeps legibus solutus **5** 668 (MA), **6** 128
Princeps Pastorum (Enzyklika) **13** 327
Prior, Priorat **3** 984, **4** 796, **5** 395
Priszillianer, Priszillianismus (↗Trinitätstheologie; ↗PR: Priszillian) **1** 572, **2** *478–503*, 500 f., 501 f. (Lehre), 502, 943 ff., 950, 956 f., 972, 974, **3** 218–221, 404, 407
Privateigentum **6** 509 f. (Kabasilas), **8** 91 (Calvin)
Privatkapellen, private Kultorte **3** *1051 ff.*, **4** 64, 85 f., 325 f., 612, **5** 445 f. (Territorialherren), 542
Privilegium fori (Verbot d. Vorladung v. Bischöfen vor weltl. Gerichte) **2** 646
Probabilismus **9** *998–1002*
Professio fidei Tridentina ↗Bekenntnisschriften
Progressismus **12** 626–631, **13** 115
Prohibition (USA) **11** 889, **12** 1047–1051
Prokurator (röm. Amtsträger) **2** 6, 170
Propagandakongregation **8** 278 f., 514, 748, 754, 809, 883, **9** 2, 19, 216, 231 f., *234 ff.*, 310, 600, 602, 626, 628, 732, 734, 739, 753, 764 f. (Indochina), 805, 810 f. (Syro-malab. Kirche), **10** 146, 504, 522, **11** 152, 158, 161 f., 470, **12** 7, 184 f., 305, 316, 433, 966, 1103, **13** 22, 63 (Reform), 87, 334, 588, 597, 662
Prophet, -in (Amt in früher Kirche) **1** 143, 180 f., 274, 277, 298, 301, 305, 308 f., 312 f., 315, 317, 319, 322, 327, 330, 332, 334, 336, 361, 566, 639, 641, 827, 833, 859 f., **11** 973 (in afrikan. Kirchen), **12** 784 (in charismat. Bewegungen), **13** 272 (Pfingstbewegung), 551 (afrikan.

unabhängige Kirchen), 609 (afrikan. unabhängige Kirchen)
Propst (latein. *praepositus*) **3** 984, **4** 796, **5** 149, 276, 695, 864
Proselyt(en) **1** 193, 198, 220, 259
Proskynese **2** 177
Prosopographie (d. christl. Gemeinden) **1** 655 f., 672
Prosopon (↗*Persona*) **2** 363 f., 372, 439 f., 445, 459, 572 f., 575 f., 586, 1021, **3** 434, **4** 391
Prostituierte, Prostitution **5** 886, 888, **8** 718, 722, 1005
Protekdikos (erster Ankläger, kirchl. Gericht, Byzanz) **5** 12, **6** 141, 398
Protestantismus, Protestanten (↗Calvinismus; ↗Reformierte Kirche(n); ↗Anglikanische Kirche; ↗Hugenotten; ↗Luthertum) **7** 733, **8** *330–354* (Kontroversen mit Katholiken), *373ff.* (Orthodoxie, 16. Jh.), *394ff.* (Ausbreitung 1532–1540), 436 ff. (Schweiz), 510 ff. (Frankreich), 632 (Ungarn), *962–965* (Gemeinden), *1024–1028* (Volksfrömmigkeit), *1057–1060* (Mystik), *1189ff.* (Kapitalismus), *1227–1233* (Kirchenmusik), 1241 f., **9** 45 ff. (Dtschl.), *409–501* (prot. Kirchen, 17./18. Jh.), *712–715* (Sklaverei), 806 ff. (Indien), *866–884* (Spiritualität, Barock), 911 f., 974 f., 988, 997 (Kasuistik), 1041 (Malerei), *1072–1078* (geistl. Musik, Barock), **10** *688–696* (Restauration), *719–727* (Dtschl., Anfang 19. Jh.), 740 f. (Belgien), 744 f., **11** *40–105*, 40–104 (Theologie), 133 f. (Mission), 138–150 (Mission), 155–158 (Mission), 191–198 (Frankreich), 193 f., 208–214 (Benelux), 242 ff. (Schweiz), 244, 245–256 (Skandinavien), 263–266 (Italien), 275 (Iber. Halbinsel), 309–326 (Dtschl.), 353–411, 353–411 (Theologie), 418–423 (Mission), 525–531 (Frankreich), 578 f. (Schweiz), 582–594 (Skandinavien), 656–681 (Dtschl.), 678–681, 689 f. (Polen), 694 (Polen), 701 (Litauen), 703 (Ungarn), 706 (Slowakei), 708 (Tschechien), 759 f. (Rußland), 808–811 (Vorderer Orient), 868 f. (USA), 888–901 (USA), 913 ff. (Kanada), 956–966 (Lateinamerika), **12** 40–133, *86–133*, 308–316 (Mission), 329–374 (internationale Beziehungen), 439 (Italien), 543–547 (Iber. Halbinsel), 555–562 (Frankreich), 649, 664 (Belgien), 672–676 (Schweiz), 684 f. (Weimarer Republik), 705–725 (Weimarer Republik u. Drittes Reich), 711, 739–755 (BRD u. DDR), 765–769 (Österreich), 843–862, 870 f., 872–912 (Ostmitteleuropa), 886 f., 969 ff., 993, 1044, 1050, 1055 f., 1071–1102 (Vereinigte Staaten), 1127–1133, 1136, 1165, 1174, 1204–1230 (Lateinamerika), **13** 26, 68, 88, 135, 137–145 (ökumen. Dialog mit kath. Kirche), *201–210*, *219–232*, 249–262, 280–290, 357 f., 383 f., 430 f., 437, 484–489, 534 f., 543 (Afrika), 545, 547 (Afrika), 549, 551, 563, 598–601, 628 ff., 632 f. (Vietnam), 634 ff., 647 (Japan), 664–674 (Asien), 680 (Philippinen), 685 (Philippinen), 686 (Ozeanien), 689, 691–695 (Neuseeland, Australien, Pazifik-Inseln), 697
Protoevangelien
  Jakobusevnagelium **1** 6
  Petrusevangelium **1** 6, 560, **2** 65
  Thomasevangelium **1** 6, 66, 494, 542, **2** 78
Prozession(en) (↗Fronleichnam) **3** 686 (Byzanz), 690, 694, **5** 538, **6** *416f.*, 433, 459, **7** 249 (Abb.), **8** 303, 1014, 1238, **9** 322 f., 905, 928, **10** 383, **12** 1226
Prußen, Pruzzen **4** 913, **5** 700 f., **6** 777, 875
Psalmen, Psalmodie **1** 389, **3** 994, 1074, 1083, 1095 f., **4** 750, **5** 523, **7** 649, **8** 1227
Psalter **8** 981, 1230
Pseudo-Clementinen **1** 66, 146, 222, 315 f., 462, 465, 469, *507–515*
Pseudoisidorische Dekretalen **4** 695, 715, 718, *763f.*, 827, **5** 944
Psilanthropismus **2** 276

Psychiker **1** 612
Psychoanalyse **12** 102, 148 ff., 1074 f.
Psychologie **11** 341, 367, 407, **12** 146 f., 461, 1074 f.
Religions- **11** 406
Ptolemäer **1** 168, **2** 108
Pubertät **2** 641, 647
Pulververschwörung (*Gunpowder Plot*) **8** 550, **9** 94 f.
Purgatorium ↗Fegefeuer
Puritanismus, Puritaner **7** 751, **8** 220, 228, 231, *554–570*, 964, 1007, **9** 91–94, 98 ff., 462, 465, 678 f., 685 ff. (Neuengland), 697 (Frauen, Nordamerika), 713–716, 869 ff. (geistl. Schrifttum), **10** 487 ff. (J. Edwards), **11** 221, 238, 830 ff., **12** 791 f., 821, 870, **13** 267
Pyrenäenfrieden **9** 220
Pythagoreismus **1** 546, 903

Quaden **2** 4
Quadragesima ↗Fastenzeit, vorösterliche **1** 372
Quadragesimo Anno **12** 15, 28 f., 182, 287, 400, 486, 641, 670, 832 f., 869, 1160, **13** 291, 490
Quadrivium (Teil der ↗*Artes liberales*) **2** 709, **4** 233, 752, 754, 853, **5** 460
Quäker **9** 95, *464–467*, 467, 679, 681, 687–691, 695 f., 697 (Frauen, Nordamerika), 712 (Sklaverei), *871 f.*, 883, 1013 (Sozialethik), **10** 5, 52, 115 (Rußland), *495 f.*, *513 f.* (Sklaverei), 689, 850, 860, **11** 142 (Quäker-Vereinigung für die Auslandsmissionen), 865, 876 f., 880, **12** 58, 562, 773, 790, 823, 1067, 1070
Quaestio **5** *463*, **8** 1115
-*de potestate papae* **6** 593
Quanta Cura (Enzyklika) **11** 24, 26, 550, 604, 912, 947
Quartodezimaner (↗Osterfeststreit) **1** 375–379, 381, 446, 450, 452 ff., 568, 572, 681 f., 689, 700, 827, 853, **2** 65, 73, 85, 93, 97 f., 577 f., 1053, 1058 f., 1063
Quas Primas (Enzyklika) **12** 243 f., 454, 670
Quatuordezimaner **4** 239
Quechua **8** 780, **13** 529
Quelle Q ↗Logienquelle
Qui Pluribus (Enzyklika) **11** 21
Quichés **8** 780
Quickborn (kath. Jugendbewegung) **12** 687
Quietismus **9** *839–844*, 860, 1141, **10** 239, 798
Quintillianer **1** 572
Quintomonarchisten ↗*Fifth Monarchy Men*
Quqiten **1** 563

Rabbaniten **5** 745
Radio ↗Rundfunk
Räubersynode ↗OR: Ephesus, Konzil (449)
Ralliement **11** 439, 460, 462, 466, 493, 510, **12** 5, 568
Rambler (kath. Zeitschrift) **11** 112, 234 f.
Ranters **9** 464
Raphaelsverein **12** 702
Rappisten **10** 861
Raskol (↗Altgläubige) **9** 503, 505, *521–527*
Rassengesetzgebung **12** 64 (Arierparagraph, Drittes Reich), 348, 402, 412 ff., 487 (Italien), 700 (Nürnberger Rassengesetze), 721 (Nürnberger Rassengesetze)
Rassentheorie, Rassismus (↗Edler Wilder; ↗Indianer) **7** 552, 578, **8** 664 f., 758 f. (portugies. Afrika), 763, **11** 867, 872 f., 908, **12** 34 (Drittes Reich), 69, 411–421, 700, 759 f., 1088 ff., 1094, 1109, **13** 133, 205, 260, 581–586
Rat der Bischofskonferenzen Europas ↗Bischofskonferenz(en)
Ratio, rational, Rationalismus **1** 947, **4** 760 ff., 853, **5** 876, 944, 946, **8** 351, **9** 494, 841, **11** 7, 20, 24 f., 53, 59, 61 f., 65 f., 72, 81, 87, 211, 335, **12** 190, 797
christlicher Rationalismus **11** 42, 76–80, 84, 90, 112, 213, 253
Realismus (↗Nominalismus) **7** 217 f.

Realpräsenz (↗Transsubstantiation) **3** 1095, **4** 761, 867 (Berengar v. Tours), **5** 812, 904 (Berengar v. Tours), **6** 338 (Wyclif), 343, 433, **7** 295, 710, 714, 716, 742, 749, 765, 782 (Zwingli), 812 (Karlstadt), 840, **8** 18, 80f. (Calvin), 218, 230, 309f., 314, 323f., 337, 724, 1027, **9** 978, 1033, **11** 227
Rechnen **2** 708
Rechristianisierung (↗Mission, innere) **11** 2, 118, 123, 177, 191, 268, 673, **12** 97, 167, 286, 288, 291f., 363, 465, 499, 501–505, 510, 538, 588, 594, 1191
Recht **1** 723, **8** 1135f.
kanonisches (kodifiziertes Kirchenrecht; ↗Gericht, päpstl.; ↗Rechtssprechung, bischöfl.) **2** 639, 641, 645, 705, **3** 423ff. *(Codex Iustinianus)*, 823, 835, **4** 60 (Trullanum II), 61, *224–228* (ziviles R., Byzanz), 512 (Armenien), 545 (Georgien), 680f. (FrühMA), *762ff.* (Karolingerzeit, Sammlungen), 812 (Burchard v. Worms), **5** 58 (Gregor VII.), 126, *188ff. (Decretum Gratiani)*, 226, *352f.* (Byzanz, MA), 475, 563f. (Innozenz III.), 605, 610, *644–653* (Dekretalen), 871, **7** 505, 739, **8** 30, 35, 220, 1117, **9** 1097, **10** 184, **11** 470, 728f. (orth.), **12** 6 (Reform), 8f., 15 (oriental. Kirchenrecht), 378, 415, 966 (Ostkirche), **13** 90 (Ostkirchenrecht), 93 (Reform), 122f. (Reform), 123 (Ostkirchenrecht), 154 (Reform), 158 (Reform), 175, 464 (Ostkirchenrecht), 613
öffentliches **5** 670, **11** 310
römisches **1** 40, 45 (Prozeß Jesu), 137, 241, 243, 416, 631, 693, 698, 943f., **2** 222, 227, 231, 705, 933, **3** 311, 328, 336, **4** 215, **5** 189, 464, 474f. (kanon. Recht), 556 (Papstwahl), 600, 662, 864f., **7** 505, **8** 1127, 1135, **9** 1097
ziviles (↗*Codex Iustinianus*; ↗*Ekloge*; ↗*Eisagoge*) **4** 60, 176f. (Byzanz), *224–228* (kanon. Recht., Byzanz), 545 (Georgien), 619 (westgot. Spanien), **5** 470, 474f., 668, 683, 865, 871, **6** 506f. (Wucherfrage, Byzanz)
Rechtfertigung, Rechtfertigungslehre (↗Werke, Werkfrömmigkeit) **1** 133, 197, 199, **7** 218, 263f., *335* (Contarini), 685 (Luther), *687f.*, 713ff. (Luther), 744, 765, 829 (Paracelsus), 854, **8** 5, 9 (Osiander), 13f., 18, 20, 70 (Calvin), 72, 100, *147f.* (Täufer), 231, *265ff.* (Tridentinum), 396, 682 (Juan de Valdès), 683f. (Carlos de Seso), **9** 412f., 870 (Baxter), 875, **11** 60, 387ff., 391, **12** 130, **13** 138, 699 (Gemeinsame Erklärung 1999)
Rechtskunde ↗Jura, Jurisprudenz
Rechtsprechung
bischöfliche **2** 223, 639, *784f.*, 930, *934*, **3** 424 *(Codex Iustinianus)*, *529f.* (Ostkirche, 6. Jh.), 830 (Frankenreich, 6. Jh.), 834f., **5** 683ff., **6** 147, 469, **11** 117
kirchliche (↗Gericht, päpstl.; ↗Synodalgericht; ↗*Codex Iuris Canonici*) **6** 627f. (Frankreich)
päpstliche ↗Gericht, päpstl.
patriarchale ↗Synodalgericht
Rechtswissenschaften ↗Jura, Jurisprudenz
Recogimiento **8** 672
Reconquista **4** 735f., 838, 848f., 861, **5** 290, 298, 423, 941, **6** *750–756*, **7** 386, 398, 594
Redditzie-Kirche(n) **11** 261
Redemptoris Missio (Enzyklika) **13** 332ff., 339
Redemptoristen **9** *310f.*, 328, **10** 25, 250, 266, 671, **11** 181, 205, 207, 216, 301, 546, **12** 255
Reduktionen **8** *781*, 783, *804ff.*, **9** *639f.*, **10** 76ff.
Reformatio (Begriff) **7** 337f.
Reformatio Sigismundi (↗Reformation; ↗renovatio) **6** *90*, 474, *698f.*, **7** *314f.*
Reformation (Begriff) (↗Einzeleinträge: Luthertum, Calvinismus usw.) **1** 823, **7** *675*, 717 (Luther), **8** 339, 425 (1617), **10** 707, **12** 632
Reformierte Kirche(n) (↗Calvinismus; ↗Zwinglianismus; ↗Protestanten;

↗Hugenotten) **8** *47–121* (Entstehung), *309–330* (Kontroversen mit Luthertum), *321 ff.*, *409–413* (Deutsches Reich), 639, 964 f. (Pfarreien), 976 f. (Gottesdienst), 998 f. (Katechese), 1003–1006 (Disziplin), 1035, **9** *117–120* (Frankreich), *420–440* (17./18. Jh.), 988, 1093, **10** *54–63*, 444 f. (Vereinigte Niederlande, ab 1796), **11** 192, 210 (niederländ.), 212, 240, 311, 315, 551 ff., 598, 689, 703, 706, 983, 985, **12** 41, 72, 555, 557 ff., 632, 706, 769, 886 f., 891, **13** 131, 145 f., 208, 219, 250, 356, 358, 383 f.

Reformierter Weltbund (RWB) **13** 622

Reformkatholizismus **11** 651 f., **12** 176

Refutatio (literar. Gattung zur Widerlegung d. Häresien) **1** 520 f., 699 f., 811

Regalien **5** 659
- *regale spirituale* **6** 626 f. (Frankreich)
- *regale temporale* **6** 626 (Frankreich)

Regimini Ecclesiae Universae (Konstitution zur Kurienreform) **13** 109

Register **5** 603 (Innozenz III.)

Regnum (↗*Imperium*; ↗Zwei-Gewalten-Lehre; ↗Kirche und Staat) **5** 56, 111, 240, 249, 665, **6** 270, 274

Regula **6** 142
- *fidei* **1** 482, 796 ff., 803, 810, 821, **2** 23
- *pastoralis* (Schrift Gregors d. Gr.) **3** 895, 919, 958, **4** 633

Regularkanoniker (↗Kanoniker; ↗Prämonstratenser; ↗Augustinerchorherren) **5** 137, 176, 185, 194, 200, 289, 337 f., *392* (Begriff), 395 f., 401 ff., *417–420*, 419, 424, 443 f., 458 (Schulwesen), 560, 597, 695, 864, **6** 26, 28 f. (Windesheim), 351 (Predigt), 354, 356, 658 (Brit. Inseln), 662, 669, 761, 790, 799 (Böhmen), **7** 159, 175, **9** 36, 282
- der *Immaculata Conceptio* **11** 129

Reich Gottes (Botschaft Jesu) (↗Gottesbild Jesu) **1** 5 f., 20, 24, *25–29*, 33, 35, 37 f., 43 f., 48 ff., 58, 86, 191, 230, 257, 263, 296, 348, 354, 356 f., 369, 391, 402 f., 408, 419, 421, 428 f., 652, 668, 677, 815, **11** 382 f., 386 ff., 399 f., 410, 678, 844, 847, **12** 48, 52, 80 f., 89, 91, 99, 101, **13** 82, 507

Reichsdeputationshauptschluß **10** 704 ff.

Reichskammergericht **7** 308

Reichskirche (↗Kirchenpolitik; ↗Einheit, kirchl.-polit.; ↗Kirche und Staat) **1** 372, **2** 339, 450–454 (Antike, Ostrom), **3** 127, 129, 690, 695, **4** *797–820* (Ottonen, Salier), 818 ff., 884, **5** 73 f. (Reichsbischöfe), 81, *107–110* (Heinrich III.), 113, 122, 657

Reichsreform, diokletianische (↗Tetrarchie) **2** *175 ff.*

Reichssynode **2** 250, 304, 886

Reichstag ↗OR: Einzeleintrag Veranstaltungsort

Reichstext, byzantinischer **2** 70

Reichtum (Thema d. christl. Predigt; ↗Besitzkritik) **1** 267, 590, **2** *790–797*

Reinheit, kultische **1** 21, 24, 27, 31, 34 (bei Frauen), 37, 39, 79, 464 f., 472, 476 f., 485, 505, 650

Reinkarnation **1** 903

Reiseberichte (↗PR: Einzeleinträge Autoren) **9** 935 (Olearius, Abb.), 1023, 1120

Reklusen **2** *832*, **5** 741
- Reklusinnen **2** 843, **5** *432*

Rekollekten ↗Franziskaner; ↗Karmeliter, Unbeschuhte

Rekonziliation (↗*Lapsi*; ↗Häresie) **2** 24, 26, 38, 50, 122, 313, 943, **4** 238 f., **9** 552 f. (ehemalige christl. Muslime), **10** 381

Rektor (*Rector in temporalibus et spiritualibus*; päpstl. Verwalter im Kirchenstaat) **6** 571, 573

Religion (↗Psychologie, Religions-; ↗Soziologie, Religions-; ↗Religionsgeschichte) **8** 1150 (christl. Apologetik), **9** 963 f., 1097–1100, **10** 260 (Kant), 828, **11** 36, 61–66, 406, **12** 99, 103, 110 f.
- ägyptische **1** 597 f., **7** 379
- griechische **1** 873, **11** 396
- -ömische (↗Kaiserkult; ↗Christenverfolgung; ↗Heiden, Heidentum) **1** 235 f.,

246 ff., 259, 261, 879 f., 883, **2** *9ff.*, 156 f., *174–180*, 402
organisierte Religion **12** 1050–1060
Privatreligion (ohne institutionelle Bindung) **12** 781 f., 1039–1051, 1059–1062, 1066, 1129
Religionsfreiheit (↗Toleranz; ↗Gewissensfreiheit) **9** 493, 681, 689, **10** 3, 369 f., 435, 445, 451, *497ff.* (Nordamerika, 1776), 500 f. (amerikan. Katholizismus), **11** 13, 27, 60, 200, 254, 264, 300, 304, 310, 606, 628, 632, 635, 715, 949, 960, 1025, 1039, 1054, 1057, 1059, **12** 318, 343, 370, 408, 533, 544, 567, 691, 844, 858, 866, 932, 1039, 1111 f., 1220, **13** 21, 54, 61, 90 f., 118, 121, 303, 305, 308, 365, 368, 371 f., 452 ff., 559, 624 f., 632, 636, 640, 643 f.
Religionsfrieden ↗OR: Einzeleintrag Vertragsort
Religionsgeschichte, vergleichende **1** 598, **11** 52, 352, 392–398, 402 f., 408, 410, *425–445*, 566, 678 f., **12** 325, 859, 1075
Religionsgespräche (↗Kontroverstheologie) **7** 742 (Marburger), **8** 350, *396f.* (1540/41), 480 (Poissy 1561), 513 f., **9** 423
Religionskritik **12** 102 f.
antike **1** 881, 883, 896, 905
Religionspolitik (↗Kirchenpolitik; ↗Toleranz) **1** 235, 239, 259, 261, 263, 311, **2** *405–412*, **10** *431–455* (Franz. Revolution, Direktorium), **11** 210 f., 689 f., 783 f., **12** 501–504, 514, 522 f., 566 f., 689–695, 699, 719, 748, 751, 760 f., 876, 904, 908–912, 933 ff., 940–943, 982–987, 995, 1001 ff., 1006–1009, 1164–1187, **13** 353–356, 358–362, 391 ff., 400–404, 408, 416, 625–647
Religionsunterricht **11** 200, 203, 209, 224, 237, 291, 560, 704, **12** 173, 276, 455, 469, 480, 500, 654, 664, 733 f., 747, 758, 769, 797, 850, 853, 868, 874, 889, 934, **13** 374, 443
Reliquiar **4** 859 f. (Reliquienstatuen), **5** *527ff.*, **9** *863ff.* (Barock)
Reliquien, -verehrung (↗Reliquiar) **1** 252, **2** 662, *684–687*, 1046, 1048, 1051, 1063 (Kleinasien), **3** 286 f., *665f.*, 668, *670–673* (Translationen), 675, 678 (Gottesmutter), 681, 686, 714 (in Kirchen), 715, 733 (Ersatz durch Bilder), 760 f., *1116f.*, 1125, 1128, *1133ff.* (Altäre, Stätten), 1139, **4** 87 f. (Bilder), 117 f. (Bilderstreit), 123, 124 (Joh. v. Damaskus), 126, 133 (Nicaenum II), 679 f., *772* (karoling. Frankenreich), *859f.* (um 1000), **5** *507ff.* (Byzanz, MA), *527*, 731, **7** 283, 294 (Aberglaube), 324, **8** 100 (Reformierte Kirchen), 726, 972, 1014 f., 1062, 1203, 1221, **9** 245 ff. (Rom, 17./18. Jh.), **11** 824 (oriental. Kirchen)
Remonstranten **8** 502 ff., **11** 210, 553, **12** 632
Renaissance **7** 475, *485–494* (Kunst), 497, *505–512* (Italien), **11** 127, 573
arabische *(Nahda)* **11** 814 ff.
Renovatio (Erneuerung) **7** *337*
Renovatio imperii (Romani) **4** 710 (Karl d. Gr.), 829 (Otto III.)
Requerimento **8** 776
Rerum Novarum (Enzyklika) **11** 347, 460, 462, 474, 476–479, 520, 522, 555, 615, 624, 638, 940, 1085, **12** 3, 28, 475, 832 f., 1160, **13** 7, 291 f., 301, 490
Reskript, kaiserliches **1** 152, 240
Antoninus Pius **1** 152, 574
Hadrian **1** 242, 250, 253, 510
Trajan **1** 242, 244
Responsorien **2** 68,
Respublica christiana **5** 655
Restauration **10** *666–678* (Kirche)
Reuerinnen ↗Maria-Magdalenen-Orden
Réveil (christl. Erwachen) **11** 242 f., 245
Revelatio Gamaleoni **7** 315
Revolution (↗OR, ↗SR: Einzeleinträge) **10** 306 f., 854, **12** 208, 366, 1156, 1198, **13** 133, 499, 501, 512–519
Amerikanische **10** *482–538*
Französische **10** *305–481*, 496 f. (Nordamerika), 524 f. (Kanada), 729 (Balkan), 763 ff. (Lateinamerika), 855 f.

Revue des Deux Mondes **11** 186
Rex pacificus ↗*Quaestio de potestate papae*
Rezension, lukianische **2** 70
Rhetorik **1** 590, 947, 955, **2** *706–715*, 709, **3** 822, 860, 895 f., 1078 f. (Liturgie), 1149 f. (Hagiographie), **4** 215, 316, 331, 754, *852 f.* (mittelalterl. Schulen), **5** 452, 460, 871, **6** 351, **7** 150 (franz. Predigt), **8** *1117–1123* (Loci-Methode), **11** 835 (Mittel d. Erweckung), 836 (in Erwekkungsbewegung)
Richerismus **8** 297, **9** 399, 401, **10** 26
Rigorismus (↗Askese) **1** 161, 200, 556 f., 563, 565, 570, 573, 628, 631, 706 f., 944 f., **11** 121, 191, 228, 251, 912, **12** 636
Ripuarier **3** 224, 231
Risorgimento (italien. Einigungsbewegung) **11** 13, 21, 257 f., 260 f., 266, 268, 270, 596, 922, **12** 464
Riteneid **12** 318 f.
Ritenkongregation ↗Kongregation für den Gottesdienst und die Sakramentenordnung
Ritenstreit **9** 2, 236, 753, *767 f.*, 773 ff., 785, 788, *790 ff.*, *815–819* (Indien, Hinduismus), **10** 145, 166
Ritter, -ideal (MA) (↗Ritterorden; ↗Ritterstand) **4** 848, **5** 320 (Mönchtum), 435, *446 ff.* (HochMA), 529 (Heilige), 925, **6** 487 f., 490, 875 (Preußenreisen), 876
Ritter v. Heiligen Grab **5** 577
Ritterorden (↗Templer; ↗Johanniter; ↗Deutscher Orden; ↗Schwertbrüderorden) **5** 304, *318–324* (Palästina), 404, *423 f.*, 695, 925, **6** 27, 488, 593 f., *750 f.* (Spanien), **7** 175, *407* (Kath. Könige, Spanien), 411 (Portugal)
v. Alcantara **6** 751, **7** 407, 600
v. Calatrava **6** 751, **7** 407
v. Montegaudio **6** 751
v. Santiago **6** 24 f., 751, 760, **7** 407
Ritterstand (↗Ritter, Ritterideal) **2** 7 (röm.), 170, 232, **5** 395, 431, 446, **7** 731 (Reformation)
Ritterturniere **5** 196
Ritualbücher **8** 991
Rituale Romanum **9** 885 f., 890 ff.
Ritualmord (Topos der antijüd. Propaganda) **1** 573, 876, 879, 897, 953, **5** *762 ff.* (Abb.), **6** 842, 851, 864, 869, **7** 333, **11** 761
Ritus ↗Liturgie
Römische Frage **11** 13 f., 124, 175, 186, 263 f., 446, 450, 461, 492, 508, 595, 604 f., 611, 632, 1086, **12** 4, 10 f., 32, 375 f., 385 f., 391, 440, 467–470
Römische Intervention (Clemensbrief) **1** 291 ff., 305, 328, 681, 858
Römischer Chronograph (römischer Fest- u. Heiligenkalender) **2** 887
Rolandslied **4** 727
Romania (christl.-röm. Reich, Bezeichnung in Byzanz) **4** 3, 78, 228
Romanik, romanische Kunst **5** 542 f., **11** 318
Neu- **11** 188, **12** 167
Romanisierung **1** 462, 465, 622 f., 626, 889, **11** 946, 951, 955, **12** 1112–1115, 1125, 1150, **13** 522, 660
Romantik **10** *666–678*, *707–719* (Dtschl.), *797–864* (christl. Gesellschaftslehren), **11** 1, 7 ff., 20, 44, 62, 65, 70, 74, 329
Romidee (Rom als ideelles Zentrum der Christenheit, *interpretatio christiana* des antiken Rom-Bildes) **1** 214, 292, **2** 894 f., 899, *913–916*, **11** 263, **12** 465 f., 966
Rosenkranz, -gebet **4** 366, **6** 385, 428 f., 525, **7** 279 f., 323, 369, **8** 275, 303, *1038*, **9** 145, 829 f., *865 f.*, 907, 1034, **11** 291, 347, 602, **12** 215, 246, 510 f.
Rosenkranzbruderschaften **7** 279, 319, 369, **8** 1021, **9** 324 f., **11** 120, 190, **12** 513
Rosenkreuzer **9** 942
Rota romana **7** 114, **9** 218
Rothemden (italien. Sozialisten) **11** 14
Royal Society of London **9** 941
Rumänische Sprache **9** 583, **11** 771
Rundfunk, Radio **12** 140, 144 (Radio Vatikan), 796, 1209, **13** 657, 682

Russen (↗Waräger) **4** 176, 197, 236, 885, **5** 707, **6** 245 (Jerusalem)
Russifizierung **11** 689, 700 f., 721–725, 730, 762 f., **12** 883, 888, 977, 983, 987, 1011, **13** 382, 412, 424
Russische Literatur, russ. Sprache (↗Altslawische Sprache; ↗Orthodoxe Kirche; ↗OR: Rußland, Moskau) **9** 535 ff., **11** 692, 701, 745 ff., 812, **13** 398
Russisch-orthodoxe Kirche ↗Orthodoxe Kirche; ↗OR: Russland, Moskau
Ruthenen **11** 702, **12** 968 (ruthen., ukrainisch-unierte Kirche)

Sabazius **2** 88
Sabbat **1** 31, 42, 366 f., 369–372, 444 f., 450, 486, **2** 224, **11** 853 (Bapt. Brauch)
Sabbat, christl. ↗Sonntag
Sabbatarier **8** 126
Sabbatianer **4** 239
Sabellianismus, Sabellianer **1** 641, 705, **2** 280, 317, 432, 441 f., 452, 971, 1010, 1066, 1070, **3** 496, 513
Sacco di Roma (↗OR: Rom) **7** 519
Sacerdotium (↗*Imperium*; ↗Zwei-Gewalten-Lehre; ↗Kirche und Staat) **3** 422, **4** 213, 215, 220, **5** 56, 107, 111, 118, 251, *656–660* (12. Jh., antike Referenzen), 665, 944 f., **6** 270, **9** 390
Sachsen (Volk) **2** 982, **3** 354, 882, **4** *723–726* (Christianisierung, 8. Jh.), **5** 111, 113, 121, 331 f.
Sachsenspiegel **5** 593, **6** 860
Sackbrüder **5** 847, 852, 858, **6** 11, 658
Sacré-Cœur d'Issodun (Ordensgemeinschaft) **13** 679
Sadduzäer **1** 19, 23, 38, 45, 85, 194, 463, 471
Säkularinstitut(e) **12** 260
Säkularisierung, Säkularisation **9** 163, 184, 1124, 1148 f., **10** 237, 440 ff., 444 ff., 653 f., 667, 686 (Spanien, Portugal), **11** 1, 25 f., 28, 116, 201, 211, 232, 254, 260, 262, 275 f., 278 f., 282, 285, 294, 320, 439, 443, 448, 453, 477, 479, 488, 497, 584, 639, 664 f., 724, 894 f., 929, 949, **12** 14, 93, 97, 101, 109, 112, 115 ff., 126, 167, 240, 498, 555, 601, 612, 632, 746, 752, 967, 1040, 1044, 1060, 1065, 1073, 1075, 1078, 1144, 1149, 1181, 1206, **13** 113, 157, 201 f., 233, 236, 280 f., 418 ff., 469, 484, 636, 640, 671, 690, 698
Säkularkanonissen **5** 432 f.
Säulenheilige (↗PR: Symeon Stylites, Daniel Stylites) **3** 970 f.
Safaitisch (Sprache) **2** 63
Sailer-Kreis **11** 296
Saint-Simonismus **10** *810–813*, 842 f., 848 f., 851, **11** 31 f., 38
Sakellarios, Sakkeliu (Finanzverwalter d. Patriarchats) **5** 12, **6** 141, 148
Salesianerinnen ↗Visitantinnen
Sakramentalismus **11** 249
Sakramentar **3** 1080, **5** 551
Sakramente, Sakramentenlehre (↗Liturgie; ↗Einzeleinträge: Taufe, Kommunion, Ehe usw.) **1** 544, 551, 811, **2** 247, 249, 264, **5** 489, 498 (Katharer), 664 (Siebenzahl), 752, *807–813* (Praxis im 13. Jh.), **6** 124 f., 312 f. (Kabasilas, Ekklesiologie), 343 (Taboriten), *429–444* (Westen, SpätMA), 446 f. (Gregor Palamas), 448 (Kabasilas), 449 f., 676 (Lollarden), **7** 443 f. (Waldenser), 701 f. (Luther), 716 (Luther), 744, 758, 765, 782 (Zwingli), 843 (Farel), 849, 855, 877 f., **8** 100, 218, 268 ff. (Tridentinum), 556 (Anglikaner, Puritaner), *989 ff.* (nachtridentin.), **9** 482 (Böhmische Brüder), 885, **10** *550–558*, **11** 81, 123, 125 ff., 176, 227, 630, **12** 60 f., 73, 826, 994, 997, **13** 73, 78, 137
Sakristan **5** 549
Sakristei **8** 972
Salbung (↗König, Königtum) **1** 392, 396, 400, 404–409, 416 f., 832, 844, **3** 1101 f., **5** 664, **9** 133
Salesianerinnen **8** 293, **11** 119, 158, 540, 603, 695, 799, 861, **12** 446, 455
Salier (↗PR: Einzeleinträge) **3** 343, 354, 365, **4** 797, 872

Salvatorianer **10** 123, 143
Samaritaner **1** 194, 203, **4** 239
Samariter **3** 429 f. (unter Justinian)
Sampsäer **1** 491, 501 f., 506
Samson **2** 759
Sanctus (Titel) **6** 541
Sandinismus **13** 475, 512–515, 521
Sanhedrin (frühjüd. Institution) **1** 45 (Prozeß Jesu), 206, 333, 471
Sarai (↗Goldene Horde) **5** 703
Sarazenen (↗Araber; ↗Muslime) **2** 830, 1093, **4** *652 f.* (Spanien, Frankreich, MA), 712, 721, 778, 821 f. (Papst Johannes X), **5** 502, 590, 787 f., **6** 878 ff. (Mission, MA), **7** 6 f.
Sarmaten **2** 4, 169
Sassaniden (pers. Dynastie, Spätantike; ↗OR: Persien) **1** 263, **2** 171, 1077, 1080, **3** 510, 1162, *1164–1169* (Christentum), 1193 f., 1213 f. (Armenien), 1220 ff., 1236–1241 (Georgien), **4** 396 f., 478
Satanskult **7** *296* (SpätMA), 326
Saturnalien **1** 46
Schamanismus **11** 764, **13** 531, 537
Scharia (islam. Recht) **13** 453, 643 f., 671
Schawuot **1** 382
Schechina ↗*Shekinah*
Scheidung ↗Ehe, -scheidung
Scheiterhaufen **5** *484 f.* (Byzanz, MA)
Schenkungen ↗Stiftungen, private
Scheutvelder Missionare ↗*Congrégation du Saint-Cœur de Marie* **11** 546
Schintoismus **11** 1059, **12** 319, **13** 647
Schisma (↗Abendländisches Schisma; ↗Morgenländisches Schisma)
  Acacianisches **3** *180–199*, 311 f., 378
  Arseniatisches **6** *167*, 172, *305–311* (Folgen, Krise), 449
  Karthagisches **1** 851 f., 855
  Mellusinisches **11** 803, 807
  Montanistisches **1** 160
  Novatianisches (↗Novatianer; ↗PR: Novatian) **1** 658 f., 706, 851 f., 855, **2** 164 ff.
  Römisches (501/502) **3** *311–317*, 378
  v. Goa **11** 12, 467, 803, 1027
  v. Rom (1130) **5** 190–198
Schlacht von … ↗OR: Einzeleintrag Austragungsort
Schmalkaldische Artikel ↗Bekenntnisschriften
Schmalkaldischer Bund **8** 3, 392, 399
Schmalkaldischer Krieg **8** 400 f.
Schmerzensmann (Ikonographie) **5** 511, **7** 237, *273–277* (SpätMA), **8** 723
Schöpfung, Schöpfungstheologie **1** 37, 369, 377, 381, 388, 433 f., 484, 488, 510, 529, 531, 536, 538, 546 f., 550, 562, 600, 657, 701, 704, 749, 911 f., 945, **2** *745 ff.*, *762–765*, **5** *471 f.*, **9** 944 (Descartes), 960, 974, 976, 980, **11** 41, 67, 73, 91, 341 f., 357 f., 434 f., 897, **12** 111 f., 125, **13** 290, 695
  -mythen **11** 396
Schola cantorum **3** 1075
Scholasticus, Scholaster (angestellter Gelehrter) **3** 1079, **5** 277, 459 f.
Scholastik, scholastische Theologie **5** 188, 196, 458, *462 f.* (Methode), *474*, *874–885* (13. Jh.), 944, 946, **6** 227 f. (Armenien, SpätMA), 793 (Ostmitteleuropa), 799, *819 f.* (Byzanz), **7** 209, 218 f., 653 (Humanismus), 680 (Luther), **8** *698–704* (span. Spätscholastik), *1123–1126* (Neuscholastik, 16. Jh.), 1169 (Span.), 1180 f. (Neuscholastik, Wirtschaftsethik), **9** 412 (luth. Orthodoxie), **12** 188, 191, 194
Schriftauslegung ↗Bibelauslegung; ↗Exegese
Schriftsinn **4** 366, **8** 352, 1157 (Galilei)
  dreifacher **1** 617, **2** 719
  vierfacher **2** 719, **5** *454*, **8** 345, 352, 1129
Schule, Schulwesen ↗Bildungswesen
Schutzengel **5** 742, **7** 370, **8** 1040, **9** 908
Schutzmantelmadonna **6** *428*, 893, **7** *279*
Schwabacher Artikel **7** 741
Schwabenspiegel **6** 860, 863 f.
Schwarze Kirche(n) (USA) **11** 868–875, 987, **12** 805, 1116–1122
Schwedische Sprache **6** 792, 798

Schweizer Brüder **8** *127ff.*, 146, 150, 160, 162, 169
Schweizer Garde **8** 430
Schweizerischer Evangelischer Kirchenbund **12** 666, 673, 675 f., 679
Schwertbrüderorden **5** 700 f., 925, **6** 567
Schwertleite **5** 446 f.
Schwestern d. Nächstenliebe **11** 206, 281, 290 f., 547, 621, 910
Schwestern v. Notre-Dame **9** 287
Schwestern v. Saint-Joseph de Cluny **10** 102 f.
Schwestern v. Kind Jesus **9** 288
Schwestern v. d. Vorsehung **9** 288
Sebastianismus **8** 736 f., 742
Sechstagekrieg (1967) **13** 310, 444, 454
Seele **1** 405 f., 522, 531, 536, 544 f., 600, 613, 650, 912 f., 919 f., 948, **3** 255 f.
universale (Gnostizismus) **1** 506
Seelenbericht **8** 961, 992
Seelenmesse(n) ↗Totenmesse(n)
Seelsorge (*Cura animarum*; ↗Sakramente; ↗Beichte; ↗Volksfrömmigkeit; ↗Pfarrer; ↗Pfarrei, Pfarrgemeinde) **4** *675–680*, **6** 270, 471, 712 ff. (Reformation, SpätMA), 803 (Polen, SpätMA), 808, **7** 212 ff., 425 f. (Nord- u. Osteuropa, um 1500), 781 f. (Zwingli), **8** *247–251* (kath. Reform), 305, *518–521* (franz. Gegenreformation), *721–725*, **9** *308–345*, 444–450 (England, 17./18. Jh.), **10** 49 (anglikan. Kirche, 18. Jh.), **11** 119, 188 f., 205 f., 288, 329, 336, 439, 449, 501–506, 589, 593, 653, 882 ff., **12** 111, 198, 444, 541 f., 574, 660 ff., 735, 782, 806, 820, 825–828, 864 ff., 1199, **13** 126, 219, 412, 500, 588–601 (Afrika), 654
Kategorial- **3** 835, **10** 835 f., 845 f. (Gefangenenseelsorge), **12** 580, 582, 659 (Arbeiter, -innen), 828 ff. (Arbeiter, -innen), **13** 215, 220, 225 f.
Segregation (Rassentrennung) **11** 871 f., 874, 907 f., **12** 1102, 1116–1119, 1124 ff.
Seidenstraße **2** 1076, **6** 882
Sekretariat für die Einheit der Christen **13** 6, 26, 67, 69 f., 89, 96, 109, 154
Sekretariat für die Nichtchristen **13** 109, 154
Sekretariat für die Nichtgläubigen **13** 60, 96, 109, 154
Sekte(n) **11** 410, 746 f. (Rußland), 753 ff. (Altgläubige; Rußland), 905 (USA), **12** 562 f., 649 (Antonius-Sekte, Belgien), 773, 782–785, 1050, 1067–1071, 1101, 1119, 1204, 1208, 1222, **13** 384, 488 f.
Seldschuken (↗Türken; ↗Osmanen) **5** 3 f., 718, 746
Semianachoreten (↗Eremiten) **2** 816, 824, 831, 857 f., 866, 869
Semipelagianismus (↗Gnadenlehre, ↗Prädestinationslehre) **2** 525, 972, **3** *256–259*, 333, 395, 969, **7** 680
Senat, römischer **2** 385, 464, **3** 190, 197, 784
Senatorenstand *(Ordo senatorum)*, Senatoren (stadtröm. Aristokratie; ↗Senat, röm.) **2** 7, 232, 647, 651, 653, *772ff.*, 777, 802, **3** 231, 779 (byzantin. Rückeroberung Italiens)
Sensus ↗Schriftsinn
Septuaginta **1** 63, 141, 211, 505, 609 ff., 616, 629, 722 f., 727, 732, 735, 744, 747, *755–764*, 766, 768 f., 772 f., 775, 865, 867 f., 870 f., 882, 917, 924, 929, **2** *720*, 721, 723, 1045, **3** 1076, **8** 342, **9** 940
Sepulkralkunst ↗Grabmalskunst
Serben (↗OR: Serbien) **4** 28, 236, 730, 890, *950f.* (Christianisierung), **5** 5, 342, 350, **6** 199 f. (Athos), 257, 776, **9** 546, 548, **12** 972
Serbisch-orthodoxe Kirche ↗OR: Serbien, serbisch-orthodoxe Kirche
Sermo modernus **6** 369, 376
Servas de Nossa Senhora de Fátima **12** 512
Serviten *(Servi Beatae Mariae Virginis)* **5** 847, **6** 356, 525, 721, 743, **7** 165, **9** 37, 282
Setembristas (portugies. polit. Gruppierung) **11** 279, 281

Sethianer **1** 528, 542, 890
Severianer (↗PR: Severos v. Antiochia; ↗Christologie) **3** 654
Sexualität, Sexualmoral (↗Zölibat; ↗Ehe; ↗Enthaltsamkeit; ↗Homosexualität) **1** 531 f., 536, 544, 568, **2** 545, 641, 805 f., 809, 840, 942 f., **3** 930, **4** 63 (Trullanum II), 622, 753, **5** 438, 742, 811, 889, 908, 927, **6** 333, 431 f., 436, **8** *1195–1198*, **9** 999, *1014ff.*, **10** 565 f., **11** 125, 189, 851, **12** 26 ff., 834 f., **13** 125, 139, 256, 283–286, 299 ff.
Empfängnisverhütung (Geburtenkontrolle) **11** 189, **12** 27 f., 834 f., 868, 871, **13** 65, 98, 113 f., 144, 256, 613, 619, 683, 688 f.
Shakers **10** 850, 861 f.
Shekinah **1** 81
Sibyllinische Bücher **2** 199, 211
Siccardi-Gesetze (1850) **11** 260
Silber **3** 730 f. (Verwendung in d. Kunst)
Sillon, Le (Zeitschrift u. Bildungszirkel) **11** 521, 523, **12** 227, 615
Simonianer **1** 528, 545, 549
Simonie (kirchl. Ämterkauf) (↗Investitur; ↗Investiturstreit; ↗Gregorianische Reform; ↗Kanonikon) **3** *22* (Begriff), 45, 532, 816, 857, 922, **4** 442 (Kopten, MA), 461 f. (nestorian. Kirche), 605, 780, 809, 839, 869, 871 ff., **5** 21 (Byzanz), 38, 49, 71, 79, 90, 93 ff., 103 f., 117 f., 123 f., 126, 128, 199 f., **6** 97, 101, 476, 507 f. (Byzanz, SpätMA), 820, **7** 46 (Konstantinopel nach 1453), *110–117* (Renaissance, Papsttum), 150 f. (vorreformatorische Polemik)
Sinarquismus (mexikan. Bewegung) **12** 1167, 1178, 1220
Sisters of Charity **10** 502
Sizilianische Vesper (1282) **5** 685, **6** 577, 872
Skeptizismus **9** 1022–1025
Skeuophylax (bischöfl. Verwalter für Vermögen u. Liturgie, Ostkirche) **3** 533, **4** 35, **5** 12, **6** 141, 148
Sklavenen (Südslawen) **4** 4, 28 f., 228
Sklavenhandel (↗Sklaven, Sklaverei) **7** 523, 554, 570 f. (Portugal, Afrika), 579, 599, **8** 745–748, 753 f. (Kongo), 759 ff. (Angola), **9** 664, **10** *96ff.*, 803, **11** 139 f., 150–153, 157, 162, 414, **13** 556
Sklaverei, Sklaven (↗Sklavenhandel; ↗Abolitionismus) **2** 223, 230, *798f.*, 935, **3** 531 (als Kleriker), 533, 830 f. (Frankenreich, Kirchenrecht), 836, 855, 857, 927, **4** 838, **5** 324, 790, **7** 557 ff., 573, 592 f. (Kanar. Inseln), 603, 605 (Venezuela), 606 (Indianer), **8** 755, *763–768* (Kirche, Schwarzafrika), *799f.* (Indios), *807f.* (Schwarze, Span. Amerika), 867 f., **9** 615, 629, 664, *702–722* (afrikan. Sklaven in Amerika), 743 (Kapkolonie), **10** 94–103 (franz. Karibikinseln), *185*, 370 (Abschaffung, Frankreich 1794), 494, *512ff.* (USA, um 1800), 692 (*Evangelicals*, England), 778 (Brasilien), 781 f., 803 f., **11** 133, 150–153, 413–417, 467, 864–871, 1028, **12** 1036, 1188, 1202
Sklavinien ↗Sklavenen
Skopzen **10** 821
Skoten **2** 979, **3** 865
Slawen (↗Anten; ↗Sklavenen; ↗Kroaten; ↗Serben; ↗Russen; ↗OR: Ländereinträge) **4** 4 f., 10, 184, 197, 229 f. (Christianisierung), 235, 237, 726 (Elberaum), *730–733* (Missionierung, Südosteuropa), *883–920* (Christianisierung), **7** 52 (Slawonier in Italien)
Slowaken (↗OR: Großmährisches Reich, Mähren) **7** 420
Slowakische Sprache **11** 706, **12** 874
Slowenische Sprache **8** 634
Sobornoe Uloženie ↗*Uloženie*
Social Gospel **11** 898–901, **12** 1086–1095, 1132
Società Cattolica Scientifica (kath. Gelehrtenverband) **11** 438
Società dei Pugni **10** 184
Société d'Études Chrétiennes **11** 432
Société des Missions Évangéliques de Paris **11** 153, 155–158, 983 f., 986, 995 f., 1000 f., 1018 ff., **13** 324, 598, 600

Société pour l'Abolition de l'Esclavage **11** 151
Society for the Extinction of Slave and the Civilisation of Africa **11** 151
Society for the Promotion of Christian Knowledge **9** 454, 684, **10** 204, 206
Society for the Propagation of the Gospel in Foreign Parts **9** 454, 684, 713 (Codrington), **10** 488
Sodalitates litterarum (humanist. Zirkel) **7** *634–640*
Sœurs de Saint-Joseph de Cluny **11** 141, 152, 158, 622, 979, 991, 1011 f., 1021, 1027, 1030
Sœurs de Saint-Joseph de l'Apparition **11** 130, 1034
Sola fide **7** 710, 854, **8** 23, 147, 266 (Tridentinum)
Sola gratia **7** 710, **8** 23
Sola scriptura **6** 675 (engl. Lollarden), **7** 845, 854 ff., **8** 23, 40, 52, **12** 1206
Solidarnosc **13** 363 f., 368, 374, 386
Sollicitudo rei socialis (Enzyklika) **13** 293 f.
Somasker **7** 340, **8** 243, 292, 604 f.
Sonderbundskrieg (19. Jh., Schweiz) **11** 13, 240
Sonnengesang (Franz v. Assisi) **5** 836
Sonntag **1** 322, *366–372*, 370, 373, 377 f., 383, 430 f., 445 f., 450, 486, 674, **2** 224, 693 f., **3** 856, **4** 905, 916, **6** 458 f., **7** 258, **9** 91, 423, *898 ff.* (17./18. Jh.), **10** 559, 692, **11** 123, 188, 450, **12** 269, 509, 866, **13** 234 f., 243, 247
Sophia ↗Weisheit
Sophistik **2** 85
  zweite **2** 713
Sorben **4** 726, 895
Soteriologie (↗Gnadenlehre; ↗Rechtfertigungslehre; ↗Christologie) **1** 52, 87, 183, 210, 215, 405, 470, 549 f., **2** 547, **7** 690 (Luther), 782 (Zwingli), 812 (Karlstadt), **8** *67–73* (Calvin), **10** 205, **11** 67 f., 91, 399, **12** 123, 810, **13** 188
Souveränität, Souveränitätstheorie(n) **6** 292, **8** 816 f., **9** 401, 962
Sozialarbeit **11** 34, **12** 646
  kirchliche **11** 34, 232, 237, 243, 324, 521, 567–570, 589 f., 623 ff., 844, **12** 501, 710 f., 1141
Sozialdemokratie **11** 522, 669 f., 672, 676, 683, **12** 683, 738 f., 756
Soziale Frage **11** 2, *10–39*, 21, *31–39*, 167, 238, 306, 321, *474–483*, 507, 538–542, 554 ff., 567–570, 584, 600, 615, 624, 658 f., 669–678, 682 f., 1085, **12** 3, 28–31, 43, 51 f., 472, 559, 585, 646, 710 f., 800, 1074, 1091, 1108, 1133, 1140 ff., 1157, 1164 f., 1167, 1196–1199, **13** 291, 296, 681
Soziale Gerechtigkeit ↗Soziale Frage
Soziale Wochen **11** 523 f. (Frankreich), 618 (Italien), 639 (Spanien), **12** 324 f., 457 f., 471, 508, 585, 833, 890, **13** 7, 296
Sozialethik ↗Gesellschaftsethik
Sozialgeschichte (soziale Struktur einzelner Gemeinden; ↗Prosopographie) **1** 16 f., 589–593 (Alexandrien), 603 f., 627 ff., 671, 688
Sozialgesetzgebung **11** 35 f., 325, 647, 670, 674, 900, 942, **12** 638, 1144, 1160
Sozialismus **10** 802, 804, 809, 836, **11** 2 f., 14, 31, 34, 39 f., 340, 448, 460, 477, 479, 507, 522, 611, 622, 658, 680, 693, 902, 931, 939, **12** 28, 30, 525, 667, 751 f., 764, 804, 836, 869, 1179, 1181, **13** 7, 500 f., 557, 568
  Religiöser **11** 37, 672, **12** 89–93, 99, 101, 127, 129, 345–349, 560, 675, 709, 746, 756, 1129, 1132 f.
Soziallehre (↗Soziale Frage; ↗Gesellschaftslehre, Gesellschaftsethik; ↗Armenfürsorge) **10** *827–847* (Romantik), **11** 2, 383, 898–901, 903, **12** 590, 792, 832–835
  Katholische (↗Gesellschaftslehre, Gesellschaftsethik) **11** 2, 9, 19 f., 31–39, 122, 307, 439, 474, 522, 539, 616, 623, 629, 639, 647 ff., 938–943, 950, **12** 25–31, 457 f., 461, 486, 515, 656, 732, 757,

869, 881, 1108 ff., 1140, 1142, 1153, 1158–1161, **13** 7, 290–301, 511, 522, 657, 681
Protestantische **11** 2, 9, 321–326, 670, **12** 43, 559
Sozinianer, Sozinianismus, (↗Polnische Brüder; ↗PR: Sozzini, Fausto) **8** 186, 636 (Siebenbürgen), *638 f.*, 645 ff., 1132, **9** 59, 61, 69 f., 468, *490–498*, 873, 950, 977, 1025, **10** 53, **11** 222, 229, 834 f., 894 ff., **12** 773, 790
Soziologie **12** 146 f.
Religions- (Statistische Erhebungen) **11** 177 (Ordinationen, Frankreich), 179 (Frauenorden, Frankreich), 185 (kath. Schulen, Frankreich), 205–208 (Kongregationen u. Laienbewegungen, Belgien), 409 f. (Etablierung als theolog. Disziplin), 549 (Religionszugehörigkeit, Niederlande), 603 (Klerus, Italien), 688 (Nationalitäten, Osteuropa), 701 (Religionszugehörigkeit, Baltikum), 704 (Religionszugehörigkeit, Ungarn), 735 (russ.-orth. Klerus u. Gläubige), 909 (Religionszugehörigkeit, Kanada), 913 (Protestantismus, Kanada), 955 (Einwanderung, Brasilien), **12** 147 f. (Internat. Konferenz, gegr. 1948), 256 (Ordensfrauen, -männer, Weltklerus), 445 ff. (Weltklerus u. Ordensleute, Italien), 449 ff. (relig. Praxis, Italien), 598 ff. (Katholizismus, Frankreich), 635 (Religionszugehörigkeit, Niederlande), 777–781 (Religionszugehörigkeit, Großbritannien), 864 (Katholizismus, Irland), 864 (relig. Praxis, Skandinavien), 886 (Religionszugehörigkeit, Osteuropa), 890 f. (Religionszugehörigkeit, Tschechoslowakei), 1026 f. (Unierte Kirchen), 1052–1059 (Religionszugehörigkeit, USA), 1156 (Katholizismus, Lateinamerika), 1182 f. (Religionszugehörigkeit, Kuba), 1205 (Protestantismus, Lateinamerika), 1208 (Protestantismus, Lateinamerika), 1213 f. (Protestantismus, Lateinamerika), 1216 (Protestantismus, Brasilien), **13** 110 (Kardinalskollegium), 150 f. (luther. Kirchen), 211 ff. (kath. Klerus), 223 (Pastoren, -innen), 234–262 (relig. Einstellung u. Praxis), 314 f. (Orden), 351 f. (Nationalitäten, Ostmitteleuropa), 356–361 (Religionszugehörigkeit, Osteuropa), 376–387 (Konfessionen u. relig. Praxis, Ostmitteleuropa), 391 (Orden, russ.-orth. Kirche), 418 f. (russ.-orth. Kirche), 434–438 (oriental. Kirchen), 444 ff. (Christentum, Israel), 458 (Diaspora, oriental. Kirchen), 479–483 (Katholizismus, Lateinamerika), 487 (Protestanten, Lateinamerika), 546–549 (kath. u. prot. Kirchen in Afrika), 588–593 (Klerus, Afrika), 617–622 (kath. u. prot. Kirchen, Asien), 618–622 (kath. u. prot. Kirchen in Asien), 650 ff. (Klerus, Asien), 655 (Bildungs- u. Wohlfahrtseinrichtungen, Asien), 686 (Kirchenstatistik, Südpazifik)
Sozzinianer ↗Sozinianer
Spanische Sprache **7** 389 (Nebrija; Abb.), **12** 1145, 1211
Spanischer Erbfolgekrieg (↗OR: Utrecht, Friede von) **9** 155, 179, 219
Spenden, Spendenwesen **3** 535 f., 1138
Sphragis (einfache Segnung) **4** 261
Spiegel **4** 764
Spiritaner (Kongregation vom Heiligen Geist) **11** 142, 160, 977 ff., 1009–1012 (afrikan. Mission)
Spiritismus **11** 854 ff., **12** 855, 1204, 1218
Spiritualen (Franziskaner-Spiritualen) **5** 854, **6** 27, 317, 323, 524 ff., **7** 342
Spiritualismus, Spiritualisten (Reformation) **7** 824–829, **8** *180–189*
Spiritualität **1** 257, **2** 817 (Mönchtum), 824 f., *827 f.*, **3** 704–746 (Bilder u. Architektur, Byzanz), **4** *334–349* (byzantin. Mönchtum), **6** 710 (Observanten), **8** *240–243* (kath. Reform), *298–301* (kath. Kirche nachtridentin.), 671 ff. (Spanien, 16. Jh.), 684, *1043–1062*, **9** *824–866* (Katholizismus, 17./18. Jh.),

10 *237–241*, **11** 74, 76, 118–132, 194, 262, *335–348*, **13** 180
Spital ↗Hospitäler, Hospize
Sponsorentum (↗Stiftungen, private) **2** 794 f., **3** 533, 536
Sprache, christliche **1** 923 f., 948 f., 951, 955
Sprachen, heilige **4** 233 ff.
Sprachphilosophie **4** 211 *(Oikonomia)*
Sprachtheorie (Antike, Theologie) **2** 444 f.
Sprechakttheorie **1** 811, 813
Staat, Staatslehre (↗Kirche und Staat; ↗Kaisertum; ↗Königtum; ↗Souveränität) **1** 94, **5** 655, *668–673*, 887 f. (Häresie, MA), **6** 130, 274, 275 (Marsilius v. Padua), **7** 630 (Morus, Utopia), **8** *700f.* (span. Spätscholastik), **9** 946 f., 1003, **12** 31–38, 115, 1147
Staatsintervention **11** 475, 477 ff., 522, 539 f., **12** 31, 461, 869, **13** 291, 296
Staatskirchentum, Staatskirchenrecht (↗Reichskirche; ↗Landeskirche) **2** *219–231*, *462–504*, 465, *466–478*, 943, 948, **9** 682–692 (engl. Kolonien in Nordamerika), **10** 58 f., 176 f. (Bayern), **11** 196, 222 f., 225, 229, 232, 246, 249, 253, 294, 297, 310, 312, 517, 559 f., 593, 715 (orth. Kirche), 935, **12** 859, 1128, 1166
Staatskult **2** *9ff.*, 158, 169 f., *174–180*, 188, **5** 684 f., **10** 383 f. (Franz. Revolution)
Staatsraison **8** 700, **9** 165, *167–172*, *961ff.*, **10** 3 f.
Staatssekretariat, Vatikanisches **11** 470, **12** 13, 183, 186, **13** 109, 122, 302
Stabilitas loci **5** 394
Stabkirchen **5** 711 ff. (Abb.)
Stadt, Städte, Städtewesen (↗Architektur; ↗Kirchenbau; ↗Bürger, Bürgertum) **3** *1144–1148*, **4** 86, *747ff.* (karoling. Frankenreich), **5** 281 (Pfarreien, HochMA), 436 f., 500 (Häresie; MA), 662, 799, 804 (Pfarreien, 13. Jh.), *852–860* (Bettelorden, MA), 919, **6** 463 f., 471 (Kleriker, SpätMA), 705, 862 f. (Juden, SpätMA), 866–869, **7** 253 f. (relig. Bruderschaften), 306 ff., 311 f. (Magistrate u. Kirchenreform, Dtschl.), 677 (Reformation), *730f.* (Reformation), **8** *51–54* (Reformation), 782 f. (Lateinamerika, 16. Jh.), **9** 326 (Innere Mission)
Stände, Ständegesellschaft (↗Feudalismus; ↗Lehnswesen) **4** 746, **5** 434, **8** 25 (Luthertum), 684 (Jesuiten), **9** *1003f.* (Moral, Barock), 1012 f. (Pascal), **12** 29 f., 258, 756 f.
Ständige Synode (beim Patriarchat v. Konstantinopel; *Synodos endemousa,* Patriarchensynode) **2** 576, **3** 114, 551, *558–561*, 570, 631, **4** 221, 227, 317, **5** *12*, 367, **6** *143f.* (SpätMA), **7** 42 f. (nach 1453), 46 f., **8** 361 f., **9** 563, **10** *117* (18. Jh.)
Stantes (Standhafte) (↗Martyrium) **1** 651
Stationsliturgie **3** 686 f., 714 f., 1083
Statuta ecclesiae antiqua (gall.-latein. Kirchenordnung) **2** 634, **3** *245f.*, 351
Staufer (↗PR: Einzeleinträge) **6** 691
Stauropegia (kanon. Status unmittelbar z. Patriarchen) **4** 218, 298, **6** 155 f.
Stephanskrone (Ungarn) **4** 831
Sterbesakrament(e) (↗Letzte Ölung; ↗Krankensalbung) **3** 1103, **6** *439f.* (SpätMA), **11** 502
Steuerwesen, Steuer (↗Kleriker; ↗Zehnt, Zehntabgabe; ↗Finanzwesen; ↗Kammer, päpstliche) **1** 230, **2** 404 f. (Röm. Reich), 661 f., 819, **3** 837 (Frankenreich, 6. Jh.), **4** 301 (Stiftungen), 304 f., 440 (Abbasiden, Ägypten), **5** 601 (Papsttum, 13. Jh.), 767 f. (Kreuzzugsabgabe), **6** 472 f. (SpätMA), 569 (Territorialherrschaft), 575 (Päpste, Avignon), 664–667 (Klerus, England), 848 (jüd. Steuerpächter, Spanien), **7** 345 f. (Frankreich), 407 f. (Spanien, Kath. Könige)
Steyler Missionare **11** 557, 979, 1029, **13** 679
Stift **5** *149*
Stifterkirchen (↗Stiftungen, private) **3** 1048 f., **4** 607

Stiftungen
kaiserliche (Konstantinopel) **3** 528 f., 691, *692–695*, **4** *300–305* (Byzanz), 321 f., **9** 512 (Rußland)
private, charitative (an Kirchem; ↗Klosterstiftungen; ↗Sponsorentum; ↗Stifterkirchen) **2** 793, **3** *527ff.* (Ostkirche, 6. Jh.), 533, 537, *539–544* (Ostkirche, 6. Jh.), 589 (Klöster), 598 (Klöster, Ägypten), 601, 691 f. (Konstantinopel), 711, 718 f. (Kirchenschmuck), 718 f. (Kirchenschmuck), 832 f., **4** 33, 35, *296–305* (Byzanz, 8.–10. Jh.), *322–325* (Charistikar-S.), 607, **5** 18, *19f. (Charistike dorea)*, 21, 394 f., 443 (Abb.), 523 f. (Schenkungsritus, MA), 535, 920 f., **6** 439, *677ff.* (England, SpätMA), **7** *269f.*, **8** 218, 1192, **11** 182, 204
Stigmatisierung **12** 249
Stipulatio (Vertragsabschluß) **1** 416
Stjazateli ↗Besitzende
Stoa, Stoizismus **1** 247, 253, 507, 563, 576, 599, 886, 902, 907, 911–915, 918, 920, 948, **2** 817, **3** 406, 859
Neu-Stoizismus **8** 1166 ff., **9** *1017–1020*
Streitgespräche, öffentliche (interreligiös) (↗Religionsgespräche) **4** 76 ff. (Juden u. Christen), **6** 217, 410 (Orthodoxe u. Muslime), 863 (Christen u. Juden), **8** 884 (Ceylon), 887 ff. (ind. Mogulreiche), 892, **9** 803 (Persien)
Strigol'niki (Novgoroder Häresie, 15. Jh.) **6** 260, **7** *63f.*
Studenten, -innen **7** 214 ff., **11** 506, 594, **12** 105 (Christlicher Studentenweltbund), 174 (kath. Verbände), 498, 502, 534 (Studierendenbewegung, Spanien), 569, 581 f., 660 f. (kath. Studierendenbewegung), 748, 889 f. (Studierendengemeinden, Polen), 961 (christl. Studierendenverbände), **13** 564
Studiten (Mönche des Studiu-Klosters, Konstantinopel; ↗OR) **4** 177 ff.
Studitische Reform ↗Koinobiten, Koinobitentum
Studium generale **5** 594 (röm. Kurie), 609
Stundenbuch **8** 1036 ff., **9** 850 f. *(Heures de Port-Royal)*, 860
Stundengebet **1** 344, 389, **5** *538–541*, **7** 275
Stundisten *(Stundizm)* **11** 755
Stuttgarter Schuldbekenntnis (1945; ↗OR: Stuttgart) **12** 361 f., 727
Styliten (Asketen auf Säulen) **2** *834*, 1079, **4** 371 (Rom), 402
Subdiakon **1** 696, 839, 841 f., 848, 856 f., **2** 36 f., 40, 636 f., 640, 647, 650, 911, **3** 533 f., **4** 63 (Trullanum II), **5** 9 (Ehe, Byzanz, MA), 284, **8** 271
Subjektivismus **11** 53 f., 81, 83
Subordinatianismus (↗Origenismus; ↗Arianismus, ↗*Homoousios*; ↗*Homoiousios*; ↗Homöer; ↗Anhomöer) **1** 706, 951, **2** 73, 150, 265, 276 f., 285, 293 f., 298, 300 f., 309, 311, 356, 358, 369, 371, 374, 384, 427, 447, **3** 444 (Origenes), 446
Subordination ↗Subordinatianismus
Subsidiaritätsprinzip **11** 478 f., **12** 30 f., 182, **13** 123, 291
Substanz *(substantia)* ↗Hypostase **1** 951 f., **2** 363, 365, 373, 383, 388, 418, 424, 434, 441, 445, 459, 1021
Sueben **2** 501, 994, 1001, 1003, **3** 213 f., 216 f., 220 f., 226, 399, 405 (Spanien), 407, 854
Sünde **1** 133, 464, 498, 818, **2** 534, 540, **5** 531 f., 809 f., **6** 890, **8** 21, 841, 1174, **9** 991, **11** 68, 91, 194, 344, **12** 215, 782
Suewen ↗Sueben
Suffragetten ↗Wahlrecht
Sukkot **1** 372
Sulpicianer, Sulpizianer (↗OR: Saint-Sulpice) **9** 269, 671 ff., 828, 910, **10** 247, 412, 484, 502, 521 (Kanada), 529, 531, **12** 184, 195
Summa Honoraria (Aufnahmegebühr, karthagische Gemeinde) **1** 632
Superintendent **7** 740, **8** 33 f., 411, 537 f.
Superstitio Externa **1** 158, 176, 240
Supralapsarismus **8** 116
Supranaturalismus **10** 447, **11** 42–46, 48, 53, 55 f., 61 f., 65 f., 78 ff., 84, 91, 211, 252

Swedenborgianer **11** 253
Sybillinische Bücher **2** 12
Syllabus **2** 442
Syllabus errorum (1864) **11** 24–28, 241, 459, 550, 575, 604, 611, 643, 912, 922, 930, 947, 949, **12** 448, **13** 91
Symbol ↗Glaubensbekenntnis
Symbolisten **11** 339, 344
Symbolo-Fideismus (franz. evangelikale Richtung) **11** 528 f.
Symmachäer (judenchristl. Häresie) **1** 483, *505 ff.*
Symphonia ↗ Kirche und Staat (Byzanz, Moskau bzw. Rußland)
Synagoge (Gebäude) **1** 350 f., 357, 362, 364, 866
Synagogenbann **1** 206, 219, 239
Synagogengottesdienst **1** 197, 217, 348 f., 351, 353, 383, 431, 774
Synagogenstrafe **1** 99 f., 198
Synaxarion **5** 13
Synergistischer Streit **8** 8 f.
Synkellos (Zellengenosse, auch Vertrauter, Verwalter v. Kirchengut) **4** 35
Synkretismus (relig. Mischformen) **1** 169, 519, 536, 563, 890, 911, 914 f., **2** 19, 939, 942, 945, **4** 70 (Christen u. Heiden), 72 (Christen u. Juden), **8** 744 f., 751 f. (Kongo), 838, 842, 847 f., 901, **9** 653 f. (Lateinamerika), 658 ff., *720 ff.* (afrikan. Sklaven in Nordamerika), 735, 741, 748, 784 (China), **10** 81 (Lateinamerika), 85–88, **11** 397, 876–879, 1025, 1064 (Neuseeland), **12** 313, 1200, 1202 f., 1223, 1225, 1227, **13** 374, 532, 537, 551 (Watch-Tower-Bewegung in Gabun), 680
Synkretismusstreit (↗Ritenstreit) **9** 414
Synodalgericht (Konstantinopel) **6** 142 ff., 185
Synodalwesen (Reformierte Kirchen) **8** 54, 101, **11** 210, 255, 527 f., 666, 1018, 1072, **12** 708 f., 778, 846 f., 963
Synode (Einrichtung) (↗Ständige Synode) **1** 451, 844, 850, 857 f., **2** 43, *44*, 453, 473, **3** 521 f., 527 (Provinzialsynode), 544, 546, 803 f. (Gallien, 6. Jh.), 862, **5** *12 ff.* (Kaiser, Byzanz, MA), 92, 254 f., 340, 694 (Nord- u. Mitteleuropa, 13. Jh.), 802 (Diözesansyn., 13. Jh.), **6** 616, **7** 876 ff. (Gegenreformation), **8** 284 f. (Provinzialsynoden nachtridentin.), 411 (luth. Landeskirche), **11** 859–862 (Provinzial- und Nationalsynoden USA), 1065 (Australien, Ozeanien, Neuseeland), **12** 25 (Provinzial- u. Diözesansynoden), 1150 (lateinamerikan. Bischöfe 1899), **13** 155 (lateinamerikan. Bischöfe), 597
Synode von … ↗OR: Einzeleintrag Tagungsort
Synodikon, orth. **6** 178, 408, 559 (Palamismus)
Synodos endemousa ↗Ständige Synode
Synopse **1** 609
Syrisch-orthodoxe Kirche ↗Jakobiten, Jakobitische Kirche
Syrische Sprache u. Literatur (↗Aramäische Sprache) **2** 56, 72, 76, 81 f., 103, 696, 722, *722 f.*, 723, 840, 1023, 1030, 1039 f., 1084 f., 1088, 1091 f., **3** 505 (syr.-orth.Kirche), 616, 619, 657, 1190 (Armenien), 1196, **4** 233, 405, 408, 411, 413, 432–435, 464, 469, **6** 220, **11** 794, 809, **12** 946 (altsyr. Liturgiesprache)
Syro-malabarische Kirche (↗Thomas-Christen) **9** 809–813
Szekler **4** 901
Szientismus **11** 689, 693, 929, **12** 145 f.

Tabennesioten (↗PR: Pachomius) **2** 825, **3** 599 f.
Tabernakel **8** 301, 972, **9** 1033
Taboriten **6** *343 f.*, 345, 697, 806, **7** 302, 462, 464
Taborlicht (↗Hesychasmus) **6** 550, *560*
Täufer **7** 781, 785, 807, *809–813*, 819–824 (Schweiz), 851, 863 (Erasmus), 872, **8** *122–190*, *460–463* (Frankreich), 569, 638 (Siebenbürgen), 646, 965 f., **9** 460 f. (Baptisten), *469–475* (17./18. Jh.), **13** 267

Täufergemeinde(n) **1** 18, 189, 203, 465, 501, 700
Taghlibiden **4** 398
Tagma (Mönchsstand im Osten, allgem. Klosterstruktur) **3** 585, 619, **4** 170, 274
Tai-Ping-Aufstand (China, 1850–64) **11** 1047 ff., 1053
Taifalen **2** 993
Taíno **7** 598, 600
Taj Mahal **9** 800
Talmud **1** 730, 755, 866, **5** 760 f., 784, **6** 853
Babylonischer **1** 3, 216, 752 f.
Jerusalmer **1** 3, 216
-streit **5** 760 f.
Tanukhiden **4** 398
Tanz **1** 928
Taoismus **11** 1048
Tarasker **8** 780
Taskodrugiten **1** 572
Tataren (↗Mongolen) **5** 589, 591, *594 f.* (II. Konzil v. Lyon), 703 ff., 709, 791, 903, **6** 8, 19, 247, 885 (Litauen), **7** 57, *58* (Moskau)
Taufe (↗Trishagion; ↗Wiedertaufe; ↗Kindertaufe; ↗Immersionstaufe; ↗Geisttaufe) **1** 62, 65, 68, 142 f., 222, 241, 275, 316, 327, 343, 348, 353, 381, *389–418*, 460, 470, 504, 583, 600, 636 f., 775, 796, 811 ff., 816, 818 f., 821 ff., 828, 832, 834 f., 840, 842, 860, 945 f., **2** 24, 42, 371, 403, 445, 527, 530, 534 f., 540, 635, 692, *780–783*, 840, 933, **3** 407, 427, 862 f. (IV. Konzil v. Toledo), 919, 931, 1020 f., 1034, *1098–1101*, **4** 64 (Privatkapellen, Trullanum II), 752, 765, **5** 8, 372, *530 f.*, **6** 227, *386 ff.*, *430 f.*, 447 (Gregor Palamas), 449, *450 ff.* (Byzanz, SpätMA), 460, 783, 786, 820, **7** 261, 450 (Lollarden), 584 (Kopten, Äthiopien), 702 (Luther), 811 (Karlstadt), 821 (Täufer, Schweiz), 828 (Hans Hut), 829 (Paracelsus), **8** 21, 23, 79 (Calvin), 84, *148 ff.* (Täufer), 166, 218, *985 f.*, **9** 262, 409, 473 (Amish), *886 ff.*, 927, **10** 551 f., **11** 849 (stellvertretende Taufe), **12** 823, **13** 235, 549 (Afrika)
Christi (Ikonographie) **1** 8 f., 17 f., 20, 341, 391 f., 395, 399, 404, 406 ff., 495, 701, **2** 748, 1046, **3** 738, **13** 187
Erwachsenen- **2** 781 ff., **4** 676 f., **6** 450, **13** 619 (Konversionen in Asien)
eschatologische Versiegelung **1** 392 f., 406, 417
Häretiker- **1** 461, 497 ff., 502, 507, 572, 630, 642, 646, 649, 813, 833, 852
Kinder- (↗Täufer) **2** 782 f., 933, **3** 1098, **4** 677, 681, 765 f., **6** 386 ff., *430 f.*, 450, **7** 711 (Luther), 734 (Karlstadt), 819 (Th. Müntzer), 827 (Schwenckfeld), 851, **8** 148 f. (Täufer), 985, **9** 887 f., **11** 75, 502, **12** 744, 777, **13** 396
Taufbefehl (vgl. Mt) **1** 817
Taufformel, trinitarische **1** 295, 395, 399 f., 408, 573
Taufkirchen (↗Baptisterium, Baptisterien) **3** *1045 ff.*, **5** 530 f.
Taufritus (↗Fastenzeiten; ↗Salbung; ↗Cheirotonia; ↗Eucharistie; ↗Epiklese; ↗Abrenuntiation; ↗Exorzismus) **1** 342, 345 ff., 393–409, 412–418, 662, 674, 832, 840
Tauftheologie **1** 17 f., 146, 341, 392, 394 ff., 401 ff., 406–410, 418, 592, 832, **12** 806
Taufwasserweihe **1** 413, 637, 832
Taurobolium (rituelle Stierbluttaufe) **2** 13
Taxis (↗*Tagma*) **5** 15
Technik **11** 41, 335, **12** 372
Tempel, Erster **1** 751, 770
Tempel, himmlischer **1** 215, 351 ff.
Tempel, Zweiter (Symbol jüdischer Identität) **1** 30, 35, 58, 64 f., 68, 84 ff., 136, 189, 192, 194, 202 f., 205 f., 215, 223, 238, 349, 359, 462–466, 472, 750, 864
-kritik **1** 195, 351
-liturgie **1** 350 f., 353 f., 384, 386, 471, 492, 502
-reinigung Jesu **1** 38 f., 41 f., 57, 84
-steuer, jüdische **1** 16 f., 34, 39
-weihgebet Salomos **1** 195

Zerstörung des **1** 74 f., 80, 201, 204–210, 215, 239, 245, 269, 287, 302, 348, 350, 383, 465, 480, 514, 729, 745, 747, 872
Templer, Tempelritter **5** 304, *319–324*, 402, 414, 423 f., 446, 582, 677, 925, **6** 24, 27, *593–598* (Auflösung), 658, 660 f., 767 (Zypern), 872, **10** 213, 220 f.
Tercias reales **6** 752, **7** 408, **8** 712 f.
Terreur Blanche **11** 196 f.
Territorialstaat(en), Territorialherrschaft(en) **6** 569, 706
Tertium Genus **1** 246, 595, 599
Tertullianisten **1** 572
Terwingen ↗Westgoten
Testament(e) (↗Stiftungen, private) **5** 921 f., **6** *438 f.*, **7** 284 f., **8** 1032 f., **9** 1149, **10** 556 f.
Tetraditen **4** 239
Tetragamie-Problem (Problem der vierten Heirat Leons VI., Rechts-Exemplum) **4** *200–203*, 212, 219, 227, 327
Tetrapla ↗*Tetrassa* **1** 609
Tetrarchie **2** *175*
Tetrassa **1** 609 ff.
Teufel, Teufelsvorstellungen (↗Satanskult; ↗Hexerei; ↗Magie, schwarze) **1** 612 f., 904, **5** 521, 522 (Abb.), **7** 715 (Luther), **8** *1074–1082* (16./17. Jh.), *1105 f.*, **9** 318 f. (Innere Mission), 880, *1143–1146*
Teufelsglaube ↗Satanskult
Textkritik ↗Exegese; ↗Philologie
Thai-Sprache **11** 1043
Thanksgiving Day **12** 1031, 1034
The Church of Christ, Scientist **11** 905 f.
Theater (einschließl. Dramenliteratur) **2** 804, **8** 294, 725, 846, 867, 1028, **9** 528 f. (Kiew, 17./18. Jh.), 743 f. (Südostafrika), 757 (Philippinen), *1049–1064*, **10** 84 (Lateinamerika)
Jesuitentheater **8** 290, 418, 725, 867, 1001, **9** 1049–1052
Theatiner **7** *340*, 493, **8** 247, 292, 585 (Neapel), 594, 604, 883, 1208, **9** 282, 310, 601, 758, 805, **10** 194, 654
Theismus **9** 1147
Themenverwaltung (Byzanz, ab 6. Jh.) **4** 30 f.
Theodizee **9** *1115 f.*
Theodosianer **4** 210
Theokratie **1** 201, 230, **5** 664–668 (Papsttum, 13. Jh.), **6** 585, 610, **7** 784 (Zürich, Zwingli), **8** 138 ff. (Münster, 1533–35), **9** 681 (Massachusetts), **11** 850, 934
Theologenkommission, Internationale **13** 154, 158 f., 167, 173–176
Theologie (↗Einzeleinträge theolog. Traktate [Christologie, Trinität, Gnadenlehre usw.]; ↗Scholastik; ↗Humanismus; ↗Philosophie; ↗Kontroverstheologie) **1** 183, 542, 550, 579, 591, 613, 701, 785, 824, 900, **2** 83 ff., *263–266*, *289–294*, **3** 648–657 (Ostkirche, 6. Jh.), **5** *473* (Scholastik), 871, 875 (Scholastik), 881, 944, **7** *663–666* (Humanismus), **8** *294–298* (kath., nachtridentin.), *1118–1126*, **9** 838 f. (Katholizismus, Barock), *968–981* (Krise, 17./18. Jh.), 1092–1102 (Aufklärung), *1112–1126*, **11** 69 f., **12** 662, 806–809, 852–860, 1071–1089, 1129, **13** 152–210, 338, 464, 605–608 (afrikan.), 613 (Afrika), 635 (Minjung-Theologie), 658–661 (Asien), 663 (Asien)
Adaptions- **13** 607
Befreiungs- **10** 850, **12** 185, 1156 f., 1164, 1228, **13** 126, 133, 156, 178–188, 204 f., 210, 274, 293 f., 333, 501, 503–512, 520 f., 525, 536, 538, 607 f., 659, 663, 666 ff., 670, 695
Black Theology **12** 1123 f.
Erfahrungs- **11** 354 f., 366, 372, 377, 390, **12** 744
Dialektische (Krisistheologie) **11** 73, **12** 64, 68, 70 f., 81, 86–89, 93–110, 112 f., 117 f., 127, 130, 132, 261, 312 f., 345 ff., 354 f., 559 f., 667, 674, 711 f., 744, 860, 1080 f.
Erweckungs- **11** 47, **12** 95
Feministische (↗Frauen) **10** 812, **13** 184, 189, 210, 521

judenchristliche (↗Christologie, judenchristliche) **1** 190, 222, 469
Katholische ↗Katholische Kirche, Katholizismus
Kontextuelle (↗Kontextualität; ↗Inkulturation) **12** 366, **13** 183, 336 f., 607, 665
Kultur- **12** 129–133, 1084 ff.
liberale **11** 590 f., **12** 86, 88 f., 106, 112, 118, 130, 674, 711, 812, 816, 852, 854–857, 862, 1075–1079, 1111, 1132, **13** 206, 209 (Postliberalismus)
Matthäusevangelium **1** 209 f.
Natürliche **8** 1125, 1169, **9** 1113 f. (England), **11** 53 f., **12** 87, 125
Negative **1** 540, 543, **2** 1022
New Theology **11** 895 f., 900, 902, **12** 807
Nouvelle Théologie **12** 177, 190, 192–195, 206 ff., 227, 229, 231, 261, **13** 152
Orthodoxe ↗Orthodoxe Kirche(n)
Paulinische **1** 87, 94, 132 f., 135, 139, 142, 144 ff., 197, 199, 239, **11** 372, 397
politische (↗König, Königtum; ↗Kaisertum; ↗Kirchenpolitik; ↗Religionspolitik; ↗Kirche und Staat; ↗Nation, Nationalbewußtsein) **2** 215, 237 f., 735, 948, **8** 297, *347 ff.*, 699 ff. (Spanien, 16. Jh.), 1167, 1169, **9** 80 f. (Niederlande, 17. Jh.), *946 f.*, **10** 671–678 (Frankreich, Restauration), **11** 115, **13** 204, 505
Protestantische ↗Protestantismus, Protestanten
Prozeß- **13** 205
radikale **12** 641, 645 f.
der Revolution ↗Revolution
Spekulative **11** 93–99, **12** 190
Symbolische **9** 967
Vermittlungs- **11** 47, 89 ff., 244, 356, 389, **12** 113, 711
der Welt **13** 201 f., 206, 208
Theologische Fakultät(en) (↗Universität, vgl. OR) **11** 156, 174, 205, 242 f., 251 ff., 297, 329, 394, 495, 551, 750 (Moskau, Kiew, St. Petersburg, Kazan), **12** 104, 174, 217, 734, 747 f., 851, 856, 887, **13** 153, 176, 605
Theologische Jahrbücher **11** 99
Theologische Quartalschrift **11** 109
Theologische Schule **1** 318, 685, 707, 875, 888
Alexandria **2** 111 ff., 267, 279, 281, 288, 296 f., 299, 318, 410, *576–619*, 662, 710, 718 f., 820, 830, 846, 876, 896, 913 f., 925, 1009 ff., 1019, 1023, **3** 427, 648 f.
Antiochia **1** 107, 109, 779, **2** 718 f., 1027, 1035–1038, **3** 1197
Edessa (Urfa) **2** 1039 f., **3** 135, 616, 649, 1177, **4** 453
Erlanger **11** 82, 91 ff., 358
Nisibis **3** 1177, 1179, **4** 458
Oxford ↗PR: Newman, Pusey
Tübinger **11** 1, 99–104, 106 f., 195, 369–378, **12** 194, 220
Theopaschismus **2** 443, **3** 15, 17, 130, 145, 153, 205–209 (theopaschit. Formel d. skyth. Mönche, um 519), 434, 436, 447, 640
Theophilanthropie **10** 433 f., 551, *581–584*
Theophrastus redivivus **9** 959
Theopneust(en) **11** 75
Theosophie **8** 1058
Theotokos (Gottesgebärerin) **2** 572, *578 f.*, 580 f., 584–587, 589 f., 592, 598 f., 603, 612, 614, 617, 623, 900, 1026, **3** 5, 7, 14, 25, 101, 104, 110, 153, 438, *678*, 742 (Bilder, Ikonen), **4** 20 (Ikone), **12** 946
Therapeuten (jüd. Mönchssekte bei Alexandria, v. Philo v. A. beschrieben) **1** 488, **2** 817
Thesaurar **5** 277
Thesssalonicherbrief, zweiter **1** 311 f.
Thnetopsychismus **1** 559
Thomas-Christen (↗Syro-malabarische Kirche) **7** 538, 540, *587 ff.*, **8** 875, 884, 888, 900–903, **9** 543, 598, 809–813, **11** 803, **12** 946 f., 968, 1016, 1026, **13** 436 f., 661
Thomasevangelium ↗Protoevangelien
Thomismus (↗PR: Thomas v. Aquin) **11** 7, 113, 459, 542 f., 554, 600, 611, 623, **12** 209, 227, 448, 621, 624

Neo- **11** 35, 348–351, 543, **12** 191 ff., 203 f., 1159, 1161
Thondrakier **4** *524–528*
Thot-Kult, Thot (ägypt. Gott) **1** 518
Thüringer **3** 354 f.
Tiara **5** *249ff.*, 603, 640, **6** 32
Titularkirchen **2** 908 ff.
Tituli (↗Titularkirchen) **2** 43 f., 978
Tod (↗*Ars moriendi*; ↗Totenmesse/n) **5** 535, 742, **6** 429, *437–440*, **7** 261, 323, **8** 299, 986, 1221 f. (Ikonographie, Barock), **9** 321, *402*, *891–895*, **10** 395–398 (Franz. Revolution)
Todesstrafe **2** 935, **8** 171
Todsünden **1** 946, **4** 771, **5** *532*, **6** 382
Töchter der Fürsorge/Töchter der Nächstenliebe *(Filles de la Charité)* **9** 287 f., 291, **10** 414, **11** 137
Töchter der Weisheit *(Filles de la Sagesse)* **9** 830, **10** 414
Toleranz (↗Religionsfreiheit; ↗Gewissensfreiheit) **1** 235, 879, **7** 873 f., **8** *349f.*, 468 (Castellio), 497 f., *647ff.* (Polen-Litauen, frühe NZ), 1134, *1163ff.* (Protestantismus, säkularer Staat), **9** 69 (Niederlande), 142, 181 f., 186 f., *196f.*, *200–203*, 411, 427, 429, 488 (Herrnhuter), 490 ff. (Sozinianer, Rakow), 518 f. (petrin. Rußland), 549 (Osman. Reich), *971–974*, 1023, *1107–1110* (Frühaufklärung), **10** 3, *21–25* (Josephinismus), 35 f. (Preußen, Friedrich II.), 41 f., 55, *57*, 104, 168, *178–190*, 193 (Polen, 1791), 213
(Freimaurer), 435, 473 f., 485, 496, 501, 694, 751, **11** 77, 201, 209, 632, 635, 784, **12** 1040
interkonfessionelle **3** 336–340, **4** 347, 349 f., **6** 217, 221 f., 765 ff. (latein. Staaten im Nahen Osten), **7** 825, 826 (Sebastian Franck), 873, **8** 153, 184, 216, 328, 333, 422, 573, 637 f. (Siebenbürgen), *1033ff.*, **9** 46 (Brandenburg-Preußen), 51 ff. (nach 1648), 70, 100, 110 (engl. Toleranzakte), 126 f. (Frankreich), 135, 425, 601 f. (Orthodoxe u. Katholiken), 686 (Neu-England), *689ff.* (nordamerikan. Kolonien), 771 f. (China), **11** 197, 231, 684, **12** 632, 806–814
interreligiöse **1** 259, 261, 267, **2** 245, 261 ff., 463, 466, **3** 343, 1167 ff. (Sassaniden), **5** 318, 784 ff., 788, 792 f. (Mongolenreich), **6** 149 (Osmanen), 208, 212, **7** 22 f. (Osman. Reich, ab 1453), 32 f. (Osmanen, Balkan), 39 f. (Osmanen), 628 (Th. Morus, Utopia), *669ff.* (Humanismus, Erasmus), 825, **8** 743 f. (türk. Islam), 745, 1149, **9** *73f.* (Niederlande), *203–211* (gegenüber Juden, 17./18. Jh.), 549 (Osman. Reich), **10** 582, **11** 783, **13** 11, 484
Jesu **1** 35
Ziviltoleranz **10** 185 f., 314 (Franz. Revolution), *317ff.* (1789)
Toleranzedikte (↗PR bzw. OR: Einzeleintrag Erlasser bzw. Vertragsort) **1** 184, **2** *172* (Gallienus), *187ff.* (Galerius), 198, 208, 245, **8** 1034, **10** 3, 22 ff. (Joseph II. 1789), 41 (Wöllner 1788), 57 (Schweden), 185 ff., 314 (Frankreich 1787), **11** 148 (China), 726 (Nikolaus II. Rußland), 753 (Nikolaus II.), 758 (Nikolaus II.), **12** 765 (1781)
Tomos hagioretikos (theolog. Grundlagen des ↗Hesychasmus) **6** 558 ff.
Tomus
ad Antiochenos (theolog. Werk des Athanasius v. Alexandrien) **2** *419–423*, 424, 456
ad Flavianum (Tomus Leonis, Tomus Papst Leos an d. 2. Konzil v. Ephesus, 449) **3** 51 ff., 57, 71, 74–77, 79 f., 82, 91, 96, 99 ff., 105, 121, 124, 129, 133 f., 136 f., 139–143, 149 f., 153, 159, 161, 166 ff., 172 f., 175 ff., 179, 187, 191 ff., 196, 206, 208, 254, 311, 433, 436, 439 f., 443, 500, 515, 654, 798 f., 953, 1212 (Armenien), 1220, **4** 477 (Armenien), 482
Damasi **2** *441–444*, 897
Leonis ↗Tomus ad Flavianum

zweiter (dogmat. Schreiben Papst Leos auf d. Basis d. *Tomus ad Flavianum*) **3** 172, 196, 206
Tonsur **4** 266 f., **5** 404, **6** 29
Tora (↗Exegese d. Tora; ↗Gesetz, mosaisches) **1** 9 f., *30–34* (Neuinterpretation durch Jesus), 42, 99, 194, 208, 220, 362, 727, 733, 739, 743 f., 747 f., 750 ff., 755 f., 761 ff., 795
Halacha **1** 30
mündliche **1** 730, 755
schriftliche **1** 730
-studium **1** 350, 867
Tories **9** 107
Toskanischer Krieg **7** 93
Totalitarismus **11** 29, **12** 16, 20, 35, 37, 499 (Spanien, Portugal), 530–536 (Franco-Regime, Spanien)
Totenbestattung **2** 786, **3** 541–544 (Konstantinopel), 1103 f., 1138 *(Ad sanctos)*, 1140, **4** 257 f., **5** 504, 922, **7** 261, **8** 986 f., 993 f. (Katholizismus nachtridentin.), **9** 892 ff. (Katholizismus, Barock), 1149 (18. Jh.), **11** 533 f., 575
Totengedächtnis **5** 504, 535 f., 920 f. (↗Ahnenkult; ↗Adel u. Klöster), **6** 427, *440*
Totengräber **2** 648 f., 787, 912
Totenmesse(n) **3** 1103, **6** *424*, 439, 470, **7** 192, 270, **8** 21
Totenrollen (↗Nekrologe) **5** *403*
Totentanz (Ikonographie) **6** 443, **7** 323, *325* (Abb.), 368, 484, 792
Traditio apostolica (Kirchenordnung) **1** 343 ff., 386, 412 f., 839, **2** 33 f., 40, **3** 252 (Vinzenz v. Lérins), 1091
Tradition **8** 340–345, 1121–1124, **11** 226, 693 ff., **13** 33, 76 (Verhältnis zu Schrift), 126, 162
Traditores (Auslieferer v. Büchern u. Sakralgerät bei Christenverfolgungen; ↗Donatisten, -streit) **2** 122, 127 f., 184, 242, 245 ff., 249, 251, 262, 264, 508 f., 521
Tränen **5** 522
Traktatsbewegung **11** 226–233, 559
Tranozororo („Kirche im Schilf“, unabhängige madagass. Kirche) **11** 1018 f.
Translatio imperii **5** *665*, 668
Transsubstantiation **5** 812, **6** 338 (Wyclif), 433, 673 (Wyclif), 673 (Lollarden), **7** 448 f. (Lollarden), **8** 3 (Wittenberger Konkordie), 214, 218, 268 (Tridentinum), 314, 346, 724
Transzendentalisten **11** 834, 847, 896
Transzendenz **1** 542, 902, 914, 920, **11** 435, **12** 93 f., 96 f., 100 ff., 113
Trappisten **9** 282, 293, 835, 1139, **10** 502 (USA), 504 f., 512, **11** 118, 131, 547, **12** 1115
Treuga Dei ↗ Gottesfrieden, Gottesfriedensbewegung
Tridentinischer Katechismus ↗Katechismus, Katechismen, römischer
Tridentinum ↗OR: Trient, Konzil
Trierer Prozeß **2** 491 ff., 495
Trilinguismus (↗Sprachen, heilige) **4** 235
Trinitätstheologie, -lehre **1** 470, 571, 612, 614, 707, 819, 822, 918 f., 945, 949–952, **2** 257 (Donatisten), 260 (Donatisten), 265 (Donatisten), 275, 370, 373, 382 f., 421, 426, 431, 436, 439 f., 442, 455, 460, 481 (Priszillan), 570, 945 (Priszillan), 1018, 1021, 1066, 1068, 1071 f., **3** 107, 652, **5** 468 (Mystik), 473 f. (Abaelard), 905 (Gilbert de la Porée), **6** 203 (A. Rubljev, Ikone, Abb.), *814 ff. (Filioque)*, **7** 237, **8** 176 f., 1060, **9** 409, 827 (Bérulle), 1106, **11** 96, 356 f., **12** 57, 123, 966, 1033, **13** 195
Trinitarier **6** 24, 658, 751, **9** 628
Trishagion **2** 371, 446, **3** 635, 685, 687, **4** 250, 482, 673 f.
Tritheismus, Tritheiten **3** 436, 494, *496–499*, 503, 505 f., 509, 512 f., **4** 435
Trivium (antikes Bildunsgwesen: Grammatik, Rhetorik, Dialektik) **2** 709, **4** 233, 331, 754, **5** 460
Troparien **3** *685*
Tropierung **4** 770
Trusteeism **11** 857 ff., 882

Tschechische Sprache **6** 799 ff., 804 f. (Hussiten), 810, **8** 628 f., 1227 f., **9** 859, **11** 708, **12** 874
Türken, Turkvölker (↗Osmanen; ↗Seldschuken) **5** 22, 350, 369, 377, 720, 744, 941, **6** 96, 111, 120, 124, 149 f., 183, 190 f., 199, 247, 250 f. (Eroberung, Balkan), 694 (Nikopolis, Ks. Sigismund), 772, *873 ff.* (türk. Expansion u. Kreuzzug), **9** *163* (westl. Wahrnehmung, Aufklärung), 216 ff., *221 f.*
Türkische Sprache **6** 882, **13** 443 f.
Türsteher *(Ostiarier)* **2** 636 f., 640, 648 f., 696, **5** 548 f.
Tugend(en) **1** 915
 christliche **1** 120, 946
 Kardinal- **1** 913
Tungusen **9** 766
Tupac Amaru **10** 761 ff.
Tupis **8** 864 ff., **9** 639
Tyche **2** 218, 404
Typikon (Gründungs- u. Verfassungsurkunde einer Stiftung; ↗OR: Athos, Studiu-Kloster) **4** 296, 298, **5** 20, 363 (normann. Sizilien), 741 f., **6** 155, 162 f.
Typologie **1** 134, 506, 594, 906, **2** 718
Typos (Glaubensedikt Ks. Konstans II.) **4** 43 f., 49, 643 f.
Typus Anastasii **3** *141 f.*
Tyrannenmord **6** 492, **8** 298, 333, *701*, *1176 ff.*, **10** 167

Übersetzungen (↗Bibelübersetzungen) **3** 615, **4** 407 ff. (griech.-arab.), 413, 467 f. (griech.-syr.), 571 f. (griech.-georg.), 591 f. (georgisch), 746 (latein.-altengl.), 948 (griech.-altslaw., Kiew), **5** 306 (Toledo), 475 (Aristoteles, Toledo), 875 (Aristoteles, 13. Jh.), **6** 227 f. (Armenien), 257 f. (Hesychasmus, SpätMA), 447 f. (Scholastik in Byzanz), 819 (Scholastik, Byzanz), **9** 1090 (niederländ. Aufklärung)
 Reformatorische Schriften **7** 744 f. (Niederlande), 747 f. (luther. Schriften, Frankreich), 753 (Italien), 767
Ukrainische Sprache **11** 700, 722
Uloženie (Sobornoe Uloženie) **9** 504, 507, 516
Ultramontanismus **11** 0 ff., 8, 23, 28, 108, 111, 115, 122, 169 f., 172, 174, 191, 202, 243, 296, 298, 304, 308, 330, 352, 531, 533–538, 642, 645, 668, 909 f., 912, 930, 932, 934 f., 948 ff., **12** 8, 596, 681, 1150, 1152, **13** 507
Umbanda-Religion (Brasilien) **12** 1195, 1200, 1203
Unabhängigkeitsbewegung(en) **11** 134 (Lateinamerika), 135 (Griechenland), 200 (Belgien), 686, 697, 699, 703, 707, 780 (Balkan), 782, 789 (Armenien), 918–924 (Lateinamerika), 1018 (Madagaskar), 1023 (*Indian Mutiny* 1857), 1025 (*Indian Mutiny* 1857), 1038 f. (Philippinen), 1055 (Tamilen), **12** 302, 304 (Indien), 320, 431 f., 515, 546, 626, 873, 876 f., 1149, **13** 318, 557–563, 684, 694
UNESCO **12** 174 f.
Unfehlbarkeit, päpstliche **5** *626–629* (13. Jh.), **6** 271 f., 324, **7** 853 f., **8** 297, **9** 377, 382, 955, **11** 2, 14, 28–31, 46, 117, 228 f., 233, 330, 338, 457 ff., 575, 599, 608, 642 f., 664, 747, 804, 880, 912, 948, **12** 3, 8, 23 f., 181, 991
Ungarische Sprache **11** 704
Ungarn (Volk) (↗OR: Ungarn) **4** 232, 237, 778, 831, 888, 896, *901–905* (Christianisierung), 939, **5** 5, 350
Unglaube (↗Atheismus) **8** *1145–1153*, **9** 438, 956 f., 1116, 1145, *1146–1151*, **10** *236 f.*, 372
Union, Unierte Kirchen (↗Unionskonzilien; ↗Melkitische Kirche, Melkiten; ↗OR: Armenien, armenische Kirche) **5** 375 ff., 379 f., 382, *383 f.*, 574, 721, 724, 732, 746 ff., 752, 772, 774, 942, **6** 117 (Basel), 119 (Florenz-Ferrara), 186, 200 (Athos), 217, 221 (Melkiten), 223 (Maroniten), 225 (Armenier, 1307), 253 f., 300 ff., 546, 617, *812–839* (SpätMA), 889, 894, **7** 18 ff., 25, 542 f.,

8 *371f.*, 374, **9** 31 f., 63, 510, 573, 594 (armen. Kirche), 598 (nestorian. Kirche), 602, *603–606* **10** *198–201* (griech.-kath. Kirche, Ukraine), *120–124* (Balkan, 18. Jh.), 140 f. (Orient), **11** 13 (Ukraine), 137, 440 f., 689 (Weißrußland), 692 (griech.-kath. in Polen), 700 (Galizien), 702, 703 (griech.-kath. in Ungarn), 707 (griech.-kath.), 730 (russ.-uniert), 731 (russ.), 756 (russ.), 775, 785 (griech.-kath.), 799–805 (Orient), 819 (griech.-kath.), **12** 9, 15, 393, 878 f. (griech.-kath. Kirche), 882 ff. (griech.-kath. Kirche), 888 (griech.-kath. Kirche), 891 (griech.-kath. Kirche), 899, 902 (Rumänien), 909 (griech.-kath. Kirche), 946, 964, 966–969, 973–976, 983 (griech.-kath. Kirche, ukrain. Kirche), 987 (Sowjetunion), 988 (Rumänien), 1004 ff., 1026 f., 1115, **13** 22, 88 ff., 357, 359, 367 f. (griech.-kath. Untergrundkirche, Ukraine), 370 (griech.-kath.), 372 (griech.-kath.), 377 ff. (griech.-kath.), 382 f., 421, 424 f., 447, 594, 661 (syro-malabr. u. syro-malankar. Kirchen)

Unigenitus (päpstl. Konstitution, 1713) **9** 380–384, **10** 11

Union (allgem. Aufhebung eines Schismas; ↗Einheit; ↗Union d. Kirchen) **6** 83 ff., 97, **12** 964–969 (Bemühungen um Union mit orth. Kirchen, 20. Jh.)

Union, politische ↗OR: Einzeleintrag Vertragsort

Union der Kirchen **11** 311 f., 315 ff., 658 f., **12** 706, 755 (Evangelische Kirche der Union), **13** 147

Union des Eglises Évangéliques de Belgique **11** 547

Unionskonzilien

Brest (1595/96) **8** 371, 386, *654–658*, **9** *61ff.*, 508

Florenz-Ferrara (1439) **6** 188, 254 (Moskau), 302, 304, 812, 814 ff., 818, *823f.* (griech. Befürworter), *825ff.* (Gegner), *828–831*, **7** 3, 17 f., 20, 46, *53ff.* (Moskau, nach 1453), 73, 430 (Moskau, Kiew), 542 f., **8** 376, 385, **9** 603

Lyon (1274) (↗OR: Lyon, II. Konzil 1274) **6** 7–10, 12, 157, *166–169*, 197 (Athos), 302, 449, 549 (Gegner, Heilige), 812, 816, 818, *822f.* (griech. Befürworter), *825* (Gegner), *827*, **7** 17, 20

Munkacs, Užgorod (1646) **8** 371, **9** 605

Unitarier ↗Antitrinitarier

United Brethren in Christ **10** 509

Unitoren (armen., romfreundl. Ordensgemeinschaft) **6** 229, **8** 898

Universalisten (amerikan. prot. Richtung) **11** 834 f., 896

Universalität **1** 36 (christl. Anspruch), 90, 203, 211, 213 f., 218, 296, 328, 534, 723, 743, 766, 900, 932, **3** 252, **11** 38, 370, **12** 7 f., 563, **13** 159

Universalkirche **1** 66, 68–71, 142, 279, 296 f., 305, 378, 583, 635, 721, 789, 826, 843, 847, 849, 855, **13** 127, 339, 494, 648, 690

Universität (↗OR: Einzeleinträge Städte) **5** 261, *470*, 594 (päpstl. *Studium generale*), 839 f., 944, **6** 125, 270, 352 (Karte), 363, 470, 540, 712 ff. (Reform d. Seelsorge), 736, 797 f. (Studenten a. Ostmitteleuropa), 801, **7** 181 f. (Klerus, 15./16. Jh.), 196, *212–221*, 378 ff. (England), 433 ff. (Nord- u. Osteuropa, 15./16. Jh.), 503 (Buchdruck), 507, **8** 111 (reformierte Universitäten), *294*, 331 (Kontroverstheologie), 394, 533 (England, Reformation), *1108–1126*, **9** 419, 626 f. (Lateinamerika), 698 (Nordamerika), **10** 89 (span. Amerika), **11** 169, 172, 183, 185, 203 f., 291, 297, 490, 1039 (Philippinen), **12** 173 f., 184, 508, 881 (Polen), **13** 10, 153, 491, 605 (Afrika)

UNO **12** 411, 422, 426, 431, **13** 62, 302

Unterscheidung der Geister **9** 842

Urbanisierung **1** 623 ff., 646, **11** 221, **12** 499, 796, 825, 904, **13** 353, 455, 588, 654

Urbansbund **6** 693

Urchristentum ↗Urgemeinde
Urgemeinde, Urkirche, Urchristentum **1** 48, *58–75*, 76–79, 81 f., 85, 87 f., 98 f., 104, 122, 124, 131 ff., 135 f., 144, 172, 189 f., 192, 194 f., 199, 203, 207 f., 216, 249, 251, 271, 273 f., 277, 359, 373, 396, 457, 462 f., 467, *469–481*, 490, 495, 510 f., **2** 768, 792, 869, **4** 525, **5** 138, 436, 465, 489, 491, 498, **6** 343 (Taboriten), 804, **7** 824 (Täufer), **8** 59, 78, 140, 151, 814, 966, **9** 402, 405, 670, 685 f. *(New England Way)*, **10** 175, 838, 851
Kollekte **1** 69, 106 f., 123, 125, 132 f., 145, 195, 366, 475
„Säulen" **1** 65, 72, 104, 135, 273, 474
Urkirche ↗Urgemeinde
Urreligion **1** 901
Ursprache **1** 901
Ursünde ↗Erbsünde
Ursulinen **8** 243, *292 f.*, 433, 515 f. (Paris), 1001, **9** *286 f.*, 297, 397, 670, **10** 502, **11** 118, 216, 910
Ut unum sint (Enzyklika) **13** 171 f.
Utiguren **4** 4
Utilitarismus **11** 583, 929
Utopie (↗Sozialismus) **7** 627–630 (Th. Morus), **8** 591 f. (Campanella), 812–815 (Vasco de Quiroga), 822, 852 f., 871, **9** 323 f. (Innere Mission), *645 ff.* (Jesuitenstaat, Paraguay), 685 (nordamerikan. Christentum), 942 f., 1013, **10** 809 f. (Sozialutopie), *847–864*
Utraquismus, Utraquisten **6** 340 f., 345, 435, 804, 806, **7** 419 f., *462–468*, 764 (Luthertum), **8** *625–628*
Utrechter Kirche ↗OR: Utrecht

Väter ↗Wüstenväter
Valentinianer **1** 318, 461, 485, 521–524, 528, 533 f., 536 f., 543 f., 546, 548 ff., 560, 563, 591, 615, 638, 679, 683 f., 689, 860, 890, 945, **2** 410, 1032
Valesianer **1** 560
Vandalen **1** 623, **2** 501, 596, 865, 906, 918, 936, 983, 994, 1001 f., 1004, **3** 213 f., 216, *264–297* (Nordafrika, Spätantike), 304, 431, 749–755, 1125
Vandalismus **10** 375
Vanitas **9** 1041
Varäger ↗Waräger
Vardapeten (armen. Gelehrte) **6** 227
Vater, geistlicher **2** 715, **5** 505 f.
Vaterunser ↗*Pater noster*
Vatikanische Konzilien ↗OR: Vatikan
Veleten **4** 895, 898
Vereinigte Evangelisch-Lutherische Kirche Deutschlands (VELKD) **12** 729, 755
Vereinsfreiheit **11** 15, 211
Vereinswesen (↗Bruderschaften, religiöse)
antikes **1** 307 f., 311
katholisches **11** 32, 37, 39, 184, 280, 306, 457, 493, 521 f., 577, 609 f., 619, 622 f., 648 f., 1066 (Australien), **12** 457 ff., 492, 500, 519, 574 f., 691, 693 f., 696, 734 f., 804, 894, **13** 653
protestantisches **11** 323 f., 578, 676, 845 f. (USA), **12** 544
Vereinte Nationen ↗UNO
Veritatis splendor (Enzyklika) **13** 172
Verkündigung Christi (Ikonographie) **1** 43, 49, 99, **3** 729, 738, 742
Verlagswesen (↗Buchkultur) **8** 1110 f., **11** 183, **12** 198, 584, 753, 887
Verlobung **2** 807, **4** 326 f., **5** 8 f. (Byzanz, MA), 534 f., **8** 984, 992 f.
Vernunft (↗*Ratio*; ↗Scholastik; ↗Aufklärung) **1** 912, **4** 760, 855, **5** *473–476* (Frühscholastik), **9** 376, *494 f.* (Sozinianer), 965, 970, 973, 975, 977, 979 ff., 1019 (Spinoza), 1093–1097, 1110, **10** 260, 263, 681, 695, **11** 2, 7 f., 42 f., 45 f., 56, 71, 77, 107 f., 116 f., 447, 544, **12** 190 f.
Versammlungsfreiheit **11** 319
Versicherung **11** 615 f., **12** 30, 475, 576
Renten- **11** 34
Sozial- **11** 33 f., 671, **12** 278
Vertrag von … ↗OR: Einzeleintrag Verhandlungsort
Vertragstheorie ↗Gesellschaftsvertrag

Verwaltung, kirchliche (↗Zentralismus, römischer) **11** 470, 595, 716 (orth. Kirche), 720 (russ.-orth.), 724 (russ.-orth.), **12** 7 (Reform), 8, 182, **13** 110
Verwaltung, römische **1** 115 ff., 623, 645, 858, **2** 7 ff., 404 f.
Verzuiling (Versäulung, d. h. Spaltung d. Gesellschaft) **11** 549, 577, **12** 637, **13** 246
Vesper **1** 386
Vestries **9** 682 f.
Vetus latina (erste latein. Bibelübersetzungen) **1** 760, **2** 721
Vicarius Christi **5** 622
Vier Gallikanische Artikel ↗Gallikanismus
Vierzigstündiges Gebet ↗Gebet
Vietnamesische Sprache **11** 1042
Vietnamkrieg **12** 626, 1037 f., **13** 307, 336, 631
Vikar (↗Generalvikar) **7** 423
Vikar, apostolischer **9** 235 f.
Villa (ländl. Anwesen) **3** 1049–1053, 1055 f.
Vintistas-Reformen **11** 276
Vinzenzkonferenz ↗Vinzenzverein(e)
Vinzenzverein(e) **11** 38 f., 184, 208, 217, 237, 291 f., 305, 487, 534, 538, 609, 624, 1065, **12** 278
Visio beatifica (Gottesschau) **1** 912
Visitantinnen (Salesianerinnen) **8** 517, 1054 ff., **9** 287, 293 f., 297, 397, 844
Visitationen **5** 801 f. (Pastoralvisitationen 13. Jh.), **6** 705, 731–734, 739, **7** 195, 200 ff., 358, 739 f. (weltl. Obrigkeit, Reformation), **8** *34 f.* (frühes Luthertum), 205 f. (engl. Reformation), 282, 286 f. (Gegenreformation), 411, 417, 472, 587, 608, 861, **9** 249
Vita activa **3** 896 f.
Vita Antonii (↗PR: Athanasius v. Alexandrien; Antionius, Wüstenvater) **2** 726, *819 f.*, 858, 1019, **3** 584, 658, 664, 1152
Vita communis **2** 850
Vita Constantini (↗PR: Eusebius v. Caesarea) **2** 80, 146, 151, 193, 203, 211 ff., 218, 300, 306, 851, 988, 1044, 1050
Vita contemplativa **2** 764, 975, **3** 896, **5** 153, 393
Vita Martini (↗PR: Caesarius v. Arles) **3** 1148, 1152
Völkerbund **12** 49, 63, 341 ff., 351, 391 f., 394, 396, 398, 401, 411, 668, 800, 922, 1088
Völkerrecht **7** 563 („Ungläubige"), **8** *816–819* (Francisco de Vitoria)
Völkerwallfahrt (jüd. endzeitl. Vorstellung) **1** 189, 195
Völkerwanderung (↗Germanen) **2** 500
Vogt, Vogtei **4** 796, 806, **5** 173, **6** 569
Volk
Gottes (Terminus, Israel) **2** 215
Israel **2** 731, 854
Volksfrömmigkeit (↗Frömmigkeit) **5** *906–911* (HochMA), 917, *924–930*, **6** *331–334* (Beginen), *808 ff.* (Nord- u. Ostmitteleuropa), *892*, **7** *258 ff.* (SpätMA), 428 f. (Polen, um 1500), 481, **8** *302–306* (Katholizismus nachtridentin.), *492 ff.* (Frankreich, Niederlande), *721–725* (Spanien), *1011–1024*, **9** 415, *657–661* (Lateinamerika), *923–930*, 1141 f., **10** 28, 88, 539 f. (Revolutionszeit, Frankreich), 541, *584–612*, **11** 122, 191, 245, 298–303, 347 f., 601, 630, 694 f., 823 (oriental. Kirchen), 951, 1086, **12** 252, 451–455, 500, 509 ff., 756, 1175, 1178 f., 1200 ff., 1223–1228, **13** 262–266, 465, 468, 532
Volkskirchentum **11** 410, **12** 108 ff., 730, **13** 235, 501, 503, 509, 513, 525
Volksmission(en) (↗Mission, innere) **8** 514, **11** 123 f., 188, 207, 291 f., 301, 945, **12** 255, 512, 532, 540, 602, 609 ff., 827 f.
Volkspredigt **6** *371–376*
Volkssouveränität **5** 673, **8** 700, 816 (Francisco de Vitoria), 820 f. (Las Casas), **9** 400 f., **10** 89, **11** 933 f.
Volkssprache (↗Predigt; ↗Sprache, liturgische; ↗Sprachen, heilige; ↗Bibelübersetzunen) **2** 695, **4** 211 (Liturgie, Kathechese), *231–236* (slaw. Missionierung),

733 (literar., altslaw.), 766 (Predigt, Karolinger), 865 (Hagiographie), **5** 78, 143, 476 (Bibelübersetzung, MA), 499, 685, 711 (Nordosteuropa, MA), 816 (Predigt, 13. Jh.), 937, **6** 333, 371 (Bibelübersetzungen, SpätMA), *372f.* (Predigt, SpätMA), 651, 792 (schwed., Birgitta), 799, 809f., *888f.*, **7** 209, 275, 380 (engl. Bibel), 428f., 436, 448 (Lollarden), 725 (Dtschl., Reformation), 744, **8** 681, 686, 1226ff. (Kirchenlied), **9** 338 (Katechismen), *845–863* (kath. Schrifttum), 858, 1072, **10** 273ff., 459
Vollkommenheitsideal (↗Pelagianismus, Pelagianer; ↗Askese; ↗Besitzverzicht; ↗Heiligkeitsideal) **2** 794, 806, 812, 818, 850, 855, 869, **4** 264, **5** 393, **9** 293f.
Voltairianisme **10** 679, 684
Voodoo-Kult **9** 741, **12** 1202f
Vormärz **11** 303, 309
Vorsehung **9** 172, 174
Votivbild **9** 922, **10** 609ff.
Vulgata **2** *721f.*, **7** 617 (L. Valla), 658, 662, **8** 265, 276f., 341f.

Wahlrecht **11** 15, 201, 223, 540, 549ff., 606, 612f., 619, 783, 933, **12** 474ff., 575 (Frauenwahlrecht), 636f., 649, 651, 683, 708 (Frauen in d. evangel. Kirche), 831 (Frauenwahlrecht Großbritannien)
Wahre Orthodoxe Christen (griech. religiöse Gemeinschaft) **12** 955
Wahrsagerei **4** 68, 765, **5** 575, 909, **6** 316, 512f. (Byzanz, SpätMA), **8** 1094, **9** 925
Walachen **5** 352
Waldenser **5** 436, *499–503*, 685, 817f., 838, 840, 898, 900, 916, **6** 315, *334ff.*, 339, 359, 699, 805f. (Böhmen), **7** 316f., 370f., 439, *440–446* (ab 15. Jh.), 469 (Böhmische Brüder), **8** 61, 453, *462f.*, 581f., *613f.*, **9** 47, 57, 410, **11** 263f., **12** 439, 462f.
Waliser **4** 619
Wallfahrten, Wallfahrtswesen **3** 688f. (Jerusalem, 6. Jh.), 1047, 1138f., **4** 679, *860–864* (um 1000), **5** 526, 809, **6** *417–421* (SpätMA), 673 (Lollarden), **7** 263 (u. Kreuzweg), 324, 382, 428 (Ostmitteleuropa), 449 (Lollarden), **8** 21, 304f., 1014, 1039, 1238, **9** 660f. (Lateinamerika), *917–923* (Barock), 925, **10** 607f., **11** 123f., 135, 301, 348, 440, 500, 601, 630, 694, 823 (oriental. Kirchen), **12** 136–140, 452, 510, 613, 826, 866, 1226, **13** 117, 264, 362
 jüdische **1** 17, 62
Wallfahrtskirchen **3** 1034, **4** 860f.
Wandalen ↗Vandalen
Wandermönche (Girovagen) (↗Wanderprediger) **4** 662, **5** 14, 366, 485
Wanderprediger (↗Wandermönche) **1** 105, 126, 190, 193, 200f., 209, 274, 277, 298, 305, 308, 313f., 317, 332, 641, 859, **5** *489–493*, 520, 540, **6** 358, **10** 52 (engl. *Dissenters*)
Waräger **4** 197, 236, 885, 939f., 948
Warasker **4** 633
Warschauer Konföderation ↗OR: Warschau
Wegkreuz **8** 973
Wehrkirchen **5** 549
Weihbischof **7** 183, **8** 288
Weihen (↗Bischof, Bischofsweihe; ↗Priesterweihe)
 höhere **2** 641
 niedere **2** 648
Weihnachten **2** 692, 694, **3** 401, **4** 770, **5** 537f., **7** 259, **8** 892, 895 (Nordindien)
Weihrauch **3** 1084
Weimarer Reichsverfassung **12** 683ff.
Weisheit **1** 531, 541, 560, 880, 891, 916
Weiße Schwestern **11** 160, 991, **12** 299
Weiße Väter *(Société des missionnaires de Notre-Dame d'Afrique)* **11** 160, 413, 515, 797, 977, 979, 1010, 1012, **12** 299, 324
Weißrussische Sprache **11** 700, 722
Welser **8** 780
Weltausstellung(en) **11** 34, 335, 340, **12** 887 (Rom 1936)
Weltbürger **10** 1, 4

Weltbund für Internationale Freundschaftsarbeit der Kirchen ↗*World Alliance for Promoting International Friendship through the Churches*
Weltflucht, Weltverachtung *(contemptus mundi)* (↗Mönchtum; ↗*Peregrinatio*) **1** 266, 304, **2** 818, *854f.*, 859, **3** 999, **5** 141, 153, 393, 472, 565, 927, **6** 747, 894, **7** 469 (Chelcicky), 656 (Erasmus), **9** 362 (Marandé)
Weltklerus (↗Klerus, Kleriker) **5** 287 f. (Begriff), **12** 256 ff.
Weltreligion(en) **11** 52, 408
Weltwunder **1** 126, 236
Weltzeitalter (↗Chiliasmus) **1** 449
Wende (1989) (↗OR: Deutsche Demokratische Republik, Sowjetunion, Polen, Tschechoslowakei usw.) **13** 309, 363–373, 521, 624
Wendenkreuzzug **5** 331 f.
Werke, Werkheiligkeit, Werkgerechtigkeit (↗Rechtfertigungslehre) **1** 274, **6** 415, 460 f. (Ostkirche, SpätMA), **7** 251, 699 (Luther), **8** 7 (Georg Major), 14, **10** 208 (Wesley)
Westgoten (↗OR: Toulouse, Toledo) **2** 147, 983, 988–993 (Christianisierung), 1002 f., **3** 218, 220, 222, 224, 226–230, 236, 251, 283, 304 f., 343, 345, 354–357, 398 f., 851, 854, 919
Westkirche (vor dem Schisma) **1** 214, 681
Westminster Confession ↗Bekenntnisschriften
Whigs **9** 107
Widerstand (Drittes Reich u. andere totalitäre Regime) **12** 349 (Drittes Reich), 354 (Drittes Reich), 358 ff. (Drittes Reich), 408, 410, 560 (Drittes Reich), 572 f. (Résistance), 592 (Résistance), 626 (Résistance), 642 (Niederlande), 644 f. (Drittes Reich), 651 (Belgien, Erster Weltkrieg), 657 (Drittes Reich, Belgien), 671 f. (Drittes Reich), 704 (Attentat vom 20. 7. 1944), 723–726 (Drittes Reich), 749 (DDR, 17. 6. 1953), 860 (Drittes Reich), 895 f. (Drittes Reich, Polen), 901 (Drittes Reich), 904 (Sowjetunion), 944 (Sowjetunion)
Widerstandsrecht (↗Tyrannenmord) **8** *1175–1178*, **9** 137, **12** 357 (Drittes Reich)
passiver Widerstand **9** 363 (Jansenismus)
Wiedertäufer ↗Täufer
Wiedertaufe (↗Täufer; ↗Ketzertaufstreit; ↗Geisttaufe) **1** 630, 642, 660, 852, **2** 514, 945, **5** 482, 492, **6** 452 (Byzanz, SpätMA)
Wiedervereinigung, Deutsche (1990) **12** 739 f., 752 f., **13** 369
Wiener Kongreß **11** 133, 150, 200, 240, 294, 296, 309, 327, 575
Wiener Kreis **11** 296
Wikinger (↗Normannen) **4** *728ff.*, 741 f., 745 (England), 778, 783 f., 848, 874 (Süditalien), 875, 884, 893, 906 f., 909
Willensfreiheit (↗Prädestinationslehre; ↗Pelagianismus; ↗Augustinismus; ↗Jansenismus) **1** 592, **2** 535, 540, *542–551*, **7** 709 f. (Erasmus, Luther), *858–862* (Erasmus gg. Luther), **8** 23, 70 (Calvin), 148, 186, 266 (Tridentinum), 268, 295, **9** 349 ff. (Molinismus u. Jansenismus), 495 (Sozinianer), 752, 1023, **10** 488
Wilzen **4** 726
Wirtschaft, Wirtschaftsgeschichte **6** *462–475* (Westen, SpätMA), **7** 285 f., 305 f. (Dtschl.), *500ff.*, **8** 159, **9** 225 f. (Kirchenstaat), **11** 661, 786 ff. (Osman. Reich), **12** 64 (1930er Jahre, Europa), 343 f., 444, 461, 789–792, 886, 1045 f., 1060 f., 1072, 1108, 1137, 1147 f., 1152, **13** 296, 525, 527 f., 656
Wirtschaftsethik (↗Finanzwesen; ↗Geld, Geldgeschäfte; ↗Wucher; ↗Zins) **5** *821–831* (Kirche, 13. Jh.), 859, 919, **6** 436, *475–485* (SpätMA), *499ff.* (Orthodoxie, SpätMA), **8** 91 (Calvin), *163f.* (Täufer), *701–704* (span. Spätscholastik), 766, 803, *1179–1191*, **11** 38, **12** 585, **13** 286–290, 295

Wirtschaftstheorie, Wirtschaftswissenschaft (↗Wirtschaftsethik) **9** 402 (Duguet), **10** 829, 839 ff.
Wissenschaften, weltliche (↗*Quadrivium*; ↗Natur; ↗Medizin; ↗Bildung, weltliche) **1** 598, 606 f., 875, 895 f., 903, **2** 707, 709, *710 f.*, **4** *89 ff.* (Ostkirche, 7./8. Jh.), 195 (Photios), 333 f., 854 f. (Petrus Damiani), **5** 864, **11** 7, 41, 44, 108, 353 ff., 363, 365 f., 425–439, 564, 583, 664, 815, 855, 929, **12** 145–157, 1071–1075
  Geistes- **11** 651
  Natur- ↗Natur, -wissenschaften
  Populär- **12** 797 f.
Wittelsbacher **8** 413 ff.
Wittenberger Konkordie ↗Bekenntnisschriften
Witwe (frühkirchl. Stand) **1** 830, 835, 839, 841 f., 845 f., **2** 40, 42, 638, 849, 851, 912 f., **3** 811
Wohlfahrtspflege, kirchliche (↗Armenfürsorge, Armenhilfe) **2** 558 f., 660, 669, 794 ff., **4** *307–311* (Byzanz, MA), **6** 423, **7** *288 f.* (Veränderungen im SpätMA), **10** 81 f. (Lateinamerika, 18. Jh.), **11** 288, 321, 324, 622, 653, **12** 459, 655, 687, 908, **13** 653 ff.
Wohltätigkeitsverein(e) **11** 34, 236, 499 ff., 572, 622, **12** 28
Wolof (afrikan. Volksstamm) **7** 580
Wolynianer **4** 898
World Alliance for Promoting International Friendship through the Churches (Weltbund für internationale Freundschaftsarbeit der Kirchen) **12** 329 f., 335–341, 343 f., 350, 363 f.
Worship Regulation Act (1874, anglikan. Liturgiereformversuch) **11** 561
Wucher (kirchl. Zinsverbot) **2** 315, 801 f., **5** 435, 587, 824, 827 f., **6** 436, *476–485*, *502–507* (Byzanz), **7** 220, 288, 708 (Luther), **8** *92 f.* (Calvin), 275, *701 f.*, *1179–1188*, **9** *1004–1010*
Wüstenväter, Altväter **2** *821*, 865, 869 f.
Wüstungen **6** 464
Wunder, Wunderglaube **1** 28, 61 (Apostel), **2** 776, **3** *1141–1144*, **5** *471 f.* (Schöpfung; Theologie, MA), 529, **7** 292 f., **8** 304 f., *336 f.*, 1141, **9** *392 ff.*, 921 f., 980 (Malebranche), *1102–1106*, **10** 239, 258, 591 (Rom, Revolutionszeit), 671, 671–678 (Frankreich, Restauration), **11** 65, 67, 78, 80, 116, 953 f. (Juázeiro), **12** 242, 1138, 1202, **13** 527
  Wunder Jesu (Ikonographie) **1** 4 (Talmud. Hinweise auf Wundertätigkeit Jesu), 6 (markin. Wunderberichte), 203, **2** 749 f., 754, 762, **11** 47, 97, 377

Xenodochion, Xenodochium (Stätte für Fremde u. Pilger; ↗Hospize, Hospitäler) **2** 952, **3** 843–847, 1025, 1146 (bei Heiligtümern), **4** 307, 5 158, 319 (Ritterorden), 436

YMCA ↗Christliche Vereinigung junger Menschen
Yoruba-Religion **12** 1202
YWCA ↗Christliche Vereinigung Junger Menschen

Zahlen, arabische **4** 853
Zakonik (Gesetzbuch Stefan Dušans) **6** 249
Zapoteken **8** 780
Zauberei (↗Magie) **4** 68, 157, **5** 575, **6** 514 f. (Byzanz, SpätMA), **9** 698
Zehnt, Zehntabgabe **4** 724, **5** 336, 393, 549, 693, 768, **6** 10, 53 f., 464, 467, 590 (Frankreich, 14. Jh.), 628 ff., 664 f. (England), 752 (Iber. Halbinsel, SpätMA), 774, 871 f., **7** 77 f., 82, 408, 821, **8** 203, 488, 712, 754, 959, **9** 462 f., 674, **10** 407
Zeichen der Zeit (Vaticanum II) **12** 197, **13** 9, 80, 178
Zeit **8** 1037, 1190
Zeitschriften, gelehrte **9** 1088 f.
Zelanti **2** 848
Zeloten (Thessalonike, MA) **1** 23, 75 (jüd. Gruppierung), 194, 230, 465, 480, 746, **6** 499 f.

Zensur **7** 244, 652, 756, 864 ff., **8** 422, **9** 655, **10** 33
Zentralbau **3** 707 ff.
Zentralismus, römischer **11** 109, 470, 599, **12** 8 f., 21, 24 f., 178–194, 215, **13** 12, 123, 126, 332, 597
Zentralperspektive **7** 476
Zentrumspartei **11** 39, 352, 457, 462, 472, 645 ff., 651, 665, **12** 682 f., 688 ff., 692 f., 735, 737
Zeugen Jehovas **11** 905, **12** 545, 562, 679, 783, 814, 1000, 1067, 1070, 1134, 1227, **13** 356, 384, 551, 609
Zigeuner **5** 369, **12** 643 (Verfolgung im Dritten Reich)
Zins
-geschäfte (↗Wucher) **4** 226, 271, **5** 435, 756 f. (Juden, MA), 824, 827–831, **6** 436, 478, *502–507* (Byzanz), 860 (Juden), 867, 869, **7** 288, **8** *91* (Calvin), 163 (Täufer), 506, 1180, 1183, **9** 203 f., 391, *1004–1010*
-verbot, kirchl. ↗Wucher
Zionismus **11** 688, 817, **12** 394, 428, **13** 446
Zisterzienser (↗OR: Cîteaux) **5** 173 f., 176, 201, 261, 303 f., 312, 320, 337 f., 393, 395, 397 ff., *400*, 402, 403 f. (Kleidung), *409–416*, 422, 424, 429, 443, 539 f., 543, 545, 582, 597, 676, 695 f., 700 (Livland), 736 (latein. Konstantinopel), 767, 774, 783, 838, 902, 946, **6** 24, 26 ff., 30, 323, 658, 660, 741, 761 f., 894, **7** 174, 405, 407, 639 f. (Clarmarais, Humanismus), **8** 433, **9** 36, 56, 282, 286, 1151, **10** 654, **11** 131, 988, **12** 1115, **13** 590
Zivilkonstitution d. Klerus (Franz. Revolution) ↗Klerus, Kleriker
Zivilrecht ↗Recht
Zivilreligion **11** 841–846 (USA), 894 f., 898, **12** 1031–1040, 1061, 1066, 1073, 1129, **13** 297, 402 (Sowjetunion)
Zoariten **10** 861
Zoë (griech.-orth. Erneuerungsbewegung) **12** 958 ff., 973, 1013 f.
Zölibat (↗Priesterehe) **1** 97, 183, 502, 505, 842, **2** 480, 527, 641 f., 783, 851, 854, 861 (Priester), 911, 966, **3** 423, 525 (Bischöfe, Ostkirche), 527, 589 (Mönche), 857, 863, 874 (St. Patrick), 1004 (Mönche), 1176 (pers. Kirche), **4** *63 f.* (Trullanum II, Ostkirche), 262 ff. (Ostkirche, 8.–10. Jh.), 360 f. (West, Ost), 607, 781, **5** 50 (Gregor VII.), 90 f., 100 (England, Gregorian. Reform), 106, 124 (*Pataria*, Mailand), 200, 287 ff. (HochMA, Westen), 339 ff., 519, 695, **6** 820, **7** 147, 657 (Erasmus), 700 (Luther), 779 (Zwingli), 877, **8** 25 (Luthertum), **11** 297, 305, **12** 874, **13** 45, 63, 83, 98, 126, 169, 213, 594, 690
Zömeterial-Basiliken **2** 910, 931
Zönobiten ↗*Koinobiten*
Zoologie **9** 937
Zoroaster, Zoroastrismus **2** 20, 80, 1077 f., 1080, **3** 1202, 1232, 1238 f., 1241 f., 1251 f., 1260 ff., 1279 ff.
Zwangsbekehrung (↗Mission, Missionierung, christliche; ↗Zwangstaufe; ↗Toleranz, interreligiöse; ↗Naturrecht) **5** *783–786*, **6** 846 ff. (span. Juden, MA)
Zwangstaufe **4** 53 (Juden), 74, **5** 784, **6** 109, **7** 390
Zwei-Gewalten-Lehre (↗Zwei-Schwerter-Theorie) **3** 186 (Papst Gelasius), 327, 422 f. *(Codex Iustinianus)*, 937, **4** *210–228*, **5** 205, *636–639* (kirchl.; 13. Jh.), 641, 657 f., **9** 162 f., 173, **10** 313
Zwei-Naturen-Lehre (↗Dyophysitismus) **3** 433, 954, **8** 70 (Calvin), **11** 51, 355, **12** 946
Zwei-Reiche-Lehre (↗*De civitate Dei*) **1** 263–266, **2** 730, **8** 24 f. (Luthertum), 85 (Calvin), **9** 962, 1111, **12** 114, 116, 124, 717
Zwei-Schwerter-Theorie **5** 203 (Bernhard v. Clairvaux), 240, 593 (Abb.), 657 f.
Zwei-Wege-Lehre **1** 397
Zweite Reformation **8** 95, 103, 1032, **9** 427
Zweiter Tridentismus **9** 215

Zweiter Weltkrieg **12** 17 ff., 63, 238, 288, 351–363, *402–411*, 487–490, 506, 624 ff., 642–645, 656 f., 674, 699 f., 725, 763, 787, 849, 860, 863, 894–902, 972–986, 990, 1038, 1094, 1112, 1139, 1211, **13** 350

Zweites Helvetisches Bekenntnis ↗Bekenntnisschriften

Zwischen den Zeiten (theolog. Zeitschrift) **12** 87 f., 96, 99 f., 115

3. Orte

Erstellt von Alfons Brüning (für die Bände 2–10) und
Stephanie Knauss (für die Bände 1 und 11–13)

Aachen **4** 687, 688 (Karl d. Gr.), 692, *708 f.* (Kaiserpfalz), 710 f., 749, 760, **8** 405, 419, 10 705, 715
Aachener Vertrag (1748) **9** 163
Aalen **8** 407
Aargau **8** 128, **9** 54
Aarhus **4** 800
Abbir Germaniciana (heute Henchir el Khandak) **1** 643
Abchazien **4** 544, 549, 557 f. (Königreich, 8./9. Jh.), 561, 579 ff., 594, **6** 232
Abdinghof **4** 815
Abessinien **2** 1091 (Antike), 1093, **4** 449 f. (Kopten), **7** 572, **8** 387, **11** 136
Abessinienkrieg ↗Italien, Italienisch-äthiopischer Krieg
Abitina **2** 185
Abitinae **1** 642, **2** 245
Abo (↗Turku) **5** 699
Abthungi **2** 126
Abu Menas, Abu Mina ↗Menasstadt
Abukir (↗Menuthis) **3** 672
Abula ↗Avila
Acapulco **8** 855 f.
Acci ↗Guadix
Accra (Ghana) **8** 756, **13** 313 (Missionskonferenz), 659 (Kongreß d. EATWOT)
Acerenza **4** 377, 835
Achaia **1** 120, 132, 573, **2** 347
Achmim **2** 826
Achoris **2** 822
Achrida ↗Ochrid **9** 562
Adana **2** 74, **11** 817 (Massaker 1909)
Addis Abeba **11** 994, **12** 974 (kopt. Patriarchat), **13** 439 (Konferenz oriental. Kirchen 1965), 462 (Konferenz d. altoriental. Kirchen 1965)
Aden **2** 1093
Adiabene (pers. Provinz, Antike) **2** 80, 1076, 1078, 1082, **3** 1161 f., **4** 459
Adrianopel **2** 447, 990, 999, **3** 629, **5** 718, **6** 134, **11** 780 (Vertrag 1829), **12** 915 (Vertrag 1829)
Aeclanum (Eclanum, Mirabella-Eclano) **2** 542
Aelia Capitolina (↗Jerusalem) **1** 245, 559, **2** 57
Ägäis **1** 158
Ägypten (↗SR: Ägyptologie) **1** *164–170*, 245, 260 f., 344, 373, 382, 458, 487, 494, 518, 524 ff., 537, 557, 576 f., 587, 589, 593 f., 601, 603, 612, 646, 689, 755 f., 796, 798, 826, 864, 872, 888, **2** 6, 11, 13, 15, 19, 56, 64, 72, 83, *107–116*, 161, 166, 169–172, 183, 187, 286–289, 306, 347, 420, 426, 453, 562, 565, 601, 631, 671, 774, 787 f., *819–830* (Mönchtum), 836, 842, 858, *1007–1029* (Christentum u. Kirche, 3.–5. Jh.), 1019, 1030, 1033 f., 1073, 1091, **3** 121 f. (Rezeption d. Chalkedonense), 126 f., 133, 137 f., 143, 148, 151 f. (Monophysiten), 180, 183, 203 f., 435 (Monophysiten, 6. Jh.), 436, 441 f., 444 (Origenisten), 457 (Monophysiten), 458 (Julianisten), 474, 494, 501 (Monophysiten), 504, 508, *510–517* (Monophysiten, kopt. Kirche), 534, 537, 564–567, 584 (Mönchtum), 586, *593–604*, 620, 627, 631, 721 (Apsisbilder), 965, 1257 (Petrus d. Iberer), **4** 14 (pers. Eroberung), 26 ff. (arab. Eroberung), 392 f., 398, 435, 440 ff. (Abbasiden, Kopten), **5** 776 (Kreuzfahrer), 781 (Mongoleneinfall), **6** 209, 219, *233–236* (kopt. Kirche, SpätMA), **7** 529 f. (Mamelucken u. Spanier), 538, 540, 576 f., **9** 542, 592, 595,

10 123, 134, 138, 728, **11** 136, 775, 781, 792 ff., 797 ff., 802, 807, 811, 816, 818 f., 991, 994, **12** 378, 429, 915, 950 f., 1017, **13** 437 f., 441 ff., 453 f., 465
Äthiopien (↗SR: Koptische Kirche) **1** 411, **2** 1091 f., **3** 514, **6** 208, *238–243* (Kirche, 14./15. Jh.), **7** 538–541, 543, 545, 572, *581–586* (Christentum, 15./16. Jh.), **8** 387, *769f.* (16. Jh.), **9** 595 ff., **11** 775, 812 ff., 989–998, **12** 400 f., 950 f., 1017, **13** 438 f., 462, 574 f.
Afghanistan **9** 776, 802, 806
Afka **2** 688
Africa Proconsularis **3** 267, 268 (Vandalen), 273–276, 280, 284, 286–289, 294 f.
Afrika **11** 275, *974–1022*, **12** 82 f., 319 f., 331, **13** 21 f. (Konzilsväter beim 2. Vatikanum), 97, 134, 182–186 (theolog. Entwicklung), 267, 272, 349, *542–613*
Kontinent (↗Einzeleinträge) **6** 91, **7** 521, 523 (Entdeckung), 546, 557 ff. (portugies. Besitz), *570ff.* (portugies. Expansion, ab 15. Jh.), *579ff.* (portugies. Entdeckung Schwarzafrikas), **8** *740–771*, **9** 147, 702–722 (afrikan. Sklaven in Amerika), *732–749*
römisches Nord- **1** 243, 260, 347, 381 f., 387, 412 f., 434, 571 f., *622–663*, 685, 798, 849 ff., 853, 857 f., 889, 943, **2** 6, 12, 14, 23, 27, 47, 51, *120–128* (Kirche in Nordafrika, 3. Jh.), 159, 165, 167, 169 f., 185 f., 206, 251, 253, 261, 263, 384, 406, 419, 507, 513, 539, 543, 547, 595, 631, 688, 690, 692, 696, 787, 790, 794, 856, 859, 865, 867, 896, 902 ff., *918–937*, 938, 993, **3** *264–297* (Vandalenherrschaft), 408 f. (Einfluß auf Südspanien), 457 f., 466 (Drei-Kapitel-Streit), 468 f., *749–766* (byzantin. Rückeroberung, 6. Jh.), *913–919* (Beziehung zum Papsttum), *976* (Klöster), 1013 (Kirchenbau), 1016, 1018 f., 1025, 1032, 1040, 1075, *1085f.* (latein. Ritus bis 7. Jh.), 1113 f. (Märtyrerkult), 1128, 1134, 1145, 1151, **4** 43 (Monotheletismus), **11** 975 (19. Jh.), *989–998*
Süd- (↗Republik Südafrika) **11** 156, 973, *982–989*, **13** 545
-synode (1994) **13** 568
West- **11** *139*, 998–1015
Zentral- **11** 163, *998–1015*, **13** 545, 558–573
Agadir **7** 574
Agaune (Agaunum) (↗Saint-Maurice d'Agaune) **2** 975, **3** 970, 1046, 1125
Agbia **1** 647
Agde **3** 350 f.
Synode (506) **3** *350–353*, 383, 387, 399, 401, 1053
Agebia (heute Aïn Hedja) **1** 642
Agen **6** 19
Aghtamar **9** 593, **12** 949 f. (armen. Katholikat)
Agnadello
Schlacht (1509) **7** 95, 335
Agra **8** 888 ff., **9** 799, 801
Agram ↗Zagreb
Agrigent **3** 1042
Agrippinus **1** 646 (Synode)
Aigai, Ayas **2** 74, 688
Aisne **12** 606
Aix **3** 389
Aix-en-Provence
Diözese **11** 172
Akadien (Neu-Schottland) **9** 692, **10** *514ff.*
Akaroa **11** 144
Akhmim **2** 1025
Akilisenē **4** 534
Akita **9** 759
Akkon **5** 314, 316, 779, 782, **6** 213, 765 f. (latein. Patriarchat), 872 (Fall, 1291), **10** 134
Akmonia **2** 94
Akoimeten-Kloster (Konstantinopel; ↗SR: Akoimeten) **3** 634, 636
Akoři **4** 488
Aksum **2** *1091f.*, **4** 449, **6** 239
Aksus ↗Kestos
Al-Basra **1** 503
Al-Dammour **13** 448
Al-Farama **4** 419
Al-Ḥīra **4** 459

Al-Madā'in **4** 459
Al-Quzlum **4** 419
Alabanda **3** 494
Alaska **11** 767
Alaverdi **4** 557
Alba **2** 963, **3** 1047
Alba Julia **12** 988
Albanien **1** 131, **6** 251 (Skanderbeg), **7** 14, 32f., 36, 80 (Osmanen), 421, **9** 550f., *579f.*, 600, **11** 686, 772, 783, **12** 872, 903, 910f., 953f., 973, 1003f., 1006, 1009, 1038, **13** 353f., 371, 377, 384, 386
Albanien (Kaukasus) (Ałuank') **4** 480, 496, 514f., 543
Albano **2** 131, 669
Albany **11** 858, **9** 688
Albenga **2** 856, **3** 1040
Albi **5** 492, 496 (Katharer), **6** 19, 643 (Sainte-Cécile, Abb.)
Alcácovedas
Vertrag v. A.-Toledo (1479/80) **7** *559f.*
Alcalá de Henares (Complutum) **2** 142, **4** 738
Universität **7** 181, 216, 222, 388 (Dreisprachenkolleg), 406, 630, **8** 294, 664, *676f.*, 1111
Alcántara **5** 424
Ritterorden **6** 751, **7** 407, 600 (Fr. Nicolas de Ovando)
Alcobaça **5** 303 (Abb.), 304
Aldermarston **12** 838 (Marsch auf)
Aleppo (↗Beroea) **2** 73, **3** 569, **4** 24, 409, 423, **5** 781, **6** 216, 222, **9** 802, **10** 143, **11** 785
Alès
Frieden (1629) **9** 117
Nationalsynode (Calvinismus) **9** 421
Alessano (Leuca) **4** 377
Alet **6** 19
Aleuten **11** 764, 767
Alexandria **1** 125, 166–169, 172, 184, 214, 260, 262f., 271, 295, 306, 318, 325, 347, 448, 487f., 494, 518, 524, 537, 541, 545, 557, 734, 756f., 770f., 774, 795f., 798, 829f., 832, 838, 843, 845ff., 857, 865, 867–872, 875ff., 884f., **2** 14, 28, 43f., 60, 64ff., 69f., 72, 74f., 107f., *111–114*, 162, 288f., 296, 314, 406, 410, 420, 434, 458, 567, 580–584, 588, 616, 621, 629, 631, 670, 678, 688, 690, 692, 694, 696, 787, 822, 827, 842, 886, 901, *1007–1029* (Christentum u. Kirche, 3.–5. Jh.), 1033 (Patriarchat), 1038, 1056f., **3** 38, 69 (Bedeutung im Orient nach Ephesus), 126f. (nach Chalkedon), 132f., 143, 164f. (Beziehung zu Rom), 168–174 (monophysit. Patr.), 176, 179f. (Patr. Johannes Talaia), 180, 190f., 438f. (Monophysitismus, 6. Jh.), 441, 474, 493, 497, 507, 511 (kopt. Kirche, Frühzeit), 514, 534, 546 (Patriarchat), 549, 553, *564–568* (Patriarchat), *601–604* (Klöster, 5./6. Jh.), 942f., 948f., *951–955* (Beziehungen der melkit. Kirche zu Gregor d. Gr.), **4** 14 (pers. Eroberung), 26ff. (arab. Eroberung), 33f. (Kirchengut, Patriarchat), 62 (Rang), 183, 219, 416 (melkit. Kirche v. Jerusalem), *418–422* (melkit. Kirche), 432, *435–452* (monophysit., kopt. Kirche), 489 (Kalender), **6** 217, 874, **9** 588 (Patriarchat, frühe NZ), *589*, **10** 122f., 139, **11** 774, **12** 950 (Patriarchat), 952 (melkit. Patriarchat), 1017 (kopt. Patriarchat), 1025 (kopt. Patriarchat), **13** 451 (Kloster Mari Mina)
Katechetenschule, theolog. Schule (Didaskaleion) (↗SR: Origenismus, Arianismus, Subordinatianismus) **1** 267, 318, 410, *576–619*, 662f., 830, 846, 876, 896, 913f., 925, **2** 111ff., 279, 281, 288, 296f., 299, 710, 718f., 820, *1009ff.*, 1019, 1023, **3** 427, 648f.
Konzil (362) **2** 420ff., **12** 927 (Patriarchat)
Alexandria Troas ↗Troas
Algerien (↗Numidien) **1** 623, **2** 670, 679, 681, **3** 759, 1013, **11** 130, 158, 989f., 996f., **12** 582, 585, 626, 630, **13** 441, 453

Algier **6** 755, **8** 740, 743 f., **11** 134 f., 161, 995, 1012
Allahabad **9** 799
Allepey **13** 661
Allstedt **7** 815 (Th. Müntzer)
Aloa (Alwa) (ägypt.-nub. Königreich) **6** 238
Altava **1** 661 f., **2** 681, **3** 295
Altdorf
Universität **8** 1108, **9** 491
Alto Alentejo **2** 954
Altötting **8** 1014, **11** 124
Altona **9** 207, 425, 469
Ałt'mar **4** 512, 518
Ałuank' ↗Albanien, Kaukasus
Amakusa **8** 920, 925
Amalfi **4** 835, **5** 308, 310, 324
Amantea **4** 377
Amasea ↗Amaseia
Amaseia, Amasya **1** 565, **2** 98, 100, 1073, **3** 555
Amastris **1** 321, 565, **4** 939
Amboine **9** 758
Amboise **3** 345
Edikt (1563) **8** 480
Amerika **7** 523 ff. (Entdeckung), 546, 549 ff. (span. Entdeckung), 567 (kastil. Patronate), **9** *613–731*, **11** 134
Nordamerika (↗Kanada; ↗Vereinigte Staaten v. A.) **9** *661–678* (franz. Kolonien), *678–702* (engl. Kolonien), **10** 209 ff. (Methodisten), *482–538*, 850 f.
Süd-, Lateinamerika **8** *772–874*, **9** *615–661*, 707, 1032, **10** *70–93* (Kirche, 18. Jh.), 664 f., *759–796* (Anfang 19. Jh.), **11** 26, 130, 134, 449, 467, *918–966*, **12** 25, 81, 174, 283, *1145–1230*, **13** 97, 178–182 (theolog. Entwicklungen), 267, 274, 292 ff., 349, *472–538*
Amersham **7** 455 (Lollarden)
Amettes **11** 124, 348
Amid (Diyabakir) **4** 430
Amida **3** 151, 494, 570 f., 607, 611, 617, 1197, **4** 529
Amiens **5** 805
Ammaedara (Haidra) **1** 624, 643, 646 f.
Ammon (Oase d. Jupiter Ammon) **2** 115
Amorbach **7** 162
Amorion (Phrygien) **4** 239
Amphipolis (heute Nea Kerdylia) **1** 116, 573
Ampleforth **11** 131
Ampsaga **3** 292
Amselfeld ↗Kosovo
Amsterdam **8** 126 (Täufer), 164, 174, 1110, **9** 136, *208ff.* (Juden, 16.–18. Jh.), 483 (Comenius), **11** 212,
Gründungsversammlung des ÖRK **12** 43 , 75–79, 122, 310, 364, 366, 638, 647, 677, 768, 840, 1025, **13** 132
Universität **8** 1108, **12** 633
Anaea **2** 86
Anagni **5** 599, **6** 592 (1303)
Vertrag (1295) **6** 580
Anakoʿpia **4** 557
Anaplous (bei Konstantinopel) **3** 131, 637
Anasartha-Theodoroupolis **3** 569
Anastasiopolis ↗Sergiopolis
Anatolien **1** 79, 107, 241, **11** 774, 808, 817, 820
Anazarbos **3** 11, 570
Anba Ruweis **13** 450 (kopt. Seminar), 468 (kopt. Seminar)
Anča **4** 576, 582
Anchilaos **4** 925
Anchin **5** 140
Ancona (Stadt, Mark) **5** 641 f., 676, 678, 680, **6** 19, 571 f., 574 f., **9** 203, 225 f., 545, **11** 10, 264
Ancyra ↗Ankyra
Andalusien **8** 960, **11** 285
Andros **9** 602
Angamala **8** 881, 901
Angamale **9** 809
Angers **3** 845, 882, 981, 1034, **5** 152, **8** 1203, **9** 256, 291, **11** 475
Universität **6** 645, **11** 478, 522, 539
Angola **8** 747, 753 f., *759ff.*, **9** 703, 732, 734, 738–741, **12** 515, **13** 545, 548, 578 f.
Angoulême **3** 971

Angra (Azoren) **7** 566
Anhalt **8** 15, **12** 715
Ani **4** 473, 512, 529, *530*, 531, 533 ff.
Anisola (Armenien) **3** 971
Anjou **11** 449
Ankara, Ancyra, Ankyra **1** 105, 570, **2** 59, 97, 302, 304, 787 ff., 842, 1019, 1064 ff., **3** 551, 555, **5** 357 **12** 920, **13** 465 (Synode 314) (↗Lapsi) **2** 59, 96 f., 101, 636, 641
Ankyra Sidera **2** 89
Annaba ↗Hippo Regius
Annam **11** 148, **9** 760, 780 f.
Annecy **9** 297, **12** 601
Annegray **3** 979, 983
Antalya ↗Attalia
Antarados ↗Tortosa
Antelias **13** 429, 435 (Sitz d. Katholikats v. Sis, Großes Haus v. Kilikien)
Antequara **2** 956
Antillen (↗Martinique; ↗Guadelupe) **8** 780, 783 f., **9** 663 f. (franz.), 707 f., 716 f., **10** *93–103*, 169
Kleine Antillen (↗St. Lucia; ↗Tobago) **10** 94
Antinoe **2** 115, 827, 842
Antinopolis **2** 822
Antiochia (Stadt, Patriarchat, Kirchenprovinz) (↗Syrien) **1** 36, 65, 68 ff., 73, *77–80*, 99, 107, 109, 112 f., 121, 123 ff., 172, 190, 192 f., 195 ff., 201 f., 208, 222, 271, 273 f., 276 ff., 283, 295–299, 305, 312, 325 f., 329, 332, 473–478, 489, 515, 518, 523, 557, 560 f., 564, 585, 617 f., 647, 663, 695, 822, 843, 857, 876, **2** 14, 43, *64–71*, 72–76, 80, 173, 180, 183, 303, 314, 392 f., 408 f., 422 f., 553 f., 567, 572, 574 f., 593, 597, 602, 607 f., 620 f., 629, 631, 669 f., 673, 675, 679, 692, 696, 698 f., 771, 777, 786, 833, 839, 897, 950, 1017, 1020, 1026, *1030–1049* (Christianisierung, Kirche im 4./5. Jh.), 1057, 1064, 1076 f., **3** 27, 33, 38, 115 (Jurisdiktion), 130, 132, 141, 143, 153, 164 f. (Beziehung zu Rom), 176, 178 (Patr. Kalandion), 183, 203, 436, 505 (Monophys. Kirchen), 506–510, 546 (Patriarchat), 547, 549, 553, 568, 572 (und Jerusalem), *604–618* (Mönchtum), 649, 667 f., 677, 942 f., *946–951* (Beziehung zu Gregor d. Gr.), 948 f. (Beziehung zu Gregor d. Gr.), 1254 (u. Georgien), **4** 12, 24, 62 (Rang), 69 (heidn. Aufstand, 579), 73 (jüd. Aufstand, 609/10), 183, 219, 351 (Patriarchat), 360 (u. Papst), *399–409* (melkit. Kirche, MA), *422–425* (Maronit. Kirche), *425–435* (jakobit. Kirche, MA), 437 ff. (u. Kopten, MA), 553, 572 f. (u. Georgien), 575 (u. Mchet'a), 579, 876 (Patriarchat, 1054), **5** 3 f., 350, 352, 378 (Kreuzfahrer), 766 (latein. Fürstentum), 779, 782 (Baibar), **6** 208, 215, 217 f. (melkit. Patriarchat), 220 f., 231 (u. Georgien), 765 (latein. Patriarchat), **9** 588 (Patriarchat, frühe NZ), *591 f.*, **10** 122 f., 139 f. (Melkiten), **11** 774 (Patriarchat), **12** 927, 948 (syr. Patriarchat), 952 (melkit. Pariarchat), 968 (griech.-kath. Patriarchat), 991, 1016 (syr. Patriarchat), 1020 f. (melkit. Patriarchat), 1025 (syr. u. melkit. Patriarchat), **13** 437 (syr. Patriarchat)
Konzil (341) (↗SR: Enkainen-, Enkaenensynode) **2** *354–357*, 368, 385, 423, 427, 451, 565, 636, 989, **3** 109, 544 (Metropolitenamt)
Konzil (379) **2** 448, 1034, 1037
Pisidien **1** 80, 110 f., 113, 125, 152, 212, 566, **2** 96
Synode (268) **1** 707
Synode (325) (Arianismusstreit) **2** 301 f., 310, 317
theolog. Schule (↗PR: Theodor v. Mopsuestia; Diodor v. Tarsus; Johannes Chrysostomus; Theodoret v. Cyrus) **2** 718 f., 1027, *1035–1038*, **3** 1197
Antiochia ad Cragum **2** 91
Antipatris **1** 137
Antipyrgos (Tobruk) **2** 116
Antitaurus **2** 82
Antivari ↗Bar (Serbien)

Antwerpen **5** 490, **7** 501, 648 (Buchdruck), 871, **8** 450, 471, 487, 494 f., 1110, 1219 f. (Rubens), **9** 85 f., 302, **11** 538
Anzio **1** 690, 693
Antananarivo **11** 140 ff., 1016, 1020 f.
Aosta **3** 1042
Apamea **1** 497 f., 568, 700, **2** 73, 95, 688, 1032, **3** 138, 505, 570, 605, 612 ff., 616, 709 (Kirchenbau), 717, **4** 12, 24, 422 f.
Apameia ↗Apamea
Aparecida **12** 138
Apeldoorn **12** 352
Aʿphazeʿti ↗Abchazien
Aphrodisias **1** 114, **2** 1064, **3** 494
Apollonia **1** 573, **2** 87
Appenzell **8** 128, 434
Apros **5** 357
Apt **2** 139 f.
Apulien **2** 133, 542, **3** 903, 905, **4** 353, 366, 372 f., 833 f., **5** 4, 38, 176, 197, 307, 745 (Juden, MA), **7** 441 (Waldenser)
Aquae (röm. Pannonien) **2** 153
  Tibilitanae **2** 125
Aquileia **2** 134, 368, 533, 669, 673, 857, 867, 1062, **3** 326–329, 333, 458, 469, *475–488* (Drei-Kapitel-Streit, Beziehung zu Rom), 909 ff., 1090, 1126 f., **4** 617, 637, 730, 889 f. (slaw. Mission, MA), **6** 20, 726, **8** 609 f.
  Synode (381) **2** 272, *455 f.*, 513, 891, 896, 964, 999
Aquitanien (↗Gascogne) **2** 483 f., 533, 869, 944, **3** 360, **4** 603, 690, 730, **5** 89, 92, **6** 644 (u. Pragmatische Sanktion), 655, **11** 176, 502 f.
Ara Pegu **11** 1027
Arabien **1** 99 f., 103, *555–560*, 559, 612, 843, **2** *63 f.*, 1030, *1040 f.*, 1043, 1072, 1093, **3** 115, 154, 570 ff., 614, 956, **4** 427, 468
Arados **1** 895
Aradus u. Antaradus (antiker Bischofssitz in Phönizien) **3** 34
Aragón (Provinz, Königreich) **4** 788, **5** 43, 211, 291, 297, 299, 304 f., 321, 596, 673, **6** 79 (Abenländ. Schisma), 91, 109, 577 f. (u. Sizilien), 751, 762 ff., *843 f.* (Muslime), *845–851* (Juden, Bekehrungen), 851, 872, **7** 384, 395, 399 f. (Vertreibung d. Muslime), 401, **8** 662, 665, 668 f., 707, 711, 720, **9** 150, 152, 267
Ararat, Berg **2** 101, **9** 593
Arbela **2** 81, 1076, **3** 1161 f., 1170, **6** 212
Archaia (Illyrien) **2** 1060
Archaiopolis (↗Lazika) **3** 1234 f.
Ardabau **1** 160, 569
Ardèche **11** 197
Area Philenorum (heute Gser et-Trab) **1** 623
Arequipa **8** 791
Arethusa **2** 73, 1032
Arezzo **7** 478 (Renaissance)
Argaun **4** 241
Argentinien **8** 784, 791, **10** 664, 790, 793, **11** 158, 467, 920, 929, 957 f., 960, 963, 965, **12** 1161, 1166, 1205 f., 1209 f., 1214 ff., **13** 179, 308, 458, 475 f., 500, 504, 516 ff., 527
Argina **4** 512, 518
Argos **4** 222, **6** 768
Arguin **7** 570, 579
Arielis **1** 501
Ariminum ↗Rimini
Arizona **8** 791
Arles **1** 689, 851, **2** 55, 136, 139 f., 677, 870, 906, 961, 963, *964 ff.*, **3** 224, 231, *237–243* (gall. Primatie im 5. Jh.), 250, 349 f., 379, *386–390* (Metropole d. gall. Kirche), 393 f. (Kloster), 396, 398, 803, 807, 844, *923*, 966 f., 969, 980, 982, 1015 (Kirchenbau), 1017, 1025, **5** 492, 685, **6** 20, 582 (Königreich)
  Konzil (353) **2** 377 f., 382, 886, 971
  Synode/Konzil (314) (↗Reichssynode) **1** 660, **2** 55, 125, 131, *250 ff.*, 313, 885, 959, 979
  Synode (524) **3** 391
Armagh **3** 872, 876, 978, **4** 741 f.
Armenien, Armenier, armenische Kirche (↗SR: Armenische Sprache, armenische

Literatur) **2** 82, 97, *101–107*, 432 f., 724, 839, 1065, 1081, *1085–1089* (Christianisierung, Kirche bis 5. Jh.), 1090 f., **3** 23, 32, 138, 141, 151, 504, 551, 555, 571, 629, *1187–1230* (frühe Kirche, ab 5. Jh.), 1237 (u. Georgien), 1238, 1240, 1248, 1252–1255, 1264 ff., 1286, 1290, 1294, **4** 240, 316, 349 f., 370, 429 (monophysit. Klöster), 432, *473–542* (Kirche 611–1066; Kalifat, Byzanz), 590 (Georgien), 940 (Kiewer Rus', 10. Jh.), **5** 3 f., 28 f. (Byzanz, MA), 31, 318, 350 f., 369, 484, 721, *744*, 745 f., 782 (Eroberung Baibars), 783, **6** 174, 205–208, *224–229* (Kirche, 14./15. Jh.), 231, 245 f. (Jerusalem), *832–836* (Kirche u. Union), *836 ff.* (Konzil v. Florenz), **7** 432 (Polen-Litauen), **8** 386, 891 (Indien), 898, 899 (Indien), **9** 63 (Union, Polen), 519, 546 ff., 592 f., *592–595* (osman. Herrschaft, frühe NZ), **10** 133 f., 136 f., 139 (Osman. Reich, 18. Jh.), 143, **11** 137, 774 f., 777, 779, 781 f., 785, 787 ff., 794 f., 798, 800, 802 f., 809, 817 f., 820 f. (Massaker 1915/16), **12** 10, 389, 393, 915, 945 f., 948 ff., 1016 f., **13** 415, 427 ff., 435 f., 448, 455, 458 f.
Armorica **3** 868 f., *880–887* (Christianisierung), 978, **4** 631, 740, 757
Arras **2** 960, 968, **4** 867 (Synode, 1025), **5** 805, 826
  Union v. Arras (1579) **8** 486, **9** 69
Arrouaise **5** 140, 396, 401, 420, 429, **6** 27
Ars **11** 124
Arsinoe **2** 48, 114, 822, 1010, **4** 35
  Synoden **2** 48
Arsuf **5** 782
Arta **9** 566
Artois **3** 972, **5** 495, **9** 83
Aruč **4** 488
Arzanene **2** 103
Arzōn **3** 1170
Asàn (Kloster in Aragón) **3** 975
Ascheberg **9** 925
Aserbeidschan ↗Azerbeidschan
Ashdod **1** 76 f.
Ashton **2** 983
Asia (röm. Provinz Asien, kirchl. Diözese Asia) (↗Kleinasien) **1** 125, 128, 152, 156 ff., 161, 236, 242, 250, 252, 258, 300, 302, 307, 321, 323, 375, 382, 451, 479, 567, 687, 768, 772, **2** 1019, **3** 547, 553, 555
Asien (↗Einzeleinträge) **7** *586–589* (Portugiesen, 16. Jh.), **9** 147, 755 f. (u. Europa, Geistesgeschichte), **11** 973, *1023–1060*, **13** 21 (Konzilsväter beim 2. Vatikanum), 97, 186 ff. (theolog. Entwicklung), 267, 349, *617–674*
Asiensynode (1998) **13** 659
Askalon **4** 410
Assam **11** 1029
Assisi **5** 834 f., 844 f., **13** 126 (Weltgebetstag 1986), 699 (Weltgebetstag 1986)
Assuras (Zantour) **1** 642, 647, **2** 263
Assyrien **4** 454 f.
Astisat (Armenien) **2** 1086
Astorga **3** 216, 219 f., **4** 736, **8** 711
Astorga-León **1** 686, 851
Astrachan **11** 762
Asturien (span. Königreich) **4** 652, 735 f., 787 f., **5** 291, 300
Asunción **8** 780, 786, 790 f.
Athen **1** 118, 120, 285, 321, 518, 573 f., 618 f., 843, 875, **2** 145, 706, 836, **4** 315, **6** 133, 768 (katalan. Herzogtum), **9** 555, 566 f., **12** 955, 963 (orth. Kongreß 1936)
  Akademie, philos. Schule **2** 113, 706, 1061, 1069, 1071, **3** 427, 648, 651, **4** 752, **8** 367 (Neugründung, 16. Jh.)
  Universität **12** 958
Athos („Heiliger Berg"; Kloster-Siedlung) **4** 274, 278, *284–294* (Entstehung), 303, 310 (Hospitäler), 315, 570 (georg. Mönche), 930 (Bulgaren), **5** 15 f., 362 (Chilandari, Abb.), 375, 710, 712, 737 f., **6** 154 f., 157, 172, 183, *196–202* (SpätMA), 232, 257, 548 f., 553, **7** 14, 47, 54 (u. Moskau), **8** 361, 368, **9** *569 f.*, 582, 602, **10** 109, 736, **11** 742, 744, **12** 921, 925, 955 f., 962, 994, 1013
Atripa **2** 688

Attalia, Antalya **1** 110
Attigny **4** 690, 703, 751
Aubagne **2** 961
Auch (Auscius) **3** 229, **6** 631
Auckland **11** 1065, 1067
Auferstehungskirche (Jerusalem) **4** 414 ff.
Augila **3** 762
Augsburg **4** 802, **6** 868, **7** 180, 500 f., 823 (Täufer), **9** 43, *50f.*, **10** 177, **13** 699 (Gemeinsame Erklärung zur Rechtfertigungslehre 1999)
Augsburger Bekenntnis ↗SR: Confessio Augustana
Augsburger Interim (1548) **8** 400 ff.
Augsburger Religionsfriede (1555) **8** 18, 30, 319, *402–405*, 967, **11** 310
Reichstag (1518) **7** 313
Reichstag (1547) **8** 400
Augustamnica (ägypt. Provinz) **2** 1008, 1011
Aunis **8** 511, 514, **10** 518, **11** 176
Aurelianopolis **2** 89
Aures (-Gebirge) **3** 292, 297
Auronitis **1** 103
Ausafa (heute Ksar Abd el Melek) **1** 643
Australien **11** 131, 149, *1061–1067*, **12** 316, 923 (orth. autonome Metropolie), **13** 458, 686, *689–692*
Austrien **4** 603, 641, 663
Ausuaga **1** 644 f.
Autun **2** 140, 961, **3** 844, 883, *924*, **4** 652
Auvergne **4** 781 f., **5** 139
Auxerre (Stadt, Diözese) **2** 866 f., 974, **3** 841, 971, 1017, **4** 757, 772, 953, **9** 332, **10** 548
Ava **9** 780
Aveiro **12** 502 (Diözese)
Avignon **2** 959, 963, **3** 982, **4** 653, 656, **5** 137, 152, **6** 37 f. (Päpste, ca. 1300), *62–66* (Papstresidenz, 14. Jh.), 76 f. (ab 1378), 82 f., 85, 88, 575 (Clemens III.), 601 (Päpste u. weltl. Herrscher), 605, **7** 69, 97 f., 746 f., **8** 281, 493, 1020, 1093, 1186 ff., **9** 203 ff. (Juden), **10** 322 f., 658
Universität **6** 645, **7** 213
Avila **2** 485 f.
Awa **8** 911
Awan **3** 1214, **4** 481
Awarayr **3** 1202 f.
Axim **8** 756, **9** 737
Ayceac' **4** 519
Aylesbury **6** 660
Ayouthya **9** 757
Ayuthya **9** 762, 771 ff., 780
Azemur **7** 574 f.
Azerbeidschan **3** 1279, **4** 429, 555, **6** 215 f., 883, **11** 774, **13** 415, 429, 435, 455
Azoren **6** 755, **7** 570 f., 573 f., 579

Baalbek (Heliopolis) **2** 62 (heidn. Aufstand, 579), 62, 688, **4** 69
Babylon **1** 503, **2** 822, **3** 1161
Babylon (Ägypten) **4** 26 ff.
Babylonien (↗Irak) **2** 1077, 1081, **4** 454
Bačkovo-Kloster ↗Petritza Bačkovo
Bad Boll **11** 314
Badajoz **2** 954
Baden (Markgrafschaft, Großherzogtum) **8** 406, **10** 716, 719, 723 f. (Evangelische Kirchenunion), **11** 28, 297, 304, 311, 454, 662, 664,
Konkordat **12** 379, 381 f., 685 f., 693, 734
Badias (heute Bades) **1** 644, 646
Baetica (span. Provinz, Antike) **2** 501, 940, 946, 949, 956 f., **3** 214, 216, 399, 411, 786 f., 789, 791, 852 f.
Baeza **6** 752
Bagai **1** 644, 647, **2** 259, 263, 511, 515, 927
Bagamoyo **11** 142, 1010
Bagawan **2** 105
Bagdad **4** 28, 402, 428, 431, 434, 460 f. (nestorian. Katholikos), 467 f., **5** 781, **6** 208, 212 f., 218
Bagis **2** 89
Bagradas (Oued Medjerda) **1** 646, **2** 927
Bahamas **7** 554
Bahia (↗Salvador da Bahia) **8** 866, **10** 764
Bahrain **13** 456
Baixo Alentejo **2** 954

Bajadoz **6** 752
Balad **4** 459
Balade **11** 149
Balamand **6** 221, **9** 592, **13** 425 f. (ökumen. Konferenz 1993)
Balearen **2** 954, **4** 778, **6** 851 f. (Juden)
Balkan (↗Einzelregionen) **4** 28 f., 31, 228, 346 (Bogomilen), **5** 486, 720, **7** 7 (türk. Eroberg.), 11, 12 ff. (Osmanen), 14 f., 35 f., **9** 234, 541, 543, 545, 549, 574 f., 599 f., **10** 116–133, *727–738*, **11** 768–772, 774, 780, **12** 389, 915, 944
Baltikum (↗Estland; ↗Lettland; ↗Livland) **5** 699–703, **6** 17, **11** 721, **12** 393, 404, 805
Baltimore **10** 500 (Abb.), 505, **11** 858 f.
Bamaccora **1** 644
Bamberg (↗Michelsberg) **4** 801 f., 805, 841 f., **5** 137, **6** 567, **10** 714
Ban-de-la-Roche ↗Waldersbach
Banat **9** 31 f.
Banda-Inseln **9** 757
Bandarmasin **11** 1037 (Dayakaufstand 1857)
Bandung, Konferenz asiat. Staaten (1955) **12** 432, **13** 312 f., 623
Bangalore **13** 136 (ökumen. Konferenz), 661
Bangkok **9** 772, 780,
Missionskonferenz (1973) **13** 133, 333, 336 f., 600, 665
Bangladesch **13** 643
Bangor **3** 869, 877, 978 f., **4** 620, 624, 741
Baniyas **5** 316
Bar, Antivari (Serbien) **4** 952, **5** 133, 709
Barata **2** 92
Barbados **11** 133
Barbalissos **3** 507
Barcelona **2** 142, 653, 952, **5** 152, 291 ff., 299 f., 761, **11** 451, **12** 136 (Eucharist. Kongreß 1952), 168, 243, 533 (Eucharist. Kongreß 1952)
Synode (540) **3** 399
Bardsey **3** 869
Bari **4** 835, **5** 4, 309, *310*, **13** 425 (ökumen. Konferenz 1986)
Barmen **11** 314
Barmer Theologische Erklärung **12** 64, 105, 107, 123, 347–350, 716 ff.
Barnaccora **1** 647
Basanites **1** 487, 490
Basel **4** 657, **5** 409, **6** 22, **7** 173 f., 645–648 (Buchdruck, J. u. H. Froben), 734, 788, *790–808* (Reformation), 823 (Täufer), 839 (Farel), **8** 55, 60, 417, 428, 433 f., 436 f., 1110, **10** 838, **11** 28, 155, 577, 579, **12** 315, 380, 670 (Katholikentag), 679
Konzil (1431–1449) **6** *111–131*, *288 ff.* (Konziliarismus), 638, 671, 698, 700, 728, 806 (Hussiten), **7** 462 (Hussiten)
Universität **7** 791, **8** 1111
Basilikata **4** 366, 372, 374, 380 f. (griech. Mönchtum), **5** 312
Baskenland **11** 287, **12** 499, 519, 521 f., 601
Bassano **6** 742
Bassora **2** 81
Batanäa **1** 103
Batavia (↗Djakarta) **9** 756, 758
Battle **5** 176
Baudouinville **11** 1014 (Seminar)
Bautzen **4** 842
Bawit **2** 826, **3** 599 (Apollon-Kloster), 721, 736 (Mosaiken)
Bayern **4** 660, 731, 798, 801 f., **6** 704, **8** 414 f. (Kath. Reform), **9** 254, 267 f., 326, 1036, **10** 173, 175, 220, 705, 714, 718, **11** 28, 81, 294, 310, 449, 454, 654, 662, 664, **12** 379–382 (Konkordat), 685, 688, 693 (Konkordat), 696, 715, 734 (Konkordat)
Bayeux **3** 971, **10** 552, 633
Bayreuth **6** 869
Markgrafschaft Bayreuth **9** 47
Baza, Basti **2** 143
Bazas (Vasatis) **3** 229, 971
Béarn **8** 510 f., **9** 131
Beauraing-Banneaux **12** 246, 660
Bec (Abtei i. d. Normandie) **5** 101 f., 176, *455*
Beerseba (Südafrika) **11** 984 f.

Beijing ↗Peking
Beirut, Berytus **2** 62, 75, 87, 99, 1074, **3** 45, 49f., **5** 316, **6** 223, **10** 134, **11** 136, **12** 969, **13** 448
Universität **11** 811
Beitang („Nordkirche", Kathedrale von Peking) **9** 788, **10** 154ff.
Belalis **3** 759
Belem **7** 412 (Abb.)
Belém do Pará **8** 859
Belen-Pass **1** 113
Belfast **12** 869 (Queen's College), 871
Belgien (↗Niederlande, spanische, österreichische) **10** 437–443 (u. Franz. Revolution), *738–745* (Unabhängigkeit), **11** 12f., 17, 19, 25, 32, 111–116, 123, 130f., 200, 211, 266, 303, 449, 453, 465, 472, 480, *533–548*, **12** 4, 10, 27, 185, 197f., 203, 212f., 226–232 (theolog. Entwicklung), 243, 287, 295, 330ff., 336, 339, 386, 389f., 404, 569, *649–664*, **13** 21 (Konzilsväter beim 2. Vatikanum), 147, 212, 235, 296, 315ff., 387, 556
Belgorod (b. Kiew) **4** 947, **9** 507
Belgrad (Singidunum) **2** 153, **7** 75, 422, **9** 541, 544, 546, **11** 770, **12** 925 (serb.-orth. Patriarchat), 955 (orth. Patriarchat), 1008 (Patriarchat), 1009 (theolog. Akademie)
Belize (früher Britisch-Honduras) **13** 476
Belle-Ile-en-Mer **10** 518
Benediktbeuren **4** 803
Benevent (Stadt, langobard. Herzogtum) (↗Kampanien) **2** 133, **3** 903f., 1043, 1093f. (latein. Ritus ab 6. Jh.), **4** 616, 637, 704, 707, 757, 833ff., 837 (Sophienkloster), **5** 38, 680
Vertrag (1156) **5** 213, 215, 673
Bengalen **8** 904, **11** 134
Benin **7** 554, 570, 579f., **8** 756f., **9** 732, 734, 736f., **11** 979, 1002ff., 1013, **13** 565, 567ff.
Berestovo **4** 945
Bergamo **6** 717
Berlin **9** 418, 487, **10** 832, 834, 836, **11** 314, 657f. (Kirchentag 1871), 782 (Vertrag 1878), 789 (Vertrag 1878), 817 (Vertrag 1878), **12** 514 (Konferenz 1878), 740 (evangel. Kirchentag), 747 (theolog. Fakultät), 754 (Diözese), 915 (Kongreß 1878), 926 (orth. Exarchat), **13** 369 (Mauer)
(Humboldt)-Universität **10** 721, 725
Kongokonferenz (1885) **10** 721, **11** 412f., 418, 420, 1001, 1018 (Afrikakonferenz), **13** 544, 556
Bern **7** 774, 788, *790–808* (Reformation), 841f. (Farel), **8** 60f. (Reformation), 62, 128, 430, 436f., 963, **9** 54, 432, 470, **12** 335, 679 (Universität)
Bernicia **4** 625
Beroea (↗Aleppo) **1** 118, 488f., 493, 573, **2** 73, 146, 621, **3** 568f., 612
Berrhoia ↗Beroea
Berrhola ↗Stara Zagora
Berry (bei Soissons) **3** 818, **10** 518
Bersinikia **4** 146
Berthelsdorf **9** 487
Berytus ↗Beirut
Besalú **5** 299, 302
Besamduk **2** 832
Besançon **5** 215f. (Reichstag 1157), **6** 22, **12** 601
Beschne **2** 842
Bessarabien ↗Moldawien
Betanien **5** 315
Bet Arabaye ↗Nisibis
Bēt Lapat, Beth Lapat **2** 81, 1082, **3** 1165, 1169ff., 1175
Bēt Moksāyē **3** 1170
Bēt Selōk **3** 1169
Beth-Daltha **2** 832
Bethel (bei Bielefeld) **11** 325, **12** 710 (evangel. Kirchentag)
Bethlehem **1** 14, 70, 559, **2** 235, 672, 684, 832, 842, 863, 923, 1001, 1045f., 1048, **3** 540 (Hagios Theodosios), 620, **5** 315f., 778, **13** 468 (Universität)
Bethlehem (Pennsylvania) **9** 488, 693, **10** 860
Bethulia (Südafrika) **11** 984
Beuron **11** 131, **12** 266

Béziers **2** 971, **5** 774
Bhutan **13** 645
Biberach **7** 322, **9** 43
Bičvint'a ↗Pityous
Bilbao **12** 325
Biloxi **9** 675
Biltha **1** 642
Biredjik ↗Makedonopolis
Birka **4** 893, 910
Birma **8** 904, **9** 751, 780, **11** 1032, **12** 316, **13** 620, 645, 656
Birmingham **12** 315
Biscaya (span. Provinz) **7** 394, **8** 710
Biserta ↗Hippo Diarrhytus
Bisignano **4** 375, 377
Bitabo **3** 498, 612, 614
Bithynien **1** 3, 113, 152, 240, 251, 309, 321, 336, 565, **2** *86ff.*, 98, 182, 564, 774, 1063 f., 1074, **3** 18, 555, **4** 29, 275 (Klöster), 297, **6** 154 (Eremitentum, SpätMA)
Bizyca **3** 522
Blachernenkirche ↗Hagia Theotokos
Blaye **2** 869
Bobbio (Kloster) **3** 733 (Ampullae), 738, 880, 979, **4** *617f.*, 628, 631, 637, 701 f., 850, **5** 176
Boedekken (Stift) **6** 709
Böhmen **4** 731, 888, 890, *892* (Christianisierung), 893, *895f.*, 912 f., **5** 129 f. (Gregorian. Reform), 327 f., 340, 690 ff., 695, 714, 791, **6** 282 ff. (Hus), 337, 344 f. (Hussiten), 771, 772 (Hussiten), 787 ff., 798 ff., *804–807* (Hussiten), **7** *419f.* (15./16. Jh.), 432 f., *461–473* (Hussiten, 15. Jh.), *764f.* (Luthertum), **8** 407 (Luthertum), 426 (1618), 619 ff., *624–631* (16. Jh.), 1237 f., **9** 9 (Gegenreformation), 10, 12 f., 16, 19–23, 33, 41 (1619/20), 289, 475–478, 859, 882, 910, 1069 (geistl. Musik), **10** 1, **11** 331, 683, 707 ff., **12** 873, 887, 899
Boeschèpe **11** 517
Bogotá **8** 791, 793, **9** 626, **13** 491 (Universität), 501 (Eucharist. Kongreß)
Bois-le-Duc **11** 215 (Diözese)
Bolenge **11** 1007 f.
Bolivien **8** 773, 784, 790 f., 807, **9** 658, **10** 77, 782, 790, **11** 180, 467, 930 f., **13** 475, 481, 486, 515 f.
Bolnisi **3** 1251 f.
Bologna **5** 126, 839, **6** 570, 572 f., 575, 583 f., 724, 733, 735, 740, **7** 95 f., **9** 226, 277, **11** 10, 264
  Konkordat (1515) **7** 769, **9** 134, 251, 373
  Schule, Universität **5** 126 f., 188, 459 f., 463 f., 470, 475, 560, 861, *861–885* (Entstehung, MA), *869f.*, **6** 796, **7** 507, **9** 571
  Vertrag (1516) (Franz I. u. Papst Leo X.) **7** 354
Bolsena **2** 131
Bombay **9** 804, 807, **11** 1027
Bonn, Universität **10** 709, 713 f., 717, **11** 297
Bordeaux (Burdigala) **2** 140, 490, 869, 963, **3** 229, 345, 971, **6** 21 f., 631, 644, 652 f., **8** 331, **10** 599, 689, **11** 176, 192, 523
  Synode (1528) **7** 876 f.
  Synode (384) **2** 490
Borinage **11** 538
Borneo **11** 1037
Bose **13** 140 f.
Bosnien **5** 4, 690, **6** 251, 776 (Franziskaner), **7** 14, 32, 36, 421, **9** 546, 580, 600, **13** 371
Bosnien-Herzegowina **11** 704, 769 f., 781, **12** 877 (Konkordat), 901, 915, **13** 309 f., 372
Bosra **4** 24
Bossey, Ökumen. Institut **12** 63, 79
Bostra **1** 612, **2** 63 f., 1040, **3** 570
Botswana **11** 983 f.
Bougainville **13** 694
Boulogne **2** 960, 968
Bourbon ↗La Réunion
Bourges **2** 136, 140, **6** 631, **11** 520, **12** 614
  Diözese **11** 177
  Universität **7** 213
Bourgogne **2** 869

Bouvines **5** 671 f., 675
Bova **4** 377
Brabant **3** 365, **7** 228, **11** 204, 210, 214
Brad (Jebel Sim'an) **2** 675
Braga **2** 143, 503, 940, **3** 975, **4** 614, 738, **5** 305
Synode (561) **2** 945, **3** 220, 407, 1141
Synode (572) **3** 407, 1130
Brandenburg (Stadt, Bistum) **4** 800 f., **5** 332, **6** 704, **7** 440 (Waldenser), **11** 310, 662
(Kur-)Fürstentum (↗Preußen) **8** 321, 395, 410, **9** 46 f. (Hugenotten), 53, 136, 418, 425
Brasilia **12** 170
Brasilien **7** 531, 547, 561, *589* (bis 1532), **8** 765, 835, *858–871*, **9** 147, 616 f., 622, 624, 626 f., 632, 639, 643 (franziskan. Mission), 648 f. (Antonio Vieira), 654 (Calvinisten), 658, 660, 704, 711 f., 722, 1133, **10** 72, 77, 83 (religiöse Bruderschaften), 90, 664, 686, 759 f., 764, *778–782* (Unabhängigkeit), **11** 131, 414, 452, 467, 929 f., *943–956*, 957, 960, 963, 965, **12** 1153, 1155, 1159, 1164, 1167, *1188–1207*, 1209, 1216–1221, 1223, **13** 21 (Konzilsväter beim 2. Vatikanum), 276, 458, 475 f., 481, 485 f., 489, 491 (Bischofskonferenz), 494 (Bischofskonferenz), 496, 497 (Bischofskonferenz), 500, 504, 515, 527
Bratislava **7** 433
Braunschweig **5** 543 (Dom), **8** 6
Braunschweig-Wolfenbüttel **8** 399
Bravone-Linguizetta **3** 1056
Breda **11** 215 (Diözese)
Bregenz **3** 979
Bremen (↗Hamburg-Bremen, Erzbistum) **4** 726, 729, **6** 21, 567, **8** 15, 105, 321, 400, 410, **11** 975 (Missionskonferenzen ab 1866), **12** 715
Akademie/Universität **8** 411
Brescia **2** 692, **3** 326, 1090, **6** 584, **10** 449 f., **12** 185
Breslau, Wrocław (Stadt, Diözese) **4** 831, 900, **5** 328, **6** 775, 789, 866 (Judenverfolgung), 868 f., **7** 420, 423, 425, 465, **10** 715, **11** 297, 317, **12** 754
Universität **11** 297
Brest (Brešć), Brest-Litovsk **6** 784, **10** 198
Union (1595/6) **8** 371, 386, *654–658*, **9** 508
Vertrag (1918) **12** 930, 974
Bretagne (↗Armorica) **1** 686, **2** 907, **3** 224, 1114 (Märtyrer), 1140, **4** 631, 740 f., 778, 781, 783, **5** 89, 139, **6** 22, 29, 605 (100jähriger Krieg), 642 ff. (u. Pragmatische Sanktion), 653, **8** 959, **9** 326, 859, **10** 628, **11** 31, 124, 175, 449, 502, 523, **12** 137 (Wallfahrtsorte), 601, 603
Breton Island **10** 529
Bretton Woods **12** 1094
Brig **9** 56
Brioude **3** 971, 1047, 1125
Bristol **7** 455 (Lollarden), **10** 210
Britannien, Britische Inseln (↗Großbritannien; ↗England; ↗Wales; ↗Schottland; ↗Irland) **1** 237, 686, **2** 15, 128, *141* (Christentum 3./4. Jh.), 183, 251, 406, 525 f., 533, 543, 546, 631, 859, *979–983* (Kirche im 4. Jh.; Christianisierung), **3** *865–891* (frühes Christentum, 5./6.Jh), *926–931* (Missionierung unter Gregor d. Gr.), 967, 977, 979, **4** 603, *619–625* (Kirche, FrühMA), 674, *786–789* (Klosterreform, 10. Jh.), **5** 151 f., 425, **6** *655–682* (Kirche, SpätMA), **8** *524–572* (Reformation), **9** *88–116* (17. Jh.) **11** *221–239*, *558–574*, **12** 245
Britonia (span. Diözese) **4** 634, 736
Brixen **5** 258
Brogne **4** 785, 791 f., **5** 159
Brügge **5** 858, **7** 501, **8** 173, **11** 535
Diözese **11** 206
Brüssel **8** 486 f., **9** 82, **11** 32, 205 f., 538, 542, 544, 547, **12** 243, 290, 658
Universität **11** 203, **12** 655, 664 (prot. Fakultät)
Brunei **13** 660
Buchara **9** 776

Buckinghamshire **7** 378, **8** 532
Buda (↗Budapest) **6** 796, **9** 601
Universität **6** 796
Budapest **12** 370 (Einmarsch d. Roten Armee 1956), 894 (Eucharist. Kongreß 1938), 911 (Einmarsch d. Roten Armee 1956), **13** 146 (Konferenz d. Luther. Weltbundes), 355 (Einmarsch d. Roten Armee 1956)
Buenos Aires **8** 790 f., **10** 771 f., **12** 136 (Eucharist. Kongreß), 926 (orth. Exarchat), 1224, 1226, **13** 488, 491 (Universität)
Buga **13** 497 (Konferenz für Hochschulpastoral 1967)
Bugia **6** 755, **8** 741
Bukarest **9** 583, **12** 925, 954 (rumän.-orth. Patriarchat), 1007 (theolog. Institut), **13** 422 (Patriarchat)
Bukowina **11** 772, **12** 974, 978, 986
Bulgarien, bulgar. orthodoxe Kirche **4** 184 ff., 190 f., 193, 197, 229, 344 ff. (Bogomilen), 353, 716, 718 f., 884 f., 888 f., *921–938* (MA, Christianisierung), **5** 342, 352, 486 (Bogomilen), *708 ff.*, 718, **6** 133, 137, 247, *249 f.*, 256, 513 (heidn. Kulte, MA), **9** 544, 550 f., 574 ff. (Ochrid, 17./18. Jh.), 600, **10** *736 f.*, **11** 130, 686, 768, 781 ff., 791, **12** 903, 911, 920 f., 967, 988, 1003 f., 1005 (orth. Exarchie), 1006 ff., 1023, **13** 4, 354, 357, 370 f., 378, 384, 386, 426
Bulla Regia **1** 624, 642, **3** 759
Burgos **5** 300, **6** 760 (Kartause, Abb.), **8** 715, **12** 325
Burgund (↗SR: Burgunderreich) **4** 603, 641, 839, **5** 89, 93, **6** 691
Herzogtum Burgund (SpätMA) (↗Arles) **6** 582, 600, 607, 642 (u. Pragm. Sanktion), 683
Burkina Faso **13** 276, 548
Bursa ↗Prusa
Bursfelde **6** 28, 709, **7** 159, 162, 165, 169 f., 174
Buruc ↗Uruc
Burundi **13** 548, 561 f., 570 f.
Buslacensis (heute Henchir Bijga) **1** 642, 645
Butwa **8** 762
Byblos **1** 726
Byzacena **1** 643, **2** 126, 921 ff., 927, **3** 267 f., 273, 275, 279 ff., 286–292, 295, 750 f., 753 f., 759, 761 f., 764, 918
Byzacium **2** 518 f., 540
Byzanz ↗Konstantinopel; ↗SR: Kaisertum, oström.

Cabo Branco **7** 570
Cabra (Egabrum) **2** 143
Cabrera (Baleareninsel) **3** 789
Cacheu **8** 756
Cadouin **5** 395, 416
Caesarea (Bithynien) **2** 87
Caesarea (Cherchel Cuicul) (Mauretanien) **1** 623 f., 661 f., **2** 125, **3** 762
Caesarea (Kappadozien) (heute Kayseri) **1** 505 f., 565, 618, 851, **2** 101, 103 f., 631, 660, 787, 789 f., 842, 1064 f., 1067, 1071 f., 1085, 1087, **3** 21, 551, 553, 555, 1193 (u. Armenien), 1197, 1252, **4** 13, 349, 475 (u. Armenien)
Caesarea (Palästina) **1** 13, 76 f., 84, 106, 121, 134–137, 140, 230, 274 f., 295, 347, 382, 472 f., 476, 489, 500, 511, 515, 557, 559, 565, 608–611, 615, 618 f., 771, 774, 798, 801, 821, 843, 846, **2** *58 f.*, 61, 64, 161 f., 336, 432, 631, 842, 1010, 1015, 1022, 1038, 1042 f., **3** 148, 430, 546 f., 571, **4** 14, 24, 410, **5** 316, 782
Bibliothek **1** 486, 558
Caesarea Philippi **1** 296, **2** 62, 1041
Cagliari **2** 134, **3** 906
Cahors **6** 19, 652, **7** 514
Universität **6** 645
Caiši ↗Saisinos
Cajamara **8** 775
Calahorra **2** 142, 184
Calama **1** 647, **2** 125, 922
Calatrava **5** 304, 322
Ritterorden **6** 751, **7** 407
Caldy Island **3** 869

Camaldoli (↗SR: Camaldulenser) **5** 139, 176ff., **6** 721
Cambrai **4** 801f., **8** 476, **9** 83, 277
Cambridge **7** 379 (Kolleg)
Universität **8** 221, 224, 560 (Puritanismus), 565, 1111, **9** 91, 442
Camerino **6** 572, **9** 226
Campanien (Campagna) **1** 690, **2** 533, 543, **3** 905, 1093f. (Ritus ab 6. Jh.), **4** 369, 374, 837f., **5** 643, **6** 719
Campinas **13** 491 (Universität)
Canberra, Vollversammlung d. ÖRK 1991, **13** 132, 134, 136, 629, 668, 691
Candes **3** 1058
Candia ↗Kreta
Candida Casa ↗Withorn
Cannanore **7** 578
Cannes **2** 865
Canopus **2** 826f.
Canossa **5** *55f.* (1077), 125f.
Canterbury (Stadt, Diözese) **3** 866, 928f., 931, **4** 622, 638, 640, 651, 744, **5** 105 (Kathedrale, Abb.), **6** 658, 662f., 665, **7** 455 (Lollarden), **8** 224, **10** 45, 50, **11** 570
Konvokation **11** 231, 568, 570
Synode (1555) **8** 272
Canton ↗Kanton
Cap-de-la-Madeleine **9** 666
Capitolias **2** 60
Capraia **2** 857
Capsa (heute Gafsa) **1** 643, 645ff.
Capua **2** 133, 669, 907, 1061f., **3** 905f., **4** 835, **5** 38, 68, 307
Carácas **9** 627, **10** 771, **11** 939 (Provinzialsynode 1904)
Carcassonne **5** 152, 895
Cargar **6** 216
Carhaix **3** 884
Carlleon **3** 869
Carnuntum **2** 187
Carpentras **2** 963, **3** 982, **9** 278
Synode (527) **3** 391
Carpi (heute Henchir Mraïssa) **1** 642
Carpignano Salentino **4** 380
Carranque **2** 953
Carrhae (Haran) **2** 79
Cartagena de las Indias **8** 786, 791, 860
Cartagena (Nova Carthago) **2** 143, 940, **3** 214, 216, 411, 785, 788f., 791, 853f., **6** 752
Casablanca **12** 359, 408f. (Konferenz d. Alliierten 1943)
Casae Nigrae **2** 263
Casaranello **4** 379
Cassano **4** 375, 377
Cassiciacum **2** 920f.
Castellum Tingitanum **1** 661
Castelseprio **3** 1048
Castiglione d'Olona **6** 740
Castra Galbae **1** 644
Castra Martis **2** 153
Castres **6** 19
Castro **4** 379
Catania **4** 374, **6** 740
Cathay ↗China
Catraeth **3** 865
Cava (Kloster) **4** 837
Cavaillon **2** 959, 963, **3** 982
Cazlona (Castulo) **2** 143
Cebú **8** 856f.
Cedamusa (Kotama) **3** 265
Cedias (heute Henchir Oum Kif) **1** 644, 647
Celaenae **2** 95
Centcelles **2** 955
Centumcellae ↗Civitavecchia
Centuriones (Bischofssitz im röm. Numidien) **2** 125
Cercina (Kerkennah) **6** 876
Cerenzia **4** 377
Cérisy **3** 971
Černigov **9** 509
Cesena **5** 152
Cetinje (Cettigne) **9** 578
Ceuta **6** 754, **7** 411, 568, **8** 741, 743
Cevennen **8** 514, **9** 138
Ceylon **4** 455f., **7** 552, **8** *884ff.* (Evangelis.), 904, **9** 806, **11** *1023–1032*
Ceyreste **2** 961
Chaise-Dieu **5** *168*
Chalais **5** 401

Chalcedon, Chalkedon **2** 5, 86 f., 615 ff., **3** 5, 8, 83, 555, 636, 655, **4** 275
Konzil (451) (Verlauf, Beschlüsse) (↗SR: Kanon 28, Monophysitismus, Neuchalkedonismus) **1** 822 f., **2** 562, 617, 843, 1030, 1033, 1043, 1059 f., **3** 6, 83, *90–119* (Verlauf), 129, 180, 182, 199, 208, 253 (Anteil gall. Bischöfe), 436, 438 ff., 448, 450, 456, 458 ff., 464, 481, 491 f., 499, 510, 545 (Metropolitenamt), 546 (Pentarchie), 548 (Patriarchate), 572 f. (Jerusalem), 574, 585 (Mönchtum), 588 f., 593 f. (Widerstand ägypt. Mönche), 615–618 (Reaktion d. syr. Mönchtums), 621 ff. (palästin. Mönchtum), 628, 630, *632–635* (Klöster in Konstantinopel), 655, 756 (Drei-Kapitel-Streit, Afrika), 798 f., 953, 1179 (Persien), 1204 (armen. Kirche), 1206 f., 1212, 1220 f., 1253 f. (Kanon 28, Barbarenkirchen), 1264 (Georgien), 1266, 1273 ff., 1286, 1292, 1295 f., **4** 221, 298, 391, 410, 476 (u. Armenien), 479, 503 ff., 513 f., 535 ff., 551 (Georgien), **12** 924 f., 927, 946
Chalkidike **1** 116, **4** 274
Chalkis **1** 489, **2** 72 f., 833, **3** 494, 569, 612, 620, **4** 24
Chalkoprateia, Marienkirche v. (Konstantinopel) **3** 681, 683, 687
Chalon-sur-Saone **3** 349, 844, **4** 644
Synode (579) **3** 818
Synode (647/53) **4** 605
Chalons **9** 385
Chamousey **5** 155
Champa **9** 764
Champagne **5** 89, 495, **11** 180, 523
Chanbalyq (↗Beijing) **6** 882, 884
Chandernagor **9** 804
Changanacherry **8** 901
Charbin (Mandschurei) **12** 963
Charcas ↗Bolivien **8** 773, 784
Charentes **11** 197, 502, **12** 606
Charenton
Synode (1631) **8** 327
Charfet **11** 800 (Synode 1888)
Charleroi **11** 538
Charleston **11** 859, **12** 1106 (Diözese)
Charlottetown (Kanada) **10** 529
Chartres **2** 869, 961, **3** 802, 971, **4** 839 f., 852 (Domschule), 867, **5** 96 (Ivo v. Ch.), **11** 124, 344, 500
Schule **5** 459, 462, *471 ff.*
Chartreuse, Grande Chartreuse (↗SR: Kartäuser) **5** 144, 147 (Abb.)
Château-Landon **7** 360
Châteaudun **3** 802
Châteauneuf-Grasse **3** 1045
Chatila **13** 448
Châtillon-sur-Seine **4** 855
Chavanod **13** 288 (Konferenz d. LWB)
Chełm **6** 777, **7** 430, **10** 198
Chełmno **6** 796
Cherson (Krim) **3** 127, **4** 230, 238, 939
Chester **5** 176
Chevetogne **13** 21 (Kloster)
Chezal-Benoît **7** 166, 172, 174, 357, 359
Chiapas **8** 775, 786, 831, **13** 479, 486
Chiavenna **8** 577 f.
Chicago **11** 695, **12** 1077 (Universität), **13** 458
Diözese **11** 861, **12** 136 (Eucharist. Kongreß), 1114
Weltparlament d. Religionen (1893) **11** 440 ff.
Chichester **8** 224
Chile **8** 784, 791, 834, **10** 664 f., 772, 791, **11** 467, 920 f., 957, 960, 963, 965, **12** 1155, 1159 ff., 1166 f., 1206, 1209 f., 1214 ff., 1219, 1221, **13** 179, 308, 475 f., 486, 496 ff., 500, 504, 516 f., 521, 537, 692
Chilterns **7** 455–459 (Lollarden)
China **4** 455 f. (nestorian. Kirche), **6** 17, 210, 212 f., 835, 878 (Mission, MA), **7** 523, *525 ff.* (christl. Seefahrer, Anfang 16. Jh.), 535 f., 540, 545, 550 ff., 555, **8** 857 f., 881, *933–956* (christl. Missionierg.), **9** 2, *750–756*, *765–797*, 1101 f. (europ. Frühaufklärung), **10** *145–152*, **11** 148, 156, 160, 419 ff., 579, 751,

765 f., 1046–1053, **12** 24, 303, 306, 316 ff., 368, 378, 400, 433, 963 (orth. Kirche), **13** 22 f. (Konzilsväter beim 2. Vatikanum), 312, 619 ff., 623 f., *625–630*, 671
Chinon (Kloster) **2** 975
Chios **3** 493 f., **6** 765, 769, **9** 602, **11** 780
Chiquitos **10** 77
Chisone **11** 263
Chiusi (Clusium) **2** 134
Choba **1** 486 f.
Chochaba (heute Chochabé) **1** 488
Cholmogory **9** 508, 518
Chora (kaiserzeitl. Sprachgebrauch für Ägypten außerhalb Alexandrias) **2** *114 f.*
Chora-Kloster **6** 192
Chorāsān **4** 429
Chota Nagpur **11** 1029
Christiania
  Universität **11** 252
Christiansfeld **10** 57
Chrysopolis **2** 213, 217
Chucuisaca ↗Sucre
Chucuito **8** 836
Chullabi **1** 643
Cʿhumi ↗Sebastoupolis (Dioskurias)
Chuquisaca **9** 638
Chur **3** 1025, **12** 380
Cibalae **2** 209
Cibiliana **1** 643
Cilkani **3** 1251
Cillium **2** 263
Cimiez **3** 1064
Cimitile (bei Nola) **1** 690
Cirta (Constantina) **1** 624 f., 644, 647, **2** 122, 124 f., 127 f., 184, 244, 246, 256, 263, 521 f., 678, 927, **3** 268
Cisleithanien **11** 707
Cîteaux **5** *168 ff.*, 304, 391, 394, 396, 398, 400 f., 404, *409–416*, 418, 421, 427, 429 f., 524, 540, 759, **7** 357
Ciudad de la Plata ↗Sucre
Ciudad de los Charcas ↗Sucre
Ciudad Rodrigo **5** 238
Civaux **3** 1046
Cividale **4** 617
Civitavecchia (Centumcellae) **2** 131, 251, 419, **4** 653, **9** 225 f.
Clairvaux **5** 303 f., 409 f., 413, **6** 24
Claudiopolis **2** 88, 91, **3** 555
Clermont **2** 136, 869, 967, **3** 229 f., 345 f., 803, 807, 971, 1034, 1036, 1147, **4** *856* (Abb.), **6** 19, **9** 258 f.
  Kolleg **8** 1109
  Konzil (1095) **5** 70
  Synode (535) **3** 804, 809, 816, **4** 855 (Kathedrale)
  Synode (1130) **5** *194 ff.*
Clermont-Ferrand **12** 614
Clery **7** 347
Clichy **4** 603
Clonard **3** 978, **4** 621
Clonfert **4** 621
Clonmacnoise **3** 978, **4** 621, 741 f.
Clontarf **4** 787 (1014)
Clos-de-la-Lombarde **3** 1034, 1065
Cloveshoe **4** 662, 677, 743 f.
Cluj **8** 636
Cluny **4** 701, *784 f.* (Gründung), 788, 794 ff., 822, 837 (Süditalien), 840, 843 f., 845 f. (Exemption), 847, 849, 855, 858, 955, **5** 47 (Hildebrand), 85 f. (röm. Kurie), 101, 159, *161–167* (Ende 11. Jh.), 168, 172 (Hirsau), *293–297* (Iber. Halbinsel, MA), 382, 391, 395, *405–409* (Petrus Venerabilis), 424 ff., 455, 457, **6** 24, **7** 167, 170, 357, 359
Clysma **2** 824
Cochin **7** 578, **8** 880 f., **9** 761, 798, 809 f.
Codrington (Modellplantage der Society for the Propagation of the Gospel in Foreign Parts) 9 713, 716
Coela **3** 522
Coesfeld **8** 1109
Coïmbra **4** 736, 738, **5** 151, 298, **9** 150
  Universität **8** 727 f., 733 f., 1116, **9** 147, **11** 623, **12** 502
Colchester **2** 979, **5** 152, 176
Colmar **6** 709, **8** 407
Colonia Iulia Felix Gemina Lustra VLystra
Colta **13** 479

Columbia
Columbia University **9** 684
Comillas **12** 543 (Universität)
Como **3** 326, **6** 717
Compiègne **4** 690, 750, 848 (Friedensversammlung 1023)
Compostela **8** 789
Concepción de la Vega **7** 567, 599, **8** 774, 791
Condadisco **3** 983
Condat **3** 247 (Kloster), 970
Condom **6** 19
Congénies **10** 689
Conimbriga **3** 216
Connacht **4** 620f.
Connecticut **9** 678, 681, 685, **10** 499, **12** 923 (orth. Priesterseminar)
Constantina ↗Cirta
Constanza (↗Tomi) **2** 998
Cook-Inseln **13** 692
Corbie **4** 699, 701f., 726, 755, 757, 760
Córdoba (Spanien) **2** 142f., **3** 857, **4** 652 (Emirat), *737–740* (Emirat, 9. Jh.), *851* (10. Jh.), **6** 752, **7** 393f. (Judenverfolgung, ab 1474), **8** 715
Córdoba (span. Amerika) **9** 626, 647, **13** 491 (Universität)
Cordyene **2** 103
Cork **12** 868
Cormons **4** 617
Cornouaille **3** 882 (Name)
Cornus (Sardinien) **3** 1040
Cornwall **3** 866, 882, 887, **4** 619
Coro **8** 786
Corrymeela **13** 141
Corseul **3** 884
Cortona **6** 734, 740
Corvey **4** 726, *819*, 850, **5** 116
Cosenza **4** 375, 377, 835, **6** 26
Costa-Rica **8** 775, **13** 476, 482
Côte d'Or **12** 606
Cournon **3** 971
Coutances **3** 971
Diözese **11** 177
Covadonga **4** 652
Coventry **7** 455 (Lollarden), 459, **8** 561
Coyanza
Konzil (1055) **5** 292f., 295
Credition (Kloster) **3** 978
Cremona **5** 124
Crna Gora ↗Montenegro
Crotone **4** 376f.
Csánad **4** 843
Cuba ↗Kuba
Cueva Negra de Fortuna **2** 939
Cuicul (Djemila) **1** 644, 647, **2** 124, 677
Cumae **3** 905
Cumberland **4** 619, **8** 213
Cumbrien **3** 866
Cᶜurtᶜavi **3** 1261, 1282, 1291ff.
Curubis **2** 169
Cuzco **8** 772, *777ff.*, 786, 788, 831, **9** 626f., 638, 661, **10** 85, 761, *776*
Cyrenaika **1** 245, 706, **2** 922, **3** 428, 1013
Cyrus (↗Kyrrhos) **2** 75f., 833, 1032, 1037, **3** 605
Cyzicus, Cyzikus ↗Kyzikos
Częstochowa ↗Tschenstoachau

Da Nang **11** 148
Dachleh, Oase (Papyrusfundort) **2** 111
Dādīschō **4** 426
Dänemark **4** 728f., 893, 905ff., 912, 918, **5** 129, 133f., 329ff., 337, 688, 699, 714, **6** 774, 788, 790, **7** 415f., *756–759* (Reformation), **8** *22*, 27, 37, 43, *438ff.*, **9** *63f.*, 413, 1089, **10** 54ff., 60ff., 694, **11** 245, 249f., 253ff., *582–594*, **12** 843–862, **13** 387
Dahome ↗Benin
Dakar **11** 1009
Dakien **1** 686, **2** 15, 145, 1060, 1062, **3** 549, 578, 912, **5** 695
Dalmatien **1** 687, **2** *148f.*, **3** 326f., 330, 333, 458, 469, 770f., 909, 911f., **4** 236, 822, 912, 950f. (Serben), **5** 132, 695, **9** 543, 546, 602, **11** 704, 770
Damaskus **1** 99f., 103, 109, 131, 184, 197, 273, 275, 295, 486f., **2** 62, 1032, **4** 24, 393, 409, **5** 781, **6** 215f., 220, **10** 134, **11** 801 (Massaker an Christen), **12** 948, 953

Damiette **4** 419, **5** 776, 780, 836 (F.v. Assisi)
Damous el Karita **2** 931
Danaba ↗Saidnaya
Danelaw (dän. Herrschaftsgebiet in England) **4** 746, 778
Danzig **5** 702, **6** 772, 792, **7** 416, 763 (luth. Lehre), **8** 641
Daphni **2** 686 f.
Dara **4** 13
Dardanien **3** 327
Daressalam **11** 467
Kongreß d. EATWOT) **13** 183, 204
Darién **7** 601, 603
Dauphiné **7** 441 (Waldenser, 15. Jh.), **8** 514, **9** 139
Debeltum Mesembria **4** 925
Debrecen **13** 395
Synode (1567) **8** 639
Dečani (serb. Kloster) **6** 249, 256
Deggendorf **6** 865
Deir al-Muharraq **13** 450 (kopt. Seminar)
Deir Ali (Lebaba) **1** 184, **2** 670
Dekapolis **1** 71, 488
Dekkan **9** 798
Dekora **2** 1067
Delaware **9** 678 f., 689, 692, **10** 499
Delhi **9** 798 f., **13** 661
Delphi (↗Apollo-Orakel) **1** 120, **2** 217, 235
Demetrios-Kloster (Konstantinopel) **6** 192
Den Haag **9** 923, **11** 212, 467, **12** 638
Denia **4** 738
Derbe **1** 112 f., 152
Derbyshire **9** 99
Derkos **3** 441, 510
Derry **3** 878, **4** 620
Detroit **13** 458
Deutschland, Deutsches Reich **4** 782 (ostfränk. Reich), 788 f. (Klöster, 10. Jh.), 798, 800, *802 ff.* (Klöster, 10. Jh.), 850, **5** *56* (Bezeichnung, MA), *107–122* (Investiturstreit), 163, 170, 264 (Investiturstreit), 321, 410, 419, 585, 588 f., 595, 699, 768, 872, **6** 90, 96, 103 (Konstanz, 1415), 109, 122 (Florenz-Ferrara), 124, 330 (Flagellanten), 474, 528 (dominikan. Observanz), 543, 582 f., *587 ff.* (Kaisertum, ab 14. Jh.), *683–716* (Kirche, SpätMA), *859–870* (Juden, SpätMA), **7** 4, 202, 235, *305–329* (Vorreformation), 489 f. (Renaissance), 500, *729–744* (Ausbreitung d. Luthertums), **8** 27 (luth. Liturgie), 173 (Täufer), 240, 243, 285, *391–426* (Konfessionsbildung), 960, 1086, 1092, 1143, 1163, 1236, **9** *39–53* (Gegenreformation), 207 f. (Juden), 253, 267, 283, 325, 425, 847 f. (Bibelausgaben), 854 f. (relig. Schrifttum, Barock), 861, 882, 889, 899, 909, 914 (Bruderschaften), 936, 970 (Philosophie), *1072–1078* (prot. geistliche Musik), 1089 f. (Frühaufklärung), 1093 f., 1098 f., 1122 f. (Geschichtswissenschaft, Frühaufklärung), **10** *173–178* (Aufhebung d. Jesuitenordens), *667–671* (Katholizismus, Anfang 19. Jh.), 679–688, *704–727* (1805–1835), **11** 12, 17, 25, 30, 35, 73, 106–110, 122 f., 126 f., 131, 133, 154, 242, *294–326*, 335, 352, 395 f., 419, 428, 445, 454–457, 464, 467, 472, 474, 481 f., 555, *642–681*, 779, **12** 4 ff., 9 ff., 15, 17 ff., 22, 34–37, 41, 44, 87, 90, 104, 168, 194, 197 ff., 203, 205, 212 f., 217–226 (theolog. Entwicklungen), 232–237 (Theolog. Entwicklung), 295, 328–332, 335–344, 386–390, 396–399, 401, 601, 605, 651, *681–755* (↗SR bzw. OR: Einzeleinträge Weimarer Republik, Drittes Reich, Deutsche Demokratische Republik, Bundesrepublik Deutschland), 787, 872 f., 915, 930, 1038, 1150
Bundesrepublik Deutschland (BRD) **12** 726–746, **13** 20 (Konzilsväter beim 2. Vatikanum), 114, 155 (Gemeinsame Synode der Bistümer 1971–75), 203, 214 f., 217, 222 f., 235, 241–246, 263, 284, 296, 316, 373
Deutsche Demokratische Republik (DDR) **12** 382, 736, 740, 746–755, 903, **13** 284, 350, 354, 357 f., 368 f., 373, 387

Drittes Reich **12** 64, 68, 75, 106 ff., 344–363, 379 ff. (Konkordat), 381, 403 f., 408 ff., 412–421, 486 ff., 642–645, 656 f., 688–705, 759–763, 767 f., 836 f., 849, 860, 892, 894–902, 974–987, 1003, 1037
Revolution (1848) **11** 319, 323
Weimarer Republik **12** 11, 92, 101, 108 f., 378, 683–688, 705–713
Deux-Sèvres **12** 606
Deventer **6** 523 (Devotio moderna), **7** 227 f. (Schule)
Devol **4** 935
Devon **3** 866, 882, **8** 532
Devonshire **8** 223
Dewa **9** 759
Dhat al Atlah **4** 23
Didyma **2** 89
Die **2** 139 f., 958, **3** 982
Dieppe **8** 869, **10** 606, 627
Dijon **10** 604
Dillingen **8** 1110
Universität **8** 294, 1109
Dinkelsbühl **9** 43
Diocaesarea **2** 60, **3** 11
Dioklea ↗Bar (Serbien)
Diokleia **2** 94
Diolkos **2** 822
Dionysiana **1** 643
Dioskurias ↗Sebastoupolis
Diospolis **2** 536
Diu **7** 528
Djakarta (↗Batavia) **9** 756, **11** 1036 f.
Djazīrat Ibn ’Umar **4** 428
Djémila (Algerien) **3** 1021 f.
Djerba **1** 626, 644, **2** 124, **6** 875 f., **7** 591, **8** 741
Dobrucha **2** 1060, **11** 783
Dodekanes **12** 920, 1013
Dol **3** 884, **4** 741
Doliche **2** 76, 1074
Dombes **11** 177
Dominikanische Republik **13** 475
Domnonée **3** 882, 884
Dompierre-sur-Bèbre **3** 971
Donau **1** 262 f., 687
Donauwörth **8** 419 f.
Dongola (Nubien) **4** 447, **6** 237
Dorchester **2** 983, **4** 638
Dordogne **12** 606
Dordrecht
Synode (1618–19) **8** 119 ff., 329, 438, *502 ff.*, 513, **9** 56, 69 f., 77, 420 f., 427 f., 743, **11** 210, 212, **12** 632 f.
Dorpat **7** 763
Universität **11** 721
Dortmund **8** 405, 407
Douai **5** 858, **8** 543 (engl. Kolleg), 1065, **9** 112
Universität **8** 1109
Downside **11** 131
Drakenberg **11** 988
Dreifaltigkeitskloster (Zagorsk) **6** 256 f., 553, **9** 502, 533, **12** 931, 982 f., 996, 997 (theolog. Akademie), **13** 393 (Konzil 1961)
Drepanon **2** 71, 320 f.
Dresden **9** 1042, 1074, **12** 707 (evangel. Kirchentag), **13** 369
Dristra (Dorostolos) **4** 937
Drôme **11** 197, **12** 558
Duala **11** 1004 f., 1014 f.
Dublin **4** 741, **9** 116
Trinity College **8** 1108, **9** 116, **12** 868 f., 871
Dubrovnik (Ragusa) **4** 952, **5** 133, 709, **7** *421*, 436, **9** 543 f., 602 f.
Dülmen **10** 669
Dünamünde **5** 700
Dumbarton **3** 865, 873
Dumbarton Oaks **12** 410, 1094
Dumio **3** 975, **4** 736
Dumium (Dume) (heute Vorort v. Braga, Klostersitz) **3** 406
Dunwich **4** 638
Dura Europos **1** 262, 363 ff., 561 f., 637, 931, **2** 33, 668, 748
Durance **3** 375, 386
Durango **8** 789, 791
Durazzo (↗Dyrrhachion) **5** 4, 718
Durham **4** 746, **6** 663, **9** 97
Durostorum **2** 1060

Durrow **3** 880, **4** 620
Dvin ↗Dwin (Armenien)
Dwin **2** 1090, **3** 1206, 1210, 1213 f., 1215 (Konzil), 1237, 1264, 1266, **4** 24, 477 f., 481, 485, 488, 499, 506, 509, 511, 529
Synode (555) (Ablehnung des Chalcedonense i. d. armen. Kirche) **4** 477, 480, 482, 489, 496
Synode (608) **4** 509, 515
Synode (645) **4** 486 f.
Synode (719) **4** 493
Dyrrhachion **4** 236, **5** 4, 718
Džavaheʿti **4** 576

Eamhain Mhacha ↗Emain Macha
East Anglia **8** 531
Eauze (Elosa) **2** 140, 487, **3** 229, 803
Echternach **4** 802
Ecija **2** 956, **3** 857
Ecuador **8** 773, 784, 807, **9** 658, **10** 77, **11** 113, 930, *931–938*, **12** 1166, **13** 179, 475, 477, 481, 486, 516
Edessa (Urfa) **1** 295, 346, 363, 518, 561–564, **2** 76, 79, 81, 410, 698, 722 ff., 833, 1032, 1038, *1038 ff.*, 1076, 1084 f., 1089, **3** 39 (↗PR: Ibas v. Edessa), 49, 66 f., 138, 151 f., 504, 570, 611, 616 (nach Chalkedon), 675 ff., 1161 f., 1197, **4** 13, 430 f., 453, **5** 3 f.
theolog. Schule (sog. Perserschule) **2** 1039 f., **3** 135, 616, 649, 1177, **4** 453
Edinburgh **11** 572
Konferenz für Glaube und Kirchenverfassung (1937) **12** 63, 66 f., 70–73, 804
Weltmissionskonferenz (1910) **11** 420, 893, 962, 975, 1009, 1026, **12** 42, 53, 58, 82, 303, 308, 1210, **13** 318
Edo (↗Tokio) **9** 759
Edschmiadzin **6** 226, **9** 593, 595, **11** 795, **12** 949 f. (armen. Katholikat), 1016 f. (armen. Katholikat), **13** 427 ff. (Katholikat), 435 (Katholikat)
Eglwys Cymyn **3** 869
Eichsfeld **10** 704
Eichstätt **4** 660, **5** 107
Einsiedeln **5** 171, **6** 467, **8** 433
El-Aksa-Moschee **5** 315
El Asabaa **3** 760
El Djem ↗Thysdrus
El Germo **3** 1055
El Jadida ↗Mazagan
El Mina **8** 756, **9** 734, 736 f.
El Salvador **13** 519
Elam **2** 81
Elbasan **9** 579
Eleona (Kirche auf d. Ölberg in Jerusalem) **2** 235
Eleutheropolis **1** 502, **2** 59, 832, **3** 134, 622 f.
Elfenbeinküste **11** 1002 ff., **13** 548
Eliocroca **2** 143
Elmham **4** 639
Elsaß **4** 657, **6** 865, **7** 188, 635 ff. (human. Zirkel), **8** 163, 406, **10** 386 (Franz. Revolution), 832, **11** 192, **12** 600 f., 605
Elsaß-Lothringen **11** 454, 525, 662, **12** 328, 389, 555–558, 566 f., 681, **13** 252
Elusa (Gallien) ↗Eauze
Elusa (Palästina) **2** 1041 f.
Elvira (Iliberis, Florentinum Iliberitanum) **2** 143, 301, 688
Synode (ca. 410) **1** 858, **2** *940–943*, 956
Ely (Abtei, St. Audrey) **4** 640, **8** 526, 534, **9** 95, 101, 104
Emain Macha (Eamhain Mhacha) **3** 872
Embrun **6** 335 (Waldenser), **7** 441 (Waldenser, 15. Jh.)
Emden **8** 102 (Laski), 176, 470, 494 f., **9** 425
Generalsynode (1571) **8** 410
Emesa **2** 15 f., 1032, **3** 34, 570, 614, 662, **4** 24, **6** 220
Emilia **6** 717 ff., **11** 265, 451
Emkendorf
Emkendorfer Kreis **11** 313
Emmaus **1** 558, **2** 59, **5** 315
Emona ↗Ljubljana
Engelsburg **7** 101 f.
England (↗Britannien; ↗Großbritannien; ↗SR: Anglikanische Kirche) **2** 525, **3** 867, 923, 1013, *1089* (latein. Ritus, ab

6. Jh.), **4** *622–625* (Kirche, FrühMA), *638–641* (Kirche, 7. Jh.), *743–747* (Kirche, 8./9. Jh.), 778, 782, 850 (profane Literatur), 906 f. (Skandinavien, Christianisierung), 911, **5** 43 f. (Wilhelm d. Eroberer u. Papsttum), 50 (Gregorian. Reform), *99–106* (Investiturstreit, Gregorian. Reform), 140, 163 (Cluny), 174 ff. (Mönchtum, HochMA), 184, 265 f. (Thomas Becket), 410, 416, 419 f., 498, 585 (Kg. Johann Ohneland), 588, 591, 596, 650, 652, 662, *683–686* (Kirche u. König, 13. Jh.), 755, 757, 762 ff. (Judenverfolgung, MA), 768, 872, **6** 21 f., 29 ff., 77 (Abendländ. Schisma), 85 f., 90 f., 96, 100 (Azincourt, 1415), 103 (Konstanz, 1415), 122 ff., 293, 317, 337, 463, 473 (Steuerwesen, 100 jähriger Krieg), 543, 581 (päpstl. Lehensverhältnis, 13. Jh.), 596 (Templer), *603–607* (100 jähriger Krieg), *655–672* (Kirche, SpätMA), 857 (Juden, MA), **7** 4, 179, 187 f., 202, *373–383* (15./16. Jh.), *447–460* (Lollarden), 500, *748–752* (luth. Lehre), 869, **8** 105, 126 f. (Täufer), 183 (Familisten), *191–238* (anglikan. Reformation), 349, 470 f. (calvinist. Flüchtlinge), *524–534* (engl. Reformation), 1060 ff., 1083 (Hexenverfolgung), 1085, 1091 f., 1143 f. (Kopernikus), 1205, 1231, **9** 2, *88–111*, 136, 162, 181 ff., 197, 201, 210 (Juden), 423 (Reformierte Kirchen), 439, *440–468*, 485 (Comenius), 495 f. (Sozinianer), *678–702* (engl. Kolonien in Nordamerika), 848 (Bibelausgaben), 876 f., 941 ff. (Wissenschaft), 946 f., 952 f. (Patristik), 956, 970 f. (Philosophie), 972, 1004, 1021 f. (Epikureismus), 1023 f. (Locke), 1043, *1058 f.* (Literatur, Barock), 1063 f. (relig. Dichtung, Barock), 1080 (Orgelmusik), 1094, 1097 f. (Deismus), 1106, 1113 f. (Natürliche Theologie), 1137, 1146, **10** *44–54*, 181, 212 f. (Freimaurer), 214, 417–420 (franz. Emigranten), *690–694* (Anfang 19. Jh.), 828 (Christian Socialism), **11** 25, 73, 111–116, 119, 122 f., *221–239*, 309, 449, 559, 571, 573, **12** 544, 562, 779, 781, 787, 796, 802, 813, 820, **13** 21 (Konzilsväter beim 2. Vatikanum)

Entre-deux-Mers (franz. Département) **11** 502

Epaon **3** 383
  Synode (517) **3** 383

Epeiros ↗Epirus

Ephesus **1** 64, 92, 112 f., 119, 121, 125–132, 139, 150, 153–156, 159, 198, 218, 236, 271, 278–281, 286, 298 ff., 305 f., 309, 322, 329, 360, 375, 396, 451, 473, 567, 726, 789, 826, 831, **2** 82, *84 ff.*, 108, 217, 398, 533, 561 f., 631, 1058, 1064 f., **3** 6, 152, 494, 551, 553, 555, 572, 711 (Kirchenbau), 956, **4** 241, **5** 510, **6** 133, *189 ff.* (byzantin. Metropolie, SpätMA)
  Konzil (431) **1** 454, 823, **2** 541, 546, *590–617*, 618, 622, 839, 843, 900, 1025 ff., 1035, 1037, **3** 3–6, 8, 32, 38, 41 ff., 45, 57, 82, 101, 129, 132, 191, 253 (Anteil gall. Bischöfe), 547 f., 568, 572, 575 (Zypern), 1197–1200 (Armenien), **4** 391, 476 (Armenien), **12** 946
  Konzil (449) (sog. „Räubersynode“) **2** 843, 1043, **3** *47 ff.* (Eröffnung), 51, *53–79* (Verlauf), 74 f., 77–81, 91 f., 101, 548, 568
  Synode (2. Jh.) **1** 567

Ephrata **10** 860

Épinal **12** 601

Epiphaneia **2** 73 f.

Epirus **1** 573, **2** 146, 1060, **11** 782
  Teilreich v. Epirus (13. Jh.) **5** 716, 718, 720 ff., 726, 749

Erbil **4** 454, 459

Eresos **3** 522

Erfurt **6** 696, 863 (Juden), **10** 704, **12** 754
  Universität **6** 696

Eritrea **11** 993, **13** 548, 574

Eriwan **13** 428

Erlangen **9** 47, 439, **11** 82, 314
  Erlanger Schule **10** 721, **11** 82, 91 ff., 358

Universität **10** 721
Ermland **10** 715
Ernacolam **8** 901
Erušetʿi (Georgien) **3** 1251
Erzerum **9** 803
Escorial **8** *708f.*, **9** 1042
Escornalbou **9** 641
Esna **3** 595, 597 f.
Esquilin **2** 891
Esrom **5** 337
Essen **4** 803, 815, **5** 433, **8** 407, **13** 115 (Katholikentag 1968)
Essex **7** 455 (Lollarden), 459, **8** 528, 561, 568
Esslingen **8** 405
Estland **5** 695, 699, **6** 567, **11** 701, **12** 872, 884–887, 894, 902, 904, 974, 986, **13** 353, 356, 380, 422
Esztergom ↗Gran
Eton **7** 378 (Schule)
Etrurien **1** 690
Etschmiadzin ↗Edschmiadzin
Euboea **2** 146, **5** 718, **6** 133, **7** 15
Euchaita **3** 152
Eupen-Malmédy **12** 651
Euphratensis, Euphratesia **2** 74, *75f.*, **3** 505, 570, 611, **4** 401, 427 f., 429 (Klöster)
Eure **12** 606
Europa (Begriff) (↗SR: Europäische Union) **2** 146 (röm. Provinz, Diözese Thrakien), **9** 163, 755 f. (Asien, Geistesgeschichte), **10** *1ff.* (Aufklärung), 470–477, **13** 309
Eutin **12** 729
Evanston, Vollversammlung d. ÖRK (1954) **12** 79 ff., 315, 368 f., 1025, **13** 132
Evora **9** 150
Universität **8** 728
Évora-Monte
Konvention (1834) **11** 279
Exeter **2** 983, **6** 662 f., **10** 46 ff.

Faenza (Faventia) **2** 134
Fai Fo **9** 761, 763 ff., 782
Faijum ↗Fayum
Famothim **3** 20
Farfa **5** 176, **6** 740
Faro (Ossonoba) **2** 143
Fars **2** 81
Fathpour-Sikri **9** 799
Fátima **11** 630, **12** 138, 170, 245 f., 510 ff., 540
Fawr **3** 978
Fayum (Oase) (↗Medinet Madia) **2** 21, **4** 445
Feldkirch **9** 56
Felsendom **5** 315
Ferentino **5** 599
Fernandina **7** 596
Ferrara **6** 117, 572, 584, 726, 728, 733, 735 f., **7** 93, 336, 479 (Renaissance), 506, **8** 576, **9** 206, **10** 449
Konzil v. Florenz-Ferrara (1439) ↗Florenz
Ferréol **3** 1002
Ferrières **3** 971, **4** 699, 757
Fes **8** 743
Feuchtwangen **4** 803
Fezzan **3** 292, 763
Fibularia **2** 143
Fidschi-Inseln **11** 1070 f., 1074 f., **13** 695
Fiesole **6** 732, 735
Finglas **4** 741
Finnland **4** 911, **5** 333, 695, 699, **6** 17, 774, 778, **7** 761 (Reformation), **8** 23, 38, *444*, **9** 63, 65, **10** 60, **11** 247 ff., 253 ff., *582–594*, 721, 730, **12** 352, 403, 843–862, 974, 989, 1023
Fiore **5** 416
Flaminia-Picenum (röm. Provinz, heute Marken und Romagna) **2** 134
Flandern **3** 972, **4** 730, **5** 89, 139, 498, 858, **8** 173, **10** 442, 739, **11** 201 f., 517, 537, 540 ff., 547, **12** 601, 649, 655, 657 f., 661, **13** 235
Flavias **2** 74
Flavigny **4** 755
Fleury (St. Benoît-sur-Loire, Kloster) **4** 755, 757, *785ff.* (Abb.), 788, 790, 792,

795 f., 844 (Abbo), 849, 867, 953, **5** 159, 455, 546
Flinders (austral. Insel) **11** 1061
Flone **5** 140
Florentinum Iliberitanum ↗Elvira
Florenz (↗SR: Unionskonzilien) **2** 134, **5** 152, **6** 529 (dominikan. Observanz), 572, 578, 720, 722, 727 f., 733, 735, 740, 742, 746, **7** 87 ff., 91 f., *152–158* (Savonarola), 174, 336, 439, *476 ff.* (Renaissance), 491 f. (Manierismus), 506 f., 509 f., 620 (Humanismus, Ficino), **9** 148 f., 258, **11** 25, 610 (Katholikentag 1875), **12** 374, 471 (Soziale Woche 1945)
  Akademie **8** 1111
  Konzil v. Florenz-Ferrara (1439) (↗SR: Union d. Kirchen) **6** 117 ff., 121, 302, 304, 769, *812–818* (Byzantiner), *836 ff.* (oriental. Kirchen), 874, 895, **8** 376, 386, **13** 10
Florida **7** 567, **8** 781, 783 f., 860 f., 869 f., **9** 641 f., **11** 857
Foigny **5** 413
Fondi **3** 905
Fontainebleau
  Edikt v. Fontainebleau (1685) (↗Nantes, Edikt) **9** 127, 128 (Abb.), 132, 136, 198
Fontaines **3** 979, 983
Fontevrault **5** *145 ff.*, 425, 427, 431, **6** 25, 27, 658, **7** 161, 357 (La Madeleine), **8** 515
Forcalquier **5** 238
Forlì **6** 572, 717
Formia **3** 905
Formosa **12** 316
Forum Clodi ↗San Liberato
Fourvière **11** 124, 501
Fraga **2** 954, **3** 1055, 1065
Franche-Comté **11** 177, **12** 600, 604
Franeker
  Universität **8** 1108
Franken (Herzogtum) **4** 798, **6** 569, 865 (Juden), 867, **8** 970, **11** 310, 313
Frankenthal **8** 176
Frankfurt am Main **6** 859 (Juden), 867, 869, **7** 76, 501, 641 (Buchdruck), **8** 225 (engl. Flüchtlinge), **9** 136, **10** 716
  Frankfurter Anstand **8** 395
  Frankfurter Parlament **11** 35, 303, 319
  Synode (794) **4** 135, 235, *686 f.*, *692*, 708, 736, 750, 767 (Bilderverehrung), 954
Frankfurt an der Oder
  Universität **7** 434
Frankreich **4** 838, 843, **5** 50 (Gregorian. Reform), 57 (Investitur), *88–99* (Investiturstreit u. Gregorian. Reform), 170, 210, 263 f. (Investiturstreit), 410, 448 f. (Gottesfrieden), 498, 543 (Kirchenbau, MA), 595, *683–686* (Kirche u. König, 13. Jh.), 755, 757, 762, 768, 872, **6** 20 ff., 29, 35 ff. (Könige u. Papsttum, 14. Jh.), 77 ff. (Abendländ. Schisma), 91, 96, 100 (Azincourt, 1415), 102 f., 109, 122 (Pragmatische Sanktion), 124, 293, 317, 353 f. (franz. Prediger, 13./14. Jh.), 473 f., *589–593* (Königtum, Philipp d. Schöne), *593–598* (Templer), *603–607* (100jähriger Krieg), *626–654* (Kirche im SpätMA), 691, *855 ff.* (Juden, MA), **7** 4, 177 f., *345–373* (Renaissance, Vorreformation), 514, *632 ff.* (Humanismus), *746 ff.* (Luthertum), 769 (Abb.), 869, **8** 97 (reformierte Bekenntnisse), 127 (Täufer), 285, 327 (Protestantismus), 348 f. (Monarchomachen), *447–523* (16. Jh., Konfessionen), 960, 965, 970, 1004 f. (reformierte Konsistorien), 1018 f. (Bruderschaften), 1020, 1022, *1052 ff.* (Spiritualität), 1063, 1092 f. (Hexenverfolgung), 1109 f., 1143, 1176–1179, 1204, 1240 f. (Kirchenmusik, 17. Jh.), **9** 42 f. (30jähriger Krieg), *117–142* (17. Jh.), 172–189, 197, 218, 232, 234, 250 f. (Episkopat, 17./18. Jh.), 253, 255, 260 ff. (Visitationen), 268 ff. (Priesterseminare), 277, 281 f., 284, 286, 295, 327 f., 333, *348–408* (Jansenismus), 421, 424, 433–440 (Reformierte Kirchen), *661–677* (franz.

Kolonien in Amerika), 825–830 (Oratorium, Bérulle), 844–861 (kath. Schrifttum, 17./18. Jh.), 885, 887, 889, 896, 899, 913 f. (Bruderschaften), 936, 945 ff., 956 f., 969 (Philosophie), 972, 1009, 1043, 1049, 1050 (Barocktheater), *1059–1062* (relig. Dramen, Barock), 1070 f. (geistl. Musik), 1080 (Orgelmusik), 1094, *1125*, 1132, 1134, 1137 f., 1144, 1146, **10** *9–15* (Gallikanismus, 18. Jh.), 138, 168 ff. (Verbot d. Jesuitenordens), 172, 187–190 (Toleranz), 212 f. (Freimaurer), 217 f., *621–649* (Kirche, Anfang 19. Jh.), *671–678*, 688 ff. (Protestanten, Restauration), **11** 7, 10 ff., 14 f., 17, 19, 23–28, 30 f., 35–39, 73, 75 f., 111–116, 118 ff., 122 f., 125, 127–135, 138, 143, 145–151, 153–156, *167–198*, 200, 296, 303, 309, 336, 339, 347 f., 374, 393 ff., 413, 417 f., 428, 430 ff., 443, 445 f., 448 f., 452 ff., 462 f., 466 f., 471 f., 475, 480 f., *487–531*, 488, 779, 781, 797 ff., 996 f., 1017, 1018 (Krieg gg. Madagaskar 1883–85, 1894/95), 1052, 1076, **12** 5 ff., 18 f., 23, 25, 27, 43, 90, 102 f., 168 ff., 177 ff., 184, 187, 192 f., 195–199, 203, 205 ff., 212, 226–232 (theolog. Entwicklung), 243 ff., 251, 283 ff., 287, 294 f., 300, 324, 328–332, 334 ff., 338–344, 353 f., 357, 371 (Suezkrise), 378, 389 f., 395–402, 414 (Vichy-Frankreich), 417 (Vichy-Frankreich), 544, *552–631*, 571 (Vichy-Frankreich), 707, 759, 915, 1038 f., 1150, 1169, **13** 4, 20 (Konzilsväter beim 2. Vatikanum), 114, 141, 144 f., 155 (Diözesansynoden seit 1985), 204, 211 ff., 223, 230, 234, 249–257, 263, 265, 267, 297 f., 315 f., 387, 441, 458 f., 507 (Franz. Revolution), 556, 630, 632, 692
Zweites Kaiserreich **11** 35, 335, 490
Zweite Republik **11** 24, 167, 171 f.
Dritte Republik **11** 509, 530, 797, **12** 570 f., 1174
Vierte Republik **12** 571, 576
Fünfte Republik **12** 571

Frauenburg (Frombork) **7** 423
Fraxinetum **4** 778
Freetown **11** 139, 150, 999
Freiburg im Breisgau **7** 174, **10** 716, **12** 232
Universität **8** 394, 1109, **9** 404, **10** 709, 713
Freiburg (Schweiz) **8** 429 f., 432 ff., **9** 56, 302
Universität **11** 350, 578, **12** 668, 670 (Katholikentag), 676, **13** 328
Freising **4** 660, **8** 416, **12** 686 (Bayrische Bischofskonferenz), **13** 425 (ökumen. Treffen 1990)
Friaul **8** 609 f., **9** 154
Fribourg ↗Freiburg (Schweiz)
Friedrichshagen **9** 487
Friedrichstabor **9** 487
Friesland **4** 656 (Bonifatius), 694, 729, 893, **8** 174
Fritzlar **4** 657 f., 723
Fromborg ↗Frauenburg
Fruttuaria **5** 139
Fu-Kian **11** 1052
Fünfkirchen ↗Pécs
Fuerteventura **6** 886, **7** 559, 592
Füssen **4** 803
Fujian **9** 769, 772, 796, **11** 1051
Fulda **4** 658, 660, 753, 757, 806, 808, 819, **5** 170, **6** 567, **7** 162, **10** 704, 716, **11** 35, **12** 686 (Deutsche Bischofskonferenz), 689 (Deutsche Bischofskonferenz), 754
Funai **8** 881, 928
Funay (Oita) **9** 798
Funchal **7** 566, **8** 747, 875
Furni (heute Aïn Fourna) **1** 642
Furnos **2** 126
Fussala **2** 928, 931
Fustat (Alt-Kairo) **4** 436, **6** 235 (kopt. Patriarchat)

Gabala **3** 569
Gabardilla **3** 285
Gabbula **3** 569
Gabitha **3** 513
Gabun **11** 139 f., 978, 1009 f., **13** 568 f.

Gadamaua **2** 97
Gadara **2** 60, 183
Gadiaufala (heute Ksar Sbahi) **1** 644
Gaeta **11** 22, 271
Konferenz v. Gaeta (1849) **11** 22
Gafsa **2** 124
Galaba **3** 606
Galatien **1** 69, 105, 111, 119, 125, 131, 152, 279, 478f., 565f., 570, 572, **2** 82, 92, *97*, 1065f. (Theologie, 4. Jh.)
Galicien (Spanien) ↗Galizien
Galiläa **1** 8, 13, 16f., 21, 43, 71, 76, 82ff., 99, 187, 245, 717, 776, **2** 59f., 689, 1041, 1048
Galizien (Provinz in Spanien) **1** 648, **2** 955, **3** 219, *405–408* (Kirche im 6. Jh.), 919, 975, **5** 298, 303, **7** 395, **8** 711, 720, **11** 285
Galizien (Ukraine) (↗Halitsch-Wolhynien) **5** 333, **7** 418, **10** 755, **11** 693, 695, 697, 701f., **12** 881f., 983
Gallaecien (↗Galizien, Spanien) **2** 483f., 489, 496f., 501f.
Gallien (röm. Provinz, Kirchenprovinz) **1** 237, 331, 451, 524, 571, 648, 654, 685ff., 689, 768, 820, 822, 851, **2** 5, 14, 128, *136–140* (Christentum im 3./4. Jh.), 159f., 165, 183ff., 248, 251, 384, 406, 418, 494f., 525, 533, 543, 547, 630f., 633, 649, 657, 856, 865f., 896, 899, 904, *958–979* (Kirche im 4. Jh.), 980, 983, 993, 994 (Goteneinfall), 1003, **3** *222–259* (zwischen 430 und 480), *343–398* (german. Reiche, Spätantike), 389 (Kircheneinteilung, 6. Jh.), 458, 466 (Drei-Kapitel-Streit), *794–848* (Kirche im 6. Jh.), *922–931* (Kirche unter Gregor d. Gr.), 966, *967–972* (Mönchtum, Klöster , 5./6. Jh.), 981f. (Klöster), 1011 (Kirchenbau), 1013f., 1016, 1024f., 1032, 1040, 1043, 1047, 1075, *1087ff.* (latein. Ritus, 6. Jh.), 1095–1098, 1114 (Märtyrerkult), 1128, 1132, 1145, 1151, **4** *603–612* (Kirche, Merowinger), 673f. (Liturgie, 8. Jh.)
Gallinara **2** 856
Gallipoli(s) **3** 906, **4** 373, 377, **5** 308
Galway **12** 868
Gambier-Inseln **11** 143
Gandersheim **4** 803f., 812f. (Sophia), 815, 850, **5** 433
Gangra **2** 835f., 838, **3** 100, 127f., 173, 551, 555
Gap, Synode (1603) **8** 327
Garamäa (pers. Provinz, Antike) **2** 1078
Gard **11** 197
Gascogne **6** 644, 655, **8** 511
Gaulanitis **1** 103
Gaylejor ↗Gladzor
Gaza (Ort u. Gebiet) **2** 560, 688, 832, 1041, **3** 128, 134, 140, 441, 523, 618, 620f., 627f., 649, 686, 714, 724, 728 (Hagios Sergios), **5** 314
Synode (540) **3** 441, 445
Gazaufala **1** 647
Geismar **4** 658 (Donareiche)
Geldern **8** 399
Gemellae (heute Mlili) **1** 644, 646f.
Genf **2** 673, 963, 967, **3** 382, 1025, 1062f. (Kathedrale), **6** 21, **7** 187, **8** 50f., 62, 64 (Calvin), 66, 94, 112, 224 (engl. Flüchtlinge), 464ff., 466–470 (Calvin), 494, 506ff., 1110, 1163, **9** *430ff.*, 883f., 1090, 1099f., **10** 54–57, 59, 62, **11** 576f., **12** 63 (ÖRK), 357, 679
Akademie, Universität **8** 1108, **11** 46, 242
Gent **5** 858, **8** 173, 486f., **11** 205, 535, 538, **12** 651 (Universität)
Diözese **11** 206, 545
Gentilly **4** 690
Genua **3** 336, 478, **5** 184, 196, 324, 350, 352, **6** 133, 570, 726, 736, 742, 769, 822, **7** 25, 89, 501, **8** 603f., 1020, **9** 157, 601, **10** 452, **12** 35 (Konferenz 1922)
Georgetown
Universität **10** 502
Georgia **9** 678, 689, 708, 717, **10** 499
Georgien **2** *1089ff.* (Christianisierung, 4./5. Jh.), **3** 154, 504, 568, *1231–1305*

(Christianisierung, Kirche 4.–7. Jh.), **4** 292 (Iviron-Kloster), 316, 401, *543–599* (Kirche, MA), **5** 3, 350, **6** 218, 224, *230–233* (13./14. Jh.), **8** 385, **9** 546, 553, *585–588* (Kirche, frühe NZ), **12** 393, 927, 931, 986 (unabhängige orth. Kirche), **13** 423, 426, 435
Gerace **4** 377
Gerara **2** 832
Gerasa **2** 1031
Gerbedisso **3** 498
Gerlachsheim **9** 486 f.
Germanasca **11** 263
Germanicia (heute Mar'ash) **2** 76, 574
Germaniciana **1** 643
Germanien **1** 685 f., 822, 826, **2** 251, 865
Germantown **9** 420, 470, **10** 860
Gernrode **4** 815
Gerona **2** 142, 952, **5** 300
Synode (517) **3** 399, 401
Gesellschafts-Inseln **11** 144, 1068
Ghadames **3** 763
Ghana **6** 851, **7** 579, **11** 1000 ff., **13** 548, 557
Gharabagh (↗Kilikien) **10** 136
Gibraltar **3** 267
Gießen
Universität **8** 40, 1109, **9** 413
Gindar **3** 19
Gindaros **3** 606, 611
Gioia Tauro (Tauriana) **4** 377
Gippsland **11** 1062
Gladzor (Gaylejor, Glajor) **6** 227
Glendalough **3** 978, **4** 621, 741
Gnesen (Gniezno) **4** 801, 831, 898 ff., **5** 130, 713, **6** 22, 771, 777, 785, 788 f., **7** 423, **10** 715
Gnomon **3** 639
Goa **7** 528 f., 566, 577 f., 586, **8** 747, *875 f.*, 879, *880–884*, 937, **9** 752, 761, *797 ff.*, 798, 808 f., 811, 814
Schisma **11** 12, 467, 803, 1027
Göttingen
Universität **9** 1089, **10** 43, 721
Goldene Horde **5** 703 f., 720, 794, **6** 17, 179, 208, 230, 252, 875, **7** 58 f.
Golf v. Issos **1** 113
Golgota **1** 46
Golkonda **9** 805
Gomera **6** 886, **7** 592
Gomon **2** 838
Gondar **11** 136
Gor, Gorduba (heute Draa el Gamra) **1** 642
Gorée **11** 139
Gorgona **2** 857
Gortyna **1** 321, 573, **2** 146
Gorze **4** *789–796* (Reformen, 10. Jh.), 814, **5** 118, 159, 170, 395
Goslar **4** 805
Grado (Insel vor Aquileia) **3** 478 ff., 483, 910 f., 1138, **4** 832
Gran (Esztergom) **4** 801, 831, 903, 912, **5** 132, **6** 788
Granada **2** 143, 184, **6** 24, 842, **7** 383 ff., 389, 395, *398 ff.* (Vertreibung d. Muslime), 409 f., **8** 665, 667 f. (Jesuiten), 1068
Synode ↗Elvira
Grande Chartreuse (↗Chartreuse) (↗SR: Kartäuser) **5** 401, **11** 344
Grandmont **5** 176, 416 f., 767, **6** 658
Grasse **9** 916
Grassholm **3** 869
Graubünden **8** 962 f., **9** 54
Gravina **4** 377, **5** 674 (Konkordat 1192)
Graz **12** 756
Universität **8** 415
Greifswald **12** 748 (theolog. Fakultät)
Universität **7** 213
Grenoble **2** 963, **7** 178, 187, **9** 260, 278
Griechenland, griech. Orthodoxe Kirche (↗Konstantinopel, Patriarchat) **1** 105 ff., 116, *150–164*, 197, 254, *278–283*, 479, *573 f.*, 618, 689, 767, 869, 873, 875, **2** 13, 15, *145–148*, 169, 993 f., **4** 4 f., 228, 235 f., 315, **5** 718, 739, **9** 545, **10** 128–133 (griech. Aufklärung), **11** 686, 768, 780–783 (Aufstand 1821), 783, 790 (Unabhängigkeit), 821, **12** 915, 919, 921, 924, 955–959, 967, 1012–1015
Grigny **3** 970

Grönland **5** 133, **6** 17
Groningen **8** 174
Groninger Bewegung **11** 211 ff.
Universität **8** 1108
Groß-Hennersdorf **9** 486
Großbritannien (↗England; ↗Wales; ↗Schottland; ↗Irland, Nord-) **9** 1133, **10** 181 ff., **11** 13, 133 f., 138, 141, 145–151, 194, 335, 419, 454, 458 f., 779, 782, 985 (als Kolonialmacht), 1017 f., 1061, 1064, **12** 18 f., 41, 43 f., 56, 185, 251, 328–332, 335 f., 338, 340, 352 ff., 359, 371 (Suezkrise), 377 f., 386, 389 f., 394, 401, 409, 759, *773–841*, 869, 871, 915, 970, 1060, 1069 f., 1127 ff., **13** 141, 223, 236, 476, 545, 556, 689
Große Antillen **7** 553 f.
Große Laura (Kloster in Palästina, Judäa, Gründung d. Sabas) **3** 444 ff., *624*, 626, 664
Große Oase (Ägypten) **2** 115
Großmährisches Reich (↗Mähren) **4** 184, 229, 891
Großwardein ↗Oradea
Grottaferrata (Kloster) **4** 381
Guadalajara **8** 782, 784, 786, **9** 627, 633
Guadalupe, Guadeloupe, Guadelupe **8** 1014, **9** 663, 920, **10** 85, 94, 96, 99, 760, **11** 134, **12** 138, 1226 f.
Guadix (Acci) **2** 143
Guam **13** 692
Guamanga ↗Ayacucho
Guanajuato **8** 789, **10** 768
Guatemala **7** 553, **8** 773, 775, 784, 786, 831, **9** 627, 639, 658, **10** 81, **12** 380 (Konkordat), 1219, 1221, **13** 485 f., 489, 499
Guatemala-Stadt **13** 491 (Universität)
Guayana **8** 791, **11** 134
Französisch-Guayana **10** 93–103
Gubba-Baraya (Kloster) **3** 512
Guinea **7** 558, 561, 570, 572, **8** 754 f., 757, **9** 703 f., 734 f., 736 ff. (Spanisch-Guinea, Mission), 748, **11** 979, 1009, **13** 560, 564
Guipuzcoa **8** 710
Gundisābūr **4** 462
Gundischapur ↗Beth-Lapat
Ǧurǧān (Djurdjān) **4** 429
Gurgites **1** 643
Gurk **5** 152
GUS ↗Sowjetunion (Gemeinschaft unabhängiger Staaten, ehemalige Sowjetunion)
Guwahati **11** 1029
Guyana **9** 708, 715, **11** 152
Gwato **7** 579 f.
Gyulafehervar ↗Weißenburg

Haarlem **8** 486, **9** 1090
Habsburgerreich (↗Österreich; ↗Ungarn; ↗Böhmen; ↗Mähren) **8** 619 ff., **9** *9–39* (Gegenreformation), 289, 541, 577 (u. Serbien, 17./18. Jh.), 910, **10** 1, 15–25 (Josephinismus), 218, 218 ff. (Freimaurer), **11** *327–331*, 454, 474, 686, 688, 690, 782, **12** 9 f., 336, 385, 387, 389, 392, 872 f., 915
Hadriani **2** 87
Hadrianopolis **2** 96
Hadrumetum (Sousse) **1** 623, 628, 643, 646, 661, **2** 124, 263, 547 f., 649, **3** 750
Härnösand **11** 247
Diözese **11** 247
Hagenau **8** 407
Hagia Eirene **3** 561, 563, 692, 694, 711
Hagia Sophia **2** 1051, 3 541 (Sampson-Hospiz), 543, 561 ff. (6. Jh.), 632 f., 635, 675, 686, 695, 710, 712 (Abb.), 713, 728, **4** 36 (Thomaïtes), 258, 268 f., 304, **5** 358, **6** 140, 141 ff. (Geistlichkeit, SpätMA), **7** 22 (1453), 27, 40 f.
Synode (815) **4** 149
Hagia Theotokos (Blachernenkirche, Konstantinopel) **3** 561 ff., 681, 683, 742, **4** 36, 5 735
Haïdra (antik Ammaedara) **2** 185, 683, **3** 284, 759 f., 1033, 1133
Hainaut **11** 537

Haithabu **4** 729, 893
Haiti (↗Hispaniola) **7** 596, 598, **9** 660, 722, **10** 97 f., **12** 381, 1210, 1221, **13** 476, 486, 521
Hajdudorog **12** 1026 (Diözese)
Hakodate **11** 1059 f.
Halberstadt **4** 726, 803, **6** 567
Halitsch ↗Halyč
Halki **12** 922, 1023 (theolog. Institut)
Halle **9** 46 (Pietismus), *418 f.* (Pietismus), 496, **10** 203 (A. H. Francke), **12** 311 (Hallenser Schule der Missionswissenschaft), 748 (theolog. Fakultät)
 Universität **9** 46, 1089, **10** 37, 40 (↗J. Baumgarten), 42 f., 721 f.
Halyč **6** 137, 176, 181, 183, 247, 777, 785, **7** 430
Halyč-Wolhynien **5** 329, 333, 703, 705
Hamadan **1** 503, **6** 212
Hamburg (↗Hamburg-Bremen, Erzbistum) **4** 729, **8** 6, **9** 207, 425, **10** 726, 832, 834 ff., **11** 662
Hamburg-Bremen (Erzbistum, MA) **4** 883, 893, 905 ff., 911, **5** 133 f., 184, 211, 215, 329 f.
Hanau-Münzenberg **8** 410
Hankou (Wuhan) **11** 1049
Hannover **11** 81, **12** 715
 Königreich Hannover **10** 716
Hanoi **9** 760 f., 780 f., **13** 632
Hanzit **4** 349
Harare, Vollversammlung d. ÖRK (1998) **13** 132, 134 f., 622
Harderwijk
 Universität **8** 1108
Harleem **11** 215
Harlingen **8** 164
Harran **1** 564, **2** 698, 1032, 1038, **4** 397, 406, 430
Hartlepool **4** 638
Harvard (Universität) **9** 698
Hastings **5** 176
Hatfield (b. St.Alban) **4** 640, 645
Hatra **2** 1076
Hatun Saray **1** 112
Haute-Loire (franz. Département) **11** 517, **12** 600
Havanna **9** 627, **12** 1186 (Katholikentag 1959)
Havelberg **4** 800 f., **5** 332
Hawaii **11** 143, 546
Hebron **2** 684, **5** 315 f.
Heerendijk **9** 488
Heidelberg **6** 696
 Heidelberger Katechismus ↗SR: Katechismen
 Universität **6** 696, **7** 119, 127, **8** 411, 1109, **9** 48, 480
Heilig-Kreuz-Kloster (Poitiers) ↗Sainte-Croix
Heilige Stätten u. Heiliges Grab ↗Jerusalem
Heiliges Römisches Reich (Begriff) (inhaltl. ↗Deutschland, Deutsches Reich) **6** 589, 683, **7** 309
Helenopontus (Geburtsort d. Basilius v. Caesarea) **2** 1069, **3** 555
Heliopolis ↗Baalbek
Hellenopolis (↗Drepanon bzw. Drepanum) **2** 71, 232, 239
Helmstedt **4** 726
 Universität **8** 1108, **9** 413
Helsinki **11** 248
 Konferenz über Sicherheit und Zusammenarbeit in Europa (1975) **13** 118 f., 148, 287, 305 f., 308, 362, 365, 368, 371
 Universität **11** 253
Henchir Soudga ↗Uruc
Hephaestias **2** 146
Heraclea-Perinthus **2** 146
Herakleia **2** 1050, 1055, **3** 194 f., 522, 553, 1253, **4** 373, **6** 138, **9** 566
Herborn
 Akademie, Universität **8** 411, 1109, **9** 480
Herford **4** 803
Hermannsburg **11** 313
Hermannstadt ↗Sibiu
Hermapolis **2** 822
Hermopolis **2** 115, **3** 686, **4** 39
Herodion **1** 21

Herrnhag **9** 488
Herrnhut (↗SR: Herrnhuter Brüdergemeine) **9** 417 f., 477, **10** 204
Hersfeld **4** 658, 808, 819, **6** 567
Herstal **4** 690
Hertford **4** 639
Herzegowina **6** 251, **7** 32, 36 f., 421, **9** 580, **11** 782
Hessen **4** 658 (Bonifatius), **9** 420
Hessen-Darmstadt **10** 716, **11** 454
Hessen-Kassel **8** 61, 321, 410, 1006, **9** 47, 424, **10** 716
Hessen-Nassau **10** 716
Hexham **4** 639
Hierapolis (Mabbug) **1** 156, 320, 322, 332, 336, 375, 451, 568, **2** 75 f., 83, 92, 94, 621, **3** 11, 504, 570
Hiereia (kaiserl. Palast b. Konstantinopel)
Synode (754) (Bilderstreit) **4** 110 f., 114, 121, 123, 128, 134, 147, 149, 151, 157, 161, 404, 412, 767
Hierro **6** 886, **7** 559, 592
Hildesheim (Stadt, Diözese) **4** 726 (Kirchenbau, Portal St. Michael), 805, 811 (Bf. Bernward), *815 f.* (Kirchenbau, Portal St. Michael), 852 (Domschule), 855 f., **5** 137, **6** 567, **10** 704, **12** 754
Himyar (antikes Reich im heutigen Jemen) **2** *1093*
Hippo Diarrhytus (Biserta) **1** 642, **2** 124, 262
Hippo Regius (Annaba) (↗PR: Augustinus v. Hippo) **1** 623 f., 644, 647, **2** 124, 263, 516, 522, 547 f., 641, 653, 677, 787, 789, 867, 922, 924, 927 ff., 931 ff., **3** 267 (Belagerung, Vandalen), 284, 976, 1016
Hippone **1** 626
Hirsau **4** 795, **5** 163, **6** 860, **7** 162
Hirsauer Consuetudines **5** 116 f., 171 ff.
Hispalis ↗Sevilla
Hispanien ↗Spanien (spätantike Bezeichnung)
Hispaniola (↗Haiti) **7** 534, 549, 552, 554, 594, 596, 600, **8** 774
Histrien ↗Istrien
Höhlenkloster (Lavra Pečerskaja, Kiev) **4** 284, 288, *949* (Entstehung), 951 (Abb.), **5** 714, **7** 431
Hönigern **11** 316
Hohenaltheim
Synode (916) **4** 780, 826
Hohensyburg (Sigiburg) **4** 723
Holland ↗Niederlande, Vereinigte Provinzen
Holstein **11** 582
Homs (Patriarchat d. syr. Jakobiten) **12** 948
Honau **4** 772
Honduras **7** 595, **8** 775, 786, **13** 483
Honfleur **8** 869
Hongkong **11** 1049, **13** 626
Honolulu **11** 143
Hormuz **2** 1093, **7** 529
Horrea Caelia (heute Hergla) **1** 643
Horreum Margi **2** 153
Hradec Králové ↗Königgrätz
Huamanga ↗Ayacucho
Huanuco **10** 775
Huè **9** 780, 782, **11** 148
Hünkar Iskelesi **11** 779 (Abkommen 1833)
Huntington **5** 152
Huʿpaʿti **4** 557
Husaby **4** 911
Hussinetz **9** 487
Husum **7** 757
Ḫūzistan ↗Susa
Hypaepa **2** 86

Iaşi **9** 529, 580, 582, 584, **10** 129 (Vertrag 1792)
Synode (1642) **9** 573
Iberien (Georgien) (Königreich) **2** 1089, **3** 1192, 1216–1219, 1236–1241, 1243, 1247–1250, 1253 f., 1260, 1267, 1279, 1286, 1298, **4** *544*, 580
Iberische Halbinsel (↗Einzeleinträge: Spanien, Lusitanien, Portugal, Kastilien, Aragon usw.) **1** 686, 826, **2** 479, 484, 500, 502, 939 ff., 954, 957, **5** *290–306* (röm. Kirchenverfassung, MA), 410, 423 f., 576, 596, 754, 757, 761, 872,

941, **6** 529 f. (dominikan. Observanz), *750–765* (Kirche, SpätMA), **8** *662–739* (16. Jh.), **11** *274–292*, **12** 170, 245, *499–547*, **13** 235
Icklingsham **2** 983
Idumäa **1** 11, 13, **2** 59
Igani ↗Zigana (Georgien)
Igboland **13** 545
Iglau ↗Jihlava
Igny **5** 413
Ikonium, Ikonion (heute Konya, Türkei) **1** 111 f., 152, 566, **2** 45, 96, 682, **5** 718
Synoden **1** 572, **2** 45
Il Gesù (Jesuitenkirche, Rom) **8** 283, 1210, 1212, *1216 f.*, **9** 1033, 1035
Il Maten **11** 996
Ile-Barbe (Kloster) **2** 975, **3** 970, 980
Ile de France (↗Paris) **5** 89, **6** 653
Iles d'Hyères ↗Stoechadische Inseln
Iliberis ↗Elvira
Ilion **2** 86
Ilistra **2** 92
Ille-et-Vilaine **12** 602
Illyricum, Illyrien **1** 130 f., **2** 145, *149–153*, 150, 454 f., 585, 588, 601, 607, 631, 633, 896, 901, 921, *1060 ff.* (Christianisierung, Kirche im 4. Jh.), **3** 10, 159, 163, 189, 192, 196, 198, 204 f., 300, *326 f.* (Beziehung zu Rom, 5. Jh.), 457, 466 (Drei-Kapitel-Streit), 468 ff., 547 f., 551, *576 ff.* (Illyricum orientale, Kirchenprovinz), 909, *911 ff.* (Papst Gregor d. Gr.), 966, **4** 4 f., 60 (Trullanum II), 104, 182, 184, 644, 927, 951 f.
Imereti **9** 585
Imola **6** 717, 724
Imperial **8** 791
Inden (Reichsabtei) (↗Kornelimünster) **4** 700 f.
Indien **1** 577 f., **2** 81, **4** 455 f. (nestorian. Kirche), **6** 212 ff., 882, **7** 531, 538, 544 f., 586, **8** *875–912*, **9** 542, 600, 752, *797–819*, **11** 133, 158, 162 f., 181, 421, 546, 579, 803, 810, *1023–1032*, **12** 304, 316, 331, 378, 840, 947 f., 968, **13** 21 (Konzilsväter beim 2. Vatikanum), 436 f., 462, 619 f., *640 ff.*, 654, 657 f., 660–663, 666 ff., 670, 672 f.
Mogulreich **8** *886–898*, **9** *799–803*
Indochina **11** 160, 1040–1046, **12** 433
Indonesien **11** 1035–1038, **12** 378, **13** 620, *636–639*, 650, 657, 660, 673, 692
Ingelheim **4** 749, 826 (Synode, 972)
Synode (948) **4** 800, 906
Ingila **3** 571
Ingolstadt **7** 219, **8** 331
Georgianum **7** 195
Universität **8** 294, 394, 1109, **9** 302, **10** 177
Innsbruck **12** 764 (Diözese Innsbruck-Feldkirch)
Universität **11** 329, 331, **12** 196, 221
Invalidendom **9** 1036 ff.
Iol Caesarea (Cherchel) **2** 927
Iona (Kloster) **3** *878 f.* (Gründung), 880, 978, **4** 620, 629, 741 f.
Ionopolis **2** 98
Irak (Iraq) **4** 391, 434, 454, 461, **11** 775, 798, 821, **12** 915, 947, **13** 307, 453 ff., 457
Iran (↗Persien) **4** 479, **12** 378, **13** 436, 452, 455, 457
Iria **4** 736
Irian **11** 1037
Irian Jaya **13** 692
Irland **1** 822, **2** *983* (Christianisierung), **3** 868 f., *871–880* (Christianisierung), 967, 977 ff., *1089 f.* (latein. Ritus, 6./7. Jh.), **4** 603, 619 f., 627–630, *741 ff.*, 778, 787, **5** 420, **6** 655–658, 661, *679 f.*, **8** *551 ff.* (16. Jh.), **9** 96, 98, *111–116* (17. Jh.), 181 f., 426, **10** 181 f., 209 (Methodisten), *745–748*, **11** 16, 222 ff., 229–232, 303, 559–563, 571, 573, **12** 802 f., 805, 863–871, **13** 21 (Konzilsväter beim 2. Vatikanum), 236, 387
Nord- **12** 863 f., 869 ff., **13** 387
Isabela **7** 596, 599
Isaurien **1** 105, 566, **2** 82, 89, *91 f.*, 1030, **3** 11, 19, 956, **4** 401
Isauropolis **3** 523
Isenburg **8** 410

Isfahan **9** 802
Island **4** 886, 888, 906, 909, 912, **5** 133, 336, 339 f., 345, 711, 714, **6** 17, **7** 415, 435, 759 (frühe Reformation), **8** 22, *440*, **9** 63 f., **11** 245, **12** 843–862
Isola Capo Rizzuto **4** 377 f.
Isola d'Orta **3** 1057
Israel (↗Palästina) **12** 298, 363, 428 f. (1948), 1019, 1021, 1024 f., **13** 54, 310 f., 444–447 (israel.-arab. Konflikt), 457, 466
Issoire **3** 971
Istanbul (↗Konstantinopel) **7** *30* (Bezeichnung), 36, 38, **9** 937, **11** 774, 791, 821, **12** 920
Istrien **3** 469, 474 f., 477, 481 ff., 485, 488, 782, 909 f., **11** 704
Išxan **4** 486
Italien **1** 174, 235, 237, 241, 243, 285, 646, 681, 686 f., 689, 693, **2** 6, 13, 128, *129–135*, 148, 159 f., 185, 406, 525, 533, 633, 661, 855 f., 865, 867, 896, 899 f., 907 f., 921, 927, 932, 993, 994 (got. Eroberung), 1003, **3** 288, *300–340* (Gotenherrschaft), *324 ff.* (Kirche im 5./6. Jh.), 457 f., 466 (Drei-Kapitel-Streit), 469–473, 475, 477 f., *767–785* (byzantin. Rückeroberung, 6. Jh.), *902–913* (Gregor d. Gr., Kirche), 966, *972–975* (Mönchtum, Klöster, 5./6. Jh.), 1013 (Kirchenbau), 1016, 1019, 1039, 1046, 1113 (Märtyrerkult), 1128, 1150, **4** 354 (byzantin. Süditalien), *366–387* (griech. Kirche, MA), 654, 694 (karoling. Königreich), 707 (Karl d. Gr.), 757, 788 (Klöster, 10. Jh.), *832–838* (Süditalien, Kirchen 7.–11. Jh.), 841 (Heinrich II.), 874 (Süditalien u. Kirchenstaat), 875 (Rom u. Byzanz, Süditalien), **5** 14 (Eremiten, Süditalien), *122–128* (Gregorian. Reform), 137, 138 f. (Eremiten, HochMA), 162 (u. Cluny), 196 ff. (Innozenz II.), *307–313* (röm. Kirchenverfassung, Süditalien), 363 (griech. Klöster, 12. Jh.), 496 ff. (Katharer), 595, 650, 683, 735 (Griechen u. Lateiner, 13. Jh., Süditalien), 740 (griech. Klöster, Süditalien, 13. Jh.), 755 ff., 768, 844 (Franziskaner), 872, **6** 20, 22, 77 (nach 1378), 81, 90, 123 (Eugen IV.), 330 (Flagellanten), 355–359 (Prediger, 13./14. Jh.), 528 (dominikan. Observanz), *570–576*, 578 ff. (Anfang 14. Jh.), 582 f., 588 (Karl IV.), 691, *717–750* (Kirche, SpätMA), 895, **7** *49–52* (Orthodoxe, 15./16. Jh.), *87 ff.* (Ende 15./Anfang 16. Jh.), 178 f., 330–345 (Anfang 16. Jh.), 440 f. (Waldenser, 15. Jh.), *478–481* (Renaissance), *505–512* (Renaissance, Kunst), 620 f. (Humanismus), *752 ff.* (Reformation), **8** 127 (Täufer), 241, 285, *573–617* (Reformation u. kath. Reform), 959, 970, 1019 f. (geistl. Bruderschaften), 1021, *1046 f.* (Spiritualität, 16. Jh.), 1063, 1092, 1239 f. (Kirchenmusik, 17. Jh.), **9** *148 f.* (17. Jh.), 156 f., 205 ff. (Juden, 17./18. Jh.), 251 (Episkopat, 17./18. Jh.), 253–258, 260, 262, 270 f., 276 f., 282 f., 289 f., 295, 323, 327, 393, 546, 847 (Bibelübersetzung), 936, 956 f., 1057 f. (Theater, Barock), 1064 f. (Kirchenmusik), 1067 f., **10** *25–30* (Katholizismus, Ende 18. Jh.), 420 (franz. Flüchtlinge), 448–455 (nach 1789), **11** 10, 13, 17, 25, 27, 36, 122, 127, 130 f., 154, *257–273*, 327, 349 f., 413, 432, 445 f., 449 ff., 454, 457, 467, 471 f., 474, 480, 488, *595–620*, **12** 4, 9, 15, 17 ff., 22, 31–34, 144, 184, 195, 197, 245, 251, 283 f., 290, 374 ff., 379 (Konkordat), 385 f., 389, 391, 393, 400–404, 413 f., 439, *440–498*, 608, 693 (Konkordat), 759, 837, 877, 894, 901, 920, 1038, **13** 6 f., 19 f. (Konzilsväter beim 2. Vatikanum), 115, 215 ff., 235, 296, 302 f., 315 f.
Italienisch-äthiopischer Krieg (1935/36) (Abessinienkrieg) **12** 400 f., 484 f.
Iturien **1** 501
Iunci **2** 263
Iustiniana Prima (Caričin Grad) **3** 425, 548 f., 577 f., 1016, **4** 10, 31

Iviron-Kloster („Kloster d. Jungfrau“, „Kloster d. Iberer“; georg. Kloster, Athos) **4** 292, 297, *560*, *571f.*, 573, 579, **6** 164, 199, **9** 582
Izla (iran. Berg, Klostersitz) **3** 1177 f.

Jabłeczna **7** 432
Jabne ↗Jamnia
Jaén **2** 940, 956
Jaffa **5** 314, 779, 782
Jakarta ↗Djakarta
Jalisco **8** 775, 781
Jamaika **7** 601, **11** 133, **12** 805
Jamestown **8** 860, **9** 678
Jamnia (Jabne) **1** 206, 216f., 269, 295, 303, 466, 490, **2** 59
Japan **7** 535, 550ff., **8** 881, 896, 904, *912–933* (christl. Missionierung), **9** 751, *758f.*, 764, **11** 148, 421, 727, 751, 763, 765f., 1050 (Krieg gg. China 1894), 1056–1060, **12** 316, 319, 378, 926, 963 (orth. Kirche), 1024 (orth. Kirche), 1024 (orth. Kirche), **13** 619, 646f., 658, 660
Russisch-Japanischer Krieg (1904/05) **11** 1058, 1060
Jarkend **6** 215
Jarrow (Kloster) **4** 670, 674
Jasna Góra ↗Tschenstochau
Jassy ↗Iaşi
Játiva **4** 738
Java **9** 758, **13** 620
Javols (Gabalis) **3** 229
Jelling **4** 906
Jemen **2** 1093, **13** 456
Jena **8** 6, **9** 488, **12** 748 (theolog. Fakultät)
Universität **8** 6, 40, **9** 413
Jerash **2** 673
Jericho **1** 24, 510f., 558, 611, **2** 59, 832, 1048, **5** 315
Jerusalem (Stadt, Kirchen, Patriarchate) **1** 8, 13, 24, 38, 43, 44 (Karte), 46, 70, 76f., 80, 82–85, 92, 94f., 98ff., 102–107, 121, 124, 130, 132–137, 160, 190, 192, 211f., 220, 230, 245, 269, 271, 275, 290, 295, 298, 302, 332, 357, 463, 484, 556f., 585, 657, 697, 745, 753, 756, 770, 832, 846, 864ff., **2** *56f.*, 58, 64, 234f., 303, 432, 629, 631, *683f.*, 684, 688, 692, 694, 706, 787, 822, 831f., 842, 950, 1033 (Patriarchat), *1041–1048* (Christianisierung, Kirche im 4./5. Jh.), **3** *114f.* (Patriarchat, Festlegungen v. Chalkedon), 128, 132, 144f., 153, 165, 499, 541 (Nea), 546 (Patriarchat), 548f., 553, 568, *571–575* (Patriarchat, Mönchtum), 586, 619 (Mönchtum), 621, 664, 667, 679f. (Marienverehrung), 683, 687, *688ff.* (Hl. Stadt, Wallfahrtsorte, 6. Jh.), 955 (Beziehung zu Gregor d. Gr.), 1247 (u. Georgien), 1249, 1275f. (georg. Klöster), **4** 14–17 (pers. Eroberung), 24 (arab. Eroberung), 62 (Rang), 73f. (Juden u. pers. Eroberungen), 162, 219, 400, *409–418* (melkit. Kirche), 429 (monophysit. Klöster), 552 (georg. Mönche), 573, 727 (Patriarchat u. Karl d.Gr.), 863 (Wallfahrtsort, um 1000), **5** 229 (Saladin), *314f.* (westl. Pilger, 12. Jh.), *315–318* (latein. Hierarchie, MA), 361, 381 (Primat), 382, 386, 526 (Wallfahrten), 589, 677f. (Ks. Friedrich II.), 766 (3. Kreuzzug), 776 (latein. Königreich), 777ff. (latein. Königreich, Friedrich II.), **6** 215, 217, 220, 232 (georg. Klöster), *243–246* (Heilige Stätten, SpätMA), 765 (latein. Patriarchat), **7** 529, **9** 582, 588 (Patriarchat, frühe NZ), *589ff.*, **10** 122ff., 139, **11** 136, 138, 441, **12** 138f., 308f. (Weltmissionskonferenz 1928), 428, 774, 927, 949 (armen. Katholikat), 952 (melkit. Patriarchat), 955 (orth. Patriarchat), 969, 1019 (melkit. Patriarchat), **13** 71, 310f., 435 (armen. Patriarchat), 439 (Deir al-Sultan, kopt. Kloster), 444, 446
Apostelkonzil **1** 79, 106, 109, 122f., 144, 272, 274, 468
Bibliothek **1** 558
École Biblique **11** 440, 443, **12** 200, 230
essenisches Viertel (↗SR: Essener) **1** 60
Eucharistischer Kongreß (1893) **11** 440, 806

Grabeskirche **2** 1046, **4** 863, **5** 313, 315, 423, 526, **6** 243–246, **9** 582
Heilige Stätten **1** 558 f., **5** 313 (Hl. Grab), **6** 246, **9** 918, **10** 124, **11** 135, 823, **12** 393 f., 428
Konzil (1672) **9** 564
Synode (335) **2** 1015
Synode (763) (Bilderstreit) **4** 404, 412, 421
Tempel (↗SR: Tempel, Zweiter, – Zerstörung) **1** 17, 44 (Karte), 64 f., 74 f., 204 f., 287, 483, 502
Urgemeinde (↗SR: Urgemeinde) **1** 6, 48, 58–75, 81 f., 122, 144, 172, 189, 194 f., 206 ff., 251, *271–275*, 277 f., 282, 287, 299, 305, 308 f., 325, 359, 373, 396, 457, 462, 467, 469–474, 490, 495, 510
Jerusalem (Begriff) („himml. Jerusalem", usw., Geschichtstheologie, Eschatologie) (↗SR: Israel) **1** 28, 39, 160, 300, **3** 1283 f. (georg. Kirche), **4** 19, **5** 508 (Neues Jerusalem, Konstantinopel), **7** 156, **8** 155 f., **9** 873
Jiangnam **9** 796
Jihlava (Iglau) **6** 345, **7** 765 f.
Kompaktaten (1436) **6** 345
Joazeiro **12** 1202
Johannesburg **12** 927 (orth. Bistum)
Joppe **1** 62, 68, 77, 275, 472
Jordanien **2** 673, **12** 1025, **13** 454
Juázeiro **11** 953 ff. (Wunder)
Judäa **1** 11, 13, 22, 76, 83 f., 94, 100, 107, 117, 131, 140, 187, 212, 229, 245, 271, 298, 465, 502, 864, **2** 59, 232, 1041, 1048, **3** 624
Jülich-Kleve-Berg **7** 311, **8** 399, 401 (Karte), 424 f. (Erbfolge, 1610), 1006, **9** 326, 425
Jütland **4** 906, **7** 757
Jugoslawien, früheres **1** 131, **12** 25, 494, 755, 872 f., 885 ff., 892, 895, 900–903, 905 f., 912, 924, 953, 965 (Konkordat), 972 f., 1003–1006, 1008, **13** 23 (Konzilsväter beim 2. Vatikanum), 305, 309, 353, 360 f., 372, 384
Julí **8** 836
Juliopolis **2** 97
Jumièges **4** 632, 643 (Abb.), 699, 785, **5** 176
Junci **3** 289
Junius **1** 318
Jura (Gebirge) **2** 866 f., 994, **3** 375, 990 f. (Klöster), **11** 449, 575 f.
Justinianopolis (↗Mokissos) **3** 555

Kabul **9** 799
Kacheti **9** 585
Kärnten **4** 888, **8** 407, 419, **9** 10, 14, 17, 25, **12** 756
Kafarnaum **1** 17, 71, 183, 351
Kaffa **6** 885, **7** 422
Kaftun **6** 220
ʿKaheʿti (georg. Fürstentum) **4** *556 f.*, 564
Kairo **1** 526, **4** 416, 419, 436, 444, **5** 781, **6** 209, 219, **9** 553, 600, **13** 313 (Tagung d. blockfreien Länder 1957)
Geniza **1** 757
Kaisareia ↗Caesarea
Kalabrien **2** 134, **3** 903, 905, **4** 104, 182, 353, 366, 372, *373 f.* (griech. Bevölkerung, MA), 375–378, *380 f.* (griech. Mönchtum, MA), 654, **5** 4, 38, 138 (Eremiten, HochMA), 176, 307 f., 312, 740, **6** 717, 895, **7** 441 (Waldenser), **9** 603
Kalifornien **8** 791, **9** 643 f. (franziskan. Mission), *650*, **10** 77, **11** 143
Kalkutta **8** 904, **9** 804, 807 f., **11** 1024 f., 1030, **13** 655
Kallinikon **3** 497, 507, 509
Kalmar **6** 774 (1397)
Kalocsa **4** 903, **6** 788
Kambodscha **9** 751, 758, 763, 779, 781, **11** 148, 1040, 1042 f., **13** 624
Kamerun **9** 704, **11** 579, 979, 1004–1007, 1014, **13** 548, 560, 566, 600
Kamień **7** 423
Kamieniec **6** 777, 779, 785, 788
Kammin **4** 886
Kampala, Konferenz d. CETA **13** 333, 599
Kampanien ↗Campanien
Kamuliana **3** 676 f.

Kanada **8** 859, 869, **9** 662, *665–675*, **10** 181, 482ff., *514–533*, **11** 130, 143, 158, 909–916, **12** 840, *1127–1144*, **13** 315
Kanarische Inseln **6** 755, 885f. (Christianisierung), **7** 546, 554f., *557f.*, 559, *591ff.* (span. Kolonisierung)
Kanikleion-Palast **4** 164
Synode (843) (Bilderstreit) **4** 164f.
Kanton **7** 526, **8** 936, 939f., **10** 146, **11** 148
Kap der Guten Hoffnung **9** *741ff.*
Kap Verde **8** 746, **9** 735
Kapernaum **2** 60
Kaphalonia **5** 352
Kappadokien ↗Kappadozien
Kappadozien **1** 152, 262, 565, 570, 630, 648, 654, 832, 843, 851, 857, 860, **2** 27, 82, *100f.*, 182, 186, 238, 397, 437, 842, 988, 1063f., *1067–1075* (Theologie im 4. Jh.), 1077, 1090, **3** 125f., 138, 151, 555, 584 (Mönchtum), 629, **4** 250 (Grenze z. Islam), 349, 475, **5** 3, 14
Kappel, Schlacht (1531) **8** 426f.
Kapua ↗Capua
Kapverdische Inseln **7** 553, 573f., 579, **8** 745, 747, 754, 757f., **9** 732
Karaman **1** 112
Karanga **8** 762
Karantanien **4** 889
Karelien **6** 17
Karessos **1** 125
Karibik **9** 704
Karien (röm. Provinz) **1** 567, **2** *89*, 1058, **3** 138, 151
Karin (Armenien) ↗Theodosioupolis
Karkā de Lēdān **3** 1164, 1169
Karkā de Maišan **3** 1170
Karlowitz (Karlovci) **9** 564, 578, 601f., **10** 120f., 733, **12** 960f. (Konzil d. russ. Exilgemeinde 1920)
Frieden (1699) **9** 14, 222, 540
Karnataka **9** 817
Karolineninseln **11** 463, 467, **12** 5
Karrhai **3** 494
Karthago **1** 260, 522, 622ff., 626, 628f., 632, 635, 637f., 640f., 647f., 656, 662, 666, 697f., 703, 770, 795f., 832, 838, 847, 850–853, 855–860, 943, **2** 12, 24, 32, 36, 39, 43–47, 51, 120f., 123, 125f., 159, 162–165, 167, 244–247, 259, 261ff., 513, 519, 521, 534, 537ff., 542, 629f., 641, 678, 841, 867, 903, 918–921, 923–926, 928–932, 994 (got. Eroberung), 1026, **3** 265, 268, 274f., 285, 289ff., 294, 751, 754f. (bischöfl. Primat, 6. Jh.), 760, 915, 976, 1031f. (Kirchenbau), 1033f., 1140, **4** 652, **12** 136 (Eucharist. Kongreß)
Konferenz (411) (Donatistenstreit) **1** 662, **2** *517–521*, 522, 924f., 927
Konzil (um 220) **1** 662
Konzil (um 245) **1** 662
Konzil (256) (↗Ketzertaufstreit) **1** 642, 646f., 650, 654f., 658, 850, **2** 121, 123, 125
Konzil (401) **2** 513f., 903, **3** 1116, 1133
Synode (251) **1** 852
Synode (525) **3** 749
Synode (535) **3** 752f.
Kʿartʿli (östl. Georgien; ↗Georgien; ↗Iberien) **3** 1216ff., 1236–1246, 1250, 1252, 1258, 1261–1264, 1269f., 1284, **4** *544*, 549–552, 554, 558, 564, *574–581* (Autokephalie, MA), *579* (Bezeichnung), 580f., 594, **9** 585f.
Kaschau ↗Kosice
Kaschgar ↗Kaschkar
Kaschkar **3** 1170, **4** 459
Kastabala **2** 74
Kastilien (Region, Königreich) **4** 735, **5** 162, 290–293, 296–300, 305, 424, 671 (Königtum), 754, **6** 79, 109, 122f., 754f., 762f., 842f. (relig. Minderheiten, SpätMA), 849 (Antisemitismus), 851, **7** 4, 384f., 387, 395, 401, 499, 560f. (Alexandrin. Bullen), 567f. (Patronate in Amerika), **8** 662, 707, 720, **9** 150, 277, **11** 285
Kastl (Benediktiner-Abtei) **6** 709
Katalanische Felder **3** 226 (Schlachtfeld, Sieg d. Aetius gg. Hunnen)

Katalonien **2** 952, **4** 735, 782, 851, **5** 151, 162, 211, 291, 295, 449 (Gottesfrieden), 754, **8** 711, 720, **11** 284 f., **12** 169, 499, 516, 519 ff., 543
Katar **13** 456
Katharinenkloster (Sinai) **2** 830, **9** 592, **12** 952
Kaufbeuren **8** 419, **9** 43
Kaukasisch-Albanien **2** 1088 f.
Kaukasus **2** 306, **4** 543 f., **10** 137, **11** 774, 820
Kaunas **12** 885, 894 (Eucharist. Kongreß 1934), 904
Kazan **11** 762, 764 f.
Kazusa **8** 925
Kehl **13** 290
Kellien (frühe Mönchssiedlung) (↗SR: Koinobiten) **2** 822 f., 830, **3** 594 f., *596 f.*, 602
Kellis **1** 346
Kenchreä **1** 121, 307 f., 573
Kenia **13** 563 (Mau-Mau-Aufstand), 572
Kent **3** 866 f., 928, 931, **4** 743, **8** 526, 531 f., 542, 568
Kentucky **10** 505 f., 861, **11** 835
Kephalonien **9** 571
Kephro **2** 116, 169
Kerala **11** 775, **13** 658, 661
Kerkenna-Inseln **7** 591
Kerkūk **4** 454, 459, **6** 213
Kertsch (Pantikapeion, Krim) **2** 147
Kestos (Aksu) **1** 110
Kevelaer **9** 920
Khanbalik ↗Peking
Khenchela (Mascula) **2** 263, 644, 647
Kiew **4** 885, 939 f., 942 ff., 946–949, **5** 336, 791, **6** 174, 252, 254, 297, 777, 785, **7** *429 ff.* (Kirchenprovinz, ab 1458), **9** 508, *527–530* (Mohyla), **10** 108, **11** 724 (Synode 1884), 761, **12** 931 (Höhlenklöster), 977, 996 (Höhlenkloster), **13** 382, 391 (Höhlenkloster), 422 (Patriarchat)
Kiewer Rus' **4** 889, *937–950* (Christianisierung), **5** 329, 333, 336 f., 338 f. (Klöster, MA), 342–346, *703–708* (Mongoleneinfall), **6** 247, 251, 776
Kildare **3** 877, 978, **4** 621
Kilikien (↗SR: Armenier) **1** 69, 92, 105 ff., 112 f., 274, 477, 499, 572, **2** 74, 236, 432, 1030, 1077, **3** 9 ff., 18 ff., 493, 607, 616, **4** 13, 28, 315, 401, 429 (Klöster), **5** 3, 350, *369 ff.* (armen. Reich u. Byzanz, 12. Jh.), **6** 174, 209, 215, 224, 227, **9** 606 (kath. Patriarchat), **10** 136, **11** 820, **13** 427 (Katholikat), 428
Killeany **3** 978
Kingston (Kanada) **10** 529
Kinshasa ↗Léopoldville
Kios **2** 87
Kiptschak (mongol. Chanat) **6** 208 f., 225, 878
Kirchenstaat **4** 669, 692, 704 f. (röm. Adel), **5** 230, 234, 247, 623, *639–644* (13. Jh.), 675, 678, **6** 108, 129, 469, *571–576* (SpätMA), 606 f., *722–725* (SpätMA), 726, 888, **7** 5, 72, *86–97* (Renaissance), 334, **8** 592, *596 f.* (16. Jh.), 1033, **9** 156, 203 ff. (Juden), 215 ff., 219 ff., *224–231*, 237 (Inquisition), **10** 420, 639, 642, 650, 655, 658 f., **11** 21, 23, 172, 257 f., 264, 446, 508, **12** 8, 374 f.
Kisantu **11** 1014 („Kapellenfarm")
Kitzingen **4** 657
Klardžeʿti **4** 576
Klausenburg ↗Cluj
Kleinasien **1** 92, 105 ff., 109, 113, 125, 131, 138, *150–164*, 197, 218, 240, 254, 271, *278–283*, 298 f., 305, 321, 325 f., 332, 334 f., 345 f., 367, 373 f., 382, 445 f., 450 f., 453 f., 458, 479, 524, 537, *564–573*, 574, 663, 669, 688, 703, 737, 831, 853, 857, **2** 11, 19, 56, 74, *82–107* (Kirche im 3./4. Jh.), 161, 167, 182, 601, 607, 631, 690, *835 ff.* (Mönchtum), 839, 994, 1030, *1062–1075* (Christianisierung, Kirche und Theologie im 4./5. Jh), 1064, 1089, **3** 125 (Rezeption d. Chalcedonense)S), 138, 151, 493 f., 651, 956, **4** 13 (pers. Eroberung), 29, 240–244

(Paulikianer), 274 (Klöster), 315, 346 (Bogomilen), **5** 350 (Türken), 486 (Häresien, 12. Jh.), 718 (Latein. Kaiserreich), 719, 738 (Klöster, nach 1204), **6** 133, **9** 551
Kleve (↗Jülich-Kleve-Berg) **6** 705, **9** 425
Klisura **4** 349
Klosterneuburg **12** 265 ff.
Klosterrath (Rolduc) **5** 140, 151, 156, 401, 427 ff.
Knossos **1** 321, 573, **2** 146
Koblenz **10** 705
Köln (Stadt, Erzbistum) **2** 140, 958, **4** 663 (Bistum), 696, 755, 800, 802, 815, 852 (Domschule), 855 (St. Marien), **5** 258, 409, **6** 20, 567, 706, 859 f. (Juden, MA), 862, 864, 867 ff., **7** 500 f., **8** 240, 331, 397, 399 f. (Hermann v. Wied), 416, 960, 1022, 1110, 1236, **9** 207, 302, 404, 913, **10** 187, 705, 715, 717 f. (Droste zu Vischering), **11** 301, 654
Kölner Ereignis (1837) **11** 299 f.
Synode (1536) **7** 876, **8** 246, 272, 990, 1018, 1226
Universität **6** 696, **7** 213, **8** 294, 394, **10** 713, **12** 185
Königgrätz (Hradec Králové) **9** 34
Schlacht bei **11** 28
Königsberg **7** 762, **12** 711 (evangel. Kirchentag)
Universität **8** 40, 641, 1108
Kokaba **1** 490
Kolberg, Kolobrzeg **4** 831, 900
Kolchis ↗Lazika
Kolobrzeg ↗Kolberg
Kolossae **1** 156, 279, 305, **2** 93 f.
Kolumbien **8** 773, 780, 784, 791, 807, **9** 658, **11** 930 f., **12** 380 (Konkordat), 1161 f., 1165 f., **13** 500
Komana **2** 100
Kongo **7** 531, 546 f., 553, 555, 570, 580 f., **8** 745, 747, *748–754* (christl. Königreich), **9** 732, 734, *738–741*, 748, **11** 421, 546 f., 978, 1014, **13** 562
Kongo-Brazzaville (Republik Kongo) **13** 548, 564, 567–572, 600
Kongo-Kinshasa ↗Zaire
Kongokrise **13** 562
Konia **5** 350
Konion **1** 113
Konstantina ↗Cirta
Konstantinopel (Byzanz) (Stadt und Herrschaftsbereich) (↗Phanar; ↗Hagia Sophia; ↗Hagia Theotokos, usw.) **1** 574, 721, **2** 90, *216–219*, 231 f., 238, 353, 397, 399, 456, 533, 564, 566, 589, 594, 612, 614 ff., 622, 660, 669, 679, 686, 690, 789, 950, 994 (Besetzung d. Gainas), 997, 1016, 1026, *1050–1059* (Christianisierung, Kirche im 4./5. Jh.), 1065 f., 1069, 1071, 1073, 1087, **3** 15 ff., 22, 38, *690–695* (Ausbau als christl. Hauptstadt), 705 (Grabmalskunst), 710 ff. (Kirchenbau), 713, 770 f., 931 f. (Gregor d. Gr.), 934–937 (päpstl. Apokrisiare und Vertraute), 942, *943* (Beziehung Gregors d. Gr.), 950 ff., 957, 1096 (Credo, liturgisch), 1211 ff. (u. Armenien), 1235 (u. Georgien), **4** *18–22* (Belagerung 626), 32 f. (städt. Entwicklung, 7./8. Jh.), 37, 38 (charitative Einrichtungen), 62 (Rang, Trullanum II), 162, **5** *3–32* (Kaiserreich, 1054–1122), 508 (Ikonographie), 511 f. (Wallfahrtsort, MA), 513 f. (Karneval), 712, *716–753* (Teilreiche nach 1204), 716 f., 719 ff. (M. Palaiologos), 724 f. (Klerus, nach 1261), *731* (Latein. Kaiserreich, 13. Jh.), 741 (Klöster nach 1261), 745 (Juden, 13. Jh.), *746–753* (u. Rom, 1204–1274), *772 ff.* (4. Kreuzzug), *941 f.*, **6** 118 (Union, 1439 ff.), 120, *132–204* (byzantin. Kirche 1274–1453), 155 (Klöster, SpätMA), 218 f. (melkit. Kirche, 14. Jh.), 249 (Serbien, 14. Jh.), 252 f. (u. russ. Fürstentum, SpätMA), 257, 296, 409 (Juden), 410 (Muslime), *496–516* (kirchl. Moral, Byzanz, SpätMA), 503 f. (Zinsgeschichte), 768 (latein. Patr.), 768 ff. (fränk., genues., venez. Herrschaft), 830, **7** 3 (türk. Eroberung, 1453), *22 ff.* (Eroberung, 1453), 40 f.,

52–55 (Moskau), *72–86* (1453, Papsttum), 500, **9** 544 ff., 548, 554, 599, **11** 797, 808
Konferenz (532) **3** 437 f., 657
Konzil (360) **2** *391–394*, 417, 427, 435, 1020, 1056, 1068 f.
Konzil (381) (↗SR: Glaubensbekenntnis) **1** 814, 822, **2** 272, 312, 444, *450–454*, 456, 552, 898 f., 1021, 1033, 1034 (Kanon 2, Barbarenkirchen), 1037, 1054, 1056, 1065, 1071, **3** 132, 162, 191, 202, 547 (Bestimmung zu Konstantinopel), 557 (Kanon 3), 1253, **4** 476 (Armenien), 759
Konzil (553) (↗SR: Drei-Kapitel-Streit) **3** 447, *453–458* (Verlauf), 460, 468 f., 476 f., 555, 563 f., 942 f., 946
Konzil (680 ff., Trullanum I) **4** 45 f., 391, 410, 636, *645 f.*
Konzil (691/92, Trullanum II) **4** *59–71* (Verfügungen, Verlauf), 221, 225 f., 267, 298, 306, 327, 358, 410, 649
Konzil (861) **4** 298, 300
Konzil (869) **4** 416, 421, 719
Synode (448/49) **3** 41, 45, 50 f.
Synode (450) **3** 76 f.
Synode (536) **3** 440, 492, 617
Synode (787) **11** 379
Synode (879) **4** 416, 421, 719
Synode (1638) **9** 573
Synode (1672) **9** 573
Synode (1682) **9** 573
Konstantinopel (Kirche, Patriarchat) **2** 353, 451 ff., 559 ff. (Johannes Chrysostomos), *576 f.*, 579, 583–586, 601, 631, 658, 696, 824, *838 f.* (frühes Mönchtum), 1020–1024 (Rivalität mit Alexandria), *1050–1059* (Christianisierung, Kirche im 4./5. Jh.), **3** *115 ff.* (Vorrang und Rechte, Chalkedon), 125, 135 (Schisma zu Rom, bis 518), 138 f., 142, 145 f., 149 (Ende d. Schismas mit Rom, 518), 162–165 (Kanon 28 v. Chalkedon), 167 f. (Beziehung zu Rom), 174, 177, 180 f., 186 (Beziehung zu Rom), 190 ff., 195 f., 198, 202 f. (Rang, Neues Rom), 207, 327 (Einfluß im Illyricum, 5. Jh.), 438 f., 446, 452 (Papst Vigilius, Drei-Kapitel-Streit), 459, 464 f., 470 f., 473 (Beziehung zu Ravenna), 496 (Monophysiten), 497 ff., 541–544 (Bestattungswesen), 548 (Patriarchat), *549 ff.* (Kanon 28), *552–563* (Macht, Jurisdiktion, Gestalt 6. Jh.), *629–641* (Mönchtum, Klöster im 5./6. Jh.), 647, 650, *679–684* (Marienverehrung), *684–687* (christl. Stadt u. Liturgie), 942, *943* (Beziehung Gregors d. Gr. zur Kirche von K.), 950 ff., 957, 1096 (Credo, liturg.), **4** 177 (Patriarchat, Ende 9. Jh.), 183, 186 (Synode 867), 188 ff. (Synode 869/70), 194 (Patriarchat), 218 ff. (Patriarchat, Eisagoge), 221 f., 297 f., 315, 351 (Patriarchat), 353 (Patriarchat), 354 f., 367 (u. Italien), 416, 489 (liturg. Kalender), *501–513* (Patriarchat u. Armenien), *514–538*, 570 f. (georg. Mönche), 704 (Karolinger), 716 (Synode 867), *874 ff.* (Rom, 11. Jh.), 891 (slaw. Mission), 894, 902 (Ungarn), 925–929 (Bulgarien), 939 (Krim bzw. Rus'), 940, *943 ff.* (Patriarchat u. Kiew), 946, 951 f. (Patriarchat u. Serbien), 955 (Patriarchat), 11 ff. (Armenien), 1235 (u. Georgien), **5** *10–14* (Patriarchat, 11. Jh.), 27 (relig. Selbstverständnis, Orthodoxie), 343 ff. (Kiewer Rus'), *349–371* (Byzanz, Kirche 1123–1204), *372–387* (Rom, 11./12. Jh.), **6** *134–145*, 295–299, **7** 3, 40 f. (ab 1453), *42–49* (nach 1453), **8** *357–368* (osman. Herrschaft), **9** *559–588* (osman. Herrschaft, 17./18. Jh.), 600, **10** *116–120* (18. Jh.), *728–733*, 732, **11** 441, 768, 774, **12** 56, *917–927*, 944, 950, 956, 973 f., 989, 1005, 1021–1024, **13** 380, 423
Patriarchatsakademie **8** 364 f., 367, **9** 570 f.
Konstanz **5** 202, **6** 22, **7** 177, 732 f., **10** 838, **12** 43 (ökumen. Konferenz 1914)

Konstanzer Vertrag (1153) **5** 202, 212, 215, 659
Konzil (1415) **6** *96–107*, 287, 637, 670, 693 f., 696 f., 802 (poln. Vertreter), 805 (Jan Hus), 828
Konya ↗Ikonium, Ikonion
Kopenhagen **12** 340
Universität **7** 434
Korea **8** 945, **9** 751, 783, **10** *152–157*, **11** 148, 727, 765 f., 1053–1056, **12** 78 (Koreakrieg), 316, 367 (Koreakrieg), 423 (Koreakrieg), 433, 1038 (Koreakrieg), **13** 624, *633–636*, 671
Nord- **13** 623
Süd- **13** 210, 267, 275 f., 617, 620, 650, 657, 660
Korfu **5** 4, 350, 718, **8** 367 f. (Schule), **9** 571
Korinth **1** 69, 73, 80, 106, 113, 118–121, 125, 127–135, 153, 166, 172, 174, 179 f., 190, 197, 231, 239, 271, 274, 279, 285, 289, 291 ff., 305, 321, 328, 332, 334, 340, 420–424, 431, 433 f., 466, 479, 573, 667, 670, 674, 680 f., 778, 858, **2** 145 f., **3** 913, **5** 350
Koropissos **2** 91
Korsika **2** 134, **3** 279, 295, 903, 905, 975, **5** 184, 238, **6** 20, 580 f., **8** 281, 592, *600 ff.* (16. Jh.), **9** 545, 601
Košice **8** 640, **9** 29
Kosovo **6** 96 (1389), 250, **9** 546, **13** 372
Schlacht (1389) **7** 12
Kostroma **9** 513
Kotschin ↗Cochin
Kottayam **8** 901, **13** 661
Krain **9** 10
Krakau **4** 831, 892, 900, **5** 130, 689, **6** 22, 779 f. (Taufe Jagiellos), 781, 784, 793, 794 (Veits-Dom, Abb.), 795, *801 ff.*, **7** 425, 428, 763 f. (frühe Reformation), **8** 643, **9** 252 f. (Diözese), 300, 918
Universität **6** *796 ff.*, **7** 433 ff., **11** 697, **12** 881, 910
Kranganor **9** 798
Krefeld **9** 469
Kreta **1** 138, 280 f., 321, 573, **2** 146, 1060, **4** 348 f. (Multireligiosität), **5** 718, **6** 17, 133, 768 f., 895, **8** 371, **9** 540, 545, 599, **11** 781 f., **12** 921
Krewo (Kriavas) **6** 780 ff. (1385)
Krim **2** 988, **3** 154, **6** 17
Tatarenchanat **7** 422, **9** 544
Križevci **12** 1026 (Diözese)
K'rnay ↗Qrhna
Kroatien (↗SR: Kroaten) **4** 822 (Latinisierung), 888, 893, *894* (Christianisierung), **5** *132*, 327, 695, **6** 895, **7** 420, 436, **8** *633 f.* (Reformation), **9** 12, 32, 577 (serbische Kirchen), 600, **10** 22, **11** 687, 704, **12** 873, 877, 895, 900 f., 905 f., 972, 1004, **13** 309, 371 f., 377
Kronstadt (Siebenbürgen) **8** 636
Ksar el Kelb ↗Vegesela
Ksar Sbahi **1** 661
Ktesiphon (↗Seleukia-Ktesiphon) **2** 80, 411, **6** 211
Kuba **7** 567, 596, 601, **8** 774 f., **9** 722, **10** 759, 770, **11** 634, 962, **12** 1037 (Kubakrise), 1166, 1178, 1210, **13** 307, 477, 491 (Universität), 499
Kubanische Revolution (1961) **12** 1147 f., 1168, 1179–1187, 1221, **13** 474 f., 512
Kubota **9** 759
Küųk Kaynarci, Frieden (1774) **10** 129, **11** 779
Kufa **4** 398
Kuheinsel **8** 885
Kurdistan **11** 137, 775, 785, 798, 809, **12** 946 f., **13** 455
ʿKuʿtaisi **4** 557
Kuttenberg **7** 468
Religionsfriede (1485) **7** 433, 467, 470, **9** 475
Kuwait **13** 456
Kwangju (Nordkorea) **13** 634 (Volksaufstand 1979)
Kyme **2** 85
Kymina-Berg (Kloster in Bithynien) **4** 274, 277 f., 287
Kyōto **8** 920, **11** 1058
Kyrene **1** 77, 277, 298

Kyrrhos ↗Cyrus
Kythera **5** 743
Kyūshū **8** 920
Kyzikos (↗Cyzicus, Cyzikus usw.) **2** 82, 86, 235, 437

La Balme **2** 866, **3** 970
La Bureba **2** 956 f.
La Celle **7** 161
La Ciotat **2** 961
La Cocosa **2** 954
La Ferté **5** 409
La Guardia (Mentesa) **2** 143
La Mamora **8** 741
La Paz **8** 791, **10** 85, 762, 770
La Plata **9** 626, **10** 72
La Ressource **11** 141, 977
La Réunion **11** 134, 141 f., 150, 152 f., 158, 977, 1009, **13** 548
La Rochelle **8** 510 (Belagerung 1624/25), 869, 1110, **9** 259, 277 f., 1138, **10** 398, **11** 192
La Sainte-Baume **8** 1014
La Salette **11** 120, 190, 344, 348, 501, **12** 246
Labicum Quintanense **2** 131
Lagos **7** 571
Lahore **8** 888 f., **9** 801, **11** 1030
Laibach ↗Ljubljana
Lakedaemon **1** 321, **2** 146
Lamasba (heute Henchir Merouane) **1** 644, 647
Lambaesis (Lamasba, Tazoult) **1** 623 f., 628, 644, 647, **2** 121, 124, 126
Lambarene **11** 140
Lamego **4** 736
Lancashire **8** 211, 213, 528 f., 533, 540, 542, 551, **9** 99
Landana **11** 1010 f.
Landévennec (breton. Kloster) **3** 884, 886, 978, **4** 741, 859
Landshut **8** 1013
Langres **3** 375, 821, **4** 697
Languédias **3** 886
Languedoc **5** 89, 492, 495–499 (Katharer), 500 f. (Waldenser), 685, 774 (Katharer), 839, 895, **7** 499, 513 f., **8** 511, 987, **9** 124, 139, **11** 180
Lanzarote **6** 886, **7** 559, 592
Laodicaea **1** 156, 300, 305, 375, 515, **2** 73, 75, 93 f., 96, 1037 f., **3** 494, 569
  Kanones v. Laodicaea **1** 803, **2** 635, 637
  Konzil (363) **1** 803
Laodicaea Combusta **1** 566, **2** 673
Laon **3** 839, 880, **4** 757, **5** 409
Laos **9** 751, 764, 779, 781, **11** 1040, **13** 624, 632
Lappland **11** 247
Larache **8** 741
Laranda **2** 92
Lares (heute Henchir Lorbeus) **1** 642, 647
Larissa (Syrien) **1** 574, **2** 73
Larissa (Pelasgis) **2** 145
Lateran (↗Lateranpalast; ↗Lateranbasilika) **2** 878 ff., **3** 1025, **4** 183, 662 (Konzil 743), 824 f., **5** 49 (Synode, 1074), 57 (Synode, 1078), 152, 748, **7** 101
  Konzil (769) **4** 705 f.
  Konzil (1123) (1. Laterankonzil) **5** 80, 128, *182 ff.*, 288
  Konzil (1139) (2. Laterankonzil) **5** *198 ff.*, 821, 853
  Konzil (1179) (3. Laterankonzil) **5** *225 f.*, 244, 264 f., 458, 470, 499, 556, 650, 800, 811, 821 f., 853, **6** 11
  Konzil (1215) (4. Laterankonzil) **5** 439, 556, 570, *581–589*, 607, 620, 636, 650, 676, 688 f., 768 f., 775, 800, 803, 807, 811 f., 819, 838 (Dominikaner), 864 f., 890, 901, 909, **6** 1, 31, 349, 432, 720, 736, 864 (Juden u. Christen)
  Konzil (1512–1517) (5. Laterankonzil) **7** 5, 131, *137 ff.*, 152, 244, 335, 338 f., 353, 498 (Buchdruck), 509, 517, 652, **8** 247
  Synode (649) **4** 43 f., 619, 643 f., 649
  Synode (1059) **5** *36 ff.*, 138, 148, 436
Lateranbasilika **2** 149, 672, 909 f., **3** 193, 737, 1015, 1025, 1042, **4** 824 (Anfang 10. Jh.), **5** 623, 625, **6** 420, 722, **7** 104, **9** 1036, **13** 6
Lateranpalast **3** 902, **4** 748, **5** 217

Lateranverträge (1929) **12** 10 f., 17, 32 f., 144, 375 f., 439, 468 ff., 473
Latium **2** *131 ff.*, 134, **4** 374, **5** 151, 596, **9** 311
Latmos ↗Latros
Latros (Latmos) (Klostersiedlung) **4** 274, 278, **5** 17, 738
Laura (Athos) **4** 288 ff., 297, 302
Lauriacum ↗Lorch
Lausanne **8** 52, 102, 465 f., 506 ff., 1005, **12** 42, 58–63 (Welkonferenz für Glauben u. Kirchenverfassung 1927), **13** 268 (1. Kongreß für Weltevangelisation; Lausanne Convention)
Universität **8** 1108, **12** 679
Vertrag (1922, 1923) **12** 395, 915, 919 ff., 950
Lausitz **9** 476
Laval **7** 283, **12** 1142 (Universität)
Lavra Pečerskaja ↗Höhlenkloster (Kiev)
Lazika (Kolchis) (georg. Königreich) **3** 1234 ff., 1239, 1254, **4** 544, 549, 558
Le Havre **8** 869, **10** 627, **11** 192
Le Mans **3** 841, 971, 981, **4** 748, **5** 491, **10** 628
Le Mont-Dieu **5** 416
Le Puy **4** 847 (Friedenssynode 987)
Lebaba ↗Deir Ali
Lecce **4** 377
Lecceto **7** 165
Lechfeld **4** 778 (955), 896, 902 (Abb.)
Leeuwarden **8** 177
Leicester, Leicestershire **4** 639, **7** 455 (Lollarden), **8** 561, **9** 441, 444, 448, **10** 45
Leiden **8** 486, 1110
Universität **8** 1108, 1131, **9** 491, 934, **11** 394
Leinster **4** 620 f.
Leipzig **6** 797, **7** 425, 501, **8** 397, **9** 1075 (J. S. Bach), **11** 309, **12** 740 (evangel. Kirchentag), 748 (theolog. Fakultät), **13** 369
Leipziger Interim **8** 4
Universität **6** 797, **8** 40, **9** 413
Leiria **12** 502 (Diözese)
Leitmeritz ↗Litoměřice
Lemberg (Lwów, L'vov, L'viv) **6** 225 (Armenier), 247, 259, 776 f., 788, 881, **7** 423, 431, **8** 654, **10** 198, 200, **11** 702 (Synode, 1891), 881, 883, 987, **13** 371 f., 377, 424 (Konzil 1946)
Lembos **6** 133
Lembron **3** 345
Lemnos (griech. Insel) **2** 146
Lemta ↗Leptis Minor
Leningrad ↗St. Petersburg
Léon (Prov. Léon-Astorga; ab 910 Königreich Léon; ↗Asturien; ↗Kastilien) **2** 142 f., 954, **4** 736, 787 f., **5** 290–293, 296 f., 299 f., 305, **6** 842 (relig. Minderheiten)
Léon (Nicaragua) **9** 627
Leontopolis **3** 523, 670
Leopoldville (heute: Kinshasa) **11** 1008 (Konferenz d. Missionsgesellschaften 1902), **12** 664, **13** 605 (Universität)
Lepanto **9** 566
Seeschlacht (1571) **8** 275, 741 f.
Leptiminus (heute Lemta) **1** 643
Leptis Magna **1** 259, 644, **2** 922
Leptis Minor (Lemta) **1** 623, **2** 124
Lérida **2** 954, **5** 302
Synode (546) **3** 399, 401
Lérins (Kloster) **2** *865 f.*, 867, 969, **3** 234, 247, 349, 395, 966, *967–970*, 978, 986, 1002 f.
Les Estinnes **4** 676
Lesbos **3** 522
Leslau ↗Włocławek
Lesotho **11** 983–987
Synode (1872) **2** 157
Leszno **9** 61, 479, 483 (Comenius)
Lettland (↗Livland) **5** 695, 699, **11** 701, **12** 379 (Konkordat), 381 (Konkordat), 872, 880, 884–887, 894, 902, 904, 974, 986, **13** 353, 356 f., 377, 387
Leubus, Lubusz **6** 789
Leukosia **5** 734
Levante **11** 774
Lhasa **9** 775
Libanon **6** 222 f. (Maroniten), **9** 542, *599*, **10** 135 f., 141 ff., 728, **11** 775, 781, 785,

787, 794, 798, 800 ff., 804, 816, 818 f., **12** 378, 393 f., 915, 1024, **13** 447 ff. (Bürgerkrieg), 453 f., 459, 465 ff.
Liberia **11** 139, 153, 156, 874, 978 f., 987, 1000
Libyen **1** 259, 826, **2** *115f.*, 1008, 1011, 1013, **11** 994
Lichfield **4** 638, 744
Liegnitz **5** 781, 791
Lifou **11** 149 f.
Ligugé **3** 971
Ligurien **3** 466 f., 479, 775 ff., 910, **11** 451, **12** 442
 Ligurische Republik (1797–1805) **10** 452 f.
Lille **9** 302, **12** 324 (Universität), 605, **13** 173 (Universität)
Lima **8** 778, 783 f., 786, 791, 793, 811 (T. de Mogrovejo), 831, 833, 848, 853, **9** 638, 656, **10** 72, 81, 85, 772, **13** 484
 Provinzialkonzil (1582–1583) **8** 793
 Universität **8** 794, **9** 626, **13** 491
Limburg **10** 716, **11** 210, 214
Limenae **2** 96
Limerzel **12** 602 f.
Limoges **2** 136, **3** 229, 840, 971, **4** 781, 849 f. (St. Martial), **5** 142, **6** 19, **8** 1022, **10** 689, **12** 606 f., 614
Limousin **5** 139, 141
Lincoln **2** 979, 983, **5** 763, **6** 22, **7** 378, 380 f., **8** 193, 212, 528 f., 534
Lincolnshire **8** 213
Lindau **7** 733
Lindisfarne **3** 867, 978, **4** 629, 638, 728 (Wikinger, Plünderung), 745 f. (Wikinger)
Lindsey **4** 639
Lipari **3** 905
Liplja **4** 952
Lippe **8** 410
Lisieux **5** 91, **12** 168, 582
Lissa ↗Leszno
Lissabon **4** 735, **7** 412, 501, 552, 571, **8** 758, **9** 150, **10** 168, **12** 507 (Diözese)
 Universität **8** 727 f.
Litauen (↗Polen-Litauen)
 Großfürstentum **5** 702, 705, **6** 17, 19, 247, *253f.* (Kirche, SpätMA), 772 (Union mit Polen), 778, *782–787* (Jagiello), 790, 792 (Bettelorden), 875, **7** 429 f., **9** 283, **10** 864
 Kernland **6** 777, 785, 885, **8** 643, **10** 198, 864, **11** 699–702, **12** 379 (Konkordat), 381 (Konkordat), 382 (Konkordat), 393, 872, 884–887, 894, 902, 904, 974, 986, **13** 353, 356 f., 367, 371, 374, 377, 386 f., 405
Litoměřice **9** 34
Liverpool **11** 572
Livland (↗Lettland) **5** 695, 699, **6** 567, **7** 761 (Reformation), *762f.*, **8** 641
Livorno **9** 205 f., 545 f.
Ljubljana (Emona) **2** 857, **3** 966, **12** 877, 892 (Eucharist. Kongreß 1935)
Llanbadarn **3** 869
Llancarfan **3** 977, **4** 620
Llandaff **3** 869, **10** 46
Llandeilo Fawr **3** 869
Llanvvit **3** 977 f.
Llyn **3** 868
Loango **11** 1010 f.
Locarno **12** 397 f. (Vertrag 1925)
Locri **4** 377
Lodève **2** 966
Lodi **9** 277
 Frieden (1454) **7** 73, 89
Löwen **7** 648, **8** 458 f., 541, 1109, **10** 741, **11** 17, **12** 1154 (Centre de recherches socio-religieuses), **13** 328
 Dreisprachenkolleg, Universität **7** 216, 625, **8** 294, 492, 1111, **9** 82, *350* (Jansenismus), 353, 938, **10** 745, **11** 203, 206, 542 ff., **12** 185, 192, 194, 202, 209, 227 f., 323, 649, 655, 662, **13** 21, 173
Loiret **12** 606
Lombardei **5** 151, 500 f. (Waldenser u. a.), **6** 717, 727, **9** 157, **11** 258, 260 f., 266, 433, 595, **12** 12, 442, 475, 479, 495
London (Stadt, Diözese) **2** 197, 979, **3** 929, 931, **4** 622, 638, 744 f., **5** 763, **6** 663, **7** 378, 456 (Lollarden), 459, **8** 224, 226,

494 f., 533, 568, 1144, **9** 97 ff., 441 f., 444, 449 f., 712 f., **10** 45 ff., **11** 155, 236, **12** 386 (Geheimabkommen Italiens mit den Alliierten 1915), 391 (Geheimabkommen Italiens mit den Alliierten 1915), 828 („Große Londoner Mission" 1949), 923 (Exarchat d. orth. Kirche)
Londoner Konkordat (1107) **5** *103–106*, 121
Weltausstellung **11** 34
Weltmissionskonferenz (1888) **11** 420, 423, 780 (Konferenz 1830), **12** 42
Londonderry **12** 871
Long Island **9** 688
Lorca **4** 738
Lorch (Lauriacum) **2** 152
Loreto **7** 279, **8** 597 (Santa Casa), **9** 226, 919
Lorsch **5** 170
Los Teques **13** 510 (Generalvesammlung d. CELAM)
Lothringen (Lotharingien) **4** 694, 787, *789–796* (lothring. Klosterreformen), 798, 802, 803 (Frauenklöster), 804, 852, **5** 110, 117 f. (Investiturstreit), 139 f., 170, 419, 527, **9** 277, 391 f. (Jansenismus), **12** 600
Lothringische Reform (10. Jh.) **4** *789–796*
Louaizé **9** 599
Loudun **9** *1143*, 1144, **10** 518
Louisiana **9** 675 f., 708, 715, 719, 722, **10** 482, **11** 857, 874
Louisville **11** 863 f. („Schwarzer Montag" 1855)
Lourdes **11** 120, 124, 190 f., 344, 348, 500 f., **12** 136, 138, 170, 244, 613
Louvain-la-Neuve **13** 173 (Universität)
Loyalty-Inseln **11** 148 ff., 1069
Loziland **11** 986 f.
Luanda **8** 747, 759, **9** 705, 734, 739
Lublin **6** 792, **8** 643, **9** 207 (Juden), **12** 880 f. (Universität), 910 (Universität)
Union (1569) **7** 417
Lubusz ↗Leubus
Lucca **3** 1040, **5** 152, **6** 720, **9** 150, **10** 449
Diözese **11** 154
Luck **6** 785, **7** 430, **10** 198
Luçon **6** 19, **12** 614
Lübeck **8** 6, **9** 425, **12** 715
Luebo **11** 1008
Lüneburg **8** 6
Lüttich (Stadt, Erzbistum) **4** 757, 802, 806, 852 (Domschule), **5** 116, 258, **6** 21 f., 567, **7** 868 f., **8** 449 f., 476, 487, **9** *86f.*, **10** 438 f., **11** 17, 537 f., 539 f. (Katholikentag), 541, **12** 339
Universität **11** 475, 478
Lugdunum ↗Lyon
Lugo **2** 955, **4** 736
Lukanien **2** 134, **3** 771
Lukolela **11** 1007
Lund **4** 911 f., **5** 134, 184, 215, 329, 332 (Abb.), 337, **6** 788, **10** 56, **11** 252, **13** 135 (ökumen. Konferenz)
Lungro **12** 464 (orth. Bistum in Italien)
Luperciana **1** 644
Lusaka **13** 600 (Generalversammlung d. AACC)
Lusitanien (röm. Provinz, heute Portugal) **2** 143, 483 ff., 489 f., 954, **3** 214
Lutetia ↗Paris
Luxemburg **9** 920, 925, **11** 209, 537, 545, **12** 295, 658
Luxeuil **3** 880, 979, 983, **4** 631 f., 634
Luzern **8** 430, 432, **9** 56, **12** 670 (Katholikentag)
Luzon (Philippinen) **8** 856 f., **13** 678
Lwów ↗Lemberg
Lydda **1** 62, 68, 77, 275, 472, **2** 59, **5** 316
Lydien **1** 115, 567, **2** *88f.*, 1063, **3** 493
Lykaonien **1** 105 f., 109, 111, 113, 566, **2** 92, **3** 138
Lykien **1** 134, 566, **2** 56, 89, *90f.*, 1058, **3** 629
Lykopolis **2** 822, 1012 ff.
Lykos-Tal **1** 113
Lyon **1** 161, 243, 252, 254 f., 260, 323, 330 ff., 335, 537, 662, 666, 687 ff., 826, 851, 857, **2** 136, 138, 140, 197, 866 f., 975, **3** 247 (Kloster), 251, 375, 377, 807 f., 811, 834, 844 f., 966, 970, 980,

1130, 1146, **4** 733 f. (Juden, FrühMA), 748 (Bf. Leidrad), 755, 757, **5** 94, 499 (P. Valdes), **6** 2 ff. (Ende 13. Jh.), 871 f., **7** 440 (Waldenser), 514 ff., 641 (Buchdruck), 648, 746, **8** 331, 971, 1110, 1192 ff., **9** 1011 f., **11** 452, 502, 523, **12** 184 (Universität), 195, 209 (Universität), 294, 325 (Soziale Woche), 604, **13** 327 (Missionskonferenz)
Arbeiteraufstand v. **11** 31, 167
Diözese **11** 154
Konzil (1245) (I. Konzil v. Lyon) **5** 572, *589–595*, 666, 681, 779, 791, **6** 831
Konzil (1274) (II. Konzil v. Lyon) (↗SR: Unionskonzilien) **5** 557, 720, 769, 782, 794, 847, 851, **6** *1–13*, 25, 265, 302, 328, 576, 594, 812, *813 f.*, 816, 818, 878 (Mongolen), 889, 894, **13** 10
Lyoner Schule **11** 127
Synode (570) **3** 817
Synode (583) **3** 804, 843
Synode (1528) **7** 876 f.
Union (1274) (↗SR: Unionskonzilien) **6** 6–10, 12, 157, 166–169, 197, 302, 449, 549, 812, 816, 822 f., 825, 827, **7** 17, 20
Lyon-Fourvière **12** 192, 230, 628
Lystra (heute Zoldera) **1** 111 ff., 152
L'Isle-Jourdain **3** 1046
L'viv, L'vov ↗Lemberg

Mabbug (↗Hierapolis) **3** 138, **4** 423, 430
Macao **8** 881, 904, 936 f., 939, **9** 752 f., 761, 765, 773, 775, 798
Macerata **6** 19
Machärus **1** 13, 20
Macomades **1** 643, **2** 124
Macon **3** 802, 807, 811, **12** 606
Synode (585) **3** 804, 807, 810, 819, 832
Synoden (581–583) **3** 811 f.
Mactharis (heute Maktar) **1** 643
Macvanska Mitrovica **2** 152
Madaba **3** 686, 688, 717
Madagaskar **8** 763, **11** 140 ff., 418 f., 421, 977, 983, *1015–1022*, **13** 548, 595, 599
Madaura **1** 628, 647, **2** 124, 919, 922, **3** 1040, 1065
Madeira **6** 755, **7** 570 f., 573, 579, **8** 745 ff.
Madras **8** 904, **9** 804, 807, **11** 1027, 1030 (Universität), **12** 1212 (Missionskonferenz 1938), **13** 664 f., 665 (Missionskonferenz)
Madrid **11** 285, 641 (Eucharist. Kongreß 1911), **12** 325, **13** 509 (Kongreß 1972)
Tag der Infamie (17. 7. 1834) **11** 285
Madurai **8** 904, 907 (Abb.), **9** 813 ff., 817
Mähren (↗Großmährisches Reich) **4** 184, 197, 233 f., 236, 718, 731, 883, 888, 890 f., 893, 897, 901, **5** 129 f. (Gregorian. Reform), 328, **7** 419 f., *461–473* (Hussiten), 765 (Luthertum), **8** *133 f.* (Täufer), 173, **9** 9 f. (Gegenreformation), 13, 16 f., 19–23, 33, 477 f., **10** 21, **11** 683, 707 ff., **12** 873, 876, 899
Magdeburg **4** 800 f., 806 (Bistum), 852, 855 (Dom), 899 (Polen), **6** 567, 706, **8** 6, 400, **9** 42 (1631), 410, **12** 754
Magna **9** 545, 547
Magnesia **1** 156, 329
Maguelone **5** 152
Magydus **2** 91
Mahon **2** 954
Maiandros-Tal **1** 113
Mailand **2** 135, 238, 368, 398 f., 419, 433 f., 455, 458 f., 467, 488 f., 494, 500, 630, 653, 677, 691 f., 695, 849, 855, 857, 867, 887, 896, 901, 907 f., 920, 964, 971, 1062, **3** 304, 306, 325–328, 336 (Juden), 471, 475–479 (Drei-Kapitel-Streit), 486, 714 (Apostelkirche), 774 f., 909 f., 966, 1090 f. (latein. Ritus, ab 6. Jh.), 1095 f., 1116 (Reliquienverehrung), **4** 645, **5** 38 f. (Pataria, Kirche), 44 f., 110, *123 ff.* (Pataria), 220, 501 (häret. Sekten), 679, **6** *570* (Giovanni Visconti), 583, 720, 727 f., 736, 742, **7** 88 f., 91 f., 333, 500, 502, 506, **8** 284 (C. Borromeo), 603, *606 ff.* (C. Borromeo), **9** 143 f., 149, 257, 267, **10** 246, 450, 594, 655, **11** 467, **12** 12, 174 (Universität), 185, 187 (Universität)

Herz-Jesu-Universität **12** 459–462
Herzogtum Mailand **10** 19, 25, 28
Konferenz (zw. Konstantin und Licinius) **2** 205, *207*, 213
Konzil (355) **2** 378ff., 382, 886, 971, 1061
Mailänder Edikt (↗Mailänder Vereinbarung) **1** 184, 837, **2** 207
Mailänder Programm (Programma dei Cattolici di Fronte al Socialismo) 11 616
Mailänder Vereinbarung (Konstantin und Licinius) (↗Mailand, Konferenz v.) **2** *207ff.*
Maillezais **6** 19
Maine **9** 685
Mainz (Stadt, Erzbistum) **2** 690 (Erzbistum), **4** 755, 800ff., 810 (Ebf. Willigis), 852, 855 (Dom), **5** 258, **6** 20, 567, 703f., 706, 869 (Juden), **8** 397, **10** 709ff., 716, **11** 35
Mainzer Akzeptation **6** 701
Mainzer Kreis **11** 296
Mainzer Schule **11** 122
Maipherkat **2** 1082
Maisur **9** 817
Maiuma(s) (Hafen v. Gaza) **2** 832, **3** 140, 523, 620, 623, 627, 649
Makassar **9** 797
Makedonien (röm., byzantin. Provinz) **1** 105ff., 114–118, 120, 128ff., 132, 150, 152, 211, 231, *278–283*, 573, **2** 145f., 148, 585, 1060, 1062, **4** 4f., 228, 295, 315, **5** 16, **6** 133, **7** 36, **9** 551, **11** 768f.
Makedonopolis (Biredjik) **2** 79
Makrinas **2** 842
Makrinitissa-Kloster (Konstantinopel) **5** 737, 739
Maktar **3** 1040
Malabar **2** 82, **4** 455f., **7** 538f., 547, 552, **8** 881, 904, **11** 807, **12** 947, 1016, **13** 436
Málaga **2** 143, 956, **3** 785, 789, 854
Malaipur **9** 798
Malakka (malai. Halbinsel) **7** 523, 526, 528, 577f., **8** 880f., 904, 936f., **9** 758, 761, 798, **11** 1034f., 1046
Malamba **9** 740
Malatya ↗Melitene
Malawi **13** 580
Malaysia **11** 1034f., **12** 316, **13** 620, 624, 644, 660
Malbork ↗Marienburg
Malestroi **6** 605 (Waffenstillstand 1343)
Mali **7** 572
Mallorca **6** 542, 752, 763, 851 (Juden), 879f. (Mission, Muslime)
Malmö **7** 758
Malta **1** 138, 140, **11** 137, 990
Malvito **4** 375, 377
Mamre **2** 688
Manado **11** 1036
Manastirine **2** 148
Manazkert ↗Manzikert
Mancha **8** 960
Mandalay **11** 1033f.
Mandschurei **11** 727, 1051
Mangalore **11** 1025
Manglisi **3** 1251
Manila **8** 856, 937, 940, **9** 756f., **11** 1039 (Union Theological Seminary), **12** 136 (Eucharist. Kongreß), **13** 268 (2. Kongreß für Weltevangelisation), 680 (Weltjugendtag 1995)
Manjarmasin **11** 1037
Mannar **8** 885
Mannheim **9** 53
Mantua **5** 42, **6** 736, 745, **7** 77, 336, 506, **12** 450 (Diözese), 451, 495 (Diözese)
Manzikert, Manazkert **4** 314, 349, 432, 493, **5** 3
Mar del Plata **13** 497 (Generalversammlung d. CELAM)
Mar Hanina (Kloster) **3** 507
Mar Mattai (Kloster bei Ninive) **4** 426ff.
Mar-Saba-Kloster ↗Sabas-Kloster
Mar Sergios (Kloster) **3** 513
Maracaibo ↗Merida
Maragha **6** 212, 216
Maramureş **7** 49, **9** 581
Maranhão **8** 859, 869, **9** 648f.
Marano **3** 483
Marazana **1** 643

Marbach (Kloster, Elsaß) **5** 337, 418
Marburg, Marburger Religionsgespräch **7** 742
Marcelliana **1** 644
Marcigny **5** 424 ff.
Mardin **3** 152, **4** 13, **11** 775, 810
Maré **11** 150
Maredsous (Abtei) **11** 545
Mareotis (Ägypten westl. d. Nils, bei Alexandria) **2** 44, 114, 822, **3** 511
Maria Laach **12** 267, 687
Marialba **2** 954, **3** 1036
Mariannen-Inseln **13** 692
Mariazell **11** 124, **12** 763 (Katholikentag)
Marienburg (Malbork) **6** 25, 772, 777
Marienthal **5** 427 ff.
Marmoutier (Kloster bei Tours) **2** 656, 856, 860, 866, **3** 846, 971, 982 f., 991, 1001, **4** 845
Marokko **1** 623, **6** 755, **7** 530, 554, 559, 568 f. (portugies. Eroberungszug), 574 f. (portugies. Kreuzzug), **8** 742 f., **11** 346, 995, 997 f., **12** 516 f., **13** 302, 441
Maron-Kloster **4** 422 ff.
Marosvar **4** 232
Marquesas-Inseln **11** 144, 147, 1069
Marsala **6** 853 (Juden)
Marseille **2** 140, 548, 862, 864, 867, 906, 961, 963, 965, 1001, **3** 396, 802, 966, 967 (Klöster), 982 (Klöster), **8** 1020, **9** 546, 1132, **10** 599, 606 f., 689, **11** 175, 501 f., **12** 325 (Soziale Woche)
Marshall-Inseln **13** 692
Martinique **9** 663, **10** 94 ff., 98
Martos (Tucci) **2** 143
Maryland **9** 678 ff., *690*, 691, 708, 718 f., **10** 499, 502, 508 f., **11** 874
Maryut **4** 443
Masada **1** 13
Masaya **13** 514 (Aufstand 1978)
Mascula (heute Khenchela) **1** 644, 647
Maserfelth **4** 629
Massachusetts **9** 678, 685, 687, 701, **10** 499, **11** 833
Massada **1** 746, 757
Massiac **3** 1048
Massif Central **11** 177, 192, 502, **12** 600
Masulipatam **9** 805
Matera **4** 377
Mauretanien (röm. Provinzen) **1** 623 f., 641 f., 644 f., 647, 660 ff., 850, **2** 120, 123, 125, 262, 508, 513, 519, 523, 921, 927, 934, 994, **3** 265–268, 285, 287, *291–297* (Christentum im 5./6. Jh.), 761 f., 764 f.
Mauriac **3** 971
Mauritius **10** 96, **11** 140, 150, 977, 1009, **13** 548
Mauvezin **9** 195
Maximianopolis **2** 60
Mayenne ↗Pontmain
Maynas **10** 77
Mayotte **11** 977
Mazagan (el-Jadida) **7** 574, **8** 741
Mazamet **12** 601
Mazedonien **11** 782 f., **12** 1008 f., **13** 357, 372
Mazedonien (Antike, Kirchenprovinz Macedonia) **1** 197, **3** 578
Mazères **10** 689
Mbanza Kongo (São Salvador) **8** 748, **9** 740
Mbata **9** 740
Mcʿhetʿa **3** 1236 f., 1239 ff., 1243–1248, 1250–1263, 1268 f., *1284 ff.* (Kreuz), 1298, **4** 544, 550–553, 561, 574, 576–581, 586 f. (Kreuz), 594 f., **6** 230 f., **9** 586
Meaux **4** 734 (Synode), **7** *832–838* (frühe Reformation), 869 f., **12** 606
Mecheln
Kongreß **11** 13, 25, 37, 205, 534 ff., 539, 545, **12** 15, 649, 656, 658, 841
Mecklenburg **5** 331, **8** 395, **11** 81, 662
Medellín **13** 491 (Universität)
Generalversammlung d. CELAM **13** 156, 169, 178, 333, *497–504,* 509, 536 f.
Medien **2** 1076
Medina **4** 23
Medina del Campo **6** 763 (span. Ständeversammlung 1380/81)

Medinet Madia, Fayum **2** 21
Medjugorje **13** 265
Megaris **7** 15
Meiningen **12** 754
Meißen **4** 801, **12** 754
Melanesien **11** 1076, 1079, 1082
Melbourne **11** 1065, 1066 (Universität), **13** 338 (Missionskonferenz 1981)
Melfi **5** 38
  Konstitutionen (1231) **5** 679
Melgar **13** 497 (Pastoraltreffen d. Missionsbeauftragten 1968)
Meliapur **8** 881, 901
Melilla **6** 755
Melitene (Malatya) **1** 565, **2** 103, **3** 555, **4** 349, 430ff., **5** 28, 350, **6** 136, 215f.
Melk (benediktin. Abtei) **6** 531, 709, **7** 159, 165, 174, **9** 1069
Melos (Milo) **5** 733
Melrose **4** 638, **6** 660 (Zisterzienserabtei, Abb.)
Melun **3** 802
Membressa **1** 642, **2** 511
Memmingen **7** 732f.
Memphis **2** 822, 1016, **3** 676, **9** 600
Menasstadt (Abu Menas) **3** 670, 715 (Basilika)
Ménat **3** 971
Mende **2** 139f., **12** 614
Ménerbes **2** 974
Menevia **4** 620
Menorca **2** 954, **3** 975
Mentana **11** 28
  Schlacht v. (1867) **11** 489
Menuthis (↗Abukir) **2** 1025, **3** 492, 515, 672
Mercien (England) **4** 629, 744f.
Mergentheim **8** 994
Mergui **9** 772, 780
Mérida **1** 686, 851, **2** 142f., 184, 499, 940, 952, **3** 217 (Magistratsinschrift, 5. Jh.), 976, 1140, **4** 614, 738
Mérida de Yucatán **8** 786, **9** 626
Merida (Maracaibo) **9** 627
Mers el-Kebir **6** 755, **7** 590, **8** 741
Merseburg **4** 801, 841
Mesembria **5** 357
Mesene **1** 503
Mesopotamien (↗Irak; ↗Syrien) **1** 73, 498, 561, 700, 875, **2** 11, 74f., *76–79*, 81, 182, *833ff.*, 839, 1030, 1077, 1079, **3** 125 (nach Chalkedon), 151, 493, 505, 570, **4** 24, 28, 315, 391, 393, 397f., 401, 427f., 429 (Klöster), **5** 3, **11** 798, 803
Messina **3** 905f., **4** 381, **5** 740, **9** 545
Metanoia-Kloster **2** 826
Methymna **3** 522
Mettray **10** 846f.
Metz (Stadt, Erzbistum) **3** 1037, 1040, **4** 693, 755, 757, 802, 806, 809, **5** 115, 258, **6** 21, 567, **12** 381, 595
Mexiko **7** 524, 532, 549f., 553, 567, 601, *606ff.* (Cortès), **8** 773, 780, 781f. (Indio-Aufstand, 1541), 783, 786, 788, 797f., 807, 831, 833, **9** 622, 626, 658, 660, 703, 719, 721f., 920, **10** 91, 760, 764f., *774f.*, *782f.*, 790, **11** 452, 857 (Krieg 1846–48), 929ff., *938–943*, 957, 963ff., **12** 15, 400, 1155, 1162, 1165ff., 1219f., 1223, **13** 476, 482, 486, 500, 522, 528
  Mexikanische Revolution (1910) **12** 1168–1179
Mexiko (Stadt) **8** 772, 775, 783f., 786, 791, 831, 838, 852, **9** 623, 633, **10** 72, 75f., 81f., 770, 791, **12** 313 (Weltmissionskonferenz 1963)
  Universität **8** 794, 852, **9** 626
Meysse **3** 1045
Mgvime (Kloster, Georgien) **4** 565
Miami **12** 1107 (Diözese)
Michelsberg (Bamberg) **5** 455
Michoacán **7** 567, **8** 775, 786, 815, 831, 851, **9** 633, **10** 93, 761
Micy (Abtei bei Orléans) **3** 989
Mididi **2** 263
Midili **1** 644
Migliarina **3** 1046
Mignano **5** 198 (Frieden, 1138)
Mikronesien **11** 1076, 1079
Milet **1** 134, 278, 298, 736, **2** 82, 89, **5** 357
Mileto **4** 377, **5** 16 (Trinitätskloster)

Mileu (heute Mila) **1** 644, 647
Mileve **2** 537 f., 903, 922, 927
Milo ↗Melos
Milvische Brücke (Siegesort Ks. Konstantins) **2** 185, 194 f., 197, 199, 201, 205 f., 215, 877, **3** 362
Minas Gerais **12** 1216 f.
Mindanao **8** 856, **13** 678
Minden **4** 726, **5** 115
Minsk **10** 107, **13** 377 (Kirchenprovinz)
Minturno **3** 905
Miseno **3** 905
Misgirpa **1** 644 f.
Missouri **10** 863
Mitrovica **2** 152
Moabitis **1** 501
Mobile **9** 675
Moçambique **8** 746, 748, *761 f.*, **13** 545, 548, 578 f.
Modena **6** 584, 726, **7** 754, **8** 576, **9** 206
Mömpelgard ↗Montbéliard
Moesien **2** 149, 153, 989, 993, 1060, **3** 18, 327
Mogilev **10** 107
Mohacs
Schlacht (1526) **7** 3, 422
Mohilev **12** 881, 885
Moissac **4** 849, 858 (Abb.)
Mojo-Warno **11** 1036
Mojos **10** 77
Mokissos **3** 555
Moldawien **6** 247, 250 f., 256, **7** 421, **9** 544, 548, 564, 571, *580–585*, **11** 722, 761, 771 f., 780 f., **12** 974, 978, 986, **13** 353, 392, 402, 422
Molesme **5** *168 ff.*, 395, 429
Molukken **7** 523, 547, 550, 552, 562, **9** 757 f., **11** 1037
Mombasa **9** 734
Monaco **12** 381
Mongolei (↗Mongolen; ↗SR: Tataren) **6** 835, **11** 546
Monien **2** 89
Monkullo **11** 993 (theolog. Seminar)
Monomotapa (myth. [christl.] Idealreich in Afrika) **7** 586, **9** 743 ff., 748
Montaigu **12** 660
Montaillou **6** 320 (Katharer)
Montauban **6** 19, **8** 510, 1110, **10** 689
Montbéliard **9** 471 ff., **10** 627, **11** 192
Monte Cassino (Kloster) **2** 870, **3** 974 f., 993, **4** 757, 788, 836 f., 850, **5** 67 f. (Desiderius), 75, 176, 311, 379, *455*, 457, 736, 759 f., **6** 19 (Bistum), 531, 740, **9** 281
Monte Gargano **4** 637, 860 f.
Monte Mario **5** 223 (1167)
Monte Oliveto (↗SR: Olivetaner) **6** 531, 721, *741 f.*
Monte ↗Angelo **5** *310 f.*
Monte Vergine **6** 721
Montécheroux **10** 689
Monteforte (Piemont) **4** 867
Montegaudio
Ritterorden **6** 751
Montenegro (↗Zeta) **5** 4, **9** 543, 548, 578 f., **10** 737, **11** 686, 769 f., 781 ff., **12** 877 (Konkordat)
Montesenario **7** 165
Montèzes **9** 139
Montivilliers **8** 515
Montmirail **9** 488
Montorfani di Mergozzo (Piemont) **3** 1057
Montoro (Epora) **2** 143
Montpellier **5** 220 f. (Synode, 1162), 460, *868 f.*, **6** 21, **8** 1110, **10** 689, **11** 192
Universität **5** 868f. **6** 645, **8** 1112
Montréal **9** 666, 671, 674, **10** 530 ff., **11** 910, **12** 136 (Eucharist. Kongreß), 138, 174 (Universität), 184 (Universität), 1137 (Priesterseminar), 1142 (Universität), **13** 135 (ökumen. Konferenz)
Montségur **5** 896
Montserrat **7** 170, 174, 405, **8** 248 (Ignatius de Loyola), 1014, **9** 628, **11** 124, **12** 137, 520, 537
Monza **3** 733 (Ampullae), 738, **4** 617
Mopsuestia **1** 822, **2** 74
Morea **6** 768, **7** 14, **9** 540, 544, 550, 602
Morelia **8** 815
Morimond **5** 304 f., 409 f., 413
Mosambique, Mosambik **9** 734, 744, 798, **11** 983

Moskau (Stadt, Großfürstentum) (↗SR: Moskowiter) (↗Rußland, russische Kirche) **6** 137, 174, 179, 247, *252ff.* (Aufstieg, SpätMA), 255, 260, 296f., 780, **7** 3, 30, *52–67* (Grafschaft im 15./16. Jh.), **8** 368, 381, **9** 518f., 531ff. (Bildungswesen, 17. Jh.), 546, **10** 107f., 112, **12** 981 (theolog. Institut), **13** 391 (Priesterseminar), 415 (Erlöserkirche), 428 (armen. Auferstehungskapelle)
Moskau (Patriarchat) **6** 429ff. (Kiev, nach 1439), **8** *381ff.* (Entstehung), **10** 103f., **11** 779, **12** 55, 81, 917, 921, 923f., 926–944, 955, 961, 967, 974f., 977ff., 990f., **13** 356, 380, 382, 422f., 425f.
Mossul **4** 458, **6** 213, **11** 775, 810, **13** 455
Moulmein **11** 1033
Moutier-Saint-Jean **3** 970
Mouzon **4** 827 (Synode, 995)
Movilla **3** 978
Moyenmoutier **4** 784
Mpinda **9** 739
Mühlhausen, Mulhouse (Elsaß) **7** 774, **8** 428, 436
Mühlhausen (Thüringen) **8** 405
München **9** 302, **10** 709, **11** 135
  München-Freising (Diözese) **10** 714
  Münchener Abkommen 1938 **12** 353, 401, 674
  Münchener Schule **11** 32
  Münchner Gelehrtenversammlung (1863) **11** 25, 235
  Universität **11** 297, **12** 196, 223
Münster **4** 726, **6** 567, 708, **8** 1039, 1109, 1236, **10** *668f.*, 704f., 715
  Täuferreich (1533–1535) **8** 124, 126, *136–140*, 395, 1199
  Universität **12** 321 (Institut für Missionswissenschaft), **13** 328
Mukatschevo ↗Munkacs
Mulhouse **11** 192
Munkacs **12** 987
  Union (1646) **8** 371, **9** 605
Munster **4** 620, 742
Muntilan **11** 1038
Murbach **4** 657
Muri **5** 171
Mursa **2** 433
Muzula **1** 643
Mu'ta **4** 23
Mylapore ↗Meliapur
Myra Andriake **1** 566, **2** 678, **3** 629
Mytilene **3** 522, **9** 602

Nabatäa **1** 501
Nablus **1** 672, 704, 873, **6** 215
Nachitschevan **9** 579, 600
Nag Hammadi **1** 461, 494, 525ff., 541, **2** 110, 1008
Nagasaki **8** 920f., 925, 929, **11** 1059, **13** 646
Nagpur **13** 661 (Internat. Theologenkonferenz 1971)
Nağrān **4** 393f.
Nagysombat (↗Tîrnovo) **9** 29
Nahal Heber **1** 746
Nairobi, Vollversammlung d. ÖRK (1975) **12** 311, **13** 132f., 599
Naissus ↗Niš
Namibia **13** 548, 585
Namur **11** 206, 537, 545
Namurois **12** 658
Nancy **9** 302
Nanking **11** 148, 1046f. (Vertrag 1842), 1051 (Vertrag 1842), 1053
Nantes **3** 802, 882f., 981, **9** 170
  Edikt (1598) **8** *484*, 509f., 967, 1066, **9** 117, 122, 127, 132, 136, 431, **11** 193, **13** 252
  Universität **7** 213
Nanteuil **3** 971
Naqlun **3** 595, 597
Naqš-i Rustam **3** 1164
Narbonne (Stadt, Bistum) **1** 331, **2** 136, 139, 867, 964, 966, **3** 224, 237 (Kathedrale), 345, 856, 970, 1014, 1034, **4** 613, 653, 656, 782, **5** 91, 291f., 300, **6** 19, 856 (Juden, Abb.)
Narek (Kloster u. Schule in Armenien) **4** *522f.*
Narwa **7** 763

Nassau **8** 321, **11** 311
Nassau-Dillenburg **8** 1006
Nassau (Westafrika) **9** 737
Natal **8** 859, **11** 988
Nativola **3** 1054, 1138
Naucratis **2** 114
Naulochus **1** 623
Naupaktos (↗Lepanto) **5** 718
Nauplia **6** 768
Nauplion **4** 222
Nauvoo (Illinois) **10** 863
Navarino **11** 135
Navarra (Region, Königreich) **4** 788, **5** 290f., 297, 299, 305, 671 (Fuero Antiguo), **6** 79, 605, 762f.
Naxos **9** 602
Nazareth **1** 1, 14, 71, 487f., **2** 60, **5** 316, 778, **13** 444
Nazareth (Pennsylvania) **9** 488, 693, **10** 860
Nazianz **2** 101
Neapel (Stadt, Diözese, Königreich) **1** 690, **2** 133, 649, 669, **3** 336, 771, 905, 908, **4** 366, *368f.* (griech. Kirche, MA), 372, 833ff., **5** 861 (Universität), 879f., **6** 77ff. (Abendländ. Schisma), 744 (Santa Chiara), 854f. (Juden, MA), **7** 87, 89, 91f., 499f., 506, **8** *581–592* (16. Jh.), **9** 143f., 149, 154, 156f., 232, 258, 277, 302, 333, 545, 601, 856, 909, *979*, **10** 25, 28, 167, 170, 609, 650–653 (Königreich, Kirche Anfang 19. Jh.), **11** 27, 451, 598, **12** 453 (Plenarkonzil), 489
Parthenopäische Republik (1799) **10** 454f.
Neapolis (Makedonien) (heute Kavala) **1** 114, 134
Neapolis (Palästina) **2** 1048, **3** 430
Neapolis (Pisidien) **2** 96
Neapolis (Tunesien) (heute Nabeul) **1** 642
Negev **2** 672
Negroponte (↗Kreta; ↗Euboea) **5** 718, **6** 133, 768f., **7** 80 (Osmanen)
Neguš **9** 547
Nekresi **3** 1251f.
Neocaesarea **1** 565, **2** 76, 98ff., 1069, **3** 555, **4** 241
Neokaisareia ↗Neocaesarea
Nepal **13** 645
Neronias **2** 74
Neu-Amsterdam (↗New York, Stadt) **9** 679 (Abb.), 692
Neu-Delhi **12** 42, 926
Weltkonferenz d. ÖRK **12** 42, 82ff., 310f., 371, 373, 993, **13** 132f., 395, 599, 665
Neu-England **9** 678, 694f., 699, **10** 499
Neu-Frankreich (↗Kanada) **9** *664–677*
Neu-Galicien **8** 775, 831
Neu-Granada (↗Kolumbien; ↗Venezuela) **10** 93, 761, 764, 771f.
Neu-Holland **9** 679, 688
Neu-Kaledonien **11** 148f., 1073, **13** 692, 694
Neu-Mexiko **8** 789, **9** 641
Neu-Niederlande ↗Neu-Holland
Neu-Spanien (↗Mexiko; ↗Kalifornien; ↗Florida) **8** 783–787, **9** 621f., 624, 628, 635ff., 641, 649ff. (Jesuiten), **10** 761, 763, 770
Neuchâtel **8** 463f. (Farel), 506ff., **12** 679
Neudorf **9** 487
Neue Laura (Kloster in Palästina) **3** 444ff., *624*
Neuenburg (schweizer. Grafschaft) **9** 430
Neuseeland **11** 144, 147, *1061–1067*, **13** *689–692*
Neustrien **4** 603, 641, 644, 781
Neuwied **9** 53
New Brunswick **10** 529, **11** 158
New Castle (Delaware) **9** 688
New Hampshire **9** 678f., 681, 685, **10** 499
New Haven **9** 681, 685
New Jersey **9** 678f., 689, 694, **10** 499
New Orleans **9** 675
New South Wales **11** 133
New York (Staat) **9** 678, 708, 718, **10** 499, 860, **11** 877

New York (Stadt) **9** 679 (Abb.), **11** 845, **12** 961 (Sitz d. orth. Metropoliten v. Amerika), 1011 (russ. Exilsynode)
Weltmissionskonferenz 1900 **11** 420, 975, **12** 42
Newington Green **9** 467 (Akademie)
Nicaragua **7** 533, 567, **8** 775, 786, **12** 1210, 1221, **13** 475 f., 512–515
Nicastro **4** 377
Nicomedia ↗Nikomedia
Nicotera **4** 377
Nidaros (Trondheim) **4** 909, **5** 211, 330, 340, **6** 788, **7** 415
Niederaltaich **4** 803, 871, **5** 170
Niederlande **7** 490 (Renaissance), 500, *744 ff.* (frühe Reformation), **8** 97 (reformierte Bekenntnisse), 105, 126 (Täufer), 140 ff. (Täufer, nach 1535), 173 f., *447–523* (Konfessionen, 16. Jh.), 1006, 1026, 1093, 1163, 1205, 1231, **9** *67–87* (17. Jh.), 234, 546, 848 (Bibelübersetzung), 910 f., 939, 969, 972, 1094, **10** 20, 55, **11** 12 f., 127, 154, 200, 209–217, 242, 393 ff., 458, 465, 549–557, **12** 22, 185, 295, 377 f., 386, 404, *632–648*, 702, **13** 21 (Konzilsväter beim 2. Vatikanum), 147, 155 (Pastoralkonzil 1966–70), 212, 215, 246–249, 296, 316
spanische, österreichische (↗Belgien) **7** 871 f., **8** 498–501 (kath. Reform), 1085 f. (Hexenverfolgung), **9** *81–87* (Gegenreformation), 391 (Jansenismus), **10** 22 f., *738–745*
Vereinigte Provinzen **9** *67–81*, 136, 197, 391 (Jansenismus), 427, 469 f. (Mennoniten), 491 f. (Sozinianer), 734 (Afrika-Kolonisation), 741 ff. (niederländ. Ostindienkompanie, Südafrika), 922, 947, 1004, 1007 f., 1041, 1089 f. (Frühaufklärung), 1133, 1137, **10** 54, 59, 62, 219, 443–448 (Franz. Revolution), 473
Niederlausitz **7** 461 (Hussiten, 15. Jh.), **9** 10
Niederösterreich **12** 756
Nièvre **12** 606
Nigeria **11** 153, 1002 ff., **13** 545, 548, 560, 574, 576 f.
Nijmegen **12** 325, **13** 173 (Universität), 328 (Universität)
Nikaia ↗Nizäa
Nike **2** 388, 418
Nikerte **3** 612
Nikomedia **1** 321, 565, **2** 62, 70, 86 f., 181 f., 303, 386, 397, 676, 1015, 1058, 1074, **4** 241, 275 (Klöster), **6** 134
Synode (320) **2** 298
Nikopolis (Donau) **4** 925, **6** 96 (1396), 250, 874
Nikopolis (Epirus) **1** 251, 573, **2** 146, 435
Nikopolis (Palästina) **1** 611, **2** 59
Nikorzminda **4** 583
Nikosia **13** 462 (Gründung d. MECC)
Nilopolis **2** 115
Nîmes **2** 495, **3** 802, **5** 152, **8** 511, 1203 f., **9** 126 f., **11** 192
Edikt (1629) **8** 510
Synode (396) **2** 959, 966
Nimwegen ↗Nijmegen
Friede v. Nimwegen (1678) **9** 83, 373
Niš (Naissus) **2** 153, **4** 10, 952
Nisibis (Nusaybin, Bet Arabaye) **2** 79, 723, 1032, 1039, 1081, 1084, **3** 649, 1161, 1169 f., 1176, **4** 431, 454
theolog. Schule **3** 1177, 1179, **4** 458
Nitria, nitrische Wüste (anachoret. Kolonie) **2** 822, 824, 827, 829 f., 1022 ff., **3** 594, 602
Niue **13** 692
Nizäa **1** 660, **2** 55, 86 f., 304, **3** 82 f., 90 f., 546, 555, **4** 226, 241, 275 (Klöster), **5** 4, **6** 133 f.
Kaiserreich (13. Jh.) **5** 709, 716, 718, 721, 723, 726 f., 729 f., 738, 748, **7** 8
Konzil (325 Nicaenum I) (↗SR: Glaubensbekenntnis) **1** 446, 454, 556, 561, 566, 721, 821 ff., 858, 951, **2** 55, 59 f., 62 ff., 70, 72 f., 107, 272, 294, *302–317*, 329, 355, 358, 582, 631, 635, 640, 647, 691, 886, 988, 1013 ff., 1019, 1030, 1033, 1052, 1065, 1074, 1083, 1086,

3 38, 41 ff., 45, 57, 62 f., 129, 132, 191, 512, 544 (Bischofssynoden), 564 (Alexandria), **4** 476 (Armenien), **11** 379
Konzil (787 Nicaenum II) **4** *127–137*, 151, 156 f., 164 f., 170 ff. (theolog. u. histor. Bewertungen), 193, 196, 222, 225, 266 f., 299, 306, 404, 412, 421, 687 (Frankfurter Synode), 767 (Rezeption im Frankenreich)
Synode (327) (sog. „Nachsynode" nach d. Konzil) **2** *325 ff.*, 332
Nižnij Novgorod **9** 507, 523
Nizza **2** 139 f., **3** 832
Nocera **2** 133
Noirlac **8** 1204
Noirmoutier **4** 730
Nola (↗PR: Paulinus v. Nola) **2** 133, 858, **3** 973
Nordafrika ↗Afrika
Norfolk **8** 528, **10** 47
Noricum (röm. Provinz) **2** 150, 152, 182, **3** 326
Normandie **3** 971, **4** *730*, 781, 785, **5** 89, 93, 100, 106, 174, **6** 22, **8** 514, 959, **9** 326, 915, **10** 603, **11** 503, **12** 410
North Carolina **9** 678, 689, 708, 717, **10** 499
Northampton **8** 561
Northampton (Massachussetts) **9** 701
Northamptonshire **7** 378
Northumberland **8** 551, **9** 97
Northumbrien **3** 867, **4** 625, 744 f.
Norwegen **4** 888, 905 f., *907 ff.* (Christianisierung), **5** 133 f., 211, 336, 340, 688 f., 713 f., **6** 774, 789, **7** 415, 435, 500, 759 (frühe Reformation), **8** 22, 37, *440*, **9** 63 f., **10** 60, 63, 695, **11** 245, 247, 250 f., 253, *582–594*, **12** 843–862, **13** 290 (luther. Bischofskonferenz)
Norwich **5** 763 f., **8** 211, 224, 561, **10** 47
Nossi-Bé **11** 141, 977
Notre-Dame **5** 473 (Schule)
Notre-Dame-de-Liesse **8** 1014
Notre-Dame-des-Lumières (Provence) **11** 124
Notre-Dame-du-Laus **9** 921
Nottinghamshire **8** 534, **9** 99
Nova Petra **1** 642, **2** 259
Nova Sparsa (heute Henchir ben Khelifi) **1** 642
Novara **6** 717
Novgorod **4** *948*, **5** 329, 333, 702, **6** 179, 183, 252, 255, 260 f., 297, 507 f., 778 (Hanse), **7** 55 ff. (gg. Moskau, Ende 15. Jh.), 63, **9** 505 f., 532, **12** 978 f.
Noviodunum **2** 1060
Novogrodek **6** 179, 253, 260, **7** 430
Nowgorod ↗Novgorod
Nsoundi **9** 740
Nubien **4** 446 ff. (kopt. Kirche, MA), **6** 208 f., *237 f.* (Kirche, SpätMA), **7** 538, *585* (Portugal, SpätMA), **8** 387
Nürnberg **6** 345, 859 (Juden), 867 f., **7** 161, 173 f., 311 f., 318, 501, 731 ff., 740, **8** 1192 f., **11** 314, **12** 711 (evangel. Kirchentag)
Nürnberger Anstand **8** 395
Nürnberger Bund (1538) **8** 397
Numidien (röm. Provinz, Kirchenprovinz, später Algerien) **1** 623 f., 628, 641 f., 644–647, 653, 658, 850, **2** 120, 125 f., 185, 244, 246, 256, 259, 261 ff., 406, 513, 518 f., 521 f., 921 f., 927, 930, **3** 266 ff., 273, 276, 278, 288, 292, 295, 750 f., 761 f., 915
Nusaybin ↗Nisibis
Nyassaland **11** 987
Nyborg **13** 147 (Gründung d. KEK 1959), 395 (Konferenz d. KEK)
Nyon **3** 991
Nyssa (↗PR: Gregor v. Nyssa) **2** 1072

Oaxaca **8** 775, 786, 831, 839 (Abb.)
Obazine **5** 414, 425, *426*, 430
Obba (heute Ebba) **1** 642, 647
Oberammergau **11** 127
Oberlausitz **7** 461 (Hussiten, 15. Jh.), **9** 10
Oberschlesien **12** 686, 707
Oberwesel **6** 541
Ochrid **3** 201, **4** 235, 924, 933, 935, 936 (Abb., Sophienkirche), 952, **5** 709, **6** 137, **9** 553, 562, *574 ff.*

Ochsenfurt **4** 657
Ochsenhausen **9** 1069
Octava **1** 644
Ode Itsekiri ↗São Agostinho
Odenheim **7** 162
Odessa **11** 761, **13** 391 (Priesterseminar)
Odessos ↗Varna
Oea **2** 922
Oescus **2** 153
Ödenburg ↗Sopron
Österreich (↗Tirol; ↗Vorarlberg) **6** 859, **8** 127 (Täufer), 407, 415, **9** 14, *24–27* (Rekatholisierung), 283, 545, **10** 173, 175, **11** 10, 13f., 17, 21f., 28, 127, 242, 270, 307, 309, 465, 656, *682ff.*, 779, **12** 34, 168, 295, 379 (Konkordat), 380 (Konkordat), 399 (Konkordat), 401 (Anschluß an Deutsches Reich), 486, *755–769*, 877, **13** 20 (Konzilsväter beim 2. Vatikanum)
  Innerösterreich (↗Steiermark; ↗Kärnten; ↗Krain) **9** 10f., 13, 25ff.
  Niederösterreich **9** 10f., 13f., 26f.
  Oberösterreich **9** 10, 13f., 17
  Vorderösterreich **9** 10, 26f.
Österreich-Ungarn ↗Habsburgerreich
Ohio **10** 861
Ohrdruf (b. Gotha) **4** 657f.
Oise **12** 606 (franz. Département)
Oita ↗Funay
Okawango **11** 989
Oklahoma **12** 1106
Oldenburg **4** 800, **12** 729
Olinda **8** 861, **10** 779
Olinda-Recife (Erzdiözese) **13** 479
Olmütz, Olomouc **4** 896, **5** 129f., 327, 691, **8** 629, 1109, **9** 33
Olonec **9** 523
Olymp (Kloster-Berg, Bithynien) **4** 274, 570 (georg. Mönche), **5** 17
Oman **7** 529, 577, 586
Ontario **10** 530, **11** 914
Oppido **4** 374, 377ff.
Optino (Einsiedelei) **11** 742f., **12** 932
Oradea (Großwardein) **5** 131
Oran **6** 755, **7** 529, 590, **11** 995
Orange (Arausio) **2** 139f., 959, 963, **3** 982, **8** 1110
  Konzil (441) **3** 239, 249
  Synode (529) **3** 395f., **9** 349
  Synode (541) **3** 1054
Oranje (Afrika) **11** 988
Orense **4** 736
Oria **4** 835
Oriens (Diözese) **2** *1030–1049* (Christianisierung, Kirche im 4./5. Jh.), **3** 9f., 19, 55, 547, 564, 571, **4** 426 (Katholikat)
Orkistus **2** 97
Orlamünde **7** 811 (Karlstadt)
Orléans **3** 357, 375, 384, 398, 804, 844, **4** 839, 866 (Häresien, 1022), **5** 460, 805, 839, **8** 1109f.
  Diözese **11** 129, 177, 502
  Konzil (637) **4** 605
  Synode (511) **3** *372–375*, 383, 401, 807, 810, 813, 838
  Synode (533) **3** 809, 816
  Synode (538) **3** 804, 811, 815, 838
  Synode (541) **3** 804
  Synode (549) **3** 466, 798, 801, 804, 809ff., 813, 816, 835, 843, 845
  Universität **8** 1112
Ormuz **8** 875
Orvieto **5** 599, 642f., **6** 571, 725
Osaka **11** 1059
Oslo **4** 909, **12** 315, **13** 445 (Abkommen 1993)
Osma **4** 736, **5** 152
Osmanisches Reich (↗Türkei; ↗Konstantinopel, Patriarchat) **7** *6–49* (Orthodoxe Kirche), 82f. (Papsttum), 85f., 421f. (Balkan), **8** 357–368 (orth. Kirche), **9** *539–558* (östl. Kirchen), **10** 137f., **11** 135, 137f., 441, 768, 774, 776–786, **12** 915, 921
Osnabrück **4** 726, **5** 115, **6** 567, **8** 1109, **12** 754
Osrhoene **1** 451, **2** 74f., *76–79*, 102, 834, 1030, *1038ff.*, 1079, **3** 39, 49, 67, 151, 493, 505, 570, 606, 611, 1161f., **4** 401, 406, 427f., 429 (Klöster), 430
Ossonoba ↗Faro

Ostanglien **4** 624f., 745
Ostende **11** 545
Oster-Inseln **13** 692
Ostfriesland (↗Emden) **8** 15, 105, **9** 425
Ostia **1** 676, 692, **2** 12, 131, 251, 669, 921, **3** 472, 906, **4** 714
Osttimor **13** 620, 637ff., 670
Osuna ↗Urso
Otranto **4** 353, 373ff., 377, 381, **5** 16, 740, **7** 81
Ottawa **12** 325
Ottobeuren **9** 1069
Oudra ↗Uthina
Oud-Wassenaar **12** 45 (ökumen. Konferenz), 339
Oviedo **4** 735f., **5** 300
Owhere ↗Warri
Oxford **8** 533, ,
-Bewegung **11** 112, 138, 226–229, 233ff., 431, 559, 566, **12** 807
Konferenz für Praktisches Christentum (1937) **12** 63, 65–71
Universität **5** 869, 879, **7** 379, **8** 221, 223f., 560 (Puritanismus), 1111, 1131, 1144, **9** 91, 442
Weltkonferenz f. Praktisches Christentum (1925) **12** 95
Oxfordshire **8** 529
Oxyrrhynchos **2** 115, 671, 676, 822, 827, **3** 537f., 686f., 711, 715
Ozeanien **11** 983, *1067–1083*, **12** 316, **13** 349, 622, *686–689*

Pachuca **8** 789
Paderborn (Stadt, Diözese) **4** 708, 723, 726, 806, **5** 115, **6** 567, **10** 704, 715, **12** 754
Padua **3** 325, 1138, **6** 531, 733, 740, 742 (Santa Giustina), **7** 50f. (orth. Gelehrte), 188, 478, 508f., **9** 567, **10** 450
Universität **6** 796, **7** 50f. (orth. Gelehrte), 434, 507, 614, 753, **8** 366f. (Griechen), *614f.*, 1111, 1146, **9** 571 (griech. Studenten), 572
Pakistan **12** 378, **13** 437, 453, 643
Palästina (↗Jerusalem) (↗SR: Kreuzzüge) **1** 3, 5, 10–13 (polit. Situation z. Z. Jesu), 62, 76, 80, 84, 190f., 200, 202f., 208, 230, 239, 245, 273, *275–278*, 287, 294, 305, 314, 332, 451, 462–465, 475, 490, 519, 537, *555–560*, 585, 594, 601, 609, 617ff., 657, 700, 717, 753, 764, 768, 771f., 843, 847, 864ff., 870, 874, 889, 895, **2** 19, *56–60*, 64, 83, 161, 166, 183, 187, 232, *234f.*, 295, 669, 683ff., 819, 824, 830, *831f.* (Mönchtum), 836, 842, 1023, 1030–1033, *1041–1048* (Christianisierung, Kirche im 4./5. Jh.), **3** 122–125 (Rezeption d. Chalcedonense), 128, 136, 139f., 142, 144f., 148, 165f. (Mönchsaufstand nach Chalkedon), 440, 444 (Origenisten), 446, 493f., 584 (Möchtum), *618–629* (Mönchtum), 656 (Origenismus), 706 (Kultdenkmäler), 735 (hl. Stätten, Bilder), 737, 955, 965, 1257 (Petrus d. Iberer), **4** 12f. (pers. Eroberung), 13f. (pers. Eroberung), 24 (arab. Eroberung), 25ff. (arab. Eroberung), 392, 568 (georg. Mönche), *572ff.* (georg. Klöster), 579, **5** 378 (Kreuzfahrer), 512 (Wallfahrten), 526, **6** 219f. (Melkiten), **9** 542, 546, 590, 918, **11** 136, 781, 799, 810ff., 816, 823, **12** 394, 428, 915, 917, **13** 457
Palawai **11** 1039
Palencia **3** 216
Palermo **3** 906, **4** 374, 376, **5** 11, **6** 852ff. (Juden), **9** 152, 603
Palestrina ↗Praeneste
Palmaria (Insel bei Ponza) **3** 773
Palmyra **2** 15, 63, 66, 173
Paltos **3** 569
Pamiers **5** 152
Pamphylien **1** 106, 109f., 566, **2** 56, 89, 91, 839, **3** 138, 151, 555
Pamplona **5** 305
Panama **7** 532f., 552f., 595, 603, **8** 780, 783f., 786, **9** 638, **11** 962, **13** 476
Panama (Stadt) **8** 774f., **11** 962 (panprot. Kongreß 1903), 965, **12** 1210 (Missionskonferenz 1916), **13** 485 (Kongreß 1961)

Panchaia **1** 883
Pandataria **1** 178
Panjab **9** 806
Pannonhalma **4** 915
Pannonien **2** 145, 149, 151, 182, 993, 998, 1003, 1061, **3** 326, **4** 232, 883, 901 f.
Pantheon (Rom) **3** 1027
Pantikapeion ↗Kertsch
Pantokrator-Kloster **5** *359–362*, 736
Pánuco **8** 775
Papeete **11** 144
Paphlagonien **2** *98ff.*, 1063, **3** 555
Paphos **1** 109 f.
Papua-Neuguinea **11** 1075 f., 1083, **13** 692, 694
Paraetonion **2** 116
Paraguay **8** 780, 782, 790, 825, 826 (Jesuiten), 831, 835, *841f.*, 867, **9** *645ff.* (Jesuitenstaat), 1070, **10** 77, 166, 664, **11** 960, **12** 1221, **13** 476
Paraná **12** 1216
Paray-le-Monial **9** 914, **11** 124, 500
Parentium, Parenzo ↗Porec
Paris **2** 136, 399, 869, 967, **3** 371 (Chlodwig), 809, 811, 971 (Klöster), 1011, **4** 711 (Synode 825), 748, 783, 859, **5** 210, 458 (Schulwesen), 459, 493, 805 (Pfarreien, MA), *806* (13. Jh., Abb.), 839, 856, **6** 21 f., 653, **7** 225 f. (Kollegien), 346, 358 f. (Humanismus), 500, 504, 511, 513 f. (Hungersnot 1521/22), 641 (Buchdruck), 648, 746, 870 f., **8** 331, 490, 511, 515, 1110, **9** 277, 302, 392 f. (François de Paris), 937 ff., 1042, **10** 541 f., 598 f., 627, **11** 37, 120, 123 f., 176, 192, 502, 520, 781 (Vertrag 1856), 816 (arab. Kongreß 1913), 1039 (Vertrag 1898), **12** 168, 185, 195, 294, 609, 612, 614, 876 (Friedenskonferenz 1919), 926 (orth. Exarchat), 960, 961 f. (Institut St. Serge), 1012 (Institut St. Serge), 1023 (Weltkongreß orthodoxer Jugendbewegungen 1953), 1150
  Arbeiteraufstand (1848) **11** 34, 167
  Collège Montaigu **7** 195, 360, 622 (u. Erasmus), **8** 249
  Collège Royal **7** 216, **8** 1111
  Institut Catholique **11** 350, 427, **12** 184, 197, 324, 1154
  Navarra-Kolleg **7** 219, 360
  Pariser Kommune (1871) **11** 452, 490, 501
  Pariser Kongreß **11** 175
  Synode (360) **2** 971
  Synode (552) **3** 817
  Synode (577) **3** 804, 818
  Synode (614) **3** 804, 809, 816, **4** *604f.*
  Synode (829) **4** 693
  Synode (1406) **6** 633
  Universität (↗Saint-Victor; ↗Notre-Dame) **5** 458, 462, 470, 476, 560, 562, 760, 787 (oriental. Sprachen, 13. Jh.), 816 (Sorbonne, Entst.), 845 (Franziskaner), 849 f. (Bettelorden), 861, *862–867*, *873f.*, **6** 80 f. (Abendländ. Schisma), 85 ff., 89, 91 f., 95, 106, 363, 632–636 (Gallikanismus), 637, 645, 796, **7** 76, 118 f. (Konziliarismus, Renaissance), 127, 213, 350, 864 ff. (Zensur), **8** 294, 331, 1109, 1115, 1131
  Weltausstellung (1889) **11** 335, 340
Parma **5** 42, 592, **6** 584, **10** 170, 449
Paros **12** 1014
Parral **8** 789
Partaw **4** 492, 499 f. (Synode 768), 555
Parthenay **10** 410
Parthien **1** 498 f., **2** 1076 f.
Pas-de-Calais (franz. Département) **11** 497
Passarowitz **9** 544
  Vertrag v. Passarowitz (1718) **9** 14, 222
Passau **4** 660, 731, 890, 902 (Ungarn), **5** 152, 419, **7** 184
  Passauer Vertrag (1552) **8** 403
Patara **1** 134
Patmos **1** 158, 302, 831, **5** *17* (Abb.; Johannes-Kloster), **12** 1014
Patras (Peloponnes) **4** 34, 372
Pátzcuaro **8** 815
Pavia **3** 306, 485, 966, 1090, **4** 616 f., 637, 706 f. (fränk. Eroberung), 772 (ir. Pilger), 841, **6** 737, 742, **8** 576
  Konzil v. Pavia-Siena (1423–24) **6** *109ff.*

Universität **7** 507, **8** 1111, **10** 188
Pearl Harbor **12** 406
Peč **6** 137, **10** 119
Peć (Ipek) **9** 562, 574, *576ff.*
Pécs **4** 901
Universität **6** 796f.
Pedachthoe **2** 186
Pegu (↗Birma) **8** 911, **9** 780
Peking (↗Beitang) **5** 792, **7** 539, **6** 882, **8** 944 (Jesuiten), 946, **9** 766f., 769, 801, **10** 146, **11** 148, 766, 1051 (Vertrag 1858–60), **13** 626, 656 (Universität), 671
Pelasgis ↗Larissa
Pella **1** 75, 80, 207, 222, 269, 480f., 488, 490, **2** 57
Pellä **1** 118
Pellice **11** 263
Peloponnes **4** 228, 235f., 373, **5** 718, **7** 13, 23
Pelusion **2** 114
Pelusium **2** 1016
Pembroke **3** 868
Penang **11** 1040 (Seminar)
Pennsylvania **9** 465, 488, 678f., 684 (Universität), 689, 690 (Abb.), 692, 695, 708, **10** 495, 499, 502, 509f., **11** 877
Pentapolis **2** 1013
Pepuza **1** 160f., 570, 573
Pera (Vorort Konstantinopels) **6** 133, 301, 821 (Dominikaner), 823, 881, **8** 372
Peräa **1** 13
Perche **3** 989
Perejaslavl' **4** 948
Perejaslavl'-Zaleskij **9** 513
Pergamon **1** 112, 156, 159, 300, 331, 567, 688, **2** 82, **3** 494
Perge **1** 110f., 152, **2** 91, **3** 555
Périgord **4** 867
Périgueux (Petrocorica, Petricordia) **3** 229, **5** 409, **6** 19
Pernambuco **8** 861f.
Péronne **4** 772
Perrhae **3** 33
Persien **1** 864, **2** *79–82*, 306, 1023, 1040, *1076–1084* (Christianisierung, Kirche 3.–5. Jh.), 1088, **3** 136, 509f., 568, *1161–1186* (Kirche im 5.–7. Jh.), 1209ff. (Armenien), 1220ff., **4** 400, **6** 208, 878 (Mongolenmission), 883 (christl. Mission), **7** 547, **8** 899f., **9** 542, 802f. (Jesuiten), **11** 765, 767, 774f., 781, 783, 795, 798f., 808f., 811f., 821
Persis **2** 833
Peru (↗SR: Inkas) **7** 524, **8** 773, 777–781 (Pizarro), 783f., 787, 791, 803, 807, 810f., 831, 849, **9** 624, 628, 642f. (franziskan. Mission), 658, 703, 719, **10** 760ff., 775f., 782, 790, **11** 180, 931, **12** 381, **13** 475, 477, 481, 486
Perugia **3** 906, **5** 599, 930, **6** 329 (Flagellanten), 573, 575, 724f., **7** 95, **9** 226
Pessinonte **1** 105
Pessinos **3** 555
Peterborough **4** 638
Peterskirche, Petersdom (Rom) **2** 742, 909, 913, **3** 308, 725, 1036, 1042, **4** 183, 647, 653f., 688, 696, 712, 720, 748, 824, **5** 83, *623ff.*, **6** 420, **7** *102* (Neubau, ab 1506), 104, 691, **8** 283, 1215, 1218, **11** 24 **13** 16
Petra (Palästina) **2** 1042, **3** 22, **5** 316
Petra (Georgien) **3** 1235, **4** 549
Petritza Bačkovo (Kloster) **5** 15f., 18
Petrópolis **13** 504 (Kongreß 1964), 537 (Kongreß 1964)
Pettau ↗Ptuj
Pfalz **11** 311
Kurpfalz **8** 103, 321, 406, 409, 424, 1005f., **9** 41, 48, 424
Oberpfalz **8** 421
Pfalz-Zweibrücken **8** 171, 410
Pfälzischer Erbfolgekrieg (1688–1697) **9** 48
Pforzheim **7** 734
Phaeno, Phainon **2** 287
Phaina **2** 668
Phanar **9** 548, 560ff.
Pharan **2** 830
Pharmagos **2** 435
Phasis, Pʿotʿi **3** 1235, **4** 549
Phbow **2** 825, 842

Philadelphia (Kleinasien, Lydien) **1** 156, 161, 300, 329, 567, **2** 89, **5** 717, **6** 134, 136, 309 ff. (Metropolit Theoleptos)
Philadelphia (Pennsylvania) **9** 465, **10** 494, 496, **12** 1115 (Metropolitansitz d. ukrain. Kirche)
Philippi **1** 114–117, 125, 130 ff., 134, 152, 231, 271, 279, 307, 323, 329 f., 332, 573, **2** 146, **3** 708 (Kirchenbau), 711
Philippinen **7** 551, 562, **8** *855–858*, **9** 756 ff., **11** 962, 1038 ff., **12** 378, **13** 617, 619, *677–685*
Philippopolis ↗Plovdiv
Philistäa **2** 60 f.
Philomelion **1** 152, 323
Phönizien (röm. Provinz, Kirchenregion) **1** 77, 80, 295, 509, *555–560*, **2** 11, 14, *60–63*, 64, 187, 236, 1030, 1043, **3** 67, 115, 144, 572, 614, **4** 427, 429 (Klöster)
Phokaia **6** 765
Phrygien **1** 105, 107, 110 f., 113, 152, 161, 323, 331, 567–570, 572, 687 f., **2** 82, 89, 92, *92–95*, 409, 1058, 1063 f., **3** 431
Piacenza **4** 772, **5** 124, **8** 606
  Konzil (1095) **5** 127 f.
  Synode (1132) **5** 196
Piana dei Greci **12** 464 (orth. Eparchie in Italien)
Pianottoli-Caldarello **3** 1056
Picardie **5** 89, **6** 21
Picenum **3** 905
Piemont **1** 683, **7** 442 (Waldenser, 15. Jh.), 475, **8** 581 (Waldenser), **9** 157, **10** 594 f., 655, **11** 266, **12** 442, 462 f.
  Piemont-Sardinien **11** 13 f., 21 f., 27, 258, 260 f., 263, 265, 270, 595
Pilgerruh **9** 488
Pinerolo
  Diözese **11** 263
Pinsk **7** 430, **10** 198
Pion **1** 125
Pisa **2** 134, **5** 5, 184, 196, 324, 350, 352, **6** 720, 722, **7** 87, **9** 206
  Konzil (1135) **5** 197, 492
  Konzil (1409) **6** *92–96*, 286, 635, 670, 802
  Konzil (1511/12) **7** 96, 102, *129 ff.*
Pisidien (↗Antiochia, Pisidien) **1** 105 f., 109, **2** 92, *95 f.*
Pispir **2** 820
Pistoia **5** 152, **6** 740, **10** 27 (Synode, 1786)
Pityontus **2** 567
Pityous, Bičvintʻa **2** 100, **3** 1234 f., **4** 549
Playa Girón (Schweinebucht) **12** 1187
Plevna **9** 544
Pliska **4** 926, 931 ff., 936
Płock **5** 328, **10** 198
Plovdiv (Philippopolis) **2** 147, 1059, **4** 925, **5** 486, **6** 134
Plymouth **6** 660, **9** 678 f., 681
Podebrady **9** 487
Podlachien **6** 779, 784
Podolien **6** 779, **7** 418, **9** 540
Poetovio ↗Ptuj
Poggibonsi **6** 740
Poissy
  Religionsgespräch (1561) **8** 480
Poitiers **2** 867, 959, 967, **3** 802, 834, 840, 845, 846 (Heilig-Kreuz-Hospiz), 847, 966, 969, 971 (Heilig-Kreuz-Kloster), 980, **4** 653 (732), **6** 19, **8** 1203, **10** 649
Poitou **8** 511, **9** 131, 139, 434, **10** 518, **11** 197
Pola **3** 326, 474 f., 782
Polen **4** 801, 831, 842, 886, 888, 892 f., 895 ff., *898–901* (Christianisierung), 912 f., 915 (Klöster, 11. Jh.), 917, **5** 129, *130 ff.* (Investiturstreit, Gregorian. Reform), 328 f., 338, 340, 346, 420, 689, 692, 695, 700 f. (Pruzzen), 702, 703 f. (Mongolen), 707, 713 f., 791, **6** 181, 771 f., 780 ff. (Union mit Litauen), 788 f., 793 f., *802 f.* (Konziliarismus), 807, **7** 416 f. (Deutscher Orden), 433 ff., 869, **8** 326 (Protestanten), 960, **9** 252 f., 254 f. (Episkopat, 18. Jh.), 256, 258 f., 271 (Lazaristen), 282 f., 289, 345, 478 f. (Böhm. Brüder), 546, 885, 1139, **10** 13, 115 f., 218, 638, *748–755* (Anfang 19. Jh.), 816–824 (poln. Exil in Paris, Romantik), **11** 11, 16 f., 122, 131, 264, 687, 690, 692–698, 722, 751, 757 f.

(Aufstände gg. Rußland), 761, **12** 12 f., 18 f., 25, 283, 338, 379 (Konkordat), 381 (Konkordat), 389, 393, 402 f., 410, 418, 429, 487, 730, 755, 805, 872 f., 879–890, 894–899, 902 f., 907 f., 910 ff., 931, 972, 974 f., 983, 986, 988, 1003, **13** 23 (Konzilsväter beim 2. Vatikanum), 121, 305, 311, 315, 354, 359, 361–364, 368, 374, 377 f., 382, 384, 386 ff.
Polen-Litauen (↗Litauen, Großfürstentum) **6** 772, 789, **7** *417ff.* (15./16. Jh.), **8** 127 (Täufer), 371, 619–622, 638 f. (Antitrinitarier), *641–660* (16. Jh.), **9** *58–63*, 197, 207 ff. (Juden), 424, 508, 1138 f., **10** 115, 190–197 (poln. Teilungen), **11** 699, **12** 13
Polock **4** 948 f.
Polynesien **11** 1071 ff. (Französich-Polynesien), 1076, **13** 692, 694
Pommern **5** 328, **8** 7, 395, **11** 662, 692
Pompeiopolis **2** 98, **3** 555
Pondicherry **9** 804, 807, 817
Pont-à-Mousson **8** 491, **10** 259
  Universität **8** 1109
Pontecorvo **4** 369
Ponthion **4** 668
Pontigny **5** 409
Pontmain (Mayenne) **11** 120, 190
Pontus (kirchl. Diözese) **1** 113, 152, 181, 240, 251, 321, 326, 331, 451, 565, **2** *98ff.*, 182, 306, 453, 602, 607, 631, 667, 1057, 1064, 1090, **3** 10, 547, 550 f., 553 f., 571, 584, 629, 956, 1234 (Georgien), 1254, **4** 549
Poona **13** 661
Popayán **8** 786
Porec, Parentium, Parenzo **3** 1023, 1042
Port-Royal (Frankreich) **8** 293, 515, 1057, **9** 286, *352*, *356f.*, 364, 366 f., 369 ff., 373, 378, 393, 396, 849, 954
Port-Royal (Kanada) **9** 662, 675
Portiuncula **5** 835 f., **6** 420
Porto Alegre **13** 491 (Universität)
Porto (Hafenstadt bei Rom) **2** 131, 251
Porto (Portugal) **4** 736
Porto Santo **7** 573
Portugal (↗Lusitanien) **5** 291, 298 f., 303, 304 (Zisterzienser), 305, 424, **6** 79 (Abendländ. Schisma), 91, 109, 122 f., 754 f. (Kolonisation Afrikas), 762 ff. (Abendländ. Schisma), **7** *411–414* (1450–1530), 526 (China-Seefahrt), 547 ff. (Reisebericht Anfang 16. Jh.), 553 (Übersee), 557 ff. (Besitz in Afrika), 565 f. (Patronate in Übersee), *568–589* (Herrschaftsbereiche in Übersee, 16. Jh.), **8** *726–737* (16. Jh.), 745, 747, 750–754 (Kongo), 758, **9** 143 f., 147 f., 153 (Inquisition), 156, 210 f. (Juden, 17. Jh.), 267, 647, 732 ff. (Afrika), 743 (Südostafrika), 752, 757 f. (Malaysia), 909, 1089, **10** 30, 78, 166 ff., 639, *685–688* (Restauration), 778 ff. (Brasilien, Anfang 19. Jh.), **11** 12, 131, *274–281*, 449, 451, 467, *621–630*, **12** 34, 378, 379 (Konkordat), *499–515*, 544–547, 1188, **13** 302, 315, 387, 545, 556
  Revolution (1820) **11** 274, 276
  Revolution (1910) **11** 276
Posen, Poznań **4** 801, 898 f., 912, **5** 689, **8** 642, **10** 755, **11** 454, 662, 697, **12** 707, 911
Potchaev **12** 931
ʿPoʿti **4** 557
Potosi (San Luis Potosi) **8** 780, 784, 787, 789, 802 f., 836
Potsdam **12** 690 („Tag von Potsdam" 1933)
  Potsdamer Konferenz (1945) **12** 732, 986
Pouebo **11** 149
Poundbury **2** 983
Poussay **4** 803
Poznań ↗Posen
Pozzuoli **2** 15
Praeneste (Palestrina) **2** 131
Prag **4** 801, 859 (Veitsdom), 896, 915, **5** 327, 691, **6** 771, 788, 793, 795, **7** *463* (Utraquisten), *467*, 814, **8** 626, 629, 1109, **9** 17, 21 f. (Rekatholisierung), 33 f., 920, **12** 343, 422 (Prager Staats-

streich 1948), 494 (Prager Staatsstreich 1948), 887 (Eucharist. Kongreß 1935), **13** 149 (Versammlung d. EECCS)
Prager Fenstersturz **8** *425f.*
Prager Kompaktaten **6** 115, 698, 806, **7** 462, 466
Universität **6** 696, 796ff., 801, **7** 433, **8** 1109
Prémontré (↗SR:Prämonstratenser) **5** 391f., 396, 399, 401, 420, *421f.*, 429
Prenktus **2** 564
Preslav **4** 235, 924, 932f., 935
Preßburg **4** 778
Preußen (↗Brandenburg) (↗SR: Deutscher Orden) **1** 683, **6** 788f., **7** 761 (Reformation), *762*, **8** 127 (Täufer), 163, 173f., *641* (Albrecht v. Brandenburg), **9** 46, 419f. (Pietismus), 476, 479, 491 (Sozinianer), 1089, 1108, **10** 1, *35–44*, 204 (Pietismus), 653, 662, 705f., 715, 717ff., 722f., **11** 28, 296f., 304, 307, 309, 313f., 330, 454, 462f., 656, 664, 686, **12** 41
Konkordat **12** 379, 382, 685f., 693, 707, 734
Priestholm **3** 869
Principe **8** 745
Prizren **4** 952, **9** 600, **12** 1009 (Priesterseminar)
Prokones **4** 275
Provence **3** 344, 385f., 397, 770, 834, 927, **4** 603, 694, **5** 137, 151, 685, 757, **6** 30 (Dominikaner, 13. Jh.), 857 (Juden, Abb.), **7** 441f. (Waldenser, 15. Jh.), 499f., **11** 180
Provins **10** 605
Prüm **4** 803
Pruntrut **8** 432f., **9** 56
Prusa, Bursa **2** 87, **6** 133
Prusias ad Hypium **2** 88
Przemyśl **6** 259, 777, **7** 430f., **10** 198
Psamathia **2** 331
Pskov **12** 978f.
Ptolemais (↗Akko, St-Jean d'Acre) **1** 77, 134, **2** 62
Ptolemais (Libyen) **2** 115
Ptuj, Poetovio, Pettau **2** 151, 182, 999
Puebla de los Angeles **8** 812f., 851f., Generalversammlung d. CELAM **13** 178, 180, 333, 489, 510, 538
Puebla Nueva **2** 953, 956
Puebla (Staat) **11** 964
Puerto Rico **7** 601, **10** 759, 770, **11** 962, **13** 481
Pulkau **6** 865
Pyritz, Pyrzyce **4** 886

Qara **6** 220
Qardū **3** 1170
Qartamin **3** 610
Qasr el-Banat (Kloster Mar Bizya) **3** 613
Qimper **3** 884
Qimperlé **3** 884
Qirqbize (Nordsyrien) **1** 365, **2** 672
Qrhna, Qrnay, K'rnay (Kloster, Armenien) **6** 227
Québec **8** 859, **9** 669–672, 674f., **10** 181, 514, 518, 521, *522–533* (Katholizismus), **11** 910, 915f., **12** 174 (Universität), 1136–1144
Quedlinburg **4** 803, **5** 433
Quercy **7** 500, **8** 511
Querétaro **9** 641, **10** 774
Quiroga **2** 955
Quito **8** 775, 784, 786, **9** 626f., **10** 75f., 85, 765, 768, 770f., **13** 491 (Universität)
Republik v. Quito **10** *771–774*
Qumran **1** 60, 463, 465, 471, 746, 756ff., 776, **12** 200

Raetia (röm. Provinz) **2** 5, 135
Rätien ↗Raetia (röm. Provinz)
Ragusa ↗Dubrovnik
Rakovica **12** 1009 (Priesterseminar)
Raków **8** 647, **9** 490
Ramla **4** 410
Ramsey (Abtei) **7** 381
Rangun **11** 1032ff.
Rapallo **12** 35 (Vertrag)
Raqqa **4** 430
Ras **4** 952, **5** 709
Raszien **5** 4, 342

Ratiaria **2** 153
Ratzeburg **5** 331
Ravenna **2** 539, 546, 662, 899, 908, 923, 965, 994, **3** 72 f., 200, 224, 227, 231, 306, 318, 320, 325 f., 335 (Juden), 336, 425, 470 (Drei-Kapitel-Streit), 473–476, 705 (Grabmalskunst), 709 (Kirchenbau), 722 (Kirchenschmuck, San Vitale u. a.), 723 f., 776 f., *781–784* (byzantin. Italien, 6. Jh.), 906, 909, 1011 (Kirchenbau), 1012, 1023 ff., 1042, 1090 (Ritus, Einfluß), 1127, **4** 367 f. (Exarchat), 645, 650, 665 (Aistulf), 715, 782, 831 (Synode 1001), **5** 641, **6** 572, 582, 724 f., 735
Ravensburg **9** 43
Rebais **4** 632
Recanati **6** 19
Redon **3** 884, 886, **4** 741, 859
Regensburg **4** 660, 731, 795 (St. Emmeram), 802, 871, 890, 892, 896 (u. Böhmen), 898 (u. Polen), **6** 345, 866 (Juden), 867, **7** 325 f., **8** 6, 407, 416
Regensburger Buch **8** 396
Reggio di Calabria (Rhegium) **3** 905 f., **4** 374 f., 377, 379, 381, **5** 378, **6** 584, **12** 453 (Plenarkonzil)
Reich, Heiliges Römisches ↗Deutschland, Deutsches Reich
Reichenau (Insel, Kloster) **4** 657, 703, 757 f., 769 (Malerei, Abb.), 789, 793, 802, 819, 850, **6** 467
Reigny **5** 413
Reims **2** 140, 968, **3** 360, 368 (Taufe Chlodwigs), 839, 841, 844, **4** 696 f., 748, 757, 781 (Erzbistum, 10. Jh.), 867 (Konzil, 1067), **5** 78 (Konzil, 1119), *196* (Synode, 1131), 805, **8** 544, **11** 520 (Kirchentag 1896)
Reji ↗Riez
Rekkopolis, Rekkapolis (Zorita de los Canes) **3** 852, 1011
Remiremont **4** 632, 703, **5** 140, 433
Rennes **3** 882, 981, **6** 22, **11** 19
Republik Südafrika **13** 555, 581–586
Resaina **2** 79, **4** 430
Réunion **10** 96
Reutlingen **7** 732
Reval (↗Tallinn) **5** 333, 699, **7** 763
Rhaitou **2** 830
Rhegium ↗Reggio di Calabria
Rhein **1** 262 f., 687
Rheinland **11** 298, 310, 316, **12** 686
Rhode Island **9** 678, 685, 691, 708, **10** 499
Rhodopolis, Vardiscʿihe **3** 1235, **4** 549
Rhodos **2** 533, **5** 719, **6** 17, 24, 765, 769 f. (Johanniter), 874, **7** 3, 75, **9** 599, **2** 1013, **13** 395 (Panorth. Konferenz 1960), 424 (ökumen. Konferenz 1980), 462 (Panorth. Konferenz)
Rhosos **3** 607
Ribe ↗Ripen
Ribeira Grande (Santiago de Cabo Verde) **7** 566, **8** 747, 757
Riez, Reji **3** 396 f., 807, 1018, 1040
Riga **5** 333, *699 f.* (Gründung), 702 f., **6** 19, 772, 788, **7** 763, **12** 881 (Vertrag 1921), 885, 904, 931 (Vertrag 1921), 974, 978
Rijnsberg **9** 492
Rijswijk, Frieden v. Rijswijk (1697) **9** 48, 138
Rila **12** 1008 (Johanneskloster)
Rimini (Ariminum) **2** 134, 348, **3** 906 f., **6** 572, 724, 746, **11** 264
Konzil (359) **2** *387 ff.*, 391, 393, 418, 433, 656, 925, 964, 971
Rinteln
Universität **8** 1108
Rio de Janeiro **8** 859, 861, 869, **9** 703, **10** 72, **12** 136 (Eucharist. Kongreß), 1216 f., **13** 479, 485, 488, 491 (Universität), 494 (Eucharist. Kongreß), 537 (Gründung d. CELAM)
Rio de la Plata **8** 791
Rio Grande **12** 1216
Ripen (Ribe) **4** 729, 800, 893
Ripoll **4** 788, 851
Ripon **4** 638
Riva San Vitale (Ligurien, Tessin) **3** 1046
Rixdorf **9** 487 f.
Roche-sur-Yon **12** 601
Rochester **3** 931, **4** 622, 638, 745

Rochester (USA) **11** 840 (Große Erwekkung 1830/31)
Rodez (Rutina) **3** 229, 802, **6** 19, 649 (Synodalgesetze), **12** 614
Roermond **11** 215 (Diözese)
Rolduc ↗KLosterrath
Rom (Begriff, auch „Neues Rom" oder „Drittes Rom") (↗SR: Kanon 28) **3** 304, 1061, **5** 380, 386, 661, **7** 28, 30 („Drittes Rom", Moskau), 55, 60
Rom (römische Kirche) (↗SR: Papst, Papsttum; Primat, römischer) **1** 161, 169, *171–184*, 271, *283–294*, 305 f., 316, 318 f., 329, 331–334, 347, 374, 381, 396, 400, 402, 417, 448, 450 f., 453, 592, 607, 632, 648, 652, 654, 658, 662, *666–709*, 764, 778, 788, 795, 798, 820, 822, 826, 828 f., 838 f., 843, 851–858, 930 f., **2**, 46, 48–51, 64 ff., 69, 98, *129f.*, 133, 139, 163–167, 171, 314, 362, 369, 437, 447, 457, 488, 526–528 (Pelagius, Pelagianer), 564–567(Eichensynode), 583, 585 f., 588, 592 f., 595, 610, 629 ff., 652, 654, 658, 690 ff., 695, *877–917* (Kirche 312–432), 923, 926, 966, 983, 1020, 1056, **3** 116 f. (Chalkedon), 125, 135 (Schisma mit Konstantinopel bis 518), 136, 138, 149 (Ende d. Schismas mit Konstantinopel, 518), 162 (Kanon 28 v. Chalkedon), 182 f. (Konzil 484), 193, 197, 200, 202, 288, 309, 323, 327, *327–330* (Primat), 473 (Drei-Kapitel-Streit), 474 ff., 481 f., 484, 487, 550 f. (Rang im 6. Jh.), 552 (Pentarchie), 782 f. (Beziehung zu Ravenna, 6. Jh.), *797–801* (Beziehung zu Gallien, 6. Jh.), 905, 957 (Gregor d. Gr.), 1075, 1090 (Liturgie, ab 6. Jh.), *1091ff.*, 1095 f., 1098, 1290 (Georgien), **4** 31 f. (Illyrien), 48 f. (östl. Patriarchate), 62 (Rang), 128 (Nicaenum II), 161, *178–197* (Streit mit Photios), 206, 221, 355 (Konstantin. Schenkung), 359 (Konstantinopel), 362, 622 f. (Brit.Kirche, MA), 640 (England), 646 (Angelsachsen), 673 (Liturgie, 8. Jh.), 757, 788 (Cluny), 833 (Süditalien), 834, *871–876* (Reformen, 11. Jh.), 902 (Ungarn), 925–928 (Bulgarien), 952 (Serbien), **5** *372–387* (Konstantinopel, 11./12. Jh.), 600 („Ubi est papa, ibi est Roma"), 709, 720, 740, *746–753* (Konstantinopel, 1204–1274), **6** 75 f. (Papstwahl 1378), 82 f., 85, 112 f. (Basler Konzil), 117, 123, 214 (Chaldäer, 14. Jh.), 217 (u. Jakobiten), 227 (Armenier, 14. Jh.), 232 f. (Georgien), 296, 301, 408 f. (orth. Polemik, SpätMA), **7** 511 f., **8** 370 ff. (Beziehung zur Orthodoxie, 16. Jh.), 394 (Luther, nach 1521), 417 f. (Kath. Reform), **9** 616 f. (Amerikamission), **10** 140 ff. (u. Orient, 18. Jh.), **11** 432, 450, **12** 138 ff., 178–194
Rom (Stadt Rom im engeren Sinn, Siedlung, Architektur usw.,; ↗Lateran, Lateransbasilika, Lateranspalast; ↗Petersdom, Peterskirche; ↗Vatikan; ↗Kirchenstaat, usw.) **1** 3, 73, 84, 92 f., 125, 127, 138 ff., 152 f., 163, 166 f., 202, 229–234, 236 f., 241, 249, 251 f., 254, 256, 261 f., 279, 321, 323, 325, 328, 410, 497 f., 518, 524, 537, 571, 574, 626, 637, 725, 741, 760, 772, 783, 791, 870, 874 f., 925, **2** 43 f., 64, 160, 185, 199, 216–219 (Konstantin), 347, 406, 526, 528, 532, 538, 542, 546, 669, 672, 677 ff. (Kirchenbauten), 690, 754 (Sarkophagikonographie), 786 f. (Armenfürsorge), 850 (frühes Mönchtum), 857 (Sant'Agnese), 867, 994–997 (Plünderung durch Alarich, 410), 1000, **3** 303 f., 308, 313–317 (röm. Schisma 502), 321 f., 331 f. (Heiden u. Christen, 6. Jh.), 334 f. (Manichäismus, 5./6. Jh.), 336, 388, 470 f., 705 (Grabmalskunst), 768 f., 771 f., *779ff.* (byzantin. Italien, 6. Jh.), 903, 932, 939, 972 f. (Klöster, 4.–6. Jh.), *1025–1031* (Kirchenbau, 5./6. Jh.), 1034, 1036 f., 1040, *1060ff.* (Kirchenarchitektur), 1125 (Heiligenverehrung), 1133 f., 1139, 1147 (hl. Stätten), **4** 366 (Dukat), *370ff.* (griech. Kirchen, Klöster, MA),

626 (7. Jh.), 649 (Bibliotheken, 7. Jh.), 655 (Karl Martell, 739), 665 f. (Dukat, 8. Jh.), 676 (heidn. Feste, FrühMA), 704 f. (Adel u. Kirchenstaat), 707 f., 711 f. (fränk. Kaiser), 712 (Sarazenen 846), 714, 718 (Kyrill u. Method), 719, 748 f. (Bauten, 8./9. Jh.), 779 (Adel u. Papsttum), *820–826* (Adel u. Päpste, 10. Jh.), 829 f. (Ottonen), 832, 841 (Adel u. Päpste), 861 f. (Wallfahrtsort, um 1000), **5** 63 (Heinrich IV., Normannen), 184 ff. (Päpste, 12. Jh.), 201 (Lucius II.), 202 (Eugen III.), 212 (Barbarossa), 223 ff., 227 (Lucius III.), 230 (Clemens III), 233 f., 493 (Arnold v. Brescia), 558 f. (erstes Konklave), 596, *598* (13. Jh., Abb.), 599 f., 642 (Patrimonium Petri), 659, 665, 679 (Friedrich II.), 679 f. (Friedrich II.), **6** 24 (Hl.-Geist-Orden), 26 (Ordensneugründungen, 14. Jh.), 75 f. (Papstwahl, 1378), 89, 108 (Martin V.), 114, 117, 123, 418 f. (Wallfahrt, SpätMA), 572, *573 ff.* (Cola di Rienzo), 686 (Heinrich VII.), *722–726* (14. Jh.), 742 (Olivetaner), **7** 3 f., 69, 72, 91, *97–106* (Renaissance), 107, 265 f. (Wallfahrt, SpätMA), 331 f. (Renaissance), 486 f. (Renaissance), 494 (Sacco di Roma), 503, **8** 275 (Gregor XIII.), *283*, 294 f. (Kollegien), *592–595* (16. Jh.), 1046 f. (Kath. Reform), 1068 f., 1110, 1210, 1212, **9** 203, 224 f., *240–247* (17./18. Jh.), 277, 567, 912 f. (Bruderschaften), 918 f. (Wallfahrten, Barock), 937, *1042 f.* (Kunst, Barock), 1048, 1067 (Musik), **10** 420, 591 (Wunderglaube, Franz. Revolutionszeit), 609, *659–663*, **11** 17, 27 f., 124 f., 264, 271, 446, 451, 471, 488 f., 598, **12** 11, 178, 255 (Kongreß für die Anpassung der Ordensleute), 374, 410, 417 f. (Judenverfolgung), 450, 469, 486, 488 f., 887 (Weltausstellung 1936), **13** 568 (Afrika-Synode 1994)
Fastensynode (1075) **5** 50
Konzil (341) **2** *351–354*, 368, 886
Konzil (vor 372) **2** 433
Konzil (378) (↗Tomus Damasi) **2** 441–444
Konzil (382) **2** 456 ff., 896, 918, 926
Schisma (1130) **5** *190–198*
Synode (251) **1** 646
Synode (313) **2** 131, *248 ff.*
Synode (502) (↗Schisma, römisches) **3** 312
Collegium Belgicum **11** 205
Collegium Germanicum **8** 295, 417, 417 f. (Dtschl.), **9** 242, 1067
Collegium Pio Latino-Americanum **12** 1150
Collegium Romanum **8** 594, **9** 599, **11** 111, 349
Colosseum **1** 255
Englisches Kolleg **8** 544
Istituto Cattolico d'Attività Sociale (ICAS) **12** 456 ff.
Lateranuniversität **12** 184
North American College **12** 1113
November-Revolution (1848) **11** 258
Pontificium Collegium Polonorum **11** 695
Römisches Kolleg (Jesuiten, Gregoriana) **8** 275, **11** 111, **12** 184 f., 318, **13** 328
Römische Republik (1798/1799) **10** 453 f., 602 f.
St.-Athanasius-Kolleg **8** 367, **9** 567, 571
Universität **7** 105, **8** 1111, **11** 349, 433
Universität vom Heiligen Kreuz **13** 218
Urbaniana **12** 184, 318, **13** 328
Romagna **5** 642, **6** 571 f., 574, 582, 584, 685, 724, **7** 91, **11** 17, 264 f., 451
Romainmôtier **3** 970, 980
Roncaglia **5** 52
Ronchamp **12** 170
Rossano **4** 376 f., 379, 381, **5** 378
Rostock **12** 748 (theolog. Fakultät)
Universität **7** 434, **8** 40
Rostov (↗Susdal'-Vladimir) **5** 345, 703, **9** 513
Rotaria **2** 125
Rothenburg **6** 859 (Juden)

Rottenbuch **5** 156, 418 f.
Rottenburg (Stadt, Bistum) **10** 716
Rotterdam **12** 638
Rouen **2** 140, 851, 859, 867, 976, **3** 971, **5** 762, 801, 805, **6** 649, **7** 178, 185, 188, **8** 331, 511, 869, 1205, **10** 627
Ruanda **11** 1012, **13** 548, 561 f., 568–571
Rucuma (heute Henchir Rekoub) **1** 643
Rügen **5** 332
Rufianes **2** 838
Ruhrgebiet **12** 341 f., 396 f., 707
Ruis-Urbnisi **4** 590, 595
Rum (Sultanat, Kleinasien) **5** 350, 718, 720
Rumänien, rumänische orthodoxe Kirche (↗Walachei; ↗Moldawien; ↗Siebenbürgen) **6** 250, 256, **8** 360 (Konstantinopel, Patriarchat), **9** *580–585* (orth. Kirche, 17./18. Jh.), 605, **10** *737 f.*, **11** 686, 706 f., 771, 781 ff., 790, **12** 379 (Konkordat), 381 (Konkordat), 873, 878 f., 881, 903, 911, 954 f., 965 (Konkordat), 974, 978, 988, 1003, 1006 f., 1012, **13** 354, 357 f., 369 f., 373 f., 378, 383, 386
Rumelien **11** 768
Rus' ↗Kiewer Rus'
Rusguniae **2** 686, **3** 760, 762
Rusiccade (heute Skikda, Philippeville) **1** 644, 647
Ruspe **3** 750
Rußland, russisch-orthodoxe Kirche (↗Kiewer Rus'; ↗Moskau, Patriarchat) **4** *937–950* (Christianisierung), **5** 706, **6** 137, 174, 176, 178–181, 183, *251–254* (Kirche in russ. Fürstentum, SpätMA), 255, 256 f. (Klöster, ab 14. Jh.), 296 f., 824 (Union v. Florenz), **7** 24 (antiunionist. Haltung d. Kirche), 29 f. (eschatolog. Denken nach 1453), *52–67* (15./16. Jh.), **8** *376–386*, **9** *502–538* (17./18. Jh.), 540 ff., 548 f., 579 (Montenegro), 1089, **10** *103–116* (1762–1825), 137, 475 f. (Vereinigungsprojekte mit Rom), 727 (Balkan, Ende 18. Jh.), 733, 824 ff. (Tschaadajew), **11** 13 (Zarenreich), 138, 148, 309, 345, 449, 589, 686, 688 f., 700, 702 f., 713–772, *713–762*, 779, 781 f., 789, 821, 1058 (Russisch-Japanischer Krieg 1904/05), 1060, **12** 15, 55 f., 75, 81 ff., 330 ff., 336, 366, 369, 371, 373, 389, 392 f., 664, 872 f., 882 ff., 888 (Polen), 896 (Polen), 909 (Tschechoslowakei), 915 ff., 923, 926–944, 960 ff., 967, 971–1003, 1009–1015, 1021, **13** 68, 135, 372, 380, *391–427*, 392, 402
Rustʿavi **3** 1252

Sabas-Kloster (Mar-Saba-Kloster; Laura in Palästina) **1** 167, 4 404, 411 ff., 550, 552, 565, 568 f. (Georgier), **6** 221, **9** 592
Sabra **13** 448
Sabratha **1** 644, **2** 922, **3** 1017, 1041
Sachsen (↗SR: Sachsen, Volk) **4** 798 f., **5** 151, **8** 4 (Adiaphorastreit), 171, 395, 401, 411 f., **9** 476, **10** 715, **11** 81, 454, 662, **12** 715
Sadagolthina (bei Parnassus) **2** 148
Safed **5** 782
Safi **8** 743
Sagorsk ↗Zagorsk
Sahagún (Kloster) **5** 296, **6** 30
Šahapivan **3** 1202
Sahara **3** 293, 763, **6** 851, **11** 977
Saidnaya (Danaba) **6** 220
Saigon (Ho Chi Minh-Stadt) **9** 781, **11** 148, **13** 632 (Priesterseminar)
Saint(e) ↗St(e).-
Saintes **2** 136, 869, **3** 345, 803
Saintongue **8** 514, **9** 139, **11** 176
Saisinos, Caiši **3** 1235, **4** 549
Sakkudion (Kloster) **4** 144, 167 f., 282
Salamanca **4** 738, **6** 758, **7** 394
Universität **8** 294, 664, 1111, **11** 350, **12** 184, 543
Salamines **1** 109
Salamis (Constantia) **1** 150, 184, 822, **3** 575
Salé **8** 743 f.
Salem **9** 699 (Hexenwahn)
Salento **4** 366, 372, *373 f.* (griech. Bevölkerung, MA), 377 f.

Salerno **4** 375, 378, 835, 836 (Dom, Abb.), **5** 309 f., 455 (medizin. Schule), 460
Salisbury **7** 459 (Lollarden)
Salona, Solin, Spalato, Split **2** 148 f., 182, 953, **3** 327, 966, 1042, **4** 894
Salone-Monastir (Kroatien) **3** 1132
Saloniki ↗Thessaloniki
Salt Lake City **11** 850 f.
Salvador da Bahia **8** 859, 861, **9** 622, 631, **10** 72, **13** 338 (Missionskonferenz 1996)
Salzburg **4** 660, 730, 800, 802, 883, 889 ff. (slaw. Mission, MA), **5** 151, 418, **6** 706, **8** 416, **9** *27* (Auswanderung d. Protestanten, 1731), 49, 267, **10** 181, **12** 380
Universität **8** 1114
Samaria **1** 11, 13, 62, 68, 76, 523, 537
Samarien **1** 76, 212, 271, 298, **2** 59, 1041, 1048
Samarkand **4** 458, **6** 209, 213, 883
Sambesi **11** 984, 987, 989
Sambia **13** 580, 599
Samoa-Inseln **11** 1074, **13** 692
Samogitien **6** 784 ff., 885, **9** 918
Samos **2** 406
Samosata **2** 76, **3** 611, 1197
Samothrake **1** 114
Samsun Kalesi (Priene) **5** 717
San Antonio (USA) **13** 338 (Missionskonferenz 1989)
San Damiano **13** 265
San Francisco **11** 767, **12** 1094
San Juan de Puerto Rico **7** 567, **8** 774, 786
San Laurenzo ↗San Lorenzo
San Liberato (Forum Clodi) **2** 131
San Lorenzo fuori le mura (Rom) **2** 672, 742, 880, **4** 653, **5** 83, 251
San Lorenzo in Damaso (Rom) **2** 892
San Lorenzo Maggiore (Mailand) **2** 672, 675
San Luis Potosi ↗Potosi
San Michele **6** 740
San Nicolás de Pátzcuaro **8** 815
San Paolo fuori le mura (Rom) **2** 880, 909, **3** 193, 725, 973, 1036, **4** 653, 720, **5** 83, 176, **10** 662
San Stefano **11** 782 (Frieden 1878)
San Stefano Rotondo (Rom) **3** 1029 f., 1061 f., **8** 1065, 1212
San Vincente al Volturno **4** 757, 836f. **5** 176, 311
San Vitale (Ravenna) **3** 727, 781
San Zeno **6** 740
Sandjak **11** 769
Sandwich-Inseln **11** 143, 145, 158
Sankt ↗„St."
Sanok **6** 259
Sansibar **11** 142, 413
Santa Catarina **12** 1216
Santa Croce in Gerusalemme (Rom) **2** 879
Santa Cruz de la Sierra **8** 791
Santa Fé (New Mexico) **8** 789, 853, **10** 484
Santa Fé de Bogotá **8** 784, 786, 791, **10** 72
Santa Giustina (Reformkloster in Padua) **7** 166, 340, 357, **8** 241, 604
Santa Maria de la Concepcion **7** 596
Santa Maria de Rota **5** 145
Santa Maria dela Antigua del Darién **7** 567
Santa Maria della Concezione **9** 1031
Santa Maria in Trastevere (Rom) **2** 882
Santa Maria la Antigua del Darién **8** 774
Santa Maria Maggiore (Rom) **2** 755 f., 882, 909, *915 f.*, **3** 725, 727, 729, 1029 f., 1060 f., **5** 83, **6** 420, **8** 283
Santa Marta **8** 786, 791
Santa Sabina (Rom) **2** 908, **3** 1060 f.
Santa Severina **4** 377 f., **5** 378, **9** 276
Santi Marcellino e Pietro (Rom) **2** 672
Santiago de Cabo Verde ↗Ribeira Grande
Santiago de Chile **8** 791, **9** 626 f., **10** 75, **11** 180, 965, **13** 491 (Universität), 516
Santiago de Compostela **4** 736, *861*, **5** *300 ff.*, 305, 424, **7** 178, 265 ff., 283, **8** 1014, **9** 144 (Abb.), 919, **11** 638 (Katholikentag 1902), **13** 135 (ökumen. Konferenz), 141 f. (ökumen. Konferenz)
Ritterorden **6** 24 f., 751, 760, **7** 407
Synode (1056) **5** 292 f., 295
Santiago de Cuba **8** 786
Santiago del Estero **8** 791
Santiago-Santa Cruz **8** 831

Santo Domingo **7** 567, 599, 601, **8** 774, 784, 786, 791, 793, 860, **10** 72, 96, 100, **12** 379 (Konkordat), 1210
Generalversammlung d. CELAM **13** 178, 180, 520, 538
Universität **8** 794, **9** 626
Santo Stefano dei Mori (äthiop. Konvent in Rom) **6** 838
Sant' Agnese fuori le mura (Rom) **2** 880
Sant' Andrea (Rom) **5** 561 f., **8** 283
Sant' Apollinare Nuovo (Ravenna) **3** 725, 729
São Agostinho (Ode Itsekiri) **9** 736
São Jorge da Mina **7** 570, 579, **8** 757
São Paulo **8** 858 f., 861, 866, **12** 1216 f., **3** 491 (Universität)
São Salvador ↗Mbanza Kongo
São Tomé **7** 553, 566, 573 f., 579, 588, **8** 745 ff., 753, 876, **9** 732, 734, 736
São Vicente **8** 862
Sapaudia (roman. Schweiz i. d. Antike) **2** 994, 1004
Saqqara **3** 599
Saragossa **1** 686, **2** 142 f., 184, **5** 152, **6** 20, 847 (Judenverfolgung), **11** 124, 285
Synode (380) (↗Priszillian, Priszillianismus) **2** 484 ff., 493, 940, *943 ff.*
Synode (ca. 389) **2** 496 ff.
Saraï (↗„Goldene Horde“) **6** 225, 252
Sarajevo **7** 36, **9** 553
Sardes **1** 156, 300, 307, 375, 567, **2** 88
Sardica, Serdica (↗Sofia)
Konzil(342/343) **2** 151 f., 216, 323, *357–364*, 366, 368, 372 f., 421, 429, 637, 647, 706, 855, 886, 904, 947, **4** 358
Sardinien **1** 262, 690, 693, **2** 134, **3** 903, 905, 975, 1040, **4** *368* (griech. Kirche, MA), **5** 238, 679, **6** 20, 580 f., 717, **8** *581–592* (16. Jh.), **9** 143 f., 150, 153, **10** 25, **11** 258, 596
Sarlat **6** 19, 649
Sárospatak **9** 29, 483
Sarthe **12** 606
Sarug **4** 430
Sasima **2** 654, 1071
Sathmar, Frieden v. Sathmar (1711) **9** 14
Saudi-Arabien **13** 452, 456
Saumur **8** 1110
Akademie **9** 421 f.
Sausadia **3** 522
Savia ↗Sisek
Savigny **5** 176, 395, 414, 416, 430
Savoyen **8** 507, **9** 149, 151, **10** 395, 560, **11** 177, **12** 600 f.
Sayn **8** 410
Sázava **4** 897, 948
Sbeitla, Sufetula (Provinz Byzacena) **1** 643, 647, **2** 124, 263, **3** 759, 1039, 1063 (Kathedrale), 1064
Schaffhausen **7** 788, **8** 128, 428, 437, **12** 679
Schenectady **9** 688
Schlesien **5** 328, **6** 771, 775, **7** 420, 461 (Hussiten), **8** 7, 187 (Schwenckfeldianer), 407, 624 f., 630, **9** 10, 16, 23 f. (Rekatholisierung), 325, 476, **10** 177, 653, **11** 662, 692, 694, 697
Schleswig (↗Haithabu) **4** 800, 893, **7** 757, **11** 582
Schleswig-Holstein **11** 662
Schlettstadt **7** 635 f. (Humanismus)
Schönlinde **9** 487
Schottland **4** 741, **5** 140, 176, 420, **6** 20, 77 (Abendländ. Schisma), 655–658, 661, 679, **7** 752 (frühe Reformation), **8** 97 (reformierte Bekenntnisse), *535–539* (Reformation), 1005, 1083, 1231, 1233, **9** 96 f., 110 f., 423 (Reformierte Kirchen), 424, 426, 496 (Sozinianer), **10** 209, 214 (Freimaurer), **11** 73, 75, 222 f., 229, 237, 559, 561, 572 f., **12** 544, 779, 781, 787, 802, 804, 813, 820
Schuf **13** 448 (Massaker 1990)
Schwaben **4** 798 f., **5** 170 f., 173, **7** 188, **8** 173, 407
Schwarzes Meer **2** 1089
Schweden **4** 728, 888, 905 f., *909 f.*, 918, **5** 133 f., 238, 333, 693, **6** 774, 789, **7** 415, *759 ff.* (Reformation), **8** 22 f., *37 f.*, 44 f., *440–444* (frühes Luthertum),

9 63, *64ff.*, 234, 1144, **10** 55–58, 60–63, 213 (Freimaurer), 694f., **11** 245–248, 251–256, *582–594*, **12** 357, 843–862
Schweiz **7** 499f. (Bevölkerung ab 1500), *774ff.* (Anfang 16. Jh.), 787ff. (frühe Reformation), **8** 163, 171, 173, *426–438* (Konfessionen), 962f., 971, **9** *53–57* (Gegenreformation), 136, *430–433* (Calvinismus, 17./18. Jh.), 470f. (Täufer), **10** 181, *443–448* (Franz. Revolution), 837f., **11** 12f., 28, 73, 123, 131, 155, 194, 240–244, 415, 417, 457f., 464, 555, *575–579*, 598, 664, **12** 43, 90, 168f., 197, 251, 295, 329, 357, 562, *666–679*, **13** 20 (Konzilsväter beim 2. Vatikanum), 215, 223
Helvetische Republik **10** 474
Schwerin **12** 754
Schwyz (Schweizer Kanton) **9** 54
Scillium **1** 255, 626, 832, 943
Scilly-Inseln (vor d. Südwestspitze Englands) **2** 493
Scupi **2** 153
Scylacium ↗Squillace
Scythia minor ↗Dobrucha
Scythopolis **2** 60, 1042, **3** 148
Sebaste **2** 60, 94, 104, 660, 1041, 1048, **3** 555, **4** 349, **5** 4, 28, 315f., 350
Sebastoupolis (Dioskurias, Cʿhumi) **3** 1234, **4** 549
Sedan **8** 1110
Segermes (heute Henchir Harat) **1** 643
Sēgēstān **4** 429
Segovia **5** 839
Seleukia-Ktesiphon **1** 504, **2** 20, 1077–1080, 1082f., 1089, 1093, **3** 1161f., 1165, 1169, 1254, **4** 402, 426, 453f., 459
Konzil (410) **3** 1169–1172, 1192
Seleukia Pieri, Seleukia am Orontes (Hafen bei Antiochia) **1** 109, 121 **2** 64, 72, 950, **3** 148, 151, 494, 569, 709 (Kirchenbau)
Seleukia Trachia (Isaurien) **2** 91, 842, 1071, **3** 494, 570, **4** 401
Konzil (359) **2** *389ff.*
Selja **4** 909
Selymbria **5** 357
Sempringham **5** 427, **6** 27, 665
Sen-Dai **11** 1042
Sendai **9** 759
Sendomir (Sendomierz) **8** 643
Konsensus v. Sendomir (1570) **8** 326ff., 647
Senegal **7** 570, **11** 134, 140, 152, 417, 1000f., 1011, **13** 557
Senegambien (heute Senegal, Gambia) **9** 703f., 732, 735
Sens **3** 802, 971, **4** 867
Diözese **11** 502, **12** 606
Synode (1528) **7** 876ff., **8** 245f., 272, 1202, 1224
Seoul **11** 766, 1054f., **13** 658
Sepphoris **1** 17, 21
Septimanien (gall. Grenzregion zu Spanien) **3** 794, **4** 652
Seraing **12** 658
Serbien, serbisch-orthodoxe Kirche **4** 888, *950ff.* (Christianisierung), **5** *132f.* (u. Gregorian. Reform), 342, 351 (Abb.; Nemanjiden), *708ff.* (13. Jh.), **6** 133, 137, 157, 199 (Athos), 247, *249ff.*, 255f., **7** 24 (antiunionist. Haltung d. Kirche), 421, **9** 541, 544, 550, 574, *576–579*, 577 (serb. Kirchen), **10** 119f., *733–738*, **11** 686, 706f., 769, 780, 781 (Aufstand 1866–1869), 782f., 790, **12** 877, 895, 915, 965, 972, 1004, 1009, **13** 309f., 357, 371, 378
Serdika ↗Sardica, Sofia
Sereth **6** 777
Sergiopolis (Anastasiopolis) **3** 670
Serrai **6** 134
Serri **1** 497
Servitanum (Kloster in der Cartagena) **3** 409f.
Setif, Sitifis **1** 647, 661, **2** 927
Séviac **3** 1055
Sevilla **2** 143, 952f., 956, **3** 216, 853, 858, **4** 614, **6** 752, 846 (Judenverfolgung, 1391), **7** 394, 501, 504, 552, **8** 683 (Protestanten)
Konzil, zweites **3** 789

Sèvres, Vertrag (1920) **12** 395, 915, 950
Seychellen **11** 980
Shamà **8** 756
Shanghai **11** 1047 f., 1050 f. (Missionskonferenz 1877), **12** 306 (Konzil), 316 (Konzil), **13** 625 (Priesterseminar)
Shōgun **8** 913
Shrewsbury **5** 176
Sialkot **11** 1025
Siam **7** 547, **9** 757 f., 762 ff., 772 f., 779, 792 f., **11** 1040–1046
Siau **9** 758
Sibirien **11** 762 ff., **12** 999
Sibiu (Hermannstadt) **7** 766, **8** 636, **12** 1007 (theolog. Institut)
Sicca **1** 643, **3** 285
Sicca Veneria **1** 646
Sichuan (chines. Provinz) **10** 149 f., **11** 1041, 1052 (Synode 1803)
Sicilibba (heute Henchir el Alaouine) **1** 643
Side **2** 91, 839, **3** 555
Sidon **1** 138, **3** 142 f., **5** 316
Siebenbürgen **4** 901, **5** 327, 701, **6** 776, **7** 420, *766* (frühe Reformation), **8** 26 f., 619 ff., *635*, **9** 10, 12, 14, 31 f. (Gegenreformation), 425 f., 540, 545 f., 581, 605, **10** 121, 737, **11** 707, 771, **12** 873, 878, 902, 911
Siegburg (Abtei b. Köln) **5** 117, 171
Siegen **8** 1109
Siena **2** 134, **7** 89, 479 f. (Renaissance), **8** 592
  Konzil (1423–24) ↗Pavia, Konzil v. Pavia-Siena
Sierra Leone **8** 757, **9** 732, 734 f., **11** 139, 152 f., 979, 998 ff.
Silandus **2** 89
Silby **5** 176
Silchester **2** 983
Sillery **9** 669 f.
Simbabwe **8** 762, **13** 580 f.
Sinai (Berg u. Halbinsel; Kloster) **1** 657, **2** 830 f., 950, 1030, **3** 425, 621, 628 f. (Klöster, Mönchtum), 683 (Marienheiligtum), 724 (Katharinen-Kloster), 955 f., **4** 411, 553 (georg. Mönche), 569, 573, **6** 221, 551 (hesychast. Richtung), **9** 592
Singapur **11** 1034 f., **13** 620, 660, 671
Singara **2** 1081
Singidinum (↗Belgrad) **2** 433, **4** 4 f.
Sinope **1** 181, 565, 672, 783, **2** 100
Siponto **4** 835
Širakawan **4** 501
  Synode (862) **4** 501, 503 ff.
Sirmione **3** 1046
Sirmium **2** 152, 209, 386 f., 419, 433, 458, 1061, **4** 4, 890, **9** 541
  Konzil (357) **2** *382 ff.*, 385 f., 947, 949
  Synode (358) **2** 385, 387
Sis **6** 215, 224, 227, **7** 432, **9** 593, 595, **12** 949 (armen. Katholikat), 950 (armen. Katholikat), 1016 f. (armen. Katholikat), **13** 435 (Katholikat)
Sisek (Savia) **2** 152
Sisteron **5** 238
Sitifis ↗Setif
Sitiphis **3** 762
Sivas ↗Sebaste
Siwnik' (Armenien) **4** 479, 514 f., 518, 521, **6** 225, 227
Sixtinische Kapelle **7** 154, 486 f., **9** 1035
Sizilien **1** 687, 689, **2** 134, 160, 525, 533, 543, **3** 903, 905, 975, 1113 (Märtyrerkult), 1128, **4** 104, 176, 182, 366, 372, *373–376* (griech. Kirche, MA), 379, *380 f.* (griech. Mönchtum), 654, **5** 11 (griech. Kirche, 11./12. Jh.), 16, 38 (R. Guiscard), 176, 197 f. (Roger II.), 202, 228 (Staufer), 231, 234 (Heinrich VI.), *307–313* (röm. Kirchenverfassung), 363 (griech. Klöster, 12. Jh.), 650, 662, 675 f., 678, 680, 682, 685, 740 (griech. Klöster, 13. Jh.), 754, **6** 20, 34, 133, *576–580* (angiovin. Königreich), 717, 744 (Franziskaner), 745 (Jesuaten), *852 ff.* (Juden, MA), 895, **7** 499, **8** *581–592* (16. Jh.), **9** 143 f., 150, 152 f., 157, 603, **11** 260 f., 264, 595, 598
Skálholt **4** 909
Skandinavien (↗Dänemark; ↗Finnland;

↗Schweden; ↗Norwegen) **4** 729, 893, *905–912* (Christianisierung), 918, **5** *133f.* (Gregorian. Reform), 692f., 695, **6** 543, 774, 789, 793 (Kirchenbau), 798, **7** 415f. (15./16. Jh.), 435 (Universitäten, 15./16. Jh.), **8** 26f., 37f. (Episkopalsystem, prot.), 43ff., *438–444* (frühes Luthertum), **9** *63–66*, 413, **11** 73, 245–256, **12** 41, *843–862*, **13** 20 (Konzilsväter beim 2. Vatikanum)
Sketis, sketische Wüste (anachoret. Kolonie) **2** 822ff., 827, 829, 1022, **3** 594, 602, 659
Škodra **9** 579
Skopje **5** 342
Skyros **9** 566
Skythien **2** 988
Skythopolis **1** 502, **2** 183, **3** 21, 430
Slawonien **5** 132
Slowakei (↗Mähren) **9** 478, **11** 687, 706, **12** 414ff., 876, 892, 895, 899f., 988, **13** 372, 377, 383, 387
Slowenien **5** 327, **8** 409, *634* (Reformation), **9** 12, **11** 709f., **12** 877, 901, **13** 361, 371f., 377
Smederevo **6** 251
Smin **2** 842
Smolensk **9** 504
Smyrna **1** 112, 156, 161ff., 252, 300, 329–332, 335, 375, 521, 567, 826, **2** 82, 85, **3** 494, 551, **6** 133, 136, 874, 883, **8** 372, **9** 553, 555, 566, 600
Socotra **4** 455f.
Sofia (↗Sardica) **2** 147, 153, 359, 1062, **4** 10, **12** 1008 (theolog. Akademie)
Soghdien **4** 455
Soissons **3** 344, 355, 836, **4** 697
Sokotra **7** 577, 587
Solesmes **12** 266
Solignac **4** 632, **5** 402f.
Solin ↗Salona
Solothurn **7** 789, **8** 128, 429f., **9** 56
Soloveckij-Kloster **6** 256, **9** 523
Somerset **3** 866
Sommières **10** 403
Sonora **9** 649f.
Sopron (Ödenburg) **7** 766
Sorrent **4** 835
Sous-le-Vent **11** 146
Sousse ↗Hadrumetum
South Carolina **9** 678, 689, 708, 717f., **10** 499
Soweto (Südafrika) **13** 583 (Aufstand 1976)
Sowjetunion (↗Rußland; ↗Einzeleinträge d. Republiken) **12** 35, 56, 68, 70, 75, 81f., 90, 352, 370, 400, 403f., 406ff., 421, 424, 429ff., 730, 879 (poln.-russ. Krieg 1918–21), 881, 894f., 902ff., 923, 927–944, 949, 955, 965, 967, 972–1004, 1024, 1179, 1186, **13** 118, 303, 307, 353f., 356f., 367f., 371f., 380, 386, *391–432*, 435, 512, 521
Soyo **9** 740
Sozopolis **3** 649, **4** 925
Spalato ↗Salona
Spanien (Antike ↗Hispanien; ↗Kastilien; ↗Aragón; ↗Katalonien; ↗Iber. Halbinsel; ↗Portugal) **1** 139f., 176, 654, 668, 685, 822, 851, **2** 5, 14, 128, *142ff.*, 159ff., 171, 184f., 251, 419, 491, 499, 533, 543, 631, 633, 642, 649, 865, 896, 899, 905f., *938–958*, 993f., 1003, **3** *213–221* (z.Zt. der Barbareneinfälle, Spätantike), *398–411* (Kirche im 5./6. Jh.), 458, *785–793* (byzantin. Rückeroberung, 6. Jh.), *851–864* (Westgotenreich, Kirche 569–636), *919ff.* (Beziehung zum Papsttum, Gregor d. Gr.), 975f. (Klostergründungen, 4.–6. Jh.), 1011, 1053, 1075, *1086f.* (latein. Ritus, 6./7. Jh.), 1096ff., 1114 (Märtyrerkult), 1129 (Heiligenkalender), **4** *612–616* (Kirche im westgot. Reich), 628 (u. Papsttum, FrühMA), *634ff.*, 647 (westgot. Kirche u. Rom), 670, 673f. (Liturgie, 8. Jh.), 675 (westgot. Kirchenbau, Abb.), *735–740* (Kirche, 10. Jh.), 850f. (Klöster, Nordspanien), **5** 43f. (Gregorian. Reform), 152, 162 (u. Cluny), 410, 416, 419, 423f. (Ritterorden), **6** 96, 124, 762ff. (Abendländ. Schisma), *840–851*

(Araber u. Juden, SpätMA), **7** 181, *383–414* (Kath. Könige, 15./16. Jh.), *531–535* (span. Messianismus u. Eroberungen), 549ff. (Reiseberichte, Anfang 16. Jh.), 553 (Übersee), *590–608* (span. Großreich bis Mitte 16. Jh.), 630ff. (Humanismus), *754ff.* (Luthertum), 871, **8** 241ff., 285, *662–726* (16. Jh.), 741, 959, 1020ff., *1048–1052* (Mystik), 1063, 1092, 1111, **9** *143–157* (Habsburger, 17. Jh.), 210f. (Juden, 17. Jh.), 232, 250–254, 267, 277, 282, 308, 327, 847 (Bibelübersetzung), 885, 910, 936, 1049, *1052–1057* (relig. Theater, Barock), 1062f., 1070 (geistl. Musik), 1079f. (Orgelmusik), 1139, **10** 30–35, 78, 166f., 170ff. (Verbot d. Jesuitenordens), 183, 218, 416f., 609, *685–688* (Restauration), 759 (Lateinamerika, Anfang 19. Jh.), **11** 10, 12f., 26, 111–116, 118f., 130f., 134, 274f., *281–292*, 351, 449, 463, 467, *631–641*, 918f., 923, **12** 5, 15, 23, 197, 243, 251, 283, 289f., 379 (Konkordat), 381 (Konkordat), 400, 499, *515–547*, 608, 623, 1179, 1181, **13** 20f. (Konzilsväter beim 2. Vatikanum), 216, 302, 315f., 387
Revolution (1840) **11** 286
Revolution (1868) **11** 631, **12** 837 (Bürgerkrieg)
Speyer **4** 852, **6** 567, 862, 868
Reichstag (1526) **7** 732f.
Reichstag (1529) **7** 733, **8** 170f. (Täufermandat)
Split ↗Salona
Spoleto (Region, Herzogtum) **3** 903, **4** 616, 704, **5** 307, 641ff., 676, 680, **6** 571, 573, 575
Springiersbach **5** 140, 151, 156, 418, 421
Squillace **3** 905, **4** 377, **5** 378
Sremski Karlovci ↗Karlowitz
Sri Lanka **13** 619, 645f., 657f., 660
St. Alban **2** 982, **7** 381
St.-Antoine **8** 1014
St.-Asaph **3** 869
St. Bénigne (Dijon) **4** 845, **5** 139, 395, 426
St. Benoit-sur-Loire ↗Fleury
St.-Bertrand-de-Comminges (Convenica) **3** 229
St. Blasien **5** 117, 171
St.-Brieuc **3** 884
St-Christophe **9** 663
St.-Claude **2** 866
St.-Cyr **9** 306
St.-David **3** 869
St. Denis (Paris) **4** 730, 749, 755, 789, **5** 381, 398
St. Emmeram (Regensburg) **5** 170
St.-Etienne **3** 982, **12** 604
St.-Evre **5** 159
St.-Evroul **5** 176
St.-Felix de Caraman **5** 496 („Katharerkonzil")
St-Felix de Caraman **5** 774
St.-Flour **6** 19
St. Gallen **3** 880, 979, **4** 699, *702f.* (Abb.), 755, 757f., 784, 789, 802, 850, **6** 467, **7** 788, **8** 128f., 428, 433, **10** 181, **11** 577, **12** 380
St. Georgen **5** 173
St.-Germain-des-Prés (Kloster in Paris) **3** 971, **4** 855, **7** 172, 833, **9** 396
St.-Germain-en-Laye **12** 755 (Vertrag 1918)
St. Gilles **5** 195 (Abb.)
St.-Hippolyte **10** 689
St.-Jacut **3** 884
St.-Jean-Baptiste (Kloster in Arles) **3** 983, 1003
St.-Jean de Garbier **2** 961
St.-Julien-de-Brioude **3** 345
St.-Junien **3** 971
St.-Louis **11** 139
St. Lucia **10** 94, 98
St.-Lupicin **2** 866, **3** 970
St.-Malo **3** 887, **4** 859, **8** 869
St.-Martin **8** 1204
St.-Mathieu-de-Fineterre **3** 884
St.-Maur **9** 281f., 300, 397, 936
St.-Maurice d'Agaune (Kloster im Wallis) **3** 384, 966, 980, 1005, 1125
St. Maximin (↗Trier) **5** 118, 159, 170f.

St.-Maximin du Var **3** 1057
St.-Méen **3** 884, 887
St. Moritz ↗St.-Maurice d'Agaune
St. Omer **7** 637 ff. (Humanismus)
St.-Paul-Trois-Châteaux **2** 963, **3** 982
St. Paul vor den Mauern ↗San Paolo fuori le mura
St. Petersburg **9** 532, **10** 112, **12** 880 (Kath. Akademie), 884 (Synode d. russ.-kath. Kirche), 978 f., 997 (theolog. Akademie), **13** 391 (Priesterseminar)
St.-Pierre-et-Miquelon **11** 134
St.-Pierremont **5** 418
St.-Pol-de-Leon **3** 884
St.-Pons-de-Thomières **6** 19
St.-Pourcain **3** 971
St.-Quentin **10** 689
St. Riquier **4** 755, 757
St. Ruf (Avignon) **5** 137, 154 ff., 168, 302, 396, 419, **6** 24, 27
St.-Savin de Bigorre **3** 971
St.-Sever de Roustan **3** 971
St.-Similien **3** 882
St.-Suliac **3** 884
St.-Sulpice (↗SR: Sulpicianer) **9** 269, 273 f., 305, 671, 828, 843, **10** 247
St.-Sulpice-les-Champs **12** 608
St.-Vanne (Verdun) **5** 170, **9** 281, 392, 936
St.-Victor (Paris) **5** *418*, *458* (Schule), 712 f., **7** 360, **9** 299
St. Wandrille **4** 755, 757
St.-Yriex **3** 971
Stablo(-Malmedy) **4** 802, **5** 170
Stara Zagora **4** 925
Ste.-Anne d'Auray **9** 921, **10** 607, **11** 124
Ste.-Baume **9** 919
Ste.-Croix (Kloster in Poitiers) **3** 969, 971, 980, 983, 1003 f.
Ste.-Marie **11** 141
Ste.-Marie-aux-Mines **9** 471 f.
Ste.-Marie-des-Hurons **9** 667, 670
Ste.-Marie-des-Iroquois **9** 667
Steiermark **8** 407, 419, **9** 10, 13, 17, 25
Stettin, Szczecin **4** 886
Stilo **4** 377, 380
Stobi **2** 146, 677
Stockholm **7** 415, 759, **11** 247, 252
Gründungsversammlung v. Life and Work (1925) **12** 47–52, 70
Stoechadische Inseln (Iles d'Hyères) **2** 867
Straßburg **4** 657, **6** 567, 859 (Juden, Finanzw.), 867 f., **7** 177, 635 (humanist. Zirkel), 728 f. (Reformation), 731 ff., *790–808* (Reformation), 812, 823 (Täufer), 827 (Schwenckfeld), 840 f. (Farel), **8** 50 f., 55, *56–60* (Bucer), *129–133* (Täufer), 174, 187 (Schwenckfeldianer), 405, 464 f., 470, 964, 1026, 1110, 1226, **9** 1138 f., **10** 245, **11** 192, 195, **12** 381, 595
Universität **7** 791, **8** 40, 1108, **12** 681
Studiu-Kloster **4** 150, 167–170 (Bilderstreit), *279–284* (studit. Reform), 294 f., 310 (Hospitäler), 335 ff. (Symeon d. Neue Theologe), 953, **5** 16, 23
Stufetula ↗Sbeitla
Stuhlweißenburg ↗Székesfehervár
Stuttgart 707 (evangel. Kirchentag)
Stuttgarter Erklärung (des Rates der EKD, 1945) **12** 75, 361 f. ,727
Subiaco **2** 870, **3** 974, **5** 176, **7** 165, **11** 131
Sucre **8** 780, 784, 791
Generalversammlung d. CELAM (1972) **13** 509, 538
Sudan **7** 570, **11** 467, 799, 977, 979 f., 1013, **13** 452, 459, 548, 574 ff.
Sudetenland **12** 353 f., 356
Suduraghi (früher Sidrova, Sidivre, Sidirvar) **1** 112
Südafrika ↗Afrika, Süd-
Süsteren **4** 815
Suezkanal **12** 429 ff. (Suezkrise), 1019
Sufes **1** 643, 647, **2** 263
Sufetula, Sbeitla **1** 647, **2** 124
Suffolk **8** 528, 568
Sugdaia ↗Surož
Sullectum **2** 263
Sultanija **6** 19, 885
Sumatra **7** 523, **9** 758, **11** 1034, 1037 f., **13** 620
Sura **3** 494

Surinam (früher Holländisch-Guyana) **13** 475, 488
Surož (Sugdaia) **4** 939
Susa, Susiana (Ḫūzistan) **2** 81, 1082, **3** 1161, 1164 f., 1169, 1172, 1208, **4** 454
Susdal'-Vladimir **5** 329, 330 (Abb.), 343 f., 703
Susiana ↗Susa
Sussex **4** 743, **8** 561
Sydney **11** 1063, 1066 (Universität), **12** 136 (Eucharist. Kongreß)
Syedra **2** 91
Sykai-Galatha (b. Konstantinopel) **2** 1053
Synaos **2** 94
Syracus ↗Syrakus
Syrakus **1** 138, 690, **2** 134, 649, **3** 906, **4** 176, **12** 246
Syriam **9** 780
Syrien (↗Antiochia) **1** 11 (röm. Provinz), 13, 69, 73, 80, 103, 105 ff., 121, 131, 190, 200, 203, 218, 222 f., 274, 314, 325, 332, 342 f., 345, 347, 349, 364, 375, 382, 389, 391, 396 f., 400 f., 404–409, 416, 426, 435, 438 f., 445 f., 458, 477, 488 ff., 493, 498, 508 f., 511, 537, 545, *560–564*, 570, 689, 787, 838, 841, 864, 875, 889, 895, **2** 11, 15, 19, 64, *71 ff.* (Kirche im 3. Jh.), 161, 165, 167, 183, 724, 777, 787, 819, *833 ff.* (Mönchtum), 836, 839, 843, 1030, 1077, 1079, 1085, 1089, 1092, **3** 125 (Rezeption d. Chalcedonense), 142, 199, 441, 457 (Monophysiten nach 553), 494, 501, *504–510* (syr.-orth. Kirche), *604–618* (Mönchtum, 5./6. Jh.), 631, 649, 1276 (georg. Klöster), **4** 12 f. (pers. Eroberung), 13 f. (pers. Eroberung), 24 (arab. Eroberung), 26, 315, 349, 392 f., 397 f., 427, 429 (Klöster), 493–496 (Armen. u. syr. Kirche), *572 ff.* (georg. Klöster), **5** 3, **6** 215, 219 f. (Melkiten), *765 f.* (fränk. Herrschaft), 872, **7** 529, **9** 592, **10** 133, **11** 136, 775, 781, 785, 794, 797–802, 811 f., 816, 819 ff., **12** 378, 393 f., 915, **13** 437, 442 f., 453 ff., 465, 467
Syrisch-orthodoxe Kirche ↗SR: Jakobiten, Jakobitische Kirche
Szczecin ↗Stettin
Székesfehervár (Stuhlweißenburg) **5** 131

Tabennesi **2** 825 f.
Tabor (↗SR: Taboriten) **7** 465
Tabriz **6** 215 f.
Tabuk **4** 23
Tacapsae **1** 646
Taegu **11** 1055
Tagrit **4** 426 ff., 429 (Klöster), 431, 461
Tahiti **11** 141, 144–147, 158 (Synode, 1874)
Taif **13** 448 (Abkommen 1989)
Taifas **4** 849
Taipeh **13** 654 (Vollversammlung d. asiat. Bischofskonferenz 1974), 658
Taiwan **13** 229, 620 f., 657, 660, 663
Taizé-les-Cluny **12** 560 f., **13** 139 f.
Takrit **6** 216, 222
Taksebt **1** 661
Talas (Taraz) **6** 215
Tallaght **4** 741
Tallinn (↗Reval) **6** 17
Tamatave **11** 141
Tambov **9** 508
Tanganjika **13** 545, 563
Tanger **1** 623, **2** 121, **7** 568 f. (portugies. Eroberungszug), **8** 741, 743, **11** 995
Tannenberg **6** 772 (1410)
Tansania **13** 548, 563, 566
Tantur **13** 468 (ökumen. Institut)
Tao-Klardžeʿti (georg. Fürstentum, 8.–11. Jh.) **4** 559, 566 ff. (Klöster), 579
Taormina **4** 374
Taraz ↗Talas
Tarent **4** 366, 375, 378, 835
Tarn (franz. Département) **11** 502
Tarnovo ↗Tîrnovo
Tariōn **4** 534
Tarraconensis (antike span. Provinz, um Tarragona) **3** 345, *399–405* (kirchl. Leben im 5./6. Jh.)
Tarragona **2** 143, 171, 940, 955, **3** 1015, 1036, 1133, **4** 613, **5** 152, 300, 305, **6** 19 f.

Synode (516) **3** *399ff.*
Tarsos **1** 277
Tarsus **1** 5, 92, 94 f., 107, 113, 136, 298, **2** 74, 429 f., 617, 950, **3** 493 f., 570
Taschkent **9** 776
Tat'ew **4** *515f.*, **6** 227, 229
Tauberbischofsheim **4** 657
Tauriana ↗Gioia Tauro
Taurus **2** 82
Tavium **2** 97
Tavoy **11** 1033
Tayk' **4** 534
Tazoult ↗Lambaesis
T'bilisi **3** 1238 f., 1269, 1284, **4** 548 f., 554, *555f.* (Emirat, 8.–10. Jh.), **9** 585, **10** 137
Tebessa **2** 679, 683, 931, **3** 1036
Tefrik **4** 241 f.
Tegernsee **4** 784, 802 f., 850, **5** 170
Teheran **13** 455
Tehuantepec **8** 775, 831
Tel Aviv **13** 446
Teleda (Kloster) **3** 604, 606 f., 611, 613, **4** 402
Telgte **11** 124
Tell Kerti Hüyük **1** 112
Telneschin **3** 604 f., 612
Temesa **4** 376 f.
Temešvar (Timisoara) **9** 541
Tenedos (Insel) **1** 114
Teos **2** 85
Tepozotlán **9** 646 (Abb.)
Ternate **9** 757 f.
Terni **4** 665
Terracina **2** 131, **3** 905, 908
Terrassa **5** 302
Terrasson **3** 971
Tessin **8** 612
Tetuan **8** 743
Teurnia **2** 152
Texas **8** 791, **9** 643, **11** 861
Tezututlán ↗Vera Paz
Thabraca **1** 643, **2** 124
Thagaste **2** 518, 521, 653, 867, 919–922, 924, 928, 932, **3** 976
Thailand **9** 751, **13** 620, 624, *633–636*, 650
Thambae **1** 643
Thamugadi ↗Timgad
Thanet **3** 928
Thapsus **1** 623
Tharassa **1** 644
Tharros (Sardinien) **3** 1040
Thasos **3** 711
Thasualthe **1** 643
Thebais (Gegend um Theben in Ägypten) **2** 822, 824, 1008, 1011, 1016
Theben **1** 525, **2** 146, **3** 595, 597 f., **5** 745, **6** 768
Theben (Phthiotis) **3** 708, 711
Thelepte **1** 643, 647, **2** 124
Thenae (heute Henchir Tina) **1** 643
Theodosioupolis (Karin) **3** 1214, **4** 484 f. (Synode), 534
Theotokos-Euergetis-Kloster (Konstantinopel) **5** 735 f.
Theotokos-Peribleptos-Kloster **5** 479, 735
Theoupolis ↗Antiochia
Thessalien **1** 573, **2** 994, **3** 18, **7** 36, **11** 782
Thessalonike, Thessaloniki **1** 116 ff., 120 f., 125, 131, 152, 271, 279, 573 f., **2** 146, 476, 901 f., 943 (Edikt v. 380), 1061 f., **3** 152, 159, 189 f., 192, 198, 327, 425, 548 f., 577 f., 713 (Kirchen), 720 (Demetriosbasilika), 727 (Hagios Georgios), 913, **4** 4 (Awaren), 5, 10 f., 13, 29, 31 f., 34, 315, 571, **5** 352, 384, 511, 513 f., 718, 726, 733, 745, **6** 134, 136, 155 (Klöster, SpätMA), 157, 159, 193 f. (Klöster, 14. Jh.), 311 f. (Gregor Palamas), 499, 503 (Zinsgesch.), 509, 561, **7** 20 f. (islamisierte Christen), 36, **8** 372, **9** 544, 555, 566, **11** 783, **12** 372 (Konferenz 1959), 958 (Universität), 1013
Theveste **1** 624, 644, 646 f., **2** 121, 124, 262 f., 922
Thibaris (heute Tibar) **1** 643
Thiers **3** 971, 1048
Thimida Regia (heute Henchir Tinja) **1** 643
Thinisa (heute Ras el Djebel) **1** 643
Thmuis **2** 1016
Thomaïtes s. u. Hagia Sophia
Thorn (Toruń) **7** 416, **9** 191 (Collectio Charitativum), 491, **10** 181 (1719)

Zweiter Thorner Frieden (1466) **7** 416 f.
Thrakien (mit Thracia, kirchl. Diözese) **1** 570, *573 f.*, **2** 10, 145, 147, 453, 607, 631, 887, 990 f., 1050, 1057, 1059 f., 1062, **3** 10, 194 f., 327, 522, 547, 550, 553, 555, **4** 4, 29, **7** 14, 36, **9** 544, **11** 768, 782 f.
Thuburbo **1** 643
Thucca Therebentina (heute Henchir Dougga) **1** 643, 647
Thuccabor **1** 643
Thüringen **4** 658 (Bonifatius), **12** 715
Thyatira **1** 115, 156, 159, 300, 570, **2** 89
Thysdrus (El Djem) **1** 628
Tiberias **1** 17, 21, **2** 60, **5** 316
Tibet **9** 768, 775, 801
Tidor **9** 757 f.
Tientsin **11** 148, 1048 (Vertrag 1858), 1053
Tiflis ↗T'bilisi
Tilburg **12** 325
Timgad (Thamugadi) **1** 644, 647, **2** 263, 670, **3** 759, 1032
Timisoara ↗Temešvar
Timor **9** 758, **11** 1035
Tingis ↗Tanger
Tinnīs **4** 419, 445
Tipasa **1** 661 f., **2** 125, 676, 681, 699, **3** 285, 295, 1041, 1120, 1132
Tîrnovo **5** 351, 708 f., **6** 137, 249 f., 257, **9** 29, 574
Tirol **6** 859, **8** 171, 173, **9** 10, 25, 27, **11** 331, **12** 756
Tiron **5** 176, 395, 416, **6** 658
Tivoli **5** 599
Tjumen' **9** 523
Tlaxcala **7** 567, **8** 786, 851
Tlemcen **8** 743
Tobago **10** 94, 98
Tobna ↗Tubunae
Todi **6** 725
Togo **11** 979, 1002 ff., **13** 568 f.
Tokio, Tokyo (↗Edo) **9** 759, **11** 1056–1060, **13** 647
Toledo, Toletum **2** 143, *945*, 952 f., 956 f., **3** 404, 791 f., 852, 854, **4** 613 (Konzilien), 738, **5** 152, 291, 306 (Übersetzerschule), 423, 475 (Übersetzungen), **6** 28 (Abtei v. Berge Sion), *840 f.* (relig. Minderheiten, SpätMA), 849 (Judenverfolgung), **7** 178, 181, 392 ff. (Judenverfolgung, ab 1449), 405 f. (Francisco de Cisneros), **8** 663, *713 f.*, 715, 726, 1211 (El Greco), **9** 210 f.
  Konzil (589) **3** 785, 790, 853 f., 856 ff., 919, **4** 612, 616
  Konzil (610) **3** 791
  Konzil (633) **3** 854, *862 ff.* (Verlauf, Bestimmungen), 1088, **4** 616
  Konzil (638) **4** 628
  Konzil (675) **4** 636
  Konzil (681) **4** 636
  Konzil (688) **4** 636
  Synode (400) **2** 498 ff., 940, 951
  Synode (531) **3** 401, 411
  westgot. Reich (↗Spanien) **3** 398, *785–792* (6. Jh.), *851–864*, 920 f., 1125, **4** *612–616* (Kirche, MA), *635 f.* (Ende)
Tolfa (Alaungruben im Kirchenstaat) **7** 78 f., 108, 502, **9** 225
Tomei **4** 76 (Bekehrung d. Juden, nach 631)
Tomi (heute Constanza) **2** 988, 998, **3** 523
Ton Stoudiou (Kloster in Konstantinopel) **3** 634
Tonga-Inseln **11** 1068, 1074
Tonkin **9** 758, 761–764, 773, 781, 794
Tonneins
  Synode (1614) **8** 327
Tonnerre **3** 971
Topeka (Kansas) **11** 906
Tordesillas
  Vertrag (1494) **7** *561 f.*, **8** 790, 934
Torre de Palma **2** 954, **3** 1054, 1064
Tortosa (Antarados) **2** 62, **5** 152
Toruń ↗Thorn
Toskana **3** 905, **5** 125 f. (Mathilde v. Tuszien), 151, 176, 642, **6** 583 f., 685, 717 ff., 724, 726, 734, 737, 741, 744 (Bettelorden), **8** 592, *597–600* (16. Jh.), *598 f.* (16. Jh.), **10** 25, 28, 594, 655 f., **11** 260, 263, 266, 595, **12** 462
  Toskanischer Krieg **7** 93

Totes Meer **1** 501, **2** 684
Toul **4** 790 (St. Evre), 802, 809, 812 (Bf. Bruno), 814 (St. Evre), 855, **5** 151, **6** 567
Toulouse **2** 136, 139, 994, **3** 251, 970, **4** 857 (St. Sernin, Abb.), **5** 152, 492, 495 f. (Katharer), 756, 838, 857 (Dominikanerkirche, Abb.), *867 f.* (Universität), 891 (Synode, 1229), 895, **6** 19, **7** 178, **8** 331, 994, **10** 403, 689
Universität **6** 645, **11** 350, **12** 195
westgot. Reich v. **3** *344–353*, 363, 370, 375, 382, 398, 1125
Toungoo **11** 1033 f.
Tourane **9** 780
Tournai **3** 354, **5** 140, 151, 858, **9** 83
Tourraine **2** 688, 975
Tours **2** 136, 867, 869, 959, 962, 967 f., 974, 976, 978, **3** 244, 251 f. (Verehrung Martins), 368, 370 f., 803, 814, 818, 833 f., 836 f., 840 f., 845 f., 880, 882, 885, 966, 971 (Klöster), 982 (Klöster), 1036, 1125 (Heiligenverehrung), 1129 f., 1132, 1140, 1147, **4** 757, **5** 91, **8** 1203 f., **11** 124
Konzil (567) **3** 804, 816, 1058, 1067
Konzil (1163) **5** 221 f.
Synode (1054) **5** 49
Toxandrien **3** 365 f.
Trabzon ↗Trapezunt
Trachonitis **1** 103
Trakai, Troki **6** 784 f.
Tralles **1** 156, 329, **3** 494, **6** 133
Trani **4** 835
Transjordanien **1** 103, 208, 223, 488, 490, 501
Transnistrien **12** 978, 986
Transoxanien **4** 458
Transsylvanien ↗Siebenbürgen
Transvaal **11** 985, 987 ff.
Trapezunt, Trabzon **2** 100, **4** 531 f., 534, **5** 510 f., 743, **7** 23, **9** 552 f., 803
Teilreich v. (13. Jh.) **5** 716, 718, 721, 739
Tras os Montes (Portugal) **2** 939
Travancore **8** 904
Tre Fontane (Abtei, Rom) **4** 381
Tréguier **3** 884, 978, **9** 279
Trentino **12** 389
Tres Galliae **1** 331
Tres Tabernae **2** 131
Treviso **6** 733, 735, 740
Treysa **12** 728 (evangel. Kirchenversammlung 1945)
Trianon **12** 878 (Vertrag 1920)
Tribur **5** 113
Tricarico **4** 377
Trichinopoly (Tiruchirapalli) **11** 1029 (St. Joseph-College)
Trichur **8** 901
Trient **2** 722, **3** 326, **5** 258, **6** 746, **8** 239, 255, *610*, **9** 263
Konzil (1545–1563) **1** 803, **2** 722, **5** 609, **6** 434, **7** 137, 330, 360, 492, **8** 239, *254–273*, 430, 647, 793, 961, 971, 1194 f., 1226, 1233 (Kirchenmusik), **9** 1031 f., **10** 142, 457, **11** 171, 233, **13** 10
Trier (Stadt, Diözese) **2** 140, 197, 367 f., 425, 490 ff., 494 f., 657, 669, 673, 858, 867, 869, 964, 967, 1016 f., **3** 231, 841, 970 f. (Wulfilaich), 1041, **4** 664, 790 (St. Maximin), 792, 800, 802, 808 (St. Maximin), 809, 852 (Domschule), **6** 567, 703, 709 (St. Matthias), 868, **7** 159, 324 (Pilger, Hl. Rock), **8** 397, 416, **9** 404, 913 f., **10** 186, 245, 269, 705, 715, **11** 297, 301 f.
Trierer Prozeß (gg. Priszillian) **2** 491 ff., 495
Triest **3** 326, 488
Trinidad **7** 596, **9** 722
Triocala **3** 906
Tripolis **1** 644, 850, **5** 782, **7** 529, **8** 741, 744, **13** 468 (griech.-orth. Seminar)
Tripolitanien (röm. Provinz Tripolitana) **1** 259, 623 f., 644, **2** 513, 921 f., **3** 265 ff., 292, 750 f., 760–763
Trnava ↗Tîrnovo
Troas **1** 113, 130, 152, 359, 366
Trois-Fontaines **5** 394, 413
Trois-Rivières **9** 666, 669, 671

Troki ↗Trakai
Trondheim ↗Nidaros
Tropea **4** 377
Troyes
Diözese **11** 502, **12** 606
Trujillo **8** 786, 791
Trullos (Kuppelsaal d. kaiserl. Palastes in Konstantinopel) (↗Konstantinopel, Konzilien, Trullanum I II) **4** 45
Tschad **13** 574, 576
Tschechien **11** 706, **12** 899 f., **13** 372, 377, 383, 386 f.
Tschechoslowakei **12** 25, 338, 353, 381, 730, 755, 872–876, 883, 885 ff., 890 ff., 895, 899 f., 902 f., 907 ff., 965, 972, 986, 1003, **13** 304, 354 f., 358–361, 365 f., 369, 373, 382, 385
Tschenstochau, Częstochowa **6** 26, *792*, 809, **7** 428, **9** *289*, 292, 920, **11** 124, 694, **12** 138, 911, **13** 362
Tscherepis **12** 1008 (Priesterseminar)
Tschernigow **4** 948 f.
Tschernobyl **13** 404
Tschetschenien **13** 415 (Krieg)
Tsmine **2** 842
Tubunae, Tobna **1** 647, **2** 124, **3** 297
Tucci ↗Martos
Tübingen **12** 209
Tübinger Schule **10** 709, **11** 1, 99–104, 106 f., 195, 369–378, **12** 194, 220
Universität **7** 219 (Biel), 228, **8** 6, **9** 413, **10** 711 f. (kath. Theologie), 721, **11** 78, 297
Türkei (↗SR: Osmanisches Reich; Osmanen, Türken, Turkvölker) **1** 105, **9** 176, **11** 774 f., 791, 820 f., **12** 916, 919 ff., 945, 949, 1015, **13** 4, 434, 443, 453, 467
Tʿuharisi (Georgien) **3** 1251
Tulle **12** 606
Tullet **6** 19
Tunesien **1** 623, 628, **3** 759, 1013, **8** 743, **11** 130, 980, 991, 995 ff., **13** 302, 441
Tungoo **9** 780
Tunis **5** 782, **6** 755, **8** 740 ff., 744
Tur Abdin (Berg der Diener, Kloster) **3** 610
Turin **2** 498, 692, 906, **3** 1090, **9** 148, 151, **11** 27, 264, **12** 185, **13** 211 (Diözese)
Synode (398) (Augusta Taurinorum) **2** 962–965, **3** 241
Turiner Programm (christdemokrat. Programm) **11** 617
Universität **7** 753
Turkestan (mongol. Chanat) **6** 208
Turkmentschai **11** 781 (Vertrag 1827/28)
Turku (↗Abo) **5** 333, **6** 778, **9** 65, **13** 287 (Erklärung über den Frieden d. Luther. Weltbundes)
Universität **11** 253
Turnhout **11** 546
Turów **7** 430
Tursi **4** 375, 377
Tyana **2** 429, 431, 435, 1071, **3** 555
Tymion **1** 160, 570
Tyrnau ↗Tîrnovo
Tyros **1** 77, 134, **2** 61, 64, 668, 672 f., 675, 1031, **3** 21, 34, 45, 49 f., 148, 570, **5** 316, 324, 782
Synode (335) **2** 151, *335–339*, 354, 886, 1015 f.
Tyrus ↗Tyros

Udine **6** 20
UdSSR ↗Sowjetunion
Üxküll **5** 333
Uganda **12** 952, **13** 545, 548, 563, 569 f.
Ugento **4** 377
Uidah **11** 1013 (Priesterseminar)
Ukraine (↗Halyc; ↗Kiewer Rus'; ↗Polen-Litauen) **6** 247, 792 (kath. Bettelorden), **9** 546, **10** 198, **11** 13, 689, 699–702, 722, 761, **12** 393, 873, 881, 883, 895, 902, 931, 968, 974, 978, 980, 983, 986 f., 999, **13** 356 f., 367 f., 371 f., 374, 377 f., 380, 382 ff., 402, 421 f., 424 f.
Ulm **6** 868, **7** 732 f., **8** 964, **12** 716 (Proklamation d. Bekennenden Kirche)
Ulster **4** 620, **12** 871
Ululi, Vallita **1** 644
Umbriatico **4** 377
Umm-el-Jemal **2** 673

Ungarn (↗Pannonien; ↗SR: Ungarn, Volk) **4** 801, 831, 843 (Stefan I.), 863 (christl. Pilger), 888, 893 ff., *901–905* (Christianisierung), 912 f., 915, 917, **5** 4, 129, 131 f. (Investiturstreit, Gregorian. Reform), 326 f., 340 f., 352, 690 (Königtum, 13. Jh.), 692, 695, 698 f. (Mendikanten), 703 f. (Mongolen), 707, 714, 720, 768, 791, **6** 109, 771, 776, 781, 788 f., 795, **7** 49 (Orthodoxe, 15. Jh.), 78, *420ff.* (15./16. Jh.), 436, *766* (frühe Reformation), **8** 7, 103, 105, 178 f. (Hutterer), 619 ff., *632–641* (16. Jh.), **9** 9–12 (Gegenreformation), 12, 14, 16, *28–31* (Rekatholisierung), 253, 255 f., 289, 476, 540, 545, **10** 22 f. (Toleranzedikt Josephs II.), 181, **11** 10, 131, 327, 465, 684, 686 f., 689, 703–707, 769 f., **12** 22, 25, 81 (Einmarsch d. Roten Armee), 82, 365 (Aufstand 1956), 370 f., 414, 416 f., 429 ff., 755, 805, 872 f., 876, 878 f., 883, 885 ff., 893 ff., 902 f., 906–912, 988, 1003, **13** 303 f., 354 ff., 358–361, 366 ff., 373, 377, 383, 386 f.
Upenna **3** 759
Uppsala **4** 729, 885, 910, **5** 238, **6** 17, 788, **11** 252, **12** 315, 337, **13** 132f. (Vollversammlung d. ÖRK 1968)
  Universität **7** 434, **11** 593
Urbino **6** 572, **7** 478 f. (Renaissance), 506, **9** 226
Urci **2** 143
Urfa (Antike) ↗Edessa
Urgel **5** 300
Ursberg **9** 887
Urso (Osuna) **2** 144
Uruc, Buruc (heute Henchir Soudga) **1** 643
Uruguay **8** 784, **10** 664, **11** 960, **12** 1209, **13** 179, 475 f., 486, 498
Utah **11** 850 f.
Uthina (Oudna) **1** 628, 643
Utica **1** 626, 643
Utrecht **4** 656, 802, **6** 567, **8** 476, **9** 391, **11** 210, 214 f.
  Friede v. Utrecht (1713) **9** 83, 163, 184, 675, **10** 25, 515
  Utrechter Union(1579) **8** 486, **9** 69 f.
  Universität **8** 1108
  Utrechter Kirche **9** 391, 1008, **10** 262, 475 f.
Uvéa **11** 144
Uzalis **2** 928, 932
Uzgorod ↗Munkacs

Vabres **6** 19
Vadstena **6** 792, 799
Vaga (heute Beja) **1** 643
Vaipicota **9** 809
Vaison (Vasio) **2** 136, 140, 963, **3** 239, 376, 982
  Synode (529) **3** 391
Valamo **12** 931
Valarłsapat **4** 481, 486
Valcamonica **9** 277
Valence **2** 963 f., 966, **3** 395
  Universität **7** 213
Valencia (Ort, Provinz, Königreich im MA) **2** 142, 184, **3** 975, 1140, **4** 738, **5** 291, 754, **6** 752, 843 (Muslime), 846 f. (Judenverfolgung 1391), **7** 398 f. (Muslime, Vertreibung), **8** 665, 725, **11** 285
Valladolid **7** 159, 167, 174, 394, 405, **8** 683 (Protestanten), 851
Vallita ↗Ululi
Vallombrosa **5** 176 ff., **6** 721, 741
Valparaiso **11** 143, 965, **13** 491 (Universität)
Valpuesta **4** 736
Vancouver, Vollversammlung d. ÖRK (1983) **13** 132ff., 148
Vannes **3** 244, 351, 882 f., 885, 981, **12** 614
Vanuatu (Neue Hebriden) **13** 694
Var (franz. Département) **11** 497
Varese (Provinz in Italien) **12** 450
Vardiscʿihe ↗Rhodopolis
Varna **4** 925
  Schlacht (1444) **6** 120 (1444), 251, 772, 875, **7** 421
Vaspurakan **4** 518, 528 f., 531, 534
Vatikan (↗Rom, Kirche; ↗Kirchenstaat; ↗SR: Papsttum, Papst) **1** 676, **2** 879, 893, **3** 308, 1131, **4** 647, 824, **5** 624 f.,

7 101 f., **11** 21, 27–31, 260, 446, 596, **12** 9, 11, 32 f., 57, 144, *374–434* (internationale Beziehungen), 439, 467 ff., 480, 500, 504, 512, 517, 885, 900, 964–969, 993, 1111–1115, 1155, **13** 301–311 (internationale Beziehungen), 361, 368, 374, 423–426, 445 f., 466, 509 ff., 515, 522, 626, 632, 671
Vatikanisches Konzil, Erstes **3** 252, **11** 24, 27–31, 106, 116, 163, 307 f., 330 f., 349, 488 f., 544, 575, 598, 600, 602, 632, 642 ff., 804, 880, 930, **12** 181, 190, **13** 10 f., 24 f., 27, 29, 37, 45 f., 74, 494
Aeterni Patris **11** 28, 348, 611, 623, **12** 191
De Fide **11** 349
De Vita et Honestate Clericorum **12** 447
Dei Filius **11** 24, 106, 116 ff.
Pastor Aeternus **11** 24, 30, 106, 116 ff., **13** 163, 165
Vatikanisches Konzil, Zweites **1** 837, **10** 457, 460, **12** 24, 194, 230, 235, 255, 631, 1027, 1168, **13** *9–100*, 108, 112 f., 115 f., 123 f., 126, 136, 152–177, 328–331, 460, 490–497
Ad Gentes (Dekret über die Mission) **13** 38 f., 56, 60, 63, 65, 86 f., 329–332
Apostolicam Actuositatem (Dekret über das Laienapostolat) **13** 38, 55, 60, 64 f., 85 f.
Christus Dominus (Dekret über das Hirtenamt der Bischöfe) **13** 47, 53 f., 64, 82 f.
Dei Verbum (Konstitution über die Offenbarung) **13** 33 f., 49, 55, 64, 75 ff., 153
Dignitatis Humanae (Erklärung über die Religionsfreiheit) **13** 38, 43, 48, 54, 58, 60 ff., 66, 70, 90 f., 153, 305
Gaudium et Spes (Pastoralkonstitution über die Kirche in der Welt von heute) **13** 37, 49, 62 f., 66, 79–82, 99, 121, 153, 156, 178, 292, 306, 507
Gravissimum Educationis (Erklärung über die christliche Erziehung) **13** 57, 64, 93
Inter Mirifica (Dekret über die sozialen Kommunikationsmittel) **13** 34, 49, 90
Konzilskommissionen (Theolog. Kommission, Kommission für Mission, für Orden, für Ostkirchen, Koordinationskommission usw.) **13** 16 f., 27 f., 35, 38 f., 42 f. (Wahlmodus), 49 (Theologenkommission), 50, 60, 495
Konzilsväter (Zusammensetzung, Verteilung auf Kommissionen; ↗Einzeleinträge Nationen) **13** 19–23, 495
Lumen Gentium (Konstitution über die Kirche) **13** 35, 37 f., 45 ff., 49, 53, 57, 59, 67, 73 ff., 82, 115, 123, 153 f., 162–166
Nostra Aetate (Erklärung über die nichtchristlichen Religionen) **13** 38, 48, 54, 60, 64, 92 f., 153
Optatam Totius (Dekret über die Priesterausbildung) **13** 57, 64, 83 f., 153
Orientalium Ecclesiarum (Dekret über die Ostkirchen) **13** 39, 56, 89 f.
Perfectae Caritatis (Dekret über die Anpassung des Ordenslebens) **13** 56, 60, 64, 84 f.
Postkonziliare Kommissionen **13** 94 ff.
Presbyterorum Ordinis (Dekret über die Priester) **13** 56, 63, 66, 83 f.
Sacrosanctum Concilium (Konstitution über die Liturgie) **13** 13 (Schema De Sacra Liturgia), 32 f., 48 f., 77 ff.
Unitatis Redintegratio (Dekret über die Einheit d. Christen) **13** 34 f., 38, 44, 48, 59, 67, 87 ff., 153
Vollversammlung **13** 27
Vorbereitende Kommissionen (Zentralkommission, Liturgiekommission, Theologenkommission, usw.) **13** 10, 12–17, 26
Vegesela (Ksar el Kelb) **2** 259
Veliki Gradac (Taliatae) **3** 1048
Velikij Ustjug **9** 508
Velletri **3** 1018
Veltlin **8** 577, 610 f., **9** 54
Venaissin (Grafschaft) **6** 571, 575, **10** 217, 322 f., 658

Vence **12** 171
Vendée **10** 399 (Franz. Revolution u. Aufstand), 401, *404–415* (Aufstand), 649, **12** 603
Venedig (↗Grado) **3** 479 f., **4** 366, 832, 894, **5** 4 f., 324, 350, 352, 717 f. (1204), 732 (Konstantinopel nach 1204), 771 ff. (4. Kreuzzug), **6** 133, 317, 600 (päpstl. Politik, 14. Jh.), 726, 728, 733, 736, 740, 742, 874, **7** 50 f. (Orthodoxe), 76, 78, 86–89, 95, 335 f., 487 f. (Renaissance, Kunst), 500 f., 503, 506, 512 (Dürer), 642–645 (Aldus Manutius), 754, 869, **8** 241, 366 f. (Griechen), 603 f., *614 ff.*, 741, 1110, 1178, 1213, **9** 148 f., 150 f. (Inquisition), 154, 205 f. (Juden), 540 f., 546, 567, 571 f., 578, 1067, 1074, **10** 449 f., **11** 610 (Katholikentag 1874)
  Frieden v. Venedig (1177) **5** 224, 660
  Universität ↗Padua
Venegono **12** 195
Venetien **3** 466 f., 477, 481 ff., 485, 909 f., **6** 719 f., **11** 258, 260 f., 266, 595, **12** 450, 475, 479, 495
Venezuela **8** 774, 783 f., 791, 831, **9** 638 f., **10** 764, 776, 782, **11** 930 f., 939, **13** 475 ff., 498
Venosa **3** 336, **4** 374
Ver **4** 690
Vera Paz **8** 775, 791, 822, **9** 639
Vercelli **2** 974, **3** 966
Verden **4** 724 (Sachsenkriege), 726
Verdun **3** 836, **4** 694 (Vertrag 843), 795 (Klosterreform), 802, 815, 847, **6** 567
Vereinigte Arabische Emirate **13** 456
Vereinigte Staaten v. Amerika (↗Amerika, Nordamerika; ↗einzelne Regionen bzw. Bundesstaaten) **10** 70, *482–538* (Unabhängigkeit), 803, 859 f., *860–864* (Postmillenarismus), **11** 16, 37, 122 f., 130, 138, 140, 143, 148, 158, 181, 212, 475 f., 546, 765, 767, *829–908*, 962, 965, **12** 10, 25, 41, 43, 52 ff., 56, 79 f., 168, 185, 245, 329, 336 f., 339, 344, 367, 370, 372, 406, 408 f., 423 (Koreakrieg), 544, 562, 923 (orth. Erzbistum), 1011 f. (orth. Kirchen), *1031–1127*, 1128, 1148, 1172, 1178 f., 1181, 1186 (Kubakrise), 1187, 1208, 1210–1213, 1221, **13** 21 (Konzilsväter beim 2. Vaticanum), 189, 210, 257–262, 267, 307, 315, 387, 458 f., 512 f., 525, 631 (Vietnamkrieg), 679, 684, 692
Vergara
  Vertrag (1839) **11** 286
Vermont **10** 499
Verona **2** 849, **3** 318, 326, 1090, **5** 227 (Lucius III. u. Barbarossa), **6** 584, 740, 742, **8** 605, **10** 449
Versailles **12** 303, 325 (Soziale Woche)
  Diözese **11** 177
  Vertrag (1919) **12** 14, 95, 303, 328, 337–342, 356, 391, 468, 556 f., 707 f., 884
Verviers **11** 538
Verzy **4** 827 (St. Basle)
Vesuv **1** 302
Vézeronce **3** 384
Vibo Valentina **4** 377
Viborg **7** 758, **9** 65
Vic **5** 300
Vicenza **3** 326, **6** 733, **10** 449 f.
Vich **5** 152
Victoriana **1** 644
Vicus Caesaris **1** 643
Vienne **1** 254, 331 f., 662, 687, **2** 138, 140, 869, 963, 965, 968, 975 f., **3** 377, 379, 388, 806, 970, 1125
  Konzil (1311–1312) **6** 266 f., 596 f. (Templer), 845, **7** 658
Vietnam **9** 751, *759 ff.*, 780, *781 ff.*, 793, **11** 1043, **12** 626, 1037 f., **13** 307, 619, 624, *630–633*, 650, 671
  -krieg **12** 626, 1037 f., **13** 307, 336, 631
Vietri **4** 369
Vijayanagar **9** 798 f.
Vila Real **12** 502 (Diözese)
Villeneuve d'Aoste **3** 1046, 1065, 1067
Vilnius **6** 19, 260, 780, 784, 786, **7** 430, **8** 642, 654, **10** 198, 821, **12** 881 (Universität), 884 f.
  Generalkonföderation (1599) **8** 656
Viminacium (↗Kostolac) **2** 153, **4** 4 f.

Virginia **8** 860 f., **9** 678 ff., *682 ff.* (anglikan. Staatskirche), 692, 702, 708, 713, 717 ff., **10** 495
Viseu **4** 736
Viterbo **5** 576, 578 (Abb., päpstl. Residenz), 599, 642, 680, **6** 2, 571, **9** 226
Viuz-Faverges **3** 1046
Vivarais **9** 139, 921
Vivarium (Klostergründung Cassiodors in Kalabrien) **3** 975
Viviers **3** 982, 1047
Vjatka **9** 507
Vladimir a. d. Kljasma **5** 705 (Konzil, 1273), **6** 137, 296, **9** 513
Vladimir, Włodzimierz **6** 777, 784, 786, **7** 430
Vokopole ↗Voskopoje
Vorarlberg **9** 10
Vorderer Orient **11** 130, 137, 158, 345, 774, **12** 395, **13** 22 (Konzilsväter beim 2. Vaticanum), 310, 349, 433–470
Voronež **9** 508
Voskopoje (Vokopole) **9** 580
Vouillé **3** 343 f., 358, 362
Vyg **9** 525, 527

Waadt **8** 1005
Waadtland **9** 430
Wadi' Arabah **2** 668
Wadi Murabbaʿat **1** 746
Wādi Natrūn **4** 439, 444 f., **9** 596
Waitangi **11** 144
Schutzvertrag v. (6. 2. 1840) **11** 144
Walachei **6** 137, 247, 250 f., 256, **7** 421, **9** 541, 544, 548, 564, *580–585*, **11** 780 f.
Waldersbach (Ban-de-la-Roche) **10** 832 f.
Waldshut **7** 822 (Täufer)
Wales **3** 866, 868 f., 887, 978, **4** 619, 741, **6** 655, 658, **8** 223, **10** 47, 209 (Methodisten), **11** 221, 559 f., 563, 571, 573, **12** 783 f., 805, 820
Walesby **2** 983
Wallis **3** 1046, **8** 434 f., 506 ff.
Wallis-et-Futuna **11** 144, **13** 692
Wallonien **11** 537, 541, **12** 649, 657 f., **13** 235
Walsingham **6** 660
Ware **6** 660
Warri (Owhere) (Königreich, Benin) **8** 757, **9** 732, 734, 736 f., 748
Warschau **10** 218 f. (Freimaurer), **11** 687, **12** 881 (Universität), 888 f., 910 (theolog. Fakultät)
Herzogtum Warschau **10** 638, 750
Warschauer Konföderation (1573) **8** 648
Warthegau **12** 725
Washington D. C. **12** 184 (Universität)
Wasit **1** 503
Water Newton **2** 983
Weingarten **9** 1069
Weißenburg **4** 802, **7** 160, **9** 425
Weißes Kloster (bei Akhmim) (↗PR: Schenute v. Atripe) **2** 1025, 1028, **3** 600
Weißrußland **6** 247, **10** 107, 198, **11** 689, 699–702, 722, 731, 761, **12** 881, 902, 931, 977, 983, 986, 999, **13** 353, 356 f., 374, 377, 380, 383, 422
Welehřad **11** 709
Wellington **11** 1065
Wennappuwa (Sri Lanka)
Kongreß d. EATWOT **13** 186 f., 333, 659
Werden (an d. Ruhr) **4** 726, 802, 815
Wesel **8** 102
Wessex **4** 745, 786
Westfalen **10** 705, **11** 298, 310, 316, 662, **12** 715
Westfälischer Frieden (1648) **9** 167 f., 219
Westindien, Westind. Inseln (↗Einzeleinträge) **7** 550, **9** 145, 150
Westminster **4** 638
Westmorland **8** 213
Wetterau **9** 418, 488
Whitby **4** 638
Whitby (Kanada) **13** 312 (Missionskonferenz), 665 (Missionskonferenz)
Wied **8** 410
Wien **6** 696, 705, 795, 869 (Juden, MA), **7** 3, 425, **9** 26, 34, 222 (1683), 913 f., 1069, **10** 18, 187, 200, 219 f. (Freimau-

rer), 271, **11** 329, 684 (Eucharist. Kongreß 1912), **12** 755 f., 764, 767 (evangel. Kirchentag), 986 (Konferenz d. russ.-orth. Kirche im Ausland 1943)
Universität **6** 696, 796 f., **7** 119, 216, 433, 437, **11** 329, **12** 325, 768 (theolog. Fakultäten)
Wiener Kongreß **11** 133, 150, 200, 240, 294, 296, 309, 327, 575
Wiener Konkordat (1448) **6** 702, 705, **7** 177, 312
Wiener Kreis **11** 296
Willingen **13** 313 (Missionskonferenz)
Wilna ↗Vilnius
Wiltshire **9** 447, **10** 45
Winchester **4** 639
Windesheim (Windesheimer Kongregation) **6** 28, 523 (Devotio moderna), 533, 708, 710 f., **7** 159, 167, 169, 171, 226 f., 357, 360
Winterthur **11** 577
Withorn (Candida Casa, Abtei) **2** 979, **3** 868 ff., 978
Wittenberg **7** 692 (Abb.), 733 f., **8** 411 f., 1110, **10** 203, **11** 319 (Kirchentag 1848)
Universität **7** 213, 767, **8** 40, 633 f., 636, **9** 413
Wittenberger Konkordie **8** 3, 394
Wittgenstein **8** 410
Włocławek **5** 328
Włodzimierz (↗Vladimir) **10** 198
Woiwodina **11** 704, 769
Worcester **4** 639, **10** 45, 47 f.
Worms **2** 994, **3** 223 (burgund. Königreich), **4** 812 (Bf. Burchard), **5** 53 (Hoftag 1076), 111, 186, 762, **6** 567, 862 (Juden), 867
Reichstag (1495) **7** 308
Reichstag (1521) **7** 704, 871
Wormser Edikt (1521) **7** 731 ff., 872 f.
Wormser Konkordat (1122) **5** *80 ff.* (päpstl. Vorrechte u. Innozenz III.), *119–122*, 182, 192, 197, 619 f., 658
Wounded Knee **11** 878 f.
Wrocław ↗Breslau
Württemberg **8** 33 (Landeskirche), 395, **9** 418 (Pietismus), **10** 716, **11** 294, 297, 304, 310, 313, 664, **12** 686, 715, 729
Würzburg **4** 658, 801 f., 806, 852, **5** 79 f., 115 (Adalbero), 409, **6** 567, 569, 706, 859, **8** 397, 416 (J. Echter), 1068, 1093, **10** 173, **11** 306, **12** 754
Universität **8** 1109, **11** 297

Xanthos (Lykien) **1** 134
Xor Virap (Armenien) **4** 486

Yale **9** 698, **12** 1077 (Universität)
York (Ort, Diözese) **2** 979, **3** 929, **4** 624, 638, 651, 778, **5** 763, **6** 658, 663, 665, **7** 185, 378, 456 (Lollarden), **8** 211, 528, 534, **9** 448, **10** 50
Konvokation **11** 570
Yorkshire **3** 865, **8** 213, 534, 540, 542, 551, **11** 236
Ypern **5** 858, **7** 515, **8** 1068
Yucatán **8** 775, 784, 831

Zaandam **8** 164
Zabad **4** 397
Zabdizene **2** 103
Zacatecas **8** 782, 784, 789, **9** 642
Zadar (Diadora, Iader) **3** 327, **5** 690, 772
Zafar **2** 1093
Zagreb **5** 132, **12** 892
Universität **11** 705
Zaire **11** 979, 1007 ff., **13** 561, 565–570, 595, 600, 603
Zakynthos (Zante) **5** 352, 733
Zama **1** 624, 643, **2** 126
Zamosc
Synode (1720) **10** 199
Zanguebar **11** 978
Zante ↗Zakynthos
Zara ↗Zadar
Zaragoza ↗Saragossa
Zeitz **4** 801
Zela **2** 100
Zellen ↗Kellien
Zeta (↗Montenegro) **5** 4, 132, 342
Zeugma (Euphrat) **2** 76, 1076, **3** 11 f., 606

Zhejiang **9** 772
Zigana, Igani **3** 1234 f., **4** 549
Zilizien ↗Kilikien
Zion, Zionsberg **3** 619, **4** 17, **5** 315, 386
Zofingen **8** 129
Zollikon **7** 821 (Täufer)
Zorita de los Canes ↗Rekkopolis
Zuartnoc' **4** 486, 511
Zürich **7** 774, 777 ff. (Zwingli), *780–789*, 819–822 (Täufer), 872, **8** 55, 60, 103, 128, 426 ff., 437, 963, 1006, 1226, **9** 54, **11** 577, **12** 679
Zurzach (Schweiz) **3** 1047 f.
Zweibrücken **8** 15
Zwickau **7** 814 (Th. Müntzer)
Zypern **1** 77, 79, 106 f., 109 f., 134, *150–164*, 184, 192, 245, 277, 298, 524, 537, **2** *74 f.*, 606, 1030, 1033, **3** 493, 549, 568, *575 f.* (Patriarchat, 5./6. Jh.), **4** 28, 249, 400, 571, **5** 350, 352, 718, 727, 734 f. (latein. u. griech. Hierarchie, 13. Jh.), 741, **6** 17, 24, 185, 213, 215–218, 222, 225 (Armenier), *766 f.* (latein. Königreich), **7** 45, **8** 741, **9** 545, 551, 562, 566 f., 599, **11** 782, **12** 805, 921, 927, 1015, 1022, 1025

Herders Theologischer Kommentar zum Zweiten Vatikanischen Konzil

Das Zweite Vatikanische Konzil stellt **das bedeutendste theologische Ereignis der katholischen Kirche im 20. Jahrhundert** dar. Das Konzil wurde mit der Absicht einberufen, eine neue Identitätsbestimmung der katholischen Kirche zu ermöglichen: „Was sagt die Kirche von sich selbst?“ (Papst Paul VI.), und zwar im Rahmen der Moderne. Bereits in der Schlussphase des Konzils beginnt eine massive Auseinandersetzung um dessen Rezeption und Deutung in der Kirche. Die anschließende Wirkungsgeschichte wird zusätzlich durch die Frage bestimmt, ob und inwieweit die Texte im Prozess der Globalisierung eine Rolle spielen können. Eine theologische Auslegung ist daher von hoher Bedeutung, nicht nur im Blick auf die Zukunft der Ökumene, sondern auch auf den interreligiösen Dialog.

Als ***Band 1*** erscheint – vollständig neu übersetzt – eine **lateinisch-deutsche Studienausgabe aller Konzilsdokumente.** Die Übersetzung steht bewusst im Dienst am Originaltext, d.h. sie folgt möglichst nahe dem amtlichen lateinischen Text mit dem Ziel, auf diese Weise auch für jene, die keine vertieften lateinischen Sprachkenntnisse besitzen, den Originaltext verstehbar und interpretierbar zu machen. Ein ausführlicher **systematischer Index** erschließt detailliert die Einzelthemen sämtlicher Dokumente.

Die **Kommentierung der 16 Konzilsdokumente** in den ***Bänden 2-4*** vollzieht sich jeweils **in drei Schritten.** Ein erster Abschnitt klärt die spezifischen Vorfragen (Anlass, Entwicklung seit dem 1. Vaticanum, Vorbereitungsdokumente, theologische Vorarbeiten, miteinander im Streit liegende theologische Konzeptionen). Auf diese folgt eine Auslegung der einzelnen Kapitel und Abschnitte des jeweiligen Dokumentes – der eigentliche theologische Kommentar. Den Abschluss bildet eine zusammenfassende theologische und pastorale Würdigung.

Im ***Schlussband*** des Kommentarwerkes geht es um das **theologische Profil des Konzils im ganzen,** eine Würdigung der theologischen Arbeitsweise, des Gebrauchs von Schrift und Tradition, der Bezugnahme auf säkulare Daten. Ferner werden die **Innovationen des Konzils,** die unabgegoltenen Potentiale und die **verbliebenen Problemfelder methodischer und inhaltlicher Art** dargestellt.

Die Herausgeber:

Prof. em. Dr. Dr. h.c. Peter Hünermann und Prof. Dr. Bernd Jochen Hilberath, Universität Tübingen

Die Mitkommentatoren:

Prof. Dr. Guido Bausenhart, Systematische Theologie, Universität Hildesheim

Prof. Dr. Ottmar Fuchs, Praktische Theologie, Universität Tübingen

Prof. Dr. Helmut Hoping, Dogmatik und Liturgiewissenschaft, Universität Freiburg

Prof. Dr. Reiner Kaczynski, Liturgiewissenschaft, Universität München

Prof. Dr. Hans-Joachim Sander, Dogmatik, Universität Salzburg

Prof. Dr. Joachim Schmiedl, Kirchengeschichte, Phil.-Theol. Hochschule Vallendar

Prof. Dr. Roman Siebenrock, Fundamentaltheologie, Universität Innsbruck

Herders Bibliothek der Philosophie des Mittelalters

Herausgegeben von Matthias Lutz-Bachmann, Alexander Fidora und Andreas Niederberger, Institut für Philosophie der Johann Wolfgang Goethe-Universität, Frankfurt am Main

Die auf 20 Bände angelegte zweisprachige Auswahl präsentiert **die wichtigsten** lateinischen, arabischen und jüdischen **Autoren der Philosophie des Mittelalters** mit ihren zentralen Texten zu den Fragen der menschlichen Erkenntnis, der Entfaltung der Wissenschaften und der philosophischen und theologischen Weisheitslehren. Diese stehen in enger Verbindung mit den religiös und kulturell unterschiedlichen Traditionen der Autoren. Daher dokumentiert die vorgelegte Sammlung zugleich den Beitrag der Philosophie des Mittelalters zum **Dialog der drei Religionen Judentum, Christentum, Islam.** Dem Leser dieser Bibliothek erschließt sich in den Bänden nicht nur der Reichtum einer Epoche der Geschichte der Philosophie, die bis heute von hohem systematischen Interesse ist, sondern er begegnet auch den **geistigen Grundlagen der kulturellen Identität Europas.** Zu ihr zählen bis heute der mit der Gründung der Universitäten verbundene Prozess der wissenschaftlichen Rationalisierung, die Suche nach religiöser Verständigung und der Ausgleich zwischen politischer Einheit und kultureller Vielfalt.

HBPh MA
Gilbert Crispin
Religionsgespräche mit einem Juden und einem Heiden
Lateinisch – Deutsch
HERDER

Gilbert Crispin

Religionsgespräche mit einem Juden und einem Heiden

Lateinisch – deutsch
HPhBMA, Band 1
ISBN 3-451-28506-1

HBPh MA
Ibn Sab'in
Die Sizilianischen Fragen
Arabisch – Deutsch
HERDER

Ibn Sab'in

Die Sizilianischen Fragen

Arabisch – deutsch
HPhBMA, Band 2
ISBN 3-451-28505-3

HBPh MA
Thomas von Aquin
Kommentar zum Trinitätstraktat des Boethius I
Lateinisch – Deutsch
HERDER

Thomas von Aquin

Kommentar zum Trinitätstraktat des Boethius I

Lateinisch – deutsch
HPhBMA, Band 3
ISBN 3-451-28504-5